여/성 이론가들

여/성 이론가들

여성문화이론연구소 엮음

펴낸이 고갑희
펴낸곳 여이연
편집주간 임옥희
기획 문은미 박이은실
편집 · 제작 사미숙 신나리

주소 서울시 영등포구 영등포로 420-6 3층
전화 (02) 763-2825 **팩스** (02) 764-2825
등록 1998년 4월 24일(제22-1307호)
홈페이지 http://www.gofeminist.org
전자우편 gofeminist1020@gmail.com

초판 1쇄 인쇄 2025년 12월 10일
초판 1쇄 발행 2025년 12월 17일

값 48,500원

ISBN 978-89-91729-49-0 93330

잘못된 책은 바꿔 드립니다.

여/성 이론가들

여성문화이론연구소 엮음

도서출판 여이연

차례

서문 …09

가야트리 스피박
탈식민 공간을 위하여 임옥희 …15

게일 러빈
젠더와 섹슈얼리티를 사유하는 지렛대 박소영 …41

게일 샐러먼
퀴어 페미니즘 현상학자 전혜은 …54

고정갑희
'가부장체제'의 전복을 꿈꾸는 성의 이론가 김경미 …73

글로리아 안잘두아
경계선 없는 경계지대를 살아가기 노승희 …95

나오미 클라인
주류 정치의 실체를 폭로한 실천하는 언론인 김민정 …111

낸시 프레이저
재분배, 인정, 그리고 대표의 3차원 정의와 페미니즘 운동 박건 …131

도나 해러웨이
2025년 다시 읽는 사이보그 선언문 박소영 …154

로런 벌랜트
위태로움, 로런 벌랜트, 그리고 대항 정치 윤조원 …169

로버츠 윌리엄 "밥" 코넬
사회학자 로버츠 "밥" 코넬/래윈 코넬 최정선 …201

로지 브라이도티
유목적 사상에서 포스트휴먼 페미니즘까지 이현재 …216

뤼스 이리가레
몸의 정치, 성차의 윤리 태혜숙 …232

리샤오장
포스트사회주의 시대의 중국식 길 찾기 임우경 …254

리타 펠스키
전방위 지식인 게릴라 양효실 …276

마리아 미스
자본주의를 식민지 여성의 입장에서 분석하다 최재인 …290

마사 누스바움
인문학적 상상력과 정치적 감정 임옥희 …315

메리 울스턴크래프트
페티코트를 입은 하이에나 이해진 …341

미셸 바렛
차이의 즐거운 문화정치(를 향해) 하수정 …357

바바라 크리드
경계를 탐구하는 바바라 크리드 손희정 …376

벨 훅스
교차성 이론과 사랑의 정치 박미선 …394

사라 아메드
행복은 무슨 일을 하는가? 이경란 …408

사라 코프만
아우슈비츠를 넘어 디오니소스적 여성에로 유서연 …426

샌드라 하딩
페미니즘적 과학철학의 문을 열다 조주현 …454

수잔 스트라이커
트랜스젠더 역사, 동성애규범성, 그리고 트랜스젠더 페미니즘 루인 …473

수잔 웬델
손상의 현상학자 전혜은 …501

슐라미스 파이어스톤
"평등이 아니라 해방을" 급진 페미니즘의 불덩이 최하영 …522

실비아 페데리치
재생산 노동을 역사화하기　배상미 …541

아네트 쿤
이미지를 응시하는 페미니즘의 수정체　심혜경 …557

아이리스 마리온 영
여성이란 무엇인가　조주영 …575

에바 일루즈
사랑의 사회학　허윤 …588

에이드리언 리치
반여성주의에 맞서 다시 읽는 급진 여성주의　박미선 …606

엘리자베스 그로스
성차, 몸, 물질의 페미니즘 정치철학　김남이 …631

오드리 로드
내 영혼의 엄마, 페미니스트 시인　유숙열 …652

우에노 지즈코
탈남성화된 국가에 대한 전망　이선이 …671

이브 코소프스키 세지윅
남성동성사회적 욕망 분석에서 촉각지성이론까지　박이은실 …692

이이효재
활동하는 이론가, 공부하는 실천가 : 사회, 가족 그리고 여성　심혜경 …724

임옥희
유령 구조로 수행하는 페미니즘 시학: 임옥희론　이경 …740

주디스 버틀러
'법 앞에 선' 수행적 정체성: 『젠더 트러블』을 중심으로　임옥희 …763

주디스 잭 핼버스탬
"난 영원히 이행 중"　김미연 …790

줄리아 크리스테바
타자성 · 반항 · 자유　임현주 …809

찬드라 탈파드 모한티
경계 없는 페미니즘을 향한 저항의 실천 문현아 …833

카트리오나 샌딜랜즈
급진민주주의 정치학으로서의 에코페미니즘 황주영 …853

캐런 버라드
물질, 물의빚기, 물리학: 캐런 버라드의 행위적 실재주의로부터 이지선 …869

캐롤 길리건
도덕 윤리로서의 돌봄 조주영 …893

캐롤 페이트먼
계약의 신화에 맞서는 페미니즘의 '빅 픽처' 황정미 …910

캐서린 맥키논
급진적 여성주의 정치학 허라금 …932

캐서린 헤일스
포스트휴먼 시대 인문학의 길찾기 송은주 …952

킴벌리 크렌쇼
"교차성 페미니스트" 킴벌리 크렌쇼가 우리에게 건네는 말 박종주 …971

타니아 모들스키
양가성의 탐색 손희정 …986

트린 민하
타자의 그림자: 부적절한/부적절하게 된, '나' 아닌 '나'인 '나' 임옥희 …1004

저자 소개 …1027

발행을 후원해주신 분들 …1031

서문

『여/성 이론가들』은 50명의 페미니즘 이론가들을 소개하는 글을 담고 있다. 3백 여년 간 진행되어 온 여성운동과 페미니즘의 여정 안에서 여러 의미있는 이론과 논쟁을 펼쳐온 이론가들을, 국내의 다양한 분야에서 활동하고 있는 페미니스트 연구자들이 각자의 연구과정으로 접속하여 구성한 책이다.

이 책에 담긴 여/성 이론가들은 여성문화이론연구소의 반년간지 『여/성이론』 창간호부터 51호까지에서 소개된 이론가들이다. 그래서 이 책은 페미니즘에 관련된 다양한 이론가들을 소개하는 글을 묶은 것인 동시에 여성문화이론연구소(여이연)의 역사를 묶은 것이기도 하다. 글을 읽는 동안 독자들은 각 이론가들이 소개되고 있는 글들이 가진 텍스처와 정서가 균질하지 않다는 것을 금새 발견하게 될 것이다. 여이연이 설립되고 『여/성이론』이 처음 독자들을 만났던 1990년 후반과 이 책이 출판될 즈음에 발간될 『여/성이론』 53호를 생각하면 그 여정과 간극을 상상해 볼 수도 있을 것이다. 한 사람의 이론가가 천착한 세계의 깊이를 상상해 보면 이 많은 이론가들에 대한 글을 한 데 묶어 놓은 이 책의 깊이 또한 쉽사리 생각하기가 어렵다. 1997년 개소한 여성문화이론연구소는 페미니즘적 사회비평을 위해 반년간지 페미니즘 학술잡지 『여/성이론』을 창간했다. 그리고 매호마다 '여/성 이론가'를 소개하는 난을 별도로 두고 시의성 있는 페미니즘 이론작업들과 국내 페미니즘 연구자들 그리고 독자들이 접촉면을 가질 수 있도록 애써왔다. 그 과정은 또한 남성 가부장을 중심으로 구조적으로 기울어져 있던 체제를 관통하며 해낸 각 이론가들의 작업에 보내는 헌사이기도 했다.

태어나면서 일단 여아라고 호명되면 이후의 삶에서는 문자를 익힐 수 있기는커녕 문장을 쓰거나 문헌에 접근하는 것이 금기시되었던 시대가 그리 멀지 않은 과거였다. 교육기관, 특히 대학이 여자들에게 문을 개방하기까지 녹록치 않은 긴 싸움의 시간이 있었다. 버지니아 울프가 여자가 글을 쓸 수 있으려면 자기만의 방과 얼마간의 소득이 있어야 한다고 일견 당연해 보이는 것에 대해 유려하고도 결연하게 글로 써야 했던 것이 겨우 백 여년 전인 20세기의 일이다. 그러니 여자들이 세계를 해석하고 분석하고 설명하는 일, 즉, 세계에 대한 이론을 만들어 세상에 내놓는 일은 인류사적 사건이라고 할 만한다. 글과 지식을 자기들만의 소유물인 냥 굴어왔던 지식인 남성들은 심지어 여자들이 글을 쓸 수 없도록 갖가지 방법을 동원해 훼방을 놓기까지 했으니 말이다. 이런 가운데에서 페미니즘 이론은 객관과 과학의 외피를 두르고 편협함과 당파성을 감춰 온 그간의 남성중심적 이론理論을 날카로운 이론異論을 통해 허물고 재구성하며 세계를 보다 다채롭고 정의롭게 볼 수 있는 관점과 사유체계로 자리매김했다.

'여성 이론'이 아니라 '여/성 이론'으로 부르고자 하는 이유 또한 이런 맥락에 놓여 있다. 성과 그에 따른 역할과 지위가 마치 생래적으로 고정되어 있는 것인 냥 여겨지도록 만들었던 그동안의 이론에 제기하는 질문이자 새로운 선언인 것이다. 이를테면, 이런 질문은 가부장제를 규범적 체제로 만들기 위해서 필수적인 이성애 근본주의를 무비판적으로 받아들이는 것이 아니라 여/성을 구성하는 섹스, 젠더, 섹슈얼리티라는 각 요소가 어떻게 구축되었고 어떻게 각 요소들이 서로 뒤얽히며 가부장제적 자본주의 또는 가부장체제를 유지하고 강화해 왔는지를 드러내는 데에 필수적 이론理論 작업이자 이론異論 작업이다.

반년간지 『여/성이론』이 1999년 창간호를 시작으로 지금까지 이어오는 동안 여러 우여곡절이 있었다. 기획특집의 원고가 한 편밖에 없거나, 기획을 바꿔야 했거나, 페미니즘 사용설명서가 빠진 호도 여럿 있었는데 51권 중 50명의 여/성 이론가는 괜찮은 결과이다. 처음은 단순한 기획이었다. 『여/성이론』 50호를 기념하면서 『여/성이론』에 실린 50명의 여/성 이론가를 모아 단행본으로 제작하자는 '군더더기 없는' 기획이었다. 이미 『여/성이론』의 '페미니즘 사전' 꼭지의 글을 모아 단행본으로 엮은 경험이 있었고, 그래서 딱 그만큼 힘들 것이라고 생각을 했다. 단행본을 기획하고 만 2년 만에 책이 나왔다. 이미 있는 원고이고, 50명의 이론가를 어떤 기획으로 구성할 것인가가 관건이었다. 그러나 『여/성이론』 한 권은 온전히 자기서사와 질서를 가지고 있고 그 질서 속에서 존재 이유를 가지는 '여/성 이론가'를 다른 기획 속으로 끌어오는 일은 애초부터 불가능한 작업이었다. 『여/성이론』의 이론가라는 맥락을 드러내는 최선의 선택은 역설적이게도 기획을 지우는 것이었다. 가나다 순서로, 다른 이론가들과 엮이지 않으면서 『여/성이론』 한 권 한 권의 역사를 가진 온전한 한 명의 이론가로 소개하기로 했다.

그리고 50편의 글이 남았다. 당시 원고 그대로 엮을 것인지, 특정 시기, 특정 맥락이 강조된 부분은 수정을 할 것인지, 이 글이 나온 이후 활동과 저작을 업데이트 할 것인지 고민했고, 편집팀의 고민을 거쳐 원칙을 정하되 필자의 의견을 최대한 반영하기로 하였다. 창간호부터 51호까지 이론가들을 정리하고 글이 출간되었던 시기부터 최근까지 활동과 저작을 업데이트하고 수정 가능한 원고, 오래전 글을 중심으로 전면 개정이 필요한 원고 등등으로 분류하였다. 연락이 안 되는 필자가 있었고 다른 단행본에 게재되어 원고 그대로 '우리' 단행본에 싣기 어려워진 원고도 있었다. 게재가 불가능해진 원고는 원 필자에게 양해를 구하고 다른 필자에게 원고를 청탁하였다. 모든 과정에서도 원칙은 편집진의 의도와 기획보다 필자들의 의사를 우선하였다. 어떤 원고는 다시 쓰여 졌고, 어떤 원고는 최근 근황이 업데이트되었다. 많은 원고들은 당시 게재되었던 원고 그대로이다. 그렇게 만들어진 책이 바로 이 책이다.

이렇게 어렵게 태어난 한 권의 책을 통해 독자들은 페미니즘 이론사의 길고 넓은 지평을 살펴볼 수 있을 뿐만 아니라 각 이론가의 주요 작업을 한 눈에 개괄할 수 있을 것이다. 그런 면에서 페미니즘 입문자들뿐만 아니라 연구자들에게도 유용하고 소중한 텍스트가 될 것이라 생각한다.

『여/성이론』 창간호의 이론가는 주디스 버틀러이다. 『젠더 트러블』이 2008년에 번역이 되어 출간이 되었으니 거의 10년을 앞서 주디스 버틀러를 소개하였다. 1999년 버틀러와 2025년 오늘 한국사회에서 버틀러는 같은 이론가이지만 다르다. '페미니즘 주체'를 기획특집으로 다루었던 창간호의 버틀러와 신유물론 페미니즘과 포스트휴먼을 특집으로 다루고 있는, 20년이 훌쩍 지난 시대에 1999년의 버틀러를 읽는 것은, 매우 매력적인 일이다. 이론가에 대한 독해가 어떤 시대정신 속에서, 어떤 언어와 감각으로 진행되었는지 새롭게 만나는 경험을 할 수 있기 때문이다. 창간호에서, 10년을 앞서 버틀러를 읽었다면, 51호의 여성이론가는 20년을 늦게 소환한 슐라미스 파이어스톤이다. '한국 근대사의 가장 충격적인 사건' 중 하나인 12.3 내란으로 민주주의가 고통받는 가운데 읽는 슐라미스 파이어스톤은, '과거가 현재를 살리는' 민주주의에 대한 급진적 상상을 가능하게 하는 소환이었다.

그리고 목차를 보면 알 수 있겠지만, 모든 이론가는 한글표기를 따랐다. 그래서 더욱 주목이 되는 세 명의 이론가가 있다. "한국에서 이들의 글을 거치지 않고서 페미니스트가 되기는 쉽지 않을 것이다"라는 엄격한 기준이 적용된 여/성 이론가 고정갑희, 이이효재, 임옥희다. 임옥희를 '여/성 이론가'로 다룬 45호 발간사에 "우리는 우리 이론가에 박하다는 생각이 들 때가 가끔 있다"라고 쓴 기억이 난다. 한국 페미니즘 연구의 역사와 깊이를 생각하면 세 명은 너무 박하다. 우리에게 너무 엄격했다. 더 많은 한국 '여/성 이론가'가 함께 있어야 할 자리였다. 앞으로는 당연히 『여/성이론』에서 '우리' 이론가를 더 자주 더 많이 만나게 될 것이다.

『여/성 이론가』는 우선 마음에 드는 이론가를 선택해서 그냥 읽으면 된다. 관심 있는 주제와 혹시 공부하고 있는 분야와 주제가 있다면 제목을 보고 관련 있어 보이는 이론가를 선택해서 읽으면 된다. 좀 더 관심이 생기면, 그 이론가를 다룬 반년간지 『여/성이론』 을 찾아보라. 서문을 읽고 전체 목차를 보면서 그 이론가가 선택되고 필요해진 당시 상황을 그려보는 것도 이 책을 즐겁게 활용하는 방식이 될 수 있다. 1호부터 51호까지 하나의 이야기 속에서 자기 몫의 이야기를 담당하고 있는 이론가들이 이 책을 집어든 독자에게 새로운 질문과 이야기를 들려줄 것이다.

『여/성이론』과 짝을 이룬 『여/성 이론가』는 우리가 시대를 기억하고 읽는 방식이었고, 즐거운 동행이었다. 이 여정을 함께 걸어온 필자들에게 새삼스러운 동료애를 느낀다. 그리고 이 책이 나오기까지 기획과

번잡하고 티나지 않으면서도 필요한 소통을 통해 『여/성이론』 첫 호에 글을 보탰던 필자부터 최근호의 필자까지 빼놓지 않고 글을 담을 수 있게 만든 도서출판 여이연 사미숙 편집장의 노고에 깊이 감사드린다. 필자들을 대신해 사미숙 편집장을 도와 책을 기획한 두 사람, 문은미와 박이은실도 나름의 역할을 다했다고 생각한다.

이제 이 책은 독자들의 손으로 떠난다. 독자들께서 다음 역할을 이어 맡아주실 차례다. 독자들이 이 책으로 무엇을 할지에 따라 이 책에 수록된 글들의 운명과 이론가들의 운명이 더 난잡하게 얽혀 모두의 삶을 충만하게 하는 데 기여할 수 있을지, 아니면 각자의 동굴에서 소외된 시간 속에 남겨지게 될 지를 결정하게 되지 않을까 생각한다.

이 책과 우리 모두의 건투를 빈다. 또, 함께, 계속, 걸어가 봅시다.

2025년 11월 30일

저자들을 대신해 문은미 그리고 박이은실 씀

가야트리 스피박
Gayatri Spivak

탈식민 공간을 위하여

임옥희
오랫동안 피곤한 돈벌이 노동에 매달려 살다가 해방되었다. 삶으로부터 해방은 없다는 '대단한' 깨달음에 이르러서야 사소하고 하찮은 삶이 얼마나 소중한 것인지 배우고 있다. 일단 존재하는 것들과 함께 하는 과정에서 나의 쓸모를 찾고자 애쓰는 중이다.

이 글의 원문은 『여/성이론』 6호(2002)에 실려있다.

가야트리 스피박: 탈식민 공간을 위하여

문제는 왜 스피박인가?

스피박을 거론한다는 것은 부담스럽다. 우선은 그녀의 난삽한 문체와 난해한 논리에 일방적으로 끌려다니지 않으면서 어떻게 '제대로' 소개할 수 있을까라는 의문 때문이다. 딱딱하고 난해한 글을 말랑말랑하게 만드는 것 자체가 그녀의 의도에 반한다. '평이한 글에는 속임수가 있다'고 주장하는 해체론적 페미니스트 이론가이기 때문이다. '포스트'식민이라는 관점에서 볼 때 '인도'라는 특수한 시공간을 빈번히 논의의 중심으로 끌고 들어오면서 탈식민화하려는 그녀의 작업을 국내 페미니즘이 어떻게 전유할 수 있으며, 어떤 성찰을 얻을 수 있는가? 국제적인 노동 분업에서 인도와는 맥락이 전혀 다른 한국적인 분단 상황에서 스피박의 이론을 어떻게 맥락화해야 하는가. 소개의 글이 결국 소개하는 사람의 해석과 이해의 지평 안에서 '번역'되는 것이라면, 소개의 글을 쓰고 있는 나의 입장은 무엇인가라는 곤혹스러운 질문과 대면해야 하기 때문이다.

둘째로, '젠더화된 기층 민중 주체'[1]를 대변함과 동시에 이들에게

---

1) 70, 80년대 여성운동은 '기층 민중 여성'이라는 범주를 내세웠다. 그 당시 기층 민중 여성은 대체로 도시빈민 여성, 여성 농민, 여성 노동자 등을 의미했다. 하지만 '기층 민중 여성'이란 범주는 히스테리컬한 반응과 마주쳤다. 기층 민중 여성이 어디에 있는가? 존재하지도 않는 기층 민중 여성 운운하면서 하위 프롤레타리아트 계급을 허구적으로 설정하는 것이야말로 좌파들의 선전, 선동으로 지목되었

말을 건네려고 노력하고 있음에도 스피박의 난삽한 문체와 이론은 결국 1세계 지식인 청중을 염두에 두고 있다는 의혹을 지울 수 없다. 그녀의 글쓰기가 제국주의화된 논문식 글쓰기를 교란하는 탈식민 글쓰기 전략으로 활용되고 있다고 주장할 수도 있겠지만, 그녀의 이론에 각주를 달고 있는 많은 이론가들마저 좌절하게 만드는 글쓰기 형태가 문맹인 인도의 불가촉천민들에게 과연 무슨 의미가 있는가? 그녀에게 기층 민중으로서 '원주민' 여성의 목소리는 서구 제국주의를 비판하는 데 동원된 이론적인 알레고리는 아닌가. 기층 민중의 목소리에 귀 기울이겠다고 하면서도 스피박은 자기의 욕망을 기층 민중에게 전이시키고 있는 것은 아닌가. 만약 그렇지 않다면, 스피박의 전이에 대한 기층 민중의 역전이가 발생할 수 있는 공간은 어디에 있는가.

그녀가 취하고 있는 해체론적 입지가 그녀에 대한 언급을 부담스럽게 만드는 세 번째 요인이다. 스피박은 지식인의 위상을 투명한 것으로 간주하지 않는다. 자기 이론을 진리로 만들기 위해 투명한 입장을 취하는 것이야말로 서구 남성 이론의 전형적인 인식론적 폭력이었다고 신랄하게 지적한 만큼, 스피박은 그와 같은 환상에 사로잡히지 않는 미덕이 있다. 이 점은 미덕임과 동시에 그녀의 이론을 모호하게 만드는 지점이기도 하다. 스피박은 1세계에 거주하는 '3세계' 출신 부르주아 여성 지식인으로서 자기 입장을 설정하고 있다. 이 때문에 지식인이 마치

다. 돌이켜 본다면 이 기층 민중 여성과 스피박이 말하는 '젠더화된 하위주체(gendered subaltern subject)'의 차이는 무엇인가라는 질문을 하지 않을 수 없다. 이런 맥락에서 subaltern을 하위층이라고 번역하기보다는 기층 민중으로 번역하는 것이 오히려 단절된 여성운동의 연속성과 실천의 장을 연결하는 데 도움이 될 것으로 보인다. 21세기에 들어와 느끼는 격세지감은 기층 민중 여성이란 범주에는 그처럼 히스테리컬한 반응을 보였으면서도 하위층이라는 범주에는 반발이 없다는 점이다. 그동안 남한 사회가 엄청나게 민주화되었기 때문인가? 아니면 스피박의 하위계층이라는 범주가 역사적 실체라기보다 이론적 범주이기 때문인가? 이 점은 탈식민 이론이 상당히 순치되었기 때문이기도 하고 다른 하나는 우리 학문과 이론의 장 자체가 여전히 식민화된 부분이 있기 때문인 것으로 보인다.

신과 같이 투명한 존재인 것 같은 제스처를 취하지 않는다. 자신이 서 있는 기반을 언제나 허물어내면서 다시 구축해 나가는 해체론자로서 스피박을 고정된 이론틀에 묶어두기는 힘들다. 이론적인 고정점을 벗어나 지적인 '초점화자'로서 말하는 그녀의 전략은 솔직하다는 미덕을 지니고 있지만, 동시에 자기 이론을 난해하게 만드는 단점으로 작용하기도 한다.

마지막으로 스피박은 1세계 백인 중산층 페미니스트에게 자신들의 특권을 포기하라고 충고한다. 하지만 다른 맥락에서 스피박 역시 1세계와 '3세계'를 연결시키는 '지식인 첩보원'으로서 특권을 누리고 있는 것은 아닌가라는 의구심이 든다. 이런 아포리아와 마주하고 있으면서도 그로부터 부단히 벗어나려고 노력한다는 점이 그녀를 포스트식민페미니스트라고 칭하게 되는 이유다. 그녀는 탈식민화된 나라에서 혁명 투쟁은 추문거리이므로 협상해야 한다고 주장한다. 1세계 제국주의적인 이론을 심문하지만 그렇다고 원주민 목소리를 기원으로 삼을 정도로 낭만적이거나 소박한 입장은 아니다. 그렇기 때문에 1세계에 자리 잡은 '3세계' 지식인으로서 할 수 있는 것은 변혁 투쟁이 아니라 (탈)식민 이론일 수밖에 없다는 것이다. 그렇다면 식민과 신식민의 역사와 더불어 온갖 모순이 중첩된 우리의 상황에서 청산이 아니라 협상을 말하는 스피박을 어떻게 정치화할 것인가.

이런 점들을 감안하면서 스피박을 소개하려는 이유는 그녀로부터 국내 페미니즘이 얻어낼 수 있는 통찰의 지점이 있을 것으로 판단되기 때문이다. 스피박은 페미니즘 진영 안에서도 서구 페미니즘의 타자로 되어있는 '3세계' 기층 민중 여성을 끊임없이 환기시킴과 동시에 서구 남근중심적인 이론을 전복하려고 노력해 왔다. 스피박은 국제적인 노동

분업에서 최종심급이 되어 있는 여성의 몸에 주목하면서 '어디선가 시작할 지점'을 마련하고자 한다. 이런 맥락에서 스피박 읽기가 그 난해함으로 인해 고통스럽지만 탈식민 공간의 가능성을 마련해 줄 수 있는 지점이 있을 것이라는 즐거운 환상을 갖고 이 글을 시작해 볼까 한다.

징후적인 페미니스트 독법

'포스트'식민 페미니스트2) 로 일컬어지는 스피박은 단순한 범주로 고정되기 힘든 이론가다. 사실 '포스트식민주의'와 페미니즘의 결합은 용이한 것만도 아니다. 포스트 식민 하면 어쩔 수 없이 지배/피지배, 제국주의/민족주의와 같은 이항대립을 연상하지 않을 수 없고, 페미니즘이라고 하면 남성/여성, 식민/피식민 사이의 권력과 욕망의 관계가 연상되기 때문이다. 식민을 경험한 민족국가들은 제국주의적인 식민기획의 일환으로 근대화를 성취한 경우가 대부분이다. 그러므로 근대화와 서구 제국주의는 거의 언제나 맞물려 있다. 식민화에 저항하기 위한 피식민 민족국가의 노력들은 흔히 근대화 이전의 봉건적인 전통으로 회귀하려는 복고적인 항수에 의존하는 경우가 허다하다. 우파 민족주의는 신분 질서에 근거한 과거 전통으로 되돌아가려고 한다. 민족이라는 이름 아래 우파 민족주의가 안고 있는 전근대적이고 봉건적인 가부장제적 억압은 '우리'의 시야에서 실종되어 버린다. 반면 좌파 민족주의의 경우 계급을 중심으로 반봉건·반제국주의 투쟁을 주요 모순으로 상정하느라고 젠더 문제는 부차적인 것으로 종속시킨다.

---

2) 여기서 굳이 post를 '탈'이라고 번역하지 않은 것은 스피박 자신이 탈식민화(de-colonization)를 의미할 때에는 de라는 접두어를 사용하고 있기 때문이다.

심지어 좌파 민족주의마저 민족을 위해 여성을 은유화하거나 아니면 배제시켜 버린다. 이런 측면은 파농에게서도 잘 드러난다. 파농은 서구 제국주의를 알제리의 신비한 '여성적인' 베일을 벗기려는 기획으로 은유화한다. 여성들은 베일을 쓰고 있다는 것만으로 프랑스 제국주의 식민 기획과 서구 남성의 관음증으로부터 자신을 지키는 것이 된다. 알제리 여성은 문화 제국주의나 식민지 개량주의가 권유하는 근대화에 단호하게 '반대'라고 대답하는 것만으로도 혁명성을 유지하는 셈이다. 왜냐하면 식민 지배자는 식민지 여성을 통해 근대적인 교육과 자유와 평등과 같은 이데올로기를 제공하면서 전통적인 질서와 구조를 파괴하려고 획책하기 때문이다.3)

이처럼 포스트식민주의와 페미니즘은 공존하기가 힘든 부분이 있다. 그럼에도 포스트식민주의와 페미니즘이 결합할 수 있는 공간을 열어둔 이론가가 스피박이라는 점을 인정하는 데 인색한 이론가들은 거의 없을 것이다. 그녀가 끊임없이 환기시킨 것은 이론을 말하는 주체는 누구이며 무슨 맥락에서 그런 말을 하고 있는가라고 질문함으로써 이론가의 입장을 정치화한다는 점이다. 이런 질문으로 인해 보편으로 통하던 이론들은 자신의 피부색·정체성·민족성·계급성·성정체성·종교적 성향을 심문당하게 된다. 스피박은 1세계 백인 부르주아지 남성 지식인들이 서구 남근 이성 주체에 자살 테러를 감행하는 듯하면서도 어느새 뒷문으로 욕망과 권력이라는 보편 주체를 끼워 넣고 있다고 비판한 바 있다. 일례로 『카프카: 소수 문학을 위하여』에서 들뢰즈와 가타리가 주장하는 '소수파 되기' 혹은 탈영토화된 담론들에 대한 스피박의 비판에 주목할 필요가 있다. 그들에 의하면 주류 문학이 아닌 소수 문학은 문화적으

3) Franz Fanon, *A Dying Colonialism*(New York: Grove Press, 1965), trans. Haakon Chevaliar, pp.57-58.

로 낙후된 저개발 지역, 즉 제도화된 하나의 언어로 고착된 곳이 아니라 인간과 동물이, 동물과 사물이 서로 생성becoming되는 '제3세계적인 언어 지대다.'[4] 들뢰즈와 가타리가 주목하는 제3세계적인 언어 지대는 바로 그런 연유로 서구의 식민 논리가 열등한 것으로 만들어 영토화했던 지대다. 그런데 들뢰즈와 가타리는 동일한 이유를 들어 그것을 탈영토화시키고 있다. 그들의 이론은 기존 가치를 전복시키는 것 같지만 탈영토화된 주변부는 어디까지나 중심의 정체성을 위해 봉사한다는 것이 스피박의 지적이다. 주변성은 언제나 중심을 정당화하기 위해 동원된다.[5]

이와 같은 비판은 1세계 코스모폴리턴 페미니스트라고 해서 비켜갈 수 없다. 태혜숙이 번역한 「국제적 틀에서 본 프랑스 페미니즘」[6]에서 스피박은 크리스테바 이론을 전반적으로 다룬 것이 아니라 특정한 책에 한정하여 가혹한 비판을 퍼붓는다. 스피박은 크리스테바가 유럽의 주변부 불가리아 출신이면서도 탈식민 의식이 없다는 점을 경멸하기까지 한다. 크리스테바가 '지식인 첩보원'으로서 자기 입장을 의식하려는 노력은커녕 자신을 프랑스 주류로 조건화하고 있는 것이 스피박의 눈에는 아니꼽게 비친 것으로 볼 수 있다. 이처럼 스피박은 프랑스 페미니스트들이 1세계 백인 여성으로서 특권의식을 버려야 한다고 지적하면서[7] 그 대표적인 사례로 크리스테바를 꼽는다.

스피박에 의하면 크리스테바의 『중국 여성에 관하여』는 에드워드

---

4) Deleuze and Guattarim, *Kafka: Toward a Minor Literature* (University of Minnesota Press, 1986), trans. Dana Polan, p.27.

5) Gayatri Spivak, *Outside in the Teaching Machine,* New York: Routledge, 1993, p.55.

6) 가야트리 스피박, 「국제적인 틀에서 본 프랑스 페미니즘」, 태혜숙 옮김, 『여/성이론』 제6호,여이연, 2002, 229-265쪽.

7) Gayatri Spivak, "French Feminism in an International Frame," *In Other Worlds*, New York: Routledge, 1988, p.136.

사이드가 주장하는 오리엔탈리즘의 대표적인 경우다. 크리스테바는 중국에 관한 한 줌의 자료를 가지고 중국 여성을 일반화하면서 관대한 서구의 대모인 양 처신하고 있다는 것이다. 이것이야말로 인종적·계급적·특권을 누리는 여성들이 범하는 특권의식이다. 크리스테바는 구체적인 증거도 없이 유교 이전의 중국 사회를 기독교적인 서구보다 물신적인 신경증으로부터 훨씬 자유로웠던 공간으로 설정한다. 스피박은 이런 태도를 식민주의자들의 관대함의 징후로 읽어낸다. "엄청난 군중이 햇살 속에 앉아 있다. '그들은' 완벽한 침묵 속에서 미동도 하지 않은 채 '우리'를 기다린다." 이처럼 침묵하는 여성들 앞에서 크리스테바는 이 여성들의 정체성이 아니라 자기의 정체성에 의문을 제기한다.[8] 이 농민 여성들의 눈길 앞에서 누가 말하는가? 그러다가 크리스테바는 눈앞의 현실 여성을 타자화하면서 갑자기 신화시대로 거슬러 올라가서 현실 여성의 문제를 그곳에서부터 풀어나간다. 크리스테바는 청조의 가문소설이라고도 할 수 있는 『홍루몽』을 언급하면서는 뜬금없이 '중심에 있는 어머니'에 관한 결론을 이 소설에서 도출하기도 한다. 크리스테바의 이런 태도는 70년 초반 프랑스 지식인들의 태도를 무비판적으로 반복한 것이다. 68사태 이후 프랑스 공산당에게 실망한 프랑스 지식인들이 한동안 마오이즘에 매료된 시절이 있었기 때문이다.

프랑스 페미니즘 전반이 반휴머니즘 혹은 '반페미니즘적' 페미니즘을 전개하고 있는 것은 그들이 아방가르드 전통과 지속적으로 결속한 것과 무관하지 않다는 것이 스피박의 지적이기도 하다. 크리스테바의 아방가르드 시학은 정치경제학적 혁명을 언어적인 혁명으로 치환시킴으로써 아방가르드를 탈정치화시켰다는 것이다. 프랑스 페미니스트들

8) *Ibid.*, p.137.

은 소비자/독자보다는 생산자/작가를 정치적으로 훨씬 더 중요시하면서 아방가르드의 정치성을 극찬하지만 아방가르드의 혁명성과 정치적 에너지는 각주에서나 찾을 수 있을 뿐이라는 것이 스피박의 입장이다. 이뿐만 아니라 기독교-유대교적 유일신 세계를 중심으로 한 인도-유럽과 동양을 이항대립으로 설정하고 있는 크리스테바에 대해서 스피박은 발끈한다. 스피박은 인도가 유일신이었던 적은 한 번도 없다(샐먼 루시디 식으로 표현하자면 인구수만큼의 신이 있는 나라가 인도다)고 언급하면서 크리스테바가 서구의 정체성을 위해 동양을 동질화시키는 오류를 범하고 있다고 본다.

프랑스 페미니즘에서 그래도 구출할 것이 있다면 징후 읽어내기 독법symptomatic reading이라고 스피박은 인색하게 인정한다. 징후 읽어내기 독법은 프로이트가 『꿈의 해석』에서부터 시작하여 알튀세와 마슈레가 개발하고 페미니즘이 전유한 것이다. 스피박이 엘렌 식수를 긍정적으로 파악하는 이유도 여기서 찾을 수 있다. 식수는 여성의 욕망과 관련하여 '주체-대상'의 변증법이 아니라 '눈-대상'의 변증법으로 전환시키면서, "메두사를 보려면 똑바로 보기만 하면 된다"고 라캉을 반복하면서 패러디한다. 이것은 "성 테레사의 주이상스를 이해하려면 로마로 가서 베르니니 동상을 보기만 하면 된다"는 라캉의 오만을 징후적으로 다시 읽어낸 것이다. 라캉은 상징질서로 완전히 포섭되지 않는 여성의 몸이 누리는 주이상스에 지대한 관심을 표명한 바 있다. 성 테레사는 환상 속에서 천사가 황금 화살로 자기 가슴을 찌르는 것을 보았다. 가슴뿐만 아니라 창자까지 꿰뚫는 화살로 인해 테레사는 끔찍한 고통을 느낀다. 하지만 그 끔찍한 고통은 동시에 너무나 강렬한 희열이어서 인간의 것이 아니라 신의 법열 외에는 달리 표현할 길이 없다고 했다.[9]

그러므로 베르니니가 조각한 테레사의 조각상을 보기만 하면 그녀가 향유하는 주이상스가 무엇인지 알 수 있다고 주장하면서도 라캉은 여성은 주이상스 자체이기 때문에 그것에 대한 지식을 말해줄 수는 없다고 한다. 식수가 '메두사를 보려면 똑바로 보기만 하면 된다'고 말하는 것은 보이는 대상을 지식의 대상으로 만드는 관음증적인 시선을 패러디하기 위한 것이다. 메두사를 똑바로 쳐다본다는 것은 앎의 주체가 된다기보다 보는 시선의 화석화를 뜻하기 때문이다.

물론 징후 읽어내기 독법이 언제나 전복적인 것만은 아니다. 아방가르드를 이해하는 데 사용되면 복고적으로 기능할 수도 있지만, 지배담론을 노출시키는 데 사용되면 생산적인 갈등을 드러내 줄 수도 있기 때문이다. 프랑스 페미니스트 중에서 징후 읽어내기 독법을 가장 생산적으로 사용한 인물은 사라 코프만이다. 스피박은 정신분석학에 대해서 상당히 부정적인 입장을 취하지만, 예외적으로 사라 코프만의 『여성의 수수께끼』는 정신분석학적인 읽기의 탁월한 사례로 꼽고 있다.

「세 여성의 텍스트와 제국주의 비판」은 스피박이 징후 읽어내기 독법을 통해 영문학 텍스트가 어떻게 제국주의 원칙을 공고히 하는 데 공모하고 있는지를 읽어낸 탁월한 논문이다. 아마도 스피박의 이 논문은 포스트식민페미니즘이 개발한 독법이 과연 어떤 것인지를 가장 잘 보여준 것으로 간주될 수 있을 것이다.

서구 백인 중산층 중심 이성애 페미니스트에게 『제인 에어』는 여성이 자율적인 주체가 되는 과정을 묘사한 성장소설의 전형으로 읽히고 있다. 이것이 수전 구바와 샌드라 길버트가 『다락방의 미친 여자』에서

---

9) 라캉은 『세미나』 20권에서 「앙코르」라는 제목으로 성 테레사의 주이상스를 다루고 있다. *The Seminar of Jacques Lacan, Book XX, Encore: On Feminine Sexuality, The Limits of Love and Knowledge*(Translated by Bruce Fink, W.W. Norton & Company, 1998, p.70).

읽어낸 독법이기도 하다. 하지만 이들의 독법은 결국 제인의 정체성을 위해 다락방의 미친 여자가 되어가는 버사 메이슨을 희생시킨다. 『제인 에어』에서 버사 메이슨은 님포마니아이자 광기를 유전으로 물려받은 동물적인 이미지로 재현된다. 서구 여성의 새로운 정체성을 구성하기 위해 동원된 크레올 여성인 메이슨은 광기로 인해 배제되거나 순치되어야 할 동물이자 야만인이다. 이에 반해 서구 백인 여성들은 자비로운 마님이자 선교사이며 제국의 시민이라는 새로운 역할을 부여받게 된다. 릴라 간디가 주장하다시피[10] 서구 여성들은 식민지에서 마님의 역할을 탁월하게 수행함으로써 공적인 시민으로서의 자질을 갖춘 것으로 입증받게 된다.

『제인 에어』를 다시 쓴 텍스트가 진 리스의 『드넓은 사가소 바다 *Wide Sargasso Sea*』다. 이 소설은 사적인 영역과 영혼의 영역에서도 제국주의 정치학이 어떻게 개입하고 있는지를 잘 보여주고 있다. 적어도 리스는 서구 백인 여성의 주체성을 공고히 하기 위해 식민지 출신 자매를 야수와 같은 동물로 희생시키지는 않는다. 『드넓은 사가소 바다』에서 원주민 여성인 크리스토핀은 제국주의의 식민화에 저항하는 인물로 형상화된다. 하지만 소설의 2부 말미에 이르면 크리스토핀은 소리 소문도 없이 서사에서 실종되어 버린다는 한계가 있다. 하지만 그것이야말로 원주민 여성의 절대적 타자성을 재현한 것으로 스피박은 읽어내고 있다.

이 두 여성 텍스트에서 아직도 미흡한 지점은 '원주민' 여성 주체다. 도대체 원주민 여성 주체는 어디에 있는가. 스피박은 메리 셸리의 『프랑켄슈타인*Frankenstein*』의 재해석을 통해 원주민의 절대적 타자성을 괴물성으로 연결시킨다. 기존 영문학 정전에서 『프랑켄슈타인』은 그다지

10) 릴라 간디, 『포스트식민주의란 무엇인가?』, 이영욱 옮김, 현실문화연구, 2000, 118-124쪽.

비중을 차지하지 못하는 고딕 소설 아류쯤으로 대접받았다. 스피박의 『프랑켄슈타인』 읽기는 '위대한' 영문학의 지형도를 바꿔낸 것으로도 볼 수 있다. 스피박의 읽기는 마슈레가 대중 탐정소설 작가로 치부되었던 쥘 베른의 텍스트를 유물론적인 분석을 통해 정전의 반열에 올린 것과 같은 역할을 한다. 스피박은 『템페스트*Tempest*』의 캘리번과 같은 역할을 프랑켄슈타인의 괴물에게서 찾는다. 괴물성은 피식민 주체의 알레고리가 된다. 피식민 주체를 괴물성과 같은 타자로 구성하는 것이 식민주의자들이 타자를 구성하는 전략이며 제국주의의 어두운 그늘이다. 프랑켄슈타인은 짝을 이루기 위해 여성괴물을 만들어달라는 괴물의 부탁을 거절한다. 괴물이 짝을 맞이하여 재생산을 하게 되면 무수하게 증폭될 괴물성의 확산에 대한 공포로 인해 프랑켄슈타인은 괴물의 소원을 묵살한다. 프랑켄슈타인의 괴물이 당대 프롤레타리아트에 대한 공포가 투사된 상상적 산물이라는 점을 감안한다면, 괴물의 다산성이 지배계급을 삼켜버릴 수도 있다는 두려움으로 인해 프랑켄슈타인은 자신의 부정적인 더블인 괴물을 파괴한 것으로 볼 수도 있다. 서구 문명에 길들여진 아랍 여성인 사피는 동화된 피식민 엘리트로 대변되며, 『템페스트』의 에어리얼과 같은 역할이다. 이에 반해 괴물은 식민주의자들에게 저항하는 캘리번이 된다. 그래도 여전히 남는 의문은 원주민 여성 주체는 어디에라는 질문이다. 이 질문에 대해 스피박은 메리 셸리가 타자의 타자성을 규정하지 않고 여백으로 남겨두었다는 것으로 대답을 대신한다. 타자의 절대적인 타자성은 서구적인 자아의 나르시시즘에 포섭될 수 없기 때문이다.

프랑스 페미니즘 다시 읽기

스피박은 「기층 민중은 말할 수 있는가?」11)에서 전 지구촌 자본주의의 회로 안에서 서구 지식인들은 어쩔 수 없이 국제적인 노동 분업을 공고히 하는 데 공모하고 있다는 점을 은폐하거나 무의식으로 만든다고 주장했다. 하지만 최근 들어 그녀는 그런 입장을 대폭 수정한 것처럼 보인다. 푸코의 지식/권력 담론을 비판했던 과거와 달리 지금 그녀는 푸코가 지식인으로서 자기 입장을 의식하면서도 '피억압자들을 탁월하게 재현했다'라는 식으로 입장의 변화를 보이고 있다. 이런 관점은 어찌 보면 스피박 자신의 현재 입장을 푸코에게 전이한 것 같은 느낌마저 준다. 「국제적 틀에서 본 프랑스 페미니즘」에서 프랑스 페미니즘이 탈정치성으로 인해 제국주의에 공모하고 있다는 점을 신랄하게 지적했던 것과는 달리 10년이 지난 지금 「다시 생각하는 프랑스 페미니즘」에서 스피박은 프랑스 페미니즘에 대한 종전의 태도를 철회한다. 「국제적 틀에서 본 프랑스 페미니즘」을 썼을 무렵 스피박은 탈식민화된de-colonized 미국이라는 나라에서 포스트식민페미니스트로서 살아가고 있는 자신의 계급적인 위치를 거의 의식하지 못했기 때문에 코스모폴리턴 페미니즘을 경멸할 수밖에 없었다고 자아비판을 한다. 그랬기 때문에 코스모폴리턴 페미니즘을 '백인 페미니즘'으로 등치하면서 그것에 저항하는 것만으로도 이민자들과 디아스포라들의 투쟁에 특권을 부여하는 것으로 간주했다고 한다. 하지만 이런 투쟁은 국민 주체의 위상을 흔들

11) "Can The Subaltern Speak?"에서 서발턴을 하위주체 혹은 그냥 서발턴으로 번역하는데, 이제는 거의 사어가 된 기층민중이라는 번역을 수정하지 않고 그대로 두고자 한다. 이 글 자체가 거의 30년 전 『여/성이론』에 실렸다. 어떤 이론이든 연구자 개인의 오독과 편견이 개입할 뿐만 아니라, 당대의 지적인 정동과 '지배적' 해석과 무관한 것도 아니다. 이 글 또한 그 당시의 지적, 정치적 분위기 속에서 이해된 것이므로 지금 읽으면 격세지감이 들고 오독도 부지기수지만, 그때는 그렇게 읽었다는 것을 그대로 보여줌으로써 행여 과거의 오독이 여타 다른 생산적 독해에 거름이 되었으면 해서다.

어놓음으로써 그 나라의 국민 주체로 거주하고 싶어 하는 양면성을 잊어버리도록 만드는 기제이기도 하다. 다시 말해 영국인이 아니라 '흑인' 영국인 혹은 프랑스인이 아니라 '아랍계' 프랑스인이라는 호명 자체가 국민 주체를 거부하면서도 동시에 선망하는 양면성을 망각하도록 해주었다고 스피박은 지적한다.[12)]

스피박은 자신 또한 학문적인 훈련의 측면에서 유럽인이며, 과거에도 그랬고 현재에도 그런 것처럼 어떤 유럽주의자들도 자신들이 유럽을 전 지구촌적으로 재생산하고 있다는 점을 무시해서는 안 된다고 경고한다. 이와 같은 자기반성으로 인해 종전의 입장을 수정한 스피박은 세 명의 프랑스 페미니스트들인 보부아르·식수·이리가레를 재고하고 있다. 그중에서도 특히 식수의 텍스트를 알제리 여성운동가인 엘리 루카스와 중첩시켜 분석하고 있다. 스피박은 식수의 작업이야말로 알제리 비평가인 엘리 루카스의 작업이 가능하도록 만들어준 토대가 되었다고 높이 평가한다. 하지만 어떻게? 이 질문은 스피박의 최근 이론 동향과 관련된 질문이기도 하다.

스피박의 고민은 코스모폴리탄 페미니스트와 포스트식민페미니스트가 어떻게 협상할 수 있는가라는 데 있다. 스피박은 식수의 「메두사의 웃음」을 다원적인 여성적 글쓰기 전략으로 분석하고 있다. 식수의 두 가지 글쓰기 방식은 tu-toi/I-Thou이다. 어머니를 중심으로 한 여성이 다른 여성에게 선물giving이 될 때는 친숙한 tu-toi라는 2인칭 자유간접화법을 사용한다. 친숙한 대화체가 여성에 관한 역사적인 다원성이라는 담론으로 넘어가게 되면 암시적이 되고 몰개성적인 것으로 전환된다. 그래서 I-Thou로 바뀐다. 이와 같은 다원적인 글쓰기가 알제리의 탈식

12) Spivak, *Outside in the Teaching Machine*, p.145.

민 투쟁을 주도하는 여성들과 어떤 상관관계가 있다는 것일까? 프랑스 태생이지만 알제리에서 성장한 식수는 이론적인 크레올이다. 그로 인해 「메두사의 웃음」에 이런 다원성이 나타나는 것으로 스피박은 해석한다. 식수는 역사의 주체를 역사의 주제에 관한 이야기라고 겸손하게 말한다. 그러므로 역사를 대변하는 남성적인 주체가 역사의 경기장에서 억압했던 것들을 가시화하는 새로운 이야기 주제이자 주체로서 여성의 공간을 마련하려는 것이 식수의 작업이다. 이것이야말로 페미니스트 연대를 가능하게 해주는 시공간이다. 식수가 엘리 루카스와 연대하여 '탈'식민하려는 공간은 역사를 위한 다른 이야기 주제와 주체를 모색하는 곳이다. 스피박에 의하면 코스모폴리탄 페미니스트들에게서 결핍되어 있는 다원성plurality을 예외적으로 열어두고 있는 사람이 식수다.

그렇다고 식수의 '다원성'이 알제리 출신인 엘리 루카스에게서 동일하게 나타나지는 않는다. 루카스의 입장은 두 가지로 압축될 수 있다. 하나는 문자 그대로 민족해방운동과 무장투쟁을 통해 '보다 발전적인' 생산양식을 성취하는 것이며, 다른 하나는 젠더 차이를 법전화하는 것이다. 프랑스 통치 아래 여성의 사적인 위상에 관한 프랑스 법률과 알제리 통치 아래 이슬람 법전의 헤게모니 다툼이 여성의 몸이라는 영토에서 발생한다. 알제리에서 종교는 여성 운동의 영역에서 중대 변수로 작용한다. '동질적으로 비어있는 시간'을 공유한 '상상적 공동체'로서의 민족이란 환상을 유지하기 위해서는 계급 모순·성 모순 이상으로 종교가 힘을 발휘하고 있기 때문이다. 심지어 종교라는 범주는 중첩된 제 모순들을 비가시화시킬 정도로 막강한 이데올로기 장치다. 프랑스 통치하의 기독교와 알제리 독립 이후 이슬람교가 지니는 정치적·경제적·문화적인 기호는 알제리 여성들의 연대에 중대한 갈등과 의미를 부여한다.

이런 맥락에서 식수의 다원성이 알제리 상황으로 들어가면 다른 맥락을 부여받게 된다.

루카스에게 국가와 민족은 여성에게 당연한 것으로 주어진 것이 아니다. 여성의 이해관계와 여성의 권리를 쟁취하기 위해 투쟁하는 데 적절한 순간은 현재에도 없고 과거에도 결코 없었다. 식민주의에 대항하여 해방 투쟁을 하는 동안에도 없었다. 왜냐하면 제 세력들은 주요 적대 세력인 프랑스 식민주의에 저항하는 데 힘을 결집해야 했기 때문이었다. 독립 이후에도 없었다. 왜냐하면 제 세력들은 황폐해진 나라를 재건하는 데 힘을 결집해야 했기 때문이었다. 그리고 지금도 없다. 왜냐하면 인종차별적이고 제국주의적인 서구 정부들이 이슬람과 제3세계를 공격하고 있기 때문이다. '지금' 여성의 권리를 옹호하는 것은 민중과 국가와 혁명과 이슬람과 민족적인 정체성과 문화적인 풀뿌리 운동과 제3세계에 대한 배신이다.[13]

이런 상황에서 식수의 이론이 민족해방이나 제국주의에 대한 투쟁의 일부가 될 수 있는가? 이 질문 자체가 폭력적이라고 반문하고픈 것이 스피박의 입장일지도 모른다. 단일 투쟁을 내파하여 다원성으로 채우는 식수는 계급투쟁이 유일 투쟁이 아닌 것이나 마찬가지로 여성의 투쟁 역시 유일 투쟁은 아니라고 본다. 다원성을 중심으로 식수와 루카스가 만날 뿐만 아니라 스피박 또한 이에 가세하게 된다. 국경·계급·민족·인종·종교를 가로질러 여성이 다른 여성에게 선물일 수 있는 자매애로서 연대가 필요하다고 역설하는 루카스와 식수가 만나게 되는 것도 바로 이 때문이다. 다원성과 협상을 불가능하게 만드는 것이 단일투쟁 논리다. 오직 하나의 투쟁으로 모든 것을 환원시키는 단일투쟁은 여타

13) *Ibid.*, pp.160-161.

투쟁을 배제시키고 억압할 때라야 가능한 '서사'이기 때문이다. 어쨌거나 식수는 모든 투쟁을 '다원화'해야 한다고 주장하고 스피박은 다원성을 매개로 식수와 루카스를 연결시키고 있다. 루카스가 식수의 다원성 전략을 차용하게 되면, 위 인용문에서 보다시피 단일투쟁 논리를 내파할 수 있는 지점을 확보할 수도 있을 것이다. 식수의 이론이 알제리 탈식민 운동에 다원성이라는 범주만으로 어떤 영향을 미쳤는가를 구체적으로 판단할 수는 없다. 다만 유일 투쟁을 위해 여타 투쟁을 무기력하게 만들면서 기존 권력 구도를 정당화시키지 않도록 해준다는 점에서 식수의 다원성은 루카스가 젠더를 중심으로 여성운동을 하는 데 힘을 실어주는 것으로 스피박은 믿고 있다.

『다른 세상에서』보다 10년 뒤에 나온 그녀의 책 제목이 『교육기계의 바깥』인데, 이때 기계라는 어휘는 어쩔 수 없이 들뢰즈를 연상시킨다. 이처럼 그녀의 입장이 바뀌고 있는 것 자체가 국제적인 지적 구도에서 있는 '3세계' 여성 지식인으로서 스피박 자신의 입장 변화와 맞물려 있는 것으로 해석할 수 있겠다.

젠더화된 기층 민중은 스스로 말할 수 있는가?

스피박이 「기층 민중은 말할 수 있는가?」에서 역설한 것은 지식인은 자기 입장을 투명하게 만듦으로써 기층 민중을 대변하는 입장에서 그들을 재현할 수밖에 없다는 점을 인정하자는 것이었다. 기층 민중을 대변하는 지식인의 입장이 결코 투명할 수 없음에도 투명한 척 가면을 쓸 수밖에 없기 때문이다.14) 이런 맥락에서 스피박은 이론의 보편성과 과학적 위상을 스스로 허물어내는 해체론자의 면모를 보여준다.

그렇다면 자기 입장을 투명하게 만들지 않으면서 동시에 주변화되고 비가시화되어 있는 기층 민중에게 포스트식민페미니스트들은 어떻게 말을 걸 수 있는가. 스피박이 말하는 기층 민중, 그중에서도 '인도'라는 특정한 시공간에서 전 지구촌적인 자본의 회로에 결코 포섭되지 않는 절대적인 타자로서의 기층 민중은 누구인가? 서구의 인식론적 폭력이 그려내는 회로의 주변부에 속하는 배우지 못한 남녀 농부들·부족 사람들·도시 하부 프롤레타리아트 등을 스피박은 기층 민중으로 지칭한다.

그렇다고 해서 스피박은 민중의 정치학, 다시 말해 민중의 자율성과 힘을 전적으로 인정하지 않는다. 건강하고 자율적인 기층 민중이 존재한다고 주장하게 되면 본질론으로 빠져들 뿐만 아니라 변혁적인 계급의식을 이미 주어진 것으로 상정해야 하기 때문이다. 이 점은 「국제적 틀에서 본 프랑스 페미니즘」에서 견지된 입장이기도 했다. 인도의 카스트 제도에서 상류층 신분인 스피박은 어린 시절 할아버지 사유지를 걸어가다가 강가에서 세탁부들이 빨래를 하면서 실랑이하는 소리를 듣게 되었다. 한 여자가 그 강은 동인도 소유라고 우겼다. 인도는 독립했고 그 강은 더 이상 동인도 소유가 아니라 스피박 할아버지의 사유지다. 하지만 스피박은 31년이라는 세월이 지나서야 그들의 말이 옳았다는 점을 깨달았다고 토로한다. 동인도 회사로 상징되는 신식민주의가 여전히 인도를 지배하고 있기 때문이다. 그런 의미에서 그들의 말이 정당하지만 원주민만이 원주민의 현실을 제대로 파악할 수 있다는 진부한 민

14) Gayatri Spivak, "Can Subaltern Speak?", in *Marxism and the Interpretation of Culture*, ed. by Cary Nelson and Lawrence, University of Illinois Press,1988; 가야트리 스피박, 「하위주체가 말할 수 있는가?: 다원주의의 문제들」, 태혜숙 옮김, 『세계 사상』 4호, 85쪽.

족주의적인 발상을 반복하고 싶지는 않다고 스피박은 말한다.

스피박이 대단히 모호하게 만들어놓은 기층 민중은 한편으로는 역사적인 실체이면서 동시에 이론적인 알레고리다.[15] 기층 민중은 스스로 말할 수 있는가 하면 말할 수 없다. 그들은 자신을 대변할 수 있는가 하면 대변하지 못한다. 혹은 그들을 대표할 수 있는 세력을 잘못 파악하여 허위의식에서 빠져 있으면서도 동시에 자신의 계급적인 위상으로 인해 변혁적인 계급의식을 획득할 수 있는 자질이 부여되어 있다. 그들은 접근 불가능한 절대적 타자임과 동시에 접근 가능한 역사적 실체이기도 하다. 일견 기회주의적인 양도논법으로 비칠 수 있는 스피박의 모순을 지적하는 데 매달리는 것은 그다지 생산적이지 않다. 오히려 스피박 텍스트 자체를 징후적으로 읽어내는 것이야말로 생산적인 읽기의 한 방식이 될 수 있다. 텍스트의 무의식은 모순을 모른다. 텍스트가 말하면서도 말하지 않은 무의식을 읽어내는 것이 징후 읽어내기 독법이다. 스피박은 자기 이론 내부에 있는 모순을 징후로서 즐기고 있는지도 모른다. 모호한 기층 민중을 재현하고 대표하려는 스피박의 욕망 자체가 징후적인 것이며 그것이 그녀 텍스트의 무의식이자 공백이 되고 있다. 스피박 텍스트의 징후를 읽어내는 것은 독자의 몫이기도 하다.

스피박에게 남다른 점은 자신의 계급적인 입장을 분명히 밝히고 그런 지평 안에서 초점화자로서 말을 건네는 점이다. 엘리 루카스가 자매애를 강조하면서 국제주의자가 되기 위해 국경을 가로질러 이슬람 여성들과 전세계 여성들이 연대해야 한다고 주장했을 때, 스피박은 비이슬람 인도 포스트식민주의자로서 프랑스 페미니즘에 접근하겠다는 입장을 분명히 한다. 자기의 입장을 정확히 알고 있을 때라야만 협상은

15) 버트 무어-길버트, 『포스트식민주의! 저항에서 유회로』, 이경원 옮김, 한길사, 2001, 245쪽.

가능하다. 하지만 자기 입장을 정확히 규명할 수 있을 정도로 세계가 투명하다면 오죽이나 좋을까. 어쨌거나 스피박이 자기 입장을 분명히 밝히면서 식수의 다원성을 높이 평가한 것도 자신의 입장 수정을 위한 협상전략의 하나임은 분명하다.

우울하고 유쾌한 협상의 정치학

그렇다면 스피박은 무엇을 가지고 무엇을 협상하자는 것일까? 일단은 페미니즘과 가부장제 사이의 협상이다. 오랜 세월 가부장제의 우산 아래서 살아온 여성들이 가부장제의 오염에서 벗어나 있다고 주장할 수는 없다. 여성 역시 가부장제로부터 자유로울 수 없기 때문이다. 여기서 여성들은 가부장제의 주변에 있으면서도 그 경계를 넘나들면서 협상할 필요성과 대면하게 된다. 여성이라고 동일한 범주는 아니므로 여성들 사이의 차이를 협상하는 것 역시 필수적이다. 이와 유사하게 페미니즘은 탈식민주의와 협상해야 한다. 식민 지배를 경험한 나라가 순수한 민족 언어와 문화를 찾기 위해 식민화 이전으로 거슬러 올라가서 민족과 국가의 기원을 찾으려는 자존심 회복의 서사는 신화적임과 동시에 반동적일 수 있다. '진정한' 민족 운운하는 것들은 거의 언제나 식민 이전의 봉건적인 신분 질서로 되돌아가려는 경향이 있기 때문이다. 그러므로 이미 겹쳐지고 덧칠해진 역사의 치욕과 얼룩 사이에서 뒤엉켜 착종된 문화를 받아들이자는 것이 스피박이 주장하는 협상의 정치학이다. 이것이 이적행위·부역 행위와 다른 점은 무엇인가라는 의문이 당장 제기될 수 있다. 부역 행위가 타국을 이롭게 하는 행위라면 협상의 정치는 군사·정치·경제·문화적으로 식민지 경영이 휩쓸고 난 자리에 오염되지 않은 것을 찾기 위해 반동적이고 수구적인 과거로 되돌아가는 것이 아니라 있는 자리에서 출발하자는 것이다. 그렇기 때문에 (청산이 아니라) 협상하지 않을 수 없는 것이다. '어디선가 시작할 지점이 있어야 하기' 때문이다.

스피박이 말하는 이론적인 협상은 유럽 철학적인 전통이 지니고 있는 반인간주의 사상이 막강하다는 사실을 무시하지 않으면서도 그런 지적 흐름을 이용하기 위해 그것이 지닌 남성중심주의에 변명하지 않는 것이다. 유럽 철학의 가부장적인 측면을 인정하면서 그것을 활용하자는 것이다. 스피박이 말하는 '협상'은 식민지 경험이라는 폭력 구조와의 타협을 구차스럽게 변명하지 않는 것이다. 여성이라고 해서 가부장제의 오염에서 완전히 면제될 수는 없기 때문이다. 여성 역시 그런 폭력적이고 오염된 역사 안에서 구성원으로 있었음은 사실이고 그런 의미에서 오염된 주체다. 온전한 주체·순결한 주체를 내파하여 혼종으로 만들면서 숙주의 영토를 탈영토화하여 자신의 것으로 변형시켜 나가는 것이 탈식민 주체가 행하는 협상의 정치성이다.

따라서 포스트식민페미니즘은 오류의 폭로도 아니며 오류의 목록을 작성하는 것도 아니다. 가부장제는 병리적인 현상도 아니고 형이상학적인 봉쇄도 아니다. 가부장제는 폭력적인 수단을 동원하여 전복해야 하는 감옥도 아니다. 과연 그런가? 이런 식의 주장 자체가 스피박 자신의 입지를 정당화하는 것은 아닌지를 '우리'는 끊임없이 질문해 보아야 할 것이다. 이런 회의에 봉착하면서 그녀는 포스트 식민성을 또다시 문제 삼는다. 스피박은 J. M. 쿳시Coetzee의 『적*Foe*』을 인용하면서 자신의 입장을 표명한다. 그녀는 로빈슨 크루소의 프라이데이처럼 말한다고 혹은 그보다 훨씬 더 말을 잘한다고 한다. 프라이데이는 크루소가 가르쳐준 언어를 반복하고 패러디하지만 전복하지는 않는다. 이제 저항적인 포스트 식민지인들은 추문거리가 되었다. 탈식민하려는 저항이 추문거리가 된 지금 그렇다면 포스트 식민이라는 이름이 특별히 유용한 까닭은 무엇인가? 어쩔 수 없이 제국주의 문화에 접근하면서도 동시에 그것에 대해 '아니오'라고 말할 수 있어야 하기 때문이라고 스피박은 주장한다. 자신이 비판하면서도 친숙하게 거주하고 있는 구조에 대해 '아니오'라고 부정하는 불가능한 입장을 취하는 것이 스피박이 처한 아포리아다.

1세계에서 가르치는 선생으로서 자신의 토대를 끊임없이 반성적으로 성찰하는 힘든 과업을 수행해야 한다는 것이 스피박의 입장이기는 하지만 그것이 어떻게 가능한가라는 점에서 그녀는 침묵한다. 선생으로서 자기가 하는 역할이 지금의 제도와 체제를 유지하고 재생산하는 것임에도 그로부터 벗어날 수 있는 가능성의 공간을 어떻게 제시할 것인가? 그것이 선생으로서 그녀가 대면하고 있는 고민이자 반성의 지점이다.

선생으로서 스피박의 고민은 데비의 소설인 「너그러운 두올로티」에 등장하는 학교 선생인 모한의 고민과 흡사하다. 인도 독립기념일을 축하하면서 학생들에게 민족주의를 고취시키기 위해 모한은 학교 운동장에 있는 클레이 코트에 인도의 지도를 그려놓았다. 고향으로 돌아가던 두올로티는 깨끗한 흙 마당을 보고서는 죽음의 자리로 그곳에 몸을 눕힌다. 두올로티는 카미야다. 카미야는 가족의 빚을 갚기 위해 인신매매된 여성을 지칭하는 명칭이다. 이들은 철저한 고리대에 묶여서 성노동과 착취 노동을 하게 된다. 두올로티는 아버지가 진 빚 300루피를 갚기 위해 8년 동안 40,000루피를 갚아주고도 아직도 하루에 다섯

명에서 스무 명의 손님을 받아야 한다. 결국 성병으로 죽어가던 두올로티는 고향으로 되돌아가는 길에 인도 위에서 시체가 된다. 다음날 아침 선생님과 학생들은 인도의 지도 위에 누워있는 두올로티를 발견한다. 이처럼 여성의 몸은 부재 원인으로서의 최종심급이지만 언제나 딴 곳에 있다. 이 소설의 마지막은 이와 같은 의문문으로 끝맺고 있다. "모한은 이제 어떻게 해야 할까? 두울로티가 인도를 전부 다 뒤덮고 있는 마당에."

벵골어 두올롯doulot은 부를 의미한다고 한다. 두올로티douloti는 부의 거래traffic in wealth를 의미한다. 모한은 무엇을 할까? 부의 거래가 전 지구촌을 뒤덮고 있는 마당에. 시초축적의 토대인 기층 여성의 몸이 전 지구촌화된 부의 흐름에서 어떤 변혁적인 가능성을 지니고 있다는 것인지를 데비의 텍스트에서 확인하기란 쉽지 않다. 이들이 희생자 논리에서 벗어날 수 있는 어떤 가능성이 있는가. 풀란 데비처럼 폭력 저항을 해야 하는가? 이런 의문은 비폭력 저항에 대한 데비의 회의적인 시선에서 어느 정도 해답을 찾을 수 있을 것처럼 보인다. 데비가 모한에게 던진 질문은 1세계 제도권 선생으로서 그 제도를 유지하는 데 공모하면서도 그로부터 벗어나려는 스피박에게도 해당하는 질문이다.

나가는 말

분단이라는 특수한 상황을 살아가고 있는 남한에서 포스트식민페미니즘이 작업해야 할 부분에 관해 스피박의 이론은 많은 통찰을 제공한다. 2002년 5월 3일과 4일 독일에서 '정당하게 입어라Fit for Fair'라는 국제 대회가 열렸다. 다국적 스포츠웨어 기업들에게 인간다운 노동

조건을 제시하라고 요구하는 대회였다.[16]

이 대회에서 한국 기업도 성토의 대상이었다. 남한은 80년대까지 다국적기업이 선호하던 나라였다. '빵과 장미'를 얻어내기 위한 남한 여성 노동자들의 힘겨운 투쟁으로 노동조건이 개선되자 다국적기업들은 남한 땅을 떠났다. 그 후 마산 수출 자유 지역 노동자들의 47퍼센트가 실업자가 되었다. 다국적기업은 남한보다 노동력이 싼 동남아·멕시코 등지로 떠났다. 그런데 이제는 남한 역시 다국적 기업의 하청 산업을 대행하면서 노동 착취국의 장본인이 되고 있다. 내가 입고 있는 청바지는 리바이스사로부터 하청받은 말레이시아 기업 여성 노동자의 노동력으로 만들어낸 것이다. 그들의 값싼 노동력에 의해 가격경쟁력을 가지게 됨으로써 남한에서 살아가는 도시 빈민이자 비정규직 지식 노동자에 속하는 나도 리바이스 청바지를 소비할 정도가 된다. 그렇다면 나 역시 그런 노동착취의 회로 속에 이미 들어가 있는 셈이다. 그렇다고 시민운동이 불매운동으로 연결된다면, '3세계' 여성 노동자들은 실직하게 될 것이다. 열악한 노동조건을 최대로 이용하면서 세계를 떠도는 다국적기업의 횡포에 맞서려면 탈식민 페미니즘 운동도 국제적인 연대를 하지 않으면 효과가 없을 것이다.

그런데 막상 국경선을 넘어서서 무엇을 한다는 것이 그처럼 힘든 구조로 세계는 이미 이행되었다. 소위 말하는 신자유주의는 국경을 허물라고 압력을 가하지만 실상은 민족국가라는 경계를 완강히 지켜주어야만 가능한 1세계의 '이즘'이다. 잉여를 남기는 특정한 국가의 시민권은 그 자체가 특권이다. 시민으로 편입된 사람들은 그로부터 배제된 미등록 이주민, 비시민들의 값싼 노동력으로 자기 삶의 여유와 자유를

16) 조한나, "마이클 조던과 베트남 여공의 차이", ≪여성신문≫, 2002년 5월 24일자, 19면 참조.

구가한다. 이처럼 전 지구촌적인 노동 분업의 현장에서 도대체 누구와 무엇을 적대세력으로 삼아서 포스트 식민 투쟁과 실천을 전개해야 하는지에 대한 판단은 점점 더 모호해진다. 민족주의가 비록 '상상적 공동체'라고 하더라도 그런 공동체와 동일시하려는 욕망 역시 대단히 강렬하다. 그로 인해 민족·국가·종교를 뛰어넘어 페미니스트들이 국제적으로 연대한다는 것은 힘든 과업이 된다. 심지어는 연대의 거점을 마련하기 위한 정치적인 비전조차 정립하기 힘들 지경이다.

그렇기 때문에 우울하지만 유쾌한 협상을 하지 않을 수 없다. 식수가 지적하다시피 어떤 투쟁도 이제는 하나의 단일한 투쟁, 단일한 목표를 가지기 힘들다. 그러므로 투쟁의 다원성을 살려내어 다양한 주체의 입장과 서로 연대할 수 있도록 협상하는 것이야말로 포스트식민페미니스트가 할 수 있는 실천일 것이다. 계급·젠더·민족·국가·종교와 같은 여러 심급들이 서로 환유적으로 중첩되면서도 약한 고리를 찾아내는 것이 포스트식민페미니스트로서 스피박이 제시하는 실천이기도 하다.

스피박을 가장 잘 읽어내는 방식은 각기 다른 (신)식민의 상황을 맥락화함으로써 탈식민하려는 이론과 실천의 장을 열어나가는 것이다. 그녀가 언급하는 알제리·인도·멕시코·동남아시아·한국 등이 국제적인 노동분업에서 각기 다른 공간을 차지하고 있다. 그런 차이를 이론화하는 작업이야말로 스피박이 주장하는 포스트식민페미니즘이 해야 할 과제 중 하나일 것이다. 한국은 세계 유일의 분단국가라는 특수한 상황에 처해 있다. 그렇기 때문에 민족을 들먹이면서도 남북한은 적대관계를 반세기 이상 유지하고 있다. 이런 상황에서 남한의 여성과 북한의 여성은 어떻게 연대할 수 있는가? 동남아 출신 외국 여성 노동자·연변 동포 여성·탈북한 여성들이 남한 여성들의 내부 식민화되는 현상을 어떻게 극복할 것인가. 분단으로 인해 반공 이데올로기가 무의식화되어 있는 사회, 아직도 수상한 자가 있으면 국정원에 신고하라는 방송을 지하철에서 하는 사회, 찬미와 반미가 애증으로 혼재된 사회, 그러면서도 붉은 악마(혹은 빨갱이)가 되어라Be the Reds와 같은 구호가 아무런 검열 없이 휘날릴 수 있는 사회. 이처럼 온갖 모순이 중첩된 한국 사회 특유의 맥락 속에서 페미니스트들이 만들어나갈 세상은 어떤 것일지를 끊임없이 반성하면서 출구를 찾는 것이야말로 스피박이 주장하는 탈식민적인 실천이 될 것이다.

참고 문헌

가야트리 스피박, 「국제적인 틀에서 본 프랑스 페미니즘」, 태혜숙 옮김, 『여/성이론』 제6호, 여이연, 2002.

____________, 「하위주체가 말할 수 있는가?: 다원주의의 문제들」, 태혜숙 옮김, 『세계 사상』 4호, 1998.

릴라 간디, 『포스트식민주의란 무엇인가?』, 이영욱 옮김, 현실문화연구, 2000.

버트 무어-길버트, 『포스트식민주의! 저항에서 유회로』, 이경원 옮김, 한길사, 2001.

조한나, "마이클 조던과 베트남 여공의 차이", ≪여성신문≫, 2002년 5월 24일자.

Deleuze and Guattarim, *Kafka: Toward a Minor Literature*, trans. Dana Polan University of Minnesota Press, 1986.

Franz Fanon, *A Dying Colonialism*, trans. Haakon Chevaliar, New York: Grove Press, 1965.

Gayatri Spivak, "Can Subaltern Speak?", in *Marxism and the Interpretation of Culture*, ed. by Cary Nelson and Lawrence, University of Illinois Press, 1988.

____________, "French Feminism in an International Frame," *In Other Worlds*, New York: Routledge, 1988.

____________, *Outside in the Teaching Machine*, New York: Routledge, 1993.

Jacques Lacan, *The Seminar of Jacques Lacan, Book XX, Encore: On Feminine Sexuality, The Limits of Love and Knowledge*, Translated by Bruce Fink, W.W. Norton & Company, 1998.

게일 러빈 Gayle Rubin

젠더와 섹슈얼리티를 사유하는 지렛대

박소영
『여/성이론』 편집위원을 지냈으며, 페미니즘 관점에서 생명과학기술과 일상의 정치를 살펴본 책인 『프랑켄슈타인의 일상』, 수잔 브라운밀러의 『우리의 의지에 반하여』를 번역 및 편저했다.

이 글의 원문은 『여/성이론』 18호(2008)에 실려있다.

게일 러빈: 젠더와 섹슈얼리티를 사유하는 지렛대

게일 러빈Gayle S. Rubin은 젠더와 섹슈얼리티 연구의 초석을 놓은 사상가 중 하나다. 1975년 논문 「여자거래The Traffic in Women」에서 그는 "섹스/젠더 체계sex/gender system"라는 개념을 제안해, 여성억압이 계급 문제의 부차적 산물이 아니라 독립적인 사회구조임을 드러냈다. 그리고 1984년의 「성을 사유하기Thinking Sex」는 섹슈얼리티 연구의 기원으로, 이후 수십 년간 페미니즘·퀴어 이론·문화인류학을 통틀어 가장 많이 인용된 텍스트 중 하나가 되었다.

2011년 발간된 『일탈: 게일 루빈 선집*Deviations: A Gayle Rubin Reader*』은 러빈이 30여 년간 발표해온 주요 논문과 에세이를 집대성한 단독 저서로, 인류학·페미니즘·퀴어 연구를 가로지르는 사유의 정점을 보여준다. 현재 그는 미시간 대학교 인류학과 및 여성학 프로그램 교수로 재직 중이며, 박사학위 논문이기도 했던 「The Valley of the Kings: Leathermen in San Francisco, 1960-1990」을 비롯해 BDSM·레더 커뮤니티, HIV/AIDS가 성소수자 공동체에 미친 영향 등을 주제로 한 여러 연구를 이어가고 있다.

러빈은 작은 크기로 큰 힘을 작용할 수 있도록 해주는 잘 만들어진 공구처럼 정교하면서도 가볍고 날씬한 글들을 써왔다. 94년 인터뷰에서 러빈은 사람들이 실제로 사도-마조히즘을 행하는 사람들이 어떻게 생각하고 말하며 행동하는지는 살피지 않으면서, 정신분석학이나 들뢰즈만 읽고 사도-마조히즘은 이렇다는 둥 저렇다는 둥 한다고 신랄하게 비판한다. 그러면서 이론이나 "사유체계란 사람들이 그걸 가지고 지렛대 삼아 어떤 사안을 움직이거나 제어하는 데 쓰는 도구라고 여기며, 모든 사안에 적용되는 보편적인 도구가 있을 거라고는 믿지 않는다"[1]고 이야기한다. 그녀 자신의 글들은 항상 특정한 맥락에서 구체적인 사안과 관련하여 유용하게 쓰일 수 있는 도구로서 만들어진 것이었다.

게일 러빈은, 미국에서 레즈비언 사도-마조히즘 그룹으로서 공적으로 모습을 드러낸 것으로는 최초였던 Samois(1978~1983)의 창설 멤버이며 현재 미국 미시간대 인류학과에 교수로 재직 중이다. 인류학과 레즈비언 S/M이라는 쌍이 한 사람의 삶을 통해 서로 엮여있다는 이런 경력은, 각각 친족관계와 섹슈얼리티를 강조하고 있는 「여자거래」와 「성을 사유하기」 두 글의 연속성과 대비를 통해서 잘 드러난다. 그래서 이 글에서는 이 두 편의 글들이 나온 맥락과 그 내용에 관해 간략히 비교 소개하면서,[2] 어떤 경우에 어떤 용도로 활용할 수 있는지 짧게 제안해보려 한다.

배경-계급에서 젠더, 젠더에서 섹슈얼리티로

1975년 「여자거래」는 여성 억압 내지 '젠더'문제가 기존 마르크스주의 이론틀만으로는 제대로 살필 수 없는, 계급문제와 서로 가로지르

1) Judith Butler, Gayle Rubin, "sexual Traffic", *differences: A Journal of Feminist Cultural Studies*, 6.2+3, 1994, p.90.

2) 『여/성이론』에 이 글을 실을 당시에는 번역본이 없으므로, 이 글의 모든 본문 인용의 번역은 필자.

며 엮여있긴 하지만 독립적인 영역이라는 점을 강조하면서 젠더 문제 연구의 방법론을 제시했다. 그런데 1984년 「성을 사유하기」에서 러빈은 포르노를 강간의 교본쯤으로 간주한 반포르노 진영 페미니스트들에게 반대하여, 성적 행동 및 섹슈얼리티의 문제는 여/남의 젠더 문제와는 다소 독립적인 문제로서 살펴야 한다고 주장하게 된다. 1975년에는 「여자거래」를 일종의 공격으로 여긴 마르크스주의자들의 반발을 샀고, 1984년 논문은 그 자체가 Samois 대 반포르노 진영 페미니스트들 간의 격렬한 논쟁의 산물이었으며, 이 논쟁은 일명 'the Sex Wars'라고 불렸다. 미국에서 게이/레즈비언 연구가 대학에서 제도화되어 자리 잡고 여성학과 퀴어 연구가 각각 다소간 분과화 되어버린 1990년대에는, 한 때는 여성학 방법론을 제시하더니 다음에는 레즈비언/게이 연구 방법론을 제시했다는 평을 들었다고 한다.[3)]

두 논문과 관련한 이러한 논란들 자체가 하나의 보편적인 이론으로 설명될 수 있는 하나의 현실 같은 것은 없다는 것을 드러낸다. 두 논문의 공통점은 당대의 지배적인 논의들에서는 진지하게 생각할 만한 사안, 혹은 이론의 주제라고 좀처럼 받아들여지지 않는 사안들을 사유하고자 했던 점이다. 우리는 은연중에 무엇이 진지하게 생각할 만한 거리이고 무엇은 아닌지를 구분한다. 이론가로서 게일 러빈은 사람들이 왜 어떤 것은 진지한 사유, 혹은 이론의 주제로 여기면서 다른 것은 부수적이거나 중요치 않은 주제로 여기는지 그 경계를 번번이 문제삼고, 좀처럼 사유되지 않는 것을 사유하는 방법을 제안해왔다.

"이제 섹스에 관해 생각해볼 때가 왔다"라는 문장으로 시작하는 「성을 사유

3) *Ibid.*, pp.62-99.

> 하기」는 제목부터가 그렇다. 어떤 사람들은, 섹슈얼리티를 문제 삼는 것이 가난, 전쟁, 질병, 인종차별, 기아, 핵 절멸 같은 중요한 문제들로부터 얄팍하게 회피하려는 것이거나, 중요치 않은 일이라고 여긴다. 하지만 바로 이런 시기, 사람들이 상상도 할 수 없이 엄청난 파괴의 가능성 속에서 살면서 한편으로 섹슈얼리티에 위험할 지경으로 열중해 있는 이런 시기야 말로 섹슈얼리티에 관해 생각해볼 적기가 아닌가.4)

그러면서 러빈은 빅토리아조부터 1980년대까지의 미국에서, 어떻게 이성애 결혼관계에서의 성행위가 아닌 다른 성적행동들이 '일탈'이나 '범죄'로 간주되어 그토록 집요한 탄압을 받아왔는지에 관해 역사적 과정을 추적한다. 섹슈얼리티가 사소한 문제라면, 빅토리아조에 의사가 자위행위하는 여자아이의 클리토리스를 다리미로 지지고, 50년대에 동성애자를 공산주의자와 함께 마녀사냥해 구금하고, 80년대에는 에이즈를 퍼뜨리는 동성애자로부터 사회를 보호해야 한다는 식으로 다시 한 번 사회적 낙인을 찍는 식으로, 왜 섹슈얼리티에 그토록 집요하고 광범위한 사회적, 법제도적 폭력들이 가해져왔다는 말인가.

이런 논의는 푸코의 『성의 역사 1권』과 흡사하다는 평을 받았다. 「성을 사유하기」에서 『성의 역사 1권』이 중요하게, 자주 인용되고 있는 것도 사실이다. 하지만 러빈의 논의는 푸코를 읽은 데서 출발한 것이 아니라, 레즈비언으로 살면서 씨름해야 했던 현실로부터 나온 것이다. 앞서 언급한 주디스 버틀러와의 인터뷰에서 러빈은 자신을 게이 레즈비언 연구의 시조로 간주하는 것은 문제가 있다면서, 프로이트의 이름이 그 이전부터 진행되어왔던 구체적인 사회적 논의와 투쟁들 및 성과학의

---

4) Gayle Rubin, "Thinking Sex: Notes for a Radical Theory of the Politics of Sexuality", *Pleasure And Danger: Exploring Female Sexuality,* Carole S. Vance, Ed., Routledge & Kegan Paul, 1984, pp.267-319.

성과를 가리고, 푸코 자신은 역사적 과정을 강조했음에도 푸코의 이름이 오히려 그 이전에 섹슈얼리티를 두고 벌어진 정치들을 학자들이 백안시하게 만든 점이 있다고 지적한다. 앞서 말한대로, 이 글은 러빈 자신이 창립멤버 중 하나이기도 했던 Samois와 반포르노 진영 페미니스트들 간의 격한 논쟁의 산물이었다. 러빈은 성적 행동들 및 섹슈얼리티에 가해진 제도적 통제와 탄압의 역사를 서술하는 것에 그치지 않고, 사회가 어떻게 각각의 성적 행동들을 위계화하는지 설명한다.

결혼 및 재생산과 관련한 이성애 성관계는 이 위계의 피라미드 꼭대기에 있고, 게이 레즈비언이 단일한 파트너와 오랜 관계를 지속하는 것은 그럭저럭 존중받는 중간에 위치하며, 여러 파트너와 관계하거나 원나잇을 즐기는 다이크dyke나 게이들은 거의 바닥에, 트랜스섹슈얼, 복장전환자, 페티시, S/M, 성매매 등은 비천한 것으로, 무엇보다 모든 경우에서 세대차를 넘어 이루어지는 성관계는 사이코패스, 연쇄살인범이 될 가능성이 농후한 아동성애자들로서 바닥 중의 바닥으로 간주하는 사회적 기제가 있다는 것이다.

그리고 이런 사회적 맥락에서 당시의 페미니스트들은 위계화된 시스템을 비판하기보다는, 피라미드 꼭대기의 자리에 '결혼한 이성애 부부의 성관계' 대신, '한 파트너와 오랫동안 지속하며 부치/펨의 역할구별이 없는 레즈비언 관계'를 들어앉혔을 뿐이라고 비판했다. 이런 통찰은 1500~1900년대 사이 유럽의 도시화에 관한 연구에 참여하면서 섹슈얼리티를 공간과 이주와 연관 지어 생각하며 얻은 것이기도 했다. 반포르노 운동은 당시 게이 레즈비언들의 생존권에 직접적인 위험을 끼치는 것이기도 했다. 많은 사람들이 자신에게 맞는 성적 공동체를 찾아 도시로 이주했는데, '정상인'들의 사회에서 가면을 쓰지 않고 일자리를 구하거나 사회적 지위를 취득하기는 어려웠다. 그래서 도시의 이런 성적 공동체들은 성적 교류의 공동체일 뿐 아니라 일자리와 보살핌을 제공하는 경제적 공동체이기도 했다. 이 공동체가 제공한 다이크들의 일자리는 클럽이나 섹스숍이었다. 성매매와 포르노를 근절하자는 운동은 이런 일자리를 위협하는 일이기도 했던 것이다.

사회는 개인의 성적 행동에 따라 위계를 나누면서, 높은 위계에 속하는 성적행동을 하는 사람들에게는 정신적으로 건강하다는 평가를 내리고, 사회적 존중을 부여하면서 제도적 지원과 물질적 이득을 준다. 반면, 낮은 위치로 간주되는 성적 행동을 하는 사람들은 정신병으로 간주하거나, 존중받을 만하지 못하거나, 범죄자이거나, 자유로이 이동, 이주할 수 없도록 만들거나, 제도적으로 지원받을 기회를 박탈하고 경제적 궁핍으로 내몬다. 뿐만 아니라 이렇게 낙인찍혀 이미 취약해진 사람들을 다시 한 번 보수주의자들이 사회를 오염시키는 위험 세력으로 간주하여 손쉽게 사냥을 하고 희생양으로 만든다. 결국 이것은 20세기 미국사회가 질병, 기아, 전쟁 등 중요한 문제로 간주되는 위험에 대한 불안을 섹슈얼리티에 폭력적으로 투사한 것이나 다름없었던 셈이다.

한국에서도 섹슈얼리티를 위계화하고 위계의 하위에 있는 사람들을 담론적, 물질적으로 어떤 공간에 가두고 다시 한 번 취약한 희생양을 만드는 구조는 많이 다르지 않다. 그러나 한국에서 섹슈얼리티 및 개인들의 성적 행동에 관한 규제와 억압은 영미와 역사적 맥락이나 구체적인 형태가 많이 다르다. 사회가 성매매를 '비천한' 성적 행동의 범주로 낙인찍는 것이 바뀌지 않은 마당에, 집창촌을 해산시키면 여기서 떠난 여성들은 어디로 가게 될까? 성매매와 관련하여 지금 공간의 정치는 어떻게 변화하고 있는가? 이런 점들을 구체적으로 살피는 것이 물론 중요하다.

그런데 국가가 노골적으로 개입하여 집창촌이라는 공간이 만들어져온 역사와 그 속에서 어떻게 성매매 여성들이 거래 행위의 주체로서보다는 주로 거래의 대상이 되어왔는지, 게일 러빈의 표현을 빌자면 "성산업에서 여성들이 대부분의 생산과 소비에서는 배제되면서, 주로 성노동자로 참여하는 것만 허용 받"게 되었는지, 이와 관련하여 한국에서 구체적으로 어떤 일이 일어났으며 어떻게 활동가와 페미니스트들 등이 관여하여 싸워왔는지의 역사를 살펴야 지금 공간의 정치가 어떻게 변화하고 있으며, 성매매를 하고 있거나 앞으로 하게 될 여성들에게 그 변화가 어떤 의미인지 추적할 수 있을 것이다.

방법론의 변화—현실로부터 배우기

흥미로운 것은, 「성을 사유하기」는 「여자거래」가 제시한 방법론에 대한 게일 러빈 자신의 비판이자 반박이기도 하다는 점이다. 「여자거래」에서 게일 러빈은 다음과 같이 제안한다.

> 맑스가 고전파 정치경제학자들을 읽어낸 방식과 비슷한 방식으로, 우리는 프로이트와 레비-스트로스의 저작을 다시 읽어내야 한다. 이들은 어떤 면에서 리카도와 애덤 스미스와 유사하다. 그들은 스스로의 주장이 함축하는 바를 보지 못했고, 페미니스트의 눈으로 볼 때 이미 그 저작에 내재해 있는 비판을 보지 못했다. 그럼에도 불구하고 그들은, 여성과 성적 소수자들, 인간성의 어떤 측면들을 억압하는 현장(locus)으로서 사회적 삶의 어떤 영역을 기술할 수 있게 해주는 개념적 도구들을 제공한다. 나는 사회적 삶의 저 영역을 '섹스/젠더 체계'라고 부른다. 좀 더 근사한 표현은 아직 못 찾았다.

> 일단은 '섹스/젠더 체계'를 다음과 같이 정의해 두겠다. '섹스/젠더 체계'란 한 사회가 생물학적 섹슈얼리티를 인간 활동의 산물로 변형시키는 배치 및 장치들의 집합이며, 그렇게 변형된 성적 욕구들을 충족시키는 체계이다.[5]

러빈은 마르크스의 태도를 본따서, 마르크스, 레비-스트로스, 정신분석학을 비판적으로 다시 읽어낸다. 당시 마르크스주의 페미니스트들은 그의 '생산양식' 분석을 여성의 가사노동을 설명하는 데 도입하여 '재생산 양식'의 분석을 시도했다. 가족임금제의 모순을 지적하고 가사노동 임금을 받아내자는 운동도 있었다. 하지만 이런 시도들은 왜 자본주의 생산양식이 아닌 사회에서도 여성억압의 경향이 있는지, 이를테면 '전족' 같은 것은 설명하지 못했다. 게다가 당대의 서구사회에 분석을 한정한다 해도 '왜' 여성만 가사노동 및 특정한 성역할을 담당하는 경향이 있는지도 설명할 수 없었다.

이에 비해 인류학은 물건들의 생산만큼이나 노동력, '세대'를 재생산하는 문제를 깊이 다루고 있는 학문분야였다. 자기가 생산한 것을 자기가 먹지 않고, 다른 가족에게 넘기는 증여거래가 사회적 연결망을 만들고 사회에서 위계를 생산하는 기제임을 논한 마르셀 모스에게서 아이디어를 얻은 레비-스트로스는, 증여거래의 가장 중요한 형태는 결혼, 즉 여자 거래라고 논했다. 근친상간 금기는 족외혼을 통해 부족간 연대를 만들어내는 문화적 규칙이라는 것이다.

게일 러빈은 여기서 여자는 가축과 마찬가지로 증여물은 될 수 있지만 증여하는 자는 되지 못하는 보편적인 경향이 있다고 강조한다. 그리고 여성들이 이런 여성의 자리에서 벗어나지 못하게 하기 위해 남자들

---

5) Gayle Rubin, "Traffic in Women: Notes on the Political Economy of Sex", *Toward an anthropology of Women*, Ed. Rayna Reiter Monthly Review Press, 1975, pp.157-210.

만의 비밀지식, 갖가지 규범적 통제, 강간 등의 방법이 동원되는 부족사회들의 사례를 든다. 친족 명칭과 젠더는 여성의 노동, 출산 능력, 권리를 문화적 규칙의 강제를 통해 남자에게 넘겨주는 낙인들인 것이다.

그런데 여자들의 자유를 더 제한하는 것이 명백한 문화적 규칙을, 어떻게 여자들이 받아들이게 되는가? 러빈은 여자와 남자는 서로 함께 지내야만 하는 상호보완적인 존재라고 온건하게 가르치는 성별분업의 규범이 폭력적으로 '이성애를 강제'하는 시스템이기도 하다고 논한다. 그러면 강제된 이성애와 성별분업, 거래에서 불평등한 지위를 개개 여성이 어떻게 받아들이게 되는가? 이에 대해서는 정신분석학이 많은 설명의 도구를 제공한다고 논한다.

그런데 러빈은 「여자거래」에서 정신분석학에 대해 비교적 호의적이었던 데 비해, 10년 후에 쓴 「성을 사유하기」에서는 정신분석학과 심리학에 대해 거의 적대적인 면모를 보인다. 러빈은 억압적인 섹슈얼리티의 위계를 인정하면서 은근히 종교계 및 보수단체와 결탁한 반포르노 진영 페미니스트들도 문제가 있지만, S/M레즈비언과 반포르노 페미니스트들이 논쟁하는 와중에 '중간'에서 온건한 척 하는 일부 페미니스트들은 더욱 나쁘다고 본다. 그 예로 러빈은 제시카 벤자민을 든다. 반포르노 페미니스트들이 포르노 등 성적 정보의 유통, '일탈'적 성행동, 성매매 등 섹슈얼리티 위계의 하위에 속하는 성적 행동들을 제도와 결탁하여 범죄화했다면, 제시카 벤자민은 온건한 척 하면서 범죄화의 전략을 심리학과 정신분석을 통해 '병리화'로 바꿔친 것에 불과하다는 것이다.

어떤 성적 행동들이 '일탈'로 낙인찍히고 사회적으로 소외되며 고통 받는 사람들이 생기는 현실을 문제 삼기보다, 실제로 사도-마조히즘을 행하는 사람들이 어떻게 행동하고 생각하고 말하는지 살펴보지도 않고, 프로이트와 라캉 등등을 읊으며 사도-마조히즘은 이래서 고통스러운 경험이 된다는 등, 유아기의 권력게임을 강박적으로 되풀이하는 것이 사도-마조히즘이라는 둥 하는 태도에 대해 러빈은 아주 넌더리가 났던 모양이다.

그리하여 「여자거래」에서 프로이트와 레비-스트로스, 마르크스를 다시 읽어보자 제안했던 러빈은 「성을 사유하기」에서는 프로이트를 읽는 것보다, 프로이트 자신도 상당히 많이 참조했던 성과학sexology 연구들을 읽는 데서 섹슈얼리티 연구를 시작해야 한다고 주장한다. 성과학 연구자 중 가장 유명한 사람으로는 킨제이를 들 수 있겠는데, 이들의 관점은 프로이트보다 세련되지 못했을지는 몰라도, 사람들이 실제로 무엇을 어떻게 행하고, 생각하고, 말하는가에 관해 훨씬 더 구체적인 데이터들을 수집했기에 그로부터 여러 가지 분석을 해낼 수 있다는 것이다.

증여와 상품화?

페미니스트 과학사가 도나 해러웨이는 게일 러빈의 「여자거래」의 논의에 기대어 다음과 같이 논한다.

> [게일 러빈이 논했듯] 젠더와 인종의 낙인을 찍는 일은 어떤 사람의 권리를 그 자체로는 그런 권리를 가지고 있지 않은 다른 사람에게 넘겨주는 비대칭적이고 규칙적으로 재생산되는 처리공정을 의미한다. 젠더와 인종의 경우처럼 저작권, 특허, 등록상표를 붙이는 일 역시 사회기술적 생산 속에서 어떤

행위주체 및 행위자들에게는 허용되지 않은 지위들을 다른 행위주체 및 행위자들에게 넘겨주는 특수하고 비대칭적이며 경작된 처리공정이다.[6)]

게일 러빈의 「여자거래」에서는 근친상간 금기가 친족 간, 공동체 간 거래의 방향과 거래의 주체, 대상을 규정하는 거래규칙임을 강조했다. 엄마, 누나, 언니, 아빠, 삼촌 등의 호칭은 어느 정도까지 거래(거래 당사자의 육체를 포함하여 온갖 물품과 언어들을 거래)하는 것이 가능한가를 표시하는 방법인 셈이다. 그리고 여기서 때로 그 자신이 거래의 대상도 되는 동시에 거래에 관해 이런저런 결정을 할 권리를 가진 쪽과, 권리는 별로 없이 거래의 대상만 되는 쪽이 있다. 원래 여자라서 혹은 엄마라서 이런저런 역할에 적합한 것이 아니라, 공동체가 생물학적 성별이나 나이, 피부색 등에 따라 그런 역할들을 규범과 규칙을 통해 어떤 존재에게 부과하는 것이다.

증여 내지 친족관계를 문화에 따라 다른 어떤 규칙을 통해 위계와 권력을 재생산하는 시스템으로 보는 이런 시각은 장기매매나 난자매매 등 최근 들어 이슈가 되고 있는 생체 거래를 어떻게 이해할 것인지와 관련해서도 시사하는 바가 있다. 타인의 장기를 강탈하거나, 불법적인 장기매매에서 장기를 파는 사람이 주로 경제적으로 취약한 계층이 많은 현실에서 어떤 대책이 필요한 것은 사실이지만, 그렇다고 해서 '이타적 증여'가 대안이라는 식으로 말할 수는 없다. 물론 아름다운 이타적 기증이 없다고 이야기하려는 것은 아니고, 금전만 개입되지 않으면, 증여에는 권력관계가 개입되지 않는다고 간주해서는 안 된다는 것이다. 오히

---

6) Donna Haraway, *Modest_Witness@Second_Millenium_FemaleMan©_Meets_OncoMouse TM*(Routledge, 1997), p.7.

려 매매에 주의를 기울이는 만큼이나 증여를 통해서도 구체적으로 어떤 권력관계가 재생산될 수 있는지 살펴야 할 것이다. 이를테면, 가족 중에 누가 장기를 기증할 것인가 하는 문제는 의료적 기술적으로만 결정되는 문제가 아니라 가족 중에 누가 병든 노인을 보살필 것인가(주로 여성들) 하는 오래된 문제와도 연결되어 있다.

게일 러빈은 사람들이 정상적이거나 자연스럽다고 여기는 친족, 결혼관계가 어떻게 성별을 구분하고, 특정 성적 행위를 '일탈'로 낙인찍으면서 결국에는 권력과 위계를 만들어냈는지 연구했다.

이를 해러웨이처럼 현대에 적용해보자. 살아있는 생명체에게 특허를 내거나 상품명을 붙이는 등 최근의 급진적인 상품화 관행이 어떻게 새로운 존재들을 만들고, 자연스럽다고 여겨지는 새로운 위계와 권력관계를 만들어내는지 러빈의 통찰을 확장해 살펴볼 수 있다.

게일 러빈이 마르크스를 '방법론'으로 읽어내었듯이 러빈의 독자들도 러빈을 '방법론' 내지 유용한 도구로서 읽어낼 수 있을 것이다. 결국 우리가 어떤 이론이나 이론가를 통해 얻을 수 있는 것은 물고기라기보다는 물고기를 잡는 법일 것이다.

참고 문헌

Donna Haraway, *Modest_Witness@Second_Millenium_FemaleMan©_Meets_OncoMouse™*, Routledge, 1997.

Gayle Rubin, "Thinking Sex: Notes for a Radical Theory of the Politics of Sexuality", *Pleasure And Danger: Exploring Female Sexuality*, Carole S. Vance, Ed., Routledge & Kegan Paul, 1984.

Gayle Rubin, "Traffic in Women: Notes on the Political Economy of Sex", *Toward an anthropology of Women*, Ed. Rayna Reiter Monthly Review Press, 1975.

Judith Butler, Gayle Rubin, "sexual Traffic", *differences: A Journal of Feminist Cultural Studies*, 6.2+3, 1994.

게일 샐러먼 Gayle Salamon

퀴어 페미니즘 현상학자

전혜은
퀴어 페미니즘 장애학 연구자. 대표작으로 『퀴어 이론 산책하기』, 『퀴어 페미니스트, 교차성을 사유하다』(공저) , 『망명과 자긍심』(공역) 등이 있다.

이 글의 원문은 『여/성이론』 49호(2024)에 실려있다.

게일 샐러먼: 퀴어 페미니즘 현상학자

게일 샐러먼(Gayle Salamon, 1971~)은 미국에서 활동하는 퀴어 페미니즘 현상학자로, 현시대에 가장 중요하고 인상적인 비판 현상학자 중 한 명이다. 샐러먼은 다양한 사회적 소수자들을 위한 비판 현상학을 만드는 작업에 매진해 왔으며, 2023년 현재까지 두 권의 저서와 한 권의 선집, 그리고 여러 논문을 출간했다.

첫 번째 저서인 『몸을 추정하기: 트랜스젠더와 물질성의 수사학 *Assuming a Body: Transgender and Rhetorics of Materiality*』(2010)[1]에서는 정신분석학, 현상학, 성차와 몸에 대한 페미니즘 이론, 퀴어 이론, 트랜스를 주제로 유통되는 대중 담론과 당사자 담론들을 분석하고 서로 엮고 고쳐 쓰면서 트랜스 몸과 주체성이 본질주의, 의지주의, 병리화, 혐오에 갇히지 않도록 이론화할 길을 모색한다. 두 번째 저서인 『라티샤 킹의 삶과 죽음: 트랜스 혐오에 대한 비판 현상학*The Life and Death of Latisha King: A Critical Phenomenology of Transphobia*』(2018)[2]은 전작에서 수행한 이론화 작업을 트랜스 혐오 폭력의 구체적 사건으로 가져온다. 여기서는 열다섯 살의 흑인 트랜스 여성 청소년 라티샤가 중학교

1) Gayle Salamon, *Assuming a Body: Transgender and Rhetorics of Materiality*, New York: Columbia University Press, 2010. 필자의 번역으로 곧 한글판이 나올 예정이다(출판사 오월의봄). 이 글에서는 특히 샐러먼의 이 책을 반복적으로 중요하게 참조하므로, 인용 시 내주로 괄호 안에 쪽수만 표기한다.
2) Gayle Salamon, *The Life and Death of Latisha King: A Critical Phenomenology of Transphobia*, New York: NYU Press, 2018.

에서 동급생에게 살해당한 사건에 대한 언론 보도와 재판 과정에 초점을 맞춰, 이 사건을 '트랜스'에 관한 사안으로 인정하느냐, 또 '혐오' 폭력으로 인정하느냐와 관련하여 피해자의 젠더와 인종을 둘러싸고 모순적으로 얽히는 담론들에 현상학적으로 접근한다. 이를 통해 트랜스 혐오적 상상력의 범위 안에서 무엇이 말해질 수 있고 무엇이 말해질 수 없는지, 이 적나라한 살인 사건이 어떤 식으로 서사화되면서 인종과 젠더가 어떻게 지워지는 동시에 편파적으로 재구축되는지를 비판적으로 분석한다.

이 두 권의 저서에서 알 수 있듯, 샐러먼은 주로 트랜스젠더와 트랜스섹슈얼을 포함하여 비규범적 젠더 체현을 설명해 줄 이론을 마련하는 데 주력해 왔다.[3] 섹스-젠더-섹슈얼리티와 관련된 수많은 다양성과 차이를 남성/여성과 동성애/이성애라는 경직된 이분법 체계 안에 구겨 넣는 것이 (주류 사회는 물론 페미니즘과 '퀴어'라는 제목을 달고 생산되는 담론들에서마저) 일반적인 상황에서, 샐러먼은 "인식론적 불확실성이 규범적으로 젠더화되지 않은 존재들의 삶에서 윤리적으로도 정치적으로도 매우 유용할 수 있음"을 주장한다(1). 샐러먼의 관심사는 '인식론적 불확실성'에 대한 설명력을 이론적으로 확보하고, 이를 통해 그러한 불확실성을 체현하는 사람들이 그저 자기 자신으로 살아갈 수

---

3) 샐러먼은 '트랜스젠더'와 '트랜스섹슈얼'을 엄격히 구분하지 않으며, 특히 그런 구분을 하는 논의들이 성별 이분법 체계로의 포함을 추구하면서 '트랜스젠더'를 '트랜스섹슈얼'로 넘어가는 과도기적 단계로만 좁게 이해하여 이분법 범주 안-사이를 살아가는 존재들을 지워버리는 문제를 우려한다. 다만 샐러먼은 의료적 절차를 거쳐 법적 성별 정정을 완수한 사람들이 스스로를 '트랜스섹슈얼'로 칭하는 당사자 호칭 또한 존중하여 이 개념들에 조심스레 접근한다(『몸을 추정하기』 3장). 또한 이런 맥락에서 샐러먼은 '트랜스젠더리즘'과 '트랜스섹슈얼리티'를 엄밀히 정의하지 않은 채 혼용하지만, 젠더와 섹슈얼리티가 서로 긴밀히 얽혀있어도 동일하지는 않다는 입장이며, 둘을 똑같은 것으로 취급할 때 발생하는 문제들을 경계한다(『몸을 추정하기』 4장). 퀴어 이론에서 트랜스, 트랜스젠더, 트랜스섹슈얼, 트랜스젠더퀴어 등의 개념적 의미와 정의, 용법의 변화와 맥락에 대한 간결한 설명은 전혜은, 『퀴어 이론 산책하기』(여이연, 2021a) 124-125쪽 각주 118번을 참조하라.

있도록 돕는 것이다. 샐러먼의 작업은 한편으로는 불확실성을 끊임없이 단속하고 제거하려는 움직임이 당사자들에게 얼마나 심각한 폭력으로 기능하는지를 증언하고, 다른 한편으로는 그처럼 확실성과 동일성에 집착하는 폭력이 얼마나 불명확하고 모순적인지를 논증함으로써 그러한 폭력에 대항한다. 나아가 현재의 경직된 규범 체계에 모든 것을 끼워 맞추지 않을 다른 길을 모색함으로써 더 많은 차이가 살아갈 대안적 세상을 여는 데 일조한다.

샐러먼은 「류머티스학의 현상학: 장애, 메를로-퐁티, 최대한의 움켜쥠의 오류 The Phenomenology of Rheumatology: Disability, Merleau- Ponty, and the Fallacy of Maximal Grip」(2012)를 포함하여, 「남성성의 비존재론: 거세 득의得意에 대한 소고 The Meontology of Masculinity: Notes on Castration Elation」(2016)[4], 「젠더 본질주의와 직관적 탐구 Gender Essentialism and Eidetic Inquiry」(2017),[5] 「비판 현상학에서 무엇이 비판적인가What's Critical about Critical Phenomenology」(2018) 등 페미니즘, 퀴어 이론, 장애학 등을 가로지르며 사회적 소수자를 중심에 놓고 비판 현상학을 벼리는 연구들을 출간해 왔다. 특히 『여/성이론』 49호에서 소개된 「류머티스학의 현상학」[6]은 기존 현상학의 남성 중심성과 비장애 중심성을 비판적으로 해체하고, 메를로-퐁티의 '움켜쥠'이라는 개념을 재해석하

---

4) 이 논문은 프로이트의 정신분석학에서 성차를 이론화하는 중요한 공식인 남근선망과 거세 불안의 시스젠더 중심성을 해체하고, 트랜스젠더들의 트랜지션 과정에서 실행되는 신체적 변화를 (신체 훼손과 불행의 의미로서) '거세'로 읽으려는 주류 사회의 시선에 맞서, 이 '거세'를 커다란 기쁨이자 역량강화로, 또 자기 몸에서 비로소 편안함과 안전함을 느끼게 되는 중요한 의례로 이해하는 다양한 트랜스 재현을 제시한다.

5) 이 논문은 2017년 <현상학과 실존철학> 학회 연례회의에서 페미니즘 철학 부문 최우수 논문상인 '아이리스 마리온 영 상'을 수상했으며, 선집 『페미니즘 현상학을 재사유하기』(Sara Cohen Shabot and Christinia Landry, eds., *Rethinking Feminist Phenomenology: Theoretical and Applied Perspectives*, Rowman & Littlefield, 2018)에 수록되었다.

6) 게일 샐러먼, 「류머티스학의 현상학: 장애, 메를로 퐁티, 최대한의 움켜쥠의 오류」, 전혜은 옮김, 『여/성이론』 49호, 여이연, 2023.

여 장애 여성 두 명의 서사에 드러난 체현 양상과 연결하면서, 아프고 장애가 있는 몸들을 부족함·열등함·고통·영원한 미숙未熟으로 해석해 온 비장애 중심적 현상학을 지양하고 이런 몸들에 급진적으로 다른 가치를 부여하는 대안적인 체현의 현상학을 제시한다. 가장 최근에 샐러먼은 공동 편집자로 참여한 선집 『비판 현상학의 50가지 개념*50 Concepts for a Critical Phenomenology*』(2019)[7]에서 페미니즘, 장애 이론, 퀴어 이론, 비판적 인종 이론 등 사회적 소수자들이 일궈온 이론들의 교차 지점에서 오래 활동해 온 학자들이 비판 현상학의 주요 개념들을 해설할 자리를 마련하여 비판 이론의 도구와 방향성을 체계화하는 작업을 했다. 이처럼 샐러먼은 오랫동안 시스젠더 이성애자 백인 남성을 인간의 기준으로 삼아 생산되어 온 주류 현상학에 제동을 걸고 이 주류 철학의 세계에서 타자화된 여성들을 위한 이론으로 고쳐 써온 페미니즘 현상학의 계보를 이어받을 뿐 아니라, 이 흐름을 더 다양한 타자들에게로 확장하여 현상학을 급진적이고 무엇보다 교차적인 이론과 정치를 위한 도구로 재생산해 왔다.

이 글의 나머지 부분에서는 첫 번째 저서를 중심으로 샐러먼의 논의를 간략히 소개하면서 한국에도 이런 논의가 필요하고 또 유용함을 제안하고자 한다.

"몸을 추정하기" 1: 트랜스 체현을 이론화하기

『몸을 추정하기: 트랜스젠더와 물질성의 수사학』(2010)은 트랜스

7) Gail Weiss, Gayle Salamon, and Ann V. Murphy, eds., *50 Concepts for a Critical Phenomenology*, Northwestern University Press, 2019.

젠더와 트랜스섹슈얼의 존재를 진짜 또는 가짜로 주장하는 담론들의 중심에 '물질성'이 놓여 있다는 통찰에서 출발한다. 즉, 샐러먼은 트랜스를 '가짜' 취급하는 시스젠더-이성애 중심적 주류 담론도 트랜스를 '진짜'로 증명하려는 당사자 담론도 '반박 불가능한 물질성'에 의존하는 현상에 주목하여, 한편으로는 그러한 '진짜 물질성'이란 것이 얼마나 모순적으로 생산되는 사회적 구성물인지를 다각적으로 논증하고, 다른 한편으로는 뭔가 확실하고 본질적인 물질이란 것에 의지하지 않고서도 트랜스 체현을 설명할 길을 이론적으로 모색한다.[8] 이 작업은 단지 이론적인 것만이 아니라 현실에 개입하는 비판 실천인데, 왜냐하면 물질성에 대한 본질주의적 이해와 이를 바탕으로 구축된 배타적인 정체성 정치는 주류 언론이며 법·행정 체계는 물론이고 페미니즘과 게이 레즈비언 공동체에서도 나타나는 트랜스 배제와 혐오에 연료를 공급해 왔기 때문이다. 샐러먼은 이론과 실제를 오가는 이 혐오 폭력의 순환을 끊고 차이를 사유하고 살릴 공간을 마련하고자 한다.

이런 목표 아래 이 책은 총 4부로 구성되어 있다. 1부에서는 정신분

---

8) 샐러먼의 이러한 접근법은 퀴어 이론을 포함한 비판 이론들에서 물질성에 대한 전반적인 이해를 바꿔놓은 주디스 버틀러(Judith Butler)의 역작 『물질화되는 몸: '섹스'의 담론적 한계에 대하여』(*Bodies that Matter: On the Discursive Limits of "Sex"*, New York and London: Routledge, 1993)에 기초해 있는데, 사실 샐러먼의 이 책을 'Trans Bodies that Matter'라고 불러도 될 정도다. 『물질화되는 몸』에서 주체와 비체(abject)의 생산 메커니즘으로서 물질화(materialization) 이론을 처음 제시했을 때, 버틀러는 존재론의 권위를 내세운 인식론적 폭력들을 해체하는 이 작업이 '그래서 진보 정치가 주목해 줘야 할 진짜 비체가 누구라는 거냐'라며 자격 조건을 따지거나 비체의 물질성을 본질주의적으로 고정시키는 방향으로 축소될 위험을 경계하여 구체적으로 비체를 밝히라는 질문들에 답하지 않았다(다음을 보라. Irene Costera Meijer and Baukje Prins, "How Bodies Come to Matter: An Interview with Judith Butler", *Signs: Journal of Women in Culture and Society*, 23.2, 1998, pp.275-286. 관련 정리는 다음을 참조. 전혜은, 『섹스화된 몸: 엘리자베스 그로츠와 주디스 버틀러의 육체적 페미니즘』, 새물결, 2010, 257-258쪽). 이는 비체로 생산되는 구체적 존재들의 현실을 외면한 것이 아니라, 젠더와 섹슈얼리티 영역뿐 아니라 장애, 인종, 계급 등 다른 영역에서의 비체 생산에도 비판적으로 개입할 수 있는 이론을 만들기 위함이기도 했다. 실제로 버틀러의 물질화 이론은 다른 영역들에서도 널리 유용하게 사용되어 왔다. 이러한 구체적 활용의 연장선상에서 샐러먼은 버틀러의 이론을 트랜스 이슈에 명시적으로 연결하여 심화 분석을 진행한다.

석학(1장)과 현상학(2장)에 초점을 맞춰 트랜스 체현을 지지해 줄 이론적 기반을 마련하고자 시도한다. 2부에서는 트랜스섹슈얼 당사자 담론에서 본질주의적 설명을 선호하고 퀴어 이론을 꺼리는 경향성에 비판적으로 개입하는 한편(3장), 페미니즘과 게이 레즈비언 학계 및 공동체에서 트랜스의 존재 자체를 여성/여성성에 대한 폭력으로 규정함으로써 트랜스 혐오를 정당화하는 방식을 분석한다(4장). 3부에서는 페미니즘 몸 이론의 토대로 사용되어 온 성차 이론이 구조적으로 트랜스를 배제하는 양상을 해체한다(5장과 6장). 이런 논의를 통해 2부와 3부는 트랜스-페미니즘-게이 레즈비언 학계 및 공동체 간의 민주적 통합을 저해하는 요인들을 적어도 이론적 층위에서 파훼하고자 한다. 4부이자 마지막 장인 7장에서는 행정법 체계가 불변의 진리로 강제하는 성별 이분법이 '자연스러운 몸의 물질성'에 기초한 것이 아니라 사실상 기표로서의 이분법 체계를 물질화하는 방식을 분석하는 한편, 트랜스 주체들의 '섹스'가 개인이 아닌 국가의 소유물로 구성됨을 논증한다. 이를 통해 젠더 이분법 범주에 맞지 않는 존재들을 이분법에 억지로 끼워 맞추는 일이 그런 일을 지지하는 자들의 기대와 달리 일관성은커녕 얼마나 부조리하고 엉망진창인지를 보임으로써 물질과 성에 대한 견고한 환상을 깨부순다.

책 제목인 'assuming a body'는 몸을 몸으로 인식/인정하는 것이 결코 자명한 일이 아님을 드러낸다. 여기서 assume은 '취하다'와 '추정하다'의 이중의 의미를 담고 있다. 우리는 어떻게 해서 이 몸을 '내 몸'으로 받아들이는가? 어떻게 해서 내 몸이 여성 또는 남성의 몸이라고 인식하게 되는가? 또 어떻게 우리는 지나가는 타인의 몸을 여성 또는 남성으로 추정하는가?

트랜스 체현 이론을 위한 자원을 탐색하는 1부에서 샐러먼이 정신분석학과 현상학에 초점을 맞추는 이유는, 이 두 학문이 몸의 물질성이 반박 불가능하다는 믿음에 의존하는 대신에 몸과 정신의 관계를 탐구하면서 어떻게 어떤 물질을 '내 몸'으로, '여성 또는 남성의 몸'으로 인식하는가에 대한 프로세스를 이론화해 왔기 때문이다.[9] 샐러먼은 이 두 학문에서 생산되어 온 자아 형성 이론들에서 몸을 남성/여성의 이분법적 범주에 반드시 끼워 맞출 수 없게끔 하는 몸의 근본적인 모호성과 유동성을 뒷받침해 줄 만한 지점들을 발굴해 낸다. 여기서 핵심은 '느껴지는 감각felt sense'이다. 트랜스 정체성이 의심받는 기본적 이유는 당사자가 자기 몸에 대해 느끼는 감각과 외부에서 그 몸을 읽고 추정한 결론이 충돌하기 때문이다. 그런데 정신분석학과 현상학은 '신체적 에고bodily ego', '몸 도식body schema', '자기수용감각proprioception', '체현embodiment' 등의 개념을 통해 (시스젠더-이성애 중심적 사회가 몸의 '진짜 물질성'이라고 착각하고 강제하는) "몸의 육체적 윤곽"(2) 보다 '느껴지는 감각'을 우선시하는 이론을 제공한다. 이때 느껴지는 감각은 전적으로 생물학의 영역에 귀속되어 있거나 아니면 의지주의적 주체가 제멋대로 정하는 것이 아니라, 철저히 타자와 세계와의 관계성의 맥락에서, 그리고 그러한 관계가 경험적으로 축적된 역사성의 맥락에서 설명된다. 정신분석과 현상학에서 나온 자아와 몸의 형성에 관한 이론들의 공통된 주장은, '내 몸'이란 것이 필연적으로 오인, 차이, 거리, 타자성, 관계성을 통해, 그리고 그러한 것들이 축적된 역사를 통해 형성된다는 것이다.[10] 이런 점에서 내가 내 몸을 특정한 방향으로 감각하고

---

9) 정신분석과 현상학을 트랜스 체현 이론의 자원으로 탐구한 1부의 논의에 대한 좀 더 자세한 해설은 다음을 보라. 전혜은, 「트랜스 체현 이론을 위하여: 퀴어 이론가 게일 샐러먼 읽기」, 『문학동네』, 제28권 제3호(통권 108호), 2021b, 254 - 291쪽.

인식하게끔 해주는 몸 도식 또는 성적 도식은 그 어떤 해부학적 구조나 형태학에도 근본적으로 매여 있지 않으며, 유동적이고 가변적이고, 따라서 (그러한 도식이 원래는 '나'의 범위가 어디까지인지를 가늠하고 정하기 위해 형성된 것이라 하더라도) 처음부터 불가피하게 주체와 타자의 경계를 흐려놓을 잠재력을 품고 있다.

몸을 이렇게 이해할 때의 이점은 첫째로, 주체가 오로지 수동적으로 운명을 받아들여야만 하는 본질주의적 물질성 모델에도, 주체가 모든 권한을 틀어쥐는 의지주의적 모델에도 빠지지 않을 수 있게 해준다는 점이다. 느껴지는 감각은 자의적 선택과 같지 않으며, 그것은 내가 태어난 순간부터 세계와 관계 맺고 복잡하게 상호작용하며 살아있다는 뜻이다. 여기서 수동과 능동은 떼려야 뗄 수 없게 뒤얽혀 있다. 말하자면 "내 몸에 대한 내 경험, 내 몸의 확장과 효능에 대한 내 감각, 내가 내 몸을 거주 가능하게 만들기 위해 애쓰는 방식들, 내가 내 몸을 활용하는 용법, 또는, 욕망으로 몸부림치는 가운데 아마도 몸이 나를 활용하는 용법이, 내 물질성이 무엇이든 간에 그 물질성과 내가 필수적으로 맺는

---

10) 예를 들어 폴 쉴더(Paul F. Schilder)는 우리가 '몸 이미지'를 통해서만 자기 몸을 인식하고, 피부나 내부에서 느껴지는 감각을 자기 몸에 일어나는 일로 이해하게 된다고 설명한다. 이때 몸 이미지는 "시간의 흐름에 따라 구성되는 몸에 대한 정신적 재현"으로서, 한 사람이 여러 개의 몸 이미지를 가질 수도 있고 변화에 유연하게 열려 있다는 특징을 가지며, 무엇보다 "항상 다른 몸들과 세계와의 관계 속에서 맥락적으로 위치 지어지는" "사회적 현상"으로 이해된다(29-30). 카자 실버만(Kaja Silverman)은 쉴더의 논의를 전유하고 자크 라캉(Jacques Lacan)의 거울 단계 이론을 끌어와 지그문트 프로이트(Sigmund Freud)가 언급했던 신체적 에고 개념을 발전시키는데, 실버만에 따르면 사람이 본인의 진짜 몸이라고 믿는 그것은 근본적으로는 오인(誤認)에 기초한 동일시 과정을 통해 상상적으로 수립된다. 유아는 거울에 비친 부모처럼 이상화된 이미지와 자신을 동일시하면서 그 이상화된 이미지가 갖고 있(다고 믿어지)는 일관성과 온전성을 자신도 갖추고 있다고 상상하며, 이로써 일관된 자아와 몸의 감각이 후천적으로 획득된다는 것이다(22-24). 또한 모리스 메를로-퐁티(Maurice Merleau-Ponty)는 자기 몸이나 타인의 몸에 대한 인식 및 이해가 '성적 도식'에 의지하며 성적 도식이 몸의 범위를 정해준다고 보는데, 성적 도식은 시공간을 초월해 모두에게 일괄적으로 적용되는 진리 같은 것이 아니라 근본적으로는 관계적이고 개인의 역사와 관련된 것이다. 한 사람의 섹슈얼리티(성감대, 성적 습관, 또는 성적 정체성이라 불리는 성적 지향 등을 뭉쳐 놓은)는 "서로 다른 시간적 양상을 가로질러 서사적 일관성 안으로 욕망이 조직화된 것"으로, 이 욕망은 오롯이 나에게서만 비롯된 것이 아니다. 오히려 "욕망을 통해 내 몸은 또 다른 몸을 지향함으로써 살아있게 되며, 나 자신도 그러한 욕망을 통해 생성된다"는 점에서 욕망은 "나를 세계와의 관계 속에 밀어 넣는다"(50).

관계"인 것이다(56). 둘째로, 이런 논의들은 외부에서 읽고 추정하는 몸과 본인이 자기 몸에 대해 느끼는 감각 간의 괴리가 트랜스들에게만 해당하는 것이 아니라 모든 인간의 형성에 필수적인 동일시 과정 자체라는 점, 달리 말해 "규범적인 젠더의 생산은 그 자체로 몸의 느껴지는 감각과 몸의 육체적 윤곽 간의 괴리에 의존한다"(2)는 점을 보여주며, 따라서 트랜스들을 가짜 취급하거나 병리화할 근거가 없음을 입증해 준다. 특히 샐러먼이 2장에서 공들여 분석하는 메를로-퐁티의 '체현', '실존existence', '육신flesh', '초월transcendence' 개념은 트랜스 주체들이 자신을 감각하고 이해하고 정의하고 자신의 모습대로 살고자 투쟁하는 그 모든 과정을, 규범적으로 젠더화된 주체들과 근본적으로 다를 바 없는 인간 실존의 자연스러운 양상으로 설명할 수 있게 해준다.[11] 예를 들어 메를로-퐁티에게 실존이란 "지금까지 무의미했던 것이 의미

11) 아주 간략히 정리하자면, 메를로-퐁티의 논의에서는 외부에서 내 몸을 읽어내고 판단한 바와 내 고유의 체현 양상이 맞지 않을지라도 후자 또한 '지각적 진실'을 이루고 있다(메를로-퐁티가 『보이는 것과 보이지 않는 것(*The Visible and the Invisible*, 1968)』에서 예시한 유명한 길 비유에서, 지평선까지 이어지는 도로의 폭은 고르게 똑같다는 것은 진실이지만, 그 길 위에 서 있는 사람에겐 원근법으로 인해 자신이 서 있는 쪽의 폭과 지평선 쪽의 폭이 다르게 보이는 것 또한 진실이다(60). 이 이론이 젠더 다양성을 사유할 때 유용한 이유는 몸의 '진정성'과 관련해서 외부의 지각 대 내부의 지각, 또는 객관적 지식 대 주관적 지식 중 한쪽만 진리로 인정해야 한다는 양자택일의 난국에 빠지지 않도록 해주기 때문이다. 트랜스의 존재 자체를 반대하는 쪽에서는 전자를, 또 제이 프로서(Jay Prosser) 같은 트랜스섹슈얼 당사자 담론에서는 후자를 절대적 진실이라고 주장해 왔다(3장). 그러나 샐러먼은 메를로-퐁티의 논의에 기초한다면 누군가의 몸의 성별이 '진짜로' 무엇인가에 대한 답은 "물질적인 것과 관념적인 것의 관계 속에, 지각하는 자와 지각되는 것의 관계 속에 존재한다. 또한 그 누구의 몸이든 몸의 물질적 특수성과, 그 몸의 물질적인 부분과 의미를 빚어내는 힘들과 맥락들의 네트워크 간 관계 속에 존재한다(62). 한편, 이러한 관계들의 안-사이에서 '내 몸'이라고 인식하게 되는 것이 바로 '육신'으로, 현상학적 몸으로서의 육신은 (버틀러의 물질화 이론을 시스젠더 중심적 관점에서 반대했던 이론가들이 '반박 불가능한 물질성'의 증거라며 피, 뼈, 살, 내장 같은 것을 '육신'으로 불렀던 용법과 정반대로) [괄호 안의 내용과 관련해서는 다음을 참조: 필자의 2008년 논문(「여성의 몸에서 섹스화된 몸으로: 엘리자베스 그로츠와 주디스 버틀러의 육체적 페미니즘」, 서울대 여성학협동과정 석사학위논문)과 앞의 책(2010), 특히 4장을 보라)] "물질적인 것으로 환원될 수 없는, 나 자신과 타자와 세계 간 관계들의 산물"로 이해된다(62-63). 육신을 나와 세계의 관계적 개념으로 사유할 때, "내 육신이 내 몸과 거의 동일할 필요는 없고 오히려 세계로 확장될 수 있으며"(63), "결국 몸 자체는 실체와 이상이 섞이거나 결합된 혼합물이며, 이는 몸의 객관적으로 수량화된 물질성과 몸이 세계 안으로 환상적으로 확장된 것 사이 어딘가에 위치해 있다"(64-65). 샐러먼은 체현적 진실과 육신에 대한 메를로-퐁티의 논의에서 '환상적인 것'이 배치되는 방식을 탐구하는데, 이런 작업은 완전히 물질적인 몸을 근거 삼을 수도 없고 전적으로 정신적 문제로 설명할 수도 없었던 트랜스 주체성을 보증해 준다.

를 떠맡게끔 하는 과정 자체, 즉 그저 성적 의미만 있던 것이 좀 더 일반적인 중요성을 갖게끔 하는 과정, 우연을 이유로 변환시키는 과정 자체"를 이르는 말로서 "본질적으로는 결정될 수 없는 것"이다.[12] 그리고 실존이 결정될 수 없기에 사람이 자신이 처한 상황을 스스로의 언어로 설명하려 애쓰고 또 바꾸려 노력하면서 어떻게든 살아내고자 하는 그 모든 행위에 메를로-퐁티는 '초월'이라는 이름을 붙인다(55). 이런 설명은 트랜스들이 겪는 '젠더 위화감gender dysphoria'을 정신병이 아니라 다양한 실존 중의 하나로 자리매김하게 도울 뿐 아니라, 억압적인 젠더 이분법 체계 속에서 그런 위화감을 견뎌내며 치열하게 생존을 모색하는 트랜스 주체들의 다양한 노력을 그 자체로 인정하고 존중해 준다.

"몸을 추정하기" 2: 추정하는 힘들을 해체하기

1부에서 논한 'assuming a body'가 실존적 차원에서 모든 인간 존재가 이 몸을 '자기 몸'으로 받아들이기 위해 거치는 필수적인 과정을 가리킨다면, 책의 2, 3, 4부에서는 당대의 지배적인 '인식가능성의 매트릭스(들)matrices of intelligibility'[13]과의 상호작용 속에서 일어나는 'assuming a body'의 현상들, 즉 여기서는 배타적이면서도 모순적인 섹스-젠더-섹슈얼리티 규범 체계와의 관계 속에서 몸을 추정하고 취하는 다양한 행위와 현상을 분석하면서 물질성에 부여되는 절대적 진리와 일관성의 환상을 해체한다. 앞서 트랜스 주체성이 문제가 되는 이유는

---

12) Maurice Merleau-Ponty, *Phenomenology of Perception*, trans. Colin Smith, Routledge, 1962: 169 (Salamon, 2010: 55에서 재인용).

13) Judith Butler(1993), *op. cit.* 버틀러의 이 개념에 대한 설명은 전혜은(2021a), 앞의 책, 2장 참조.

외부에서 그 몸을 읽고 추정해서 판단한 바와 당사자가 느끼는 감각이 심각한 충돌을 일으키기 때문이라고 서술했지만, 사실 외부의 이 시선이란 결코 객관적인 지식이 아니라, 모든 생명체를 남성과 여성 단 두 개의 범주로 구획하는 젠더 이분법 체계를 진리라고 믿고 그것을 기준으로 자신이 저 몸의 진실, '진짜 물질성'이라는 것을 읽었다고 굳게 믿는 추정 작업일 뿐이다. 이 인식틀에 부합하는 몸만 '진짜 물질성'으로 인식/인정하고, 모든 존재에게 이 틀에서 허용하는 몸(남성 아니면 여성의 몸)만을 부여한다는 의미에서, 그리고 개개인이 그렇게 지정받은 범주에 순응하려는 노력을 게을리하지 않아야만 '인간의 몸'으로 인식/인정해 준다는 의미에서, 현재의 시스젠더-이성애 규범적 사회에서 '몸을 추정하기assuming'는 특정 방식으로(만) '몸을 취하기assuming'를 강제하는 것이기도 하다.

이런 식의 '몸을 추정하기'에는 다음과 같은 것들이 포함된다– 수술을 통한 트랜스 주체들의 몸 변화를 새로운 신체 부위의 '생성'으로 보는 대신에 소위 여성성이나 남성성의 정수로 여겨지는 신체 부위(유방/페니스)의 '훼손', '거세', '상실'로 해석하기(4장), 여성성이나 남성성의 정수라는 그 신체 부위가 트랜지션 과정에서 생성되었더라도 법적 성별 정정 절차가 완료되지 않으면(또는 완료되었더라도) 그 부위를 당사자의 젠더 감각에 비로소 맞는 여성성과 남성성의 증거로 인정해주지 않기(4장, 7장), MTF는 기껏해야 여자인 척하는 남자일 뿐이고 본질은 여성들에게 성적 위협을 가하려는 치한이며 FTM은 여성 공동체를 파괴하고 남성 권력을 구걸하는 여성 혐오자들이라고 추정하기(4장, 5장), 레즈비언 공동체 안에서 부치나 다이크의 젠더 표현이 어떠하든 간에 그들도 트랜스젠더와는 완벽히 구별되는 '여성'이라고 추정하고 그 추정을 스스로 증명할 것을 강요하기(4장), 트랜지션을 한 사람은 남/여 이분법적 범주의 한쪽에서 반대쪽으로 완전히 이주해서 오로지 그쪽 특성만 갖게 되었다고 추정하고 그 추정의 증명을 당사자에게 강요하기(3장, 7장) 등. 이런 추정들은 서로 모순적으로 뒤엉켜 있고, 사실 "몸의 육체적 윤곽"이나 "성기의 배치 형태"(179)에 기초한 것도 아니며(트랜스 주체들이 트랜지션을 거쳐 외형이 바뀌어도 현재의 몸이 무시당한다는 점에서[14]), 그리고 거리를 지나가는 사람을 보며 성별을 추정할 때 상대방의 성기에 대한 아무런 정보도 없이 추정이 이뤄진다는 점에서), 오로지 젠더 이분법 체계를 절대시한다는 규칙만 따르기에 늘 불명확하다.

7장에서 MTF인 잔 모리스Jan Morris의 자서전에 대한 분석[15]은 이러한 '몸을 추정하기'의 허상과 강제를 여실히 보여준다. 성별 정정 전에도 내내 여성으로 살아왔고 여성으로 패싱되어 왔음에도 모리스가 남/여 따로 줄을 서는 공항의 보안 검색대 앞에서 주변 사람들에게 자신이 어느 쪽 성별로 읽힐지 매번 긴장하면서 그때그때 호명되는 성별('Mr.'나 'Ms.')에 자신을 맞추는 상황은 그 자체로 젠더화의 과정을

14) 4장에서 샐러먼은 언론에서 FTM을 재현할 때 탑 수술 흉터만 두드러지게 조명하는 경향이 눈앞의 사람의 외양은 거짓이고 그 '진짜 성별'은 흉터 아래에 있다고(즉, 제거된 '여성의 유방') 해석하도록 시청자들을 유도하는 방식을 비판적으로 분석한다.

15) 샐러먼이 분석한 모리스의 자서전 『수수께끼』(*Conundrum*, 1974)는 성전환 경험에 대한 1인칭 서사 중 가장 대중적으로 널리 읽힌 책이고, 그래서 트랜스 연구에 기본적인 텍스트로 대우받았으며, 이후 많은 트랜스 자서전의 모델이 되었다. 이 책이 유명해진 이유는 저자의 유명세 때문이기도 한데, 잔 모리스는 수술 전에 제임스 모리스(James Morris)로서 작가이자 기자로 경력과 명성을 쌓아 올렸고, 트랜지션 이후에도 여행 작가로서 경력을 이어나갔다. 또한 이 책은 트랜지션을 진정한 자아 찾기의 과정으로 그렸고, 이 과정을 시간 순으로 보여주면서 트랜지션 이후를 해피엔딩으로 마무리했는데, 독자에게 안정감과 만족감을 주는 이런 관습적 구조는 대중을 설득하기에 유용한 형식이라서 트랜스 1인칭 서사의 공식처럼 자리 잡았다. 이런 중요성 때문에 분석 대상으로 삼았지만, 샐러먼이 이 텍스트에서 주목하는 지점은 모리스가 남은 생을 정말 나 자신이라고 느끼는 모습으로 살아가기 위해 겪었던 길고 긴 여정에서 섹스와 젠더가 어떻게 국가에 대한 은유로, 또 실질적인 국가의 소유물로 생산되는가, 그리고 본인이 바라는 모습대로 젠더가 읽히도록 트랜스들이 매 순간 어떤 복잡하고 고된 노동을 수행하는가이다.

예증한다. "그 과정은 결코 순수하게 육체적인 것도 아니고 순수하게 의지에 의한 것도 아니며, 오히려 한 사람의 신체적 외양과 행동양식에 대한 다른 사람들의 기대와 해석을 통해 창조되고 강제되는 것이다"(181). 또한 모리스가 성기 수술 직전에 성별 정정 절차를 거치고 있음을 알리면서 개인 정보 변경을 요청하자 은행, 보험회사, 운전면허 등록기관, 여권 발급처 등 각기 다른 기관에서 모리스의 성별을 각기 다르게 표시한 증명 서류를 내어준 일, 성별 정정이 끝난 뒤 그 과정과 관련된 문서 기록 전체가 FBI의 기밀문서로 분류되어 모리스 본인도 열람할 수 없게끔 국가 기관에 봉인된 일, 그리고 트랜스 주체들이 자신의 젠더 감각에 맞는 성별로 살고 있고 외양도 그렇게 읽힌다 한들 법적으로 등록된 지정 성별과 맞지 않으면 사회보장국에서 직장으로 보내는 '불일치 서신no-match letter'이 트랜스들에게 실직과 빈곤, 신변의 위협을 야기한다는 점[16]은, 남성과 여성을 각각 나타내는 m과 f라는 문자 기호가 ('진짜 물질성'으로 믿어지는) '섹스'를 반영한 것이 아니라 반대로 개개인의 사람에게 '섹스'를 부여하거나 박탈하는 상징 권력으로 기능한다는 점을 보여준다. 그리고 '섹스'는 개인의 소유물이나 속성이 아니라 국가에서 관리하는, 차라리 '관료적'이라고 부를 만한 대상임을 보여 준다.[17]

16) 사회보장국에서 보내는 '불일치 서신'이란 "고용주가 사회보장국에 제출하는 고용인에 대한 정보(이름, 성별, 출생일, 사회보장번호)가 그 고용인에 대해 사회보장국이 갖고 있는 서류상의 정보와 맞지 않을 때 발송"되는 편지를 가리킨다(190-191). 이와 유사하게, 한국은 주민등록제도가 있기에 주민등록증에 표기된 성별과 트랜스 주체의 외관상으로 추정되는 성별이 일치하지 않을 때 일자리를 구하기가 극히 어려우며 이는 트랜스 빈곤의 주요 요인 중 하나다.

17) 사실 이는 트랜스 주체들뿐 아니라 다양한 사회적 소수자들도 겪는 일이다. 역사적으로 미국에서 저소득층 유색인들을 불법 감금하여 대규모 불임 시술을 강제로 시행했던 일, 한국에서도 1950-60년대까지 장애인들에게 불임 시술이 자행되었던 일, '공창제'라고 부를 수 있을 정도로 국가가 한국전쟁에서, 그다음에는 미군 대상으로 성노동자 여성들을 이용하고 관리했던 일, 21세기 이후 저출산 문제의 해결책 중 하나로 전국의 여성을 대상으로 가임기 지도를 관공서에서 만들었던 일 등은 ('성별'의 의미와 '성적인 것'의 의미 둘 다에서) '섹스'가 늘 개인의 자율을 넘어선 국가적 자산으로 관리되어

이처럼 젠더 이분법 체계 안에서의 몸의 추정과 강제는 내외부의 차이를 단속하고 동질성이라는 허상을 획득하려는 경직된 정체성의 정치를 활성화한다. 3장에서 샐러먼은 주로 트랜스섹슈얼 당사자들이 생산하는 담론의 성격과 이런 담론들이 퀴어 이론을 오인하고 배척하는 상황을 타개할 방법을 모색한다. 그리고 4장에서는 트랜스학trans studies이 페미니즘과 함께 가야 할 필요성과 상호 유용성을 제시하는 한편, 페미니즘과 트랜스학의 관계가 전자가 후자를 일방적으로 하위 분야로 흡수하는 방식이 아닌 민주적인 통합으로 나아가려면 어떻게 해야 하는지를 고민한다. 이 과정에서 샐러먼은 트랜스섹슈얼 당사자 담론에서 퀴어 이론을 배척하는 경향과 페미니즘 및 레즈비언 공동체에서 트랜스를 배척하는 경향에서 어떤 공통점을 발견하는데, 그것은 젠더 이분법 체계에 기초한 물질성에 대한 본질주의적 옹호, 의지주의적 주체 모델, 그리고 이런 믿음들이 추동하는 동질성에 대한 강박이다.

먼저 페미니즘에서 동질성의 강박은 독자적 분과 학문으로서 유지되려면 '여성' 범주를 "지속성과 일관성을 제공"해 줄 토대로 만들어야 하고 여성의 경험에 인식론적 특권을 부여해야 한다는 관념과 연관되어 있다(98-99). 이런 생각은 트랜스학과 페미니즘의 통합을 어렵게 만드는 요인이다. 더욱이 몸에 대한 페미니즘 이론화 작업들의 구심점인 뤼스 이리가레Luce Irigaray의 성차 이론은 남/여의 '차이'에 관한 이론 같지만, 사실상 그 차이를 범접 불가능한 전前-존재론적 토대로 만들기 위해 남성 범주와 여성 범주 각각의 내부의 차이를 억압하고 남성과 여성 사이에는 건널 수 없는 간극을 상정하는 동일성의 이론으로 구축되어 있다. 트랜스 주체들은 이 이분법적 범주들 내부에 차이를 생산하

왔음을 입증한다.

고 범주들의 외부에서는 간극을 채워주기 때문에, 페미니즘 성차 이론은 현재의 학문적 설명력을 유지하려면 트랜스의 존재 자체를 부정할 수밖에 없는 구조이다(6장). 레즈비언 공동체에서의 동질성의 강박 또한 '여성'과 '여성성'을 '남성'과 '남성성'으로부터 명확히 구분 짓고자 하는 욕망과 필요에서 나오며, 그 때문에 부치 다이크처럼 남성적 젠더 표현을 하는 사람들은 레즈비언 페미니즘의 역사에서 늘 논란의 대상이 되어 '여성'으로서의 자격 증명을 요구받고 검열당하곤 한다.

한편 동질성에 대한 강박은 시스젠더 중심적 담론에서만 있는 것이 아니라 트랜스섹슈얼 당사자 담론에서도 나타나는데, 이때 페미니즘과 레즈비어니즘의 정체성 정치에서 동질성과 일관성을 보장해 주는(보장해 준다고 믿어지는) '본질적인 물질성'의 자리를 대신 차지하는 것은 '느껴지는 감각'이다. 이 담론들에서 '느껴지는 감각'은 외부의 억압과 무관하게 트랜스 당사자의 내면의 진실과 진리를 고스란히 담고 있어서 트랜스를 외부 세계와 아무런 영향도 주고받지 않는 독자적인 실체로 입증해주며, 그러면서도 동시에 '남성' 아니면 '여성' 둘 중 하나의 성을 정확히 가리키고 있다고 해석된다. 본질론과 의지주의적 주체 모델을 교묘히 합친 이 논리에 대해 샐러먼은 1장과 2장에서 검토한 정신분석의 몸 도식과 현상학 개념들, 그리고 권력과 주체의 관계에 대한 버틀러의 수행성 논의[18]를 끌어와 논박한다. '느껴지는 감각'이란 것이 항상 이미 나를 둘러싸고 있는 세계와 타자들과의 관계 속에서 형성되는 것이며 그 감각을 구체적으로 인식하고 언어화하는 과정 또한 당대의 인식 가능성의 매트릭스와 관련해서(이 관련성이 전적인 의존이 아니라 대항의 성격을 띨지라도) 형성되는 것임을 논증하는 것이다. 이는 트랜

18) 이에 대한 설명은 전혜은(2021a), 앞의 책, 2장 참조.

스의 존재를 부정하는 것이 아니라, 어떤 정체성을 나의, 우리의 이름으로 만들고자 할 때 "우리가 욕망과 정체성을, 내부와 외부를, 자아와 타자를, 굳이 상호 위협적인 방식으로 이해해야 할 필요가 있는지"를 돌아보면서 "차이와 함께 가면서 정체성을 공들여 만들 공간"을 고민하자는 제안이다(122). 샐러먼은 '정체성=동일성'으로 이해하고 내외부의 차이를 제거하는 배타적인 정체화 대신 차이를 살리는 정체화 과정을 진지하게 성찰해야만 페미니즘, 여성, 레즈비언, 트랜스 간의 지난한 대립과 갈등을 풀어나갈 수 있으리라 본다.

차이와 더불어 살아갈 세상을 만들기 위하여

이러한 제안과 함께 샐러먼은 책 곳곳에서 이 동질성의 정체성 정치와 젠더 이분법의 틀을 이미 벗어나서 살아가는 다양한 퀴어 실존을 증언하고 그러한 실존에 설명력을 부여해 온 트랜스 연구자들의 논의를 소개하면서 대안적인 언어를 마련하려 노력한다. 예를 들어 샐러먼은 3장에서 트랜스매스큘린transmasculine한 사람들에게만 끌리기에 '레즈비언'에 대한 일반적 정의인 '여자를 사랑하는 여자'라는 표현으로는 도무지 설명할 수 없는 퀴어한 욕망, 또는 부치와 게이 사이에 만들어지는 유사성처럼 남성/동성, 이성애/동성애의 이분법적 선을 따라서는 설명하기 어려운 관계성을 설명할 개념으로 '호모에라틱homoerratic'이라는 신조어를 제시한다.19) 또한 게일 루빈Gayle Rubin이 레즈비언 공동체 안에서 부치와 FTM의 관계를 단절 대신 연결로 이해할 방법으로

19) 샐러먼의 단행본엔 담기지 않은 인터뷰 번역을 포함해서 이 개념에 대한 설명은 전혜은(2021a), 위의 책, 3장 참조.

제시한 연속체 모델continuum model(6장)과 그리핀 한스베리Griffin Hansbury가 시스젠더 남성, 젠더퀴어, 트랜스 남성, 부치 다이크 등을 포함해 남성성과 관련되어 정의되는(또는 스스로 그렇게 정의하는) 다양한 존재들의 남성성을 무엇보다 공동체와의 상호작용과 관계성을 중심으로 설명할 방법으로 제시한 트랜스매스큘린 공동체의 스펙트럼 모델(4장)[20] 등을 소개하고 검토한다. 그리고 6장에서는 페미니즘의 성차 이론을 완전히 내버리는 대신에, 성차를 경이로움wonder의 윤리로 채우려 했던 이리가레의 이상을 살려 현재의 이분법적 성차 이론을 더욱 다양하고 복잡한 성적 차이들을 위한 이론으로 고쳐 쓰자고 제안한다.

샐러먼의 이러한 작업은 이분법적 규범에 맞지 않는 존재들을 비정상으로 낙인찍는 짓을 논박할 강력한 언어를 공급함으로써 결과적으로 더 다양한 존재들이 살 만한 삶을 누릴 세상으로 가는 다리를 놓는다. 한국에서도 페미니즘 및 레즈비언 공동체에서의 트랜스 배척 현상이 가시화되었고 사회 일반에서 젠더 이분법을 위반한 것으로 보이는 존재들에 대한 노골적인 폭력과 살해가 꾸준히 발생하고 있는 만큼, 샐러먼의 작업이 적어도 상생을 고민하는 사람들에게 필요한 자원이 되리라 전망한다.

20) "[…] 이 트랜스매스큘린 정체성 각각[…]은 오직 **서로와의** 관계 속에서만 출현하고 알아볼 수 있게 된다. 그리고 이 정체성들의 의미와 일관성은 이들 각자가 남성성의 스펙트럼 위에서 유사하면서도 똑같지는 않은 위치들과 맺는 정동된 관계로부터 획득된다."(120, 원문 강조). 이런 설명은 트랜스 남성성에만 해당하는 것이 아니라 사실상 존재를 구분해서 차별하기 위해 만들어진 모든 범주화에 적용될 수 있다. 백인은 흑인의 반대 항으로서만 정의될 수 있고(넬라 라슨의 소설 『패싱』에 대한 버틀러의 분석을 보라[Butler(1993), *op. cit.*, 6장]), 이성애자는 동성애자의 정의에 의존해서만 이성애자로 존재할 수 있다(전혜은(2021a), 앞의 책, 4장 참조).

참고 문헌

전혜은, 『섹스화된 몸: 엘리자베스 그로츠와 주디스 버틀러의 육체적 페미니즘』, 새물결, 2010.

_____, 『퀴어 이론 산책하기』, 여이연, 2021a.

_____, 「트랜스 체현 이론을 위하여: 퀴어 이론가 게일 샐러먼 읽기」, 『문학동네』 제28권 제3호(통권 108호), 2021b, 254-291쪽.

Butler, Judith, *Bodies that Matter: on the discursive limits of "sex"*, New York and London: Routledge, 1993.

Meijer, Irene Costera, and Baukje Prins, "How Bodies Come to Matter: an interview with Judith Butler", *Signs: journal of women in culture and society*, 23.2 (1998), pp. 275-286.

Salamon, Gayle, *Assuming a Body: transgender and rhetorics of materiality*, New York: Columbia University Press, 2010. (게일 샐러먼, 『몸을 추정하기: 트랜스젠더와 물질성의 수사학』, 전혜은 옮김, 오월의봄, 근간)

_____________, "The Phenomenology of Rheumatology: disability, Merleau-Ponty, and the fallacy of maximal grip", *Hypatia* 27.2 (2012), pp. 243-260 (게일 샐러먼, 「류머티스학의 현상학: 장애, 메를로-퐁티, 최대한의 움켜쥠의 오류」, 전혜은 옮김, 『여/성이론』 49호, 여이연, 2023).

_____________, "The Meontology of Masculinity: notes on castration elation," *Parallax* 22.3 (2016), pp. 312-322.

_____________, *The Life and Death of Latisha King: A critical phenomenology of transphobia*, New York: NYU Press, 2018a.

_____________, "Gender Essentialism and Eidetic Inquiry," *Rethinking Feminist Phenomenology: theoretical and applied perspectives*, edited by Christinia Landry and Sara Cohen Shabot, Rowman & Littlefield International, 2018b, pp. 33-50.

_____________, "What's Critical about Critical Phenomenology?" *Puncta: Journal of Critical Phenomenology* 1.1 (2018c), pp. 8-17.

Weiss, Gail, Gayle Salamon, and Ann V. Murphy, eds., *50 Concepts for a Critical Phenomenology*, Northwestern University Press, 2019.

고정갑희
Gaphee Ko

가부장체제의 전복을 꿈꾸는 이론가

김경미
이화여자대학교 이화인문과학원 교수. 『여/성이론』 편집주간, 여성문화이론연구소 대표로 일했으며, 저서로 『家와 여성』, 『플롯의 발견』, 『성·노·동』(공저) 등이 있다.

이 글의 원문은 『여/성이론』 36호(2017)에 실려있다.

고정갑희: '가부장체제'의 전복을 꿈꾸는 성의 이론가

성sex-gender-sexuality을 축으로 우리가 사는 세상을 체계적으로 성찰하고 바꾸고자 하는 이론가, 성종계급 모순이 얽혀 있는 가부장체제의 변혁을 위해 적녹보라 운동이 필요하다고 주장하는 이론가, 기존 자본주의 생산과 생산론을 부분화하면서 페미니즘 생산론을 펼치는 이론가, 성노동론을 둘러싸고 다른 페미니스트들과 불화한 이론가. 카페 한구석에서 줄을 그으며 책을 읽거나 노트북을 펼친 채 "이론이라는 언어를 들고 세상과 대면"[1]하면서 이론적 모색을 멈추지 않는 고정갑희 이야기다. 고정갑희는 가부장제에 대한 끈질긴 심문에서 출발해서 가부장제가 이데올로기나 문화의 차원을 넘는 정치 경제의 문제임을 주장하고 성체계론, 가부장체제론, 페미니즘 생산론으로 자신의 이론을 확장해 왔다. 그녀에게 이론화란 "발견들의 역사를 계보화하는 작업"[2]이고, 페미니즘이라는 전환을 시도하는 이론[3]이다. 따라서 고정갑희는 페미니즘의 언어를 발견하고 그 전환의 힘으로 가부장적 세계를 변혁하기 위한 운동을 멈추지 않았다. 한국 페미니즘 이론 생산과 실천의 한 축을 담당하는 '여성문화이론연구소'와 지구지역적 적-녹-보라 연대를

1) 고갑희, 「창간하며」, 『여/성이론』 제1호, 여이연, 1999.
2) 고정갑희, 『성이론』, 여이연, 2011, 14쪽.
3) 고정갑희, 『페미니즘은 전환이다: 이론과 문학 다시 쓰기』, 북코리아, 2016, 5쪽.

주장하는 '지구지역행동네트워크'의 설립을 주도하고, 이 단체들을 중심으로 만들어낸 다양한 운동들이 그 한 사례이다.

성체계, 가부장체제를 이론화한 이론가이자 적-녹-보라 운동의 활동가로 더 알려져 있지만 그녀의 이력은 문학 연구로부터 시작했다. 거슬러 올라가 그 이력을 엿보자면 고정갑희는 메리 셸리 연구로 박사학위를 받았으며, "시적 혁명과 경계선의 철학"이라는 제목으로 줄리아 크리스테바를 소개하는 정교한 논문을 발표하기도 했다. 그동안 30여 편의 논문을 발표하고, 세 권의 책 『성이론: 성관계·성노동·성장치』와 『페미니즘은 전환이다: 이론과 문학 다시 쓰기』, 『가부장체제론과 적녹보라 패러다임』을 출간했다. 초기에는 주로 문학 연구자이자 대학에서 강의를 하는 교수로 페미니즘을 기반으로 기존의 이론과 문학 텍스트 해석에 틈을 내고자 했고 영문학 교육에 대한 새로운 관점을 제시하는 글들을 썼다. 초기의 글들을 관통하는 것이 있다면 그것은 이론화의 중요성을 강조해 온 점, 페미니즘을 통한 인식 전환과 확장의 가능성을 찾는 점, 가부장제의 물질적 기반을 문제 삼는다는 점이다. 일부 페미니스트들은 남성 중심 문화, 남근 이성 중심주의를 그대로 받아들이고 답습한다는 이유로 이즘ism, 주의이라는 말이나 이론theory에 대해 거부감을 드러내기도 했다. 왜 굳이 이론화의 중요성을 강조했을까? 고정갑희에 의하면 이론은 실천 영역의 문제들을 담론화하는 역할을 하기 때문에 이론의 영역을 포기하거나 간과할 수 없다는 것이다. 또한 고정갑희는 페미니즘을 여성에 국한된 문제로 보지 않는다. 그녀에게 페미니즘은 과학 기술 문명과 생태계 문제, 계급 문제, 인종 문제, 민족 문제, 섹슈얼리티 문제, 출산과 임신 등의 재생산 문제 등 서로 얽혀 있는 문제들이다. 따라서 페미니즘이 다루는 문제는 단순히 여성의 문제만이 아니라, 인류의 문제이며, 한국인의 문제로[4] 확장된다. 마지막으로 가부장제에 대해 고정갑희는 그 책임을 묻는다. 가부장제는 여성을 상징적 존재로 보지 않고 자궁과 재생산만으로 환원되는 물적 존재로 '상징화'해 온 것에 대한 책임을 져야 한다[5]는 것이다. 또한 가부장제의 물적 기반에 대한 질문도 놓치지 않는다. 이러한 점들은 초기부터 최근의 글들에 이르기까지 지속적으로 드러나는 특징적인 면모라 할 수 있겠다.

고정갑희가 기존 이론에 균열을 내고 본격적으로 페미니즘 이론을 생산한 시기는 아마도 여성문화이론연구소에서 활동하기 시작한 이후일 것이다. 한국의 현실에 기반한 이론 생산을 통해 가부장적 현실을 바꾸려 해온 그녀의 시도는 성노동론, 성이론, 가부장체제론, 적-녹-보라 패러다임, 페미니즘 생산론으로 이어지면서 한국 사회의 사회 이론과 운동에 새로운 흐름을 만들어내고 있다. 이 글에서는 고정갑희가 그간 써온 글들을 읽으면서 그녀가 제시했던 몇 가지 주요 개념 또는 이론을 중심으로 이론화의 노정을 간략하게 살펴보고자 한다.

성계급, 성장치, 여성주의 경제학

여성문화이론연구소를 중심으로 활동하던 시기에 고정갑희는 몇 가지 중요한 제안을 한다. 여성주의적 주체 생산, 성장치, 여성주의 경제가 그것이다. 그 첫 번째 논문 「여성주의적 주체 생산을 위한 이론 1」은 호명된 주체인 여성 주체가 아니라 여성 주체에서 출발하면서도

4) 고정갑희(2016), 위의 책, 134쪽.
5) 위의 책, 61쪽.

그것으로부터 거리를 둘 수 있는 의식화된 주체, 즉 여성주의적 주체 생산의 가능성을 다룬다. 고정갑희는 여성의 경험이 대안적 지식이 되는 과정을 여성주의적 주체로의 전환이라고 보고, 여성주의적 주체를 생산하기 위해서 필요한 것은 지금까지 여성주의에서 제기된 문제들에 대한 인식과 새로운 주체 생산을 위한 이론이라고 정리한다. 『여/성이론』 창간호에 실린 이 글은 『여/성이론』이 향후 해야 할 일을 제시한 것으로도 볼 수 있다. "우리 앞에는 현재 자본주의와 가부장제의 논의가 있다"[6]는 현실 인식은 논의 전체를 관통하며, 성과 계급, 가부장적 이데올로기와 물질적 조건, 이론 생산이 주요 문제로 등장한다. 이 글에서 고정갑희는 "성 없는 계급, 계급 없는 성"에 대한 논의를 지양하고 성계급 개념을 적극 끌어들여 성이 하나의 계급일 가능성을 검토한다. 자본주의적 가부장제하에서 여성이 하나의 성계급으로 형성되었다고 보기 때문이다. 그리고 계급 논의에 여성을 포함하지 않고 구태여 성계급으로 논하는 이유, 여성 계급이라 하지 않고 성계급이라 부르는 이유에 대해 이렇게 설명한다. 계급 논의에 여성이 포함될 경우 임노동자 중심이 되기 쉽기 때문이고, 여성 계급이 아니라 성계급이라고 하면 젠더만이 아니라 섹슈얼리티가 계급이 된다는 점을 설명할 하나의 틀이 될 수도 있기 때문이다.[7] 그래서 성정치 개념을 통해 기존의 성적 주체로서 여성이 어떻게 구성되었는지를 검토할 때도 섹슈얼리티로서의 성이 자본주의적 가부장제와 어떻게 연결되는지 질문한다.[8] 이 글에서 보인 문제의식은 이후 성이론, 가부장체제론으로 지속, 확장된다는 점에서

6) 고정갑희, 「여성주의적 주체 생산을 위한 이론 1—성계급과 성의 정치학에 대하여」, 『여/성이론』 제1호, 여이연, 1999, 45쪽.
7) 위의 글, 33쪽.
8) 위의 글, 40쪽.

고정갑희 이론의 발아 지점이라 할 만하다.

고정갑희가 제시한 주요 개념 중 하나인 성장치 개념도 이 무렵에 제안되었다.[9] 성sex-gender-sexuality적 장치를 의미하는 성장치 개념은 알튀세르의 이데올로기적 국가장치AIE 개념과 푸코의 지식과 권력의 담론화 과정에서 착안해서 발전시킨 개념이지만 이들이 젠더에 대한 관심을 갖지 않았기 때문에 궁극적으로는 이들을 넘어설 수밖에 없다고 말한다. '성장치'는 성적 위계, 성적 억압 구조를 가능하게 하는 장치들로 기존의 여성/남성 및 여타의 성적 주체를 생산하고 재생산하는 데 동원되는 장치들이다. 이는 물질적-이데올로기적이기도 한데 신체, 서사, 가족, 시장, 국가, 미디어, 종교, 교육 등이 성장치에 해당한다. 이데올로기 장치들이 사회구성체의 성격에 따라 달라지듯이 성장치도 역사적인 국면에 따라 달라져 왔다. 따라서 역사적이고 계보학적이며 문화론적인 분석을 하기 위해서는 각각의 성장치들이 서로 어떻게 얽혀 있는지 밝히는 작업이 필요하다. 이러한 작업은 특정한 사회구성체가 성적 가치, 성적 상징체계를 구축하고 계속해서 성적 구조가 문화 재생산을 가능하게 하는 방식을 밝혀내는 데 도움을 주고, 남성 중심적이고 이성애 중심 구조 속에서 사회의 구성원들이 스스로 가부장제를 내면화하는 이유를 보게 해 줄 것이기 때문이다. 이후 『성이론』에서 성장치는 성관계와 성노동을 유지 재생산하는 장치로서 성관계, 성노동과 함께 (가부장적) 성이론의 세 가지 축 중 하나로 체계화된다. 성장치 개념은 문화 분석에 유용한 도구로서 확장 가능성이 많은 개념이다. 이후 고정갑희는 그리스 로마 신화에 나타난 변신 모티브 분석을 통해 서사가

9) 고정갑희, 「성장치와 여성주의 문화론－구분하기, 가로지르기, 바꾸어내기」, 『여/성이론』 2호, 여이연, 2000.

어떻게 성장치로 작동하는가를 흥미롭게 보여준다.[10]

「여자들의 시간과 자본」은 가사노동과 매춘 노동의 은폐 구조를 다룬 글이다.[11] 고정갑희는 이 글에서 근대의 자본과 노동의 시간이 남성적 시간으로 설정된 데 비해 여자들의 시간은 그것들로부터 배제되었다는 것에 주목하고 시간과 자본 개념에서 은폐된 젠더 규정을 분석한다. 사적 영역에서 이루어지는 여자의 노동은 계산되지 않은 채 역사적 시간이 흘렀다. 그래서 여자의 시간은 돈으로도 환산될 수 없는 <왜곡된 시간>[12]으로 남아있다. 왜 여성의 시간은 왜곡된 채 남아있는가? 고정갑희는 주부-어머니와 매춘 여성의 시간에 대한 분석을 통해 가사노동과 매춘이 노동시간 바깥으로 밀려나게 된 것은 생산과 재생산을 나누는 남성적 생산이데올로기 때문이라고 비판한다. 그리고 <여자의 시간>에 대한 새로운 경제학을 위해 몇 가지를 제안한다. 우선 여자들의 잃어버린 시간에 대한 손해배상청구, 주부들의 공동 파업 전선 결성, 매매춘의 탈범죄화가 필요하다고 주장한다. 그리고 여자들의 노동에 대한 시간 계산법을 개발하고 여자들의 신용조합을 결성하는 등의 내용을 갖춘 여성주의 경제를 제안한다. 이 글에서 고민한 생산/재생산 영역 구분 문제, 이와 연결되는 매춘 노동 문제는 성노동론에서 본격적으로 점화되어 성이론, 페미니즘 생산론으로 이어진다.

---

10) 고정갑희, 「그리스로마신화에 나타난 변신의 성정치: 여성/남성의 욕망과 이데올로기」, 『영미문학페미니즘』 11권 1호, 2003.

11) 고정갑희, 「여자들의 시간과 자본—가사노동과 매춘노동의 은폐구조」, 『여/성이론』 3호, 여이연, 2000.

12) 위의 글, 17쪽.

성노동론에서 성이론으로

2004년 성매매특별법 시행과 이에 대한 거부로 나온 성노동자 운동은 고정갑희가 소위 주류 페미니즘과 결정적으로 다른 지점에 서게 되는 계기가 된다. 성매매특별법 시행을 둘러싸고 주류 페미니즘과 불화할 수밖에 없었던 것은 그 이론적 사유의 당연한 결과였다. 이에 앞서 가사노동과 매춘 노동의 은폐 구조를 다루면서 고정갑희는 성매매가 성계급적 모순의 한 양상이라고 언급한 바 있기 때문이다. 성매매특별법 시행 이후 고정갑희는 성매매특별법의 문제점을 다룬 글 「성매매방지법과 여성주의자들의 방향감각」에서 이를 좀 더 체계적이고 분명하게 주장했을 뿐이다. 고정갑희는 성매매특별법의 문제점은 "여성/남성이라는 성별화된 계급 구분에 입각한 성계급(젠더계급)의 시각으로 남성 구매자와 여성 피해자, 그리고 중간고리인 업주들을 파악"[13]하고, "여성부와 일부 여성단체는 정부와 경찰의 공권력에 의지해서 이 여성들을 대상으로 구출, 구제, 재활 정책을"[14] 펼치는 것을 비판한다. 성매매를 '노동'으로 명명하면서 성매매 종사 여성의 일을 노동이라고 하는 것은 남자들이 생산의 영역에서 '노동'을 신비화해 왔던 것에 대한 안티의 성격을 갖는 것이라고 주장한다. 이제까지 자본주의적 가부장제가 노동이라 하지 않던 여성(계급)과 관련된 일들을 노동이라 하는 것은 자본주의적 가부장제가 명명한 노동의 영역을 재구성하는 일이기 때문이다. 고정갑희는 성매매가 자본주의적 가부장제의 모순이 집약된 핵임에도 불구하고 가부장제 사회가 이 일에 대해 한 번도 공론화해 본

13) 고정갑희, 「성매매방지특별법과 여성주의자들의 방향감각」, 『여/성이론』 12호, 여이연, 2005, 16쪽.

14) 위의 글, 16쪽.

적 없이 범죄로만 취급해 왔다고 비판한다. 따라서 '성매매 종사 여성'들을 비범죄화하는 것은 당연한 일이며, 이들의 일을 '노동'이라 인정하는 것도 당연한 일이라고 주장한다. 이어 고정갑희는 '성매매 종사 여성'들의 노동은 '성노동'(섹스 노동)으로서, 가사/모성 노동은 또 다른 '성노동'(젠더 노동)으로서 자리매김해야 한다고 본다. 그러나 성이 아주 좁은 의미의 '성'으로 축소되어 있기 때문에 성의 의미를 확장하여 '성노동'의 개념과 범위를 다시 이론화할 필요가 있다고 역설한다.[15] 성매매를 성노동으로 명명하고 그 개념과 범위를 다시 이론화할 필요성을 제기한 것은 그녀의 이론적 맥락에서 보면 그다지 새로운 것은 아니다. 여성주의적 주체 생산에 대한 논의에서부터 지속되어 온 문제의식이 오히려 더 선명하게 드러난 것이라 할 수 있다. 그러나 그간 들리지 않던 성노동자의 목소리가 가시화되는 것을 목격하면서 성노동에 대한 인식이 보다 명료해졌을 것으로 보인다. 이 논의는 이후 성이론으로 확장되고 체계화된다.

고정갑희는 성매매특별법 제정 과정이 여성학계나 여성단체를 중심으로 진행되었으며 당사자들의 목소리가 사회적으로 수렴되지 않았음을 비판했다. 나아가 '성매매 종사 여성'들의 일을 '성노동'이라고 주장함으로써 여성학계나 다른 주류 여성단체와 입장을 달리하기 시작했다. 성매매특별법 제정은 성주류화와 제도화의 길을 걸어온 한국의 여성운동 진영이 방법론과 방향성에서 저항에 부딪친 대표적인 예이며, 여성을 먼저 염두에 두어야 하는 여성운동이 결국 매춘에 종사하는 여성들의 생존권과 노동권을 간과하는 것으로 이어졌다[16]고 보았기 때

15) 고정갑희, 위의 글, 25-29쪽.

16) 고정갑희, 「여성주의 이론 생산과 여성운동, 사회운동: 가부장체제의 사막에서 이론의 오아시스를 찾아나가다」, 『여/성이론』 17호, 여이연, 2007, 15쪽.

문이다.

고정갑희는 여성문화이론연구소를 중심으로 성노동 세미나를 함께 진행하고 성노동자들과 함께 하는 네트워크 운동을 병행하면서 성노동의 이론화를 적극적으로 모색했다. 그녀가 제시한 성노동론을 정리해 보면, 성을 성별과 성애로 나누고, 성노동을 성별 노동과 성애 노동으로 나눈다. 성별 노동은 성별화된 노동으로 남성/여성의 노동을 의미하고, 성애 노동은 섹스 노동과 다른 성애(섹슈얼리티 측면)적 노동을 의미한다. 매춘은 성애와 성별이 연결되는 노동이다. 고정갑희는 노동으로서의 매춘을 인간의 욕망을 직접 충족시켜 주는 서비스 노동이자 쾌락을 생산하는 노동으로 본다.[17] 매춘 노동을 성애 노동이자 쾌락을 생산하는 노동으로 보는 이 틀은 매춘 노동이 다른 노동으로부터 고립된 노동이 아니라 다른 노동과 연관된 노동이라는 것을 보게 해준다. 고정갑희의 성노동론은 비판도 받았지만 성노동 운동의 이론적 기반을 제공했다. 성노동론은 앞서 제시한 성장치론, 성관계론과 더불어 성이론의 한 축을 이룬다.

2000년 이후 성과 계급, 성과 노동, 가부장제와 자본주의, 가부장제의 물적 기반, 여성주의 경제, 성장치 논의를 통해 고정갑희가 지속적으로 제기해 오던 문제는 『성이론』에서 성을 축으로 둔 체계적인 이론으로 정리된다.

> 성을 축으로 두고 싶었다. 다른 축을 세우고 싶었다. 다른 축을 세운다는 것은 세상을 달리 보는 것이라 생각했다. 세상이 변했으면 했다. 우리의 세포 하나하나가 새로워졌으면 했다. 이런 마음에서 성을 축으로 둔 이론가들의

---

17) 고정갑희, 「매춘 성노동의 이론화와 성/노동/상품의 위계화」, 『경제와 사회』 8호, 2009, 116-121쪽.

계보를 따라가고 싶었다. 그리고 그 이론가들이 한 것을 다시 뒤집는 축을 만들고 싶었다.[18]

성을 축으로 두고 성을 축으로 둔 이론가들을 따라가되 다시 그것을 뒤집는 축을 만드는 것은 기존의 개념을 수정하고, 확장하고, 재개념화하겠다는 것이다. 이는 고정갑희의 이론화의 방향이자 방법이다. 여기서도 고정갑희는 기존의 마르크스주의, 정신분석이론뿐만 아니라 페미니즘의 이론을 수정하고 개념들을 확장하고 다른 이론들의 개념 틀을 도입한다. 그리하여 개념들 사이의 관계를 재정립하고 새로운 개념들을 통해 성을 이론화하고 있다. 이를 통해 성관계, 성노동, 생산관계, 노동, 장치 같은 개념이 수정되고 확장된다.

성의 이론화가 필요한 이유는 무엇인가? 가부장체제를 이론화할 필요가 있기 때문이다. 그녀에 의하면, 가부장체제는 성 체계를 통해 작동한다. 가부장체제는 젠더 체계와 섹슈얼리티 체계를 토대로 구축되어 있으며 남성 중심주의와 이성애 중심주의를 기반으로 한다. 가부장체제는 자본주의적이기도 하지만 동시에 다른 양식들까지도 포함한다. 가부장체제는 전 지구적 체제이면서 지역적인 체제이며 인종, 민족, 세대, 국가, 종교, 신체에 각각 다른 방식으로 작동하면서 유지된다. 따라서 이를 분석하기 위해서는 성의 이론화가 필요하다. 이때 성性은 섹스, 젠더, 섹슈얼리티를 통합한 개념이다. 섹스와 젠더, 젠더와 섹슈얼리티, 섹스와 섹슈얼리티가 실제로 확연하게 구분되지 않기 때문에 섹스, 젠더, 섹슈얼리티를 성이라는 통합적인 개념으로 수렴한 것이다. 성의 이론화는 이처럼 섹스-젠더, 젠더-섹슈얼리티의 구분을 다시 '성'

---

18) 고정갑희, 『성이론』, 7쪽.

으로 통합하고 이를 다시 성별-성애로 구분하는 과정을 거치고, 공과 사, 생산과 재생산, 가부장제와 자본주의의 구분을 해체하며, 생산관계와 가부장제 범주의 확장을 시도한다. 이는 성체계론을 구축하는 과정이며 가부장체제론을 구축하는 과정이다.[19]

그 내용을 보면, 가부장적 성 체계는 성관계-성노동-성장치로 이루어진 체계다. 성관계는 성을 이론화하기 위한 토대가 되는 개념으로 성노동, 성장치와 함께 가부장적 성 체계를 구축하는 기본적 토대다. 성관계라고 하면 보통 사적인 관계를 떠올린다. 고정갑희는 이처럼 성관계를 사적 관계로 정의하려 했던 가부장체제에 대한 대응으로 성관계가 사회적 관계이자 정치적이고 경제적인 관계라고 규정한다.[20] 성관계는 마르크스주의의 생산관계에 버금가는 개념으로 성관계를 성적 생산관계, 거래관계, 권력관계, 계급관계로 구분하고, 성적 생산관계는 인간생산, 쾌락생산, 상품생산으로 구분한다. 생산이 노동과 연관되면서 성노동은 모성 노동, 쾌락 생산 노동, 가사노동으로 구분된다. 성장치는 성관계, 성노동과 서로 연동되는 것으로 가부장체제하에서 가부장체제를 유지, 재생산하는 성적 장치를 의미한다. 여기에는 앞서 언급했듯이 신체, 서사, 시장, 국가, 가족, 미디어, 종교, 교육이 포함된다.

성이론에서 주목되는 부분은 생산관계를 인간 생산, 쾌락 생산, 가사노동으로 구분하는 것이다. 고정갑희가 인간 생산을 처음 논한 것은 아니다. 그러나 인간 생산과 쾌락 생산과 가사노동을 한 축에 놓음으로써 모성 노동, 성노동, 주부 노동의 은폐된 관계가 드러나고 이들을 한자리에서 이야기할 수 있게 해 준다. 성이론은 자본주의 이전 시대의

19) 위의 책, 19쪽.
20) 위의 책, 64쪽.

가부장체제와 역사적으로 자본주의에 종속된 가부장체제의 차이에 대한 규명이 불충분하고,[21] 구체적인 예증을 통한 검증이 불충분한 면이 있다. 그러나 자본주의와 가부장제의 문제가 얽혀 다양하고 촘촘한 권력관계들을 만들어내고 있는 복잡하고 중층적인 현실을 분석하고 해명해 줄 하나의 틀을 제공해 준다는 점에서 마르크스주의 진영이나 페미니즘 진영에서 공히 관심을 기울일 필요가 있다고 본다.

가부장체제론, 페미니즘 생산론

기존의 가부장제론이 자본주의적 생산 개념을 그대로 둔 채 자본주의를 중심 문제로 보면서 자본주의가 전체인 것처럼 이야기해 온 한계와 과오를 극복하기 위해 고정갑희는 가부장체제론을 제시한다. 우리 앞에는 자본주의와 가부장제가 있다고 하여 둘을 대등하게 병치하던 데서 나아가 가부장체제라는 용어를 사용하면서 가부장체제 안에 자본주의적 양상이 내포되어 있다고 주장하기 시작한 것이다. 고정갑희는 전 지구적 가부장체제의 시대로 현 단계를 규정하고, 가부장체제 안에 전 지구적 자본주의, 자본주의적 세계 체제, 신자유주의에 대한 문제의식을 포함시킨다. 자본주의 체제가 아니라 가부장체제로 본다는 것은 여성주의에서 그 해법을 찾을 가능성을 찾는다는 뜻이기도 하다. 고정갑희는 그 단초의 하나로 여성주의 이론의 내용이 될 만한 규정을 다음과 같이 제안한다.

---

21) 심광현, 「『성이론:성관계, 성노동, 성장치』의 문제틀에 대한 비판적 소고」, 『여/성이론』 26호, 여이연, 2012, 186쪽.

하나, 현재는 가부장체제의 시대다.

하나, 가부장체제는 근본적으로 성 체제를 중심으로 작동한다.

하나, 성은 지금까지의 섹스-젠더-섹슈얼리티를 재조합하는 개념이다.

하나, 성은 자본주의를 규정하는 구조다.

하나, 성적 노동(=성노동)은 성이 노동일 수 있음을 의미한다.

하나, 전 지구적 가부장체제는 지금까지 변화해 온 성 양식을 규명함으로써 해석이 가능하다.22)

이후 가부장체제론은 가부장체제의 생산-노동 비판으로 시작해서 페미니즘 생산론으로 그 구체적인 내용을 갖추어 간다. 지구지역행동네트워크NGA를 중심으로 활동하면서 고정갑희는 꾸준히 가부장체제론을 다듬어 성종계급체계, 자본군사제국주의체계, 지구지역체계로 가부장체체론의 내용을 정리하고 운동철학으로 적녹보라 패러다임을 제안한다. 그 결과물이 『가부장체제론과 적녹보라 패러다임—체제론의 전환과 운동철학의 전환』이다. 여기서는 그 중요한 부분을 이루는 페미니즘 생산론을 중심으로 가부장체제론을 살펴보기로 한다. 페미니즘 생산론에 대해 본격적으로 논의한 글로 「가부장체제의 생산-노동 비판: 가부장체제론과 자본주의적 생산-노동 다시보기」를 들 수 있는데 여기서 고정갑희는 마르크스주의를 포함한 기존 경제학의 '생산/재생산'론과 생산중심주의뿐만 아니라 페미니즘의 '재생산'론을 비판한다. 이 글은 먼저 크리스틴 델피Christine Delphy, 하이디 하트만Heidi Hartmann, 질라 아이젠슈타인Zillah Eisenstein, 우에노 지즈코上野千鶴子를 소환하여 가부장적 생산관계와 생산양식에 대한 페미니즘 이론의 한계를 지적한

22) 고정갑희, 「여성주의 이론생산과 여성운동, 사회운동: 가부장체제의 사막에서 이론의 오아시스를 찾아나가다」, 『여/성이론』 17호, 여이연, 2007, 24쪽.

다. 특히 마르크스주의 페미니스트인 레오폴디나 포르투나티Leopoldina Fortunati가 생산과 재생산, 여성의 가사노동과 매춘 노동이 자본과 남성과 갖는 관계를 분석하고 재생산을 '생산'적이라고 본 데 주목하면서 그 한계를 지적하고 그것을 넘어서야 한다고 주장한다. 포르투나티가 생산과 재생산을 여전히 구분함으로써 상품생산과 자본주의를 우위에 두고 있고, 무엇보다 인간 생산을 빼고 있기 때문이다. 고정갑희는 이러한 한계를 넘어서기 위해서는 생산의 내용이 달라지고 재생산의 내용이 달라져야 한다[23]고 주장한다. 그 달라진 생산론이 가부장체제적 생산론이다. 가부장체제적 생산은 가부장적 인간 생산, 쾌락 생산, 상품 생산, 가사 생산을 말한다.[24] 고정갑희는 자본주의적 생산-노동은 생태적 수탈과 착취의 형태를 취하는데 그 자체가 가부장체제적이라고 본다. 자본주의는 여성의 노동과 생산을 노동이나 생산으로 보지 않고, 성을 생산과 연관시키지 않으며, 자연의 생산을 생산으로 보지 않기 때문이다. 따라서 자본주의적 생산-노동은 가부장체제적 생산-노동을 넘어 적녹보라적 생산-노동으로 재구성되어야 한다고 제안한다. 적녹보라적 생산-노동이란 무엇인가? 그것은 기존 노동자의 생산과 성적인 생산과 자연이라 불리는 존재들의 생산을 함께 고려하면서 그것을 바탕으로 노동을 재구성하는 것이다. 그렇게 되면 노동 자체가 적녹보라적 노동이 될 것이고, 적녹보라적 생산과 노동은 지속가능한 삶을 위한 생산이고 노동이 된다. 그렇다면 기존 노동자의 생산과 성적인 생산과 자연이라 불리는 존재들의 생산을 함께 고려하면서 그것을 바탕으로 재구성된 노동은 어떠한 형태의 것이며, 그것은 어떻게 가능할까?

23) 고정갑희, 「가부장체제의 생산-노동 비판: 가부장체제론과 자본주의적 생산-노동 다시보기」, 경상대학교 사회과학연구원, 『마르크스주의 연구』 제10권, 2013, 59-60쪽.
24) 위의 글, 65쪽.

「성종계급 모순과 페미니즘: 상품생산-임금노동 중심의 자본주의-가부장체제적 경제의 전환」, 「페미니즘 생산론: 페미니즘 '재생산론'에 대한 비판적 제안」, 「페미니즘 생산론 2: 여성, 동물, 물질의 정치/경제와 체제 전환」, 이 세 편의 글이 그에 대한 답이 될 것이다. 이 글들은 성종계급 모순, 페미니즘 생산론, 가부장체제론, 적녹보라 패러다임은 각각 어떤 내용을 가지며 어떤 체계 속에서 서로 연동되고 얽혀 있는지를 페미니즘 생산론을 중심으로 전개하고 있기 때문이다.

페미니즘 생산론은 두 차례에 걸쳐 발표되었다. 첫 번째 글에서 고정갑희는 페미니즘 재생산론을 비판하면서 자본주의를 흔들기 위해서는 반드시 여성의 일을 생산으로 놓아야 한다고 주장한다. 두 번째 글 페미니즘 생산론 2에서는 페미니즘 생산론의 내용을 보다 구체적으로 제시하면서 가부장체제적 전환과 적녹보라적 생산으로 가기 위한 이론으로서의 페미니즘 생산론을 구체화한다. 이 두 편의 글은 그간 주장해 온 가부장체제론, 적녹보라적 생산론을 성, 종, 계급의 얽힘을 중심으로 체계적으로 정리하고 다듬고자 한 고심을 여실히 보여준다.

페미니즘 생산론이란 무엇인가? 페미니즘 생산론은 성적 생산을 토대로 하되, 성적 생산과 종적, 계급적 생산과의 관계를 설정하려는 이론이다. 또한 그동안 '비생산'으로 정의되었던 영역들과의 관계를 재설정하는 이론이다. 이는 기존 '자본주의' 생산과 생산론을 바꾸는 것으로 기존 생산은 '상품생산'으로 재정의하고, 마르크스주의의 생산론은 '상품생산론'으로 재정의한다. 기존의 '노동'은 '임금노동'으로 재정의된다. '페미니즘 생산론'은 '자본주의' 생산관계를 '가부장체제적' 성적 생산관계로 바꾸고, 그것을 넘어설 생산론을 구축하고자 한다. '페미니즘 생산론'은 '자본주의' 생산과 생산론, 기존의 '생산'을 여러 생산의 하나인 '상품생산'으로 재정의한다. 그리고 기존의 상품생산 또한 성적 생산관계 안에 놓는다.[25] 그리고 상품생산을 위한 재생산 노동으로 간주되던 여성의 노동은 생산노동으로 재정의한다. 그렇게 함으로써 무엇이 달라지는가?

> 재생산의 영역으로 간주된 것을 생산으로 자리매김한다는 것의 정치/경제적 의미는 다양하다. 여기서 몇 가지를 짚자면 다음과 같다. 기존의 생산/재생산의 이분법의 불합리하고 모순적인 사용을 넘어 기존의 생산을 '상품생산'으로 축소하고 재생산으로 간주된 일들을 다른 생산들로 정의하는 의미가 있다. 노동력 재생산을 둘러싼 불합리한 개념 사용을 바꾼다. 그리고 이는 생산자와 노동자의 범주를 바꾼다. 누가 생산자이고 누가 노동자인지를 다시 정의한다. 새롭게 정의한다는 것이 생산과 노동에 매여 있는 것을 의미하지 않는다. 이는 가부장적 성관계와 자본주의적 생산관계를 넘어 (자본주의) 가부장체제적 성관계 혹은 생산관계로 전환된다. 재생산의 비밀이 아니라 성관계, 성적 생산관계의 비밀이 된다. 성관계와 성적 생산관계는 인간에게만 적용되는 것이 아니다. 자연의 성관계 혹은 생산관계도 정치 경제의 영역으로 불러낼 수 있게 된다. 일단 페미니즘 재생산론에서 페미니즘 생산론으로 이동한다는 것은 다음 단계에 종적/생태주의적 생산론으로 갈 수 있는 여지가 생긴다는 것을 의미한다.[26]

페미니즘 생산론으로의 이동이 어떻게 종적/생태주의적 생산론으로 갈 수 있는지는 다음 글 페미니즘 생산론 2에서 본격적으로 펼쳐진다. 페미니즘 생산론 2는 여성, 동물, 물질을 전면에 내세워 체제 전환을

25) 고정갑희, 「페미니즘 생산론: 페미니즘 '재생산론'에 대한 비판적 제안」, 『여/성이론』 48호, 여이연, 2023. 16쪽.
26) 위의 글, 42쪽.

이야기한다. 앞서의 페미니즘 생산론이 성, 계급, 즉 여성, 물질을 중심으로 다뤘다면 페미니즘 생산론 2는 여성, 동물, 물질을 전면화시켜 성종계급 모순을 다룬다. 고정갑희는 남성 이성애-인간 종-자본 중심의 지배와 분할이 성종계급체계이며, 성종계급모순은 남성 이성애-인간 종-자본 중심의 얽힘에서 온다고 본다. 그리고 이 셋의 관계를 교차가 아니라 중첩 연동 복합적으로 얽힌 관계로 본다.[27] 이 글은 가부장체제가 인간/비인간, 남성/여성, 자본/노동을 어떻게 분할하고 지배하는가를 분석하고, 여성, 동물, 물질을 자연화하고 자원화하는 가부장체제적 생산 체계를 비판한다. 그리고 행위자의 정치-경제와 가부장체제적 상품 생산 중심 체제의 전환을 위해 신유물론과 페미니즘 생산론을 제안한다. 고정갑희는 신유물론이 보여주는 행위자, 존재론적 전회, 물질적 전회를 가부장체제의 가치 체계를 전환할 수 있는 철학적 토대를 일부 제공한다고 보고 이를 수용하여 행위자의 정치-경제로 재개념화한다. 그 효과는 무엇일까? 여성, 동물, 물질을 자원에서 생산자로 전환하고, 여성의 성적 생산-노동을 사회적 가치화할 수 있다. 또 동물/자연에게 정치적 권리와 경제적 권리를 부여하고, 신유물론이 제시한 존재론적 전회를 정치-경제와 연결된 존재론적 전회로 확장할 수 있다.[28] 이 글의 마지막에 제안한 <페미니즘 생산론>의 가부장체제 전환을 위한 10개의 명제들은 지구지역성을 제외하고는 지금까지 고정갑희가 싸워온 것들과 쌓아온 것들과 넓혀온 것들을 요약적으로 집약하고 있다. 페미니즘 생산론을 통해 고정갑희는 성, 종, 계급의 얽힘과 얽힘을 가능하게 하는 가부장체제의 분할 체계를 비판한다. 남성 이성애 중심적

27) 고정갑희, 「페미니즘 생산론 2: 여성, 동물, 물질의 정치/경제와 체제 전환」, 『여/성이론』 49호, 여이연, 2024, 23쪽.
28) 위의 글, 39쪽.

생산, 자본 중심의 생산, 인간 중심의 생산을 비판하고, 그리고 성종계급적 투쟁으로의 전환을 제기한다. 하지만 성종계급적 투쟁의 주체는 누구여야 하는지, 동물/자연에게 정치적, 경제적 권리를 부여한다는 것은 구체적으로 무엇을 의미하는지 답할 때 페미니즘 생산론은 가부장체제 전환의 철학으로 힘을 발휘하게 될 것이다.

가부장체제를 전복할 새로운 공간 생산을 기대하며

고정갑희의 이론은 페미니즘 이론이 어디까지 확장될 수 있는가를 보여주며 이러한 시도는 한국 페미니즘 이론의 역사에서 보기 드문 성취라 할 수 있다. 고정갑희의 이론은 복잡하고 어렵다는 말도 있지만 그녀의 이론화 작업이 없었다면 한국 페미니즘 이론은 좀 밋밋하고 지금처럼 두텁지 못했을 것이다. 여성주의적 주체 생산으로부터 성장치, 여성주의 경제, 성노동론을 거쳐 성이론으로 성 체계를 구축하고, 가부장체제, 적녹보라적 생산-노동, 페미니즘 생산론에 이르기까지 그녀의 이론은 수정과 확장, 재개념화를 통해 거대한 하나의 틀을 구축하는 데 이른 것으로 보인다. 성관계에 대한 분석은 은폐된 관계를 드러내주고, 협의의 성노동 개념을 확장한 성노동 개념은 가사노동과 매춘노동의 관계를 보게 해주며, 성장치 개념은 가부장적 성 이데올로기가 내재화되는 과정을 보게 해준다. 또한 페미니즘 생산론은 기존의 생산론을 부분화하면서 성, 종, 계급의 얽힘을 보여준다. 이외에 갓길로 밀려난 존재에 대한 주의나 폭력에 대한 민감함을 보여주는 글들은 고정갑희 이론의 출발 지점이 어디인지를 짐작하게 해 준다.[29] 1990년대

29) 고정갑희, 「갓길로 밀려난 존재들의 목소리는 어떻게 가능한가?: 대한민국의 국가주의와 남성주

이후 포스트모던 담론의 영향으로 가부장제, 자본주의 착취, 억압 같은 개념이 점차 사라지고, 차이와 정체성, 구성과 해체 같은 새로운 개념이 등장[30]하다가 이제 돌봄이 주요 개념으로 등장했으며, 한국 사회에서도 예외가 아니다. 고정갑희는 이런 흐름을 거슬러 혹은 가로질러 성을 통합적으로 이해하고, 통합적인 성을 중심에 놓고 생산과 노동을 재규정하고, 성, 종, 계급의 분할과 지배로 작동하는 가부장체제를 전환할 혹은 전복할 새로운 이론 체계를 구상해 왔다.

고정갑희의 현실 인식은 복합적이고 중층적이다. 성의 문제가 가장 중요한 한 축을 이루지만 이와 함께 자본주의와 생태 현실을 전 지구적으로 문제 삼는다. 이처럼 우리가 당면한 현실을 복합적이고 중층적으로 파악하는 것은 필요한 일이다. 가부장체제를 성, 종, 계급의 얽힘으로 보는 데 동의한다면 이들 각각을 분리해서 보는 것보다는 얽힘 자체를 보는 것이 그 모순의 해결법일 것이다. 지금까지는 얽힘보다는 각각의 모순과 집중적으로 싸워왔다. 성, 종, 계급의 문제를 각각 해결하려 했으나 그 어느 것도 석연하게 해결된 것은 없다. 얽혀 있는 그 관계 자체가 문제일 수 있기 때문이다. 따라서 가부장체제론, 적녹보라 패러다임은 체제 전환을 위한 중요한 인식틀이 될 것이다. 문제는 구체적인 방법론이다. 복합적이고 중층적으로 작동하는 성, 종, 계급 문제를 어떻게 하나로 꿰어 분석하고 가부장체제를 전복할 틈새를 만들어낼 것인지에 대해 더 구체적인 방법론이 필요하다. 또 그녀의 이론은 손에 들고 사용하기에 너무 큰 도구거나 복잡한 도구라서 도구 사용법을 익히는 데 너무 많은 노력을 들여야 하는 것도 사실이다. 그러나 2017년 이후

의」, 『여/성이론』 8호, 여이연, 2003, 8쪽.

30) 마리아 미즈, 『가부장제와 자본주의: 여성, 자연, 식민지와 세계적 규모의 자본축적』, 최재인 옮김, 갈무리, 2014, 29쪽.

가부장체제론, 적녹보라 패러다임, 페미니즘 생산론을 통해 그 내용이 좀 더 명료해지고, 체계를 갖추어 가고 있다. 이 틀로 분석할 때 많은 가부장체제의 모순을 효과적으로 볼 수 있고 전환의 지점을 찾을 수 있겠다는 전망을 갖게 한다. 아직도 이론적 모색을 멈추지 않고 있으므로 앞으로 나올 그녀의 글들은 좀 더 구체적인 전망을 줄 것으로 기대한다. 그녀의 말대로 삶은 계속되는 다시 쓰기이고, 삶의 행렬이란 산 자들의 축제이며, 죽은 것을 몰아내고 자신의 공간을 만들며 행진하는 것[31]인 한 그녀의 이론도 지금까지처럼 계속 다시 쓰여질 것이며 그 자신의 공간을 만들며 행진해 나갈 것이기 때문이다.

31) 고정갑희, 『페미니즘은 전환이다: 이론과 문학 다시 쓰기』, 북코리아, 2016, 7쪽.

참고 문헌

고갑희, 「창간하며」, 『여/성이론』 1호, 여이연, 1999.

고정갑희, 「가부장체제의 생산-노동 비판: 가부장체제론과 자본주의적 생산-노동 다시보기」, 경상대학교 사회과학연구원, 『마르크스주의 연구』 제10권, 2013.

______, 「갓길로 밀려난 존재들의 목소리는 어떻게 가능한가?—대한민국의 국가주의와 남성주의」, 『여/성이론』 8호, 여이연, 2003.

______, 「그리스로마신화에 나타난 변신의 성정치: 여성/남성의 욕망과 이데올로기」, 『영미문학페미니즘』, 11권 1호, 2003.

______, 「매춘 성노동의 이론화와 성/노동/상품의 위계화」, 『경제와 사회』 8호, 2009.

______, 「성매매방지특별법과 여성주의자들의 방향감각」, 『여/성이론』 12호, 여이연, 2005.

______, 『성이론』, 여이연, 2011.

______, 「성장치와 여성주의 문화론-구분하기, 가로지르기, 바꾸어내기」, 『여/성이론』 2호, 여이연, 2000.

______, 「여성주의 이론생산과 여성운동, 사회운동: 가부장체제의 사막에서 이론의 오아시스를 찾아나가다」, 『여/성이론』 17호, 여이연, 2007.

______, 「여성주의적 주체 생산을 위한 이론 1-성계급과 성의 정치학에 대하여」, 『여/성이론』 1호, 여이연, 1999.

______, 「여자들의 시간과 자본-가사노동과 매춘노동의 은폐구조」, 『여/성이론』 3호, 여이연, 2000.

______, 「페미니즘 생산론: 페미니즘 '재생산론'에 대한 비판적 제안」, 『여/성이론』 48호, 여이연, 2023.

______, 「페미니즘 생산론 2: 여성, 동물, 물질의 정치/경제와 체제 전환」, 『여/성이론』 49호, 여이연, 2024.

______, 『페미니즘은 전환이다: 이론과 문학 다시 쓰기』, 북코리아, 2016.

마리아 미즈, 『가부장제와 자본주의-여성, 자연, 식민지와 세계적 규모의 자본축적』, 최재인 옮김, 갈무리, 2014.

심광현, 「『성이론: 성관계, 성노동, 성장치』의 문제틀에 대한 비판적 소고」, 『여/성이론』 26호, 여이연, 2012.

글로리아 안잘두아
Gloria Anzaldua

경계선 없는 경계지대를 살아가기

노승희
전남대학교 영문과 교수. e-mail: rover@jnu.ac.kr

이 글의 원문은 『여/성이론』 11호(2004)에 실려있다.

글로리아 안잘두아: 경계선 없는 경계지대를 살아가기

> "Voyager, there are no bridges,
> one builds them as one walks."
> "To survive the Borderlands
> you must live sin fronteras
> be a crossroads."
>
> — Gloria Anzaldua

제국의 터미네이터와 바람의 딸 사이에서

2025년 1월 20일 미국의 47대 대통령으로 취임한 도널드 트럼프가 백악관의 집무실에 들어와서 처음 서명한 문서는 '미국우선무역정책America First Trade Policy' 대통령 각서였다. 트럼프는 세계 언론의 카메라 앞에 이 각서를 흔들어대며 미국의 경제 안보 및 군사 안보를 위협하는 비상호적인 무역관행을 바로 잡겠다고 일갈하고, 그 해결 방안으로 '글로벌 추가 관세'를 예고했다. 그리고 4월, 한을 포함한 70여개 국가들이 미국의 상품 무역수지 적자를 해소하기 위해 미국 정부가 일방적으로 책정한 차등관세를 통지받았다. 트럼프의 관세 폭탄은 뻔뻔하게도 교역국과의 '상호주의' 원칙을 표방했지만, 일방적으로 당한 상대국들은 팩스 아메리카나 제국의 횡포를 실감했을 뿐이다. 세계 경제의 대열에서 낙오되지 않으려면 백악관의 요구를 거부할 수가 없기 때문이다.

이 글이 처음 『여/성이론』에 실렸던 2000년대 초에 한국을 비롯한 수십여 국가들이 '테러와의 전쟁'이라는 명분 아래 미국의 아프가니스탄 침공, 이라크 침공을 지원했던 것도 사실은 지금과 똑같이 제국의 요구 때문이었다. 백악관의 주인이 예전에는 '전쟁 제조업자' 혹은 '전쟁 대통령'으로 불리던 조지 부시였으나 지금은 뼛속 깊이 장사꾼인 트럼프로 대체되었고, 그에 따라 제국의 요구도 기조를 바꿨을 뿐이다. 네그리와 하트가 말하듯이 현대의 제국은 19세기의 제국주의와는 달리 고정된 경계나 장벽들에 의지하여 영토적 권력의 중심을 만들지 않는다. 이것은 끝없이 팽창하는 자신의 경계 안에 지구 전체를 포섭하여 명령 네트워크를 조율하고 관리하는 탈영토적, 탈중심적 지배 장치이다. 전 지구적인 자본의 작동에 따라 분화와 동질화, 탈영토화와 재영토화를 거듭하는 가운데 근대적 공간의 분할은 희미해지고 제1세계와 제3세계가 뒤섞인 새로운 거대 제국이 출현하게 된 것이다. 세계 어디를 가도 맥도널드와 스타벅스, CNN 뉴스와 마이크로소프트의 윈도우가 우리를 따라오듯이, 사회질서의 모든 영역에서 제국은 작동하고, 문명 세계 전체, 사회생활 전체가 제국의 지배 대상이 된다. 한마디로 제국은 생체 권력의 형태를 띤다.[1)] 부시를 혐오하면서도 그에게 투표하였던 미국인들이나 또는 우리와 아무런 적대적 관계도 없는 이라크에 파병을 결정한 한국 정부나 모두 제국의 권력망에 통합되어 있기는 마찬가지다.

그러나 이러한 메가톤급 제국의 통제 시스템은 그 자체로 완벽한 것은 아니다. 제국은 전 지구화라는 이행 단계에서 출현한 체제이고 전 지구화는 하나의 통일된 형태가 아니라 다양하고 명료하지 않은 특성을 가진 과정이다. 그러므로 네그리와 하트의 주장처럼 제국에 대한 대항적 프로그램은 "그 과정을 재조직하여 새로운 목표를 향해 방향

1) 안토니오 네그리·마이클 하트, 『제국』 윤수종 옮김, 이학사, 2001, 17-20쪽.

짓는 것"[2] 으로서 생각해 볼 수 있겠다. 대안을 구축하고 제국을 전복할 투쟁도 제국의 경계 밖에서가 아니라 제국적 지형 자체 위에서 가능한 것이다.

미국인들이 부시와 함께 '테러와의 전쟁'을 계속하기로 결정한 즈음에 '바람의 딸' 한비야는 차세대를 이끌 한국여성지도자상을 수상했다.[3] 한비야는 자신의 책 제목처럼 '걸어서 지구 세바퀴 반'을 여행한 세계 여행가일 뿐만 아니라, 월드비전의 긴급구호팀장으로서 세계의 전쟁과 기아 지역을 돌며 난민 구호 활동을 해오고 있다. 세계 89개국의 오지를 여행함으로써 그녀가 얻은 최대의 수확은 "대자아로서의 나와 우리의 위치를 깨달은 것 … 저마다 세계라는 조각 그림의 한 조각으로서 각각의 색깔과 모양은 다르지만 서로 합쳐 한 그림으로 연결되어야만 비로소 생명과 존재가 드러나는 지구촌의 일원 (임)"을 자각한 것이라고 한다.[4] 또한 그녀가 국제난민 관련 프로그램에서 평생 일하기로 결정한 것도 여행에서 얻은 체험 때문이다. 전쟁과 가난 때문에 풀을 뜯어먹고 살던 아프가니스탄의 아이들이 낯선 여행객인 그녀에게 그들의 목숨과도 같은 빵을 나눠주었던 일이 이후 그녀의 난민 구호 활동의 모델이 된 것이었다.

지구촌의 생명 공동체를 향한 한비야의 자각과 월드비전의 박애적인 구호 활동은 제국의 전쟁 기계에 대한 매우 급진적인 대안이라고 볼 수 있다. 그러나 광범위한 일상의 영역에서 복잡하게 진행되고 있는 전 지구화 과정을 재조직하고 새로운 방향으로 이끌기 위해서는 좀 더 다양한 지정학적 조건에 개입할 수 있는 입장이 요구되며, 그러한 입장

2) 위의 책, 20쪽.
3) 이유진 기자, 「'젊은 지도자상' 받은 한비야씨」, ≪한겨레≫ 2004년 11월 5일자.
4) 한비야, 『바람의 딸 걸어서 지구 세바퀴 반』 4권, 도서출판 금토, 1999, 14쪽.

으로부터 일상의 정치화로 나아갈 수 있는 새로운 주체성을 설계하는 것이 필요하다. 이를 위해 글로리아 안잘두아Gloria Anzaldua의 유색 여성 페미니즘 이론과 메스티자 주체론을 소개하고자 한다.

'나/우리 안의 에일리언'을 일깨우기: 글로리아 안잘두아와 유색 여성 페미니즘

치카나[5] 레즈비언 페미니스트 시인/소설가/이론가이며 활동가였던 안잘두아는 2004년 5월 15일에 예순한 살의 나이로 세상을 떠났다. 오래 전부터 당뇨병으로 고생해 오던 그녀였지만 죽음의 순간까지도 캘리포니아 주립대(산타크루즈)에 제출할 예정이던 박사학위 논문의 마지막 손질을 하고 있었을 만큼, 평생 삶과 자신의 일에 대한 열정과 투지를 조금도 늦추지 않았다. 그녀는 여러 대학에서 강의를 하긴 했지만 공식적으로 교수의 지위를 갖지 않았던 재야 학자였다. 그럼에도 그녀의 이론과 글들은 페미니즘 이론과 여성학, 미국학, 문화연구, 영문학과 인류학 등 다양한 학문 분야에서 인용되고 있으며 기존의 지배적 사유의 틀을 변혁시킬 새로운 학문적 어휘와 패러다임을 제공한 것으로 평가되고 있다.[6]

안잘두아에 대한 이러한 평가는 그녀가 젠더와 섹슈얼리티, 인종과 계급에 관해 독창적인 사유를 전개한 데서 비롯한다. 그녀의 사유의

---

5) 치카나(chicana)는 멕시코계 미국 여성을 지칭한다. 남성형이자 민족적 통칭은 치카노(chicano)인데, 치카노는 미국 남서부 지역에 거주하던 아즈텍 인디언들과 스페인 정복자들의 혼혈 인종으로서 멕시코 시민이었다가 1848년에 과달루페이달고 조약에 의해 미국에 편입되었다. 일반적으로 유럽인과 아메리카 인디언 사이의 혼혈 인종을 가리킬 때는 메스티자(mestiza 여성형), 혹은 메스티조(mestizo 남성형)라는 단어를 쓴다.

6) 안잘두아의 사망 소식에 많은 사람들이 추모사를 헌정했는데 그 자료는 www.esperanzacenter.org의 온라인 저널 La Voz 7/8월호에 실려있다.

출발점은 치카나 레즈비언이라는 자신의 정체성에 대한 자각에서 나온 것으로 볼 수 있다. 그녀는 1942년에 멕시코계 미국인들에 대한 차별과 폭력이 극심했던 텍사스에서 가난한 소작농의 자식으로 태어나 유색인 학교에 다녀야 했으며 치카노 민족의 언어인 스페인어 대신에 제도권의 공식 언어인 영어를 배워야 했다. 인종, 민족, 언어, 문화의 차이와 충돌에 대한 안잘두아의 관심은 자기 삶의 경험으로부터 싹트게 되었던 것이다.

안잘두아의 그런 태생적 조건은 백인 미국 문화와 유색 멕시코 문화라는 식의 단순히 이질적인 두 문화권으로 구성된 것이라기보다는 식민적 억압과 착취의 역사로 얼룩져 있고 증오와 분노가 침윤된 것이었다. 19세기 중엽까지 멕시코의 영토였던 텍사스는 미국과의 전쟁[7]에서 멕시코가 패배한 후 강제로 미국에 편입되었으며, 그 결과 그곳에 살던 멕시코인들은 자신의 땅에서 조국을 상실한 유민의 신세가 되었고 그들의 후손은 미국의 백인 중심적인 제도와 백인우월주의 문화에 의해 식민의 고통과 설움을 겪어야 했다. 이런 치카노 민족의 역사는 안잘두아 가족의 삶에도 고스란히 침윤되어 있었다. 백인 지주에게 조상들의 묘지까지 몰수되었던 가족 수난사뿐만 아니라 안잘두아 자신도 유년 시절에 백인 소유의 기업적인 양계장에 가서 달걀 고르기와 포장하는 일을 했던 적이 있는데 그로 인해 한동안 달걀을 보기만 해도 구토했다고 한다.[8]

---

7) 1846년에 미국이 멕시코를 침입하면서 일어난 이 전쟁은 흔히 멕시코 전쟁으로 불리며, 패배한 멕시코는 거의 영토의 절반을 미국에 양도해야 했는데, 그 지역은 오늘날 텍사스주를 비롯하여 뉴멕시코 주, 애리조나 주, 콜로라도 주, 캘리포니아 주에 해당한다. 치카노는 이곳에 살던 멕시코인들과 그 후손들을 일컫는다.

8) Gloria Anzaldua, *Borderlands/La Frontera*. 2nd edition (San Francisco: Aunt Lute Books, 1999), pp.30-31.

그러나 안잘두아는 이처럼 고통스러운 경험의 역사를 비탄하기보다는 오히려 자신의 정체성 안에 개입되어 있는 서로 다르고 비대칭적이며 복수적인 요소들에 대한 가열된 자의식을 유지함으로써 경계지대와 변방의 타자성과 지배문화의 이단자에 대하여 전혀 새로운 관점을 발전시킬 수 있었다.

> 경계선과 변방에 살면서 유동적이고 다중적인 정체성과 본래의 모습을 온전하게 지키는 것은 새로운 물질, "에일리언" 물질 속에서 헤엄치려고 하는 것과 같다. 거기에는 진일보한 인류의 진화에 참여한 자로서 가지는 환희가 있다. 내 속에서 어떤 능력과 의식의 잠재 영역이 활성화되고 깨어나고 있는 것을 느낀다. 이상하다고? 정말이지, 그 "에일리언" 물질은 익숙해졌는데—결코 편한 것이 아니고, 옛것을 존중하라거나 무리에 합류하라는 사회의 요구와도 어울리지 않는다. 아니, 그것은 편하지는 않지만 집이 되었다.[9]

익숙하지만 편하지는 않은 에일리언적인 물질, 그것은 헤게모니적 정체성에 저항하는 타자성을 말한다. 안잘두아는 그런 껄끄러운 타자성을 기꺼이 자기 활동의 본거지로 삼았던 것이다. 이러한 점은 페미니스트로서 안잘두아의 첫 번째 중요한 활동이 페미니즘 내부의 차이와 페미니스트의 정체성 자체를 문제화하는 데서 출발했다는 사실에서도 드러난다. 1981년에 안잘두아는 또 다른 치카나 여성작가인 체리 모라가 Cherrie Moraga와 공동 편집으로 『나의 등이라고 하는 이 다리 *This Bridge Called My Back*』(앞으로 『다리』로 약칭)를 출간했는데, 이 책은 백인 중산층 여성 중심의 페미니즘에 가려져 왔던 유색 여성들이 인종적, 문화적 특수성과 억압에 대한 각자의 경험을 담아낸 글들을 모은 선집

9) *Ibid*, p.19.

으로서 유색 여성 페미니즘, 혹은 제3세계 페미니즘의 태동을 알린 공식적 사건으로 인정받고 있다. 모라가와 안잘두아가 함께 쓴 머리글을 보면, 이 책은 백인 페미니스트들의 인종주의에 대한 반발로 시작한 것이었으나 책을 만드는 동안 미국 곳곳의 유색 여성 페미니스트들 사이의 연대감이 커졌고 유색 여성 페미니즘에 대한 신념을 확인하는 기획이 되었다고 한다. 이 책은 젠더 문제에만 함몰되어 있던 기존의 페미니즘의 틀을 깨고 인종, 계급, 섹슈얼리티의 지평을 페미니즘 내부에 열어놓았다. 따라서 안잘두아와 모라가의 말처럼, 『다리』는 일종의 "혁명의 도구"[10]로서 역할을 했다고 할 수 있다. 그것은 한 평론가의 말처럼 페미니즘이 결코 백인 중산층 여성들의 전유물이 될 수 없음을 상기시켜 주었을 뿐만 아니라, 좀 더 다양한 여성 주체들 간에 연대 의식을 일깨워 줄 새로운 유형의 페미니스트 공동체와 이론을 만들어내야 할 필요성을 부각시켰으며, 백인 중산층 여성들에게는 젠더 이외에 정체성의 다른 지반들을 진지하게 다루도록 촉구하였다.[11] 무엇보다도 『다리』의 가장 커다란 의의는 유색 여성들과 제3세계 여성들 사이에 연결고리를 만들었고 그들 스스로 자기 존재를 긍정하게 만든 채널로 작용했다는 점이다.

안잘두아는 『다리』 속에 제3세계 여성 작가들에게 보내는 편지를 실었는데, 이 편지는 이후 그녀 자신의 삶의 방향을 제시한 것이기도 하다. 이 편지 속에서 안잘두아는 주류 페미니즘이 그들을 보이지 않는 존재로 만들거나 또는 예외적인 토큰으로 삼는 것을 경계하며 제도권의 규범적 언어로부터 소외되고 삭제된 유색 여성들의 언어로 글을 쓸 것

10) Gloria Anzaldua and Cherrie Moraga, eds., *This Bridge Called My Back: Writings by Radical Women of Color*. 2nd edition (New York: Kitchen Table, 1983), p.xxvi.
11) AnaLouise Keating, "Gloria Anzaldua(1942-2004)," *Women's Review of Books* 22.1 (Oct. 2004). p.1.

을 거듭 강조한다. 그녀는 유색 여성의 언어로 글을 쓰는 행위를 "영혼을 만드는 연금술"이라고 정의하는데, 그것은 자기 안에 있는 "이방인," 즉 (백인 중심의) 규범적인 언어에 의해 타자화된 자아를 탐색하는 작업으로 보았기 때문이다.12)

경계지대의 다중적 주체성

세계가 하나의 제국으로 포섭되고 전 지구화와 이산이 키워드인 21세기의 문화적 맥락과 관련하여, 안잘두아의 이론 중에서 가장 강력한 설득력을 발휘하는 것은 메스티자 주체론이다. 메스티자는 원래 유럽인과 아메리카 인디언 사이에 태어난 혼혈 인종을 가리키는 단어이듯이, 안잘두아가 제시한 메스티자 주체는 '상이한 문화권들이 교차하는 경계 지대Borderland'에서 출현하며, 그 결과 기원이 모호하고 하나의 상징체계로 정의하기가 어렵다. 그런데 이러한 애매성이야말로 오히려 메스티자 주체가 갖고 있는 강점이라고 할 수 있는데, 그 이유는 지배문화의 이분법적인 패러다임을 무력화시킬 수 있기 때문이다.

안잘두아의 메스티자 주체론을 이해하기 위해서는 먼저 미국 내에서 치카나 여성들이 처한 상황을 상기할 필요가 있다. 이미 앞에서 언급했듯이, 치카노 민족은 미국의 백인 중심 사회에서 내부의 식민화된 존재들이다. 그런데 치카나 여성들은 민족 내부에서 또 한 번 식민화된 존재들이다. 치카노 민족의 문화적 특징은 남성에 대한 봉사를 여성의 가장 큰 미덕으로 강요하는 마초 문화일 뿐만 아니라, 말린친 신화13)에

---

12) Gloria Anzaldua, "Speaking in Tongues: A Letter to 3rd World Women Writers," in *This Bridge*, p.169.

따라 여성을 성적 일탈과 배신자의 혐의를 두는 경향이 있다. 또한 전통적으로 가톨릭 문화를 받들어 온 탓에 치카노 민족은 여성에게 엄격한 성적 규율을 강요하고 이성애만을 규범적 섹슈얼리티로 인정한다. 이런 문화적 압제 아래에서 치카나 여성은 "교회에 들어가 수녀가 되든지, 거리로 나가 창부가 되든지, 가정에 들어앉아 어머니가 되든지," 이 세 가지 길 가운데 하나를 택해야 했다. 오늘날 일부 운이 좋은 치카나 여성들은 교육을 받고 직장을 가져서 자율적인 주체가 되는 선택을 할 수도 있으나 그들 역시 가정과 모성의 굴레를 벗어나기는 어렵다. 왜냐하면 여성이 결혼하지 않거나 아이를 낳지 않을 경우에는 "철저하게 실패한 인생"으로 간주되기 때문이다.[14)]

안잘두아의 메스티자 의식은 치카나 여성에 대한 이런 문화적 강제에 반발하는 것으로부터 싹이 튼 것이다.

> 레즈비언이면서 가톨릭 신도로 키워졌고 이성애자가 되도록 훈육되었으나, **나는 퀴어가 되기로 선택했다**(그것은 어떤 이들에게는 유전적으로 타고난 것이지만). 그것은 흥미로운 여정이었는데, 백인적인 것, 가톨릭적인 것, 멕시칸적인 것, 토착 인디언적인 것, 본능의 사이를 부단히 넘나드는 것이었다. 또 내 머리의 안과 밖을. … 그것은 우리 종족에 대한 억압의 역사를 알게 된 지식에의 길이었다. 그것은 균형을 잡고 이중성을 완화하는 방식이기도 했다.[15)]

13) 말린친(Malintzin)은 아즈텍 인디언 여성으로서 정복자 코르테스의 통역관이자 정부가 되었고 그와의 사이에 아이를 낳음으로써 메스티조 인종을 출현시킨 어머니인 동시에 민족의 배신자로 일컬어진다. 치카나 페미니즘은 말린친 신화를 여성 억압의 메커니즘으로 보고 이 신화에 대한 재해석을 주요 의제로 삼는다. 이에 대해서는 노승희, 「접경지대 여성의 몸-체리 모라가의 치카나 레즈비언 텍스트」, 『여/성이론』 9호(2003), 41-44쪽 참조.

14) Anzaldua, *Borderlands*, pp.39-40.

15) *Ibid.*, p.41.

여성은 치카노 사회에서 가장 경원시하는 일탈자들 바로 위에 위치한 하위주체인데, 거기서 다시 '퀴어'가 되기를 선택하는 것은 비인간적 존재로 전락하는 것을 감수하고 스스로 민족 공동체의 일원이 되기에 부적절한 자임을 선언하는 것이나 다름없다. 그러나 스스로 그 길을 선택한 자에게는 문화적 구속으로부터의 해방과 새로운 주체적 시각을 얻은 것을 뜻하는 동시에 '보호받는 집'을 떠나 보호받지 못하는 '경계지대'로 주체의 거주지가 이동하는 것을 의미한다. 경계border는 배제적인 분할선의 구실을 할 뿐이지만, '경계지대borderland'는 "부자연스러운 경계에 대한 불편한 감정이 만들어낸 모호하고 불확정적인 장소"이며 "항상 과도기적인 상태"를 가리키는 은유로 작용한다.16) 이런 경계지대의 거주자로서 안잘두아는 동성애공포증homophobia을 '집에 가는 것의 두려움fear of going home'이라고 재치있게 풀이하면서, "집에 돌아가는 것이 거부된 만큼 내 자신의 재료와 페미니즘 건축에 의해 새로운 문화 즉 메스티자 문화를 일구며 내 공간을 주장해야 할 것"17)이라고 결심한다.

안잘두아가 억압적인 치카노 민족 정체성을 벗어나 새로운 메스티자로 자신을 재구성하는 주체 변형의 과정에서 퀴어 섹슈얼리티를 동반한 것은 매우 시사적이다. 젠더 정체성이나 레즈비언 혹은 게이 정체성이 각각 일정하게 안정된 하나의 공통 지반을 지지하는 것과는 대조적으로, 퀴어 정치학은 차이를 강조하고 유동적이며 복수적이고 파편화된 특성을 표방한다. '치카노'라는 남성형의 보편적인 민족 정체성을 '메스티자'라는 여성형의 혼종적인 구성물로 변환시킨 것을 퀴어 정치학의 지평에서 보면, 한 연구자의 표현처럼 일종의 "트랜스젠더적인 전

---

16) *Ibid.*, p.25.
17) *Ibid.*, p.44.

유"[18]인 것이며, 인종의 성애화, 젠더의 인종화, 계급의 인종화를 유발함으로써 치카나 여성을 구속하는 인종/젠더/계급의 "삼중 억압 체계"[19]를 교란시키는 효과가 있다.

이처럼 치카노에서 메스티자로의 코드 변환은 단순히 언어적인 치환에 그치지 않고, 마리아 루고네스의 주장처럼 억압에 대항하는 "저항의 심리학"을 위한 출발점이 된다.[20] 흔히 치카나/치카노를 공식적으로 수식하는 단어는 '멕시칸-아메리칸'인데, 이렇게 하이픈화된 이중적 정체성은 상호 배타적인 정체성의 범주들(멕시칸/아메리칸)로 분할되어 있어서 어떤 변화의 가능성도 제시하지 못하고 정태적인 상태에 머무른다. 이에 비해, 불확정적인 경계지대에서 출현하는 메스티자 주체는 "모순에 대한 관용, 모호성에 대한 관용"을 베풀 수 있을 뿐만 아니라 그런 모순과 모호성을 다르게 바꾸어냄으로써[21] 지배문화의 방식에 저항하고 투쟁할 수 있다. 루고네스가 주장하듯이 억압에 대한 저항의 가능성은 새로운 존재 양식의 창조에 달려있는 것이다. 아래 인용한 시는 경계지대의 다중적 주체의 존재 양식을 안잘두아가 간명하게 시로 묘사한 것이다.

> (…)
> 새로운 인종의 선구자
> 반과 반—여자와 남자 둘 다, 그 어느 한쪽이 아니고—

---

18) Ian Barnard, "Gloria Anzaldua's Queer Mestisaje," *MELUS* vol. 22, No. 1, Oxford University Press 1997.

19) Beatriz M. Pesquera and Denise A Segura, "Chicana Perspective on the American Women's Movement," in *Chicanas/Chicanos at the Crossroads, ed. David R. Maciel and Isidro D. Ortiz* (Tuckson: U of Arizona P, 1996), pp.231-247.

20) Maria Lugones, "On Borderlands/La Frontera: An Interpretive Essay," *Hypatia* 7.4 (1992), pp.31-37. 메스티자의 퀴어적 특성에 주목한 필자와는 달리, 루고네스는 안잘두아가 아즈텍의 신화를 재해석한 것에 초점을 두어 저항의 심리학을 읽어내지만, 그녀의 분석틀은 이 글에도 적용할 수 있다고 본다.

21) Anzaldua, *Borderlands*, p.101.

새로운 젠더
(…)
경계지대에서 살아남으려면
당신은 경계 없이 살아야 하고
교차로가 되어야 한다.[22)]

21세기 전 지구화 시대의 페미니스트 주체와 지식의 여성화

9.11사태 이후 지난 4년간 세계는 돈과 군사력에 지배된 전 지구화가 초래한 황량한 풍경을 진저리나게 보고 또 보아왔다. 그리고 얼마 전 이라크 팔루자 지역의 저항 세력을 진압하는 과정에서 미군들이 보여준 정복자의 여유와 팩스 아메리카나의 2억 5천만 명 시민들이 '전쟁 대통령' 부시에게 보여준 전폭적인 지지는 한마디로 인간적 가치와 정의의 부재를 실감나게 재현한 극적인 사건들이었다. 이처럼 지구의 도처에서 현대인들이 상업주의와 힘에 의존한 결과로 직면하게 된 총체적인 정체성의 위기를 극복할 길은 없는가?

안잘두아의 해답은 실천과 지식이 결합된 '정신적인 액티비즘'이다. 그리고 이 정신적인 액티비즘의 에너지는 "지식의 여성화feminization of knowledge"이다.[23)] 이 지식의 여성화는 군사적 기업적 기술에 봉사하는 그런 지식에서 벗어나서 삶의 의미와 목적에 관하여 내적인 탐구를 할 때 가능해진다. 이것은 또한 주체/대상의 이분법적 분리를 떠나서 고통스러운 사적 경험을 지구적으로 진행되는 투쟁들과 타인의 고통에 연결

---

22) Anzaldua, "To live in the Borderlands means you" (a poem) in *Borderlands*, p.216.
23) Anzaldua, "now let us shift ... the path of conocimiento ... inner work, public acts," collected in *this bridge we call home*, p.541.

시켜서 타인과 공유할 수 있는 가치를 만들어내는 것이고 앎과 행동이 합치하는 것을 뜻한다.

안잘두아 자신이 평생 추진해 온 작업은 바로 '지식의 여성화'가 무엇을 뜻하는지 예증한다고 해도 지나치지 않을 것이다. 안잘두아는 『다리』 이후에도 유색 여성 작가들과의 공동 작업을 계속했다. 1990년에 그녀는 페미니즘 이론의 강단 중심적인 고급화를 비판하고 기존의 이론에서 배제된 사람들을 위해 새로운 이론을 만들기를 주장하면서 학계 안팎의 활동가들의 글을 모아 『얼굴 만들기, 영혼 만들기*Making Face, Making Soul/Haciendo Caras: Creative and Critical Perspectives by Feminists-of- Color*』를 출판하였다. 또 2002년에는 『다리』의 속편 격인 『집이라고 하는 이 다리*this bridge we call home: radical visions for transformation*』(앞으로 『집』으로 약칭)를 공동 편집하여 출판하였는데, 이 책의 서문에서 안잘두아는 상이한 세계 사이의 공간에서 변형이 일어날 가능성에 주목하며 이러한 공간을 지칭하는 개념어로 '네판틀라nepantla'를 제시한다. 이 단어는 나우아틀 인디언 언어로 중간 지대 혹은 사이 공간in-between space을 뜻한다. 그런데 안잘두아는 네판틀라를 단순히 물리적 공간으로서보다는 "기존의 사상과 신념을 심문하며 새로운 관점을 획득하고 세계관을 바꾸며 한 세계에서 다른 세계로 이동하는 정신상태"를 가리키는 것이라고 정의한다.[24] '고정된 다리'와 달리 네판틀라는 유동적인 변화에 초점을 둔 것으로서 『다리』 이후 안잘두아의 페미니즘 비전이 어떻게 변모했는가를 시사해 주는 것으로 볼 수 있다. 안잘두아에 따르면, 21년 전의 『다리』는 공통성의 맥락 속에서

24) Anzaldua, "Preface" to *this bridge we call home: radical vision for transformation*, ed. Gloria Anzaldua and Analouise Keating (New York: Routledge, 2002), p.1.

차이를 긍정하기 위한 투쟁이었다면 『집』은 차이의 맥락 속에서 공통성을 추구하는 기획이었다.[25] 또한 이를 위해서 기존의 정체성의 범주들뿐만 아니라 정체성에 대한 개념 자체까지도 바꿔야 한다고 안잘두아는 역설한다. 배제적이고 방어적인 정체성보다는 낯선 이에게 문호를 개방하고 공동체를 지향하며, 사적, 정치적, 정신적 친밀성을 받아들이고, 안전성에 연연하는 대신에 상처를 받는 것도 감수할 수 있어야 한다는 것이다. (참고로 『집』의 필진을 보면, 트랜스젠더 남성과 아랍 출신을 포함하여 '유색 여성'이라는 정체성의 범주가 모호해질 정도로 다양한 필자들이 참여하고 있다.)

안잘두아는 이렇게 차이들과의 소통과 공동체적 친화를 중시하는 페미니스트 주체를 '네판틀러라nepantlera'라고 지칭한다.[26] 네판틀러라는 인종적 분할선이나 공고한 정체성의 뒤에 머물지 않고 그들 속에 난 틈새 사이로 오가면서, 타자의 이해와 인정을 구하는 인간의 기본적 욕망을 중시하여 타자의 표현되지 않은 무의식적인 욕망까지도 헤아려 배려하는 존재다. 네판틀러라 주체성의 핵심은 "연결주의자"의 정신인 것이다.

유색 여성 페미니즘에서 메스티자 주체, 네판틀러라에 이르기까지 안잘두아가 제안한 이론적 어휘와 관점들은 제도권의 학자와 이론가들뿐만 아니라 현장의 활동가들에게도 시사하는 바가 많다고 할 수 있다. 안잘두아의 이론에 기대어 21세기 전 지구화의 맥락에서 요청되는 페미니즘을 기술해 보자면,

---

25) *Ibid.,* p.2.

26) Anzaldua, "now let us shift ... the path of conocimiento ... inner work, public acts," collected in *this bridge we call home*, p.567.

1) 경직된 정체성의 범주들에 저항하며

2) 각 개체들 사이의 차이를 인정하되 공통성을 발견하려고 시도하고

3) 동일시보다는 친화에 기초한 연대적 관계망을 형성하고

4) 사회 변화를 위한 공동 작업의 수행에 의의를 부여한다.

참고 문헌

안토니오 네그리· 마이클 하트, 『제국』, 윤수종 옮김, 이학사, 2001.

이유진, 「'젊은 지도자상' 받은 한비야씨」, ≪한겨레≫, 2004년 11월 5일.

한비야, 『바람의 딸: 걸어서 지구 세 바퀴 반』, 도서출판 금토, 1999.

Anzaldua, Gloria, *Borderlands/La Frontera*, 2nd edition, Aunt Lute Books, 1999.

______________, "Speaking in Tongues: A Letter to 3rd World Women Writers," *This Bridge Called My Back*, 165-174.

______________, "now let us shift...the path of conocimiento... inner work, public acts," *This Bridge We Call Home*, 540-578.

Anzaldua, Gloria, and Moraga, Cherrie, eds. *This Bridge Called My Back: Writings by Radical Women of Color*, 2nd edition, Kitchen Table, 1983.

Anzaldua, Gloria, and Keating, Analouise, eds. *This Bridge We Call Home: Radical Visions for Transformation*, Routledge, 2002.

Barnard, Ian, "Gloria Anzaldua's Queer Mestisaje," *MELUS*, 22.1, 1997, 35-53.

Lugones, Maria, "On Borderlands/La Frontera: An Interpretive Essay," *Hypatia*, 7.4, 1992, 31-37.

Pesquera, Beatriz, and Segura, Denise, "Chicana Perspective on the American Women's Movement," *Chicanas/Chicanos at the Crossroads*, ed. David R. Maciel and Isidro D. Ortiz, University of Arizona, 1996.

Keating, Analouise, "Gloria Anzaldua(1942-2004)," *Women's Review of Books*, 22.1, October 2004.

나오미 클라인

Naomi Klein

주류 정치의 실체를 폭로한 실천하는 언론인

김민정
한국비정규교수노동조합 조합원이자 대학 강사. 저서로 『존 벨러미 포스터』가 있고 『마르크스의 생태학: 유물론과 자연』을 공동 번역했다. 마르크스주의에 기초한 인간과 자연의 관계 등을 연구하고 있다.

이 글의 원문은 『여/성이론』 46호(2022)에 실려있다.

나오미 클라인:
주류 정치의 실체를 폭로한 실천하는 언론인

주류 이데올로기

사회를 운영하는 소수 지배계급은 그들의 정치 및 경제적 이해관계를 유지하기 위한 이데올로기를 유포한다. 그들의 이데올로기를 세상에 널리 퍼뜨리는 과정이 지배계급이 원하는 만큼 순탄하게 진행되지 않거나 못할지라도 이데올로기를 생산 및 확산시키려는 시도는 자본주의 체제가 유지되는 한 계속된다. 1990년 이후 대표적인 두 가지 사례를 소개하면 다음과 같다.

첫 번째로 빈국의 가난한 이들로 하여금 부국의 산업에서 나온 공해를 먹어 치우게 하는 것이다. 1991년 세계은행 수석 경제학자인 로렌스 서머스는 환경오염에 대한 견해를 동료에게 보냈다. 1992년 2월 8일 ≪이코노미스트≫는 이 문서의 내용을 세상에 알렸다.

> 우리끼리 하는 말인데 세계은행이 공해산업을 저발전국으로 더 많이 이주하도록 장려하면 안 될까? 그 이유를 세 가지 정도로 생각해 봤네. 첫째, 건강을 해치는 오염의 비용 측정은 유병률과 사망률 증가에 따라 유실될 소득에 달려 있다. 이런 과정에서 건강을 해치는 오염은 비용이 가장 싼 나라에서 측정해야 하며, 이곳은 최저 임금국일 것이다. 나는 최저 임금국에 유독성 폐기물을 갖다 버리자는 경제 논리가 문제가 없다고 생각하며, 우리는 이 사실을 인정해야 한다. 둘째, 오염 비용은 비선형적이며 초기 오염 비용은

매우 낮은 수준일 것이다. 나는 항상 아프리카의 저인구국은 엄청난 저오염 상태일 것이라고 생각해 왔다. 로스앤젤레스나 멕시코시티와 비교했을 때 그곳의 대기의 질은 매우 비효율적일 정도로 낮을 것이다. 대다수의 오염이 대체 불가능한 산업(수송, 발전)에서 유발되고, 고체 폐기물을 운송하는 데 들어가는 높은 비용이 전 세계적 복지를 증진할 기체 오염과 폐기물 무역에 방해가 된다는 것이 개탄스러울 뿐이다. 셋째, 미적, 건강상의 이유로 깨끗한 환경을 요구하는 현실은 고소득과 관련되는 경향이 있다. 전립선암 발병 가능성을 백만분의 일이라도 높이는 물질에 대한 관심은, 5세 미만 인구 사망률이 1천 명당 2백 명이나 되는 나라보다 전립선암에 걸려도 생존율이 매우 높은 나라에서 더 높다. 또 산업이 대기 중에 배출하는 물질에 대한 관심은 대부분 시야를 저해하는 미립자들에 쏠려 있다. 이런 물질들은 건강에는 직접적인 영향을 거의 안 준다. 분명 외관상의 오염을 수반하는 상품의 무역은 복지를 증진한다. 생산 부문은 이동할 수 있지만 맑은 공기의 소비는 교역 불가능하기 때문이다. 더 많은 오염을 저발전국으로 옮기자는 이 제안들을 반대하는 주장(특정 상품에 대한 본래적 권리, 도덕적 권리, 사회적 관심, 적절한 시장의 부족 등등)의 문제점은 변질돼 자유화에 대한 세계은행의 모든 제안을 효과적으로 반대하는 데 다소간 이용될 수 있다는 점이다.[1)]

화폐로 측정된 비용·편익 분석으로 제시한 경제 가치를 최우선으로 하는 주류 경제학의 본질이 이 문서에 제대로 반영되어 있다. 세계은행의 경제학자로서의 소임은 자본주의 체제의 핵심부가 연관된 곳에서 자본축적의 장애물을 제거하는 조건을 형성하는 것이다.

두 번째로 경제위기의 해법으로 등장한 신자유주의 정책은 평범한 이들의 공공부문을 축소해서 자본의 이윤 몫을 증대하려는 것이다. 2005년 8월 말 허리케인 카트리나로 뉴올리언스의 노후된 제방이 붕괴

---

1) 존 벨라미 포스터, 『생태계의 파괴자 자본주의』, 추선영 옮김, 책갈피, 2007, 101-103쪽.

되는 등의 사회적 재난이 발생했다. 시장경제 옹호자로 노벨 경제학상을 수상한 밀턴 프리드먼은 '뉴올리언스의 충격 요법'을 ≪월스트리트 저널≫ 사설에서 "바우처의 약속"으로 제시했다.

> 뉴올리언스의 학교 대부분은 폐허가 되었다. 학교는 그곳에 다니는 아이들에게는 집과 같다. 이제 아이들은 여기저기 흩어지게 되었다. 비극이라 하겠다. 그러나 한편으론 교육제도를 전면적으로 바꿀 수 있는 기회이기도 하다. 파괴된 학교는 학생들에게 제대로 봉사하지 않았다. (…) 뉴올리언스의 학교들은 다른 대도시의 학교들이 실패하는 것과 같은 이유로 실패했다. 정부가 학교를 소유하고 운영하기 때문이다. 정부는 무엇을 생산하고 누가 제품을 소비할지 결정하며 일반적으로 학생들을 거주지별로 학교에 배정한다. 불만을 품은 부모가 할 수 있는 유일한 방법은 거주지를 바꾸거나 정부 보조금을 포기하고 자녀의 학비를 두 번, 즉 한 번은 세금으로, 한 번은 등록금으로 내는 것이다. 이 하향식 조직은 소련이나 동독에서보다 미국에서 더 잘 작동하지 않는다. 단순히 파괴된 학교를 재건하기보다는 뉴올리언스 학교 시스템을 인수한 루이지애나주는 이 기회를 통해 학부모에게 상당한 규모의 바우처를 제공함으로써 소비자, 즉 학생에게 권한을 부여해야 한다. 공립학교의 학생 지출, 교육비로만 사용할 수 있다. 그러면 부모는 자녀에게 가장 적합하다고 생각되는 학교를 자유롭게 선택할 수 있다. 이것은 현재 시스템에서 누락된 경쟁을 도입할 것이다. (…) 경쟁을 효과적으로 만들기 위해 루이지애나는 교구, 비영리 또는 영리를 막론하고 새로운 참가자에게 유리한 환경을 제공해야 한다. 그렇게 하는 과정의 일환으로 바우처는 비상사태가 끝나면 종료되는 비상수단이 아니라 영구적인 개혁이라는 점을 분명히 해야 한다. 그러한 영구적인 개혁은 또한 긴급 상황을 충족시킬 것이다. 바우처는 전국에 흩어져 있는 학생들이 어디서든 교육 서비스를 구매하는 데 사용할 수 있다. 뉴올리언스 자체에 관한 한, 그들은 허리케인에서 살아남은

> 사립학교가 확장되어 돌아오는 아이들을 수용할 수 있도록 할 것이다. 더 중요한 것은, 바우처는 민간 기업이 학교 교육을 제공하도록 장려할 것이라는 점이다. (…) 국가의 목표는 정부 독점보다는 경쟁적인 교육 시장에서 더 잘 달성될 것이다. 교육 서비스 생산자들은 학생들을 유치하기 위해 경쟁할 것이다. 바우처로 권한을 부여받은 부모는 선택할 수 있는 폭이 넓다. 다른 산업과 마찬가지로 이러한 경쟁적인 자유 시장은 품질 향상과 비용 절감으로 이어질 것이다.2)

바우처는 특정 현물로만 교환이 가능한 '상품권' 등으로 지원하는 사회복지 방식으로 국가의 공공기관에서 제공하는 복지 영역에 민간 기업의 참여를 촉진한다. 다시 말하면 공공재의 기능이 강한 상품을 시장 경쟁 구도에서 제공하겠다는 것이다. 1970년대 칠레의 독재자 아우구스토 피노체트의 자문 역할을 했던 밀턴 프리드먼은 군사 쿠데타의 충격 요법으로 기업 세금 감면, 자유무역, 민영화, 사회복지 지출 삭감, 탈규제화 등을 제시했다. 이러한 칠레의 충격 요법을 뉴올리언스의 사회적 재난에서도 시행하려는 기회로 활용하겠다는 것이 주류 경제학자가 죽음을 앞둔 시점에서 남긴 정책 행보였다.

실천하는 언론인의 정치적 발걸음

앞서 소개한 주류 이데올로기에 대한 반격은 시대의 산물이다. 단적인 예로 나오미 클라인의 저서를 꼽을 수 있다. 1970년대에 태어난 클라인은 제2차 세계대전 이후 경제 호황의 산물인 공해를 지구적 차원

---

2) Friedman, Milton, "The Promise of Vouchers", *The Wall Street Journal*, Dec.5, 2005, https://www.wsj.com/articles/SB113374845791113764 (검색일: 2024년 4월 22일).

의 사회문제로 제기하는 시기와 기업의 세계화 및 영업 행위를 자유롭게 할 수 있는 환경을 조성한 자유무역의 이면인 빈곤 및 불평등을 사회적으로 체감할 수 있는 기회 등을 직·간접적으로 경험할 수 있었다.

2020년까지 출판된 그의 주요 저서를 토대로 정치의 변천사를 정리해보면 두 시기로 나눌 수 있는데, 핵심어는 '신자유주의'와 '기후위기' 등이다. 1999년 세계적인 슈퍼 브랜드를 유통시키는 다국적 기업들의 실상을 파헤친 『노 로고: 브랜드 파워의 진실*No Logo: No Space, No Choice, No Jobs*』(1999), 밀턴 프리드먼을 주축으로 하는 시카고학파와 신자유주의가 파괴한 세계 민주주의의 현실을 고발하고 재난을 공공영역의 민영화로 재편할 기회로 삼은 사례를 폭로한 『쇼크 독트린*The Shock Doctrine*』(2007), 도널드 트럼프의 집권이 상징하는 주류 정치의 실체를 파악하여 대안 정치를 제시한 『노로는 충분하지 않다*No Is Not Enough*』(2017) 등이 고삐 풀린 시장주의와 신자유주의를 비판한 책이다. 다음으로 기후변화는 단지 탄소의 문제가 아니라 자본주의 체제 그 자체에서 비롯된 것이라는 점을 명확히 밝힌 『이것이 모든 것을 바꾼다: 자본주의 대 기후*This Changes Everything: Capitalism vs. the Climate*』(2014), 기후 정의적 시각에서 그린 뉴딜의 현실성을 제시한 『미래가 불타고 있다: 기후 재앙 대 그린 뉴딜*On Fire: The Burning Case for a Green New Deal*』(2019), 청소년 기후 활동의 사회적 의미와 기후 운동의 확대를 위한 제안서인 『미래가 우리 손을 떠나기 전에: 나오미 클라인과 함께하는 기후 행동*How to Change Everything: The Young Human's Guide to Protecting the Planet and Each Other*』(2020, 공저) 등이 기후 위기를 진단한 저서이다.

1990년대 후반 언론인으로 입문한 클라인의 초기 작업은 다국적 기업의 영업 행위 이면에 가려진 실상을 파헤치는 것이었고, 이것은 자본주의가 어떻게 성장했으며 기업과 주류 정치인의 이해관계가 어떻게 결합되는가를 폭로하는 방향으로 진행되었다. 2000년대 날로 심각해지는 기후변화의 실상을 포착한 그는 기후 위기를 자본주의 운영 원리와 연결해 설명하면서 기후 위기를 해결하기 위해서는 체제 자체에 도전해야 한다는 급진적인 주장을 제시한다. 그의 정치 여정은 2022년 팬데믹 시대에서 좀 더 급진적인 방향을 향하고 있다.

이러한 두 시기 사이에 정치적 단절이 존재한다기보다는 자본주의 체제 자체를 반대한다는 연속선상에서 주된 관심사 및 책의 소재가 이동했다고 보는 편이 옳을 것이다. 그의 글을 통해 주된 관심사가 기후 위기로 향한 이유를 발견할 수 있다. "기후 위기는 내가 수년간 기록한 국지적인 시장의 위기와 분리할 수 없다. 현재 인류의 유일한 집이 예측불허의 상황이라는 점에서, 비극의 강도와 범위는 비할 바가 아니다. 더 인간적인 경제 모델로 시급하게 전환해야 한다. 그러나 지금의 긴급함은 질적으로 다르다. 진로를 바꾸는 것은 상상할 수 없는 규모로 생명을 구할 수 있을지 없을지를 가늠할 마지막 순간에 우리 모두가 살고 있음을 뜻하기 때문이다."3)

이는 기후 위기의 강도와 범위, 시급성이 다른 의제와 구별되는 지점이기에, 기후 위기를 이 시기의 주요한 의제로 선정한 것이다. 이것이 기후 위기가 아닌 다른 의제가 중요하지 않다는 것이 아니라 21세기를 살아가는 우리에게 기후 위기의 심각성은 현실이고, 그 위기는 불평등한 사회 구조에 따라 불평등한 기후 위기를 발생시키는 것을 의미한

---

3) 나오미 클라인, 「불타고 있다」, 아야나 엘리자베스 존슨 · 캐서린 K. 윌킨슨 엮음, 『우리가 구할 수 있는 모든 것: 기후 위기 앞의 진실, 용기 그리고 해법(*All We Can Save: Truth, Courage, and Solutions for the Climate Crisis*)』, 김현우 · 민정희 · 박미숙 · 신혜정 · 최선형 옮김, 나름북스, 2022, 97쪽.

다. 따라서 클라인은 기후 위기를 주된 의제로 제기하면서도 자본주의의 이윤추구 본성, 불평등한 사회 구조, 정의로운 사회 전환, 기후 정의justice 등과 연결하면서 설명한다.

두 시기를 좀 더 구체적으로 살펴보자. 첫 번째 시기는 '다른 세계는 가능하다'는 저항의 세계화이고 두 번째 시기는 '아래로부터의 저항을 통해 체제를 변화시킬 수 있다'는 기후 정의이다.

1) 저항의 세계화: '다른 세계는 가능하다'

1989년 정치학자 프랜시스 후쿠야마는 동유럽의 사회 체제가 붕괴되는 징조를 '역사의 종언'으로 규정했다. 이는 공산주의가 패배하고 자유민주주의와 서방의 시장경제가 승리함으로써 헤겔적 인류 역사의 발전은 끝났다고 선언한 것이다. 이 연구물은 신자유주의를 추구하는 정치인의 수사적인 문구로 활용되었다. 대표적으로 마거릿 대처는 자본주의에는 어떤 대안도 존재하지 않는다는 의미의 '대안은 없다There Is No Alternative'를 정치적 슬로건으로 사용했다. 1990년대 초·중반 신자유주의 정책과 '기업 주도의 세계화Corporate Globalization'가 대세인 듯했지만 이를 깬 사회적 저항이 시작되었다. 1995년 12월 프랑스 공공부문의 노동자 총파업이 벌어졌고, 이러한 흐름이 한국에서는 1998년 김대중 정부가 추진한 공기업 민영화에 반대한 철도, 발전, 가스공사 부문 노동조합의 파업 등으로 이어졌다. 세계적인 차원에서 신자유주의 정책을 반대하는 대안 운동이 형성되었다. 이는 그동안 지배계급이 추진한 기업 주도형 세계화의 민낯을 폭로하면서 '인간의 얼굴을 한 세계화'를 대안으로 제시한 것이다. 저들이 제시하는 세계가 아니라 노동자와 인민people이 다른 세계를 만들 수 있다는 자신감이 사회적으로 형성되었다.

1999년 11월 30일, WTO 정상회담의 합의를 저지한 대안 세계화 운동의 물결은 나오미 클라인의 첫 저서 『노 로고』에 영향을 끼쳤다. 책의 주제는 기업 주도의 세계화, 즉 그의 표현인 '로고망의 브랜드'를 가진 기업이 그동안 숨겨왔던 비밀인 개발도상국의 노동 착취와 환경오염을 세계적으로 폭로하는 것이다. "이 책은 사실상 세계 정부가 되어버린 대기업 집단의 파워를 설명하는 부류의 책이 아니다. 그보다는 '기업 룰'에 반대하는 세력을 분석하고 기록해 그 저항을 필연적으로 만든 특정한 문화적·경제적 환경을 파악하는 책이다."[4] 이 도서는 미국 및 유럽 대학에서 시작되었던 학생들의 반기업 운동의 일환이고 궁극적으로 강고하게 보였던 신자유주의에 파열과 균열을 발생시킨 희망을 강한 어조로 전한다.

이후 그는 『쇼크 독트린』에서 본격적으로 프리드먼과 그의 추종자들이 사회적 재난과 위기를 기회 삼아 공공부문의 민영화 정책을 수행하는 '재난 자본주의'의 동학을 이라크, 스리랑카, 미국 등을 포함한 여러 나라의 사례를 통해 설명한다. 이는 친기업적 체제를 만들기 위해 벌어진 쿠데타, 전쟁, 학살이 자본주의의 범죄로 취급되지 않을 뿐 아니라 심지어는 은폐되는 현실을 용감하게 폭로한 작업이다.

프리드먼이 제시한 충격 요법은 전쟁과 경제 충격, 정신적 충격 및 신체적인 충격 등이다. 사실상 위기를 이용한 대담한 실험은 1970년대 아르헨티나 군부 체제의 신자유주의 정책 시행과 학살 및 고문, 1982년 영국의 포클랜드 전쟁을 통한 광산 노동자 파업 진압, 1980년대 남미와 아프리카의 채무 위기에 따른 민영화 정책 시행, 1989년

4) 나오미 클라인, 『노 로고』, 정현경·김효명 옮김, 랜덤하우스코리아, 2002, 22쪽.

중국의 톈안먼 학살을 통한 노동자 권리의 위축, 1997년 아시아의 경제위기에 따른 시장 개방 등에서 나타났다. 하지만 역사는 지배계급이 원하는 대로 진행되지 않는다. "쇼크에 대한 반응이 항상 퇴행으로만 나타나는 것은 아니다. 때로 위기의 순간에 우리는 오히려 성장한 모습을 보인다."[5] 2001년 스페인의 기차역 테러에 대응해 이라크 철수를 주장한 저항, 2004년 태국의 쓰나미를 계기로 어민을 내쫓고 토지 소유권을 대형 리조트에 넘기려는 정부에 대한 저항, 뉴올리언스의 허리케인 생존자와 활동가들이 벌인 공영주택 프로젝트를 축소하려는 정부 정책에 대한 항의 등이 희망의 씨앗이다.

이렇듯 그의 정치는 지배계급의 통치 정치 및 전략을 폭로하는 것에서 멈추는 것이 아니다. 지배계급의 정치에 맞선 대안 정치를 제시하고 아래로부터의 저항에 대한 사회적 의미를 발견해 이를 확대하려는 그의 강한 실천 지향은 행동하는 언론인으로서의 자격이 충분하다는 점을 입증해 준다.

클라인은 2016년 트럼프가 대통령으로 당선되자 개혁을 염원했던 이들의 절망과 정치적 낙담의 치료제로 『노로는 충분하지 않다』를 제시했다. "위기가 덮칠 때마다 예외 없이 사회가 퇴보하고 무릎을 꿇는 것은 아니다. 그 사회에게는 두 번째 경로가 열려 있다. 대중이 심각한 공동의 위험에 맞서서 힘을 합쳐 발전적인 도약을 이루는 경로다. (...) 다시 말해서 강력한 충격은 우리를 일깨울 수 있다. 단결과 집중과 결단은 우리를 일깨운다. 낡고 지긋지긋한 충격 전술에 농락당하길 거부할 때, 혹독한 시련이 닥쳐도 겁을 집어먹길 거부할 때 우리는 깨어날 수

5) 나오미 클라인, 『자본주의는 어떻게 재난을 먹고 괴물이 되는가』(구 『쇼크 독트린』), 김소희 옮김, 모비딕북스, 2021a, 587쪽.

있다."[6] 이 인용문은 다소 낙관론적인 의지주의 및 운동주의로 보일 수 있지만, 책은 꼼꼼하게 "우리는 트럼프의 사업 방식과 경제 정책의 뿌리를 추적하고, 지금과 비슷한 위기의 사례들을 역사에서 찾아내 연구하고, 충격 전술에 효과적으로 대처할 방법을 찾아낸 사람들의 경험으로부터 교훈을 이끌어 내야" 하며, "그래야만 이 위험한 길에 어떻게 이르게 되었는지, 어떻게 해야 앞으로 닥칠 충격을 가장 잘 이겨 낼 수 있는지, 무엇보다도 어떻게 해야 우리가 훨씬 더 안전한 곳에 신속하게 도달할 수 있는지 알아낼 수 있다"[7]는 점을 설명한다.

2) 기후 정의: '아래로부터의 저항을 통해 체제를 변화시킬 수 있다'

2014년 그는 『이것이 모든 것을 바꾼다』에서 기후 변화 문제를 정치·경제·사회구조의 작동 방식과 연결해서 설명한다. 이 분석은 트럼프 정권에 맞선 저항의 의제와도 연결된다. "기후 변화는 요즘 보수주의를 지탱해 온 이데올로기적 버팀대를 흔들어 대고 있다. 기후 위기가 사실이라고 인정하는 것은 신자유주의 프로젝트의 종말을 인정하는 셈이다. 그렇기에 우파가 물질세계와 과학에 맞서 반란을 벌이는 것이다. (…) 과학이 이와 같은 전투 지대가 된 데는 이유가 있다. 신자유주의의 일상적인 활동이 인류 생존을 위협하는 재앙을 불러일으킨다는 사실을 계속해서 폭로하고 있는 것이 바로 과학이기 때문이다. (…) 기후 혼돈을 피하기 위해서는 1980년대 이후로 세계를 지배해 온 자본주의 이데올로기에 맞서 싸워야만 한다."[8]

책 제목인 '이것이 모든 것을 바꾼다'는 두 가지 의미를 가진다.

---

6) 나오미 클라인, 『노로는 충분하지 않다』, 이순희 옮김, 열린책들, 2017, 372쪽.
7) 위의 책, 19쪽.
8) 위의 책, 123-124쪽.

우선 기후 위기는 최소 수만 년 이상 되는 지질학적 시간에 형성된 지구 생태계를 단시일 내에 변화시켰다. 이윤을 추구하는 생산 방식은 이전 인류 역사에서 볼 수 없었던 환경 재앙을 만들었다. 다른 한편 기후 위기로 사회 구조를 바꿀 수 있다는 의미에서 긍정의 요소가 있다. "오염 활동이 우리가 사는 물리적 세상의 모든 것을 바꾸지 못하게 하려면, 우리는 경제와 관련한 모든 것을 빠짐없이 바꾸어야 한다."9) 이는 재난 자본주의와 기후 사이의 갈등이 필연적으로 발생할 수밖에 없다는 점과 기후 위기를 해결하기 위해서는 현행 경제 구조를 변혁해야 한다는 사실을 의미한다.10)

1990년 이후로 유엔을 비롯한 주류 정치와 기업의 대응이 기후 위기를 막기는커녕 더 가속화시켰다는 목소리가 2018년 청소년과 청년의 급진적인 기후 행동의 부상과 더불어 그린 뉴딜 정책을 요구하는 물결로 이어졌다. 기후 운동에 적극 개입한 그는 기후 대안을 구체화시킨 『미래가 불타고 있다』를 출판했다. 이 책의 영어 제목인 *On Fire*(불타고 있다)는 앞에서 언급한 책과 유사하게 두 가지 의미가 있다. 한편으로는 지구의 평균온도가 올라갔다는 상징의 표현이고, 다른 한편으로는 예상된 평균온도의 상승을 막기 위한 불꽃이다. 그것은 바로 "그레타 툰베리가 불씨였다면, 우리는 들불"11)이 되어서 만드는 저항적 불길이다.12) 후자의 불길은 새롭고 낯선 기대감이 일으킨 변화이지만, 그

9) 나오미 클라인, 『이것이 모든 것을 바꾼다』, 이순희 옮김, 열린책들, 2016, 143쪽.

10) 이 책에 대한 자세한 서평은 다음 글을 참조할 수 있다. 김민정, 「'악화된' 기후 변화에 대한 '진전된' 행동 지침서」, 『ECO』, 제21권 제1호, 한국환경사회학회, 2017, 271-285쪽.

11) 나오미 클라인·리베카 스테포프, 『미래가 우리 손을 떠나기 전에』, 이순희 옮김, 열린책들, 2022, 26-27쪽.

12) 2021년에 출판한 『미래가 우리 손을 떠나기 전에』에서는 불의 의미를 세 가지로 구분한다. 첫째로 세상을 불태우는 기후 변화의 불, 둘째로 분노와 두려움, 이민자에 대한 적의의 불, 마지막으로 새로운 세대의 젊은 활동가들의 가슴속에서 타오르는 불이다.

방향성은 이미 중남미와 미국의 환경 정의 운동과 소규모 녹색당의 강령에 포함되어 있던 기후 정의 운동의 요구 사안이 그린 뉴딜로 모아질 수 있다는 희망을 모색하게 한다. 무엇보다 그는 이 과정이 엘리트에게 대리하는 방식이 아니며, 그린 뉴딜의 주역 역시 시장이나 정책입안자들이 아니라 인민이라는 점을 강조한다. "이 비전에서는 새로운 기간 시설의 건설에 나설 노동자들과 깨끗한 공기와 신축 녹색 주택과 저비용(혹은 무상) 대중교통의 혜택을 원하는 주민들이 주역이 될 것이다."13)

클라인이 강조한 아래로부터의 사회 저항은 이후 책에서도 강한 어조로 이어진다. 특히 남반부와 북반부의 차이 없이 세계적으로 들불처럼 확산하고 있는 청소년과 청년들이 주체가 된 기후 운동의 사회적 파급력과 이를 통해 기존 체제를 변화시킬 수 있다는 강한 확신을『미래가 우리 손을 떠나기 전에』에서 느낄 수 있다.

이렇듯 클라인이 집단적인 사회 저항을 강조하는 이유는 다음 구절에서 알 수 있다. "민망한 답변이지만 "기후 변화를 막기 위해서는 개인적으로 할 수 있는 일이 무얼까?"라는 질문에 나는 "아무것도 없다"라고 대답한다. 당신이 할 수 있는 일은 아무것도 없다. 단도직입적으로 말하면, 우리가 원자화한 개인의 입장에서 지구의 기후 시스템을 안정시키거나 세계 경제를 변화시키는 데 막중한 기여를 할 수 있다는 생각은 객관적으로 볼 때 생판 터무니없는 생각이다. 우리는 수많은 대중이 참여하는 조직화된 세계적 운동에 참가하는 일원으로서만이 엄청난 도전에 대응해 나설 수 있다."14) 사회문제를 개인의 실천으로 해결할

13) 나오미 클라인,『미래가 불타고 있다』, 이순희 옮김, 열린책들, 2021b, 47쪽.
14) 위의 책, 181쪽.

수 없다는 점을 주저 없이 강하게 말할 수 있는 클라인의 용기는 2019년부터 다국적 기업의 실체를 파악하고 그 민낯을 세상에 알릴 때부터 생긴 것이라고 볼 수 있다. 온정주의와 자원봉사, 착한 마음에 기초한 개인의 실천이 실질적으로 기업과 기득권층이 가지고 있는 권력에는 흠집도 낼 수 없다는 것을 냉철하게 파악한 언론인으로서의 탐사 정신은 결론적으로 아래로부터의 거대한 저항의 실질적 힘을 파악하는 원동력이 되었을 것이다.

정치적 한계 및 평가

기후 위기의 현실이 기후 불평등으로 나타나고 시장지상주의의 민낯이 폭로되면 될수록 그에 맞선 사회적 저항으로 지배 이데올로기의 효과는 이전보다 약화될 가능성이 높다. 이러한 사회 흐름에서 클라인은 주류 정치의 실체를 생생하고 날카롭게 폭로하고 그에 맞선 저항의 필요성을 알린 여러 권의 책과 실천 활동으로 중요한 사회적 역할을 수행하고 있다. 자연과학자들이 제시한 기후 위기의 심각성은 기후 위기를 발생시킨 부국과 기업들의 기후 부채를 부각시키면서 기후 위기와 불평등이 서로 긴밀하게 연결되어 있으며 무엇보다 불평등을 심화시키는 신자유주의 정책이 기후 불평등을 가속화시킨다는 사실을 보여준다. 이러한 연결고리의 핵심에는 자본주의 체제가 있다. 그렇기에 그는 단호하게 시장 중심 경제, 시장자유주의 근본주의를 반대한다. “지금 필요한 것은 지난 반세기 동안 많은 분야를 좌지우지해 온 자유주의 근본주의와의 단호한 결별이다.”15)

15) 위의 책, 73쪽.

클라인은 시장자유주의를 목표로 한 탈규제 자본주의를 강하게 비판한다. 하지만 그의 책에서 언급한 시장 경제주의, 자유주의 근본주의, 신자유주의, 보수주의, 조합주의 등이 자본주의 체제와 어떻게 다른지 아니면 어떻게 연결되는 정치 체제인지에 대한 명확한 설명이 부족하다. 언론인에게 사회과학 용어의 적확성을 요구할 수는 없다. 그러나 클라인이 현행 체제에 대한 과학적 분석을 어떻게 하느냐 혹은 현행 구조를 어떻게 규정하느냐에 따라서 실천의 주체 및 사회운동의 전략·전술에 영향을 미칠 수 있기 때문에 현행 체제를 어떻게 설명하는가는 중요한 지점이 될 수 있다.

그가 비판한 탈규제 자본주의의 대안으로 규제 자본주의와 자본주의 체제를 극복한 새로운 사회를 주장할 수 있다. 이 점에서 그의 정치적 행보는 규제 자본주의를 요구하면서도 새로운 대안 체제를 제시하는데, 이 두 지점의 관계에 대해서는 다소 모호하다. 이러한 태도는 그가 미국의 민주당을 통한 '개혁주의'에 대한 환상을 가지고 있다는 데에서 발생되는 듯하다. 버니 샌더스 선거 운동에 적극적으로 개입한 그의 심정을 이해 못 할 바는 아니다. 하지만 주류 정치를 활용한 활동으로는 변화뿐 아니라 개혁조차도 이끌어 낼 수 없다. 한국에서 저항적 촛불로 정권을 획득한 문재인 정부의 개혁성이 초라할 수밖에 없었던 요인으로 민주당에 기댄 희망 고문의 정치에서 벗어난 노동계급 및 인민을 위한 독자적인 계급 정치의 부재 및 약화를 주요한 점으로 지적할 수 있다.

계급 정치를 확립하기 위해서는 클라인이 주목한 국가와 기업 관계를 명확하게 분석하고 대안 제시에 있어서 러시아 및 중국, 북한 등의 체제를 규명해서 사회주의의 상을 정립하는 작업이 필요하다. 대표적인 예로 클라인은 국가와 자본의 관계를 '조합주의'로 설명한다.

> 대기업과 정치인들 사이의 경계선은 희미하면서도 계속 변해갔다. 러시아에서는 그러한 연합체의 억만장자 기업들을 '과두재벌(oligarchs)'이라고 부른다. 중국에서는 '소공자 집단(princelings)', 칠레에는 '피라냐(piranhas)', 미국에서는 부시-체니의 캠페인이었던 '개척자(pioneers)'라 부른다. 공공부문의 소중한 자산을 차지할 권리를 얻고자 서로 봐주는 사이였다. (…) 정부와 비즈니스 사이에 경계가 없다는 시스템을 가리키는 정확한 용어는 자유주의, 보수주의, 자본주의가 아니다. 조합주의로 보는 게 맞을 것이다. 가장 큰 특징은 공공자산이 사기업으로 이전된다는 점이다.[16]

이런 설명은 '공공성'을 추구하는 조합주의로 개선하는 등의 조합주의의 성격을 변화시키면 조합주의의 근본적인 문제를 해결할 수 있다는 환상을 줄 수 있다는 점에서 한계가 있다. 국가와 자본의 관계는 본질적으로 공통의 이해관계를 형성하고 있기에 자본주의 체제가 유지되는 한 국가와 자본의 본질적 관계는 정도의 차이만 변경될 뿐 본질을 유지할 것이다. 이러한 점을 국가와 자본 간의 관계에 대한 '구조적 상호 의존structural interdependence'으로 설명할 수 있다.

또한 클라인은 초좌파주의를 경계한다. 초좌파주의는 추상적인 '자본주의 폐지' 원칙이라는 미명 아래 사회 운동과 연계를 맺고 운동의 외연을 확대하기보다는 이에 초연하거나 이를 거부하는 입장이다.

> 나는 모든 기후 정책이 자본주의 해체를 겨냥하는 것이어야 하며, 그렇지 않은 정책은 무조건 버려야 한다(이러한 주장을 펼치는 사람도 있다)고 생각하지는 않는다. 우리는 온실가스 배출량을 감축하기 위해 가능한 모든 행동을, 그것도 지금 당장 실행에 옮겨야 한다. 그러나 IPCC가 단호하게 확인하

16) 나오미 클라인(2021a), 앞의 책, 26-27쪽.

고 있듯이, 전면적인 경제적·사회적 변화를 기꺼이 수용하지 않는 한 우리는 결코 온실가스 감축을 달성할 수 없다.[17]

클라인의 초좌파주의 경계에 대해서는 동의를 하지만 초좌파주의와 선을 긋는 행위가 자칫 자본주의를 개혁할 수 있다거나 운동주의에 빠질 수 있다는 점도 고려해야 한다. 이러한 경향에 빠지지 않기 위해서는 사회주의에 대한 규정을 명확하게 제시하는 것이 필요하다.

> 그러나 책임을 **자본주의에 돌리는 것만으로는 충분하지 않다.** 끝없는 성장과 이윤의 추구라는 자본주의의 특징은 화석연료 경제로부터 급속한 이행이라는 지상 과제와 정면으로 충돌한다. (…) 여기서 우리가 솔직히 인정해야 할 것이 있다. **전제적인 산업 사회주의 역시 환경에 재앙을 안긴 주역이라는** 점이다. (…) 이 점을 인정한다고 하더라도 우리는 덴마크, 스웨덴, 우루과이 등 강력한 **민주 사회주의 전통을 가진 나라들이 세계에서 손꼽히는 바람직한 환경 정책을 실시**하고 있다는 데 주목해야 한다. 결론적으로, **사회주의가 반드시 생태계 보전을 지향하는 것은 아니며**, 현세대는 미래 세대를 보호할 의미가 있고 모든 생명이 서로 연결되어 있음을 강조하는 원주민 문화의 가르침을 겸허하게 수용하는 **새로운 형태의 민주적 생태 사회주의**야말로 인류의 집단적인 생존을 보장하는 최상의 기회인 것 같다.[18]

클라인은 동유럽 및 소련 등의 체제를 '산업 사회주의'로 규정한다. 하지만 이들 국가가 사회주의 체제였는가는 세밀한 분석이 필요하다. 생산수단을 국가 관료와 당이 통제하는 체제는 사회주의의 운영 원리일 수는 없다. 소련, 중국, 북한 등이 사회주의가 아니라 국가 관료 자본주

---

17) 나오미 클라인(2021b), 앞의 책, 48쪽.
18) 위의 책, 341-342쪽, 강조는 필자의 것.

의 사회라면 '새로운 형태의 민주적 생태 사회주의'라는 용어는 불필요할 것이다. 무엇보다 클라인은 대안 사회의 모습으로 민주 사회주의 전통을 긍정하는 측면에서 공공성이 강화된 민주적 국가 체제를 지지한다. '민주 사회주의'라고 하지만 그 모습은 자본과 노동 간의 계급 및 착취관계를 유지하는 사회라는 점을 간과해서는 안 된다.

마지막으로 클라인은 자율주의적 경향성을 지니고 있다.

> 인도네시아와 필리핀에서 만난 노동자들은 정부와 기업들이 자신의 목소리와 자신의 삶에 아무 관심이 없다는 것을 아무나 잘 알고 있었다. 이런 상황에서 이들이 할 수 있는 일은 단합된 행동, 그것도 상당히 넓은 정치적 무대에서의 단합된 행동뿐이었다. 이들은 수천 명이 일하는 공장들이나 수만 명이 일하는 수출 공업 단지에 적용되는 정책을 바꾸기 위해 노력하거나 혹은 수백만 노동자에게 영향을 미치는 국가 차원의 노동 관련 법률을 바꾸기 위해 노력한다. 이들은 개인의 힘으로 아무것도 할 수 없다는 걸 알기에 원대한 정치적 목표를 겨냥해 구조적인 변화를 요구하는 활동에 나서게 된 것이다.
>
> 이들과 달리 부유한 나라에 사는 우리는 개인에게 강력한 힘이 있다는 이야기를 늘 듣고 산다. 우리는 소비자로서, 심지어 활동가 개인으로서도 강력한 힘을 가지고 있다는 이야기를 자주 듣는다. 이렇게 대단한 힘과 특권을 가졌으면서도, 우리는 대개 보잘것없이 작은 무대, 이를테면 개인의 생활 방식이나 자신이 속한 마을이나 도시라는 무대에서만 활동한다. 그러면서 구조적인 변화, 즉 정책과 법률을 바꾸는 일은 다른 사람이 할 몫이라며 외면한다.[19]

다양한 운동의 결합과 결집만으로는 자본주의를 끝장낼 수는 없을

19) 위의 책, 181-182쪽. 이 글이 2015년 미국 애틀랜틱 대학교의 졸업식 연설문이라서 청중이 대학생이라는 점을 감안하더라도 남반부와 북반부 사회운동의 특징을 이렇게 구분하는 것은 다소 오해의 소지가 있다.

뿐 아니라 개혁적인 정책도 획득할 수 없다. 계급 사회에서 계급투쟁의 계급적 이해관계로 운동을 결속시켜야 한다. 클라인은 빈국의 사회운동에서는 노동운동 및 원주민의 운동을 무비판적으로 칭송하는 경향이 강한 반면에 부국에서 벌어지는 노동운동에 대해서는 다소 냉소적인 반응을 보인다. 이러한 평가는 부국의 노동조합운동이 가진 노조 관료주의와 개혁주의 정치에서 비롯되지만 부국에서 소비자운동과 시민운동 이외에도 노동운동 역시 기후 위기 의제를 제기하면서 '정의로운 산업 전환'을 요구하고 있다는 점을 주목해야 한다. 현재 기후 운동은 기후 쟁점을 계급 정치로 모아내는 작업이 필요하다.

결론적으로 클라인의 정치는 다소 모순되어 있지만 주류 정치의 핵심을 정확하게 비판하고 주류 정치의 민낯을 과감하게 폭로하면서 주류 정치의 맞불로 아래로부터의 저항에 대한 중요성을 강조하고 저변이 확장된 사회운동의 필요성을 제시한다. 다시 말하면 클라인의 작업과 활동은 주류 이데올로기가 결코 강력하지 않다는 점을 입증해 주었고 주류 정치의 모순과 분열을 파고들어 저항의 불꽃을 만들 수 있는 희망의 메시지를 전달해 준다.

참고 문헌

김민정, 「'악화된' 기후 변화에 대한 '진전된' 행동 지침서」, 『ECO』, 제21권 제1호, 한국환경사회학회, 2017.

나오미 클라인, 「불타고 있다」, 아야나 엘리자베스 존슨·캐서린 K. 윌킨슨 엮음, 『우리가 구할 수 있는 모든 것: 기후 위기 앞의 진실, 용기 그리고 해법』, 김현우·민정희·박미숙·신혜정·최선형 옮김, 나름북스, 2022.

__________, 『노 로고』, 정현경·김효명 옮김, 랜덤하우스코리아, 2002,

__________, 『노로는 충분하지 않다』, 이순희 옮김, 열린책들, 2017.

__________, 『미래가 불타고 있다』, 이순희 옮김, 열린책들, 2021.

__________, 『이것이 모든 것을 바꾼다』, 이순희 옮김, 열린책들, 2016.

__________, 『자본주의는 어떻게 재난을 먹고 괴물이 되는가』(구 『쇼크 독트린』), 김소희 옮김, 모비딕북스, 2021.

나오미 클라인·리베카 스테포프, 『미래가 우리 손을 떠나기 전에』, 이순희 옮김, 열린책들, 2022.

존 벨라미 포스터, 『생태계의 파괴자 자본주의』, 추선영 옮김, 책갈피. 2007.

Friedman, Milton, "The Promise of Vouchers", The Wall Street Journal, Dec.5, 2005, https://www.wsj.com/articles/SB113374845791113764(검색일: 2024. 4. 22).

낸시 프레이저

Nancy Fraser

재분배, 인정, 그리고 대표의 3차원 정의와 페미니즘 운동

박건
연구공동체 건강과대안 연구위원이다. 차별, 젠더, 돌봄, 건강, 먹거리, 죽음 등 다양한 분야에 관심을 갖고 있다. 『불평등과 모욕을 넘어』 등을 우리말로 옮겼다.

이 글의 원문은 『여/성이론』 24호(2011)에 실려있다.

낸시 프레이저:
재분배, 인정, 그리고 대표의 3차원 정의와 페미니즘 운동

'인정인가 재분배인가Recognition or Redistribution?'라는 논쟁적인 주제를 둘러싸고 벌인 악셀 호네트Axel Honneth와의 논쟁을 통하여 낸시 프레이저Nancy Fraser는 한국 사회에서 이른바 '사회정의' 이론가로 널리 알려지고 있는 듯하다. 그러나 그녀는 '순수한' 의미에서 사회정의 이론가로 불리기보다는 페미니즘에 기반한 젠더 정의gender justice를 어떤 방식으로 우리 사회에서 실현해야 할 것인가를 고민하는 페미니스트 정치 이론가라고 평가되는 것이 타당할 것 같다. 실제로도 이미 낸시 프레이저는 사회주의 페미니즘의 전통을 계승하는 학자로, 근대적 사고에 근거하여 후기 자본주의 사회를 분석하고 이에 대한 대안을 마련하고자 하는 페미니스트들 중 한 명으로 평가되고 있다.[1] 프레이저는 또한 다양한 학자들과의 토론을 통해서 스스로의 입장을 제시하는 데 매우 능숙한 사람이기도 한데, 그 작업은 고스란히 책과 논문을 통해 소개되어 있기 때문에, 입장의 변화라든지 혹은 다른 학자들과의 세밀한 입장의 차이 등을 비교적 쉽게 알 수 있기도 하다.[2] 나아가 프레이저

1) 장미경, 「페미니스트 근대론자들–낸시 프레이저, 아이리스 영, 앤 필립스를 중심으로」, 『경제와 사회』 43호, 1999, 154쪽.

2) 프레이저와 호네트와의 논쟁을 다룬 저서 이외에 다른 여러 학자들 간의 논쟁이 책으로 출간되기도 하였는데, 『불평등과 모욕을 넘어』(그린비, 2016)가 대표적이다.

는 초국적 자본의 전면적 '자유 이동'과 탈규제로 인한 여러 가지 사회적 문제에 대한 대응 방법에 대한 고민, '세계사회포럼'의 문제의식, 그리고 이른바 남반구 여성들의 투쟁을 자신의 이론에 적극적으로 수용하여 자신의 이론을 끊임없이 확대하고 가다듬어 발전시키기도 하였다. 그리고 최근에는 돌봄의 문제를 통해 자본주의의 위기를 진단하였으며, 자본주의의 생태적 모순을 지적하고 생태 사회주의에 대한 전망을 제시하기도 하였다.[3)]

이러한 프레이저의 이론에 대해서는 다양한 관점에서 접근이 가능하겠지만, 프레이저의 논의의 출발이 젠더 정의gender justice를 사회적으로 실현하기 위한 일련의 과정이라는 점에서 페미니즘 운동의 역사적 평가로부터 시작하는 것이 가장 적절하리라고 본다. 그리고 그러한 내용적 성과가 어떻게 사회적 정의라는 입장을 통하여 투영되었는지 확인하고자 한다. 따라서 본 글은 프레이저가 어떻게 여성운동의 역사적 평가로부터 시작되는 일련의 자기반성과 자기 성찰을 통하여 3차원적 정의론을 주장하게 되는지 그 이론적 여정을 중심으로 다루고자 한다.

페미니즘 운동이 놓치고 있었던 것들

1) 역사적 흐름

프레이저는 페미니즘의 제2의 물결을 크게 3가지의 역사적 국면으로 구분한다.[4)] 즉, 첫 번째 국면은 사회민주주의의 표준적 구조에 저항하는 신사회 운동의 일부로 등장한 시기로, 남성 지배의 형태들을 폭로

3) 낸시 프레이저, 『좌파의 길』, 장석준 옮김, 서해문집, 2023.

4) 낸시 프레이저, 「여성주의의 상상력에 대한 지도 그리기—재분배에서 인정으로 다시 대표로」, 『지구화 시대의 정의』, 김원석 옮김, 그린비, 2010, 177-179쪽.

하면서 '사적인 것'이 '정치적인 것'이라는 슬로건 아래 정치적인 영역의 확장을 위해 투쟁하던 시기를 의미하며, 주로 재분배의 문제의식이 관통하던 시기를 말한다. 두 번째 국면은 신좌파의 상상력이 쇠퇴하면서, 문화적 차원의 문제들을 전면에 내세우던 시기로, 인정의 문제를 중심으로 한 정체성 정치의 시기를 말한다. 세 번째 국면은 지구적 차원의 신자유주의가 민족국가의 경계를 허물고 전 세계적인 헤게모니를 구가하는 지금 현재의 시기로, 초국적인 정치적 기획이나 과정으로 혁신하는 시기이며, 재분배와 인정 그리고 대표의 문제의식이 함께 공존해야 하는 시기를 말한다.

이러한 시기적 국면의 변화 과정에서 프레이저는 특히 두 번째 국면의 변화의 과정이 갖고 있는 문제점, 즉 재분배와 인정의 문제를 각각 독립된 차원으로 분리시키면서 대부분의 페미니즘 운동의 역량을 인정, 즉 정체성 정치에 집중하도록 만들었다는 점을 비판한다. 비록 인정에 대한 새로운 지향이 자본주의 사회의 남성 지배의 다양한 형태를 폭로하고 이를 교정할 것을 요구할 수 있는 장점을 가졌지만, 기존의 첫 번째 국면, 즉 사회경제적 불평등에 대한 관심과 분리되었기 때문에 젠더 부정의gender injustice의 주요한 한 측면을 보지 못하게 만들었기 때문이다. 한마디로 '사회적인 투쟁을 문화적인 투쟁에 종속시키고, 재분배 정치를 인정 정치에 종속시키는 결과를 낳았다'[5] 고 비판하고 있는 것이다. 이러한 비판은 세 번째 국면인 현재의 시기에 젠더 부정의와 맞서 싸우기 위한 자원으로서 사용되었던 기존의 재분배와 인정의 2가지 차원을 확장하는 것으로 나아간다.

그러나 프레이저는 여기서 또 하나의 차원을 추가한다. 이미 다양

---

5) 낸시 프레이저, 앞의 글, 182쪽.

한 페미니즘 운동은 영토국가의 경계를 넘어서 전 지구적으로 발생하는 사회적 문제들에 적극적으로 개입하고 있고, 전 세계적인 가부장체제에 대해 공동으로 저항하고 있기 때문에 젠더 정의의 새로운 틀이 발생하고 있기 때문이다. 따라서 프레이저는 초국적 부정의의 원천이 영토국가를 중심으로 하는 문제틀을 가지고 접근된다면 이로 인해서 부정의가 발생하게 된다고 보았다. 즉, 초국가적으로 발생하는 문제에 대해서 기존의 국가적 틀은 더 이상 정의의 영역으로 기능하지 못한다는 것이다. 따라서 프레이저는 이러한 평가를 통하여 초국적 여성 정치는 젠더 정의를 3차원적 문제로 이해해야 하며, 여기서 재분배redistribution와 인정recognition, 대표representation는 통합적으로 진행되어야 한다고 강조한다.[6]

2) 페미니즘의 제2의 물결과 젠더 정의

그렇다면 이러한 역사적 국면의 변화에 부과하여 페미니즘 운동은 어떠한 정의의 원천을 가지고 왔을까? 자본주의 발전의 새로운 국면에 저항하여 젠더 정의의 원천을 밝혀나가는 데 페미니즘 운동이 실패했다면 과연 그것은 무엇이 원인이었으며, 어떻게 해결될 수 있을 것인가? 이러한 문제에 대하여 프레이저는 자본주의의 발전과 페미니즘(제2의 물결)의 관계를 역사적으로 밝혀나감으로부터 답변하고자 한다.[7]

이처럼 프레이저가 자본주의의 역사에 페미니즘의 궤적을 위치시키는 것은 사회주의 페미니즘 이론을 다시 살려내고, 현재의 시기에 젠더 정의의 전망을 다시 분명히 하기 위한 것인데, 이런 입장에 따르면,

6) 낸시 프레이저, 앞의 글, 195쪽.

7) Nancy Fraser, "Feminism, Capitalism and the Cunning of the Histroy," *New Left Review*, no.56(March-April, 2009), pp.97-117.

자본주의와의 첫 번째 조우는 '국가조직 자본주의'에 조응하는 시기로, 전후 국가가 주도하는 광범위한 남성 중심적 자본주의에 대한 급진적 대응의 하나로 반反제국주의적 신좌파 운동으로부터 발전된 하나의 시기다. 이 시기는 부정의에 대한 광범위하고 확장적인 개념과 함께 사회의 구조적 비판에 대한 해방적인 생각으로 특징지어진다. 두 번째 조우는, 신자유주의의 발전과 함께하는 시기로, 페미니즘이 이들 신자유주의 자본주의에 새로운 요소를 자신도 모르게 제공해 준 시기이다.[8] 세 번째 만남은 자본주의 위기와 정치의 재편성의 시기로 신자유주의에서 새로운 형태의 사회조직으로의 이동이 시작되는 시기이며, 페미니즘의 해방적 전망을 다시 재활성화해야 하는 의무를 갖는 시기이기도 하다.

프레이저의 불만은 페미니즘 운동이 '망탈리테'를 변화시켜 냈을지는 몰라도 근본적 사회구조적 변화를 일구어내지 못했다는 것에도 있지만, 젠더 부정의의 세 가지 차원인 경제, 문화, 정치적 차원이 분리되었다는 점에도 있었다. 그렇다면 이러한 분리는 어떤 방식으로 자본주의 사회에서 진행되었을까? 전후 시기 등장한 국가 주도 자본주의의 특징은 경제주의economism, 남성중심주의androcentrism, 에타티즘etatism[9], 베스트팔렌주의Westphalianism로 구분되는데, 전후 페미니즘은 다른 좌파 운동과 연대하여 경제주의, 에타티즘, 베스트팔렌주의와 투쟁하였으나, 좌파 운동 내부에서는 함께 연대한 동료들에 대항하여 남성중심주

---

8) '자본주의의 새로운 정신'의 자세한 내용에 대해서는 다음을 참조. Luc Boltanski and Eve Chiapello, *The New Spirit of Capitalism*, Translated by Gregory Elliott, London: Verso, 2007. 물론 프레이저는 이들이 가진 논의의 창조성에도 불구하고 젠더적인 측면을 간과한 지점을 비판한다.

9) 에타티즘은 국가주의로도 번역되는데, 국가를 뜻하는 프랑스어 état에서 가져왔다. 경제발전이나 성장, 분배 등에 있어서 국가의 주도적인 역할을 강조하는 일종의 국가사회주의의 성격을 갖는 자본주의 발전의 특정한 모델을 의미하기도 한다. 역사적으로 보면 전후 튀르키예의 근대화를 주도했던 무스타파 케말(Mustafa Kemal)의 이데올로기였던 케말리즘의 6대 원칙의 하나로 채용되기도 했다. 그러나 여기서 프레이저는 이러한 역사적 국면의 특정한 에타티즘이 아니라 국가 주도 자본주의가 갖고 있는 국가주의적 성격을 에타티즘으로 규정하고 논의를 진행한다.

의에 맞서 투쟁하기도 하였다. 이러한 페미니즘이 어떻게 국가 주도 자본주의와 투쟁하면서 젠더 정의의 내용을 구축하였는지 프레이저의 논의를 통해서 살펴보도록 하자.[10)]

우선, 페미니즘은 경제주의에 맞서서 '개인적인 것'을 정치화하면서 그동안 간과되어 왔던 많은 사회적 불평등을 부정의로 재해석하면서 정의justice의 의미를 확장시켰다. 특히 일상생활과 문화적 전통에 남아 있었던 부정의들을 폭로하였고, 계급 우선성을 거부하였다.[11)] 마찬가지로 젠더뿐 아니라 계급, 인종, 섹슈얼리티에 초점을 맞추었고, 섹슈얼리티나 가사노동, 재생산이나 여성에 대한 폭력 같이 이전에 사적인 것으로 여겨졌던 것을 정의의 범위에 포함시켰다. 이러한 노력을 통하여 일차원적이고 경제적인 정의가 3차원적으로 이해되는 즉 경제, 문화, 정치를 포함하는 정의로 대체되게 된다. 특히 국가 주도 자본주의를 가장 잘 특징짓는 것으로는 3가지의 상호 침투적인 종속의 형태인 잘못된 분배maldistribution, 무시misrecognition, 대표 불능misrepresentation으로 나타난다.

남성중심주의에 대한 페미니즘의 투쟁의 경우, 자유주의적 페미니즘과 급진적 페미니즘을 제외하고는 좌파 내의 성차별주의와 지속적인 투쟁과 공생을 시도하였다. 그중 사회주의적 페미니즘의 경우에는 가족 임금을 젠더 불평등한 분배, 무시, 대표 불능이 수렴되는 지점으로 생각하였는데, 그것은 국가 주도 자본주의에서의 여성의 종속을 체계적으로 설명하는 데 있어 경제, 문화, 정치를 통합적으로 수렴하는 비판이었다.

에타티즘에 대한 페미니즘의 대응은 조금 달랐는데, 비록 관료주의

---

10) Nancy Fraser, *op. cit.,* pp.103-107.
11) 물론 급진적 페미니스트들의 경우 계급의 자리에 젠더를 그대로 위치 지웠다.

등을 비판하였지만, 국가 제도를 단순히 거부하지는 않았다. 오히려 국가 제도를 적극적으로 이용하여 참여적 민주국가를 구상했다. 따라서 국가 제도를 해체하기보다는 젠더 정의를 함양하고, 표현하는 행위자로 국가 제도를 변환시키는 것이 목적이었다. 한편 베스트팔렌주의에 대한 대응은 더 양가적이었는데, 이론적인 수준에서는 영토국가를 중심으로 한 국제적 체제인 베스트팔렌주의를 비판하였지만, 실천적 차원에서는 베스트팔렌적 틀 내에서 이루어졌다.

결론적으로 볼 때, 프레이저는 이 시기의 페미니스트들은 경제주의를 비판하면서도, 여성해방 계획에 있어 정치 경제 비판과 분배적 정의의 중심성을 결코 의심하지 않았다고 평가한다. 젠더 부정의의 경제적 차원을 최소화하기는커녕, 문화와 정치의 2가지 추가적인 차원과 경제의 연결을 분명히 함으로부터 이를 더 심화시켰다. 마찬가지로, 가족임금의 남성중심주의를 비판하면서, 제2의 물결 페미니스트들은 맞벌이 가족으로 이를 대체하지 않았다. 왜냐하면 젠더 부정의를 극복하는 것은 돌봄노동에 대한 체계적인 저가치된 평가와 노동의 젠더 분업을 끝장내는 것을 의미했기 때문이다. 에타티즘을 거부하면서, 이들 페미니스트들은 정의를 제공하는 데 있어서 경제적 생활을 조직할 수 있는 강력한 정치제도의 필요성에 대해 확신을 가졌다. 국가 통제에서 자유로운 시장을 원하기는커녕, 국가권력을 민주화하고, 시민참여를 최대화하며, 정부의 책임을 강화하며, 국가와 사회 사이에 소통의 흐름을 강화하고자 했다. 페미니즘은 더 확장된 해방적 프로젝트의 일부로 나타났으며, 젠더 부정의에 대한 투쟁은 인종주의, 제국주의, 동성애혐오나 계급 지배에 대항한 투쟁과 필연적으로 연계되어 있으며, 이 모든 투쟁은 자본주의 사회의 근본적 구조의 변화를 요구하였다는 것이 프레이저의 평가이다.

두 번째 국면은 신자유주의의 태동과 함께한 페미니즘의 역사이다. 급진 운동으로 시작한 반문화 운동이 문화현상이 되었고, 신자유주의가 페미니즘의 생각을 재의미화하는 시기가 바로 이 시기이다.12)

이러한 국면에 대한 프레이저의 생각을 정리해 보면 먼저, 경제주의에 대한 측면의 경우, 이 시기 정의에 대한 주장은 정체성과 차이의 인정에 대한 주장으로 대체된다. 이러한 시기는 또한 모든 사회적 평등에 대한 기억을 억제하기를 원했던 신자유주의의 등장과 너무나도 절묘하게 맞아떨어졌다. 페미니스트들은 정치 경제 비판에 대한 관심이 더 많아져야 할 시기에 오히려 문화비판을 절대화시키게 되었다. 나아가 이러한 문화적 흐름은 경제에서 분리되었을 뿐만 아니라 이전에 이들을 통합시켜 주었던 자본주의 비판에서도 분리된다. 남성중심주의에 대한 것도 살펴보면, 가족 임금의 이상은 맞벌이 부부라는 규범으로 대체된다. 파괴적 자본주의는 여성의 발전과 젠더 정의라는 로맨스를 정교화하여 말도 안 되는 것을 최고의 가치로 만들고 있었다. 즉, 여성해방의 희망이 자본주의 축적의 새로운 엔진으로 사용되기 시작하면서 더 많은 여성을 더 주변화된 작업장으로 저렴한 임금을 제공하면서 내몰았다. 에타티즘의 재의미화의 경우에는, 국가권력을 시민 권한 강화와 사회정의의 수단으로 변형하기 위한 관점이 시장화와 국가 축소를 정당화하는데 사용되었다. 베스트팔렌주의의 경우에도 여전히 양가적인 태도로 나타난다. 예를 들어 여성의 인권에 초점을 맞춘 운동들은 폭력이나

12) Nancy Fraser, *op. cit.*, pp.107-113. 사실 자본주의가 기존의 사회운동의 에너지를 자신의 새로운 축적 전략으로 사용하게 된 것은 페미니즘만의 일은 아니다. 앞서 언급한 '자본주의의 새로운 정신'에서뿐만 아니라 신좌파의 열정이 IT산업의 원동력으로 사용된 사례를 표현한 『보보스는 파라다이스에 산다』(2008)나 근면성이나 성실성이 아니라 창조성을 자본주의의 새로운 원동력으로 삼는 사례를 보여준 *The Rise of Creative Work*(2002)같은 책들에서도 보여진다.

재생산에 초점을 두거나 전문가와 지역 집단 사이의 간극이 크게 벌어지는 페미니스트 정치의 NGO화가 벌어진다거나, 혹은 영어를 말하는 엘리트 집단에게 더 큰 발언권이 주어진다거나 하는 등의 어려움에 직면하게 된다. 이처럼 민족국가를 넘어선 정의의 영역을 확장하고자 했던 유익한 시도는 어떤 의미에서는 새로운 형태의 자본주의의 관리의 필요라는 관점에 적합하게 드러났다. 이와 같은 시기에 페미니즘은 반문화 운동을 세계적으로 전파하는 데 기여하기도 하지만, 또 다른 한편으로는 새로운 형태의 자본주의 정당화 필요성에 사용되기 쉬운 모호함으로 가득 차 있기도 했다는 것이다. 프레이저에 따르면 자본주의는 여성의 임금노동에 근거한 새로운 축적 체제를 건설하고 지구적 수준에서 자유롭게 작동하기 위한 사회적 규제로부터 해방된 시장을 추구함에 따라, 결국 자본주의는 재분배에 대한 주장보다는 인정에 대한 주장과 맞서는 것을 선호하고 있다는 것이다.

그녀의 고민은 바로 이처럼 분리된 대응을 통해서는 현재의 자본주의의 구조적 지배를 끝낼 수 없다는 점에서 시작한다. 물론 자본주의와 페미니즘이 선택적 친화력을 갖고 있는가의 문제는 페미니즘 전략의 자본주의적 재의미화의 결과이기도 하지만, 그만큼 현재의 자본주의의 전략은 기존의 정치 이론이나 전략으로는 돌파하기가 힘들다는 것을 말하고 있다. 그렇다면, 프레이저의 전략은 어떤 것일까? 과연 이러한 것을 돌파할 만큼 새롭고 적절한 것일까? 이러한 문제의식하에서 그녀의 3차원적 정의론에 대해 살펴보자.

참여 동등과 인정 그리고 재분배

프레이저가 처음부터 3차원적 정의론을 이야기한 것은 아니었다. 스스로 이야기하고 있듯이, 자신의 2차원적 정의론이 초국가적 사회 부정의의 이슈와 결합하는 과정에서 3차원으로 전개된 것이라고 할 수 있다. 그러나 이러한 변환이 또 급작스럽다거나, 놀라운 것은 아닌데, 이미 그녀는 자신의 정의이론의 규범적 지평을 '참여 동등participatory parity'이라고 표현해 놓았기 때문이다. 따라서 사실 이러한 규범 지평이 하나의 영역을 더 갖게 된 것에 불과하다고 볼 수 있을 것이다. 다만, 이러한 전환이 사실상의 영역을 하나 더 추가한 것이 아니라 영토국가의 고착되어 있던 젠더 정의의 문제틀을 확장한 것이며, 페미니즘 본래의 문제의식을 확장한 것이라는 점이다.

초기 프레이저의 주장은 '관점적 이원론perspectival dualism'으로 각각 두 개의 분석적인 전망을 구성하는 것을 주장했는데,[13] 이는 사회적 부정의를 정의할 때, 인정과 재분배를 함께 고려하는 것이다. 프레이저에 의하면 그동안 진보 진영은 더 공정한 자원과 재화의 할당을 요구하는 세력과 인정의 정치 속에서 사회적 정의를 주장하는 즉, 차이 친화적 사회를 요구하는 세력으로 구분된다. 그중에서도 인정을 사회적 정의의 자리에 위치시키고자 하는 프레이저는 그동안 주로 정체성 모델identity model과 연관된 인정의 도식을 지위 모델status model로 변환함으로써 인정과 재분배를 통합시키고자 한다. 이는 그동안 젠더 정의의 역사를 비판적으로 검토하면서 프레이저가 생각했던 재분배와 인정의 분리를

13) Nancy Fraser, "Social Justice in the Age of Identity Politics: *Redistribution, Recognition, and Participation*," *Redistribution or Recognition?: A Political-Philosophical Exchange*, Translated by Joel Golb, James Ingram, and Christiane Wilke, London:Verso, 2003, p.88.

효과적으로 결합할 수 있는 방법을 찾아내기 위한 고민의 결과라고 말할 수 있다.14)

그동안 인정의 정치에서 주류의 입장을 차지했던 인정의 정체성 모델에서 본다면, 인정을 요구하는 것은 특정한 문화적 정체성이고, 무시는 지배문화에 의해서 그런 정체성의 경시 나아가 집단성원의 자아감에 대한 결과적 손상을 가져오게 된다. 따라서 이 상처를 치유하기 위해 인정을 요구하게 되며, 집단 성원이 모여 그들 자신을 스스로 확인하는 문화를 생산함으로써 집합적 정체성을 재형성할 것을 요구하게 되는 일련의 정체성 정치를 의미하게 된다.15) 따라서 관점적 이원론에 근거하여 사회적 정의의 프레임 내에 재분배와 인정을 포섭하고자 했던 프레이저에게는 이처럼 인정의 정체성 모델에 기대기보다는 인정의 지위모델 즉, 집단의 특정한 정체성이 아니라 사회적 상호작용의 완전한 파트너로서의 집단 성원의 지위를 가정하는 모델로 전환할 필요성이 제기되는 것이다. 왜냐하면 이를 통해 무시라는 것을 집단 정체성의 경시와 변형이 아니라 사회생활에 동료로서 참여하는 것으로부터의 배제감에서의 사회적 종속이라고 보려고 하기 때문이다.16)

따라서 이러한 사회적 종속에서 벗어나는 것은 정당한 사회성원으로서 상호작용하게 하지 못하는 사회적 조건의 문제로 파악되는데, 이러한 지위 모델에서 무시는 제도가 참여 동등을 방해하는 문화적인 규범에 따라 상호작용을 구조화시킬 때 발생하게 된다.17) 이럴 경우의

---

14) 프레이저에게 이러한 이분법은 그 자체로 완전히 독립적인 것은 아니다. 이후에 정치 영역이 추가된 상황에서도 마찬가지인데, 상호적으로 연관되어 있는 것으로 나타난다. 따라서 프레이저의 틀에서 본다면 인종이나 젠더 문제의 경우에는 재분배의 문제의식과 인정의 문제의식이 혼종되어 나타나는 것은 당연하다(이후에는 대표의 문제의식까지 포함된다).

15) Nancy Fraser, "Recognition without Ethics?", *Recognition and Difference*, edited by Scott Lash & Mike Featherstone, Sage, 2002, pp.23-24.

16) *Ibid.*, p.24.

상호작용은 어떤 범주의 사회적 행위자를 특정 기준에 근거하여 열등하거나 결함 있는 것으로 규정하는 제도화된 문화적 가치의 양식에 의해 규제되는데, 예를 들면, 이성애자는 정상적이고, 게이는 변태라든지, 집안일은 여성이 해야 한다든지, 흑인은 위험하다든지 등의 예를 들 수 있다. 그리고 이러한 예는 모두 사회의 성원으로서 특정한 일부 집단을 부정하는 것이다.

따라서 지위 모델에서의 인정의 요구는 종속된 당사자를 동등하게 타인과 상호작용할 수 있는 사회생활의 완전한 파트너로 세워내는 것을 추구한다. 이것은 참여 동등을 방해하는 문화적 가치 양식을 탈제도화하고, 참여 동등을 촉진하는 양식으로 기존의 문화적 가치의 양식을 대체하는 것을 목적으로 하게 된다.

이와 같이 윤리가 아닌 도덕과 인정을 동조시킴으로써 지위 모델을 통하여 인정과 재분배를 결합하고자 했던 프레이저는 이를 위하여 네 가지의 중요한 문제를 설정하였다.[18] 첫째, 인정은 정의의 문제인가 아닌가, 둘째, 분배적 정의와 인정은 두 개의 독특한 규범적 패러다임을 구성하는지 혹은 그들 중 하나는 다른 것에 포섭될 수 있는지, 셋째, 정의는 개인이나 집단에 대해 독특한 인정을 요구하는지 혹은 일반적 인류애의 인정으로 충분한지, 넷째, 정당한 인정과 그렇지 않은 것을 구분하는가의 문제가 그것이다.

정의의 문제에서 접근하여 보면, 호네트나 찰스 테일러와는 달리 인정을 정의의 문제로 제기하고자 하는 프레이저는 개인이나 집단이 그들이 동등하게 참여하지 못하는 구조의 문제 즉, 제도화된 문화적

17) *Ibid.*,, p.24.
18) Nancy Fraser(2002), *op. cit*, pp.25-37.

가치의 결과로 사회적 상호작용의 완전한 파트너로서의 지위를 거부당한 상태가 무시의 문제임을 지적한다. 무시가 이처럼 제도화된 종속의 형태를 구성하므로, 즉 정의의 심대한 위반이므로 잘못이라고 지적해야 한다는 입장인 것이다.

관점적 이원론의 관점에서 보면, 분배적 정의이론은 인정의 문제를 포섭할 수 없다는 입장이다. 왜냐하면, 이들은 환원주의적 경제 시각을 갖고 있기 때문에, 모든 무시가 불평등한 분배의 부산물이 아니며, 모든 불평등한 분배가 차별을 가중시키는 것이 아니라는 점을 이해하지 못한다는 것이다. 마찬가지로 인정의 규범적 일원론을 주장하는 호네트에 대해서는 분배에 대하여 문화 환원주의적 관점을 가지고 있다고 비판한다. 즉, 호네트는 모든 경제적 불평등은 타인에 대하여 어떤 종류의 노동력에 특권적 지위를 주는 문화적 질서에 있다고 가정하고, 이것을 바꾸는 것만으로 모든 불평등한 분배를 제거할 수 있다고 말하지만, 모든 불평등한 분배가 무시의 부산물은 아니라고 주장한다. 분배적 정의이론과 인정의 규범적 일원론을 비판하는 프레이저의 참여 동등의 규범에 따르면, 정의는 사회의 모든 성원이 타인과 동료로서 상호작용하는 것을 허용하는 사회적 배치를 요구하게 된다. 이와 같은 참여 동등이 가능하기 위해서는 먼저 1) 물질적 자원의 분배가 참여자의 독립과 목소리를 보장하는 객관적 조건과 2) 제도화된 문화적 가치가 모든 참여자에게 동등한 존중을 표하고, 사회적 존중을 얻기 위한 동등한 기회를 보장할 것을 요구하는 상호주관적 조건(문화적 조건)이 필수적이게 되며, 이러한 주객관적 조건의 마련을 통하여 인정과 재분배는 참여 동등의 규범 속으로 포섭된다.

인정의 내용과 형식에 관련하여 살펴보면, 인정의 요구의 형식은 무시의 형식에 의존하게 된다. 즉, 무시가 어떤 상호 행위에 참여하는 성원의 공통 인류애를 거부하는 데 관련된다면, 치유책은 보편주의적 인정이 되어야 할 것이며, 참여자의 독특성에 관련된다면 치유책은 특수성이 되어야 할 것이다. 이런 실용주의적 관점에서 보면 모든 것은 현재 무시받고 있는 사람들이 사회생활에서 동료로서 참여하기 위해 무엇을 요구하는지에 달려있게 된다.

마지막으로 참여에 있어 부당한 차이와 정당한 차이의 구분은 참여 동등을 두 가지로 숙고해 보는 것으로 가능하다. 첫째, 집단 간 수준에서 보면, 이것은 다수자와 대면하고 있는 소수자의 상대적인 위치에 대하여 제도화된 문화적 가치의 양식의 영향이 어떠한지를 평가하는 기준을 제공하는 것으로부터 가능한데, 예를 들면 특정한 법이 소수집단에게 기회를 제공하지 않는지 확인하는 것을 통해 가능하다. 둘째, 내부 집단 수준에서 보면, 참여 동등은 인정이 요구되는 즉, 집단 자신의 성원에 대한 효과인 소수자들의 실천이 가지고 있는 내부적 효과를 평가하는 것을 통하여 가능한데, 예를 들어 성별로 분리되는 교육인 정통적인 유대적인 실천 방식이 정통적인 유대 소녀를 주변화하는지의 여부를 확인하는 것이 있다. 이런 두 개의 수준을 통하여 문화적 인정을 위한 주장이 가능해지는데, 참여자는 먼저 다수자의 문화적 규범의 제도가 자신들의 참여를 거부하는지를 확인하고, 두 번째로는 자신들이 내부에서 찾고자 하는 실천의 인정이 스스로 참여자의 참여 동등을 거부한다는 것을 보여주는 방식으로 인정을 위한 주장은 구성될 수 있다.

결국 프레이저는 참여 동등이라는 규범을 통하여 페미니즘 운동(을 포함한 다른 운동)의 역사적 과정에서 분리되어 왔던 인정과 재분배의 문제의식 즉, 문화와 경제의 문제의식을 통합하고자 하였다. 그러나 이미 참여 동등이라는 문제의식에는 그 자체로 참여라고 하는 정치적 차원의 요소가 포함되어 있음에도 불구하고, 이때까지 프레이저의 정의의 개념에는 정치적 차원이 특정한 차원으로 분리되지 않았다. 다만 이러한 문제의식은 정의를 위협할 수 있는 여러 가지 요인 중 하나로 '잘못 설정된 틀의 문제' 즉, 초국가적 문제에 대해 국가적 틀로 대응했을 때 사회적 정의는 실현될 수 없다는 정도로 제시가 되고 있었을 뿐이다.[19] 그렇다면 프레이저는 왜 참여 동등의 문제의식을 2차원에서 3차원의 영역으로 확장해야만 했으며 그것의 내용은 무엇인가?

3차원적 정의이론

프레이저는 여전히 정의에 대한 이런 2차원적인 구분만으로는 정의의 모든 영역을 포괄하기에는 충분하지 않다고 생각한다. 그것은 앞서서 잠깐 언급했듯이 지구화로 인해 발생했던 사회 부정의의 효과 때문이다. 비록 페미니즘 운동을 비롯한 환경, 인권, 반전 운동들이 민족국가의 경계를 넘어서 지구적 차원에서 벌어지는 사회 부정의의 문제에 대해 지속적으로 이야기해 왔지만, 이러한 문제를 어떤 방식으로 해결할 것인지에 대해서는 많은 논쟁이 있어왔다. 영토국가들로 구성된 체제를 특징짓는 베스트팔렌주의 내에서의 논쟁에서는 이미 누가 이러한 문제를 해결해야 하며, 책임이 누구에게 주어져야 하는지와 같은 문제는 고정된 변수였다. 그러나 작금의 상황은 내용의 문제뿐 아니라 당사자의 문제 역시 심각하게 고려되고 있는 현실이며, 이러한 조건 속에서 프레이저는 경제적 분배와 문화적 인정 그리고 정치적 대표를 포함하는

---

19) Nancy Fraser(2003), *op. cit*, p.92.

3차원적인 정의론을 구상하게 된다.

이미 말했듯이 프레이저의 정의 구상의 핵심은 참여 동등의 규범에 있다. 이를 통해서 프레이저는 사회 부정의의 객관적 조건과 주관적 조건을 규명하였으며, 인정과 재분배를 통합시켰다. 이제 지구화라는 현상으로 인하여 이러한 주객관적인 조건의 당사자, 즉 사회적 상호작용의 상대자가 누구인가라는 것에 대해 심각한 문제가 제기된 것이다. 예를 들어 다음과 같은 질문이 제기될 수 있을 것이다. 만약 내가 사회적으로 인정받지 못하도록 하는 문화적 조건이 내가 속한 국가가 아니라 다른 나라에서 비롯된 것이라면? 내가 정당하게 상호작용할 수 있는 경제적 구조를 방해하는 것이 민족국가의 단위에서 통제할 수 없는 초국적 독점기업이라면? 이처럼 당사자가 누가 되어야 할 것인가를 결정하는 틀에 대한 문제가 심각하게 제기된 것이다.

프레이저에게 정치적인 것을 정의하는 핵심이 대표이기 때문에, 부정의의 형태는 대표 불능인데, 이는 두 가지로 구분된다.[20] 첫째는 일상적인 정치적 대표 불능인데, 이는 정치적 의사 결정 규칙이 공동체에 포함된 어떤 사람들이 동료로서 참여할 기회를 부정할 때 발생하게 된다. 두 번째는 잘못 설정된 틀의 문제인데, 구성원과 비구성원을 확정함으로써 고려 대상이 될 자격을 가진 사람들의 세계에서 특정 사람을 완전하게 배제하게 된다. 따라서 지구화가 틀의 문제를 정치화하면서 후자의 문제가 중요한 정의의 영역으로 등장하게 되었다는 것이다. 다시 말해서 이러한 공간에서 배제된 사람들에게는 1차원적인 정의를 주장할 방법이 없다는 것인데, 비록 세 가지의 정의의 차원이 서로 유기

20) 낸시 프레이저, 「지구화하는 세계에서의 정의에 대한 새로운 틀의 설정」, 『지구화시대의 정의』, 김원식 옮김, 그린비, 2010, 40-44쪽.

적으로 관련을 맺고 있기는 하지만, 현재의 상황을 고려할 때, "대표 없이는 어떤 재분배나 인정도 있을 수 없다"고 프레이저는 말하고 있다.[21] 현재의 상황에서 그나마 첫 번째 부정의는 영토국가의 틀 내에서 해결 가능하다고 한다면, 두 번째 부정의는 영토국가의 틀 내에서는 해결이 불가능하다. 따라서 프레이저는 이 틀을 유지해 왔던 케인스주의-베스트팔렌적인 틀에 대해 문제 제기 한다. 왜냐하면 이러한 틀로 인하여 지구적 빈곤층의 요구가 빈곤한 국가들 내의 정치적 공간 내로 제한되고, 국경을 초월한 '범죄자'에게 면죄부를 주게 되었으며, 이런 틀이 범죄자들의 약탈을 가능하게 해주는 배후 구조에 대한 저항을 방해하기 때문이다.[22]

그렇다면 어떤 방식으로 이런 문제에 대해 접근할 수 있을 것인가? 정치 영역의 핵심적인 부분은 대표, 즉 당사자가 누가 되어야 하는가의 문제이다. 다양한 원칙 중에서 프레이저가 제시하는 원칙은 '종속된 모든 사람들의 원칙all-subjected principle'이다. 이러한 원칙에서는 특정한 협치 구조에 종속된 모든 사람이 그 구조와 관련된 정의 문제와 연관하여 주체로서의 도덕적 지위를 갖게 되는데, 예를 들면 사하라 이남의 아프리카인들은 지구적 경제에 참여하는 것으로 공식적으로 인정받고 있지는 못하지만, 지구적 경제의 협치 구조에 종속되어 있기 때문에 이 경우에 지구적 경제와 관련된 주체로 간주된다.[23] 따라서 이런 입장에서 바라보면, 이들처럼 기존의 배제된 주체들도 재분배와 인정의 요구를 할 수 있게 된다. 물론 그 전에 정치적 주체로서의 인정의 과정이 선행되어야 함은 물론이다.

---

21) 위의 글, 45쪽.
22) 낸시 프레이저, 「비정상적 정의」, 『지구화시대의 정의』, 김원식 옮김, 그린비, 2010, 113-114쪽.
23) 위의 글, 117-118쪽.

이제 이러한 것을 추동할 방법에 대해서 알아보자. 강력한 국가들과 민간 엘리트가 정의의 문법을 결정해야 한다는 것과 과학주의적 가정을 거부하면서 프레이저는 대화적이면서 동시에 제도적인 견해를 담을 것을 주장하는데, 그 예로 메타-정치적 요구들을 토의적이고 민주적인 결정 절차 아래 포섭시킬 수 있는 새로운 지구적 대표 기구들을 제시하는 견해를 제출할 것을 요구하고 있다.[24]

그러나 이러한 방법이 가지고 있는 구체적인 실행 절차상의 문제나 공론장을 바라보는 태도에 대한 문제보다 더욱 심각한 것은 항상 연대성의 기초가 무엇이 되어야 할 것인가에 대한 부분이었다. 예를 들면, 세계시민법을 매개로 한 세계민주주의의 기획[25]이 제시되기도 했으며, 인권에 기초한 보편적 휴머니즘이 그 기초로 제기되기도 하였다. 과연 무엇이 민족국가의 연대의 기초이며, 현재까지도 맹위를 떨치고 있는 민족주의를 대체하여 이러한 초국적 연대의 기초가 될 수 있을 것인가? 프레이저는 여기에서 '세계사회포럼'의 구상을 빌려온다. 프레이저에 따르면 이들의 구상은 우리 대 그들이라는 대립에 기초하여 초국적 정체성을 제공하기 때문에 상호 의존성이나 헌법 애국주의를 넘어서며, 핵심은 '우리'보다는 '그들'에 있게 된다. 나아가 이것의 장점은 특정한 인종이나 종족을 악마화할 가능성이 없으며, 초국적 부정의를 야기하는 유일하지는 않지만 중요한 원천을 식별할 수 있는 것에 있게 된다. 또한 세계사회포럼의 연대성의 토대는 첫째, 종족적이고 문화적인 분파주의에 대한 분명한 거부와 문화적 다원성에 대한 수용, 둘째, 이들이 공유하고 있는 정치적 의사소통(포럼)의 상황과 실천, 셋째,

24) 낸시 프레이저, 위의 글, 123-126쪽.

25) 박영도, 「코소보 딜레마—세계화시대에 인권과 민주주의의 관계」, 『동아시아 인권의 새로운 탐색』, 성공회대 인권평화연구소 엮음, 삼인, 2002.

강압적인 지배에 대한 구성원들의 공포를 없애주는 느슨한 조직 모델, 넷째, 참여자들이 자신들의 투쟁을 신자유주의적으로 지구화하는 자본에 대한 투쟁과 연관시키고 공동의 적을 설정할 수 있도록 해주는 포괄적인 해석 지평이라고 말하고 있다.[26]

프레이저는 이처럼 세계사회포럼의 문제의식을 적극적으로 가지고 와서 초국적 사회 부정의의 원천에 대항할 수 있는 새로운 틀을 짜고자 하지만, 프레이저의 구상이 가지고 있는 실현 가능성과 적합성은 여전히 의문이다. 이 의문에는 낸시 프레이저의 정의의 틀과 같은 보편적이고 자유주의적인 민주주의 이론틀이 세계사회포럼 같은 해방적이고 혁신적이면서도 특수적인 시도를 담아낼 수 있겠느냐는 비판에서부터, 그녀가 차용하고자 했던 세계사회포럼은 프레이저가 말하는 초국적 공론장이 아니라는 평가에 이르기까지 다양하다.[27] 그럼에도 불구하고, 페미니즘 운동의 역사적 평가를 바탕으로 하여 국가적 경계를 뛰어넘는 사회적 정의의 틀을 구상하려고 시도했다는 점, 나아가 인정과 재분배 사이의 간극을 참여 동등이라는 당위적 규범을 통하여 연결하고자 했다는 점, 무시의 객관적인 조건을 밝히려고 했다는 점 등은 높게 평가될 만하다. 다만, 이러한 이론적 가능성이 앞선 비판가들의 말처럼 새롭게 제기되는 모든 사회적 이슈나 제도를 완벽하게 포착해 낼 수 있을 것인가의 문제와 영역을 2차원에서 3차원으로 다차원적으로 추가한다고 해서 이론적 완벽성이 보장될 것이라는 점 등에 대해서는 의문을 제기해 볼 수 있을 것이다.[28]

---

26) 낸시 프레이저, 「틀의 설정에 관한 정치」, 『지구화시대의 정의』, 김원식 옮김, 그린비, 2010, 247-251쪽.

27) Janet Conway and Jakeet Singh, "Is the World Social Forum a Transnational Public Sphere?: Nancy Fraser, Critical Theory and the Containment of Radical Possibility," *Theory, Culture & Society*, vol.26(5), 2009.

열린 미래?

이와 같은 프레이저의 정의의 전망은 수많은 이론가들과의 논쟁과 사회운동에 대한 역사적 평가를 통하여 만들어진 것이기는 하지만, 여전히 실천적인 차원에서 뚜렷한 전망을 제시하고 있지는 못한 것이 사실이다. 또한 '관점적 이원론'을 3차원적 정의론으로 변경함으로부터 정의의 영역을 확장하는 것이 호네트의 우려대로 이론적으로 연결 불가능한 상징적 측면과 물질적 측면 사이의 틈을 연결하려는 시도를 더 과장하는 것이 될 수도 있을 것이며, 무시나 모욕의 감정 같은 사회적 부정의에 대한 반응이 사회운동의 또 다른 엔진으로 사용될 수 있는 지점을 놓치게 될 수도 있을 것이다.[29] 더구나 남반구에 거주하는 사람들의 삶의 조건들은 갈수록 자신이 통제할 수 없는 영역 위에 배치되고 있으며, 이전에 같은 사회적 종속의 조건에 놓였다고 생각했던 사회적 집단이나 분류들은 개별적으로 파편화되면서 연대의 가능성과 기초는 허물어져 가고 있으며, 북반구에 거주하고 있는 사람들의 삶도 일부를 제외하고는 비슷한 처지에 놓여 있다. 나아가 노동의 파업권이 아니라 자본의 파업권이 보장되고, 자신의 정치적 운명을 스스로가 결정할 수 없게 되는 등 부르주아 민주주의의 형식적 보류였던 참여민주주의의 기본 정의마저 해체되는 이러한 시기에, 과연 낸시 프레이저의 사회적 정의에 근거한 이론들이 얼마만큼의 힘을 가질 수 있을지 섣부르게 예단할 수는 없는 일이다. 그러나 프레이저의 이러한 고민이 페미니즘을 포함한 다양한 이론들이 현재의 사회적 문제들에 대해 통합적인 시각을

28) 호네트의 경우에서처럼 프레이저도 자본주의의 발전의 과정 내에서의 비판 이론이라는 점을 떨쳐내기는 힘들다.

29) Axel Honneth(2003), *op. cit.*, p.113.

견지하도록 만들 수 있으리라고 생각한다. 특히, 세계적 차원에서 진행되는 초국가적 부정의의 원천에 대하여 종속된 당사자 중심의 원칙을 견지할 것을 주장하는 프레이저의 주장은 3차원 정의론에 대한 찬반의 의견과는 별개로 당연히 주목받아야 하는 점이라고 할 수 있다. 나아가 무시의 근거를 심리적으로 환원하지 않을 수 있는 근거를 마련한 점 등은 분명히 지적되어야 할 점이다. 다만, 이러한 장점에도 불구하고 낸시 프레이저의 고민의 실현 가능성은 여전히 열린 채로 남겨 두어야 할 것이다. 이제 지금까지의 이러한 낸시 프레이저의 고민의 과정을 다음과 같은 그녀의 글로 마무리 짓고자 한다.

> "나는 지금의 순간이 페미니스트들이 크게 생각해야만 하는 때인 것 같다. 신자유주의의 맹습이 우리의 최고의 생각들을 제도화하는 것을 보면서, 우리는 우리의 생각을 되찾기 위한 시작에 놓여있다. 이러한 순간을 움켜쥐면서, 우리는 단지 젠더의 관점뿐만이 아니라 정의라는 방향으로 임박한 변화의 활을 막 구부리고 있는지도 모른다."[30]

30) Nancy Fraser(2009), p.117.

참고 문헌

냰시 프레이저, 『지구화 시대의 정의』, 김원석 옮김, 그린비, 2010.

__________, 『좌파의 길』, 장석준 옮김, 서해문집, 2023.

낸시 프레이저 외, 『불평등과 모욕을 넘어』, 이현재 외 옮김, 그린비, 2016.

데이비드 브룩스, 『보보스는 파라다이스에 산다』, 김소희 옮김, 리더스북, 2008.

박영도, 「코소보 딜레마－세계화시대에 인권과 민주주의의 관계」, 『동아시아 인권의 새로운 탐색』, 성공회대 인권평화연구소 엮음, 삼인, 2002.

장미경, 「페미니스트 근대론자들－낸시 프레이저, 아이리스 영, 앤 필립스를 중심으로」, 『경제와 사회』 43호, 1999.

Boltanski, Luc and Eve Chiapello, *The New Spirit of Capitalism*, Translated by Gregory Elliott, London: Verso, 2007.

Conway, Janet and Jakeet Singh, "Is the World Social Forum a Transnational Public Sphere?: Nancy Fraser, Critical Theory and the Containment of Radical Possibility," *Theory, Culture & Society*, vol.26(5), 2009.

Florida, Richard, *The Rise of the Creative Class: and How it's Transfroming Work, Leisure, Community and Everyday Life*, NY: Basic Books, 2002.

Fraser, Nancy and Axel Honneth, R*edistribution or Recognition?: A Political-Philosophical Exchange*, Translated by Joel Golb, James Ingram, and Christiane Wilke, London: Verso, 2003.

Fraser, Nancy, "Feminism, Capitalism and the Cunning of the Histroy," *New Left Review*, no.56(March-April), 2009.

__________, "Recognition without Ethics?", *Recognition and Difference*, edited by Scott Lash & Mike Featherstone, Sage, 2002.

도나 해러웨이
Donna Haraway

2025년 다시 읽는 사이보그 선언문

박소영
『여/성이론』 편집위원을 지냈으며, 페미니즘 관점에서 생명과학기술과 일상의 정치를 살펴본 책인 『프랑켄슈타인의 일상』, 수잔 브라운밀러의 『우리의 의지에 반하여』를 번역 및 편저했다.

이 글의 원문은 『여/성이론』 8호(2003)에 실려있다.

도나 해러웨이: 2025년 다시 읽는 사이보그 선언문

1985년, 우리는 과학기술이 가져다줄 유토피아적 미래를 상상했다. 로봇이 모든 노동을 대신하고, 인류는 무한한 우주로 나아가는 풍경을 그렸다. 하지만 2025년의 풍경은 어떠한가? 인공지능이 인간의 두뇌를 대체하며 서류 작업을 처리하는 동안, 여전히 많은 이들이 육체노동에 매달려야 하는 아이러니. 로봇이 완전히 보이지 않는 것은 아니다. 강력한 노조가 있는 대형 공장 바로 옆에 완전 자동화 공장이 지어져 노동자들의 은퇴 시기를 기다리고, 쿠팡 같은 대기업의 물류 센터에서는 완전 자동화 시스템이 인간 노동자를 대체하는 실험이 진행 중이다.

하지만 이러한 자동화가 모든 노동을 대체한 것은 아니다. 대신, 우리 손안의 스마트폰, 온몸을 감싸는 전파의 그물망, 그리고 눈에 보이지 않는 거대한 네트워크의 일부가 되어버린 우리 자신이 있을 뿐이다. 네트워크에 편입될수록 오히려 비루해지는 육체들. 네트워크 신호를 받아 움직이는 택배 노동의 몸처럼, 우리의 육체는 알고리즘에 의해 통제되는 부품이 되었다. 인공지능을 위한 기초적인 입력 작업과 데이터 라벨링은 저임금 비정규직 여성 노동자들의 몫이 되었다.

포스트휴머니즘의 대모로 불리는 해러웨이는 일찍이 『사이보그 선언문』에서 우리가 이미 사이보그임을 선언했다. 그녀는 근대 인본주의가 만들어낸 '인간'이라는 단일한 정체성을 거부하고, 기계와 유기체, 인간과 동물의 경계가 허물어진 존재로서의 사이보그를 암담한 현실이 아니라 새로운 정치적 주체로 제시하고자 했다.

도나 해러웨이의 『사이보그 선언문』은 복잡한 내용을 담고 있지만, 그 핵심 논리는 명확하다. 선언문은 "기존의 정체성 정치가 왜 더 이상 유효하지 않은가?"라는 질문에 두 가지 방식으로 답하며 전개된다.

1. **기존의 정체성 정치는 차이와 배제를 낳는다.** 해러웨이는 기존의 페미니즘이 여성, 인종, 계급에 기반한 정체성들을 통해 연대를 모색했음을 지적한다. 하지만 이러한 정체성은 오히려 내부의 차이를 지우고 배제를 낳았다. 그러므로 '여성'이라는 단일한 정체성을 전제로 하는 정치는 한계에 부딪혔고, 새로운 정치적 구상이 필요하다는 것이다.

2. **현실 속 우리는 이미 '사이보그'가 되어가고 있다.** 해러웨이는 1980년대 후반의 시점에서 으스스한 경고를 던진다. (2025년에도 으스스하거나 새롭게 느낄 사람이 얼마나 될지는 모르겠지만). 우리가 '인간'이라는 정체성을 믿고 있는 사이, '지배의 정보학Informatics of Domination'으로 불리는 신 가부장제자본주의 시스템은 이미 우리의 몸과 정체성을 해체하고 있다는 것이다. 또한 20세기 면역학이 '개체'의 개념을 고수하면서도 동시에 어떻게 "굉장한 복잡성과 특성을 가진 네트워크-몸"으로 다른 형상을 제시하며 해체하는가를 설명하며 개체-개인의 이념은 더이상 유효하지 않다는 이야기도 한다. 과학기술과 네트워크에 의해 유기적인 몸과 삶의 경계는 무너지고, 우리는 이미 비자발적으로 기계-인간의 혼종인 사이보그가 되었다는 것이다.

해러웨이는 이런 현실 진단 위에서 저항의 새로운 모델을 모색한다. 낡은 정체성 정치를 넘어, 파편화된 사이보그들의 연대를 통해 희망을 찾으라는 것이다. 그래서 그녀의 선언은 "나는 여신이기보다 차라리 사이보그가 되겠다"는 역설적인 문장으로 끝을 맺는다.

정체성 정치의 한계와 사이보그 형상의 당위성

해러웨이가 『사이보그 선언문』 서두에 여성주의 내부의 '정체성 논쟁'을 길게 배치한 것은 매우 전략적인 구성이다. 그녀의 글이 발표될 당시, 서구의 페미니즘 운동은 '여성'이라는 집단을 어떻게 정의하고 연대할 것인가를 두고 격렬한 논쟁을 벌이고 있었다. 특히 백인 중산층 여성들이 주도하는 페미니즘이 '여성'의 경험을 보편화하면서, 유색인종 여성이나 성소수자, 빈곤층 여성의 경험을 지우고 배제한다는 비판이 거셌다.

해러웨이는 이 논쟁을 길게 다루며 "여성이라는 집단 정체성에는 원래부터 본질적인 통일성 같은 것은 없다"는 점을 강조한다. 그녀는 성별, 인종, 계급은 '본질적인' 통일성을 믿는 근거를 제공할 수 없다고 단언하며, 당대 오드리 로드 등 유색인종 성소수자 페미니스트들의 비판을 가져와서 단일한 정체성을 추구하는 '정체성 정치'가 결국 새로운 배제를 낳는다는 것을 지적한다.

바로 이 지점에서 '사이보그'가 등장한다. 해러웨이는 '여성'이라는 정체성의 파편화를 문제점이 아니라 새로운 가능성으로 제시한다. 사이보그는 애초에 기계와 유기체의 혼종이므로 순수한 기원이나 단일한 정체성을 가질 수 없다. 이는 완전히 단일한 '우리'로의 통합unity은 불가능하지만, 새로운 목표를 위해 전략적으로 결합하는 친화affinity는 가능하다는 해러웨이 정치 이론의 핵심 기반이 된다.

따라서 『사이보그 선언문』의 첫 부분은 단순히 이론적 배경을 나열하는 것이 아니라, 낡은 정체성 정치의 실패를 선언하는 정치적 행위다. 이 실패 선언을 통해 해러웨이는 자신이 제시할 사이보그라는 새로운 신화가 왜 필요한지, 그리고 그것이 어떤 정치적 의미를 가질 수 있는지를 독자에게 설득하는 것이다.

지배의 정보학Informatics of Domination과 새로운 노동의 현실

해러웨이는 '지배의 정보학'이라는 개념을 통해 새로운 시대의 통치 구조를 설명한다. 과거의 통제가 감옥이나 제조업 공장에서 볼 수 있듯 견고한 감시와 근대적 규율로 이루어졌다면, 이제는 달라진 통제 방식 속에서 모든 것이 유동적으로 녹아내리는 현실을 진단한 것이다. 지배의 정보학은 모든 것을 코딩의 문제로 번역한다. 유기체는 '정보처리 장치'로, '노동'은 로봇 공학이나 데이터 프로세싱으로, '정신'은 인공지능과 신호 피드백 절차로 번역된다. 물리적 실체보다 신호와 정보가 중요해지면서, 통제 전략은 더 이상 '자연적'인 대상의 온전함에 집중하지 않고 네트워크, 유연성, 최적화라는 이름으로 우리를 관리한다.

1) 집적회로 속의 여성들

해러웨이는 과학과 기술의 사회 관계들을 통해 완전히 달라지고 있지만 (겉보기에는) 매우 친밀하게 재구성된 세계 속에 있는 여성들의 어려운 상황을 명명하기 위해 레이첼 그로스맨의 논의에서 "집적회로 속의 여성들"의 이미지를 차용한다.[1)]

그로스맨은 1980년에 말레이시아, 홍콩, 남한의 반도체 공장에서 일하는 여성노동자들에 대한 상세한 인류학적 보고서를 쓴다. 당시 다국적 기업 인텔Intel은 반도체 생산 공장에 투입할 노동력으로 동아시아

---

1) Rachel P. Grossman, *Women's Place in the Integrated Circuit*, Boston: New England Free Press, 1980.

의 젊은 여성을 선호해서 동아시아에 공장을 세우고 조립라인의 90퍼센트를 여성으로 채운다. 젊은 동아시아 여성을 선호하는 이유는 그녀들이 가부장적 사회에서 자란 덕에 좀 더 순응적이고 통제하기 쉬우며, 여성의 사회적 노동을 인정하지 않는 사회분위기 속에서 결혼이 가능해지면 직장에 종신으로 남으려 하지 않고 적은 임금도 수용하기 때문이었다.

회사는 그녀들을 기계로 자동화된 조립 라인에 집어넣으면서 한편으로는 문화적 통제 기법(새로운 인적자원경영기법)을 도입한다. 높은 강도의 장시간 노동을 견디게 하기 위해 그녀들에게는 경쟁이데올로기가 각인되는데, 그것은 작업장에서의 실적에 순위를 매기는 일 뿐 아니라, 공장내 미인대회, 글짓기대회, 운동대회와 각 공장 노동자간에 경쟁의식을 고취시키기 위한 갖가지 '재미있는' 행사들로 이루어진다. 기술적으로, 문화적으로 잘 짜여진 공장의 생산라인, 집적회로화된 사회 속에서 여성들은 이성애적 일부일처제와 전통적 공동체로부터 멀어지고 높은 가능성의 고독과 나이가 들면서 생기는 극단적인 경제적 취약성을 새로운 현실로 맞이하게 된다. 여성노동자들은 서로간의 경쟁으로 인해 노조로 조직화되기 힘들고, 좀처럼 저임금과 과중한 노동에 대해 항의하지 못하다가 종종 작업 중에 집단 히스테리를 일으키는 것으로 저항한다.

그로스맨이 그려낸 것이 '신경영 기법'이 도입되기 시작한 80년대 초반 여성노동자들과 관련한 풍경이었다면, 해러웨이는 신자유주의가 전면화한 80년대 후반부터 이것이 모든 노동자들에게로 확산되는 것을 통찰했다. 노사분규와 협상의 근대적 정치학이 최첨단의 인간공학과 경영공학, 스트레스 관리 기법들로 번역되고 과학기술의 발달로 인한 기계화에 힘입어 정규직 노동은 미숙련 비정규직 노동으로 흡수되었다.

80년대 후반부터 전면화하기 시작한 이 새로운 상황을 리처드 고든은 '가정 밖의 가사경제'[2] 라고 불렀는데, 이것은 이전에(적어도 그로스맨이 그려낸 80년대 초반까지)는 여성의 노동만이 가졌던 특성들로 '노동일반'이 재정의되고 있는 것을 지적하는 개념이다. 대부분의 노동이 언제든 해체되고, 재조립될 수 있는 비정규직 노동 혹은 예비노동력화 되어 가는 것. 노동의 여성화. 이제 여성들이 남성노동자들의 이상적 투쟁사를 뒤따라야 하는 것이 아니라 남성노동자들이 여성노동의 경험에서 현실을 자각해야 하는 상황이 된 것이다.

해러웨이는 이 상황에서 노동과정의 기술적 재구조화와 노동 계급의 재형성, 과학과 기술의 사회 관계와 연관된 구조적 재배치에 주목한다. 가족/시장/공장의 분리를 집적 회로 안의 여성들의 풍경으로, 유기적 노동분화를 인간공학으로, 노동을 로봇공학으로, 백인 자본주의 가부장제를 지배의 정보과학으로 빠르게 번역하고 있는, 압도하는 테크노컬처의 현실에서 여성들은 어떻게 움직여야 하는가?

"'네트워크화'는 페미니즘 실천이자 다국적 기업의 전략이다." 그녀는 "단단한 정치적 인식론을 수립하는 명쾌한 비판"(이것은 사실상 불가능해지고 있다)을 추구하기보다는 '새롭게 출현하는 쾌락, 경험과 게임의 규칙을 변화시킬 잠재력을 지닌 권력들에 대한 섬세한 이해'를 제안한다. 얼핏 그녀는 수상한 타협을 제안하는 것 같지만, 실은 어디까지나 사회주의 페미니즘에 충실한 제안을 하고 있을 뿐이다. 그들이 가진 기계(다시, 지배의 정보과학)를 때려부수는 것이 아니라 그것을

---

2) Richard Gordon and Linda M. Kimball, "High Technology, Employment and the Challenges to Education," *Prometheus 3*, no. 2 (1985), pp.278-294.

재전유하자는 것이다.

2) 네트워크의 재전유? '노동약자'

『사이보그 선언문』은 기술과 자본이 우리를 파편화할 때, 바로 그 기술을 재전유하여 새로운 연대를 구축할 수 있다는 역설적 가능성을 제시한다. 하지만 2020년대의 현실은 이러한 희망이 얼마나 취약하고 위태로운지를 동시에 보여준다. '노동자'도 '자영업자'도 아닌 플랫폼 노동자, 그중에서도 데이터 라벨링 노동자들은 '노동약자'라는 새로운 개념으로 불리며, 해러웨이의 낙관적 비전과 현실의 거대한 간극을 증언한다.[3)]

데이터 라벨링 노동자들은 정해진 작업장이나 물리적인 공동체가 없다. 그러나 이들은 온라인 커뮤니티나 채팅방을 통해 새로운 연대의 형태를 구축한다. 이들은 기업이 감추려 했던 부당한 노동 조건, 낮은 임금, 불공정한 해고 통보 등의 정보를 공유하며 파편화된 고통을 집단적 문제로 구성해냈다.

이러한 온라인 네트워크는 해러웨이가 말한 '친화affinity'의 구체적인 사례라고도 할 수 있을 것이다. 혈연, 지연, 학연과 같은 전통적 정체성으로 묶이지 않은 이들은, 기술과 자본주의 시스템이 공통으로 부여한 '알고리즘적 존재'라는 정체성을 바탕으로 전략적 동맹을 맺는다. 이들은 디지털 기록을 증거로 삼아 노동위원회에 구제 신청을 하는 등, 기술이 만들어낸 네트워크를 통해 자신들의 권리를 주장했다.

AI 시스템의 '블랙박스' 안에서 일하는 콘텐츠 모더레이터들의 투

---

3) 신다은, "'데이터 라벨링' 노동자 12명 "부당해고" 회사는 '흔적 지우기' 골몰", ≪한겨레 21≫, 2024년 6월 11일자. https://h21.hani.co.kr/arti/society/society_general/55630.html (검색일: 2025.8.15).

쟁 역시 해러웨이의 통찰을 보여준다.[4] 이들은 인공지능이 스스로 판단할 수 없는 유해하고 폭력적인 데이터를 처리하며 정신적 고통을 겪는다. 이들의 노동은 AI 시스템의 일부로 편입되어 있지만, 동시에 AI가 할 수 없는 인간만의 '감정 노동'과 '도덕적 판단'의 영역을 증명한다.

이들은 단순한 기계 부품과 달리 기업에 소송을 제기하며, AI 시스템의 빈틈과 오류를 지적한다. 이 투쟁은 결국 인간의 노동이 단순히 자동화될 수 있는 데이터 처리 과정이 아니라, 고유한 전문성과 숙련도를 필요로 하는 일임을 사회적으로 드러내는 것이다. 이처럼 이들은 기술의 시스템 속에서 싸우며, 스스로가 결코 대체 불가능한 존재임을 역설적으로 증명하는 '사이보그-주체'의 모습을 보여주고 있다고도 할 수 있겠다.

하지만 이들의 연대는 노조의 견고한 정치적 힘과는 본질적으로 다르다. 노조가 법적 지위와 조직적 권력을 바탕으로 단체 교섭이나 파업이라는 투쟁 수단을 가지고 있다면, 이들의 온라인 네트워크는 법적 보호가 없는 취약한 형태이다. 이들은 소송이라는 개별적이고 시간과 비용이 많이 드는 방식을 택할 수밖에 없었고, 이는 여전히 노동자의 몸과 자본 사이의 거대한 격차를 드러낸다. 해러웨이의 '친화'가 가능성을 말한다 해도, 그것이 기존 질서에 맞설 만큼의 견고한 힘을 갖는가는 별개의 문제다. 가부장제 자본주의의 업데이트된 형태인 지배의 정보과학이 많은 것을 해체하고 있다고 하지만, 해체되는 것은 항상 약자 쪽이 아닌가? 자본보다는 노동자가, 남성보다는 여성이.

---

4) Kari paul, "Facebook to pay $52m for failing to protect moderators from 'horrors' of graphic content", *The Guardian*, 2020. 5. 13. https://www.theguardian.com/technology/2020/may/12/facebook-settlement-mental-health-moderators (검색일: 2025.8.15).

정체성 해체라는 난제, 또는 정체성이라는 아이러니

해러웨이가 사이보그 선언문 앞부분에서 '여성'을 정체성으로 삼은 페미니즘 정치를 비판한 것에는 크게 두 가지 논점이 있었다. 1970~80년대의 여성운동은 의식고양 소모임들을 통해서 성차별, 임신중절, 성폭력에 대한 경험을 나누며 "여성 경험"이라는 하나의 범주를 형성하려 했지만, 경험을 나누다 보면 오히려 단일한 "여성" 범주란 없다는 것이 첫 번째 논점이었다. 또 캐서린 맥키넌 등의 래디컬 페미니스트들의 논의에서 "생물학적 여성" 범주를 비판한 것이 두 번째 논점이었다. 경험도 생물학도 배제적 범주가 될 수 있다는 것이었다.

정체성이 고착화되면 배제적 범주가 될 수 있다는 것은 노동운동, 인종차별철폐운동, 여성운동 모두에서 공히 나온 비판이었지만 특히, 여성운동 내부에서 파열음이 컸다. 1970년대 이후의 여성운동과 성소수자 운동은 모두 미국의 인종차별반대운동, 즉 민권운동Civil Rights Movement을 핵심 모델로 삼아 형성되었다. 1960년대 미국 민권운동은 법적으로 동등한 권리를 획득하는 것을 넘어 의식고양 소모임을 통해 경험을 공유하며 '흑인 정체성'을 재구성하고 이를 정치적 투쟁의 강력한 기반으로 삼았다. 여성운동과 성소수자 운동은 이 모델을 차용했고, 성소수자 운동의 "벽장 밖으로 나오라Coming out"는 개인이 자신의 정체성을 숨기지 않고 드러냄으로써 각자 파편화되었던 상태에서 가시적인 정치적 집단을 구성하자는 요청이었다.

오드리 로드 등의 비판을 빌어 해러웨이가 비판했듯, 이러한 정체성 모델은 '하나의' 여성 경험, '하나의' 흑인 경험이란 존재하지 않는데도 운동 내 주류의 경험을 보편화시킨다는 문제점이 있었고, 해러웨이의 사이보그 개념은 이런 보편화와 본질화의 한계를 넘어서 정체성을 고정된 실체가 아닌 좀 더 동적이고 전략적인 연결점으로 재정의해 보려는 시도였다.

최근의 트랜스젠더 논쟁은 정체성 운동 모델의 이러한 내재적 모순을 첨예하게 보여준다. 정체성 운동 모델의 모순은 여성운동뿐 아니라 트랜스젠더 권리 주장의 내부에도 역시 존재한다. '생물학적 여성'에 기반한 여성주의 운동은 여성이 겪는 공통의 신체적, 사회적 경험(성폭력, 가사 노동, 임신 출산 등)을 묶어 '여성'이라는 범주를 정치적으로 구성한다. 이는 내부의 다양한 차이(인종, 계급, 성적 지향 등)를 일시적으로 제쳐두더라도, 남성 중심 사회의 구조적 폭력에 맞서기 위한 연대의 기반을 마련하는 효과적이고도 강력한 전략이다.

트랜스젠더 운동 역시 유사한 전략을 사용한다. '트랜스젠더'라는 정체성을 하나의 집단 범주로 내세워, 법적 권리(성별 변경권, 차별금지 등)를 요구하고 사회적 가시성을 확보한다. 그러나 트랜스젠더 권리 운동은 "성별은 타고나는 것이 아니라, 개인이 구성하고 선택할 수 있는 것"이라는 메시지를 던지며, 전통적인 정체성 모델 자체를 뒤흔드는 것을 '정체성'으로 삼는다. 즉 전략은 민권운동과 여성운동, 성소수자 운동의 전통에 따라 '내 정체성을, 내 권리를 인정해 달라'라는 요구이나, 내용은 '성별 이분법 자체가 무의미하다'는 정치적 선언인 것이다.

해러웨이의 제자이자 트랜스젠더 이론 논쟁사의 중요한 논자 중 한명인 샌디 스톤Sandy Stone은 "The Empire Strikes Back: A Posttranssexual Manifesto"[5]에서 당시의 의료시스템과 래디컬 페

5) Sandy Stone, "The Empire Strikes Back: A Posttranssexual Manifesto," in *Body Guards: The Cultural Politics of Gender Ambiguity*, ed. Kristina Straub and Julia Epstein, New York: Routledge, 1991.

미니스트들이 트랜스젠더에게 '진정한 여성(혹은 남성)'으로 보이도록 '통과Passing'를 요구한다고 비판하며, 통과하기 위해 자기 정체성을 숨기고 과거를 지우면서 트랜스젠더의 복잡한 정체성을 이분법에 가두지 말고 해러웨이가 말한 '사이보그'처럼 자연과 기술의 경계를 허물고 자기 역사 쓰기를 통해 자신을 구성하자고 제안했다.

그러나 법제도화를 둘러싼 현재까지 일련의 정치적 논쟁의 과정은 정체성 해체의 논리 위에 권리와 정치를 구성한다는 것이 얼마나 지난한 문제인지를 보여준다. 가장 먼저 자기-선언을 통한 젠더 인정을 법제화했던 영국의 사례가 그렇다. 70년대 페미니즘이 경험과 생물학을 통해 여성을 규정한 것은 여성이 겪는 출산, 성폭력, 가부장적 억압과 같은 공통된 구조적 현실을 인식하기 위한 필수적인 과정이었다. 이런 전통위에서 영국의 일부 페미니스트들에게 '자기-선언'을 통해 정체성을 규정하려는 시도는 여성의 신체를 기반으로 한 오랜 투쟁의 역사를 지우는 것으로 받아들여졌고, 심지어는 보수적인 젠더 분할을 오히려 강조하는 움직임으로 보였다.

2004년 제정된 영국의 성별인정법Gender Recognition Act은 트랜스젠더가 법적 성별을 변경하려면 의학적 진단과 최소 2년간의 실제 성별생활 경험을 증명하도록 했다. 이는 절차가 복잡하고 까다롭다는 비판에 직면했다. 2018년, 당시 테리사 메이 정부는 법을 개정하여 의학적 진단 없이 당사자의 자기-선언만으로 법적 성별을 변경할 수 있도록 하는 방안을 발표했다. 이는 절차 간소화를 통해 트랜스젠더의 권리를 보장하려는 목적이었다.

2020년, 영국 고등법원은 영국 성평등법Equality Act(2010) 상의 '여성woman'이 생물학적 성별에 국한된다는 판결을 내렸다. 이는 '성

sex'이라는 생물학적 범주가 법적으로 여전히 중요한 의미를 지닌다는 점을 명확히 한 판례였다.

2022년 스코틀랜드 의회는 자체적으로 자기-선언 방식의 성별인정법 개정안을 통과시켰다. 이 법안은 16세 이상이면 의학적 진단 없이 법적 성별을 바꿀 수 있도록 허용했다. 그러나 영국 중앙정부는 스코틀랜드 법안이 영국 전체에 걸친 성평등법과 충돌하고, 여성과 아동의 안전을 위협할 수 있다는 이유로 '섹션 35'라는 법적 조항을 발동해 법안을 거부했다. 이는 1998년 스코틀랜드 의회 설립 이래 처음 있는 일이었다. 그리고 2025년 4월, 영국대법원에서 For Women Scotland라는 여성단체가 스코틀랜드 정부를 상대로 제기한 소송에서 '여성woman'과 '성sex'이라는 용어는 평등법상 생물학적 성별을 의미한다고 판결했다.[6)]

이 판결의 주요내용은 평등법 조항들이 오직 생물학적 성별에 근거했을 때만 의미를 가진다는 것, 성별변경증명서를 획득했더라도 평등법상 목적에 있어 법적 성별이 아닌 생물학적 성별이 우선함을 명시한 것, 탈의실, 화장실, 여성 쉼터 등 '여성전용공간'을 생물학적 성별에 따라 운영할 수 있는 법적 근거를 제공한 것이다.

영국에서 이렇게 자기선언 모델을 뒤집는 대법원 판결이 나온 데는 단순히 보수주의의 반발이 아니라 '여성'의 안전과 권리라는 현실적인 문제에 대한 논쟁이 심화된 배경이 있었다. 생물학적 남성이 스스로를 여성으로 규정하고 여성 화장실, 쉼터, 교도소 등의 공간에 접근할 경우 안전문제가 대두되었고 실제 범죄 사례들도 나왔던 것이다.

6) For Women Scotland Ltd v The Scottish Ministers [2025] UKSC 16 (16 April 2025). 관련기사는 Severin Carrell, "Legal definition of woman is based on biological sex, UK supreme court rules," *The Guardian*, April 16, 2025.

취약하고도 견고한 몸, 그리고 책임

해러웨이가 제안한 사이보그는 유기체와 기계의 경계가 허물어진 존재다. 그러나 몸은 생각보다 견고하다. 여성에게 생물학적 몸은 출산의 고통, 성폭력의 위협, 그리고 임금 격차와 같은 사회적 불이익이 각인된 현실이다. 따라서 '몸'을 단순히 재구성 가능한 부품으로 여기는 것은, 여성이 겪어온 현실적 고통과 투쟁을 무시하는 결과를 초래할 수 있다.

결론적으로, 해러웨이의 '사이보그' 개념은 정체성 정치의 한계를 지적하는 데 유효했지만, 생물학적 몸의 완고한 현실과 그에 얽혀있는 구조적 억압을 간과할 수 있는 신기루 같은 형상을 제공하기도 했다. 여성 운동이 '생물학적 여성'이라는 범주에 기반하는 것은 낡은 투쟁이 아니라, 여전히 견고한 불평등에 맞서는 현실적인 전략이다.

해러웨이의 사이보그 형상은 여신 만큼이나 하나의 신화이다. 이 형상이 현실의 거울에 비추어 졌을 때, 그 형상이 제시하는 길은 낙관적인 해방의 길이 아닌 복잡한 난제로 가득한 길임이 드러난다. 2025년, 우리는 디지털 세계에서 정체성을 해체하고 새로운 연대를 구축하는 '친화성affinity'을 경험한다. 그러나 동시에 '생물학적 성별'과 같은 몸에 기반한 범주를 쉽게 넘어설 수 없는 현실을 직면하게 된다.

이 충돌 속에서 해러웨이가 던지는 마지막 화두는 '책임성response-ability'이다. 그녀는 사이보그가 순수한 기원이나 본질적 정체성을 가질 수 없기에, 오히려 다른 존재들과 새로운 관계를 맺고 그들의 고통에 '응답할 윤리적 의무'를 갖는다고 말한다.

해러웨이가 제시한 사이보그는 낭만적인 해방의 신화가 아니다. 그것은 우리가 이미 살아가고 있는 혼종적 현실을 직시하고, 정체성

해체의 난제 속에서 새로운 윤리적 관계를 맺을 것을 요구하는, 불완전하지만 유일한 길에 대한 지침이다.

참고 문헌

신다은, "'데이터 라벨링' 노동자 12명 "부당해고" 회사는 '흔적 지우기' 골몰", ≪한겨레21≫, 2024년 6월 11일, https://h21.hani.co.kr/arti/society/society_ general/55630.html.

Carrell, Severin, "Legal definition of woman is based on biological sex, UK supreme court rules." *The Guardian*, April 16, 2025. https://www.theguardian.com/society/2025/apr/16/critics-of-trans-rights-win-uk-supreme-court-case-over-definition-of-woman.

Gordon, Richard, and Linda M. Kimball. "High Technology, Employment and the Challenges to Education," *Prometheus 3*, no. 2 (1985): 278-294.

Grossman, Rachel P., *Women's Place in the Integrated Circuit*, Boston: New England Free Press, 1980.

Haraway, Donna. "A Cyborg Manifesto: Science, Technology, and Socialist-Feminism in the Late Twentieth Century," in *Simians, Cyborgs, and Women: The Reinvention of Nature*, New York: Routledge, 1991.

Paul, Kari, "Facebook to pay $52m to content moderators for mental health injuries", *The Guardian*, May 13, 2020. https://www.theguardian.com/technology/2020/may/12/facebook-content-moderators-mental-health-lawsuit.

Stone, Sandy, "The Empire Strikes Back: A Posttranssexual Manifesto," in *Body Guards: The Cultural Politics of Gender Ambiguity*, edited by Kristina Straub and Julia Epstein, New York: Routledge, 1991.

The Supreme Court of the United Kingdom. For Women Scotland Ltd (Appellant) v The Scottish Ministers (Respondent) [2025] UKSC 16. The Supreme Court of the United Kingdom, April 16, 2025. https://supremecourt.uk/cases/uksc-2024-0042.

로런 벌랜트 Lauren Berlant

위태로움, 로런 벌랜트, 그리고 대항 정치

윤조원
고려대학교 영어영문학과 교수. 미국소설, 흑인문학, 그리고 젠더와 인종에 관한 논점들을 주로 연구하고 강의한다. 『잔인한 낙관』(공역), 『누가 젠더를 두려워하랴?』 등을 번역했다.

이 글의 원문은 『여/성이론』 33호(2015)에 실려있다.

위태로움, 로런 벌랜트, 그리고 대항 정치[1)]

위태로운 삶, 위기가 된 일상

취약성과 위태로움이 이 시대의 키워드가 된 지 오래다. 가속화하는 경제적 양극화, 정치적 양극화, 날로 더욱 훼손되는 자연환경, 상시적 재난이 된 기후 변화 속에서 우리는 생명체 본연의 취약성과 공동체의 파괴에 대해서 진지하게 성찰할 필요를 한층 더 절감하게 되었다. 위태로움에 대한 고찰은 인간의 존재 조건으로서의 취약함 및 경제적 위기에 대한 이해를 바탕으로 새로운 정치 윤리와 공생의 가능성을 모색하는 인문과학적 노력의 중요한 흐름을 이루며 여러 차원에서 이루어지고 있다. 가령 주디스 버틀러가 『위태로운 삶*Precarious Life*』에서 국가를 비롯한 주류 권력이 행사하는 폭력과 소수자의 비인간화에 주목한다면, 다른 한편으로 위태로움은 신자유주의 체제가 초래한 경제적 불안정성의 일상화를 가리키기도 한다. 이때 위태로움은 계급으로서의 프레카리아트precariat가 직면하는 경제 구조를 말한다.[2)] 위태로움에 대한 이처럼 복합적인 고려는 개인의 내밀하면서도 사회적인 감정적 경험의 집합체로서의 '일상'에 대한 더욱 면밀한 관찰과 분석을 수반한

---

1) 이 글은 『비평과이론』(2023년 봄)에 실렸던 졸고 「위태로움, 로렌 벌랜트, 그리고 대항 정치」를 수정, 보완한 글임을 밝혀 둔다.

2) 이러한 개념 구분이 언제나 명확하지는 않고 상당 부분 중첩되기도 하지만, 로런 벌랜트는 위태로움에 대한 개념 구분에서 전자를 'precariousness'로, 후자를 'precarity'로 칭하는 경향을 보인다. 특히 『잔인한 낙관』 서론의 미주 2 참조.

다. 더불어, 급변하는 역사적 조건 속 주체 및 주체화 과정에서 정동의 작용에 대한 이해가 필수적이므로, 일상 속의 정동적 역학 또한 더욱 주목받는다. "일상이 정동 이론의 부상으로 학문적 관심의 주제가 되었다"고 할 수 있을 만큼,[3] 정동 연구와 일상(성)에 대한 논의는 관계가 긴밀하다.

이 글에서는 위태로움 혹은 위기가 일상화된 세계 속에서 살아가는 경험의 정동적 측면을 이해하는 한 가지 방식으로, 2021년에 작고한 로런 벌랜트Lauren Berlant가 제기한 몇 가지 질문들과 그의 논점들을 살펴보고자 한다. 문학 연구자, 문화 이론가, 퀴어 비평가, 정치 이론가로서 벌랜트가 주목했던 이 시대의 정동적 특성은 특히 냉전 시대 이후 신자본주의의 확산 속에서 기존 사회질서가 재편되어 온 과정 및 그 결과를 매일의 삶으로 살아가는 주체의 감각 경험에 밀착되어 있다. 일찍이 "정치, 사회, 문화 등의 공적 영역에서 일어나는 일을 친밀성, 섹슈얼리티, 정서, 일상성의 렌즈로 분석한 벌랜트의 연구는 1990년대 문화연구에 시민권을 주요 연구 의제로 제시하였고 당시 미국학에서 새로운 이론적 방향을 제시하였다"는 평가를 받는다.[4] 개별 신체에서 작용하는 정동이 감지되어 감정으로 의미화하는 과정, 그리고 그러한 과정에 집단적·정치적 차원이 있다는 사실에 대한 그의 통찰은 영문학자로서 19세기 미국 문학과 문화에 대해 가졌던 관심에 뿌리를 둔다.

잘 알려진 『잔인한 낙관*Cruel Optimism*』을 발표하기 이전에도 벌랜트는 감정, 정동이 얼마나 정치적인 것인가에 관해 지대한 관심을 가지고 작업했으며, 특히 "국민적 정서"와 "정동 구조"에 대한 꾸준한 연구를

---

3) 김지영, 「오늘날의 정동 이론」, 『오늘의문예비평』 100호(2016), 360-361쪽.

4) 박미선, 「로렌 벌랜트: "잔인한 낙관주의"와 신자유주의 시대의 감정」, 『여성이론』 33호, 여이연, 2015, 101쪽.

통해 문학비평과 정동 연구를 연결하고 그 의의를 심화하는 데 기여하였다. 일찍이 정동의 관점에서 미국의 문화·문학을 살펴본 벌랜트의 저서 세 권은 흔히 '국가적 (혹은 국민적) 감성 삼부작national sentimentality trilogy'으로 일컬어진다.

그중 첫 번째인 『국민적 환상의 해부: 호손, 유토피아, 일상의 삶 *The Anatomy of National Fantasy: Hawthorne, Utopia, and Everyday Life*』(1991)은 미국에서 국민적 환상이 어떻게 형성되고 유지되는지를 분석한다. 여기서 벌랜트는 미국적 정체성이 일상적 삶과 연결되는 방식을 탐구하는데, 특히 너새니얼 호손Nathaniel Hawthorne의 작품을 중심으로, 미국의 공동체적 상상력이 배제와 포섭의 논리를 통해 형성된다고 설명한다. 이러한 내용은 이후의 두 저작에서 심화, 확장한다.

1997년 저서 『미국의 여왕이 워싱턴에 가다: 섹스와 시민권에 관하여 *The Queen of America Goes to Washington City: Essays on Sex and Citizenship*』에서는 본격적으로 "국민적 정서national sentimentality"가 젠더, 섹슈얼리티, 인종 등의 문제와 교차하면서 형성되고 또 이와 더불어 시민권이 배타적인 방식으로 담론화되는 현상이 다루어진다. 여기서 특히 비판의 대상이 되는 것은 1990년대 미국의 정치적 문화에서 시민권citizenship이 법적 권리나 사회 구조의 문제가 아니라 감정적으로 구성된 공동체적 소속감으로 변한다는 점이었다. 도덕론적 가족주의의 강화에 힘입어 이성애 규범적 가족이 국가적 이상으로 설정되면서, 시민권은 성소수자, 이민자, 소수 인종 및 기타 소수자들에게는 허용되지 않는 모종의 정서적 공감의 문제가 된다. 또한 미국의 대중문화와 정치 담론에서 개인적 고통과 감정에 대한 논의가 공적인 정치 문제에 대한 담론을 대체하게 된다고 지적하면서, 벌랜트는 개인적 성공과 공감의 리더십을 강조하며 공적 정치 상황을 개인의 감정적 치유와 자기 계발의 문제로 환원하는 오프라 윈프리 같은 인물이 미국의 "국민적 정서"를 대표하는 사례가 된다고 보았다.

또한 2008년의 『여자의 불만: 미국 문화 속 감상주의라는 미완의 문제*The Female Complaint: The Unfinished Business of Sentimentality in American Culture*』는 가령 이른바 '여성적'인 감성이 미국 문화에서 어떻게 정치적·사회적 구조와 연결되는지를 분석한다. 여기서 "여자의 불만"이란 여성들이 문화적으로 공유하는 불만이다. 여성들은 로맨틱 코미디, 멜로드라마, 자기 계발 서사 등과 같은 대중문화의 장르를 통해 낭만적 사랑, 가족애, 돌봄, 공감 능력 등을 이상화하고 (혹은 이상화하도록 종용받고) 그러한 감성을 연마하며 감정적 보상, 행복을 상상하곤 한다. 하지만 현실에서 이런 기대는 대부분 충족되지 않고, 좌절을 경험하는 여성들은 불만을 공유하게 된다. 하지만 벌랜트는 미국 사회에서 이처럼 공유된 여성의 불만이 소비문화와 영화, 드라마 등으로써 일시적 위로나 해소에 이를 뿐, 구조적 변화를 요구하는 정치적 움직임에 이르기 어렵다고 본다. 문화가 여성에게 특정한 감정 구조를 강요하기 때문이다. 여성들이 자신들의 불만을 이해하고 공유하더라도 해결할 방법을 찾지 못한다는 사실, 이를 계속 반복하는 문화적 구조 속에서 여성의 감정 노동이 문화적 규범이 된다는 사실에 주목하는 벌랜트는 이것이 감상주의의 문제이며 여성들이 기존의 친밀성 구조를 벗어나기 어렵게 만드는 감상주의적 서사가 미완의 문제로 남아 있음을 지적한다. 벌랜트의 이 삼부작은 미국 문화에서 감정과 정동이 정치적 주체성을 형성하는 공적 영역의 문제임을 깊이 파고든 주요 논저로 평가받는다.

이후 그는 19세기 미국을 넘어 20세기 후반 이후 자본주의와 세계화에 따른 일상적 삶과 예술 형식의 변화들까지 감정의 구조와 그 구조의 정치성에 일관되게 연계하여 살핀다. 이처럼 그의 작업은 21세기 들어 더욱 많이 주목받게 된 정동 연구 전반과 상호 영향의 관계 속에서 전개되었으며, 스피노자, 들뢰즈를 거쳐 브라이언 마수미Brian Massumi 등으로 이어지는 정동 이론을 문화 연구와 접목하는 선구적인 역할을 했다.5)

벌랜트의 정동 연구는 사실상 이 시대의 현실 정치에 대한 깊은 불신과 그로 인한 "정치적 우울"에 깊이 뿌리를 내린 것이기도 하다. 이 점에 대해서는 '필 탱크 시카고Feel Tank Chicago'와 벌랜트의 관계를 살펴보면 더 잘 이해할 수 있다. '필 탱크 시카고'는 2000년대 초반에 결성된 학자, 예술가, 활동가 그룹으로, 정동과 정치적 실천의 관계를 탐구했으며, 체제에 대해 비판하되 변화를 희망할 수 없게 된 상태의 감정인 "정치적 우울"의 문제에 천착하였다. 특히 이들은 이 시대의 정치 현실이 냉소와 무기력함을 포함하는 정치적 우울을 초래한다는 사실에 바탕을 두고, 전통적인 정치 개입 방식이 아닌, 감정과 퍼포먼스를 실험적으로 활용하는 대안적 정치 참여 모델을 시험하고자 했다. 벌랜트가 '필 탱크 시카고'의 창립 멤버였다는 사실은 많은 것을 시사한다. 정치적 우울이 단순히 개인의 감정에 불과한 것이 아니라 신자유주의, 거대 자본주의의 확산과 나란히 구조화되는 감정적 경험이라는 벌랜트의 시각은, 매일의 위기 상황에서 좋은 삶을 꿈꿀 수 있기 위해 나쁜 삶을 감당해야 하는 이 시대의 모순을 다루는 『잔인한 낙관』에서 더욱 구체화한다.

2011년 저서 『잔인한 낙관』에서 벌랜트는 1990년대에서 21세기

5) 정동과 감정의 개념적 차이, 그리고 정동 이론과 감정 연구, 문화 연구, 문화정치학의 연결성에 대한 개괄로는 이명호 참조.

초에 이르는 기간에 미국을 비롯한 서구 사회에서 신자유주의와 그로 인해 발생한 문화적 변동을 특유의 퀴어한 시각에서 세밀히 살피며, 다수의 문학 및 영상 텍스트들을 통해 자신의 사유를 논증한다. 이 시기, 국가 주도 자본주의는 지구적 자본주의, 신자유주의로 널리 탈바꿈하고, 이에 따라 일상적 삶의 정서적 기조 자체가 변하고, 시민성, 대중문화 역시 변화하는 정동과 상호작용한다. 벌랜트가 『잔인한 낙관』에서 주목하는 것은, 우연성과 불안정성이 급진적으로 확산하는 신자유주의 체제 속 위기의 보편화, 그러한 위기의 확산에 대응하는 이 시대의 감정, 위기가 일상화된 세계 속 정동의 작용이다. 이런 점들에 대한 사유에서 그는 애착(심)attachment과 낙관optimism을 핵심어로 사용한다. 일상이 전면적 위기가 되어버린 시대에, 가질 수 없는 혹은 일견 무용한 대상에 대한 애착, 도래하지 않을 더 나은 미래에 대한 낙관이 신자유주의 일상성을 구성하는 동시에, 위기 상황에서 역설적으로 주체를 지탱하는 주요한 정동적 작용이라고 진단하는 것이다.

이 글에서 필자는 애착심과 낙관을 비롯하여 벌랜트가 『잔인한 낙관』에서 제시하는 몇 가지 질문들과 개념들, 그리고 그것들을 골자로 전개, 확장되는 그의 사유를 살펴보고자 한다. 그런 독서가 우리 사회에 팽배한 매일의 '위기'와 그에 대한 감각과 인식을 이해하고 분석하는 데에도 도움이 될 수 있으리라고 기대해 본다. 우리 사회의 복합적인 위태로움에 대한 논의는 물론 다방면으로 이루어져야 할 것이며, 이 글의 지면이나 필자의 소견이 그것을 다루기에는 크게 부족하다. 하지만 이론적 논의를 우리 자신에 대한 비판적 이해로 연계하여 점점 더 위태롭게 느껴지는 현재 우리 사회의 정치적 조건들 및 그와 맞물린 정동적 지형을 돌아보는 시도가 전혀 무의미하지는 않을 것이다.

이와 더불어, 문학과 대항 담론의 가능성에 관한 벌랜트의 단상들에 힘입어, 오늘 문학은 정동의 정치적 가능성과 관련하여 어떤 의미를 지닐 수 있는지를 생각해 보고자 한다. 위기의 국면에서 문학의 사유는, 변화의 잠재력을 가진 것으로서의 정동에 대한 이해를 바탕으로 결국 그 긍정적 활성화의 가능성을 궁리하고 더 나아가 지속 가능한 삶과 공공성의 가능태를 상상해 내는 일과 결부되어 있기 때문이다.

애착심과 '잔인한 낙관'

왜 우리는 오래전에 떠나간 애인을 잊지 못하고, 왜 '해로운' 음식을 먹고, 왜 별로 필요 없는 물건을 계속 사들이는 데 없는 돈을 쓰고, 백해무익한 줄 알면서도 특정한 습관을 버리지 못하는 것일까? 이런 질문은, 삶의 질을 향상하는 데에 실질적으로 도움이 되지 않는 것처럼 보이는 여러 종류의 애착심 혹은 애착 관계, 애착과 연관된 실천들에 얽힌 복잡한 감정의 구조에 대한 것이다. 물론 애착에는 진영을 불문하고 정치적 지향도 포함된다. 애착을 버리기는 왜 어려우며, 애착이 수반하는 낙관은 어째서 잔인할 수 있는가. 또 그것은 과연 이 시대만의 문제인가. 『잔인한 낙관』은 이 기만적으로 단순하면서도 어려운 질문들에 대한 길고 고통스러운 대답이다.

벌랜트는 『잔인한 낙관』의 서두에서 이렇게 말한다. "[낙관의 관계들]은 애착심을 유발하는 대상이 애초에 우리가 그 대상을 향해 가게 된 목적을 적극적으로 방해할 때 잔인해진다"(CO, 1).[6] 이 잔인한 상황은 널리 신자유주의가 초래한 삶의 양태 변화, 즉 자원과 재화의 불평등

6) *Cruel Optimism*을 인용할 경우, 괄호 안에 CO로 표기하고 쪽수를 명시한다.

한 배분, 불평등한 사회관계 등 누적된 근대 자본주의의 관행들을 심화하는 20세기 말 이후의 경제 질서와 상관이 있다. 문제는, 이런 질서에서 "계급 상승, 직업 안정, 정치적·사회적 평등, 견고하게 작동하는 친밀성" 등이 여전한 애착의 대상이긴 하지만 그런 애착을 형성하게 된 목적인 '잘살기'가, 혹은 '좋은 삶'이 점점 이루기 어려운 일이 된다는 데 있다(CO, 9).

이러한 난국의 타개는 물론 대안의 모색조차 어려운 상태에서, 현재는 지속되는 위기로 경험된다. 이처럼 일상화된 위기는 "위기 일상성 crisis ordinary"이라는 표현으로 압축된다. 위기 일상성은 "일상적인 것이 삶의 구축과 기대에 닥쳐온 압도적인 위기들로 가득 찬 쓰레기 매립지가 되고, 그러한 정도가 '삶을 살아간다'는 것을 너무나 위협하기 때문에, 적응하는 것만으로도 일종의 성취가 되는" 상황으로 기술된다(CO, 3). (특히 경제적 안정을 위협하는) 위기에 적응하면서 그럭저럭 살아가는 것이 그 자체로 '성취'로 여겨진다면, 이는 많은 사람이 꿈꾸는 이른바 '좋은 삶'과는 거리가 멀다. 사회의 여러 영역이 신자유주의의 논리에 따라 민영화·사유화의 방향으로 개편되면서, 고용 안정성이나 사회복지의 안전망이 널리 위협받게 되었다. 개인과 집단, 개인과 국가 사이의 호혜적 사회구조가 이처럼 와해된 상황에서 실제로 취약한 개인들의 삶은 악화를 면하는 것마저도 쉽지 않을 수 있기에, 적응이나 현상유지만으로도 곧 성취라는 말은 과장이 아니다. 집단적·개인적 환상으로 작동하는 '좋은 삶'이라는 규준에 비추어 볼 때, 이런 삶은 삶이라기보다는 "더딘 죽음slow death"으로 느껴질 수 있다.

벌랜트가 『잔인한 낙관』에서 제시하는 여러 텍스트의 아카이브에서 위기 일상성 및 "더딘 죽음"과 관련하여 생각해 볼 수 있는 한 가지 사례는, 예술가이며 AIDS 활동가인 그레그 보도비츠Gregg Bordowitz의 다큐멘터리 <습관Habit>이다. 여기서 보도비츠는 HIV 양성으로 진단받은 후 매일이 위기가 된 가운데서 신체와 정서를 관리하는 여러 의례를 '습관'으로 만들고, 그 습관들이 일상의 결을 조직해 주는 데서 힘입어 그 위기에 적응하는 삶을 구축한다.[7] 위기는 필연적으로 대응, 적응을 요구하며, 개인들은 여러 방식으로 이 적응의 양태를 만들어낼 수 있다. 보도비츠가 행하는 매일의 의례가 보여주듯이 '습관'은 지속을 암시하는 동시에 수행하는 행위이기에, (반복되므로 평범한 것으로 느껴질 수 있는) 일상을 직조하는 중요한 방편이 된다.

관행, 관습성도 대체로 비슷한 역할을 한다고 볼 수 있다. 변하지 않고 반복되는 무언가에 대한 애착은 이런 점에서 위기가 된 일상을 살아가는 사람들에게 유의미한 것이다. 위태로움을 경험하는 양상은 물론 다양하고, 위태로움에 대한 감각이 표출되는 방식 또한 그러하다. 위기를 감지한다는 사실 자체가 어떤 실천적 대응의 가능성으로 이어질 것인지는 언제나 불확실하다. 하지만 중요한 것은 이 불확실성 속에서 익숙한 것을 유지하거나 무언가를 익숙한 것으로 만들려는 충동이, 통제 불가능한 조건들의 위협을 견디는 삶의 지속에 기여한다는 사실이다.[8]

애착의 대상이 주는 만족과 기쁨, 애착심이 주는 정서적 안정 등은

7) 보도비츠의 경우는 위태로움이 일상이 된 세계를 지시하는 기호이기는 하지만, 그것을 신자유주의가 초래하는 위기를 은유하는 사례로만 환원해서는 안 될 것이다. 일반적으로 '좋은 삶'이라는 가능성의 영역에서 가혹하게 배제되어 온 퀴어한 주체가 1980-90년대에 직면했던 매우 구체적인 위기에 대한 성찰을 함께 요구한다는 점에서, 보도비츠는 위기 일상성이 경제 구조의 차원에만 기인하는 문제가 아님을 현시한다.

8) 벌랜트가 『잔인한 낙관』에서 살펴보는 "더딘 죽음"의 또 다른 사례는 비만이며, 이는 특히 『잔인한 낙관』 3장의 주요 내용이다. 그러나 우리는 벌랜트가 비만 자체를 부정적으로 보지 않으며, 오히려 비만을 정상성에서 벗어나는 예외이자 관리해야 할 '질병'으로 삼아 번성하는 의료·보험산업과 국가정책의 복잡한 상호작용에 대해 논하고 있음을 파악해야 한다.

불안정한 삶 속에서 평범한 일상을 살아간다는 느낌을 유발할 수 있다. 그렇기 때문에 벌랜트는 신자유주의 경제 질서가 가져온 위기에 관심을 가지면서 다른 한편으로 애착심을 그 위기 속 위태로운 일상과 밀착된 주요 정동으로 제시한다. 애착은 욕망과 중첩되기도 하지만 무의식적인 것이 아니라는 점에서 욕망과 구별된다. 애착은 가질 수 없는 대상에 주체가 근접해 있는 듯한 느낌을 준다는 점에서 중요하다. 애착이 주는 근접성의 느낌, 그리고 그 느낌을 자아내는 애착 관련 실천이 지속될 때 어떤 일관된 형식성에 기반을 두는 정서적 안정 상태가 가능하고, 이러한 안정감은 또한 평범한 일상성으로 감각될 수 있다. 애착은 그렇게 일상을 버티는 힘이 되기에 쉽게 버릴 수도, 무시할 수도 없다. 그런데 대상과의 상상적 근접성 혹은 유사 근접성이 제공하는 정서가 삶의 지속을 가능하게 하는 일상의 토대가 될 때, 그 삶은 어떤 삶이며 애착은 주체를 어디로 이끌어 가는 것일까. 이처럼 벌랜트는 애착과 낙관을 의혹의 눈초리로 바라보면서 그것이 조직해내는 삶의 형식을 살펴본다.

그렇다면 '좋은 삶'이란 무엇인가. 그것은 흔히 건강한 몸, 안정된 수입원, 안락한 집, 친밀한 관계, 여가 활동, 부의 축적, 신분 상승 등으로 정의된다. 그러나 '좋은 삶'이라는 이 부르주아적 관념은 점점 더 실현하기 어려운 일이 되고 있다. 한국의 근대화가 노동자에게 내세웠던 가장 큰 약속 또한 '좋은 삶'이었지만 그 약속이 지금도 유효한지는 의문이다. 우리 사회의 '88만원 세대,' '3포 세대'뿐 아니라, 미국이나 유럽 여러 국가에서도, 과거 세대가 누렸던 정도의 경제적 안정을 누릴 수 없게 된 젊은 세대를 포함한 다수 대중의 일상 속 불안과 좌절을 널리 발견할 수 있다.[9] '좋은 삶'과는 거리가 먼 조건부 고용, 임시적·가

9) 프랑스에서 2018년에 분배의 정의, 세제 개편, 정치 개혁을 요구하며 불붙어 퍼져나갔던 '노란 조

변적 경제활동, 회색 경제와의 모호한 결탁 등으로 생계를 유지하는 이들의 수는 증가하고, 중산층으로 여겨지는 지위를 현재 점유하는 사람들도 언제 프레카리아트의 대오에 합류하게 될지 모른다는 불안에 시달린다. 위태로움은 상상에 불과한 것이 아니고, 불안은 위태로운 현실에 대한 직관적 반응이다. 이러한 내용은 『잔인한 낙관』 5장, 6장에서 벌랜트가 제시하는 다르덴Dardenne 형제의 영화 <약속>, <로제타>, 그리고 로랑 캉테Lauren Cantet의 영화 <타임 아웃>, <인력자원부>에 대한 분석에서 특히 두드러진다.

그 가능성이 현실적으로 쇠락했을지라도, '좋은 삶'은 지배적 판타즘으로서 여전히 강력한 견인력을 발휘한다. 이는 역설적으로, '좋은 삶'을 이루기는 어렵지만 언젠가는 '좋은 삶'을 가질 수 있다고 생각하면서 살아야 현재의 '나쁜 삶'을 어떻게든 견딜 수 있다는 뜻이기도 하다. 하지만 '좋은 삶'을 위해서 열심히 일하지만 그에 이르지 못하는 현실이 얼마나 고통스러울 수 있는지는, 심화하는 취업난에 '열정페이'를 감수하고 인턴십이나 아르바이트 자리를 전전하는 청년세대의 피로, 취업 후 위험하고 비인간적인 노동조건들로 인해 소진되는 삶, 노동자의 평균 소득 수준을 조롱하듯 높아지는 주택 가격, 소외와 차별과 착취로 피폐해지는 이주 노동자들의 현실 등이 이미 적나라하게 보여준다. 불가능한 것에 대한 낙관에 매인 주체가, 바로 그 낙관과 결부된 삶의 방식 때문에 자신의 마모磨耗와 삶의 황폐화를 감수한다면, 이때 낙관은 '잔인한' 것일 수밖에 없다. 목표의 실현이 거의 불가능함에도 그 실현을 기대하게 하는 크고 작은 상황을 '희망 고문'이라 칭하는 것은, 일상화된

끼 운동'(mouvement des gilets jaunes)을 상기해 보자. 이와 더불어, 미셸 우엘벡(Michel Houellebecq) 같은 프랑스의 우파 작가가 이런 움직임을 ('노란 조끼 운동'보다 먼저 집필된) 그의 소설 『세로토닌(*Sérotonine*)』에서 예견이라도 하듯 그려보았다는 사실도 함께 생각해 보자.

잔인한 낙관을 명명하는 우리 나름의 직관적 방식이다. 그 낙관 외에 별다른 선택지가 없다면 잔인함은 가중된다. 이것이 신자유주의의 주요 특징인 "잔인한 낙관의 이중구속double bind"이다(CO, 263).

'좋은 삶'의 가능성에 대한 애착과 그것을 향하는 노력이 이처럼 도리어 주체를 마모시키고 삶의 질을 떨어뜨릴 때, 일상은 "답보상태 impasse"가 된다(CO, 4). 미래의 막연한 약속에 기대고 있으나 약속된 미래에 다다르지 않는 이 연장된 현재성은, 리 에덜먼Lee Edelman이 『미래는 없다*No Future*』에서, (재생산을 의미하는 특권화된 상징적 기호인 '어린이'로 특히 대변되는) 미래라는 환상이 철저히 현재의 규범적 사회성의 이해관계에 봉사하는 명령이라고 주장했던 바와도 공명한다.[10] 답보상태의 또 다른 문제는 현재의 압도적인 위태로움이 강렬히 느껴짐에도 주체가 그 위태로움의 복합적 성격을 파악하지 못하는 막연한 상태라는 점이다. 그래서 "답보 상태에서 살아가는 행위는 방황하며 정보를 흡수하는 의식과 초경계심supervigilance을 함께 요구"한다(CO, 4).

답보상태의 일상은 개인이 그때그때 위기를 관리하는 임기응변의 기술을 발휘해야 하는 장소이다. 이런 점에서, 삶을 구성하고 움직이는 정동의 양태들이 형식화되는 방식이 일견 새로운 '스타일'로 치부될 수도 있으나 실상 더 깊은 고찰을 요한다는 것을 알 수 있다. 가령 오늘날 친밀성의 시나리오가 전통적인 연애와 결혼이라는 '좋은 삶'의 형식을 폐기하지는 않으면서 '썸 타기'나 '어장 관리,' '쿨한' 일회성 만남 등으로 펼쳐지는 경향 또한 위험 부담을 염두에 두는 위기관리의 일환

10) Edelman,Lee, *No Future*, Duke UP(2004), pp.15-16. 에덜먼의 이런 주장은 "사실상의 시민(virtual citizen)"으로서의 태아를 매개로 펼쳐지는 미래성의 정치에 대한 벌랜트의 이전 논의를 환기하는 것이다(*Queen of America* 6). 실제로 벌랜트와 에덜먼은 함께 작업하여 『섹스, 견딜 수 없는 것(*Sex, or the Unbearable*)』을 공저로 출판하기도 했다.

이라고 볼 수 있을 것이다. 이런 위기관리 방식이 결혼 중심의 전통적인 이성애 서사를 어느 정도 약화시킬 수도 있지만, 결국 감지된 위태로움에서 상대적으로 안전한 사람들의 전유물로서 그 관습적 서사를 강화할 수 있는 것도 사실이다. 위기관리, 적응의 차원에서 정동의 변용 및 그 결과는 이처럼 적어도 양가적이다.

습관뿐 아니라 관행, 관습성 등 일정한 동일성, 지속성을 담보하는 특정 요소들에 대한 애착심은, 앞에 언급했던 무익한 습관들 및 피억압자의 보수 정당 지지처럼, 개인의 삶에서나 대중적 정치의 장에서나 모순적인 현상을 설명하는 주요한 방법론적 개념이 될 수 있다. 흥미롭게도 여기서 벌랜트는 주체가 언제나 스스로 의지를 행사하여 원하는 결과를 도출해 내려고 일관되게 노력하는 주권적sovereign 행위자가 아니라는 사실을 역설한다. 정치적으로든 경제적으로든 주체로서 개인은 합리적 원칙을 고수하기보다는 종종 감정적으로 판단하고 행동한다. 그러므로 (감각 경험을 포함하는) 몸을 통해, 또는 몸과 함께, 지각과 인식을 움직이는 힘인 정동은 정신과 신체의 고전적 분리를 바탕으로 하는 이데올로기론보다 유용한 사고틀이 된다. 그러나 벌랜트는 마르크스주의 전통에 속한다고 자평하는 비평가로서 이데올로기의 중요성과 그에 대한 비판적 연구의 의미를 부정하지 않고 도리어 감정에 대한 연구가 "이데올로기 이론의 역사의 한 국면"이라고 단언한다(CO, 11). 벌랜트가 욕망이나 행위라는 말보다는 "장면"이나 장소라는 개념을 동원하는 것 역시, 무의식의 증상도 의지의 적극적 발현도 아닌 채로 그 이분법적 토대를 허무는 정동의 작용에 초점을 맞추기 때문이라고 볼 수 있다.

답보상태로서의 현재는 미래와의 관계 재교섭, 현재의 시간성에 대한 이해와 감각의 조정을 필연적으로 수반한다. 답보상태의 주체는 미래와 현재 사이의 직선적 연결 및 행위 의지의 능동적·목적론적 표출을 전제하는 전진 혹은 발전 등의 개념과는 다른 행위성을 발현하기도 한다. 벌랜트는 이를 "측면적 행위성lateral agency"이라고 부르는데(CO, 100), 이는 "중단된 [혹은 유예된] 주권성"이라고 달리 표현할 수 있다(CO, 18). 답보상태, 측면적 행위성, '진행 중인' 현재의 연장된 시간성 등은 지속적 위기가 된 일상에서 주체가 보이는 비합리적이고 불리한 행위들— 예컨대 폭음, 폭식, 불필요한 쇼핑 등— 이 반복되면서 구축하는 일상의 형식과 그러한 형식화에서 작용하는 정동을 이해하는 데 도움이 된다.

측면적 행위성의 패턴은 의식적이거나 적극적이지 않을 수도 있는 여러 반복적 행위들로 일상에서 드러난다. 이는 특히 메리 게이츠킬Mary Gaitskill의 소설 『두 소녀, 뚱뚱이와 마른이*Two Girls, Fat and Thin*』에서 트라우마 이후를 살아가는 등장인물들의 충동적 행동 패턴에 대한 벌랜트의 논의에서 두드러지는 내용이지만, 우리 사회에서도 그 예를 쉽게 발견할 수 있다. 몇 해 전 대한민국의 젊은이들 사이에서 유행했던 '탕진잼'(탕진+재미)이라는 신조어는 자신이 할 수 있는 한도에서 불필요한 지출을 함으로써 재미와 쾌락을 느낀다는 뜻이다.[11] 이는 여러 면에서 통제 불가능한 현실에 대한 체념, 반발로 추동되는 측면적 행위성의 사례일 수 있다. 이미 널리 유통되고 있는 '이생망'('이번 생은

11) 이 표현은 어느 웹툰에서 처음 등장해서 급속히 퍼진 것으로 알려져 있다. 대단한 액수가 아니더라도 가진 것을 다 써버린다는 점에서, 현재의 한계를 넘어 미래를 기대하기 어려운 현실에 대한 자조의 의미를 담고 있다. 「'탕진잼' 신조어 뒤에 숨어 있는 '미래 없는 삶'」 참조 (『국민일보』, 2017년 7월 6일, <http://news.kmib.co.kr/article/view.asp?arcid= 0011593809>, 검색일: 2022.11.25). 유사한 현상으로, "스트레스를 받지 않았으면 쓰지 않았을 비용" 즉 "일단 가진 돈을 써서 스트레스를 푸는 게 최선이라는 생각"을 의미하는 '시발비용'이 있다. 「"'시발비용' 아시나요"…미래 기약없다 생각에 홧김소비 증가」 참조 (『연합뉴스』, 2017년 3월 24일. <https://www.yna.co.kr/view/AKR20170324180700033>, 검색일: 2022.11.25).

망했다'를 줄인 말)의 정서는, '좋은 삶'에 대한 기대가 '내세'라는 불특정한 시간대—그야말로 불가능과 불가지의 영역—로 이관되면서, 답보상태 속의 절망이 자조의 소재가 되는 동시에 주체가 주권적으로 통제하기 어려운 측면적 행위들을 역설적으로 합리화하는 근거가 될 수 있음을 보여준다. 이러한 현상에서 드러나는 주체의 모습에는 '좋은 삶'으로 대표되는 규범에 대한 수용과 비판, 규범에 대한 동경과 일탈이 공존한다. 여기서 확인할 수 있듯이, 행위 주체성은 순응과 저항의 이분법으로 단순히 설명되지 않는다.

'탕진잼'과 같은 측면적 행위성의 발현, '이생망'의 자조적 자기합리화가 널리 공감대를 형성한다는 사실은, 일상화된 위기의 경험에 대한 감각이 집단적으로 공유되며 그 집단적 감각의 공유를 바탕으로 하는 모종의 공공성 혹은 집단성이 느슨하게나마 만들어진다는 뜻이다. 벌랜트가 말하는 "친밀한 공중公衆, intimate public"이 그런 점에서 유용한 개념이 될 터인데, 이는 특히 "경제와 친밀함의 우연성에 관한 시나리오를 주고받으면서," 주어진 상황에서 "어떻게 하면 가장 잘 살아갈 수 있는지에 대한 패러다임을 교환하는 주체들"을 가리킨다(CO, 3). 어떤 필요나 취향, 특정 정서의 공유 등을 바탕으로 인터넷상에서 공동체가 형성되는 현상은 오늘날 흔히 찾아볼 수 있다. 친밀한 공중은 정동의 현상으로서, 일시적·간헐적·산발적으로 발생하지만 필요에 따라 지속되기도 한다. 이때 친밀함은 물리적이기보다는 정동적으로 매개되는 것이다. 정동적으로 매개된 집단은 상호 영향을 미치는 가운데 일종의 시민적 소속감을 제공하며, 이 시민적 소속감은 위기 속에서 점점 더 원자화되는 개인들에게 정치적 효능감을 부여할 수 있다. 여기서 정동의 정치를 구체적으로 상상해 볼 수 있다. 정동의 정치는 어느 하나의 순간이나 기간으로 한정하기 어려운, 진행 중인 "역사적 현재"(CO, 4-5)를 살아가는 가운데서 지속적으로 위태로움을 감지하면서 경험을 통해 그 "역사적 현재"의 의미를 만들어가고자 하는 개인들이 참여할 수 있는 가장 즉물적이고도 친밀한 영역이다.

하지만 일상화된 위기 속에서 친밀한 공중이 균질적인 하나의 집단으로 탄생하는 것은 아니다. 또한 친밀한 공중이 조직적인 정치적 행위 가능성을 적극적으로 발현하는 것도 아니고, 긍정적인 정치 효과만을 발생시키는 것도 아니다. 일상생활의 위기에 대한 대응은 "사회와 제도가 제공하는 호혜성의 공식적·비공식적 규범들이 누더기가 되는 현실에 직면하여 재편성해야만 하는 세계에 대한 기대"를 바탕으로 한다(CO, 20). 그러나 정동이 그 자체로 양가적인 작용을 할 수 있듯이, 세계에 대한 기대를 재편성한다는 것 자체는 정치적으로 양가적이고 또 막연한 기획이다. 취약한 이들의 현실과 특권적 집단 사이의 간극이 당연한 양 받아들여지고, 취약한 이들 사이의 갈등과 적대감이 표면화되기 쉽고, 경제적 안정의 가능성이 점점 더 훼손된다는 위기의식의 공감이 정치적 우경화로 이어질 수 있음을, 또한 위기가 혐오의 정서를 양산할 수 있음을 최근 역사는 뼈아프게 보여준다. 약자와 이주민 등에 대한 혐오는 특정 집단을 타자로 지목하여 나의 특권이 축소된다는 혹은 축소될 수 있다는 사실에 대한 분노를 그에게 전이하고 나 또한 타자화될 수 있다는 위기의식을 부인, 폐제하는 강력한 정서다.[12]

12) 이른바 '일베'라는 집단에 대한 분석을 꾸준히 해 온 김학준은 일베 현상의 기저에 역시 경제적 위기의식이 자리 잡고 있다고 본다. 즉 그는 자신의 연구에 자료를 제공한 일베 회원들의 증언에서 가장 핵심적인 것이 '평범함'에 대한 욕구라고 말한다. 특히 문제를 일으키거나 남달리 폭력적인 존재가 되기보다는 그저 '보통의' 삶을 살아가고자 하는 소시민적 태도가 일베의 주요 바탕이라면, 이는 곧 일베가 부르주아적 '평범함'이 불가능하다고 느껴지는 시대의 정동적 현상이며, 그들의 언설은 통제 불가능한 우연성과 위태로움의 요소들에 대한 반감이 만들어낸 증상적 서사라는 뜻이다. 김학준이 말하는 "평범한 삶이 유토피아가 된" 시대란(김학준 20), 벌랜트가 말하는 좋은 삶의 쇠락, 위기 일

반면 평범하고 안정적인 삶의 불가능함이 체제 비판적인 방식으로 표출되면서 저항적 시민의식을 공유하는 친밀한 공중을 생산할 수도 있음을 우리는 이 순간에도 목격하고 경험한다. 다만 위태로움에 대한 감각의 공유가 언제나 집단의 연대로, 정치적 저항으로 전환되는 것도 아니라는 사실은, 정동의 잠재성과 정치적 실천 가능성의 연관에 더 관심을 기울여야 할 이유다. 정동은 언제 무엇에 의해 어떻게 활성화될지 알기 어렵기 때문이다. 정치적인 것은 환상, 환영 등과 연관된 애착과 욕망의 정서로 움직이기에 제도화된 권력이나 의도성, 합리성으로만 설명할 수 없다. 이 때문에 정치는 불안정한 현실과 그에 대한 공중의 불안감을 적극적으로 관리하고 재분배하는 기술이기도 하다. 위기를 감지하는 가운데서 일상을 만들어가고 일상성을 유지하려는 충동이 어떻게 삶의 형식과 교섭하는지, 지속되는 위기와 재난에 적응하는 일상의 드라마가 어떻게 공론장에서 표출되(지 못하)고 어떻게 정치적인 것과 상호작용하(지 못하)는지는 특히 공들여 살펴야 할 문제이다.

재난의 일상화와 정치적 우울

이 글은 특히 경제와 정치의 차원에서 점차 심화하는 위태로움의 현실을 살아가며 우리가 경험하는 '위기 일상성'을 벌랜트를 경유하여 되짚어 보려는 시도로 출발했다. 하지만 과연 '위기'라는 표현으로 지금의 위태로움을 충분히 담아낼 수 있는지 의구심이 남는다. 이런 잔여적 느낌이 공유된다면 그것 또한 관심을 기울일 사안이다. 노동자들의 산

상성과 크게 다르지 않은 것처럼 보인다. 하지만 일베 현상은 우리 사회의 뿌리 깊은 성차별적 사고와 지역감정이 큰 축을 이루고 있다는 점에서 신자유주의의 여파로만 설명되지 않는다. 주체와 공동체(신체들)의 정치적 효능감에 결부된 정동은 젠더, 계급, 지역, 국적, 섹슈얼리티 등의 문제와 다각적으로 교차하는 것이다.

업재해, 과로사가 끊이지 않고, 복지 사각지대에서 취약계층이 학대받거나 고독사, 아사, 자살하는 일이 계속되며, 이 부당한 죽음들은 점점 심화되고 확산되는 위태로움을 압도적으로 가시화한다. 벌랜트가 『잔인한 낙관』에서 복지 사각지대 속 위태로운 청년 세대의 초상으로 다르덴 형제의 영화 <로제타>(1999)를 거론한다면, 정주리 감독의 <다음 소희>(2023)는 우리 사회 청년 노동자의 위기 일상성이 얼마나 가혹한지, 낙관이 얼마나 비극적으로 실패할 수 있는지, 그 실패에 대한 책임이 구조 전체에 얼마나 만연해 있는지를 통렬히 보여준다. 위기는 삶을 여러모로 갉아먹는 조건들의 보편화라는 차원에서 이미 현재적이며, 위기라는 개념이 내포하는 임박한 미래의 치명적 위험은 도처에서 발생하는 사건들로 인해 현재 안으로 끌려 들어온다. "더딘 죽음"뿐만 아니라 그냥 죽음이 편재하는 이 상황에는 유감스럽게도, 어쩌면 '위기 일상성'보다, '재난 일상성'이라는 말이 더 적절할지도 모른다.

위기 혹은 재난 상황이 중층적이며, 모든 사람에게 동일하게 경험되지 않는다는 사실은 명백하다. 저소득층, 노동자들이 직면하는 일상의 위기와 국적 소수자들 즉 이주 노동자들이 직면하는 일상의 위기, 그리고 젠더 및 성소수자들이 직면하는 일상의 재난은 같지 않지만 중첩된다. 2022년 10월의 이태원 참사는 신자유주의가 초래하는 문제들과는 다른 부류의 재난이지만, 시민들의 일상에 가해지는 위협을 다루는 '국가'의 능력과 책임, 현재 실행되고 있는 통치성의 특성과 한계를 집약적으로 노출한다. 그런 점에서 이 사태는, 벌랜트의 표현을 인용하자면, 우리가 "이미 알고 있던 것에 [구체적인] 모습을 부여한다"(CO, 155).[13] 사건의 타격감impact과 그것을 '사건'으로 명명하지 않는 공적

13) 이는 메리 게이츠킬의 소설 속 주인공들이 겪은 성폭력이 이후의 의식과 삶을 구조적으로 변화시키는 트라우마라기보다는 가부장적·이성애 규범적 가족 관계 안에서 이미 트라우마였던 삶의 드러남

언어의 실패 사이의 림보에 놓인 이름 없는 강렬한 감각을 읽고 번역해 내는 비평의 작업은 국가라는 대상에 연루된 잔인한 낙관에 대한 질문이기도 하다.

날마다 계속되는 건설 노동자들의 산재 사고에도 불구하고 중대재해처벌법이 제대로 시행되지 않는 가운데 기업의 이해관계는 경제 활성화로 미화되고, 노동자들의 일상이 곧 재난이라는 사실은 부정당한다. 노동자들의 파업, 전국장애인차별철폐연대의 단체 행동 등을 '국익'에 반하는 것, '시민'의 편의를 해치는 것으로 규정하는 어법은 '국가'와 '시민'의 정의를 교묘하게 제한함으로써 집단적 정서를 왜곡하고 조종하는 정치적 전략이다. 재난을 재난으로 명명하지 못하게 하는 국가는 개인이 느끼는 취약함과 위태로움을 근거 없는 것, 사사로운 것으로 치부하는 상징적 폭력을 행함으로써, 일상을 포화하는 트라우마를 심화한다. '좋은 삶'을 수사적으로 내세우되 제공하지 않는 국가 권력이 그 실패를 지적하고 책임을 묻는 이들의 목소리를 적극적으로 억누를 때, 일상은 위기를 넘어 그 자체로서 정치적 재난이다. 크고 작은 재난으로 드러나는 위태로움을 어떻게 적절히 담론화하고 그로 인해 초래된 복잡한 감정을 어떻게 기록할 것인가에 대한 질문은, 신자유주의와 국가주의의 언어로 권위주의와 반평등주의적 폭력을 포장하는 공권력과 우리 사회 시민성의 관계를 재설정하는 문제이기도 하다.

『잔인한 낙관』이 나오기 전에 이미 벌랜트는 『미국의 여왕이 워싱턴에 가다』에서 미국 역사에서 가장 숭고한 정치의 대상이었던 '국가'에 투자된 환상들과 (애국심 등과 같은) 감정들을 살펴보면서, 착취와 침해 속에 살아온 하위집단들이 "규범을 강요하는 법, 자본주의의 특권,

---

이었음을 설명하는 문장이다.

공식적인 국가 문화"에 포화된 삶을 어떻게 견딜 수 있었는지를 질의한 바 있다. 그는 "하위주체들이 처한 고통스러운 맥락에 그들이 마치 동의하거나 혹은 스스로 책임이 있다고 여기도록 만드는," 그래서 "하위집단이 경험하는 고통의 에너지를 그에 대한 대응적 요구를 지연시키는 방향으로 이끌어가도록 국가의 주체들에게 학습"시키는 것을 "인내의 테크놀로지"라고 표현했다.[14] 지배의 언어가 신자유주의와 결탁하여 만들어내는 '공정' 논리와 능력주의의 신화 역시, 일상화된 위태로움을 개인의 책임으로 탈바꿈시켜 감수하게 만드는 일종의 현대화된 인내의 테크놀로지이다. 공적 정치가 개인의 문제 및 감정 정치로 치환되는 현상은 구조적 불평등을 비가시화하고 민주주의의 위기를 초래한다.

환상이 "일상의 폭력적 역사의 마모에 맞서 삶을 지속하게 하는 방어"의 기제라면(CO, 45), 현재의 위기(및 재난) 일상성은 이러한 방어기제를 활성화함으로써 작동하는 국가 권력과 그 권력이 생산하는 환상에 붙들린 피억압자의 자기 억압 및 상호 억압에 대한 비판을 함께 요구한다. 답보상태의 지배적 정서 중 하나는 "무감각impassivity"이다(CO, 4). 무감각은 자신에게 벌어진 일에 연루됨을 부정하는 "비개인성impersonality"의 형태로 주체의 자기 관리 및 생존의 기술이 되기도 한다(CO, 125). 여기에, 무감각이 타인의 고통에 대한 탈공감, 탈동일시를 통한 통치 기술로도 활용된다는 점을 덧붙이고 싶다.[15] 위기에 대한 공감, 재난이 초래한 비극에 대한 공감 여부에 따른 시민적 정동의 분열은 양극화된 진영 대립과 나란한 현재 우리 사회에서 첨예하게 정치화

14) Lauren Berlant, *The Queen of America Goes to Washington City*, Duke UP(1997), p. 222..

15) 이 점은 잠재적 위협에 대한 공포(fear)를 추동하여 지각 체계를 타고 작용하는 "존재권력"의 "선제적"(preemptive) 작동과 함께 살펴볼 만하다. 이에 대해서는 브라이언 마수미를 참조(40-41). 마수미가 말하는 권력의 선제적 작동이 위협의 잠재성을 과잉 현실화하는 방식이라면, 탈공감은 위협의 현실성을 과잉 부정하고 또 그런 과잉 부정을 널리 유도하는 방식이라고 볼 수 있다.

된 "감성의 분할"로도 볼 수 있다.16) 정치는, 몸의 위치와 배치, 감각적 경험을 포함하는 보이지 않는 것들의 분배에 관한 공동체의 감각적 경계를 설정하는 문제와 불가분의 관계에 있다. 어떤 감성의 분할은 저항적 정치성을 무력화하기도 하고 그럼으로써 반동적 정치를 촉발할 수 있기 때문이다.17)

세계를 휩쓸었던 팬데믹까지 경험하면서 우리는 위기의 일상을 살아가는 경험을 널리 공유하였고, 인식론적으로든 직관적으로든 위기의 경험을 넘어 '임박한 종말'을 꽤 구체적으로 상상할 수밖에 없게 되었다. 그러나 팬데믹이라는 아포칼립스 시나리오를 통과한 우리는 팬데믹 이후 '뉴노멀'의 필연성을 말하면서도 그 이전의 삶을 그대로 복구하는 것 이상을 궁리하지는 않는 듯하다. 토대의 결함을 해결하는 노력 대신에 토대의 결함 위에 세워졌던 일상을 그대로 복구하려는 시도가 지배적인 현실에서, "회복탄력성resilience과 회복repair이 [회복]을 필요로 하게 만든 문제를 상쇄하는 것은 아니며 도리어 그것[문제]을 재생산할 수 있다"는 벌랜트의 통찰은 적절하다.18)

'좋은 삶'에 대한 애착이 그 자체로 삶을 지탱하는 토대가 될 때, 이루어지지 않는 '좋은 삶'은 애착의 대상인 동시에 결국 어떤 상실로 남는다. 프로이트가 제시하는 멜랑콜리의 기제를 상기해 본다면, 담보

16) 자크 랑시에르(Jacques Rancière)가 논하는 "감성의 분할"은 계급에 기반을 두는 미학적 감수성의 차별화를 가리키지만, 기득권을 얼마나 누려왔는지와 밀착된 자기 관리의 경제로도 흔히 변형된다. 랑시에르도 "감성의 분할"이 계급 체계를 유지하는 수단으로 활용된다는 점을 지적한다. Jacques Rancière, *The Politics of Literature*, Polity(2011), p.8.

17) 데모스(dēmos)는 그렇게 변형되고 오클로스(oklos)가 될 수 있다. 오클로스는 그리스어로 '인민의 무리' 또는 '군중'을 의미하고, 특히 랑시에르는 오클로스를 "데모스를 배제함을 감수하면서 제 자신의 통일에 대한 강박관념에 사로잡힌 공동체를 가리키기 위해 사용한다"(자크 랑시에르, 『감성의 분할: 미학과 정치』, 도서출판b, 2008, 123쪽).

18) Lauren Berlant, "The Commons: Infrastructures for Troubling Times," *Environment and Planning D: Society and Space* 34.3(2016). pp.393-394.

상태에 놓인 주체들은 우울한 주체일 수밖에 없다. 상실을 인정받는 대신 침묵을 강요받는 상태는 집단적 멜랑콜리로 이어진다. 우울은 무기력과 자기 비하를 낳지만, 프로이트가 강조한바, 다른 한편으로는 욕망을 보존하면서 상실을 감당하는 생존의 기제이기도 하다. 벌랜트는 "회복"을 논하는 데에는 신중한 태도를 취하면서도, (멜라니 클라인의 논의에 힘입어) 우울 혹은 "우울의 입장depressive position"에서 "세계와의 부서진 관계를 회복하는 회로를 이끌어내는 지향성"을 읽는 이브 세지윅을 참조한다(CO 27). 우울이 정치적으로 효과를 발생시킬 수 있다는 점을 간과하지 않는 것이다. "정치적 우울"은 "현재 일상생활에 쌓여 가는 위기를 늦추지 못할 것이라는 널리 퍼진 허무감"을 부인하지 않되 무감각에 빠지지 않으며, 편집증적 애착과는 차별화되는 정동이다. 좋은 삶 환상의 지속을 위해 무시되고 소거되는 소음들을 포착하는 감각적 예리함으로 이어질 수 있기에, "아직은 존재하지 않는 정치의 실천이 창안될 수도 있는 세계를 정치적 정서로부터 이끌어" 낼 가능성이 있다고 보는 것이다(CO, 228-29).

사유의 주체일 뿐 아니라 감각 지각의 존재인 개인이 기존 질서와의 관계 속에서 형성하는 양가적, 모순적 감정들, 잉여적 정동을 파헤치고, 좋은 삶의 관습적 장르로써 '현재'를 기호화하는 과정에서 제거되는 잔여적 요소들에 주목하는 일—이것을 달리 표현하자면, 들뢰즈와 가타리가 말하는 "정치적 우울의 소수자적 작업"이다(CO, 228). 이런 작업이 없이는 불안과 무력감, 피해의식만이 남을 것이며, 위기와 재난적 상황을 통제의 명분으로 삼는 권위주의적, 전체주의적 권력이 일상의 위기와 재난을 더욱 심화할 것이다.

측면적 행위성과 문학의 대항 정치

위기에 대한 논의는 신중할 필요가 있다. '지금은 위기!'라고 부르짖는 것이 한편으로 구조적 문제와 진행 중인 현상을 충격적이고 자극적인 일회적 사태, 예외적인 것으로 만들 소지가 있기 때문이다. 또한 '위기'가 해소나 극복의 가능성을 암시한다는 점에서, 해결책의 요구로 논의의 초점이 치환될 수 있다. 하지만 벌랜트가 다루는 이 시대는 진행 중인 위기가 일종의 연장된 시간성과 결합하여 일상을 직조함으로써 위기의 해소나 극복을 꿈꾸기 어렵게 한다는 점에서 "역사적 현재"로서 독특한 위상을 지닌다. 이는 벌랜트의 논의가 기존의 트라우마 이론과 차별화되는 지점이기도 하다. 기존의 트라우마 이론이 트라우마를 과거의 특정한 사건으로 보고 그 사건의 재현 (불)가능성, 사건에 대한 기억과 서사화의 문제에 더욱 집중한다면, 벌랜트는 트라우마를 사회적 조건과의 지속적·구조적 관계에서 나타나는 반복적인 상처로 이해하면서 극복되지 않는 트라우마의 현재성, 그리고 트라우마 이후에도 계속될 수밖에 없는 삶의 난관에 집중한다.

위기로 포화된 일상과 잔인한 낙관의 실패를 집요하게 추적하면서 회복이나 낙관적 전망을 명시적으로 언급하지 않는 벌랜트의 사유는 ― 이브 세지윅이 「편집증적 읽기와 회복적 읽기Paranoid Reading and Reparative Reading」에서 비판하는 ― '편집증적' 읽기라 여겨질 법하다. 그러나 벌랜트의 '편집증'이 세지윅이 공격하는 비평 이론의 지적 나르시시즘과 다르다는 것은 분명하다. 또한 『잔인한 낙관』 곳곳에서, 그리고 이후의 저작에서 드러나는바, 그가 회복의 의미를 전혀 부인하거나 낙관 자체를 전적으로 거부한다고 단정하기는 어렵다. 오히려 벌랜트는 쉽게 회복을 상상할 수 없게 하는 현재를 담론화하는 예리한 이론가인 동시에, 회복을 논할 수조차 없는 상황에 놓인 취약한 사람들의 트라우마적 삶에 관심을 기울이는 다정한 비평가다. 일상을 이른바 '중요한' 사건들의 단속적 사슬로 추려내거나, 진행 중인 일들을 균질적인 것으로 평면화하지 않고, 위기 일상성이라는 개념을 이용하여 입체적으로 추적하는 그의 작업은, "비평 이론의 한계에 대한 세지윅의 통찰에 힘입은 것인 동시에 또 그 통찰을 심화"한다.[19] 나아가, 회복의 가능성을 상상할 수 있다면, 개인적 치유 차원의 회복보다는 감정 구조 자체의 재구성 가능성을 논해야 하는 것이 아닌지 묻게 한다.

위기의 시대에 "정치는 삶의 재생산에 결함glitch이 발생했다는 집단적인 감각으로 규정되"며, 이 결함은 "토대의 실패를 드러내는" 것이다. 벌랜트는 토대의 실패, 부서진 토대로부터 "현재적 위기의 급박함을 넘어서고 또 그에 대안이 되는 형식"이 등장할 수도 있음을 상상한다.[20] 실제로 인터넷을 통한 사회관계망 서비스가 다수의 공통적 정서에 정치적으로 영향을 미치는 매체가 되는 예는 빈번하며, 인터넷 밖의 공간에서도 여러 형태의 연합이 특정한 정서의 의도적·비의도적 확산을 비롯한 다양한 정치적 공감대를 바탕으로 만들어진다. 미국의 Occupy Wall Street나 #MeToo 운동, 우리나라에서 발생하는 여러 하위 담론들은 토대의 결함에 대한 직관적 대응, 집단 정서의 확산과 밀접한 관련이 있다. 하지만 이처럼 적극적인 실천이 아니더라도, 저항은 주류 정치와의 접촉에서 생성되는 정동적 반응, 주류 미디어의 발화와는 구

---

19) Samuel Galloway, Ali Aslam, Ash Campi, and Hagar Kotef. "LaurenBerlant's Legacy in Contemporary Political Theory", *Contemporary Political Theory*(2022), p.5.
20) Berlant, Lauren, "The Commons: Infrastructures for Troubling Times." Environment and Planning D: *Society and Space* 34.3 (2016): pp.393-419.

별되는 소음 등으로 표출될 수 있으며, 여기엔 침묵의 정치적 수행도 포함된다. 소리 환경이나 주변 분위기로써 형성되는 시민성ambient citizenship 개념은 이러한 정동적 시민성, 분위기상의 소속감을 가리킨다. 벌랜트는『잔인한 낙관』7장에서 이것이 사회 운동이나 예술로 이어질 수 있는 가능성과 그 사례들을 검토하는데, 벌랜트가 다루는 행위예술의 사례들은 전통적 의미에서의 적극적인 정치 행위와는 다소 다르게 한발 물러나는 측면적 행위성의 수행들이다.

위기가 드러내는 토대의 부서짐으로부터 무언가를 도출해 내려면, 부서진 토대 위에서도 여전히 작동하는 잔인한 낙관의 이중구속에 대한 인식이 필요하다. 삶의 존속 가능성을 훼손하는 위기가 지속되는 동안에도 불평등하게 배분된 위태로움에 눈감지 않고 상처 난 가운데서도 공동체의 존속을 가능하게 하는 방식으로 위기를 살아 나가기 위해서는, 과거의 규범에서 탈피하는 새로운 상상력과 새로운 적응의 드라마가 필요할 터이다. 실제로 정동 이론과 그것을 기반으로 하는 문화 연구, 벌랜트의 정치적 사유는, 위기를 초래하는 문제들을 어떻게 해소 혹은 우회할 것인가를 목표로 삼기보다는, 잔인한 낙관의 이중구속이 보편화된 위기의 일상에 깊숙이 개입하고 있음을 파악하고, 그에 대응하고 적응하면서 위기 속 삶을 살아나가는 사람들의 실천에 관심을 기울인다. 벌랜트 식의 사유가 위기를 만들어내는 체제와 그 체제에 기대는 사회의 근원적 개혁 대신에 임시방편적 적응에 치중한다는 비판도, 그리고 구조의 문제를 개인의 문제로 만드는 것이 아니냐는 의문도 있을 수 있다. 그러나 혁명이 아닌 이상, 망가진 세계에서 전면적 개혁, 구조적 변혁을 이끌어 낼 방도를 제시할 수 있을지는 의문이다. 또한, 구조의 문제에 대한 비판이 개인들의 행위성에 대한 고려와 상호 배타적일 수는 없다.

혼란스러운 정치의 영역에서 우리가 방향을 잃거나 무감각해지고 실천의 의지를 상실하는 것은 제도화된 규범들에 대한 모순적인 애착심, 욕망, 환상들과 크게 상관이 있다. 즉, 우리가 '사회적인 것'이라고 여기는 내용의 상당 부분은 규범에 대한 애착심에 강력하게 뿌리내리고 있으며, 종종 이는 규범들의 작용이 해로울 때조차 그러하다. '좋은 삶'으로 대표되는 잔인한 낙관의 대상에 대한 벌랜트의 접근은 그러한 사실을 해부하는 작업이며, 규범이 약속하는 (것처럼 보이는) 평범함의 '장면'에 소속된다고 느끼(고 싶어 하)는 존재인 우리의 감정에 대한 의심을 — 회복, 변화에 대한 기대가 유발할 또 다른 잔인한 낙관과는 구분되는 — 어떤 다른 비판적 가능성으로 번역해 내려는 시도이다.

벌랜트의 탈-낙관적 사유를 따라 읽으면서 놓치고 싶지 않은 점은, 변화하는 역사적 조건들과 상호작용하는 정동의 역학이 사실상 그 자체로서 (긍정적이든 부정적이든 간에) 시대의 증상이 아니라 역사를 구성하는 '현재'를 주조하는 움직임, 잠재력이라는 점이다. 그것은 몸을 가진 주체를 변화시키고 움직이는 생성적인 힘이며, 쉽게 언어화되지 않으면서 담론과는 또 다른 차원에서 일종의 공적 공간과도 같은 역할을 하여, 개인적 삶뿐 아니라 시민적 삶의 형식에도 영향을 미친다. 가령 벌랜트는 "비주권적 관계성nonsovereign relationality"을 공공성의 근원적 속성으로 제시하면서 개인성을 타자들과의 관계에 선행하거나 구분되는 상태가 아니라 "관계의 역학 내부에서부터 조각되어 나오는 장르"로 생각해 볼 것을 제안한다.[21] 이는 타인과의 공감과 연대 의식을 가로막고 사회적 평등의 이상을 억압하여 신자유주의를 지탱하는 주요

---

21) Berlant(2016), *op. cit.*, p.394.

한 토대인 개인주의적 에토스에서 한발 물러남으로써 그 규범성에 균열을 일으키는 시도이다. 잔인한 낙관의 이중구속과 밀착된 답보상태 속에서 개인의 측면적 행위 주체성이 저항의 가능성을 내포할 수 있다면, "위기와 대응 사이의 시간 동안에 주권sovereignty을 재발명"하는 행위로서 공적 관계성을 재조직하기 때문이다(CO, 261).

2015년에 개최된 <정동 이론 국제대회#affectWTF>의 주요한 프로그램은 "Wreck the Formats"였다고 한다.[22] 이 표제어가 시사하는 바는 정동적 선회를 통한 세계의 재구축이다. 하지만 세계의 재구축이라는 거창한 목표가 다소 공허하게 들릴 때, 어쩌면 토대의 부서짐에 대한 고찰은 가장 현실적인 출발점이다. 흥미롭게도 이 표제어는 포맷—삶을 주조하는 주형鑄型—을 새로이 만들어내라고 제안하기보다는 기존의 것들을 '망가뜨리기'를 주창한다. '좋은 삶' 환상을, 그리고 그것을 애착 대상으로 만드는 주형을 완전히 망가뜨리거나 폐기하기는 어려울 것이다. 그러나 위기가 일상화된 지금보다 나은, 혹은 지금과 다른 삶의 다양한 형식을 시험해 보고 '좋은 삶'의 판본들을 수정하는 시도는 필요하고 가능하다.

벌랜트는 "규범적[정상적] 세계에 속한다는 것은 다만 식별 가능성[으로 작동하는 범주들]의 특정한 몇몇 양태에 불과한 것들을 진정한 우리 자아의 표현이라고 오인하는 것"이라고 말한다(CO, 125).[23] 그렇다면, '좋은 삶'의 내용과 요건들에 대한 근원적 재검토와 더불어, 기존의 포맷에서 탈구된다는 것이 유발하는 불안감 및 어딘가에 소속되고

---

22) 김지영, 「오늘날의 정동 이론」, 『오늘의 문예비평』 통권 100호, 2016, 372-3쪽.

23) 바로 그렇기에 주디스 버틀러는 규범화된 식별 가능성(intelligibility)의 문제를 신랄하게 지적하였으며, 부르주아적·개인주의적 환상으로서의 '좋은 삶'이 아닌 "살 만한 삶(livable life)"이라는 현실적이면서도 윤리적인 범주를 논의한다. 버틀러는 취약한 이들 특히 성소수자와 인종적 소수자, 국적 소수자, 난민 등이 (그의 글에서 종종 "애도 가능한 삶"으로도 표현되는) "살 만한 삶"에서 배제되어 왔음을 계속해서 문제 삼아 왔다(*Gender Trouble, Pecarious Life* 참조).

싶은 열망에 대한 적극적인 심문이 필요할 터이다. 좋은 삶이라는 낡은 환상의 난파를 적시하는 가운데서 그런 심문을 시도할 수 있는 장소가 남아 있다면, 몇 안 되는 그 장소 중 하나가 문학일 것이다.

기후 변화라는 거대한 위기를 사유하면서 아미타브 고시Amitav Ghosh는, 인간의 통제력 및 회복을 통한 정상화에 대한 애착을 반복적으로 서사화함으로써 우리가 부르주아적 사회질서라는 상상계를 벗어나지 못하게 만든 책임이 특히 19세기 영문학 전통에 있다고 주장한 바 있다.24) 매우 설득력 있는 그의 주장은 애착과 반복이 관습으로 자리 잡으면서 발생시키는 보수의 가능성에서 문학이 결코 자유롭지 않음을 상기시킨다. 하지만 다른 한편으로, 문학이 기존 삶의 형식과 규범화된 합리성에 대한 끊임없는 질문을 통해 결코 간단치 않은 '부정성'을 상상할 수 있는 공간, 낙관이 만들어내는 구속을 뚫는 틈새를 창출하는 역할 또한 해 왔다는 사실을 부인하기는 어렵다.

문학은 신자유주의로 포화된 사회에서 이미 주변화된 소수자적 공간이다. "우리 시대 실로 거대한 정치적 사회적 박탈[이] '잔인한 낙관'의 작동을 통해서 유지된다"면,25) 문학을 읽는 실천으로 할 수 있는 것은 그러한 기조와 일치하지 않는 어떤 소음을 일으키는 것이다. 불일치의 서사들을 찾아내고 또 생산하는 문학 읽기는 "위계질서들, 규범들, 규범적 애착심들과 환상들을 약화하는" 시도인 동시에, 기존 "권력의 재생산에 불편을 초래"하는 방식으로써,26) 앞에 언급했듯, 주권성을 재편하는 시도가 될 수 있다. 이는 주체의 의지에 대한 의심을 거두지

24) Amitav Ghosh, *The Great Derangement*, 특히 제1장 참조.

25) 박미선, 「로렌 벌랜트: "잔인한 낙관주의"와 신자유주의 시대의 감정」, 『여/성이론』 33호, 여이연, 2015, 110쪽.

26) Lauren Berlant and Jennifer Cooke, "Transformations and Challenges in Politics, Teaching, Art and Writing: an Interview with Lauren Berlan.", *Textual Practice* 27(2013), p.964.

않으면서 규범으로부터 엇나가는 "측면적 행위성"을 적극적으로, 집단적으로 발현하면서 비개인성과 관계성을 위기 속 자산으로 전환하는 일, 나아가 민주주의적 실천의 가능성들을 '국가'를 비롯한 규범들이 명령하는 관습적 정치의 문법과 분리하면서 '시민됨'을 재교섭하는 일이기도 하다. 벌랜트 자신도 "진행 중인 일이 사건이 되어가는 과정 내부에서 그 경험을 감지하고 흡수하면서 무언가를 만들어낼 수 있도록 **가르치는 일**은 그 자체로 정치적 실천의 친밀한 일부"라고 역설하면서, 문학 강의실이 정치적 공공성을 재발명하는 기능을 할 수 있다고 말한다.[27]

『잔인한 낙관』 이후 벌랜트의 글과 대화는, 문학과 예술의 정치성을 다음과 같이 이야기했던 랑시에르 철학과 조우하는 지점이 있다: "적절한 정치적 예술 작품의 꿈은 바로, 어떤 메시지의 언표를 경유해야 하는 것이 아닌, 볼 수 있는 것, 말로 표현할 수 있는 것 그리고 사유할 수 있는 것 사이의 관계를 전복시키는 꿈이다."[28] 몸과 세계를 연결하면서 열려 있는 운동성으로서 정동이 지니는 정치적 가능성은, 문학을 언어적인 것으로 평면화하고 비생산적인 것으로 주변화하는 시대에 대한 유의미한 비-순응의 토대가 된다. 문학이야말로 정동의 예술이 아닌가. 그런 점에서 문학 읽기는 신자유주의적 권력의 규범적 궤도를 벗어나는, 일탈적이면서도 (어쩌면 일탈적이기 때문에) 생산적인 "측면적 행위성"의 창의적 실천이 될 수 있으며 규범에 매여 있는 잔인한 낙관의 굴레에서 이탈하는 퀴어한 독서와 퀴어한 행위 가능성을 내포한다.

동요를 유발하는 상황에 적응하되 탈정치적 무기력에 빠지지 않는 살아남기는, 상처가 가능하게 하는 사유, 나의 애착을 구성하는 감각들

27) Lauren, Berlant and Jennifer Cooke, "Transformations and Challenges in Politics, Teaching, Art and Writing: an Interview with Lauren Berlant." *Textual Practice* 27.6 (2013): pp.961-70. 강조는 필자의 것.
28) 자크 랑시에르, 『감성의 분할: 미학과 정치』, 오윤성 옮김, 도서출판b, 2008, 90쪽.

에 대한 의심에서 출발한다. 문학은 자기 억압의 감정 구조를 살펴보는 동시에, 회복을 위한 자원이 없거나 변화를 추동할 수 없는 위치에 동일시하기를 학습하는 통로가 될 수 있기 때문이다. 벌랜트가 면밀하게 살피는 수많은 텍스트들이 일관되게 이런 소수자적 위치에 밀착된 소수자적 글쓰기와 퍼포먼스들이라는 사실은 그의 독서와 사유 역시 그런 실천을 지향했음을 짐작케 한다. '이생망'이라는 자조 속에 누군가의 생이 소진되지 않도록 하는 책임은 우리 모두에게 있다. 문학은 그 책임을 인정하고, 또 다른 잔인한 낙관에 포획되지 않기 위해 위기 속 감정과 경험을 집요하게 들여다보며 지각과 행동의 양식을 연마하는, 대항 정치의 공간이다.

참고 문헌

김지영, 「오늘날의 정동 이론」, 『오늘의 문예비평』 통권 100호, 2016.
김학준, 『보통 일베들의 시대: '혐오'의 자유는 어디서 시작되는가』, 오월의봄, 2022.
박미선, 「로렌 벌랜트: "잔인한 낙관주의"와 신자유주의 시대의 감정」. 『여/성이론』 33호, 여이연, 2015.
이명호, 「문화연구의 감정론적 전환을 위하여: 느낌의 구조와 정동경제론 검토」, 『비평과이론』 20호 1권, 2015.
자크 랑시에르, 『감성의 분할: 미학과 정치』, 오윤성 옮김, 도서출판b, 2008.

Berlant, Lauren, "The Commons: Infrastructures for Troubling Times." *Environment and Planning D: Society and Space* 34.3 (2016): 393-419.
______________, *Cruel Optimism*. Durham: Duke UP, 2011.
______________, *The Queen of America Goes to Washington City*. Duke UP, 1997.
______________, and Jennifer Cooke. "Transformations and Challenges in Politics, Teaching, Art and Writing: an Interview with Lauren Berlant." *Textual Practice* 27.6 (2013): 961-70.
Galloway, Samuel, Ali Aslam, Ash Campi, and Hagar Kotef. "Lauren Berlant's Legacy in Contemporary Political Theory." *Contemporary Political Theory*(2022): 1-25.
Ghosh, Amitav. *The Great Derangement: Climate Change and the Unthinkable*. University of Chicago P, 2017.
Edelman, Lee. *No Future*. Durham: Duke UP, 2004.
Massumi, Brian. *Ontopower: War, Powers, and the State of Perception*. Duke UP, 2015.
Rancière, Jacques. *The Politics of Literature*. Trans. Rose Julie. Polity, 2011.
Sedgwick, Eve Kosofsky. "Paranoid Reading and Reparative Reading." *Novel Gazing*. Duke UP, 1997. 1-44.

로버츠 윌리엄 "밥" 코넬

Robert William "Bob" Connell

사회학자 로버츠 "밥" 코넬 / 래윈 코넬

최정선
숭실대 영어영문학과에서 학생들을 가르치고 있다. 남성성 이론을 활용하여 영국대중소설을 분석하고 있으며, 현재는 남성젠더와 장애, 공간, 인류세 생태문제와의 교착상태에 대한 연구로 확장하고 있다.

이 글의 원문은 『여/성이론』 42호(2020)에 실려있다.

로버츠 윌리엄 "밥" 코넬:
사회학자 로버츠 "밥" 코넬 / 래윈 코넬

현재 한국사회의 젠더 양극화 상황에서 로버츠 윌리엄 코넬의 남성성 이론을 한국 독자들에게 소개하려 한다. 그리고 젠더 연구자로서 코넬의 생각 궤도도 소개하려 한다. 그리고 곧 "사소한" 문제에 직면하게 된다. 로버츠 윌리엄이었다가 성전환수술로 래윈으로 다시 태어난 코넬을 지칭하는 단어가 문제였다. "여성" 이론가는 누구를 지칭하는가. 여성을 연구하는 학자인지, 여성으로 사회적 문제에 대한, 특히 성과 젠더에 대한 고민을 하는 연구가인지 하는 질문이다. 여성을 연구하는 학자라면 코넬은 여기에 해당하지 않는다. 코넬은 젠더연구에 대한 결과물을 꾸준히 세상에 내놓았으므로, 두 번째 상황에 좀 더 어울릴 것 같으나, 여기서도 다른 의문점이 발생한다. 『여/성이론』과 주 독자들이 서로 합의하고 있는 "여성"은 누구를 가리키는가, 혹은 "어느 종류의" 여성까지 여성으로 인정하는가 하는 질문이다. 몸이 기준이라면, 즉 반드시 여성의 성기를 가진 몸으로 태어나야 하고, 죽을 때까지 그 몸의 상태가 변화가 없어야 하며 그에 따라 법적인 서류에도 여성이라고 표시하는 것이 여성에 해당한다면, 코넬은 여기에 해당하지 않는다. 남성의 성기를 가진 몸으로 태어나 남성의 범주에 들어 있다가, 인생의 후반기에 의학의 도움으로 여성의 몸을 가진 코넬은 여성의 범주에 속하는가? 여성 이론가 범주에 코넬을 넣는 것은 처음부터 무리였을까? 아니면 우리는 이 시점에서 여성이란 무엇인가에 대한 고전적인 질문으로 다시 돌아가야 할까? 일단, 이 "사소한" 질문은 나중으로 밀쳐두고, 코넬의 행적을 살펴보면서 이 질문들에 대한 답을 찾아보려 한다.

1944년 시드니에서 태어난 코넬은 그곳에서 청소년기를 보냈고, 시드니대학에서 박사학위를 받은 후 대학에서 강의하다가, 1976년에 매쿼리 대학 사회학 교수로 임용된다. 코넬은 호주 여성 운동가로 활발하게 활동 중이었던 파멜라 벤튼과 결혼하고 딸 카일 벤튼 코넬의 아버지가 된다. 1997년 파멜라 벤튼은 오랜 암 투병으로 죽음을 맞이한다. 한편, 코넬은 그의 연구 초창기부터 학계에서 주목받는 사회학자로서 알려지게 되는데, 그의 첫 저서 『계급을 지배하면 문화를 지배한다 *Ruling Class, Ruling Culture*』(1977)는 계급을 분석 축으로 하여 대단위 사회관계 내에서 계층화가 이루어지는 양상을 분석한 결과물이다.[1] 1980년부터 연구 주제를 문화 형성의 분석틀에 계급에서 젠더까지 확장하였고, 특히 일상의 학교 공간에서 계급과 젠더가 학생들 사이의 계층화에 미치는 영향에 관한 연구에 집중하였다.[2] 1995년 『남성성들 *Masculinities*』의 출판 이후 코넬은 전 세계적으로 주목받는 젠더 이론가로 각광받는다. 이 저서로 인해 남성성 연구masculinity studies의 창설자란 이름을 부여받게 된다.[3] 특히 헤게모니 남성성 개념은 다른 사회학

---

1) R. W. Connell, *Ruling Class, Ruling Culture: Studies of Conflict, Power, and Hegemony in Austrailian Life*, Cambridge: Cambridge University Press, 1977.

2) 이 시기의 코넬은 계급과 젠더 차이에서 발생하는 불평등을 해결하는 방법을 제시하려고 하였고, 교육의 중요성을 설파한다. 이후 그의 성과 젠더연구에서 교육은 계속해서 한 축을 차지한다. *Making the Difference: Schools, Families, and Social Division*, Sydney: Allen & Unwin, 1982; Gender and Power, Sydney: Allen & Unwin, 1987.

3) 남성성 연구와 남성학(men's studies)은 코넬에 의해 젠더 연구 이론으로 받아들여진 측면이 있지만, 그 역사는 페미니즘 운동과 같이한다. 1960년대 후반에서 1970년대 여성해방운동과 페미니즘에 영향을 받아 남성 운동도 시작되었다. 대부분의 남성 활동가들은 여성해방운동에 참여하는 과정에서 여성 억압은 젠더와 권력 간의 상관성 관계의 문제이며, 여성 억압의 주체인 남성이 변화해야 한다고 요구한다. 남성 운동은 좀 더 다양한 분파가 존재하는데 남성 해방운동 (the men's liberation movement),

자, 역사학자, 인문학자들이 남성 내부의 젠더 관계 연구와 남성간의 유대 역학을 분석하는 데 유용하게 활용되었고, 현재까지도 남성성 연구의 교과서처럼 사용되고 있다. 코넬의 연구 흐름을 보면 그가 계급, 젠더, 성, 장애의 차이에 따른 차별에 대한 비판과 불평등의 문제에 지속적으로 관심을 보인 것을 알 수 있다. 2000년 이후 코넬은 연구 영역에서 이러한 관심을 더욱더 확장하는 데 성공하고, 『남반구 이론 *Southern Theory*』(2007)의 출판을 통해 차별과 불평등의 문제가 제3세계 지역 지식(인)에 대한 영미 지역과 유럽의 지식(인)의 권력관계 문제임을 설명하고 있다. 활발한 연구를 통한 자신의 이론적 입장을 설파하고 있는 중, 코넬은 성전환수술을 성공적으로 받고 여성의 몸을 가지게 된다. 그 과정과 일련의 이야기는 코넬의 사생활에 해당되고, 우리의 관심사는 아니다. 하지만 사회학자 코넬이 로버츠 밥 코넬에서 래윈 코넬Raewyn Connell로 개명하고, 이 시기를 거치면서 본인의 실제적 경험과 이론적 관심을 바탕으로 트랜스섹슈얼 여성에 대한 글을 쓰기 시작

페미니스트 남성 운동 (profeminist men's movement), 미소포에틱 남성 운동 (mythopoetic men's movement), 남성 권리 운동(men's rights movement), 그리고 the Promise Keepers라 불리는 기독교 남성 운동 (the Christian men's movement) 등이다. 남성 해방운동은 페미니스트 입장을 옹호했으며 전통적인 남성 정체성과 남성성을 해체하려고 시도하였다. 전통적인 남성 젠더 역할은 남성들에게 억압적인 태도를 보인다. 그러나 1970년 후반 페미니즘을 옹호하는 쪽과 반페미니스트 남성 운동으로 나뉘기도 했다. 반페미니스트 남성 운동은 차별과 불평등에 놓인 남성을 보호하자는 입장을 내놓는다. 대표적 운동으로는 아버지의 권리를 찾으려는 노력이다. 남성성 연구는 페미니즘 혹은 여성학과 연관되어 있다. 1960년대에 2차 페미니즘 물결이 일어나고 1970년대에 여성학이 대학에 개설되면서, 남성성은 하나의 연구 대상이 되는 것이 쉽게 되었다. 또한, 여성주의 비평이 '여성'에서 '젠더'로 연구 대상을 발전시키면서, 남성성을 사회적 구성물로 접근하여 연구할 수 있게 되었다. 남성성 연구는 남성, 남성성, 가부장주의, 남성과 여성의 관계 등의 연구 주제하에 다원적인 남성성에 대한 비교 분석을 수행하며, 사회 문화적 권력과 진실의 주체로서 남성성을 바라보는 시각을 비판한다. 1980년대 후반을 지나 1990년대에는 남성성 연구에 사회학과 여성학의 활발한 교차 활동이 시작되고, 대학마다 설립된 젠더 연구 프로그램의 목적으로 남성성은 대학의 교과목에 유행하듯 등장하기 시작한다. 1990년에 활발해진 남성 운동과 남성성 연구는 제2 여성 운동, 흑인 인권 운동, 게이 레즈비언 인권 운동에 영향을 받으며 성장하고 이들은 일반적으로 90년대 페미니즘에서 제시한 평등 운동을 받아들인다. 이들은 페미니스트 이론가들과 연대하여 젠더 질서, 젠더 관계, 젠더 교육, 젠더 구조를 파헤치고 비판하고 있다. 주요 연구 주제는 남성과 권력의 관계, 여성 억압과 더불어 타자(비남성)억압의 문제, 그리고 남성 내부의 억압과 차별의 문제를 다룬다.

한다는 것은 우리가 눈여겨봐야 한다. 그리고 2012년에 출판된 그의 논문 「트랜스섹슈얼 여성과 페미니스트 사상: 새로운 이해와 새로운 정치를 향하여Transsexual Women and Feminist Thought: Toward New Understanding and New Politics」에서 성전환수술을 받고 획득한 여성의 범주는 페미니즘 운동에서 어떠한 역할을 할 수 있을까에 대한 고민을 드러낸다. 이 논문은 성과 젠더 논쟁에서 몸의 역할을 규정해야 하는 다른 연구 분야에서도 차용 가능한 온토포머티브ontoformative 개념을 내놓는다.4) 이 부분은 나중에 설명을 덧붙이도록 할 것이다. 현재는 블로그를 운영하며 성전환 여성에 대한 글을 집필하고 있으며, 트위터에서 전 세계 지식인들과 소통도 활발하고 이어가고 있다.

다시 시작하면, 이 글은 사회학자 로버츠 "밥" 코넬/래윈 코넬을 여성 이론가 범주로서 소개하려는 글이다. 그러나 코넬이 그녀she이기 전 그he로 지칭되고 있을 때의 연구에 대한 설명이 도움이 될 것이라 여긴다. 1990년대 젠더연구가 여러 가지 방향으로 이론적 확장을 하고 있을 상황에서 코넬의 『남성성들』 출판은 많은 학자와 이론가들의 관심을 끌었다.5) 그의 개념 중 젠더, 남성의 젠더, 헤게모니적 남성성과 그것을 둘러싼 지배, 종속, 공모 관계에 대해 간략히 언급하도록 하겠다. 코넬은 젠더 개념을 체코 철학자인 카렐 코지크Karel Kosík의 용어 온토포머티브ontoformative를 빌려 설명한다.6) 이 용어는 인간 행동은 우리가 살고 있는 현실the reality을 구성한다라는 의미이다. 즉, 인간이 특정

4) Raewyn Connell, "Transsexaul Women and Feminist Thought: Toward New Understanding and New politics", *Signs: Journal of Women in Culture and Society*, vol. 37, no. 4, 2012, pp.857-881. 이 용어는 번역의 어려움에 직면하여 그대로 사용하고자 한다.

5) 나는 19세기 영국 소설 연구가이고 특히 젠더 이론에 의존하여 문학 텍스트 분석을 하고 있다. 19세기 영국 문학 연구에서 젠더와 남성성 연구는 코넬의 젠더 이론에 의존하며, 특히 1995년 이후 남성성 연구물이 뚜렷하게 증가한 것을 볼 수 있다.

6) R. W. Connell, *Masculinities*, Berkeley: U of California Press, 1995, p.65.

남성다움을 실천하면, 그리고 그 젠더 실천이 일상에서 몸을 도구로 하여 이루어질 때 우리의 현실이 구상화된다는 것으로 이해될 수 있다. 그리고 이 구상화된 현실은 그 현실을 살고 있는 개인들에게 젠더 실천을 재생산할 수 있는 무대를 제공하고 동시에 사회적으로 젠더를 제도화하고, 구조화할 수 있는 환경을 만들어 준다.[7] 코넬은 몸의 역할을 강조하는데, 그의 주장에 따르면 젠더는 생물학적 결정 이상의 무엇이며, 몸에 수반되는 젠더 역사적인 과정을 중요시해야 한다고 주장한다.[8] 노동을 하거나 장애를 겪거나 늙는 몸처럼, 물질적인 몸이 만들어 내는 사회적 실제성을 무시하여서는 안 된다고 한다.[9] 마이클 메스너 Michel Messner는 코넬의 설명에 말을 덧붙이며, 물질적인 몸은 젠더 관계에서 도구가 되기도 하고 때로는 무기 역할을 한다는 것이다.[10]

코넬이 설명하는 젠더 개념을 적용한 남성성 연구는 남성의 젠더연구에 한정되어 있다. 물론, 다른 젠더 이론과 마찬가지로 생물학적인 여성, 남성이 젠더를 결정짓는다고 여기지 않는다. 다만 남성의 젠더를 연구 대상으로 삼으면서, 그것을 남성성이라 편의상 지칭하고 있다. 코넬은 남성을 젠더연구의 대상으로 여기는 것이 우선시돼야 하고, 남성성은 다양한 양태로 나타나며, 남성들 사이의 젠더화된 권력관계를 이론화하고 불평등한 젠더 질서를 정당화하는 남성성의 효과를 이해하기 위해 남성의 젠더연구가 필요하다는 것을 분명하게 밝힌다.[11] 즉, 남성성 연구의 목적은 젠더화된 산물인 남성이 다른 남성들과의 젠더 권력관계에서 어떻게 구성되는지 탐구하는 것이고, 동시에 남성성 연구

---

7) *Ibid.*, pp.118-119.
8) *Ibid.*, p.65.
9) *Ibid.*, p.51.
10) Michael A. Messner, *Politics of Masculinities: Men in Movements*, Thousand Oaks: Sage, 1997, p.58.
11) R. W. Connell, *op. cit.*, pp.37.

자체가 남성중심주의를 해체하는 전략이 될 수 있다고 지적한다.[12] 그런 이유로 남성의 젠더연구는 학제 간 연구를 통해 다른 영역에서 이루어지는 연구 방법과 연대를 형성해야 하고, 고립된 분야처럼 다루어져서는 안 된다고 설명한다.

코넬의 『남성성들』에서 이론적으로 가장 매력적인 개념은 헤게모니적 남성성이다. 이전의 남성 연구의 패착은 남성의 젠더를 인지하지 않거나 남성성을 일원적으로 접근했기 때문이라는 것은 이론가들이 가장 먼저 지적하는 사안이다. 그래서 페미니즘 이론과 여성학 연구에 영향을 받는 남성성 연구가들은 남성끼리의 관계가, 그리고 남성의 남성성들이 다원적이고 다층적이라는 것을 인식하는 것으로부터 시작한다. 그러나 코넬은 다양한 양태의 남성성(들)이 존재하는 것뿐 아니라, 그들의 관계가 지배, 종속, 그리고 연대의 젠더 구조의 권력화를 구성하고 있다는 것이 더 중요하다고 주장한다. 관계 속의 혹은 경쟁하는 남성들끼리의 사이에서 어떠한 남성성을 실천하느냐에 따라 중요한 의미를 가지며, 헤게모니적 남성성을 획득하고 있다고 여겨지는 남성은 이미 구축된 수직적 관계에서 꼭대기 위치를 차지하게 된다.[13]

헤게모니적 남성성 개념은 여러 가지 측면에서 남성의 젠더연구를 심층적으로 가능하게 한다. 남성들 사이에서 서열이 존재하는 것은 관찰되었지만, 어떤 방식으로 서열이 정해지고 유지되는지에 관한 관심이 부족하였다. 코넬은 남성끼리의 서열은 고정되어 있지 않고 헤게모니적 남성성 개념의 변화에 따라 변경 가능하다는 것, 헤게모니적 남성성을 획득한 지배 남성은 하위 남성과 하위 여성을 지배하고 종속을 당연히 여기는 젠더 관계를 필수적으로 필요로 한다는 것을 눈여겨보게 한다.

---

12) *Ibid.*, p.44.
13) *Ibid.*, p.37.

이러한 측면에서 헤게모니적 남성성은 최상위 남성이 가부장의 구실을 하고, 열등한 남성들과 모든 여성은 가부장제의 가치를 유지하고 강화하는 보조 역할을 수행하는 것을 "자연스럽게" 여기도록 하는 역할을 하게 되며, 그 실천 양식을 "집단의 문화적 역학"이라 부르기도 한다.14) 코넬의 헤게모니적 남성성 개념이 밝혀주는 또 다른 중요한 측면은 남성들 사이의 위계에서 비지배적 위치를 할당받은 대부분의 남성들이 왜 종속적 위치를 벗어나지 않을까 하는 것이다. 여성들은 역사적으로 수많은 희생을 치러가며 여성의 사회적, 정치적 위치를 찾기 위해 노력해 왔다. 그렇다면 남성들의 관계가 수직적이고, 혹은 피라미드 형태를 상상할 수 있다면, 그 수직 관계 내에서 대부분의 남성들이 포진해 있는 하위 그룹은 저항이나 전복을 시도하지 않을까 하는 것이다. 물론, 종속된 남성들이 여성의 사회적 위치와 비교 불가인 것은 사실이다. 사회학적 연구를 통해 얻어진 결과를 분석하며 코넬이 말하기를, 그것은 배당금의 문제라고 주장한다.15) 즉, 하위 그룹의 남성들을 피라미드의 상위 포식자 남성에게 지배, 강요, 폭력을 당하는 위치에 있지만, "여성이 아님"이 주는 배당금을 인지하고 이 젠더 구조가 유지되도록 공모하고 있다는 것이다. 덧붙여서, 메스너는 이 부분에서 코넬의 입장에 동의한다. 헤게모니적 남성성은 남성 개인의 경쟁에서 승리하거나 패배하는 문제라기보다는, 집단으로서 남성무리에 해당하는 것이며, 이때 남성 구성원은 가부장제가 "남성"이라는 이유로 특권을 제공한다는 것을 공유하고 있고, 심지어 권력에서 밀려난 소외된 남성에게도 "남성"이라는 이유로 배당금이 제공되리라는 보장을 이해한다는 것이 핵심아이디어이다.16)

---

14) *Ibid.*, p.124.
15) *Ibid.*, p.79.

코넬의 헤게모니적 남성성 개념은 그 중요성을 인정받아 젠더 관계를 접근하는 새로운 담론 형성에 도움이 되기도 했다. 예를 들면, 린 시걸Lynn Segal은 코넬이 제시하는 헤게모니적 남성성의 실체가 부재하다고 지적하며, 결국 남성성이란 젠더를 중심축으로 하는 사회관계를 가정해 만들어진 "개념의 혼종 세트heterogeneous set of ideas"라고 주장한다.17) 이러한 비판에 대해 최근에 제임스 메서슈밋James Messerschmidt은 헤게모니적 남성성 개념을 재정비할 필요가 있다고 인정한다. 좀 더 정교하게 헤게모니적 남성성이 등장하는 관계를 살펴볼 필요가 있는데, 먼저 가족, 직장, 커뮤니티 생활에서 접하게 되는 현지local의 혹은 현실적인 헤게모니적 남성성이 있고, 넓은 의미에서는 한 문화 내에서 그리고 한 국가 내에서 합의되는 헤게모니적 남성성이 있다. 또한, 국가와 국가 간의 관계에서, 범지구적인 맥락에서 접하게 되는 헤게모니적 남성성도 있다.18) 헤게모니적 남성성의 실체를 구현하려는 메서슈밋은 이와 관련하여 남성성 연구에 두 가지 문제를 제시한다. 첫 번째는 헤게모니적 남성성의 계발과 유지에 기여하는 여성의 역할을 살펴보아야 한다. 이 부분은 이제까지 간과했던 부분으로 헤게모니적 남성성 유지에는 다른 남성들의 종속적 태도도 중요하지만, 여성들의 "협력"도 중요하고, 동시에 여성들이 여성성을 과하게 발현함으로써 여성 억압의 당위성을 드러낼 수 있도록 협조하는 것도 중요하다고 지적한다. 두 번째는 헤게모니적 남성성이 실제로 어떻게 접전이 벌어지고 어떻게 도전에 직면하는지를 살펴보아야 한다는 것이다. 두 번째 문제에 대해 스티븐

16) Michael A. Messner, *Politics of Masculinities: Men in Movements,* Thousand Oaks: Sage, 1997, p. 12..
17) Lynn Segal, *Slow Motion: Changing Masculinities, Changing Men*, New York: Palgrave Macmillan, 1990, p.228.
18) James W. Messerschmidt, *Masculinities in the Making: From the Local to the Global*, Maryland: Rowman & Littlefield, 2016, p.12.

화이트헤드Stephen Whitehead는 구체적인 답변을 제시한다. 개인으로서 남성은, 특히 이성애 백인 남성이라면, 지구의 모든 자원, 자본, 미디어 정치적 영향력을 소유하게 된다.[19] 그룹으로서 남성은 보편적 주체로서 중심에 위치해 있고 중심에 있기 때문에 위치를 숨기는 것이 가능하다. 화이트헤드는 헤게모니적 남성성이 도전에 직면할 수는 있지만, 변화의 가능성은 낮다고 생각한다. 가부장제 배당금을 증여받은 남성들은 페미니즘에서 주장하는 남녀평등을 수용하면 일상이 불편해진다는 것을 이해하고 있다. 배당금을 포기해야 하고 일자리를 내놓아야 한다는 것을 알고 있다.[20] 이런 측면을 설명하기 위해 헤게모니적 남성성 개념이 필요하고, 남성 지배가 제도화되는 과정을 보여주고 있는 것이다.

흥미로운 사실은 코넬은 안토니오 그람시Antonio Gramsci에게서 헤게모니 개념을 빌려와 쓰면서 그 의미를 시의적절하게 사용하고 있다는 것이다. 남성 중심의 가부장제가 유지되기 위해 모두가 동의하는 정당성이 필요하고, 그 정당성 요구를 타당한 것으로 만들어줄 헤게모니적 남성성을 가진 지배 남성이 요구된다. 코넬은 이 헤게모니적 남성성은 특정화되지 않고 시대의 변화에 따라 유동적인 양태를 채택한다고 주장한다. 즉, 현재 시대가 요구하는 이상적인 남성성이 헤게모니를 취득한다는 것이다. 그래서 헤게모니 남성성은 특정한 남성성의 절대적 지배를 의미하는 것은 아니며 실제 권력을 가진 남성보다는 때로는 가부장제가 이상화할 수 있는 영화배우(보여주는 직업을 가진)이거나 인기 드라마의 남주인공(실제 존재하지 않지만)이 될 수 있다고 한다.[21] 헤게모니적 남성성의 실체가 불분명하다는 상황은 여러 가지 의미가

---

19) Stephen M. Whitehead, *Men and Masculinities: Key Themes and New Directions*, Cambridge: Polity Press, 2002, p.3.

20) *Ibid.*, p.84.

21) R. W. Connell, *Masculinities*, Berkeley: U of California Press, 1995, p.76.

있다. 시간에 따라, 장소에 따라, 상황에 따라, 헤게모니적 남성성의 특징은 언제나 적용 가능하다. 그러나 육아휴직을 하고, 요리를 하며, 아이들의 학원 옆 카페에서 커피를 마시며 아이들의 하교를 기다리고, 『82년생 김지영』을 읽는 요즘 아버지는 변화하고 있는 남성성을 보여주지만, 그러한 변화가 기존 젠더 질서에 대한 저항이나 해체의 노력이라고 읽어서는 안 된다는 것이다. 또한, 헤게모니적 남성성을 지닌 남성이 일상을 영유하는 주변에서 전통적인 남성이 되기를 부정하거나 폭력을 거부하는 때에 남성젠더의 변화된 모습이라고 규정할 수 있지만, 그렇다고 젠더질서가 변화했다고 규정하는 것은 너무 이르다. 지배 남성이 보여주는 혹은 행위하는 헤게모니적 남성성의 모습은 불확정이고 불확실하므로, 이로 인해 우리는 간혹 지배 젠더의 변화의 가능성으로 판단하여, 젠더 질서 전복의 희망을 품기도 한다는 것을 코넬은 경고하고 있다.

코넬의 남성성 연구를 소개하는 것은 개인적으로 신나는 일이다. 19세기 영국 문화 연구에서 공립학교 동창생인 두 남성의 편지 주고받기의 의미를 설명할 때도 코넬의 연구는 유용하고, 사회적으로 열등한 남성이 집착적으로 장애 여성들을 가족 구성원으로 만드는 상황을 분석할 때도 유용하다. 또한, 최근에는 문재인 대통령의 젠더 정치를 주제로 하는 강연에서도 코넬의 유동적인 헤게모니적 남성성 개념은 적절했다.22) 흥미로운 사실은 연구논문과 강연 내내 내가 코넬을 그he와 그녀she 둘 다 사용하여 지칭했다는 것이다. 왜냐하면, 1995년에 출판되고

22) 최근 한국사회의 헤게모니적 남성성을 다루는 여러 번의 강연에서 코넬이 자주 등장할 수밖에 없었다. 문재인 대통령의 젠더 정치의 성공을 주제로 한 강연의 내용은 "페미니스트"임을 자임하는 대통령은 현 한국사회가 가장 요구하는 헤게모니적 남성성—비가부장적인 자상한 아버지와 평등한 남편—을 실천함으로서 젠더관계의 우위를 차지할 수 있었다는 것이다. 즉, 대통령 선거기간부터 당선 후 임기 첫 해의 문재인의 젠더 정치는 "문재인"이라는 남성이 젠더관계의 피라미드에서 "상위포식자"의 위치를 차지하는 것이 타당해 보이도록 하는 전략을 성공적으로 달성했다.

2005년에 재판된 『남성성들』은 코넬이 여전히 로버츠 "밥" 코넬Robert "Bob" Connell로 활동할 시기였다. 2006년 이후 출간된 코넬의 저서에는 저자명이 래윈 코넬Raewyn Connell이라 인쇄된다. 즉, 코넬 개인의 성이 남성에서 여성으로 전환되어 현재 여성의 삶을 살고 있지만, 서지학적으로 2006년 이전 코넬은 그he이고, 2006년부터 코넬은 그녀she이다. MLA 문헌 작성법에서도 이러한 방식을 따르지만, 일상에서는 혼돈이 없을 수 없다. 온라인 서점 아마존에서 서지학적 구분은 잘 지켜지지 않아, "R. W. Connell"이라고 인쇄된 서책을 판매하면서 홍보팀에서 올린 소개 글은 "Raewyn Connell"이라 명시한다. 또한, 코넬을 소개하는 온라인 인물 사전이나 블로그에서 출생을 설명하는 문장부터 그녀라고 명시해, 마치 코넬 인생에서 그의 시간을 삭제하고 있는 것처럼 보이기도 한다. 또한, 개인적인 에피소드를 말하자면, 대학원 과정의 모든 기말 페이퍼에 코넬을 그he로 지칭하다가, 박사학위 논문을 쓰면서 그가 그녀가 되었다는 것을 알게 되고, 그 사실이 내가 코넬의 이론을 이해하는 데 차이가 나는지를 고민했던 기억이 있다. 그래야 하는가?

『남성성들』 출판 이후 좀 더 최근으로 돌아오자. 코넬은 성공적인 성전환수술을 마치고, 이름을 바꾸고, 본인의 실제적 경험과 다른 트랜스섹슈얼 여성들의 현실의 문제를 탐구하며, 2012년에 「트랜스섹슈얼 여성과 페미니즘 사상: 새로운 이해와 새로운 정치를 향하여 Transsexaul Women and Feminist Thought: Toward New Understanding and New Politics」라는 논문을 발표한다. 이 논문의 첫 페이지에서 트랜스섹슈얼 여성을 "젠더 질서 내에 존재하는 [권력의] 위치의 전이를 겪은 여성women who have been through a process of transition between locations in the gender order"이라고 정의한다.23) 다시 말하면, 여성과 남성의 젠더 권력 관계에서 남성의 몸에서 여성의 몸으로 위치 이동을 경험한 "여성"임을 주장한다. 또한, 전이 혹은 위치 이동은 상태일 뿐이며, 트랜스섹슈얼은 명사가 아니라 여성을 수식하는 형용사라고 일축한다.[24] 코넬이 자신의 성을 여성이라고 선언했기 때문에 이 글은『여/성이론』에서 여성 이론가란에 다행히도 성공적으로 실릴 수 있다.

그러나 이 논문에서 코넬의 논지가 진행되는 과정을 보면, 여성이라는 지위를 얻는 것은 생각보다 복잡해 보인다. 그녀의 선언이 중요한 것이 아니라 페미니스트 진영의 허락이 필요한 것처럼 보이기 때문이다. 두 번째 페이지부터는 트랜스섹슈얼 여성이 감당하고 있는 페미니스트의 시선을 설명하면서, 페미니즘과의 관계를 재정립하기 위한 이론적 터를 닦는다. 역사적으로 살펴보면 20세기 초부터 성공한 성전환수술의 예는 있었고, 그들은 의학계의 시선과 함께 사회의 시선들에 맞서야 했다고 한다. 이러한 상황에서 1970년대에 이르자 페미니즘 진영에서 트랜스섹슈얼 여성들에게 공격을 가하는데, 성전환 여성들은 남성이며, 여성의 몸에 대한 치욕스러운 공격이라고 주장한다. 동시에 70년대 후반부 페미니스트 사회학자들의 언어는 트랜스섹슈얼 여성들을 젠더 역학적 측면에서 바라보기 시작하였고, 이러한 흐름은 페미니즘의 비난이 줄어들게 하는 효과를 내기도 하였다. 1990년 주디스 버틀러의 수행이론은 트랜스섹슈얼리티에 대한 진지하고 성숙한 고민과 관심을 할 수 있도록 하였으며, 샌디 스톤Sandy Stone의「제국의 역습: 포스트트랜스섹슈얼 선언문The Empire Strikes Back: A Post-Transsexual Manifesto」(1991)은 궁극적인 범주 파괴 역할을 하는 트랜스섹슈얼 여성의 몸을 부각하기도

23) Raewyn Connell, "Transsexaul Women and Feminist Thought: Toward New Understanding and New politics", *Signs: Journal of Women in Culture and Society*, vol. 37, no. 4, 2012, p.857.
24) *Ibid.*, p.858.

하였다. 2000년대 들어 트랜스섹슈얼 여성에 대한 시선의 변화가 감지된다. 버틀러의 영향도 있겠지만, 트랜스섹슈얼 여성들은 그들의 인권을 찾기 위한 선언을 하고, 여성이라는 범주에 연연하기보다 LGBTQ라는 성소수자 그룹과의 연대를 모색한다. 페미니즘 진영에서도 변화가 감지되는데, 젠더 다양성을 받아들이고 트랜스섹슈얼 여성들에 대한 비난이나 공격성 언사도 자제하려 한다. 물론, 한쪽에서는 여전히 트랜스섹슈얼 여성들을 "허상illusion"이라 지칭하며 더 강하게 배척하기도 한다.[25]

일련의 이러한 과정을 겪으면서 트랜스섹슈얼 여성들에 관한 연구는 젠더 구조와 젠더 실천 사이에서 위치 정하기에 관심을 쏟게 된다. 특히 트랜스섹슈얼 여성들의 젠더 정체성을 설명할 때, 버틀러의 젠더 수행성 개념보다는 대신 코지크의 온토포머티브ontoformative 개념이 부상하게 되었다. 앞서 설명했듯이, 트랜스섹슈얼 여성의 몸을 통한 사회적 젠더 실천은 사회적 실제를 구축하고, 이 사회적 실제는 다시 새로운 젠더 실천이 가능한 무대를 만들어 준다.[26] 코넬은 트랜스섹슈얼리티는 몸으로 하는 젠더 실천의 영역이 중요하고, 생물학적인 몸과의 모순이 발생하는 것 자체가 정체성의 실체임을 아는 것이 중요하다고 말한다. 안타까운 것은 성전환수술은 미디어의 관심을 받고 문화적 상상력의 대상이 되기도 하며, 때로 메타포로 소모되기도 한다는 점이다. 이러한 몸의 전환은 사람들의 이야깃거리가 될 만큼 재미있지 않고 쉬운 과정은 더욱더 아니다. 더욱 문제가 되는 것은 성전환수술을 마친 사람들 사이에서 그들의 현재의 성에 따라 차별과 불공평한 다름 혹은 다툼이 존재한다는 것이다. 성차에 따라 차별받는 여성처럼, 남성에서 여성

25) *Ibid.*, p.863.
26) *Ibid.*, p.866.

으로 전환한 경우 임금 삭감과 같은 현실적인 차별에 직면하기도 한다. 이 글을 보면 "여성"이라는 범주에 대한 코넬의 견해와 위치가 드러난다. 그녀는 이 논문의 목적이 트랜스섹슈얼 여성들에 대한 잘못된 인식을 불식하려 하였고, 기존 젠더 구조로 인한 그녀들의 위치가 불안정하다는 것을 알리고 싶었다고 한다. 다시 말하면, 코넬은 트랜스섹슈얼 여성은 여성의 범주에 속해야 한다고 주장하며, 페미니즘 진영을 향해 환대와 연대를 요구하고 있는 것이다. 안타깝게도 코넬은 본인이 "여성"이라고 선언했지만, 그녀의 "여성임"은 반드시 다른 사람들의 따듯한 시선에 의존해야만 실현될 수 있다고 설명하는데, 페미니즘 범주의 오만함이 부끄러운 순간이었다.

참고 문헌

Connell, Raewyn, *Southern Theory*, Cambridge: Polity Press, 2007.

_______________, "Transsexual Women and Feminist Thought: Toward New Understanding and New politics." *Signs: Journal of Women in Culture and Society*, vol. 37, no. 4, 2012.

Connell, Robert W, *Gender and Power*, Sydney: Allen & Unwin, 1987.

_______________, *Making the Difference: Schools, Families, and Social Division*, Sydney: Allen & Unwin, 1982.

_______________, *Masculinities*, Berkeley: U of California Press, 1995.

_______________, *Ruling Class, Ruling Culture: Studies of Conflict, Power, and Hegemony in Australian Life*, Cambridge: Cambridge University Press, 1977.

Messerschmidt, James W., *Masculinities in the Making: From the Local to the Global*, Maryland: Rowman & Littlefield, 2016.

Messner, Michael A., *Politics of Masculinities: Men in Movements*, Thousand Oaks: Sage, 1997.

Segal, Lynn, S*low Motion: Changing Masculinities, Changing Men*, New York: Palgrave Macmillan, 1990.

Whitehead, Stephen M., *Men and Masculinities: Key Themes and New Directions*, Cambridge: Polity Press, 2002.

로지 브라이도티
Rosi Braidotti

유목적 사상에서 포스트휴먼 페미니즘까지

이현재
여성철학의 관점에서 몸, 도시, 공간, 섹슈얼리티의 문제를 다루어왔다. 최근에는 로지 브라이도티의 『포스트 휴먼 페미니즘』을 공역했으며, 저서로는 『낸시 프레이저』 등이 있다.

이 글은 단행본을 위해 새로 쓰였으며, 『여/성이론』 5호(2001)에서도 로지 브라이도티를 만날 수 있다.

로지 브라이도티: 유목적 사상에서 포스트휴먼 페미니즘까지[1)]

나는 로지 브라이도티(Rosi Braidotti, 1954~)를 2008년 한국에서 열렸던 제13차 세계여성철학자대회에서 처음 보았다. 당시 나는 막 박사학위를 마친 철학 전공자로서 여성주의 철학 담론을 이끌고 있는 저명한 학자를 직접 볼 수 있다는 생각에 매우 고무되어 있었다. 하지만 당시에 나는 브라이도티의 강연이 어떤 의미를 갖고 있었는지 이해하기 힘들었다. 가령 나는 왜 그가 페미니즘을 이야기하는데 신유물론 타령을 하는지, 왜 유물론적 페미니즘이 '탈세속적 전환'과 연결되는지 고개를 갸우뚱할 수밖에 없었다. 어떻게 유물론이 '생명'이나 '영성'과 같은 주제를 강조하는 탈세속적 전환과 함께 갈 수 있는 것인지!

이후로 브라이도티의 저서는 부지런히 국내에 번역되었다. 2010년도부터 융복합 연구에 박차를 가해온 국내의 인문사회학계는 포스트휴먼 및 신유물론의 흐름을 부지런히 수입하였다. 그리고 16여 년이 흐른 2024년, 비록 화상으로 진행되긴 했지만, 한국여성학회와 숙명여대 HK사업단의 초대로 열린 국외 석학 포럼을 통해 우리는 다시 한 번 브라이도티를 직접 볼 수 있었다. '유목적 주체'를 강조했던 그는 이번에 '포스트휴먼 페미니즘'이라는 주제를 들고 왔다. 하지만 우리가 갖는 기대만큼 그를 이해하는 것은 여전히 어려워 보인다. 이에 조금 먼저

1) 이 글은 이현재, 「브라이도티: 유목적 주체에서 포스트휴먼 페미니즘까지」, 『성찰과 전망』, 민주주의사회연구소, 가을호(40호), 2024년을 부분적으로 수정한 것입니다.

그의 사상을 접했던 연구자로서 나는 브라이도티의 사상을 유목적 사유, 여성철학, 신유물론, 조에 평등주의 포스트휴먼 페미니즘 등의 키워드를 중심으로 소개해 보고자 한다.

여성철학과 유목적 사유

네덜란드 위트레흐트 대학Universiteit Utrecht의 교수 로지 브라이도티가 국내에 본격적으로 알려진 시기는 2004년에 『유목적 주체』[2]가 국내에 번역되면서부터라고 할 수 있다. 이 책의 부제는 '우리 시대 페미니즘 이론에서 체현과 성차의 문제'이다. 부제에서 보듯이 브라이도티는 여성주의 철학(이하 여성철학)의 가장 중요한 주제를 몸과 성차로 생각하고 있다. 그에게 여성철학에서 중요한 것은 무엇보다도 육체 유물론인 것이며 유목적 주체는 여성주의 유물론의 핵심을 보여주는 단어인 것이다. 이후에도 그의 책은 부지런히 국내에 번역되어 소개되었다. 『트랜스포지션 — 유목적 윤리학』[3]과 『변신-되기의 유물론을 향해』[4]가 번역되었으며, 『포스트휴먼』[5], 『포스트휴먼 지식 — 비판적 포스트인문학을 위하여』[6], 『포스트휴먼 페미니즘 — 더 나은 미래를 위한 변혁의 힘』[7] 등 포스트휴먼 시리즈도 잇따라 번역되었다.

2) 로지 브라이도티, 박미선 옮김, 『유목적 주체-우리 시대 페미니즘 이론에서 체현과 성차의 문제』, 도서출판 여이연, 2004.
3) 로지 브라이도티, 김은주·박미선·이현재·황주영 옮김, 『트랜스포지션-유목적 윤리학』, 문화과학사, 2011.
4) 로지 브라이도티, 김은주 옮김, 『변신-되기의 유물론을 향해』, 꿈꾼문고, 2020.
5) 로지 브라이도티, 이경란 옮김, 『포스트휴먼』, 아카넷, 2015.
6) 로지 브라이도티, 김재희·송은주 옮김, 『포스트휴먼 지식-비판적 포스트인문학을 위하여』, 아카넷, 2022.
7) 로지 브라이도티, 윤조원·이현재·박미선 옮김, 『포스트휴먼 페미니즘-더 나은 미래를 위한 변혁의 힘』, 아카넷, 2024.

그렇다면 브라이도티는 여성철학적 방법론의 핵심인 페미니즘을 무엇이라고 생각하는가? 그에 따르면 페미니스트들이 해야 하는 일은 영토적으로 고정된 몸과 성차에 대한 이해를 탈피하고 이를 통해 "남성적인 동일시 패턴"[8]을 깨야 한다. 즉 새로운 육체 유물론의 구성을 통해 남성중심적인 몸과 성차의 이해를 벗어나야 한다. 이런 점에서 브라이도티의 페미니즘은 영토를 고수하는 통일의 방식으로서의 문명에 불충하는 탈영토화의 기획이자, 위계적 성별 이분법으로 고정된 강단의 관습적 이해에 저항하는 불경의 태도이다.

흥미롭게도 브라이도티는 이러한 저항의 태도를 부정이나 거부의 언어로 표현하지 않는다. 오히려 그는 페미니즘을 "유목적 창조적 사고"[9]나 "성차sexual difference를 긍정적인 힘으로 주장하는 것" 또는 "복수적인 차이들을 대면하는"[10] 인식론적인 정치 활동으로 표현한다. 여기서 분명히 알 수 있는 사실은 그가 '유목적'이라는 단어를 도입함으로써 페미니즘을 부정negation의 힘이 아니라 횡단과 연결을 통해 창조를 만들어 내는 긍정적 힘으로 이해하고자 한다는 점이다. 이런 점에서 볼 때 그의 여성철학적 저항은 격노하는 감정이 아니라 연결의 기쁨에 의해 추동된다.

브라이도티에 따르면 차이를 고정화시키거나 지우는 방식의 동일성 철학과 작별하기 위해 우리는 페미니즘을 비판적이고 창조적인 형태로 재발명할 필요가 있다. 이것이 바로 유목적 페미니즘이다. 유목적이라는 말은 "관습 집합의 전복이지 글자 뜻 그대로의 여행이 아니다."[11]

8) 로지 브라이도티(2004), 70쪽.
9) 위의 책, 70쪽.
10) 위의 책, 71쪽.
11) 위의 책, 32쪽.

유목적 주체는 망명객이나 이주민이라기보다 남근이성중심주의, 자민족중심주의 등에 대해 "비판적이고 저항적으로 사유"하는 자를 의미한다. 브라이도티는 이를 위해 페미니즘이 분과 학문들을 횡단하고 경계를 가로지르는 방법론을 채택할 필요가 있다고 보았다. 페미니스트들은 분과 학문의 노동 분업에 따른 집중에서 벗어나기 위해 다양한 양식들을 혼합하거나, 초월적 나르시시즘을 폐위하기 위해 다른 이들의 말을 지속적으로 인용할 필요가 있다는 것이다.

유목적 사유는 동일성이 아니라 횡단과 연결을 핵심으로 한다. 이에 그 역시 위트레흐트 대학에서 학제를 가로지르는 여성학 및 젠더연구 기획자로 작업해 왔고 이를 토대로 유럽 내 문제에 참여적 실천을 수행해 왔다. 나아가 브라이도티는 페미니스트들이 차이를 인식하기 위한 방법으로 "다언어 구사자 되기"를 제안하기도 한다. 유럽에서 활동하는 이탈리아계 미국인이라는 그의 정체성은 다언어적 페미니스트의 삶이 무엇인지를 그 자체로 보여주는 것이었다. 그는 횡단적 삶을 통한 다언어 구사가 바로 여성철학적 사유, 탈영토화하는 횡단적 연결의 사유에 핵심이라고 생각한다.

매혹적 유물론에서 육체 유물론까지

그렇다면 브라이도티는 유목적 사상을 제안하기 위해 어떤 철학과 사상을 참고하는가? 그는 자신의 사상적 근원을 17세기 이후에 프랑스 철학에서 두드러지게 나타났던 '매혹적 유물론enchanted materialism'이라고 말한다. 마르크스의 역사적 유물론과 달리 매혹적 유물론은 생산 토대가 아니라 '몸'에서 시작하는 프랑스 유물론의 한 계열을 의미한다.

이런 점에서 매혹적 유물론은 '육체 유물론corporealism'이다. 그에 따르면 매혹적 유물론은 디드로Denis Diderot에서 시작하여 메를로-퐁티Maurice Merleau-Ponty, 라캉Jacques Lacan, 이리가레Luce Irigaray, 들뢰즈Gilles Deleuze로 이어지는 계열뿐 아니라 데카르트Ren Descartes에서 바슐라르Gaston Bachelard를 거쳐 캉길렘Georges Canguilhem과 다고네Francois Dagognet에 이르는 계보 역시 포함한다.

브라이도티는 매혹적 유물론을 경유하는 가운데 "나는 생각한다 고로 존재한다"로 대표되는 이성 중심적 철학을 비판한다. 그에 따르면 이성과 합리성 그리고 통일성을 중시하는 근대의 주체 이론은 이성/감성, 정신/몸, 문화/자연, 생산/재생산과 같은 이분법을 전제로 남성을 전자에, 여성을 후자에 연결시켜 왔다. 여기서 여성은 이성과 통일성을 결핍한 자연적 '타자'로 폄훼된다. 그러나 브라이도티는 자연이나 몸 또는 물질로 형상화되어 왔던 여성성을 버리지 않는다. 오히려 그는 이러한 여성성을 "페미니즘적 여성 주체성"[12]으로 재형상화하여 남근이성중심적인 서구 형이상학의 위계적 이분법을 넘어서는 주체의 새로운 가능성으로 삼고자 한다. 그는 포스트모더니즘의 근대적 주체 비판은 수용하지만 주체를 해체하는 것으로 나아가지 않는다. 오히려 그는 유목적 주체에서 포스트휴먼 페미니즘에 이르기까지 일관되게 주체성의 재형상화를 시도한다. 즉 그는 자연, 몸, 물질을 비이분법으로 사유함으로써, 정동, 욕망, 상상력에 사고능력까지도 포괄하는 주체의 가능성을 시도한다.

이것이 바로 브라이도티의 육체 유물론이다. 즉 그는 여성적인 것으로 여겨졌던 육체와 물질을 육체 유물론의 전통 속에서 재형상화하고

12) 위의 책, 72쪽.

이를 통해 이분법을 넘어서는 새로운 주체의 가능성을 제시하고자 한다. 그렇다면 '몸'에서 출발하여 몸의 물질성을 새롭게 설명한다는 것은 어떤 의미인가? 나는 브라이도티가 '체현embodied' 개념을 어떻게 풀어 나가는지를 살펴보면서 그의 신유물론 사상을 하나씩 설명해 보도록 하겠다.

우선 그에 따르면 '체현'되어 있다는 것은 주체가 대립적 이분법을 벗어난 의미의 '물질matter'로 존재한다는 것이다. 미셸 푸코Michel Foucault는 이미 '신체적 물질bodily matter'이라는 용어를 통해 문화나 사회 또는 정신과 대립되는 의미의 연장체나 질료로서의 물질 개념을 벗어나고자 했다. 브라이도티의 설명에 따르면 푸코의 '신체적 물질'은 "신체를 힘, 에너지의 공급자로 지칭하며, 그 물질성이 사용되고 조작되고 사회적으로 구성되도록 스스로를 내어주는 것을 지칭한다."[13] 여기서 물질은 문화나 사회 또는 정신의 대립점이 아니라 언제나 이들을 담고 있는 '지적인 물질성'이다. 브라이도티는 물질이 정신의 대립으로 파악되는 것이 아님을 강조하기 위해 푸코 외에도 스테이시 앨러이모Stacy Alaimo의 "생각은 세계의 질료stuff"[14]라는 표현을 직접 인용하기도 한다. 가장 최근의 저작 『포스트휴먼 페미니즘』에서는 육체 유물론 대신 '신유물론new materialism'이라는 용어를 사용하면서 우리 시대 페미니즘은 물질을 "기술적으로 매개된 자연-문화 연속체"[15]로 보아야 한다고 설명하기도 한다.

둘째로 브라이도티가 '체현'을 강조하는 이유는 몸이 위치나 형태에 따라 다르게 구현하는 차이를 고려하기 위해서이다. 이런 점에서

13) 위의 책, 90쪽.
14) 로지 브라이도티(2024), 185쪽.
15) 위의 책, 187쪽.

그는 체현되어 있다는 개념이 성차 같은 차이를 구현하고 있는 물질을 의미한다고 말한다. 육체는 동일성이나 보편성이 아니라 차이를 구현한다. 따라서 육체에서 시작하는 유물론은 차이를 배제하거나 식민화하기보다 차이를 고려하는 사상과 연결될 수밖에 없다. 한때 급진적 페미니스트들은 성급하게 차이를 만들어 내는 육체성을 거부하고 보편적 이성으로서의 평등을 해방의 이상으로 주장했지만, 이리가레 등 프랑스 성차 페미니스트들은 성적 차이를 대항 가치를 만들기 위한 교두보로 삼을 필요가 있다고 강조한 바 있다. 브라이도티는 이 차이의 페미니스트들을 따라가면서 성차를 결핍이 아니라 새로운 가능성으로 형상화하고자 한다.

브라이도티가 자신의 육체 유물론에서 말하고자 하는 성차는 생물학적 차이가 아니다. 생물학적 몸의 개념은 우리가 몸을 일종의 고정된 영토로 이해하도록 만든다. 그러한 영토화된 몸이 지시하는 차이는 근대 가부장제와 생물학주의가 만들어 낸 통념일 뿐이다. 그렇다고 여기서 말하는 성차를 사회구성주의적 젠더와 등치해서도 안 된다. 왜냐하면 브라이도티가 강조하는 성차는 몸에 뿌리내리고 있기 때문이다. 브라이도티는 오히려 이러한 방식의 극단화된 이해를 지양한다. 브라이도티가 말하는 성차는 오히려 "기호적이면서 물질적인 구조"이며 "과정 중에 있는 항목"16)이다. 그가 말하는 성차는 "유목적 정치 기획"17)으로서의 성차, 즉 대항의 지점을 만들어 내는 "여성-되기"의 프로젝트이다.

셋째로 체현에서 시작하는 유물론은 "성적으로 차별화된 구조를 강조함으로써 육체적 물질성이라는 개념을 전개하는 유물론"18), 즉

16) 브라이도티(2004), 245쪽.
17) 위의 책, 238쪽.
18) 위의 책, 30쪽.

"위치의 정치학"을 복원한다는 것을 의미한다. 에이드리언 리치의 위치의 정치학은 여성의 몸이 권력의 불균등 속에 위치하고 있음을 보여준다. 여성의 몸은 남성과 다른 위치에 놓여있을 뿐 아니라 수많은 상이한 여성들은 다른 위치에 체현되어 있다. 샌드라 하딩은 이런 점에서 입장론을 전개하는 가운데 전통 과학의 중립적 객관성을 비판하였고 과학적 지식 역시 체현하고 있는 몸의 관점에 따라 다르게 형성될 수 있음을 주장하였다. 나아가 하딩은 권력을 갖지 못한 소수자들의 위치에서 지식을 생산할 때 가장 객관적일 수 있음을 주장한 바 있다. 이런 점에서 위치의 정치학 또는 입장론은 지배적인 헤게모니를 비판할 수 있는 저항의 지점을 제공한다.

마지막으로 육체 유물론에서 시작하겠다는 의지의 표명은 교차성에 대한 인식으로 나아가겠다는 것을 의미한다. 하나의 몸에는 하나의 위치만 있는 것이 아니다. 체현된 몸은 복잡한 권력구조를 구현한다. 여성은 그가 어떤 인종, 민족, 계급에 속하느냐에 따라 복잡하게 다른 정체성을 형성할 수 있다. 이런 점에서 여성으로서 말한다고 할 때의 "여성"은 "복수적이고 복합적이며 잠재적으로 모순적인 경험들의 집합[19]"이다. 교차적 정체성을 고려하는 가운데 여성으로서 말한다는 의미는 따라서 본질주의적 여성성, 지배적인 헤게모니로서의 여성성으로부터 탈주한다는 것이며, 그럼에도 불구하고 다양한 처지에 놓인 여성들에게 힘을 실어주기 위한 변화를 활성화시키고자 한다는 것이다.

> 페미니즘적 여성 주체로서 말한다는 것은 여성들 사이의 차이를 이해하면서 젠더 혹은 성차라는 문제들에 우선권을 부여한다는 점을 수반한다.[20]

---

19) 같은 책, 30쪽.

포스트휴먼으로의 전환과 '조에zoe 평등주의'

브라이도티의 초기 유물론의 핵심어가 유목적 사상이었다면 최근 그의 유물론은 포스트휴먼 사상을 중심으로 재구성된다고 할 수 있다. 페미니즘이 이성중심주의의 굴레를 제대로 벗어나기 위해서는 휴머니즘 패러다임에서 포스트휴먼 패러다임으로 확장되어야 한다고 생각했기 때문이다.

휴머니즘에 대한 비판은 이미 70년대부터 등장하였다. 에코페미니즘, 반파시즘, 반인종주의 운동, 탈식민 운동, 게이 해방운동, 생태운동의 부상은 인간중심주의에 대한 비판을 중심으로 전개되었다. 인간은 비인간을, 남성은 여성을, 백인은 유색인을, 이성애자는 퀴어를, 문명은 자연을 파괴했을 뿐 아니라 지배하려고 했으며 그 결과 우리 모두의 파괴를 가져왔다는 것이 이러한 운동이 우리에게 가르쳐준 교훈이었다. 질 들뢰즈와 펠릭스 가타리 미셸 세르Michel Serres, 자크 데리다Jacques Derrida 미셸 푸코와 같은 지식인들은 테크놀로지를 앞세운 유럽 파시즘, 나가사키에서의 대학살, 행성 파괴 등을 지적하면서 인간을 위해 여타의 모든 것을 희생시키는 인간중심주의를 해체할 것을 주장하였다.

그렇다면 브라이도티는 시민, 권리 보유자, 사유재산 소유자인 주체 '인간/남성man'을 주인공으로 하는 휴머니즘에 대해 어떤 대안을 제시하고 있는가? 그는 여성 주체를 그 대안으로 제시하는 데서 한발 더 나아가 '조에zoe 평등주의'를 제안한다. 탈세속적 포스트휴먼으로의 전환과 더불어 그는 인간만이 아니라 지구상의 모든 존재가 '조에'라는 생명을 가지고 있으며, 조에를 가지는 생명의 물질로서 평등하다고 본다. 그리고 여성의 문제 역시 인간관계를 넘어 인간-비인간 관계를 함께

20) 같은 책, 31쪽.

풀 때 제대로 해결될 수 있다고 주장한다.

앞서 나는 브라이도티가 정신/물질 이분법을 넘어서는 주체의 가능성을 제시하기 위하여 '체현'에 기반한 육체유물론을 재구성하였다고 설명한 바 있다. 거기서 브라이도티는 자연/문화, 인간/비인간의 구분을 지양하면서 행성 존재를 자연-문화 연속체로서의 물질로 파악하였다. 이를 토대로 브라이도티는 인간 자아를 넘어 지구상의 모든 '생명 물질'을 고려한다. 그리고 모든 생명 물질을 주어진 것(자연)이자 구성된 것(문화)으로 설명한다. 과학기술의 발전은 인간과 비인간, 문화와 자연의 구분을 더욱 흐리게 만들고 있다. 그에 따르면 포스트휴먼의 시대에는 인간도 비인간도, 자연도 문화도 자연-문화 연속체이자 '생명 물질'이다. 이것이 바로 그가 말하는 포스트휴먼 주체성이다. 브라이도티가 말하는 "탈세속적 전회"란 바로 포스트휴머니즘이 인간에게만 이성과 영혼 그리고 생명을 부여했던 휴머니즘의 세속주의로부터 벗어나고 있음을 의미하는 것이기도 하다. 포스트휴먼적 관점에서 볼 때 인간뿐 아니라 모든 물질에는 생명이 깃들어 있다.

브라이도티에 따르면 모든 존재는 생명 물질로서 '자기조직적'이다. 이런 점에서 물질은 생기론적이다. 물질이 조에로서 스스로를 생성할 수 있는 것은 그것이 구조적으로 관계적이며 다양한 환경과의 연계 속에서 사회적, 정신적, 생태적 환경과 상호작용하기 때문이다. 모든 생명 물질은 횡단성을 통해 자신을 창조할 수 있다. 인간뿐 아니라 모든 종은 관계적 생명 물질로서 "지능이 있고 자기조직적이다." 브라이도티는 모든 물질에 깃든 생명을 인간만의 특권적인 생명을 일컫는 '비오스bios'가 아니라 '인간-아닌 생기적 힘vital force'인 '조에zoe'로 코드화한다.[21]

21) 로지 브라이도티(2015), 81쪽.

조에 생명성은 인간과 비인간의 경계를 흔든다. 생성의 힘으로서의 조에는 분리되어 있는 종의 영역을 가로지르고 연결하는 '횡단적 힘'이다. 브라이도티에 따르면 이러한 생기론적 탈-인간중심적 유물론과 함께 우리는 "조에 중심의 평등주의"[22]에 도달하게 된다. 조에 평등주의는 인간중심주의의 오만과 싸울 수 있는 조건을 가져온다. 여기서 여성, 원주민, 유색인, 퀴어, 동물, 자연 등은 유일하게 고귀한 인간 생명을 위해 희생되어야 할 타자들이 아니다. 포스트휴먼의 관점은 가령 주인과 노예의 관계 또는 도구적 관계로 정립되기 위해 창안된 돌리Dolly[23]나 온코마우스OncoMouse[24] 같은 포스트휴먼적 존재에 깃든 조에도 고려할 것을 요청한다. 포스트휴먼의 관점은 또한 어떻게 조에 평등성을 인정하는 가운데 횡단의 관계를 맺을 수 있는지 고민할 것을 촉구한다. 횡단적 관계는 기존의 특수성을 그대로 둔 채 서로를 인정하는 종들 간의 상호관계가 아니다. 횡단적 관계는 동물을 인간의 지위에 올려놓는 의인화나 동물권 운동과도 다르다. 오히려 횡단적 관계는 권력을 갖지 못한 소수자의 조에에 응답하기 위해서 그들과의 관계 속에서 자신을 혼종화하고 변화시키는 과정이다. 그런 점에서 동물과의 횡단적 연결은 '동물-되기'이며, 환경오염과 기후위기로 힘들어진 지구와의 횡단적 연결은 '지구-되기'이다.

에코페미니즘에서 포스트휴먼 페미니즘까지

포스트휴먼으로의 전환은 여러 분야에서 나타났지만 브라이도티를

---

22) 같은 책, 82쪽.

23) 돌리(Dolly)는 세계 최초로 체세포 복제를 통해 태어난 포유류로 영국 에든버러의 로즐린 연구소에서 복제되었다.

24) 유방암 연구를 위해 유전적 변형을 가한 실험용 쥐를 '온코마우스(OncoMouse)'라 부른다. 1988년 미국 듀퐁사와 하버드대학이 공동으로 특허 승인을 얻은 온코마우스는 인간의 암유전자 정보를 쥐의 유전자 속으로 복제·결합하는 방식으로 태어난다.

포스트휴먼 패러다임으로 안내한 것은 무엇보다도 에코페미니즘과 토착민 페미니즘이다. 왜냐하면 에코페미니즘은 문화/자연의 이분법을 넘어서는 포스트휴먼의 사고를 포함하고 있을 뿐 아니라 인간/남성중심주의 비판을 종차별주의 및 식민주의 비판과 연결시켜 생각하는 교차적 사고를 포함하기 때문이다.

브라이도티에 따르면 자유주의 페미니즘, 래디컬 페미니즘, 사회주의 페미니즘, 흑인 페미니즘, 퀴어 페미니즘 등은 이성애 백인 남성중심주의를 비판하는 데 결정적인 역할을 했지만 이 흐름에는 여전히 비인간 타자의 지평을 고려하는 차원이 존재하지 않는다. 다시 말해서 여러 타자성을 해방시키는 데에 결정적인 역할을 했음에도 불구하고 이러한 페미니즘들은 여전히 휴머니즘의 기획 안에서 전개되고 있다. 따라서 이러한 페미니즘 안에서는 기술에 의해 매개된 인간, 자연-문화 연속체로서의 존재들이 당면하는 포스트휴먼의 곤경 등에 대응할 만한 자원을 찾기란 힘들다.

물론 최근의 신자유주의 페미니즘은 테크놀로지를 통한 여성해방을 적극적으로 고려한다. 그러나 여성해방을 자본주의 안에서의 성공한 인간/남자 되기, 남성과 동일한 생계 부양자 되기, 육체성의 한계를 뛰어넘는 성공한 능력자 되기 등으로 설정하는 신자유주의 페미니즘에서는 경제적 이익을 가져오지 않는, 문명과 관계없는, 출산율에 기여하지 않는 존재들의 타자성은 해방되기보다 거부된다. 이제 여성은 더 이상 타자가 되어서는 안 되며 힘 기르기를 통해 능력과 전문성을 갖추어야 한다. 타자를 돌보는 가사노동과 양육 노동은 제3세계 가사노동자들에게 전가된다. 또한 신자유주의 페미니즘의 흐름은 경제적 이익을 위해 생명을 상품화하는 자본 및 기술과 쉽게 연결된다. 생산과 재생산을 육체라는 한계로부터 해방시키려는 신자유주의의 기술적 시도들은 개인의 역량 강화 및 이윤추구라는 목적과 연결된 트랜스휴머니즘 transhumanism으로 나아가게 된다는 것이다.[25] 캐서린 헤일스 역시 컴퓨터 시뮬레이션을 인간의 의식에 통합시키려는 트랜스휴머니즘의 시도가 여전히 육체-정신의 이분법적 분리를 전제하는 가운데 정신을 물질보다 더 우월적이고 특권적인 입지에 놓고 있다고 비판한 바 있다. 물질성을 부정하는 트랜스휴머니즘은 몸의 한계를 부정하는 쪽으로 진화하기에, 체현된 것들이 위치를 가지고 있음을, 몸이 다양한 권력을 교차적으로 구현하고 있음을 망각시킨다.

이와 달리 에코페미니즘은 이분법과 인간중심주의를 모두 비판적으로 벗어난다. 브라이도티에 따르면 에코페미니즘은 무엇보다도 자연의 개념을 재정립함으로써 인간과 자연이 협력적 관계를 맺을 수 있게 했다. 여성이 자연과 동일시되면서 문명의 타자로 배제되어 왔다는 에코페미니스트들의 비판은 여성운동을 생태운동과 연결시켜 생각하도록 촉구했으며, 페미니즘 운동이 자연의 가치를 다시 평가하도록 요청했다. 처음에 에코페미니즘은 동물, 식물, 지구를 재평가하는 것에서 시작했지만 시간이 지나면서 기술적 인공물, 네트워크, 코드 알고리듬과 같은 비유기체까지도 포괄하여 생각하는 방식으로 변모하게 된다.[26] 따라서 에코페미니즘은 성차별주의나 인종차별주의를 비판하는 데서 한발 더 나아가 모든 종에 대한 차별주의를 비판하는 포스트휴먼의 방식으로 사고를 확장해 왔다. 최근의 에코페미니스트들은 가부장제, 자본주의, 인종주의, 식민주의, 인간중심주의가 타자에 대한 착취라

25) 브라이도티는 트랜스휴머니즘이 존재가 가지고 있는 물질성을 망각한 채 정신과 능력을 고양시키려는 목적에만 몰두하고 있으며, 생명을 이윤을 최대화하려는 기업의 이해관계에 따라서만 사고하게 된다고 비판한다.

26) 브라이도티(2024), 126쪽.

는 공통의 구조로 연결되어 있다고 보며, 이런 점에서 타자로 차별받는 사람들이 '우리'로 함께 존재하고 있음을 이해하도록 촉구한다.

브라이도티는 비판적 포스트휴먼 페미니즘이 바로 이러한 에코페미니즘의 자장 안에서 움직이기를 희망한다. 포스트휴먼 페미니즘은 단일한 여성 정체성을 토대로 여성만의 이익을 위해서 나아가는 운동이 아니다. 여성들이 단일한 억압의 상황에 있다고 보지도 않는다. 오히려 포스트휴먼 페미니즘은 인간과 비인간이 상호 연결되어 있는 환경 속에서 '우리가' 이렇게 함께 존재한다는 것을 인식하면서 상처받고 고통받는 세계에 공감하고 서로를 돌보는 동시에 이를 날카롭게 비판하려는 힘이다. 여기서 우리는 하나도 동일자도 아니지만 함께 존재할 수 있다. 따라서 여성을 위한 운동은 여성들이 관계를 맺고 있는 다양한 인간적, 비인간적 억압의 축을 함께 고려하면서, 지구상의 모든 존재들이 함께 잘 살 수 있는 연결점을 고민하는 방향으로 나아가야 한다. 이런 의미에서 나는 최근 브라이도티가 한국 독자에게 남긴 말을 인용하면서 이 글을 맺고자 한다.

> "정체성 문제에만 집중하지 마세요. 우리가 살아가는 바로 이 시대에는 기후변화 위기, 기술 향상, 사회적 불공정, 정치적 포퓰리즘, 우파의 저항이 함께 합니다. 포스트휴먼 페미니즘의 의제는 세대를 아우르고 횡단해야 하며 사회·환경·기술 문제를 서로 관련지어 바라봐야 합니다. 기후위기·인공지능·이주나 빈곤의 상호 연결성을 의식하며 차이와 범주를 넘어서고 세대 간에 횡단하는 사고가 필요합니다."[27]

---

27) 이유진, "일론 머스크는 화성으로…지구를 돌보는 것은 우리 의무", ≪한겨레 21≫, 2024. 05.18. (검색일: 2024.10.17).

참고 문헌

로지 브라이도티, 『유목적 주체 — 우리 시대 페미니즘 이론에서 체현과 성차의 문제』, 박미선 옮김, 여이연, 2004.

__________, 『트랜스포지션 — 유목적 윤리학』, 김은주·박미선·이현재·황주영 옮김, 문화과학사, 2011.

__________, 『포스트휴먼』, 이경란 옮김, 아카넷, 2015.

__________, 『변신-되기의 유물론을 향해』, 김은주 옮김, 꿈꾼문고, 2020.

__________, 『포스트휴먼 지식 — 비판적 포스트인문학을 위하여』, 김재희·송은주 옮김, 아카넷, 2022.

__________, 『포스트휴먼 페미니즘 — 더 나은 미래를 위한 변혁의 힘』, 윤조원·이현재·박미선 옮김, 아카넷, 2024.

이유진, "일론 머스크는 화성으로… 지구를 돌보는 것은 우리 의무", ≪한겨레 21≫, 2024.05.18.

뤼스 이리가레
Luce Irigaray

몸의 정치, 성차의 윤리

태혜숙
서울대학교 영문과에서 박사학위를 받았고 대구가톨릭 대학교 영문과에서 교수로 재직하였다. 저서로 『탈식민주의 페미니즘』, 『서발턴은 말할 수 있는가』 등이 있다.

이 글의 원문은 『여/성이론』 2호(2000)에 실려있다.

뤼스 이리가레: 몸의 정치, 성차의 윤리

1.

천년의 마지막 세기가 막을 내린다. 하나도 섭섭하지 않다. 제1차 세계대전으로 시작해서 동티모르 내전에 이르기까지 숱한 전쟁들로 점철된 20세기에 빨리 안녕을 고하고 싶은 심정이다. 근대적인 시민 주체의 자각과 성숙으로 온 세계가 가꾸고 누릴 것이라고 믿었던 자유, 평등, 박애라는 인류 역사의 새로운 장은 이렇게 해서 21세기로 넘어간다. 이 시점에서 무엇을 갖고 새로운 천년을 만들어나갈 것인가를 묻지 않을 수 없다. 이 질문은 근대성의 극복이라는 이슈와 관계된다.

탈근대를 지향하는 최근 이론들을 묶어볼 수 있는 중요한 개념 중 하나가 '차이'일 것이다. 근대적 제국주의 전쟁이 보여주듯 근대적 가치로서 '평등'은 실제로는 서구남성 주체라는 중심에 속하지 않는 많은 타자들, 차이들을 억누르는 억압적인 것이었다. 그러므로 모든 것을 서구남성주체라는 동일자로 귀속시켜온 근대적 사유 구조와 다른 새로운 사유의 틀을 다지려는 탈근대적 사유에서는 타자들, 차이들을 인정하고 이론화하는 것이 중요하게 된다. 그렇다고 '차이'를 근대성이 애초에 지향했던 '평등'과 완연히 대립되는 것으로 놓을 필요는 없다. 각 차이를 새로 정의하고 그 차이에 따른 권리를 추구할 때 획일적인 평등주의의 맹점을 극복하고 진정한 의미에서의 평등을 실현할 수 있기 때문이다. 그렇다면 '차이'의 문제틀에서 출발하는 차이들의 정치는 근대성의 가치를 포스트모던 시대에 맞게 재배치하는 것으로서 21세기 사회를 이끌어나갈 만한 정치적, 윤리적 가능성을 갖는다고 하겠다.

20세기 중반 이후 현대 페미니즘 부문은 사회정치적인 권리 면에서 여성이 받은 차별과 성적인 면에서 받은 억압을 개선하는 데 주력하며 '일상의 정치'를 제시해 왔다. 이것을 바탕으로 페미니즘은 다양한 방향으로 확대된다. 그 중에서도 이론적 경향의 페미니즘은 근대성의 위기를 타개하는 사유틀을 재구성하는 데 적극 개입하려고 한다. 페미니즘 이론가들이 데리다, 푸코, 들뢰즈와 같은 대표적인 남성이론가들이 제기한 '차이들'을 둘러싼 새로운 사유 방식에 많은 관심을 표명하는 것도 그 때문이다. 그런데 페미니즘 이론가들은 남성이론가들과 유연하게 대화하는 과정에서 페미니즘의 목적에 유용하도록 그들의 통찰을 활용하는 동시에 이를 넘어서는 비판적인 페미니스트 사유라는 독특한 방식을 실험함으로써 특유의 활력과 창조성을 보여준다.

반면 남성이론가들은 페미니즘 이론가들만큼 상대방에게 적극적인 관심을 보여주지 않는다. 페미니즘 이론가들이 보기에는 성차sexual difference야말로 인간의 주체성을 규정하는 많은 차이들의 원형이다. 그런데 성차에 대한 푸코, 데리다, 들뢰즈의 논의는 미흡하기 짝이 없다. 그 논의의 미흡함이란 우선 성차 문제를 끈질기게 파고든다기보다 제시했다가도 쉽게 다른 논의로 넘어가버리는 생략과 배제로, 또 여성을 추상적으로 은유화하는 뿌리 깊은 남성적 태도를 재생하는 식으로 나타난다. 다가오는 시대에 가장 중요한 것은 차이들의 활성화라고 주장하는 이론들이라고 해서 여성에게 반드시 실질적으로 도움이 되는 것은 아니라는 말이다.

차이들을 입으로만 인정하는 것과 실제로 이론과 사유에 녹아드는 것 사이에는 그야말로 엄청난 차이가 있다. 차이들을 그저 무책임하게 외치거나 나열하기보다 성차 하나만이라도 여성의 입장에서 끈기 있게 담론화 하고 있는 이리가레야말로 페미니즘 이론가로서 뿐만 아니라 진정한 차이 이론가로서 중요하다. 이리가레가 주장하는 성차는 폭력과 전쟁으로 얼룩진 우리 시대의 파괴와 허무주의를 저지하고 우리를 구원해줄 수 있는 새로운 비옥한 영역의 출현을 표상한다. 성차가 얼마나 중요한 이슈인가를 이해하는 데서부터 21세기를 위한 새로운 패러다임을 구할 수 있을지도 모른다. 이 글에서 이리가레를 소개하려는 것도 바로 이런 맥락에서이다.

2.

이리가레는 여러 학제 간을 통과하며 넘나든다. 정신분석가, 언어학자, 철학자, 문학가의 면모가 그녀의 글에서 다중적으로 얽혀 나타난다. 그래서 그녀의 글은 쉽게 읽히지 않는다. 술술 읽혀 금방 소비되고 마는, 그런 일회성 글과는 다르다. 그녀의 글은 근대성의 극복이라는 복잡하고도 복합적인 과제에 걸맞는 사유 과정을 열정적으로 육화하고 있어서 그것에 다가가는 데 오랜 시간이 걸린다. 이리가레의 초기 책들이 영어로 번역되는 데 근 10여 년 이상의 세월이 필요했던 것부터가 심상치 않다. 그런 만큼 이리가레의 사상을 정리하고 소화해서 그 정수를 체득하려면 끈기가 필요하다. 그다지 참을성이 없는 사람들이 그녀를 엘리트주의자라고, 인종과 계급 차이를 무시한다고, 본질주의자라고, 라캉에 경도된 정신분석학자라고, 심지어는 페미니스트가 아니라고 비판한다. 이리가레를 피상적으로 이해할 때 이런 비판은 얼마든지 할 수 있다. 그렇지만 손쉬운 비판을 하기보다, 여태껏 생각되지 않았고 상징화되지 못한 영역을 사유하고 담론화하는 과정이 수반할 법한 어려움을 인정하고 이리가레에게 접근하는 편이 생산적일 것이다.

1934년 벨기에 태생인 이리가레는 프랑스에 유학해 취득한 박사학위논문인 『검경*Speculum of the Other Woman*』(불어판 1974, 영역판 1985)을 발간함으로써 세상에 알려지기 시작한다. 이 책으로 인해 이리가레는 라캉 학파로부터 축출되고 자신이 몸담고 있던 벵센느Vincennes 대학 정신분석학과 교수직에서 쫓겨난다. 이 상황은 『하나가 아닌 성*This Sex which is not One*』(1977, 1985)에서 언급된다. 그 후로는 연구원, 객원교수로 유럽의 여러 대학들과 강연장을 전전하면서 행한 세미나 모음집들(『성차의 윤리*An Ethics of Sexual Difference*』 로테르담의 에라스무스 대학 1984, 1993, 『성들과 계보들*Sexes and Genealogies*』 1987, 1993, 『내가 사랑하는 너*I Love to You*』 이태리 볼로냐 대학 1990, 1996)을 펴낸다. 이리가레의 작업은 첫 번째, 서구 남성 철학자들을 뒤집기, 두 번째, 첫 번째 작업을 바탕으로 여성적 주체성의 공간 만들기, 세 번째, 두 젠더 사이의 진정한 만남을 위한 윤리학을 창출하기라는 세 단계로 나누어 볼 수 있다. 물론 이 세 가지 작업들은 일직선적이라기보다 서로 겹쳐진다. 이리가레야말로 프랑스의 라캉 학파와 제도권 대학으로부터 탈주해 나와 지적 유랑자로서 곳곳을 옮겨 다니며 응고된 것을 풀어 흐르게 하는 노마드적 주체이다. 20여 년에 걸친 이리가레의 지적 궤적을 따라가 보기 위해 『검경』에서 시작하고자 한다. 사실 이 초기작은 이리가레 사상의 모태라고 할 수 있다.

『검경檢鏡』은 3부로 구성되어 있다. 이리가레는 제1부에서는 프로이트를, 제2부에서는 데카르트, 헤겔, 칸트 등등을, 제3부에서는 플라톤을 대상으로 정신분석을 실행하고 있다. 그녀는 정신분석학을 서구 철학담론을 일관되게 관통하고 있는 남성철학자들의 판타지(지배문화의 남성중심적 편견들과 무의식)를 분석해내는 데 활용한다. 사실 이리가레는 실제 정신분석 상황에서처럼 분석가와 환자 사이의 상호주관적인 친밀한 관계를 유지함으로써 남성철학자들의 무의식을 포착할 수 있었으며 그것을 바탕으로 남성중심적 상징 질서의 변화를 꾀하고자 한다. 이런 방식은 프로이트와 라캉의 정신분석학에 영향을 받았으면서도 그들과 비판적 거리를 둔 데서 가능하다. 『검경』에서 이리가레는 남성의 담론을 프로이트에서부터 역사적으로 거슬러 올라가 그 담론구조를 파악해 가면서 비판하는 데 주력하는 편이다(후기로 갈수록 이리가레는 데카르트, 스피노자, 니체, 레비나스 등과 좀 더 역동적이고 복잡한 대화 방식을 실험한다).

이리가레는 제3부에서 플라톤의 '동굴 신화'를 집중 점검한다. 그리하여 모태인 어머니의 몸을 부정하고 모태와의 경험적 관계에서 이탈하여 하늘로 올라가 세상을 바라보고 사색하면서to specularize and to speculate 세상을 초월하는 이데아에 대한 남성의 판타지를 밝혀낸다. 이 판타지를 통해 남성주체는 태양처럼 중심적인 위치에 주체로 서서 대상을, 여성을, 몸을 경멸하며 배제하는 동시에 그것을 전유하게 된다는 것이다. 그런데 자연, 물질, 세상으로부터 태양을 향해 수직적으로 비상하는 초월을 꿈꾸는 남성주체를 동굴은 그림자처럼 따라다닌다. 이 동굴이 환기하는 것은 여성/어머니의 몸(자궁)이다. 플라톤의 '동굴 신화'는 그가 부정하려고 한 남성주체의 근거를 역설적으로 드러내고 있다.

『검경』의 제1부에서는 프로이트가 집중 조명되고 있다. 프로이트는 정신분석가로서 자신이 상대하게 된 많은 여성 환자들이 예전과 달리 말을 하기 시작하자 이미 동일성의 남성논리로 체계화된 개념들(음경선망, 거세, 오이디푸스 콤플렉스 등)로써 그 새로운 언어, 이상한 스피치를 식민화하게 된다. 프로이트는 사실 히스테리 환자의 언어와 무의식에 남다른 관심을 보여주고 있지만 그것을 남근중심 사유체계로써 분석하고 계층화하여 남성중심의 리비도 경제를 반복할 뿐이다. 남근형태주의phallomorphism라는 이 오랜 맹점 때문에 프로이트 역시 남성/여성의 두 다른 리비도 경제 사이의 유희나 충돌에 세심한 반응을 보이지 못했다. 그래서 프로이트는 눈에 보이지 않아 이론화할 수 없는 여성의 섹슈얼리티와 쾌락에 그토록 황망해 할 수밖에 없었던 것이다.

이리가레는 프로이트를 정신분석한 결과, 근친상간 터부도 과학성이나 객관성도 어머니에 대한 프로이트 자신의 욕망을 위장하고 승화하기 위한 개념들이었으며 프로이트 자신을 주체로 서 있게 한 것도 바로 어머니/자연의 몸/성the body/sex of the mother/nature이라는 사실을 밝혀낸다. 프로이트에 이르러 그 완전한 모습을 드러내는 바, 서구 사상의 토대에는 비이성적이며 불완전한(거세된) 남성이라는 식으로 여성을 정의하는 '남근형태주의', '남근중심주의phallocentrism', '남근로고스중심주의phallogoscentrism'가 자리 잡고 있었다. 즉, 여성을 무시하고 배제하는 것은 서구철학 질서 자체가 구조적으로 필요로 하는 것이었다. 그렇다면 남성우월을 지지하는 데 적극 참여하는 철학이야말로 남근로고스중심주의 사유의 개념적 무기들 중 하나이다. 그러므로 여성을 희생시키고 성립된 서구담론의 구조 자체에 도전하는 담론적 실천은 페미니스트 투쟁의 중요한 핵을 이룬다. 이리가레의 담론적 전략은 여성의 사회경제적 현실과 동떨어져 실천되는 그런 것이 아니라 여성을 차별하고 억압하는 물질적 현실로부터 떼려야 뗄 수 없이 이미 얽혀 있는 담론 자체를 바꾸려는 것이다.

이리가레에 따르면 히스테리 환자들의 이해하기 힘든 언어나 억압된 스피치는 그들이 비정상이라서가 아니라 여성을 공허, 음각, 부정성으로, 또 남근적 주장들의 금지된 타자로 각인해서 여성의 특별한 쾌락을 억압해온 기존 담론체계에서 기인한다. 이리가레는 남근중심주의에 완전히 종속되어 언어가 없는 거세된 여성의 침묵에도, 기존 담론체계의 바깥에 있어서 소통되지 않는 완전히 '비합리적인 언어'에도 반대한다. 그러면서 이리가레가 택하는 길은 남성중심로고스에 들어가 그 담론을 모방하면서도 거기에 머물지 않고 그것을 통과하는 것이다. 그런 경유 과정을 통해 남근중심 로고스가 남기고 있는 공백, 빈틈, 다양성, 생략을 포착함으로써 기존의 '합리적 언어'가 담아내지 못했던 히스테리 환자의 희미한 맥박, 외침, 뜻을 재현할 수 있는 가능성을 발견한다는 것이다. 그 희미함 때문에 아직은 수수께끼, 암시, 인유, 비유로써 말할 수밖에 없더라도 그 영역을 형상화해야 한다는 것이다. 그러기 위해서 이리가레는 『검경』에서 저 회칠한 무덤 같은 남성담론이 퍼뜨리는 남근형태주의적 위장과 포장 속에서 여성의 욕망을 껄끄러운 것으로 만들어 온 기존 언어에 혼란을 가져오도록 저 깊은 동굴 속으로, 저 동굴의 신비로 더 깊이 내려갈 것을 요청한다.

그런데 이리가레는 여기에 필요한 새로운 도구로 검경을 제시한다. 오목거울로 된 반사경은 내부를 꿰뚫어 보는 기구로서 과거에 신비하고 모호하게 처리된 여성 섹슈얼리티가 이제 이것에 비치는 대로 그 모습을 드러낼 수 있도록 하기 때문이다. 이 때 중요한 것은 누구의 눈으로 보느냐 하는 것이다. 전통적인 남성적 시선gaze은 과학의 도움을 받아 여성의 성을 모조리 해부하고 경험적인 차원에서 결국 아무것도 없더라는 식으로 여성 섹슈얼리티의 신비한 차원을 사상하든가 여성성을 도구적인 모성에 국한시켜 왔다. 이리가레는 여성적인 욕망을 이런 시선을 불태워 버릴 수 있는 것으로, 남성중심적인 응시를 탈시각화despecularization할 만한 것으로 본다. 이리가레가 암시하듯, 햇빛을 집중시켜 불태우는 오목거울은 여성의 섹슈얼리티를 표상하는 데 적합한 비유일 것이다. 즉 그것은 남성의 자본과 생산물을 불태우는 여성 욕망의 힘을 나타낸다. 그리하여 『검경』에서 이리가레는 그동안 대상(재현의, 담론의, 욕망의)으로만 존재해온 여성들이 스스로 보고 말하기 시작한다면 어떤 일이 벌어질지 상상해 보자고 한다. 기존 주체 이론에서는 그 주체성이 부인된 여성들이 이제 대상으로서의 고정된 강박적 성질을 버리고 새롭게 상상하고 말하기를 꾀해야 한다는 것이다.

3.

『검경』에 뒤이어 이리가레는 『하나가 아닌 성』에서 여성이 남성과 다른 사유패턴과 언어를 가질 수 있는 근원을 여성 섹슈얼리티의 다중성과 확산성에서 구하며 이것을 여성성기 클리토리스clitoris 자체의 특성과 연결시키고 있다. 이를테면 "… 여성의 신체 일부는 계속해서 포옹하는 두 음순(입술)으로 구성되어 있어서 자신 안에서 이미 서로에게 자극을 주는— 그러나 각기 하나로 나누어질 수 없는— 둘이고… 여성은 바로 온 몸에 성 기관을 갖고 있으며 몸의 거의 모든 곳에서 쾌감을 경험한다." 이 유명한 대목을 통해 이리가레는 여성의 생물학적 성기관인 클리토리스를 두 입술로 표상함으로써 인접성, 혼성, 자율성, 다중성의 원리를 부각하는 동시에 그 원리를 여성의 언어와 연결시킨다. 이런 원리들은 『검경』에서 비판된 남근형태적 논리를 대치하고 넘어서는 음순형태주의를 이룬다. 그런데 이리가레의 음순형태주의가 혹독하게 비판받고 있는 까닭은 해부학을 벗어나지 못한다는 점 때문이다.

그러나 이리가레가 남성을 '하나인 성'이라고 할 때 생물학적 남성 성기 자체를 언급한다기보다 남성 몸의 실제 해부학과 선택적인 관계를 가질 뿐인, 남성 성기에 대한 이미 남근형태적인 개념화를 일컫는다. 그래서 예컨대 이리가레는 어디서도 남성의 고환에 대해서는 언급하지 않는다. 오히려 남근형태적 논리가 남성 성기에 관한 우리의 단일한 지각을 결정한다. 즉, 남근형태적 논리가 해부학에 의해 미리 결정되어 있다기보다 남근형태적 논리 자체의 이미지 속에서 해부학이 재구축된다. 여성 섹슈얼리티는 오랫동안 남근형태적 논리에 따라 생각되어 왔고 그런 생각에 지배되어온 우리의 현실 자체가 이미 남근형태적이다. 그래서 심지어 남성과 다른 여성의 욕망을 정의한다고 하면서 이제 질 대신 클리토리스의 행위를 이분법적으로 제시하는 것도 남근형태적인 기준을 따르는 것이다. "사실, 여성의 쾌락은 클리토리스의 적극성과 질의 수동성 사이에서 선택해야 할 필요가 없다. 질 애무의 쾌락은 클리토리스적 애무의 쾌락을 대신할 필요 없다. 둘 다 대치할 수 없는 방식으로 각기 여성의 쾌락을 돕는다." 이리가레는 여성성을 적어도 둘 이상인, 다중성으로 표상하는 새로운 담론이야말로 강력한 남근/무력한 거세, 능동성/수동성이라는 양자택일에 빠지는 남근형태적 담론의 대안이 될 수 있고 본다. 그러므로 이리가레는 단순히 여성 육체의 우월성을 주장하는 것도, 여성성을 비역사적으로나 생물학적으로 옹호하자는 것도 아니다.

'여성적인 욕망과 언어의 다중성'은 여성 몸의 해부학에서 출발하되 나아가 남근형태적 해부학을 새로 구축할 만한 것이다. 이리가레가 제시하는 음순형태적 논리는 해부학에 의해 결정된 것이 아니라 이미 그런 해부학적 몸에 대한 상징적 해석이다. 따라서 이리가레의 음순 담론은 남근 형태로만 파악되던 몸을 새롭게 은유화함으로써 새로운 의미를 생산하는 것이다. 이리가레의 은유화는 정체된 마비 상태를 벗어나는 움직임을 생성하도록 한다. 히스테리컬한 마비나 남근형태적 경직성에서 해방될 수 있도록 하는 것은 바로 새로운 몸의 생성이다. 그녀는 이미 비유인 '입술들'로써 또 다른 섹슈얼리티를, 여성 섹슈얼리티를 육화한다. 이러한 비남근형태적 섹슈얼리티를 새로 구축하는 탈근대적 다중적인 몸은 기존의 성적 위계질서들을 허물어뜨릴 것이다. 남근/거세라는 양자택일을 벗어나 더 이상 마비되지 않은 새로운 몸, 다른 몸을 창조하려면 몸의 정치와 관련된 실천들이 최선의 희망이자 가장 효율적인 정치이다. 이리가레는 재상상화, 재은유화를 통해서 몸의 경험 자체를 재구축하고 새로운 섹슈얼리티 경험을 생성함으로써 비남근형태적 섹슈얼리티의 확산을 강력하게 요청한다. 이것이야말로 양성 간에 풍요롭고 새로운 만남을 위한 전제 조건이기 때문이다.

그러므로 이리가레는 몸을 생물학적인 것으로 축소하거나 미리 주어진 어떤 본질로 고정시키거나 해부학적 운명에 국한시키는 것과는 거리가 멀다. 여성 몸의 특성에 관한 이리가레의 주장을 생물학적 결정론이라고 비판하는 사람들이 오히려 인간 몸의 생물학적 조건밖에 보지 못하는 것이다. 이리가레에게 몸이란 생물학적인 것과 상징적인 것이 교차하는 장소로서, 여성이 육화하는 차이는 기존 담론체계에서는 그냥 지워져 왔고 그저 주어지지 않으므로 구축되어야 하는 정치적인 것이다. 이리가레의 이런 몸 개념에 비해 푸코가 주장하는 바와 같은 사회구성물로서의 몸 개념은 성적으로 서로 다른 몸들의 물질성을 구체적으로 파고들기보다 간과한다. 그런 몸 개념이 상정하게 되는 것은 결국 남성의 몸, 남성의 쾌락이다. 또한 푸코처럼 히스테리화한 여성 몸들을 권력의 효과로만 보는 것은 여성 몸의 잠재성이나 여성들의 자기 생산 기술(윤리)을 배제하는 것이다. 이리가레에게 몸이란 마치 원재료가 문화적 각인 과정들에 아무런 저항도 하지 않듯 그렇게 주어진 것이 아니라 물질성 혹은 물질적 구체성을 갖는 것이다. 그 몸은 분명 생물학적 차원을 갖지만 그것은 열린 물질성이라서 앞으로 전개될 다른 궤도들을 막거나 유도할 일련의 경향들과 잠재성들을 함축한다.

따라서 이리가레에게 몸이란 문화적 가치와 분위기와 무관하게 고정되어 있지도, 무기력한 것도, 순수하게 발생적이거나 생물학적으로 프로그램된 실체들도 아니다. 경험이나 주체성 수준에서뿐만 아니라 실천적이고 육체적인 능력들의 수준에서 몸들 사이에 있는 차이들이란 상당한 사회역사적 변화를 겪는다. 이 부분에 대해 이리가레가 구체적인 논의를 하지 않는 것은 사실이다. 다만 이리가레가 확실히 하는 것은 성적으로 다른 몸들의 육체적 스타일, 존재론적 구조, 체험되는 현실을 탐색하는 데 외부자적인 또는 중간적인 포지션이란 실상 아무런 의미가 없다는 점이다. 그래서 이리가레는 성적으로 특수한 퍼스펙티브를 확실하게 견지하면서도 성차로 인한 상호적인 타자성을 온전히 인정하고 받아들일 수 있는 열린 포지션을 만들어나가는 것을 중요하게 생각한다. 신체화 자체가 각각의 몸에 구체성과 특수성을 제공하는 구체적인 타자성alterity을 상정하고 있기 때문에 몸들이란 자체의 물질성만으로는 결코 자기현존하지 못한다. 타자성이야말로 신체화의 가능성이자 과정이다. 타자성은 몸들의 유연성이나 탄력성의 조건이자 그 산물이다.

그렇다면 남성, 여성의 정체성을 말할 때 아버지, 어머니 이전에 하나의 젠더에 소속됨으로써 제한된 동일성을 대표하는 각각의 남성, 여성이 되는 것이 중요하다. 하나의 젠더에 소속된다는 것은 언제나 자연적 또는 문화적 한계를 지시하고 동시에 공동체적 유대를 야기한다. 또한 타자와의 필연적인 관계들을 고려함으로써 차이를 무시한 기계적인 권리 개념이 초래하는 편협한 개인주의를 벗어날 수 있도록 한다. 이리가레가 여성 몸의 형상화 작업과 함께 80년대에 들어와 성차, 성차의 윤리, 두 젠더 개념을 본격 탐구하는 것도 바로 이런 맥락에서이다.

4.

이리가레는 여성 몸에 대한 새로운 형상화를 통해서 근대성을 극복하는 몸의 정치를 활성화하기 위해서는 종교, 즉 윤리의 영역이 반드시 필요하다고 생각한다. 여기서 윤리란 우리가 보통 이해하는 도덕이나 규범을 말하는 게 아니고 인간과 인간, 인간과 신, 남성과 여성의 관계에 대한 새로운 사유 방식을 말한다. 근대화가 진행되면서 사회가 철저하게 세속화되고 '신은 죽었다'고 하지만 그런 선언과 상관없이 종교는 우리의 무의식을 지배하면서 오늘날까지 큰 영향력을 행사하고 있다. 이것은 과학기술이 첨단으로 발전되고 있는 세기말의 테크노 시대에도 신흥종교가 부흥하고 비이성적인 종교형태가 난무하는 현상과도 무관하지 않을 것이다. 그렇다면 페미니즘에서도 이러한 종교의 문제, 윤리의 문제를 비페미니즘적인 것이라고 배척할 것이 아니라 본격 해명해야 할 것이다. 종교를 다시 논의한다고 해서 근대 이전의 중세적 신이나 신성함으로 되돌아가자는 것도, 윤리를 다시 논의한다고 해서 개인적인 도덕성 함양이라는 해묵은 논리로 되돌아가자는 것도 아니다. 인간의 종교성, 신성은 그저 부인한다고 해서 없어지는 것이 아닌 만큼 새로운 천년이 시작되는 현재에 맞게끔 재구성할 필요가 있다는 말이다.

이리가레는 '성차의 윤리'라는 용어로써 이런 작업에 임한다. 이 용어를 구성하는 주요 개념들을 이리가레는 『성차의 윤리』에서 여성적 신성the female divine, 경이wonder, 천사angel, 포피envelope, 감각적 초월성the sensible transcendental, 사랑으로 제시한다. 이 개념들을 바탕으로 이제 주체와 담론, 주체와 세계, 주체와 우주, 소우주와 대우주 사이의 전반적인 관계를 재해석함으로써 남성과 신, 남성과 남성, 남성과 세계, 남성과 여성간의 다른 관계(이전에는 '희생'이었다면 이제는 '풍요로움')를 뜻하는 새로운 시대를 준비하고자 하기 때문이다. 그래서 성차는 비단 남녀의 차원만이 아니라 전 세계와 전 우주를 풍성하게 존립할 수 있도록 하는 보편자의 차원에서 윤리적 탐구의 대상이 된다. 『성차의 윤리』에서부터 이리가레는 성차를 페미니즘이나 여성만의 문제가 아니라 새 시대가 필요로 하는 윤리적 보편자로서 탐색한다. 그 탐색의 출발점은 남성중심적인 서구사상사에서 모든 주체와 담론의 수호신인 신의 젠더는 항상 부성적이었는데 그렇다면 여성적 신성은 어디에 있는가하는 페미니즘적 물음이다. 일찍이 남자들은 신적 존재를 거울삼아 자기 사랑을 확보해 온 반면 여자들은 자신들이 동일시할 사랑하는 존재(어머니와 구분되는 여성 존재 그 자체)가 없어서 남근적 어머니 아니면 거세된 어머니라는 잘못된 선택 속에서 분열과 갈등을 느껴 왔고 남성과 달리 여성들 사이의 사랑을 가능하게 하는 가치있는 정체성을 갖지 못한 것이다. 모성적 기능만 부각된 환원적인 어머니가 아니라 일반적인 유적 존재로서 여성이라는 가치 있는 정체성을 가질 수 있도록 하는 존재가 바로 여성 신이다.

남성의 것이 아닌, 여성 자신의 척도에 의한 초월적인 것이 있어야 여성의 주체화에 필요한 지평을 가질 수 있다. 그래야만 여성들 사이의 열정이 잔인한 형태를 띠지 않고, 윤리적 미발달 상태인 동물이나 식물의 차원을 넘어설 수 있다. 가부장제가 여성에게서 빼앗아 가버린 것이 바로 여성의 신성함이다. 여성적 신성이란 여성정체성의 지평 같은 것으로서 여자들이 공유하는 언어/말씀을 이루며, 여성의 원초적인 문장, 여성의 기본적인 리듬, 여성의 형태적 정체성, 여성의 계보를 제공해준다. 여성적 신성은 여자들이 정체성의 혼란을 일으키지 않고 서로 만나서 사랑하는 자리이다. 이렇게 여성적 신성을 상상하는 것 자체가 상징계에다 성차를 끌어들이는 작업의 일환이기도 하다.

이리가레는 이런 여성적 신성을 상징화해야 성차의 윤리를 구성할 수 있다고 보는데 그러기 위해서 우선 데카르트가 말한 첫 번째 열정, 즉 경이로움으로 돌아가야 한다고 주장한다. 알 수 없는 것과 대면했을 때의 경이로움, 놀라움이 성차의 영역에 제대로 있어야 한다는 것이다. 경이의 감정은 대상을 마치 처음 보는 것처럼 보면서도 타자를 대상으로 파악하지 않고, 대상을 자유롭게 놓아둔다. 이것은 첫 만남에서 일어날 수 있는 것으로 차이의 영원한 증거로 남는다. 경이로움은 양성들(남성-여성, 여성-여성, 남성-남성 관계를 모두 포괄하지만 이성애적 관계에 집중되는)로 하여금 그들의 차이에 기반을 둔 자율성을 보유할 수 있게 함으로써 자유와 매력을 느끼는 가운데 독자적인 분리와 상호동맹을 동시에 할 수 있게 한다.

이리가레는 발전된 현대 자본주의 사회에서도 성차는 경험적이건 초월적인 수준에서건 번성할 기회를 여전히 갖지 못하고 있다고 판단한다. 성차, 즉 남성과 여성 사이에 탐욕, 유인, 혐오, 소유의 감정은 있었지만 경이의 감정은 별로 찾아볼 수 없는 실정이다. 서구 사상사를 규정짓는 몸과 정신의 분리, 섹슈얼리티와 정신성 사이의 분리, 내부와 외부 사이의 분리가 성행위를 하는 두 젠더에 영향을 미쳐 서로의 반대 항이 된 둘 사이의 결합이 정신적, 신적 결합보다 가치가 떨어진다는 것이다. 그래서 이리가레는 몸과 정신의 새로운 결합을 상상하느라고 황당하게도 천사의 존재를 내세운다.

이리가레의 천사 개념을 잘 이해할 필요가 있다. 이리가레에게 천사란 한 장소에 봉해져 있지 않고 유동하는 존재로서 신, 남성, 여성 사이에서 순환하며 아직 일어나지 않은 일과 일어날 일을 중개한다. 천사들은 끊임없이 우주와 동일성과 역사의 봉쇄를 다시 열어내며 계속해서 포피(*자기 고유의 자리를 확보하지 못해 주체가 되지 못한 채, 타자를 담는 용기나 타자를 위한 사물 상태—이것은 여성이 그동안 존재해 온 방식과 가장 잘 일맥상통한다—를 일컫는 이리가레의 용어)들을 통과하고 여기저기로 이동하면서 모든 종료선을 연기하고 모든 결정을 재고하며 바로 그 반복의 관념을 해체한다는 것이다. 이리가레에게는 천사들이야말로 새로운 시대의 도래를 방해하는 사악한 것들을 파괴하여 새로운 탄생과 새로운 새벽을 알리는, 철학/신학/도덕률로 환원될 수 없고 예술이 환기하는 윤리의 전령들이다. 성의 윤리 혹은 몸의 윤리는 바로 이러한 천사와 몸이 함께 나타나기를 요구하는데 신과 세계의 포피를 통과하는 천사의 여행은 인간의 몸, 특히 여성의 몸에 의해 수행될 수 있다고 한다.

이리가레는 신의 내재성과 초월성을 여성의 성을 통해서 재구성할 수 있다고 본다. '두 음순' 메타포가 제시하듯 여성의 성은 서로 접해 있으면서도 봉쇄되어 있지 않고, 영원히 반쯤 열린 것이다. 이런 인접성은 완전한 분리와 경계를 지시하는 이분법과는 다르며 이질적인 것이다. 이런 메타포는 여성이 남성을 위해 존재하는 것이 아니라 그녀 자신의 존재성을 갖는다는 생각을, 여성 편에서의 자기애와 나아가 여성들 사이의 인접성을 상징화하려는 시도로도 볼 수 있다. 또한 여성 섹슈얼리티의 다중성과 풍요로움은 남성과 달리 주위 세계를 흡수하는 것도 아니며 동화시키거나 축소하거나 삼켜버리지도 않는, 다중적이고 복수적이며 분산적이며 흘러넘치는 것이다. 그러므로 여성의 몸을 육체 그 자체로만 보고 전유하는 기존 남성담론과 다르게 여성의 몸을 재현하는 것은 양성 모두 '정신에 따라 풍요롭게fertile according to the spirit' 되는 길을 마련한다. 각각 정신성을 획득한 남녀의 소통에 중개자로서 사랑이 개입할 때 남녀가 사랑의 주체로서 각자에게 신성한 존재로서 상대방을 경이로움으로 맞이하게 되고 '애무의 풍요로움'을 구가하게 된다. 사랑이라는 제3자 안에서 둘이 하나가 되어 경계들이 상호교차하면서도 각자의 정체성이 삼켜지거나 없어지지 않는 신성한 영역이 바로 '감각적 초월성'이다. '감각적 초월성'으로 개념화된 이리가레의 신 개념은 신성함을 육체적인 것으로, 남성/여성의 성별을 갖는 것으로 보며 바로 여기 우리에게서 육화되는 것이다. 이리가레가 주장하는 '성차의 윤리'란 몸과 섹슈얼리티 이슈가 신성함에 녹아드는 새로운 윤리이다.

5.

『성차의 윤리』는 이리가레의 저작들 중에서도 시적인 어휘를 가장 많이 쓰는데다 미래에 대한 황홀한 비전들로 가득하다. 그래서 그녀의 사유가 내포하고 있는 유토피아적 특성에 유념하지 않는다면 그야말로 환상적이고 비현실적인 논의에 황당함을 느끼고 실망하기 십상이다. 이것을 의식한 듯 이리가레는 『성들과 계보들』에서 좀 더 구체적이고 현실적인 맥락에서 여성의 계보female geneology 혹은 모계maternal geneology 개념을 강조한다. 이리가레가 주장한 바, 주체로서의 여성 존재를 구체화하려면 우선 여자들에게 그들 자신의 언어가 필요하다. 그런데 여성에 의한, 여성을 위한 새로운 상징체계를 창조하려면 여자들 사이의 사랑을 함축하는, 어머니와 상호주관적 관계를 맺는 여성들의 모계가 있어야 한다. 여기서 모계란 주체가 된 여자들 사이의 새로운 관계의 원형이자 출발점을 일컫는다.

그동안 남근중심문화는 아버지와 아들 관계만을 중시하였고 모계를 파괴하여 왔다. 그래서 어머니와 딸로 나타나는 여성들 사이의 차이들은 무마되었으며, 여성들 사이의 수직적인 관계는 제대로 서지 못했다. 여성들 사이의 수직적인 관계가 적대감과 분리에 의해 지배되어 온 것도 그 때문이다. 그런 여성들 사이의 위계질서는 남성들의 위계질서 못지않게 억압적인 것이었다. 남녀관계에서 기계적이고 획일적인 평등 개념의 오류를 확인하는 요즈음, 진정한 수직적 관계를 다시 세우고 차이들을 재배치하는 것이 시급하다. 이런 재배치는 부계뿐만 아니라 모계에도 일어나야 하는 것이다.

그렇지만 이리가이가 모계를 강조한다고 해서 모계중심주의로 나아가자는 것은 아니다. 주체 대 주체로서 여자들 사이의 새로운 관계들 속에서 여자들이 한 사람의 여성으로서 어머니를, 동성을 사랑하는 가운데 여성적 정체성을 획득해 나갈 수 있어야만 두 젠더 사이의 관계를 제대로 만들어 나갈 수 있다. 그러므로 이리가레에게 모계란 어머니와 구분되는 여성이 여성으로서 존재할 수 있도록 함으로써 상징계와 여성의 관계를 근본적으로 바꾸어내기 위한 조건이 된다. 모녀관계를 배제해 온 기존 상징계와는 달리 모녀관계를 끌고 들어오는 새로운 상징화를 통해 여성이 여성으로서 말하는 자리를 창조할 수 있다. 이리가레는 그 구체적 예로 예수를 안고 있는 마리아상 대신 마리아를 안고 있는 안나의 그림이나 조각을 들면서 그 의미가 크다고 한다. 그럴 때 남성도 '자연'을 받아들이고 여성도 초월적 기능들을 수행할 수 있도록 하는 상징적 재분배를 전면적으로 꾀할 수 있게 된다. 그러므로 흔히 오해하듯 이리가레가 모성성 자체를 새로운 윤리로서 찬미하고 있는 것은 아니다.

이리가레가 『하나가 아닌 성』에서 이미 제시한 바 있는 '여성을 말하기'('parler femme': Catherine Porter와 Carolyn Burke은 이 용어를 'speaking as a woman'으로 번역하고 있는데 불어에 좀 더 충실한 번역은 '여성을 말하기'임) 개념이 모계와 이어지는 것은 이 대목에서이다. 이리가레에게 여성을 말한다는 것은 여성이 대상이거나 주체가 되는 담론을 생산하는 문제보다 더 근원적인 차원에 있다. 기존의 틀 안에서 여성이 주체 입장을 차지해 무엇인가를 말하는 문제보다 주체로서의 여성 자체를 다시 사유하려고 하기 때문이다. 이리가레에게 '여성'이란 여성들이 지금부터 모두 함께 창조해내고 고안해 내어야만 하는 무엇이다. 아직 존재하지 않는 무엇을, 상징계에서의 여성주체의 포지션을 가리킨다. 이리가레는 '여성을 말하기'를 통해 여태껏 생각되지 못하고 상징화되지 못한 새로운 종류의 주체성을 예시하려고 한다.

지금까지 있어 왔던 주체-대상 사이의 동일성 경제와는 다른 상호

주관적 경제를 바탕으로 이분법이지 않은 삶, 사유, 말하기 방식들을 함양할 수 있는 주체성 모델을 제시하기 위해서는 지적 논의를 넘어서서 몸의 리듬, 감성적이고 열정적인 수준을 환기하는 그런 상징화가 필요할 터이다. 이런 상징화, 은유화는 미래에 있을 상징계의 변화를 예시한다. 말해지지 않은, 형상화된 적이 없는 성차의 한편을 나타낼 강력한 여성적 상징계를 창조하지 않고서는 기존의 성차를 넘어서는 상태를 지향하는 것은 남성의 기만적 보편성을 유지시켜 줄 뿐이다. 이리가레는 과거를 반복하기보다 다른 미래로 돌진하게 하는 무엇을 위한 문화적 공간을 사유 속에서 만들어가기 위해 남성중심 담론을 모방해 성차를 '자연' 속에다 놓는 동시에 성차를 사유와 행위의 새로운 지평으로 제시한 것이다. 이 때문에 이리가레의 '여성을 말하기'는 '여성적 글쓰기'의 일환이면서도 더 근본적인 차원을 언급한다고 볼 수 있다.

6.

최첨단의 테크노 시대에 아들 낳기라는 동물적인 맹목이, 가장 원시적인 종교적 광신이, 정복과 지배를 획책하는 전쟁이 동시에 만연하고 있다. 이 모든 야만적인 행태가 모조리 남근로고스중심주의에 기인한다고는 할 수 없지만 분명 특정 형태의 남성성과 관련 있다. 백년, 이백년의 투쟁과 실험을 통해서도 여전히 강건하게 버티고 있는 상식화된 편견들, 맹목적인 신념들 앞에 자유, 평등, 박애라는 이상들은 무력해지기 일쑤였다. 그 편견과 맹목 중에서도 가장 강력한 것은 아이 낳는 도구로서 여성에 대한 관념이다. 이리가레는 이런 관념과 함께 여성을 어머니로 정의하며 주체로서의 여성 논의를 막아온 담론들의 근본부터 점검하고 여성의 주체화를 위한 새로운 담론의 기반을 닦는 데 헌신한 성차의 페미니즘 이론가이다. 이리가레의 음순 담론은 성차를 중립화하지 않고 여성의 차이를 상징화하고 코드화하는 사회조직의 다른 양식에 대한 지향을 담고 있다. 그녀는 근대 전반의 폭력성과 파괴성의 근저에서 발견되는 왜곡된 남성성/여성성의 구조를 바꾸어내는 새로운 상징체계를 만들어냄으로써, 남성중심적인 편협한 이성애주의와 재생산 궤도를 벗어나는 새로운 사회 조직 원리를 표상하고자 한 것이다.

물론 차이 이론가로서 이리가레가 오늘날과 같은 갈등과 착취의 권력체계를 규정하는 금융자본주의나 인종차별주의 메커니즘까지 본격적으로 끌어들이지 못한 것은 사실이다. 성차가 계급이나 인종 등 다른 억압관계들과 얽혀 있어서 차이가 아니라 이미 차별인 현실의 복합성을 도외시한다는 비판도 얼마든지 가능하다. 특히 환상적으로 아름답게 제시된 '애무의 풍요로움', '사랑의 미학'(특히 『내가 사랑하는 너』에서 잘 나타나는)은 사회적 안전망이 잘 구축되어 있어 최소한의 인간적인 삶이 보장되는 유럽 사회에나 적용될 관념이고 우리와 같은 제3세계와는 거리가 멀고 윤리 운운은 소외된 자들을 또다시 혹세무민하려는 가진 자의 한가한 말장난이라고 비판받을 소지도 충분히 있다.

한 세기를 마감하면서 우리의 인식에 성뿐만 아니라 계급, 인종을 중심축으로 하는 다른 억압구조들에 대한 문제제기들을 통합해 들일 필요성을 부정하는 사람은 거의 없을 만큼 다중적 주체 개념은 파급된 편이다. 문제는 그렇게 얽히고설킨 고리들을 실제로 풀어냄으로써 주체의 다중성이라는 테제가 공허한 수사에 끝나지 않도록 하는 것이다. 그래서 차이들 중에 성차 하나만이라도 끈질기게 탐구하는 과정에서 성의 차이를 '차이'로서 담론화하는 '음순 담론'과 '여성을 말하기'를 '성차'와 '모계'와 같은 개념들로 계속 확대함으로써 여성성을 둘러싼 이론적 지평을 나름대로 확대한 이리가레의 성취는 인정할 필요가 있다. 그럴 때 다른 억압구조들을 중시하는 페미니즘 이론과 이리가레의 이론을 서로 옳음을 경쟁하고 한편을 완전히 도외시하고 섬멸하는 관계가 아니라 상호 침투함으로써 서로를 북돋우고 보충하는 관계 속에 놓을 수 있다. 이런 관계야말로 새로운 사회와 사유의 패러다임으로서 페미니즘의 위상을 높이는 데 기여할 것이다. 여성의 시대가 되리라는 21세기 사회를, 차이를 차이로 인정하고 존중해 주는 살만한 공동체로 가꾸기 위해 여성 주체들이 새로 탄생할 때이다.

참고 문헌

Luce Irigaray, *Speculum of the Other Woman*, Cornell University Press, 1985.

____________, *This Sex which is not One*, Cornell University Press, 1985.

____________, *An Ethics of Sexual Difference*, Cornell University Press, 1993.

____________, *Sexes and Genealogies*, Columbia University Press, 1993

Luce Irigaray, Alison Martin, *I Love to You*, Routledge, 1996.

리샤오장
李小江

포스트 사회주의 시대의 중국식 길 찾기

임우경
성균관대 동아시아학술원 부교수. 중국현대문학을 전공했고 주로 동아시아 전쟁과 성 정치에 관심이 많다. 근래에는 동아시아의 군 '위안소'와 냉전 관련 연구를 진행 중이다.

이 글의 원문은 『여/성이론』 15호(2006)에 실려있다.

리샤오장: 포스트 사회주의 시대의 중국식 길 찾기

개혁개방 시기 여성운동으로서의 여성연구

일찍이 엥겔스는 여성이 해방되기 위해서는 계급사회가 소멸되고 여성들이 사회적 생산으로 완전히 통합될 필요가 있다고 주장했다. 20세기 중국의 사회주의 혁명은 엥겔스적 의미에서 여성해방을 성취하고자 했던 거대한 실험이었다. '여자가 하늘의 절반을 짊어진다', '남자가 하는 일은 모두 여자도 할 수 있다'와 같은 구호는 사회주의 중국의 여성해방을 알리는 영광스러운 상징으로서 널리 유포되었다. 하지만 그와 같은 해방의 역사는 채 30년을 넘기지 못했다. 1978년 개혁 개방과 함께 점차 시장경제가 도입되었기 때문이다. 1980년대 지식계에서는 문화대혁명을 포함해 20세기 사회주의 혁명사를 전면적으로 되돌아보는 이른바 '사상 해방 운동'이 벌어졌다. 일부 여성 연구자 역시 '여성 주체 의식의 각성'을 호소하며 이에 합류했다. 이렇게 등장한 여성연구는 당시 잇달아 논쟁을 일으켰던 여성문학과 함께 사상 해방 운동의 날개 역할을 했다. 그리고 그 선두에 선 것이 바로 리샤오장李小江[1]이었다.

---

1) 리샤오장(李小江, 1951~2025): 江西省 九江 출생. 鄭州大學과 大連大學性別硏究中心 교수, 陝西師范大學女性硏究中心 겸직교수 등 역임. 원래 서양문학을 전공했으나 역사와 철학에도 관심을 두었으며 결국 여성연구로 전환했다. 30대 초반이던 1980년대부터 여성 총서 발간, 여성박물관 건립, 여성문화 발굴, 국내외 여성주의 학술 교류 추진, 여성 문학가 조직, 대규모 여성사 구술 채취 같은 왕성한 활동으로 '여성연구 운동'을 선구적으로 주도했으며 중국 여성학의 창시자로 불린다. 안타깝게도 그녀는 유선암이 전이되어 수년간 투병생활을 하다 2025년 2월 결국 75세에 별세했다. 투병 중에도 그

1983년 리샤오장은 사상 해방 운동의 진지였다고 할 수 있는 『마르크스주의 연구馬克思主義硏究』에 「인류 진보와 여성해방人類進步與婦女解放」(1983)을 발표했다. 여기서 그녀는 엥겔스의 『가족 사유재산 국가의 기원』을 토대로 인류의 진화 과정과 여성의 역사적 지위를 연결지어 고찰한 뒤 여성해방은 인류 해방의 투쟁 속에서만 쟁취될 수 있음을 강조했다. 또 1986년에는 다시 「마르크스주의 여성 이론의 역사—논리적 범주馬克思主義婦女理論的歷史—邏輯範疇」(1986)를 발표하여 여성해방 문제를 해결하기 위한 고전 마르크스주의의 공헌을 강조한 뒤 이를 토대로 여성문제를 체계적이고 과학적으로 이론화해야 한다고 주장했다. 마르크스주의 페미니즘의 입장에서 보면 이는 너무나 초보적이고 단순한 논리처럼 보인다. 하지만 당시 중국의 역사적 맥락에서 보면 이는 당의 관계 부문으로부터 비판을 받아야 할 만큼 정치적으로 민감한 주장이었다.

리샤오장의 주장이 민감했던 것은 무엇보다 중국은 이미 여성해방을 이룩한 사회라는 당의 역사적 전제 때문이다. 신중국에서 남녀평등과 여성해방은 이미 완성태로 주어진 현실로 간주되었다. 즉 신중국 성립으로 여성은 이미 해방되었고 남녀는 평등해졌다는 것이다. 이미 해방이 주어진 사회에서 여성문제란 논리적으로 더 이상 존재할 수도 없고 존재해서도 안 되는 존재가 되고 만다. 따라서 여성이 해방되지 못했고 여전히 문제가 있다고 거론하는 것은 사회주의의 성과를 부정하는 것이 되고 심지어 반혁명으로 몰릴 수도 있는 위험한 정치 문제이기도 했다. 그 결과 신중국에서는 '여성' 혹은 '여성문제'에 대해 사고하거나 논한다는 것 자체가 불가능하게 되었으며 '여성' 혹은 '여성문제'는

녀는 정신은 멀쩡해서 다행이라며 남아 있는 거의 모든 시간을 자료 정리와 집필에 몰두했다. 이 글은 2005년까지의 그녀의 여성연구 활동에 대한 보고문이며, 그 후 20여 년의 연구는 따로 정리되어야 할 것으로 보인다.

점차 완전히 비가시화되었다. 여성해방이 고도로 성취된 사회주의 중국에서 아이러니하게도 여성에 대한 담론과 언설 자체가 봉쇄되어 버린 것이다.

리샤오장은 이처럼 여성들의 전면적인 사회참여와 평등한 법적 권리를 보장함으로써 얻어진 중국 여성의 해방이야말로 중국 여성연구의 발전을 억제한 가장 중요한 원인이었다고 지적한다. 그녀에 의하면, 중국의 여성들은 사회 생산 활동에 대거 참여하게 되었으며, 원래 남성에게 속했던 세계에 여성 역시 평등하게 참여하도록 법이 보장한 사회를 매우 신뢰했다. 이 때문에 여성을 따로 추상화시켜 연구 대상으로 삼아야 하는 여성연구는 누구보다 여성들 스스로 원하지 않았다. "남자가 할 수 있는 일은 여자도 할 수 있다"며 이제 겨우 여자도 인간으로 인정받게 되었는데, '인간' 속에서 다시 여성만을 떼어내어 연구한다는 것은 말도 안 되는 일이라고 여겼던 것이다. 그것은 심지어 역사의 '반동'으로까지 간주되며 여성들로부터 더 심한 반발을 샀다고 한다.

이런 맥락을 염두에 두고 보면 앞의 리샤오장 논문이 지니는 역사적 의미가 어렵지 않게 파악된다. 우선 1983년부터 그녀가 발표한 논문은 여성을 연구 대상으로 전경화했다는 점에서 이미 연구 영역의 금기를 깬 것이었다. '여성'을 '류類'적 존재로 보고 마르크스주의의 과학적 연구 대상으로 삼아야 한다는 그녀의 주장은 그동안 비가시화되었던 여성문제를 끌어내어 공론화함으로써 사회적 담론의 영역으로 들여오기 위한 논리적 포석이었다고 할 수 있다. 나아가 그녀는 여성문제는 계급문제보다 더 장구한 역사를 지니기 때문에 계급 해방이 반드시 여성해방을 수반하는 것은 아니라고 주장했는데, 이는 여성문제를 계급 문제의 일부로 치부하던 기존의 지배 이데올로기적 해석을 대담하게 비판하는 것이기도 했다. 이처럼 리샤오장에게 있어 여성연구는 '미지'의 세계에 놓여 있던 여성의 세계를 과학적인 연구 대상으로 체계화하고 이론화하는 작업이었으며, 지배 이데올로기에 대한 위험한 도전이기도 했다. 리샤오장의 그와 같은 도전이야말로 포스트사회주의 시대 여성운동의 첫걸음이었다.

여성연구의 대오를 형성하고 그 역량을 키우기 위한 일환으로 리샤오장은 1985년 하남성河南省 미래연구회 산하에 부녀학회를 만들었다. 그녀에 의하면, 그것은 신중국 성립 후 첫 번째로 설립된 민간 여성연구 단체였다. 1987년 5월에는 또 자신이 몸담고 있던 하남성 정주鄭州대학에 정식으로 여성학 연구 센터를 설립했다. 고등교육기관으로서는 처음으로 탄생한 전문 여성연구 기관이었다. 그리고 같은 해 그녀는 전국의 여성학자들이 처음으로 대거 한자리에 모인 여성학대회를 개최했다. 여기서 확인한 여성학자들 간의 힘과 유대 의식을 바탕으로 리샤오장은 고등교육기관의 여성학 강좌 개설을 추진하고 각종 '여성연구총서'를 기획·출판하는가 하면 국내외 학술대회를 조직하고 여자대학을 설립하는 등 여성연구와 여성학 건립을 위해 매진했다. 또 한편으로 그녀는 '뉘수女書'[2)]를 발굴하고 여성역사박물관을 건립했으며, 대련大連대학성별연구센터로 옮긴 후로는 동북 지역 여성의 구술사 작업에 몰두하기도 했다.

사회주의 중국이 개혁 개방의 길을 걸은 지도 이미 40여 년이 되었으며, 리샤오장의 여성연구도 그만큼의 연륜을 쌓았다. 그간의 상황을 보건대 리샤오장은 이론가라기보다는 '연구운동가'에 가까워 보인다.

2) 중국 호남(湖南)성 강영(江永) 지역 여성들 사이에 고대부터 전승되던 여성 전용 문자. 대개 한자를 변형 또는 개조한 것으로 추정되는 표음문자로서, 주로 혼수용 책표지나 부채, 손수건, 종이 등에 사용됨. 1980년대에 비로소 세간에 알려지며 본격적 연구가 시작됐으며 2006년 중국의 국가문화유산으로 등재됨.

그녀의 주장 속에는 그녀가 태어나고 살아온 중국 현대사의 배경과 개인적 경험이 생생하게 살아있어, 때로는 지극히 주관적이기도 하고, 때로는 모순적인 주장이 병렬되기도 한다. 그녀가 자신의 주장을 중국의 구체적인 역사적 맥락 속에서 파악해 주기를 요구하는 것도 그와 무관하지 않을 것이다. 이 글은 이론가로서보다 여성연구 운동가로서 리샤오장이 펼쳐온 일련의 일관된 주장과 그 맥락을 살펴보고자 한다. 포스트 사회주의 시대 중국 여성연구 운동의 선구자로서 리샤오장을 이해하는 일은 곧 리샤오장 개인만이 아니라 중국의 현대 여성해방사와 여성연구사를 돌아보는 것이며, 동시에 그 미래를 가늠해 볼 수 있는 길이기도 할 것이다.

'뒤늦은 계몽': 人에서 女人으로

연구운동가라는 수식어답게 리샤오장은 왕성한 저작 활동을 해 왔다. 『여인의 출로女人的出路』(1989), 『여인: 머나먼 아름다운 전설女人:一個悠遠美麗的傳說』(1989), 『여인으로 가는 길走向女人』(1992), 『여인에 관한 문답關于女人的答問』(1997), 『女人: 문화를 횡단하는 대화女人:跨文化對話』(2006), 『여인 독서女人讀書』(2005)도 그 중 일부이다. 그런데 이들 제목에서 짐작할 수 있듯이 리샤오장은 '여인'이라는 단어에 특별한 애착을 가지고 있다. 비록 객관적이고 학문적인 여성연구를 가리킬 때는 그녀 역시 '부녀'라는 역사적 단어를 사용하지만, 좀 더 주관적인 여성 정체성을 강조하고자 할 때는 어김없이 '여인'이라는 단어를 사용한다. 리샤오장의 맥락에서 굳이 해석하자면 '여인'이란 '여성이라는 인간' 정도로 풀이될 수 있다.

리샤오장에 의하면 우선 '여인'은 '人'에 대항하는 개념이며, 좀 더 구체적으로 이는 남성과 다른 여성의 특징과 주체성을 강조하기 위해 특별히 채택된 전략적 용어이다. 과거 신중국이 "시대가 바뀌었다. 남성과 여성은 모두 똑같다"라고 강조했다면 리샤오장은 반대로 "여성은 남성과 다르다"라고 강조한다. 그녀가 태어나 자란 사회주의 중국은 언제나 "남녀는 똑같다"라고 가르쳤으나 실제 살아가는 과정에서 그녀의 경험이 일러준 것은 "여성은 결코 남성과 같지 않았기" 때문이다. 여성인 '나'는 분명히 남성과는 다른 상황 속에 직면하곤 했는데, "남녀가 똑같다"고 여겨지는 사회 속에서는 도무지 그렇게 다른 '나'를 설명할 수가 없었다는 것이다. 리샤오장은 자신의 여성연구 역시 사실은 '부녀' 문제를 해결하기 위해서였다기보다 자기가 누구인가를 알고 싶은 욕구에서 시작된 것이라고 고백한다.

여성은 남성과 같다는 신중국의 여성해방 담론 속에서 여성은 흔히 '인간'으로 수렴되곤 했다. 리샤오장이 말한 대로 그것의 가장 큰 문제는 여성의 차이를 비가시화했다는 점이다. 그리고 그것은 주로 '남녀의 똑같음'이 남성을 기준으로 획일화된 데서 비롯됐다고 할 수 있다. 여성이 해방되고 남성과 동등해지기 위해서는 여성으로서의 자기 정체성을 지우고 부단히 '남성처럼' 되어야 했던 것이다. 이를 흔히 '무성화' 또는 '비성화'라고 한다. 리샤오장에 의하면 가정과 사회를 막론하고 용모와 행동거지에서 일상생활의 아주 사소한 일까지 여성과 관련된 것은 모두 의심받았다고 한다. 예컨대 의복, 두발, 화장, 액세서리는 물론이고 심지어 가사와 육아까지 '프티부르주아' 경향이라고 비판받았을 뿐만 아니라 공적 장소에서는 절대 꺼내서는 안 되는 화제였다. 이처럼 '여성'과 관련된 것은 '사소한 일', 사적인 일, 공적으로 논의되어서는 안 되는 일이 되고 그런 분위기 속에서 '여성'은 점차 사라져 버렸다. 리샤오장에게 '여인'이란 바로 그처럼 사라져 버린 여성의 세계와 그 주체성 회복을 강조하기 위해 선택된 전략적 용어였던 것이다.

따라서 여성을 계급으로부터 분리하여 과학적 연구의 대상으로 삼고자 했던 리샤오장의 시도는 여성과 남성의 차이를 과학적으로 설명하려는 시도로 이어졌다. 『성의 격차性溝』(1989)는 바로 그와 같은 이론적 탐색의 결과였다. 그녀는 남녀 차이의 보편적 근거를 바로 자연적이고 생물학적인 요인에서 찾고자 했다. 생물학적 차이, 특히 임신 기능만큼 남녀의 차이를 명징하게 보여주는 것은 없기 때문이다. 그녀의 관심은 사회적 노동 분업보다는 재생산 노동의 자연적 분업에 두어졌다. 그녀는 여성의 몸은 인간 재생산의 물질적 기초를 제공해야 하는 의무를 지니고 있기 때문에 여성의 역사적 봉기는 어려웠으며, 여성에게 역사란 고정되고 특화된 재생산 기능이 여성의 자율적 주체성을 대체하는 사회적 성별 체제 속에서 끊임없이 특화된다고 보았다. 그리하여 양성 간의 차이는 인류의 문명 전개 과정에서 약화되기는커녕 날로 강화되었으며, 그 결과 1960년대는 중국뿐만 아니라 전 세계적으로 양성 간 갈등의 시대였다고 주장한다.

이 같은 리샤오장의 주장은 타니 발로우나 왕쩡王政 등으로부터 본질주의론이라고 비판받았다. 확실히 생물학적 차이의 강조는 본질주의적 혐의를 벗기 어렵다. 하지만 리샤오장이 성적으로 분화된 몸sexed body을 궁극적인 차이의 근거로 제시한 것은 이른바 사회적 개조를 통해 여성을 남성화했던 신중국의 극단적 사회 성별화 체제에 반박하기 위해서였다는 점은 충분히 고려될 필요가 있다. 훗날 리샤오장 본인은 당시의 주장에 대해 이렇게 옹호했다.

> 법적으로 평등하고, 정치적으로 억압이 있는 것도 아니고, 구사회는 소멸되었으며 모두가 평등하게 교육받고 일하고 월급 받는 평등한 사회에서 남녀가 다르다는 것을 어떻게 증명할 수 있을 것인가? (…) 계급 분석으로는 그것을 제대로 설명할 수도 없었을 뿐더러 지배 이데올로기나 정치체제가 그렇게 하는 것을 허락하지도 않았다. 그러니 객관적인 자연으로 돌아가지 않으면 어디서부터 그 얘기를 꺼낼 수 있었겠는가?[3)]

"남녀는 같다"는 평등 이데올로기의 허위성을 증명하는 데 있어 남녀의 가시적인 생물학적 차이야말로 가장 확실하고도 안전한 증거였던 것이다. 이처럼 계급성에 대한 교조적 이데올로기를 비판하기 위해 자연성으로서의 인성을 강조하는 것은 개혁 개방 초기 사상 해방 운동에서 상당히 보편적으로 채택된 전략이기도 했다. 남녀의 생물학적 차이에 대한 리샤오장의 강조가 불가피한 전략적 선택이었음은 현재 그녀가 누구보다 젠더연구에 앞장서고 있는 데서도 알 수 있다. 그녀에 따르면, 1980년대에 그녀는 서구의 여성연구가 이미 여성학에서 젠더연구로 전환하고 있음을 모르지 않았음에도 본인은 여전히 젠더연구보다는 여성학 연구를 고집할 수밖에 없었다고 한다. 젠더 즉 '사회성별'이라는 분석 범주가 여성의 차이를 또다시 은폐하게 될지도 모른다는 그녀의 의구심은 그만큼 상당히 뿌리 깊은 것이었다. 그리고 그 의구심은 리샤오장 한 사람만의 것이 아니었다. 그녀가 1980년대 중국의 여성연구 운동을 주도하며 여성 연구자들을 조직하고 다양한 출판문화 연구 활동을 왕성하게 추진할 수 있었던 것도 그와 같은 공감대가 없었다면 불가능했을 것이다.

이처럼 남성과의 평등이 아닌 남성과의 차이를 강조함으로써 여성

---

3) 李小江, 《女人：跨文化對話》, 蘇人民出版社, 2006, 283쪽.

주체성을 회복하는 것, 그것이 바로 포스트사회주의 중국 여성연구의 출발점이었다. 리샤오장은 여성 스스로 여성의 목소리를 되찾고자 했던 1980년대 중국 여성연구에 '뒤늦은 계몽'이라 이름 붙였다. 뒤늦었다 함은 그것이 18세기 유럽 계몽운동의 여성 각성보다, 그리고 20세기 초반 5·4운동 시기 중국의 남성 지식인들에 의해 제창된 '여성해방'보다 훨씬 나중에 출현했기 때문이다. 리샤오장에 의하면, 1980년대 중국계몽의 핵심은 '公'으로부터 '私'를, '사회'로부터 '개인'을, '人'으로부터 '女人'을 분리하는 것이었다. 사실 서양학계에서 '계몽 담론'은 이미 구닥다리 취급을 받고 있으며 심지어 포스트모더니즘론자들의 조롱거리가 된 지도 오래다. 그럼에도 불구하고 리샤오장은 사회주의 여성해방 실천 속에서 되레 여성으로서의 정체성을 상실해야 했던 중국의 여성들에게 여성 주체 의식을 심어주는 계몽은 21세기에 들어서도 여전히 너무나 절실한 과제라고 재삼 강조한다.

현대화가 가져올 여성의 주체적 각성

첫 논문집인 『이브의 탐색夏娃的探索』(1988)에서 리샤오장은 중국 여성에게 시급한 것으로 '여성 주체 의식의 각성'과 '생산력 발전' 두 가지를 제시했다. 여성 의식의 각성을 위한 것이 계몽이라면 여성해방의 실질적인 물적 토대가 마련되기 위해서는 생산력이 발전해야 한다는 것이다. 생산력과 생산관계의 조응 문제는 신중국에서도 끊임없는 이론적 정치적 쟁점이었다. 마오쩌둥이 생산관계로서의 계급 혁명에 중점을 둔 반면 류사오치 노선은 생산력 발전에 중점을 두었다. 문화대혁명은 그 두 노선이 서로 충돌하는 과정에서 벌어진 정치적 사건이었으며,

시장 경제 도입을 선언한 덩샤오핑 체제의 성립은 그중 류사오치의 생산력 제고 노선이 승리했음을 의미했다. 그 후 생산력 제고를 위한 정부 정책은 '개혁 개방', '현대화', '세계화'를 통해 정치·경제·문화적으로 보편화되기 시작했다.

리샤오장이 볼 때 현대화를 향한 개혁 개방은 여성의 주체화에도 필수적이다. 그에 따르면, 신중국 시기 여성해방은 제도적 수준에서 세계 최고였다고 하나 역시 가장 큰 문제는 생산력이 그것을 뒷받침하지 못했다는 점이다. 리샤오장은 특히 최소한의 생존 조건도 갖추지 못한 중국의 대다수 빈곤 지역에서 여성의 적은 남성이 아니라 빈곤이라고 주저 없이 말한다. 실제로 가정 형편 때문에 진학을 포기하는 여아들에게 학비를 지원하고 결수 지역 여성들에게 우물을 파주거나, 가난한 여성들에게 의료혜택을 제공하는 것과 같은 다양한 형태의 발전 프로젝트는 현재 중국 여성운동의 가장 중요하고 실질적인 내용을 이룬다. 리샤오장은 현대화 과정에서 농촌의 여성들이 도시의 저가 노동력으로 유입되어 착취당하고 있는 것이 사실이지만 또 한편으로 여성들의 도시로의 유동은 경제적 독립은 물론이고 직업 선택, 월급 사용권과 같은 자결의 영역을 대폭 확대시켰다고 본다. 즉 농촌 여성의 도시 유입은 여성들에게 삶에 대한 여성의 자기결정권 확대를 위한 폭넓은 기회를 제공하고 있으며 이는 궁극적으로 농촌의 가부장적 구조를 해체시키는 결정적 요소로 작동한다는 것이다. 이처럼 미시적으로 보면 시장경제의 도입과 도시화가 대체로 여성 개개인의 삶과 지위를 개선시키는 중요한 동력이 된다는 점에서 리샤오장은 현대화를 강력하게 지지한다.

하지만 다른 한편으로 시장 도입을 통한 현대화는 사회주의와는 또 다른 측면에서 많은 여성 문제들을 초래했다. 포스트사회주의 시대

중국 여성연구의 출발점이 된 것은 분명 사회주의 시기 여성해방에 대한 비판과 반성이었지만 여성연구에 더욱 박차를 가하게 된 데는, 개혁개방과 함께 시작된 현대화로 야기된 새로운 여성문제들을 바라보는 여성들의 위기의식도 존재했다. 대표적인 예로 '여성은 집으로婦女回家' 담론의 등장을 들 수 있다. 시장 경제 논리가 도입되고 효율 중심의 기업 이념과 경영방침이 득세하면서 이루어진 대규모 정리해고 과정에서 일 순위로 여성이 지목된 것이다. 원래 국가의 각종 보호 및 평등 정책으로 가능했던 여성의 사회 생산 참여는 더 이상 기대할 수 없게 된 것이다. 그것은 곧 여성의 높은 실업률과 취업난, 그리고 각종 사회보장의 상실을 의미했다. 이처럼 경제개혁과 현대화가 한 걸음씩 전진할수록 새로운 여성문제들이 꼬리를 물고 출현했으며, 현대화는 중국 여성들에게는 기회인 동시에 또 하나의 거대한 도전이기도 했다.

현대화로 인한 도전에 직면하여 여성 연구자들의 위기의식 역시 전에 없이 확산되기 시작했지만 리샤오장은 결코 조급해 하지 않는다. 물론 그녀 역시 새로 출현한 여성문제들에 대한 대응책을 마련해야 한다는 데는 동의하지만 기본적으로 현대화가 중국 여성 지위를 퇴보시킨다는 견해에는 동의하지 않는다. 그녀는 많은 문제들에도 불구하고 현대화가 다양한 측면에서 여성들에게 실질적인 이득을 가져왔다고 본다. 그런 점에서 그녀는 대다수 여성들이 개혁을 원망할지는 몰라도 아무도 현대화가 중단되기를 원하지는 않을 것이라고 장담한다. 게다가 개혁으로 인한 여성 지위의 악화가 오히려 여러모로 여성 주체 의식의 각성을 불러일으켰다는 점은 무엇보다 축하할 만한 일이라고까지 말한다.

실제로 개혁 개방으로 무작정 의지했던 국가의 보호 장치가 사라져가는 마당에 여성들은 이제 스스로 강해지지 않으면 안 되게 되었다.

이전에는 주로 당 정책을 선전하고 여성을 동원하는 기관이었던 중화전국부녀연합회(이하 '부련'으로 약칭)이 이제는 실질적인 여성문제들에 주목하고 사회적 관심을 호소하는 등 여성의 입장을 대변하는 기관으로 변모를 꾀하게 되었다. 부련 외에도 개혁으로 인한 여성문제들을 해결하기 위해 여성 민간단체들이 우후죽순처럼 번창하고, 여성 스스로를 위해 자발적으로 조직하고 행동하기 시작했다. 또 여성학자들은 상아탑을 벗어나 현실 문제에 관심을 갖고 실질적인 여성의 발전을 도모하는 프로젝트에 참여하기 시작했다. 이런 여성들의 변화를 근거로 리샤오장은 중국 여성은 이제 더 이상 '문제 집단'이 아니라 '문제'들 속에서 각성해 가는 집단이 되었다고 말한다. 그에 따르면 개혁 개방 이후 여성들의 삶은 사회주의 시기보다 훨씬 어렵게 되었지만 덕분에 여성 주체의식은 확실하게 성장했으며 점차 성숙한 '여인'으로 나아가고 있는 셈이다.

전 지구화와 여성 연구의 본토화

개혁 개방이 자본주의의 전 지구화라는 국제적 흐름과 맞물리면서 1990년대에는 현대화가 가속화되고 중국은 거대한 '전환기'로 들어섰다. 그런 점에서 전 지구화는 대체로 위기라기보다는 중국이 낙후에서 벗어나 세계적 수준으로 도약하는 절호의 기회로 여겨졌다. 리샤오장은 여성이야말로 중국에서 가장 먼저 전 지구화의 세례를 받고 그 혜택을 본 집단이라고 주장한다. 1995년 북경세계여성대회는 그 결정적인 계기였다. 이 대회를 준비하기 시작한 1993년경부터 국제적 교류는 물론이고 중국 여성에 대한 외부 세계의 관심과 국제 기금의 지원이 대폭 증가했기 때문이다.

리샤오장에 의하면 그중에서도 국제 기금은 두 가지 면에서 중국 여성연구에 긍정적인 영향을 미쳤다. 첫째는 학술회의나 연수 지원 등을 통해 국제적인 교류 기회가 확대됨으로써 중국 이외 국가들의 연구 상황과 현실에 대해 실질적인 이해를 높일 수 있게 되었다는 점이고, 둘째는 국제 기금이 지원하는 각종 발전 프로젝트를 통해 계몽 중심의 여성연구가 발전 중심의 여성연구로 전환되었다는 점이다. 국제 기금에서 지원하는 발전 프로젝트는 사회 내부의 민주적 공간과 민간 담론 공간 및 민간 조직의 성장에 크게 기여할 뿐 아니라 민간 문화, 구술사, 민속 연구, 환경보호와 같은 비주류에 대한 관심과 투자를 제공한다는 점에서 매우 고무적이라고 할 수 있다.

그러나 리샤오장은 국제 기금에 대해 가장 극단적인 비판론을 펴며 본토주의자로 자처하기도 한다. 사실 리샤오장이야말로 중국의 여성연구 운동을 선구해 온 학자이자 운동가로서 국제 기금의 가장 큰 수혜자라고 해도 과언이 아닐 터이다. 그런데 그만큼 다양한 국제 교류의 경험이 오히려 그녀의 본토주의적 입장을 굳히게 만든 결정적 계기가 되었다는 사실은 퍽 아이러니하다. 세계 각지의 강연 및 학술대회에 참여하고 서구의 여성주의자들과 협업하는 과정에서 리샤오장은 국경을 넘어선 여성들의 단결 가능성보다는 그 소통의 한계를 더 많이 경험한 듯하다. 리샤오장에 의하면 무엇보다 그녀를 불쾌하게 한 것은 중국 본토에서 온 여성학자를 가르치려는 듯한 서구 학자들의 오만함이었다. 이로부터 그녀는 종종 세계적 지평에서 학문과 이론에 깃들어 있는 불균등한 권력관계와, 서양의 이론 체계를 별다른 가감 없이 중국의 현실에 적용하려고 하는 서구 여성학자들의 패권적 태도를 격렬하게 비난하기 시작했다. 서양학자들 사이에 그녀가 '괴물'로 묘사되기도 한다는 사실은 역으로 그들에 대한 리샤오장의 거부감이 얼마나 강렬한지를 짐작케 해 준다.

일찍이 『이브의 탐색』에서 리샤오장은 여성연구란 여성적이면서 동시에 민족적인 것이라고 말한 바 있는데, 민족적인 것에 대한 생각은 이제 '서구 여권주의'에 대한 경계심과 합쳐지고, 그 반테제로서 '본토' 및 '본토화'에 대한 주장으로 구체화되고 있다. 리샤오장에 따르면, '서구 여권주의' 이론이 비록 체계적이고 선진적이라 해도 그것을 중국에 바로 적용할 수 없는 것은 바로 '본토성', 즉 중국적 특수성 때문이다. 그리고 그 특수성은 무엇보다도 중국의 사회주의 역사에서 기인한다. '서구 여권주의'가 남성과 동등한 여성의 권리를 쟁취하는 데서 출발했다면 중국 여성연구는 이미 법적으로 보장된 남녀의 동등한 권리를 기반으로 남녀의 차이를 쟁취하는 데서 시작했기 때문에 그 출발선 자체가 다르다는 것이다.

또 하나의 특수성은 중국이 뒤늦게 발전의 대열에 합류한 개발도상국이라는 점이다. 뒤늦음 자체가 사회주의 역사에서 기인했으며, 그것은 다시 뒤늦게 시작된 자본주의적 발전의 양상과 효과에 영향을 미치면서 중국적 특수성을 강화하기 때문이다. 타니 발로우는 리샤오장의 여성 계몽이 결국은 국가와 결탁하여 여성을 현대화에 투신하도록 고무함으로써 여성을 자본주의 시장경제의 제단에 올리려 한다고 비판했지만 리샤오장은 그것이 위와 같은 중국 현실을 고려하지 않은 비판이며 발로우가 자신이 말하는 계몽을 너무 간단하게 유럽 18세기의 계몽과 동일시한다고 반박한다. 비록 중국이 5·4시기에 완성하지 못한 계몽의 과제를 다시 계승해야 한다는 데는 동의하지만, 이미 사회주의 시대를 걸어온 마당에 그 계몽의 내용이 18세기 유럽이나 5·4시기의 그것과 같을 리 만무하다는 것이다.

또 한편 여성과 국가의 적대적 관계를 강조하는 서구 학자들에 비해 리샤오장은 양자의 밀접한 관계성에 주목한다. 그녀에 의하면, 신중국 시기 여성해방은 거의 모두 국가에 의해 준비된 것인 만큼 중국에서 여성과 국가는 매우 긴밀하게 얽혀 있다. 그만큼 정치적 압력도 많고 그에 민감할 수밖에 없는 것이다. 그 전형적인 예가 바로 부련이다. 부련은 명실상부한 관변 기구지만 여성 민간 조직의 역할도 동시에 수행한다. 리샤오장이 때로는 부련을 강력하게 비판하면서도 부련과의 적절한 관계를 유지하는 것도 그 때문이다. 리샤오장은 이 같은 중국 여성의 정치적 상황은 '서구 여권주의'가 시종 국가의 주변 상태에 머물러 있었던 것과는 매우 다르다고 강조한다. 나아가 미국 학자는 발전을 고려하지 않아도 되고 계몽의 의무도 없으며 심지어 '반계몽'을 할 수도 있고 그저 대학에서 강의만 하면 되지만, 중국의 학자들은 계몽자로서 직접 도시로 농촌으로 뛰어다니며 조사하고 교육하고 연구해야 한다고 주장한다.

이처럼 '서구 여권주의'와 중국 여성연구가 발 딛고 선 토양 자체가 다름을 강조하는 것은 자연스럽게 여성연구 자체의 '본토성'을 강조하는 것으로 이어진다. 그런 맥락에서 리샤오장은 최근 전 지구화 과정에서 특히 발전 프로젝트를 중심으로 진행되고 있는 중국 여성연구의 상황을 비판적으로 검토할 필요가 있다고 본다. 그녀에 의하면 발전 프로젝트가 중국 여성 발전에 공헌한 기여도도 높지만 중국 여성연구 자체의 발전으로 놓고 보면 그 부작용도 만만치 않다. 우선 1990년대 이래 거의 대부분의 여성연구 기관이 국제기금이 지원하는 발전 프로젝트에 참여해 왔는데, '서구 여권주의'의 '원조' 아래 연구를 수행하다 보니 그 자금 집행, 활동 조직, 연구방법론, 이론적 언어까지 모두 '서구 여권주의'의 영향을 받지 않을 수 없다는 것이다. 이런 점에서 리샤오장은 중국의 여성연구야말로 신식민화가 가장 심각한 영역이며 여성 연구자들은 신식민화의 대리인이 되어가고 있다고까지 주장한다.

리샤오장이 볼 때 발전 프로젝트와 관련한 학술 매판이나 금전적 부패 현상도 문제지만, 더 큰 문제는 이와 같은 연구의 전체 과정이 상당 부분 중국 본토 현실에서 괴리된 채 진행된다는 사실이다. 국제 기금의 의도에 부합하는 데 초점을 맞추다 보니 연구과제의 설정부터 자율성을 확보하기 어렵고 그 결과도 주로는 국제 대회나 외국 간행물에 게재하기 때문에 중국 내 학자들의 검토를 거칠 기회가 점차 줄고 있다. 이런 이유로 여성연구의 영향력 자체가 대폭 감소하였으며 원래 주변적이었던 여성연구는 더욱더 주변화되고 있는 실정이다. 게다가 여성연구에 대한 중국 내 학계의 보수적 태도, 인색한 자금 지원, 이데올로기적 통제와 같은 환경은 여성 연구자들로 하여금 더욱 국외에서 자원을 모색하도록 부추김으로써 악순환이 계속되고 있다. 리샤오장은 이 같은 현상을 여성연구의 '2차 주변화'라고 명명하고, 이를 시정하기 위해 여성연구가 본토에 뿌리내릴 수 있어야 함을 거듭 강조한다.

반여성주의적 여성주의

2003년 리샤오장은 「'대스승'의 유산을 다시 정리하며: 마르크스의 『인류학수고』 및 기타重理'宗師'遺産: 讀馬克思的『人類學筆記』及其他」를 발표했다. 그녀는 마르크스의 업적과 그 실패를 고루 돌아본 후 마지막에 사회주의 여성해방의 성과를 소홀히 하거나 심지어 완전히 간과해 버리는 오늘날의 여성주의를 비판했다. 효율의 이름 앞에 여지없이 무너지는 여성 환경을 목도하면서도 여전히 시장주의적 현대화를 전면적으로 성찰해 볼 생각은 하지 않는 일부, 혹은 대부분의 여성학 연구자들에게 그것은 매우 시의적절한 경종이었다.

그런데 여기서 리샤오장이 환기시키고자 하는 사회주의 여성해방의 성과란 과연 어떤 것인지 묻지 않을 수 없다. 왜냐하면 그녀가 줄곧 중국이 서구와 다른 점으로 내세웠던 사회주의 시대 남녀평등의 법적 보장이란 시장주의 현대화 과정에서 이미 무의미해졌다고 해도 과언이 아니기 때문이다. 사회주의 시대 남녀평등의 법적 보장이란 국유제와 단위 제도를 기반으로 한 것이지만 이미 단위 제도가 무너지고 국유기업이 사영 기업으로 그 체제를 전환하고 있는 마당에 문자적 조항으로서의 법적 제도는 허울뿐이기 십상이다. 만약 시장주의적 현대화가 옛것을 무너뜨리고 새로운 질서를 구축함으로써 사회주의가 보장해 주던 남녀의 평등한 법적 권리, 이 뿐만 아니라 실질적인 권리를 보장하는 방향으로 나아간다면 행복하겠지만, 문제는 그렇지 못하다는 것이다. 더구나 전 지구화의 물결 속에 이제는 일국적인 차원에서 자국 여성을 위한 법적 보장을 완성한다는 것 자체가 어려워졌다. 그렇다면 다시, 여성의 빈곤을 해소하고 주체 의식의 각성을 위해 리샤오장이 지지하는 현대화란 구체적으로 어떤 내용의 것인가를 또 묻지 않을 수 없다.

1980년대는 리샤오장의 말대로 여성이 여성으로서의 주체 의식을 각성할 필요가 있었다고 치자. 그리고 현대화의 고난이 오히려 그녀들의 주체 의식을 일깨웠다고 치자. 그러면 개혁이 시작된 지 이미 30여 년이 흐른 지금, 그렇게 각성한 여성들은 자신을 위해 어떤 질문을 던져야 할까? 만약 리샤오장이 사회주의 시대 여성해방의 성과를 환기시키고자 한다면, 그녀가 먼저 그동안 자신이 지지해 왔던 현대화에 대해 전면적으로 비판적 성찰을 수행하지 않으면 안 된다. 사회주의 시대 여성해방의 성과를 은폐하고 심지어 해체시키는 것이 바로 지금의 현대화 과정이기 때문이다. 사실 현대화의 위험성은 이미 타니 발로우 같은 논자들이 숱하게 지적해 온 익숙한 문제다. 리샤오장 역시 그에 대해 숱하게 답해 왔다. 하지만 문제는 그녀가 사회주의 여성해방과 시장주의적 현대화 사이의 근본적 불화의 문제를 언제나 중국적 특수성과 '서구 여권주의'의 패권이라는 이분적 패러다임 속으로 환원시켜 버렸다는 점이다. 그 결과 중국 사회주의 여성해방의 성과가 시장주의적 현대화 및 전 지구화 과정에서 어떻게 해체되고 또 재구성되고 있는지에 대한 내부적 시각의 분석은 여태껏 충분히 진행되지 못한 상태다.

리샤오장이 그동안 사회주의 여성해방과 시장주의적 현대화라는 상반된 목표를 동시에 주장할 수 있었던 것은 양자 사이의 화해될 수 없는 갈등 관계를 그녀가 알게 모르게 봉합해 버린 덕분이다. 그와 유사한 자의적 봉합은 그녀의 주장 곳곳에서 볼 수 있다. '서구 여권주의'라는 단어를 고집스럽게 사용하는 것이 그 대표적인 예이다. '서구'라는 단어는 백인들의 선진국이라는 동질적 의미로 다양한 구미 국가들의 차이를 봉합해 버리며, '여권주의'는 19, 20세기 초에 등장한 부르주아 여성들의 정치적 운동이라는 의미 속에 다양한 시기 다양한 지역 페미니즘들의 차이를 봉합해 버린다. 그녀의 주장들이 곧잘 주관적이고 비체계적으로 보이는 것 역시 그녀의 논리가 이 같은 정형화와 봉합을 바탕으로 하기 때문이다.

그런데 또 흥미로운 것은 바로 그 봉합을 통해 그녀의 주장은 또한 늘 어떤 일관성 속으로 모여든다는 점이다. 앞의 논문에서 다음과 같은 대목을 보자.

> 과거의 경험을 통해서 나는 어떤 '주의'와도 결탁하지 않겠다고 수차례 표명한 바 있다. 하지만 삶 속에서 굳이 어떤 하나를 선택해야만 한다면 나는 주저 없이 남성인 마르크스와 그의 주의를 선택하겠다. 이유는 간단하다. 바로 내가 그(들)의 직접적인 수혜자이기 때문이다. 중국에서 살아가는 우리 세대 여성은 마르크스주의 기치 아래 '사회주의'에 의해 해방되었다. 마르크스는 분명 남자이고 그의 언행 역시 분명히 남성중심적이었다. 하지만 중요한 것은 그의 연구 동기와 분투 목표가 '남성을 위한 것'이 아니라 '전 인류를 위한 것'이었다는 점이다.……
>
> 마르크스의 사상과 사회주의 여성해방의 성과를 통해 이미 여성해방은 하나의 길만 있는 것이 아님이 확인되었다. 그것은 여성을 주체로 한 문화 개량적 성격의 여성주의를 통할 수도 있고, 남성을 주체로 한 사회혁명과 사회개조를 통할 수도 있다. 혹은 더 많은 길이 선택될 수도 있고 혹은 이미 선택되었을지도 모른다. 다양한 환경과 다양한 문화 속에 살아가는 여인은 다양한 길을 갈 수 있고 선택할 수 있다. 혹은 사실 그녀는 선택의 여지가 없는 것인지도 모른다. 어떤 환경에서 살고 있느냐가 이미 그녀에게 가능한 출로를 선험적으로 결정할 테니 말이다.[4)]

평소 그녀의 주장들이 이 대목에서 모두 회오리치며 모여드는 것을 볼 수 있다. 예컨대 그녀가 왜 그처럼 '여성주의'라는 단어의 사용을 자제했는지, 왜 '여성'보다 '여인'이라는 단어를 더 애용하는지가 확실히 이해된다. 그녀에게는 여전히 '인'이라는 보편적 존재로서의 인정이 '여성'으로 인정받는 것만큼이나 중요한 것이다. 또한 중국 여성의 해방

4) 李小江, 「重理"宗師"遺産」, 『讀書』, 2003.

과 개인적 발전은 모두 중국 사회의 총체적인 발전 및 진보와 따로 분리될 수 없으며 따라서 이 땅의 구체적인 상황을 벗어나 사치스럽게 여성의 발전과 '개인적 권리'만을 논할 수는 없다는 그녀의 평소 주장도 가감 없이 드러난다. 생산력 발전을 목표로 하는 현대화는 여성뿐만 아니라 중국의 모든 인민에게 절실한 과제인 것이다. 여기서 그녀의 논의는 심지어 여성문제가 여성주의만으로는 해결되지 않는다는 반여성주의적 언술로까지 나아간다. 그녀가 마르크스의 유산을 놓을 수 없는 이유 역시 여성문제가 여성문제만으로 끝나는 것이 아니기 때문이다. 그런데 바로 그 때문에 그녀의 반여성주의적 언술도 궁극적으로는 여성해방을 위한 길로 통합된다. 그리고 그러한 논리를 지탱해 주는 바탕에 역사적 산 경험으로서의 사회주의 여성해방의 역사가 존재한다.

여기서 드러나는 순환적 일관성은 비록 많은 이론적 비약과 봉합을 통해 이루어지지만 그것을 비판하는 일은 차후로 미루자. 어쩌면 리샤오장이 봉합하고 있는 많은 문제들은 리샤오장 한 사람의 문제가 아니라 사회주의 여성해방이라는 역사적 사건을 바라보는 언어와 시각을 여태껏 충분하게 갈아내지 못한 여성연구 모두의 문제일지 모른다. 어쩌면 그 봉합 속에 우리가 알지 못하는 사회주의 여성해방의 어떤 힘이 들어있는지도 모를 일이다. 안타깝게도 그 일단의 역사는 여전히 미지의 황무지로 남아 있다.

리샤오장은 그 너른 황무지에서 오늘도 녹음기를 들고 여성들 자신의 목소리를 채집하러 다닌다. 2003년 그 1차 결과물이 장장 2천 페이지에 달하는 여성 구술사로 출판된 바 있다. 여성들의 생생한 구술사를 통해 리샤오장은 사회주의, 여성, 동북, 소수민족(특히 조선족), 아시아와 같은 주변의 역사들 속으로 성큼성큼 걸어가고 있다. 그녀가 주장하는 여성연구의 본토성을 위해 새로운, 하지만 꾸준한 일보를 내딛고 있는 것이다. 사회주의 세대인 리샤오장이 이미 자라난 시장경제 세대까지 대변할 수 없는 것은 당연하다. 마찬가지로 시장경제 세대가 리샤오장 세대를 완전히 대변할 수도 없는 노릇이다. 아쉽게도 그녀 자신이 중국 사회주의의 역사이자 포스트사회주의 시대 여성운동의 역사가 되어가지만, 동시에 그 살아있는 증인으로서 그녀가 후배 여성들에게 어떤 유산을 물려줄 수 있을지 못내 기대된다.

참고 문헌_李小江의 저서 목록

『女子與家庭』(共著), 河南人民出版社, 1986.
『夏娃的探索-婦女研究論稿』 河南人民出版社, 1987.
『女人的出路』 遼寧人民出版社, 1989.
『女人-一個悠遠美麗的傳說』 上海人民出版社, 1989. (臺北:臺灣婦女新知社, 1991).
『性溝』 三聯書店, 1989.
『女性審美意識探微』 河南人民出版社, 1990.
『走向女人-新時期婦女研究紀實』 香港青文書店, 1992. (河南人民出版社, 1995)
『告別昨天-新時期婦女運動回顧』 河南人民出版社, 1995.
『挑戰與回應-新時期婦女研究講學錄』 河南人民出版社, 1996.
『解讀女人』 江蘇人民出版社, 1999.(臺北: 臺灣宏文書館, 2002)
『女性/性別的學術問題』 山東人民出版社, 2005.
『女人: 跨文化對話』 江蘇人民出版社, 2005.
『女人讀書: 女性/性別研究代表作導讀』 江蘇人民出版社, 2005.
『口述歷史的性別解讀』 社會科學文獻出版社, 2006.
『女性/性別研究二十講』 社會科學文獻出版社, 2006.

리타 펠스키
Rita Felski

전방위 지식인 게릴라

양효실
대학에서 페미니즘 미학을 가르치고 문학과 미술 관련 비평을 한다. 주디스 버틀러의 저서를 위시한 여러 권의 페미니즘 관련 책을 번역했다.

이 글의 원문은 『여/성이론』 19호(2008)에 실려있다.

리타 펠스키: 전방위 지식인 게릴라

(근대를 비판하는) 포스트 근대 담론가들의 공통점을 감히 요약한다면 근대가 시도한 총체화, 본질화, 동일화에의 욕망을 좌절시키고 대신에 개별성, 구체성, 단독성을 보유한 '글쓰기'를 감행한다는 것일 것이다. 이론의 시대인 근대를 담론적 실천으로서의 '글쓰기'를 통해 문제화하려는 시도는 하나의 단일한 논리, 이상, 환상을 깃발로 내세우고 문화적 차이 내지 다양성을 억누르고 제거하려 한 근대 — 이것은 지금도 진행 중이다 — 에 맞서 작은 이야기들, 시시콜콜한 이야기들을 들려주려는 시도이기도 하다. 이야기-짜기로서의 글쓰기는 한결같은 이야기가 불가능한 포지션들, 다른 이야기를 시작할 수밖에 없는 장소들이 있기에, 그런 타자의 삶과 경험의 육체적 좌표들은 사라지지도 제거할 수도 없는 위치-장소이기에 사실 근대 안에서도 줄곧 쓰이고 전파되었음은 주지의 사실이다. 근대의 행위적 주체가 아무리 보아도 생물학적 남성이고, 아무리 보아도 식민 지배자인 유럽인이고, 국가주의적 주체가 아무리 보아도 민족주의 남성이라는 식의 차이화는 '그들'의 이야기에 동화되지 못하는 타자들의 경험, 일상 때문이고 그래서 결국 여성이나 유색인 등등은 입을 여는 순간 다른 이야기를 하고 있을 수밖에 없다. 언어는 보편적 소통의 수단이면서 내 이야기를 담아낼 사적인 도구이기도 하기 때문이다. 타자의 말은 흘려들으면 '우리'의 말이고 잘 들으면 들을 수 없는 먼 말이고, 다시 들으면 우리를 부서뜨리

는 낯선 말이다.

동시대 포스트 근대 담론은 수렴도 환원도 불가능한 이질적인 타자들의 말을 배우거나 실천하거나 시도하는 것에 대한 것이다. 그것은 우리 자신의 타자(가령 무의식?)로서 옆구리나 내장, 끈적한 데를 기웃거리는 말, 그리고 우리 바깥의 타자(로부터)의 말, 즉 나의 앎과 너그러움 혹은 관용을 일거에 기각하는 말을 경청하려 한다. 그것은 소통이나 이해에 대한 관성이나 욕망을 물리치려한다. 그것은 소통이나 이해의 권력이 배제하거나 은닉한 타자(나로서든 너로서든)의 말, 타자의 재현불가능한 말, 흩어지는 말을 어떻게든 주워 담으려고 애쓰는, 그럼으로써 우리가 아는 말을 좀 덜 폭력적이게, 아니 좀 더 수용적이게 재조직하려는 실천이다.

리타 펠스키Rita Felski로 진입하는 데 포스트 근대적 글쓰기의 공통분모를 깔아보았다. 영어가 언어인 펠스키의 문장은 펠스키가 상대하는 방대한 근대적 텍스트들, 그 텍스트들을 탈-구축할 때 사용하는 많은 방법들/스타일들, 동시대 이론적 난맥이나 담론적 풍부함을 시각화하는/배치하는 유연함 등을 늘 만나게 한다. 펠스키는 문학, 문화연구, 근대성, 페미니즘, 미학 등등을 자유자재로 꺼내고 믹싱하고 무엇보다 구체적인 사례들, 아카이브들을 통해 그렇게 한다. 버지니아 대학 비교문학과 교수로 재직했던 펠스키는 포스트 근대 이론에 정통한 제도권 페미니스트 지식인이다. 펠스키는 제도권 지식인으로서의 자신과 같은 입장을 "내부 고발자"로 형상화한다. 안과 밖의 경계가 안의 의미와 통일성을 가능케 하는 전제임을 드러내는 실천적 전략을 가시화하기 위해서라면 페미니스트는 반드시 안에 있으면서 밖을 자처하고 고지하려는 역설, 내부이면서 바깥이라는 역설을 감수해야 한다는 것이다.1)

전방위 게릴라로서의 펠스키는 독자적인 담론의 틀이나 개념을 만들기보다는 주어진 것으로서의 텍스트들에 침식을 가하는 데 더 주력하고 있다는 것이 지금까지의 독서에 비추어본 판단이다. 그런 점에서 이번 글에서 펠스키는 미학과 문학, 문화의 장에 페미니즘을 경유해 개입해 다양한 해체 전력을 구사하는 실천적 지식인의 모습으로 재현될 것이다.

이번 글에서는 펠스키의 저서 및 수많은 논문 중, 1989년 출간된 그녀의 첫 번째 저서인 *Beyond Feminist Aesthetics: Feminist Literature and Social Change*와 국내에서 『근대성과 페미니즘』(1998)으로 번역되어 나왔던 *The Gender of Modernity*(1995)를 중심으로 그녀의 예술과 문화에 대한 관점을 분석해볼 것이다. 미리 말하자면 전자는 자율적이고 대안적인 "페미니즘 미학"을 제시하려 한 페미니즘 문학에 대한 비판서이고, 후자는 근대성을 여성성의 다양한 내포를 통해 해체하려는 목적에서 쓰인 근대성 비판서이다.

페미니즘 미학을 넘어서

18세기 독일 관념론의 자장 안에서 근대적 학문분과로서 처음 등장한 미학은 20세기 모더니즘의 시대까지 예술(과 문학)의 고유함 내지 자율성을 정식화(이론화)하려는 시도 속에서 미적 거리aesthetic distance, 무관심성disinterestedness, 천재, (미적) 질quality 등의 개념을 주조해 냈고, 동시에 (순수) 예술의 타자로서의 공예craft나 대중문화(키치)를 비非미적인 것으로 강등시키는 보편화 내지 절대화의 전략을 구사했음은

1) 다음 문장의 예술가를 지식인으로 바꾸어도 별 무리는 없을 것이다. "예술 제도의 남성중심적 관행을 바꾸려고 하면서 페미니스트 예술가는 필연적으로 문화와 지식의 특수한 형태들의 순환을 통치하는 권력관계에 연루될 수밖에 없다. 페미니스트 예술가는 '안'에 있지 않다면 '밖'에 위치할 수도 없다", Felski, Rita, "Why Feminism Doesn't Need an Aesthetic(And Why It Can't Ignore Aesthetics?)" in *Feminism & Tradition in Aesthetics*(Pennsylvania, 1995), pp, 440-441.

주지의 사실이다. 인간의 특수한 몇몇 활동만을 순수 예술로 포섭하는 과정에서 삭제, 배제되어야 했던 문화들의 복권은 70년대 이후 페미니즘과 문화연구의 장에서 별도로 혹은 중첩되어서 진행되었다. 예술의 신화에 기입된 작가들과 작가들의 능력을 암묵적으로 정당화하고 있는 남성 이데올로기를 폭로하는 과정 속에서 70년대 페미니스트 작가들과 비평가들은 자신들의 예술 생산의 포지션(정체성)을 어떻게 의미화할 것인가를 고심하게 된다.

펠스키가 비판하는 페미니즘 미학은 바로 이런 분위기에서 자율적이고 대안적인 여성 미학을 제시하려는 "정체성 정치"의 일환으로 등장한다. 펠스키가 말하는 페미니즘 미학이란 "여성 젠더와 특수한 종류의 문학적 구조, 스타일, 형식 사이에서 필연적이거나 특권화된 관계를 주장하는 모든 이론적 입장"[2]으로, 펠스키는 이러한 페미니즘 미학의 사례를 1970년대를 주도한 미국의 페미니즘 문학비평과 프랑스의 페미니즘 문학이론에서 찾는다.

일레인 쇼월터Elaine Showalter, 길버트Sandra M. Gilbert와 구바Susan D. Gubar를 주축으로 한 미국 페미니즘 비평가들은 남성 미학의 전제로서의 남성 경험 내지 남성적 자아와는 다른 여성의 "경험", 여성 "자아"의 존재(사실)를 단언하고 그것의 반영으로서의 페미니즘 문학을 정식화하려는 비평을 제시한다. 종래의 리얼리즘 문학관 내지 반영론의 계보를 잇는 이러한 페미니즘 비평은 남성 작가에 비해 "덜 고정된, 덜 통일된, 더 탄력적인" 여성 정체성 내지 감수성의 표현으로서의 문학론을 주창했지만 이는 곧 여성"들"의 차이와 다양성을 무시한 채 남성들이 자행했던 보편화의 논리를 반복하고 있는 것 아니냐는 비판을 받게 된다.

2) Felski, Rita, *Beyond Feminist Aesthetics: Feminist Literature and Social Change*(Havard University Press,1989), p.19.

"백인 중산층 여성들의 삶의 관점에서 여성의 경험이라는 일반화된 개념을 연역해 냈다"는 흑인 여성들의 비판과 "역사적, 계급적, 인종적, 국가적 경계를 가로질러 모든 여성의 경험을 통일하는 변별적인 공통분모를 끌어내려는 시도"라는 마르크스주의 페미니스트들의 비판이 펠스키가 인용하는 비판의 양상이다. 펠스키가 보기에 여성의 "정체성"은 남성 정체성이 그랬듯이 언어로 재현되기 전 존재하는 것이 아닌, 언어와 이데올로기적 작용이 만들어낸 허구적 산물(효과)이다. 그럼에도 여성의 경험이 별도로 존재하는 양 신비화하고 "진정한" 여성 자아의 표현으로 페미니즘 문학을 정의하는 것은 미국 페미니즘 문학비평이 "이데올로기 이론"에 무지했기 때문이라고 펠스키는 비판한다. 더불어 이런 페미니즘 비평은 리얼리즘 문학이 아닌 실험적이고 아방가르드적인 텍스트는 전혀 설명할 수 없다는 점에서 부분적이고 불완전한 이론이다. 작가의 고백적 재현으로 환원될 수 없는 문학 텍스트의 복잡한 구조, 문학 형식의 특수성을 설명할 수 없을뿐더러 문학적 의미작용의 상호주관적이고 상호텍스트적인 관습, 자기반성적이고 의식적으로 실험적인 예술 작품의 미적 함의를 인정할 수 없는 한계가 이런 리얼리즘으로서의 페미니즘 문학비평의 한계인 것이다.

언어학과 정신분석의 세례 속에서 등장한 프랑스 페미니즘 문학이론은 흔히 "여성적 글쓰기"로 회자된다. 리얼리즘 미학은 자아, 표현, 정체성과 같은 기존의 재현의 약호들 자체에 스며있는 남성적이고 가부장적인 권력을 간과했음을 지적하면서 여성적 글쓰기는 "가부장적인 문화를 구성하는 상징적 담론의 구조" 자체를 파열시키려는 급진적인 시도를 감행하게 된다. 여성적 글쓰기의 모태는 파괴와 실험을 급진화했던 아방가르드 미학이다. (대안적인) 의미를 생산하려는 (긍정의)

문학, 재현과 표현에 경사된 문학은 기존의 제도와 이데올로기를 반복·강화하는 시도이기에 아방가르드 예술은 "부정 미학"이길 선택/자처한다. 크리스테바와 이리가레, 식수와 같은 프랑스 이론가들이 선망하고 시도한 여성적 글쓰기는 의미의 불확정성, 모호성, 유동성을 "여성적인" 언어의 양태로 규정하고 지배, 억압, 통제에 대한 가부장제적인 욕망으로부터의 탈주를 감행하려 한다.

그러나 펠스키는 이러한 형식적 실험, 전복적인 언어에 대한 실험에 국한된 페미니즘 문학 이론은 "언어학적인 국면으로부터 사회적이고 정치적인 국면의 분리"를 예시하는 것이고, "문학적 의미작용의 맥락을 결정하는 결정 인자들에 대한 관심"이 결여되어 있다고 비판한다. "언어를 남성적이거나 여성적인 것으로 약호화하고 형식을 젠더-특수적인 것으로 정의하는 대신 페미니즘 문화 정치는 텍스트 분석에 있어서 그런 범주들이 갖는 가치를 의문시하고 특수한 정치적이고 미학적인 여성들의 관심에 잠재적으로 접근 가능하고 채택 가능한 것으로서 기존의 문화적 전통의 풍부함과 폭을 개방하는 데 관심을 기울여야 한다"[3]고 펠스키는 말한다. 여성적 글쓰기가 말하는 페미니스트로서의 실천은 언어적 전복과 해체적인 독해이기에, 현재의 사회적이고 문화적인 맥락에 개입해서 변화를 일으켜야 하는 페미니스트들의 전략으로서는 전혀 무용하다는 것이 펠스키의 지적이다. 즉 여성적인 것이 부정적인 것, 미지의 것과 동일시된다면 페미니즘 정치의 대의로서의 현실 개입은 전혀 불가능해진다.

무엇보다 자율적인 페미니즘 미학을 구축하려는 시도는 결국 페미니즘을 하나의 공통분모로 환원해 보편화하려는 시도라는 점에서 기존

---

3) *Ibid*., p.16.

(남성)미학의 악습을 되풀이한다는 심각한 문제를 안고 있다. 보편화 자체가 남성적 욕망이라는 비판과 기존 남성(미학)이 은폐하면서 강화한 서열의 단순한 뒤집기에 그쳤다는 비판은 페미니즘 미학의 한계를 증명한다. 그런 점에서 여성의 글쓰기에 대한 페미니즘의 접근 방식은 "토대를 이루는 단일한 본질의 예시로 환원될 수 없는 서로 다른 시기와 문화 속 여성 작가들이 생산한 텍스트들의 이질성"을 인정하는 방향으로 전개될 필요가 있는 것이다.

70년대 문화 진영에서 페미니즘은 여성 예술과 공예(대중문화)의 전통에 속하는 다양한 여성 문화의 발굴, 재평가라는 측면에서 놀라운 성취를 이룩했고 그 뒤를 이은 "포스트" 페미니즘 단계, 즉 페미니즘 자체의 이질성과 다양성을 주창하는 세대로의 이행이 극복할 전 단계로서 중요한 역할을 했다. 펠스키는 페미니즘—정치적 행동주의—과 미학—문학성, 예술성—이 편안하게 만나기란 거의 불가능하다는 주장을 토대로 페미니즘 미학을 "넘어서"야 할 필요, 즉 페미니즘의 경계를 세우면서 동시에 그것을 넘어야 할 이중적인 임무를 페미니스트들에게 부과한다. 그녀의 논문의 제목[4]에 그대로 반영되어 있는 이런 이중의 임무는 고급한 예술 진영과 "저급한" 대중문화로서의 여성 문화 모두를 가치있는 페미니즘 문화로 수용, 분석해야 한다는 주장과도 맞물려 진행된다. 난해하고 지적인 텍스트에 대한 페미니스트 지식인들의 옹호가 역설적으로 "교육체계를 통해 불균등하게 전달되는 해석상의 능력을 가정하기에" (남성적 편견으로서의) 위계 서열을 재강화하는 한계를 갖는다는 지적이나, 그렇다고 여성문화를 무조건적으로 긍정하는 것 역

4) Rita Felski(1995), op .cit. 이 논문에서 여성적 글쓰기는 "이반미학(paraesthetics)"이라는 다른 용어로 좀 더 비중 있게 다뤄진다. 또 미국 페미니즘 문학비평이 노정한 리얼리즘 문학론은 여성 하위문화 내지 대중문화—가령 멜로드라마나 로맨스 소설—가 여성 대중의 의식의 각성 차원에서 중요한 역할을 담당할 수 있다는 평가와 더불어 등장한다.

시 예술과 공예 사이의 서열의 단순한 뒤집기에 불과하다는 점에서 한계를 갖는다는 펠스키의 지적은 그녀의 놀라운 "균형감각"을 증명한다.

근대성의 젠더

1989년의 저서에서 남성 미학을 대체할 자율적이고 대안적인 페미니즘 미학의 불가능성과 위험성을 역설하면서 예술이 놓여 있는 이데올로기적이고 역사적인 맥락 내지 제도적 성격을 더 중요한 분석 대상으로 보아야 한다고 주장한 펠스키는 6년 뒤 『근대성과 페미니즘』을 통해 그 주장이 구체화된 사례를 증명한다.

펠스키는 근대성을 분석한 탁월한 저서로 평가되는 마셜 버먼Marshall Berman의 『현대성의 경험: 견고한 모든 것은 대기 속에 녹아버린다』[5]와 페미니즘의 관점에서 근대성을 분석한 게일 피니Gale Finney의 *Women in Modern Drama: Freud, Feminism, and European Theater at the Turn of the Century*[6]에 대한 간단한 분석으로 서문을 시작한다. 펠스키가 보기에 버먼은 근대성을 곧 남성성으로 등식화함으로써 여성을 전통의 영역으로 몰아낸 뒤 타자화하고, 피니는 여성의 근대성에 집중함으로써 기존의 남성성으로서의 근대성을 단순히 뒤집는 역전의 전략을 구사한다는 점에서 문제가 있다고 지적한다. 즉 펠스키는 근대성과 여성성을 단일한 하나의 의미 체계로 설명하는 보편화의 태도는 여성이 역사적 과정과 맺는 다양성과 복잡성을 제대로 전달할 수 없으며, "텍스트성의 역사성"이나 "역사의 텍스트성"을 구현하려는 자신의 글쓰기가 그런 점에서 갖는 의의를 정당화한다. 즉 역사

5) 마샬 버만, 『견고한 모든 것은 대기 속에 녹아버린다』, 윤호병, 이만식 옮김, 현대미학사, 1994.
6) Gale Finney, *Women in Modern Drama: Freud, Feminism, and European Theater at the Turn of the Century*, Cornell University Press, 1991

는 객관적으로나 보편적으로 "거기에 있(었)음"으로서의 사실이나 이념이 아니라 쓰임으로써만 존재하는 구성물임을 펠스키는 자신의 책을 통해 보여주려는 것이다.

"근대에 대한 포괄적인 페미니즘의 신화를 만들어내기 보다는 근대성이 여성성과 맺는 관계를 보여주는 다양하고 서로 경합하는 재현물들을 분석함으로써 그 관계의 복잡성을 해명하려는"[7] 것이 자신의 의도라고 주장하면서 펠스키는 추상화, 총체화 자체가 무의미하다고 생각하지는 않는다는 점을 강조한다. 그럼에도 자신은 그것을 최소화하는 글쓰기를 통해 다양한 목소리와 전망을 드러내고 근대의 복잡성과 모호성을 강조함으로써 기존 페미니즘의 환원론적 독해를 반성하겠다고 말한다.

따라서 근대성에 젠더를 기입하는 펠스키의 전략에서 드러나는 여성(성)은 단일한 의미를 갖지 않으며 근대성이 확장되고 모호해지는 것만큼이나 여성성 역시 모호하고 불안정해진다. 그것은 사태 자체, 사건 자체, 역사 자체에 접근하려는 (불)가능한 시도로서의 펠스키의 실천이라고 할 수 있다. 여성의 이미지나 여성성이 구체적 현실과 멀어져 긍정적인/부정적인 신화로 고착화된 것은 근대성을 남성성으로 표상했던 남성 이론가들만큼이나 페미니즘 이론가들 역시 공모해 왔던 작업이다. 이제 펠스키는 기존의 상투화된 여성성의 정의 자체가 무화되는 지점까지 여성성을 다원화하고 개방한다. 그러기 위해서 펠스키는 문학작품, 근대성의 이론들, 멜로드라마, 1단계 페미니즘 잡지 및 저서들을 모두 자신의 분석 텍스트로 삼고 하나하나 해체해 간다. 이 전쟁은 펠스키의 지적 명민함을 증명할 것이며, 수직적인 인식 태도가 스스로를 부정할 때까지 안에서 안을 침식시키는 전쟁이다.

---

7) 리타 펠스키, 『근대성과 페미니즘』, 김영찬 옮김, 거름, 1998, 30쪽.

책 전체를 구성하는 "논리"와 모던, 모더니티, 모더니즘 등등의 개념에 대한 미시적인 정의를 간략히 소개하는 1장을 지나 2장 "향수에 대하여"에서 펠스키는 소외와 분열의 시·공간으로서의 근대의 주체인 남성들이 여성성을 역사 밖 전통, 도달할 수 없는 기원이자 향수로 고착화시킨 사례를 독일 사회학자 짐멜의 텍스트를 중심으로 분석한다. 문명, 도시의 타자로서의 자연, 유기적 총체성을 구현한 은유로서의 여성으로 인해 이제 여성의 경험에 내재하는 복잡성과 갈등은 상징적으로 제거되고 그것을 통해 여성은 고상한 미개인의 상태와 다름없는 더할 나위 없이 행복한 소외되지 않은 상태를 예증하는 존재로 간주되는 것이었다는 것이다. 이런 여성성 신화는 지금도 남성 작가들의 이미지나 은유로, 혹은 여성 작가의 무비판적 동일시의 양태로 반복 재생산되고 있음을 우리는 곳곳에서 확인할 수 있다.

3장 "상상적 쾌락"에서는 무분별한 소비문화의 희생양으로 간주되어 온 소비 "주체"로서의 여성을 어떻게 의미화 내지 맥락화할 것인가란 페미니즘 진영의 곤혹스러운 문제에 대한 펠스키의 분석이 제공된다. 남성적 관점에서 수동적인 소비자로 간주되어 온 여성의 소비를 능동적인 협상 가능성과 소비의 의미의 재맥락화를 통해 전복시켜야 한다는 페미니즘의 당위적 입장 앞에서 펠스키는 남성적 관점과 페미니즘적 관점이 혼재된 양태로서 여성 소비자를 이해해야 할 필요성을 역설한다. 즉 근대 산업 문화의 이념으로서의 생산을 가치화하려는 남성적 이분법 속에서 소비, 낭비, 무절제의 영역으로 내몰렸던 여성이 소비와 갖는 복잡한 관계를 펠스키는 졸라의 『여인 천국』, 『나나』, 플로베르의 『보봐리 부인』에 대한 정교한 분석을 통해 제시한다. 이를 통해 펠스키가 의도하는 것은 "문화적 실천을 단일 인과론적인 경제 모델에 근거해

해석하는 기능주의적인 설명과 페미니즘적인 향수에 젖어 그것을 순수한 저항의 공간으로 보는 시각은 모두 자본주의 논리와 가부장제 논리의 상응성뿐 아니라 그 둘 사이의 모순에 대해 성찰하는 논의로 대체될 필요"[8]에 대한 인식이다.

지면의 한계상 이번 글에서 마지막으로 살펴볼 4장 "남성성의 은폐"는 어떤 특수한 문학적 예술적 스타일로서의 유미주의와 그 안에 내재된 계급적, 성적 한계를 드러내는 작업이다. 펠스키는 초기 모더니스트로서의 유미주의자들이 미적 전략으로 채택해 수행한 "여성성"이 현실 여성의 삶과는 유리되어 있는 은유였고, 그 결과 젠더 위계질서는 더욱 공고히 되었다고 주장한다. 즉 그들 모더니스트들의 텍스트에서 유기적 자연에 대한 반감으로 선택된 "여성적인" 인공성의 저항적인 힘은, 자연적인 여성의 육체와의 분리와 그것에 대한 거부에 기반해 있다는 것이다. 여성화되려는 동성애적 작가들의 성향은 실제 여성의 삶이나 현실과는 전혀 무관한 것이었다는 점에서 오히려 여성혐오의 측면을 찾아볼 수 있다는 것이 펠스키의 분석이다. 즉 "유미주의자의 젠더 규범에 대한 유희적 전복과 여성적 속성의 채택은 여성과의 거리와 여성에 대한 우월성을 강화하는 것이다."[9]

『근대성과 페미니즘』은 기존의 근대성에 대한 분석, 페미니즘의 근대성과 여성성에 대한 전유의 문제와 한계점을 지적한다는 점에서 중요한 텍스트이다. 담론적 구성물들 간의 싸움터, 누가 어떻게 기술하고 설명하는가에 따라 전혀 다른 텍스트성을 드러내는 근대라는 괴물에 대해 펠스키는 최대한 예의를 차린 다원주의자의 면모를 한껏 드러낸다.

---

8) 위의 책, 144-145쪽.
9) 위의 책, 171쪽.

나가며

펠스키의 글은 관념의 지도(이론)가 현실의 구체성과 얼마나 다른지, 그래서 그 지도가 어떻게 현실을 은폐하고 오독하고 있는지를 드러내려는 "일관된" 목적을 실현한다. 그 결과 우리가 알게 되는 것은 말이 가리키는 곳에는 삶이 없다는 것, 삶이란 그물코 사이로 새나갈 뿐인, 그물코에 걸리지 않는 물이나 바람 같은 것이라는 것이다. 거침없이, 주워 담아 형태를 만들려는 말과 말의 그릇에 담기길 거부하는 삶의 역동성 사이의 긴장이 펠스키의 글쓰기의 장점이다.

다독가이자 다작가인 펠스키의 지적 명민함을 혀를 내두르며 따라가다가도 잠깐씩 그녀의 균형감각, 즉 지역적 차이나 역사적 변화를 너무나 일목요연하게 정리해주는 그녀의 명랑함이나 유능함에 일말의 불편함이 일기도 한다. 모든 절실함은 오해와 편견을 감수하는 것이기에("그럼에도 불구하고"!) 비극적이다. 너그러운 다원주의자들, 탈중심화 전략을 통해 차이와 다양성을 드러내는 데 몰두한 이들이 간혹 낯설어 보이거나 그들에게 혐의를 갖게 되는 것은 어떤 평가와 해석에 대해서도 초연한, 그럼으로써 역설적으로 지식의 중립성과 객관성을 "거듭" 옹호하는 설명가, 주석가의 모습으로 보이기 때문이다. 중심을 만들고 그럼으로써 알건 모르건 타자와 차이를 배제했던 보편화 욕망을 경계하려는 시도가, 타자로서의 자신의 삶을 인정받으려는 필사적인 전략이 아니라는 "느낌"이 들 때, 너그러운 다원주의자는 모든 것을 다 가졌기에 중심에서 주변으로 물러나도 실존적 위협을 느끼지 않을 "특권"의 자세 아닌가라는 불안이, 어떤 사태 앞에서도 어떤 개념 앞에서도 놀라우리만치 "균형감각"을 갖는 펠스키에 대해 "남는" 인상이다.

역설적이지만 펠스키는 너무 난해해서(낯설어서?) 접근이 어려운 페미니스트 개념 미술가인 메리 켈리의 문장으로 앞의 논문을 닫는다. “이른바 모든 정치적으로 참여적인 예술에 적용되는 한 가지 중요한 점은 동질적인 대중 청중 같은 것은 없다는 것이다. 당신은 모든 이를 위한 예술을 만들 수 없다.”10)는 인용문을 통해 펠스키는 페미니스트들의 싸움이 진지전으로서, 분열적으로 복수화하면서 전개될 수밖에 없음을 설명한다. 메리 켈리는 “이렇게밖에 말할 수 없음”에 대해, 내부의 불만이나 불쾌 혹은 비난을 감수하는 것에 대해 말한 것이다. 펠스키의 지적 명민함은 일견 페미니즘들 각자의 한계와 의의를 고르게 평등하게 대우하려는 ‘초연한’ 자리에 있기 때문은 아닐까 생각한다. 상황적 지식들이 그렇듯이 한 번에 하나의 관점을 택할 수밖에 없는 이의 아포리아나 분열이 펠스키의 명랑한 자리에서는 단지 하나의 자리로서만 배당되는 것 같은 것이다. 균형감각, 지적 명민함을 맘껏 ‘자랑하는’ 것 같은 지식인에 대한 자기부정의 고통이나 자기 무화의 희열을 감행하는 글쓰기들을 좋아하는 자의 ‘사소한’, 지극히 사소한 푸념이다.

참고 문헌

리타 펠스키, 『근대성과 페미니즘』, 김영찬 옮김, 거름 출판사, 1998.

Rita Felski, “Why Feminism Doesn’t Need an Aesthetic(And Why It Can’t Ignore Aesthetics?)”, in *Feminism & Tradition in Aesthetics*, edited by Peggy Z. Brand, and Carolyn Korsmeyer, Penn State University Press, 1995.

__________, *Beyond Feminist Aesthetics: Feminist Literature and Social Change*, Harvard University Press, 1989.

10) Rita Felski(1995), *op .cit.*, p.443.

마리아 미스

Maria Mies

자본주의를 식민지 여성의 입장에서 분석하다

최재인
미국사 전공. 공저로 『19세기 허스토리』, 『서양여성들, 근대를 달리다』 등이 있고, 『나는 일본군 성노예였다』 등을 번역하였다.

이 글의 원문은 『여/성이론』 43호(2020)에 실려있다.

마리아 미스: 자본주의를 식민지 여성의 입장에서 분석하다

마리아 미스(Maria Mies, 1931~2023)[1]는 스스로를 활동가 학자activist scholar라고 말하곤 했다. 쾰른응용과학대학의 사회학과 교수로 정년퇴임한 미스에게 공부의 동력은 사회활동과 이를 통해 얻게 된 문제의식이었다. 그녀는 쾰른에서 대학 강사로 일하던 때부터 학생, 지역 주민 등과 함께 가정폭력 피해 여성을 위한 쉼터를 세웠는데, 이는 곧 선례가 되어 다른 독일 도시들로 번져나갔다. 이후 지역에서 혹은 세계를 다니며 다양한 여성운동, 환경운동, 평화운동에 참여했고, 또 직접 조직했다. 1996년에는 한국을 방문해 강연을 하기도 했다.[2]

그러나 미스의 가장 중요한 업적은 자본주의에 대해 새로운 분석을 내놓은 것이다. 마르크스가 산업화된 사회의 임노동자, 즉 프롤레타리아의 입장에서 자본주의를 분석했다면, 미스는 식민지 가난한 여성의 입장에서 자본주의를 분석한다. 마르크스는 상품 생산과정에서 진행되는 자본가의 임노동자에 대한 착취를 중심으로 자본주의를 분석했지만, 미스는 여성, 자연, 식민지에 대해 거의 대가를 지불하지 않고 진행되는 폭력적이고 구조적인 착취를 중심으로 자본주의를 분석한다.

1) 그동안 우리나라에서 Maria Mies는 '마리아 미스' 혹은 '마리아 미즈'로 소개되어 왔다. 이 글에서는 독일식 발음법에 기초하여 '마리아 미스'로 표기한다.
2) 당시 강연 내용은 다음 글에 정리되어 있다. 마리아 미스, 「전지구적 생태여성론이 세계를 구할 수 있는가?」, 한정숙 옮김, 『여성과 사회』 7, 1996, 6-20쪽.

자본주의와 여성, 식민지, 자연에 대한 폭력적 착취

미스에 따르면, 자본주의체제는 노동시장을 크게 양분한다. 하나는 고임금의, 자격증을 갖춘 이들이 접근할 수 있고, 남성이 다수인 비교적 안정된 일자리의 노동시장이다. 다른 하나는 비공식적이고 조직되지 않은 노동자들을 포괄하는 노동시장이다. 후자에는 시간제 일자리에서부터, 이른바 생계형 자영업, 아주 낮은 임금의 가내 노동자에 이르기까지 다양한 노동력이 포진하고 있다. 이 부문의 특징은 저임금에, 일자리 '유연성'이 아주 높다는 것이다. 이런 노동시장과 생산방식의 이중구조를 미스는 빙산에 비유한다. 자본주의체제에서 자본과 노동의 임노동계약 관계는 빙산의 보이는 일각에 불과하다. 수면 아래에는 이른바 '비공식 부문'에 속하는 아주 낮은 임금의 노동력과 가정주부가 수행하는 무상의 재생산노동(가사노동과 출산, 육아)과 각종 천연자원을 비롯한 광범한 자연에 대한 착취가 자리하고 있다. 미스의 빙산 비유에 따르면, 마르크스의 자본주의 분석은 수면 위에 드러난 작은 부분을 다룬 것에 불과하다. 따라서 자본주의의 본질을 이해하기 위해서는 자본주의 체제가 거의 무상으로 폭력으로 갈취하고 있는 부분들, 즉 여성, 식민지, 자연에 대한 분석이 필요하다는 것이 미스의 주장이다.

자본주의는 초기부터 거의 무상으로, 혹은 아주 낮은 임금으로 부릴 수 있는 집단을 끊임없이 발명해 왔다. 아프리카인을 납치하여 대농장의 노예 노동력으로 부리면서, 아프리카인이 인종적으로 열등하기 때문이라고 인종주의를 내세웠던 시대가 있었다. 지금도 그런 낙인은 다양한 방식으로 발명되고 있다. 1970년대 이후 다국적기업들이 제3세계에 공장을 세우면서 이런 행태는 세계적으로 더 확대되었다. 그리고 이런 국제적 노동 차별은 성차별과 융합된다. 1970년대와 80년대에 한국에서 그랬던 것처럼, 지금도 동남아시아, 아프리카, 라틴아메리카의 수출산업에서 노동력의 약 70퍼센트는 여성이다. 산업화된 부유한 나라의 슈퍼마켓에서 공산품이나 농산물을 저렴하게 구입할 수 있는 것은 제3세계, 특히 여성에 대한 착취의 결과이다.

이런 착취는 우리가 소비하는 거의 모든 상품에서 발견할 수 있다. 컴퓨터, 휴대전화 등에 들어가는 희귀 광물들, 즉 금, 콜탄, 탄탈럼, 플래티넘(백금) 등을 찾느라 지표면이 굴삭기로 파헤쳐지고, 천연자원은 고갈되고, 식민지 노동자는 착취를 당하고 있다. 미스에 따르면, 2012년에 남아프리카공화국 백금 광산에서 있었던 파업은 기업 애플 때문이었다. 이 지역 노동자들의 노동조건은 아파르트헤이트 시대보다 열악해졌다고 한다. 아프리카 광산 노동자에게 임금을 독일 노동자만큼 지불했다면, 또 자연 자원이 사유물이 아닌 만큼 공공의 논의를 거쳐 지역민의 동의와 엄격한 감시 아래 발굴했다면, 그래서 컴퓨터와 휴대전화의 가격에 그런 비용이 포함되었다면, 기기들이 그렇게 대량 생산되고 판매되지 못했다. 그리고 정보통신 기업들은 지금처럼 승승장구하며 거대한 자본을 축적하지 못했다. 자연과 식민지인에 대한 폭력적인 착취를 통해 정보통신산업에서 자본축적이 가능했다.[3)]

미스는 산업화된 부유한 나라의 성장 비결이 식민지 체제에 있다고 말한다. 여기서 식민지는 부유한 산업화된 나라들에게 착취당하는 가난한 나라를 의미한다. 미스는 이백 년 전 서구 세계의 부는 오늘날 가난한 나라들의 다섯 배 정도였지만, 이것이 1960년에 오면 20배, 1983년에는 46배가 되었다는 트레이너Ted F. Trainer의 연구를 소개하면서, 부유한 나라의 부의 상당 부분은 가난한 나라의 희생 속에 가능했다고 말한

3) Maria Mies, "No Commons without a Community," *Community Development Journal*, Vol. 49(SI), 2014, pp.114-115.

다.[4] 미스에 따르면, 개발 혹은 성장은 높은 단계로 진화하는 것이 아니라, 한쪽은 더 부자가 되고, 이 때문에 다른 한쪽은 더 가난해지는 양극화과정이다.

미스는 자본주의 체제의 작동 과정 저변에는 폭력이 자리하고 있다고 말한다. 마르크스는 봉건제에서 자본주의로 가면서, 경제 외적 강제가 경제적 강제로 변화했다고 한다. 마르크스도 자본주의 초기에는 식민지와 노예제를 통한 폭력적 착취가 있었다고, "자본주의는 피를 뚝뚝 흘리며 태어났다"고 했지만, 이는 초기 원시적 축적 단계의 현상이라고 설명한다.[5] 그러나 이런 폭력적 착취는 자본주의 초기 단계에만 있었던 것이 아니라, 자본주의의 일관된 작동 방식이라는 것이 미스의 주장이다. 중동이 거의 만성적으로 전쟁상태를 겪고 있는 근본적 원인은 석유 자원에 대한 자본주의적 욕망 때문이다. 미국 등 이른바 산업화된 선진국은 자신들이 누리는 이윤을 경제적 교환처럼 가장하고 있지만 사실은 그렇지 않다는 것이다. 부유한 나라의 경제활동은 본질적으로는 "자신의 공동체 내에서 일상적인 자급 노동을 통해서가 아니라, (외부 사회에 대한) 약탈과 강도질을 통해 빠르게 물질적 부를 축적하는" 방식을 택하고 있다는 것이다. 따라서 기술 발달의 상당 부분은 "공동체 구성원의 필요를 만족시키기 위해서가 아니라, 더 큰 전쟁과 정복과 축적을 향한 것"이라는 주장이다.[6] 미스에 따르면, "세계적 차원의 자본주의에서 시장의 보이지 않는 손은 늘 무기를 든 손"의 지원을 받아

4) Maria Mies, "Do we need a new "moral economy"?," *Canadian Woman Studies; Downsview*, Vol. 17, No. 2,, 1997, p.11.

5) 기존에는 16-18세기 자본주의 초기 시대를 상업 자본주의 시대, 중상주의 시대라고 했지만, 최근 한 연구서는 그 시대를 '전쟁 자본주의'라고 명명한다. 스벤 베커트, 『면화의 제국: 자본주의의 새로운 역사』, 김지혜 옮김, 휴머니스트, 2018.

6) 마리아 미즈, 『가부장제와 자본주의: 여성, 자연, 식민지와 세계적 규모의 자본축적』, 최재인 옮김, 갈무리, 2014, 174-75쪽.

왔다."[7]

미스의 이런 분석은 독일의 사회주의 혁명가 로자 룩셈부르크Rosa Luxemburg의 자본주의 분석을 이어받은 것이기도 하다. 룩셈부르크는 자본주의가 경기침체나 공황 등 위기를 돌파하기 위해 비자본주의 세계를 계속 병합해 가는 방식을 취해 왔으며, 이를 통해 이윤을 창출하고, 자본을 축적하고, 생존할 수 있었다고 주장한다. 자서전에서 미스는 "룩셈부르크가 여성주의자는 아니지만," 룩셈부르크의 자본주의 분석을 참조하여 여성의 가사노동을 비롯한 자급경제 활동을 자본주의 생산과정과 연결시키는 이론적 돌파를 할 수 있었다고 말한다.[8]

'가정주부화 housewifization'

미스가 자본주의 분석에서 내놓은 가장 중요한 개념 중 하나는 '가정주부화'이다. '가정주부화'는 여성 노동력, 나아가 노동력 전반을 가정주부의 노동처럼 거의 공짜로 값싸게 임의로 사용하는 추세를 말한다. 그 연원은 여성의 영역을 가정에 한정했던 산업혁명 초기 부르주아 가정에서 찾을 수 있다. 서구 부르주아 남성은 자신이 "소유한" 여성의 생활 영역을 가정으로만 한정하면서, 재산 소유에 접근하지 못하게 했다. 부르주아 계급의 여성은 사치품과 부의 소비자와 과시자로 만들어졌고, 가정주부로 규정되었다. 이런 규정은 19세기를 거치면서 부르주아 여성만이 아니라 일반적인 여성의 역할처럼 여겨지게 되었다. 여성에 대한 이런 규정은 임노동을 하는 노동자 여성이 노동자의 정체성을

7) Maria Mies & Joel Kovel, "An Interview with Maria Mies, January 18, 2004, Mumbai, India," *Capitalism, Nature, Socialism*, Vol. 15, No. 4,, 2004, pp.47.
8) Maria Mies, *The Village and the World: My Life, Our Times*, Spinifex, 2010, p.162.

제대로 갖지 못하고, 인정받지도 못하게 하는 이데올로기가 되었다.

미스에 따르면, 19세기 말과 20세기 초에 자본가는 시장 확보를 위한 전략의 일환으로 가정주부의 역할이 가사노동과 소비에 있다고 강조했다. 이 시기 가정은 새로운 기계와 상품의 중요한 시장이었다. 그리고 가전제품 판매를 위해 부각시키기도 했던 과학적 가정 경영에 대한 강조는 여성을 가정과 더 밀착시키는 이데올로기가 되었다. 가정주부는 노동력 비용을 줄이기 위해 산업현장에서 저임금 노동력으로 부름을 받기도 했지만, 새로운 수요를 창출하는 데 동원되기도 했던 것이다. 이 시기 가정주부에게는 청결과 위생을 위해 먼지와 세균, 박테리아와 매일 거의 전쟁을 치러야 하는 역할이 유난히 강조되었다. 이 전쟁은 각종 세제와 같은 화학 산업의 신상품 시장을 만들기 위해 시작되었다.[9]

여성의 가정주부화를 밀어붙이는 데에는 노동조합도 일조했다. 1863년 국제노동자협회International Workingmen's Association의 총회에서 독일 대표단이 했던 요구 중 하나는 "노동자가 가족을 구성할 자유"였다. 당시 페르디난트 라살Ferdinand Lassalle이 이끌었던 독일 노동운동 조직들은 가족을 가질 권리를 위해 싸웠다. 부르주아적 가족 형성이 따라가야 할 '진보적인 것'으로 여겨졌기 때문이다. 남성 노동자들은 남성의 월급이 가족을 부양할 만큼 충분해야 아내가 집에 머물며 자녀와 가정을 돌볼 수 있다는 주장으로, 즉 가족 임금 주장으로 임금인상 투쟁을 정당화했다. 미스에 따르면, 노동운동의 가족 임금 주장은 프롤레타리아가 부르주아의 가족관과 여성관을 그대로 수용했음을 보여준다. 노동자는 '노동하지 않는' 가정주부를 동반하고 있다는 생각이 널리

9) 미즈(2014), 앞의 책, 237-38쪽.

공유되었고, 마르크스 역시 노동력 가치 분석을 이런 관점에서 했다는 것이다.10)

가사노동은 일상적인 가사를 통해 매일의 노동력을, 그리고 출산과 육아를 통해 다음 세대의 노동력을, 즉 상품인 노동력을 재생산해 왔지만 자본주의 사회에서, 그리고 마르크스 경제학에서도 노동으로서 그 가치와 존재를 인정받지 못한다. 여성이 주로 감당하는 가사가 그 가치를 제대로 인정받지 못하면서, 여성 노동력도 전반적으로 가치가 절하되었는데, 이를 미스는 여성 노동력의 '가정주부화'라고 한다. 가정주부화를 통해 "여성 노동은 공기나 물처럼 공짜로 이용할 수 있는 자연 자원처럼 여겨지게 되었다." 그리고 이를 통해 프롤레타리아 백인 남성도 자신의 '식민지', 즉 가족과 가정에 길들여진 가정주부를 갖게 되었다.11)

미스는 가정주부화와 식민화 두 과정이 밀접하게 연결되어 있음을 강조한다. 외부 식민지에 대한 지속적인 착취가 없었다면 산업화된 사회들에서 남성 '부양자'가 부양하는 핵가족과 여성이라는 '내부 식민지'가 수립되지 못했을 것이기 때문이다.12) 산업화된 나라의 자본가에게 식민지 노동력은 남녀 불문하고 아주 싼값에 쓸 수 있는 노동력으로 여겨져 왔다. 식민지는 경제나 사회의 일부로 여겨지지 않았다. '문명화된 사회'의 밖에 놓여 있는 것으로 간주되었다. 유럽 정복자들이 '침투'했던 아메리카 '처녀지'와 같이, 식민지의 토지와 주민도 '자연'으로 여겨졌고, 착취와 이용의 대상으로 규정되었다.13)

미스가 '가정주부화'론을 세우게 된 것은 1977년 인도 나르사푸르 Narsapur에서 레이스 생산공들을 연구하면서였다. 이들은 일감을 집으

10) 위의 책, 238-44쪽.
11) 위의 책, 244쪽.
12) 위의 책, 244쪽.
13) 위의 책, 176쪽.

로 가져가서 일을 하는 여성 노동자였는데, 형편없는 임금을 받았다. 그러나 나르사푸르에서 레이스 생산공이 만든 생산품을 갖고 사업을 했던 수출업자는 큰돈을 벌고 있었다. 미스는 그 사업가가 큰 자본을 축적할 수 있었던 이유를 다음과 같이 열거한다. 1) 레이스 생산공은 인도에서도 가장 낮은 임금을 받았다. 2) 생산공은 각자 집에서 일을 하니, 사업가가 공장을 지을 필요가 없다. 한 여성이 일감을 나눠주고 모아오는 일을 맡아서 한다. 3) 생산공은 원자화되어 있어 노동조합을 결성하지 못한다. 지역 노조도 이 생산공에게 관심을 갖지 않는다. 이들을 가정주부로만 여기기 때문이다. 4) 생산공은 완제품을 만들지 않는다. 따라서 수출업자는 생산공이 제품을 밖으로 빼돌릴 것에 대한 걱정을 할 필요가 없다. 5)이 마을에서 이 사업은 보이지 않는다. 생산공은 모두 각자 집에서 일하고 있기 때문이다. 수출업자에게 이는 아주 좋은 조건이다. 6) 레이스의 원료인 실값을 레이스 생산공의 임금에서 제하기 때문에, 수출업자는 원료 비용도 거의 지불하지 않는다. 7)이 레이스 제품을 수입한 나라에서 이를 구매하는 소비자는 이 사치품이 어떻게 생산되는지를 알지 못한다. 생산과 소비가 멀리 떨어져 있기 때문에 구매자가 노동착취 구조에 관심을 갖기 어렵다. 8) 레이스 생산공은 레이스 생산노동을 가사노동과 병행하며 수행한다. 이 역시 자본가로서는 좋은 점이다. 미스는 이런 생산구조를 보면서, 노동력의 '가정주부화' 이론을 수립하게 된다.[14] 미스는 이를 인도 여성에 대한 특수한 착취가 아니라, 산업화된 나라가 가난한 나라를 보이지 않게 착취하는 보편화된 관행의 한 사례라고 보았다.

그러나 최근에는 식민지에서뿐 아니라 이른바 산업화된 나라에서

14) Mies(2010), *op. cit.*, pp.164-67.

도 노동력 전반에서 가정주부화 현상이 나타나고 있다. '노동유연화', 또는 저임금에 안정성이 떨어지며 노동법의 보호를 받지 못하는 노동력을 지칭하는 "프레카리아트precariat"15) 라는 신조어는 미스가 일찍이 1983년에 내놓았던 '가정주부화'와 상통하는 용어이다. 미스가 '가정주부화'라는 개념을 처음 제기했을 때, 그녀의 동료 폰 벨로프Claudia von Werlhof는 "프롤레타리아는 죽었다. 가정주부 만세!"라는 글로 화답했다. 그 글에서 폰 벨로프는 가정주부화된 노동력이 자본이 가장 열망하는 노동력 형태가 될 것이라고 했다. 그래서 여성뿐 아니라 남성도 가정주부화된 노동을 수행하게 될 것이라고 했다. 폰 벨로프의 예상은 지구화된 자본주의체제에서 현실이 되고 있다. 미스는 자신이 '가정주부화' 개념을 처음 제기했을 때보다, 21세기에 와서 더 유용해졌다고 말한다.16)

자급subsistence경제론

미스는 자본주의 체제를 상품생산과 자본축적을 목적으로 여성, 식민지, 자연을 대상화하고 폭력적으로 착취하는 체제이며, 무엇보다 삶life을 파괴하는 체제이고 지속될 수 없는 체제라고 비판하면서, 대안으로 자급경제를 제시한다. 자급경제 활동은 상품을 생산하기 위한 활동이 아니라, 당면한 삶life을 생산하는 활동이다. 미스에 따르면, 자급경제가 개인 혹은 작은 공동체가 필요한 모든 것을 생산하고, 생태적 환경 속에서 모든 것을 찾아내야 함을 의미하지는 않는다. 이는 일정한 지역, 일정한 공동체의 사람들이 의식주를 해결하는 데 있어 어느 정도 자립

15) 영어의 불안함을 뜻하는 단어 precarious와 프롤레타리아트(proletariat)를 접합하여 만든 신조어.
16) Mies(2010), *op.cit.*, pp.166-67.

성을 갖고 살아간다는 것을 의미한다. 미스의 자급경제론은 그녀가 태어나고 자란 독일 농촌 마을에서 착안한 것이다.

미스는 1931년 독일의 아이펠Eifel 화산 언덕 지대에 위치한 아우엘Auel이라는 약 서른 가구 내외의 작은 농촌 마을에서 태어났다. 그녀는 고향 하면, 가족과 집만 떠오르는 것이 아니라 마을 전체가 생각난다고 한다. 부모는 12헥타르(약 36,300평) 정도의 토지를 갖고 농사를 지으며 가축을 키웠다. 미스는 열두 남매 중 일곱 번째였다. 위로는 언니 하나와 다섯 명의 오빠가 있었다. 열네 식구가 부지런히 일해서 먹고 사는 데 부족함을 느끼지 않았다고 한다. 다른 농가와 비슷하게 현금은 거의 없었지만, 동네에 있는 '식민지 상품colonial goods' 가게에서 계란을 주고 설탕이나 커피, 차 등을 구입할 수 있었다. 미스는 자서전에서 부모가 자식들에게 학교에서 좋은 성적을 받아야 한다고 말하지 않았고, 자식의 미래에 대해 아무 야심도 품지 않고, 있는 모습 그대로에 만족했다고 하면서, 그 점에 가장 감사한다고 했다. 미스에 따르면 그녀의 부모 세대는 자식이 자라서 특출한 인물이 되어야 한다는 생각이 없었다.17) 누구든 공동체에서 의무를 다하며 성실하게 살면 충분히 먹고살 수 있다고 여겼기 때문일 것이다.

미스는 자신의 출생이 인생에 미친 영향을 이렇게 정리한다. "나는 내가 작은 마을 농가 출신임을 잊어본 적이 없다. 이는 내가 발을 땅에 딛게 만들었고, 지나친 낭만주의와 돈키호테식의 이상주의에 빠져들지 않게 했다."18) 미스에 따르면, 자급경제가 가장 현실적인 방식이다. 지금의 자본주의 경제모델은 무한한 성장이 가능하고, 저발전 나라들도 "따라잡기식" 발전을 할 수 있다고 말하지만, 이 지구는 사실 무한하지

---

17) Mies(2010), *op. cit.*, pp.1-36; Mies(2014), *op. cit.*, pp.107-108.
18) Mies(2010), *op. cit.*, pp.xiv.

않다. 지금 체제로 지속적인 발전은 가능하지 않다. 예를 들면, 세계 인구가 미국인처럼 에너지를 많이 소비하며 사는 것은 불가능하다.[19] 그래서 미스는 착취하지 않고 지속 가능한 현실적인 대안으로 자급경제를 주장한다.

미스는 자급경제의 전제 조건으로 공유재commons, 共有財와 공동체를 강조한다. 그녀가 어린 시절 살았던 마을에는 공유지와 공유 숲이 있었다. 그러나 이를 마을 주민이 제멋대로 이용한 것은 아니다. 공유 숲에서 나무를 베려면 일정한 값을 지불해야 했다. 공유 숲에는 경계가 있고, 활용 규약이 있었다. 공유재에 대해 많이들 우려하는 것처럼, 공유재가 무분별하게 이용되지는 않았다. 이웃과 미래세대에 대한 배려가 저변에 단단히 자리하고 있었다. 마을 주민은 이 공유재가 지속되어야 하며, 이를 위해서는 마을 공동체의 무보수 공동 작업들을 통해 관리하고 개선해야 한다는 점을 잘 이해하고 있었다.[20]

미스에 따르면, 공유재는 이를 보살피는 공동체 없이는 존재할 수 없다. 마찬가지로 공동체도 공유재 없이 존재할 수 없다. 공동체의 모든 구성원은 공유재를 보살피고 유지할 책임을 갖는다. 아이들도 예외가 아니다. 이는 법으로 강제될 필요도 없다. 마을 공동체 구성원의 삶이 공유재와 무보수 공동 작업에 의존하고 있다는 점이 모두에게 분명히 보이기 때문이다.[21]

그녀가 자급경제를 말하면서 항상 강조하는 것은 지금의 성역할, 즉 남성 부양자/여성 가정주부의 성역할은 없어져야 한다는 것이다. 자급경제로 방향을 잡으면 무상으로 해야 할 공공 작업이 많이 생길

19) Mies(1997), *op. cit.*, pp.3-4.
20) Mies(2014), *op. cit.*, pp.107-108.
21) *Ibid.*

수 있는데, 거기서 성별분업이 고착되지 않도록 의식적으로 주의를 기울여야 한다고 말한다. 그리고 가사노동 역시 남녀가 함께 책임지도록 해야 한다고 강조한다. 성역할을 의식적으로 변화시키지 않는 한 이는 온존될 것이다. 그리고 성역할이 온존하는 한, 어떤 개혁이든 의미 있고 지속적인 변화가 될 수 없으며, 위계와 억압과 착취가 있는 사회로 회귀하게 될 것이라고 말한다.[22)]

서구에서 공유재와 공동체는 인클로저를 거치면서 사유화되고 해체되어 왔지만, 그래도 꽤 오래 지속되었다. 미스의 고향 마을에서 공유숲은 1960년대 중반에 고속도로 건설을 이유로 한 회사가 마을공동체로부터 구매하면서 사유화되었다. 건설회사는 그 숲에서 용암 모래를 채굴하면서, 아름다운 산을 파괴했다. 그러나 당시 마을 주민은 여기에 전혀 반대하지 않았다고 한다. 이런 프로젝트가 늘 그렇듯이 회사 관계자와 정부 관리가 나와서 앞으로 지역공동체에 큰 도움이 될 것이라고 공약했고, 마을 주민은 이를 믿었다. 그러나 그 말들이 거짓임은 곧 드러났다고 한다. 이후 이십여 년 동안 그 사업에 고용된 인원은 열 명 내외에 불과했는데, 그조차 대부분 지역민이 아니었다. 이후 마을 숲에 큰 구덩이들을 남기고 회사는 떠났다. 지면을 다시 다독여 놓기 위해 결국은 공동체에서 따로 2만 마르크를 모아야 했다.[23)] 미스는 오늘날에도 개발과 근대화라는 이름으로 인클로저가 계속 진행되고 있다고 하면서, 이는 공유재commons를 상품commodity으로 변화시키는 것이며, 노략질이고, 절도이며, 공동체의 것을 전용하는 것이라고 말한다.[24)]

---

22) Mies(1997), *op. cit.*, pp.8-9.
23) Mies(2010), *op. cit.*, pp.3-4.
24) Mies(2014), *op. cit.*, p.108.

미스가 공유재를 강조하기 시작한 것은 냉전 질서의 해체와 함께 1990년대 이후 신자유주의에 기초한 지구화에 힘과 속도가 가해졌기 때문이다. 지구화를 추진했던 IMF, WTO 등의 국제기구들은 자유화(규제완화), 사유화, 경쟁 체제 도입을 기본 방향으로 삼았다. 그러나 미스에 따르면, 이는 좀 더 시장을 넓혀서 이윤을 극대화하려는 다국적 기업을 위한 것이지, 주민들이 안정적으로 생계를 도모하도록 돕기 위한 것은 아니다. 미스는 1997년 세계은행이 파푸아뉴기니의 정치인을 통해 그곳의 공유지들을 사유화하려 했던 사례를 소개한다. 파푸아뉴기니 토지의 상당 부분은 지역 부족 공동체에서 각기 관리하는 공유지들이다. 세계은행은 파푸아뉴기니 정부에게 "토지를 자유롭게" 해야 외국 자본이 투자될 수 있다고 했다. 그러나 여론에서 반대의 목소리가 높았다. 수상은 절박해졌다. 세계은행의 융자를 가난한 나라가 거절할 수는 없다고 생각했던 그는 이런 말을 내뱉어 버리고 말았다. "거지는 선택할 수가 없다." 이 말은 그 사회에서 큰 분노를 일으켰다.[25)]

다음은 당시 신문사로 왔던 편지들 중 하나이다. "우리는 부유한 나라에서 거지로 살고 싶지 않다. … 우리는 거지였던 적도 없고, 거지가 되고 싶지도 않다. 수천 년 동안 우리는 외부 세계에 구걸하지 않고 살았다. 우리 조상은 생계를 잇고 생존하는 고유의 방식을 개발했다. 수상 각하, 우리 조상이 당신의 제안대로 살았다면 우리는 이미 멸종했다. … 우리는 외부인과 국제기구로부터 지나친 간섭과 조종을 받지 않고도 살 수 있다. 수상은 우리를 아무것도 아닌 존재로 만들었다. 그러나 우리는 우리가 풍족한 자원의 축복을 받고 있다는 점을 알고 있다. 우리는 우리가 가진 것을 갖고 있는 부유한 사람들이다. … 토지를

---

25) *Ibid.*, pp.110-111.

빼앗기면 우리는 진짜 거지가 된다. … 우리의 주장은 간단하다. 우리의 토착성과 복지를 유지하는 것이고, 외부인의 지배를 받지 않는 것이다."

미스는 이들이 보여주는 당당함의 뿌리에는 이들이 외부 도움 없이 자급 생산을 하고 있다는 사실이 자리하고 있다고 말한다. 지역민의 이런 저항은 경제적인 것만은 아니었다. 미스에 따르면, 이는 문화적 언어적 정체성을 지키려는 것이고, 나아가 자신이 속한 공동체를 소중하게 여기는 마음이기도 했다. 개인의 정체성과 자존감이 공동체에 대한 자부심과 무관하지 않다. 그리고 공동체가 실속 있게 유지되려면 공유재를 지키는 것이 기본이다.[26]

도덕경제론

미스의 자급경제론은 자본주의적 시장 논리에 맞서서 새로운 도덕경제론을 정립해야 한다는 주장으로 이어진다. 미스에 따르면, 현대 자본주의적 시장경제론의 문제 중 하나는 경제에서 도덕을 배제했다는 점이다. 근대 경제이론들은 경제법칙이 마치 만유인력과 같은 물리법칙처럼 사회에서 자동으로 작동하는 것, 혹은 작동해야 하는 것으로 여기는 경향이 있다. 그러나 여성, 자연, 식민지 등 거의 대가가 지불되지 않는 요소들을 경제 분석의 영역으로 끌어오면, 시장경제가 수요와 공급의 법칙에 따라 작동하는 것이 아니라, 강제와 폭력에 기반하고 있음을 볼 수 있다.[27] 근대 노예제 시대 담배, 설탕, 면화의 가격은 국제무역 시장에서의 수요와 공급뿐 아니라, 노예에 대한 폭력에 기초한 것이기

26) *Ibid.*
27) Mies(1997), *op. cit.*, p.2.

도 했다. 지금도 가난한 나라의 노동력을 아주 낮은 임금으로 착취하는 다국적기업은 그런 과정을 통해 가난한 나라가 지금의 산업화된 나라처럼 잘살 수 있을 것이라고 선전한다. 미스는 그것은 불가능하며 따라서 거짓말이라고 말한다.28)

미스의 도덕경제론은 산업화 시대 이전의 유럽 농민 공동체를 연구하면서 톰슨E. P. Thompson이 개념화한 '도덕경제'론에서 착안했다.29) 자본주의체제 이전까지 경제의 관심사는 이윤추구가 아니라 구성원의 복지와 안전이었다. 생존을 위해 의식주를 생산해 내는 것, 즉 삶을 만들어내는 것이 경제의 기본이었다. 그러나 근대 자본주의가 본격적으로 등장하면서 노동과 경제활동의 의미는 상품을 만들어내고, 돈과 관계된 행위로 좁혀졌다. 그래서 여성이 주로 해 온, 집에서 밥을 짓고, 청소를 하고, 텃밭을 가꾸는 것은 더 이상 경제활동으로 간주되지 않게 되었다. 생계를 잇기 힘든 상황에 놓인 어려운 이웃을 공동체의 일원으로 돌보는 일은 경제가 아닌 도덕의 영역에 속하는 활동이 되었다. 그래서 19세기 빅토리아 시대를 거치며, 경제는 주로 남성의 영역으로, 도덕은 주로 여성의 타고난 소양이나 의무의 영역으로 여겨지게 되었다.

미스가 도덕경제론을 주장하는 것은 이윤과 생산성보다 생존권을 우선시하는 태도가 필요하다는 점을 말하기 위해서이다. 이는 각 개인이 공동체 내에서 생존할 권리를 갖고 살아가도록 뒷받침해 주는 것을 의미한다. 예를 들어 빵의 가격, 우리 식으로 말하면 쌀의 가격은 수요와 공급의 법칙에만 맡겨두어서는 안 된다는 생각이다. 그럴 경우, 힘으로 조정될 수 있기 때문이다. 주곡의 가격은 공동체의 가난한 구성원도 고려해서 정치적 도덕적 차원에서 결정해야 한다는 입장이다. 사실 우

28) Mies(2010), *op. cit.*, p.290.
29) Mies(1997), *op. cit.*, pp.4-5.

리나라를 비롯해 자본주의 시장경제에 기초해 경제생활이 조직되어 있는 여러 나라에서도 주곡의 생산과 유통의 일부 과정에는 정부가 음으로 양으로 개입한다. 여기에는 식량안보 등 여러 이유가 있지만, 공동체를 고려하는 도덕경제의 원리가 그나마 한편에서 작동해 왔기 때문이기도 하다. 자본주의 사회에서도 사익 추구를 우선시하는 자본주의 논리만 횡행하지는 않는다. 그랬다면 오히려 자본주의 사회가 이렇게 확장하지 못했을 수도 있다.30)

미스는 산업화된 나라들에서부터 의식적이고 단호하게 먹고사는 방식을 바꾸어가자고 제안한다. 미스는 칼드웰Malcolm Caldwell이 영국에서 에너지와 식량이 자급 가능하다는 계산을 내놓았다고 하면서, 지금의 경작지와 인구를 계산해 보면 유럽이나 북아메리카의 나라들에서도 마찬가지로 자급이 가능할 것이라고 말한다. 이 나라들은 오랫동안 저임금의 나라들에서 의류와 식량, 원자재를 수입하여 그 혜택을 전 국민이 누리는 방식으로 살아왔는데, 이를 중단하고 가능한 한 자급적인 방향으로 경제를 움직여 보자고 제안한다. 그러면, 아시아, 아프리카, 라틴아메리카 나라들 역시 의식주를 자급하는 방향으로 경제를 재조직해 갈 수 있을 거라는 주장이다.31) 그러나 그렇다고 해서 폐쇄적으로 살자는 것은 아니다. 미스는 자급경제도 교역을 한다고 말한다.32)

미스가 강조점을 두는 것은 평등한 거래이다. 그리고 평등한 거래가 이루어지려면, 평등한 관계여야 한다. 힘으로 압도한 가운데 진행된 거래는 사실 거래가 아니라 강도짓이다. 미스는 현재 세계적 차원에서

30) Stephen Innes, *Creating Commonwealth: Economic Culture of Puritan New England*, W. Norton & Co., 1998. 이 책은 미국 식민지 시대 초기 자본주의 발전의 동력에는 공공에 대한 기부와 공공 기구들의 성장이 자리하고 있음을 보여준다.

31) Mies(1997), *op. cit.*, pp.7-8.

32) Mies(2010), *op. cit.*, p.196.

이루어지는 자본주의적 생산과 유통 체제가 우선 구조적으로 도덕적 불감증을 가져온다고 말한다. 앞서 말했듯이 인도에서 생산된 레이스의 소비자가 그 생산자의 형편에 대해 알 수 없는 것처럼, 우리는 우리 삶의 한 자락에서 가혹한 갈취가 이루어져도 알 수 없는 구조에 있다. 어쩌다 알아도 너무 먼 곳에서 벌어지는 일이라는 핑계로, 우리나라의 일은 아니라는 핑계로 눈감아 버리기도 쉽다. 그런데 만약 우리 마을에서 벌어지는 일이라면, 마을의 한 사업가가 그 마을 가난한 집 여성과 아동에게 푼돈을 주어 만든 제품이라면, 지금처럼 무심하게 구매하기는 힘들 것이다.

또한 생산과 소비가 멀리 떨어져 있는 조건에서는 생산과정에서 노동자의 소외가 더 깊어질 수 있다. 부품 생산만 하는 생산자는 자신의 노동으로 어떤 제품이 나오는지 알지 못한다. 그러니 자신이 만든 제품을 누가 어떤 용도로 사용하는지, 즉 자신의 노동이 어떤 사회적 효용을 갖는지도 잘 알 수 없다. 그렇게 되면 노동자는 작업장에서의 노동에서 돈 외에는 의미를 찾기가 힘들다.

미스가 자급경제를 말하는 것은 그것이 좋은 관계와 좋은 삶을 가져올 수 있기 때문이다. 착취하지 않고, 지배하지 않고, 억압하지 않는 관계를 사람과 사람 사이에서, 사람과 자연 사이에서, 나라와 나라 사이에서 만들어가기 위해서이다. 그녀는 어떤 삶이 좋은 삶인지에 대해, 자본주의적 가치관을 벗어나, 새롭게 규정하려는 노력이 필요하다고 말한다. 그러면서 그녀는 좋은 삶에서 절대적으로 필요한 것은 노동의 소외를 끝내는 것이라고 주장한다. 미스는 오늘날에는 노동을 의무이자 부담으로만 여기고, 노동과 삶을 구분하는 경향이 더 커지고 있다고 우려한다. 좋은 삶, 혹은 진정한 삶은 노동시간이 끝난 뒤에, 밤에, 주말에, 이런저런 시험을 통과한 뒤에, 집이나 차를 가진 뒤에, 혹은 퇴직 후에, 심지어 사후에 오는 것이라고 생각한다. 그러나 그런 식이라면, 좋은 삶은 오지 않는다. 미스는 일이 고되고 힘들어도, 그 가운데에서 삶의 보람과 행복을 함께 느낄 수 있어야 한다고 말한다.[33] 삶과 노동이 연결되어 있어야 한다는 말이다.

미스가 이상적인 노동과 좋은 삶의 예로 자주 드는 것 중 하나가 그녀의 모친이다. 미스의 모친은 농사를 짓고 가축을 키우면서, 열두 남매를 낳고 키웠다. 모친은 늘 자신의 일과 관계에서 당당했고 유능했고 낙천적이었다고 한다. 제2차 대전이 끝나갈 무렵 독일 농촌은 피폐해졌고, 전쟁에서의 패배도 확실해져 절망적인 분위기였다. 오래 굶주려 온 마을 주민은 키우던 가축들을 잡아먹었다. 그러나 미스의 모친은 집에 있던 암퇘지를 힘들게 몰고 멀리 이웃 마을에 남아 있던 수퇘지에게 데려갔다. 이런 일은 통상 젊은 남성의 일이었지만, 미스의 오빠 다섯이 모두 군인으로 징병되었기에 모친이 추운 겨울날 직접 나섰던 것이다. 마을 사람들은 비웃었지만, 모친은 "삶은 계속된다"고 했다. 미스는 자서전에서, 이 말은 아마 "삶은 계속되어야 한다"는 의미일 것이라고 쓴다. 생계를 잇는 것은 가만히 앉아서 해결되는 것이 아니라, 열심히 준비하고 만들어내야 한다는 의미였다. 그리고 다음 해 봄, 열두 마리의 새끼 돼지가 태어났다. 그 해 동네에서 새끼 돼지를 키운 집은 미스의 집이 유일했다.[34] 미스의 모친은 돌아가실 때, 이렇게 말했다고 한다. "좋은 삶이지 않았나! 이제 충분하다. 나는 간다."[35]

사실 모친에 대한 위 이야기는 미스가 여러 책에서 반복했는데,

---

33) *Ibid.*, p.311.
34) *Ibid.*, pp.56-58.
35) *Ibid.*, p.312.

자서전에서는 조금 다른 해석을 덧붙이기도 한다. 미스와 꽤 터울이 있는 미스의 언니는 모친이 자신의 일생을 좋은 삶이라고 말했던 것은, 남들에게 잘 보이고 싶어서라고 일축한다. 농사일에, 가사노동에, 열두 명의 아이를 출산하고 양육하는 것이 너무도 힘들었을 것이라는 말이다. 미스는 언니의 말에 동의하지는 않는다. 힘들고 고된 노동을 하며 살아도 그래서 더 좋은 삶일 수 있고, 또 좋은 삶이라는 자부심을 가질 수 있기 때문이다. 그러나 언니가 자신보다 모친의 젊은 날에 대해 더 잘 알고 있다면서, 언니의 말을 완전히 부정하지도 않는다.

자서전 곳곳에 모친과 관련해 흥미로운 이야기들이 있다. 모친은 가끔 "여자애들은 청소하고 빵 굽는 것을 배워야 한다"며 딸들에게만 일을 시키곤 했다. 오빠들과 함께 놀러 나가고 싶었던 어린 미스는 화가 나고 슬펐다. 그리고 아마도 모친의 이런 말 때문에 자신이 훗날 여성주의자가 되었을 것이라고 말한다.[36] 미스가 15세 때 모친은 미스에게 쾰른에 가서 가정부로 일해야 한다고 했다. 도시의 부르주아 가정에 가서 살림을 배우고 남자를 만나 결혼을 하는 것이 당시 다수 독일 농촌 여성의 인생 경로였다. 그러나 미스는 결혼, 가사, 출산과 육아를 자신의 일로 생각하지 않았다. 마침 마을에서 가까운 곳에 작은 공장이 생겨 취직을 할 수 있었기에, 가정부로 가려고 집을 떠나는 상황은 피할 수 있었다. 그런 중에 트리어Trier시에 여학생 기숙학교가 새로 세워졌고, 미스는 입학시험에 합격하여 계속 공교육을 받을 수 있게 되었다.[37] 미스는 이를 여러 행운이 겹쳐진 결과라고 하지만, 이는 근대 공교육이 여성의 중등교육과 고등교육으로까지 확대되었던 독일 근대

36) *Ibid.*, p.31.
37) *Ibid.*, p.65.

화의 한 과정이기도 했다. 미스는 농가 출신 여성으로 그 혜택을 받은 첫 세대였다.

미스는 어머니의 삶에서 많은 것을 배웠지만, 그렇다고 어머니를 이상화하지는 않는다. 이는 미스가 과거나 제3세계에 대해 갖는 태도와도 연관되어 있다. 미스는 과거나 제3세계에서 배워야 한다고 말하지만, 그렇다고 미스가 그런 세계를 이상화하고 낭만화하지는 않는다. 미스가 과거나 제3세계에서도 배워야 한다고 말하는 것은 근대 자본주의의 성장을 발전과 진보로만 보는 관점에 문제를 제기하기 위해서이다. 더구나 그 성장은 다른 지역에 대한 착취를 통해 이룬 것이니 사실 부끄러워해야 할 일이기도 하다.

앞서 미스가 소개한 파푸아뉴기니에서 공유지를 지키기 위한 노력을 읽으며, 재레드 다이아몬드Jared Diamond가 파푸아뉴기니에서 그곳 정치인과 나누었던 대화가 생각났다. 1972년 다이아몬드는 파푸아뉴기니 해변에서 우연히 그곳 정치인 얄리를 만나 대화를 나누었는데, 다음과 같은 얄리의 질문이 가장 인상적이었다고 썼다. "당신네 백인은 그렇게 많은 화물들을 발전시켜 뉴기니까지 가져왔는데 어째서 우리 흑인은 그런 화물들을 만들지 못한 겁니까?" 다이아몬드는 이 문제에 답하는 것은 간단한 문제가 아니라고 생각하여, 역사 공부를 시작했다고 한다.[38)]

다이아몬드가 파푸아뉴기니에서 들은 질문과 미스가 들은 파푸아뉴기니인의 주장은 사뭇 다르다. 사실 파푸아뉴기니인 가운데에는 왜 우리는 서구만큼 많은 "화물"을 생산하지 못하는가 하는 문제의식을 품은 이도 있고, 우리도 풍요로운 사람들이라는 자부심을 가진 이도

---

38) 재레드 다이아몬드, 『총, 균, 쇠: 무기, 병균, 금속은 인류의 문명을 어떻게 바꿨는가』, 김진준 옮김, 문학사상사, 2015, 17-20쪽.

있을 것이다. 또 한 사람 속에 두 가지 생각이 모두 자리하고 있을 수도 있다. 만약 우리가 직접 파푸아뉴기니에 가면 여기는 왜 이렇게 아직도 후진국인가라고 느낄 수도 있고, 이렇게 아직도 자본주의체제와 다른 원리 아래 살아가는 이들도 있구나라는 인상을 받을 수도 있다. 미스의 주장은 제3세계를 후진국으로, 선진국의 뒤를 따라잡으려는 나라들로만 봐서는 안 된다는 것이다. 미스에 따르면, 서구인이 다른 세계를 볼 때 가져야 할 태도는 무엇보다 배우려는 태도이다. 사실 파푸아뉴기니는 1975년에야 완전 독립을 했고, 인구의 90퍼센트 이상이 기독교도이다. 오랫동안 서구의 지배와 영향을 받아온 지역이다. 그래도 여전히 그들 가운데에는 서구 자본주의와 다른 고유의 규범과 전통이 있다. 지금도 파푸아뉴기니에는 800개가 넘는 언어가 있고, 800개가 넘는 부족 공동체가 있다. 개발을 고민하는 이들은 이런 다양성을 발전의 장애물로 여기지만, 미스는 아마도 다르게 생각할 것이다.

미스의 세계로 향한 발길

미스는 늘 고향을 그리워하면서도 먼 세계에 매력을 느꼈다. 미스는 열아홉 살에 독일 철도 회사에서 공모한 포스터전에 당선되어, 처음으로 대도시 뮌헨을 여행했다. 그리고 그곳에서 한 파키스탄인 선원과 만나, 몇 번의 데이트와 편지 교환을 하게 된다. 미스는 자서전에서 이를 첫사랑이라고 소개한다. 연애편지를 쓰면서 영어가 부쩍 늘었고, 세계를 다니는 먼 나라 출신의 선원과 대화를 나누면서 그녀의 시야가 세계로 열리기 시작했다. 미스는 대학 졸업 후 교사 생활을 하다가, 독일문화원Goethe Institute의 공고를 보고 지원하여 합격한 뒤, 1963

년~68년까지 인도에서 독일어를 가르쳤다. 이때만 해도 미스는 인도의 발전이 외부의 원조를 통해서만 가능할 거라고 생각했다.[39]

1968년 귀국한 미스는 대학원에 진학하여 사회학을 공부하기 시작했다. 당시 독일 대학은 학생운동이 한창이었다. 38세에 대학원에 입학한 미스는 학생운동에 적극 참여했고, 여기서 마르크스주의를 접하게 되었다. 미스는 또한 지역에서 여성운동을 조직하기도 했다. 그런 활동과 함께, 인도에 현장 조사도 다녀오며 써낸 그녀의 박사논문 제목은 "가부장제와 기회 평등 사이에 놓인 인도 여성들: 여학생과 여성 직장인이 겪는 역할 갈등에 대하여"이다. 그녀는 인도에서 하나의 체제로서의 가부장제가 자리하고 있음을 연구하면서, 독일에서의 가부장제도 비로소 볼 수 있게 되었다고 말한다.[40]

미스는 사회학과 마르크스주의를 공부하면서, 그것으로는 여성의 경험을 거의 분석할 수 없다는 사실을 깨닫고 처음에는 당황했다. 여성은 사회, 가정, 기업 등에서 다른 경험을 하고 있지만, 이를 주목하고 설명하려는 이론은 찾아볼 수 없었다. 미스는 여성의 입장에서 세계를 분석하려는 노력이 절실히 필요하다고 생각했다. 그리고 그런 노력을 통해 미스는 기존 자본주의 분석에서는 보이지 않았던 자본축적 구조를 밝혀낼 수 있었다. 이런 연구는 1986년에 『가부장제와 자본주의』로, 그리고 1988년 벤홀트-톰센과 폰 벨로프와 함께 저술한 『여성, 최후의 식민지』로 발간되었다.

미스의 글은 가정과 마을에서부터 세계의 군사 경제적 정치적 문제까지 다방면의 영역을 다루며, 우리의 삶이 어떻게 연결되어 있는지를 좀 더 잘 알게 해준다. 내가 수행하는 가사노동과 가정주부화된 노동이

---

39) Mies(2010), *op. cit.*, pp.97-113.

40) *ibid.*, pp.115-134.

어떻게 자본축적과 연결되는지를 보여주고, 또 내가 값싸고 쉽게 누리는 상품과 서비스의 소비가 얼마나 폭력적인 자본주의적 착취의 결과인지도 확인해 준다. 미스는 이렇게 착취당하고 착취하며 사는 체제 말고 다른 대안이 있다고 말한다.

그러나 미스의 '자급경제'론은 반세기 넘게 수출에 크게 의존하여 경제성장을 구가해 온 한국 사회에서 볼 때 너무나 높은 벽처럼 보인다. 미스에 따르면, 어느 날 강연장 청중석에서 한 명이 아주 단호한 어조로 이렇게 말했다고 한다. "난, 나의 바나나를 포기할 수 없어요." 아마 과일까지 지구 건너편에서 가져다 먹어야 하냐는 말에 반발이 나온 것일지도 모르겠다. 그런데 나도 만약 그 자리에 있었다면, "저도 커피를 포기하지 못해요"라고 웅얼거렸을지도 모르겠다. 그런 말을 들으며, 미스는 속으로 이렇게 생각했다고 한다. "알아듣게 설명을 해도 떼를 쓰는 세 살 어린애 같군."[41] 이런 생각은 속으로만 했다고 하니, 면전에서는 점잖게 자급이 외부와 교역을 아주 하지 말자는 말은 아니라고 했을 수 있다.[42] 혹은 바나나나 커피에 대해 지금보다 훨씬 더 많이 지불해야 할 거라고 분명하게 답변했을지도 모르겠다. 나는 미스의 이론과 주장에서 많은 것을 배웠고, 그녀의 삶을 존경하지만, 아직 생활로 그녀를 따라가지는 못하고 있다.

그러나 대안이 있다는 그녀의 메시지를 그냥 읽기만 하고 덮어 둘 수도 없다. 지금까지 해왔던 방식대로 자본주의 경제체제가 계속 확장하고 성장해 나갈 수 있다고 낙관할 수는 없기 때문이다. 작금의 체제는 어떤 식으로든 변화해 갈 것이다. 그러나 자연을 훼손하지 않으면서 좋은 관계와 좋은 삶을 누리는 방향으로의 변화는 저절로 오지 않는다.

---

41) *Ibid.*, pp.244-45.
42) *Ibid.*, p.196.

더 나은 변화를 원한다면, 더 나은 변화가 절실하다면, 어려워도 우리는 미스가 내놓은 주장들을 화두로 삼아 이러저리 궁리하고, 실천을 조직해 가는 수밖에 없다.

참고 문헌

마리아 미스, 「전지구적 생태여성론이 세계를 구할 수 있는가?」, 한정숙 옮김, 『여성과 사회』 7, 1996, 6-20쪽.

__________, 『가부장제와 자본주의: 여성, 자연, 식민지와 세계적 규모의 자본축적』, 최재인 옮김, 갈무리, 2014.

마리아 미스 · 반다나 시바, 『에코페미니즘』, 손덕수 · 이난아 옮김, 창비, 2020.

마리아 미즈, 베로니카 벤홀트-톰젠, 『자급의 삶은 가능한가: 힐러리에게 암소 를』, 꿈지모 옮김, 동연, 2013.

마리아 미즈 · 클라우디아 폰 벨로프, 베로니카 벤홀트-톰젠, 『여성, 최후의 식민지』, 강정숙 외 옮김, 한마당, 1987.

스벤 베커트, 『면화의 제국: 자본주의의 새로운 역사』, 김지혜 옮김, 휴머니스트, 2018.

재레드 다이아몬드, 『총, 균, 쇠: 무기, 병균, 금속은 인류의 문명을 어떻게 바꿨는가』, 김진준 옮김, 문학사상사, 2015.

Maria Mies, "Do we need a new "moral economy"?", *Canadian Woman Studies; Downsview*, Vol. 17, No. 2, Spring 1997, pp.1-12.

__________, "New ethnic states and population policy", *Canadian Woman Studies; Downsview*, Vol. 18, No. 4, Winter 1999, pp.75-78.

__________, "No Commons without a Community", *Community Development Journal*, Vol. 49(SI), January 2014, pp.106-117.

__________, "Women and work in a sustainable society", *Cross Currents*, Vol. 40, No. 4, Winter97/98, pp.473-82.

__________, *The Village and the World: My Life, Our Times*, Spinifex, 2010.

Maria Mies & Joel Kovel, "An Interview with Maria Mies, January 18, 2004, Mumbai, India", *Capitalism, Nature, Socialism*, Vol. 15, No. 4, Dec. 2004, pp.41-50.

Stephen Innes, *Creating Commonwealth: Economic Culture of Puritan New England*, W. Norton & Co., 1998.

마사 누스바움
Martha Nussbaum

인문학적 상상력과 정치적 감정

임옥희
오랫동안 피곤한 돈벌이 노동에 매달려 살다가 해방되었다. 삶으로부터 해방은 없다는 '대단한' 깨달음에 이르러서야 사소하고 하찮은 삶이 얼마나 소중한 것인지 배우고 있다. 일단 존재하는 것들과 함께 하는 과정에서 나의 쓸모를 찾고자 애쓰는 중이다.

이 글의 원문은 『여/성이론』 35호(2016)에 실려있다.

마사 누스바움: 인문학적 상상력과 정치적 감정

미아 한센 러브Mia Hansen-Løve 감독의 <다가오는 것들 Things to Come>(2016)이라는 영화의 첫 장면에 철학 선생인 나탈리(이자벨 위페르 분)는 학생들에게 논술 시험 과제를 제시한다. 우리가 '타인을 이해하는 것이 가능할까?' 그녀는 68세대로서 한때는 적극적으로 시위에 가담했던 인물이고, 집에서는 아직까지 가족들로부터 공산주의자라는 애정 어린 조롱을 받는다. 세월은 흐르고 사회도 변하고 그녀의 신념도 변한다. 그녀는 좋은 선생으로서 학생들이 스스로 사유하는 힘을 가르치려고 열심이다. 학교에서 시위하는 과격한 학생들에게 '내 수업은 방해하지 마, 그게 내 일이니까'라는 방관자적 입장을 취한다. 명문 대학 진학을 위해서 수업에 들어온 모범생들에게 루소의 『사회계약론』에 나오는 구절을 읽어준다. '만약 신의 국민이 있다면 그들은 스스로를 민주적으로 다스릴 것이다. 하지만 그토록 완벽한 정부는 인간들에게는 적합하지 않다.'

나이가 든다는 것은 상실의 과정이다. 나탈리는 자신이 성취하고 이뤘다고 믿었던 것들을 전부 잃고 나서 자유를 얻는다. 휴식차 급진적 실천주의자이자 애제자인 파비앙의 집단농장을 찾아간다. 한때는 그녀도 해보았던 밤샘 철학 토론에 열중하고 있는 젊은이들을 보면서 소외감을 느낀다. 철학 선생이지만 그녀가 낄 자리는 없다. 파비앙의 책꽂이에서 레비나스와 더불어 시어도어 카진스키의 『유나바머 선언문』이

꽂혀 있는 것을 보면서 그녀는 테러리즘에 관심을 갖는 제자가 걱정스럽다. 파비앙에게 '생명 있는 모든 것들에게 애정을 가졌으면 좋겠다'고 말한다. 그녀는 젊은 세대의 사고를 따라갈 수 없고 이해하기 힘들다. '타인을 이해하는 것이 가능할까?'라는 질문이 그녀에게로 되돌아온 셈이다.

철학을 논하고 사회변혁에 관해 밤샘 토론을 하는 열정적인 젊은 친구들 사이에서 나탈리를 위로해 주는 것은 비만 고양이 판도라뿐이다. 나탈리는 집단농장에서 생활하는 젊은 여성에게 보수화된 자신을 변명하듯 이렇게 말한다. 지금 너희들이 하는 것을 "난 이미 다 해봤다"고. 그러자 젊은 여성은 앞 세대는 모든 걸 다해 봤다지만, "세상은 아직도 변한 게 없는걸요."라고 답한다. 파비앙은 그녀가 노동자 파업에 동조하는 서명을 하는 것은 좌파의 위선이자 부르주아의 위안일 뿐이라고 비판한다. 지젝을 읽고 있는 파비앙의 눈에 나탈리가 보여주는 행동은 '공허한 제스처'에 불과하다. 그녀는 변혁이 일어나지 않을 것임을 알고 있으므로 파업에 동조하고 서명한다. 젊은 제자의 눈에 나탈리는 자기가 가진 것을 내놓지 않으면서도 명분과 실속 모두를 챙기는 노회한 좌파일 뿐이다.

혁명이 사라진 시대, '진정한' 좌파 되기는 이처럼 어렵다. 사회정의의 실현에 대한 도덕적 명분과 체면까지 소유하려는 좌파들은 노골적으로 자신의 욕망을 드러내는 속물 자유주의자들보다 더욱 위선적으로 간주되기 때문이다.

마사 누스바움은 영화 <다가오는 것들>에서의 나탈리처럼 위선적인 좌파라고 비판받는 입장이 아니라 대놓고 자유주의 페미니스트의 입장이다. 부르주아 자유주의 페미니즘이 좌파들로부터 여성 노동자

계급 해방과는 무관하다는 비판을 받고 폐기되다시피 한 지금에 다시 자유주의 페미니즘을 주장한다면? 어거스트 베벨, 클라라 체트킨 이후 자유주의 페미니즘을 주장한다는 것은 시대착오적인 것처럼 보인다. 그들은 프롤레타리아 여성해방운동을 조직하면서 자본주의 철폐를 외쳤다. 하지만 공산 진영이 역사에서 사라진 지금 누가 마르크스주의 페미니즘을 두려워하랴. 자유주의 페미니즘의 몰락을 선언했던 마르크스주의 페미니즘도 몰락했다. 그 이후 포스트 페미니스트들은 자유주의 페미니즘의 한계쯤은 오래전에 비판하고 넘어간 것으로 간주해 왔다. 평등과 자유의 이상을 지향하는 사회에서 경험하는 여성 차별을 가부장적인 국가법과 제도개선을 통해 수선하려는 노력은 누더기 개량주의에 불과한 것으로 취급되었다. 그런 자유주의 이상 또한 실패한 것으로 간주되었다. 이처럼 한물간 이론으로 취급되는 자유주의를 진지하게 재활용하고 있는 희귀한 이론가가 마사 누스바움이다. 가혹한 '신'자유주의 시대에 이르러 오히려 고전적인 자유주의의 이상을 부활시켜야 한다고 그녀는 오히려 역설하고 있다.

여성 대 남성의 적대관계를 부각시켰던 급진적 페미니즘은 생물학적 본질주의에 빠져 있다는 '포스트' 페미니즘의 비판에 부딪히면서 선명하고 단순한 주장만큼이나 단명했다. 앨리스 에콜스의 『나쁜 여자 전성시대』에서 지적했던 것처럼 여성을 중심으로 가부장제에 대항하겠다는 급진적 페미니즘은 과격하게 정치세력화 되었다가 급격하게 힘을 잃은 것처럼 보였다.[1] 실천적 동력을 상실했다 뿐이지 그렇다고 급진적 페미니즘이 흔적없이 사라졌다는 말은 아니다. '페미니즘 리부트'와 더불어 급진적 페미니즘이 귀환을 알리고 있는 것처럼 보인다. 최근

1) 앨리스 에콜스, 『나쁜 여자 전성시대』, 유강은 옮김, 이매진, 2017.

들어 젠더정체성에 바탕을 둔 급진적 목소리들이 터져 나오고 있다. 늙은이들은 '우린 이미 노력할 만큼 했어'라고 자위할지 모르겠지만, 젊은 세대들의 눈으로 보기에 세상은 그다지 변한 것이 없고 온갖 차별도 여전하다. 계급 차별, 성차별은 과거의 유물이 되었다는 주장에도 불구하고 가난한 여성들은 여전한 차별에 시달린다. 여성들은 남성을 무시했다는 이유만으로 살해당한다. 모든 사람에게 무시당해도 여자에게서만은 무시당하지 말아야 한다는 남성들의 믿음은 바뀐 적이 없는 것처럼 보인다. 여성이라는 사실만으로 여전히 차별받는 시대이므로, 극복대상이었던 소박한 남녀 이분법에 바탕을 둔 급진적 페미니즘이 오히려 부활하고 있다.

이런 시대에 이르러 마사 누스바움은 "자유주의자 페미니스트가 어때서?"라고 반문한다. 신자유주의가 득세하고 있는 시대에 다시 '페미니즘은 휴머니즘이다'를 주장하면서, 자유주의 시대의 이상적 이론들을 재활용하자는 것이 그녀 이론의 핵심이다. 자유, 평등, 행복 추구, 인간의 존엄성을 외치면서 변혁의 소용돌이 속에 있었던 자유주의 휴머니즘의 용도는 21세기에도 여전히 유효하다고 누스바움은 주장한다. 한 번의 선언만으로 자유, 평등, 행복의 추구가 실현된다면 오죽이나 좋을까마는 그런 세상은 어디에도 없다. 그렇다면 끊임없이 자유와 평등이 실현되도록 외치는 수밖에 없고, 그런 맥락에서 마사 누스바움은 자유주의가 여전히 유효하다고 주장한다.

마사 누스바움은 많은 저서를 출판한 저자이다. 방대한 분량임에도 불구하고 그녀의 저서는 재빠르게 번역되고 있다. 『혐오와 수치심』, 『감정의 격동 1, 2, 3』, 『공부를 넘어서 교육으로』, 『시적 정의』 등이 번역되었다. 분량은 방대하지만 그녀의 논지는 저서마다 일관된 방향을 취한다. 인문학적인 감수성과 공적 상상력[2]을 통해 정치적 정의를 구현하고, 나아가 전 지구적 정의를 실현하며, 인간의 취약성을 인정함으로써 나쁜 감정(질투, 혐오, 수치심)에서 벗어나서 좋은 정치적 감정들을 함양해야 한다는 주장을 그녀는 반복하고 있다. 좋은 정치적 감정을 함양하기 위해서는 인문학, 음악, 예술을 적극적으로 활용하고 서사적 상상력에 의지해야 한다. 그래야만 사람들 사이에 공감, 연민, 사랑이 확산될 것으로 그녀는 강조하고 있다. 그런 누스바움의 주장을 좀 더 자세히 살펴보는 것이 이 글의 목적이다.

혐오 감정과 사랑의 취약성

버틀러는 국가가 혐오를 생산하는 것으로 보고 국가법에 의존하는 것에 적대적이라면,[3] 마사 누스바움은 법은 취약한 자들을 보호해 준다는 점에서 그나마 약자들이 의지할 수 있는 제도라고 주장한다. 법이 언제나 폭력적인 것은 아니며, 롤스의 최소 수혜자 차등의 법칙과 같이 사회적 약자를 보호해 줄 수 있는 법적 정의의 실현이 가능하다고 믿고 있다는 점에서 누스바움은 국가법과의 관계에서 자유주의 페미니스트의 입장을 견지한다.

누스바움은 자유주의 정치학이 정치적 감정의 심리적 측면을 도외시했다고 비판하면서 대상관계 이론에 바탕한 원초적 감정으로서 혐오감과 수치심에 주목한다.[4] 그녀가 말하는 혐오감은 혐오 발언이 아니라 상징질서 이전에 형성되는 자아의 심리적 보호기제이자 면역 체계로

2) 마사 누스바움, 『시적 정의』, 박용준 옮김, 궁리, 2013, 28쪽.
3) 주디스 버틀러, 『혐오발언』, 유민석 옮김, 알렙, 2016, 184-85쪽.
4) 마사 누스바움, 『혐오와 수치심』 조계원 옮김, 민음사, 2015, 139-301쪽 참조.

서 작동하는 감정이다. 말하자면 그녀는 상징계에 넘쳐나는 혐오 발언이 아니라 몸의 취약성으로 인해 형성되는 상상계적 혐오감에 집중한다. 주체가 혐오감을 통해 취약한 자신을 전능한 존재라고 상상하게 되는 마법적인 과정에 관해서는 상징계에서 발생하는 혐오 발언만으로는 충분히 설명하기 힘들다. 따라서 원초적 감정으로서 혐오감이 취약한 주체로 하여금 '마법적인' 주권적 주체라는 환상을 심어주는 심리적 기제를 살펴볼 필요가 있다.

마사 누스바움이 지적하듯, "당대의 공동체 기준을 지닌 평균적인 사람"들에게 촉발시키는 혐오감은 법적인 정의를 규정하는 데 핵심적일 수 있다.[5] 포르노그래피를 보고 보통의 '정상적인 사람들'이라면 불쾌감을 느낀다. 그들은 동성애자, 트랜스젠더, 빨갱이, 성적 소수자, 도착자들을 보면 암세포, 종양, 세균처럼 감염시키는 힘을 마치 가진 것처럼 혐오스러워한다. "정상성"을 대표하는 "보통의 평범한 사람들"은 비정상들을 혐오함으로써 자신의 정상성을 인정받고 확인하는 데서 쾌감과 만족을 느낀다.

자아의 경계를 넘어서 사회는 제자리에 머물러 있지 않는 존재들을 기생충, 박테리아에 비유하면서 이들을 치워야 할 혐오스러운 오물로 취급한다. 시리아 난민들이 시리아에 있으면 시리아 시민이 되지만, 그들이 유럽으로 건너오는 순간 사르코지 전 프랑스 대통령의 혐오 발언처럼 박테리아가 된다. 유럽 사회는 인권과 민주주의라는 이름으로 야만적인 다국적군을 통해 리비아, 시리아 등의 국가를 파괴하고 수많은 사람들을 난민으로 내몰고 있으면서도 막상 그들이 자신들만의 디즈니랜드로 들어오지 못하도록 장벽을 둘러치고 장벽 너머를 디즈멀랜드

5) 위의 책, 14-16쪽.

로 만든다. 이처럼 사회가 자신의 경계를 유지하기 위해 도무지 삼킬 수 없는 것들을 외부로 토해내는 정동 중 하나가 혐오감이다.

누스바움에 의하면 이런 혐오감은 인간의 원초적인 취약성에 기인한다. 그것은 생멸할 수밖에 없는 몸을 가진 존재인 인간의 유한성에서 비롯된다. 그렇기 때문에 혐오감은 통제하기 힘든 원초적인 감정이 된다. 그런 혐오의 대표적인 대상이 여성의 몸이다. 전통적으로 임신, 출산을 한다는 점에서 여성의 몸은 자연과 동물성에 가까운 것으로 간주되어왔다. 인간이 가진 동물성을 솎아 내려는 욕망은 자신의 취약성을 은폐하려는 것이다. 생명을 가진 모든 자는 늙고, 병들고, 죽는다. 그것이 삶의 의미다. 그런 인간이 자신의 영원불멸성을 주장하려면 자기가 가진 동물성을 여성적인 것으로 추방해야 한다. 그것은 자기 안의 동물성을 이웃이자 타인의 속성으로 투사한 것이다.

누스바움에 따르면 동성애혐오, 여성혐오에서 교차하는 것이 몸의 취약성과 몸의 여성화이다. 동성애자들은 '관통당한다'는 점에서 수치스럽고 수동적인 존재가 된다. 관통당하는 몸은 남자가 아니라 '계집'이 된다. 동성애에 대한 혐오는 수동적으로 관통되고 침투당하는 취약한 위치에 자신을 위치시킴으로써 젠더 경계를 흐려놓는 것에 대한 혐오와 두려움이다. 그것은 젠더의 제자리를 위반하는 행위다. 남성 동성애자에 대한 혐오감은 남성의 몸 안에 정액과 배설물이 함께 뒤섞인다는 것에서 찾을 수 있다.[6] 침투되고, 점액질로 끈적거리고, 마침내는 악취를 풍기는 몸을 가진 열등한 존재로서 동성애 남성은 열등한 여성적인 위치로 추락한다. 여성 차별, 동성애 공포는 이처럼 신체 부산물과 인간의 취약성으로 인해 죽음을 상상하게 만든다.[7] 서구의 유구한 철학적

6) 마사 누스바움(2013), 앞의 책, 211쪽.

전통인 영혼 대 몸의 이분법은 궁극적으로 남녀의 이분법으로 수렴된다. 데카르트식 철학적 이분법은 불멸의 영혼을 가진 남성 대 소멸하는 몸을 가진 여성이라는 젠더 이분법으로 재배치된다. 그러므로 인간존재에 내재한 취약성, 동물성, 유한성 등으로부터 초월적인 남성은 자유로운 불멸성을 상징하게 되고, 소멸하고 죽을 수밖에 없는 여성은 필멸성에 대한 은유로 작동한다. 무거운 몸에 구속된 여성적인 것은 초월해야 하는 대상이고, 그런 맥락에서 동물적이고 혐오스러운 것이 된다.

이런 혐오감은 나를 구성하는 타자(이물질, 여성적인 몸)를 토해내도록 만든다. 이물질이 나를 구성하고 그것에 내가 의존하고 있다는 사실을 망각해야만 자족적이고 자율적인 '나'라는 환상이 만들어지기 때문이다. '나'를 구성하는 것 중에서 내 것이면서도 내 것이 아닌 것으로 토해내고 추방해야만 나는 동질적인 정체성을 가지게 된다. 그러면서도 우리는 살기 위해 끊임없이 타자를 먹고 소화시키고 배설한다. 위 속에 있으면 영양분이 되겠지만 몸의 경계선 바깥으로 나온 음식물은 오물이 된다. 이와 비유적으로 태도가 분명하지 못한 것, 경계선(좌/우, 흑/백)이 분명하지 못한 것 또한 혐오의 대상이다. 나에게 젖을 물린 어머니의 젖가슴을 삼켰다가 뱉어냄으로써 '나'의 육체 자아는 형성된다. 바깥에서 들어오는 음식은 타자이고, 그런 타자를 배설할 때 아이의 환상 속에서 나의 단단한 자아의 경계선이 형성된다. 나의 정체성은 타자를 축출하는 윤리적 폭력을 통해 이처럼 형성된다. 따라서 주체의 환상 속에서 타자는 나를 언제라도 잡아먹고 삼킬 수 있는 존재다. 나에게 젖을 물린 존재에게 잡아먹힐 수 있다는 치명적 공포와 혐오감을 토해내야만 주체는 자아의 자율성을 유지할 수 있다.

---

7) 위의 책, 212쪽.

자아는 무엇보다 역겨운 오염원을 축출함으로써 외부 세계와 자신의 경계를 분명히 하고자 한다. 그렇다면 자기 경계를 엄격하게 유지하고자 하는 자폐증적인 면역 주체들이 어떻게 타자를 수용할 수 있는가? 자기중심적인 자아가 자신의 경계선을 넓혀갈 수 있도록 해주는 것이 연민의 감정이다. 자신의 취약성을 수용하고, 내가 언제든 '너'가 될 수 있다는 점을 이해할 때, 혐오는 줄고 연민은 자란다. 주체는 자신의 취약성을 인정할 때 자기모멸감으로 인한 폭력성이 줄어들고 공감과 상호성에 열린다. 그런 연민을 통해 자아의 경계선과 경계심이 느슨해지다가 마침내 세계와 합일하는 경이로운 순간으로 비상하기에 이른다. 그것이 사랑의 감정이다.

따라서 누스바움은 주체가 타자와 연대하기 위해서는 좋은 감정은 필수적이라고 주장하기에 이른다. 좋은 감정들, 즉 사랑, 연민compassion, 공감은 함양하고 나쁜 감정들인 혐오, 질투, 수치심 등은 억제할 수 있도록 해야 한다는 것이다. 그녀에 따르면 연민은 자유민주주의 사회와 부합하는 좋은 감정으로서, 공적인 감정으로 확장될 수 있다. 우리 모두가 똑같고 평등하다면 누구든지 고통받지 않고 행복해질 권리가 있다. 그로 인해 계급, 종교, 인종, 젠더, 섹슈얼리티에 따라 차별받고 고통받는 사람을 보게 되면 연민의 감정이 들게 된다. 연민을 통해, 엄정한 법은 단지 처벌 기계가 아니라 시적 정의에 바탕한 사회정의를 구현할 수 있게 된다.

하지만 우리가 타인의 고통에 공감하기는 쉽지 않다. 그 때문에 영화 <다가오는 것들>에서 나탈리는 학생들에게 '타인을 이해하는 것이 가능한가?'라는 질문을 했을 것이다. 타자와의 공감이 어렵기 때문에 루소가 말하듯 상상력이 필요해진다. 타인의 고통에 연민과 공감을 느끼는 데 이야기만큼 효과적인 것이 없다. 그것이 마사 누스바움이 말하는 서사적 상상력이다.

서사적 상상력은 타자를 이해하는 공감 능력의 형성에 필수불가결한 것이다. 법은 엄정하고 중립적이어야 한다는 환상이 있지만 사실 법이야말로 공감으로 유도하는 서사적 상상력을 참조해야 한다. 법은 주관적인 감정을 배제하고 이성적 판단과 객관적 증거를 주장해 왔다. 그런 법이 감정을 느낄 수 있어야 하고 그것이 법에 시적 정의가 필요한 이유다. 법 안에 '시적 정의'가 각인 될 때 사회적 정의가 실현되고 민주주의 사회가 구현될 수 있다. 그러기 위해서는 이성 이외의 감성과 공감을 여성의 영역이자 사적 영역으로 배제할 것이 아니라 법이라는 공적 영역에 포함시켜 정의의 한 요소로 파악해야 한다. 그러므로 시인과 법관을 동일시해야 한다는 그녀의 주장은 법과 예술의 관계를 새롭게 정립하려는 야심 찬 기획으로 보아야 할 것이다.

누스바움이 설파하는 타자와 공존에 대한 공감적 상상력은 정치적으로 민주주의에 바탕할 뿐만 아니라 국민국가 차원을 넘어서 있는 것이다. 타자의 고통을 배려할 수 있는 서사적 상상력은 국가의 경계선에 편협하게 머물러 있어서는 불가능하다. 그래서 누스바움에게 페미니즘은 휴머니즘일 뿐만 아니라 세계시민주의cosmopolitanism여야 한다. 세계시민주의적인 입장에 설 때라야만 지구적 정의global justice를 실현할 수 있는 가능성이 열린다. 이런 지구적 정의의 실현은 단지 젠더 범주만으로는 실현불가능하다. 따라서 사소한 정체성(젠더, 섹슈얼리티, 종교의 정체성과 같은 개인적인 정체성뿐만 아니라 국가의 일원이라는 국가적 정체성을 포함하여)의 정치에 함몰되지 않으려면 '추상적 보편성'에 입각해야 한다.[8]

세계시민주의와 더불어 그녀는 애국심을 함양**해야 한다**[9]고 동시에 주장한다. 이 양자가 서로 어떻게 타협하고 조화를 이룰 수 있는 정치적 감정이 될 수 있는지는 사실 이해하기 힘들다. 사실 세계시민주의적인 보편성과 민족국가에 바탕한 애국심이 양립하기란 힘들다. 민족국가는 전략적으로 적을 발명해 왔다. 그런 민족국가가 민족, 국가의 이해관계를 초월하여 세계시민주의적 이상을 말하기 힘들기 때문이다. 따라서 양자 사이의 양립은 당위적인 이상일 뿐 현실적으로 실천하기 힘든 난제임을 누스바움이라고 하여 모를 리 없다.

그녀가 말하는 애국심은 편협한 애국심이 아니라 국가 사이의 공정한 정의로서의 애국심이다. 그녀의 보편적인 세계시민주의에 따르면 국가의 이해관계에 완전히 종속되는 맹목적 애국심에서 벗어나야 하고, 그럴 때 지구적 정의를 실현할 수 있는 세계시민의식이 확보된다는 것이다. 타고르, 간디, 휘트먼 등에게 지대한 영향을 받은 그녀는 지금과 같은 국민국가의 이해관계, 편협한 애국심에서 벗어나 추상적 보편성의 입장에 설 수 있을 때, 이웃 나라 혹은 다른 나라들에게 공정할 수 있는 글로벌 정의가 가능하다[10]고 주장한다.

그렇다면 우리가 어떻게 그런 품위 있고 교양 있는 세계시민이 될 수 있다는 것일까? 시민, 국민으로 자신을 정체화해 주는 국가를 초월하여 보편적인 정의의 편에 어떻게 설 수 있다는 것인가? 정치적, 사회적 맥락과 무관하게 어떤 감정은 좋은 것, 어떤 감정은 나쁜 것 하는 식의 구분이 가능한가? 인간이 젠더, 계급, 인종, 종교, 국가의 이해관계를 떠나서 중립적이고 보편적인 지구적 정의의 입장에 어떻게 설 수 있다

8) Martha C. Nussbaum, *Sex & Social Justice*, New York: Oxford University Press, 1999, pp.3-25 참조. 강조는 필자의 것이다.

9) 강조는 필자의 것이다.

10) 마사 누스바움, 『공부를 넘어 교육으로』, 궁리, 2011, 145-146쪽.

는 것인가?

좌파들이 애국심을 수상쩍은 정치적 감정으로 보면서 비판적인 반면 누스바움은 국가 사이의 공정한 정의를 실현할 수 있는 감정으로 애국심을 꼽고 있다는 것은 놀랍기까지 하다. 그녀가 말하는 좋은 정치적 감정/나쁜 정치적 감정의 구분 자체도 모호하지만 그럼에도 불구하고 그녀의 논지를 따라가 본다면, 누스바움은 나쁜 감정들을 절제할 수 있는 정치적 감정을 함양하는 것이 자유주의 정치철학의 관건이라고 주장한다. 정치에 감정을 싣는 것을 좋은 감정으로 정당화하는 근거가 어떤 것인지, 그 점을 『정치적 감정』을 중심으로 살펴보고자 한다.

정치적 감정으로서 사랑

『정치적 감정*Political Emotion*』(2013)에서 마사 누스바움은 사회정의를 실현하는 데 '시민적' 사랑civic love의 감정이 필수적임을 반복적으로 강조한다. 누스바움에 의하면 서구의 자유주의 정치학은 정치적 감정에 대한 심리적 연구가 부족했다.11) 이성적인 법과 합리적 제도에 바탕한 자유주의적 정치철학의 입장에서 볼 때, 감정은 비합리적이고 주관적이어서 공적이고 '사심없는' 정치적 판단을 방해하고 사회적 갈등을 유발하기 쉬운 부정적인 특징을 지닌 것으로 간주하기 때문이다. 그러므로 여태까지 그다지 연구되지 않았던 자유주의 정치학에 감정들의 정치를 포함시키는 것이 그녀가 이 책을 저술한 목적인 셈이다.

그렇다면 정의로운 사회를 만드는 데 사랑이 왜 그토록 중요하다는 것일까?12) 프랑스 혁명 이후 유럽의 정치가 바뀌었다. 그 이후 종교의

11) Martha Nussbaum, *Political Emotions*, New York: Harvard University Press, 2013, p. 4.

권위는 무너지고 절대적인 권력을 가진 군주의 강제력 또한 약화되었다. 프랑스 혁명 이후 유럽의 정치가 바뀌었다. 군주제의 공포나 군주의 권력 의지에 사람들을 예전처럼 복종시키기 어려워졌다. 혁명 이후 사람들은 함께 사는 새로운 방식을 고민하게 되었다. 성공적인 국가가 되려면 공동선common good을 위해 일정부분 희생이 필요하기 때문이다. 그렇다면 종교적 권위도 무너지고 절대군주의 강제력도 붕괴된 상태에서 사람들에게 어떻게 하면 공동선을 고려하도록 만들 수 있는가? 무엇이 공동선을 위한 공적인 감정으로서 정치적 감정이 될 수 있는가?

존 로크는 자유, 평등, 선의, 관용 등을 말했지만 그런 좋은 감정들을 유지할 수 있는 심리적 태도를 밝히는 데는 실패했다. 존 스튜어트 밀은 '인류애의 종교'를 내세웠지만 자유와 공리주의만으로 인류애에 도달할 수는 없다. 루소가 제안한 것은 시민 종교civil religion다. 『사회계약론』 4권 8장에서 정의한 시민 종교란 국가 통합에 필요한 사회적 유대를 뜻한다. 말하자면 시민종교는 사회적 구성원으로서 갖추어야 하는 최소한의 도덕적 토대인 셈이다. 루소는 시민 종교가 사회적 안정과 이타적 동기를 강화하는 문제를 해결해 줄 것으로 믿었다. 심지어 시민 종교가 표현의 자유와 종교의 자유를 억압하는 것까지 허용해야 할 것으로 간주하였다. 따라서 국가는 타인에게 해를 입히는 행위를 처벌해야 하며, 선한 행위에는 행복을 보장해 주어야 한다는 것이다. 반면 칸트는 인간 본성에 근본적인 악radical evil이 있다는 것은 인정하지만, 윤리적 의무를 통해 그런 나쁜 감정적 경향을 통제할 수 있을 것으로 보았다.[13] '합리적 종교rational religion'[14]를 주장한 칸트는 루소식의

12) Martha Nussbaum, *Ibid.*
13) *Ibid.*, p.5.
14) *Ibid.*, pp.5-6.

처벌이 너무 많은 대가를 지불하는 것으로 보았다. 품위 있는decent 국가라면 루소식의 강압적인 방식과 자율성을 없애는 방식을 취해서는 안 된다는 것이 칸트의 윤리적 입장이다. 강압은 시민적인 종교civil religion만으로 충분하다고 보았으므로 칸트는 윤리적 의무를 다함으로써 이타심, 사랑, 공감과 같은 좋은 정치적 경향성이 강화될 수 있을 것으로 보았다.

그렇다면 연대와 사랑, 사회적 안정과 이타적 동기와 같은 '좋은' 정치적 감정을 함양하는 데 있어, 칸트와 로크처럼 개인의 선의지 혹은 개별적인 윤리에 맡겨두지 않지만 동시에 루소식의 독재적이고 강압적인 수단을 취하지 않으면서 그런 동기화를 성취하려면 어떻게 해야 하는가? 그것이 『정치적 감정』 전체를 관통하는 핵심적 질문이다.[15] 개성을 존중하는 품위 있는 자유주의 사회를 이상으로 하면서도 포괄적인 강령comprehensive doctrine에 의존하지 말아야 하는 자유주의 정치에서 그 점은 더욱더 중요하다.

다른 한편 사회적인 감정적 연대가 파시즘적인 선동이나 전체주의적 흥분과 열광에 빠져들지 말라는 법은 없고 역사적으로 우리는 그 점을 목격해 오지 않았던가? 루소는 그 점을 염려했기 때문에 역설적이게도 타인에게 피해를 주는 행위에 대해 처벌의 강화를 주장했다. 민주주의는 법적으로 일반의지를 구현한 유일한 주권자인 주권국가로부터 시민(남성 부르주아 시민)이 인권의 주체임을 인정받는 정치체제를 말한다. 따라서 인권은 국가로부터 나오고, 인권의 주체인 개인은 주권에 복종하는 국민임과 동시에 인권을 향유하는 주권적 주체가 된다. 그와 같이 막강한 주권적 시민 주체의 욕망을 견제할 수 있는 것은 주체에게

---

15) *Ibid.*, p.6.

주권을 부여해 준 바로 그 주권적 국가밖에 없다. 그런 주권적 주체의 감정이 공감으로 연대하는 형제애와 이타심과 헌신만으로 이뤄진 것은 아니다. 그래서 루소는 『사회계약론』에서 '만약 신의 국민이 있다면 그들은 스스로를 민주적으로 다스릴 것이다. 하지만 그토록 완벽한 정부는 인간들에게는 적합하지 않다.'고 말한다. 루소가 시민 종교를 위해서 관용뿐만 아니라 처벌까지 주장하고 나선 까닭이다.

바로 그런 이유로, 누스바움은 자유주의 정치철학에서 긍정적 감정의 심리학에 집중해야 한다고 주장한다. 그녀에 따르면 친사회적인 감정들인 사랑, 관용, '공정한' 애국심은 적극적으로 고취시키고, 반면 반사회적인 감정들인 수치심의 자극, 질투, 선망, 과도한 두려움, 공포 등은 통제해야 한다는 것이다. 누스바움은 그와 같은 정치적 감정교육의 현장을 루소도 칸트도 아닌 모차르트의 오페라, 타고르의 시에서 읽어낸다.

모차르트는 보마르셰Beaumarchais의 희곡을 각색하여 오페라 <세비야의 이발사>, <피가로의 결혼>을 작곡했다. 세비야의 이발사인 피가로는 기지를 발휘하여 로시나의 후견인인 늙은 바로톨로의 손에서 그녀가 벗어나도록 도와줌으로써 알마비바 백작과의 사랑이 성사되도록 돕는다. 이 작품에서 피가로는 백작의 권위에 주눅 들지 않을 뿐만 아니라 기지의 측면에서 오히려 백작이 그의 플롯에 복종하도록 만든다. 따라서 전통적인 해석은 피가로를 새롭게 부상하는 시민 유형으로 간주했다.

<세비야의 이발사>의 후속편인 <피가로의 결혼>에 이르면, 피가로는 마을 처녀 수잔나와 결혼하고자 한다. 보마르셰의 희곡이 봉건시대의 정치적 질서인 복종과 위계질서에서 벗어나 새로운 정치적 감정을 무대화했다면, 모차르트는 보마르셰가 보여준 정치성을 탈정치화하고

이 작품을 사적인 사랑 놀음으로 만들었다고 평가받았다. 보마르셰의 희곡에서 피가로는 백작의 신분적 특권을 비판하는 일장 연설을 노래하는데 모차르트는 이 부분을 생략하고 백작/피가로가 한 여자를 사이에 두고 서로 경쟁하는 삼각관계로 만들었기 때문이다.

하지만 누스바움은 그런 비판은 왕정복고 시대라는 역사적 맥락을 무시한 성급한 판단이라고 분석한다.[16] 누스바움이 보기에 피가로는 새로운 시민 유형이고 백작은 구태의연한 구질서의 상징만은 아니다. 양자는 그토록 확연히 구분되는 존재가 아니라, 남자로서의 유사성을 지닌 존재들이다. 왕정복고 시대 가장 주요한 정치적 감정은 명예와 지위다. 사랑의 삼각관계에서도 두 사람은 이 점에만 골몰해 있다. 백작과 피가로 두 사람 모두 복수, 지배의 쾌감, 명예를 노래한다. 백작이 초야권을 주장하면서 수잔나와 잠자리할 궁리나 한다는 사실을 알게 된 피가로가 부르는 노래에서 수잔나는 그의 관심사에서 사라진다. 피가로는 백작과의 경쟁에서 승리하고픈 욕망밖에 없다. 두 남자 모두 경멸과 분노로 가득 차 있다. 여기서 부재하는 감정은 사랑, 경이, 기쁨이다. 누스바움에 의하면 심지어 슬픔과 그리움마저 양자 사이에는 없다.[17]

그렇다면 모차르트는 백작과 피가로 사이의 대립을 이해하지 못한 것인가? 보마르셰가 보여주었던 대립각을 탈각시켜 버린 것인가? 누스바움은 그처럼 너무 성급한 결론에 이르지는 말자고 제안한다. 누스바움에 따르면 모차르트는 보마르셰가 보지 못한 것을 보았다.[18] 왕정복고 시절 남자들은 오로지 지위, 이상, 수치, 명예에만 집착한다. 지위 고하를 막론하고 여자로 인해 맛보는 남성의 수치심, 모욕에서 벗어나

16) *Ibid*, pp.30-35.
17) *Ibid*, pp.107-109.
18) *Ibid*, p.32.

기 위해 격분하여 폭력을 행사하더라도 명예를 회복하는 것이 오로지 남성들의 관심사다.19) 그들에게는 사랑과 상호성에 대한 공간이 남아 있지 않다.

모차르트의 <피가로의 결혼>에 등장하는 남자들에 비하면 여자들이야말로 자매애와 평등과 자유를 보여준다.20) 백작이 수잔나에게 초야권을 행사하면서 바람을 피우는 것이므로, 수잔나와 로시나는 서로 경쟁 관계일 수도 있다. 하지만 백작 부인이 된 로시나와 수잔나는 상하 관계가 아니라 동등한 친구 관계이자 상호성에 바탕한 우정의 관계를 보여준다. 두 여자는 자매애로서 뭉쳐 이중창을 부르면서 갈등과 긴장을 화음으로 만들어낸다. 남자들처럼 복수하고 보복하고 질투하기보다 남성들과 함께 즐거움을 나누면서 자기 남자들을 각자 지켜내고자 한다. 두 여자는 질투가 아니라 협력을 통해 백작의 위선을 폭로한다. 두 여자는 신분이 다름에도 불구하고 위계질서가 아니라 수평적인 상호적 관계와 우정으로 맺어진다. 그다지 교육받지 못한 수잔나가 백작에게 유혹의 편지를 쓰려고 할 때, 백작 부인인 로시나가 쓸 내용을 불러준다.

로시나와 수잔나의 이중창은 스티븐 킹의 <쇼생크 탈출>에서 두 여자가 부르는 감동적인 장면이 흘러나오는 감옥 뜰 풍경에서도 볼 수 있다. 이 영화에서 죄수인 레드(모건 프리먼 분)는 이 두 이탈리아 숙녀들이 무슨 노래를 부르는지 알지 못한다. 하지만 이들의 이중창이 절정을 향할 때, 그 순간 감옥의 죄수들은 한순간 내면적인 자유를 느꼈다21)고 레드는 전한다. 그렇다면 그들은 어떻게 한순간이나마 그런 자유를 느꼈을까? 이중창은 독재적인 권력이 아니라 상호성에 의존하

---

19) *Ibid*, p.33.
20) *Ibid.*, pp.35-37.
21) *Ibid.*, p.36.

고 있다. 그것은 누가 누구를 지배하고 모욕을 주고 수치심을 안기려고 경합하는 것이 아니라 서로에게 존중과 애정을 담아서 부르는 아리아의 화음 때문이라고 누스바움은 주장한다. 남자들이 타자를 복종시키는 데서 자신의 힘과 권력과 자유의 이미지를 찾고 있다면, 여자들의 이중창은 민주주의적인 상호성[22]을 창조한다. 그것은 동등성과 자유에 관한 정치적 감정을 보여준 것이다. 백작과 피가로 두 사람 모두 자기 나름의 감옥(지위에의 갈망, 불안)에 갇혀 있다. 이중창을 듣는 죄수들은 그런 신분 질서, 지위에 대한 갈망에서 자유롭기 때문에 자유를 느낀다. 지배 복종의 긴장과 갈등 없이 행복을 추구할 수 있다는 약속을 하기 때문이다.

하지만 『정치적 감정』을 다 읽고 나서도 여전히 수긍하기 힘든 것이 좋은 감정과 나쁜 감정이 그토록 분명한가 하는 점이다. 정치 사회적 맥락과는 상관없이 좋은 감정/나쁜 감정이라는 구분이 가능한가? 애덤 스미스였다면 혐오, 수치심, 선망이 정치공동체에 나쁜 감정이라고 했을까? 이는 좋은 감정/나쁜 감정 자체가 별개로 존재한다기보다 정치가 시민들에게 그런 감정을 요구하고 어떻게 배치하는가의 문제가 된다. 게다가 국가의 강제도 아니고, 개인의 자유에 맡기지도 않으면서, 어떻게 자발적으로 좋은 정치적 감정이 형성되는가? 누스바움은 고급 예술, 문학을 통해 좋은 정치적 감정을 형성할 수 있다고 말한다. 그야말로 전형적인 자유주의 인문학 교육의 효과를 주장하는 것과 하등 다르지 않다.

---

22) *Ibid.*, p.37.

경제적 인간homo economicus에서 놀이하는 인간homo ludens으로

누스바움은 『공부를 넘어 교육으로*Not for Profit*』에서 오로지 이익만을 목적으로 하는 신자유주의 시장 논리를 비판한다. 그녀의 주장은 맹자가 양혜왕을 찾아갔을 때의 일화를 연상시킨다. 왕은 맹자에게 국가를 이롭게 하려면 어떻게 해야 할까를 묻는다. 그러자 맹자는 "하필왈리何必曰利입니까?"라고 대답하면서 "견리사의見利思義"라고 말한 공자의 말을 전한다. '이利'가 있는 곳에서는 '의義'를 생각해야 한다고 그는 혜왕에게 설파한다. 그와 마찬가지로 누스바움은 신자유주의 시대에 오로지 이익 추구에서 벗어나 공감할 수 있는 능력을 키워야 한다고 거듭 주장한다. '어떻게'가 관건이다.

인문학은 이윤 창출을 목적으로 하지 않는다. 오로지 수익만을 목적으로 하는 삶은 타인의 고통을 이해하고 공감할 수 없는 차갑고 도구적인 합리성에 지배되는 이윤 기계의 삶이 될 것이라고 그녀는 비판한다. 그럴 경우 인간의 삶은 한없이 천박한 시장 교환 규범으로 인해 글로벌 시대의 민주주의를 파괴하게 될 것이며 성숙한 보편적 세계시민주의에 다다를 수 없다는 것이다.

세계 시민 정신을 함양하기 위해서는 상상력이 필수적이다. 그리고 그런 상상력은 놀이, 예술을 통해 가능해진다. 루소가 자연 상태의 인간을 이상적으로 보았던 것처럼, 누스바움 또한 인간은 기본적인 수준의 공감 능력을 가진 채로 태어난다고 주장한다. 하지만 아이들은 자신과 타인(대상, 세계)을 구분하지 못하는 데서 비롯된 강력한 나르시시즘에 빠져 있다. 타인(어머니, 세계, 멜라니 클라인이 주장한 부분 대상인 젖가슴으로 인지하는 것)을 사물이 아니라 온전한 인격체로 인지하는 과정은 자동적으로 일어나는 것이 아니라 학습으로 인해 가능해진다.

타인과 나를 구분하지 못하는 무능력에서 벗어나기까지 정치적 감정교육, 인문학적인 상상력, 미학적 훈련이 필요하다는 것이다. 누스바움은 이익만 추구하는 경제적 인간에서 벗어나 공적인 상상력을 통한 건강하고 공감하는 인간으로 거듭나기 위해서 놀이하는 인간의 경이, 창조성을 배워야 한다고 주장한다.

그런 감정들은 위니캇이 말하는 놀이의 능력[23)]을 통해 획득될 수 있다. 위니캇은 놀이야말로 건강한 인성 형성에 핵심이라고 생각했다. 놀이는 사람들 사이의 공간에서 일어나는 유형의 활동인데, 이 공간을 위니캇은 잠재 공간potential space라고 부른다. 이 공간은 타인과의 직접 대면에서 느낄 수 있는 것보다 덜 위협적인 방식으로 타자성에 관한 아이디어를 실험해 볼 수 있는 공간이다. 놀이는 아이가 일어날 수 있는 사태를 스스로 통제할 수 있다는 마법적인 판타지 속에서 시작된다. 어린아이는 자신만의 '과도기적인 대상물transitional object'(슐츠의 만화 <피너츠>에서 라이너스가 안고 다니는 담요safety blanket와 같은 대상)과 더불어 자기 위안을 느낄 수 있다.

놀이가 발전하면 아이는 경이를 느낄 수 있는 능력을 발전시킨다. 위협적일 수 있는 타자의 등장이 놀이에서는 호기심과 기쁨의 원천이 되며, 이 호기심은 우정, 사랑, 정치적 삶에서 건강한 태도를 발전시키는 데 이바지한다. 놀이는 취약함과 놀람surprise과 관계되는 경험을 호기심과 경이에 연결시킨다.

호모 루덴스, 즉 놀이하는 인간으로서 새로운 유형이 모차르트의 <피가로의 결혼>에 등장하는 어린 청년 케루비노Cherubino이다. 자유주의 철학자들이 생각하듯, 인간의 본질이 자유에 있다고 한다면, 인격의

23) 도널드 위니캇, 『놀이와 현실』(이재훈 옮김, 한국심리연구소, 1997)의 7장 「문화 경험의 위치」 참조.

중핵까지 그것이 스며들어야 진정으로 자유로운 영혼이 된다. 그래야만 위계질서와 권력에 복종하게 만드는 공포에서 벗어날 수 있기 때문이다. 자유로운 놀이를 통해 케루비노는 에로틱하고 부드러운 사랑으로 다시 빚어진다.24) 케루비노는 아직 십대의 시동page이다. 그는 알마비바 백작에게서 배운 대로 바람기로 가득하지만 자신이 아직 누구인지 알지 못한다. 심지어 자신이 남자인지 여자인지도 모른다. 그가 부르는 아리아는 뚜렷한 대상도 없지만 넘쳐나는 그리움과 열정과 성에 눈뜨는 소년의 감정으로 가득 차 있다.

케루비노는 여자들만 보면 가슴이 벌렁거리고 사랑을 느낀다. 그는 백작부인에게도, 피가로의 약혼자인 수잔나에게도 이상하게 마음이 흔들려 '내 마음 나도 알 수 없다'고 노래 부른다. 그는 정원사 딸과 몰래 노닥거리다가 백작에게 들키는 바람에 백작의 분노를 사서 군대로 쫓겨 간다. 오페라에서 케루비노는 여장을 하고 바람기 가득한 백작을 골탕 먹이는 장면에 등장한다. <피가로의 결혼> 2막에서 케루비노가 부르는 아리아가 '사랑의 괴로움을 그대는 아는가Voi che sapete'이다. 모든 여자의 뒤꽁무니를 쫓아다니는 케루비노는 백작 부인에게까지 찾아가 자신의 절절한 마음을 담아 이 노래를 부른다. 여기서 흥미로운 것은, 케루비노 역을 여성의 중저음역대인 메조소프라노가 맡았다는 점이다.

케루비노는 프랑스 대혁명 직전, 들끓는 열정이 반영된 인물이다. 기존의 규범과 질서는 무너지고, 미래에 대한 희망, 불안을 상징하는 존재가 케루비노이다. 그는 죽은 전통을 내던지고 경이, 사랑, 갈망, 희망, 실험 정신, 창의성으로 넘치는 존재다. 케루비노는 성적, 신분적, 계급적 경계에 서 있는 인물이다. 경계선적 주체이므로, 세계에 대한

---

24) *Ibid.*, p.108.

경이, 유머, 용기, 장난기, 실험 정신, 창의성으로 가득 찰 수 있다. 그가 봉건적인 질서를 해체하는 새로운 시대의 정신을 상징하는 인물이라는 점에서 누스바움은 그를 정치적 감정의 대표적인 사례로 꼽는다.

누스바움이 모차르트의 <피가로의 결혼>에 등장하는 케루비노에게서 정치적 감정과 정치적 사랑을 찾아낸다는 점은 흥미롭다. 그녀의 정치적 감정은 『감정의 격동』에서와 마찬가지로 너무나 고전적이다. 시민들의 인문학적 교양과 미학 교육을 통해 정치적 감정을 함양하기 위해서 하필이면 그리스 고전과 비극과 모차르트의 오페라여야 하는지는 여전히 의문이다.

나가는 말

위에서 보았다시피 마사 누스바움은 자유주의적 개인주의에 대한 향수를 가지고 있다. 그에 바탕을 두고 페미니즘을 연결시키고자 한다는 점에서 전형적인 인문학적인 페미니스트라고 할 수 있다. 그녀에 의하면 그와 같은 인문학적 페미니즘은 자기 책임에 따른 공감의 윤리, 인간의 취약성을 인정할 것을 요구한다. 말하자면 그녀는 반휴머니즘 시대에 휴머니즘으로 되돌아가야 한다고 주장함으로써 신자유주의 시대에 가장 부합하는 영향력 있는 이론을 제공한 셈이기도 하다.

자유, 평등, 인간 능력 향상, 행복권 등은 이제 부르주아 자유주의자들의 관용에 달린 문제처럼 되어버린다. 난민, 성적 소수자, 장애인, 노약자를 포함하여 모든 인간은 존엄한 대우를 받을 수 있고 공존할 수 있다. 인문학적으로 교양 있는 시민을 교육시키고 그래서 혐오감에서 벗어나 인류애로 나가게 되면 세계는 조화롭고 평화스럽게 굴러갈 것처럼 보인다. 인문학적인 교육만 열심히 시키면 인간은 타자에 대한 배려와 이해와 공존으로 나갈 수 있는가? 그런 교육이 실패해 왔다는 것은 역사가 이미 증명한 바 있다. 그래도 다시 한번 인간으로, 인간적 가치로 되돌아가지 않는 한 새로운 출구는 어디서도 찾기 힘들다는 것이다. 그녀는 이처럼 추상적 보편주의에 바탕을 둠으로써 자유주의적 개인주의 철학 전통이 주는 인간 존중 정신으로 귀환하고 있다.

누스바움은 인간 주체의 허약성을 주장하고는 있지만, 그가 말하는 자유주의적 개인주의는 여전히 보편성에 바탕하고 있는 이성적 주체다. 하지만 이런 이성 주체와 그녀의 세계시민주의는 이론적으로 충돌하지 않을 수 없다. 자유주의 페미니즘이 처음부터 부딪혀 왔던 문제점, 즉 단단한 자아를 가지고 있으면서도 동시에 그것을 초월한 보편적 세계시민주의와 어떻게 접속할 수 있는가?

그것에 대한 설명을 누스바움은 막연히 인문학적인 사유, 서사적 상상력에서 찾는다. 로지 브라이도티가 지적하다시피, 그녀의 입장은 유럽의 고전적 인문주의, 특히 그리스 고전 시대의 교육, 문화, 사회적 이상을 전유하는 미국식의 신자유주의적 방식을 지지하는 것이다.[25] 그녀의 베스트셀러 저서인 『선의 취약성*The Fragility of Goodness*』이 9.11 이후 미국의 신자유주의 학문 시장에서 하나의 대안처럼 읽혔던 것도 그런 이유에서일 것이다. 미국의 학계 풍토는 오랫동안 유럽 고전의 숭고한 문화를 숭배해 왔고, 고전적인 자유주의 철학에 대한 누스바움의 무비판적 재활용은 문제적이라고 할 수 있을 것이다. 신자유주의 시대가 몰고 온 경쟁과 폭력의 시대에 인간의 허약성을 인정하면서도 자유주의 시대의 인간적인 존엄으로 귀환하자는 그녀의 주장이야말로

25) Rosi Braidotti, *Posthuman*, Polity, 2013, pp.167-168 참조.

아이러니하게도 신자유주의 시대의 가장 적합한 해결책이었는지도 모른다.

누스바움의 인문학적 페미니즘은 이미 실험이 끝난 것처럼 보이는 교양 있는 부르주아의 자유주의적 시민 자아에 바탕을 두고 있다는 점에서 여전히 문제적이다. 그녀가 주장하는 품위 있고, 교양 있는 보편 주체는 많은 페미니스트들이 백인 남성 부르주아의 이상이라는 점을 누누이 지적해 왔다. 누스바움은 바로 그런 이상을 편협하게 버릴 것이 아니라 그런 이상을 재활용해야 한다고 일관되게 주장하고 있다.

그녀의 입장에서 보자면 자유주의 페미니즘 또한 편협한 젠더 관점에서 벗어나야 한다. 누스바움은 1995년 중국에서 열렸던 여성학대회를 언급하면서 각자 기존의 전통에서 무엇을 가져와야 인간의 존엄성과 타자와의 공존이 유지될 수 있을 것인지 고민해야 한다고 말한다. 그 당시 여성학대회에서 대부분의 중국 여성학자들은 유교 전통이 여성을 종속시켰다고 비판했다. 그중 홍콩에서 온 젊은 학자만이 유일하게 유교 전통에서 공동체와 연대 의식의 가치를 주장했다. 그녀는 유교가 중국 페미니즘을 건설하는 데 유용할 것이라고 말했다. 중국여성들은 한목소리로 그녀가 홍콩 출신이고 그녀의 논문은 서구적 사고에 바탕을 둔 논문이라고 비난했다. 유교 전통은 여성에 대한 모멸과 무기력화의 살아있는 원천이라고 그들은 주장했다. 유교는 그들의 목소리가 아니며 '여자는 집으로'라는 정책에 대한 책임 또한 유교에 있다는 것이었다. 따라서 유교는 여성 노동자의 실직과도 관련이 있다. 하지만 그들만의 전통은 무엇인지 마사 누스바움은 되묻는다. 중국 페미니즘 전통의 주요한 원천이 20세기 초반에 번역된 자유주의자 존 스튜어트 밀의 『여성의 종속』이라고 한다면 말이다. 중국 공산주의 페미니스트들이 신봉하는 마르크스-엥겔스는 유럽인들이 아니었던가?

결론적으로 누스바움은 열정과 사랑을 회복하고, 탈이해관계를 추구함으로써 인문학적인 페미니즘의 열정으로 나가야 한다고 말하는 것처럼 보인다. 인간은 사랑하는 동물이다. 섬처럼 고독하고 자유로운 개인들이 세계와 조우하고, 세계를 발명하고, 세계에 책임지는 것은 '사랑'을 통해서이다. 불확실성의 시대를 살고 있는 "우리가—사랑을 바탕으로—타인들과 함께 산출한 세계만이 우리가 접근할 수 있는 세계이며 따라서 이 세계에 대해 우리는 책임을 져야 한다." 결국 그 책임은 자유로운 개인으로서 인간 혹은 여성이 짊어져야 한다는 것이다. 그런 맥락에서 보자면 마사 누스바움은 관대하고 교양 있는 백인 자유주의 부르주아 페미니스트에서 한 걸음도 벗어난 것처럼 보이지 않는다. 그녀의 입장을 어떻게 선별적으로 받아들여 인문학적 페미니즘을 만들어낼 것인지는 결국 '우리'에게 주어진 책임인 셈이다.

참고 문헌

마사 누스바움, 『공부를 넘어 교육으로』, 궁리, 2011.

__________, 『시적 정의』, 박용준 옮김, 궁리, 2013.

__________, 『혐오와 수치심』, 조계원 옮김, 민음사, 2015.

주디스 버틀러, 『혐오발언』, 유민석 옮김, 알렙, 2016.

Martha C. Nussbaum, *Sex & Social Justice*, New York: Oxford University Press, 1999.

__________, *Political Emotions*, New York: Harvard University Press, 2013.

메리 울스턴크래프트
Mary Wollstonecraft

페티코트를 입은 하이에나

이해진
여성문화이론연구소 연구원. 정신분석 세미나팀에서 오래 시간을 함께 했으나 성평등 정책 관련 일에 바빠 지금은 멈추고 있고 다시 팀에 합류할 시간을 학수고대 중이다.

이 글의 원문은 『여/성이론』 39호(2018)에 실려있다.

메리 울스턴크래프트: 페티코트를 입은 하이에나

6주간의 도전의 기록, 『여권의 옹호』

1791년, 분노에 찬 한 여성의 펜 소리가 사르륵사르륵 차가운 런던의 밤공기를 가르고 있었다. 모두가 깊은 잠에 빠진 늦은 밤, 그녀는 사위어 가는 등불의 심지를 바로 세우고 불빛을 끌어 올린 다음 심호흡을 크게 한 번 내쉬고 다시 펜을 힘주어 잡았다. 그렇게 밤을 밝힌 6주간의 시간이 지난 뒤 페미니즘의 고전 『여권의 옹호*A Vindication of the Rights of Woman*』[1]가 세상에 모습을 드러내었다.

그녀가 이 책을 쓴 이유는 프랑스 제헌의회에 제출된 공교육에 관한 보고서가 여성을 배제하자 그 사실을 비판하고 여성/소녀에게도 교육 기회를 제공해야 한다는 주장을 하기 위해서였다. 보고서는 프랑스 혁명 후 정치가 탈레랑이 제출한 교육 법안으로, '소년을 위한 무료 초등교육 계획안'이다. 제목이 시사하듯 이 계획안은 국민교육의 대상을 소년으로 한정한다. 이에 울스턴크래프트는 '영혼에는 성별이 없다'는 말로 여성과 남성이 교육 능력에서 차이가 없음을 주장하며 여성에게도 공교육의 기회를 열어줄 것을 요구하였던 것이다. 이 책을 쓴 직접적인 동기는 교육에서의 여성 배제이지만 당시 여성이 처한 환경과 여성에 대한

1) *A Vindication of the Rights of Woman*의 번역본은 『여권의 옹호』(한길사), 『여성의 권리 옹호』(책세상) 두 본이 있다. 내용상 『여성의 권리 옹호』가 책의 의미를 더 잘 전달한다고 생각되나 인용을 『여권의 옹호』에서 하므로 이 번역본명을 사용한다.

차별적 견해를 비판하고 재산권, 직업권, 참정권 등의 제도적 권리를 요구하는 내용이 포괄되어 있다. 성차별적인 남녀 관계를 개선하고 남성과 동일한 사회적 권리를 요구한 그녀의 주장은 당대 여성들로부터 커다란 반향을 얻었고 여성문제를 정치적으로 이슈화하는 데 동기를 제공하였다.

『여권의 옹호』는 출간 직후 불어, 독일어 등으로 번역되어 영국뿐만 아니라 유럽 전역의 여성들에게 전해졌으며, 19세기 중반까지 그 영향력이 지속되었다. 또한 대서양을 건너가 미국의 여성운동에까지 영향을 미칠 정도로 자장을 넓혀 미국 참정권 운동의 주축이었던 루크레티아 모트, 엘리자베스 케이디 스탠턴과 같은 이들은 이 책에서 많은 영향을 받았던 것으로 전해진다.『여권의 옹호』는 출간 당시 익명으로 출판되었지만 여성독자들의 폭발적인 반응에 힘입어 2판에서는 울스턴크래프트의 저술이라는 것이 밝혀지게 되었다.

여성의 권리 보장에 대한 울스턴크래프트의 요구는 많은 여성으로부터 호응을 얻었지만 한편, 당시의 여성에 관한 규정에서 보자면 비난을 피하기 어려웠다. 영국의 정치가 호러스 월폴은 그녀의 주장을 비난하며 '하이에나'라는 명칭을 붙이고 여성해방의 끔찍한 결과를 예시하는 대상으로 혹평하고 비판하였다. 이러한 비판과 공격에도 울스턴크래프트는 자신의 이념을 포기하지 않고 밀고 나가 서구 페미니즘의 발전에 커다란 영향을 미치고 초기 여성운동에 이론적 토대를 제공하였다. 이런 기여를 평가하여 거다 러너는『여권의 옹호』에 대해 광범위한 해방 이론을 제시하며 여성의 권리와 평등을 주장한 최초의 페미니즘 이론서[2]라고 의미를 부여한다.

2) 거다 러너,『역사 속의 페미니스트: 중세에서 1870까지』, 김인성 옮김, 1998, 평민사.

근대 페미니즘의 어머니[3], 울스턴크래프트의 생애와 삶

'최초의 페미니즘 이론서' 『여권의 옹호』를 저술하고, 근대 계몽주의 페미니즘 사상을 체계화한 메리 울스턴크래프트는 1759년 영국의 한 중산층 가정에서 태어났다. 가정폭력을 행사하는 가부장적인 아버지와 지나칠 정도로 장남을 편애하는 어머니를 둔 탓에 그녀의 성장기는 불우했다. 거기에 아버지의 계속된 사업 실패로 울스턴크래프트의 가족은 지독한 가난에 시달려야만 했다. 가난이 계속 이어지자 그녀의 여동생은 궁핍한 환경을 벗어나고자 결혼을 선택하게 된다. 그 선택은 결과적으로 실패하지만 결혼은 당시 경제적 자립이 불가능한 중산층 여성이 택할 수 있는 거의 유일한 선택지였다. 동생과 달리 성차별적인 결혼제도에 거부감을 가지고 있었던 울스턴크래프트는 가난에 맞서며 자립의 삶을 선택하였다. 그녀는 봉건 체제하의 왕의 권력을 문제 삼았던 것처럼 남편이 부인에게 일방적인 권력을 행사하는 부부관계를 계몽주의에 반하는 제도로 생각하였다. 자립과 가족의 생계를 위해 울스턴크래프트는 친구 페니 블러드와 런던의 뉴잉턴 그린에서 학교를 설립하고 교사로 일을 하며 독립적인 삶을 유지하고자 노력한다. 하지만 학교는 운영난으로 문을 닫을 수밖에 없었고, 이후 가정교사를 전전하며 고단한 삶을 이어 나간다.

그러던 중, 출판업자 조지프 존슨을 만나게 되면서 그녀의 삶은 전환기를 맞게 된다. 그녀의 지적 잠재력을 간파한 그는 울스턴크래프트가 경제적으로 자립할 수 있도록 일자리를 제공하고 지식인 사회의 일원이 될 수 있도록 지원을 아끼지 않았다. 울스턴크래프트는 존슨이 발간하는 <애널리티컬 리뷰>에 여행기, 자서전, 에세이, 설교문 등 다

3) 20세기 후반 페미니즘 운동이 그녀에게 이런 칭호를 붙여주었다.

양한 분야에 대한 글을 쓰며 전업 작가로 자리를 잡을 수 있었고, 런던의 지식인 사회에도 입문할 수 있었다. 존슨은 단순한 출판업자가 아니었다. 그의 집은 진보적 지식인들이 모이는 지적 사교장이었다. 그녀는 이 사교 모임에 참여하면서 다른 지식인들과의 지적 교류를 통해 자신의 사유의 결을 다듬고 (페미니즘)사상가로서의 입지를 다져나갔다.

울스턴크래프트는 대표작 『여권의 옹호』뿐 아니라 문학, 역사, 교육, 정치학 등 다양한 분야에 관한 많은 저술을 남기며 여성으로서는 드물게 자신의 주장을 발화하는 화자로서의 삶을 살았다. 프랑스 혁명 후에는 마리 앙투아네트에게 우호적인 입장에 선 보수적인 정치가 에드워드 버크의 『프랑스 혁명론』을 비판하는 『인권의 옹호』(1790)를 써서 보수 대 진보 논쟁의 선두에 서게 되어 유명세를 얻기도 하였다. 이 글을 두고 엠마 골드먼은 인류사에서 억압받고 가난한 사람들의 권익 보장을 요구한 가장 강력한 호소문 중 하나라고 평가하며 그녀의 주장을 호평한 바 있다.

시중에 떠도는 농담처럼 우리의 삶에는 에너지 총량의 법칙이란 게 있을까? 당대의 젠더 질서에 도전하고 여성의 지위 변화를 위해 에너지를 쏟아 붓던 그녀는 딸 메리 울스턴크래프트 고드윈(프랑켄슈타인을 지은 메리 셸리)을 출산하고 열흘 뒤 산욕열로 열정으로 충만했던 38년간의 짧은 삶을 마감하게 된다.

당대의 지식인들과 담론을 경합하고, 초기 여성운동을 추동한 이론적 배경과 동력을 제공하여 명망을 얻었던 그녀이지만 사후, 뜻하지 않게 오명을 얻어 그녀의 명성은 한동안 빛을 바래게 된다. 남편 고드윈이 『여권의 옹호의 저자에 관한 회고록』을 펴내 그녀가 임레이로부터 버림받은 사실 때문에 자살을 기도하고, 사생아를 낳았으며, 자신과는 특별한 방식으로 연애를 했다는 사실을 자세히 밝힌 것이 그 원인이었다. 빅토리아 시대의 엄격한 젠더 질서와 충돌하는 그녀의 사생활을 보수적인 지식인들이 문제 삼으면서 그녀의 평판에는 금이 가고 대중의 관심은 멀어졌다. 하지만 그녀는 계속 잊혀질 수 없었다. 20세기 초 버지니아 울프와 엠마 골드먼이 그녀의 이름에 들러붙은 오명과 불명예를 긁어내고 다시 불러내면서 페미니즘 이론가로서의 이름을 재평가받고 이전의 명성을 회복하게 되었다.

휴머니즘의 역설과 페미니즘

서구 근대를 추동한 계몽주의 사상은 '모든 인간은 이성적 존재이고, 평등하다'는 만민 평등의 원리에서 출발하였다. 계몽주의 사상의 정치적 응결체라고 할 수 있는 프랑스 혁명 인권선언의 첫 문장은 "인간은 누구나 평등하게 태어났다"로 시작된다. 그러나 이 상징적인 사건의 결과가 보여주었듯 보편적 인간 해방이라는 근대 기획은 남성의 몫으로 한정되어 만민 평등이라는 계몽주의의 근본 원리는 수사로 남고 여성에게는 적용되지 않았다. 아버지와 남성은 계급이 해체되면서 개인으로 해방되었지만 여성에게는 근대 해방의 기획이 도달하지 못했던 것이다.

울스턴크래프트는 근대 계몽주의의 기본 전제와 당시 여성의 현실 사이에 존재하는 이러한 모순을 예리하게 포착해 내었다. 그녀는 인간은 누구나 이성이 있다는 계몽주의적 전제에 기초하여 여성에게도 오성이 있다는 사실을 부정하는 당시 남성 지식인들의 성차별적 태도를 비난하고 여성 또한 남성과 동등한 인격을 보유하고 있음을 역설하며 여성을 보편적 인간이자 남성과 동일한 권리를 가진 시민으로 통합하고자 하였다. 휴머니즘의 근본이념과 남성 지배적 사회구조 사이의 균열을 꿰뚫고 여성과 남성이 본질적으로 다르지 않다는 점을 주장하는 것으로 그녀는 여성을 자율적인 주체로 정립하고자 시도했던 것이다.

오랜 기간 세계를 지배해 왔던 봉건 질서가 종식되고 새로운 체제로의 이행을 견인한 세계사적 사건에 참여하고 그 이후를 주목했던 여성들은 자신들에게도 진보의 역사가 문을 열고 성 불평등이 개선될 수 있을 것이라 기대하였다. 그러나 후속된 일련의 과정은 여성들의 기대를 무참히 배반하였다. 여성의 지위는 오히려 이전보다 퇴행하는 반동성을 보이기도 하였는데, 혁명으로 혼란해진 사회질서를 재구축하기 위해 사적영역에서의 가부장권 회복으로 여성을 통제하려고 하였기 때문이다. 중세 말기나 르네상스 시대에는 성모 숭배 의식으로 인하여 여성이 누릴 수 있었던 일부 특권이 있었다. 그러나 이 특권조차 가부장제가 재구축·강화되면서 회수되어 버렸고 여성의 위치는 오히려 후퇴하는 결과를 가져왔다.

콩도르세와 같이 일부 성 불평등의 개선을 요구하는 남성도 있었지만 대부분의 남성 계몽주의자들은 정치적으로는 진보적이었으나 여성관에서는 보수적인 태도를 보이며 성 불평등을 지지하였다. 그들은 이성을 남성만의 본유적 특질로 여기며 여성의 이성을 부정하고 여성의 열등성을 주장하였다. 여성은 이성이 없거나, 있어도 남성에 미달하는 부족한 이성을 보유하고, 지적 능력이 결여되어 있음을 주장하면서 그 사실을 검증하려는 시도까지 하였다. 이 과정에 근대과학이 동원되어 여성과 남성은 본질적으로 다르고 여성은 남성에 비해 열등하다는 사실을 '과학적'으로 뒷받침해 주었다.

남성 지식인들이 '인간'으로 표명된 보편적 권리의 확대를 집요하게 거부하고 여성의 열등성에 주목했던 것은 공적영역으로의 여성의 진출을 막고, 남성의 여성 지배를 지속하기 위해서였다. 울스턴크래프트가 살았던 18세기 후반부는 여성과 남성이라는 성별 원리가 계급을 대치하여 새로운 통치 질서로 구축되어 가던 시기이다. 그 시기 영국에서도 중산층의 수가 늘어나고 이들의 경제적·정치적 영향력이 커지면서 여성의 일과 남성의 일이 구분되고, 성별에 따라 공간이 재편되었다. 루이스 틸리와 조앤 스콧이 밝힌 바[4]에 따르면, 전산업화 시기에서부터 제2차 세계 대전 이후까지 여성은 지속적으로 가족의 경제에 기여해왔다. 그러나 부르주아 가정을 중심으로 여성의 역할이 집안일로 한정되면서 경제적으로 남성에게 의존하는 여성상이 정립되었다. 이런 현실을 정당화하고 강화하기 위해 여성과 남성은 본질적으로 서로 다르다는 차이를 확증하고자 하는 시도와 이념들이 쏟아져 나왔다. 이런 시기에 울스턴크래프트는 성차별적인 계몽주의자들의 이중적 태도를 지적하고, 여성도 남성과 동등한 인간임을 선언하고 여성 또한 개인이자 남성과 동등한 권리의 담지자라는 점을 분명히 하고자 맞섰던 것이다.

성차별적 결혼 제도에 도전한 급진적 실천가

울스턴크래프트는 연애 관계나 결혼 관계에 대해 당대의 질서(만이 아니라 현재와도)와 충돌하는 매우 특별한 인식을 가지고 있었다. 그녀는 당시의 결혼 제도에 대해 남성에 대한 여성의 의존성을 공식화하고, 여성이 남편에게 애정을 구걸하는 '합법적 매춘'이라고 강하게 비판하였다. 가족의 구성 원리가 다원화되고, 가족 다양성에 대한 이해가 높아

4) 루이스 틸리 · 조앤 스콧, 『여성·노동·가족』, 김영 외 옮김, 후마니타스, 2008.

지면서 정상가족 이데올로기의 영향력이 약화되고 있는 오늘날에도 부부관계를 '매춘'으로 규정하는 것은 큰 저항과 비난을 불러올 수 있는 급진적인 주장이자 '불경'에 속한다. 캐럴 페이트먼이 『남과 여, 은폐된 성적 계약』에서나, 시몬 드 보부아르가 『제2의 성』에서 결혼 제도의 성격을 울스턴크래프트와 동일한 방식으로 규정한 것보다 이미 한 세기나 더 앞서 결혼 제도의 성차별적 실상을 폭로하는 도발적 주장을 한 것이다.

울스턴크래프트가 살았던 시기는 전통사회의 결혼 원리인 가족 동맹의 의미가 약화되고 낭만적 사랑에 기초한 연애결혼이라는 새로운 문화형식이 등장하면서 애정으로 연결된 부부관계라는 이데올로기가 주조되던 시기였다. 전 산업사회에서 결혼은 동일한 계급끼리 계급 내혼의 성격을 띠었고, 결혼은 애정에 기초한 친밀성의 추구가 아니라 정치적·경제적 목적과 필요에 따른 상호 교환의 의미가 강했다. 그러나 18세기 후반 노동자들 사이에 낭만적 사랑이라는 친밀성의 형식이 출현하면서 결혼은 애정 관계로 그 의미가 전환되었다. '신성가족'의 원리 또한 유효한 힘을 가지고 있던 당시의 가족 이념을 추가할 때 부부관계에 대한 울스턴크래프트의 규정은 비난뿐만 아니라 사회적 축출이라는 위험까지 감수해야 하는 것이었다.

그렇다면 울스턴크래프트는 어떤 관계를 상상하였을까? 그녀가 꿈꾼 부부관계는 우정에 기초한 수평적인 관계였다. 그녀가 매춘에 비교할 정도로 당대의 결혼 제도를 강하게 비판한 것은 여성과 남성 사이 불평등한 권력에 대한 불만 때문이었다. 결혼에 따른 여성의 남성에 대한 종속은 제도적으로 뒷받침되었다. 영국 민법에 의하면, 남편과 아내는 법적으로 단일 개체이고, 남편이 법적인 책임을 지는 존재[5]였다. 이에 따라 결혼과 함께 여성은 법적 권리를 잃게 되고, 남편의 부수적인 존재가 되어 주체성을 박탈당하였다. 이런 여성의 위치를 주지시키기 위해 그 당시 영국에서는 보수적인 수신서들이 쏟아져 나와 남편에 대한 여성의 종속적인 위치를 확정하고자 했다. 당시 수신서들은 여자는 남자와 전혀 다른 존재라는 사실을 강조하면서 자신의 종속적인 위치를 받아들이고 여자다워질 것을 요구하는 내용으로 채워져 있었다. 그래서 퀸란은 혁명에 대한 반작용으로 여성 종속을 강조하는 여성 수신서들이 활발히 유통되던 이 시기를 영국 사회사에서 젠더 질서에 대한 전환점이라 지적한다.6)

울스턴크래프트는 경제적 자립을 통해 독립적인 주체가 되고자 하였다. 결혼으로 남성에게 예속되는 존재가 아니라 자율적인 인간이 되려는 그녀의 열망은 『여권의 옹호』의 서문 중, 탈레랑에게 쓴 편지에 응축되어 있다. 그녀는 "저는 오래전부터 자립이야말로 삶의 큰 축복이요, 모든 미덕의 기반이라고 생각해 왔으며, 설사 황량한 벌판에 나앉더라도 욕심을 줄여 늘 독립적인 인간으로 살고 싶었습니다"라고 하며 여성이라는 신체화된 존재의 구속으로부터 해방되고자 하는 의지를 강하게 토로한다.

성불평등한 결혼 제도와 부부관계에 대한 울스턴크래프트의 비판은 단지 이념에 그친 것이 아니라 실천으로 이어졌다. 그녀는 존슨의 집에 모이던 이른바 '존슨 서클'의 일원이었던 화가 헨리 푸셀리를 사랑하여 그의 부인에게 공식적인 삼각관계를 갖자는 파격적인 제안을 하기도 하였다. 일부일처제의 결혼 제도에 정면으로 배치된 이 요구는 당연

5) 이 시기 영국 민법의 'couverture'의 개념이 이를 의미한다.
6) Mitzi Myers, Studies in *Eighteenth-Century Culture*, 1982에서 재인용.

히 받아들여지지 않았고, 친구들조차 그녀를 비난하였다. 이에 실망한 울스턴크래프트는 좌절된 사랑의 상처를 치유하기 위해 혁명의 열기로 가득한 파리행을 선택한다.

좌절은 길지 않았다. 파리에 온 울스턴크래프트는 곧 푸셀리를 잊고 새로운 사랑에 빠지게 된다. 길버트 임레이라는 미국인을 만나 혼전 임신을 하고 딸까지 출산할 정도로 그와의 관계에 깊이 몰입하였다. 하지만 뜨겁게 집중했던 이 사랑은 안타까운 결말을 맞게 된다. 임레이가 자신을 속이고 다른 여성과 동거 중인 것을 알게 된 그녀는 두 번이나 강에 투신하며 자살을 기도하였고, 그것으로 그와의 관계는 종결되었다. 두 차례나 사랑의 시련을 겪지만 그녀의 열정은 멈추지 않았다. 반혁명이 고조되어 외국인들에 대한 반감이 높아지자 파리에 더 머물기 어려웠던 그녀는 영국으로 귀환하였고, 돌아온 영국에서 재회한 고드윈과 새로운 연애를 시작하였다. 아나키스트 고드윈은 존슨 클럽에서 알았던 사이로 그와의 사랑으로 그녀는 임레이로부터 받은 배신의 충격에서 벗어나게 된다.

울스턴크래프트와 마찬가지로 고드윈 또한 당시의 성 불평등한 결혼 제도에 반대하고 부부가 동등한 관계여야 한다는 것에 대해 인식을 같이하고 있었다. 두 사람은 결혼 후에도 각자 독립적인 생활을 유지하는 새로운 형식의 부부관계에 동의하고 지적 동료이자, 연인으로서의 관계를 추구하였다. 자율성에 대한 그녀의 강박이 보편적인 부부관계를 뛰어넘는 전위적인 관계의 실험으로 이어진 것이다. 긴 시간을 돌아 그녀는 서로 다른 공간에서 동일한 세계를 공유하는 삶, 그녀가 이상으로 생각했던 독립과 애정이 동시에 가능한 관계를 영위하며 안정을 구하게 된다.

울스턴크래프트의 성평등 교육론

『여권의 옹호』가 그녀의 주 저술이 여성의 교육 배제에 대한 반박글인 것에서 알 수 있듯이 울스턴크래프트는 여성 교육의 필요성을 강하게 강조하였다. 그녀는 새롭게 열린 사회에서 여성도 공화국의 시민이자 유용한 존재가 될 수 있다고 믿었다. 교육이 그것을 실현할 수 있는 수단이라고 생각했기 때문에 탈레랑의 보고서에 즉각 반응하며 소년뿐 아니라 소녀도 국민교육의 대상에 포함해야 한다고 주장하였던 것이다. 이런 그녀의 생각과 달리 여성 교육의 필요성에 대한 당시의 태도는 호의적이지 않았다. 여성은 정념과 상상력에 지배되는 존재이므로 개념을 형성할 수 없어 학문과는 무관하다거나, 여성의 정신은 감각에서 추상적 관념으로 발전하는 생성 과정을 감당할 수 없어 교육이 필요하지 않다는 반응이 지배적이었다.

울스턴크래프트는 여성 교육이 필요하다는 주장에서 더 나아가 여성은 남성과 동일한 교육을 받아야 한다고 생각하였다. 그래서 모든 과목을 남녀가 같이 배우게 하고, 과학과 인문학은 물론 도덕이나 정치사에서 인간의 오성이 이룩해 온 진보를 공부하게 하여 여성이 인간의 정신에 대해 이해할 수 있는 힘을 길러야 한다는 견해를『여권의 옹호』에서 표명하였다. 동일한 교육에 대한 요구는 더 확장되어 남녀 분리 교육이 아니라 남녀공학 교육으로 이어진다. 때문에 그녀는 남녀 분리 교육을 주장하는 루소의 교육관을 강하게 비판하였다. 루소는『에밀』에서 남성과 여성은 육체적, 정신적, 정서적으로 다르므로 서로 다른 교육을 받아야 하고, 여성의 교육은 남자와의 관계를 중심으로 이루어져야 한다고 주장한다. 그는 여성을 인격적 주체가 아니라 남성을 정서적으로 돌보는 사람이나 보조적인 역할로 보고 여성 교육의 목표를 남성에게 매력적인 여자가 될 수 있도록 하는 것에 두었다. 이런 교육의 목표에 적합한 여성상으로 제시된 사람이 바로 소피이다. 그래서 『여권의 옹호』에서 울스턴크래프트는 루소의 교육관 비판에 많은 지면을 할애하고 정신에 성적 특성을 부여하는 '외설 철학'이라고 조롱하기도 하였다.

울스턴크래프트가 표방하는 교육론에는 소녀를 포함하라고 한 것 이외에도 또 다른 흥미로운 사실이 있다. 그녀는 성평등 교육론의 일환으로 여성의 신체적 건강을 위해 체육을 교과에 포함하라는 요구를 한다. 당시 여성은 체력이 약하므로 나약하고, 감정의 지배를 받는 수동적인 존재로 간주되었다. 그 이유로 남성에게 의존적인 위치에 놓이는 것이 당연시되었는데, 울스턴크래프트는 체력 향상을 통해 의존적 관계를 해소하고 불평등한 성별 관계의 개선을 도모하고자 하였다.

'여성이 글을 아는 순간 여성문제가 시작된다'는 통찰 가득한 주장이 있다. 이 말은 왜 남성 공동체가 그토록 여성의 교육 기회를 차단하려고 끊임없이 기도해 왔는지를 잘 보여준다. 글은 세계와 나의 관계를 이해하는 도구이자 창구이다. 이 도구를 남성이 독점하는 것으로 여성의 타자화와 불평등을 지속시킬 수 있다. 이를 간파한 지혜로운 여성들이 여성에게도 동일한 교육 기회의 개방을 요구하였고, 그 전선의 선두에 울스턴크래프트가 있었다.

페미니즘은 휴머니즘이다

울스턴크래프트의 생애는 여성도 개인적 성취가 가능하다는 사실을 보여주는 도전으로 점철된 삶이었다. 여동생에게 쓴 편지에서 "닦인

길을 밟아가기 위해 태어나지 않은 사람"이라고 쓴 것처럼 시대의 규범과 윤리를 가뿐히 뛰어넘고 새 길을 열어나갔다. 여성에게는 불가능에 가까운 경제적 자립과 독립을 성취하고, 억압적인 젠더 규범에 굴복하지 않고 자신의 욕망과 솔직하게 대면하며 당대의 성 윤리와 맞섰다.

2015년 강남역에서 발생한 여성혐오 살인 사건 이후 우리 사회에서는 억눌렸던 여성들의 분노가 폭발하고, 응결되어 있던 저항의 에너지가 분출되어 여성 관련 의제가 다양하게 분기 중이다. 이런 상황이 전개되는 한편, 그동안 페미니즘이 이룩해 온 성과를 후퇴시키려는 백래시 현상이 영토를 확장해 가고 있다. 이런 퇴행의 흐름 속에서 이제 성차별이 해소되고 오히려 남성이 역차별을 당하므로 페미니즘은 효력이 다했고 휴머니즘으로 운동의 물꼬를 돌려야 한다는 주장이 등장하기도 했다. 페미니즘과 휴머니즘은 별개의 주장이나 입장이 아니다. 페미니즘이야말로 근대 (남성 중심의) 휴머니즘, 혹은 남성 휴머니스트들이 고의로 누락시켰던 인류의 반, 여성의 권리를 회복하고자 한 '휴머니즘'이다.

서구 페미니즘은 남성에 의한 여성 차별에 의문을 가지고 '여성도 남성과 동일한 인간'이라는 보편적 인간의 가치를 주장하는 요구를 공론화하는 것에서 시작되었다. 여성을 남성에 부수적인 존재가 아니라 독립적 존재로 그 개체성을 인정받고자 하는 주체성을 기반으로, 남성과 동일한 사회적·법적 권리에 대한 요구로 외연을 확장시킨 것이 페미니즘의 초기 역사이다. 울스턴크래프트는 보편성에 성을 개입시키는 남성 사상가들의 모순적 태도를 지적하고, 만민 평등이라는 자유주의의 본질을 여성에게로 확장하며 여성과 남성은 동등한 인간이라는 기치를 내걸고 반쪽의 휴머니즘을 온전히 복원하고자 하였던 휴머니스트이다. 그런 그녀의 삶이 보편적 인권 개념이 은폐한 성차별을 돌출시키고, 여성도 남성과 동등한 권리를 가질 수 있다는 시민권에 대한 시각을 키워주었다.

울스턴크래프트가 요구하였던 보편적인 권리, 완전한 공적 시민권을 한국 여성들이 누리고 있을까? 과거의 불평등이 개선되었기는 하나 여성은 가정에서, 노동시장에서, 대표성에서, 안전에서 등 남성과 동일한 시민으로서의 권리를 온전히 누리지 못하고 있다. 자립의 기초가 되는 노동의 권리는 성평등을 말하기에는 아직 거리가 있다. 고용에서의 성차별을 비롯하여 OECD 최고 수준의 성별 임금 격차는 여전히 해소되지 못하고 해결 과제로 남아있다. 이미 그 시효를 다한 가족 임금제로 경력 단절을 겪고 생애 경로를 재조정해야 하는 것도 여전히 여성의 몫이다. 신자유주의가 가져온 좌절과 분노를 여성을 향해 분출하는 혐오범죄로 일상의 불안을 견뎌야 한다. 이것이 한국 여성의 현실이라면 동등한 시민권을 말하기는 어려울 것이다. 그래서 남성과 동등한 시민권을 요구했던 울스턴크래프트의 인식과 주장은 한국 사회에 여전히 유효하고 실천은 현재성을 갖는다. 그렇게 그녀는 우리 옆에 남아있다.

참고 문헌

거다 러너, 『역사 속의 페미니스트: 중세에서 1870까지』, 김인성 옮김, 평민사, 1998.
루이스 틸리·조앤 스콧, 『여성·노동·가족』, 김영 외 옮김, 후마니타스, 2008.
메리 울스턴크래프트, 『여권의 옹호』, 손영미 옮김, 한길사, 2008.

Mitzi Myers, *Studies in Eighteenth-Century Culture*, Johns Hopkins University Press, 1982.

미셸 바렛
Michele Barrett

차이의 즐거운 문화정치(를 향해)

하수정
경북대학교에서 영문학 비평을 전공했으며, 대구경북 지역 대학에서 영어와 인문학을 강의한다. 페미니즘, 문화, 탈식민주의 이론을 경유하여 문학/문화 텍스트를 연구한다.

이 글의 원문은 『여/성이론』 20호(2009)에 실려있다.

미셸 바렛: 차이의 즐거운 문화정치(를 향해)

미셸 바렛Michèle Barrett은 현재 런던대학교 퀸 메리 칼리지에서 명예교수로 재직하면서 현대문학과 문화이론을 가르치고 있다. 자신의 개인 홈페이지 첫 줄에서는 스스로를 '저명한 사회 이론가이자 버지니아 울프 학자로서, 최근에는 1차 세계 대전 사상자들에 대해 이루어진 불평등한 추모 방식에 대해 연구해 오고 있다'고 소개한다. 바렛은 더럼Durham대학에서 사회학도로서의 훈련을 거친 다음, 서섹스대학에서 예술사회학과 문학 분야 석사학위, 1976년 같은 대학에서 1차 세계대전에 대한 예술 및 문학적 반응을 다룬 논문으로 박사학위를 받았다. 필자가 처음 접한 버지니아 울프의 에세이집이 『여성과 글쓰기*Women and Writing*』였는데, 책을 죽 펼쳐보면서 편집인이자 서문을 쓴 사람이 바렛임을 발견했을 때 다소 놀랍고도 반가웠던 기억이 난다. 1990년대 페미니즘 이론을 공부하던 필자에게 『오늘날의 여성 억압: 마르크스주의 페미니즘 분석에서의 문제점들*Women's Oppression Today: Problems in Marxist-Feminist Analysis*』(1980)[1]이나 『반사회적 가족*Anti-Social Family*』(1982)[2]의 저자를 버지니아 울프와 연결시키긴 어려웠던 터였다. 심지어 그 두 저서들보다 앞선 1979년에 출간되었음에도 불구하고 몇 년이 지나서야 그 책을 접한 셈이었으며, 바렛이 박사학위 논문에서 분석한

---

1) 이후 『억압』으로 표기한다.

2) 메리 맥킨토시와 공동으로 집필한 이 책은 1994년과 2019년에 각각 『가족은 반사회적인가』와 『반사회적 가족(*Anti-Social Family*)』이라는 제목으로 번역되었다. 전자는 김혜경 역, 후자는 김혜경과 배은경이 함께 번역했다.

작가가 버지니아 울프였다는 사실도 뒤늦게 알게 되었다. 그도 그럴 것이 당시 국내에 번역되거나 편역된 저서들은 바렛을 '여성해방 이론가', '좌파 페미니스트,' '사회학자'로 주로 소개하고 있었기 때문이다.[3)]

사회학자이자 페미니스트로서 바렛은 『억압』을 출간한 이후 1980년대 후반까지 마르크스주의와 페미니즘의 결합 가능성을 부단히 모색하였다. 그녀는 알튀세르를 원칙적으로 수용하면서도 그가 세밀히 설명하지 않았지만 페미니즘에서는 중요한 의제가 되는 부분을 이론화했다. 하지만 1988년 개정판 『오늘날의 여성 억압: 페미니즘과 마르크스주의의 조우』 서문에서 1980년판 저서가 '여성들 사이의 차이'를 확실하게 간과했다고 자기비판을 하면서, 그러한 차이에 대한 개념화를 가능하게 한 포스트구조주의가 페미니즘의 이론적 발전에 가져다줄 긍정적인 가능성에 주목하기 시작한다. 그러다가 1990년대 말에 이르러 문학과 예술, 미학, 문화 등의 이슈로 다시금 되돌아가면서 창작과 이론, 허구와 사실 등의 경계를 무너뜨리는 이론의 미학화 내지 창조적 이론화를 고민했다. 2000년 이후에 발간된 주요 저서나 논문의 제목만 보더라도 그녀가 문화 연구에 한층 몰입하는 것을 알 수 있다. 일례로 아들인 던컨 바렛과 공동으로 집필한 『스타 트렉: 인간의 경계*Star Trek: The Human Frontier*』가 2000년에 발간되었는데, 아마존은 이 책에 대해 "모자母子인 두 저자가 스타 트렉의 탐색이 새로운 땅이 아니라 인간이라는 것이 무엇을 의미하는가라는 질문에 대한 새로운 답을 추구하는 보기 드문 문화학 저서"라고 해설한다.

또한 바렛은 버지니아 울프 연구자로서 역사와 문화, 그리고 정치

---

3) 1994년에 발간된 『가족은 반사회적인가』에서는 '대표적인 여성해방 이론가'로, 1995년에 발간된 『페미니즘과 계급정치학』에서는 런던시립 대학교 사회학 교수로, 2005년에 이향미와 필자가 『다시보는 여성학: 페미니즘과 마르크스주의의 만남』이라는 제목으로 번역 출간한 1988년 판 『억압』에서는 사회학자이자 영국의 좌파 페미니스트 이론가로 소개되어 있다.

에 대한 해박한 식견과 관심을 보여주는 울프의 저작들을 발굴하고 소개해왔다. 최근 몇 년 동안은 <울프 기록물 프로젝트Woolf Notes Project>를 통해 관련 연구자들과 협업하면서 출판되지 않은 울프의 기록들을 디지털화하는 작업을 지속적으로 수행해 왔는데, 그 프로젝트에는 사회 및 정치 연구자로서 울프를 재조명하려는 시도도 포함되어 있다. 그 작업은 "『아프리카에서의 제국과 상업』을 위한 버지니아 울프의 연구Virginia Woolf's Research for *Empire and Commerce in Africa*"(Leonard Woolf, 1920)라는 2013년 논문에 대한 심화 작업이다.4) 논문의 제목에서 곧장 드러나듯 그 연구는 버지니아의 남편 레너드의 저서가 출간되기까지 울프의 조사가 기여했던 부분을 밝히려는 의미 있는 시도로 보인다.

최근까지도 바렛은 초기의 학문적 관심사와 주제를 유지하면서도 지속적으로 그 영역을 확장해 오고 있다. 울프에 대한 연구와 더불어 1차세계대전 관련 연구에서는 전쟁에 참여한 병사들이 겪는 심리적 트라우마와 유럽 바깥의 전사자들에게 대한 차별적 추모 방식을 분석하고 밝혀내는 과제에 매진하고 있다. 2007년에 출간된 『희생자 수: 5명의 남자는 어떻게 1차세계대전에서 살아남았는가*Casualty Figures: How Five Men Survived the First World War*』에서는 서부전선과 갈리폴리 전투에서 생존자들로 돌아온 참전 군인들의 행적을 통해 전쟁과 인간의 관계를 새롭게 조명했으며, 2020년~2021년 사이 진행된 <전쟁 묘지 프로젝트War Grave Project>에 <영연방 전쟁 묘지 위원회 특별 위원회Special Committee of the Commonwealth War Graves Commission>의 위원으로 활약하면서 특히 인도와 아프리카 사상자들에게 행해진 차별을 밝혀내고 분석한다.5)

4) 런던 대학교 퀸 메리 칼리지의 교수 소개 참고. https://www.qmul.ac.uk/sed/staff/m-barrett.html (검색일: 2025.2.25)

앞서 언급한 연구 이력이 보여주듯 학문에 대한 호기심과 열정이 현재까지도 이어지는 점이 1949년생 미셸 바렛이 지닌 또 하나의 매력이다. 이 글에서는 활발한 이론 활동을 전개했던 시기를 중심으로 그녀의 지적 여정을 살짝 뒤쫓아가 보려고 한다.

이데올로기: 균형 잡힌 페미니즘 이론을 위한 실천적 도구

바렛은 1970년대 후반까지 성 아니면 계급, 어느 한쪽에만 치중해 온 페미니즘의 이론적 경향을 비판하면서 이데올로기 개념에 천착한다. 미국발 급진주의 페미니즘이 '성'에 부여한 과도한 강조점과 페미니즘의 원리를 자본주의와의 연관 속에서만 찾으려는 좌파 이론을 한데 아우를 수 있는 있는 가능성을 알튀세르의 '이데올로기' 이론 속에서 보았던 것이다. 바렛은 이데올로기의 물질성이라는 명제를 '가족'이라는 이데올로기적 기구에 대한 세밀한 분석을 통해 이론화한다. 국내의 여성학계에도 상당히 알려져 있는 '가족-가구 체계'[6]이론은 그 이름이 뜻하는 바대로 가족이 젠더 이데올로기의 출발점이자 실천 장소이며 물질적, 경제적 단위로서 자본주의에 기능하고 있음을 드러내는 이론이다. 가족–가구 내에서 남성에 대한 여성의 의존은 이데올로기적으로 재생산될 뿐 아니라 물질적 관계 속에서 재생산되며, 그들 사이에는 서로를 강화시키는 관계가 성립된다.

그렇다면 도대체 누구에게 이익이 되기에 가족-가구가 이토록 오랜 세월 동안 안정적으로 유지되어 왔는가라는 의문이 의당 뒤따르게 된다. 부르주아 계급 여성이 150년간 투쟁해 온 것을 기억해 보더라도

5) 미셸 바렛의 홈페이지 참고. https://www.michelebarrett.com/war-graves/ (검색일: 2025.2.25)
6) 바렛은 이 용어가 매리 맥킨토시의 것임을 분명히 한다.

명백히 여성에게는 이득이 되지 않는다. 그렇다고 남성이 가장 큰 수혜자인 것도 아니다. 물론 생계 부양자로서 남성에게 주어진 특권을 누린다는 차원에서 남성이 일정하게 이득을 보는 때도 있으나 생계 부양자의 지위가 남성 자신에게 가하는 억압, 자녀와의 접촉 기회의 감소 등으로 인해 그다지 큰 이득을 얻지 못하는 것도 사실이다. 노동계급의 경우 국가가 해당 계급의 비노동 구성원들에게 적지 않은 형태의 지원을 제공하긴 하나 그와 같은 가족 임금 체계는 궁극적으로는 여성과 남성을 분리시키고 여성을 가사노동에 구속시킴으로써 저임금을 지속시킨다. 따라서 가족-가구는 노동계급 전체에 별다른 이득을 가져다주지 못하며, 노동하는 여성의 경우에는 '이중 부담'의 온상지가 된다.

그렇다고 가족-가구가 자본에 가장 이득이 되는 것도 아니다. 가령 다른 식구들을 고향에 두고 온 이주노동자들의 생활 체계를 전반적으로 고려해 볼 때 가족-가구가 결코 값싼 체계는 아닌 것이다. 자본에 이익이 되는 단 하나의 영역은 소비의 영역일 수 있다. 청교도 이데올로기에 기반한 부르주아 계급은 19세기와 20세기를 거치면서 재정적 원조는 남편이자 아버지에게, 성적 충실함과 순종은 아내이자 어머니에게, 복종은 아이들에게 할당하는 가족주의 이데올로기에 호소하면서 지속적으로 가족의 도덕적 적합성을 옹호(Barrett 1980, 223)[7]해 왔다. 오랫동안 그 양상이 이어져 온 것을 보면 하나의 계급으로서 가장 큰 이익을 보는 집단은 부르주아 계급인 것 같지만, 누가 이득을 얻는지에 대해 분명한 대답이 없다는 것이 바렛의 결론이다. 바로 그러한 이유로 그녀는 가족-가구 체계 분석을 통해 다시금 이데올로기로 돌아간다. 마치 태어나면서부터 이데올로기적 주체로 호명되는 것처럼 젠더 주체성과

7) 이후 맥락상 출처를 파악하기가 어려운 경우에 한해 (저자 이름, 출판년도, 쪽수)로 표기할 것이다.

가족 이데올로기는 '허위의식'보다 훨씬 더 심오한 단계로 우리의 주체성과 욕망 속에 숨겨져 있다(Barrett 1980, 226). 여전히 각종 보육시설 운영 방식은 가족을 모델로 사용하고, 가족 내에서의 젠더 분업은 교육 현장과 노동 현장에 고스란히 적용된다.

이러한 가족이 지닌 이데올로기적 성격에 대해 더 구체적으로 논의를 하고 있는 저서가 『반사회적 가족*Anti-Social Family*』8)이다. 이 책은 가족에 관한 다양한 역사적 연구 결과물들을 분석해 오면서 현대사회와 가족의 관계에 대한 결론에 도달한다. 현대사회에서 가족화 경향은 심각해졌으며, 가족주의는 모든 문화 장르에 침투해 있다. 따라서 필요한 것은 "단지 제도-로서의-가족family-as-institution, 혹은 사회화-로서의-가족family-as-socialization에 대한 분석이 아니라 가족주의적 관점과 가족주의 이데올로기가 갖고 있는 철저하게 헤게모니적인 지위에 대한 분석이다(213-4). 바렛과 매킨토시는 '가족'이 쇠퇴한다고 보는 사람들에 대해 가장 강력하게 반대하면서 오히려 가족은 도처에 난무하는 대중적인 이데올로기로서 더욱 견고하게 존재하고 있다고 주장한다. 그 모든 억압이나 허위의식에 관련된 이론에도 불구하고 노동자계급은 가족에 대해 지지해 왔으며, 여성해방론자들조차 반反가족주의를 열렬히 지지하지는 않았다는 것이다. 가족에서 얻는 필요와 만족감은 지극히 당연한 인간의 욕구이지만 그 욕구가 충족되는 방식이 반사회적이라는 점에 문제가 있다.

따라서 바렛과 매킨토시는 '반사회적 가족'을 비판하는 목적이 "이데올로기적 주입을 받은 개인들의 어리석음을 보이려는 것이 아니며, 정치적으로 올바른 삶을 살아가고 있는 사람들에게서 따뜻함이나 정서

---

8) 이 책에서의 인용은 2019년 번역본으로 대신 한다.

적 충족감을 제거하려는 것도 아님”(264)을 분명히 한다. 다만 그런 필요와 요구들이 좀 더 사회적인 맥락에서 충족될 수 있는 변화의 필요성을 보여주는 것이다. 가족은 분명 반사회적이지만 당장의 실질적 필요를 충족시키고 있는 것도 사실이기 때문에 즉각적인 폐지를 주장할 수는 없다. 개인의 선택권이 복잡한 방식으로 법이나 제도와 연결되어 있기 때문에 단기간에 가족을 변화시키기도 어렵다. 그렇다고 해서 패배주의에 빠질 수는 없기 때문에 가능한 방법은 일상 속에서 개인의 정치투쟁이다.

바렛과 매킨토시는 일상적인 투쟁을 실천할 세 가지 원칙을 내세운다. 우선, 현재의 핵가족 형태와는 다른 가족을 꿈꾸는 사람들이 있다면 그 꿈을 비웃지 말고 지원함으로써 다양성을 격려해야 한다는 것이다. 다음으로 결혼이 기혼자, 비혼자 모두에게 억압적 제도이며 현재의 가족 형태를 법률적으로 지지해 주는 중요한 제도임을 인지하고, 누군가를 장기적인 ‘주부’로 만드는 억압 관계에 참여하지 말아야 한다는 것이다. 마지막 원칙은 가정성domesticity를 경계해야 한다는 점이다. 그러기 위해서 그들은 각자의 집 안에서 자기만의 공간(방)을 가지고 공과 사의 더 나은 균형을 추구하며, 공적 생활을 재활성화해야 한다고 주장한다.9)

지나치게 평범해 보이는 이 세 가지 원칙은 이론이 개인의 다양한 삶을 가능한 풍부하게 담아낼 수 있어야 한다는 저자들의 지향을 잘 보여준다. 하지만 사생활은 우리 자신이 살아낸 경험—그것의 가장 깊은 곳에 자리한 동기와 보상, 좌절—의 서사인 동시에, 특정한 역사적 계기와 사회구조의 산물이기에 두 필자 또한 주관적 경험과 정치적 분

9) 앞의 책 278-291쪽 내용을 요약한 것으로, 예시들과 더불어 상세하게 세 가지 원칙을 제시하고 있다.

석 사이에서 괴리를 겪기도 했다(27-28)고 고백한다. 바렛은 이론과 현실 사이에 발생하는 불일치에 대해 지속적으로 의식함으로써 기존 이론을 수정하고, 어떤 의미에서는 뒤흔들어 버린다. 자신의 이론에 대해서도 예외가 아닌 이러한 뒤흔들기는 이론적 틀 내에서 최대한의 다양성을 담보하기 위한 노력이다.

이론 뒤흔들기: 삶의 다양성에 대한 인정

바렛이 자신의 이론에 대해서 제일 먼저 비판하는 부분은 민족성이나 인종과 관련된 부분이다. 그녀는 『반사회적 가족』뿐만 아니라 『억압』의 몇몇 이론적 공식화들이 민족 중심적이라고 간주하면서, 일례로 가족 이데올로기를 설명하기 위해 사용한 '남성 생계 부양자/의존적 아내' 모델이 사실상 지배적인 백인 민족 집단과 서인도 출신의 흑인 영국인들에게 동일하게 적용되지 않음을 인정한다(Barrett 1999, 137). 바렛이 『억압』을 쓴 1980년대에 평균적으로 서인도 출신 흑인 영국 여성들이 백인 여성들보다 더 많은 돈을 번다는 사실이 드러났다. 바렛은 아시아계 여성들 또한 백인 여성들보다 전일제 일을 할 가능성이 높다는 점에서 여성이 시간제 일을 하는 경향은 민족적으로 특수한 것이라는 결론을 내리게 된다. 무엇보다도 제목에 나타난 '여성'이라는 범주 자체가 지닌 일관성이 의심을 받게 된 상황이 되었고, 성차가 반드시 '억압'을 의미하는가, 즉 긍정적으로 평가하고 싶은 여성의 도덕성이나 적성은 없는가라는 문제까지 대두되면서 바렛은 자신의 문제틀을 전적으로 수정해 나가야 할 지점에 이르렀다고 판단한다. 게다가 마르크스주의 페미니즘이라는 말 또한 결합을 위한 노력에도 불구하고 결국 각자의 길을 걸어갔던 두 세계관을 한데 합치려는 시도를 상기시킨다는 점에서 사실상 그 책의 제목 중 '문제점'이라는 단어를 제외하고 별 탈 없이 사용될 수 있는 단어는 없다고 말한다. 이는 페미니즘 내에 부각되기 시작한 '차이'의 문제와 그를 둘러싼 논쟁에 적극적으로 개입하려는 바렛의 자기 이론 뒤흔들기이다.

『억압』의 1988년 서문에서 행해지는 이와 같은 자기 이론 비판은 「마르크스주의/페미니즘 조우를 다시 생각하기」라는 제목으로 『이론에서의 상상력*Imagination in Theory*』(1999)에 다시 실리게 된다. 이 글에서는 페미니즘 이론에 대두된 새로운 이슈들을 간략하게 소개하고 있다. 성과 젠더의 문제와 관련하여 생물학적인 것과 사회학적인 것의 분리가 과연 단순한 일인가에서부터 페미니즘 학계 내에 확산된 육체에 대한 관심, 성정체성의 고정성과 유동성에 관한 문제, 본질론에 관한 논쟁 등이 그것이다. 이뿐만 아니라 마르크스주의 내부에서도 다양한 수정과 비판의 논의들이 벌어지고 있는 시점에서 바렛은 페미니즘에서 여성의 차이를 배제할 수 없는 만큼 확고하게 유물론적인 입장에서 글을 쓸 수도 없을 것 같다고 고백한다. 인식론, 이데올로기 개념, 마르크스주의적 유물론의 효율성, 주체의 정의definition에 관한 가정들 모두가 아직 미해결 과제로 남아있기 때문이다.

이 과제를 해결해 보려는 시도가 1991년에 출간된 『진리의 정치학*Politics of Truth*』이다. 이 저서에서는 보편주의, 객관주의, 주체성 이론, 그리고 특히 이데올로기 이론에서 마르크스주의가 지닌 약점을 논의한 다음, 푸코의 입장에 동의하는 제스처를 취한다. 책의 제목 또한 푸코에게서 빌린 것으로서, 푸코는 마르크스의 이데올로기 이론이 '비진리의 경제학'인 데 반해 지식, 담론, 진리와 권력 사이의 관계에 대한 자신의 접근법은 '진리의 정치학'이라고 보았다(vii). 바렛은 마르크스의 과학주의를 유럽적 자신감의 순간을 특징짓는 과학에 대한 '승리자적' 접근법으로서 "순진한 과학주의"(158)라 규정하며, 고전적 마르크스주의뿐만 아니라 알튀세르가 이데올로기의 물질적 결정소로 계급을 설정한 데 대해 비판하면서, 문화적이고 주관적인 개인의 경험에 적용될 수 있는 유용한 이데올로기를 주장한다. 고전 마르크스주의는 내용에 있어서 남성중심적이고 맥락에 있어서 유럽 중심적인 입장을 취하고 있음을 드러냄으로써 이론적 보편성을 상실했다고 보았다.

그녀가 제시하는 이데올로기 개념은 다양한 방법으로 가리고, 합법화하고, 중립화하고 보편화하는 담론적인 의미화 기제로서 '신비화'를 지칭하는 일반적인 용어이다. 그것은 기능이나 기제를 가리키지만 어떤 특정 내용이나 특정 행위자 또는 이익에 구속되어 있지 않다. 이데올로기는 하나의 전제된 원인, 논리, 그릇된 재현과 연결되어 있는 것이 아니라 신비화 내지 그릇된 재현의 과정을 의미한다(167). 바렛이 포스트모더니즘을 "지적인 입장인 동시에 문화적 분위기이며 학문적 유행인 동시에 정치적 리얼리티"로 진단하면서 이후 포스트모더니즘을 이론의 새로운 출발점으로 삼게 된 것은 이데올로기에 대한 지속적인 고민과 회의의 결과라 여겨진다. 스스로 고백하듯이 "나는 하루아침에 눈떠서 마르크스주의를 버리고자 결심하지 않았다. 여러 해를 이데올로기 이론에 대해 작업하느라 바쳤고 부정적인 결론에 도달했다"(Barrett 1999, 9). 허위의식, 상부구조, 계급의 관점에서의 설명, 이런 오래된 의미들이 고착되어 있어서 이데올로기 개념을 다시금 정의하느니 차라리 새로운 용어를 만드는 것이 더 쉽겠다(Barrett 1991, 168)고 판단한 것이다. 이러한 사유의 배경에는 모든 지식, 담론, 진실의 정치적 본성에 관한 푸코의 이론이 깔려 있다.

바렛이 푸코에 상당히 경도되기 시작했다는 점은 편저『이론 뒤흔들기: 현재의 페미니즘 논쟁들*Destabilizing Theory: Contemporary Feminist Debates*』(1992)의 마지막 장에 푸코를 페미니즘의 언어로 다시 쓴 자신의 글「말과 사물: 현대 페미니즘 분석에서의 유물론과 방법Words and Things: Materialism and Method in Contemporary Feminist Analysis」을 배치한 데서도 엿볼 수 있다. 이 책은 자기비판의 두 번째 실질적 결과물로서, 여기에 실린 페미니즘 관련 논쟁들은 모두 거대 담론과 이분법을 비판하고 차이를 강조한다는 측면에서 포스트주의 이론들과 궤를 같이한다. 바렛에 의하면 다양성과 차이를 가로지르는 어떤 공통성을 벼려내는 일은 이제 추구해야 할 하나의 목표(9)로서, 차이를 이론화하는 일은 누가, 언제, 어떻게 말하고 있는가를 끊임없이 의식하는 일을 수반하며, 무엇이 말해질 수 있는가를 고민하고 이미 '말해진 것'이 함의하고 있는 권력을 드러내는 일과 관련된다. 페미니즘의 패러다임이 변화하면서 물질적 현실보다 그것이 어떻게 재현되고 상징화되는가의 문제에 더 관심을 두게 된 것이다. 이처럼 말이 사물을 압도하기에 이른 현실 페미니즘이 푸코의 이론을 적극적으로 수용하게 된 계기가 된 것이다.

하지만 바렛에게 그러한 입장이 반드시 모든 유물론의 거부를 의미하지는 않는다. 전 지구적 자본주의하에서의 '프롤레타리아트화'라든지 '착취'의 문제는 오늘날의 페미니즘에도 여전히 유효한 이슈가 되고 있기 때문이다(216). 바렛이 이처럼 이론의 기반을 뒤흔드는 이유는 페미니즘적 정치 실천을 합법화하거나 정당화시킬 수 있는 더 나은 이론을 요구해서가 아니다. 자신의 말대로 정치적 목표들은 가치와 원칙을 기초로 하며, 증거보다는 열망에서 비롯된다고 함으로써, 바렛은 페미니즘이 과학적이고 차가운 이론이 되기보다 개개인의 현실 삶을 담아내는 살아 숨 쉬는 이론이기를 희망한다. 그 연장선에서 그녀는 이론이 지닌 창조성과 상상력을 추구한다.

이론과 상상력: 즐거운 페미니즘 문화 만들기

페미니즘의 이슈가 사물에서 담론과 문화로 전환되었다고 보았던 바렛은 1990년대 말부터 문화정치학에 본격적인 관심을 표출한다. 그 결과물이 『이론에서의 상상력』이다. 페미니즘 미학과 예술은 무엇이며, 어떠해야 하는가. 바렛이 보기에 여성의 공통된 경험은 하나의 문화적 생산품이 페미니즘적이기 위한 충분조건은 아니나 적어도 필요조건이기는 하다. 그런 점에서 여성의 예술이 페미니즘에 간접적으로만 유용하거나 영감을 줄 수도 있겠지만, 공통된 억압의 경험으로부터 유리된 페미니즘 예술을 상상하는 일은 가능하지 않다(102)고 말한다. 그런데 그 최소한의 기준을 놓고 본다면 무엇이 페미니즘적 실천이고 무엇이 예술품인지를 구분하기가 매우 어렵다. 그녀는 "만약 내가 성차별주의적 광고에 스프레이를 뿌린다면 그것은 명백한 문화정치학이 될 테지만, 만약 그 일을 내가 너무도 창의적으로 한 나머지 한 사진작가가 그것을 찍어 미술관에 전시한다면, 나의 불법적 그라피티는 페미니즘 예술이 되는가?"(94)라고 질문하면서, 문화와 예술을 구분하기란 꽤나 어려운 일이라고 말한다.

그녀는 예술에 관한 페미니즘적 사유의 영역에서 해결되지 않은 문제가 미적 가치의 문제라고 본다. 페미니즘 비평이 심혈을 기울여 온 부분은 역시 예술 작품의 미적 가치에 대한 판단이 지닌 객관성에 대해 의문을 제기하는 일이었다. 가치판단은 권력의 소유 여부와 거의 직결되는 부분이기 때문에 보편성이 엄밀한 공정성 내지 객관성을 획득하기 어렵다고 보았기 때문이다. 바렛에 의하면, 그러한 시각이 도달한 첫 번째 결론은 "모든 작품이 마찬가지"라는 식의 가치판단 자체에 대한 거부이다. 다음으로는 소수 문화가 지닌 높은 우위성과 가치를 강조하는 일이었다. 세 번째 해결책은 미적 가치를 정치적 진보성과 동일선상에 두는 것이었다. 바렛이 보기에 이 세 가지 해결책 모두 미적 가치를 구성하는 것을 어떻게 구체화하는가의 문제를 비켜나 있다는 점에서 만족스럽지 못하다(104-105).

바렛은 이 문제를 해결하기 위해 상상력과 기술이라는 용어에 새삼 주목한다. 상상력과 기술은 예술을 구성하는 중요한 두 가지 부분이다. 예술이 상상적 구성물인 한 사회적 리얼리티의 믿을 만한 지표가 아니라는 점에서 그것은 리얼리티와 매우 불투명한 연관성을 가질 뿐이다. 물론 생산된 작품은 그 자체의 이데올로기를 지니고 있지만 그렇다고 작품 속에서 사회를 풀이해 내는 것이 유일한 작품 해석 방식이라고 믿어서는 안 된다. 또한 아무리 뛰어난 상상력을 가지고 있다 하더라도 실제적인 기술이 없다면 그것이 예술 작품으로 형상화될 수 없다. 여기서 바렛의 미학은 유물론과 만난다. 그녀가 '기술'이라는 단어로 비판하는 부분은 형상화를 위한 실제적 노동은 무시하고 오로지 내용에만 치중한 작품 분석이다. 페미니즘 작품은 결코 내재적으로 페미니즘적이거나 작가가 의도한 바에 의해 결정되는 의미를 반드시 지니고 있어서 독서를 통해 의식이 고양되는 그 어떤 대상이 아니다. 작품이 지니는 의미는 그것을 소비하는 과정에서 구성된다는 점에서 작품의 생산과 소비를 떼어서 생각할 수 없다.

이에 바렛은 페미니즘적 시선이 상상적으로 생산될 뿐만 아니라 창조적으로 소비되는 '문화적 공간*cultural milieu*'을 창조해야 한다고 제안한다. 무엇보다 기존의 관습과 재현에 도전하여 대안적인 세계 인식을 제시하는 실천적 행위란 즐거워야 한다. 그러기 위해서는 페미니즘 정치학이 새로운 개입 형태를 마련해야 한다. 가령 서사적 영화는 남성 중심적 시선을 지니고 있음에도 불구하고 급진적 영화가 주지 못하는 즐거움을 준다. "질질 짜게 만드는*weepies*" 영화가 왜 지속적인 호소력을 가지는지에 대해 열린 마음으로 공감하면서 검토할 필요가 있다(110)고 하면서 바렛은 예술과 대중문화가 페미니즘의 이름으로 만날 수 있는 방법을 모색하고자 한다.

바렛은 즐거움의 정치학을 강조함으로써 문화와 예술 작품에서 이데올로기적 '내용'만을 추구하는 페미니즘에 반대하며, 더 나아가 페미니즘 이론이 상상적이고 창의적이기를 바란다. 이론적 저작도 텍스트인 한, 문학적 구성물이라는 혐의로부터 벗어날 수 없으며, 그러지 말아야 할 이유도 없다. 프로이트로부터 시작해서 데리다, 푸코, 라캉 등의 문체는 공통적으로 상상적이고 수행적performative인 특성을 지니는데, 이는 텍스트가 지닌 '진리'를 보존하면서도 지식과 픽션의 경계를 무너뜨리는 방식이다. 바렛은 『이론에서의 상상력』 마지막 장에서 버지니아 울프와 푸코를 만나게 함으로써 스스로 이를 실천한다. 푸코의 저작은 통찰력 있고, 관습을 거스르며, 사고를 촉발시키지만, 체계적인 사회이론도, 믿을만한 역사도, 그렇다고 행위에 대한 지침서는 더더욱 아니다(202). 그와 마찬가지로 버지니아 울프의 글쓰기도 어느 하나로 규정하기가 어렵다. 그녀가 남긴 여러 형식의 저작들은 실로 동일한 사람의 글이라고는 믿어지지 않을 정도로 그 문체나 주제가 다양하다. 어떤 때는 모더니즘의 전형으로 여겨지는가 하면 다중적 의식이나 파편화된 자아를 다룬 글을 보면 포스트모던 하다고 여겨지고 프리 모던 한 고전의 전통에 서있기도 하다. 또 어떤 땐 철저한 유물론자이자 페미니스트 실천가의 팸플릿을 쓰기도 한다.

바렛과 푸코는 둘 다 광기 속에 숨겨진 진실을 분석하는 심리학에 관심을 가지고 있고, 미니멀하면서도 복수적인 자아가 공존하는 예술가이며, 약간의 이성 혐오를 지니고 있는 개인이다. 이성과 광기 사이의 관계를 탐구했던 푸코처럼 울프 또한 직관과 상상, 그리고 이성 사이의 긴장을 넘어서는. 즉 이분법을 가로지르며 교란시키는 글쓰기를 실천한 작가(204)이다. 바렛은 울프와 푸코의 글쓰기가 지닌 이 경계를 넘나드는 상상력이야말로 이론이 진실에 다가갈 수 있는 더 적절한 경로일지 모른다고 생각하는 것 같다. 그녀는 이제 지난 세기 (남성)거장들의 이론이 보이는 빈틈을 공략하고 뒤집는 데서 나아가 자신만의 담론을 생산을 할 단계에 이른 페미니즘에 보다 창의적이고 도전적인 문화정치학이 필요하다는 점을 인식하게 된다.

문화정치학에 관한 저서 중 『스타 트렉: 인간의 경계』는 가장 획기적이면서도 유쾌한 시도로 보인다. 블록버스터 SF 영화를 분석한 그 책이 진짜 바렛의 저작이라고? 게다가 아들과 공동 집필한 책이라고? 라는 질문이 저절로 생겨나는 그 저작은 <스타 트렉> 전편을 보지 못한 탓에 아쉽게도 오랫동안 완독하지 못하고 있다. 앤 칼로스키-나일러Ann Kaloski-Naylor에 따르면, 그 책은 영화 텍스트의 세 가지 주제, 즉 항해로서의 <스타 트렉>, 인간성에 대한 반문으로서의 <스타 트렉>, 정체성의 포스트모던적 흔들기로서의 <스타 트렉>에 대해 설득력과 흡입력을 동시에 갖춘 분석이며, 바렛 모자는 "역사적/문화적 순간을 풍부하게 암시하는 방식으로 스타 트렉이라는 멀티버스 안으로 진입한다. <스타 트렉>은 커다랗고 무거운 질문들에 대해 문화이론이 가끔 무시하거나 오도하거나 혹은 너무나 '실재적'이라고 생각하는 방식들로 심사숙고해 볼 공간을 인간에게 제공한다(201-2).

다시, 하지만 달라진 출발점으로: 개인으로서의 참전병과 작가

버지니아 울프와 전쟁에서 출발하여 페미니즘과 마르크스주의, 알튀세르와 푸코, 포스트구조주의와 문화정치학이라는 기나긴 학문적 여정을 거친 후에 바렛은 다시 울프와 전쟁으로 되돌아온다. 그러나 정치적으로 올바른 선택에 대한 부담감으로 긴장된 이론이 아니라 개인의 평범한 삶이 지니고 있을지도 모르는 일종의 존엄성 같은 것을 찾아나간다. 일관된 어조로 모든 사태를 조망할 수 있는 시대는 사실상 지나버리지 않았을까. 1차세계대전을 겪은 작가들은 삶이 불안하고 갈가리 찢어진 시대에는 더 이상 사회에 대해 통합적인 시선을 가질 수 없으므로 그러한 삶을 세밀하게 기록하는 것만으로도 족하다고 했다. 그 기록들이 훌륭한 책이 되지는 못하겠지만 '공책' 정도는 되어서, 그를 통해 또 다른 역사를 만들어 갈 수 있을 것이기 때문이다. 전 세계 곳곳에서 종교와 자본을 둘러싼 전쟁이 벌어져 난민들이 넘쳐나고 돈벌이 수단을 찾아 세계 각지로 떠나는 이주자들의 행렬이 줄을 선 21세기에 직면하여 바렛이 되돌아온 지점은 따라서 그녀가 의도했든 의도하지 않았든 유효하고 적절해 보인다.

『희생자 수: 5명의 남자는 어떻게 1차세계대전에서 살아 남았는가』에서 바렛은 당시 서부전선과 갈리폴리 전투에서 생존자들로 돌아온 참전 군인들이 겪었던 전쟁과 그 이후의 삶을 재구성하는 특별한 시도를 한다. 바렛은 서문에서 전사자들의 죽음이 생존자들의 삶에 끼친 영향력에 관해 이야기해 보고 싶었다고 말하면서 지금까지의 전쟁담론들이 사상자들을 중심으로 이루어져 왔다는 사실에 의문을 제기한다. 5명의 전쟁 전후 행적을 추적한 끝에 드러나는 진실은 전쟁에 참여했던 이들이 그저 최종 통계로 집계되는 사망자, 부상자, 또는 생존자가 아니라 개별 인간이었다는 점이다(하수정 184-5). 그 생존자들은 복귀 이후 저마다의 트라우마, 즉 일명 '전투 신경증shell shock'에 시달리며 삶을 고통스럽게 영위했고, 그의 가족들 또한 함께 그 고통을 감내해야 했다. 참전 이전과 이후 병사들의 삶의 궤적을 따라가면서 이루어진 바렛의 촘촘한 분석은 '숭고한 애국심'의 결과가 어떻게 개인과 가족의 철저한 붕괴로 이어지는지를 상세하게 드러낸다.

이와 더불어 최근까지 바렛이 참여하고 있는 울프 프로젝트는 남성 작가의 저작들 뒤에 숨어 보이지 않는 여성들의 생생한 목소리를 체계적으로 복원하려는 시도의 일환이다. 존 스튜어트 밀은 『자유론』 서문에서 그 글의 아이디어가 전적으로 자신의 것인지 아니면 아내이자 철학자였던 해리엇 테일러 밀Harriet Taylor Mill과의 지적인 대화에서 비롯된 것인지 알 수 없다고 밝혔지만, 그에 대해 입증할 만한 자료는 극히 제한적으로 남아있다. 하지만 레너드 울프의 경우는 이와 조금 다르다. 자신보다 더 많은 저작을 남겼고 출판되지 않은 자료가 아직도 남아있는 유명 작가가 그의 아내이기 때문이다. 왜 지적 작업에 몰두했던 당시 여성 작가에게는 역사책이나 지성사가 아니라 에세이나 소설만 허용되었는가라는 질문은 또한 울프 자신이 『자기만의 방』에서 던졌던 질문이기도 하다. 울프의 생애와 저작들 전체를 살펴봄으로써 당시 당대를 풍미했던 한 여성 작가에게 강요되었던 일상적 삶의 형태가 어떤 모습을 띠었는지에 대해 분석하는 일은 기존의 문학사 일부를 뒤흔드는 도전적 과제이다. 개인적인 모든 것이 정치적이진 않지만 개인적인 어떤 것은 정치적일 수 있다. 생존 병사의 삶과 버지니아 울프의 삶이 절묘하게 이 지점에서 만날 수 있을 것이다.

바렛은 『억압』 개정판 출간 이후 자신이 마르크스주의자가 아니라 포스트 마르크스주의자라고 했고, 푸코의 이데올로기 비판에 공감하는 바가 크지만 푸코주의자가 되지는 않았다고 했다(Barrett 1999, 10). 그녀가 어떤 주의자인 것과 무관하게 바렛은 이론이 지닌(혹은 지녔다고 여겨지는) 과학성에 대한 신뢰를 일정 정도 거둔 것 같아 보인다. 다른 식으로 말하자면, 그녀에게 이론은 직면한 사회, 정치적 맥락에 던지는 일종의 도전장이자 실천이므로 필연적으로 입장의 변화를 수반한다. 이에 대해 바렛은 푸코의 입을 빌어 슬쩍 스스로를 변호한다. 어느 인터뷰에서 왜 자꾸 주장과 생각이 바뀌느냐는 질문에 푸코가 "글쎄요, 그 많은 세월 동안 당신은 내가 변하지 않은 채 똑같은 것을 말하는 식으로 작업해 왔다고 생각합니까?"라고 응답한 부분을 인용하면서, 바렛은 그의 태도가, 지적 작업이 언제나 같은 것을 말하고 입장으로부터 벗어나지 않는 것이라고 주장하는 사람들과 근본적으로 대척점을 이룬다(Barrett 1999, 202)고 평가하는데, 그 말은 자신에게도 해당된다.

기존의 계급 이론으로 도저히 다 담을 수 없을 만큼 세분화되는 차별적 양상, 젠더 이데올로기라는 틀을 일찌감치 벗어난 다양한 성정체성과 인간의 경험, 전 지구적 자본주의의 흐름을 따라 이동하는 무한한 욕망 앞에서 단호하게 스스로를 주장할 수 있는 이론이 존재할 수 있을까. 설령 정확한 분석이 가능하다 하더라도 그것이 반드시 미래의 변화를 위한 긍정적 토대가 되는가 하는 점도 의문이다. 21세기를 살아가는 다수의 인간이 현실 속에서 직접 목격하고 있듯 진보적 사고의 축적이 곧 진보적 역사를 의미하진 않기 때문이다. 변화하는 세상을 보고 느끼고 인식하며 때로 좌절하면서도 계속 도전장을 내밀면서 앞으로 나아가는 바렛의 실천적 이론 혹은 이론적 실천은 그래서 더욱 경이롭고 아름답다.

참고 문헌

미셸 바렛, 『다시 보는 여성학: 마르크스주의와 페미니즘의 만남』, 하수정·이향미 옮김, 간디서원, 2005.

미셸 바렛 외, 『페미니즘과 계급정치학』, 신현옥·장미경·정은주 편역, 여성사, 1995.

미셸 바렛·매리 매킨토시, 『가족은 반사회적인가』, 김혜경 옮김, 여성사, 1994.

______________, 『반사회적 가족』, 김혜경·배은경 옮김, 나름북스, 2019.

하수정, 「전쟁의 우울: 『댈러웨이 부인(*Mrs. Dalloway*)』과 '젠더화된' 신경 증」, 『영미어문학』 131호, 2018.

Barrett, Michèle, *Women's Oppression Today: Problems in Marxist Feminist Analysis,* London: Verso, 1980).

______________, *Women's Oppression Today: The Marxist/Feminist Encounter,* London: Verso, 1988.

______________, *The Politics of Truth: From Marx to Foucault,* Stanford UP, 1991.

______________, *Imagination in Theory: Culture, Writing, Words, and Things,* New York UP, 1999.

______________, *Casualty Figures: How Five Men Survived the First World War,* Verso, 2007.

______________, "Virginia Woolf's Research for Empire and Commerce in Africa(Lenard Woolf, 1920)." *Woolf Studies Annual,* 19(2013)

Barrett, Michèle & Anne Phillips, eds. *Destabilizing Theory: Contemporary Feminist Debates,* Stanford UP, 1992.

Kaloski-Naylor, Ann. "Star Trek: The Human Frontier by Michèle Barrett and Duncan Barrett", *Sociology,* Vol. 36, No. 1(February 2002)

바바라 크리드
Barbara Creed

경계를 탐구하는 바바라 크리드

손희정
경희대학교 비교문화연구소 학술연구교수. 미디어 연구 그룹 프로젝트38 연구원. 『페미니즘 리부트』, 『다시, 쓰는, 세계』 등을 썼고 『여성 괴물』, 『다크룸』 등을 번역했다.

이 글의 원문은 『여/성이론』 25호(2011)에 실려있다.

경계를 탐구하는 바바라 크리드

바바라 크리드는 호주의 영화 연구자다. 1990년대 초 출간된 대표작 『여성괴물』로 그는 세계 씨네페미니스트들 중 가장 중요한 논자 중 한 명으로 부상했다.[1] 그의 여성괴물론은 한국에서도 주목을 끌어 왔는데, 특히 한국의 공포영화는 대부분의 괴물이 '여성'으로 식별될 뿐만 아니라 가부장제하에서 여성성과 모성됨이 상상되는 방식, 그 '여성성의 신화'(베티 프리단)를 중심으로 괴물성이 조각되어 왔기 때문일 것이다.[2]

특히 2015년 페미니즘 리부트 이후에는 대중적으로도 여성괴물성에 대한 관심이 높아졌다. 된장녀, 김치녀 등 '문제적인 여성', '기이한 여성', '괴물스러운 여성'이라는 만들어진 (혹은 '주작'된) 이미지에 대항하는 저항의 개념으로 줄리아 크리스테바의 비체 개념[3]이나, 그에 기대고 있는 크리드의 여성괴물성이 소환되었고, 전복적 실천으로서 여성괴물의 이미지를 선보이는 다양한 작업들이 등장했다. 가부장제의 언어로 충분히 포착되지 않는 여성들의 역능과 쾌락에서 그 저항적인

---

1) 쇼히니 초두리는 "1960년대 이후 서구 사회에서 페미니즘 영화이론이 페미니즘 운동 속에서 어떻게 배태되고 어떠한 지적 계보로 이어져 왔는지 설명"하는 『페미니즘 영화이론』에서 네 명의 대표적 이론가를 꼽아 소개한다. 로라 멀비, 카자 실버만, 테레사 드 로레티스, 그리고 바바라 크리드가 그들이다(쇼히니 초두리, 『페미니즘 영화이론』, 노지승 옮김, 앨피, 2012.).

2) 이와 관련해서는 김소영, 『근대성의 유령들–판타스틱 한국영화』, 씨앗을뿌리는사람, 2000; 백문임, 『월하의 여곡성–여귀로 읽는 한국 공포영화사』, 책세상, 2008; 손희정, 「한국의 근대성과 모성재현의 문제–포스트 뉴 웨이브의 공포영화를 중심으로」, 중앙대학교 석사학위 청구 논문, 2004 등 참고.

3) 페미니즘 리부트를 둘러싼 역동을 크리스테바의 비체 개념을 재전유함으로써 설명한 대표적인 작업으로는 이현재, 『여성혐오, 그 후: 우리가 만난 비체들』, 들녘, 2016 참고.

힘을 보려했던 이들에게 이론적, 인식론적으로 영감을 주었던 것이다. 이에 더해 세계적으로도 '여성괴물성'을 전유하는 놀랍고 이상한(!) 공포영화들이 등장하기 시작했다.[4] 이 작품들을 이해하려는 노력들 속에서 크리드의 여성괴물은 새로운 생명을 얻은 셈이다.

하지만 왜 그토록 고색창연하게 들리는 비체이고 또 괴물성이었을까? 이제 크리드의 작업들을 살펴보면서 그의 작업이 우리 시대에 고전이 된 이유를 살펴보자.

여성괴물의 발견

크리드의 대표작이자 당대 대중문화의 괴물성 탐구에 있어서 거대한 족적을 남긴 『여성괴물』의 의의를 평가하기 위해서는 1993년 이 작업이 등장하기 전까지 공포영화를 둘러싼 담론의 지형을 이해할 필요가 있다.

크리드가 이 작업을 통해 할리우드 공포영화 속 여성괴물을 발굴해내기 전까지 여성괴물은 영화학에서 거의 주목받지 못했고, 공포영화 속에서 성적인 함의와 젠더 역학을 밝혀내고자 했던 연구들은 대체로 '남성괴물 vs 여성희생자'라는 진부한 도식에 매달려 있었다. 제라르 렌느Gérard Lenne와 같은 학자는 "완벽하게 슬픈 희생자로서 그녀가 할 수 있는 최선은 고릴라나 미라, 늑대인간이나 프랑켄슈타인이라는 괴물

4) 대표적으로 쥘리아 뒤쿠르노의 <로우>(2017)나 <티탄>(2021) 등을 꼽아볼 수 있을 텐데, 그는 <티탄>으로 74회 칸영화제에서 황금종려상을 수상했다. <티탄>의 여성괴물성에 대해서는 손희정, "괴물이여, 세상의 지루한 규범과 불화하라", 『한겨레』, 2021.12.18. https://www.hani.co.kr/arti/culture/movie/1023830.html (검색일: 2024.10.25.) 참고. 바바라 크리드 역시 21세기 이후 여성 감독들을 중심으로 새롭게 등장하고 있는 여성영화의 흐름을 "페미니스트 뉴웨이브"로 규정하고, 『여성괴물의 귀환』이라는 신작에서 이 흐름에 대해 소개한다(Barbara Creed, *Return of the Monstrous-Feminine: Feminist New Wave Cinema*, Routledge, 2022).

의 팔에서 기절하는 것이었다"고 말하면서, 가끔 발견할 수 있는 여성괴물은 부차적인 존재에 불과하고 모든 위대한 괴물은 남성이었다고 결론 내린다.[5] 그들에게 여성괴물성은 여성의 히스테리적인 측면과 연결되면서 병리적인 것의 재현으로 받아들여졌고, 동시에 여성에게 부여된 젠더 역할에 대한 고려 속에서 여성이 괴물로 재현되는 경우는 긍정적이지 못한 케이스로 여겨졌다. 그러므로 비평의 대상이 되지 못했던 셈이다. 크리드의 '여성괴물' 개념은 이런 담론 지형을 뒤집고 공포영화 속 젠더 역할에 대한 새로운 이해를 가능하게 했다.

물론 크리드 이전에 여성괴물이 거의 주목받지 못했던 데에는 그 나름의 이유가 있었다. 공포영화가 특별한 관심과 사랑을 받았던 시기마다 그 시기를 대표하는 공포물은 대체로 남성괴물을 주인공으로 했고, 괴물을 연기한 남성 배우들은 그 괴물성을 자신의 페르소나로 삼으면서 대단한 인기를 누렸던 것이다. 예를 들면 1930년대 유니버설에서 제작한 '드라큘라' 시리즈에서 그토록 매혹적인 뱀파이어를 연기했던 벨라 루고시나 1970년대 해머 스튜디오의 대표 드라큘라였던 크리스토퍼 리, '나이트메어' 시리즈에서 프레디 역을 맡았던 로버트 잉글런드 같은 이들이 대표적이라고 할 수 있다.

이처럼 최초의 뱀파이어 영화이자 독일 표현주의의 대표작인 무르나우의 <노스페라투>(1922)에서부터 드라큘라, 프랑켄슈타인, 투명 인간, 늑대 인간, 킹콩 등 각종 남성괴물을 등장시키면서 한 시대를 풍미했던 1930년대 할리우드 공포영화에 이르기까지, '프랑켄슈타인의 신부' 처럼 남성괴물에 붙어있는 부수적인 존재가 아닌 여성괴물은 눈에 잘 띄지 않았다. 이후에도 마찬가지였는데, 1970년대 독창적인 고어 미학

---

5) 바바라 크리드, 『여성괴물, 억압과 위반 사이: 영화, 페미니즘, 정신분석학』(개정판), 손희정 옮김, 여이연, 2017, 25-26쪽.

을 탄생시킨 영국 해머 스튜디오의 공포영화를 비롯해서 반전운동과 반문화운동의 전복적인 가치들을 내면화하고 있었던 미국 B급 공포영화의 주인공들 역시 대체로 남성괴물이었던 것이다. 이런 경향은 1980년대로까지 이어졌는데, 신자유주의와 신보수주의의 기수였던 정치인 로널드 레이건의 대통령 당선과 함께 본격화된 미국 사회의 우경화의 흐름을 타고 등장한 청교도적 연쇄 살인마들, 그러니까 제이슨, 마이크 마이어스, 프레디 등도 모두 남성이었다.[6] 서구 공포영화에서는 남성괴물이 주류였다는 사실은 부정할 수 없는 셈이다. 따라서 이런 작품을 중심으로 공포영화를 분석했던 이들에게 여성이란 남성괴물의 손아귀에 놀아나며 오르가즘을 연상시키는 신음 소리와 괴성을 질러대는 소극적이고 가련한 희생자로 비춰졌을 뿐이었다.

이런 관점에서 보면 여성은 비정상적인 남성인 괴물이 정상적인 남성으로부터 탈취하고자 하는 욕망의 대상이자, 동시에 정상 남성이 비정상 남성괴물을 퇴치했을 때 '아버지'로부터 받는 보상물로서만 존재했다. 물론 린다 윌리암스처럼 이런 비평 담론에 문제를 제기하면서 여성 캐릭터들이 단순한 희생자가 아니라 남성괴물과 '비정상적 육체'라는 유사점을 공유한 위협적인 공모자라고 주장한 학자도 있었다.[7] 이런 비평에서 괴물은 '남성'이라기보다는 오히려 뒤틀린 육체를 통해 성적 차이를 드러냄으로써 남성에게 거세 공포를 준다는 의미에서 여성

6) 물론 <13일의 금요일>의 제이슨의 경우 1편에서는 캠프 교사들의 부주의로 어린 아들을 잃은 어머니가 살인마의 정체였지만, 이후 계속되는 시리즈 안에서 그녀의 존재는 까마득히 잊혀졌다.

7) 바바라 크리드, 위의 책, 30-31쪽. 윌리암스는 괴물 재현의 핵심은 여성이 드러내는 '차이의 힘'이라고 주장했다. 우리는 뱀파이어물에서 이런 명확한 증거를 발견할 수도 있는데, 잘 알려져 있다시피 뱀파이어는 가족 구성원의 초대를 받지 못하면 그 집안으로 들어가지 못한다. 일단 초대를 받기만 하면 그 다음부터는 피의 향연이 펼쳐지는 셈이다. 이때 신성한 가부장의 법이 강력하게 휘장을 두르고 있는 집안으로 이 '타락한 괴물'을 불러들이는 것은 그의 유혹에 넘어간 여자들인 경우가 많다. 그렇게 괴물과 여자의 공모 속에서 가부장의 법은 무너진다. 자세한 내용은 『여성괴물』에 수록되어 있는 5장 「여성, 뱀파이어: <악마의 키스>」 참고.

에 더 가깝다고 분석되었다. 그러나 이 역시 '정상 남성'과의 차이 속에서 남성괴물을 '여성에 더 가깝다'고 설명함으로써 여성을 '결여된 남성'으로 보는 기존의 남근중심적 시각을 벗어나지 못하고 있을 뿐 아니라, 무엇보다 여성괴물의 존재를 밝혀낸 분석은 아니었다는 점에서 크리드의 작업과는 달랐다. 더불어 캐롤 J. 클로버 등과 같은 학자는 1980년대 할리우드 슬래셔 무비에 등장하여 제이슨, 마이크 마이어스, 프레디 등의 미치광이 연쇄살인범과 대결하고 끝까지 살아남아 그를 처단하는 파워풀한 여성 캐릭터인 파이널 걸final girl을 '여성의 외피를 쓴 남성'이라고 해석하면서 공포영화에 나오는 능동적인 여성 캐릭터를 부정한다. 그에 따르면 "파이널 걸은 관객이 구체화시킨 오이디푸스 콤플렉스에 빠진 남성 대리자이며 동성애적 대역"이다.[8] 크리드는 이렇게 공포영화에 등장하는 적극적인 여성 캐릭터가 의도적으로 무시되는 것이야말로 문제라고 지적하고 '거세하는 여성', 즉 팜므 카스트라트리스로서 파이널 걸에 주목해야 한다고 주장한다. 이후 조금 더 자세히 설명하겠지만, 크리드에게 팜므 카스트라트리스는 여성괴물을 논함에 있어 핵심적인 유형 중 하나다.

크리드는 남성 중심적인 공포영화 담론에 대해 이의를 제기하면서 서구의 오랜 문화 전통에 계속 여성괴물이 존재해 왔으며 이 전통은 서구의 공포영화에도 그대로 이어지고 있음을 밝혀냈다. 그녀에 따르면 공포영화에는 남성의 외피를 가진 괴물뿐 아니라 원초적 어머니, 팜므 카스트라트리스, 귀신 들린 여자, 마녀 등 여성의 외피를 가진 위협적인 괴물 역시 존재하는데, 기존의 담론은 그에 주목하지 않음으로써 그

8) Clover, Carol J., "Her Body, Himself: Gender in the Slasher Film", in James Donal, ed., *Fantasy and the Cinema*, London: BFI, 1989, p.119. 바바라 크리드, 앞의 책, .239쪽에서 재인용.

중요성을 간과했다. 이야말로 역사에서 반복되어 온 '여자 지우기'와 다르지 않다. 남성을 세상의 중심으로 상정함으로써 여자는 쉽게 보이지 않는 존재가 되고, 동시에 존재했던 여자들과 그들의 이야기를 슬쩍 구석으로 밀어냄으로써 그런 남성 중심적 세계를 더욱 공고히 하는 것이다.

그러나 크리드는 단순히 여성인, 혹은 여성으로 식별되는 괴물이 존재한다는 사실을 밝히는 것에서 그치지 않는다. 더 나아가 어째서 여성이 공포스럽고 괴물 같은 존재로 구성될 수밖에 없었는지, 그 여성괴물이 출현하게 된 젠더화된 사회의 가부장적 속성을 밝혀내는 것이다. 크리드가 『여성괴물』의 머리말에서 "여자괴물female monster"과 "여성괴물monstrous-feminine"을 구분하는 이유도 이 때문이다. 이 두 가지 사이의 차이에 주목함으로써 크리드가 노렸던 효과는 "괴물성의 형성에 있어 젠더의 역할이 핵심적이었음을 강조"하는 것이었다. 따라서 그가 '여성괴물'을 발견 혹은 발굴해서 의미를 부여하려고 시도했던 것은 서구 사회의 오래된 가부장성을 지적함과 동시에 그 현실적 층위와 깊은 영향을 주고받고 있는 재현의 장 및 담론의 장을 함께 비판하려는 노력이었다.

비체와 경계, 그리고 여성괴물

크리드가 여성괴물이라는 개념을 구상하고 그 성격을 규명할 때 참고하는 이론적 바탕은 줄리아 크리스테바의 비체abject,[9] 아브젝션

9) 크리스테바의 the abject와 abjection, 그리고 abject(동사)를 번역하는 일은 까다롭다. 『공포의 권력』을 번역한 서민원은 이를 아브젝트, 아브젝숀으로 번역했고, 『크리스테바 읽기』를 번역한 박재열은 the abject를 '비천체(卑賤體)'로 abjection을 '비천함'으로 번역했다. 크리스테바에 대한 연구에서 고정갑희는 박재열의 '비천체'라는 번역을 받아들여서 '비체(卑體)'의 의미를 포함하면서 주체가 아니라는 의미의 '비체(非體)'라는 중의적 표현을 지닌 '비체'를 사용한다. 그는 abjection은 "밀려남과 밀어냄을

abjection, 그리고 경계boundaries에 대한 논의다. 『여성괴물』의 1부에서 크리드는 이 개념들에 기대어 여성과 공포영화의 관계를 고찰하고 여성 괴물성을 추적하는데, 이는 이후 작업에서도 기본적인 전제로 고려된다.

크리드에 따르면 공포영화는 적어도 다음 세 가지 면에서 아브젝션을 재현한다. 우선 공포영화는 비체적 이미지, 즉 피, 토사, 타액, 땀, 눈물, 썩은 살과 같은 육체적 배설물과 버무려진 온전하거나 절단된 시체로 넘쳐난다. 이를 설명하면서 크리드는 크리스테바가 '배설과 월경'이라는 의미에서 여성은 그 자체로 비체적 특성을 지닌다고 설명했던 것에 주목한다. 여성은 아이의 배변 훈련과 관련되면서 비체적 이미지와 연결되며, 무엇보다도 월경이라는 생리 행위 때문에 '오염시키는' 비체적 존재이다.

두 번째로는 공포영화 속 괴물성은 인간과 비인간, 여성성과 남성성, 외부와 내부 등 경계를 허물거나 뛰어넘겠다고 위협한다는 점에서 아브젝션의 묘사라고 이해할 수 있다. 비체란 어머니와 아이 사이에 경계가 존재하지 않는 전前오이디푸스적 공간인 코라[10]에 균열을 내면

동시에 포함하는 단어이며 쪼개지고 갈라지고 분열된다는 의미를 띠고 있기에 단순히 '비천함'으로 번역될 수만은 없어 아브젝션으로 한다"고 밝힌다. (고갑희, 「줄리아 크리스테바의 경계선의 철학」, 한국영미문학페미니즘학회, 『페미니즘-어제와 오늘』, 민음사, 2000, 203쪽.) 나는 여성괴물과 관련된 여러 작업들에서 고정갑희의 번역을 따른다.

10) '코라'는 "아직 충동의 체계 속으로 집결되지 않은 몸의 맥박들이 간헐적으로 상징적 담론을 교란시키는 전(前)오이디푸스적 공간"(엘리자베스 라이트, 『라캉과 페미니즘』, 이소희 옮김, 이제이북스, 2002, 12쪽)인 '기호계'를 설명하기 위해 크리스테바가 플라톤의 『티메우스』에서 차용해 온 개념이다. '코라'는 어머니와 아이가 분리되지 않은 아버지의 법 이전의 어머니의 권위의 공간이며, 이곳에서 유아는 아직 '타자성을 담보로 하는 주체'로서의 정체성을 확립하지 못한 상태이다. '코라'는 아버지의 언어로 표현될 수 없는 아버지 이전의 "모성적으로 함축된 용기(容器)"로 '기호계'를 가능하게 하는 전제이다(엘리자베스 라이트, 『페미니즘과 정신분석학 사전』, 박찬부·정정호 외 옮김, 한신문화사, 1997, 312쪽). '기호계'는 라캉의 '상상계'에 준하는 단계이지만, 기호계에서는 의미화 과정을 구성하게 될 최초의 자취들이 확립된다. 크리스테바에게 있어 상징계는 기호계의 억압과 승화를 통해 형성되며 기호계 없이 존재할 수 없다. 따라서 그는 기호계와 상징계라는 두 양태의 상호작용이 의미 생성 과정을 구성한다고 주장한다. 그에게 있어 주체는 항상 기호계적인 동시에 상징계적이기 때문에 그 주체가 생성하는 의미 체계는 어떤 것이든 간에 이 두 가지 양태를 포함할 수밖에 없다. (줄리아 크리스테바, 『시적언어의 혁명』, 김인환 옮김, 동문선, 2000, 24-25쪽.)

서 아이의 주체를 형성하는 첫 번째 억압이다. 따라서 비체는 그 합일의 단계를 환기시키면서 경계를 넘거나 혹은 넘겠다고 위협한다. 마지막으로 공포영화는 모성 이미지를 혐오스러운 것으로 구성한다. 크리스테바에 따르면 모든 개인은 어머니로부터 도망치려는 과정에서 비체를 경험한다. 그녀는 라캉이 주체 형성을 위한 1차적 억압 단계라고 주장했던 거울단계가 사실은 2차적 억압 단계라고 설명하면서, 주체는 이미 어머니와의 합일 단계인 코라에서 벗어나기 위해 어머니를 비체화하는, 아브젝션의 경험을 하게 된다고 주장한다. 그녀는 어머니-아이 관계를 갈등으로 이해한다. 아이는 어머니를 벗어나려고 하고 어머니는 아이를 놓아주지 않으려고 하는데, 이때 도망가려는 아이의 시도에서 어머니는 혐오스러운 존재가 되며 비체가 된다. 이렇게 아이는 어머니와 자신을 분리하고 어머니를 비체적 존재로 만들면서 자신의 주체를 형성하게 되는 것이다. 따라서 크리스테바에게 있어 아브젝션은 나르시시즘의 전前 조건이 된다. 모성 자체가 '주체'에겐 이미 '비체'인 것이다.

크리드는 공포영화가 여성의 특징으로 이해되는 비체와 연관하여 그 장르 관습을 만들어 가는 과정을 위와 같이 세 가지로 정리한 뒤 논의를 계속 이어간다. 대부분의 공포 텍스트는 '어머니의 권위'와 '아버지의 법에 포섭된 깨끗하고 적절한 육체'와의 관계 안에서 여성괴물성을 재현한다. 온갖 비체적 이미지는 '어머니의 권위'와 '아버지의 법' 사이의 분리를 환기시키는데, 전자는 주체의 경계가 존재하지 않았던 기호계를 관장하고 후자는 완전무결한 주체를 형성했다는 환상에 사로잡힌 채 끊임없이 미끄러지는, 사실은 분열된 자아가 언어를 획득한 상징계를 관장한다. "그렇기 때문에 이런 신체 배설물의 이미지들은 상징계와의 관계 안에서 '완전하고 적절하게' 구성되어 있는 주체를 위협하며, 결과적으로 텍스트 안의 주인공과 영화관의 관객 모두를 포함하는 주체에게 메스꺼움과 혐오의 감정을 선사한다." 따라서 공포영화가 선사하는 '기괴함'이란 아버지의 질서에서 떨어져 나와 어머니의 코라로 돌아갈 지도 모른다는 공포의 감정이다. 동시에 비체적 이미지들은 신체적 배설물이 수치와 혐오의 대상이 아니었던, '어머니와 자연의 혼합'이 존재하던 시간으로 안전하게 되돌아가게 하며, 이것이 공포영화의 쾌락이기도 한 것이다. 바로 이 점에서 공포영화가 현대의 불결제의가 될 수 있는 셈이다. 크리드는 이런 접근을 통해 <에이리언>(1979, 원초적 어머니), <엑소시스트>(1973, 악령 들린 괴물로서의 여성), <브루드>(1979, 기괴한 자궁), <악마의 키스>(1983, 여성 뱀파이어), <캐리>(1976, 여성 마녀)와 같은 작품들을 분석한다.

이처럼 공포영화란 비체의 형상을 드러내고 그 존재론을 탐구하는데, 바로 그런 의미에서 전복적인가 그렇지 않은가를 밝히는 것은 그렇게 간단한 문제가 아니다. 크리드는 비체를 정화시키는 종교의 기능이 사라진 시대에 이제 예술이라는 위대한 카타르시스가 그 역할을 대신한다는 크리스테바의 주장에 기대어, 이것이야말로 대중 공포영화의 가장 중요한 정치적 목적이라고 설명한다. 즉 공포영화는 상징계와 기호계를 분리하여 비체를 정화하고, 인간과 비인간 사이의 경계를 다시 그리기 위해 비체를 전시한다는 것이다. 그럼에도 불구하고 크리드는 여전히 여성괴물의 전복적인 성격을 믿는다. 경계적 존재가 그 경계를 폭로하는 순간은 그 자체로 이미 유의미할 뿐만 아니라 비체적 존재를 상징계로부터 분리해 내는 일은 결코 쉬운 작업이 아니기 때문이다. "게다가 괴물 같은 어머니의 본질에 대해 깊이 연구하다 보면, 그 어머니 역시 거세 및 아이가 상징계적 질서로 편입되는 과정에서 매우 중요한 역할을 수행하고 있다는 것을 알 수 있다." 따라서 이미 어머니의 권위는 상징계의 일부이기도 하다. 『여성괴물』 2부에서 그는 이 문제를 추적하면서 남근중심주의에 도전한다.

상징계적 여성, 기호계적 남성괴물

『여성괴물』의 2부는 프로이트의 정신분석학 비판에 집중한다. 공포영화는 코미디나 멜로드라마와 마찬가지로 웃음이나 눈물 같은 즉각적인 신체 반응을 유도하는 대중물로서 오랜 기간 폄훼의 대상이었다. 이 장르들이 비평의 조명을 받기 시작한 건 1970년대 페미니즘과 정신분석학의 이론들이 영화학에 개입되고, 이데올로기 장치로서 영화가 주목받기 시작하면서였다. 이때 정신분석학은 무의식의 영역을 공포영화 담론으로 가져오면서 지대한 영향을 미쳤다. 그런데 크리드의 관점에서 기존의 공포영화 담론은 지독하게 젠더화되어 있을 뿐 아니라 성차별적이었다. 그는 공포영화 담론이 이러한 성격을 가지게 된 그 "이론의 기원을 비판적으로 평가하기 위해" 프로이트의 이론을 페미니즘의 관점에서 검토한다.

이를 위해 크리드가 주목한 건 「다섯 살배기 꼬마 한스의 공포증 분석」11)에 등장하는 꼬마 한스의 사례와 프로이트의 거세 이론이다. 크리드가 보기에 한스에게 거세 위협을 가했던 건 아버지가 아니라 어머니였다. 한스가 자위를 했을 때 그런 행동을 계속하면 의사를 시켜 거세하겠다고 위협했던 게 어머니였을 뿐 아니라, 그녀의 '피 흘리는/물

11) 지그문트 프로이트, 「다섯 살배기 꼬마 한스의 공포증 분석」, 『꼬마 한스와 도라』, 김재혁·권세훈 옮김, 열린책들, 2020.

어뜯는 신비로운 고추'를 가진 몸 자체가 한스에게는 거세 위협으로 다가갔기 때문이다. 크리드는 프로이트가 그의 임상 관찰과 이론적 글들이 설명해야만 하는 '거세의 수행인으로서의 아버지'라는 상태를 미리 상정했으며, 자신의 주장을 정당화하기 위해서 '인간의 유사 이전의 사건'에 호소하면서 임상 자료들을 무시했다고 지적한다.

그리하여 크리드는 주체 형성 과정에서 아버지의 역할만을 강조하는 오이디푸스 콤플렉스의 메커니즘을 재조정하고, 여성은 거세되었기 때문에 아니라 거세하기 때문에 두려운 존재가 된다고 주장한다. 그리고 이런 거세 공포 속에서 소년은 어머니에게 소급적으로 페니스를 부여하게 된다고 설명한다. 남성들의 판타지가 거세하는 여성, 그리고 남근적인 어머니라는 여성괴물을 만들어 내는 것이다. 이런 의미에서 비체적 모성 개념을 설명하면서 언급했던 것처럼, 여성은 주체가 형성되기 위해서 거부되어야 하는 기호계적 존재일 뿐 아니라, 주체가 상징계로 진입할 때 적극적으로 개입하는 상징계적 존재이기도 하다. 이런 맥락 안에서 거세하는 여성, 팜므 카스트라트리스가 등장하는 <네 무덤에 침을 뱉어라>(1979)와 <자매들>(1973), 그리고 남근적인 어머니가 등장하는 <사이코>(1960)가 재독해 된다.

프로이트의 남근 중심적인 이론을 비판적으로 해체하여 다시 쓰면서 여성이 괴물로 구성되는 사회에 대해서 분석하려고 했던 이 시도는 2005년도 저작 『남근 공황*Phallic Panic*』에서도 이어진다. 여기서 크리드는 분석의 초점을 여성괴물에서 남성괴물로 옮긴다. 그러나 흥미롭게도 크리드가 발견한 것은 남성괴물들이 적극적으로 여성괴물성을 답습하거나 모방하고 있다는 사실이었다. 그들은 형태를 변형시키거나 피를 흘렸고, 자기 혼자 생명을 잉태하려고 애썼다. 크리드는 이를 논하기 위해 프로이트의 '기괴함uncanny'를 재독해한다.

프로이트는 「두려운 낯섦」[12]이라는 에세이에서 이 기괴함의 감정(두려운 낯섦)에 대해서 설명했다. 이는 인간의 사회화를 위해 억압되어 무의식 상태로 남아 있어야 했던 것이 의식적 인식으로 표면화되었을 때 엄습하는 공포감이다. 아버지의 법을 받아들여 상징계로 진입하기 위해서 억압해야 했던 어떤 욕망이나 기억 등이 다시 되돌아올 때, 인간은 기괴함의 감정을 느끼게 된다는 것이다. 이는 위에서 설명했던 비체가 어머니와의 합일의 순간을 환기시키면서 불러오는 공포 및 쾌락의 감정과도 긴밀하게 연결되어 있다고 할 수 있다. 이런 '억압된 것의 귀환'이 불러오는 '기괴함의 감정'은 로빈 우드 등 정신분석학을 통해 공포영화를 설명해 온 이들에게 열렬하게 환영받았던 개념이다. 특히 로빈 우드는 마르쿠제의 기본억압/과잉억압의 개념을 '억압된 것의 귀환'과 연결하면서 사회가 주류 이데올로기의 유지를 위해 과잉억압 했던 대안적 가치들이 스크린을 통해 되돌아오는 것이 공포영화 속 괴물이라고 설명한다. 이런 입장은 공포영화 담론 속에서 여전히 가장 강력한 것으로 자리매김하고 있다.[13]

프로이트는 이 기괴함의 감정을 아버지에 의한 거세불안으로 연결하면서, 이를 아버지와 아들의 관계로만 국한시키는 남근 중심성을 드러냈다. 크리드가 이미 이전 저작에서 살피고 있는 것처럼 거세 위협이란 아버지에게 국한되어 있는 역할이 아니라 어머니에 의해서도 수행된다. 이뿐만 아니라 로빈 우드의 입장을 적극적으로 전유할 때, 공포영화 속 기괴함의 감정은 남성의 거세불안을 넘어서서 가부장제라는 주류

12) 지그문트 프로이트, 「두려운 낯섦」, 『예술, 문학, 정신분석』, 정장진 옮김, 열린책들, 2020.
13) 로빈 우드, 『베트남에서 레이건까지 – 할리우드 영화읽기: 성의 정치학』, 이순진 옮김, 시각과언어, 1995.

이데올로기의 작동 안에서 이해되어야 한다. 이를 위해 크리드는 『남근 공황』에서 프로이트의 남근 중심적인 '기괴함'에 대비되는 '원초적 기괴함primal uncanny'라는 개념을 소개한다. 이 원초적 기괴함은 남성에 대비되는 여성, 인간에 대비되는 비인간(동물), 문명에 대비되는 자연으로부터 비롯되는 것으로서, 크리드가 주목하는 남성괴물은 이런 원초적 기괴함을 환기시키는 존재들이다. <메트로폴리스>(1927), <플라이>(1986), <데드 링거>(1988) 등 프랑켄슈타인 모티프를 가진 영화에서 여성 없이 생명을 잉태하려는 남성 과학자 등의 '자궁괴물'과 드라큘라와 늑대 인간 같은 '피 흘리는/월경하는 남성괴물'이 드러내는 모호한 경계와 비체적인 존재론은 이런 원초적 기괴함을 환기시키는 괴물성이다. 또한 <나이트메어> 시리즈의 프레디 크루거는 젠더를 위반하는 유령으로 자신의 비체적 신체 안에 아이들의 영혼을 저장하는 자궁괴물로 분석된다. 여성의 재생산하는 몸에 대한 선망과 그에 따르는 혐오, 그리고 공포의 감정은 『여성괴물』에서 이미 깊이 있게 탐구되었던 분야이며, 그것을 선망하고 모방하는 남성괴물에 대한 아이디어 역시 『여성괴물』에서 소개되고 있다. 그러므로 남성괴물성 속에서 답습되고 있는 여성괴물성을 탐구하는 『남근 공황』은 남성괴물을 다루고 있으되 『여성괴물』 작업의 연장선상에 있다고 할 수 있다.

이렇게 크리드는 크리스테바의 비체 개념에 기대고 프로이트의 거세 이론을 비판하면서 설명이 가능한 언어를 갖지 못했던 여성괴물을 언어화하고 남성괴물의 이면을 본다. 그 순간 이 괴물성이 내포하는 억압의 징후를 포착하고 또 극복할 수 있는 기회가 등장하며, 동시에 그 안에서 어떤 위반의 가능성을 찾아낼 수 있게 되는 것이다.

경계를 허무는 뉴미디어, 그리고 글로벌 자아

괴물성을 통해서 '경계'의 문제를 고민했던 크리드는 그 고민을 조금 더 밀고 나가 경계를 침범하고 흐리는 것의 현재적이며 실천적인 가능성을 탐구하고자 한다. 억압적인 구별 짓기와 가치 부여가 다소간 극복될 때, 자아 경계가 유연하게 움직이는 주체가 탄생하고 타자에 대한 이해를 바탕으로 하는 윤리적 공존이 가능해 질 수 있다는 희망을 보고자 했던 것이다. 그런 의미에서 뉴미디어는 크리드에게 매혹적인 시공간이다. 21세기의 시작에 뉴미디어의 가능성을 탐구한 이론적 작업들의 모음집인 『미디어 매트릭스*Media Matrix: Sexing the New Reality*』의 서문에서 크리드는 "경계는 궁극적으로 무엇이 '인간' '문명화' '진보' '쿨함' '이상함' '가상virtual'인가를 정의함에 있어 핵심적"이며 "경계와 그 경계의 붕괴라는 신나는 약속은 미디어에 대한 토론을 지속시키는 요소"라고 설명한다. 이를 통해 미디어 분석에서 경계 개념이 중요하다는 점을 보여줌과 동시에 경계의 개념을 사고함에 있어 미디어 역시 중요하다는 사실을 강조한다.

크리드는 대중 미디어가 공적영역과 사적영역을 분리하는 경계를 지워왔다고 설명한다. 20세기 전반에 신문, 영화, 라디오, 소설, TV와 같은 인기 미디어들은 공과 사의 구분에 서서히 변화를 불러오는 데 큰 역할을 했다. 사람들은 전보를 통해 결혼하거나 스크린에서의 첫 키스를 목도했고, 라디오를 듣거나 신문을 읽으면서 섹스 스캔들과 정치적 타락을 전해 들었다. 영화가 내밀한 섹스 드라마나 가족 드라마를 공적영역으로 가져오는 동안, 라디오와 TV 등은 공적이고 국가적인 혹은 국제적인 정치를 집이라는 사적영역으로 불러왔던 것이다. 하지만 전통적인 미디어가 경계 지우기에 성공한 것만은 아니다. 전통적인 미디어는 어떤 의미에서 기존의 경계를 지우는 동시에 재설정한다. 크리드에게 뉴미디어가 더 유의미해 지는 것은 이 지점이다. 경계를 재설정해 온 올드 미디어와 달리, 뉴미디어에게는 아직 어떤 가능성이 살아있다고 생각하는 셈이다. 인터넷, 케이블, 위성TV와 같은 새로운 가상 미디어는 그 경계를 지우는 과정을 계속하고 있다. 이때 더욱 주목해야 할 것은 미디어가 특히 섹슈얼리티 및 자아와 관련된 터부의 영역을 탐구해 왔다는 점이다. 그런 의미에서 미디어는 개인으로 하여금 무엇이 도덕적인 것인지, 무엇이 문명화된 것인지(그래서 '인간'다운 것인지)에 대한 이제까지의 정의를 위협하는 다양한 존재들을 접촉할 수 있도록 유도했다.

이런 관점을 바탕으로 『미디어 매트릭스』는 우선 리얼리티 TV, 포스트모던 시대의 로맨스 소설, 인터넷, 사이버 스타와 사이버 섹스, 가상현실, 퀴어 미디어, 9.11과 같은 위기 상황 보도 형식 등 새로운 미디어에서 드러나는 섹슈얼리티와 자아 재현을 분석함으로써 새로운 형식이 야기한 변화들을 탐구한다. 이때 이 안에서 공적인 것과 사적인 것 사이의 전통적인 경계가 어떻게 붕괴되고 있는가 역시 크리드의 주요 관심사다. 책은 미디어가 특히 섹스와 성적 기호, 남성성, 레즈비언&게이, 포르노, 가상섹스 등과 관련한 급진적인 변화에 대한 생각을 어떻게 끌어안아왔는가 질문하고 있다. 리얼리티 TV가 섹스와 관계에 대한 시청자들의 생각에 영향을 미쳤을까, 포르노가 주류가 된 이 시점에서 포르노가 대안적 섹스를 보여준다는 것이 말이 될까, 여성이 만든 포르노는 주류 포르노에 도전하는가, <섹스 앤 더 시티>는 이 사회의 모든 금기를 깨는가 등, 책은 가장 대중적인 문화를 분석함으로써 현실에 당면해 있는 구체적인 사안들을 만진다.

이런 분석의 끝에 '세계적 자아global self'라는 개념이 등장한다. 크리드에게 세계적 자아란 유연함을 담보하고 있는 주체의 인식론이자 존재론으로, "소위 전통적이고 고등한 혹은 엘리트적인 문화와 구분되는, 미디어와 대중문화에 의해 야기된 것으로 생각되는 특성들을 합친" 포스트모던한 존재론이다. "새로운 가상 미디어처럼, 세계적 자아는 정체성과 섹슈얼리티에 있어서뿐만 아니라 자아의 정치화라는 의미에 있어서도 유동적이고 혼성적이고, 변덕스럽고, 상호적이다. 세계적 자아는 타인들을 남성/여성, 백인/흑인, 이성애자/동성애자, 세계/지역과 같은 전통적 대립의 관점으로 보지 않는다. 오히려 세계적 자아의 정체성은 다중적이고 유동적이며 융통성 있으며 다성적multisexual"이다. 크리드는 미디어가 개인에게 무엇을 하는가와 같은 일방향적이고 구조주의적인 관점을 벗어나 개인이 미디어를 가지고 무엇을 하느냐를 질문해야 한다고 주장한다. 그에게 주체는 미디어와의 만남에 있어서 적극적인 참여자인 것이다.

이런 테크노 유토피아적인 관점은 21세기의 시작에 큰 힘을 발휘했던 뉴미디어를 설명함에 있어 가장 두드러지는 태도였다. 2000년대 중반 트위터와 페이스북, 유튜브 등의 등장은 미디어의 평등을 실현하고 직접 민주주의의 가능성을 높여줄 수 있으리라는 기대로 이어지기도 했으므로 이런 태도가 유연한 미디어 세계를 유영하는 새로운 주체들을 분석하는 중요한 방법론을 제공한 것도 사실이다. 하지만 2024년 현재, 우리는 뉴미디어가 가지는 '경계를 흐리는' 역할의 다양한 부수 효과들에 대해 고려해야만 한다. 중독경제가 열리고 스마트폰과 만난 SNS는 빅데이터 수집의 통로가 되었다. 정치적 주체로의 각성이 일어난 만큼이나 '유저'들은 이제 지독한 중독 상태에 빠져 있는 '소비자'가 되었다.

이와 더불어 모든 것이 상품화되는 사회에서 경계의 소멸은 오히려 친밀감과 일상 등 개인적인 것으로 여겨졌던 영역들까지 모두 잘 팔리는 주목 상품으로 전환시키고 있으며, 20세기에 상상되던 '사이버섹스'의 쾌락은 이제 21세기의 성범죄인 딥페이크 범죄물의 공포로 전환되었다. 크리드의 작업에서 적극적으로 취할 부분을 취하면서도 비판적으로 읽어야 할 필요가 있는 이유일 것이다.

참고 문헌

고갑희, 「줄리아 크리스테바의 경계선의 철학」, 한국영미문학페미니즘학회, 『페미니즘-어제와 오늘』, 민음사, 2000.

김소영, 『근대성의 유령들-판타스틱 한국영화』, 씨앗을뿌리는사람, 2000.

로빈 우드, 『베트남에서 레이건까지-할리우드 영화읽기: 성의 정치학』, 이순진 옮김, 시각과언어, 1995.

바바라 크리드, 『여성괴물, 억압과 위반사이-영화, 페미니즘, 정신분석학』(개정판), 손희정 옮김, 여이연, 2017.

백문임, 『월하의 여곡성-여귀로 읽는 한국 공포영화사』, 책세상, 2008.

손희정, 「한국의 근대성과 모성재현의 문제-포스트 뉴 웨이브의 공포영화를 중심으로」, 중앙대학교 석사학위 청구 논문, 2004.

쇼히니 초두리, 『페미니즘 영화이론』, 노지승 옮김, 앨피, 2012.

엘리자베스 라이트, 『페미니즘과 정신분석학 사전』, 박찬부, 정정호 외 옮김, 한신문화사, 1997.

이현재, 『여성혐오, 그 후-우리가 만난 비체들』, 들녘, 2016.

줄리아 크리스테바, 『시적언어의 혁명』, 김인환 옮김, 동문선, 2000,

지그문트 프로이트, 『꼬마 한스와 도라』, 김재혁·권세훈 옮김, 열린책들, 2020.

________________, 「두려운 낯섦」, 『예술, 문학, 정신분석』, 정장진 옮김, 열린책들, 2020.

손희정, "괴물이여, 세상의 지루한 규범과 불화하라", 『한겨레』, 2021.12.18. https://www.hani.co.kr/arti/culture/movie/1023830.html(검색일: 2024.10.25).

Clover, Carol J., "Her Body, Himself: Gender in the Slasher Film", in James Donal, ed., *Fantasy and the Cinema*, London: BFI, 1989.

Creed, Barbara, *Media Matrix: Sexing the New Reality*, Allen & Unwin, 2004.

________________, *Phallic Panic*, Melbourne University Press, 2005.

________________, *Return of the Monstrous-Feminine: Feminist New Wave Cinema*, Routledge, 2022.

벨 훅스
Bell Hooks

교차성 이론과 사랑의 정치

박미선
한신대 영미문화학 교수. 현대미국문학, 페미니즘 이론, 퀴어 이론을 연구하고 가르친다.

이 글의 원문은 『여/성이론』 16호(2007)에 실려있다.

벨 훅스: 교차성 이론과 사랑의 정치

미국 흑인 페미니즘은 미국 사회의 근본적 모순들에 대한 흑인 여성들의 적극적 반응과 끊임없는 개입의 산물이다. 벨 훅스bell hooks (1952~)의 작업은 인종차별주의 반대 투쟁과 성차별주의 반대 투쟁이 노정해 온 인식론적, 정치적 실패와 한계 지점에서 시작된다. 훅스의 거의 모든 저작에서도 드러나듯이, 모든 억압의 복잡한 작동을 거론하는 것은 흑인 페미니즘의 특징들 중 하나다(King, 1988, 294).

훅스의 작업은 제도화된 성-젠더-인종 폭력을 핵심으로 하는 백인 우월주의적 자본주의에 대한 비판과, 흑인 공동체 내부에서 끈질기게 실천되는 성차별주의적 가부장제에 대한 비판을 그 핵심으로 한다. 훅스와 더불어 20세기 후반에 활동한 우리 시대 흑인 페미니스트들은 대개가 1960년대와 1970년대의 블랙 파워 운동Black Power Movement에 관여하면서, 흑인 공동체 내부의 성차별주의에 맞서 비판적 이론화 작업을 해왔다.[1] 동시에 백인 중산층 페미니즘의 인종차별주의를 비판해 왔다. 훅스가 첫 저작 『나는 여자가 아닙니까?』(1981)에서, 그리고 안젤라 데이비스가 『여성, 인종, 계급』(1983)에서 조단조단 기술하고 있듯이, 1960년대와 70년대의 흑인인권운동은 젠더 억압을, 급진적

1) 노예제 시절부터 적극적인 저항의 주체였던 흑인 페미니스트 여성들의 문헌 모음집은 Beverly Guy-Sheftall, ed., *Words of Fire*를 볼 것. 1960년대부터 1980년대 초까지 흑인 페미니스트들의 글 모음집을 보려면, Barbara Smith, ed. *Home Girls: A Black Feminist Anthology*를 보라. 가장 널리 읽히며 여성학과 페미니즘 연구의 지평을 바꾼 획기적 저작이기도 한, 흑인 페미니즘 사상 이론서로는 Patricia Hill Collins, *Black Feminist Thought* (국역판은 『흑인 페미니즘 사상』(여이연, 2008)을 보라.

페미니즘이 강조해 온 자매애는 인종차별주의와 전 지구적 노동 분업을 문제 삼지 못한다는 점에서 정치적으로나 담론적으로 그 한계들을 노정할 수밖에 없었다.2)

흑인 해방 및 인권 투쟁과 페미니즘: 젠더와 인종의 교차 그리고 계급 문제

훅스의 1981년 첫 저작과 데이비스의 1983년 저작은 출판되자마자 페미니즘의 고전 반열에 들어가게 될 운명을 지니고 있었다. 훅스가 첫 저작을 출판해 줄 출판사를 찾는 데 10년이 넘게 걸렸다는 사실은, "페미니즘이 뒤흔든 10년"으로 불리는 1970년대 페미니즘 진영 내부에서마저도 흑인 여성들의 목소리가 집단적으로 무시되었으며 기회와 접근권이 적었던 당시 상황을 잘 보여준다.

데이비스와 마찬가지 심정으로 벨 훅스도 『나는 여자가 아닙니까?』에서 통렬하게 그리고 보다 자세하게 논의하고 있듯이, 19세기 흑인

2) 이에 대해서는 다음을 참조. 훅스, 『난 여자가 아닙니까?』(노지양 옮김, 동녘), 『페미니즘: 주변에서 중심으로』(윤은진 옮김, 모티브북), 앤젤라 데이비스, 『여성, 인종, 계급』(황성원 옮김, 아르떼). 주디스 버틀러가 우리 시대가 목격한 탁월한 "유기적 지식인"이라고 찬양한 바 있는 데이비스는, 훅스와 더불어 1960년대 이후 급진 페미니즘의 인종맹안과 흑인인권운동의 남성 민족주의를 통렬하게 비판한 대표적인 흑인 페미니스트이다. 미국 여성사 책으로 읽혀도 손색이 없는 데이비스의 『여성, 인종, 계급』은 흑인 여성의 시각에서 새로 쓴 역사 분석이다. 이 책은 1970년대에 쏟아진 노예제 연구들에 대한 비판적 개입이기도 하다. 노예제와 그것의 현재적 유산에 대해서 새로운 이론화 작업들이 쏟아졌음에도 불구하고, 흑인 노예 여성의 시각과 경험으로부터 노예제도를 재검토한 분석들은 없었다. 노예제 폐지 운동과 여성권 투쟁을 연결하여 분석하는 데이비스는 노예제 폐지 운동이 흑인 전체와 여성의 본질적 열등성을 기본으로 깔고 전개되었다고 지적한다. 또한 여성 권리의 탄생 과정에서 흑인 여성들의 목소리와 권리는 흑인 남성들과 백인 여성들의 이익에 유리하게 다시 매장되었다. 이것은 차후 몇십 년간 다시 반복되는데, 노예제 폐지 운동 이후 전개될 흑인인권운동과 20세기 전반부의 여성 투표권 투쟁 및 20세기 후반부 급진 페미니즘 운동은, 각각 흑인 남성과 백인 여성만을 주체로 상정함으로써 이 두 운동에 적극적으로 참여한 주체인 흑인 여성들을 다시 비가시화한다(이에 대해서는 각주 6도 참조). 달리 보자면, 이것은 흑인 여성들의 역사가 인종으로 젠더를, 젠더로 인종을 이간질하는 백인우월주의적 지배의 간계에 맞서는 장구한 투쟁의 역사이며, 흑인 페미니즘은 흑인 공동체와 페미니즘 둘 다의 내부에서 벌어지는 억압에 대한 부단한 도전의 과정이자 산물임을 시사한다.

투표권 논쟁이 있었을 때, 젠더와 인종은 흑인과 여성을 이간질하는 지배의 간계로 활용되었다. 흑인 투표권을 둘러싼 논쟁 지형은 흑인 '남성' 투표권이냐 '백인' 여성 투표권이냐 하나만 택하라는 식으로 구성되었다. 당시 흑인운동의 지도급 인사들 중 많은 남성들이 여성 투표권 운동을 지지하긴 했었다. 인종 때문이든 젠더 때문이든, 피지배층으로서 흑인과 여성이 공감하는 부분이 있었기 때문이다. 하지만 젠더와 인종이 서로 배타적인 선택지로 작용하도록 쟁점이 형성되자, 남성 흑인 운동가들은 결국 자기들의 투표권을 지지했다. 그러는 사이 흑인 여성들과 함께 여성 투표권 운동에 참여했던 백인 여성들 역시 '이간질해서 다스리라'는 지배의 간계가 던지는 덫에 빠져 백인으로서 특권을 지키려 했다. 지배계급인 백인 남성들이 노예제라는 끔찍한 역사적 경험과 기억을 지닌 흑인들에게는 가부장제의 특권을, 백인 여성들에게는 인종차별주의의 특권을 미끼로 던진 것이다. 20세기 초반부 미국 여성운동 역시 흑인 여성들의 희생 위에서 진행되었다. 백인들의 인종적 특권과 제도화된 인종 억압에 침묵하면서 말이다. 지금까지도 미국 흑인 여성들에게 긴밀히 연결된 두 개의 전선은 바로, 흑인 공동체 내부의 성차별주의와 남성 지배, 다른 한편 미국 사회 전반에 걸친 인종차별주의다.

1960년대 이후 여러 사회운동들에서도 그러하듯이, 흑인인권운동도 남성 중심적이었다. 흑인 남성들이 블랙 파워를 주장하면서 요구했던 남성 지배의 특권들은 정확하게 성차별주의적인 것이었고, 이것은 백인우월주의적 가부장제가 쉽사리 용인할 수 있는 열망이었다. 제도화된 폭력인 인종차별주의에 대한 도전으로서 흑인인권운동은 여러 가지 유의미한 정치적 결실을 거둘 수 있었지만, 그럼에도 불구하고 공공연하고 분명하게 가부장제, 남성 지배(즉 여성에 대한 제도화된 폭력)를 지지한 운동이기도 했다. 전투적인 흑인 남성들은 백인 가부장과 자본가들의 인종차별주의를 공격했지만, 동시에 흑백 남성 모두는 가부장제와 남성 지배를 수용하고 강화하는 공통의 젠더화된 이해관계에 기반한 연대를 창출했다. 인종을 가로질러 형성된 이 남성들끼리의 연대는 남성만을 역사의 주체로 보는 젠더화된 신념과 성차별주의를 그 기반으로 한다. 다시 말해서 인종차별주의는 흑인과 백인들을 갈라놓는 힘이었지만, 남성 지배, 성차별주의, 가부장제는 이 두 집단의 남성들을 확실하게 연결해 주었다. 여기서 우리는 흑인인권운동이 추구했던 "평등"이 결국은 남성성에 기반한 평등이었음을 알 수 있다. 인권의 핵심으로서 민주적 실질적 평등이 가부장제하의 남성성, 남자다움의 추구로 슬쩍 바뀐 것이다.

인종차별주의, 이것의 세련된 다문화주의 판본인 인종화racialization를 주요한 사회 규율 기제로 하는 미국 사회에서 자신의 남성성을 인정받고자 하는 흑인 남성들의 추구는 남성성에 관한 신화를 내면화한 것에 기반한다. 단지 남성으로 태어났다는 이유만으로 자신이 권력과 특권을 누려야 할 본래적 권리가 있다는 신화 말이다. 이런 신화가 내면화되는 한, 어떤 사회든 반여성적 작태들과 여성혐오, 여성 폄하는 팽배하게 된다. 그리고 이것은 종종 폭력에 대한 맹신 또한 조장한다. 즉 '폭력적인 행동이 너를 남자답게 하리라'. 폭력을 남성성과 연결하는 성차별주의는 여성에 대한 폭력을 조장, 용인, 강화할 뿐 아니라 남성들 사이의 폭력도 조장한다. 인종차별주의, 성차별주의, 계급(차별)주의는 자본주의가 요청하는 동시에 기대는 차별 기제이며, 그 핵심으로 섹슈얼리티를 활용한다. 이러한 자본주의의 젠더 정치학, 젠더 폭력의 핵심을 보여주는 것은 인종화된 성폭력, 강간이다.

흑인 여성들의 역사가 보여주듯, 인종과 젠더는 착종되어 있으면서도 길항 관계가 되도록 활용된다. 인종차별주의와 남성 지배, 백인우월주의적 자본주의의 다중적인 억압을 분석, 비판하는 훅스는 인종차별주의 반대 투쟁의 젠더화된 편향성, 여성운동의 인종화된 편향성을 극복할 수 있는 것으로 "예시적 페미니즘visionary feminism"을 주창한다. 훅스의 "예시적 페미니즘"은 필요할 때마다 그 방향을 기꺼이 변화시켜온 페미니즘의 내부 비판의 과정이자 산물이다. 그것은 또한, "우리에게 여전히 절실하게 요구되는 것인, 대중에 기반한 페미니스트 운동을 건설하기 위한 가이드라인"을 제공하는 것이 그 목표이며, "모든 이에게 말을 거는 페미니스트 글쓰기"를 실천한다(1984, Preface). "내부의 외부 그리고 외부의 내부inside out and outside in", 즉 주변과 중심의 이중적 시각으로부터 현실을 파악하고 현실에 개입하는 예시적 페미니즘은, 훅스의 첫 세 저작(1981, 1984, 1989)이 보여주듯 강요된 침묵을 깨는 것을 그 출발점으로 한다. 나아가 젠더뿐 아니라 다른 억압의 결정 항들을 페미니스트 쟁점으로 이론화하고, 소통의 실천과 공감의 윤리를 지향한다.

급진적 열림의 공간, 변혁의 거점으로서 주변성: 열망의 정치와 소통의 윤리

『나는 여자가 아닙니까?』, 『페미니즘: 주변에서 중심으로』(1984)와 함께, 『말대꾸하기』(1989), 『열망: 인종, 젠더, 그리고 문화정치학』(1990)은 1980-90년대 미국 페미니즘의 방향성을 제시한 저작들이다. "말대꾸하기"로 훅스는 여성들의 침묵을 "미덕"으로 여기는 가부장적 사회에 맞서는 저항으로서 말하기의 중요성을 강조한다. “사적인 공간/관계에서 발설되는 여성들의 토로는 공적인 담론이 될 운명”이며, 말대꾸란 흑인 여성들의 침묵을 은근히 강요하는 성차별적이고 인종차별적인 미국 사회에 대한 저항의 행위다(hooks, 1989). 또한 성차별주의적 사회에 사는 거의 모든 여성들에게, 말대꾸는 상황에 따라 강력한 저항의 행위가 될 수 있다. 『말대꾸하기』는 백인-중산층-남성-이성애자-도시 거주자-대졸자만을 주체로 간주하는 서구의 지적 전통에서 흔히 쓰이는 추상적 논증 대신에, (흑인)여성의 경험을 정치적 정당성과 이론적 합법성의 근거로 확립한 저작이기도 하다. 집단적으로 침묵당하고 무시되어 온 (흑인/소수집단) 여성들의 개인적 체험에서 나온 이야기야말로 페미니스트 이론화 작업의 적절한 증거가 될 수 있으며 나아가 집단적인 서사이자 통찰을 공유하는 공적 자산이라는 것 이다.

『열망』은 흑인 (여성) 정체성을 본질주의적으로 활용하여 집단 내부의 억압을 부정하고 내부의 다양한 차이들을 억압하는 정체성 정치학의 한계점들을 극복하려는 작업이다. 즉 차별을 차이로 정당화하면서 성차별주의, 인종차별주의를 매우 세련되게 써먹는 포스트모던 자본주의에 어떻게 저항할 것인가 하는 문제와 씨름하는 저작이다. 흑인 여성들의 복수적multiple 위치와 정체성을 주장하면서도 동시에 집단적 정치를 가동하려는 모델을 훅스는 “열망”으로 이론화한다. 그녀가 말하는 열망은 “비판적 목소리에 대한 갈망”이며, “자기들의 경험 서사를 사회적으로 침묵당하는 이들의 마음과 정신에서 피어난다.” 이러한 것으로서 열망은 “계급, 젠더, 인종 등의 경계들을 가로지르면서, 공통의 연루의식을 촉진시키고 연대와 연합의 토대로서 봉사하는 유대감인 감정이입을 건설하는 비옥한 지반이 될 수 있는 공유된 감수성”이다(hooks 1990,

27). 책 전체 제목에서 이미 시사하듯, 대립과 반목의 정치만으로는 저항의 정치를 지속할 수 없으며, 또한 보다 해방적인 공간들을 창출하는 공동체를 재창조할 수 없다. 훅스에게 문화정치학은 고도로 유연한 자본주의의 정치-문화(문화를 앞세운 착취의 정치 경제)의 결을 거슬러 읽고 분석하고 다르게 상상하는 것이며, 정치로서 문화와, 문화로서 정치를 급진적으로 재절합하는 시도다.

『흑인의 표정: 인종과 재현』(1992), 『무법자들의 문화: 재현물들에 저항하기』(1994)는 훅스의 문화정치학을 가장 잘 보여주는 저작이다. 1960년대의 사회운동들과 더불어, 지배의 문화정치는 포용(하는 척) 억제(하기)containment를 그 특징으로 한다. 이 포용억제 전형적인 방법은 가장 주변화된the last 흑인 여성의 이미지를 가장 전면에서the first 소비하는 것이다. 예컨대, 소수집단 출신의 여성 작가들의 글은 잘 팔리는 상품이 되었지만 그 비판적 날이 걷어 내진 채 소비되고 있다. 이는 물질적이고 정치적이며 가장 일상적으로 자행되는 억압의 문제가 이제 텍스트상의 문제로 축소, 환원되고 있음을 함의한다. 대중매체와 문화 산업들에서 노골적으로 드러나는 흑인 여성의 육체 이미지에 대한 매혹은 정확하게, '잘 팔리는' 타자의 발명이다. 즉 흑인 여성의 육체는 젠더 및 인종 차이를 통해서 성애와 타자성의 아이콘으로만 둔갑, 상품화된다. 강단 역시 이러한 과정에 적극적으로 공모한다. 흑인 여성들이 비판적 목소리를 내기 시작하자, 흑인 여성들의 정치적 권한이 강화되는 대신 강단에서는 텍스트만이, 대중문화를 통해서는 이미지만이 상징적으로 포함되는 식이다. 타자성에 대한 이러한 집착을 훅스는 "타자성의 상품화" 혹은 "타자를 먹어 치우는 것"이라고 부른다. "상품 문화에서, 인종 문화는 주류 백인 문화의 밋밋한 요리에 상큼한 맛을 가하는 양념이 된다"(hooks, 1992, 21). 이미지와 텍스트에 대한 관심은 비판적 날을 지닌 담론조차도 문화산업의 일부로 포섭함으로써 흑인의 비판이론 일반, 흑인 페미니즘을 점점 주변화하는 방식과 긴밀하게 연결된다.

흑인 여성 작가들의 텍스트들뿐 아니라, 흑인 힙합, 재즈 가수들, 마이클 조던이나 나오미 캠벨, 심지어 콘돌리자 라이스와 콜린 파월 등이 잘 보여주듯, 이제 '잘 나가는' 상품으로서 흑인성이 문제가 되는 것은 이 전체 맥락에서 비가시적으로 작동하는 헤게모니적 규범이 백인성이기 때문이다. 이러한 상황에서는 점점 더 세련돼 가는 백인 우월주의 지배 방식에 대한 비판이나 심문은 점점 더 어려워진다. 특히 흑인 여성성이 사용되는 담론적·상업적·정치적 맥락이나, 흑인 공동체 내부에서 성차별주의 및 젠더 권력에 따른 위계화와 폭력의 문제에 대한 비판적 인식과 분석들을 쓰레기로 처분하는 반지성주의적 역습 역시 증가 중이다. 비난일 뿐인 비판과, 복잡한 현실에 대한 이해를 풍성하게 해주는 류의 건설적 비판을 어떻게 구분하는지를 다시 배우는 일은 필수적이다. 타자성을 팔아먹음으로써 비가시적인 지배 규범들을 공고히 하는 권력의 작동 방식을 읽어내는 비판 작업 또한 절실하다. 이것이 바로 흑인 페미니스트 문화정치학의 기본 과제라고 훅스는 말한다.

훅스가 주창하는 페미니스트 문화정치학에서 비판이란 지배 이데올로기의 자욱한 안개 속에서 수행되는 것이다. 흑인들의 비판이 백인 우월주의 및 백인 중심적 지배의 맥락에서 수행되는 것인 만큼, 자신들의 비판이 지닌 은근한 공모성도 끊임없이 의식, 경계해야 한다. "백인 지배의 맥락에서 생산되는 우리의 비판은 탈식민화의 과정과 관련된 것이어야" 하며, 이런 점에서 대립의 정치만으로는 충분하지가 않다.

눈여겨볼 지점은, 대립의 정치, 담론을 넘으려는 훅스의 방식이 주변성을 강력한 변혁의 지점으로 삼는다는 것이다. 훅스에게, 강자/약자, 다수/소수, 남성/여성, 백인/흑인, 가해자-억압자/피해자-피억압자 식의 이항대립적 세계 인식/정치학을 넘어서, 보다 해방적인 흑인 주체들이 온전히 부상하고 활동하도록 하는 변혁의 거점은 주변성이다. 지배가 강제하고 부여한 주변성을 급진적으로 재전유하여, 해방의 바람을 몰고 오는 세력화된 주체들이 우글대는 지점으로서 주변성 말이다. 강요된 약자의 자리인 주변을 이렇게 급진적으로 다시 구성하기 위해서는 우선, 주변성이 구조적으로 생산되는 방식을 인식해야 한다. 그러면서 동시에 저항의 거점이자 급진적 열림과 가능성의 위치로서 주변을 재정의, 재전유하는 것. “스스로를 저항의 거점으로서 주변에 위치시키는 것은 어렵지만 필수적이다. 그곳은 ‘안전한’ 공간이 아니다. 사람은 항상 위험 부담을 감당해야 한다. 저항의 공동체를 원한다면 말이다.”

필자에게, 몇십 년에 걸친 훅스의 전체 작업에서 가장 강렬하게 다가오는 부분은 바로 이 “열망”의 언어, 그리고 주변성을 급진적 저항과 열림의 공간으로 재전유하는 작업이다. 강요된 구조적 주변에서의 경험으로부터, 이 주변에서 억눌린 에너지와 열망들로부터, 지배구조에도 불구하고 잠재되어 있는 열망들과 역능들을 가지고, “인종, 계급, 젠더, 성적 실천 등의 경계들을 가로지르며 감정이입의 비옥한 지반이 될 수 있는 공통의 정서적 정치적 감수성”을 벼리어 내는 것. 주변부를 피해와 절망만이 존재하는 곳으로만 인식하는 것은 그곳에서 살고 있는 이들에게 도움이 되지 않는다. 변혁과 진보의 정당성은 주변부의 고통에서 나올 수 있지만 그것이 냉소주의와 절망의 언어로만 표현될 때, 저항은 자기 내부로부터도 새로운 변화 공간을 열어젖히는 정치가 되지 못한다. 중심의 포섭과 순치를 욕망하는 자기 부정의 언어로는 스스로에게 힘과 권한을 실어줄 수 없다. 또한, 고통 속에서 고통을 넘어서는 열망들을 풀어헤치는 정치를 할 수 없다.

돌봄의 정치: 온전한 삶 속으로 모든 이를 변화시키는 사랑의 페미니즘을 향해서

1990년대 후반 이후 훅스의 저작들은, 고급/저급의 이분법에 근거해서 보자면, 문체와 내용에 있어서 눈에 띄게 자기 계발류의 글쓰기를 지향한다. 모든 해방의 형태들 중에서 가장 어려운 것이 '내 안으로부터의 해방/혁명'이라는 점은, 특히 온갖 종류의 식민화를 경험한 주체들의 산 경험과 투쟁에서 가장 잘 드러난다. 자기애, 사랑, 소통, 친교, 자기 치유 등을 강조하는 훅스의 최근 저작들에서 사랑은 자기 자신과 남들의 정신적 정서적 성장을 도모하고자 하는 의지와, 에리히 프롬이 『사랑의 기술』에서 정의한, 감정이 아니라 행동으로서 사랑을 섞은 것이다. 『살아남은 자매들: 흑인 여성과 자기 발견』(1994b)부터 훅스는, 버틀러라면 "권력의 심리적 생활"이라 할 문제, 즉 사람이 왜 스스로 자기를 억압하는 것들을 받아들이는가 하는 문제로 초점을 이동한다.

훅스가 최근 들어 천착하고 있는 자기 돌봄의 문제는 성찰성과 윤리에 관한 것이다. 끊임없이 비인간화하는 세계에서, '경쟁력' 있는 (즉 비인간화하는) 주체로 살아남는 것 대신에, 온전한 존재로서 충일한 삶을 누리기 위해서 요청되는 것인 성찰성과 자기 배려의 윤리. 인간의 눈이 밖을 향해 있기 때문에, 자기 안을 들여다보는 내면의 동공의 시력을 넓히는 것(소위 성찰성)은 분명 중요한 작업이다. 훅스에게 이러한 성찰의 작업은 사랑의 의미를 다시 사유해 보는 것에서, 그리고 자기애가 지니는 사회변혁의 힘을 재발굴하는 데서 시작된다. 훅스에게 자기애는 가장 강력한 저항의 출발점이다. 여성임을, 소수자임을, 노동자임을, 백수임을, 프로가 되지 '못하는' 직장인임 등을 스스로 경멸하도록 하는 문화에서, 자기 자신을 사랑하는 것이야말로 가장 끈적지근해서 박멸 불가능한 형식의 저항이 된다.

훅스는 주체로서 여성의 자기애는 그 근본에서부터, 가부장적 남성중심적 문화에 위협이라고 말한다. 자기를 부정하고 폄하하도록 끊임없이 조건화되고 프로그램화되는 문화에서, 사람들이 주체로서 가지게 되는 자기애. 이것이 치카나 페미니스트인 첼라 샌도벌도, 흑인 페미니스트인 벨 훅스도 사랑을 변혁적, 심지어 혁명적인 힘으로 보는 이유다. 그간 페미니즘을 포함한 급진 이론들이 사회구조를 다르게 보는 눈은 선사했을지언정, 자기 자신과의 대면을 가능케 하는 또 다른 눈을 제시하는 데는 소홀했다는 점을 고려한다면, 훅스가 말하는 자기애는 자못 시사점이 크다. 성찰성의 문화와 자기 배려의 윤리는, 변혁적 잠재력을 지닌 것이자 저항의 전제 조건인 자기애 없이는 불가능하다.

라캉류의 정신분석학처럼 여성성 해부를 통해서 남성성과 남근을 사이비 초월의 경지로 격상시키는 것보다는 차라리 훅스판 자기 돌봄의 심리학이 더 나은 데가 있다. 훅스의 자기 계발적 글쓰기는 더 많은 이들에게 다가가고 더 많은 이들과 소통하고자 하는, 욕심 많은 소통급진주의일 터. 여기서, 흑인 페미니스트들의 결코 난삽하지 않은, 언제나 명료한 글쓰기는 흑인들이 지식 능력에의 접근권을 거부당해왔거나 제한당해 왔다는 역사적 맥락에 뿌리를 둔다는 점을 우선적으로 상기해야 한다. 자기 계발서는 기존의 구조의 지배적 통념들은 건들지 않으면서 "어떻게 나 개인은 행복해질 것인가"만을 강조함으로써 현상 유지를 도모, 강화한다. 이 점을 고려한다면, 훅스가 자기 계발서가 지닌 스타일과 담론을 급진적으로 재전유하는 방식에서 급진적인 날을 찾아낼 수가 있다. 자기 돌봄을 강조하는 훅스의 최근 담론은 자기 계발서들이 지닌 보수성을 분명히 지적하면서도 그것이 널리 읽힐 수밖에 없는 상황을 급진적으로 전유해서 다시 읽어내고자 한다. 또한, 자기 계발서가 지닌 강점, 즉 접근성과 가독성이 높다는 강점을 최대로 활용하는 훅스의 소통 실용주의는 우리로 하여금 앎을 삶에 되돌려주는 방식들을 다시 생각해 보게 만든다.

이론이란 따로 떨어진 듯한 것들, 체험들에 의미 있는 연결을 수행하는 작업이다. 개인적 체험이 여럿이 나눌 수 있는 경험-통찰이 되는 것은 바로 이런 연결 작업을 통해서다. 그래서 관념은 물질적인 힘이 된다. 페미니스트로서 우리가 교실과 제도 안팎을 가로지르는, 이런 힘을 지닌 관념들을 더 많은 이들과 나누고 소통하기 위해서 우리에게 필요한 것은 무엇일까?

참고 문헌

벨 훅스, 『나는 여자가 아닙니까: 성×인종×계급의 미국사』 노지양 옮김, 동녘, 2023.
______, 『페미니즘: 주변에서 중심으로』, 윤은진 옮김, 모티브북, 2016.
______, 『올 어바웃 러브』, 이영기 옮김, 책읽는수요일, 2012.
______, 『남자다움이 말하는 이상한 거리감: 페미니스트가 말하는 남성, 남성성, 그리고 사랑』, 이순영 옮김, 책담, 2017.
______, 『모두를 위한 페미니즘』, 이경아 옮김, 문학동네, 2017.
______, 『당신의 자리는 어디입니까?: 페미니즘이 계급에 대해 말할 때』, 이경아 옮김, 문학동네, 2023.

Collins, Patricia Hill. *Black Feminist Thought: Knowledge, Consciousness, and the Politics of Empowerment.* 2nd Ed. ,New York: Routledge, 2000.

Davis, Angela. *Women, Race, and Class* ,New York: Vintage Books, 1983.

Guy−Sheftall, Beverly. Ed. *Words of Fire: An Anthology of African−American Feminist Thought* ,New York: The New Press, 1995.

Hull, Gloria · Patricia Bell Scott · Barbara Smith. Eds. *But Some of Us Are Brave: All the Women Are White, All the Blacks Are Men: Black Women's Studies,* New York: The Feminist Press, 1982.

King, Deborah K. "Multiple Jeoparty, Multiple Consciousness: The Context of Black Feminist Ideology", *Words of Fire: An Anthology of African-American Feminist Thought.* Beverly Guy-Sheftal Ed., New York: The New Press, 1995.

Sandoval, Chela. *Methodology of the Oppressed: Theory of Bounds,* Minnesota: U of Minnesota Press, 2000.

Smith, Barbara. Ed. *Home Girls: A Black Feminist Anthology,* New York: Kitchen Table: Women of Color Press, 1983.

사라 아메드
Sara Ahmed

행복은 무슨 일을 하는가?

이경란
이화인문과학원 연구교수로 여성문학, 젠더, 문화번역, 포스트휴먼 연구를 진행했고, 현재 의료인문학연구소 공감클리닉 연구위원장으로 서사의학을 연구하고 있다. 대표 저서로 『로지 브라이도티, 포스트휴먼』 등이 있다.

이 글의 원문은 『여/성이론』 44호(2021)에 실려있다.

사라 아메드: 행복은 무슨 일을 하는가?

땀이 밴 개념

여러분 안녕하세요. 여성 이론가를 소개하는 이 자리에서 여러분을 뵙게 되어 반갑습니다. 늘 이 자리를 찾아주시는 분들도 반갑고 오늘 처음 뵙는 분들은 더욱 반갑습니다.[1] 오늘은 영국의 페미니스트 이론가이며 실천가인 사라 아메드Sara Ahmed라는 여성 이론가에 대해 같이 이야기를 나누어보려 합니다. 얼마 전 다른 자리에서 사라 아메드에 대한 간단한 소개를 할 기회가 있었습니다. 그때 강의를 듣던 한 분이 강의가 끝날 무렵 이런 질문을 하시더군요. "저는 오늘 처음 사라 아메드라는 분을 알게 되었습니다. 참으로 흥미로운 분인 것 같습니다. 그런데 선생님은 이분을 어떻게 알게 되셨는지요?" 온라인상에서 강의가 정시에 끝나기를 기다릴 다른 분들이 마음에 쓰여 "'아, 어떤 분이, 이 책 재미있어요, 한번 읽어 보시겠어요?'라며 아메드의 책 한 권을 소개해 주셨답니다."라고 무책임한 짧은 답을 드렸습니다. 하지만 사실 하고 싶었던 답은 이러했던 것 같습니다.

사라 아메드는 1998년에 『중요한 차이들: 페미니스트 이론과 포스트모더니즘*Differences that Matter: Feminist Theory and Postmodernism*』을 출간한 후, 『낯선 만남: 포스트식민성에서 체화된 타자들*Strange Encounters: Embodied Others in Post-Coloniality*』(2000), 『감정의 문화정

1) 이 글은 강의 형식을 빌려 사라 아메드를 소개하는 방식으로 쓰여진 글입니다.

치학*The Cultural Politics of Emotion*』(2004), 『퀴어 현상학: 정향, 대상, 타자*Queer Phenomenology: Orientations, Objects, Others*』(2006), 『행복의 약속*The Promise of Happiness*』(2010), 『소속된다는 것: 제도 안에서 겪는 인종주의와 다양성*On Being Included: Racism and Diversity in Institutional Life*』(2012), 『고집스런 주체*Willful Subjects*』(2014), 『페미니스트로 살아가기*Living a Feminist Life*』(2017), 『무슨 소용이 있는지요? 소용의 소용에 대해*What's the Use? On the Uses of Use*』(2019) 등의 저서를 꾸준하게 내고 있는 여성 이론가입니다. 우리나라에서는 『페미니스트로 살아가기』와 『행복의 약속』이 번역되어 있고 『고집스런 주체』 등 다른 책들도 소개될 예정으로 알고 있습니다. 책 제목들을 보시면 아시겠지만, 차이, 페미니즘, 포스트식민성, 감정의 문화정치학, 퀴어, 인종주의, 다양성 이런 문제들을 꾸준히 다루고 있는 페미니스트 이론가이며, 이런 이론적 관심은 아메드의 개인적 삶의 궤적과 무관하지 않습니다.

사라 아메드는 파키스탄인 아버지와 영국인 어머니 사이에서 영국에서 태어나 다섯 살 때쯤 호주로 이주하였고, 호주에서 대학을 나온 후 다시 영국으로 돌아와 카디프 대학에서 비판이론으로 박사학위를 받은 후 2004년부터 런던 대학교 골드스미스 칼리지에서 인종 및 문화연구 교수로 지내게 됩니다. 20여 년간 대학에 재직하면서 대학 내 페미니스트 연구 센터를 만들고 인종차별을 의식화하고 완화하려는 다양성 프로젝트에도 참여합니다. 아메드는 자신이 대학의 구성원으로, 학계의 연구자로 인종차별주의와 성차별주의를 학계에 이해시키려고 애쓰면서 겪은 경험들이 이 두 현상을 가족들에게 납득시키면서 겪었던 경험과 판박이처럼 같았다고 말합니다. 행복한 분위기에 부정적 관점을 들이밀어 주변의 즐거움을 깨고 있다고, 유색인이기 때문에 인종차별을 말하고 여성이기 때문에 성차별에 대해 말한다고, 다시 말해서 자기 집단의 권리와 이익을 추구하기 위해 이론을 개발하느라 공동 집단의 지식이나 꿈에 대한 책임은 등한시한다고 비판을 받았다고 말합니다.

2013년부터 아메드는 한편으로는 『페미니스트로 살아가기』를 집필하면서 다른 한편으로는 대학 내에서 남성 교수에게 성적 괴롭힘을 당하는 여학생들에게 힘을 실어주는 프로젝트를 수행하게 됩니다. 피해 학생들의 멘토가 되어 자신들의 피해 상황을 증언하는 학생들을 지지하고 옆에 있어주면서 페미니스트 고전들을 함께 읽고 대학 교과 과정이 채택하는 교재나 주제에서 인종주의와 성차별주의가 어떤 식으로 재생산되는지 주목하게 하는 등 페미니즘 집단의식을 고양하고, 성적 괴롭힘과 성폭력, 성차별주의와 관련된 행사를 주관하기도 합니다. 하지만 성폭력, 성적 괴롭힘으로 인한 트라우마와 피해의 심각성을 피부로 실감하면서 아메드는 대학이라는 기관과 전처럼 관계를 유지할 수가 없다는 생각이 들게 됩니다. 한쪽 귀로는 트라우마를 듣고 다른 쪽 귀로는 조직의 침묵을 듣고 있는 것이 견딜 수가 없게 되었다고 말합니다. 결국 아메드는 "나 자신을 보호하는 차원이자 페미니스트 항의의 행위로"[2] 학교에서 맡고 있던 자리를 박차고 나와 현재 독립 연구가로 활동하고 있습니다.

아메드의 이론적, 활동적 궤적을 바라보고 있으면, 그녀가 『페미니스트로 살아가기』에서 자신의 이론화 과정을 소개하면서 제시한 "땀이 밴 개념sweaty concept"(30)이라는 말이 참으로 적절한 표현이라는 생각

2) 사라 아메드, 『페미니스트로 살아가기』, 이경미 옮김, 동녘, 2017, 42쪽. 이 글 전체에 걸쳐 이 책을 반복적으로 인용하고 있으므로 이후 특별한 표기 없이 인용 쪽수를 괄호 안에 표기하겠습니다.

이 듭니다. 아메드는 『페미니스트로 살아가기』의 들어가는 글에서 자신이 어떻게 오드리 로드, 벨 훅스, 글로리아 안잘두아 같은 흑인 페미니스트와 유색인 페미니스트의 글들을 읽으면서 자신의 삶이 바뀌었는지 말합니다. 그전까지 한 번도 본 적이 없는 생소한 유형의 이들의 글은 권력의 횡포를 몸으로 겪은 경험들이 토대가 된 지식을 보여주었기 때문입니다. 일상으로부터 생명력을 얻은 글, 만남과 사건과 섬광처럼 번뜩이는 통찰을 상세하게 묘사하는 그들의 글을 읽으며 그녀는 일상과 철저하게 가까운 이론일수록 더 많은 것을 바꿀 역량이 있다는 사실에 감사했다고 말합니다. 세상과 만나는 이론 작업이야말로 본인이 원하는 것임을 깨달았고, 사상의 역사에 관한 논문을 쓸 때조차도 자신의 경험에서 끄집어내려 했다고 말합니다. 그러므로 그녀의 많은 이론화 작업들은 그녀가 백인성 중심의 사회에서 살고 있는 갈색 피부의 여성으로서, 이성애 중심 사회에서 살고 있는 레즈비언으로서, 인종과 문화가 혼종된 이주 가정의 딸로서 살면서 겪었던 자신의 뼈아픈 경험을 활용한 이론입니다. 자신이 세상 어디에 있는지 설명함으로써 세워진 이론이고, 세상으로부터 수용되지 않는 상황을 묘사함으로써 만들어진 이론입니다. 일상 자체가 자료이고 그 자료를 해석하는 도구가 이론인 셈이지요. 이렇게 자신이 온전히 이해하지 못하는 것을 설명하려고 애쓰는 과정에서 만들어진 이론들, 목적지에 도달하기 위해 얼마나 많은 노고를 감내하였는지 드러내는 이론들, 세상과 맞서는 실제 경험에서 생성된, 말하자면 "땀이 밴 개념"들은 자신이 산산조각 깨져 사방으로 흩어질 만큼 충격적인 일을 겪을 때 그것으로부터 빠져나오는 하나의 방법이 될 수 있다고 아메드는 말합니다.

이렇게 차이와 정치학을 주제로 페미니즘, 퀴어, 인종 이론을 넘나들면서 영미 페미니스트 이론가들과 유색인 작가들을 자신의 페미니즘 아카이브에 담고 있는 사라 아메드였기 때문에, 미국 여성문학을 출발점으로 흑인 여성문학, 이주 여성문학, 소수자 문학 등으로 연결되는 길을 걸어온 저 같은 사람이라면 그 길 위에서 언젠가는 서로 만날 수밖에 없었을 듯합니다. 이렇게 길과 만남의 이야기를 하다 보니 아메드가 『행복의 약속』 마지막 부분에서 오랜 역사와 능동적인 노력의 결과로 만들어진 길을 단지 수동적으로만 놓여있는 무엇으로 보기보다는 무엇인가를 제공하는 제공자로 보아야 한다는 말에 새삼 공감이 갑니다.

긴 만남의 이야기를 지금이라도 이 자리의 여러분께 할 수 있게 되어 참 다행이라는 생각이 듭니다. 이 자리에 오신 여러분들은 각자 어떤 관심을 따라 어떤 길을 걷다 사라 아메드라는 여성 이론가를 만나는 이 자리에 오시게 되었는지 궁금합니다. 또한 이 만남 뒤에 여러분이 가던 길에서 어떤 가능성을 만나게 될지, 가던 길을 멈추고 지금 서 있는 길에 대해 어떤 생각을 해보시게 될지, 낯선 길로 들어서거나 새 길을 만드는 한 걸음을 시도해 보시게 될지도 궁금합니다.

말과 개념, 이리 돌리고 저리 돌려보면

이 자리에서는 주로 우리나라에서 번역된 『행복의 약속』과 『페미니스트로 살아가기』 두 책을 중심으로 행복에 대한 아메드의 생각들을 다루어볼 예정입니다. 하지만 그 전에 아메드가 언어를 다루는 방식을 먼저 소개해 드리지 않을 수 없습니다. 아메드의 글을 읽어 보신 분이라면 아메드가 단어와 개념들을 얼마나 흥미롭게 사용하고 있는지 금방 느끼실 것이기 때문입니다. 아메드는 자신이 학자로 살아온 세월이 있어서 페미니스트 이론의 학문적 언어가 상대적으로 편하지만, 일상에 더 가까이 머물고 일상에 더 깊숙이 들어가기 위해 '행복', '의지' 같은 말이나 개념에 주의를 기울인다고 말합니다. 말로 이루어진 역사를 듣고 말에 담겨있는 역사에 공명하면서 "말을 이렇게 돌렸다 저렇게 돌려서 말이 맥락에 따라 어떻게 달라지는지 주목하고 글 바탕에 결을 형성하듯 새로운 무늬나 패턴을 만들"(28)고자 한다고 합니다. 말을 "각도에 따라 다른 빛을 포착하는 물건"(28)처럼 다루는 아메드의 솜씨는 참으로 흥미롭고 놀랍습니다. 아메드의 글을 읽는 즐거움 중 하나는 이러한 말 다루는 방식에서 나옵니다.

예를 들어, 아메드는 욕망desire에 대한 논의를 전개하면서 'desirable'이라는 단어에 '욕망할 만하다'는 의미와 '바람직하다'는 의미가 중첩되어있음에 주목합니다. 'desirable'이라는 단어를 이렇게 돌렸다 저렇게 돌리면서 맥락에 따라 어떻게 달라지는지 보여줍니다. 그 과정에서 개인의 욕망과 사회적 바람직함 사이에 이전에는 잘 드러나지 않던 연결이 있음을 드러냅니다.

'agree'와 'agreement', 'disagree'와 'disagreement'의 사용 역시 흥미로운 사례입니다. 'agree'는 '무엇인가와 잘 어울리다, 적합하다, 합치하다'는 의미와 '동의하다'는 의미를 동시에 가지고 있는 말입니다. 아메드가 이 단어를 어떻게 사용하고 있는지 다음과 같은 문장을 살펴보도록 하지요.

> Pleasure or joy might involve not just finding such and such *agreeable* but the experience of being affirmed *because* you find *the right things pleasing*. Those around you "*agree*" with your *agreement*.[3)]

쾌락이나 즐거움은 단지 자신에게 합치하는 이러저러한 것을 발견한 결과일 뿐 아니라 기쁨을 얻기에 적합한 것을 발견했다는 이유로 인정받은 경험의 결과이기도 하다. 당신 주변의 사람들이 당신의 합치에 합치[동의]하는 것이다.4)

제가 이탤릭으로 강조한 단어들을 보시면 느끼실 수 있으시겠지만 아메드는, 내가 '나에게 어울리는/적합한/합치하는' 것을 찾아내서 가지는 기쁨과 내가 나에게 어울린다/적합하다/합치한다고 생각한 그것에 사람들이 '그래 맞아 그것이 바로 기쁨을 얻기에 적합한 것이야'라고 '동의'해 주어서 느끼는 기쁨을 분리하기 어렵다는 것을 'agreeable'이라는 말을 맥락에 따라 이리저리 돌려가며 반복적으로 사용함으로써 효과적으로 드러내고 있습니다. 이렇게 말을 이리저리 돌려 대상의 다른 빛을 포착하고 상황과 의미의 역사를 재구성해 내는 아메드의 솜씨는 참으로 흥미진진합니다.

아메드가 끈질기게 잡고 있는 또 하나의 중요한 말은 『행복의 약속』의 주제어인 행복happiness과 그 말의 어근인 우연hap입니다. 아메드는 『페미니스트로 살아가기』에서 "행복이 어떻게 우연이나 기회의 의미를 잃었을까"(339쪽)라는 질문이 『행복의 약속』에서 일차적으로 던진 질문 중 하나였는데, "우연히 우연이라는 말 'hap'을 알고 나니 이 말이 무척 맘에 들었다. 행복에 대해 글을 쓰고 있었기 때문에 우연히 hap을 알게 되었는데 지금 생각해 보면 그것도 이상한 일인 듯싶다. 일단 그 말을 알게 되자 나는 그것에 푹 빠졌다. 목적지 없이 산책하는 것을 나는 이제 우연한 선택이라 부른다. 우연을 긍정하는 것은 낯선 노정을

3) Sara Ahmed, *The Promise of Happiness*, Duke University Press, 2010, p.212.

4) 사라 아메드, 『행복의 약속: 불행한 자들을 위한 문화비평』, 성정혜·이경란 옮김, 후마니타스, 2021, 382쪽.

따르는 것이다."(339)라고 말합니다. 사실 'happiness'의 어근이 중세 영어에서 우연이나 기회를 의미하는 'hap'이기 때문에 happiness에 대해 연구하면서 hap이라는 말을 알게 된 것은, 또한 그 'hap'이 'perhaps(아마도)', 'happen(우연히 일어나다)', 'happenstance(우연발생)' 같은 말들의 어근이기도 함을 알게 된 것은 우연한 만남이기만 한 것은 아닐 것입니다. 하지만 "선함과 밀착되어 있기 때문에 일단 무겁고 도덕적인 말"(339)인 '행복'이라는 말과 달리 '행복'과 같은 어근을 가지면서도 "다소 가벼워 보이고 동작을 나타내며 바람에 날리는 지푸라기처럼 되는 대로 흔들리는 듯"(339)한 '우연', '아마도', '우연히 일어나다', '우연발생' 같은 말들을 만나고 그것들의 가능성을 '행복' 개념에 포함시켜 행복을 새롭게 생각해 볼 수 있게 된 것은 '낯선 노정을 따르는 우연한 산책'의 흥미로운 결과라고 할 수 있을 듯합니다. 행복에 올바른 방향이 있다고 상정하는 사회적 합의를 따라가지 않고 우연을 위한 공간, 가능성의 공간을 마련하고자 하는 『행복의 약속』 전체의 기획을 '행복happiness'이라는 말이 담고 있는 혹은 과거에 담고 있던 '우연hap'의 의미를 되살려내는 기획으로 연결시키는 아메드의 솜씨는 논리적으로도 이론적으로도 설득력이 있을 뿐 아니라 그녀의 글을 읽는 과정을 즐겁게 만듭니다. 이러한 말과 개념의 섬세하고 엄밀하면서도 도발적인 사용들을 보고 있으면 자신이 일상과 말에 얼마나 천착하는지를 설명하면서 "나는 페미니즘이 시라고 생각한다"(28)고 말하는 아메드의 주장에 고개가 끄덕여지기도 합니다. 동시에 다양한 의미들이 달라붙어 끈적끈적해진 말들, 두터워진 말들을 다른 언어로 번역하는 작업이 주는 도전에 대해서도 다시 생각해 보게 됩니다.

행복이 하는 일

이제 2011년에 페미니즘 분야의 독창적 연구에 수여하는 FWSA Feminist and Women's Studies Association 도서상을 받은 『행복의 약속』을 중심으로, 사라 아메드가 왜 행복을 혹은 행복의 약속을 깊이 있게 들여다보아야 할 무엇으로 다루고 있는지 살펴보고자 합니다. 사실 행복은 아니 행복이라는 말은 우리 주변에서 정말 다양한 방식으로 다양한 무게로 사용되고 있습니다. 어디에나 나타나고 어디서나 사용되는 이 말은 너무 흔하게 사용되어 속이 빈 닳아버린 말로 느껴질 정도입니다. 일상적으로 주고받는 호혜의 말들, 예의상 하는 말로도 사용되고, 현재 가지고 있는 태도나 느낌이나 선호를 나타내기도 합니다. 우리가 자기 삶의 상황에 어떻게 느끼는지, 무엇을 희망하는지를 나타내기도 하고, 때로는 "너만 행복하면 우리 가족 모두가 행복할 텐데…", "단지 네 행복만을 바랄 뿐인데…"처럼 내가 원하는 것이 나의 행복인지 너의 행복인지, 행복이 욕망을 나타내는 것인지 의무를 요구하는 것인지 잘 구분이 되지 않는 상황에서 갈등을 암시하는 말로도 사용되지요.

아메드는 21세기 초 영국에서 '행복'을 생산하고 소비하면서 자본의 형태로 가치를 축적하는 소위 행복 산업이 번성하고 있음에 주목합니다. 수많은 책들과 강의들이 긍정심리학 등에 기반을 두어 행복해지는 법을 가르치고 있고, 영국의 주요 일간지들이 '행복 특집'을 마련하고 있으며, BBC에서는 『행복 공식』이라는 프로그램도 방영하였다 합니다. 사실 이런 '행복으로의 전회The Happiness Turn'는 세계적인 현상이기도 해서 인터넷에서는 '지구촌 행복 지수Happy Planet Index, HPI'를 찾아볼 수 있고, 많은 정부에서 국내총생산(GDP) 이외에 행복을 진보의 측정에 도입하는 참진보지수Genuine Progress Indicator, GPI를 추가하기도 합니다. 신행복학의 핵심 인물로 간주되는 리처드 레이어드는 2005년에 출판된 저서 『행복: 신과학의 교훈』에서 "경제학에서는 한 사회에서 나타나는 행복의 변화와 그 사회의 구매력의 변화를 동등하게 보지만, 오직 행복을 통해서만 성장과 진보를 측정할 수 있다"고 주장하면서 "최고의 사회는 가장 행복한 사회"라고 말합니다. 이런 주장에 내포된 근본적인 가정은 행복이 선이고 따라서 행복을 극대화하는 것보다 더 좋은 것은 없으며, 그 행복은 측정 가능한 것이고 그 측정은 자기 보고에 기반을 두어 사람들이 행복하다고 말하면 행복한 것이라는 가정입니다. 즉 신행복학은, 인간은 자신이 느끼는 바를 잘 알고 있고 좋은 느낌과 나쁜 느낌을 명확히 구분하며 그것이 바로 주관적 웰빙, 더 나아가 사회적 웰빙의 기초를 형성한다고 말합니다.

아메드는 이런 '행복 산업'과 '행복에의 전회'를 보면서 이러한 현상들이 단순히 '행복'이 무엇인지에 대한 우리의 합의를 반영하고 있을 뿐만 아니라, 뭔가 중요한 것을 나타내는 데 '행복'이라는 말을 사용하겠다는 합의를 반영하고 있다고 판단합니다. 그래서 아메드는 '행복이 무엇인가'를 묻기보다 '행복은, 행복이라는 약속은, 행복이라는 말은 무엇을 하는가'를 묻겠다는 것이지요. 아메드는 누구도 그것에 이견을 제기하기 어려운 믿음, 즉 '행복은 좋은 것'이라는 믿음을 유보함으로써 행복이 무슨 일을 하는가를 묻는 자신의 작업을 진행해 보겠다고 말합니다. 왜냐하면 우리는 우리가 가치를 두는 것에서 행복을 찾곤 하니까요. 우리가 어디서 행복을 발견하는가를 보면, 단순히 무엇이 가치있는가가 아니라 우리가 무엇에 가치를 두는지를 알 수 있습니다. 물론 가치 있는 것이 행복이 되기도 하지만, 가치 있는 것에 가치를 부여하는 역할을 하는 게 행복이기도 합니다. 그래서 행복이 자명하게 좋은 것이라고 간주되면, 행복은 좋은 것의 증거가 됩니다. 그러므로 행복이 좋은 것이라는 믿음을 일단 유보하면, '행복이 왜 좋은 것이 되는지'뿐만 아니라 '뭔가를 좋은 것이 되게 하는 데 행복이 어떤 식으로 가담하는지'도 생각해 볼 공간이 확보되는 것이지요.

그래서 아메드는 뭔가가 좋은 것이 되는 데 행복이 어떤 식으로 가담하는지, 느낌이라는 것이 어떤 식으로 어떤 것을 좋은 것으로 어떤 것을 나쁜 것으로 만드는지 살펴보는 작업을 시도합니다. 이러한 작업은, 더 구체적으로는, 느낌들이 어떤 대상에 귀속되고 그 결과 특정 대상을 어떻게 행복이나 불행의 원인으로 만드는지, 이러저러한 식으로 행동하면 행복이 따라온다는 약속이 우리를 어떻게 이끄는지, 행복의 약속이 어떻게 특정 대상들을 더 가까이하게 만들고 그래서 우리 주변을 둘러싼 세계가 형성되는 방식에 어떻게 영향을 미치는지, 즉 행복이 제공하는 지평 아래 어떤 종류의 세계가 형성되는지 살펴보겠다는 말이기도 합니다. 일상적인 행복 습관들을 탐색하면 그런 습관들이 세계에 대한 사고방식과 어떤 식으로 관련을 맺으며 세계를 일관된 것으로 만들어내는지 나타날 것이라고 기대합니다. 결국 아메드는 우리가 행복을 말하고, 행복을 살고, 행복을 실천하는 방식에 주목함으로써, 행복이 무슨 일을 하는지 살펴보겠다는 것이지요.

이 자리에서 아메드가 제기한 이 모든 문제들을 다 세세하게 다룰 수는 없습니다. 하지만 아마도 여러분들은 이러한 질문들을 들으면서 아메드가 무슨 말을 하고 싶어 하는지 이미 많은 부분 알아채셨을 것입니다. 행복이 단순히 개인의 내적 감정이기만 한 것이 아니라 행복을 약속하는 특정한 대상들을 향한다는 점에서 지향적intentional이고, 대상들과 만남으로써 영향을 받는다는 의미에서 정서적/정동적affective이라면, 행복은 우리가 접촉하게 되는 대상들에 대해 우리의 위치를 결정하게 하는 정향성orientation을 가지고 있는 셈인데, 문제는 어떤 대상과 어떤 정서의 연관성이 우리가 그 어떤 것을 만나기도 전에 이미 부여되어 있다는 것이지요. 그리고 그 연관성을 부여하는 것이 단순히 인간의 상상적 힘만이 아니라 사회적 세계의 힘이라는 것이지요. 엄밀하게 말하면 좋은 것이 쾌락을 유발한다기보다 쾌락을 유발하기 쉬운 것들에 대해 좋은 것이라는 판단이 이미 선행되어 있다는 것입니다. 이렇게 사회적으로 행복 대상으로 간주되는 것, 우리가 그 어떤 것을 만나기도 전에 이미 행복을 가져오리라 기대되고 있는 대상들은 우리로 하여금 그런 대상들로 향하게 합니다. 그것을 마주치기도 전에 그것이 이미 행복을 준다는 판단이 주어져 있고 그래서 사회적으로 좋은 것으로 그것이 유통되고 있다면, 우리가 애초에 그것을 마주치게 되는 것도 그 때문이라고까지 말할 수 있겠지요. 그것을 향하면 올바른 길을 가고 있다고 인정되고, 이미 좋다고 평가된 대상에 의해 좋은 방식으로 정서적 영향을 받으면, 우리는 소위 '정서적 공동체'에 속하게 됩니다. 이러한 정서 공동체는 물론 사회적 결속을 유지하는 데 아주 중요합니다.

반면, 이런 정서 공동체에 속하지 않거나 정서 공동체에서 이탈하게 되면 어떤 일이 벌어질까요? 남들이 다 행복을 느끼는 데서 혹은 다 행복을 느낄 것이라고 가정되어 있는 데서 행복을 느끼지 못하면 어떤 일이 벌어질까요. 그럴 경우 우리는 우선 당황스러울 것입니다. 행복을 주기로 되어있다는 그 이상에 맞춰 '올바르게' 느끼려고 애쓸 수도 있습니다. 하지만 그러한 노고 자체가 스스로를 불편하게 만들 수도 있습니다. 내가 무엇을 잘못했을까 스스로를 의심하는 이야기를 만들어낼 수도 있습니다. 행복을 약속한 대상이나 그러한 대상이 행복을 가져다줄 것이라고 제시했던 사람들에게 분노할 수도 있습니다. 어떤 경우든, 이렇게 행복의 약속과 실제 경험 사이에 간극을 느끼는 사람들을 아메드는 "정서 이방인affective aliens"이라고 부릅니다. 그리고 같은 방향을 보고 있더라도 다르게 느끼는 사람들의 존재 가능성을 열어 놓는 것이 필요하지 않겠는지, 행복의 약속에서 소외된 정서 이방인들을 지지해 줄 공간과 자원이 필요하지 않겠는지 되묻습니다.

불행 아카이브

아메드가 수많은 철학 문헌이나 행복 연구에서 거의 다루고 있지 않은 '불행'에 대해 자세히 들여다보고자 하는 시도 역시 이러한 정서 이방인들의 존재 가능성을 인정하면서 그들을 지지할 공간과 자원을 확보하려는 시도의 일부일 것입니다. 아메드는 불행을 단지 행복하지 않은 것, 행복의 결여, 행복의 부재라고만 보는 기존의 관점을 넘어서서 불행에 역사를 부여해 보자고 합니다. 아메드는 '불행'이라는 말이 애초에 '불운이나 문제가 야기되다'는 의미로 사용되다가 나중에야 '비참하다'는 의미를 가지게 되었음에 주목합니다. 그리고 이방인, 망명인, 추방당한 사람을 가리키는 '비참한 사람들'의 관점에서 행복의 역사를 다시 써볼 것을 제안합니다. 비참한 자로 간주되는 사람들에게 귀를 기울인다면 그들의 비참함은 더 이상 그들만의 비참함이 아닐 수 있으니까요. 이방인의 슬픔은 행복을 다른 각도에서, 거리를 두고 보게 해줄 수 있으니까요.

아메드는 이렇게 한편으로는 행복의 지성사를 통해 대상들에 어떻게 행복의 속성이 부여되는지, 행복이 어떻게 어떤 것들만 좋은 것으로 무엇인가를 약속하는 것으로 보이게 하는지 살펴보면서, 다른 한편으로는 행복의 역사에서 추방된 사람들, 단지 말썽꾼, 반대자, 분위기를 깨는 자로만 행복의 역사에 진입할 수 있었던 사람들을 고려하는 대안적인 행복의 역사를 제시하고자 합니다. 이러한 불행 아카이브에는 "분위기 깨는 페미니스트Feminist Killjoy" "불행한 퀴어Unhappy Queer" "우울증적 이주자Melancholic Migrant" 등이 속해 있고, 아메드는 이들이 속한 "불행 아카이브"를 행복에 맞선 투쟁들을 중심으로 조립된 아카이브로 봅니다. 그리고 자신의 목표는 불행의 짜임새를 더듬어 봄으로써 행복의 실타래를 풀어내는 작업이라고 말합니다.

분위기 깨는 페미니스트, 불행한 퀴어, 우울증적 이주자

아메드의 불행 아카이브를 구성하는 주요 형상들은 앞에서 이야기한 것처럼 '분위기 깨는 페미니스트', '불행한 퀴어', '우울증적 이주자'입니다. 각각의 형상들이 담아내고 있는 '불행'의 의미들과 그 불행이 행복을, 행복의 역사를 어떻게 다시 보게 하는지 아메드는 주요 영미 여성 작가들의 작품과 영화들을 이용해 섬세하면서도 설득력 있게 설명하고 있습니다.

아메드는 조지 엘리엇의 『플로스강의 물방앗간』(1860)에서는 사회가 여성에게 허용하는 것 이상으로 상상력이 풍부한 소녀의 불행을, 버지니아 울프의 『댈러웨이 부인』(1925)에서는 행복의 대상들을 모두 소유한 것으로 보이는 댈러웨이 부인이 의식하는 상실을, 영화 <세월The Hours>(2002)에서는 버지니아 울프의 유산이 어떻게 각 세대의 여성들에게 상속되는지를 읽어냅니다. 아메드는 또한 백인 중심 사회라는 불모지에서 어떤 행복의 씨앗도 발아시킬 수 없는 흑인 여자아이의 고통을 그린 토니 모리슨의 『가장 푸른 눈』(1970), 자메이카 이민자 후손이 영국에서 자신의 흑인성을 발견하게 되는 과정을 그린 안드레아 레비Andrea Levy의 『레몬 열매』(1999)에서 흑인성을 가시화시킴으로써 백인들의 즐거운 분위기를 깨는 비백인 소녀들을 찾아냅니다. 사라 아메드는 또한 1928년의 고전적인 레즈비언 소설인 『고독의 우물』과 여성운동과 퀴어 운동으로 연결된 각각 다른 세대의 다른 서사들로 구성된 2000년의 필름 <이 벽들이 말할 수 있다면 2>에서 '불행한 퀴어' 들을 읽어내고, <베컴처럼 휘어차기>(2002)와 <동양은 동양>(1999) 같은 영화에서 영국 제국의 식민지 역사가 준 상처를 여전히 잊지 못하고 붙들고 있다 하여 '우울증자(멜랑콜리아)'라고 비난받는 비백인 이주자들과 행복을 위해 영국의 백인 사회로 진입하고자 애쓰는 딸들의 다양한 불행들을 부각시킵니다.

페미니스트 킬조이, 불행한 퀴어, 우울증적 이주자들이 속해있는 아메드의 불행 아카이브는 어떻게 행복이 불행의 원인을 덮어버림으로써 불행을 덮어버리는지, 이러한 덮기를 거부할 때 어떻게 불행이 출현하는지 잘 드러냅니다. 자신의 불행을 덮기를 거부함으로써 행복한 분위기를 깨는 존재가 된 사람들, 불행을 야기하는 원인이라고 비난 받아온 사람들의 불행을 통해 행복의 역사와 불행의 역사를 재구성합니다. 그리고 이러한 의식화 과정이 행복과 불행을 이해하는 더 나은 방법이라고 강조합니다. 그들도 또 우리 독자들도 행복과 불행이 구조화되어 있음을 알게 되고, 불행의 원인이 그들이 아님을 알게 되고, 그들이 불행의 원인이라고 간주됨으로써 야기된 효과들도 알게 되기 때문이지요.

불행은 무엇을 하는가

이제 불행이 무엇을 하는지를 생각해보면서 행복이 무엇을 하는지를 탐색한 사라 아메드에 대한 이야기를 마무리해 볼까 합니다. 『행복의 약속』에서 아메드는 불행을 정치적 행위의 한 형식으로 살펴보자고 말합니다. '아니오'라고 말하는 행위, 상처를 진행 중인 현재로 지적하는 행위는 처음부터 무언가를 긍정하는 행위로 볼 수 있다고 말합니다. 인간의 능동성과 가치를 나타내는 기호로 인정받고 긍정되어 온 행복이 마취제를 포함하고 있으며 어떤 것에 의해 변용될 수 있는 역량이나 의지의 상실로 재해석할 수 있다면, 수동적으로만 간주되던 고통을 겪는다는 것도 일종의 활동으로 인정할 여지가 생기는 것이니까요.

고통스럽다는 것이 어떻게 활동일 수 있고 불행이 어떻게 정치적 행위일 수 있는 것일까요? 우리가 어떤 상황에서 고통스럽다는 것은 좋은 것이라고 판단되어 왔던 것에 우리가 'agree' 하지 않기 때문이라고 아메드는 말합니다. 여기서 'agree'는 앞에서 설명한 대로 이중의 뜻으로 사용되고 있는 것이지요. '동의하다'는 뜻이기도 하고 '합치하다'는 뜻이기도 합니다. 좋은 것으로 판단되어 왔던 것에 합치하지 못한다는 것은 그것에 동의하지 못한다는 의미라는 것이지요. 그럴 경우 느끼는 고통과 불행은 단지 수동적으로 겪는 것에 지나지 않는 것이 아니라 그 안에 행위 역량을 고양해 줄 수 있는 잠재력이 있다고 볼 수 있을 것입니다. 즉, 불행은 판단의 한 형태이고, 정서적 불합치가 일어나는 지점이고, 행복에 대해 저항하는 것이며, 합치의 대가에 대해 저항하는 행위가 되는 것입니다. 물론 아메드는 우리에게 불행할 의무가 있다고 말하려는 것이 아니라고, 견딜 수 없다는 느낌에서 로맨스나 의무를 만들어내지 않는 것이 중요하다고 강조합니다. 다만 불행을 극복해야 할 나쁜 느낌 그 이상으로 생각해 보자고, 그렇게 하면 불행이 행복의 약속이 지닌 한계에 대해 무엇인가를 알려줄 수 있지 않겠느냐고 말합니다. 행복을 우리가 옹호해야만 하는 대상으로 상정하지 않고 행복에 대해 질문하기 시작하면, 우리가 삶에 대해 다른 질문을 던질 수 있지 않겠느냐고, 행복만을 필연으로 보게 되면 불행만이 아니라 가능성까지 배제하는 것이 되지 않겠느냐고 아메드는 『행복의 약속』을 마무리하면서 우리에게 묻고 있습니다.

사라 아메드는 말들이 얼마나 끈적끈적한지 잘 보여주는 이론가입니다. 우리가 그것을 다르게 사용할 경우에도 말들은 그것에 붙어 있는 연상들, 연관들, 역사들을 유지합니다. 때로는 재정의를 통해 말의 힘이 증가하기도 하고, 때로는 시간이 흐르면서 원래 가지고 있던 의미의 일부가 상실되거나 약화되기도 합니다. 영국의 페미니스트 이론가 사라 아메드가 자신이 서 있는 교차성의 자리에서 이리 돌리고 저리 돌리면서 보여준 행복이라는 말, 불행이라는 말에 끈적끈적하게 붙어 있는 연상들과 연관들에 대한 고찰이 우리에게도 우리가 걸어가고 있는 길과 우리의 삶과 사회를 여러 각도에서 새롭게 볼 수 있는 기회를 제공해 줄 수 있으리라 기대해 봅니다.

참고 문헌

사라 아메드, 『페미니스트로 살아가기』, 이경미 옮김, 동녘, 2017.

__________, 『행복의 약속: 불행한 자들을 위한 문화비평』, 성정혜·이경란 옮김, 후마니타스, 2021.

Sara Ahmed, *The Promise of Happiness*, Duke University Press, 2010.

사라 코프만

Sarah Kofman

아우슈비츠를 넘어 디오니소스적 여성에로

유서연
철학을 전공했고, 현재 여성 철학과 젠더 문제에 관심을 갖고 글을 쓰고 있다. 저서로 『공포의 철학』, 『시각의 폭력』, 『우리는 지구를 떠나지 않는다』(공저)가 있다.

이 글의 원문은 『여/성이론』 31호(2014)에 실려있다.

사라 코프만: 아우슈비츠를 넘어 디오니소스적 여성에로

사라 코프만의 생애와 저술

여성주의 철학과의 친연성 속에서 프로이트, 니체, 데리다의 이론을 재해석했던 프랑스의 여성 철학자이자 자전적 에세이 작가인 사라 코프만Sarah Kofman(1934-1994)은 1934년 파리의 유태인 랍비 가정에서 태어났다. 그녀는 1960년부터 툴루즈에서 교사 생활을 하면서, 장 이폴리트와 질 들뢰즈의 지도 아래 철학을 전공했으며, 『니체와 메타포』로 박사 학위를 받았다. 코프만은 1970년에 파리 1대학 (팡테온 소르본)의 조교수가 되었고 1991년에 같은 대학에서 정교수가 되었다.

사라 코프만은 친구이자 동료였던 자크 데리다와 함께 갈릴레 출판사에서 『철학의 실제*La philosophie en effet*』총서를 출간했다. 그녀는 니체와 프로이트에 관한 방대한 작품들을 남겼는데, 『예술의 유년기: 프로이트 미학의 해석』(1970), 『니체와 메타포』(1972), 『여성의 수수께끼: 프로이트 저작에 나타난 여성』(1980), 『폭발 I: 니체의 이 사람을 보라』(1992) 등이 그 대표작이라고 할 수 있다. 코프만은 또한 제라르 네르발, 오귀스트 콩트, 셰익스피어에 관한 저서를 남겼으며, 여러 작가들의 작품에 나타나는 여성의 지위와 위치에도 관심을 가졌다.

사라 코프만은 서구의 유수한 사상가들의 철학적이고 사변적인 체계 안에 '여성'이나 '여성적인 것'이 부재했음을 보여주고자 했다. 코프만의 관심은 철학 내부에서의 여성이 아니라 남성 철학자들이 그들 안에 있는 여성성을 억압하는 것을 향해 있다. 여성문제에 대해 기술한 것 중 가장 잘 알려진 책이 『여성의 수수께끼: 프로이트 저작에 나타난 여성』이다.

사라 코프만의 텍스트와 지적 입장은 그녀의 전기를 언급하지 않고서는 요약할 수 없을 것이다. 코프만은 새로운 형태의 철학적 분석과 글쓰기, 즉 일종의 철학적이고 자전적인 전기를 썼다. 그것은 저자의 욕망과 관념들이 어떻게 그 혹은 그녀의 텍스트라는 직조 안에 불가분하게 짜이는지를 보여준다.

코프만은 삶의 마지막 나날들에 자서전적인 작품을 출간하기 시작했다. 1987년에 그녀는 『질식당한 말들』을 출간했는데, 이 책은 세 사람에게 헌정됐다. 아우슈비츠에서 죽은 그의 아버지, 수용소에서의 생존자이자 작가인 로버트 안텔름, 그리고 홀로코스트 이후에 글쓰기라는 문제를 제기했던 모리스 블랑쇼가 그들이다. 1994년, 60세의 나이에 사라 코프만은 자신의 전 저작 중에서 가장 어려웠을 출판을 감행한다. 아버지가 강제 수용소로 끌려갔던 나치의 파리 점령 시기에 보냈던 유년기를 회상하는 자서전 『오르드네가, 라바가』가 그것이다. 이 책을 출간하고 얼마 후, 사라 코프만은 니체 탄생 150주년이 되던 날 자살했다.

다방면에 걸친 사라 코프만의 연구와 저술들은 영미권에도 널리 알려지고 주요 저작들이 거의 번역, 출간되었는 데 반해, 우리말로는 아직 번역되지 않았다. 이와 같은 상황에서 그녀의 수많은 저작들 중에서 여성주의와의 접점을 찾을 수 있는 책 두 권, 『오르드네가, 라바가』[1)]와 『여성의 수수께끼』[2)]를 소개해 보고자 한다. 이 소개가 결코 사라

1) Sarah Kofman, *Rue Ordener, rue Labat*, Editions Galilée, 1994.
2) Sarah Kofman, *L'énigme de la femme: La femme dans les textes de Freud*, Editions Galilée, 1980.

코프만의 전체적인 작품 세계를 아우를 수 없고, 매우 한정된 시각에서 이루어진다는 것에 대한 양해를 구하며, 다만 이것이 사라 코프만과 여성주의의 만남에 아주 작은 보탬이 되었으면 하는 소망이다.

사라 코프만의 마지막 자서전 『오르드네가, 라바가』

1) 『오르드네가, 라바가』의 줄거리

1928년 프랑스에 정착한 사라 코프만의 부모는 프랑스에 동화되지 않은 유태인이었다. 그녀의 아버지는 쥘 조프랭에 위치한 유태인 교회당의 랍비였다. 그들 가족은 유태인 교회당에서 전철로 두 정거장 떨어진 오르드네가에서 살았다. 1942년 코프만의 아버지인 베렉 코프만은 오르드네가에 있는 자택에서 체포됐고 아우슈비츠에서 죽었다.

아버지가 아우슈비츠로 끌려간 후 어머니는 어린 사라와 사라의 동생들을 숨겨줄 사람을 찾기 시작했다. 사라는 경찰의 단속을 피해 이집 저집을 전전했고, 병원이나 기숙사에서 며칠 유숙하기도 했지만, 장기적으로 한곳에 머물 수가 없었다. 마침내 그들은 라바가에 사는 아이들을 사랑하는 어떤 부인이 은신처를 제공해 줄 수 있다는 말을 들었다. 라바가 부인의 첫인상은 매우 아름답고 부드러우며 다정했다. 부인은 그들이 "해결책을 찾을 수 있을 때까지" 보살펴 주기로 약속했다. 유태인을 숨겨준 자는 총살당할 수도 있다는 위험을 무릅쓴 결단이었다.

사라는 이 부인을 "메메"(역주: 어린애들이 부르는 말로 '할머니'라는 뜻)라고 불렀고, 부인은 사라를 "수잔"이라 명명했다. 메메는 어머니 대신 사라를 돌보기 시작했고 사라를 딸처럼 대했다. 그녀는 사라의 옷을 맞춰 주고 곧잘 토하는 사라를 위해 새로운 식이요법을 권했다. 오르드네가에서는 피가 흐르는 고기가 금지됐지만, 라바가에서 사라는 건강을 위해 수프 안에 든 날 말고기를 먹었다.

거의 집 밖을 나가지 못했던 사라의 어머니는 이러한 상황을 견뎌내지 못했고 메메가 사라에게 보여준 친절이 과도하다고 생각했다. 알게 모르게 메메는 어머니의 면전에서 사라를 떼어놓았다. 그리고 유태교로부터도 분리해 놓았다. 메메는 사라와 어머니가 구원받을 수 있음을 확신했지만 반유태주의적 편견이 없진 않았다. 그녀는 사라가 유태인의 코를 갖고 있으며, 유태인의 음식은 건강에 해롭다고 말했다. 또한 예수 그리스도를 십자가에 못 박은 것도 유태인들이지만 유태인들은 매우 지적이어서 음악과 철학에서 그 어떤 민족보다도 많은 천재를 보유하고 있다고 말하기도 했다. 메메는 또한 스피노자, 베르그송, 아인슈타인과 마르크스를 인용했다. 그녀의 입을 통해 사라는 처음으로 자신이 그토록 친숙하게 여겼던 이름들을 들을 수 있었다.

사라의 어머니는 침묵 속에서 고통받았다. 아버지의 소식도 없었고, 메메가 사라를 변화시키고 자신과 유태교로부터 사라를 떼어 놓는 것을 막을 힘도 없었다. 반면 사라는 모든 과거를 땅에 묻은 것만 같았다. 그녀는 버터를 바르고 파슬리를 친 피가 흐르는 비프스테이크를 좋아하기 시작했고, 자신의 아버지를 더 이상 생각하지 않았다. 사라는 유년기의 언어인 이디시어[3]로 더 이상 단 하나의 단어도 발음할 수 없었다. 그리고 그녀는 전쟁이 끝나리라는 것을 믿지 않기에 이르렀다.

그러나 마침내 파리는 해방되었다. 그것은 어머니의 해방을 의미하기도 했다. 그녀는 마침내 밖으로 나갈 수 있었고 아이들을 모두 되찾을

3) 독일어에 히브리어, 슬라브어 등이 섞여서 이루어진 언어. 히브리 문자로 표기하며, 유럽 내륙 지방과 그곳에서 미국으로 이주한 유대인들이 사용한다.

수 있었다. 그러나 어머니는 자신과 사라를 구해준 여인을 증오하고 경멸할 뿐이었다. 그래서 어머니는 단 한순간이라도 그 여자와 사느니 차라리 호텔에 머물기로 결정했다. 호텔에서의 생활은 끔찍했다. 사라는 먹기를 거부했고 모든 시간을 울면서 보냈다. 사라는 어머니의 관심을 피해서 메메의 집에 가 있기로 결심했다. 메메에게 "나를 돌봐주세요"라고 말하는 것으로 충분했다. 그러나 법은 사라가 친어머니 집으로 돌아갈 것을 강제했고 어머니는 메메를 상대로 소송을 걸었다. 학교 안마당에서 즉석으로 펼쳐지는 법정에서 어머니는 메메가 사라를 학대하려 했고 자신을 혹사시켰다고 고발했다. 사라는 "학대abuser"라는 단어를 잘 이해하지 못했지만 친어머니가 거짓말을 하고 있다는 것은 분명히 알 수 있었다. 그래서 사라는 법정에서 멍으로 얼룩진 허벅지를 보여주며 친어머니를 고발했다. 모녀를 자기 집에서 머물게 한 유태인 친구는 친어머니가 사라를 가죽 채찍으로 때렸다고 증언함으로써 법정을 뒤집어 놨다. 법원은 사라를 메메에게 맡기기로 결정했다. 메메를 따라 집으로 가는 길에 사라는 마치 범죄를 저지른 새로운 "수배자"인 양 거리의 구석구석을 훑어보았다. 두 남자를 데리고 온 어머니가 라바가에 있는 메메의 집 5층 층계참에서 사라를 기다리고 있었다. 그들은 사라를 거칠게 메메에게서 떼어 놓고 거리로 끌어냈다. 어머니는 사라를 때리면서 이디시어로 소리쳤다. "내가 네 어머니다! 내가 네 어머니라고! 난 법원이 선언한 것 따위는 무시해 버리겠어. 넌 내 거야!" 사라는 발버둥치고 소리 지르며 흐느껴 울었지만 깊은 곳에서부터 마음이 가벼워짐을 느꼈다.

전쟁이 끝난 후 사라가 다니던 학교는 라바가에서 꽤 멀었다. 메메는 종종 교문 앞으로 사라를 만나러 오곤 했다. 그들은 상점의 유리를 쳐다보고 모든 주제에 대해 토론하며 걸어서 돌아갔다. 사라는 그토록 충만함을 느낀 적이 없었다. 메메는 사라가 오랫동안 꿈꿨던 구아슈물감을 사줬고 자신의 친구 폴의 서점에서 작은 라루스 사전과 디킨스의 소설을 사주기도 했다. 그러나 메메를 만난다는 사실이 어머니에게 발각되어 메메와의 관계는 단절되었다가 연결되곤 했다.

세월이 흘러 사라는 쥘 페리 고등학교에 입학했지만 경제 사정이 열악했다. 메메는 사라의 상황을 그녀의 철학 교사와 교장에게 설명했고, 그 덕분에 사라는 장학금을 받아 학업을 마칠 수 있었다. 그러나 어머니와 사라 사이엔 식사 시간 동안 끔찍한 긴장감이 돌곤 했고, 사라는 종종 저녁을 굶곤 했다. 어머니는 저녁 일찍 전기를 꺼버렸고 사라는 작은 전기 램프 불빛을 받아 침대보 밑에서 사르트르의 『자유의 길』을 읽었다. 마침내 사라는 대학생이 되었고, 국제 학생 기숙사 구역의 독일관에 거주하게 되었다. 그리고 새로운 삶이 시작됐다. 여러 해 동안 사라는 메메와 연락을 끊었다.

메메는 양로원에서 죽었다. 사라는 메메의 장례식에 참석하지 못했다. 그러나 신부가 메메의 장례식에서, 전쟁 기간 동안에 그녀가 한 어린 유태인 소녀를 구했던 이야기를 했다는 것을 전해 들어 알고 있었다.

2) 히치콕의 〈사라진 여인〉

사라 코프만의 자서전 『오르드네가 라바가』 말미에는 히치콕의 영화 <사라진 여인>에 대한 독특한 논평이 수록되어 있다. <사라진 여인 The lady vanishes>(1938)은 서스펜스와 로맨스 그리고 유머를 겸비한 영화이다. 반드리카를 여행하는 영국인 숙녀 아이리스는 열차에 탑승하기 전 중년의 영국 부인을 알게 되는데, 누군가 위에서 떨어뜨린 물건에 머리를 맞아 의식을 잃는다. 그리고 그 부인의 따뜻한 보살핌으로 깨어난다.

그 부인의 이름은 '프로이.' 아이리스가 두통 때문에 잠시 잠이 들었다가 깨어났을 때 프로이 부인은 간데없이 사라지고, 옆 좌석 사람들도 프로이 부인이 누구인지 모르며, 애초에 그런 부인은 없었다고 주장한다. 심지어 프로이 부인과 똑같은 옷을 입은 쿠퍼 부인이라는 사람이 등장해 자신이 처음부터 이 자리에 앉아 있었음을 주장한다. 모든 것이 머리를 다친 아이리스의 환각이라는 것이다.

영화의 전개를 좇아가다 보면 프로이 부인의 정체는 영국 스파이이고, 그녀를 쫓던 독일인들이 납치해 버렸음이 드러난다. 영화의 초점은 아이리스가 자신이 겪은 일들이 환영이 아님을 확신하고 진실을 파헤치는 과정에서 일어나는 코믹한 상황들에 맞춰져 있다. 그러나 사라 코프만의 시선은 사람들이 그다지 크게 주목하지 않는 프로이 부인의 두 얼굴에 고통스럽게 감정 이입을 하고 있다. 사람들에게 먹을 것을 챙겨주고 늘 친절하게 미소 짓는 다정한 엄마 프로이 부인, 그리고 그녀의 옷을 입었으나 몹시 냉혹하고 위협적인 거짓 얼굴의 탈을 쓴 스파이인 나쁜 엄마 쿠퍼 부인. 사라 코프만은 프로이 부인과 쿠퍼 부인의 대립으로 나타나는 두 얼굴의 엄마를 전오이디푸스 단계에서 나타나는 좋은 젖가슴과 나쁜 젖가슴이라는 멜라니 클라인의 대상관계이론을 차용하여 말하고 있다. 그녀에게 견딜 수 없는 것은 사라진 좋은 엄마의 교체자인 나쁜 엄마의 냉혹한 얼굴을 보는 것이다. 그것은 좋은 젖가슴이 나쁜 젖가슴으로 대체되는 순간에 드러나는 견딜 수 없는 고통이다.4)

멜라니 클라인은 마지막 논문 「외로움과 의미에 대하여」에서 "(자

4) S. Kofman(1994), *op. cit.*,, pp.71-72.

아의) 완전한 통합이 달성될 수 없기 때문에 우리는 우리 자신의 감정과 환상, 불안을 완전히 이해하고 수용할 수 없으며, 이로부터 외로움의 감정이 나온다"[5] 고 보고 있다. 그런데 어머니와 아이 간의 전오이디푸스적이고 전언어적인 관계가 만족스럽다면 어머니와 아이의 무의식 사이에 접촉이 가능하고 이 접촉은 아이에게 자신이 이해받고 있다는 느낌을 제공한다. 이것은 일생에 걸쳐 강력한 것으로 남아 있는 내적 근원이 된다. 고독은 피할 수 없는 것이지만, 이 시기 경험한 좋은 젖가슴이 내면화된다면 그것은 "외로움의 감정을 감소시키는 데 가장 중요한 요소"가 될 것이며, 자아 통합의 근거가 될 것이다.

불행히도 사라 코프만이 이러한 좋은 젖가슴을 내면화하기엔 그녀의 유년기가 너무 분열적이었던 것 같다. 그리고 그것을 내면화하지 못했기에, 좋은 젖가슴, 좋은 어머니인 메메의 물리적인 죽음 후 그녀가 감내해야 했을 외로움과 불안은 미루어 짐작할 수 있다. 현실에서 나를 이해하고 북돋아 주었던 유일한 어머니가 사라졌다. 남겨진 것은 학대와 죄책감으로 점철된 또 한 명의 어머니, 나쁜 젖가슴으로서의 친어머니이다. 그래서 사라 코프만의 마지막 이야기는 이 자서전이 출간된 후 사라진 좋은 엄마의 뒤를 쫓아 '스스로 사라짐'을 선택한 어린 소녀의 모습으로 끝을 맺는다.

3) 아우슈비츠 이후의 글쓰기

『오르드네가, 라바가』에서 사라 코프만은 자신의 첫 번째 저서 『예술의 유년기: 프로이트 미학의 해석』의 표지로 레오나르도 다빈치의 '성 안나와 세례자 요한과 함께 있는 성모자 드로잉'을 골랐던 이유를

5) 줄리아 크리스테바, 『정신병, 모친살해, 그리고 창조성: 멜라니 클라인』, 박선영 옮김, 아난케, 2006, 209쪽에 수록된 멜라니 클라인의 「외로움의 의미에 대하여」를 재인용.

암시적으로 드러낸다. 레오나르도의 친어머니 카트리나는 그가 다섯 살이 되기 전 쫓겨났고 이후 그는 새어머니 도나 알바치아와 친할머니 모나 루치아와 함께 아버지 집에서 살았다. '성 안나와 세례자 요한과 함께 있는 성모자 드로잉'에는 성모 마리아 옆에 붙어 있는 성 안나의 기묘한 미소가 존재한다. 코프만은 성 안나가 다빈치의 친어머니 카트리나를 상징하고 있으며, 그녀의 미소는 자식을 고귀한 연적에게 양보할 때 느끼는 고통과 부러움을 띠고 있다는 프로이트의 해석을 덧붙인다.[6] 이 그림에 사라 코프만이 두 어머니를 투영했음이 드러나는 순간이다. 자신의 첫 작품의 표지로 고를 정도로 이 그림에 대한 애정을 드러낸 사라 코프만에게 『예술의 유년기』에서 시작하여 『오르드네가, 라바가』로 끝맺는 수많은 철학서와 자서전들을 써내려갔던 동인이 무엇이었을까? 그것은 두 어머니와 아버지의 부재로 대변되는 시대의 비극과 맞물려 있다.

『오르드네가, 라바가』에서 사라 코프만은 히브리어로 노래하고 부활절을 포함한 모든 유태인 제례식을 치르던 유년 시절을 기억해 낸다. 그리고 아버지의 유품으로 유일하게 남은 만년필 한 자루를 항상 소지하면서 그것으로 작업한다고 고백한다. 그리고 그것이 그녀가 글을 쓰도록 하는 소인이었으며, 그녀가 써내려갔던 수많은 저서들은 아마도 이 이야기를 하기 위한 도정이었음을 고백한다.

비극의 시대를 겪어야 했던 이 체험담 안에는 아버지와 같은 유태인이자 두 어머니와 같은 여성이라는 중층적 타자성과 아우슈비츠 이후의 생존의 문제가 내포되어 있다. 사라 코프만에게 유태인이자 여성이라는 타자성은 음식과 영양 섭취라는 중요한 모티브를 통해 드러나고 있다.

---

6) S. Kofman(1994), *op. cit.*, p.74.

전쟁 전 사라 코프만의 가족들은 종교적이고 신성한 분위기가 지배하던 아버지의 집에서 매우 엄격한 방식으로 음식에 관한 모든 금기들을 지켰다. 경찰의 단속을 피해 이집 저집을 전전하는 절체절명의 순간에도 사라는 유태인으로서의 정체성을 지키기 위해 돼지고기와 같이 유태교에서 금기시하는 음식을 거부하곤 했다. 반면 라바가의 메메는 유태인의 음식이 몸에 해롭다고 판단하여 사라의 건강을 위해 새로운 식이요법을 썼으며, 사라는 메메의 집에서 자연스럽게 이교도의 음식을 먹게 되었다. 이러한 이질적인 경험은 코프만에게 음식과 영양 섭취에 대한 모순되는 금지와 명령이라는 반복적인 고민과 고통을 안겨주게 된다. 그리고 이것은 끊임없는 구토 증상으로 나타난다. 그녀는 게슈타포가 출몰하는 1940년대 초반의 파리에서 죽음과 체포의 공포로 인해 끊임없이 토했고, 두 어머니 사이에서의 간극과 양심의 가책으로 인해 토했다.

이처럼 어린 사라 코프만은 두 명의 어머니 사이에서, "유태 여성이어야 함과 유태 여성이어서는 안 됨, 먹어야 함과 먹어서는 안 됨, 사랑해야 함과 사랑해서는 안 됨 사이에서", 그리고 자신이 성장한 '오르드네가'와 메메와 함께 살았던 '라바가' 사이에서 일종의 이중구속의 상황에 놓이게 된다. 사라 코프만이 정신분석학적 연구에 천착한 것도 자신의 삶이 혼자서는 결코 풀어낼 수 없는 영원한 이중구속의 상황과 뒤얽혀 있기 때문이기도 하다.[7] 이러한 맥락에서 볼 때 사라 코프만에게 글쓰기란 위와 같은 이중구속을 넘어 자신의 존재를 확인하는 방법이었다. 그녀는 살기 위해 썼고, 글쓰기는 그녀에게 생존하는 것을 의미했다. 그녀의 자서전들은 생존한 인간의 증언이며, 아우슈비츠 이후의 사유가

7) 마르트 룰만, 『여성철학자: 아무도 말하지 않은 철학의 역사』, 이한우 옮김, 푸른숲, 2005, 694-695쪽.

어떻게 가능한가를 보여주는 것이다.

불행은 그녀가 마지막 자서전에서 너무 '정직하게' 모든 것을 말했다는 데 있다. 코프만은 이미 『상처의 자서전*Autobiogriffure*』에서 모든 자서전은 거짓이고 이상화를 위한 회고적 환영으로 쓰인다고 말했다. 자서전에는 적당한 자기기만이 필요하다는 말이다. 그럼에도 불구하고 코프만이 『오르드네가, 라바가』에서 증언하는 타자화된 고통스러운 체험, 분리와 상실 그리고 공포의 이야기는 허구적 색채를 찾기엔 너무 건조하고 냉정하게 기술되어 있다. 오히려 너무 사적이고 너무 적나라해서 불편한 느낌마저 줄 수가 있다. 살기 위해서 말해야 하는데, "말하기 위해 죽는"[8] 셈이 된 것이다. 이 행위는 사라 코프만이 『여성의 수수께끼』(1980)에서 주장하던 침묵할 권리, 비밀을 간직할 권리를 반납하는 것이다. 또한 그녀가 다른 텍스트들에서 제시하던 아우슈비츠 이후의 글쓰기와도 괴리되는 것이다.

사라 코프만이 제시한 아우슈비츠라는 도저히 표상할 수 없는 것을 넘어 글쓰기란 지배적이고 교육적이며 사변적인 글쓰기가 아니라, 아무것도 말할 수 없었던 사람이 침묵을 지킬 수 있는 공간을 마련하는 글쓰기, 권력을 벗어난 글쓰기이다.[9] 그러한 글쓰기는 타자에게 발언권을 주고 말하게 하는 윤리적 요구와 맞닿아 있다. 『여성의 수수께끼』에서 함축하고 있는 여성이라는 타자의 말하기는 이러한 권력을 벗어난 글쓰기와 같은 맥락에서 이해할 수 있다. 이 작품에서 사라 코프만이 비판적으로 고찰하는 프로이트의 분석 치료는 여성으로서 말하기가 요청하는 것과 부합하지 않는다. 프로이트는 친절함과 다정함을 가장하여 심연 속에 묻힌 여성 환자들의 비밀을 백주 대낮에 드러내고자 했고,

8) 피에르 레비-수쌍, 『비밀의 심리학』, 강현주 옮김, 말글빛냄, 2007, 160쪽.
9) 마르트 룰만, 앞의 책, 697쪽.

모든 것을 고백하게 했다. 사라 코프만은 이것이 여성들에게 발언권을 주는 듯이 보이지만 실은 여성들의 비밀과 말을 강탈해 나가는 것에 지나지 않음을 관찰하며, 이 과정에서 의사와 여성 환자 간에 권력관계가 형성되고 있음을 드러내고 있다. (이와는 달리) 아무것도 말할 수 없었던 여성에게 요청되는 것은, 프로이트의 분석 치료가 내포하고 있는 것처럼 범죄자가 수사관에게 고백하듯이 모든 것을 말하는 것이 아니라 때로는 침묵하고 비밀을 간직할 권리를 갖는 것이다. 침묵할 권리, 그것은 여성이라는 타자의 생존 조건이다. 이러한 조건 위에서 『여성의 수수께끼』는 디오니소스적 철학자인 여성의 모습을 복원해 낸다. 그리고 이 도정에서 아우슈비츠를 넘어 살기 위해서 쓰고 살기 위해서 웃었던 한 여성 철학자, 사라 코프만의 모습이 부활한다.

여성의 수수께끼: 프로이트 저작에 나타난 여성

1) '여성의 수수께끼'란 무엇인가?

프로이트의 가상 강연 「여성성」을 비판적으로 검토하는 이 책은 「여성성」뿐만 아니라 『히스테리 연구』, 「도라의 히스테리 분석」, 「나르시시즘 서론」 등에서 프로이트가 파헤치고자 했던 여성이라는 수수께끼에 대해 전면적으로 재고찰하는 작품이다. 이 책은 크게 두 부분으로 이루어져 있다. 1부는 인류 일반이 숙고해 왔다는 여성성이라는 수수께끼를 여성 히스테리 환자와 나르시시스트 여성이 남성에게 불러일으키는 당혹감과 관련시켜 살펴보고 있다. 2부는 여성의 수수께끼의 핵심을 이루는 양성성의 문제를 프로이트의 강연 「여성성」을 분석하면서 정면으로 다루고 있다.

프로이트는 남성과 근본적인 차이를 지니며 남성보다 더 복잡한 양상을 띠는 "커다란 수수께끼"로서의 여성의 섹슈얼리티를 전오이디푸스 단계의 발견에 힘입어 탐구하고 있다. 프로이트는 자신의 이 혁명적 발견을 그리스 문명 이전의 미케네 문명에 비유한다. 프로이트 당대의 역사가들이 기원전 16~12세기 사이에 꽃피웠던 미케네 문명과 기원전 8세기의 초기 그리스 문명 사이에 근본적인 단절을 정립시켰던 것과 마찬가지로, 프로이트는 여아 발달의 첫 번째 시기인 전오이디푸스 단계와 오이디푸스 단계의 연속성보다는 단절에 주목했다. 그리고 이러한 단절에 기반하여 전오이디푸스 단계를 모든 발달단계의 목적이 되는 오이디푸스 단계에 종속시켰다. 멜라니 클라인이 오이디푸스 단계를 전오이디푸스 단계로 복속시킨 것과는 반대되는 지점이다.

사라 코프만은 전오이디푸스 단계가 오이디푸스 단계로 종속되는 과정에서 프로이트 이론의 혁명성이 '남근선망'이라는 고정관념에 자리를 내주고 남성중심적 담론을 반복하고 있음을 관찰한다. 또한 프로이트가 알고자 했던 여성성과 여성의 섹슈얼리티와 실제적인 여성의 모습 사이엔 어떤 커다란 간극이 존재함을 드러낸다. 여성의 수수께끼라는 것은 과연 실제로 존재하기는 하는 것일까? 사라 코프만은 남성들이 그토록 골똘히 생각하지만 정작 여성들은 별 관심이 없는 여성이라는 수수께끼의 빗장을 풀고자 하는 프로이트를 따라, 때로는 냉정하고 정확하게 때로는 유머러스하게 그 수수께끼의 실타래를 풀어낸다.

2) 여성 히스테리 환자의 비밀과 침묵

코프만은 여성의 수수께끼는 남성과는 다른 여성의 섹슈얼리티를 일컫는 것이지만, 남성은 그에 대해 확실히 알 수가 없다고 본다. 교육과 문화적 억압, 그리고 사회가 여성에게 요구하는 덕목으로서의 수치심으로 인해, 여성은 남성에 비해 자신의 섹슈얼리티에 대해 자유롭게 말할 수 없기 때문이다.

이러한 여성의 수수께끼를 파헤치기 위해 프로이트는 "폐쇄된 문" 혹은 "모든 각도에서 가로막힌 벽"으로 비유되는 여성의 "깊은 침묵"을 종식시키려 했다.[10] 프로이트가 분석치료를 실시한 두 명의 히스테리 환자, 엘리자베트 폰 R양과 도라의 경우를 살펴볼 때 침묵을 깨는 과정의 폭력성을 엿볼 수 있다.

프로이트의 히스테리 환자 엘리자베트 양의 경우, 형부에게 깊은 애정을 품고 있었는데, 그것을 의식 안으로 받아들이기에는 그녀의 도덕성 전체가 저항하고 있었다. 그녀는 언니의 남편을 사랑하고 있다는 사실을 인정하는 고통 대신에 신체적인 통증을 만들어 냄으로써 그로부터 벗어나는 데 성공했던 것이다. 엘리자베트 양의 경우를 통해 프로이트는 이 히스테리 환자가 처음부터 자기 병의 소인을 알고 있고, 의식 안에 이 비밀을 간직하고 있지 않은가 의심한다.[11]

또한 18세 소녀 도라의 히스테리 분석을 통해 프로이트는 신경증 환자들이 간직한 '비밀'을 캐내는 작업이 얼마나 어려운가를 이야기한다. 진료 초기에 환자에게 요청한 삶과 병력의 이야기 속에 숨어있는 이 비밀들은 그에게 커다란 수수께끼이며, 여성들이 비밀 속에 감춰둔 그들의 섹슈얼리티는 항해하기 어려운 어두운 강물과 같은 것이다. 그에 따르면 환자는 스스로 잘 알고 있으며 당연히 이야기해야 할 것 중의 일부를 아직 극복하지 못한 소심함과 부끄러움 때문에 의도적으로 감춘다. 또한 무의식적으로 병의 이력을 감추고 이야기 속에서 누락시

10) S. Kofman(1980), *op. cit.*, p.50.
11) 지그문트 프로이트, 『히스테리 연구』, 김미리혜 옮김, 열린책들, 2004, 185쪽.

킨다. 의도적으로 기억을 상실하여 망각이나 틀린 기억으로 대치시키기도 한다.[12)]

프로이트는 신경증 치료의 실제적인 목적은 모든 무의식적 증상을 포착하여 의식적인 사고로 전환시키는 데 있다고 주장한다. 그러나 엘리자베트 양이나 도라는 이미 의식 안에서 자신들의 비밀을 간직한 여성들이다. 이들은 사랑의 비밀을 간직했기에 아프고, 이 비밀은 의식 세계의 사회적 규범에 부합하지 않기에 발설할 수가 없다.

도라의 경우, 그녀는 아플 수밖에 없다. 도라는 14세 때 아버지의 정부 K부인의 남편으로부터 성적인 유혹을 당했고, 어른들의 복잡한 애정 행각의 소용돌이 속에서 이 사건은 도라의 망상으로 치부되어 덮어졌다. 의도적으로 자신의 말을 신뢰하지 않는 어른들의 희생물이 된 도라는 정신분석의에게 보내진다. 그러나 프로이트는 K씨가 도라에게 키스했을 때부터 시작된 도라의 신경성 기침과 구역질을 성적인 흥분에 불쾌감을 느끼는 히스테리 환자의 증상으로 분류한다. 그리고 도라가 밝히고 싶어 하지 않는 비밀인 대하증과 자위행위를 꿈 분석을 통해 고백하게 하려고 한다. 사라 코프만은 이 지점에서 히스테리 신경증의 원인이라고 여겨지는 자위행위라는 부끄러운 비밀을 프로이트가 "꿰뚫어 보고" "탈취해" 갈까 봐 두려워서 그 앞에서 불안에 사로잡히는 도라의 비극적인 상황을 조명한다. 그리고 도라의 진짜 히스테리는 이러한 과정에서 비롯된다고 지적한다.[13)]

사라 코프만은 위와 같은 분석을 통해 여성 신경증 환자는 병의 원인을 마치 의식하지 못하고 있는 것처럼 위장하지만 실제로는 이를

---

12) 지그문트 프로이트, 「도라의 히스테리 분석」, 『꼬마 한스와 도라』, 김재혁 · 권세훈 옮김, 열린책들, 2004, 199-201쪽.
13) S. Kofman(1980), *op. cit.*, pp.50-51.

의식하면서 비밀로 간직하고 있기 때문에 분석 치료는 단순히 여성들에게 말할 수 있는 권리를 반환하는 것은 아니라고 주장한다. 사라 코프만에 따르면 분석 치료는 오히려 여성들의 비밀을 "박탈"하기 위한 시도이자 그들에게서 말을 강탈해 나가기 위한 시도이다. 따라서 정신분석학이 여성들이 겪는 성적 억압에 반대해서 생겨났고 여성에게 말할 권리를 되돌려준다 할지라도, 정신분석학이 여성들에게 가져다주는 약은 동시에 독이다. 정신분석학은 타자의 관점, 즉 진리를 소유한다고 여겨지는 남자들의 관점에 "협력"하고 따를 것을 강요할 때에만 여성들을 치유시킬 수 있기 때문이다. 정신분석학적 해결은 여성에게서 더 많은 것을 강탈해 가고 스승의 말에 더 잘 복종하게 하기 위해서, 여성에게 말을 반환해 줄 뿐이다.

침묵을 통해 여성은 자신의 성을 "두꺼운 베일"로 뒤덮어 버림으로써 접근 불가능하고 환원 불가능하며 냉혹한 존재들이 된다. 그 불가해한 낯섦으로 인해 침묵하는 여성은 남성에게 공포감을 주는 존재가 될 수 있다. 이러한 여성의 한 모델이 냉담하고 자기 충족적인 나르시시스트 여성들이다. 그들은 남성 분석자에게 협력하여 그의 관점에서 건강한 사회인과 시민이 되기를 거부한다.

3) 여성의 나르시시즘과 매혹

시몬 드 보부아르는 『제 2의 성』에서 여성이 나르시시즘을 통해 자기의 존재를 절망적으로 추구하는 모습을 예리하게 보여준다. 보부아르는 19세기 여성 화가 마리 바슈키르체프가 짧은 생애 동안 남긴 방대한 일기에서 나르시시즘에 빠진 여성의 전형을 발견한다. "나는 무엇인가? 나는 아무것도 아니다. 나는 무엇이 되기를 원하는가? 모든 것이 되기를."[14] 아무 것도 아닌 것, 즉 진공 상태의 무에 다름 아닌 자아를 채울 수 있는 것은 우러러보고 숭배하는 타인들의 시선 한가운데서 광영의 후광에 둘러싸인 우상화된 나이다. 나는 무이다. 그러나 감탄에 찬 사랑을 받을 때 나는 내가 된다.

보부아르는 남성들의 우상이 되기 위해 입는 것도 숨 쉬는 것도 남자의 마음에 들고 눈에 띄기 위해 숭배자들의 노예가 되는 나르시시스트 여성들을 묘사한다. 이들은 남성의 욕망과 시선에 따라 객체화된 자신의 몸을 사랑하고 사랑받는 것을 즐기기에, 타인을 진정으로 사랑하는 것에 크게 관심이 없고, 유아적인 이기심에 매몰되어 있으며, 창녀와 마찬가지로 남자에게 의존하고 있다. 이러한 맥락에서 보부아르에게 여성의 나르시시즘이란 여성이 종교와 사랑에 빠지는 것과 마찬가지로 초월적 자유를 선취하지 못하고 내재성으로 전락함을 의미한다.

사라 코프만은 이러한 보부아르적인 입장과는 반대로 나르시시스트 여성이 지닌 매혹적인 독립성과 그 무관심을 찬양한다. 코프만은 보부아르에 의해 내재성으로 전락한 나르시시스트 여성을 끌어올려, 니체적 의미에서의 실존의 한 유형으로 정립하고자 한다. 이는 병리학적 관점에서, 대상애가 불가능한 여성의 미성숙함을 지적하는 프로이트의 입장에 정면으로 도전장을 내는 것이기도 하다.

「나르시시즘 서론」에서 프로이트는 남성과 여성의 성적인 대상 선택에 중대한 차이가 있다고 보았다. 남성의 경우 대상에 대한 사랑은 대상에 대한 성적 과대평가라는 특징을 갖는다. 남성이 유아기 때 가졌던 근원적인 나르시시즘은 성장함에 따라 성적인 대상에 전이된다. 따라서 남성의 리비도는 사랑과 열정의 대상에 집중되어, 자아가 빈약해

14) 시몬 드 보부아르, 『제2의 성』(하권), 조홍식 옮김, 1998, 을유문화사, 389쪽.

지는 결과를 불러일으킨다. 여성의 경우, 사춘기를 거치면서 유아기 때 가졌던 원초적인 나르시시즘이 강화된다. 여성들이 열정을 가지고 사랑하는 것은 그들 자신이라는 점에서 여성들의 대상 선택 유형은 나르시시스트적 유형이다. 따라서 여성들의 욕구는 대상을 사랑하는 것보다 남자들에 의해 사랑받는 것을 더 필요로 한다.

사라 코프만은 「나르시시즘 서론」에서부터 시작된 이러한 프로이트의 이론에 내재한 여성 폄하적 관점을 파헤치고 있다. 그녀에 따르면 프로이트는 여성이 나르시시즘적이라고 말함으로써 여성이 타자를 사랑할 수 없음을 강조하며, 사랑받고자 하는 요구는 근원적인 나르시시스트적 상처이고 남근선망을 반영하는 것임을 밝혀내고자 한다는 것이다. 사랑받기를 욕망하는 것은 결여의 표시이다. 항상 깨어지지 않고 상처받지 않는 남성만이 타자를 위해 자신의 나르시시즘에서 벗어날 수 있다. 여기서 여성의 신체적 허영심은 "남근선망의 결과"로 기술된다. 여성의 건방진 "허영심"은 여성의 해부학적 기관의 근원적 결함의 신호이고 이면이며, 아름다움은 "자연적인" 상처에 대해 자연적인 보상으로 간주된다.[15] 이 경우 아름다운 여성은 남근에 매우 고착되어 있으며, 남근의 결여는 계속 그녀를 부정적으로 규정한다.

사라 코프만은 이처럼 여성을 결함과 결여의 결과로 보는 프로이트의 관점을 넘어서서 여성 고유의 나르시시즘의 긍정적 힘을 부각시키고자 한다. 따라서 그녀는 여성이 수수께끼가 되는 것은 더 이상 타고난 결함이나 어떤 결여 때문이 아니라 여성의 나르시시스트적인 자기 충족성과 냉담함 때문이라고 본다. 이로 인해 여성은 실제로는 남성의 남근을 선망하지 않을 것이며, 오히려 남성이 붙잡을 수 없는 리비도로 휩싸

15) S, Kofman(1980), *op. cit.*, p.255.

인 여성의 위치를 선망할 것이다. 그녀가 매혹적인 이유는 남성이 잃어버린 것, 즉 그가 영원한 노스탤지어로 떠올리는 근원적인 나르시시즘을 간직할 줄 알기 때문이다. 다시 말해 남성은 나르시시스트 여성을 유년기의 잃어버린 파라다이스로서 선망하고 추구하지만 불행에 빠지게 된다. 왜냐하면 이러한 여성들은 자기 자신만을 사랑하고 자기 자신만으로 충분하며, 사랑하는 남자를 불만족스러운 상태로 빠뜨리기 때문이다. 그들은 항상 "수수께끼 같은 신중함"을 간직하며, 남성들을 매혹시킨다. 남성들이 그들을 선망하는 것은 그들이 나르시시즘을 통해 공포스러운 접근 불가능성, 독립성, 무관심을 지니고, 자기 자신을 높이 평가하여 그들을 깎아내릴 수 있는 모든 것과 거리를 유지하기 때문이다.

이러한 여성들은 고양이, 맹수, 어린아이, 중죄인, 익살꾼 등 니체적인 함의를 다분히 포함하는 여러 비유를 통해 설명될 수 있다. 니체의 다양한 텍스트에서 여성은 고양이에 비유되는데, 이는 고양이는 독립적인 동물이며, 인간을 염려하지 않으며, 본질적으로 긍정적이며, 호랑이나 표범처럼 디오니소스적인 동물이기 때문이다. "여성 안에 존경과 공포를 촉발하는 것이 있는데 이는 여성의 본성이 남성의 본성보다 더 자연스럽기 때문이다. 고양이와 같은 그 교활한 탄력성, 벨벳 장갑에 숨겨진 그 암호랑이의 발톱, 그 이기주의의 천진난만함, 그 환원 불가능함과 짙은 비사교성, 잡을 수 없는 성격, 기상천외하게 떠다니는 욕망과 정조."16)

여성은 또한 니체적 맥락에서 중죄인에 비유될 수 있다. 사라 코프만에 따르면 본래 도스토예프스키적인 중죄인은 진정으로 자유로운 정신의 모델이며, "아무것도 참되지 않으며, 모든 것이 허용되어 있다"는

16) *Ibid.*, p. 64.

궁극적인 비밀을 알 수 있는 자의 모델이다. 즉 그는 진리라는 믿음을 의문시하는 자이며, 결과적으로 나르시시즘을 지닌 자로서 자기를 깎아 내리는 모든 것으로부터 거리를 유지하는 자이다. 초극되어야 할 그 무엇인 그의 자아는 사람들에 대한 큰 경멸을 담고 있다.[17] 니체적 관점에서 여성만큼 회의적인 것은 없으며, 회의주의는 그녀의 철학이라는 점에서 여성은 중죄인과 마찬가지로 간주된다. "그녀는 진리를 원하지 않는다(…) 진리는 여자에게 가장 낯선 것이고 불쾌감을 준다."[18]

익살꾼의 비유도 죄인의 비유와 공통적인 면이 있다. 익살꾼은 그의 자아를 초극할 수 있으며, 그를 깎아내리는 모든 것으로부터 거리를 유지할 수 있으며, 두려움과 큰 공포를 잠식한다. 왜냐하면 유머는 자아를 해방시키고 고양시키는 경향이 있기 때문이다.

그러나 사라 코프만은 이처럼 여성을 드높이는 '니체의' 비유는 프로이트에 의해 여자를 깎아내릴 수 있는 경멸적인 의미에서 재평가되고 재해석되고 있음에 주목한다. 프로이트가 나르시시스트 여성을 고양이, 맹수, 어린아이, 중죄인, 익살꾼에 빗대어 묘사할 때 이 비유가 갖는 니체적인 긍정적 인간 유형은 그 빛을 잃어버리고 만다. 이러한 관점에서 만일 여성이 한 아이라면, 이는 여성이 그녀의 '이기주의'를 넘어설 수 없기 때문이며, 동물과 같이 여자는 단지 스스로 충족하는 것을 추구하며, 그녀의 '무도덕성'은 타자에 대한 모든 사랑과 남자에게 양육자 어머니의 역할을 하는 사랑을 거부하기 때문이다.

「나르시시즘 서론」에서 프로이트는 끊임없이 대상에 대한 사랑과 나르시시스트적 사랑을 대립시킨다. 그럼에도 불구하고 이원론으로 열

---

17) 프리드리히 니체, 「자라투스트라는 이렇게 말했다」, 『시간과 자유의지/자라투스트라는 이렇게 말했다』, 정석해 · 정경석 옮김, 삼성출판사, 1992.
18) S. Kofman(1980), *op. cit.*, p. 65.

려있는 진술들의 저편에서 이 텍스트는 대상적 사랑을 나르시시스트적 사랑으로 환원하는 경향이 있다. 왜냐하면 대상적 사랑은 근원적인 나르시시즘의 단순한 전이이며 대상을 향한 성적인 과대평가는 자기 자신에 대한 과대평가를 단순히 이전시킨 것이며, 대상적 사랑의 특징인 이러한 대상에 대한 과대평가는 진실로 나르시시스트적 흔적이기 때문이다. 이처럼 나르시시즘이 대상적 사랑과 모든 욕망의 기저에 있음에도 불구하고 프로이트는 그것을 긍정적인 방식으로 단언하지 않았다. 그렇게 되면 모든 사랑에 깊숙하게 내재되어 있는 "비도덕적인" 성격을 인정하게 되기 때문이다. 따라서 프로이트는 아이러니하게도 "우리들" 남자들은 여자들의 손때 묻지 않은 나르시시즘을 선망한다는 것을 말한 후, 그 자신이 이 여자들에게 너무 매혹되지는 않았는지 공포에 떨면서, 여자들의 애정 생활에 대해 도덕적 유죄판결을 내려 버린다.

4) 프로이트의 단죄: 중죄인 혹은 히스테리 환자

사라 코프만은 이와 같이 프로이트의 「나르시시즘 서론」이 열어젖힌 길은 나르시시스트 여성이 지니는 냉담함, 해독 불가능성, 남성과의 공모의 거부를 파헤치기 때문에 남성에게는 고통스러운 길이라고 해석한다. 이 고통을 줄이기 위해 프로이트는 여성이 자신의 비밀을 모두 간과하거나, 분석치료자에게 협력하자고 결심하거나, 그녀가 "아프기" 때문에 자신이 "낫기" 위해선 남자 없인 안 된다고 확신하게끔 하는 장치를 만들어 놓는다는 것이다. 이러한 공모의 과정에서 남성 정신분석학자는 중죄인을 취조하는 수사관 혹은 예심판사의 역할을 담당하게 된다. 범죄 수사관과 정신분석학자 모두에게 관건이 되는 것은 은폐된 자료와 어떤 "비밀"을 발견하고 고백하게 하는 것이다.

사라 코프만에 따르면, 프로이트의 유명한 남근선망이라는 "고정관념"은 여성을 부동의 위치에 고정시킬 수밖에 없는 사이비 해결책 중의 하나이다. 그것은 접근하기 힘들고 공포감을 주며 수수께끼 같아서 남성들의 눈에 "죄인criminelle"으로 비춰지는 여성의 아토포스적 성격, 그 불안정성, 변덕스러움을 제어하기 위한 것이다. 사라 코프만은 이처럼 프로이트가 여성 — 특히 나르시시즘에 빠진 여성 — 을 "중죄인" 취급하면서도 이 여성에 매혹되고 대경실색함을 면밀하게 관찰하고 있다. 코프만에 따르면 남근선망 "이론"은 공포에 찬 반응이며, 몽환적 유형의 허구이다. 그리고 이 허구는 너무 매혹적이라서 참아낼 수 없는 중죄인으로서의 여성을, 쉽게 조종하고 제어할 수 있는 히스테리 환자로 개조시키기 위해 만들어진 것이다. 프로이트가 조사 과정에 이러한 여성들을 히스테리 환자로 변형시킨 것과 마찬가지로 역사 속에서 대부분의 여성이 효과적인 남성의 공모자였고, 대부분의 어머니는 무엇보다도 그들의 아들을 영웅이나 위대한 사람으로 만들고자 하거나 죽음을 무릅쓰고 아들이 저지르는 범죄의 공모자가 되었다. 즉 이들은 가부장제하에서 남성과의 공모를 도모하고 비밀을 고백하는 "히스테리 환자"들이다. 다시 말해 이 사회에서 "정상적"이라고 여겨지는 여자들은 모두 히스테리 환자들에 다름 아니다.

5) 여성의 근원적 양성성의 복원

프로이트는 여성의 섹슈얼리티라는 수수께끼의 실마리가 여성의 근원적인 양성성에 있다고 보고, 어떻게 양성적인 경향을 가진 여아가 여성이 되는가를 연구하고자 했다. 프로이트는 전오이디푸스 단계에 여아가 어머니에게 보이는 강렬한 애착 관계가 필연적으로 단절되고 사랑의 대상을 아버지로 전이시킴으로써 여아는 정상적으로 여자가 된다고 주장한다. 소녀가 아버지를 향해 갖게 되는 소원은 남근에 대한 선망이다. 남근선망이 아이를 향한 것으로 대체되면서 비로소 여자다운 분위기가 형성된다. 이런 맥락에서 아이는 상징적인 등가물로서 남근의 자리를 대신하게 된다. 프로이트는 남근을 갖고 싶고 남성이고 싶어 하는 여아의 소원이 완결된 여성성으로 나아가는 지름길이며, 이러한 남근선망 그 자체를 "근본적인 여성성"으로 인식해야 한다고 주장한다.

프로이트에 의하면 정상적인 여성성에로의 길로 나아가지 못한 경우, 여성의 숙명을 받아들이지 않는 신경증과 동성애라는 길로 접어들 수 있다. 히스테리적 신경증은 정상적인 성인 여성을 탄생시키기 위해서, 여성이 갖는 남성적 성욕을 제거하는 억압적 과정에서 발생한다. 따라서 그것은 여아의 양성성이 정상적인 여성성에로 수렴되는 발달 과정에서 일어나는 일종의 사고와 같은 것이다. 프로이트는 여성 히스테리 환자가 자위 행위자와 같은 표정과 상황을 연출해 낸다는 것을 지적하며, 어떤 텍스트에서는 이와 같이 남성적이고 여성적인 두 가지 역할을 동시에 연기하는 히스테리 환자를 조롱했다. 이러한 프로이트의 태도 속에서 사라 코프만은 왜 프로이트가 수립한 양성성에 관한 테제가 양날의 검인지를 확인한다. 즉 프로이트는 순수한 남성성과 순수한 여성성을 이론적 구성물에 지나지 않는다고 말하여 양자 사이의 대립을 해소시키는 듯하지만 결국은 남성적인 것을 전통적인 특권 속에서 유지했다는 것이다. 이러한 맥락에서 프로이트에게 성인 여성의 양성성은 비정상적인 병리 현상이며, 그가 제시한 규범적 정상성은 다른 하나의 성감대를 위해 하나의 성감대를 완전히 포기하는 단성성unisexulaité이다.

이 지점에서 사라 코프만은 프로이트의 이론을 전복하며, 사실 정상은 이중적인 쾌락을 모두 향유할 수 있다는 것을 의미한다고 주장한다. 여아가 성인 여성으로 발달해 가는 과정에서 클리토리스라는 하나의 성감대에서 질이라는 다른 하나의 성감대로의 이행이 일어날 수는 있으나, 이는 히스테리 환자들처럼 클리토리스의 성욕을 완전하게 억누르는 것이 아니라 그것이 질의 성욕에로 단순히 복속됨을 의미한다. 즉 그것은 다른 하나의 성감대를 위해 하나의 성감대를 없애는 것이 아니며, 단성성을 위해 양성성을 파괴하는 것도 아니며, 오히려 질을 고려하여 위계를 전복하는 것이다. 즉 정상적인 성인의 여성성은 양성적이며 남성적 클리토리스의 쾌락은 전적으로 여성적인 질의 쾌락의 조건이 된다.

프로이트에게 양성애는 병적으로 여겨지는 동성애와 정상적인 것으로 여겨지는 이성애의 경계에 있다. 그러나 다른 관점에서 보면 남녀 모두에게 자연스러운 양성애 대신 이성애를 택하게 될 때, 이성애는 동성애만큼 문제적일 수 있다. "순수한" 이성애자는 동성애자만큼이나 아프다. 이성애는 사회의 규범일 뿐, 심리적 규범은 될 수 없으며, 순수한 이성애란 존재하지 않으며, 여성과 남성은 성별 이원 체계 내에서 대립되는 두 가지 유형이 아니다.

이러한 조건에서 사라 코프만은 새로운 정상성의 모델을 제시한다. 그에 따르면 동성애자가 "치유된다"는 것은 이성애자가 되는 것이 아니라, 경계limite를 교환하는 것이며, 완전한 양성적 기능을 복구시키는 것이다.[19] 이러한 맥락에서 여성 정신분석학자의 임무는 남성과 여성 모두가 간직했으나 잃어버린 악마처럼 이중적인 방식으로 향유하는 힘을 복원시키는 것이다. 이는 타자에 의해 느껴지는 쾌락의 성에 대해

19) *Ibid.*, p. 152.

단성성unisexualité과 욕구불만frustration을 규범으로서 제시하려고 하는 사회적 도덕이 부여한 경계 짓기limitations를 넘어서는 것이다.

사라 코프만의 마지막 이야기

사라 코프만은 남성들이 그토록 알고 싶어 하는 "진리", 즉 여성이라는 수수께끼는 결국 심오한 베일 뒤에 숨겨진 팔루스라는 형이상학적 올가미이거나 팔루스의 대체물인 남자의 페티쉬적 환영이라는 것을 적발했다. 여성은 "니체적 맥락에서의 웃고 춤추는 철학자"이며 회의주의 철학자이다. 그리고 그들은 남성들이 추구하는 영원한 여성으로 박제화되기 이전의 양성적 존재들이다.

> 이러한 점에서 여성의 한 수수께끼에 대해 말하고 이 수수께끼를 해결하려고 노력하는 것은 철저하게 남성적인 관점이고, 여자들은 진리에 관심 갖지 않는다. 그들은 뿌리 깊게 회의적이다. 그들은 '진리'가 없다는 것을 잘 알고 있고, 그 베일 뒤엔 또 다른 베일이 있으며, 우리는 그 베일을 벗기고 또 벗기지만 어떠한 (사랑의) 여신도 '적나라한' 진리도 나타나지 않을 것이다.[20]

다시 아홉 살 난 어린 사라가 겪어야 했던 전쟁과 생존의 이야기로 되돌아 가보자. 이 이야기에는 살아남은 이후에도 다시 살아가기 위해 철학을 택하고 생존하기 위해 글쓰기에 매달렸던 한 여성 철학자의 자화상이 투영된다. 그녀에게 삶은 너무 불확실하기에 철학과 글쓰기가 끝내 그녀를 구원해 주지 못했다. 그럼에도 불구하고 니체 탄생 150주년이 되는 날을 자신의 마지막으로 삼은 사라 코프만은 마지막 순간까

20) *Ibid.*, p. 123.

지 니체적 실존을 추구했던 것 같다. 데리다는 "나는 그녀가 끝까지, 최후의 순간까지 웃었다고 믿고 싶다."고 말한다.21) 비록 사라 코프만의 삶의 이야기는 대중들 앞에서 자신의 모든 것을 이야기하고 그 죄를 심판받아야 하는 한 불행한 여인, 양심의 가책 속에서 고통을 내면화했던 한 인간의 모습으로 끝났지만, 그녀가 구현하고 창출해 낸 여성들의 모습을 통해 사라 코프만의 여성 독자들은 그 디오니소스적 기쁨과 삶의 긍정을 되찾았기를 희망해 본다.

참고 문헌

마르트 룰만, 『여성철학자 (아무도 말하지 않은 철학의 역사)』, 이한우 옮김, 푸른숲, 2005.

시몬느 드 보부아르, 『제 2의 성』, 조홍식 옮김, 을유문화사, 1998.

줄리아 크리스테바, 『정신병, 모친살해, 그리고 창조성: 멜라니 클라인』, 박선영 옮김, 아난케, 2006.

지그문트 프로이트, 「여성성」, 『새로운 정신분석 강의』, 임홍빈·홍혜경 옮김, 열린 책들, 2004.

______________, 「나르시시즘 서론」, 『정신분석학의 근본개념』, 윤희기·박찬부 옮김, 열린책들, 2003.

______________, 『히스테리 연구』, 김미리혜 옮김, 열린책들, 2004.

______________, 「도라의 히스테리 분석」, 『꼬마 한스와 도라』, 김재혁·권세훈 옮김, 열린책들, 2004.

______________, 「레오나르도 다 빈치의 유년의 기억」, 정장진 옮김, 『예술, 문학, 정신분석』, 열린책들, 2014.

질 들뢰즈, 『니체, 철학의 주사위』, 신범순·조영복 옮김, 인간사랑, 1994.

프리드리히 니체, 「자라투스트라는 이렇게 말했다」, 『시간과 자유의지/자라투스트라는 이렇게 말했다』, 정석해·정경석 옮김, 삼성출판사, 1992.

______________, 『선악을 넘어서』, 김훈 옮김, 청하, 1982.

피에르 레비-수쌍, 『비밀의 심리학』, 강현주 옮김, 말글빛냄, 2007.

21) Ari Hirvonen, "The Ethics of Testimony: Trauma, Body and Justice in Sarah Kofman's Autobiography", http://www.helsinki.fi/nofo/NoFo9HIRVONEN.pdf (검색일: 2014년 10월 3일).

Sarah Kofman, *L'enfance de l'art: Une interpr tation de l'esth tique freudienne*, Editions Galilée, 1975.

__________, *Rue Ordener, rue Labat*, Editions Galilée, 1994.

__________, *L' nigme de la femme: la Femme dans les textes de Freud*, Editions Galilée, 1980.

Ari Hirvonen, "The Ethics of Testimony: Trauma, Body and Justice in Sarah Kofman's Autobiography", ttp://www.helsinki.fi/nofo/NoFo9HIRVONEN.pdf (검색일: 2014년 10월 3일).

Pleshette DeArmitt, "Sarah Kofman", Jewish Women's Archive, http://jwa.org/encyclopedia/article/kofman-sarah(검색일: 2014.4.30).

샌드라 하딩

Sandra G. Harding

페미니즘적 과학철학의 문을 열다

조주현

계명대학교 명예교수. 주요 관심분야는 페미니즘 이론과 방법론, 페미니즘 과학기술학, 여성운동이며 그에 관한 다수의 논문이 있다. 『정체성 정치에서 아고니즘 정치로』를 썼고, 『페미니즘과 기술』 등을 번역했다.

이 글의 원문은 『여/성이론』 14호(2006)에 실려있다.

샌드라 하딩: 페미니즘적 과학철학의 문을 열다

샌드라 하딩Sandra Harding은 여성주의 입장론feminist standpoint theory(이하 입장론)을 대표하는 여성주의 정치철학자이다.[1] 입장론은 여성주의 인식론의 한 줄기로서, 지난 30여 년의 기간 동안 수많은 이론가들과 사조들과의 경합을 거치면서 스스로의 논리를 발전시켜 온 대표적인 여성주의 사상으로 알려져 있다. 그동안 적지 않은 이론가들이 입장론을 하나의 사상으로 발전시키는데 기여해 왔지만, 하딩만큼 지속적으로 자신을 입장론자로 위치 지으면서, 빠르게 변화하는 여성주의 쟁점들과 다양한 사조들의 격랑 속에서 입장론을 현재에도 계속 유의미한 사상으로 지속시키려고 노력하는 이론가는 없는 것 같다.

하딩은 지금까지 모두 11권의 책을 저술/편집하였는데, 이 중 가장 대표적인 책들로 *Feminism and Methodology: Social Science Issues*(『페미니즘과 방법론: 사회과학의 쟁점들』, 메릴 힌티카와 공편, 1983), *The Science Question in Feminism*(『페미니즘과 과학』, 이화여대출판부, 1986/2002), *Whose Science? Whose Knowledge? Thinking from Women's Lives*(『누구의 과학이며 누구의 지식인가? 여성들의 삶에서부터 생각하기』, 1991), *Is Science Multicultural? Postcolonialism, Feminism*

---

1) S. 하딩(1935~2025)은 미국 로스앤젤레스 소재 캘리포니아대학교(UCLA)의 사회과학부와 비교교육 전공 프로그램의 교수로 재직하였으며, 1999년부터 2000년까지 같은 대학 여성연구센터의 원장을 역임하였다. 하딩은 여성주의 이론 탈식민주의 이론, 인식론, 연구방법론 그리고 과학철학을 주요 연구 분야로 삼았다.

& Epistemologies(『과학은 다문화적인가? 탈식민주의, 여성주의, 그리고 인식론들』, 1998), 그리고 *The Feminist Standpoint Theory Reader*(『여성주의 입장론 독본』 편, 2004)를 꼽을 수 있다. 이 책들은 지난 20여 년 간 하딩이 얼마나 지속적으로 입장론에 천착해 왔는지를 알게 해 준다. 이 글에서는 입장론의 형성 배경과 주요 특징, 입장론에 대한 비판과 그에 대한 하딩의 대응, 그리고 앞으로의 전망 등을 소개하는 것을 통해 하딩의 문제의식을 드러내도록 한다.

입장론의 형성 배경과 주요 특징들

1968년 '여성해방'을 선언하면서 시작된 제2차 여성해방운동은 시간이 지나면서 여성들을 위한 지식생산의 필요성을 절감하게 되었다. 그간 여성들은 늘 지식생산의 대상이 되어 왔고 스스로 지식생산의 주체가 되지는 못했다. 그 이유는 각 분과 학문과 연구 기관들이 여성들에게 지식생산의 주체가 될 수 있는 개념 틀을 허용하지 않았기 때문이다. 기존의 분과학문에서 사용하는 개념 틀들은 사실상 보편적 관점을 견지하지 못했으며 (특히 남성) 특정 집단의 사회적 이해관계와 관심사들을 반영하는 방식으로 구성되어 왔다. 개념 틀 자체가 편파적인 한, 그 개념 틀을 가지고 연구하는 여성들은 여성의 삶과 남성의 삶에 대해 무지할 뿐 아니라 그 두 집단 간의 젠더 관계가 어떻게 작동하는지에 대해 알 수 없게 된다. 예를 들어, 기존 학문의 개념 틀을 받아들이는 한, 어떻게 전통적으로 서양 법률 체계가 아내 구타는 "여자들이 촉발시켰기 때문"이라거나 "비정상적인 남자들만이 아내를 구타한다"고 인식하게 되었는지, 어떻게 산부인과학에서 여성의 생리, 출산, 폐경을 병으로 간주하게 되었는지, 그리고 어떤 과정을 통해 여성은 인류의 진화에 기여한 바가 없다고 생각하게 되었는지와 같은 문제들에 대해서 의문조차 가질 수 없게 된다.

여성주의 입장론자들은 연구나 생각을 시작할 때 기존의 분과 학문과 연구 기관들이 사용해 온 개념 틀을 사용하지 말 것을 제안했다. 그에 따라 가장 혁신적인 여성주의 연구는 특정 문화 안에 놓여있는 여성들의 경험, 삶, 노동에서 시작하거나, 그 당시 다양하게 등장했던 여성주의 담론들에 기대어 진행되는 것이곤 했다. 이러한 초기 입장론적 연구들은 시론적 연구이기 때문에 여성들의 경험을 드러내는 것이 연구의 전부인 경우도 많이 있었다. 그러나 하딩은 단순히 여성 경험을 드러내는 것과 여성의 삶에서 생각을 시작한다는 것은 분명한 차이가 있다고 설명한다. 입장론은 단순히 주변 집단들의 경험 세계를 드러내는 데 있지 않으며, 오히려 여성들이 지배적 개념 틀의 실천 과정을 이해함으로써 지배 집단의 착취가 어떻게 모든 사람들에게 자연스러우면서도 바람직하게 보일 수 있도록 기획, 유지되는지를 이해하는 데 있다는 것이다. 예를 들어, 90년대 초까지 입장론을 발전시키는 데 큰 기여를 했던 도나 해러웨이Donna Haraway는 영장류학이나 생물학과 같은 특정 과학이 어떻게 가설과 연구 방법을 사회 지배 집단의 남성중심적이고 성차별적인 욕구를 반영하는 방식으로 구성하여 궁극적으로 자연법칙을 편파적으로 설명하게 되는지를 밝힘으로써 보편성의 외피 아래 감춰졌던 지배 집단의 사유 방식의 특징들을 드러내고 있다. 그러므로 입장론은 개별 여성들의 경험에 천착하기보다는 (학문 분과들을 포함하여) 지배적 제도와 이데올로기의 편파적 작동 방식에 주목해 왔다.

이렇게 하여 입장론은 70~80년대에 여성주의 인식론, 과학철학,

지식사회학, 그리고 방법론으로 부상하게 되었다. 입장론은 한편으로 끊임없이 비판을 받아오면서도 사회학에서 열광적인 주목을 받은 반면 (주로 입장론의 초기 형성기에 큰 기여를 한 도로시 스미스Dorothy Smith와 낸시 하트속Nancy Hartsock이 사회학자였기 때문), 자연과학과 관련한 과학철학이나 과학학의 영역에서는 주변적인 위치를 벗어나지 못하고 있다. 후자에 속한 여성주의 이론가들로 샌드라 하딩Sandra Harding, 도나 해러웨이Donna Haraway, 메릴 힌티카Merill Hintikka, 힐러리 로즈Hilrary Rose, 앨리슨 와일리Alison Wylie, 캐슬린 어크루이크 Kathleen Okruhlik 등을 꼽을 수 있다(참고 문헌 참조).

이 같은 상황에서 하딩은 과학에 대한 여성주의의 입장을 정리하게 된다. 하딩에 따르면 과학에 대한 여성주의의 입장은 크게 여성주의 경험론, 여성주의 입장론, 여성주의 포스트모더니즘으로 나뉘는데 이는 여성주의 인식론의 세 모델을 이루고 있는 것이기도 하다. 이 세 모델은 각 역사적 발전 단계에 따라 입장론은 경험론에 대한 반론으로, 포스트모더니즘은 경험론과 입장론에 대한 반론으로 등장하였지만 등장 시기와 무관하게 현재에도 여전히 서로 경합을 벌이고 있다고 말할 수 있다.

먼저 여성주의 경험론은 세계는 인식주체와 무관하게 존재한다고 보는 철학적 사실주의와 세계에 대한 모든 지식의 근원으로서 인식주체의 감각의 우선성을 인정하는 경험주의적 가설을 인식론적 근거로 삼는다. 세계에 대한 진리는 체계적인 관찰을 통해서 얻어질 수 있으며 관찰자의 사회적 위치는 중립적인 절차를 엄격히 지킴으로써 극복될 수 있다고 본다. 만약 성차별주의적이고 남성중심주의적인 연구 결과가 나온다면 이는 체계적인 방법과 이론을 따르지 않았기 때문이다. 여성주의 경험론은 '좋은 과학'과 '나쁜 과학'을 구분하는데 '나쁜 과학'이란 연구자의 편견이 반영되어서 가치중립적 객관성이 보장받지 못한 경우이다. 여성주의 경험론은 과학의 객관성에 더욱 매진하여 좋은 과학으로 만드는 것이 성차별주의를 해결하는 방법이라고 생각한다.

'나쁜 과학'에 반대하는 여성주의 경험론자들은 과학 영역에서의 성차별적인 고용 관행과 남성중심주의적 편견에 비판의 초점을 맞춘다. 이들은 여성에게도 교육, 학위, 취직, 출판, 교수직에 있어 동일 기회를 부여해야 한다고 주장하는데, 그 이유는 성차별 없이 능력 있는 여성을 선발하여 여성 과학자가 수적으로 증가할 경우 그것은 과학 인력 전반의 질적 향상을 가져오며 그 결과로 과학 지식 축적에 기여할 수 있기 때문이다. 여성주의 경험론은 여성이 과학 지식 축적에 여성으로서 어떤 특별한 기여를 할 수 있는지는 질문하지 않는다. 연구자는 사회적 위치를 초월한 추상적 개인이라는 전제를 갖고 있기 때문이다. 결국 여성주의가 과학에 기여하는 바는 여성 과학자의 수를 증진시키는 데 있으며 과학 지식의 내용과는 관련이 없다고 본다.

반면에 여성주의 입장론은 인식론적 근거로서 역사 유물론의 통찰력을 따른다. 입장론은 사회적 존재가 의식을 결정한다는 시각을 받아들이므로, 입장론의 시각에서 보면 모든 진리란 근본적으로 존재를 통해 매개된 것이다. 예컨대 지식은 늘 역사상 특정 순간의 사회정치적 형성 과정에서의 개인의 위치와 관련하여 매개된다. 그러므로 억압자/집단의 진리와 피억압자/집단의 진리는 다르게 나타날 수밖에 없다. 여성주의 입장론에서 보면 과학도 물론 매개된 지식이다. 따라서 과학의 사회적 근원을 밝히는 것이 입장론의 목표이다. 과학 연구는 누구를 위해 무슨 목적으로 지식을 축적하는가와 한 사회의 성별, 인종, 계급 문제와 과학 연구는 어떻게 관련되는가는 과학 지식의 인식론적 핵심을 구성한다고 본다.

한편, '강한 객관성'은 하딩이 제기한 가장 괄목할 만한 개념이다. 강한 객관성이란 연구 과정 내부에서의 과학적 절차에 대한 관심뿐만 아니라 그것에 영향을 끼치는 외부 사회질서의 전반적인 경향도 분석할 수 있는 장치를 마련하는 것을 말한다. 하딩은 연구 결과의 객관성을 증대시키기 위해 여성의 삶의 관점에서 생각을 시작하기를 권한다. 이것은 타자의 삶의 관점에서 연구를 시작하는 것으로서, 체계적으로 지배당하고 착취당하는 삶의 관점을 택한다는 것을 말한다. 하딩은 억압자의 사회적 입장은 그 현실 인식이 이데올로기적으로 왜곡되어 있지만, 피억압자의 사회적 입장은 이데올로기적인 모호함을 꿰뚫어 볼 수 있고 억압 집단에 비해 덜 왜곡되고 편파적으로 세계를 이해할 수 있다고 봄으로써 가치중립적 객관성을 비판하였다.

하딩이 제시한 강한 객관성과 관련하여 상대주의와 주관주의의 문제가 제기될 수 있는데 하딩은 이를 다음과 같이 벗어나려고 한다. 첫째, 다양한 집단들이 각자의 사회적 입장에 따라 다른 세계관을 확장시킨다고 주장할 경우 이것은 다양성을 인정하는 상대주의로 귀결되는 것이 아닌가 하는 점이다. 이에 대해 하딩은 인식론적 상대주의epistemological relativism와 문화상대주의cultural relativism를 구분한 후 다양성을 인정하고 서로 개의치 않는 것은 인식론적 상대주의로서 거부되어야 하지만, 한 하위문화에서 합리적인 주장이라고 생각하는 것을 다른 하위문화가 거부하는 문화상대주의는 인정해야 한다고 본다. 하딩은 문화상대주의를 인정하는 대신에 어떤 지식이 더 옳은 지식인지에 대한 판단의 기준을 제시한다. 그것은 어떤 사회적 상황이 가장 객관적인 지식을 산출해 내는지 결정할 수 있는 역사적 기준이 있다고 보기 때문에 가능하다. 둘째, 강한 객관성이 가치중립적 객관성을 반대한다고 하여 주체와 대상 간의 분리를 비판하는 것은 아니라는 점이다. 강한 객관성은 주체와 대상 간의 참여의식적인 관계를 복원시키자는 것이 아니라, 주체와 대상 간의 분리에 근거한 관계를 인정하면서 오히려 그 관계 자체를 조사할 것을 주장하는 것이다.

이상과 같이 하딩은 강한 객관성을 제시하면서 입장론의 시각을 제시하고 있지만 다른 한편 주체와 대상 간의 분리를 인정함으로써 경험론의 시각도 유지하고 있다. 실제로 하딩의 논의 안에서 경험론과 입장론은 갈등을 일으키며 어느 한쪽으로 종결지어지지 않을 뿐만 아니라 하딩은 경험론과 입장론 둘 다가 필요하다고 주장하기도 한다.

마지막으로 여성주의 포스트모더니즘은 현실에 대한 하나의 진실이 있다는 가능성을 부정한다. 이 점에서 여성주의 포스트모더니즘은 입장론과 입장이 같다. 그러나 입장론이 여러 진실의 판본 중에서 덜 왜곡된 진실을 판단할 수 있는 기준이 있고 그것은 역사적 범주인 성별, 계급, 인종의 집단적 범주에 따른 주변인의 관점이라고 주장한 반면, 포스트모더니즘은 효과적이지 못하다는 점에서 미리 확정된 특권적인 범주의 설정을 인정하지 않는다는 차이가 있다. 여성주의 포스트모더니즘은 경험론과 입장론을 근대사회를 대표하는 인식론의 동전의 양면을 이루는 것으로 본다. 여성주의 포스트모더니즘은 어떤 세계관도 편파성을 피할 수는 없으며 개인 관찰자의 특정한 사회적, 정치적, 역사적 위치에 따라 세계관은 다르게 형성된다고 주장한다. 객관성에 대한 여성주의 포스트모더니즘의 접근은 바로 이 개인에 대한 이해의 차이에서 비롯된다. 기술 과학과 초국적 자본주의의 결합이 주도하는 21세기 지배체제하에서 개인은 근대적 구도의 산물인 성별, 계급, 인종의 확정된 범주의 정체성을 더 이상 유지할 수 없다고 보며 그에 대한 대안으로 내놓은 것이 사이보그 정체성이다.

이상과 같은 경험론, 입장론, 여성주의 포스트모더니즘의 경합 속에서 하딩은 자신의 위치를 '전통 과학론의 몇 가지 중요한 견해들을 재고하고 수정하는 데 전념하는 포스트모던 입장론'으로 규정하고 있다. 여성들 간의 차이를 인정하고 있으며, 현실을 얼마나 더 정확하게 설명하느냐보다는 권력과 지식 간의 관계를 즉, 남성 우월과 지식생산이 서로를 구성하는 방식을 분석하는 데 초점을 두는 것이 하딩을 '포스트모던 입장론자'로 분류할 수 있는 근거가 된다.

특히 하딩은 후기에 들어와 '타자들'의 경험 세계와 사회적 위치, 그리고 그것이 과학적 지식으로 연결되게 하는 지식의 다중성 문제를 집중적으로 다루고 있다. 즉, 과학과 다문화주의와의 결합을 시도한 것이다. 이것은 여성, 인종, 성적 지향성 간의 차이를 인정하고 각 위치의 삶에서 지금까지 알지 못했던 권력을 발견하여 여성들의 삶의 조건을 더 낫게 하는 데 기여하는 지식으로 이어질 수 있게 하는 것이다. 서구 과학의 유럽중심주의에 대한 대안으로 제시된 다문화주의와의 결합은(예, 아프리카의 과학 문명, 출산 중심으로 여성 몸을 보는 의료체계에 대한 레즈비언의 개입 등) 타자들의 삶, 즉 지역성의 삶을 드러냄으로써 가능해진다. 하딩 스스로 자신의 입장을 '포스트모던 입장론'이라고 밝혔듯이 하딩은 하나의 현실이 있다고 주장하지 않을뿐더러, 현실을 얼마나 더 정확하게 설명하느냐보다는 권력과 지식 간의 관계를, 즉 남성 우월과 지식생산이 서로를 구성했던 방식을 분석하는 데 초점을 두고 있다. 지역 간의 상호 교차성이 야기하는 지식의 다중성은 후기 하딩의 연구 세계를 주도하는 주제로 발전한다.

입장론에 대한 비판과 그에 대한 대응

입장론에 대한 많은 비판들 중에는 심지어 입장론이 여러 인식론, 과학철학, 지식사회학, 방법론들 중의 하나에 불과한 것이 아니라 여성주의, 나아가 서구 문명에 위협을 가하는 것이라고 보는 경우도 있다. 입장론을 비판하는 이들 중에는 여성주의자들도 있으며, 심지어 입장론을 옹호하는 여성주의자들 자신도 특정 부분에 대한 비판을 한다. 그러나 달리 생각해 보면, 빠르게 명멸하는 여성주의 이론들 사이에서 입장론은 사라지지 않고 수십 년간 가장 논쟁적인 이론들 중 하나로 자리잡아 왔다는 것 자체가 역으로 지식에 대한 최근 사상들과 입장론이 여전히 관련성이 있음을 보여주는 것이다. 많은 비판들에도 불구하고, 자연과학과 사회과학에서 입장론은 여전히 광범위하게 사용되고 있다.

하딩은 입장론이 최근 인식론과 과학철학, 지식사회학, 그리고 포스트모던 비평의 논쟁들 사이에서 궁지에 빠져있는 상태라고 진단하고 있다. 지식사회학과 포스트모던 비평은 입장론적 접근이 너무 인식론적이라고 생각하며, 과학철학은 입장론적 접근이 너무 사회학적이라고 생각한다는 것이다. 이제 입장론에 대한 다섯 가지 비판과 그에 대한 하딩의 대응을 정리해 보자.

1.

지식사회학자들과 포스트모던 비평가들은 입장론이 지나치게 인식론적이라고, 즉 지식이 어떤 확고한, 혹은 탈사회적인 단단한 토대를 가질 수 있다고 생각한다고 비판한다. 예를 들어, 입장론자들은 여성들의 삶이 지배 집단 남성들의 삶에 비해 과학적 가설의 산출과 실험에 있어 과학적으로 보다 나은 출발점을 제공한다고 주장하는데, 이런 주장이 이들에게는 입장론자들이 지식의 탈사회적 토대를 복권시키려는 것으로 읽히는 것이다. 이에 대해 하딩은 입장론자들이 보편적인 지식이 있다고 주장하는 것이 아니라 단지 여성들의 삶에서 시작한 연구가 남성들의 삶에서 시작한 연구보다 덜 왜곡된 믿음을 산출한다는 것이며, 지식의 보편성을 전제하지 않고도 더 왜곡된 믿음과 덜 왜곡된 믿음을 산출하는 사회적 조건은 구별될 수 있음을 주장하려는 것이라고 설명한다. 사회적 조건의 구별은 연구 대상뿐 아니라 연구자와 연구 제도(분과 학문)도 똑같이 비판적 고찰의 대상이 되게 함으로써 가능하다. 특히 하딩은 여성들의 몸, 직감, 이야기 혹은 경험과 여성들의 삶을 구별하면서 전자는 여성주의 지식의 토대가 될 수 없으며 여성들의 삶으로부터 나온 객관적인 관점만이 여성주의 지식의 정당성을 부여한다고 주장한다.

2.

과학철학자들은 입장론이 전혀 인식론이 아니며 단지 지식사회학일 뿐이라고 비판한다. 인식론이기 위해서는 실제로 믿음이 어떻게 발생했고 정당성을 갖게 됐는지에 대한 전제를 갖고 있어야 한다는 것이다. 이에 대해 하딩은 최상의 믿음이 역사적으로 변화할 때, 그 믿음을 판에 박힌 근거에 의존하여 정당화하기는 힘들다고 주장한다. 예를 들어, 20세기 초반의 비엔나 학파가 보여준 인식론과 과학철학에 대한 관심은 물질계에 대한 가장 광범위하게 검증된 이론이 거부되고 오히려 실험적 근거가 거의 없는 이론이 받아들여졌다는 사실, 즉 아인슈타인의 물리학이 뉴턴의 물리학을 대치했다는 사실에 의해 촉발되었다. 입장론 역시 자신들의 문제를 새롭게 등장한 믿음과 (여성과 젠더에 대한 진부한 견해에 도전하는 믿음) 그 믿음을 등장시키는 사람들과 (여성들, 여성주의자들) 비전통적인 연구 과정들(남성들의 삶보다는 여성들의 삶에서 시작함)에서 택한다. 입장론은 경험적으로나 이론적으로 더 적절한 믿음이 실제로 등장하는 방식과 그런 믿음이 등장하기 위해 창출되고 또 창출되어야 하는 비전통적인 처방 사이의 관계를 보여주려고 한다. 따라서 하딩은 입장론은 전통적인 사회학의 특징과 전통적인 인식론의 특징을 둘 다 가지고 있다고 주장한다. 입장론을 사회학으로 부를지 인식론으로 부를지, 혹은 과학철학으로 부를지는 분과 학문들 간의 충돌에 의해 결정되겠지만 입장론은 실제로 사회학이며 인식론이며 과학철학이라고 본다.

3.

지식사회학자들은 입장론이 과학을 너무 과대평가한다고 비판한다. 즉, 입장론은 순수과학 같은 것이 있을 수 있으며 과학은 본질적으로 사회에 도움을 준다는 견해와 완전히 분리되어 있지 않다는 것이다. 그리고 그 이유가 입장론은 사회구조가 과학 지식을 결정하는 것을 보지 못하기 때문이라는 것이다. 하딩은 이에 대해 입장론은 '승계 과학 successor science'으로서의 여성주의 과학이 필요하다고 주장한다. 여성들은 자신들의 몸이 진정 어떻게 작동하는지, 어떤 사회세력이 여성들을 계속 가난한 상태로 있게 하는 데 가장 많은 책임이 있는지, 남성들은 왜 강간을 하는지, 어떻게 제국주의가 특히 여성들에게 작용하는지, 여성들이 스스로의 조건을 개선하기 위해 어떻게 권력을 획득할 수 있는지에 대해 알고 싶어 한다. 그런데 우리는 이런 과학적 질문들에 대해 현재 존재하는 우리 사회의 구성(재단들, 대학들, 의료 보건 체계들,

경제, 등등) 안에서, 즉 다각적이지 못하고, 비협동적이며 위계적이고 권위적이며 비참여적인 사회 안에서 조사해야 한다. 그러므로 입장론은 백인우월주의와 새로운 형태의 제국주의, 지속적인 계급 착취와 강제적인 이성애, 그리고 여전히 강고한 남성우월주의가 지속되는 불완전한 사회질서 안에서 어떻게 객관성을 극대화하는 작업과 연결되어야 하는지를 고민해야 하는데, 무관점이 대안이 될 수 없는 것은 분명하다.

4.

제3세계 출신 여성들은 입장론이 서구 중심적이며 본질적이라고 비판한다. 그동안 주변 인종, 계급, 섹슈얼리티, 문화에 속한 여성들은 "여성다움의 전형"이나 보편적인 여성 같은 것은 없다고 주장해 왔다. 사실상 여성들은 다양한 인종, 계급, 섹슈얼리티, 그리고 문화에 속하기 때문에 여성들의 경험, 활동, 투쟁, 관점은 보편적인 남성들의 삶이나, 자신들이 속한 사회집단의 남성들의 삶과 차이가 있을 뿐만 아니라 여성들 사이에서도 차이가 생기게 된다. 그런데도 입장론은 '여성들의 삶'을 강조함으로써 여성들의 경험, 활동, 투쟁, 관점을 동질화하려고 하고 있으며, 여성 동질화가 여성주의를 강화시킨다는 오래된 주장을 복원하려 한다는 것이다. 이들은 입장론이 인종차별주의, 계급적 편견, 이성애주의, 서구중심주의가 그랬던 것처럼 여성본질주의로 여성주의를 훼손하고 있다고 주장한다.

다른 한편 포스트모던 비평가들은 보편적인 인간—서구의 과학, 이성, 윤리, 역사에 등장하는 사회적으로 '동질적이며', 단일하고, 고집세고, 자주적인 주체—은 계몽주의의 산물로서 그런 개념은 없는 것이 더 낫다고 주장한다. 이들은 같은 맥락에서 입장론은 여성주의적 주장의 근거에 도움이 될 수 있는 일종의 보편적인 여성 조건을 가정한다는 점에서 환원적이라고 비판한다. 이 비평가들에 따르면 특별히 여성주의 지식론을 생산한다고 주장하기 위해서는 보편적인 여성이라는 잘못된 가정을 설정해야 하므로, 결국 입장론은 다음 두 가지 중 하나의 운명에 처할 수밖에 없다는 것이다. 즉, 서구 중심적 본질론이라는 비판들 사이에서 곡예를 하거나, 특별히 여성주의 분석이라고 내세울 만한 것이 없게 되거나 하는 비참한 상황 말이다.

하딩은 제3세계 여성들과 포스트모던 비평가들의 위와 같은 비판이 정당하지 못하다고 주장한다. 하딩은 먼저 입장론이 마르크스주의 인식론으로부터 빌려온 논리에는 문제가 있음을 시인한다. 즉, 주류 마르크스주의 이론과 정치의 근본적인 관심사는 생산수단을 소유한 사람과 자신의 노동을 팔아야 하는 사람 사이의 관계에 의해 만들어진 차이에 대한 것이었는데, 그 인식론을 빌려옴으로써 입장론도 근본적으로 여성들의 삶과 남성들의 삶 사이의 관계에 의해 만들어진 차이들을 강조하게 되었다는 것이다.

그러나 하딩은 다음과 같은 이유들로 입장론을 옹호한다. 첫째, 입장론을 발전시킨 대다수의 백인 서구 여성주의자들은 가장 격렬하게 인종차별주의, 제국주의, 이성애주의, 계급적 억압에 저항해 왔으며 유색인 여성들, 빈곤 여성들, 동성애 여성들과 함께 정치활동에 참여했다. 둘째, 단지 백인, 서구, 이성애자, 경제적 특권층만 아니라 아프리카계 미국 이론가들도 입장론적 접근을 이용한다. 예를 들어, 패트리샤 힐 콜린스Patricia Hill Collins는 아프리카계 미국 여성들의 삶에서 연구를 시작함으로써 무엇을 배울 수 있는지를 설명하기 위해 입장론을 가져왔다. 베티나 앱티커Bettina Aptheker는 만약 우리가 빈곤 여성들, 아프리카계 미국 여성들, 일본계 미국 여성들, 레즈비언들의 일상에서부터 연구를 시작한다면 지배적인 사회 이론에 대해 무엇을 알 수 있는지를 보여주기 위해 입장론을 이용했다. 사미르 아민Samir Amin은 서구중심주의를 분석하는 데, 그리고 에드워드 사이드Edward Said는 오리엔탈리즘과 인도의 새 역사를 논의하는 데 입장론을 가져왔다.

하딩은 입장론자들이 의도적으로 인종차별적이거나 계급 편향적인 것은 아니며, 다만 입장론자들은 각기 다른 인종, 계급, 문화에 속하는 여성들 간의 차이나 남성들 간의 차이에 분명히 초점을 맞추지 못함에 따른 존재론적 (그리고 그 결과로 과학적, 인식론적, 정치적) 대가를 치르고 남성과 여성 간의 차이에 집중하는 경향이 있다고 설명한다. 그러나 입장론은 여성들 간의 차이를 강조하는 도전에 대처할 수 있는 중요한 자원을 제공한다. 즉, 우리가 연구와 학문과 이론을 백인 여성들의 상황에서 시작하는 것이 이점이 있다는 것을 인정한다면, 평가 절하되고 억압된 인종, 계급, 문화에 속한 여성들의 상황에서 연구를 시작하는 것은 사회와 자연의 질서에 대해 더 많이 배울 수 있는 이점을 갖고 있다는 것이 분명해지게 되는 것이다. 후자의 연구를 통해 우리는 인종, 계급, 문화가 어떻게 지배 집단과 피지배 집단 여성 모두의 상황과 전망을 형성하는지에 대해 배울 수 있게 된다. 이 같은 지식은 남성들의 삶에서 연구를 시작할 때 그들의 삶이나 사상의 젠더화된 성격을 드러낼 수 없는 것처럼 같은 이유로 우리가 단지 지배 집단에 속한 여성들의 삶의 관점에서부터 시작한다면 결코 획득할 수 없는 것이다.

이렇게 입장론은 본질화하는 경향과 그런 경향을 물리칠 수 있는 자원을 둘 다 품고 있다고 하딩은 말한다. 여성주의 입장론은 그 자체로 본질론이거나 비본질론, 인종차별주의거나 반인종차별주의, 혹은 자민족중심주의이거나 반자민족중심주의인 것이 아니며 양방향 모두의 경향을 품고 있다. 그리고 그 논리를 따라가게 되면 놀라운 결론에 이르게 된다. 즉, 여성주의 지식 주체/행위자는 다중적이고 모순적이며, 결코 단일하고 '일관된' 모습을 갖고 있지 않다는 것, 또한 여성주의 지식 주체/행위자는 모든 다른 해방적 지식 기획의 주체/행위자여야 한다는 것 그리고 여성들만이 여성주의 지식의 유일무이한 생성원이 될 수는 없다는 것이다.

5.

포스트모던 비평가들은 입장론이 지나치게 계몽적이고 근대적이라고 비판한다. 그러나 하딩에 따르면 여성주의적 지식은 지배문화의 방식에 자신들의 삶에 대한 지식과 여성주의 정치를 통해 얻은 지식을 끼워 맞추려는 여성들의 양분된 의식bifurcated consciousness과 자기모순적인 충실함에서 생긴다. 즉, 입장론의 발전은 '여성들'이라는 집단 내부에서뿐만 아니라 각각의 여성주의 의식 내부의 '차이'에서 나온다. 이들은 단일한 '개인'도, 전통적인 '개인'도 아니다. 또한 입장론은 과학의 진보성은 과학이 제시한 사회적 목적과 가치에서 나온다고 보고 있으며, 이런 역사적 특징과 관계없이 그 가치가 무엇이든 연구자들이 구체화시키기만 하면 진보성을 띠는 것이 아니라고 보고 있다. 말하자면 과학도 이성도 진보적 본능과 수구적 본능을 둘 다 갖고 있다는 것이다. 하딩은 역사적 조건에 따라 이 충동들이 방출되기도 하고 금지되기도 한다고 본다.

하딩의 입장론의 전망

하딩의 입장론을 포스트모던 입장론으로의 확장과 자연과학에 대한 입장론의 개입을 중심으로 전망해 보면 다음과 같다.

첫째, 포스트모던 입장론과 관련하여 보면 1991년에 앨리슨 재거의 『여성해방론과 인간본성』(1983)이 완역된 후 여성학 인식론은 재거의 논의에 따라 자유주의, 마르크스주의, 급진주의, 사회주의 여성주의로 유형화되어 왔다. 그러나 1980년대와 1990년대를 지나면서 여성학 인식론의 가장 급격한 변화는 '근대'에 대한 문제 제기에 기반한 포스트모더니즘과의 결합으로 이루어졌다. 하딩은 스스로 새로운 시대사조들과 조우하면서 1970년대와 1980년대의 제2차 여성해방운동의 결실로 나타난 '근대적' 여성주의의 인식론인 입장론을 변화시켰고, 입장론과 포스트모던 여성주의의 접점을 찾고 방향을 조정하면서 입장론을 현재 진행형의 인식론으로 지속시키기 위해 노력하고 있다. 우리는 하딩의 글로부터 여성주의가 근대로부터 포스트모던으로의 패러다임 전환의 국면에 놓여있으며 그에 따른 위기와 전환의 논리를 구성하기 위해 하딩 자신이 치열한 인식론적 고민을 진행하고 있음을 확인할 수 있다.

또한 하딩은 여성학에서 어떻게 간학문적 연구를 할 수 있는지 그 연구방법론을 제시해 준다. 하딩은 과학에 대해 "누구의 과학이며 누구의 지식인가?"라는 질문을 함으로써 지역성에 기반한 문화와 자연과학의 결합을 시도하며 기존의 학문 분과의 경계를 넘어 과학철학과 탈식민주의를 연결하고, 지식사회학과 여성주의 몸 담론을 결합하는 놀라운 접근 방법을 보여주고 있다. 하딩은 현대 여성학의 흐름이 학문 간의 경계를 뛰어넘는 간학문성에 있다는 것을 보여주고 있으며 하딩 자신이 자신의 연구를 통해 간학문성을 지식의 최전선에서 실천하고 있다.

둘째, 과학과 관련하여 하딩에게서 가장 주목할 만한 점은 과학을 민주화할 수 있다고 보는 하딩의 믿음에 있다. 21세기 사회에 우리 각자는 다양한 인종, 계급, 지역, 성별, 성적 배경을 갖고 있지만 우리 모두는 이미 과학 안에 놓여있다는 점에서 동일한 조건 안에 있다. 그런데 하딩은 각 집단의 다양한 배경에서 시작된 관점이 과학적 의제에 반영되어야 한다고 주장한다. 이 같은 과학의 민주화는 그것이 정의의 관점에서 옳기 때문만이 아니라, 실제로 과학 발전에 기여할 수 있기 때문에 추진되어야 한다는 것이 하딩의 주장이다. 하딩은 이 같은 논제를 펼쳐나가는 데 있어 실증주의, 마르크스주의, 포스트모더니즘의 사상 체계를 동원하고 있으며, 여성주의 인식론, 과학철학, 지식사회학, 과학기술 연구, 탈식민주의 문화이론의 학문 분과를 넘나들며 논의를 전개함으로써 스스로 간학문적 연구의 전범을 보이고 있다.

참고 문헌_여성주의 입장론을 대표하는 글들

Smth, Dorothy, *The Everyday World as Problematic: A Sociology for Women* (Boston: Northeastern University Press, 1987).

__________, *Texts, Facts, and Femininity: Exploring the Relations of Ruling* (New York: Routledge, 1990a).

__________, *The Conceptual Practices of Power: A Feminist Sociology of Knowledge* (Boston: Northeastern University Press, 1990b).

Hartsock, Nancy, "The Feminist Standpoint: Developing the Ground for a Specifically Feminist Historical Materialism", Harding · Hintikka eds., *Discovering Reality: Feminist Perspectives on Epistemology, Methodology, Metaphysics, and Philosopby of Science* (Dordrecht, Netherlands: Kluwer Academic Publishers, 1983), pp.283–310.

Haraway, Donna, "In the Beginning was the Word: The Genesis of Biological

Theory", *Signs: Journal of Women in Culture and Society*, 6(3), 1981, pp.469-81.

____________, "We Think, Therefore We Are", *The Women's Review of Books*, 1(2), 1983, pp.3-5.

____________, *Primate Visions: Gender, Race, and Nature in the World of Modern Science* (New York: Routledge, 1989).

____________, "Situated Knowledges: The Science Question in Feminism and the Privilege of Partial Perspectives", *Simians, Cyborgs and Women* (New York: Routledge, 1991), pp.183-202.

Harding, Sandra, *The Science Question in Feminism* (Ithaca, N.Y .: Cornell University Press, 1986).

____________, *Whose Science? Whose Knowledge? Thinking from Women's Lives* (Ithaca, N.Y.: Cornell University Press, 1991).

____________, *Is Science Multicultural? Postcolonialisms, Feminism, and Epistemologies* (Bloomington: Indiana University Press, 1998).

____________, ed., *The Feminist Standpoint Theory Reader: Intellectual and Political Controversies* (New York: Routledge, 2004).

Harding, Sandra · Hintikka Merrill B., *Discovering Reality: Feminist Perspectives on Epistemology, Methodology, Metaphysics, and Philosophy of Science* (Dordrecht, Netherlands: Kluwer Academic Publishers, 1983).

Rose, Hilary, "Hand, Brain, and Heart: A Feminist Epistemology for the Natural Sciences", *Signs: Journal of Women in Culture and Society*, 9(1), 1983, pp.73-90.

____________, "Is a Feminist Science Possible?", *Love, Power, Knowledge: Toward a Feminist Transformation of the Sciences* (Bloomington: Indiana University Press, 1984).

Wylie, Alison, "The Philosophy of ambivalence: Sandra Harding on The Science Question in Feminism", *Canadian Journal of Philosophy, Supplementary* Volume.13, 1987, pp.59-73.

____________, "Why Standpoint matter", in Robert Figueroa and Sasndra Harding, eds., *Science and Other Cultures: Issues in Philosophies of Science and Technology* (New York: Routledge, 2003).

Wylie, Alison · Okruhlik, Kathleen, "Philosophical Feminism: Challenges to Science", *Resources for Feminist Research*, 16, 1987, pp.12-15.

트랜스젠더 역사, 동성애규범성, 그리고 트랜스젠더 페미니즘

수잔 스트라이커
Susan Stryker

루인
트랜스/젠더/퀴어연구소 소장이며 한국퀴어아카이브 퀴어락에서 상근활동가로 일하고 있다. 트랜스젠더퀴어 페미니즘을 한국이라는 지역적 맥락에서 다시 설명하는 작업을 하고 있다.

이 글의 원문은 『여/성이론』 26호(2012)에 실려있다.

수잔 스트라이커: 트랜스젠더 역사, 동성애규범성, 그리고 트랜스젠더 페미니즘

> "당신은 트랜스젠더 연구에서 가장 대표적인 노동자이며, 저를 비롯한 많은 트랜스젠더 연구자는 그 작업에 대해 매우 감사하게 생각합니다."[1)]

트랜스젠더 연구와 흑인 페미니즘 이론을 전공한 V. 바룬 초드리 V. Varun Chaudhry는 수잔 스트라이커Susan Stryker와 인터뷰를 진행하며 이 평가로 서두를 열었다. 그리고 이 평가는 2020년대 미국 트랜스젠더 연구의 장에서 스트라이커가 자리하고 있는 위상을 압축한다. 스트라이커는 지금도 활발히 학술 활동을 하고 있으며, 트랜스젠더 연구의 단단한 토대를 만들기 위해 노력하고 있고, 1990년대 초반부터 학술적 활동을 병행하며 이후 등장하는 트랜스젠더 연구자에게 좋은 모범이 되고 있다.

스트라이커를 소개하는 글을 처음 쓴 2012년, 나는 "역사학자이고, 페미니스트이며 트랜스젠더 이론가인 수잔 스트라이커는 미국의 젠더 이론과 역사에서 중요한 인물이지만 한국에선 매우 낯설다. 스트라이커만 낯선 것이 아니라 트랜스젠더 이론 및 이슈 자체가 낯설기도 하다." 라는 문장으로 시작했다. 그리고 10년이 넘는 시간이 지나면서 스트라이커 혹은 트랜스젠더 연구의 사회적, 문화적 위상은 상당히 많이 변했다.

1) Stryker & Chaudhry, Ask a Feminist: Susan Stryker Discusses Trans Studies, Trans Feminism, and a More Trans Future with V Varun Chaudhry", *Signs*, 2022, p.789.

우선 한국에서 여전히 사람에게 스트라이커는 다른 많은 이론가에 비추어 여전히 덜 유명하지만, 그의 가장 유명한 학술서 『트랜스젠더의 역사』가 2016년 한국에서 번역되었다. 트랜스젠더 연구의 지형은 2012년에는 상상도 할 수 없는 수준으로 변했다. 2012년 당시 한국에서 트랜스젠더 연구를 중심 주제로 삼는 연구자는 거의 없었고, 그때는 안타깝게도 활동 중인 트랜스젠더 관련 인권 단체도 없었다. 트랜스젠더 개개인은 상당히 많았고, 활동가 역시 여럿 있었지만 연구는 하나의 장을 이루기보다 극소수의 개별 연구자의 고군분투가 있었을 뿐이었다. 그리고 2025년 현재, 트랜스젠더를 둘러싼 사회적 논쟁은 몇 차례 뜨겁게 진행되었고, 트랜스젠더를 향한 혐오가 대중화되었으며, 트랜스젠더 활동가 및 연구자도 비약적으로 증가하였다.

미국에서 트랜스젠더 연구 지형의 변화는 훨씬 더 드라마틱하다. 트랜스젠더에 대한 이론적 논의는 1990년대 들어서야 본격 부상했다. 스트라이커가 지적하듯, 페미니즘과 섹슈얼리티의 이론적 발달과 성전쟁sex war은 1990년대 퀴어 이론이 등장하는 데 상당한 영향을 끼쳤다. 트랜스젠더 이론은 비슷한 시기, 비슷한 배경에서 퀴어 이론의 사악한 쌍생아evil twin로 등장한다.[2] 퀴어 이론과 트랜스젠더 이론은 모두 페미니즘의 성취를 토대 삼아 등장하지만 트랜스젠더 이론은 (비트랜스) 페미니즘의 근간을 흔들기 때문이다.

트랜스젠더 이론은 1990년대 초반 등장한 이후 급속도로 성장했고 초기부터 매우 중요한 이론적 성취를 이뤘다. 트랜스젠더가 쓴 '최초'의 학술 논문인 동시에 트랜스젠더 이론을 촉발케 한 샌디 스톤Sandy Stone

---

2) Stryker, "Transgender Studies: Queer Theory s Evil Twin", *GLQ*, 2004. 이후 본문에서 이 논문을 인용할 경우 괄호 안에 년도와 쪽수만 표기한다.

의 논문 「제국의 역습: 포스트트랜스섹슈얼 선언문」은 포스트모더니즘 이론을 바탕으로 젠더를 혼종 장르로 재개념화 했다. 제이콥 헤일C. Jacob Hale은 경계 분쟁 및 범주 논쟁과 관련한 탁월한 논문을 여러 편 발표하였다. 헨리 루빈Henry Rubin은 현상학으로서 트랜스젠더 이론 혹은 트랜스젠더 현상학을 주장했다. 트랜스젠더 서사에 주목한 제이 프로서Jay Prosser는 트랜스젠더 자서전과 생애사 구술을 '구성주의 vs 본질주의'로 수렴하지 않는 방식으로 설명하였다. 비비안 나마스테 Viviane K. Namaste는 퀴어 이론이 동성애 중심이며 트랜스젠더를 배제하면서 규범적으로 구성되는 과정을 비판하였다. 스티븐 휘틀Stephen Whittle은 영국에서 법과 정책 변화에 초점을 맞춘 이론 작업을 진행하였다.

그리고 2000년대 들어 쟁점은 확장되었고 몸 이론, 법 정책 연구, 의료를 퀴어링하는 작업 등 방대해졌다. 그리하여 트랜스젠더 연구는 하나의 독자적 연구로 그 형태를 갖추기 시작했다. 그에 따라 2014년 스트라이커와 또 다른 트랜스젠더 연구자 페이즐리 커라Paisley Currah는 2014년 *TSQ: Transgender Studies Quarterly*라는 제목의 학술지를 출범시켰다. 이것은 퀴어 연구와는 다른, 독자적인 트랜스젠더 연구의 필요성, 논의 장의 필요성을 공개적으로 선언한 작업이었다. 하지만 모든 트랜스젠더 연구가 *TSQ*에만 실리기보다는 더 많고 다양한 학술지에 실리고, 더 이상 정리하기 어렵다 싶을 정도로 다양한 주제의 연구가 등장했다. 이것은 트랜스젠더 연구가 상당히 증가하고 있다는 의미로 다가오지만, 현실은 연구의 증가와는 다른 방향으로 전개되었다. 2020년대 들어 미국의 여러 주가 트랜스젠더 청소년을 불법으로 만드는 법을 제정하기 시작했고, 몇몇 국제 스포츠 협회가 트랜스여성의 여성부 참가를 금지하기도 했다. 2025년 출범한 트럼프 2기는 취임식에서 '미국은 인종차별이 없으며 남성과 여성으로만 구성된 사회'라고 선언했다. 연구가 활발해지고 있는 만큼이나 트랜스젠더는 미국에서 가장 빨리 삭제되고 배척되고 있는 존재이자 정치적 의제가 되었다.

이런 상황에서 스트라이커의 연구 쟁점을 살피는 것은 보수적 규범성이 팽배한 사회에서 저항의 규범성을 생산하지 않는 방법을 모색하는 한 방법이라 할 수 있다. 이를 위해 본 글은 트랜스젠더의 역사, 동성애규범성, 그리고 트랜스젠더 페미니즘 연구에 초점을 맞춘다. 이 셋은 스트라이커의 이론을 아우르는 핵심 키워드다. 역사학자로서 스트라이커는 기존 역사에서 은폐하거나 누락한 트랜스젠더의 역사와 인물을 발굴하고 이를 통해 기존 역사를 재구성한다. 동성애규범성은 1990년대 초기부터 문제의식을 확인할 수 있지만 최근 들어 더욱 분명하게 논하는 이슈다. 퀴어 이론은 흔히 이성애규범성heteronormativity을 지적하며 이성애주의로 구성된 사회를 문제 삼는다. 하지만 이러한 논의 구조는 때때로 이성애-동성애 이분법을 (재)생산하며, 동성애 이슈만을 퀴어 이슈의 대표 혹은 가장 중요한 이슈로 재현하고 트랜스젠더 이슈를 배제하는 경향이 있다. 스트라이커는 정확하게 이 지점에 개입한다. 또한 젠더 개념을 재구성하는 것은 트랜스젠더 연구에서 핵심 쟁점 중 하나며 트랜스젠더 연구와 페미니즘이 중첩하고 갈등하는 지형이기도 하다. 스트라이커는 학술 활동을 시작할 때부터 젠더를 중요한 쟁점으로 삼았는데 이것은 2010년대 페미니즘의 이름으로 트랜스젠더를 혐오하는 논의가 재부상했다는 점을 감안하면 여전히(혹은 과거보다 더더욱) 중요한 쟁점이라 할 수 있다.

트랜스젠더 역사 혹은 젠더 범주의 역사

트랜스젠더의 역사를 쓸 때, 핵심 질문은 과거의 인물을 트랜스젠더 범주로 어떻게 규정하거나 확정할 것인가가 아니다. 각 시대의 비규범적 젠더 실천을 통해 논쟁이나 논란이 된 인물, 범죄자로 취급된 인물을 재해석하고 그 시대의 젠더 규범이 의미화되는 방식을 탐색하는 것이다. 한국에서 규범적 젠더는 어떻게 관리되는가? 혹은 비규범적 젠더는 지배 규범적 젠더 질서를 구축할 때 어떤 식으로 소환되고 삭제되는가? 이런 질문은 트랜스젠더의 역사는 트랜스젠더로 이해할 법한 존재의 역사일 수도 있지만 비-트랜스라는 범주가 규범화되고 자연화된 역사를 탐색하는 작업이기도 하다. 그리하여 특정 범주의 역사 쓰기는 언제나 권력 역동을 폭로한다.

그렇다고 역사 쓰기가 인물을 무시하는 작업은 아니다. 역사 쓰기는 인물을 발굴하거나 재평가하는 작업이기도 하다. 한국에서 가장 중요하게 평가해야 하는 인물은, 2020년대에도 여전히 하리수다. 한국에서 트랜스젠더 아이콘은 다양하게 등장하고 있는데 풍자는 유튜버로, 연예인으로 큰 성공을 거두고 있으며, 한국 트랜스젠더퀴어의 역사를 살고 있는 60대 후반의 색자는 배우로서의 삶을 살고 있다. 그 외에도 많은 인물이 트랜스젠더의 새로운 상징으로, 가능성을 확장하는 인물로 등장하고 있지만 하리수의 성과는 매우 중요하고 또 언제나 저평가되거나 평가 자체가 안 되고 있다. 하리수는 2001년 방송에 데뷔해 지금까지 사라지지 않고 활동을 하고 있으며, 이를 통해 트랜스젠더를 '세상에 이런 일이' 식의 신기한 일로 취급하며 재빨리 사회적 기억에서 삭제시키는 규범성이 더이상 작동할 수 없게 했다. 데뷔하고 몇 년 동안은 트랜스젠더가 이 사회에 존재할 수 있음을 알리는 역할을 했고, 한국에서의 연예 활동이 뜸해졌을 때에도 SNS에서 후배 트랜스젠더와 퀴어에게 힘을 싣는 발언을 하고, 차별금지법 제정을 위해 행사에 참가해 목소리를 보태기도 했다. 그럼에도 하리수의 과거와 현재는 여전히 한때 유명했던 연예인 정도로만 회자되고, 그 활동의 정치적 의미가 충분히 평가되고 있지는 않다. 이 말은 시대별 규범이 생성되고 작동하는 방식을 살피는 작업이 중요한 만큼이나 중요한 역할을 한 인물의 의미를 충분히 재평가하는 작업 역시 중요하다는 뜻이다.

이런 이유로 미국 트랜스젠더의 역사를 발굴하고 인물을 재평가하는 작업은 스트라이커의 주요 과업 중 하나다. 이를테면 루이스 로렌스Louise Lawrence, 버지니아 프린스Virginia Prince를 재발굴하고 평가하는 작업이 그러하다.

루이스 로렌스는 의료적 조치는 하지 않았지만 1942년부터 평생 여성으로 살았던 인물이다. 로렌스는 1940년대 후반 캘리포니아 대학 샌프란시스코UCSF에서 트랜스젠더 이슈로 강의를 하였다. 그의 집은 의료적 조치를 찾는 트랜스젠더의 거점 역할을 했다. 아울러 알프레드 킨제이Alfred Kinsey나 해리 벤자민Harry Benjamin의 성과학 연구에 중요한 역할을 하였다. 로렌스는 트랜스젠더 및 크로스드레서와 관련하여 자신이 모은 방대한 자료를 킨제이와 벤자민에게 제공했고, 벤자민은 트랜스젠더와 관련한 자신의 의견을 로렌스에게 검증받곤 하였다.[3] 로렌스라는 인물의 발굴은 트랜스젠더와 의학의 관계에 중요한 시사점을 준다. 기존 학술 체계에서 학문적 권위는 의사가 지니며 의사의 보고

3) 스트라이커, 『트랜스젠더의 역사』, 이매진, 2016, 80-84쪽. 이후 본문에서 이 책을 인용할 경우 괄호 안에 년도와 쪽수만 표기한다.; Meyerowitz, How Sex Changed, Harvard University Press, 2002..

를 선행 발견으로 삼는다. 하지만 트랜스젠더 역사에서 의사는 자신의 의료적 권위에도 불구하고 트랜스젠더에게 배워야 했다. 트랜스젠더의 경험은 의사에게 낯선 현상이며 트랜스젠더 자신이 더 전문가이기 때문이다. 그렇기에 트랜스젠더들은 의사가 잘 알지도 못하면서 의료 권위로 자신들을 통제하려 든다며 비판적 입장을 취했다. 트랜스젠더와 관련한 의학 기술의 발달은 단순히 의사의 흥미에서 비롯했던 것이 아니라 트랜스젠더의 적극적 역할 및 의사와의 지속적 협상 과정의 성과다. 로렌스는 의료기술 발달에서 트랜스젠더의 역할을 실증한다는 점에서 매우 중요한 인물이다.

유명한 트랜스젠더 아이콘 크리스틴 조겐슨뿐만 아니라 버지니아 프린스의 역할을 발굴한 작업 역시 중요하다. 물론 프린스는 공공연히 동성애를 경멸했고, 성전환 수술에 부정적 의견을 표명했다(2016, 97-98). 그래서 일부 트랜스젠더 이론가는 프린스를 동성애를 혐오하고, 비트랜스젠더이자 전문가가 아니라고 비판한다. 하지만 프린스는 1952년 다른 트랜스베스타잇transvestite 동료와 함께 「트랜스베스티아 Transvestia: The Journal of the American Society for Equality in Dress」라는 잡지를 발간하였다. 이 잡지에서 프린스는, 19세기 제1물결 페미니즘의 여권활동가들이 의복 개혁 활동으로 크로스드레서라고 불렸다는 점을 상기시키며 이를 트랜스베스타잇과 연결하고자 했다(2016, 83-84). 아울러 1961년엔 미국에서 처음으로 장기간 운영한 트랜스젠더 단체를 설립하였다. 프린스의 또 다른 중요한 역할은 1960년대 초 트랜스젠더리스트라는 용어를 만든 것이다. 트랜스섹슈얼이 의료적 조치를 사용하는 사람이며, 트랜스베스타잇이 일시적으로 '이성'복장을 착용하는 사람이라면 트랜스젠더리스트는 의료적 수단을 사용하지 않으면서 지정받지 않은 젠더로 평생을 살아가는 사람을 지칭했다.[4] 트랜스젠더리스트는 이후 트랜스젠더라는 용어의 초석이 된다. 프린스의 이러한 역할은 현대 트랜스젠더 정치 운동의 초기 역사에서 매우 중요한 것이다(2016, 95). 뒤에서 다시 언급하겠지만 1990년대 초반 트랜스젠더 운동이 급부상하면서 발생한 주요 오해 중 하나는 트랜스젠더 운동의 역사가 1990년대 들어서야 시작되었다는 것이다. 그전까지는 동성애자 운동과 역사가 전부라는 식의 인식이 미국 사회에 상당히 만연한 듯하다. 그렇기에 프린스의 발굴과 역할 재평가는 미국 트랜스젠더 운동을 쓰는데 있어 매우 중요하다.

미국 트랜스젠더 역사학자로서 스트라이커의 가장 큰 공헌은 컴튼스 카페테리아 항쟁the Compton's Cafeteria Riot의 발굴을 통해 미국 퀴어 운동사를 다시 쓴 부분이다. 이 부분을 나는 그의 대표작인 『트랜스젠더의 역사』(2016, 106-121)를 중심으로 풀어가고자 한다.

미국 퀴어 운동의 역사는 흔히 스톤월 항쟁을 기술하는 것으로 시작한다. 1969년 뉴욕의 스톤월에서 발생한 항쟁은 동성애자 인권 운동의 시발점이자 신화로 남아 있다. 스톤월 항쟁을 둘러싼 주류 해석은 두 가지 큰 문제점을 남겼는데, 첫째, 이전의 항쟁을 은폐했고, 둘째, 이 항쟁을 백인 동성애자의 운동으로 전유했다는 점이다.

당연한 얘기지만 스톤월 항쟁 이전에도 항쟁이 존재했다. 1959년 로스앤젤레스 뒷골목에 있는 쿠퍼스 도넛Cooper's Donuts에서는 트랜스젠더와 동성애자의 집단 저항 사건이, 1965년 필라델피아의 듀이스Dewey's 카페에서는 십대를 비롯한 다양한 퀴어의 보이콧 항쟁이 발생했다. 하지만 스트라이커가 집중하는 항쟁은 1966년 8월 무더운 어느

4) Stryker, "Transgender", *GLBTQ*, GLBTQ Inc, 2005.

주말, 샌프란시스코 텐덜로인 지역에서 발생한 컴튼스 카페테리아 항쟁이다. 컴튼스 항쟁이 다른 두 항쟁에 비추어 중요한 이유는 제도적 변화를 이끌어냈다는 점이다. 즉 컴튼스 항쟁 이후 트랜스젠더를 향한 의료적 조치의 태도가 바뀌기 시작했으며, 지역 트랜스젠더 문제가 즉각 해결되지는 않았다고 해도 적법한 권리를 지닌 시민으로 트랜스젠더를 인식하기 시작했다.

샌프란시스코의 지저분한 지역 텐덜로인에 있는 컴튼스는 24시간 운영하는 카페로 드랙퀸, 남창, 빈민, 가출청소년, 노숙자 등이 모이는 곳이었다. 가게 주인은 그들을 싫어했고 경찰은 수시로 그들을 괴롭혔다. 이것이 일상이었다. 항쟁이 발생한 날도 경찰은 평소처럼 드랙퀸 한 명을 카페에서 끌어내려 했다. 평소대로라면 끌려 나갔을 것이다. 하지만 그간의 부당한 대우로 몇 번인가 피켓 시위가 발생했던 상황이었기에 순순히 끌려가지 않았다. 드랙퀸은 경찰 얼굴에 커피를 내던졌고 싸움이 벌어졌다. 컴튼스 주위로 시가전이 발발했고, 드랙퀸은 경찰을 무거운 가방으로 때리고 하이힐로 걷어찼다. 이 항쟁에는 50~60명 이상이 참여했다.

1972년 샌프란시스코에서 열린 첫 번째 동성애 자부심 행진은 스톤월 항쟁과 함께 컴튼스 항쟁이 행진의 계기라고 평가했다. 이 항쟁은 현대 트랜스젠더 사회 정의 운동을 진전시키는 데 결정적 역할을 하였으며 공권력과 사회적 적법성에 새로운 관계를 만들었다. 의료적 태도의 변화 역시 흥미로운데, 그전까지 미국에서는 공식적으로 성전환수술이 불가능했다. 비공식적으로 극소수의 의사가 수술을 집도하였지만 미국 의학계는 수술에 부정적이었다. 하지만 컴튼스 항쟁과 이후 몇 가지 사건은 미국 내에서 의료적 조치가 가능하도록 분위기를 바꾸었다. 십대를 비롯한 다양한 연령, 트랜스젠더를 비롯한 여러 퀴어, 비非백인을 중심으로 한 인종 구성으로 이루어진 컴튼스 항쟁은 그 중요성에서 오랫동안 누락되었다.

스톤월 항쟁이라고 균질한 운동인 것은 아니다. 스톤월 항쟁에는 매우 다양한 인종이 뒤섞여 있었다. 마찬가지로 이 항쟁이 본격 촉발한 계기에 대해서도 증언마다 다르다. 어떤 이는 한 백인 부치가 자신을 호송차에 태우려는 경찰에 저항하면서 촉발했다고 증언했다. 다른 이는 아프리카계 미국인과 푸에르토리코계 미국인 구성원이 자신들의 자매가 체포당하는 것에 저항하면서 촉발했다고 증언했다. 이것은 누가 어떤 식으로 사건을 구성하느냐에 따라 전혀 다른 사건으로 만들어 냄을 예증한다. 많은 비백인, 트랜스젠더가 이 항쟁에 참여했고 결정적 역할을 하였다. 하지만 스톤월 항쟁을 계기로 설립된 동성애해방전선Gay Liberation Front, GLF은 이 사건을 백인 게이 남성 중심으로 재구성했다. 그 외 여러 범주의 사람들은 주변으로 밀려났다(2016, 132-137).

이러한 일련의 역사적 사건과 인물의 재해석은 기존의 퀴어 역사가 어떤 담론을 축으로 구성되(었)는지를 되묻는다. 그렇기에 역사 발굴은 단순히 누락된 역사를 찾아내는 것이 아니라 이를 통해 기존의 이론 자체를 재구성하는 작업이다. 기존 이론과 인식을 재구성하기 위해 스트라이커가 다시 재해석한 개념이 동성애규범성이다.

동성애규범성

2006년과 2007년 미국 LGBT 공동체는 고용차별금지법ENDA을 둘러싼 논쟁으로 뜨거웠다. 고용에 있어 성적 지향을 이유로 차별을 금지하는 이 법안은 1994년 이후 계류 중이었다. 2006년 민주당이 상하원을 장악하면서 이 법이 통과될 가능성이 높아졌다. 그런데 여기에 새로운 이슈가 추가되었다. 젠더정체성과 젠더표현을 이유로 한 차별을 금지하는 조항을 ENDA에 포함시키는 이슈였다. LGBT 로비 단체 HRC는 오랜 동안 트랜스젠더가 포함되는 데 저항했지만 2007년 마침내 트랜스젠더 포함에 동의했다. 모든 것이 순조로운 듯했다. 하지만 2007년 9월 ENDA를 줄곧 지지했으며 공개적 게이 의원인 바니 프랭크Barney Frank가 태도를 바꾸었다. 비공식 모의 투표를 한 결과 성적 지향만 포함되면 ENDA가 통과되지만 젠더정체성과 젠더표현이 포함되면 부결되었다. 이에 프랭크는 전략적으로 성적지향을 포함한 ENDA와 젠더정체성을 포함한 ENDA로 법안을 분리하였다. 미국 LGBT 공동체는 격렬한 논쟁에 휩싸였다. 이 와중에 HRC는 성적지향만 포함한 법을 지지하는 것으로 돌아섰다. 최종적으로 트랜스젠더를 포함하는 법안은 소위원회 차원에서 없어졌고 성적지향만 포함한 법안이 의회에서 통과되었다. 물론 당시 대통령 부시는 거부권을 행사했다(2016, 230-233).

ENDA에서 트랜스젠더를 포함할 것인가를 둘러싼 논쟁은 미국에서 첨예하게 전개되었다. 그리고 이 논쟁은 일부 동성애 진영의 트랜스혐오와 무지, 동성애중심성을 다시 한 번 드러내는 계기가 되었다. 이를테면 유명한 게이 활동가 존 아라보시스John Aravosis는 미국 'GLBT' 인권 운동이 게이 남성을 중심으로 시작했다고 주장했다. 그는 GLBT라는 축약어가 운동의 역사를 암시한다면서 처음엔 게이가 운동을 시작했고, 그 다음 레즈비언이 참여하였으며 이후 바이가 포함되었고 트랜스젠더는 가장 늦게 운동에 참여했다고 주장했다. 이러한 인식에서는 트랜스젠더는 1990년대에나 등장한 운동일 뿐이다. 아울러 그는 ENDA가 동성애 운동의 숙원이니 트랜스젠더는 대의를 위해 희생하라고 주장했다. 물론 또 다른 많은 동성애 진영과 트랜스젠더 진영은 이런 태도에 매우 비판적으로 접근했다. 스트라이커 역시 그 활동가의 글에 "불쌍한 존 아라보시스Pity poor John Aravosis"라는 구절로 시작하는 반박글을 작성했다.

ENDA를 둘러싼 사건은 미국 퀴어 운동의 뿌리 깊은 동성애규범성을 표출하는 사건이다. 동성애규범성은 퀴어 이론과 트랜스젠더 이론 및 운동이 등장하던 바로 그때도 있었다. 그래서 스트라이커가 논의한 동성애규범성은 리사 두건Lisa Duggan이 정의한 "이성애주의적 제도와 가치에 도전하기보다는 그것에 포함되길 원하고 그것을 지속하는 것"[5]과는 좀 다르다.

퀴어 이론은 기존의 동성애 이론과 달리 정체성을 초역사적 성질이 아니라 근대적 배치, 담론 해석과 투쟁의 장으로 재설정하였다. 이를 통해 운동의 새로운 가능성을 모색하고자 하였다. 하지만 퀴어 이론은 거의 언제나 백인 중심의 동성애 이론으로 치환되었다.[6] 이를 테면 학술대회의 제목은 '퀴어 이론'이지만 부제는 '게이와 레즈비언'만을 적시하여 퀴어 이론과 동성애 이론을 동일시하거나 게이와 레즈비언만을 퀴어로 설명하는 식이었다. 이 과정에서 바이, 트랜스젠더 그리고/혹은

---

5) Stryker, "Transgender History, Homonormativity, and Disciplinarity", *Radical History Review*, 2008, p.145. 앞으로 본문에서 이 책을 인용할 경우, 괄호 안에 년도와 쪽수만 표기한다.

6) Goldman, "Who Is That Queer Queer? Exploring Norms " around Sexuality, Race, and Class in Queer Theory", *Queer Studies*, New York University Press, 1996.; Namaste, "Tragic Misreadings : Queer Theory s Erasure of Transgender Subjectivity", *Queer Studies*, New York University Press, 1996.; Namaste, "The Use and Abuse of Queer Tropes: Metaphor and Catachresis in Queer Theory and Politics", *Social Semiotics*, 1999.

비백인 등의 맥락은 모두 생략되었다.

이론만 이런 식의 태도를 취한 것이 아니었다. 1990년대 초 퀴어 네이션의 샌프란시스코 지부는 “Trans Power/Bi Power/Queer Nation”이라는 문구가 적힌 스티커를 제작했다. 트랜스젠더 활동가 중 한 명이 길에서 이 스티커를 붙이고 다니는 사람을 만났는데, 그 스티커에는 “Trans Power”라는 구절만 찢겨 나가고 없었다(2008, 146). 이 사건을 계기로 스트라이커를 비롯한 트랜스젠더 활동가들은 퀴어 네이션 내부의 트랜스혐오를 강력하게 비판하고 트랜스젠더 네이션을 설립하였다.

이것은 시작에 불과했다. 많은 비판에도 퀴어 이론은 너무도 자주 게이나 레즈비언을 위한 코드로 남겨지고, 트랜스젠더 이슈는 이성애규범성과 구분하는 수단이자 성적지향과 성정체성을 특권화하는 렌즈로 쓰였다(2004, 214). 이것은 이성애를 문제 삼는 방식이 아니라 동성애를 안정화하는 방식이었다. 트랜스젠더는 거의 언제나 성적지향 이슈로 수렴되었고 젠더 이슈의 긴장감, 성적지향 이슈와 젠더정체성 이슈가 갈라지는 지점은 빈번하게 누락되었다. 동성애만 언급하면 모든 비규범적 젠더-섹슈얼리티 주체가 언급되는 것으로 유통되기 시작했다. 물론 트랜스젠더와 젠더정체성 이슈는 동성애나 대상선택 이슈와 교차하기에 별개일 수는 없다. 그렇다고 해서 이것으로 충분한 것일 수 없다. 아울러 이것은 단순히 트랜스젠더를 누락하는 문제가 아니다. 트랜스젠더 이슈를 성적지향 이슈로, 섹슈얼리티 이슈로 수렴하는 것은 트랜스젠더의 젠더 실천과 의료적 조치 선택을 이성애자 되기로 만든다. 이것은 그나마 괜찮은 경우다. 트랜스젠더를 성적지향 범주로 곡해할 경우 트랜스는 부정적 의미로 변태적이고 병리적인 복장도착, 성기절단 욕망, 페티시로 나타난다(2008, 148). 이런 상황에서, 지배규범적 젠더를 토대 삼는 동성애는 트랜스젠더보다는 이성애와 더 많은 공통점을 지니며, 이런 상황을 분명하게 지적해야 했다(2008, 146).

바로 이것이 동성애규범성이라는 용어가 등장한 배경이다. 동성애규범성은 "이성애사회 규범과 다른 동성애적 방법을 특권화하고, 퀴어 간 차이의 다른 양식을 향한 혐오(혹은 최소한 생각하지 않는 맹목)를 영속"하는 실천이다.[7] 즉, 이성애규범성을 문제 삼지 않는 동시에 동성애 공동체의 규범으로 다종다양한 젠더-섹슈얼리티 주체를 주변화하는 것이 동성애규범성이다(2008, 147).

ENDA를 둘러싼 논쟁에서 언급한 게이 활동가 아라보시스는 LGBT에서 T가 단순히 덧붙여진 것으로 얘기했다. 이런 인식은 트랜스젠더 범주를 다른 범주와 별개로 만들고 성적지향을 불안정하게 만드는 현실을 부정하고 은폐한다. 트랜스젠더 이슈는 성적지향이 결코 안정적 토대일 수 없음을 드러내는 동시에, 인간의 섹슈얼리티가 어떤 토대로 구축되어 있는가를 심문한다. 스트라이커에게 퀴어 이론의 주요 이슈는 이성애규범성을 탈구성/탈자연화하고 비규범적 젠더-섹슈얼리티 주체를 기존의 동성애 수사가 아닌 다른 방식으로 설명하려는 시도다.[8] 트랜스젠더 연구는 문화적으로 생산되고 강제된 젠더 규범 간의 구성적 관계를 드러내고 개인의 복잡함을 배제하며 전형화하는 구조를 폭로하는 실천이다(2006, 3). 이를 결합하며 스트라이커는 트랜스젠더 이론과 활동이 "젠더정체성/성적 정체성 범주 내의 그리고 그 사이의 규범성의 작동에 주목하고, 동성/이성과 남성/여성 이원론과는 다른 축에서 권력

---

7) Stryker, "(De)Subjugated Knowledges: An Introduction to Transgender Studies", *The Transgender Studies Reader*, Routledge, 2006, p.7. 앞으로 본문에서 이 책을 인용할 경우 괄호 안에 년도와 쪽수만 표기한다.

8) Stryker, "The Transgender Issue: An Introduction", *GLQ*, 1998, p.151.

구조에 질문을 제기하고, 다른 사회 정의 운동에 성적 지향과 젠더정체성을 연결하기 위한 생산적 결합attachment을 식별한다"고 주장한다(2008, 149).

이러한 일련의 맥락에서 스트라이커는 동성애규범성을 포괄적 정치로 다시 정의한다. "동성애규범성은 거대 정치 선언에서 신자유주의에 적응하는 것 이상이다. 그것은 지식의 지배적 구성과 동성애 이득을 일치시키는 미세 정치 수준에서, 규범적 공간의 부드러운 기능을 파열하겠다고 위협하는 앎의 바로 그 양식에게서 자격을 빼앗고 규범적 목소리를 말하는 권위의 토대에 문제제기하는 체화의 양식을 추방하는 권력 수준에서 작동한다"(2008, 155). 즉 동성애를 퀴어와 등치하고, 동성애를 퀴어 규범으로 만들고자 하는 다양한 실천과 인식, 지식 구성에 균열을 내고 도전하는 모든 실천을 추방하는 권력 작동이 동성애규범성이다. 이것은 스트라이커가 오랫동안 박사학위를 가진 연구자였음에도 퀴어 학제에서 활동가로, 학술적 성취보다는 활동가의 통찰 정도로 취급했던 학계의 태도와도 관련이 있다. 실제 2008년에 쓴 "Transgender History, Homonormativity, and Disciplinarity"는 이 장에서 논한 동성애규범성을 동성애 중심의 퀴어 지식 구성으로 비판하는 논문인데, 이 논문을 게재한 학술지에서 전문적인 학술적 논문이 아니라 통찰이나 아이디어 정도로 분류하고자 했었다(2008, 154-155). 이것은 퀴어 연구에서 트랜스젠더 연구를 의미있는 지식으로 받아들일 때 동성애 중심의 지식 체계가 붕괴될 수 있다는 불안의 반증이며, 이를 학계의 가장 보수적인 규범으로(그러니까 가장 반-퀴어적인 행태로) 실천한 것이다.

트랜스젠더 페미니즘의 현재

> 부자연스러운 과정을 통해서만 자연스러운 몸의 외형을 갖춘 나, 나는 너에게 다음과 같이 경고한다. 당신이 나를 괴롭히기 위해 사용하는 그 자연the Nature은 거짓이다. 내가 재현하는 것으로부터 너를 보호하려고 자연을 신뢰하지마라, 그것은 나를 희생시켜 너를 유지하는 토대 없는 특권을 은폐하려는 허구다. 너도 내가 구성된 것처럼 구성되었다. … 내 말에 주의해라, 너도 너 자신에게서 솔기와 봉합사를 발견할 것이다.[9)]

인간의 몸은 타고나는 것이 아니라 사회적으로 구성된다는 언설은 이제 진부하다. 그렇다면 기술적으로technologically 구성된 몸은 담론(투쟁)과 어떤 관계를 맺는가? 즉 몸의 사회문화적 구성과 기술적 구성은 어떤 관계를 맺는가? 그리고 둘은 얼마나 다른가?

불행하게도 몸을 해석하는 데 있어 사회문화적 구성을 강조하는 이들 상당수가 기술적 구성과는 거리를 둔다. 여성과 남성은 사회문화적으로 구성되지만 트랜스젠더는 기술적으로 구성되며 여성-남성의 자연스러운 속성을 거스른다는 식이다. 그리하여 자연-문화, 본능-이성의 이분법은 비판하면서 자연-기술 이분법은 재강화하며 이분법의 토대인 자연을 소환한다. 이런 논의에서 트랜스젠더의 젠더 경험은 젠더의 속성을 질문하고 재정의하는 실천이 아니라 여성과 남성을 자연 질서로 입증할 증거로, 트랜스젠더는 인공이자 인조인간으로 호명할 근거로 규정된다.

가장 유명한 인조인간은 프랑켄슈타인이 창조한 괴물이다. 괴물은

---

9) Stryker, "My Words to Victor Frankenstein above the Village of Chamounix: Performing Transgender Rage", *GLQ*, 1994, pp.240-241. 앞으로 본문에서 이 책을 인용할 경우 괄호 안에 년도와 쪽수만 표기한다.

인간의 시체를 비롯한 온갖 것으로 꿰맨 형상으로 창조되었으며 인간공동체에서 추방되고 저주의 대상이 되었다. 인간의 몸에서 태어난 생명-존재가 아니라 과학자의 손에서 태어난/만들어진 존재인 괴물은 인간 주체성과 재생산에 관한 공포를 야기했다. 저 괴물이 제 종족을 재생산한다면 인류는 어떻게 될 것인가? 재생산할 수 없는 주체와 성적 관계가 등장하면 이 사회는 어떻게 될 것인가? 이것은 프랑켄슈타인이 괴물의 파트너를 만들지 않겠다고 결심하고, 괴물을 없애려고 한 결정적 이유이기도 하다.

이것은 오늘날 트랜스젠더를 둘러싼 논쟁과도 비슷하다. 여대에 합격한 트랜스젠더는 존재 자체로 여성에게 위협이며 심각한 침해라는 인식, 트랜스여성은 진짜 여성일 수 없다는 주장은 모두 몸의 자연성을 가정한다. 또한 실제 만난 적이 없을 때에도, 실질적 위협이 발생한 적이 없을 때에도 가상의 공포와 위협을 생산하며 혐오를 정당화할 뿐만 아니라 추방하고 삭제하는 것이 정당하다고 주장한다.

그렇기에 프랑켄슈타인이 만들어낸 피조물인 괴물을 향한 공포는 트랜스젠더를 향한 공포와 닮았다. 근대 국민국가가 인간 주체성을 확립하는 데 핵심적 조건은 생식 기관이다. 트랜스젠더는 이를 탈구성하며 등장하고 인간의 젠더 주체성 자체를 다시 질문한다. 통상 여성이면 아이를 낳을 수 있는 존재여야 하며, 남성이라면 정자를 제공할 수 있어야 한다. 인간 간의 성적 결합은 인간 재생산을 위한 것이어야 한다. 이것이 근대 자본주의적 인간의 핵심이다. 하지만 트랜스젠더는 재생산할 수 없는 관계를 만들 뿐만 아니라 재생산 기관 자체를 재구축한다. 트랜스젠더는 자신의 재생산 기관을 제거하거나, 여성이 정자를 제공하고 남성이 임신·출산하며 기존의 젠더 역할과 부모 역할 자체를 전복하거나 기이한 방식으로 (재)생산한다. 트랜스젠더가 생산하는 공포는 젠더의 토대를 불안정하게 만드는 실천에 대한 공포이자 인간 재생산-미래에 대한 공포다. 그러니 트랜스젠더가 괴물로 불리는 것은 우연이 아니다.

스트라이커의 1994년 논문 「샤뮤니 언덕에서 빅터 프랑켄슈타인에게 하는 나의 말: 트랜스젠더 분노를 연행하기」는 바로 이 지점에서 출발한다. 프랑켄슈타인의 피조물의 경험과 트랜스젠더의 경험을 유비하며 젠더, 몸, 기술의 관계에 매우 중요한 논의를 제공한다. 기술과 자연 이분법을 비판하며 몸 자체를 다시 사유할 것을 촉구하고 여성 범주를 재고하도록 한다.

"내 살의 형상은 내 욕망에서 날 소외시키는 장벽"(1994, 246)이라는 스트라이커의 지적처럼 몸은 담론이 투쟁하는 장이며 젠더가 작동하는 장이다. 내가 내 몸을 해석하는 방식과 내가/타인이 내 몸을 해석하는 (또 다른) 방식 간의 격렬한 투쟁은 모두 내 몸에서 발생한다. 타인만이 내가 원하지 않는 방식으로 내 몸을 해석하는 것은 아니다. 나 역시 내 몸을 내가 원하지 않는 방식으로 해석한다. 나는 언제나 내가 원하는 방식과 원하지 않는 방식 사이에서 내 몸을 해석-갈등한다. 예를 들어, 의료적 조치를 하지 않는 트랜스여성의 몸은 거의 언제나 '남성'으로 독해된다. 수염이나 음경이 남성의 증거일 수 없으며 질과 난소가 여성의 증거일 수 없다고 지적할 때에도, 그것이 남성 아니면 여성의 증거로 쓰이는 것이 현재의 지배적 이원 젠더 규범이다. 몸을 해석하는 데서 발생하는 담론 투쟁은 몸을 조각보로 만든다. 그래서 트랜스젠더의 몸은 빈번하게 두드러지고 또 빈번하게 은폐된다. 스트라이커는 이러한 경험을 다음과 같이 말했다.

내가 태어난 몸에서 나는 나 자신이라고 고려하는 인간으로 보이지 않는다; 내 몸의 형태가 내 욕망을 이성애로 보이게 하는 한 나는 퀴어로 보이지 않는다. 다이크인 나는 여성들 사이에서 보이지 않는 존재가 된다. 트랜스섹슈얼인 나는 다이크들 속에서 비가시적 존재가 된다. 새 엄마의 파트너인 나는 트랜스섹슈얼로도, 여성으로도, 레즈비언으로도, 그 어느 것으로도 종종 비가시적이다. (1994, 246)

젠더 담론은 몸에서 의미 해석의 투쟁을 일으키며 내 몸의 많은 부분을 은폐하며 나를 비가시적으로 만들고 또 특정한 방식으로 가시성을 생산한다.

조각보인 내 몸의 많은 솔기는 또한 의료기술적 담론으로 꿰맨 봉합사의 흔적이다. 근대 의학과 근대 국민국가는 동일체다. 적법한 젠더 주체를 만드는 데 있어 둘은 서로를 보증하는 필요조건이다. 젠더화된 몸은, 그가 트랜스젠더건 아니건 상관없이 의료기술적으로 구성된 몸이다.[10] 근대 이후 인간은 근대 의료기술적 인간이다. 의료기술적 담론이라는 봉합사는 근대 이후의 자연질서-지배규범이다. 그렇기에 내 몸을 꿰맨 수많은 의료기술적 봉합사, 퀼트의 솔기는 모두 인식/인정recognition의 영역에서 사라진다. 몸은 매끄럽고 또 틈새 없이 견고한 형태로 구성된다. 이 과정을 통해 몸은 담론과 분리할 수 있는 물질 영역이 된다. 몸은 자연스러우며 담론에 앞서 존재할 수 있다. 하지만 스트라이커가 정확하게 지적하듯 "'물질'은 궁극적으로 근대 유럽 세계관에서의 물질"(2006, 9)이다. 이 물질(성)은 인간의 몸과 젠더 경험을 매우 단순하게 만드는 인식론의 토대다(2006, 3).

10) Kessler, "The Medical Construction of Gender: Case Management of Intersexed Infants", *Signs*, 1990.; Meyerowitz, *How Sex Changed: A History of Transsexuality in the United States*, Harvard University Press, 2002.; Stryker, The Transgender Issue: An Introduction, *GLQ*, 1998.; Stryker, 2006.

이런 일련의 과정이 트랜스젠더를 괴물로, 인조인간으로 만든다. 트랜스젠더 몸만을 두드러지게 하고 비트랜스젠더 몸은 자연의 영역으로 보낸다. 하지만 반복해서 얘기하듯, 몸은 어떤 문화적 해석체계, 역사적 양식, 담론 투쟁을 통해서만 의미 있게 된다(1994, 249). 그래서 모든 몸은 가공품으로 생산된 몸이며 인위적으로 만들어진 몸이다. 이를 구분하는 것, 어떤 몸은 타고난 몸이며 다른 어떤 몸은 수술로 구성한 몸이라는 구분은 담론을 은폐하고 몸을 자연 질서로 만들기 위한 근대적 기획의 전형이다.

트랜스젠더와 비트랜스젠더라는 범주를 구분하려는 인식 역시 마찬가지다. 트랜스젠더는 철저하게 근대의 산물이다. 이 말은 트랜스젠더 범주가 성과학, 의료기술의 등장과 궤를 같이 하기 때문이 아니다. 근대 의료 기술이 여성과 남성이라는 이원 젠더 범주를 자연 질서로 구축하기 위해 트랜스젠더 범주를 발명했기 때문이다. 트랜스젠더가 의료기술적 담론에서 성립하는 범주라면 (비트랜스)여성-남성 역시 의료기술적 담론에서만 존립할 수 있다. 그래서 트랜스젠더의 의료병리화는 곧 젠더 범주 자체의 병리화다. 아울러 트랜스젠더가 포스트모던 현상이라면 비트랜스젠더 역시 마찬가지다. 트랜스젠더가 포스트모던 현상이라면 그 근대적 토대로서 여성-남성이라는 이원 젠더 체계가 필수다. 이는 비트랜스젠더 범주가 트랜스젠더를 포스트모던 현상으로 설명하기 위해 (재)발명된 범주란 뜻이다. 즉, 트랜스젠더가 의료기술적 범주라면 비트랜스젠더 역시 마찬가지며, 트랜스젠더가 포스트모던 현상이라면 비트랜스젠더 역시 마찬가지다.

바로 이 지점에서 트랜스젠더 연구는 재현 실천에 관한 연구이며(2006, 3) 젠더를 재개념화하기 위해 이원론을 파열하는 연구다(2006, 8).

> 트랜스젠더 연구는 성적으로 다른 사람들 간의 몸의 생물학적 특수성, 몸의 특정 형태가 점유하길 기대하는 사회적 역할과 상태, 자기의 젠더화된 감각과 젠더 역할 수행의 사회적 기대 사이에 복속되어 경험하는 관계, 그리고 젠더화된 개인성의 특수한 형상을 유지하거나 방해하는 것으로 작동하는 문화 메커니즘, 이것들 간에 존재한다고 일반적으로 가정하는 규범적 연결을 중단시키고, 탈자연화하고, 재절합하고, 가시적으로 만드는 것에 관심을 가진다. … 트랜스젠더 연구의 장(field)은 사람들이 근본적으로 다르게 그들의 젠더를 경험하고 표현하는 것을 왜 윤리적이고 도덕적으로 물질화해야 하는지를 묻는다. (2006, 3)

스트라이커는 트랜스젠더 이론을 단지 섹스와 젠더의 관계에 관한 것이 아니라 섹스-젠더로 인간을 인식하는 프레임 자체를 질문하는 것으로 설정한다(2006, 8). 이것은 트랜스젠더 이론과 페미니즘의 접점을 설명하는 시도이기도 하다. 페미니즘 역시 젠더화된 위치와 상황, 권력관계 등을 질문하며 섹스-젠더 프레임 자체를 문제 삼기 때문이다.

트랜스젠더와 페미니즘의 관계를 모색하는 작업은 스트라이커가 처음 제안한 것이 아니다. 트랜스젠더를 배제하고 누락한 페미니즘의 역사에서 트랜스페미니즘 혹은 트랜스젠더 페미니즘은 낯설고 새로운 논의다. 하지만 트랜스젠더 역사에서 페미니즘은 언제나 함께 했고 또 경계 분쟁을 일으킨 장이다. 이것은 스트라이커가 주장한대로 크리스틴 조겐슨이 제2물결 페미니즘 형성에 영향을 끼쳤기 때문만이 아니다(2016, 86). 제2물결 페미니즘이 등장한 이후 트랜스젠더, 특히 MTF male-to-female 트랜스여성은 여성 범주를 둘러싼 논쟁의 최전선이었다.

트랜스섹슈얼 레즈비언 가수인 베쓰 엘리엇Beth Elliott은 빌리티스의 딸들Daughters of Bilitis(1955년 미국 샌프란시스코에서 처음 설립된 최초의 레즈비언 권리 단체)의 샌프란시스코 지부에서 부대표로 일했다. 레즈비언 공동체에서 엘리엇은 문제없이 어울렸다. 하지만 1972년 일부 구성원은 엘리엇이 "진짜" 여성이 아니라는 이유를 들어 단체에서 떠날 것을 요구했다. 엘리엇은 단체를 떠나야 했고 이런 결정에 항의하며 또 다른 일부 구성원 역시 단체를 떠났다. (분리주의 혹은 급진)페미니즘이 엘리엇을 향해 보인 적대감은 1973년 서부 레즈비언 페미니즘 학술대회에서 절정에 달했다. 엘리엇은 학술대회에서 공연을 하기로 했다. 로빈 모건Robin Morgan은 기조연설을 하며 엘리엇을 "남성man"으로 지칭하고 "나는 남자male를 그녀she로 부를 수 없다."라고 얘기했다. 아울러 그는 또한 엘리엇의 공연을 거부했을 뿐만 아니라 그 자리에서 즉각 떠날 것을 요청하며 "나는 그를 강간범의 정신을 가진 기회주의자, 침입자, 그리고 파괴자로 고발한다."라고 말했다. 엘리엇이 공연을 하고 또 학술대회에 계속 남을 것인가를 둘러싼 이슈는 모건 등의 요청에 따라 투표에 붙여졌다. 그 결과 참가자의 3분의 2 이상이 엘리엇이 남길 원했지만 반-트랜스젠더 진영은 투표 결과를 받아들이지 않았다. 결국 엘리엇은 공연을 한 후 학술대회에서 떠나야 했다(2016, 160-164).

또 다른 사건은 올리비아 레코드의 녹음기사 샌디 스톤을 둘러싼 논쟁이다. 1970년대 후반 당시 의료적 조치를 하지 않았던 스톤은 여성의 음악 산업을 위해 설립한 올리비아 레코드에서 녹음 엔지니어로 일을 했다. 올리비아 레코드 구성원은 스톤과 별문제 없이 잘 지내고 있었다. 하지만 반-트랜스젠더 진영은 스톤이 올리비아 레코드에서 일을 하는 한 보이콧을 하겠다고 주장했다. 비록 올리비아 레코드는 스톤이 함께 하길 바랐지만, 스톤은 올리비아의 사업에 해를 끼치지 않기 위해 떠나기로 결정했다. 트랜스젠더를 향한 혐오는 "트랜스여성은 여성 공간의 침략자이며 존재 자체로 여성에 대한 강간이다."라고 주장한 매리 댈리Mary Daly나 재니스 레이먼드Janice Raymond의 발언에서 정점을 이룬다(2016, 164-171).

페미니즘 내 트랜스젠더 혐오 사건은 이 두 가지를 비롯하여 1970년대부터 지금까지 이어진다. 그리고 이는 페미니즘에서 트랜스젠더가 얼마나 중요한 이슈인지를 역설한다. 제2물결 페미니즘은 여성을 생물학적 본질주의로 규정하는 규범적 해석에 도전하며 등장했다. 그렇기에 여성은 사회문화적으로 구성되고 여성의 본질적 속성, 본질적 역할 같은 것은 없다고 주장했다. 하지만 '여성'이라는 범주 자체를 질문하는 데에선 논쟁적이었다. 반-트랜스젠더 진영은 트랜스젠더를 끊임없이 비체 영역으로 추방하며 생물학적·본질주의적 토대에서 여성을 규정하려고 했다. 그러면서 트랜스여성과 비트랜스여성 간에 발생하는 여성 범주 논쟁, 경계 분쟁을 은폐하려 했다. 이런 일련의 노력과 논쟁은, 스트라이커가 지적하듯 트랜스젠더의 지속적 가시화, 트랜스젠더 이론의 촉발을 야기했다.

그렇기에 트랜스젠더 이론은 페미니즘과 겹치고 또 교차하는 역사를 지닌다. 이것은 소저너 트루스Sojourner Truth의 질문 "나는 여성이 아닌가?"와 공명하는 동시에 다른 판본이다. 소저너 트루스는 여성운동에서 말하는 '여성'이 많은 여성을 희생시키며 특정 계급, 인종, 민족, 종교, 그리고 이데올로기의 의제를 진전시킨다고 비판했다(2006, 7). 마찬가지로 트랜스젠더 이론과 이슈는 여성 범주의 단일한 잠재성에 도전하고, 젠더 불평등을 밑절미 삼는 차별 및 부정의와 싸우기 위해 새로운 분석과 전략, 실천을 요구한다(2006, 7). 이러한 젠더 의제는 현재 페미니즘이 지향하고 있는 의제와 (거의 정확하게) 겹친다. 아울러 트랜스젠더 이론은 개인을 젠더화된 주체로 호명하는 장치를 질문하고 젠더를 인간 주체성의 토대로 만드는 구조, 비규범적 젠더 주체를 괴물로 추방하며 이원 젠더를 공통 언어로 만드는 토대 자체를 심문한다. 이것은 트랜스젠더 연구가 그 자체로 페미니즘 연구이자 페미니즘과 트랜스젠더 이론이 별개로 논의될 수 없음을 뜻한다.

바로 이런 이유로 트랜스젠더 이론은 페미니즘을 출발점 삼아 "퀴어 이론의 사악한 쌍생아"(2004)가 될 수밖에 없다. 트랜스젠더 이론은 페미니즘 이론과 섹슈얼리티 이론의 결합으로 등장했지만 각 이론의 토대를 근본적으로 흔들고 때때로 고의로 젠더 범주를 붕괴시킨다. 아울러 같은 범주로 묶이는 공동체의 토대 자체를 흔들며 기존 공동체의 규범과 이론을 되묻는다. 이것은 앞서 스트라이커가 트랜스젠더 페미니즘을 주장하는 이유인 동시에 트랜스젠더 역사를 통해 기존 (퀴어) 역사를 다시 쓰는 이유이기도 하다. 트랜스젠더의 맥락에서 페미니즘은 결코 별개의 것이 아니다. '여성'이라는 몸을 둘러싼 논쟁은 그 자체로 트랜스젠더 이슈다. 아울러 트랜스젠더의 역사 쓰기는 페미니즘의 역사를 다시 쓰는 작업인 동시에 퀴어의 역사를 다시 쓰는 작업이며, 인간의 역사를 다시 쓰는 작업이다. 이 작업은 필연적으로 기존 논의가 어떤 식으로 구성되었는지, 누가 누락되고 누가 권력을 취득하는지를 드러낸다. 여기서 동성애규범성은 핵심이다. 그러니 트랜스젠더 페미니즘, 역사, 동성애규범성은 (비록 이 글에서는 분리하였지만) 별개의 논의가 아니다. 이것은 얽히고설킨 형태로 이루어져 있으며 서로 맞물려 작동한다. 그리고 바로 이것이 스트라이커가 끊임없이 문제제기하고 이론을 생산하는 지점이다.

2014년 TSQ를 발간하며 책임 편집자primary editorial 역할을 했던 스트라이커는 2020년 "트랜스 연구 현재Trans* Studies Now"라는 특집호의 서문에서, 자신은 이제 TSQ에서 물러날 준비를 하고 있다고 밝혔다. 2020년의 특집호를 마지막으로 학술지 기획에 직접 관여하기보다 전체 총괄 역할을 하며 필요할 때 조언을 하고 중재를 하는 "할머니 트랜스젠더granny tranny"[11]로 남을 것이라고 밝혔다. 그리고 편집팀에서 10년을 채우는 2023년을 끝으로 완전히 물러날 것이라고 밝혔다. 스트라이커는 넉넉한 재정을 갖춘 트랜스 학술지를 비백인 중심의 새로운 트랜스젠더 연구자에게 넘겨주며, 새로운 연구에 더욱 민감하게 공명하는 학술지가 될 수 있게 만들기를 바랐다. 이런 판단은 스트라이커가 오래 고민한 문제의식이 녹아 있다. 스트라이커는 동성애규범성을 문제 삼았듯 트랜스 연구, 퀴어 연구 등이 백인 중심으로 구축되어 있는 측면을 문제 삼고자 했고, 그래서 2000년대 후반부터 트랜스 연구, 트랜스 인물의 백인성이 갖는 문제를 탐구해왔다.[12] 또한 흑인 연구자이자 논바이너리인 폴리 머레이Pauli Murray와 흑인 재즈 음악가 오넷 콜먼Ornette Coleman의 경험을 통해 트랜스 연구의 백인 중심성, 수술 등과 관련있는 생물학적 기관마저 백인성을 기준 삼아 논의되고 상상되는 측면을 비판하고, 새로운 상상력을 마련하고자 노력했다.[13] 이것이 충분했든 충분하지 않았든, 미국 학제에서 인종주의가 만연함에도 이를 바꾸고자 하는 노력이 여전히 부족한 상황에서, 트랜스젠더 연구의 백인성을 트랜스젠더 연구의 '대표적인 노동자', '할머니 트랜스젠더'가 직접 바꿔나가고자 하는 노력은 중요하게 기록할 부분이다.

이 노력이 중요한 이유는 일종의 선배 연구자가 가져야 할 책임감

11) Stryker, "Introduction: Trans* Studies Now", *TSQ*, 2020, p.301.
12) Stryker, "We Who Are Sexy: Christine Jorgensen s transsexual whiteness in the postcolonial Philippines", *Social Semiotics*, 2009.
13) Stryker, "The Nonbinary Blackness of Pauli Murray and Ornette Coleman: Constraint and Freedom within the Glandular Imaginary", *WSQ*, 2023.

때문이기도 하다. 기존 규범성을 문제 삼으면서도 특정한 지점에서 질문하기를 중단하고, 새로운 규범성이나 지식 권력을 구축하고자 하는 이들에게 있어 자신의 특권을 성찰하는 것은 쉽지 않다. 무엇보다 존재의 다양성을 찬양하는 동시에 첨예하게 고민하는 연구자에게 이런 고민은 자기 자신의 연구가 갖는 내재적 한계와 문제점을 직접 말하는 것이기도 하다. 그리고 이것을 '할머니 트랜스젠더'가 직접 실천하는 모습은, 스트라이커 이후에 나온 트랜스 연구자에게는 하나의 역할 모델이 된다. 자기 자신을 비판하는 그 태도를 중단하지 않는 것. 자신의 특권적 위치를 방어적으로 말하기보다 적극 말하는 것. 앞서 나는 스트라이커와 초드리의 인터뷰로 글을 시작했다. 트랜스젠더 연구자면서 페미니즘 이론가인 초드리가 스트라이커에게 보낸 찬사 혹은 감사는 정확하게 이런 역할 모델의 존재로 인한 것이리라. 그리고 이것이 트랜스젠더퀴어 연구의 장을 만드는 태도라는 것, 이것이 새롭게 추가되어야 할 스트라이커의 이론적 통찰일 것이다.

참고 문헌

스트라이커, 수잔, 『트랜스젠더의 역사: 현대 미국 트랜스젠더 운동의 이론, 역사, 정치』 루인·제이 옮김, 이매진, 2016.

Goldman, Ruth, "Who Is That Queer Queer? Exploring Norms around Sexuality, Race, and Class in Queer Theory", *Queer Studies: A Lesbian, Gay, Bisexual, and Transgender Anthology*, Ed. Brett Beemyn and Mickey Eliason, New York and London: New York UP, 1996.

Kessler, Suzanne J, "The Medical Construction of Gender: Case Management of Intersexed Infants", *Signs* 16(1), 1990.

Meyerowitz, Joanne, *How Sex Changed: A History of Transsexuality in the United States*, Cambridge and London: Harvard UP, 2002.

Namaste, Viviane K, "'Tragic Misreadings': Queer Theory's Erasure of Transgender Subjectivity", *Queer Studies: A Lesbian, Gay, Bisexual, and Transgender Anthology*, Ed. Brett Beemyn and Mickey Eliason, New York and London: New York UP, 1996.

Namaste, Viviane K., "The Use and Abuse of Queer Tropes: Metaphor and Catachresis in Queer Theory and Politics", *Social Semiotics* 9(2),1999.

Stone, Sandy, "The Empire Strikes Back: A Post transsexual Manifesto", *Electronic Version*, 1993.

Stryker, Susan, "My Words to Victor Frankenstein above the Village of Chamounix: Performing Transgender Rage", *GLQ: A Journal of Lesbian and Gay Studies1*,1994.

____________, "The Transgender Issue: An Introduction", *GLQ: A Journal of Lesbian and Gay Studies* 4(2),1998.

____________, "Transgender Studies: Queer Theory's Evil Twin", *GLQ: A Journal of Lesbian and Gay Studies* 10(2),2004.

____________, "Transgender", *GLBTQ: An Encyclopedia of Gay, Lesbian, Bisexual, Transgender, and Queer Culture*, Ed. Claude J. Summers, GLBTQ Inc., 2005.

____________, "(De)Subjugated Knowledges: An Introduction to Transgender Studies", *The Transgender Studies Reader*, Ed. Susan Stryker and Stephen Whittle, New York: Routledge, 2006.

____________, "Transgender History, Homonormativity, and Disciplinarity", *Radical History Review* 100, 2008.

____________, "We Who Are Sexy: Christine Jorgensen's transsexual whiteness in the postcolonial Philippines", *Social Semiotics* 19(1), 2009.

____________, "Introduction: Trans* Studies Now", *TSQ: Transgender Studies Quarterly* 7(3), 2020.

____________, "The Nonbinary Blackness of Pauli Murray and Ornette Coleman: Constraint and Freedom within the Glandular Imaginary", *WSQ: Women's Studies Quarterly* 51(3/4), 2023.

Stryker, Susan & V Varun Chaudhry, "Ask a Feminist: Susan Stryker Discusses Trans Studies, Trans Feminism, and a More Trans Future with V Varun Chaudhry", *Signs* 47 (3), 2022.

수잔 웬델
Susan Wendell

손상의 현상학자

전혜은
퀴어 페미니즘 장애학 연구자. 대표작으로 『퀴어 이론 산책하기』, 『퀴어 페미니스트, 교차성을 사유하다』(공저), 『망명과 자긍심』(공역) 등이 있다.

이 글의 원문은 『여/성이론』 27호(2012)에 실려있다.

수전 웬델: 손상의 현상학자

내가 아프기 시작한 건 2002년부터였다. '발병했다'는 표현을 쓰기 애매한 것은, 몸에 있는 각종 증상 중 의학적 진단 범주에 속하는 병명을 얻은 건 두어 개밖에 안 되며 그것도 하나는 '증후군'으로 분류되는, 즉 어떤 의사에게서는 심각성을 인정받지만 다른 의사에게서는 무시당하고 의료복지의 혜택도 받지 못하는 불안정하고 일시적인 이름이기 때문이다. 이 이름들이나마 알게 되는 데 오랜 시간이 걸렸지만, 그마저도 내 몸 상태와 내가 겪어야 하는 아픔 전체를 설명해 주지는 못한다.

진단명을 얻는다는 것은 의학의 인식론적 프레임 안에 내 고통이 놓일 자리가 있는가 하는 문제이기도 하지만, 경제적 자원을 얼마나 갖고 있느냐의 문제이기도 하다. 아팠던 때나 지금이나 나의 경제적 형편은 어렵기에 정확한 병명을 얻기까지 필요한 각종 검사에 쏟아 부을 돈이 없었고, 정확한 진단명을 얻지 못한 상태에서는 통증을 경감시킬 적절한 치료를 받는 것도 불가능했고(진단명이 없어도 한방치료는 가능했으나 한약은 너무나 비쌌다), 아픈 상황으로 인해 유급 노동을 수행할 능력이 떨어지면서 경제적 상황은 더욱 악화되고 그로써 아픈 몸을 돌볼 의료적 자원으로부터 더 멀어지는 악순환이 십여 년째 이어졌다.

더욱이 내 아픔이 비가시적이라는 점이 나를 더욱 고립시켰다. 아프다는 게 눈으로 명확히 드러나지 않는 데다 아픔이 실재함을 입증할 진단명도 없으니, 주위 사람들은 내게 '정상인'처럼 처신하고 일하기를 기대했고 그 기대에 어긋나면 나의 인간성과 자질에 대한 의혹과 불신과 비난이 이어졌다. 내 몸으로는 비장애인의 기준을 소화할 수 없었지만 나 자신을 장애인과 동일시하는 것도 어려웠다. 장애 운동 및 학계에서 거론되는 장애 정체성은 가시적 장애에 집중되어 있었고, 내가 겪는 만성질환은 때에 따라 아픔의 경중과 증상이 달라지는 것이라 컨디션이 좋은 날은 몇 시간 연속 건강한 사람들만큼 일할 수도 있다. 또한 남들 눈에 비장애인으로 보이는 나는 가시적 장애를 가진 사람들이 겪는 노골적인 억압과 차별을 피할 수 있었기에 다른 장애인들에게 늘 미안한 마음이 들었다. 따라서 '장애 정체성'이라는 것이 과연 내가 감히 써도 되는 이름인지 알 수 없었던 것이다. 내 위치는 기존의 정체성의 정치로는 설명할 수 없는 어정쩡한 곳에 있었고, 내가 공부해 온 페미니즘에서도 주류 장애학에서도 이에 관한 논의는 찾아보기 힘들었다.

그러다가 수전 웬델의 글을 접하고, 알았다. 이런 고민 속을 살고 있는 게 나 혼자만이 아니라는 것을. 그래서 웬델에 대해 소개하는 이 글은 나의 이야기이기도 하고, 지금도 어디선가 자기 불신과 자책과 괴로움 속에서 홀로 싸우고 있을 아픈 사람들을 위한 이야기이기도 하다.

웬델은 1985년부터 아프기 시작했다. 그녀의 병은 근육통성 뇌척수염/만성피로면역장애증후군ME/CFIDS으로 밝혀졌는데, 이 병은 1980년대 이후에야 미국, 캐나다 등지에서 의학적 진단 범주 내에 등록되었고 진단명은 있으나 확실한 치료법은 없는 만성질환이다. 웬델은 운이 좋은 편에 속했지만(아프기 전 이미 사회적·경제적으로 어느 정도 안정된 위치에 있었고, 그녀가 만난 의사들은 그녀의 증상을 무시하지 않았으며, 시간은 걸렸지만 진단명도 얻었다.) 아프게 된 이후 그녀의 삶은 바뀌었고 연구 방향도 바뀌었다. 여성학 교수로 페미니즘 이론과 포르노 분석 등을 강의하고 글을 써왔던 웬델은 만성질환 및 장애에 대해 연구하기 시작했다. 그녀는 자신의 작업을 페미니스트 관점에서 장애에 대한 이론을 만드는 작업이라고 정의한다. 이러한 입장을 처음 선보인 논문 「장애에 대한 페미니즘 이론을 위하여」(1989)[1]에 웬델은 페미니즘이 장애인에게 유용한 이론이며 장애인들의 경험 및 지식이 페미니즘의 발전에 유용함을 주장한다. 우리에게 필요한 장애 이론은 페미니즘 이론이어야 함을 역설한 이 논문은 페미니즘 장애학이 학계에 등장하는 데 초석이 되었다고 할 수 있다. 이 논문의 구성과 문제의식을 가져와 확장시킨 저서 『거부당한 몸: 장애와 질병에 대한 여성주의 철학』(1996)[2]은 페미니즘과 장애학의 연결을 모색했다는 점에서도 유명하지만 특히 만성질환을 가진 사람들의 입장에서 장애학과 페미니즘을 다시 쓰고 몸을 이론화했다는 점에서 중요한 텍스트이다. 만성질환을 가진 사람들의 특수한 상황에 초점을 맞춘 논문 「건강하지 않은 장애인: 만성질환을 장애로 대우하기」(2001)[3]는 만성질환을 가진 사람들을 장애의 정치학에 온전히 통합하기 위해서는 건강한 장애인과 건강하지

1) Susan Wendell, "Toward a Feminist Theory of Disability," *The Disability Studies Reader, Third Edition*, edited by Lennard J. Davis, (New York: Routledge, 2010), pp.336-352. 이 논문은 *Hypatia* vol.4 no.2 (Summer 1989) '페미니즘 윤리학&의학' 특집호에 처음 실렸다. 이 글에서는 레너드 데이비스가 편집한 *The Disability Studies Reader, Third Edition* (Davis 2010)에 실린 판본을 인용하였다. 앞으로 본문에서 이 논문의 인용은 괄호 안에 TFTD로 축약하여 해당 면수만 표기하겠다.

2) Susan Wendell, *The Rejected Body: Feminist Philosophical Reflections on Disability*, New York and London: Routledge, 1996. 이 글을 쓸 당시에는 한글판 출간 전이었기에 영문판을 기준으로 인용 시 제목을 PB로 축약하여 해당 면수만 표기하였다. 또한 감사하게도 번역자 분들의 배려로 미리 교정 전 번역본을 볼 수 있었기에, 본문에서 이 책의 인용은 번역본을 일부 수정하거나 그대로 실었다. 출간되자마자 페미니즘 장애학의 고전이 된 한글판은 다음을 보라. 수전 웬델, 『거부당한 몸: 장애와 질병에 대한 여성주의 철학』, 강진영·김은정·황지성 옮김, 그린비, 2013.

3) Susan Wendell, "Unhealthy Disabled: Treating Chronic Illnesses as Disabilities," *Hypatia* 16.4 (Fall 2001), pp.17-33. 본문에서 이 논문의 인용은 괄호 안에 UD로 축약하여 해당 면수만 표기하겠다. 이 논문은 필자의 번역으로 『여/성이론』 27호에 실렸다. 수전 웬델, 「건강하지 않은 장애인: 만성질환을 장애로 대우하기」, 전혜은 옮김, 『여/성이론』 27호, 여이연, 2012.

않은 장애인 간의 차이가 진지하게 성찰될 필요가 있음을 제안한다.

이 글에서는 위에서 소개한 세 개의 텍스트를 중심으로, 웬델의 작업 중 만성질환과 더불어 사는 특수한 위치로부터 나온 논의를 소개하고자 한다. 웬델 자신이 "손상의 현상학the phenomenology of impairmen)"(UD, 23)이라 부른 이 논의는 그동안 페미니즘에서도 장애학에서도 외면해 왔던 몸의 아픔과 "몸으로 사는 삶의 현실"(RB, 111)에 주목한다.

손상의 현상학

장애 운동과 장애학은 장애에 대한 의료적 모델을 비판하면서 장애에 대한 사회적 모델을 정립해 왔다. 의료적 모델은 장애를 개인이 극복해야 할 신체적 문제 또는 불행으로, 치료하거나 제거되어야 할 의료적 문제로 간주하는 반면 사회적 모델은 장애를 특정 몸을 기준으로 세워진 사회 구조로 인해 발생하는 사회적 구성물로 본다. 전자의 프레임에서 장애는 규범으로부터의 일탈·병리적인 것·결함으로 규정되며, 사회가 아니라 개인의 책임 문제로 환원되고, 의료 체제가 장애에 대해 가장 큰 권력을 쥐게 된다. 또한 장애 문제의 해결은 병리학적 개인을 교정하고 정상화하거나 말소하는 것을 의미한다. 반면 후자의 관점에서는 손상을 가진 사람들을 장애인으로 만드는 것은 그들의 접근을 가로막는 건축 환경과 노동환경, 그들을 향한 차별적 태도와 억압, 그들을 열등하고 일탈적인 존재로 규정하는 비장애중심적 이데올로기이다. 그러므로 장애 문제는 개인의 책임이 아니라 사회의 책임이며, 사회적·정치적 변화를 통해 해결될 수 있다는 게 사회적 모델의 입장이다. 장애에 대한 사회적 모델은 장애를 사회적·정치적·공적 영역으로 옮겨옴으로써 장애

인권 향상에 크나큰 기여를 했다. 그러나 손상을 생물학적인 것으로, 장애를 사회적인 것으로 구분하고 후자에만 강조점을 두다보니 손상에 대해 그리고 손상과 장애의 얽힘에 대해서는 그리 주의를 기울이지 않았다. 더욱이 장애 운동은 노동 영역에 장애를 통합시키는 방안으로 장애인도 비장애인만큼 일할 수 있음을 강조해 왔다. 그 결과 손상의 영역은 여전히 의료 권력이 장악하는 영역으로 남겨졌고, 비장애인뿐만 아니라 장애인도 병이나 통증으로부터 거리를 두려하는 분위기 속에서 손상과 관련된 경험들, 예를 들어 덜 아프고 싶다는 바람은 장애 운동에선 금기시되었고 건강하지 않은 장애인들이 주류사회에서도 장애 운동에서도 소외되어 왔다. 페미니즘에서도 마찬가지 경향이 존재한다. 페미니즘은 가부장적 사회에서의 몸의 소외에 대한 탁월한 분석을 발전시켜 왔지만 체현을 긍정적으로 재해석하다 보니, 그리고 여성이 열등하거나 나약하지 않음을 강조하다 보니 손상·통증·아픔·취약성에 대해서는 침묵해 왔다.

그러나 웬델은 사회정의로도 없앨 수 없는 몸의 고통이 있음을 강조하며 우리가 이 고통의 중요성을 인정해야 한다고 주장한다. "물론 내 병은 사회문화적 맥락 안에서 발생한 것이며 그러한 맥락이 나의 질병 경험에 엄청난 영향을 끼친 것은 사실이다. 하지만 내 경험에서 중요한 부분은 바로 문화적 한계가 아닌 **몸의** 한계를 갖고 살아가는 것을 인정하고 배우도록 강요당한 부분이었다."(RB, 169, 원문 강조) 아픈 사람들에게 체현은 마냥 긍정적인 것일 수 없다. 만성질환은 그동안 사람이 자신의 몸과 맺어왔던 관계를 완전히 다시 짤 것을 강요한다. 몸에 대한 자신의 기대와 믿음이 모두 깨어진다. 몸을 의식하지 않고 사는 것이 더 이상 불가능해진다. 건강할 땐 당연했던 일들을 할 수 없게 되면서 자신이 세상과 관계 맺어왔던 기존 방식 또한 모조리 바꿔야만 하는 상황에 처한다. 따라서 장애 자긍심을 강조하는 사람들은 "나는 장애인인 게 좋다"고 말할 순 있겠지만 만성질환을 가진 사람들은 "나는 아픈 게 좋다"고 단순하게 말할 수 없다. 장애인 정체성을 받아들일지라도 덜 아팠으면 하는 바람, 치료되길 바라는 욕망은 남을 수 있다. 그러면서도 만성질환을 가진 많은 사람들은 세간에서 그러는 것처럼 아픔을 완전한 악이나 불행으로 치부하지 않는다. 이들은 아픔으로부터 얻게 된 변화의 긍정적인 측면에 주목한다.

이러한 복잡한 결을 읽어내기 위해서는 손상의 현상학, 즉 "사람들이 자신의 손상을 어떻게 경험하는지, 손상과 더불어 어떻게 살아가는지, 손상을 어떻게 생각하는지에 대해"(UD, 23) 탐구할 필요가 있다. 더욱이 손상의 현상학은 장애에 대한 사회적 모델과 대립되지 않는다. 오히려 웬델은 사회적 모델이 외면해 온 손상 논의를 사회적 모델과 조화시킬 방법으로 손상의 현상학에 주목할 것을 제안한다. 사회적 해결책이 제거할 수 없는 고통이 실존함을 시인하고 이러한 문제에 대해 침묵 대신 열린 토론을 선택한다면, 덜 아프길 바라고 치료되길 바라는 마음이 장애를 소거해 버리려는 비장애중심주의와는 다르다는 점을 이해하게 될 것이다. 또한 질환에 오직 고통만 있는 것도 아니고 고통 또한 대안적인 삶의 일부임을 이해하게 되면서 치료를 절대화하지도 않을 것이다. 손상의 가치와 다양성에 대한 논의가 확장된다면 만성질환을 가진 사람들은 장애 정치에 통합될 수 있을 것이다. 결국 손상에 대해 더 잘 아는 일은 장애를 인간 다양성이자 가치 있는 차이로서 정립하고자 하는 사회적 모델의 목표에 기여한다(같은 쪽). 그러므로 "우리는 고통 받는 몸, 고통 없이는 인식되지 않는 몸, 양가감정 없이 단순히 찬양할 순 없는 몸과 더불어 살아가는 법에 대해 반드시 이야기해야만 한다"(RB, 179).

인정의 문제

손상에 대한 현상학은 생물학적인 것에만 국한되는 논의가 아니다. 웬델의 논의가 특별한 점은, 사회정의와 장애의 정치학으로도 없앨 수 없는 신체적 고통이 있음을 인정하면서도, 이러한 고통이 당대의 인식론적 프레임 안으로 들어오지 못하면 당사자가 아픔을 느끼느냐에 상관없이 현실의 위상을 박탈당한다는 점을 짚는다는 데 있다.

특히 이러한 인정을 크게 좌우하는 것이 의학적 권위이다. 정확한 진단명을 얻는다는 것은 그 자체로 자명하고 물질적인 사실을 발견해내는 문제가 아니라, '진단'을 둘러싼 의료 담론의 변천 그리고 의료진의 역량에 달려 있는 문제이다. 다른 학문들과 마찬가지로 의학 또한 당대의 인식론적 패러다임에 기초하는 역사적·사회적 형성물이지만 의학은 스스로를 객관적이고 초월적인 위상에 올려놓음으로써 의학 담론과 의사 개개인의 무지를 인정하지 않는다. 그로 인해 만성질환을 가진 많은 사람들의 생존이 위험에 처한다. 진단명으로 대표되는 의학적 승인의 힘은 의학 담론의 영역을 넘어 세금 혜택과 복지 정책과 각종 사회적 지원은 물론 고용 영역, 가족·친구·동료 등 친밀한 관계, 도덕적 가치판단의 영역까지 장악하기 때문이다.

> 당신이 매우 아플 때, 당신은 자신의 경험에 대한 의학적 승인을 절실히 필요로 한다. 경제적 이유(보험금 청구, 보조금, 복지수당과 장애수당 모두가

> 공식적인 진단에 달려 있다)에서뿐만 아니라 사회적이고 심리적인 이유들 때문이기도 하다. 인정받지 못하는 질환을 앓고 있는 사람들은 자주 가족과 친구로부터 버림받는다. 대부분의 사람들이 의학의 인지적 권위를 수용하기 때문에, 자신의 몸 상태에 대한 의학적 설명과 근본적으로 다르게 자신의 몸을 경험하는 사람은 인식주체(a knower)로 승인받지 못한다. 당신이 당신의 경험을 숨기기로 결정하든, 아니면 정신적으로 아프거나 믿지 못할 사람이라는 딱지가 붙여진 채 사회적으로 고립되든 둘 중 하나다. 어느 경우든 당신은 침묵 당한다(TFTD, 349).

장애와 관련된 사회적 낙인을 원하는 사람은 없지만 아프다는 걸 인정받지 못하면 사회적 안전망 밖으로 버려지기 때문에 만성질환을 가진 사람들은 인정투쟁을 벌이곤 한다. 특히 심리적 생존의 문제는 주체성이 몸의 문제와 직결되어 있음을 보여준다. 자신의 몸에 대해 자신이 경험하는 것과 의학이 인정하는 것이 다를 때, 그리고 전자보다 후자가 더 큰 권위를 갖고 전자를 무효화할 때 "당신 자신에 대한 신뢰 그리고 당신이 현실과 맺는 관계는 근본적으로 위태로워진다"(TFTD, 349). 웬델은 오랜 시간이 지난 후에 진단명을 받은 사람들의 반응에 주목하는데, 그들 대부분은 자신의 병이 불치병으로 밝혀진 경우에도 일단 기뻐했다. 웬델은 이렇게 말한다. "어떤 진단이든 진단명을 받았을 때 느끼는 안도감의 일부는 결국 자신이 '미치지' 않았다는 것을 의학적 권위가 인정해 준 데서 오는 것이다. 이런 반응은 당연하다. 내 몸에서 내가 느끼는 것을 알 수 없다면 과연 내가 알 수 있는 것은 무엇이란 말인가? 내가 아프고 어지럽고 구역질이 나는 것을 부인할 수 없는데(이를 부인**할 수도 있다**. 하지만 그 대가로 거의 모든 순간 내 의식에 나타나는 것을 죄다 불신해야만 한다), 이를 부인하는 세상과 어떻게

여전히 연결된 채일 수 있단 말인가?"(RB, 125, 원문 강조)4)

가시성의 문제는 만성질환을 가진 사람들이 정체성의 인정에 어려움을 겪게 만드는 또 다른 중요한 요인이다. 진단명이 없으면 아프다는 말을 아무도 믿어주지 않지만 진단명이 있다 해도 가시적으로 장애나 병색이 드러나지 않을 경우 주변 사람들로부터 쏟아지는 도덕적 비난과 의심을 피할 수 없다. 패싱passing과 커밍아웃coming-out에 관한 논의들은 정체성의 정치를 관장하는 가시성의 역학을 잘 보여준다. 퀴어 운동에서의 쓰임새를 이어받아, 장애 운동에서 보통 커밍아웃은 자신의 진정한 정체성을 받아들이고 드러내는 행위로, 패싱은 장애인에게 부과되는 낙인을 피하고 비장애인이 갖는 특권을 누리려고 비장애인인 척하는 얌체 짓이나 비장애중심주의에 물든 허위의식의 소산으로만 여겨진다. 그러나 만성질환 및 비가시적 장애를 가진 사람들에게 패싱은 비자발적으로 강요되는 측면이 크다. 일단 주변 사람들은 그들을 비장애인으로 미리 간주하고, 비장애인의 기준에 맞게 처신할 것을 암묵적으로든 노골적으로든 강요한다. 이 명령에 따르지 않고 장애인 정체성을 표명해도 커밍아웃으로 받아들여지기보다는 꾀병을 부린다거나 멀쩡해 보이는데 특별대우를 바란다는 식의 비난이 늘 당사자를 따라다닌다. 주변 사람들이 당사자의 질환을 가벼이 여기거나 병을 극복하라고 재촉해 대는 것도 정상으로 패싱하라는 압박에 속한다. 장애인들도 비장애인들도 장애가 확연히 눈에 띄는 특성이리라 전제하는 가운데 "자신이 장애인이라고 주장하지만 장애인으로는 안 보이는 사람들의 신용은 항상

4) 환자가 여성일 경우 아픔을 인정받기가 더 힘들어진다. 의학적으로 진단받기 어려운 질환을 앓고 있을 때 "아무 이상이 없다"는 말을 듣거나 심인성 질환이라는 진단을 받는 경우가 남성보다 여성에게서 훨씬 자주 일어난다는 점을 웬델은 지적한다(RB 126-127). 이는 인식주체의 위상을 누가 점하느냐의 문제에 성별 위계가 맞물려 온 역사 때문이다. 여성은 주체로 인정받지 못해왔기 때문에 여성이 자신의 아픔에 대해 경험하고 설명하는 것들은 남성에 비해 무시당하기 쉬운 것이다.

문제가 된다"(UD, 29).

만성질환에 따라 변동하는 몸 상태는 인정의 문제를 더욱 어렵게 만든다. 만성질환을 갖게 된 사람들은 이전과는 전혀 다른 몸을 받아들이기 위한 전략을 발전시켜야 하는데, 이는 단지 몸에 적응하는 문제만이 아니라 지금까지는 그리 불편하지도 않았고 의심을 품을 필요도 없었던 기존의 근대적 정체성 개념과 다른 정체성을 찾아 나서야 하는 문제이기도 하다. 우리 사회에서 정체성은 고정되고 안정된 것으로 여겨지는데, 그러한 확고함은 항구적이고 안정된 몸을 전제로 함으로써 구축된다. 이 때문에 때에 따라 증상의 종류와 경중이 달라지고 재발과 진정을 반복하는 예측 불가능한 몸 상태는 주변 사람들은 물론 당사자에게도 정체성의 위기를 야기한다. "나는 장애인인 건가 아니면 그냥 잠시 아픈 건가?"(UD, 21) 하고 혼란스러워하면서 비장애인에도 장애인에도 동일시하기 어려워하는 것이다.

이 글을 쓰면서 나는 내가 그동안 내 증상을 여러 개의 급성질환으로 쪼개서 설명하고 있었음을 깨닫고 놀랐다. 나는 내가 만성적으로 아픈 상태임을 알고 있고 주변 사람들에게 나를 만성질환자라고 설명함에도, 평소보다 더 아플 때는 그 아픔을 진단명 없는 내 만성질환에 속하는 다양한 증상 중 하나로 설명하기보다는 그 아픔에 독립적인 이름(편두통, 몸살, 염증, 관절통 등등)을 붙이는 경향이 있었던 것이다. '몸살에 걸렸다' 같은 표현은, 어쨌든 내가 지금은 뭔가(급성질환)에 '걸려서' 아프지만 이게 지나가면 '낫는다'는 서사를 가능하게 해준다. 즉 나는 쭉 만성질환자인 것이 아니라 다른 비장애인들, 소위 '정상인'들처럼 잠시 아팠다가 다시 나으면 '정상인'으로 복귀할 수 있는 존재인 양 은연중에 패싱하고 있었던 것일지도 모른다. 하지만 이런 설명 방식은 변화무쌍한 내 몸 상태를 설명할 적절한 틀이 없어서일 수도 있다. 우리 사회는 몸의 불안정성과 변동을 인정하지 않기에 만성질환에 걸린 사람들에겐 "낫든지 아니면 죽든지"라는 두 개의 선택지만이 강요된다(RB, 105-106). 대부분의 직장에서 병가나 임시 휴직은 한 번은 봐주지만 두 번은 안 되며, 학교 의료 공제 프로그램은 급성이든 만성이든 병명 하나당 단 한 번의 의료비 지원만을 허가한다. 이러한 구조 안에서는 만성질환을 가진 사람들은 '걸렸다→완치됐다' 문법 말고는 다른 이에게 자신의 몸을 어떻게 설명해야 할지 알 수 없어 하고, 더욱이 다른 문법이 허락되지도 않는다.

웬델은 아픈 다음부터 "잘 지내?How are you?"라는 질문에 대답하는 게 힘들고 갈등에 시달리는 일이 되었다고 이야기한다(TFTD, 342). 나 또한 '괜찮지 않은' 몸과 살게 되면서 저런 질문을 받을 때마다 당황하고 머뭇거리게 되었다. 외국 여행을 갔다가 교통사고 당한 한국인에게 외국 경찰이 "How are you?"라고 묻자 머리에 피를 흘리면서도 한국인이 "Fine, Thanks and you?"라고 대답했다는 우스갯소리가 있는데 이는 단지 영어 교육법의 문제는 아니다. "잘 지내?"나 "괜찮아?"라는 질문에 "응, 잘 지내" "응, 괜찮아"라는 대답 말고 다른 대답이 나올 경우 사람들은 보통 당황하기 마련이다. 이 물음은 어떤 답을 기대하고 묻는 것이 아니라 그냥 의례적인 인사말이기 때문이다. 아프게 되면서 나는 이러한 대화 문법이 건강한 몸을 가정하고 있음을 날카롭게 인식하게 되었다. 하지만 이런 문법이 왜 나에게 맞지 않는지 설명하려 애써봤자 사람들은 계속해서 내게 "건강해 보여요"라고 말한다. 나는 대부분의 시간을 집 안에서 보내며 그리 아프지 않은 날에만 집 밖으로 나오기 때문에 나를 만나는 사람들은 내가 최상의 컨디션일 때의 모습만 보는 것이다.

게다가 내 몸 상태는 오래된 핸드폰 배터리처럼 하루에도 가동시간이 길지 않기에, 지금 "괜찮아 보여요"라고 말하는 지인과 마주한 바로 다음 금세 괜찮지 않은 상태로 떨어질 수 있다. 사람을 만나는 동안 몸 상태가 나빠지고 있음을 느껴도 최대한 내색하지 않으려 애쓰기 때문에 상대방은 내가 얼마나 힘들게 노력해서 당신을 상대하고 있는지 모르는 경우가 많다. 내가 이런 사정을 설명하지 않고 넘어가면, 나중에 상대방이 기대하는 일들을 해주지 못한다는 이유로 원망을 듣는 경우가 많았다. 그렇다고 이런 걸 구구절절이 설명하면 상대방은 불편해했고 연신 "그래도 건강해 보여요"를 반복했으며 주문이나 명령에 가까운 이 단언에 내가 동의하지 않을 경우 나를 쓸데없이 까다롭고 예민한 사람으로 여기곤 했다.

이 '쓸데없이 까다롭고 예민한' 행동은 만성질환을 가진 사람들을 장애운동 안에서도 겉돌게 만든다. 만성질환을 가진 사람들은 변동하는 몸 상태 때문에 사회에서 생각하는 장애인 이미지(휠체어를 탔지만 건강한, 손상에 변화가 없는 장애인)에 들어맞지 않는다. 따라서 남들에게 자신의 손상을 계속 상기시켜 줘야만 장애인으로 인정받을 수 있지만 이는 우리의 손상에 주목해 달라고 반복적으로 요구하는 셈이기에 손상 대신 장애의 사회적 구성으로 초점을 옮기고자 애써온 장애의 정치학과 불화를 일으키는 것이다(UD, 21).

이러한 문제들을 해결하기 위해서는 만성질환을 가진 사람들의 삶과 경험이 더 많이 사회에 알려지고 아픔에 대한 그들의 지식이 널리 퍼져야 할 필요가 있다고 웬델은 주장한다.

아픔을 이야기하기

웬델이 만성질환 및 장애를 가진 사람들의 삶과 경험으로부터 나온 특수한 지식이 있음을 주장할 때, 이는 특정 위치가 본질적으로 진정성을 담보한다고 주장하는 것은 아니다. 웬델은 페미니즘 입장론을 비판적으로 전유하여 범주와 위치성에 대한 논의들을 열어놓는다. 웬델은 모든 장애인이 같은 인식론적 이점을 갖고 있거나 모두 같은 경험을 하고 경험에 대한 해석이 같다고 주장하는 대신, 다만 장애를 가졌다는 것이 그 당사자에게 비장애인의 세계와는 다른 세계를 경험할 수 있게 해준다고 말한다(RB, 69-73).

웬델이 주목하는 이 다른 경험과 지식이란 아픈 위치로부터 나오는 아픔에 대한 지식, 즉 고통스러운 몸으로 살아가는 방법에 대한 것들이다. "… 대부분의 사람들은 장기적인 질환이나 삶을 위협하는 질환과 더불어 살아가는 법, 이런 문제에 대해 의사와 간호사 및 의료 기관 관료들과 의사소통하는 법, 한계·불확실성·통증·구역질 및 기타 증상을 의사가 완전히 몰아낼 수 없을 때 이런 것들과 더불어 살아가는 법을 잘 모르거나 아예 아무것도 모른다"(TFTD, 344-345). 이러한 지식을 아픔을 수반한 장애를 가진 사람들로부터 배울 수 있다고 웬델은 제안한다. 이들은 아픔을 피할 수가 없기에 아픔에 직면하여 아픔과 더불어 살아가는 법, 몸의 고통과 한계를 갖고 산다는 것에 대한 지식을 터득해야 했기 때문이다. 웬델은 통증·한계·괴로움·죽음에 대한 문화적 침묵이 우리의 두려움을 증대시켜 그 결과 아픈 사람들에게 이 두려움을 전가시키고 비난을 가하며 몸을 통제할 수 있다는 허황된 믿음에 매달리게 만든다고 비판하면서, 이를 해결하기 위해서는 아픈 사람들과 그들의 경험·통찰·지식이 우리 사회에 완전히 통합되어야 한다고 주장한다. 비장애인들이 장애인의 삶으로부터 나온 통찰과 지식을 더 많이 받아들이게 된다면, 장애인을 타자화하는 대신 몸을 이상화하고 통제하려는 욕망이 불가능한 환상임을 깨달음으로써 장애인과 더 동일시할 수 있게 될 것이고, 몸을 통제할 수 있다는 신화에 매달리지 않고서도 자기 몸과 더불어 살아가는 방법을 알게 될 것이다. 웬델은 이런 지식이 우리 문화를 풍요롭게 하고 확장시키며, 우리의 사고방식과 삶의 방식을 근본적으로 바꿀 잠재력이 있다고 평가한다(TFTD, 345; RB, 5, 63-69, 109-110).

그렇다면 아픔과 더불어 사는 방법이란 어떤 것일까? 한 가지 예로 웬델은 초월 전략을 소개한다(RB, 165-179). 보통 페미니즘에서 초월은 몸의 욕구와 감각을 무시하고 몸을 소외시키는 것으로 비판받는 경향이 있다. 그러나 웬델은 건강한 비장애인의 입장에서의 초월과 만성질환 및 장애를 가진 사람들에게서의 초월은 다른 의미를 갖고 다른 방식으로 작동한다는 점을 논증한다. 건강한 비장애인과 달리 통증을 달고 사는 입장에서는 몸을 무시하는 게 매우 어렵다. 만성질환 및 장애의 경험은 몸을 끊임없이 자각하지 않을 수 없게 만듦으로써 정신/몸의 이분법적 분리와 위계를 깨뜨린다. 그러므로 장애 또는 만성질환을 갖고 통증에 시달리는 사람들에게 초월은 몸을 완전히 무시하는 것이 아니라 통증에 완전히 잠식되지 않으면서 아픈 몸으로 살아가기 위해 몸과 의식, 자아 간의 관계와 거리를 매 순간 조절하고 재설정하는 복잡한 협상이 된다. 웬델은 자신의 경험에 기대 이를 세 단계로 설명한다. 첫째는 통증에 저항하지 않고 항복하는 것이다. 둘째는 몸의 욕구와 감각에 집중하여 이를 최대한 받아들이는 것이다. 셋째는 통증을 다른 경험과 마찬가지인 하나의 경험으로 보고 관찰자의 태도를 갖는 것이다. 이는 몸을 받아들이고 몸과 함께 공존하려 한다는 점에서 근대적 객관주의로서의 초연한 거리두기나 몸을 통제하려는 태도와는 다르다. 더욱이 이는 생존 차원의 전략이다. 웬델은 병 때문에 생겨나는 몸의 여러 감각과 특히 심각한 우울함에 휘말리는 대신, 이 기분이 슬프거나 우울할 이유가 없는데 발생하는 인지적인 부조화임을 인식하고 증상이 지나갈 때까지 기다리며 심각하게 생각하지 않는 법을 배운 것이 자신을 자살로부터 구해줬다고 고백한다(RB, 174).

통증을 수반한 장애를 가진 사람들에게 이러한 초월 전략은 여러 장점을 갖는다. 이 전략은 장애인의 인간됨 전체가 장애·약함·무능력·질병으로만 환원되는 지배적인 사회 분위기 속에서 자신의 자존감을 지킬 수 있는 심리적 전략이다. 또한 이 전략은 통증으로 인해 예측 불가능하고 혼란스러운 삶에 일종의 연속성을 가져다줄 수 있다. 현재의 통증이 삶의 전부도 아니고 전적으로 삶의 질을 좌우하는 것도 아님을 깨닫게 해주면서 아픈 가운데에서도 할 일을 계획하고 실행할 수 있게 해주는 것이다. 자신의 몸과의 이러한 비동일시 전략은 역설적으로 아픈 몸에 적응하고 동일시하는 새로운 삶을 구성해 나갈 수 있게 해준다. 완치되거나 회복되길 마냥 기다리면서 몸이 아프기 전으로 돌아갈 때까지 삶을 미뤄놓는 걸 그만두고, 신체적 한계에 맞추어 일과 계획을 수정하고 다른 장애인과 동일시하면서 아픈 몸으로 살아가는 전략들을 개발하게 되는 것이다. 이러한 점에서 웬델은 초월을 소외와 구분한다. 소외는 자유를 제한하는 것인 반면 초월은 고통과 몸의 제약을 넘어 이와 더불어 삶을 살아갈 자유를 증진시키며, 정신/몸의 이분법적 위계를 전제하는 대신 몸 경험으로부터 출발하는 것이기 때문이다.

물론 이게 쉬운 일은 아니다. 자신의 몸을 위하며 사는 방법으로 몸을 통제하는 것밖에는 가르치지 않는 이 사회에서 대안적인 삶의 방식을 발굴하고 발전시켜 나가기란 무척이나 어려운 일이다. 몸을 이상화하고 통제하려는 욕망이 지배적인 사회에서 모든 사람은 억압받고 자신의 몸으로부터 소외되며, 장애와 질병은 불안을 투사하는 장소로 타자화된다. 통제할 수 있다는 환상의 핵심은 "인간의 행동을 통해 우리가 원하는 몸을 갖고 질병·장애·죽음을 예방할 수 있다는 믿음"(RB, 93)이며, 이러한 믿음 때문에 우리가 몸으로 사는 삶을 온전히 받아들이기 어려워한다고 웬델은 진단한다.

더욱이 건강에 대한 믿음은 너무도 강력하다. 만성질환을 가진 사람들이 주류사회에서도 장애인 공동체에서도 환대받지 못하는 처지인 것은, 장애에 대한 편견보다 질병에 대한 편견을 깨뜨리는 것이 훨씬 어려운 것은, 건강을 비판하는 일이 그만큼 어렵기 때문이다. 자신의 몸을 사랑한다고 말하는 사람들도 다음과 같은 조언들이 몸을 통제할 수 있다는 신화에 속한다는 점은 쉽게 알아채지 못한다. ― "스스로 낫길 원하기만 하면 치료될 수 있다" "올바른 식이요법과 적당한 운동, 바른 마음가짐을 갖고 있다면 누구든 완벽히 건강해질 수 있다." 몸을 통제할 수 있다는 신화에는 의학과 대체의학, 마음이 몸을 극복한다는 믿음 외에도 관리를 잘못해서 아프게 된다는 관리 가설, 누군가에게로 아픔의 책임을 돌리는 비난 가설, 아픔과 장애는 뭔가 의미 있는 것을 위한 시련이라는 고진감래 가설 등이 있다(RB, 93-105). 아픈 경험이 있는 사람이라면 이중 하나나 그 이상을 다른 이들로부터 들어봤을 것이다. 이 모든 통념이 죄다 틀린 말은 아닐지라도, 결국 아픈 사람들에게 책임을 돌리는 결과를 낳는다. 아픈 사람들이 비난받을 이유는 끝도 없이 생겨난다. 내가 아프기 시작할 당시에 들은 말 중엔 여자애가 기가 세서, 여성운동 한답시고 맘을 독하게 먹어서 아픈 거라는 비난도 있었다. 통증과 더불어 살아가는 사람들이 자신이 비장애인의 기준을 따라갈 수 없음을 설명한다면, 자신에게 아픔과 장애가 있음을 받아들이고 산다면 '너는 나을 생각이 없다'는 비난을 받게 된다. 따라서 아픈 사람들은 아픈 것도 억울한데 계속해서 죄책감에 시달려야 한다(TFTD, 11; RB, 27, 102, 105-106).

통제 신화의 문제점을 비판하고 대안적 관점을 발전시켜 나가는 사람들도 건강에 대한 기대와 믿음만큼은 버리기가 힘들다. 이는 단지 억압의 내면화로만 치부할 수 없는 문제이다. 웬델은 통제에 대한 문화적 집착을 쉬이 줄일 수 없는 가장 큰 이유로, "대부분의 사람들은 나쁜 일을 당할 이유가 없는 사람들, 그런 일을 굳이 추구하지 않는 사람들, 위험한 일을 피하는 사람들, 스스로를 잘 돌봐온 사람들에게 안 좋은 일이 일어날 수 있다는 것을 조금도 믿고 싶어 하지 않는다"(RB, 107)는 점을 짚는다. "안 좋은 일은 일어나기 마련"이라는 진실은 이미 '안 좋은 일'을 당했다고 여겨지는 장애인들에게도 감당하기 힘든 진실이다(RB, 108). 그 진실은 그동안 내가 겪었던 고통스러운 일들이 앞으로도 언제든 또다시 일어날 수 있음을 의미하는 것이고, 이는 세상에 대한 기본적인 믿음을 버리고 살아가야 한다는 의미이기 때문이다. 상징적으로 상대적으로 타자의 자리에 위치하게 되는 것과, 내가 나 자신을 계속해서 비체abject로 경험하게 되는 건 정말 다른 문제다. 어디에도 안전한 자리란 없다는 것은 진짜 막막한 일이다. 우리는 이 진실을 얼마만큼이나 감당할 수 있을까?

이런 점에서 사회적 정의로 예방하거나 경감시킬 수 없는 몸의 좌절과 괴로움을 직시하고 이를 받아들이자는 웬델의 제안은, 자신의 믿음과 기득권은 그대로 지키면서 타자가 가진 뭔가 색다른 비법을 덤으로 얻는 식으로 가능한 게 절대 아니다. 이는 인간의 취약성과 불안정성을 인정하는, 매우 힘들지만 중요한 윤리적·인식론적 전환을 촉구하는 제안이다. 웬델은 기본적으로 우리가 모든 걸 다 알 수도 없고 장악할 수도 없다는 점을 전제로 깔고 논의한다. 몸의 통증과 괴로움에 대한 논의도 이러한 인식론적 겸허함과 윤리적 통찰로부터 나온다. 타자화의 위치로부터 나온 이러한 성찰을 통해 우리는 쪼개지고 불안정한 주체성, 자아 자체의 불완전함과 취약성을 있는 그대로 받아들이고 자아와 타자의 위계를 부수는 윤리적 기획으로 나아갈 수 있다.

나가며

웬델의 작업은 장애인은 살 가치가 없다고 단언하는 철학에 맞서 장애인의 가치를 이론화하는 작업으로 평가할 수 있다. 더욱이 모든 사람은 살 가치가 있다는 단언에서 그치는 것이 아니라 다른 지식, 다른 인식론적 프레임으로 가치체계를 다시 짜는 작업이라는 점에서 중요하다. 웬델이 주장하듯 장애에 대한 이론은 모든 사람을 위한 이론이다. 통증을 두려워하지 않고 통증의 경험과 그로부터 나오는 통찰 및 지식을 우리 사회에 받아들일 때 우리는 죄책감과 자기혐오 대신 자신의 한계를 인정하고 몸과 더불어 살아가는 삶, 다른 이들과 어울려 사는 사회를 향해 나아갈 수 있을 것이다.

웬델도 여러 차례 당부했듯이, 웬델의 입장이 모든 만성질환과 장애의 경험을 대표하는 것도 아니고 만성질환과 장애로부터 나오는 모든 논의를 아우르는 것도 아니다. 웬델의 한계 내지 웬델이 다루지 못한 부분도 분명 있다. 예를 들어 웬델은 퀴어 문제에 무관심하고 논의 중간중간 남/여 이원론을 바탕으로 세상을 바라보는 관점을 내비친다. 그러다보니 퀴어 논의에 대한 무지 때문에 분석에 오류가 난 지점이 있기도 하다(RB, 59-60, 90). 정신적 장애에 대한 논의도 웬델이 다루지 않는 주제이다. 물론 웬델은 신체적 장애와 정신적 장애를 확고히 구분하거나 후자를 부차적인 관심사 취급하는 대신, 많은 장애인들이 신체적 장애와 정신적 장애를 함께 경험한다는 점을 인정하고 자신도 그러한 경험을 하고 있음을 서술한다. 다만 언급에 그칠 뿐 이 둘의 연결을 깊이 있게 다루지는 않는다. 그러나 이런 주제들은 웬델의 한계라기보다는 웬델의 탁월한 작업을 바탕으로 우리가 앞으로 탐구해 나갈 수 있는 주제들이다. 만성질환 연구와 퀴어 연구가 연대한다면 HIV/AIDS를 비롯하여 장애와 퀴어가 겹치는 영역의 탐구를 더욱 풍성하게 해줄 수 있을 것이며, 만성질환의 체현은 신체적 장애와 정신적 장애를 함께 사유할 수 있는 이론화의 출발점이 될 수 있을 것이다. 만성질환에 대한 웬델의 논의를 장애학과 페미니즘에 적극적으로 통합한다면 정책이나 제도적 차원의 변화는 물론 주체와 정체성, 몸과 정신의 관계, 인간됨의 기준, 윤리 등 다양한 철학적 이슈에서 기존의 사유를 재고하고 재구성할 수 있는 강력한 이론적 자원이 될 것이다.

요즘 나는 "잘 지내?"라는 질문을 받을 때 당황하거나 상대방을 무안하게 만드는 대신 "지금은 괜찮아"라고 답한다. 질문을 받는 지금 이 순간은 몸이 괜찮다는 의미의 대답이기도 하지만, 자주 아프고 예측할 수 없는 몸으로 살아도 잘 지낼 수도 있음을 깨달아가는 중이기 때문이다. 경제적으로 심각했을 때는 아픔이 당장의 생계에 엄청난 위협이자 가난의 수렁에서 벗어날 수 없게 만드는 요인 중 하나였기에 아픔은 내게 끔찍한 저주였지만, 사랑하는 사람들의 도움으로 아픔과 가난의 악순환에서 조금 떨어져 있게 된 지금은 아픔 자체가 원흉은 아님을 느끼고 있다. 웬델이 그러했듯 나도 내 아픔으로부터 세상을 달리 보는 법을 배웠고 많은 것을 깨달았다. 그리고 웬델의 말대로, 아프면서도 행복할 수 있다. 그러니까 아프다고 해서 그 삶을 동정할 필요도, 비난하거나 짐스러워할 필요도 없다. 그냥 사랑을 주고받으며 함께 살아가면 된다. 그렇게 사는 법을 익히는 건 여전히 우리 모두에게 쉬운 일은 아니겠지만, 아파도, 괜찮지 않아도, 오늘 하루 나쁘지 않다.

참고 문헌

Wendell, Susan, *The Rejected Body: feminist philosophical reflections on disability*, New York and London: Routledge, 1996 (수전 웬델, 『거부당한 몸: 장애와 질병에 대한 여성주의 철학』, 강진영 · 김은정 · 황지성 옮김, 그린비, 2013).

______________, "Unhealthy Disabled: treating chronic illnesses as disabilities," *Hypatia* 16.4 (Fall 2001), pp.17-33 (수전 웬델, 「건강하지 않은 장애인: 만성질환을 장애로 대우하기」, 전혜은 옮김, 『여/성이론』 27호, 여이연, 2012).

______________, "Toward a Feminist Theory of Disability," *The Disability Studies Reader*, Third Edition, edited by Lennard J. Davis, New York: Routledge, 2010(original 1989), pp.336-352.

슐라미스 파이어스톤
Shulamith Firestone

"평등이 아니라 해방을" 급진 페미니즘의 불덩이

최하영
아시아계 미국 문학을 전공하고 건국대 상허교양대에 재직하고 있다. 인종, 젠더, 섹슈얼리티 등의 영역에서 소수자 관점에서 미국 문화를 (다시, 거슬러) 읽고, 해석하는 데 관심이 있다.

이 글의 원문은 『여/성이론』 51호(2025)에 실려있다.

슐라미스 파이어스톤: “평등이 아니라 해방을”
급진 페미니즘의 불덩이

1960년대 초반에서 80년대 초반에 이르는 ‘여성주의의 두 번째 물결’은 베티 프리던Betty Friedan과 『여성성의 신화*The Feminine Mystique*』(1963)가 대표하는 자유주의 페미니즘의 시대로 흔히 재현되지만, 다양하고 이질적인 여성 의제들이 서로 경합하고 충돌했던 역동적인 시대로 이해해야 마땅하다. 자유주의 페미니즘이 남성과 동등하게 일하고, 동등한 임금을 받고, 사회적, 정치적으로 동등한 대우를 받는 체제 내 평등을 요구한 반면, 급진 페미니즘은 가부장제 체제의 해체를 요구하고, 남성과 여성의 성 구분sex distinction 자체를 의문에 부쳤으며, “개인적인 것”과 “정치적인 것”의 구분에 저항함으로써 여성 해방의 시대를 열었다.[1)]

급진 페미니즘 연구서인 『나쁜 여자 전성시대: 급진 페미니즘의 오래된 현재, 1967~1975』의 저자 앨리스 에콜스Alice Echols는 책의 말미에 여러 자료를 부록의 형태로 첨부해두었는데, 그중 부록 B는 당시 활동했던 여성 해방 활동가들에 대한 짤막한 소개를 담고 있다. 알파벳순으로 정리된 78명의 리스트를 읽다 보면, 에콜스가 전달하고

---

1) 앨리스 에콜스(Alice Echols)에 의하면, 1973년경부터는 남성과 여성 간의 성구분, 즉 ‘범주’ 자체를 질문하기보다는, 남성과 여성 간의 ‘차이,’ 즉 여성적 특질을 해방운동의 주요한 동력으로 삼는 문화 페미니즘(Cultural Feminism)이 급진 페미니즘의 지배권에 도전했고, 1975년부터는 문화 페미니즘이 여성해방운동의 지배적 경향이 됨으로써, 전체 여성운동의 주도권은 다시 자유주의 페미니즘으로 넘어가게 되었다. 앨리스 에콜스, 『나쁜 여자 전성시대: 급진 페미니즘의 오래된 현재, 1967~1975』, 유강은 옮김, 이매진, 2017, 267쪽.

자 했던바, "급진 페미니즘이 오늘날 흔히 하는 생각보다 […] 훨씬 더 다양하고 유동적인 운동"[2]이었음이 기록된 활동가들의 다양한 배경과 활동, 관심사를 통해 드러난다. 지역적으로는 북동부가 가장 우세하기는 하지만, 그 외에도 중서부, 남부, 서부를 망라해 미 전역에서 운동이 전개되었다. 활동가들이 급진 페미니즘 이전, 혹은 그와 동시에 몸담았던 조직들의 면모도 다양하다. 공산당과 같은 구좌파 조직, 민주학생연합SDS과 같은 신좌파 조직, 학생비폭력조정위원회SNCC나 인종평등회의CORE와 같은 민권운동 조직, 전국여성기구NOW와 같은 자유주의 페미니즘 조직, '빵과 장미'와 같은 사회주의 페미니즘 조직, 게이해방전선GLF과 같은 동성애 해방운동 조직 등이 번갈아 다양하게 나타난다. 활동 영역도 그들의 재능과 관심사, 문제의식에 따라 미술, 음악, 문학, 심리학, 경제, 저널리즘, 교육, 법률, 가라테에 이르기까지 넓게 포진해 있다.

이렇듯 다양한 인물을 포함하고 있는 리스트의 32번째 인물인 슐라미스 파이어스톤Shulamith Firestone(1945-2012)에 대한 에콜스의 설명은 다음과 같다: "뉴욕 급진여성, 레드스타킹스, 뉴욕 급진페미니스트의 공동 창설자. **중요한** 급진 페미니즘 사상가. 『성의 변증법』 저자."[3] 이는 급진 페미니즘과 관련해 파이어스톤의 핵심 활동을 요약한 글인 동시에, 다른 이들을 소개하는 표현과 비교할 때 미세하지만 매우 징후적인 차이점을 드러내는 소개이다. 에콜스는 다른 이들의 소개에서는, 예를 들어 캐럴 해니시Carol Hanisch는 「개인적인 것이 정치적인 것이다」, 「역경Hard Knocks」과 같은 초창기 급진 페미니즘의 "중요한" 글을 썼다

2) 앨리스 에콜스(2017), 위의 책, 55쪽.
3) 위의 책, 518쪽. 볼드는 필자의 강조.

거나, 앤 코트Anne Koed는 「질 오르가슴의 신화」, 「레즈비어니즘과 페미니즘」 등 여러 "중요한" 글을 썼다와 같이 "중요한"이라는 형용사를 주로 그들의 저작 앞에 붙였다. 급진 페미니즘과 관련해 어떤 특정한 저작이나 활동이 아니라 인물 자체를 "중요한"으로 설명하고 있는 인물은 파이어스톤이 유일하다. 이는 파이어스톤이 가장 중요한 인물이어서라기보다는 그의 삶과 활동이 급진 페미니즘이 분투했던 문제와 갈등을 선명하게 반영하고 있으며, "폭발적 부상에 뒤이은 뼈아픈 분열, 아무도 생각 못한 돌연한 쇠퇴"[4]로 묘사되는 급진 페미니즘의 궤적과 닮아있기 때문일 것이다.

이 글에서는 급진 페미니즘을 대표하는 이론가이자 활동가인 파이어스톤의 생애와 사상을 그의 기념비적인 저작 『성의 변증법*Dialectic of Sex*』(1970)을 중심으로 살펴보고자 한다.[5] 파이어스톤은 1966년에서 1970년에 이르는 기간 동안 많은 조직을 꾸리고, 시위와 활동을 주도하면서 끊임없이 소식지, 선언문, 잡지, 선집 등을 간행했고, 1998년에는 자신의 조현병 경험을 담은 『숨 쉴 수 없는 공간*Airless Space*』을 출판하기도 했으나, 아무래도 그의 가장 핵심적인 저작은 『성의 변증법』이기 때문이다.[6]

파이어스톤에 대해서 흔히 인용되는 것은 『성의 변증법』의 첫 장과 마지막 장에서 펼친 주장들이다. 1장 '성의 변증법'에서 그는 마르크스

---

4) 위의 책, 뒤표지.
5) 이후 별도로 표기하지 않는 한, 이 글에서의 파이어스톤의 인용은 『성의 변증법』의 2016년 한국어 번역본을 출처로 한다. 슐라미스 파이어스톤, 『성의 변증법』, 김민예숙·유숙열 옮김, 꾸리에, 2016.
6) 10월에 나온 『성의 변증법』과 더불어 급진 페미니즘을 대표하는 저서들이 유독 1970년에 한 해에 쏟아져 나오듯 출판되었다. 케이트 밀렛(Kate Millet)의 『성 정치학』(*Sexual Politics*)이 6월에, 로빈 모건(Robin Morgan)이 엮은 선집 『자매애는 강하다』(*Sisterhood is Powerful*)가 9월에, 그리고 바다 건너 영국에서는 저메인 그리어(Germane Greer)의 『여성, 거세당하다』(*The Female Eunuch*)가 10월에 출간되었다. 이후 그리어는 문화 페미니즘으로 선회하며, 트랜스젠더를 여성의 범주에서 제외하는 TERF, 혹은 젠더-비판적 페미니즘(Gender-Critical Feminism, GCF)의 입장을 취하였다.

와 엥겔스의 유물론적 변증법이 사회변화의 원동력을 "생산양식과 교환양식에 있어서의 변화, 필연적인 사회의 계급 변화와 이러한 계급간의 투쟁"(13)에서 찾으면서도, 가장 중요한 계급인 성계급sex class을 무시하고 비가시화했다고 지적하며, 역사적 유물론은 "생식을 위해 두 개의 다른 생물학적 계급으로 나누어진 사회의 분화, 그리고 이 두 계급의 상호 투쟁, 이 투쟁들에 의해 만들어진 결혼, 출산 그리고 양육의 양식에서의 변화, 성의 계급과 관련되어 육체적으로 구분되는 다른 계급들(카스트)의 발전, 그리고 (경제적, 문화적) 계급제도로 발전한 성에 기초를 둔 최초의 노동분업"(17)을 역사적 변화의 중심에 두는 '성의 변증법'이 되어야 한다고 주장했다. 마지막 장인 10장 '궁극의 혁명: 요구와 사변'에서는 여성의 임신과 출산에 대한 그의 우상 파괴적 견해[7]나, 그에 대한 대안으로 인공생식을 통해 아이를 얻고, 가족이 아닌 가구Households를 구성하자는 대담한 제안이 제시된다. 대부분의 노동을 기계가 대체하고, 사람들은 놀이에 가까운 창조적인 일에 종사하는 사이버네틱 코뮤니즘Cybernetic Communism의 세계에 대한 비전과 더불어 거기에 이르기까지의 과도기적 기간에 '기본 소득'을 부여하자는 제안도 덧붙인다. 모든 여성과 아이들에게 성적 자유를 줄 것을 주장하며, 미래에는 "자연적인 다형적 섹슈얼리티natural polymorphous sexuality"(297)가 표준이 되리라 전망한다. 본인 자신도 "위험하게 유토피아적"(320)이라고 생각한 급진적 대안을 제시하는 것에 대하여, 파이어스톤은 선례로 삼을 만한 페미니스트 혁명의 시도는커녕 그에 대한 변변한 문학적 이미지[8]도 부재하는 현실에서, 개인 심리의 구조화에 가장

7) 예를 들어, "임신은 종을 위하여 개인의 육체가 임시로 기형이 되는 것"(287)으로 "야만적"이며, 출산은 "커다란 호박을 누는 것"(288)과 같이, "잘해야 필요하고 참을만한 일"(288)로 결코 즐겁거나 충족적인 경험이 아니라는 주장을 들 수 있다.

깊게 관여하는 '가족'을 벗어나 "새로운 영역에서의 사고를 자극"(321)하기 위함이지, 어떤 최종 답변으로서 제시하는 것이 아님을 분명히 밝혔다. 그럼에도 불구하고 그의 비전은 주류 사회로부터 맹렬히 비난받았다.

보수적 페미니즘과 좌파의 여성 보조부대를 넘어

『성의 변증법』의 1장에서 압축적으로 제시되는 '성의 변증법'을 중심에 둔 역사적 유물론과 이를 바탕으로 10장에서 제시되는 대안들은 그 대담함과 급진성으로 인해 찬양에서 경악에 이르는 각양각색의 반응을 일으키며, 한편에서는 격렬한 논쟁과 토의, 다른 한편에서는 비웃음과 조롱의 대상이 되어 왔다. 그러나 필자의 견해로는, 이 책의 진가는 주로 회자되는 1장의 서론과 10장뿐만 아니라, 중반부에 제시되는 동시대 미국 사회에 대한 해부와 분석, 통찰에 있다. 당대 현실의 모순을 풍부한 문화적 레퍼런스를 통해 그야말로 신랄하고도 뼈 때리는 언어로 날카롭게 지적한 후, 그를 타파할 수 있는 혁명적 이상을 제시하고 있기에 특유의 급진적 주장에도 불구하고 뉴욕타임즈 베스트셀러에 오를 정도로 독자들의 열광을 불러일으킨 것이 아닌가 생각한다.

그러한 맥락에서 미국 페미니즘의 역사를 일별하고 있는 『성의 변증법』의 2장 '미국의 페미니즘'은 파이어스톤이 앞선 선배들의 페미니즘을 어떻게 평가하고, 자신이 속한 급진 페미니즘을 어디에 위치시키

8) 『성의 변증법』에 영향을 받아 페미니스트 유토피아를 묘사한 마지 피어시(Marge Piercy)의 『시간의 경계에 선 여자(*Woman on the Edge of Time*)』가 1976년에 출판되었다. 두 저서 사이의 공통점과 차이점을 주로 인공생식의 관점에서 비교한 논문으로, 졸고 「"피와 젖으로 봉인된, 오래된 권력의 마지막 조각": 『성의 변증법』과 『시간의 경계에 선 여자』에 나타난 인공생식」, 『현대영미소설』 제25권 2호, 2018, 219-243쪽이 있다.

고 있는지를 보여준다는 점에서 흥미롭다. 파이어스톤은 엘리자베스 케이디 스탠튼Elizabeth Cady Stanton과 수전 B. 앤서니Susan B. Anthony로 대표되는 19세기의 초기 미국 여권운동Woman's Rights Movement, WRM이 가족과 교회, 국가(법)를 공격했음을 지적하며 이는 현재에 성 구별sex distinction[9] 자체를 공격하는 것과 마찬가지의 급진성을 지닌다고 평가하였다(32).[10] 그러나 이 급진성은 '선거권'이라는 강력한 열망을 위해 보수적 페미니즘과 결합하며 소실되었고, 이후 혁신주의 시대Progressive Era의 여성 개혁가들은 여권운동을 다른 것, 즉 노동운동이나 빈민운동, 반전운동, 소비자운동 등 좀 더 '인간적'이고 '보편적'인 문제들과의 관련하에서만 의미 있는 것으로 여겼다.

파이어스톤은 '선거권'이 여성주의 운동의 주요 의제가 되었던 1890년부터 1920년 사이에 조직된 여성들의 대다수가 페미니즘과 아무런 상관이 없었으며, 투표권의 성취를 위해 싸우는 동안 투표권이 무엇을 위해 존재하느냐는 잊힌 질문이 되었고, 결과적으로 여권운동의 에너지를 고갈시키는 결과로 이어졌다고 평가한다. 여성의 참정권을 인정한 제19조 수정조항이 비준된 1920년에서 1970년까지의 반세기를 "50년간의 조롱The Fifty-Year Ridicule"(45)으로 명명하며, 참정권의 획득으로 여성이 해방되었다는 "해방의 신화The Myth of Emancipation"가 어떻게 여성의 정치의식을 문화적으로 마비시켜왔는지를 10년 주기

9) 한국어 번역본에서는 '성차별'이라고 번역하고 있는데, 19세기에 "가족과 교회, 국가(법)를 공격"하는 것의 '급진성'에 필적하기 위해서는 '성차별'(sex discrimination)이 아니라 '성구별' 자체를 의문화했다고 번역하는 것이 적절해 보인다.

10) 여성을 배제하고 흑인 남성에게 먼저 선거권을 부여하는 제15조 수정조항의 통과를 두고 여성주의 진영이 찬성과 반대로 갈라졌을 때, 15조 수정조항에 반대하며 스탠튼과 앤서니가 조직한 전국여성참정권협회(National Woman Suffrage Association, NWSA)는 남성 회원의 가입이 제한적이었으며, 남성이 임원이 되는 것에도 회의적이었다. 반면 15조 수정조항에 찬성하며 조직된 미국여성참정권협회(American Woman Suffrage Association, AWSA)는 남성 회원을 허용했으며, 초대 회장을 남성인 헨리 워드 비쳐(Henry Ward Beecher)가 맡기도 하였다.

로 분류해 설명한다.

재즈와 플래퍼flapper[11]로 대표되는 1920년대의 경제적 호황 속에서 해방과 구원은 사적이고 개인적 차원에서 해결할 문제이지, 사회적, 정치적인 차원의 문제가 아니라는 메시지가 전파되었다. 파이어스톤은 1930년대 대공황 국면에서 여성들은 사회적 약자들과 강하게 공감했으나, 그것이 자신들의 억압 경험에서 유래하는지는 깨닫지 못했다고 지적한다. 1940년대에는 2차 세계대전으로 인한 남성의 부재로 여성들에게 인간이라는 지위가 일시 허용되었으나, 종전 후 1950년대는 "가장 침울한 10년"(48)으로 불리며 여성의 지위가 퇴행했다. 파이어스톤은 1960년대 사회변혁의 에너지가 들끓었던 곳, 예를 들어, 포크와 LGBT 운동의 중심지였던 1960년경의 뉴욕 그리니치 빌리지, 반전 학생운동의 시발지인 1964년경의 캘리포니아 버클리 대학, 프리덤 서머가 진행되었던 1964년의 미시시피주, 히피들이 모여 사랑의 여름Summer of Love을 보내던 1967년 샌프란시스코의 헤이트-애시베리Haight-Ashbury나, 반문화의 중심지인 뉴욕 이스트 빌리지에서도 여성들은 "**여전히** 사람으로는 보이지 않는 '계집애들'일 뿐still only 'chicks' invisible as people"(51)이었다고 비판한다. 파이어스톤은 이 시기에 대해, "반페미니즘적인 반발에 의해 [...] 문화적으로 면역된 그들은 **여전히** 자신들의 문제를 중심으로 조직하기를 두려워했다"(51)라고 설명한다(볼드는 필자의 강조). 파이어스톤이 '여전히'라는 말을 반복해 사용하고 있는 것은 이것이 1920년대 이후로 반복되어온 문제인 동시에,

11) 플래퍼는 1920년대의 경제적 호황과 참정권 획득을 배경으로 등장한 '신여성'으로서 무릎 아래 짧은 길이의 치마나 단발머리 등 이전 시대에 비해 자유로운 복식을 하고 재즈를 즐기고, 흡연이나 음주, 자동차 운전 등 이전까지의 여성에게 부여되던 규범을 넘어서는 새로운 생활양식을 보여주었다. F. 스콧 피츠제럴드(F. Soctt Fitzgerald)의 아내 젤다(Zelda)나 1920년대의 "잇 걸"(The It Girl)로 불렸던 영화배우 클라라 보우(Clara Bow)를 대표적인 예로 들 수 있다.

그 자신이 현재적으로 경험하고 있었던 문제임을 보여준다.

1967년 9월 노동절 연휴에 시카고에서 열린 <새정치를 위한 전국회의National Conference for New Politics>에 참여한 파이어스톤은 회의의 의제에 여성의 열등한 지위에 관한 논의가 빠져 있음을 보고 평등한 결혼법과 재산법, 여성의 자기 신체에 대한 완전한 결정권, 인구 구성 비율을 반영한 51퍼센트의 여성 대표 등의 내용을 담은 결의안을 작성해 논의 의제에 포함할 것을 요구한다(Faludi). 의장인 윌리엄 F. 페퍼William F. Pepper는 여성들에게 발언권을 주기를 거부하면서, 파이어스톤의 머리를 만지며, "비켜요, 아가씨. 여기엔 여성 문제보다 논의해야 할 더 중요한 문제들이 있어요"(Faludi)[12)]라고 말한다. 신좌파 진영의 가부장적, 온정주의적 태도에 격분한 22세의 파이어스톤은 문제의식을 공유한 동갑내기 활동가 조 프리먼Jo Freeman과 함께 시카고 최초의 급진 페미니즘 단체, '웨스트사이드 그룹Westside Group'을 결성하지만, 이 단체의 구성원들마저도 "좌파의 여성 보조부대Ladies' auxiliaries of the Left"(57)로 기능하는 습관적 태도를 버리지 못하자, 새로운 단체를 조직하고자 결심한다.

'웨스트사이드 그룹'을 결성한 지 한 달여가 지났을 때 파이어스톤은 뉴욕으로 이주한다. 이스트 빌리지에 거주하며, 웨이트리스로 생계를 꾸리고, 화가로서 그림을 그리는 한편 '뉴욕 급진여성New York Radical Women'이라는 단체를 결성한다. 여성 의제에 집중하고자 한 그

---

12) 수잔 팔루디에 따르면 원문은 다음과 같다: "Move on, little girl. We have more important issues to talk about here than women's problems." 파이어스톤이 사망한 지 8개월이 지난 2013년 4월 8일에 팔루디가 ≪뉴요커(*New Yorker*)≫에 실은 「한 혁명가의 죽음(Death of a Revolutionary)」은 긴 부고문이자 짧은 전기로서 그동안 거의 알려지지 않았던 파이어스톤의 삶을 보여준다. 이 글은 인터넷상의 글로서 페이지가 나타나 있지 않으므로 Faludi 라고만 표기한다. https://www.newyorker.com/magazine/2013/04/15/death-of-a-revolutionary (검색일: 2024년 11월 7일).

의 신조와 강력한 행동방식은 구성원들을 자극하고, 추동하는 촉매의 역할을 하기도 했으나, 체계적 조직과 리더십을 가부장적이고 남성적인 것으로 여겨 혐오하는 다른 구성원들과는 자주 마찰과 갈등을 빚게 된다.13) 이에 대해 파이어스톤은 자신의 이상을 실현할 수 있는 또 다른 새로운 단체의 결성으로 대응한다. '뉴욕 급진여성'이 안팎의 갈등으로 해체된 후 그는 엘렌 윌리스Ellen Willis와 함께 '레드스타킹스the Red stockings'를 창설하지만, 이 조직도 내부 분열로 지속되지 못했고, 1969년 말, 코우트와 함께 '뉴욕 급진페미니스트들New York Radical Feminists'을 다시 창설한다. 파이어스톤은 이 조직 내에 소조직을 만들어 후배 페미니스트들을 교육하는 체계를 갖추고자 시도하지만, 동료들에게 '자매답지 않다unsisterly'는 비난을 들으며, 급기야 축출 투표를 통해 쫓겨나는 상황에 이르고 만다(Faludi). 파이어스톤이 겪었던 조직 운영상의 갈등은 신좌파나 민권운동 등의 다른 급진주의 조직에서도 나타났던 문제인데, 급진 페미니즘에서는 '남성과의 유사성'이라는 수사로 표현되며, 이후 '남성과의 본질적 차이'를 운동의 동력으로 삼는 문화 페미니즘Cultural Feminism이 출현하는 한 계기가 되었다.

근대적 '핵가족' 비판

파이어스톤은 『성의 변증법』 3장에서는 프로이트주의를 재해석하고, 4장에서는 가부장제 핵가족 내에서 발명된 '아동기의 신화'를 없애

---

13) 팔루디의 묘사에 따르면, 파이어스톤은 "나는 지식인이므로 마루를 쓸지 않는다" "타이핑 같은 일은 하지 않는다" 등의 말과 독선적 의사결정 방식으로 동료들에게 "남성 호르몬이 흐른다"와 같은 비난을 받았다(Faludi).

자는 주장을 하고 있는데, 이 두 장의 근저에는 혈연으로 이루어진 근대적 핵가족이 '만악의 근원'이라는 파이어스톤의 문제의식이 자리한다. 3장에서 파이어스톤은 프로이트주의와 페미니즘이 "서구 문명의 가장 독선적인 시대 — 가족 중심성, 따라서 과장된 성적 억압으로 특징지어지는 빅토리아 시대에 대한 반응"(72)으로 출현한 것으로, 이 둘이 같은 재료로 만들어졌으며, "섹슈얼리티의 재발견"이라는 점에 있어서 '폭탄'과 같은 위력을 지니고 있었으나, 프로이트주의는 "주어진 현실에 관해 결코 질문하지 않"(107)음으로써, "인위적인 성 역할에 맞게 남녀를 사회화시키는" 반동적 목적에 복무하는 실용적 임상치료로 전락하였다고 비판한다. 4장에서는 이전에는 성인이 되기 전의 짧은 의존에 불과했던 아동기가 부르주아 계급과 경험과학이 발달하며 확장되고 강화되어, 어떻게 아이들이 여성과 한 묶음으로 묶여 육체적, 경제적 의존, 성적 억압, 가족의 억압, 교육적 억압 속에 놓이게 되었는지를 설명한다.

한편, 이렇듯 가부장제의 핵가족이 "생물학적 가족 자체에 내재하는 불평등의 최악의 결과들을 강화시키는 사회조직 형태"(75)라는 인식은 학문적, 역사적 통찰에서 유래함과 동시에 그 자신의 가족 경험과도 일치하는 것이었다. 파이어스톤은 뉴욕 브루클린 출신의 유태인 세일즈맨인 솔 포이어스타인Sol Feurstein과 홀로코스트를 피해 이주한 케이트 바이스Kate Weiss 사이의 3남 3녀 중, 둘째이자 장녀로 태어났다. 아버지 솔은 미국 사회에 동화한 유태인 가정에서 자랐으나 10대에 독학을 통해 정통파 유태인Orthodox Jew이 되었고, 가장이 되자 자신의 신조대로 가족을 통솔했다. 어머니 케이트는 수동적인 자세로 남편에게 순종했다. 독선적인 아버지와 가장 격렬히 충돌한 자녀는 슐라미스였지만, 둘째인 라야Laya도 안식일을 어겼다는 이유로 집에서 쫓겨났고, 셋째인

터자Tirzah는 기독교 신자와 결혼함으로써 절연당했다. 장남인 다니엘Daniel은 랍비가 되기 위한 교육을 받는 대신 대학에서 고전과 철학을 공부했고, 이후 유대교를 떠나 선불교에 심취했다가 1974년 심장에 총을 쏘아 자살하였다. 다른 남자 형제인 에즈라Ezra와 느헤미아Nechemia는 아버지를 따라 정통파 유대인으로 남았다(Faludi). 파이어스톤의 경험상 가부장제의 핵가족 내에서 아동이 행복을 느끼며 성장할 수 있는 확률은 거의 우연에 가까운 행운이기에, 생물학적 가족이 "아이를 기르는 최선의 방법은 그만두는 것"(133), "아동기는 지옥"(151)이라고 선언하게 된다.

파이어스톤은 10명 정도의 다양한 성인들이 허가증을 신청해 구성원의 3분의 1 정도에 해당하는 아이들을 10여 년 동안 양육하는 '가구household' 형태가 '가족'과 비교할 때, "여러 세대 간에 걸쳐 확립된 가족 배타주의의 종식, 한 세대에서 다음 세대로 전수되는 편견들의 종식, 아이 양육 과정에서 모든 연령층의 사람들을 포함하는 것, 여러 연령층을 하나의 사회적 단위로 통합하는 것, (특이한) 소수의 개인보다는 많은 사람에게 노출되는 것에서 비롯되는 폭넓은 인격 등"(328)의 이점을 가진다고 보았다. '가구'가 완벽한 조직은 아니지만, "근본적으로 억압적인 생물학적 조건을 중심으로 조직되었고, 그것을 강화"(319)하는 '결혼'과 '가족'보다는 나은 대안이 될 것이라고 주장한다.

교차적 관점에서

『성의 변증법』의 5장 '인종차별주의: 남성가족의 성차별주의'에서 파이어스톤은 인종차별주의와 성차별주의의 연관성을 고찰하며, "인종차별주의는 성적 현상"이며, "성차별주의가 확장된 것"(157)으로 설명한다. "성계급"이 어떤 요소보다도 근원적인 위계임을 강조하기 위해, 백인 남성을 아버지, 백인 여성을 어머니, 흑인 남성과 흑인 여성을 아들과 딸의 위치에 두고, 핵가족 내에서 성차별적인 심리가 형성되는 것과 같은 구조로 인종차별적 심리가 형성된다고 분석한다. 아들이 아버지로부터의 억압을 공유하며 어머니와 연대를 형성하듯이 흑인 남성은 백인 여성과 처음에는 '동정 어린 동일시'를 하지만, '오이디푸스 콤플렉스'가 설명하듯이, 진정한 남성이 되기 위하여, 그녀를 비하하는 방식으로 관계하게 된다(160). 그 결과 백인 여성에 대해 흑인 남성은 사랑과 증오가 혼합된 양가적 감정을 가지게 된다는 것이다. 한편 흑인 여성은 '엘렉트라 콤플렉스'의 구조를 따라 아버지(백인 남성)를 선망하며, 어머니(백인 여성)와 경쟁한다(163). 파이어스톤은 흑인 남성과 흑인 여성은 부모의 사랑을 얻기 위해 상호 경쟁하는 관계이기 때문에 둘 사이에 성애적 에너지는 향해지지 않는다고 설명한다. 파이어스톤은 가족을 이용해 인종차별의 구조를 설명하는 또 다른 방식으로 백인 부부를 상정한 후, 흑인 여성은 백인 남성의 정부로, 흑인 남성은 포주로서 "백인 남성의 성적 게임에서 졸卒"(166)의 역할을 하는 것으로 제시하기도 한다.

당연히 이러한 설명 방식은 흑인 페미니스트들의 비판을 불러왔다. 앤절라 데이비스Angela Davis는 인종차별을 비롯해 모든 차별을 성차별의 확장으로 보는 것은 각각의 차별에 존재하는 고유한 역사와 맥락을 제거함으로써 차별의 이해를 어렵게 만들며, 또한 흑인 남성과 흑인 여성을 백인 가족의 자녀, 혹은 백인 남성의 성적 드라마에서 정부와 포주 역할에 비유하는 것은 흑인에 대한 고정관념 — 흑인 '강간범'이나

'헤픈' 흑인 여성 — 을 강화한다고 비판하였다.[14] 에콜스의 리스트가 보여주듯, 플로린스 케네디Florynce Kennedy와 실레스틴 웨어Cellestine Ware와 같이 급진 페미니즘 운동에 참여한 흑인 여성들이 분명히 존재했다. 그러나 이들은 "극소수"로서 비단 급진 페미니즘뿐 아니라, '여성주의의 두 번째 물결' 내에서 '인종'에 대한 진지한 고려는 자유주의 페미니즘, 라벤더 위협Lavender Menace, 나아가 문화 페미니즘에서도 줄줄이 빠져 있었기에, 흑인 페미니스트들은 1973년 '전국 흑인 페미니스트 기구National Black Feminist Organization, NBFO', 1974년 '콤바히강 콜렉티브Combahee River Collective, CRC' 등 자신들의 의제를 중심으로 새로운 조직을 창안할 수밖에 없었다.

사랑, 로맨스, (남성)문화

『성의 변증법』 6장 '사랑', 7장 '로맨스 문화', 8장 '(남성) 문화'에서는 가부장제 사회에서 남성 중심적으로 정의된 사랑, 로맨스, 에로티시즘 등이 어떻게 여성 존재를 왜곡시키는지 설명한다. 파이어스톤은 "모두를 아우르는 문화를 창조하기 위하여 무시되어온 절반의 인간 경험 — 여성의 경험 — 을 문화의 본체와 통합하는 것"(246)이 우선으로 요구되며, 이러한 것이 가능해지는 유일한 방법인 페미니스트 혁명이 이루어지기 위해서는 "현실의 분열 자체"(246)가 그 전에 타도되어야 한다고 주장한다. 그런 맥락에서 파이어스톤은 '뉴욕 급진여성'과 함께 '전통적 여성다움'에 이별을 고하는 장례식을 알링턴 국립묘지에서 치렀고,[15] 1968년 9월에는 애틀랜틱 시티에서 열린 미스아메리카 대회

14) 앤절라 Y 데이비스, 『여성, 인종, 계급』, 황성원 옮김, 아르테, 2022, 278쪽.

의 반대시위를 조직해 미국 사회에 충격과 파란을 일으켰다. 특히 후자의 시위에서 시위대는 '자유의 쓰레기통Freedom Trash Can'을 설치하여, 하이힐, 브래지어, 거들, <플레이보이>와 <코스모폴리탄>과 <레이디스 홈 저널> 등 여성 억압을 상징하는 물건들을 던져 넣었고 이 장면은 TV 중계를 통해 전국에 방영되었다.[16] 뉴욕 매디슨 스퀘어 가든에서 열리는 신부 박람회에는 십여 마리의 흰 쥐를 풀었고, 거리에서 추파를 던지는 남성들에 대한 일종의 미러링으로서 월스트리트에서 지나가는 남성을 향해 "추파 농성ogle-in"[17]을 열었다. 팔루디가 평가하듯, "파이어스톤과 소수의 '자매들'은 미국 사회를 심원하게 변화시킨 운동의 급진적 첨단"에 위치했다(Faludi).

기술의 역할

9장 '문화사의 변증법'에서 파이어스톤은 역사 발달과정에 경제적 계급에 기초한 유물론적 변증법과 성계급에 기초한 성의 변증법과 더불어 "생각할 수 있는 것을 가능한 것으로 실현하기 위한 반응의 심리적 분화에 기초"(272)한 '문화의 변증법'을 추가한다. '미학 양식(여성적

---

15) 이 상징적 퍼포먼스에 대한 파이어스톤의 묘사는 다음과 같다: "우리는 이동용 상여에 실물보다 큰 인형을 넣고 실제 장례 행렬을 시행했다. 금발 곱슬머리에 각종 여성 장신구로 치장했으나 얼굴은 텅 비어있는 인형과 양초를 준비했다. 상여에는 S&H의 쿠폰 스탬프나 컬 클립, 가터벨트, 헤어스프레이 같은 폐기용 물품들을 매달았다. 분노의 어구들이 상여로부터 휘날렸고, 우리도 "울지마: 저항해" 같은 문구가 쓰인 커다란 깃발을 들었다. Alice Echols, *Daring to be Bad: Radical Feminism in America 1967-1975*, Minneapolis, MN: U of Minnesota P, 1989, p.57에서 재인용.

16) 에콜스가 지적하듯, 프리던과 그가 이끄는 전국여성기구가 평등권 수정조항(Equal Rights Amendment, ERA)의 의회표결을 요구하며 '어머니의 날'에 개최한 시위에서 '앞치마'를 쓰레기더미에 버린 퍼포먼스는 언뜻 '자유의 쓰레기통'과 유사해 보이지만, 시위의 이유, 시위의 시간, 던져진 물건 등은 두 진영 사이의 차이점을 흥미롭게 드러낸다. Ibid., p.57.

17) '추파 농성'을 의미하는 ogle-in은 민권운동의 연좌시위(sit-in), 히피 운동의 러브-인(love-in), 존 레논과 오노 요코가 창안한 침대 시위(bed-in)의 풍자적 채용으로 보인다. 이는 미스아메리카 대회 반대 시위에서 여성 억압을 상징하는 물건들을 던져 넣는 쓰레기통의 이름에 민권운동을 상징하는 "자유(Freedom)"를 붙인 것과 유사한 맥락에서 좌파 운동권에 대한 급진 페미니즘의 반감을 보여준다.

반응)'과 '테크놀로지 양식(남성적 양식)'으로 분리되어 존재하던 두 양식이, 상상을 현실로 이루어주는 '기술'이 충분히 발전하게 되면, '문화적 범주'가 붕괴하고 예술과 현실이 통합되어 궁극적으로는 '문화'가 소멸하게 된다고 파이어스톤은 설명한다. 미학을 여성적인 반응, 테크놀로지를 남성적인 양식에 연결짓는 것이 다소 도식적으로 들리지만, 이어지는 10장의 내용과 연결하여 볼 때, 파이어스톤의 논지는 이제 생물학적 조건에서 오는 억압을 불신시킬 만큼 기술이 충분히 발달했다는 것이다. 파이어스톤은 테크놀로지의 부도덕성이나 오용에 대한 급진주의자들의 염려를 이해하면서도, 기술이 해방을 위해 사용될 가능성에 대해 낙관적 견해를 보인다. "생식조절, 인공생식, 사이버네이션은 부적절하게 이용되지 않는 한 그 자체로서는 우리를 자유롭게"(284-5) 할 것이라는 그의 비전은 반세기가 넘은 현재에도 여전히 갈림길에 선 가능성으로 남아 있다. 파이어스톤이 지녔던 이러한 낙관적 전망은 때로는 지나치다 싶을 정도로 순수해 보이기도 하지만 에콜스가 지적하듯이 혁명적 이상의 실현이 불가능해 보이지 않았던 1960년대 특유의 유토피아주의를 고려해 당대의 관점에서 이해해야 할 것이다.[18]

여성과 광기

팔루디에 따르면 1970년 10월 『성의 변증법』이 출간되었을 때 이미 파이어스톤은 그녀가 창립했었던 '뉴욕 급진페미니스트'에서 쫓겨나 활동을 그만두고 망명self-exile 상태에 있었다고 한다. 그 후 파이어스톤은 뉴욕시의 공공 미술 프로젝트에 참가하여 벽화를 그리거나 타이

18) 앨리스 에콜스(2017), 앞의 책, 54-5쪽.

피스트로 일하는 등 운동과는 거리를 두고 지냈으며, 점차 은둔의 경향을 지니게 되었다. 불꽃같았던 활동의 시기 동안 주류 사회와 겪었던 갈등, 공동체 내에서 입었던 상처는 치유되지 않은 상태로 잠복해 있다가 1974년 오빠의 자살로 악화되었으며, 동생 터자의 증언에 따르면, 1981년 아버지의 사망 후 '편집증적 조현병'으로 발현했다. 그 자신도 혹독히 정신 질환을 겪었던 밀렛은 1998년에 쓴 에세이 「잊힌 페미니스트 시대The Feminist Time Forgot」에서 파이어스톤을 비롯한 급진 페미니즘의 많은 동지가 절망과 고독, 가난과 불안정성 속에서 자살하거나 정신 병원에 수용되었다고 회고한다(Faludi에서 재인용). 밀렛은 "우리는 서로를 많이 돕지 못했다"라거나 "공동체나 안전함을 만들어낼 만큼 탄탄하게 결속하지 못했다"라고 자책하듯 말하지만, 그 책임을 그들의 잘못이나 서투름에만 돌릴 수는 없을 것이다. 일찍이 1929년에 버지니아 울프는 『자기만의 방*A Room of One's Own*』에서 많은 재능있는 여성들이 가부장제 사회에서 "분명 미쳐버리거나, 총을 쏘아 자살하거나 마을 외곽의 외딴 오두막에서 사람들이 두려워하는 동시에 경원시하는, 반은 마녀, 반은 마법사와 같은 존재로 생을 마친다"라고 이야기했다.[19] 메레디스 택스Meredith Tax가 통찰했듯, 가부장제하에서 여성 존재가 남성의 세계에 속할 때 그것이 가져오는 무거운 부담, 혹은 그것을 거부할 경우, "할 일도 없이, 감각되는 정체성도 없이 무의 끝에서 비틀거리며, 아무 곳에도 존재하지 않으며, 사라져버리게 되는" 여성 삶의 조건은 "여성 정신분열증female schizophrenia"[20]의 상태를 구성한다.

19) Virginia Woolf, A Room of One's Own and Three Guineas. London: William Collins, 2014. p.47.
20) 2010년 3월 이후 schizophrenia는 이 질환에 대한 부정적 인식을 개선한다는 이유로 기존의 '정신분열증'에서 '조현병'으로 개정되었다. 이를 반영하여, 본 글의 앞부분에서는 '편집증적 조현병'이라고 썼으나, 이 부분에서는 이전의 병명이 남성 위주 세계의 부조리함을 예민하게 인식하는 여성 존재의 분열된 의식을 표현하는 데 더 적절하다고 생각해 이 명칭을 사용하였다. Meredith Tax, "Woman and

1990년대 초반에 파이어스톤의 치료를 맡은 정신과 의사인 마가렛 프레이저Margaret Fraser가 주도하여, 그의 저서와 활동에 영향을 받은 일단의 젊은 여성들이 파이어스톤에 대한 지지 그룹을 꾸렸다. 그들의 돌봄은 효력을 발휘하여 파이어스톤은 어느 정도 회복한 상태에서 앞서 언급한 『숨 쉴 수 없는 공간』을 출간하기도 하였다. 그러나 프레이저의 전근과 구성원들의 여러 사정으로 지지 그룹이 해체되자 파이어스톤은 더욱 깊은 고립과 은둔으로 들어갔다. 2012년 8월, 파이어스톤은 67세의 나이로 사망한 지 며칠이 지나 발견되었다. '가족'의 해체를 그토록 강력히 주장했었건만, 파이어스톤의 장례는 '유족'들에 의해 정통 유태교 식으로 치러졌다. 남동생 에즈라는 추모사에서 어린 자신을 돌보아 주었던 파이어스톤의 '다정'한 성품과 그가 들려주었던 이야기 — 실수로 플랫폼에 장갑을 한 짝 떨어뜨리자, 기차가 떠나기 전 누구라도 장갑을 사용할 수 있도록 남은 한 짝을 마저 떨어뜨린 어떤 사람에 대한 — 를 회고하며, 파이어스톤의 비혼과 무자녀가 얼마나 "비극적" 실패인지를 이야기했다. 뒤이은 추모사에서 터자는 고인에 대한 이해가 없는 에즈라의 모욕적인 추모사를 반박하며 슐리(슐라미스의 애칭)에게는 "아이들이 있었다"고, "수천 명의 여성이 그로 인해 새로운 생각과 새로운 삶을 살게 되었다. 슐리 덕분에 내가 나일 수 있고, 많은 여성이 지금의 그들일 수 있다"라고 말하였다(Faludi). 급진 페미니즘의 열렬한 지지자로서 오늘날의 지형에 맞는 급진 페미니즘을 부활시키고자 『나쁜 여자 전성시대』를 쓴 에콜스가 그러하듯이. 『가족을 폐지하라』의 3장에서 가족 폐지 논의의 역사를 논하면서, 그 어떤 이론가나 흐름

Her Mind" *Notes from the Second Year: Women's Liberation* https://repository.duke.edu/dc/wlmpc/wlmms01039 (검색일: 2024년 11월 23일).

보다도 파이어스톤의 논의와 생애를 자세히 소개하며, 그가 "세상을 바꿨다"[21] 라고 평가한 소피 루이스Sophie Lewis가 그러하듯이. 그리고 지금 이 글을 쓰고 있는 내가 그러하듯이 평등을 넘어 해방을 꿈꾼다면 우리는 슐리의 아이들이다.

참고 문헌

소피 루이스, 『가족을 폐지하라: 우리가 아직 보지 못한 세계를 상상하는 법』, 성원 옮김, 서 해문집, 2023.

슐라미스 파이어스톤, 『성의 변증법』, 김민예숙·유숙열 옮김, 꾸리에, 2016.

앤절라 Y 데이비스, 『여성, 인종, 계급』, 황성원 옮김, 아르테, 2022.

앨리스 에콜스, 『나쁜 여자 전성시대: 급진 페미니즘의 오래된 현재, 1967-1975』, 유강은 옮김, 이매진, 2017.

최하영, 「"피와 젖으로 봉인된, 오래된 권력의 마지막 조각": 『성의 변증법』과 『시간의 경에 선 여자』에 나타난 인공생식」, 『현대영미소설』 제25권 2호, 2018. 219-243쪽.

Echols, Alice, *Daring to be Bad: Radical Feminism in America 1967-1975*, Minneapolis, MN: U of Minnesota P, 1989.

Firestone, Shulamith. *The Dialectic of Sex: the Case for Feminist Revolution*, New York, NY: Verso, 2015.

Faludi, Susan, "Death of a Revolutionary", *New Yorker*, 2013.04.08. https://www.newyorker.com/magazine/2013/04/15/death-of-a-revolutionary (검색일: 2024.11.7).

Tax, Meredith, "Woman and Her Mind" Notes from the Second Year: Women's Liberation, https://repository.duke.edu/dc/wlmpc/wlmms01039, (검색일: 2024.11.23).

Woolf, Virginia, *A Room of One's Own and Three Guineas*, London: William Collins, 2014.

21) 소피 루이스, 『가족을 폐지하라: 우리가 아직 보지 못한 세계를 상상하는 법』, 성원 옮김, 서해문집, 2023, 111쪽.

실비아 페데리치

Silvia Federici

재생산노동을 역사화하기

배상미
고려대학교 민족문화연구원 연구교수이자 여성문화이론연구소 연구원. 한국의 문학, 영화, 대중문화에 재현된 젠더, 섹슈얼리티, 노동, 가족관계를 페미니즘적 탈식민의 관점에서 분석하는 연구에 관심이 있다.

이 글의 원문은 『여/성이론』 32호(2015)에 실려있다.

실비아 페데리치: 재생산노동을 역사화하기

실비아 페데리치의 이력과 학문적 궤적

실비아 페데리치를 소개하면서 재생산 노동은 빠뜨릴 수 없는 중요한 키워드이다. '재생산 노동'에 대한 그녀의 관심은 이것이 여성혐오와 자본의 시초축적의 관계에 대한 역사적인 고찰, 즉 '마녀사냥'의 변천 과정을 역사적으로 인식하는 작업으로 확대되고, 그녀의 주요 논문과 저작들은 모두 재생산 노동과 마녀사냥과 긴밀한 관련이 있기 때문이다. 이 같은 페데리치의 학문적 궤적은 상아탑 안에서만이 아니라 거리에서 진행된 그녀의 활동과도 무관하지 않다. 이를 살펴보기 위해, 우선 페데리치가 페미니즘에 관심을 가지게 된 계기부터 살펴보고자 한다.

한 인터뷰에서 페데리치는 자신을 페미니스트로 생각한 것은 10세 때부터였다고 한다. 그녀는 집에서 목도한 전업주부인 어머니의 역할을 물려받기 싫다고 생각했고, 오히려 '남성'들의 역할에 더 매력을 느꼈으며 "남자가 되고 싶다wanting to be a man"고 생각했다.[1] 그러나 역설적으로, 그녀가 '주부'의 노동을 혐오한 덕분에 이 노동에 대한 이해를 심화할 수 있었고, 이에 대한 관심을 바탕으로 페미니스트가 될 수 있었다. 페미니스트로서 그녀가 처음으로 가사노동에 대한 임금을 주장하는 운동에 적극적으로 참여한 것은 아이러니하게도 가사노동을 전담하고

1) 이상의 페데리치의 전기적 사실은 Hanna Hurr, "Sipping Tea with Silvia Federici," PM Press Blog, August 2016 (https://blog.pmpress.org/2019/07/17/sipping-tea-with-silvia-federici/, 검색일: 2024.06.17.)을 참고했다.

싶지 않았던 그녀의 어린 시절과 깊이 관련되어 있었던 것이다.

페데리치는 학업에 대한 열망도 있었지만 "이탈리아를 벗어나고 싶"[2]다는 생각에서 1966년에 선택한 미국 유학이 계기가 되어 페미니즘 운동에 참여하게 된다. 1969년 시카고에서의 SDS 콘퍼런스[3] 이후, 미국에서 좌파 운동과 학생운동이 다양한 그룹들로 분기된다. 당시 시카고 대학에서 학생운동에 관여하고 있던 페데리치는 여름방학을 맞아 이탈리아를 방문 중이었는데, 학교로 돌아온 후 새롭게 조직된 페미니스트 그룹에 자연스럽게 합류하여 함께 활동하게 된다. 페미니스트 그룹의 일원이던 시절, 1970, 71년에 이미 이탈리아에서 가사노동과 관련된 투쟁에 대해 목소리를 내고 있었던 셀마 제임스의 글을 읽게 되고, 1972년에 이탈리아를 방문하여 셀마 제임스가 활동하고 있던, 다양한 지역 출신의 여성들이 있었지만 이탈리아 여성들이 주류였던 로타 페미니스타Lotta Femminista에서 가사노동에 대한 임금을 주장하는 활동에 1977년까지 활동한다. 이 운동에 참여하는 과정에서 그녀는 지금까지도 잘 알려져 있는 글 「가사노동에 대항하는 임금Wages against Housework」(Falling Wall Press, 1975)을 출간한다. 1977년, 그녀는 이 그룹의 멤버들과 미국, 영국, 캐나다의 활동가들까지 포함한 그룹인 국제 페미니스트 집단International Feminist Collective의 창립을 이끌며 이 단체를 중심으로 활동한다.

페데리치는 로타 페미니스타가 해소하던 시점부터 재생산 노동을 역사적으로 인식하기 위해 필요한 작업에 착수하고, 이 과정에서 바버

---

2) Racher Andrews, "Interview with Silvia Federici," *The White Review*, January 2022 (https://www.thewhitereview.org/feature/interview-with-silvia-federici/ 검색일: 2024.06.17)

3) 페데리치의 이력을 정리하면서 참고한 인터뷰에서 페데리치는 이 콘퍼런스를 계기로 1969년 미국에서 학생운동을 위시한 좌파 운동의 분열을 확인하기 위해서 다음의 논문을 참고할 것을 권한다. Jo Freeman, "On the Origins of Social Movements," in *Waves of Protest: Social Movements Since the Sixties*, Rowman and Littlefield, 1999, pp.7-24.

라 에런라이크Barbara Ehrenreich와 디어드러 잉글리시Deirdre English가 공저한 『마녀, 산파, 간호사』(1972)[4]를 발견한다. 이 논문을 통해 자본주의적 시초축적이 마녀사냥 시기와 맞물린다는 것을 발견한 그녀는, 여기에서 아이디어를 얻어 유럽의 사례를 중심으로 노동력의 재생산 과정에 자본주의가 미친 영향을 분석하기 시작한다.[5] 이 결과는 그녀가 레오폴디나 포르투나티와 공저한 『대캘리번』(1984)[6]에서 확인할 수 있다. 이 책이 출간된 직후 페데리치는 나이지리아의 대학에서 3년간 강의하는데, 마침 그녀가 일했던 시기인 1984년부터 1986년까지는 나이지리아 정부가 IMF와 세계은행의 관리 하에서 경제구조를 재편하던 시기였다. 이때 두 기구의 제언으로 나이지리아 정부의 정책, 즉 과거 유럽의 마녀사냥에서 자행되었던 공유제 공격, 노동인구 재생산 통제 등이 반복되는 현장을 직접 목도한다. 이때의 경험은 그녀가 16-17세기의 역사적 사실과 유럽의 사례들을 중심으로 한 『대캘리번』을 넘어서, 유럽의 식민지에서의 시초축적과 자본주의 진행 과정까지 포괄하는 『캘리번과 마녀*Caliban and the Witch*』(Autonomedia, 2004)를 기획하게 된 계기가 된다.[7]

페데리치는 현재 여든을 넘긴 나이이지만, 여전히 인터뷰를 하고, 글을 쓰고, 학술 활동을 하는 등 학자와 활동가로서의 이력을 이어나가고 있다. 여전히 재생산 노동과 마녀사냥은 그녀의 주요 키워드이지만, 최근에는 자본주의 리듬과는 다른 방식으로 살아가기 위한 '몸' 만들기와 모순 속에서 자본과 여성 혐오에 맞서는 운동을 지속해야 하는 어려

4) 이 책은 다음의 제목으로 한국어로 번역되었다. 바버라 에런라이크·디어드러 잉글리시, 『우리는 원래 간호사가 아닌 마녀였다』, 김서은 옮김, 라까니언, 2023.

5) Racher Andrews, ibid.

6) Silvia Federici·Leopoldina Fortunatill, *Il Grande Calibano: Storia del Corpo Sociale Ribelle nella Prima Fse del Capitale,* Franco Angeli, 1984.

7) 실비아 페데리치, 『캘리번과 마녀』, 황성원·김민철 옮김, 2011, 22-23쪽.

움을 겪는 이들을 독려하는 글도 쓰고 있다.

재생산 노동을 역사화하기

페데리치의 이론은 그녀가 페미니스트로서 성장해 나가면서 거주하거나 활동했던 공간, 그 공간에서 보냈던 시간, 그리고 사람들과의 관계성 속에서 발전했고, 과거의 상황이 그 이후의 상황을 만들어내는 토대가 되었기 때문에, 선형적인 시간 순서대로 검토할 필요가 있다. 앞서 언급했듯, 페데리치의 페미니스트로서의 활동은 가사노동에 대한 임금을 요구하는 운동에 참여하면서 본격화된다. 가사노동에 대한 페데리치의 초기 논문 「가사노동에 대항하는 임금Wages against Housework」(Falling Wall Press, 1975)에서 그녀는 가사노동을 "우리 주위에서 가장 흔하게 볼 수 있는 조작행위이자 자본주의가 노동계급 분파들을 상대로 이제까지 자행했던 폭력 중에서 가장 미세한 폭력"[8]으로 정의한다. 자본이 가사노동을 가치 생산 과정이 아닌 여성들의 본성에 맞는 행동, 가족에 대한 사랑으로 가장시켰다고 보는 페데리치는 가사노동이 여성들뿐 아니라 남성노동자들이 노동과정에 대한 불만을 그들의 아내들에게 해소하도록 유도하여 자본에 순응하도록 만들었다고 분석한다. 가사노동을 바라보는 페데리치의 시각은 당시 그녀와 함께 가사노동 임금화를 주장했던 논자들의 주장과 유사한 것이다. 대표적인 예로 마르크스주의 경제학의 방법론을 이용하여 '비역사적이고 자연적인 것이자' 단순 재생산 노동으로 취급받아 온 가사노동과 매춘 노동을 확대 재생산 노동으로서의 성격을 가지고 있는 것으로 분석한 레오폴디나 포르투나

8) 실비아 페데리치, 「가사노동에 대항하는 임금」, 『혁명의 영점: 가사노동, 재생산, 여성주의 투쟁』, 황성원 옮김, 갈무리, 2013, 38쪽.

티의 『재생산의 비밀*L'Arcano della riproduzione*』(1981)이 있다.

페데리치의 가사노동과 관련된 논의는 가사노동을 여성이 해방되어야 할 의무[9]가 아니라 여성들의 투쟁의 기반이 될 만한 공통의 경험으로 인식한다는 점에서 특기할 만하다. 여성의 가사노동을 '여성 억압'의 대표적인 사례로 언급한 이론가들은 많았지만, 그들의 결론은 주로 가사노동으로부터 여성들이 해방되어야 한다는 것으로 나아갔다. 그러나 페데리치는 그들과는 반대로 '가사노동자 여성'의 위치에서 여성의 해방을 기획한다. 자본주의 사회에서 자본의 증식에 기여하는 활동이 주로 주목받고, 이러한 환경에서 부불 노동인 가사노동은 은폐되기 쉽다. 페데리치는 이러한 자본에 맞서는 투쟁을 역설적이게도 가사노동을 임금화하여 맞서고자 하는데, 이것은 "자본주의적 분업에서 할당받은 역할을 약화시키고 그 결과 노동계급 내의 권력관계를 우리와 계급의 통일성에 더욱 유리한 조건으로 바꿔 놓을 것이기 때문"[10]이다. 얼핏 보면 자본의 가치 기준을 따르는 것 같아 보이는 그녀의 전략은 결코 자본의 가격 설정 기준을 수용한다는 의미가 아니다. 그녀가 주장하는 가사노동의 임금화 과정은 가사노동자들 자신이 자신의 가격을 그녀들의 노동 현장인 시장 밖에서 정하는 것에서부터 시작된다. 이것은 독점적으로 상품 가격을 설정하는 권한을 가진 자본에 대한 도전이며, 새로운 가격 설정 기준에 근거하여 여타의 노동들도 자본주의의 논리 밖에서 그것의 가격을 정하도록 바꾸어 "우리 자신과 타인들을 노동자로 노동력으로 상품으로 재생산하는 것을 거부하는 투쟁"[11]으로 조직하

9) 가사노동에 임금을 요구하는 운동을 주도한 페미니스트들 이전의 페미니즘 논의에서는, 여성들이 가사노동의 의무로부터 벗어나야 그녀들을 억압하는 사회적 편견과 관행으로부터 자유로워질 수 있다고 보았다. 예를 들면, 존 스튜어트 밀의 『여성의 종속』(1869), 프리드리히 엥겔스의 『가족, 사유재산, 국가의 기원』(1884), 시몬 드 보부아르의 『제2의 성』(1949), 베티 프리단의 『여성의 신비』(1963)와 같은 저서들이 대표적이다.

10) 실비아 페데리치(2013), 「부엌에서 만든 대안」, 앞의 책, 80쪽.

는 기반이 된다.

이탈리아에서 가사노동 임금화 투쟁이 처음 조직될 당시에는 여성이라는 항목 이외에 인종, 계급 등 여성들의 다양한 차이들은 중요한 고려 요소가 아니었다. 그러나 페데리치와 그녀의 동지들이 운동을 점차 확장해 나가면서 지역과 인종 간 격차를 점차 심화시키는 세계화 경향을 의식하지 않을 수 없었다. 특히 페데리치가 나이지리아의 대학에서 강의했던 경력은 남반구와 북반구의 격차를 실감하는 중요한 계기였다. 각각의 지역 여성들이 수행하는 가사노동은 그 지역 격차를 명백하게 반영하는 척도 중의 하나였기 때문이다. 페데리치는 1990년대 이후에 쓴 글에서, 북반구 여성들의 사회적 지위의 향상은 남반구 여성들의 가사노동과 성노동을 착취한 결과이며, 이러한 여성들 간의 불균등 발전은 여성들 사이에서도 권력관계가 형성되어 여성 연대를 어렵게 만든다고 분명하게 지적한다. 그녀는 북반구 중산층 여성들이 주로 이주노동자 출신의 가사노동자를 고용하여 달성한 가사노동 해방을 결코 여성주의적 원리의 확산으로 보지 않는다. 오히려 가사노동을 둘러싼 여성들의 위계화 현상은 여성들을 가부장제 질서에 포섭된 여성과 그렇지 않은 여성들로 분리하여, 가부장제에 대한 저항을 어렵게 만든다고 분명하게 논한다.12)

페데리치는 갈수록 커지는 남반구와 북반구의 여성 격차를 누구보다도 명확하게 인지하고 있지만, 여전히 가사 노동의 전담자로서 '여성'이라는 정체성은 여성들 간의 단단한 연대의 고리를 만들어 주는 주요 매개라는 희망을 유지한다. 그러나 페미니즘 운동이 발전할수록 페데리

11) 위의 책.
12) 이상의 내용은 다음을 참조하라, 실비아 페데리치(2013), 「신국제노동분업에서 재생산과 여성주의 투 쟁」, 앞의 책, 130-133쪽.

치가 운동의 주체이자 시초축적을 위해 우선적으로 약탈의 대상이 되는 '여성'이라는 개념이 생물학 중심적이고, 이성애중심주의적이고 성별 이분법에 근거한 것이며 다양한 성적 정체성을 존중하지 않는다는 도전에 직면하게 된다. 이에 페데리치는 2020년에 간행한 글에서 매우 분명하게 '여성'이라는 정체성은 여전히 자본주의를 젠더적 시각에서 맞서 싸울 때 유용하다는 것은 분명하게 한다. 그녀는 '여성'을 고정적이고 비역사적이며 본질주의적인 개념이 아니라 "계급, 젠더 관계, 그리고 우리가 소속된 공동체의 투쟁들에 의해 만들어진"13)다는 측면에서 '사회적 정체성social identity'이라고 호명한다. 이는 역사적인 변화에 따라 달라지는 사회적 관계 속에서 정해지는 것으로, 젠더 정체성과는 다르다.

그녀가 이렇게 강하게 '여성'이라는 성별에 대한 믿음을 강하게 주장할 수 있는 배경에는, 여전히 그녀가 자본이 성별 이분법에 근거하여 사회를 통치하고, 분할하며, 규제한다는 판단에 근거한다. "우리가 일하는 방식, 우리가 생산한 부의 사용 방식, 부의 접근 방식을 바꾸지 않고는 자결권을 위해 싸울 수 없다"14)고 주장하며 사회 개인의 다양한 정체성을 주장하는 것보다 사회구조가 우리를 어떻게 분할하고 통치하고 있는지 인식하고 이에 집합적으로 맞서 싸워야 한다고 목소리를 높인다. 이러한 그녀의 글을 보면, 최근 개인들의 경험에서 시작하여 사회구조적 모순을 논하는 페미니스트들의 글과는 사뭇 달리, 구조적 모순에 일단 집합적으로 맞서는 것이 개인들의 개별성을 주장하는 투쟁으로 이어질 수 있음을 강조한다. 여전히 자본의 시초축적을 위한 '마녀사냥'이 이어지고 있는 지금, '여성'으로 분류되는 이들에 대해 사회가 가하는

13) Silvia Federici, ""Body Politics" in the Feminist Revolt," *Beyond the Periphery of the Skin: Rethinking, Remaking, Reclaiming the body in Contemporary Capitalism*, PM Press, 2020, p.31.
14) Silvia Federici, *Ibid*, pp.31-32..

폭력을 직시하고, 이를 변화시키는 방안은 집합적 연대와 투쟁이 가지는 가치의 중요성을 페미니스트들에게 알리고자 하는 그녀의 의도를 읽을 수 있다.

시초축적과 여성 억압, 그리고 이에 맞서는 여성들

1970년대에 본격적인 페미니즘 운동과 연구에 참여한 페데리치는 당시 여성 억압을 설명하는 주요한 틀이었던 급진주의 페미니즘과 사회주의 페미니즘이 여성 억압의 근간을 충분히 설명하지 못한다고 판단했다. 그리고 그녀는 이 공백을 재생산 노동과 여성 억압의 관계에서 찾으려 했다. 가장 비역사적인 것으로 취급되기 쉬운 가사노동을 자본주의의 성장과 더불어 달라져 온 역동적인 사건으로 재의미화하려는 그녀의 시도는, 성별 이분법을 자연적인 것이 아니라 문화적이고 정치적인, 그리고 경제적인 기반을 가진 사회구조의 일부분으로 재해석하는 작업과 맞물린다. 그리고 이 같은 그녀의 연구가 집대성된 저작이 바로 『캘리번과 마녀』이다.

『캘리번과 마녀』는 유럽과 유럽의 식민지에서 자본의 시초축적의 역사적 과정의 젠더를 밝히고, 그 과정에서 발생한 여성의 재생산 능력에 대한 가부장적 규제와 억압을 밝힌다. 15세기 후반부터 본격화된 시초축적 과정은 마을 공동체를 파괴했고, 많은 사람들을 유랑민으로 만들었는데, 이 과정의 폐해는 남성들보다 여성들에게 더 강력했다. 여성 유랑민의 경우 임신과 출산 등의 이유로 이동이나 노동유연성이 남성보다 높지 않아 일자리를 얻기 어려웠고 남성보다 더 쉽게 폭력에 노출되었다. 이렇게 여성들의 경제력이 남성들보다 낮아지면서 그녀들의 노동영역은 재생산 노동으로 제한되었지만, 경제생활에서 화폐 관계가 차지하는 비중은 점차 높아졌고, 자연스럽게 여성의 지위는 하락했다. 여성의 지위 하락은 경제적 조건뿐 아니라 인식론적 영역에서도 진행되었다. 노동시장의 성별분업은 여성의 본성에 관한 담론으로도 이어져, 본성상 감정적이고 자기 통제 능력이 낮은 여성은 마땅히 남성의 통제를 받아야 한다는 '상식'을 만들어 나갔다. 그러나 결정적으로 여성의 지위가 추락한 사건은 마녀사냥이었다.

마녀사냥이 처음 등장한 것은 15세기 중반 전염병과 시초축적 과정의 진행 등 새로운 시대로의 이행 과정에서 계급투쟁이 점차 성장하던 시기였다. 사술을 통제한다는 명목으로 수행된 마녀사냥의 진짜 목적은 마녀라는 타자를 형성하여 근대적 사고방식과 행정 체계에 방해가 되는 것들을 모두 '마녀적인' 것으로 낙인찍어 몰아내고 종교전쟁으로 인해 분할되었던 유럽의 갈등을 통합하여 국민국가 정치의 장을 건설하는 것이었다. 이때 마녀로 낙인찍힌 대부분의 사람들이 농촌 마을의 가난한 여성들이라는 사실에 주목해야 한다. 이들은 시초축적 과정에서 항상 가장 선두에 서서 사람들을 조직하고 저항운동을 전개했었다. 지배층들은 노동의 자본주의적 조직 논리에 쉽게 통제되지 않는 여성들을 다른 사람들을 규율하기 위해서라도 처벌할 필요가 있었고, '마녀'라는 낙인은 이들을 몰아내기에 가장 간편한 상징이었다.

'사술'로 상징되는 마녀들의 '기술'은 대부분 여성들이 스스로의 신체와 출산에 대해 가지고 있던 그녀들의 권리였다. 당시 기근과 전염병 등으로 인구가 상당히 줄어든 상황에서, 남성 지배 계급들에게 자본의 증식을 위한 노동력 확보는 매우 중요한 과제였다. 이들의 시각에서 볼 때 여성들의 피임법은 그들의 자본 증식을 막는 제일 큰 장애물이자 근대적 방법론으로 통제하기 어려운 '마법'과 같은 지식, '마녀'들의 지식이었다. 여성들의 피임법이 '사술'이라는 낙인 아래 놓이게 되면서 여성성은 마치 '동물적인 것'으로 취급되었고, 성적 매력으로 남성들을 유혹하는 여성들은 남성들의 성적 능력을 빼앗는 두려운 존재로 간주되었다. 전 유럽을 휩쓸었던 마녀사냥의 종식은 17세기 말 데카르트적인 기계론적 철학의 체계화에 따라 근대적인 인식론이 비근대적인 여성들의 인식론에 대해 완전히 우위를 차지하면서 끝난다.

페데리치가 엥겔스의 말을 인용하면서 평가했듯, 마녀사냥은 남성에 대한 여성들의 세계사적 패배였다. 그러나 다른 한편으로 여성들은 자본주의 발전 과정에 가장 적극적으로 맞서 싸웠던 반자본주의 투쟁의 역사를 체현하고 있기도 하다. 자본주의와 극명하게 대립하는 여성들의 존재 조건은 그녀들이 본성상 반자본주의 투사일 수밖에 없다는 것을 보여준다. 유럽 농민들의 토지 박탈에서부터 산업노동자의 형성 과정을 마치 자본주의 시초축적 과정의 전부인 것처럼 분석한 마르크스와는 달리, 페데리치는 자본주의의 시초축적 과정에서 자본주의적 노동시장 재편과 근대적 인식론의 확립이 여성 탄압을 경유하여 달성되었다는 사실을 증명한다. 특히 페데리치가 유럽에서의 마녀사냥이 유럽 본토만이 아니라 식민지에서도 발생한 사건으로 논의하는 부분은 마녀사냥을 인식하는 그녀가 유럽중심주의를 넘어서서, 국가 간 불균등 발전과 제국주의를 의식하며 자본의 확장 및 식민주의를 분석하였다는 점에서 주목해야 할 부분이다.

페데리치는 식민지의 여성들은 성별 모순과 식민지 모순이 중첩되어 유럽의 여성들보다 더 억압적인 상황에 시달렸을 것이라는 선입견과는 달리 오히려 제국의 정책을 전유하여 그녀들만의 독자적인 영역을 구축했던 측면을 조명한다. 더 많은 노예를 얻기 위해 플랜테이션을 운영하던 유럽인들은 식민지에서도 여성의 재생산 능력을 통제하려는 정책을 폈다. 그러나 여성 노예들은 제국의 정책에 순응하기는커녕 출산 거부를 통해 이전보다 더 낮은 출산율을 유지하였다. 이뿐만 아니라, 카리브해의 여성 노예들은 농장주가 노예들의 생계를 위해 지급한 농지에서 경작한 농작물을 시장에 유통시켜 생산과 소비활동에 직접 참여하여 노비라는 그들의 신분을 뛰어넘는다. 이들은 유럽의 농장주들을 풍자하거나 희화화하면서 예속된 자로서의 정체성을 거부하기도 했다.

스페인 점령자들에 의해 이슬라 무헤레스라는 명칭이 붙여진 남아메리카의 한 섬에서의 사례 역시 점령자들에 맞선 여성들의 저항을 보여준다. 이 섬에서는 여성들이 사제직을 담당할 만큼 여성들의 사회적 지위가 상당히 높았다. 그러나 스페인 점령자들은 그들의 통치 질서를 식민지에서 관철시키기 위해 남성 중심의 가정 질서를 그 섬의 구성원들에게 강요했고, 이에 따라 생존을 위협받게 된 여성들은 식민 질서에 맞서는 투쟁을 벌였다. 스페인인들은 그녀들을 마녀로 규정하여 박해했지만, 그녀들은 오히려 공동체 안에서 추앙받았다. 여사제들이 공동체와 문화를 방어한 사례는 멕시코 등지에서도 나타났다.

자본의 시초 축적 과정에서 여성의 재생산 노동 통제가 핵심적이었음을 논증한 페데리치의 주장은 여성들의 사회적 지위가 자본주의적 발전 과정과 밀접한 관계를 맺으면서 변화하였으며, 자본주의의 약한 고리는 역설적으로 자본과 자본주의 연구에서 비가시화되어 온 여성과 재생산 노동이라는 사실을 드러낸다. 또한, 제국과 식민지에서는 각각 자본주의화 과정이 다르며, 여성들의 박탈과 전유appropriate, 저항의 방식도 다르다는 것도 밝힌다. 여기서 나아가, 유럽의 시각에서 착취의 대상이나 피해자로만 비춰질 수 있는 식민지의 여성들을 피해자만이 아닌, 지배를 전유해 가며 독자적 영역을 구축해 나간 행위성agency을 재조명하려는 그녀의 시각은, 1990년대 이후의 저술에서 일관적으로 나타나고 있는 세계화 시대 불균등한 지역 간 관계로 인해 나타나는 젠더화된 시초축적과 이에 맞선 투쟁들을 알리려는 노력과 무관하지 않을 것이다.

공유재를 기반으로 만들어가는 춤출 수 있는 미래

재생산 노동을 여성연대 구축의 기반으로 삼은 페데리치의 논의는 여성들에게 주어진 성역할을 고착화시킨다고 오해될 수 있다. 그러나 오히려 페데리치의 전략은 그 반대이다. 페데리치는 재생산 노동자로서 여성들의 정체성을 긍정하지만, 여성연대를 주장하는 그녀로서는 여성들이 각자의 가정 안에 고립되어서 다른 사람들과 별다른 교류 없이 재생산 노동을 이어나가는 생활을 긍정하지는 않는다. 오히려 그녀는 재생산 노동을 전담해온 여성들의 역사를 바탕으로, 여성들이 시초축적 과정에서 사라져간, 그리고 지금도 사라지고 있는 공유재를 되살릴 수 있는 역할을 담당할 수 있으리라고 본다. 「시초축적 시대 공유재의 정치와 여성주의」[15]라는 글에서 그녀는 시초축적 이전에 공유지에서 생산 활동을 이어 나갔던 여성들의 역사, 그리고 1990년대에 있었던 멕시코의 사파티스타 투쟁까지 상기시키며 여성들의 노동이 공통적인 것the common과 공유재의 형성과 밀접한 관계를 맺어온 역사를 강조한다. 그녀가

15) "Uses of a Whirlwind: Movement, Movements, and Contemporary Radical Currents in the United States", ed. Team Colors, AK Press, 2010.

파악하는 여성 재생산 노동의 본질은 고립된 가정 안의 노동이 아니라 모두가 노동에 참여하고 노동의 생산물을 공유하는 협업 경제의 형태를 띠고 있다.[16]

그녀가 『캘리번의 마녀』에서 언급했듯 재생산이 전적으로 가정의 몫이 되어버린 것은 15-17세기 시초축적 과정에서 나타난 여성 비하와 무관하지 않다. 페데리치는 20세기 후반에 나타난 자본주의적 시초축적에 맞서 재생산 노동을 집단화하고 공유지를 중심으로 자본에 맞선 집단 권력을 구성하려는 여성들의 노력에 초점을 맞춘다.[17] 이러한 여성들의 끊임없는 활동은 페데리치가 페미니스트들에게 재생산 노동을 둘러싸고 투쟁과 저항을 벌여온 '여성'들의 역사화 활동을 계승하여, 가사노동의 공동화/집단화를 공통의 정치 의제로 삼아야 할 필요성을 역설하는 근거가 된다.[18] 페데리치가 주장하는 '여성'들의 투쟁은 공유재를 둘러싼 '여성'들의 투쟁의 역사를 보존하기 위함이지, 성별 이분법을 고착화하기 위함이 아니다. 페데리치에게 사회를 여성주의적으로 재구성한다는 의미는 그동안 여성들의 생존 터전이자 노동 생산물이었던 공유재를 기반으로 하는 경제를 건설하여 사유재를 중심으로 운용되는 자본주의 체제를 전복하려는 것이다. 나아가 공유재의 원리를 사회의 기본 원리로 세우려는 기획은 공유재 그리고 재생산 노동을 여성적인 것으로 성별화한 성차별적 편견과 맞서는 것이기도 하다. 재생산 노동을 매개로 한 여성 연대를 기초로 여성 억압을, 나아가 자본주의를 대체하는 새로운 사회관계를 건설하는 페데리치의 기획은 반자본주의

16) 이상의 내용은 실비아 페데리치, 「시초축적 시대 공유재의 정치와 여성주의」, 『혁명의 영점: 가사노동, 재생산, 여성주의 투쟁』, 갈무리, 2013, 235-254쪽 참조.

17) 실비아 페데리치(2013), 앞의 책, 244-245쪽.

18) 위의 책, 247쪽.

투쟁이 여성 억압을 종식한다는 마르크스주의의 공식을 뒤집어 오히려 여성 억압에 맞선 투쟁이 자본주의 종식으로 이어진다는 역발상으로 사회운동에서 여성운동의 중요성을 강조하였다.

마르크스주의적 인식론을 바탕으로 여성의 재생산 능력, 그리고 재생산 노동을 중심으로 사회 변혁을 주장하는 페데리치의 논의는 앞서 언급한 대로 개인들의 차이, 능력, 그리고 감정들을 크게 중시하지 않는다고 생각될 수 있다. 그러나 2010년대 중반 이후 그녀가 간행한 글들을[19] 보면, 개개인의 신체와 이 신체를 자본의 리듬과 다른 방식으로 움직여 기쁨joy과 저항을 동시에 선취할 수 있다는 의견을 피력하기도 한다. 이 글들은 구조보다 개인의 수준으로 내려와, 페미니스트로서 자본에 맞서는 운동을 하는 이들의 시각에서 어떻게 더 일상에서, 그리고 개인의 신체와 정서에도 활력을 주는 방향으로 운동을 만들어 나갈까 하는 고민과도 맞닿아 있다. 이는 공유재를 회복하기 위해 가장 중요한 것은 연대이고, 이 연대를 위해서는 개개인들의 안녕이 선행되어야 한다는 인식과 무관하지 않을 것이다.

한편으로, 페데리치는 이 연대와 개인들의 만남의 공간으로 온라인 공간이 주는 가능성에 회의적인 시선을 보낸다. 이는 컴퓨터 기술이 사회적으로나 생태적으로 파괴적인 경제활동에 의존하며, 일상생활의 재생산 문제를 부차화하기 때문이다.[20] 온라인 공간의 일상화와 확장 속에서 여러 지식인들이 이 공간이 가져다줄 수 있는 혁명적 가능성에 주의를 기울이고 있는 오늘날, 이 같은 흐름을 거스르는 페데리치의 논의는 한편으로 고루해 보일 수도 있으나, 다른 한편으로 오늘날 점차

19) 특히 앞서 언급한 책 *Beyond the Periphery of the Skin: Rethinking, Remaking, Reclaiming the body in Contemporary Capitalism* (PM Press, 2020)에 실린 글들을 참고하라.
20) 실비아 페데리치(2013), 앞의 책, 242쪽.

줄어들고 있는, 물질적인 실체가 있는 공간에서 서로를 느끼고 몸을 매개한 생산의 경험을 나눌 수 있는 기회들의 확장의 필요성을 역설하는 그녀의 특징을 전면적으로 보여주는 것이기도 하다. '온라인 공유재'가 아닌 '살을 맞닿는 공유지, 공유재'를 주장하는 그녀의 주장이 앞서 언급한 것처럼 몸의 정치와 몸의 활용으로 나아가는 것은 낯설지 않다. 또한, 그녀가 여전히 여러 언론들과 인터뷰하고, 강연을 다니며 다양한 사람들을 '직접' 만나는 활동들을 이어나가는 것 역시 직접 만나고 소통하고 연대하면서 구축하는 물질성에 대한 믿음을 직접 실천하는 것이라고 할 수 있다. 지금도 여러 지역에서 활발하게 강연과 연대활동을 펼치고 있는 페데리치의 다음 작업과 현장에서 공유재와 공유지를 투쟁으로 구축해 나가려는 그녀의 기획을 기대해 본다.

참고 문헌

실비아 페데리치, 『캘리번의 마녀』, 황성원·김민철 옮김, 갈무리, 2011.

__________, 『혁명의 영점: 가사노동, 재생산, 여성주의 투쟁』, 황성원 옮김, 갈무리, 2013.

Hanna Hurr, "Sipping Tea with Silvia Federici," PM Press Blog, August 2016. https://blog.pmpress.org/2019/07/17/sipping-tea-with-silvia-federici/(검색일: 2024.6.17).

Jo Freeman and Victoria Johnson ed., *Waves of Protest: Social Movements Since the Sixties*, Rowman and Littlefield, 1999.

Racher Andrews, "Interview with Silvia Federici," *The White Review*, January 2022. https://www.thewhitereview.org/feature/interview-with-silvia-federici (검색일: 2024.6.17).

Silvia Federici, *Beyond the Periphery of the Skin: Rethinking, Remaking, Reclaiming the body in Contemporary Capitalism*, PM Press, 2020.

아네트 쿤
Annette Kuhn

이미지를 응시하는 페미니즘의 수정체

심혜경
한신대학교 교수. 『여/성이론』 편집위원과 프로젝트38 연구원으로 활동하며, 팟캐스트 38페이지(P.38)를 만든다.

이 글의 원문은 『여/성이론』 10호(2004)에 실려있다.

아네트 쿤: 이미지를 응시하는 페미니즘의 수정체

페미니즘이라는 색안경

홍수처럼 이미지가 넘쳐나는 스펙터클의 시대에 진정한 '나'의 모습을 찾으려는 시도 자체가 넌센스인지 모르겠다. 이미지의 시각문화는 자아의 테크놀로지, 그 중에서도 젠더의 테크놀로지로 그 역할을 톡톡히 하고 있다. 사회적 테크놀로지로 구성되는 젠더는 주체의 일상 구석구석을 지배하고 있다. 일생동안 '나'는 수많은 대중문화 텍스트들을 접하면서 시대가 요구하는 젠더 문법에 맞춘 '나'를 만들어 간다. 다시 말해 나를 여성으로 느끼도록 만들어주는 것은 사회적인 젠더 테크놀로지라는 것이다. 이런 젠더 테크놀로지가 만들어둔 형틀에 '나'는 '나'를 붓는다. '나'는 일련의 목적들을 위해서 스스로를 어떻게 이미지 메이킹하는 것이 적합한가를 학습해왔고, 그로 인해 이미지로 재현된 '나' 와 실재하는 '나'를 적절히 조화시켜 나갈 수 있게 된다. 말하자면 특정 영역에 있어서는 그렇게 기대되어질 법한 '나'로 포장할 줄 알게 된 것이다. 그렇다면 혹시 양파 껍질을 벗기듯 포장지를 한 꺼풀씩 벗기면 포장 이면에 있는 실재의 '나'와 대면할 수 있지 않을까?

이미지로 재현된 '나'와 실재하는 '나' 사이에는 어느 정도의 틈새가 존재하는 것일까. '나'를 '나'로 인식하게 만들어주는 실타래들은 어떻게 직조되고 있는가. 이런 질문으로 시작하는 자아성찰 과정에 우리는 영화 이론가인 아네트 쿤Annette Kuhn과 마주치게 된다. 그녀는 시각문화 전반을 연구 대상으로 삼고, 이를 생산하고 수용하는 과정에 대한 날카로운 시각을 견지하고 있다. 그녀는 '페미니즘' 이라는 색안경을 끼고 이 세상을 응시한다. 쿤은 페미니즘을 방법론이라기보다는 전망이라고 주장한다. 페미니즘은 그녀에게 안경과도 같은 것이다. 패러다임으로써의 페미니즘이라는 안경을 끼고 들여다보면, 무엇을 들여다 보아야하며, 어떻게 분석해야 하는가가 보인다고 그녀는 말한다. 따라서 그녀에게 페미니즘은 단순한 방법론이 아니라 비전이자 세계관이며 전망이 된다. 이런 맥락에서 아네트 쿤의 노력들을 조명해볼 필요가 있다.

쿤은 현재 영국의 랭카스터 대학의 영화과 교수이자 문화연구소장이며, 『스크린*Screen*』[1]의 편집자로도 일하고 있다. 그녀는 『여성 영화*Women's Pictures*』와 『이미지의 힘*The Power of the Image*』의 출간과 함께 널리 알려졌다.[2] 마르크시즘적인 관점으로 텔레비전과 영화를 연구한 그녀는 「가족에 있어서 가부장제와 자본의 구조」라는 특출한 논문을 쓴 바 있다.[3] 그녀의 학위논문은 『영화, 검열, 섹슈얼리티—1909년에서 1925년까지』[4]라는 제목으로 출판되었다. 문화이론과 페미니즘, 영

1) 저널 『스크린(Screen)』의 편집위원으로 활동했고 그 외에도 문화 연구저널 *Secuencias*, 저널 *British Cinema*, 온라인저널 *Cult Media*의 편집인으로도 활동 중이다.

2) Annette Kuhn, *Women' s Pictures: Feminism and Cinema*(London: Routledge and Kegan Paul, 1982), *The Power of the Image: Essays on Representation and Sexuality*(London: Routledge and Kegan Paul, 1985) 아네트 쿤, 『이미지의 힘』, 이형식 옮김, 동문선, 2001.

3) 쿤은 마르크스주의 페미니스트이다. 가부장적 현상과 구조의 작동방식들을 살펴보고 여성의 범주를 어떻게 호명하고 있는가를 분석한 「가족에 있어서 가부장제와 자본의 구조」에서는 가족에 대해 페미니즘적 방식으로 탁월하고도 새로운 정의를 했다. 이 글에서 그녀는 가부장제가 소유관계와 정신적 관계를 통일시키며 이러한 통일이 가정생활에 영향을 미친다고 주장해 가족을 새로운 방식으로 분석했다. 그녀에 의하면 '가부장'이란, "특정한 형태의 가족에서 나타나는 남성과 여성의 구체적인 소유관계와 권력관계를 묘사하는 용어이며, 주체 특히 성별화된 주체의 위치설정과 무의식의 형성을 드러내는 단어이다. 가부장제라는 개념은 아버지의 지배라는 성별분업의 특수한 표현으로 나타나는 구조이다. 사실상 가족은 남편과 아내 사이의 소유 관계가 작동하고 있는 것으로 규정될 수 있다. 이러한 가족은 정신적 관계, 즉, 가부장제와 자본주의적 관계의 표상을 위한 성적, 계급적 주체의 생산, 곧 이데올로기적 주체를 형성시킨다. 이런 점에서 가족은 단순히 많은 이데올로기적 국가 장치 중의 하나가 아니라 이데올로기의 작용에 있어서 특별한 위치를 차지한다." Annette Kuhn and Annmarie Wolpe, eds., *Feminism and Materialism*(Routledge Kegan & Paul, 1978) 안나마리 울프 · 아네트 쿤 외, 「가족에 있어서 가부장제와 자본의 구조」, 『여성과 생산양식』, 강선미 옮김, 도서출판 한겨레, 1986, 79-80쪽 참고.

4) Annette Kuhn, *Cinema, Censorship, and Sexuality: 1909 to 192,* London: Routledge, 1988.

화이론에 관해 집중적으로 쓰고 있는 만큼 그녀의 관심 분야는 영화이론, 영화사, 문화사, 공상과학 영화, 실험적이고 전위적인 영화와 비디오와 사진, 시간을 기초로 한 설치 작업이다.[5] 쿤은 19세기부터 21세기에 이르는 시각문화 전반을 고찰하면서 모더니티, 포스트모더니티, 관객성, 공간, 가상 같은 이슈들을 중심으로 보기의 방법과 보기의 경험을 화두로 삼고 있다. 그녀는 텍스트의 형식과 내용이 만들어지고 작동하는 과정, 그 속에서 개개인이 어떻게 순응 혹은 저항하는지, 그러한 모든 것들이 의식, 무의식적으로 어떻게 주체의 형성에 기여하는지에 주목한다. 그러면 시각문화의 특별한 실천들과 순간들에 대한 사례 연구를 통해서, 이론적이고 방법론적인 논쟁들을 불러오는 아네트 쿤의 작업을 살펴보자.

아네트 쿤과 씨네-페미니즘

쿤은 1972년을 여성영화 이론의 분수령으로 여긴다. 이를 기점으로 "제1회 뉴욕국제여성영화제, 토론토여성영화제 같은 북미지역의 많은 여성영화제들이 시작되었고, 세 권의 여성주의 영화비평서, 즉 몰리 해스켈Molly Haskell의 『숭배에서 강간까지*From Reverence to Rape*』, 마조리 로젠*Marjorie Rosen*의 『팝콘 비너스*Popcorn Venus*』와 조엔 멜런*Joan Mellen*의 『뉴시네마에서의 여성과 그들의 섹슈얼리티*Women and Their Sexuality in the New Film*』의 출판으로 이어졌다."[6] 여성의 눈으로 영화를 들여다보는 작업은 "장르의 문제, 양식의 문제, 성차의 생산문제

5) 영국 랭카스터 대학 홈페이지 참고. http://www.lancs.ac.uk/staff/kuhna/

6) Annette Kuhn, *Cinema, Censorship, and Sexuality*, p.75. 『숭배에서 강간까지: 영화에 나타난 여성상』은 나남에서 2997년 이형식의 번역으로 출간되었다.

를 중심으로 하는 의미화 장치로써 영화에 초점을 맞춘다."[7] 이처럼 여성의 시각으로 남성지배적인 이미지 산업을 바꿔내려는 노력의 일환으로 등장한 것이 바로 씨네-페미니즘Cine-feminism이다. 씨네-페미니즘은 기존의 영화들이 여성이미지를 왜곡하고 있다고 지적하면서 여성주의적인 시각으로 다큐멘터리를 만들고, 여성영화제를 개최했으며, 진보적인 페미니스트 영화 저널을 창간했다.

이 시기 씨네-페미니즘은 영화 속 여성들의 이미지 재현에 대한 분석으로 시작해, 영화의 안과 밖에 존재하는 남성적 시선의 문제와 이를 둘러싼 구조적인 주체/대상 형성에 대해 정신분석이론을 도입하여 영화 장치를 검토하기에 이른다. 1980년대까지 흐름을 거칠게나마 도식화해본다면 첫째, 재현된 여성 이미지 연구, 둘째, 여성 관객성에 대한 연구로 구분할 수 있다. 재현된 여성이미지 연구는 전통적인 재현양식과 리얼리즘 양식을 비판하는 데에서 시작하여 대안적 영화 양식으로의 탐구나 보다 더 나은 여성 역할모델을 제안하는 것으로 이어진다. 이미지로서의 여성에 대한 영화비평이 지배적인 셈이다. '가부장제 하에서 관객은 곧 남성'이라는 도식을 깨뜨리며 젠더를 관객성 연구에 도입하면서 남성중심의 응시이론에 이의를 제기하는 방식에서 여성 관객성 연구가 시동을 켰다. 이어 여성이 스크린 위의 욕망의 대상만이 아니라는 점을 강조하는 동시에 성적 기호, 나이, 계급, 인종 등등에 따라 여성 관객의 다양성을 고려하여 복수적 관람 가능성을 제시한다. 여성 관객성에 대한 접근은 관객으로서의 여성들이 여성이미지 생산에 적극적으로 개입하는 방식에 주목한다. 페미니즘 이론가들이 특히 주류문화 텍스트에 관심을 갖는 이유는 여성들에 대한 재현이 모순과 딜레

7) 수잔나 D. 월터스, 『이미지와 현실 사이의 여성들』, 김현미 외 옮김, 또 하나의 문화, 1999, 서론 미주 47번 참고, 217쪽.

마로 가득 차 있다고 여기기 때문이며, 또한 그러한 재현 속에서 여성은 대부분 수동적인 대상으로'만' 이미지화되기 때문이다.

쿤의 연구는 이러한 씨네-페미니즘과 궤를 함께 한다. 1980년대 여성관객과 여성 재현을 둘러싼 이론과 텍스트를 비판적으로 분석한 『여성영화』에서 쿤은 그간의 미국과 영국의 대중 영화에 페미니즘의 렌즈를 들어 어떤 것이 과연 페미니즘적인 영화인지를 질문한다. 쿤은 대중영화를 분석하는 방법을 두 가지로 구분한다. 하나는 대중영화가 어떻게 지배 이데올로기와 자신을 동일화하고 있는가를 밝혀내는 데 집중하는 것이다. 말하자면 이미지 분석을 통해 사실주의 영화 등에서 보여주는 동일시 이데올로기 과정을 살펴보는 것이다. 다른 하나는 텍스트의 균열과 틈새를 찾아내는 것을 분석의 방법으로 삼는다.[8] 이것은 동일시 효과를 산출하기 위해 배제하거나 무의식화한 영화 텍스트의 틈새를 읽어내는 접근법이다.

쿤의 저작을 중심으로, 먼저 여성의 지배적인 이미지 재현이 가부장적 이데올로기에 대한 동일시 효과를 만들어 내는지를 살펴보자. 주지하다시피 '여성'이란 담론으로 구성되는 문화적 존재이다. 여성은 그 자체로 드러나는 것이 아니라 이미지에 의해, 그리고 이미지들을 통해 구성되고 만들어진다는 것이다. 그 결과 "여성은 일련의 의미집합체로 구성되며, 문화적이며 경제적인 영역에서 유통된다."[9] 쿤은 씨네-페미니즘이 시도하는 여성 이미지 분석은 '여성'이라는 것은 이미지일 뿐이며 이것이 현실의 여성과는 거리가 있다는 것을 드러내고 밝혀내준다는 점에서 큰 의미를 가진다고 말한다. 하지만 이미지로서 여성이 소비되는 방식에 대한 접근은 그 대안으로 더 긍정적이며, 적극적이고, 더

---

8) Annette Kuhn, *Cinema, Censorship, and Sexuality*, pp.70-83.
9) *Ibid.*, p.19.

현실과 가까운 여성이미지를 촉구한다. 이것이 하나의 해결책이 될 수는 있지만, 문제는 과연 어떤 여성이 조금 더 현실적이거나 주체적이라고 볼 수 있는가. 담론화 이전 혹은 상징질서 이전에 존재하는 현실 여성과 이미지로 재현된 혹은 담론화된 여성 사이의 간극을 누가 진단하는가. 담론에 앞서는 현실 여성이 과연 존재하는가, 그렇다면 그 판단의 주체는 과연 누구인가라는 문제는 여전히 남게 된다. 게다가 여성에 대한 긍/부정의 이미지를 있는 그대로 수용한다고 간주할 때, 우리는 이미지 생산의 사회적 맥락과 의미생산에서 관람자의 역할, 대중 매체 자체의 특수성 등을 간과하게 된다는 지적들 또한 페미니즘 내부에서 제기되었다.

쿤 역시도 이러한 방법론이 여성의 이미지와 역할에만 초점을 맞추기 때문에, 보이는 그대로를 독해하는 경향이 있고 겉에 드러난 이야기 내용과 인물 위주로 비평을 하는 경향이 있음을 지적한다.[10] 그래서 페미니스트들이 가부장제적 사회에서 실재하는 여성들과 남성의 욕망을 위해 구성된 이미지로서의 여성, 즉 성적인 스펙터클로서의 여성을 구분해내고자 노력하는 것이다. 가부장제하에서 실재하는 구체적인 현실의 여자들을 그 자체로 재현해 내는 일은 어쩌면 불가능할지도 도 모른다. 비록 양자 사이의 구분이 힘들다할지라도, 여성이 기호, 이미지, 혹은 스펙터클로 어떻게 재현되고 소비되는지는 우리 모두 끊임없이 주시하고 있어야 한다.[11]

마르크시즘과 기호학의 측면에서 이미지 기호를 통해 도덕성과 섹슈얼리티가 어떻게 상호적으로 관계하는가를 다룬 『이미지의 힘』에서, 쿤은 이미지의 소비적 측면을 둘러싼 젠더-섹슈얼리티를 살핀다. 동시

10) *Ibid.*, p. 73.
11) 수잔나 D. 월터스, 앞의 책, 71쪽.

에 이미지 분석을 통한 비판적 문화 이해의 필요성을 강조하면서 여성 이미지의 재/구축문제로 확장한다. 이 저서에서 그녀는 영화에서의 복장전도의 문화적 의미, 영화 <빅 슬립>[12]에서 여성 섹슈얼리티가 조성하는 불안과 위협에 검열이 작용하는 방식에 대한 분석과 제2차 세계대전 중에 상영된 성병에 관한 영국의 선전영화가 섹슈얼리티를 훈화하는 사례를 연구한다. 특히 「불법적인 관찰」에서 그녀는 포르노의 이미지 재현 관행과 서사 방식을 해체하는 전략을 구사하여, 뜨거운 감자 '포르노를 어떻게 해야 할까'에 대한 정책과 정치적 전략에 기여한다. 포르노는 복잡한 자본주의의 유통을 유영하는 상품으로, 무엇보다 편파적인 재현이다. 대개의 포르노는 남성을 시각의 주체로 하고 여성의 몸을 조사의 대상으로 삼고 있으며 파편화된 육체를 여성의 섹슈얼리티인 양, 사실적인 것처럼 포장해 판매한다. 사실적 이미지로의 재현 전략과 더불어 포르노에서 문제시 되는 것은 서사 전략인데, 이 서사 구조 안에서 여성은 주체로서 기능하기보다는, 남성의 성적 행위를 정당화하고 촉발하는 장치로 배치된다. 이러한 사실주의적 서사는 로라 멀비가 「시각적 쾌락과 내러티브 영화」[13]에서 주장한바 있듯, 주류 영화에서도 다를 바 없다. 포르노건 주류영화이건 사실주의적 서사는 자신이 생산된 조건과 가부장제 및 자본주의 사회의 모순을 은폐하기 때문에 철저히 이데올로기적이다.

---

12) 국내 방영 제목으로는 <명탐정 필립>(하워드 혹스, 1946)이다. 이 영화는 탐정 필립이 퇴역 군인인 스턴우드가 의뢰한 사건을 해결하는 내용이다. 스턴우드는 두 딸 비비안과 카르멘이 있는데, 둘째 딸과 관련하여 협박을 받고 있었고 이를 필립이 조사하게 된다. 사건은 꼬리에 꼬리를 물어 누가 누구를 죽였는지, 어째서 사건이 있어났는지를 명백하게 설명할 수 없을 만큼 복잡하다. 어쨌든 카르멘은 마약과 문란한 성적 관계의 핵심에 있었고 그녀의 언니인 비비안은 이를 해결하기 위해 필립과 엮이게 된다.

13) 이글은 김훈순, 「시각적 쾌락과 서사영화: 남성관객」, 김명혜 외 편, 『성·미디어·문화』(나남, 1994)와 서인숙, 「시각적 쾌락과 내러티브 영화」, 유지나 외 옮김, 『페미니즘/여성/영화』(여성사, 1993)에 실려 있다.

사실주의 주류 문화 텍스트들은 스스로를 세상을 향한 창인 양 행세하면서 재현의 이데올로기적 위상을 감추고 있다. 사실주의 입장에서 "의미는 의미화의 능동적 과정의 산물이라기보다는 이야기 속에 이미 내재한 것이다. 주류 영화에서 기표는 서사를 위해, 눈에 띄지 않게 작용한다고 할 수 있다."14) 이런 영화들은 시점이 없는 듯 사건 스스로가 펼쳐지고, 카메라는 그저 단순히 이를 기록하는 듯 보인다. 그러나 페미니스트들은 이 중립적인 듯, 존재하지 않는 듯한 시선과 목소리는 남성적인 것 '불법적적인 관찰'임을 지적한다. 쿤의 말을 빌리자면, 이런 분석과정이야말로 텍스트의 무의식에 페미니즘적인 질문을 던지는 것이다.

그러므로 쿤의 작업은 사실주의 주류영화가 어떻게 자신의 의미화 과정을 은폐하는지를 향한다. 쿤은 여성주의적 텍스트 분석이란 의미화 과정과 재현 구조 자체를 드러내는 것이 목표라고 인식한다. 그래서 의도하든 않았든 여성주의 텍스트 분석은 이데올로기 분석으로 간주할 수 있고, 그러한 이데올로기의 작용 중에는 자기 자신의 작용을 감추는 것도 포함된다.15)

그러므로 정신분석학 이론, 이데올로기적 비판이론, 구조주의적 이론에서 추출한 영화적 개념인 '봉합suture'은 이러한 서사적 사실주의를 만드는 데 핵심이다.16) 쿤은 영화장치와 영화문법이 주류영화에서 가부장적 사실주의 서사가 가능하도록 어떻게 노력봉사하고 있는지를 봉합으로 설명한다. 지배적인 서사를 투명하게 만들기 위해 영화는 사진 이미지, 미장센, 움직이는 프레임, 편집 등의 영화문법을 효과적으로

14) Annette Kuhn, Women's Pictures, p.36.
15) *Ibid.*,, p.77; p.95.
16) *Ibid.*,, pp.32-38; pp.53-57.

사용하여 자연스럽게 꿰매어-봉합한다. 게다가 여성은 영화에서 영화 구조의 일부인 기표,[17] 즉 하나의 서사나 집합 속에서 플롯의 구성을 좌지우지하는 구조가 된다. 또한 이렇게 만들어진 주류영화는 영화를 보는 영화적 조건이자 영화장치, 즉 주체가 영화 속 상황으로 시뮬레이션 되기에 최적의 거리를 두고 설계된 극장이라는 익명의 어두운 공간에서 편안하고 안전하게 여성 이미지를 관람-소비하도록 해준다.

다음으로 텍스트의 균열과 틈새를 찾아내는 분석에 관심을 기울인 쿤의 작업을 살펴보자. 1980년대부터 씨네-페미니즘은 텍스트에서 보이지 않는 것을 보이게 하는 적극적 개입 이외에도 텍스트를 수용하는 관객에게도 집중한다. 쿤의 지적에 의하면 씨네-페미니즘의 가장 생산적인 통찰 중 하나는 성차가 만들어지는 방법과 영화장치 속에서 남성(대문자 남성)/남자(현실의 생물학적인 남자)와 여성(대문자 여성)/여자(현실의 생물학적인 여자)로 언급되는 관객에 관한 것이다. 영화에서 여/남자 관객들이 할 수 있는 선택은 기본적으로 주류영화에서 제시되는 남성 주체의 입장을 채택하거나, 여성'용' 영화가 환기시켜주는 지나친 동일시의 마조히즘에 굴복하는 것이 있다.[18] 쿤은 후자의 여성 관객성에 주목해, 여성영화와 텔레비전의 멜로드라마의 경우 여성 관객에게 특별히 능동적 역할을 제공한다고 말한다.[19] 여성을 위한, 여성을 향한 장르라고 볼 수 있는 여성영화나 텔레비전 연속극은 그 고유한 관습과 서사구조로 인해 페미니즘의 잠재력을 가질 수 있다는 것이다.

---

17) 주인공 남성이 어떤 사건에 휘말리게 되거나 해결해야하는 이유가 그의 여성 애인으로 비롯되었기 때문이라거나, 서사의 결말에서 그 보상으로 여성이 주어진다거나 하는 식이다. 즉 여성은 서사를 이끌어 가는 인물이 아니라, 단순히 서사의 동기이거나 전리품인 기표가 되어버린다는 의미이다.

18) 아네트 쿤, 「몸과 영화: 페미니즘의 몇 가지 문제들」, 게티 콘보이 외 ,『여성의 몸, 어떻게 읽을 것인가?』, 고경하 외 옮김(한울, 2001), 291쪽. Annette Kuhn, "The Body and Cinema: Some Problems for Feminism", Susan Sheridan ed., *Grafts: Feminist Cultural Criticism(London: Verso,* 1988).

19) Annette Kuhn, "Women's Genres", *Screen,* 25, no.1 (1984), p.20. 수잔나 D. 월터스, 『이미지와 현실 사이의 여성들』, 92-115쪽.

쿤은 이런 장르들이 여성 특징적 서사패턴을 갖고 개인적, 가정적 위기를 처리하는 여성의 능력을 부각시킨 점, 그리고 프로그램의 편성시간을 가사노동 시간에 맞추어 여성관객을 불러들이고 있다는 점을 짚어준다. 이들 텍스트가 여성을 서사의 중심에 두고, 여성을 성녀/창녀의 이중구도가 아닌, 어머니이자 연인이자 노동자로 묘사하고 있다는 점에서 후한 점수를 준다. 그녀는 이러한 장르들이 여성의 욕망으로 서사가 진행되고 여성적 관점이 지배적이라는 로라 멀비의 이론에 동의하면서도, 다른 한편으로는 그녀로부터 거리를 유지한다. 즉, 이들 장르가 보상심리만을 자극하고 위로하는 지배 이데올로기의 보수성도 가진다는 한계를 한편으로 주의해야 한다는 것이다.

텍스트의 생산과 해석에 있어 재현의 정치학 문제와 다양한 차이의 존재인 관객의 영화텍스트 읽기에 대한 관객성 연구라는 양날의 칼을 휘두르고 있는 글이 「몸과 영화: 페미니즘의 몇 가지 문제들」[20]이라 할 수 있다. 이 글에서 쿤은 <펌핑 아이언 2: 여성 편>에서 여성 보디빌더들이 보여주는 강하고 힘 있는 다양한 몸 이미지를 통해 여성 관객의 다른 쾌락이 가능하다는 통찰을 보여주었다. 그녀가 흥미롭게 주목하는 점은 여성 관객들은 영화 관람 중에 여성의 몸만들기에 대한 쾌락을 즐겼으면서도 영화가 끝난 뒤에는 부정적인 비판을 통해 즉, 관람 중에

20) 이 글은 <펌핑 아이언 2: 여성판(Pumping Iron 2: The Women)>(George Butler, 1985)가 영국에서 상영되었을 때의 재현과 관람 경험에 대한 문제들을 반추한다. 이 영화는 미국 라스베가스에서 1984년에 열린 여성 보디빌딩 챔피언 대회에 관한 세미(半)다큐멘터리이다. 이야기의 핵심은 '누가 승리할 것인가'인데, 이 질문을 살짝 바꾸어 보면 '여성 보디빌더들은 어떤 몸을 가져야 하는가'가 된다. 이전의 대회에의 우승자들은 남성적인 근육질의 몸보다는 나긋나긋한 몸매를 연출했는데, 극단적으로 남성적인 근육질의 몸을 가진 새 출전자가 다른 경쟁자들과 대비, '이런 그녀가 과연 이길 수 있을 것인가'가 관건이 된다. 이 영화는 우리가 알고 있는 대부분의 영화가 취하지 않는 색다른 방식으로 '여성의 몸'을 다루고 있다. 고전영화에서는 여성의 몸이 시각적 즐거움을 만들어내는 데 핵심적인 자리를 차지하고 있는 반면, 이 영화는 여기에 더해 스펙터클로서의 여성의 몸과 그런 몸의 한계를 심문한다. 과연 어떤 몸이 우승할 것인가? 그렇다면 과연 여자의 몸이란 무엇인가? 특정 유형(나긋나긋한 몸/근육질의 몸)의 몸과 여성성의 관계는 무엇인가?

보인 그 쾌락을 불편해 한 것에 주목한다. 지적인 여성 관객들이 보여주는 이 불쾌한 반응은 관람 중에 쾌락에 속임을 당한 것, 즉 그 쾌락이 새겨놓은 권력과 구조 안에서 자신의 위치가 규정되고 여성적 몸의 특징이 정해지고 자리가 매겨지고 있음을 자각하기 때문에 발생하는 부인 과정의 표현이라고 쿤은 분석한다. 그녀 역시 영화의 즐거움을 거절하지도 거부하지도 못한 채, 페미니스트가 과연 시각적 재현에서 즐거움을 누릴 수 있는지, 그리고 그렇다면 어떻게 누릴 것인지에 대한 질문으로 글을 맺는다.

열정적인 거리두기 혹은 저항의 쾌락

잠시 숨을 고르고 글을 더 나아가기 위한 정리 작업을 해보자. 페미니즘이 텍스트를 조각낼 때에는 다음의 방법들이 사용된다. 우선 남성중심적으로 생산되고 유통되는 텍스트들에 대해서는, 텍스트 내부적으로는 여성의 서사적 역할은 조연에 머물고 있으며 그들이 소비될 수 있는 이미지로만 재현되는 것에 대한 비판 그리고 그러한 텍스트를 생산하는 외부적 조건이나 상황에 대한 이데올로기적인 분석을 행한다. 둘째는 그렇게 성별 구조화된 생산 방식에도 불구하고 남성중심의 문화사에서 주변화되어 온 텍스트의 생산과 다양한 수용에 깊이 관여한 여성/여자들을 발굴하는 작업이다. 마지막으로는 전자의 분석을 바탕으로 대안적인 혹은 다른 형식과 내용을 만들어내려는 시도를 멈추지 않으며, 그러한 시도를 감행한 급진적인 텍스트들과 생산자들을 지지하는 발언을 지속하는 것이다.

여기에서 꼭 추가해야 하는 것은 수많은 '텍스트의 결을 거슬러 버텨 읽는 방법reading against grain'이다. 주디스 메인이 지적했듯 여성

이미지 접근은 사회 통제에 관한 비교적 단순한 조작 체계를 보여주는 반면, 거슬러 읽기는 모순, 틈새, 말실수 등으로 가득 찬 체계를 보여준다.21) 일방적으로 텍스트에 동화되거나 또한 단순하게 동일시되는 것을 거부하는 쿤은 "열정적인 거리두기passionate detachment"22)를 통해늘 페미니즘 영화를 다그치면서, 주류 영화에서 작동하는 쾌락의 방식들과 텍스트 내의 희열의 작동 방식이 얼마나 남성적인 것인지를 밝히고, 다른 눈으로 주류 영화가 덮어버린 부분들을 적나라하게 드러낸다. 그래서 쿤은 주류 영화를 거슬러 읽으면서 페미니스트 해석의 묘미를 드러내고 주류 영화를 대체하는 페미니스트 영화 실천들을 쉼 없이 소개하고, 감행한다. 씨네-페미니스트들의 저작들은 빈번하게 여성주의적인 해석을 통해 고전 영화를 살려내고자 거슬러 읽기를 사용한다. 이는 고전적 서사에 억압되어 있는 내용을 폭로하고, 서사의 과잉이나 결핍을 찾아내 그 내부의 모순을 드러내 주류의 영화 읽기 및 영화의 일관성과 결말에 도전하는 읽기나 해석을 해내는 페미니즘적 가능성을 모색하기 위함이다.23) 이렇게 씨네-페미니스트들은 고전적 서사가 하나로 통일되어 있다는 것을 부인하며 다른 서사의 가능성을 이야기한다. 지배적인 혹은 일방적인 재현을 일탈적으로 수용할 수 있는 공간은 언제나 존재하기 때문이다.

왜 씨네-페미니스트들은 재현의 문제가 심각하고 심지어 거부감을 준다고 생각하는 이미지들을 분석하는 데 그처럼 많은 시간과 열정을 소비하는가? 차라리 지배적인 재현에 대한 대안을 창조하는 편이 낫지

---

21) Judith Mayne, "The Female Audience and the Feminist Critic," Janet Todd, et., *Women and Film* (New York: Holmes and Meier, 1988), p.24. 수잔나 D. 월터스, 앞의 책, 100쪽에서 재인용.
22) 이는 로라 멀비의 글 「시각적 쾌락과 내러티브 시네마」에서 아네트 쿤이 따온 것이다. *Women's Pictures*의 1장 "Passionate Detachment"를 참고하라.
23) 수잔나 D. 월터스, 앞의 책, 96-100쪽.

않을까? 아마도 이런 질문에 대해 쿤은 이론과 실천은 서로에게 영향을 준다고 답할 것이다. 어떤 차원에서는 지배적 재현을 분석하고 이를 해체하는 것이 전략적인 실천으로 간주될 수도 있다. 텍스트를 분석하는 작업이 이해를 낳고, 이해는 행동에 필수적인 것이며, 그런 이해 자체가 저항 행위로 간주될 수 있기 때문이다. 한 가지 유의할 점은 씨네-페미니스트들의 거슬러 읽기가 생산성을 가지고 있기는 하지만 이것이 지배적인 재현이 다른 방식으로 변화할 가능성을 열어주는 만능 열쇠는 아니라는 것이다. 거슬러 읽기는 대량 생산된 이미지의 불평등한 힘을 너무 가볍게 생각하는 것일 수도 있다. 단순히 저항이 있기를 바란다는 이유만으로 시각문화 깊이 똬리를 틀고 앉아있는 가부장적 지배를 간과하면서 저항과 이데올로기적인 어긋남을 찾아냈다는 것에서 쾌락을 찾지 않도록 주의해야 한다.[24] 때로는 오독의 만용을 심심찮게 부려 텍스트의 과잉과 결핍의 지점을 놓치지 않는 것도 중요하지만, 비판을 통해서 텍스트 생산의 맥락을 바꾸려는 노력과 시도를 촉구하는 것 또한 잊지 말아야한다.

그렇다면 지배 이데올로기의 기조에 따라 시시각각 빛깔을 바꾸는 카멜레온 같은 그 각종 문화텍스트에 대해서, 페미니즘의 수정체를 통해 생산적 비판과 창조적 열광을 표출하기 위해, 페미니즘의 더 많은 재현의 세세한 서사를 만들기 위해, 지배적 시각문화 재현의 "정상화 효과"[25]에 대해 페미니즘은 어떤 종류의 저항을 할 수 있을까? 지금의

---

24) 위의 책, 105쪽.

25) "재현은 많은 것들 중에서도 성차를 둘러싼 담론 안에 있고 그 담론을 위한 주체들이 계속 생산하는 특정 권력관계를 작동하게 한다. 이런 의미에서 다시 푸코의 용어를 쓴다면 재현은 정상화(normalization) 전략으로 볼 수 있다. 재현은 우리를 둘러싸고 있고 우리가 어떤 식으로든 늘 연루되어 있는 다양한 권력관계에 참여한다. 그러므로 재현은 일종의 규제 형태라고 할 수 있다. 이런 이론적인 입장은 어떤 사람도 어떤 사회집단도 어떤 구조도 재현이 지닌 권력과 정상화 도구로서의 성격을 벗어날 수 없음을 시사한다." 아네트 쿤, 「몸과 영화: 페미니즘의 몇 가지 문제들」, 301쪽.

쿤이 제시하는 답은 "검열과 재현의 페미니즘 실천, 그리고 페미니즘 비평 활동"이라는 세 가지 저항 전략이다.[26] 그녀에게도 검열은 특정 재현을 억압하려 한다는 점에서 금지이자 부정적인 것이다. 그러나 제한된 영역에 있어서는 특히, 외설적인 것의 대명사인 포르노라는 특정 재현의 범주를 억누르는 것은 생산적인 것으로도 볼 수 있다. 여기에서 그녀가 말하는 포르노란 한 성을 위해 다른 성의 파편화된 신체를 다루고 있는 억압적이고 착취적 이미지이다. 여성의 성기를 타자로, 남성적 시선의 대상으로'만' 구축하고 있는 동시에, 여성의 여성다움을 편파적으로 오염시키며 여성의 섹슈얼리티를 여성 신체의 특정부분과 동일시하는 독재적인 재현을 말하는 것이다.

특히 페미니즘 실천의 축이 되는 것은 지배적인 재현의 자장 바깥에 서겠다고 하는 모토이다. 여성의 목소리, 몸으로 글쓰기 같은 것은 본질주의적 계획처럼 보이기는 하지만, 새로운 표현양식을 추구하는 것으로 재현 권력에 대한 저항이라는 점에서 생산적일 수 있다. 페미니즘 비평 활동은 시각적 재현의 권력에 대한 저항일 뿐만 아니라, 볼거리, 시각적 대상으로서의 여성과 역사적인 주체로서의 실제 여자들 사이의 간극을 메우려는 시도이다. 페미니즘 문화생산과 동시적으로 발생하는 페미니즘 비평 활동은 보편적인 것 혹은 절대 의미의 가능성을 문젯거리로 삼고 그런 주장에 걸려 있는 권력의 구조를 드러내는, 근본적으로 해체적 전략이 될 수 있다. 쿤이 주장하는 이러한 저항의 페미니스트 비평 전략들은 우리의 수정체 위에 새로운 투시 안경이 되어 봉합된 부분들을 적나라하게 볼 수 있게 할 것이다.

이론가들, 문화연구가들, 페미니스트들은 항상 미디어가 주체를 어

26) 아네트 쿤, 같은 책, 301-303쪽.

떻게 구성하고 재현하는지에 촉각을 세우고 있다. 지금 쿤에게서 얻을 점이 있다면 시각적 재현이 페미니즘의 사유에서 얼마나 중요한 범주인지를 상기시킨다는 것과 동시에 지배적인 시각문화란 늘 페미니즘의 색안경을 통해 응시해야 한다는 점일 것이다. 시각문화 텍스트 이미지는 단순히 소비되어 버리는 것처럼 보이지만 우리의 무의식을 구성하며, 종종 의식적으로 특정 재현이 특정인에게는 역할모델로 선택될 수도 있기 때문이다. 우리는 이 세계의 구조 속에서 재현하고 재현되는 주인공이자 조연이자 엑스트라 모두이다. 오늘을 살아가는 우리는 분석가만큼의 시각문화들을 접하고, 논하며, 익히며, 소비하고 있고 또한 작가만큼 이미지와 서사를 생산해내고 있다. 그러므로 종종 우리는 분석가의 시선과 작가의 관점을 소유해야 한다.

사족[27)]

아네트 쿤에 대한 글을 쓴 지 20년이 지났다. 지금 아네트 쿤은 퀸메리 런던대학교의 명예교수로 있으면서 영화 연구를 지속하고 있다. 근래는 영화이론, 정체성 그리고 문화 기억의 관계를 탐구하는 융합 연구의 방법론에 더 집중하고 있다. 특히 2002년 『일상의 마법: 영화와 문화 기억*An Everyday Magic: Cinema and Cultural Memory*』 이후, 최근까지 1930년대 영국의 영화 관람 문화에 대한 기억을 탐구한 『영화 기억의 탐구*Exploring Cinema Memory*』에서는 당시 극장이라는 공간이 개인의 내부와 외부를 연결하는 전이 공간으로 기능했다는 점을 구술사와 정신분석학의 방법론을 활용해 강조하면서 영화 관람이 개인과 공동체

27) 이 장은 2025년 4월에 추가하였다.

의 정체성 형성에 어떻게 기여했는지 분석했다.[28)]

아네트 쿤은 여성 재현과 관객 수용에 대한 비평적 분석을 통해 여성주의 영화학의 이론적 지평을 확장하고, 영화 관람 행위를 단순한 오락 소비가 아닌 정체성 형성과 문화적 기억의 실천으로 재정의해 영화 기억 연구의 지형을 개척한 선구적 학자이다. 그녀의 이론은 재현, 응시, 기억이라는 핵심 개념들을 교차적으로 사유해, 여성 서사에 내재한 젠더 정치와 영화 소비 과정에서 여성 관객의 주체성 및 정동의 역학을 깊이 있게 조명해왔다. 특히 쿤이 제시한 다층적 관객 개념과 기억의 문화적 실천은, 급변하는 미디어 플랫폼 환경에 따른 지역성, 세대 경험, 여성의 삶을 연결하고 해석하는 데 유효한 비평적 도구로 작용한다. 이러한 그녀의 작업은 오늘날 한국 씨네-페미니즘의 담론 지형에서도 풍부한 이론적 자원으로서 여전히 중요한 의미를 지닌다.

참고 문헌

게티 콘보이 외, 『여성의 몸, 어떻게 읽을 것인가?』, 고경하 외 옮김, 한울, 2001.
김명혜 외 편, 『성·미디어·문화』, 나남, 1994.
수잔나 D. 월터스, 『이미지와 현실 사이의 여성들』, 김현미 외 옮김, 또 하나의 문화, 1999.
아네트 쿤, 『이미지의 힘』, 이형식 옮김, 동문선, 2001.
안나마리 울프 · 아네트 쿤 외, 『여성과 생산양식』, 강선미 옮김, 도서출판 한겨레, 1986.
변재란 · 유지나 엮음, 『페미니즘/영화/여성』, 여성사, 1993.

Annette Kuhn and Annmarie Wolpe, eds., *Feminism and Materialism*, Routledge Kegan & Paul, 1978.

28) An Everyday Magic: Cinema and Cultural Memory. London: I.B. Tauris, 2002; Exploring Cinema Memory. Edinburgh: Argyll Publishing, 2023. https://www.qmul.ac.uk/sllf/film-studies/people/academic/profiles/kuhn.html 퀸 메리 런던대학교 홈페이지 참조 (검색일: 2024.3.20).

Annette Kuhn, *Women' s Pictures: Feminism and Cinema,* London: Routledge and Kegan Paul, 1982.

Annette Kuhn, *The Power of the Image: Essays on Representation and Sexuality*, London: Routledge and Kegan Paul, 1985.

Annette Kuhn, *Cinema, Censorship, and Sexuality: 1909 to 1925*(London: Routledge, 1988.

Annette Kuhn, "Women's Genres", *Screen*, 25, no.1, 1984.

Annette Kuhn, *An Everyday Magic: Cinema and Cultural Memory*. London: I.B. Tauris, 2002.

Annette Kuhn, Exploring Cinema Memory. Edinburgh: Argyll Publishing, 2023.

Susan Sheridan ed., *Grafts: Feminist Cultural Criticism*, London: Verso, 1988.

https://www.qmul.ac.uk/sllf/film-studies/people/academic/profiles/kuhn.html 퀸메리 런던대학교 홈페이지 참조(검색일: 2024.3.20.)

아이리스 마리온 영
Iris Marion Young

여성이란 무엇인가

조주영
서울시립대학교 교양교육부 의사소통교실 객원교수이다.
사회·정치철학 및 윤리학 분야에서 '인정', '돌봄' 등의 주제에 관심을 두고 연구하고 있다.

이 글의 원문은 『여/성이론』 28호(2013)에 실려있다.

아이리스 마리온 영: 여성이란 무엇인가

"우리 시대 가장 창의적이고 영향력 있는 정치 이론가 가운데 한 명", "학생들에게 궁극적인 안정감을 제공하고 그들을 지지해 주었으며 동시에 높은 이상을 추구하도록 독려"해 주는 "어머니" 같은 교수. 우리 시대 영향력 있는 페미니스트 철학자 가운데 한 명인 마사 누스바움 Martha Nussbaum은 아이리스 영을 이렇게 묘사했다.[1] 아이리스 영의 지도하에 박사학위를 받고, 아이리스 영의 저서인『포용과 민주주의』를 우리말로 번역한 김희강은 "냉혹한 현실의 문제를 따뜻한 철학의 시각으로 분석한 가장 탁월한 학자이자 세상을 열렬히 사랑한 사회운동가였으며, 언제나 동등한 동료이자 학생을 살폈던 자상한 어머니와 같은 스승이었다."라고 아이리스 영을 회고한다.[2] 아이리스 영은 현상학, 정신분석학, 비판 이론 등 매우 광범위한 영역에 지적인 관심을 두었으며, 다양한 이론에서 얻은 통찰을 특유의 방식으로 결합하여 정의, 사회적 억압, 젠더, 민주주의에 대한 설득력 있는 이론을 만들어냈다.[3]

이 글은 아이리스 영의 다양한 논의들 가운데 젠더와 관련된 논의에 초점을 맞추어 소개해 보고자 한다. 젠더에 대한 아이리스 영의 논의는 사회 구조적인 차원에서 집단이 겪는 억압에 초점을 맞춘 정의론의 바탕이 된다. 90년대 이후 페미니즘이 여성들 사이의 "차이"에 주목하다

---

1) 아이리스 매리언 영,『정의를 위한 정치적 책임』, 허라금·김양희·천수정 옮김, 이화여자대학교출판문화원, 2018, "여는 글" 참고.

2) 아이리스 매리언 영,『포용과 민주주의』, 김희강·나상원 옮김, 박영사, 2020, "역자해제" 참고.

3) (ed) Ann Ferguson, Mechthild Nagel, *Dancing with Iris: The Philosophy of Iris Marion Young*, Oxford University Press, 2009, "Introduction" 참고.

가 "여성 일반"에 대해 말하기 어려워진 상황에서 젠더에 대한 아이리스 영의 논의는 페미니즘이 직면한 어려움[4]을 헤쳐 나갈 수 있는 하나의 실마리를 제공해준다. 우리말로도 번역된 『차이의 정치와 정의』와 아이리스 영의 1994년 논문인 "Gender as Seriality: Thinking about Women as a Social Collective"를 중심으로 아이리스 영이 우리에게 어떤 통찰을 주는지 살펴보고자 한다.

페미니즘이 직면한 문제: "여성"을 정의할 수 있을까?

아이리스 영은 페미니즘을 1세대와 2세대로 구분한다.[5] 아이리스 영의 구분에 따르면, 1세대는 "인간주의적 여성주의humanistic feminism"로, 여성은 남성과 동등한 인간이며, 남성과 마찬가지로 인간으로서 동등한 권리를 가져야 한다고 믿는다. 여성도 남성 못지않게 이성적 존재이며, 남성과 마찬가지로 공적 영역에 자유롭게 참여함으로써 자아를 실현할 수 있어야 한다고 주장한다. 아이리스 영은 프랑스 혁명 이후부터 1970년대까지의 여성운동이 "인간주의적 여성주의"의 믿음에 기초하여 참정권 획득, 교육 기회의 확대, 노동 시장에서의 차별 철폐 등을 목표로 이루어졌다고 분석한다.

---

4) 시어도어 백(Theodore Bach)에 따르면 페미니즘은 '대표의 문제'와 '공통성의 문제'에 직면해 있다. '대표의 문제'란 '여성'이라는 집단이 실재하지 않는다면 여성을 대표하는 도덕적 주장을 내놓거나 정치적 정책을 제안하고자 할 때 일관적이고 정합적인 주장이나 정책을 제시하기 어렵다는 문제이다. '공통성의 문제'란 다음과 같다. 문화와 역사를 넘어서 모든 여성이 공유하는 특징은 없다. 이런 상황에서 어떤 특정한 속성을 가지고 '여성'의 사회적 범주를 정한다면, 그 속성을 소유한 사람에게는 특권을 주지만 그 속성을 소유하지 못한 사람은 주변화 하는 결과를 초래할 것이다. 즉 페미니즘은 '여성 일반'이 겪는 문제를 이야기해야 하면서도 '여성 일반'을 쉽사리 상정해서는 안 된다는 문제에 직면해 있는 셈이다. Mari Mikkola, "Feminist Perspectives on Sex and Gender", *The Stanford Encyclopedia of Philosophy* (Summer 2024 Edition), Edward N. Zalta & Uri Nodelman (eds.), URL= <https://plato.stanford.edu/archives/sum2024/entries/feminism-gender/> 참고(검색일: 2025. 5. 14).

5) 이하 논의는 Iris Marion Young, "Humanism, gynocentrism and feminist politics", *Women's Studies International Forum,* Volume 8 Issue 3, 1985, pp.173-183 참고.

이러한 흐름은 68혁명 이후 변화를 맞이한다. 공적 영역으로의 진출이 여성에게 일과 가정이라는 이중의 부담을 초래했다는 점, 사회가 요구하는 '인간'이 되는 것과 '여성'으로 존재하는 것 사이에 괴리가 있다는 점 등, '여성도 인간이다'라는 주장만으로는 해소되지 않는 문제들을 점차 인식하게 된 것이다. 이러한 배경에서 등장한 2세대 페미니즘을 아이리스 영은 "여성중심적 여성주의gynocentric feminism"이라고 명명한다. 여성중심적 여성주의가 공유하는 믿음은 다음과 같다. 인간 해방을 보증하는 이론들이 규범으로 삼고 있는 보편적 원리나 인간 주체에 대한 규정이 여성들을 '타자'로 간주하여 배제하는 결과를 낳고 있다. 그러므로 여성들은 여성도 인간 개념에 포함될 수 있다고 주장할 것이 아니라 인간 주체 개념이 갖는 남성중심성을 폭로하고, 타자를 배제하지 않는 새로운 주체로서 "여성"을 정립해야 한다. 이러한 믿음을 바탕으로 여성중심적 여성주의는 "여성적인 것feminine"에 주목하여 그것에 가치를 부여하고자 한다.

여성중심적 여성주의가 직면한 문제는 무엇을 "여성적인 것"이라고 간주할 것인가라는 질문에 대답하기 어렵다는 것이다. 주디스 버틀러가 지적한 바 있듯이, 페미니스트들은 '여성 일반'이 겪는 문제를 사유하기 위해 "여성"이라는 단어를 사용하다가 자신도 모르는 사이에 여성으로 젠더화되는 어떤 올바른 방식이 있는 것처럼 생각하게 만드는 결과를 낳았다. 즉 '여성은 여자다운 행동 특성을 보이는 여자이며 남자를 욕망하는 이성애자이다, 남성은 남자다운 행동 특성을 보이는 남자이며 여성을 욕망하는 이성애자이다'라는 식으로 젠더의 본질적 속성을 가정하고, 이러한 속성에 부합하지 않을 경우 '정상적인' 젠더 범주에서 벗어난 것으로 여기게 만든다는 것이다. 이러한 점에서 버틀러는 "여성이라는 범주에 어떤 보편적인 또는 구체적인 내용을 담으려는 모든 노력은, 그리고 그렇게 하는 것이 연대를 보증하기 위해 요구된다고 사전에 가정하는 것은, 필연적으로 파벌화를 가져오게 될"[6] 우려가 있다고 비판한다.

우리가 검토해 보아야 할 질문은 이런 것이다. 여성들 사이에 어떤 공통의 속성이 없다고 한다면, '여성 일반'에 대한 어떠한 주장도 할 수 없게 되는 것일까? 그럼에도 불구하고 '여성 일반'을 상정하거나 하나의 범주로 "여성"을 이해하고자 한다면, 그렇게 해야 하는 이유는 무엇인가? 이러한 질문에 대한 아이리스 영의 대답은 명쾌하다. 우리는 여성을 하나의 범주로 이해해야 한다. 그렇게 하지 않으면 정치적 변화를 추구하기 위해 함께 행동할 이유나 동기가 없을 것이기 때문이다. '여성 일반'을 상정하지 않고서 어떻게 '여성'이 겪는 억압을 체계적·구조적·제도적 과정으로 개념화할 수 있다는 말인가? 이러한 문제의식 하에서 아이리스 영은 어떤 공통의 속성이나 본질을 가정하지 않으면서 집단을 정의할 수 있는 길을 모색한다. 『차이의 정치와 정의』에서 아이리스 영이 집단을 이해하는 방식을 살펴보도록 하자.

사회적 관계로서의 집단

어떤 본질을 가정하지 않고도 '집단'을 정의할 수 있다는 것을 보여주기 위해, 아이리스 영은 '집단'을 이해해 왔던 방식을 검토하고 비판하면서 새로운 방식으로 집단을 이해할 것을 제안한다.[7] 아이리스 영에

6) Judith Butler, "Contingent Foundations: Feminism and the Question of "Postmodernism"", reprinted in *Feminist Theorize the Political*, ed. Judith Butler, Routledge, 1992, p.15.
7) 이하 논의는 아이리스 매리언 영, 『차이의 정치와 정의』, 김도균·조국 옮김, 모티브북, 2017, "2장.

따르면, 정치철학 전통에서 집단group을 이해해 왔던 방식은 크게 두 부류로 나뉠 수 있다. 한 가지 부류는 집단을 집합체aggregates로 이해한다. 즉 집단은 개인들의 무리라는 것이다. 집합체로서 집단을 이해하는 방식은 이런 것이다. 피부 색깔에 따라, 생물학적 성별에 따라, 또는 연령과 같은 속성에 따라 임의로 분류된 무리가 바로 집단이다. 이처럼 임의적 속성을 기준으로 분류한 결과를 집단으로 이해할 경우, 집단을 분류하는 기준 자체가 결정적인 것이 아니기 때문에 집단을 분류하는 방식은 상황에 따라 얼마든지 바뀔 수 있다. 집단은 임의적 기준에 따라 일시적으로 분류된 것일 뿐이기 때문에 이 경우에는 특정 집단에 속한다는 것이 그렇게 큰 의미를 지니지 않을 수 있다.

다른 한 가지 부류는 집단을 결사체associations로 이해한다. 동호회, 회사, 정당, 교회, 대학, 노동조합과 같이 공식적으로 조직된 제도가 결사체에 해당한다. 결사체로 이해할 경우 집단은 어떤 특유의 실천을 하는 사람들의 모임, 어떤 공통의 가치관이나 목표를 공유하는 사람들의 모임이라고 할 수 있다.

아이리스 영은 집합체로 집단을 이해하는 방식이든 결사체로 집단을 이해하는 방식이든, 집단을 원자적 개인들의 집합으로 여긴다는 점을 문제 삼는다. 즉 집단에 대한 전통적 이해방식은 집단의 구성요소인 개인들은 존재론적으로 집단을 형성하기 이전에 이미 존재하며, 집단에 앞서 존재하는 개인들에게서 임의적인 속성을 추려내어 집단으로 묶는 것이거나 개인들이 모종의 목적을 실행하기 위해 모인 결과로 집단이 만들어진다는 식으로 집단을 설명하는데, 존재론적으로 개인이 집단보다 앞서 존재할 수 있는지를 문제 삼는 것이다. 물론 사회 분석의 단위로

억압의 다섯 가지 모습", 특히 110-121쪽 참고.

개인을 바라볼 수는 있겠지만, 그때에도 개인은 처음부터 사회의 구성원으로서 존재했다. 즉 집단 속에서 개인이 자라나는 것이지, 집단보다 먼저 존재하는 개인은 있을 수 없다는 것이다.

집합체나 결사체로 집단을 이해할 때 더 큰 문제는 집단이 겪는 억압의 양상을 제대로 파악할 수 없고, 결과적으로 억압을 해결하기 위한 적절한 대안을 제시하지 못하게 된다는 점이다. 집합체나 결사체로 집단을 바라보는 관점은 어떤 집단이 억압을 겪을 때 문제의 원인을 '집단으로 구분된다는 사실' 자체에서 찾는다. 즉 일정 부류의 사람들을 특정한 집단으로 식별하기 때문에 그들을 배제하고 경멸한다는 것이다. 집단으로 분류하는 것 자체를 억압의 원천으로 간주하기 때문에, 이러한 관점에서 억압을 해결하는 방식은 집단을 해소하는 것이다. 즉 억압을 겪는 사람들을 집단의 구성원이기 이전에 개인으로 존재할 수 있어야 한다고 여기면서, 개인들 스스로 집단에 대한 문화적 편견이나 관행에서 벗어나 자유롭게 자신들의 삶을 영위할 것을 요구한다.

하지만 이러한 식으로 문제를 해결할 수 있다고 생각하는 건 이상하다. 여성을 "여성"이라는 집단으로 분류하지 않으면 여성 억압의 문제가 사라지는가? 여성에 대한 억압은 "여성"이라는 집단으로 분류하기 때문에 발생하는 것이라기보다 "여성"이라는 집단에 어떤 본질적인 불변의 속성이 있다고 가정하고 그 속성에 따라 사회적 위치와 역할을 할당하고자 하는 사회 제도와 관행에서 기인하는 것 아닌가? 그렇다면 억압의 상황에서 사람들에게 '개인이 되어라'라고 요구하기보다는 어떤 본질적 속성을 가정하면서 집단을 바라보는 관점을 먼저 바꾸어야 한다.

아이리스 영은 어떤 공통의 본질적 속성을 가정하지 않아도 사람들은 집단으로 존재할 수 있다고 주장한다. 아이리스 영이 생각하기에

"집단"이란 사회적 관계가 표현되는 방식이다. 사람들은 특정 집단의 구성원으로서 자기 자신에 대한 이해를 형성하고, 자신과 관계 맺는 사람들이 같은 집단인지 다른 집단인지를 구분하면서 특정한 기대를 가지고 상호작용한다. 문화적 형식과 관행, 삶의 방식에 있어서의 차이는 사람들이 서로 다른 집단에 속해 있다고 생각하게 만든다. 그리고 그러한 이해를 바탕으로 사람들은 집단이라는 사회적 관계 속에서 서로를 이해하고 상호작용 한다.

사회적 관계의 표현으로 집단을 이해할 경우, 타 집단과 구별되는 한 집단의 속성을 상정할 수 있으나, 그 속성이 본질적이라거나 고정불변의 것이라고 여길 필요는 없다. 하나의 집단을 어떤 집단과 비교하느냐에 따라 다양한 요소들이 포착될 수 있기 때문이다. "여성"이라는 집단은 "남성"이라는 집단과 비교했을 때 그 의미가 드러날 것이다. "여성" 집단의 내적 본질을 가정할 필요가 없다는 뜻이다. 그러므로 여성은 어떤 내적 본질을 가정하지 않아도 "여성" 집단으로 존재할 수 있다.

계열series로서 "여성"

아이리스 영은 "집단"이 "사회적 관계의 표현"임을 강조하지만, 집단에 대한 오랜 이해방식은, 특히 집단을 일종의 "결사체"로 이해하는 방식은 집단을 공통된 가치와 공유된 정체성을 가지고 있으며 공통의 정체성과 가치를 증진시키기 위한 목적으로 함께 활동하는 사람들의 모임으로 간주한다. 집단이 정치적 행위의 토대가 될 수 있는 이유이기도 하다. 집단의 구성원들은 특정한 목표, 기획, 특징, 자아관을 의식적으로 공유하면서 집단의 이해관심에 따라 행위한다고 가정된다. 하지만 집단을 이런 방식으로 이해할 경우, 집단의 구성원들과 다른 가치를 지향하거나 다른 정체성을 표현할 경우, 그 사람은 집단의 '바람직한 구성원'이라고 여겨지지 않을 것이다. "여성" 젠더가 규범으로 작동하면서 "여성답지 못한" 존재들을 식별해내고 배제할 수도 있다는 것이다.

이러한 '배제'의 문제를 해결하기 위해, 그 모든 차이에도 불구하고 '여성'일 수 있음을 주장하기 위해 아이리스 영이 내놓은 개념이 바로 "계열"이다.[8] "여성"을 일종의 "계열"로 이해할 필요가 있다는 아이리스 영의 주장은, 어떤 내적 본질을 가정하지 않아도 특정한 사회적 조건에 의해 '공통의 경험'이 형성될 수 있으며, 그러한 '공통의 경험'이 여성들을 "여성"이라는 젠더로 묶는 기능을 한다는 의미로 이해할 수 있다. 특정한 가치나 정체성을 공유하지 않아도 자신의 삶의 특정한 양상을 구조화하는 어떤 요인에 의해 동일한 환경에 처하게 되는 사람들이 있다. 이들은 자신들을 동일한 환경에 처하게 만드는 요인에 의해 "계열"로 묶인다. 아이리스 영은 "계열"로 묶인 사람들의 사례로 '버스를 기다리는 사람들'을 제시한다. 사람들은 저마다의 목적에 따라, 제각기 다른 이유로 버스를 기다린다. 하지만 버스 시간표, 버스 정류장, 도로 교통망과 버스가 다니는 경로에 의해 같은 장소에서 버스를 기다릴 수도 있고, 같은 노선을 지날 수 있으며, 공통의 접점이 없는 사람들도 버스의 운행 방식에 따라 공통의 경험을 할 수 있다. 버스를 이용하는 사람들은 버스 회사와는 아무런 이해관계를 공유하지 않더라도 자신들의 편의를 위해 버스 회사에 서비스를 요구하거나, 운전기사 처우 개선을 위한

8) 이하 논의는 Iris Marion Young, *Intersecting Voices: Dilemmas of Gender, Political Philosophy, and Policy*, Princeton University Press, 1997, "Chapter 1. Gender as Seriality: Thinking About Women as A Social Collective" 참고.

파업에 연대를 표현할 수도 있다. 이처럼 "계열"로 묶인 사람들은 공통의 구심점 없이도 함께 행동할 수 있다. 버스를 기다리면서 의도하지 않아도 공통의 경험을 할 수 있었던 사람들처럼, "여성"이라는 상황에 놓이게 만드는 요소에 의해 여성들은 "계열"로 묶이게 된다.

아이리스 영은 여성들을 계열로 묶어내는 요인을 크게 두 가지로 제시한다. 하나는 여성이 처한 신체적 사실이고, 다른 하나는 여성들의 삶을 조직하는 젠더 코드화된 대상 및 실천들이다. 먼저 여성들을 계열로 묶는 신체적 사실은 여자의 몸과 결부된 현상들을 말한다. 생리, 임신, 출산 등 여자의 몸에서 일어나는 생물학적 과정들, 그리고 생물학적 과정과 결부된 사회적 규칙, 예를 들자면 '생리 중이라는 사실이 표가 나면 안 되고, 생리대는 눈에 덜 띄도록 잘 처리하라' 등과 같은 규칙이 여성들을 계열로 묶는다. 모든 종류의 '여성용' 도구, 주로 '여성'이 사용한다고 여겨지는 공간 등은 여성들의 삶을 '여성답게' 조직하는 젠더 코드화된 대상 및 실천들이라고 할 수 있다. 이런 요소들이 모든 여성들의 삶을 동일하게 만들거나 모든 여성들이 같은 가치관을 갖게 만들지는 않지만, 여성들은 이러한 요소들에 마주하면서, 저마다의 방식으로 반응하면서 공동의 실천을 할 수도 있다.

집단을 "계열series"로 이해하는 아이디어는 실존주의 철학자 사르트르에게서 얻은 것이라고 한다. 아이리스 영에 따르면, "여성을 공통의 속성을 가진 집단으로 정의하려는 시도는 터무니없이 환원주의적이거나, '여성'이라는 정의에 포함된다고 여겨지는 사람들을 규범화normalizes하는 반면, 그 정의에 포함되지 않는다고 여겨지는 사람들을 주변화하거나 배제하는 결과"9)를 낳는다. 하지만 그렇다고 해서 "여성"을 집단

9) *ibid.*, p.6.

으로 정의하려는 시도를 포기하는 것은 페미니스트 정치학을 위한 토대 역시도 함께 포기하는 것처럼 보인다. 아이리스 영은 이러한 딜레마를 해결할 수 있도록 실마리를 제공해 주는 것이 바로 사르트르가 제시한 "계열" 개념이라고 말한다. "계열" 개념에 기대어서, 아이리스 영은 "특정한 경계를 설정하지도, [특정한 의미로] 정체성을 규정하지도 않으면서 사회적 집단을 이론화"10) 하는 길을 모색하고자 한다. '차이에 열려 있는 집단' 개념을 구상함으로써 "여성"을 특정 의미로 규범화하지 않으면서 동시에 페미니스트 정치학을 위한 토대를 마련할 수 있기를 기대하는 것이다.

나가며

"여성"을 "계열"로 이해하자는 아이리스 영의 제안이 그 자체로 "여성" 집단 또는 "여성" 젠더에 대한 완전한 설명이라고는 말할 수 없을 것이다. 여성들 각각의 차이에도 불구하고 여성을 여성으로 묶이게 하는 요소가 있다면, 그 요소가 결과적으로 여성의 '본질'을 의미하게 되는 것은 아닌가 하는 비판이 제기되기도 하였으며,11) 이른바 "남성적"인 것들로 둘러싸인 삶을 사는 여성의 존재를 간과한다는 비판이 제기되기도 하였다.12) 하지만 우리가 여전히 여성이 처한 상황을 '여성이 아닌 개인'이 되는 방식으로 해결해야 한다고 생각할 수 없다면, 아이리스

---

10) *ibid.*, p.6.

11) Alison Stone, "Essentialism and Anti-Essentialism in Feminist Philosophy", *Journal of Moral Philosophy*, 2004, pp.135-153 참고.

12) Mari Mikkola, "Classifying Women: A Solution to the Feminist Problem of Universals", PhD thesis, University of Sheffield, 2006 참고.

영의 제안을 진지하게 곱씹어 볼 필요가 있지 않을까?

한 인터뷰에서, 아이리스 영은 자신이 페미니스트 정치철학에 관심을 두게 된 이유를 다음과 같이 말했다. "제가 생각하기에, 젠더 구분과 억압의 가장 기본적인 측면이 여전히 남아있습니다. 돌봄 노동은 주로 여성들이 수행할 것이라는 기대가 있고, 돌봄 노동의 상당수는, 또는 전부는 가정에서 무급으로 이루어지고 있죠, 그리고 가사노동은 주로 여성이 담당한다는 기대가 있습니다. 이러한 기대가 지속되는 모든 사회에는 여전히 매우 강력한 성별 분업이 존재합니다. 이러한 기대와 전제는 가정 밖에서 일을 하고 싶거나 해야 하는 많은 여성보다 많은 남성의 삶을 계속 더 편하게 만들어 줍니다. 학업 생활, 직장 생활, 나아가 유급 노동의 세계 구조는 어렵게나마 이를 문제라고 여기기 시작했습니다."[13)]물론, 아이리스 영의 시대와 우리 시대는 다르다. 하지만 얼마나 다른가? 우리 사회는 얼마나 나아졌는가? '여성', 나아가 '모든 인간'의 자유와 평등이 정치학의 중요한 목표임을 떠올려보면, 아이리스 영의 문제의식이 우리에게도 여전히 유효하다고 말할 수 있을 것이다.

참고 문헌

아이리스 매리언 영, 『차이의 정치와 정의』, 김도균·조국 옮김, 모티브북, 2017.

________________, 『정의를 위한 정치적 책임』, 허라금·김양희·천수정 옮김, 이화여자대학교출판문화원, 2018.

________________, 『포용과 민주주의』, 김희강·나상원 옮김, 박영사, 2020.

---

13) Neus Torbisco Casals, Idil Boran and Iris Marion Young, "Interview with Iris Marion Young", *Hypatia*, Vol. 23, No. 3, 2008, p.175.

Butler, Judith, "Contingent Foundations: Feminism and the Question of "Postmodernism"", reprinted in *Feminist Theorize the Political*, ed. Butler, Judith, Routledge, 1992.

Casals, Neus Torbisco·Boran, Idil and Young, Iris Marion, "Interview with Iris Marion Young", *Hypatia*, Vol. 23, No. 3, 2008.

Ferguson, Ann·Nagel, Mechthild(ed), *Dancing with Iris: The Philosophy of Iris Marion Young*, Oxford University Press, 2009.

Mikkola, Mari, "Feminist Perspectives on Sex and Gender", *The Stanford Encyclopedia of Philosophy* (Summer 2024 Edition), Edward N. Zalta & Uri Nodelman (eds.), URL=<https://plato.stanford.edu/archives/sum2024/entries/feminism-gender/> (검색일: 2025.05.14).

______________, "Classifying Women: A Solution to the Feminist Problem of Universals", PhD thesis, University of Sheffield, 2006.

Stone, Alison, "Essentialism and Anti-Essentialism in Feminist Philosophy", *Journal of Moral Philosophy*, 2004.

Young, Iris Marion, "Humanism, gynocentrism and feminist politics", *Women's Studies International Forum* Vol. 8. 3, 1985.

__________________, *Intersecting Voices: Dilemmas of Gender*, Political Philosophy, and Policy, Princeton University Press, 1997.

에바 일루즈
Eva Illouz

사랑의 사회학

허윤
이화여자대학교 국어국문학과 부교수. 저서로 『위험한 책읽기』, 『남성성의 각본들』, 『문학을 부수는 문학들』(공저), 『원본 없는 판타지』(공저) 등이 있다.

이 글의 원문은 『여/성이론』 29호(2013)에 실려있다.

에바 일루즈: 사랑의 사회학

이것은 사랑 이야기가 아니다

낭만적 사랑은 진정성을 담보한다고 여겨져 왔다. 계급, 문화적 차이, 인종, 언어 등 사랑은 모든 것을 뛰어넘을 수 있다는 믿음은 오랫동안 사람들을 사로잡았다. 엘리자베스, 엠마, 패니, 엘레노어, 매리엔 등 제인 오스틴의 여성 인물들은 사랑으로 고민하고 투쟁하고 진정한 사랑을 쟁취한다. 그러나 제인 오스틴이 표현한 것은 사실 낭만적 사랑 이야기만은 아니다. 『오만과 편견』에서 베넷 가족은 장자에게만 재산을 상속한다는 한정상속법으로 인해 아버지가 돌아가시면 살고 있는 집에서 쫓겨날 처지다. 딸만 넷인 베넷 부인은 새로 이사 오는 부자들을 다 자신의 사윗감 후보라고 생각한다.[1] 소설은 베넷가의 딸들과 젠트리인 빙리, 다아시, 엘리자베스의 친구인 샬롯, 친척인 목사 콜린스의 결혼을 통해 사랑과 결혼의 각본이 어떻게 짜이는지 관찰한다. 샬롯은 엘리자베스에게도 청혼한 바 있는 속물 목사 콜린스와 결혼을 결심한다. 나이도 많고 지참금도 넉넉하지 않은 자신에게 언젠가 베넷가의 재산을 물려받을 콜린스는 과분한 상대라는 것이다. 빙리의 여동생은 엘리자베스의 집안이 가난하고 딸들은 제대로 된 교양조차 갖추지 못했다는 이유

---

1) "재산깨나 있는 독신 남자에게 아내가 꼭 필요하다는 것은 누구나 인정하는 진리다. 이런 남자가 이웃에 이사를 오게 되면 그의 생각이나 기분을 전혀 모른다손 치더라도, 이 사실만큼은 주위에 사는 가족들의 마음속에 너무나 깊이 자리 잡게 되어서 그가 자기네 딸들 가운데 한 사람의 합법적인 재산인 양 생각하게 된다." 제인 오스틴, 『오만과 편견』, 윤지관 외 옮김, 민음사, 2003, 9쪽.

로 오빠의 교제를 반대한다. 이처럼 사랑과 결혼은 계산과 거래를 바탕으로 한다. 『오만과 편견』은 결혼이 사적 영역이 아니라 공적 영역에서 수행되었으며 사랑과 자본, 거래를 바탕으로 한 사업이라는 점을 밝힌다. 낭만적인 사랑이 강조되는 것은 이처럼 사랑이 사회적이기 때문이다. 앤서니 기든스나 울리히 벡, 엘리자베스 벡 등이 근대성의 등장을 친밀성과 낭만적 사랑이라는 키워드로 설명했다. 변화 가능성이 높은 근대사회에 친밀성이 중요한 정동으로 부상되었으며, 여성과 남성의 공사 분리를 가능하게 하기 위해 낭만적 사랑의 이데올로기가 자리 잡았다는 것이다.

에바 일루즈는 이러한 사회학적 흐름을 바탕으로 사랑(감정)과 자본의 관계를 연구하는 사회학자로 잘 알려져 있다. 그는 『감정 자본주의』를 비롯해 여러 단행본을 발표한 연구자이지만, 에바 일루즈가 한국에 처음 번역된 것은 자기 계발서로였다.[2] 『오프라 윈프리, 위대한 인생*Oprah Winfrey and the Glamour of misery*』은 여성들을 위한 자기 계발서로 소개된다.[3] '비참함의 광채'라는 원제를 한국어판에서 '위대한 인생'으로 바꾼 것은 마케팅의 일환이었을 것이다. 이는 에바 일루즈가

---

2) 에바 일루즈는 『낭만적 유토피아 소비하기』(1997), 『오프라 윈프리, 위대한 인생』(2003), 『감정 자본주의』(2007), 『근대 영혼 구원하기』(2008), 『왜 사랑은 아픈가』(2012), 『해피크라시』(2018), 『사랑은 왜 끝나나』(2019), *The Emotional life of Populism: How Fear, Disgust, Resentment, and Love Undermine Democracy*(2023) 등의 저작이 있다.

2024년 현재 한국에 번역된 책은 다음과 같다.

에바 일루즈, 『오프라 윈프리, 위대한 인생』, 강주헌 옮김, 스마트비즈니스, 2006.
에바 일루즈, 『감정 자본주의』, 김정아 옮김, 돌베개, 2010.
에바 일루즈, 『왜 사랑은 아픈가』, 김희상 옮김, 돌베개, 2013.
에바 일루즈, 『사랑은 왜 끝나나』, 김희상 옮김, 돌베개, 2020.
에바 일루즈·에드나르 카바나스, 『해피크라시』, 이세진 옮김, 청미, 2021.
다나 카플란·에바 일루즈, 『섹스 자본이란 무엇인가』, 박형신 옮김, 한울, 2022.
에바 일루즈, 『근대 영혼 구원하기』, 박형신 외 옮김, 한울, 2023.

3) 역자는 서문에서 "사회문화 평론서를 자기 계발서로 읽는다는 발상 자체가 생소하고 어불성설로 여겨질 수도 있지만, 어차피 사회와 문화도 사람이 살아가는 이야기의 한 부분일 뿐"이고 "성공한 사람을 대상으로 한 평론서는 일반 독자에게 한층 구체적인 성공 법칙을 제안하는 책이 될 수 있으리라 믿는다"고 말한다.

여성의 자기 계발과 치유를 사회문화적 현상으로 다루고 있기 때문에 벌어진 일이다. 그는 여성의 감정, 특히 사랑을 중심으로 자본주의와 사랑이 만나 생겨난 '거대한 전환'을 읽고 거기서 발생한 효과들을 분석한다. 그의 연구 경향은 크게 두 가지 흐름으로 나눌 수 있다. 하나는 사랑을 중심으로 한 사회 변동에 대한 설명이고, 다른 하나는 치유 산업과 그 효과에 대한 분석이다.

사랑의 사회학

에바 일루즈는 사랑의 실천과 의미, 상품화되는 로맨스의 증가에 대한 이론적 함축 등 사랑을 문화사회학적 시선으로 분석하고 낭만적 경험을 조직하는 의미와 상징에 대해 질문한다. 일루즈가 보기에 후기 자본주의하에서 낭만적 사랑은 임계적이고 유토피아적인 판타지이다. 이는 미디어가 생산한 전형이고, 이성적이고 계산적인 개인들이 극장, 댄스홀, 레스토랑 등의 레저 소비를 통해 구성한다. 흥미로운 점은 이 로맨스의 상품화가 상품의 낭만화와 더불어 진행된다는 점이다. 개인적 관습이 소비의 공공 영역으로 발전하고 소비의 우상을 통해 상품화된다. 이는 상품을 낭만화시키는 작업으로, 후기 자본주의를 설명하는 핵심적 관계이자 소비 자본주의의 특성이다. 일루즈는 첫 번째 저서 『낭만적 유토피아 소비하기』에서 소비자본주의가 로맨스의 핵심적인 경험들을 파괴하는 것이 아니라 심화하고 있음을 보여준다. 재미에 대한 갈망, 새로운 형식의 성적 자유를 실험하려는 욕망, 감정적 친밀성의 모색 등이 산업 내부에서 체계적으로 활용되다 보니, 급기야는 로맨틱한 감정과 소비 경험을 구분하기 어려운 지경에 이르렀다는 것이다.[4)]

꿈과 판타지가 소비를 추동하며, 소비문화는 모든 일의 중심에 '낭만적 자아'를 배치하여 감정과 상상과 몽상을 불러일으키는 진정성을 갈망하게 된다는 것이다.

그는 『사랑은 왜 아픈가』를 통해 소설과 인터뷰, 인터넷 데이팅 서비스 등을 넘나들며 사랑과 결혼의 변화를 읽어 내려간다. 사랑이 왜 현대인의 행복과 정체성에 결정적 영향을 미치는지 탐구하는 것이다. 이는 현대인의 자아가 어떻게 제도화되었는가 하는 질문과도 통한다. 왜 우리는 사랑을 하면서 "후벼 파는 것만 같은 두려움 혹은 불안을 느끼며, 사랑은 '짜증스러움과 불안함 그리고 불만족스러움이라는 감정'과 맞물려 있는 게 아닌가 하는 의혹을 지우지 못"하는가 라는 질문을 던지는 것이다. 이는 그가 인터뷰한 다양한 여성들이 모두 공통적으로 호소하고 있는 문제이기도 했다. 페미니즘이 성평등의 이슈를 제기한 이래, 여성들은 성적 자율성을 획득했다. 그러나 에바 일루즈의 분석에 따르면 이 성적 자율성은 여성들을 '감정 권력'의 구조에서 약자에 머무르게 한다. 현대 여성들은 오히려 '감정 불평등'을 경험하고 있으며 잠재적 불안에 시달리고 있다는 것이다.

일루즈는 빅토리아 시대의 결혼은 계급에 의한 것이지만 깨어질 위험이 없는 확실한 것인 반면, 현대의 결혼은 '약속이 없는' 약속이라고 지적한다. 이는 19세기가 더 도덕적이었기 때문이 아니라 사랑과 결혼을 선택하는 방식 자체가 바뀌었기 때문이다. 남성과 여성의 감정적 상호작용인 사랑을 공공의 예절이자 사회적 역할로 규정짓던 과거와 달리, 개인의 자율성을 강조하는 현대는 불확실성을 내포하고 있다.

---

4) 일루즈는 『낭만적 유토피아 소비하기: 사랑과 자본주의의 문화적 모순』에서 상품이 감정의 영역을 타락시켰다는 생각은 잘못이라고 지적한다. 그러나 약 10년 후 발표한 『감정 자본주의』에서는 상황이 달라졌음을 말한다. 로맨틱한 관계들이 시장 내부에서 구성되고, 관계 자체가 대량생산, 대량소비되는 상품이 되었고 그 결과 시장의 힘이 점차 강해졌다는 것이다.

이는 결혼이 사회적인 동시에 도덕적이며, 개인적인 동시에 공공의 성격을 갖는 작용 원리를 바탕으로 한 계급적 선택이 아니라 섹스 중심의 개인적 선택으로 변모하였다는 점을 통해 설명할 수 있다. 결혼 시장은 섹스를 위해 섹스를 하는 경연장으로 변모하고, 선택 기준의 다양화로 인해 주관화가 발생한다. 재산이나 가문 등의 객관적 기준이 중심이었던 19세기에 반해 개별적 기준으로 상대를 평가하게 되었고 이는 결혼 '시장'의 성격을 강화했다는 판단이다. 이로 인해 성적 매력을 중심으로 한 '섹스 자본'이 탄생한다. "섹스 자본은 다른 사람에게서 에로틱한 반응을 불러일으키는 어떤 개인의 특성이 갖는 양과 질의 총괄"로 남성이냐 여성이냐에 따라 다른 전략이 구사된다. 특히 여성은 배우자 선택에서 "가장 확실한 성과와 강점을 자랑"한다. 성적으로 매력적인 여성은 젊은 나이에 결혼하며 그들은 결혼한 지 15년 후에도 다른 여성들보다 더 부유한 삶을 살고 있다는 것이다.[5] 사랑 대상의 평가에서 규범이나 공동체의 가치체계 대신 대중매체가 영향력을 행사하기 시작했고, 감정과 성적 매력의 중요성이 높아졌다. 특히 성적 매력은 소비문화의 부상과도 연결된다. 소비문화가 욕구를 주체의 핵심으로 만들었고, 섹스가 욕구의 상징이 되었기 때문이다. 상품, 광고, 사랑에 이르기까지 소비문화 자본주의의 주체는 섹스어필을 바탕으로 경쟁하고 섹시함은 신분의 상징이 된다.

결혼 시장이 섹스 그 자체를 목적으로 만들자, 결혼과 도덕을 묶는 사랑의 고리가 깨어지고 진정성의 시대가 저물기 시작한다. '남성의 망설임과 여성의 결혼에 대한 기대감'은 여성들을 불안하게 만든다. 남자들은 결혼을 망설이고 여성들은 기다린다. 이 비대칭성으로 인해

5) 『사랑은 왜 아픈가』, 110-115쪽.

여성들은 '감정 권력'의 주도권을 남성들에게 빼앗기게 된다. 남녀 사이의 '감정 불평등'을 낳았다는 것이다. 이제는 계급이 아니라 자아가 인정의 대상이 되었고, 예전과 같은 확실성의 구조는 붕괴하였다. 언제든 사랑의 대상이 바뀔 수 있고 주체는 이로 인해 실존적 불안에 시달린다. 자유롭게 대상을 선택할 수 있다는 점이 오히려 주체를 "선택하지 않을 권리"에 몰아넣기도 한다. 남성들은 자유로운 섹스로 자신의 남성성을 확인하려고 하고 사랑의 안정성은 더욱 낮아질 수밖에 없다. 그런데 여기서 재미있는 점은 여성은 사랑의 고통과 실패를 자책하는 반면, 남성은 거의 그러지 않는다는 점이다. 여자들은 자신의 실수나 잘못된 판단이 남편을 떠나가게 했을지 모른다며 눈물을 흘린다. 그러나 남성은 실패의 책임을 자신에게 전가하는 경우가 거의 없다. 일루즈는 이것이 남성들이 인정투쟁을 벌이는 대상은 여성이 아닌 남성이기 때문이라고 설명한다. 사랑의 '아키텍처'가 바뀌어도 타자에 의한 인정이라는 사랑의 근본적인 동인은 바뀌지 않는데, 남성과 여성 모두 남성의 인정을 바란다는 것이다. 결국 현대인의 사랑은 거래와 투쟁으로 남는다. 따라서 사랑은 아플 수밖에 없다.

테라피, 힐링 그리고 자기 계발의 삼위일체

사회학은 근대를 노동 분업, 탈주술화, 잉여가치 등을 중심으로 기술하지만, 막스 베버의 프로테스탄트 윤리나 마르크스의 노동 소외, 뒤르켐의 연대에 대한 설명에서는 감정이 빈번하게 등장한다. 일루즈는 이 감정을 중심으로 근대성을 설명하려 한다. 감정은 "극도로 압축되어 있는 문화 의미들과 사회관계들이며, 행동에 에너지를 불어넣을 수 있기 때문”이다. 특히 감정이 표현되는 장소는 구체적이고 즉각적이되 항상 문화적, 사회적으로 규정되어 있는 관계이며, 이로써 우리는 인간 됨의 문화 규정들을 구현하게 된다는 것이 일루즈의 입장이다. 그는 자본주의의 형성 과정 역시 감정 문화가 형성된 과정과 궤를 같이 하며, 감정에 초점을 두고 자본주의를 관찰할 경우, 자본주의의 사회조직으로부터 새로운 질서를 발견할 수 있게 된다고 본다. 그가 관찰하는 것은 직장 내 인성 검사와 갈등해결을 위한 상담 등 기업 프로그램에서부터 인터넷 매칭과 같은 서비스까지 넘나든다. 이 새로운 사회의 주체를 일루즈는 ‘호모 센티멘탈리스’라고 부른다. 이를 통해 공적 영역은 몰감정적이고 사적 영역은 감정으로 가득 차 있다는 관습적 구분이 사라지기 시작한다. 근대성은 사실상 이 둘의 융합에 기대고 있으며 특히 자본주의는 더욱 그렇다.

일루즈는 ‘호모 센티멘탈리스’의 등장이 프로이트에 기대고 있다고 지적한다. 미국의 감정 문화에 가장 큰 변화를 가져온 해를 프로이트의 미국 강연이 있었던 1909년으로 꼽을 만큼, 프로이트와 프로이트 후속 세대의 역할을 중요하게 생각하는 것이다. 프로이트의 미국적 수용은 일상생활의 정신분석을 중심으로 한 심리상담, 즉 테라피 문화가 대변한다. 프로이트는 자아와 자신 간의 관계와 자아와 타인들 간의 관계의 중심에 핵가족, 일상생활, 섹슈얼리티를 놓았다. 이로 인해 직장 내 갈등 해결을 위한 상담에서도 중심은 개인의 자아이다. 그리고 (프로이트식) 자아의 근원이라 할 수 있는 가족관계로까지 원인을 파고 들어간다. 상사와의 갈등으로 직장 생활에 어려움을 겪고 있는 직원은 회사 내 상담을 통해 상사가 자신의 어머니와 닮았다는 것을 깨닫게 된다. 자신의 생활에 간섭하는 어머니의 모습이 상사에게 투사되어 상사를 꺼리게 되었다는 것이다. 이 장면에서 공적 영역인 직장의 상사는 사적 영역인 가정 내 어머니와 중첩된다. 공사는 분리되지 않으며 서로에게 영향을 미치는 것으로 나타난다. 이처럼 프로이트의 치료학은 감정 문화를 중심으로 공사, 남녀의 이분법을 해체한다. 이는 감정 양식을 자본주의적으로 활용한 사례이다.6)

그는 프로이트 치료학의 문화산업 버전을 오프라 윈프리에서 찾는다. 『오프라 윈프리, 위대한 인생』은 오프라 윈프리 쇼가 감정 자본주의의 첨병이자 대중문화의 선두 주자임을 이야기한다. 오프라 윈프리의 가장 큰 성공 비결은 자신의 경험을 털어놓고 이야기하는 데 있다. 일루즈는 오프라 윈프리가 "공공 영역이 어떻게 다양한 개인 세계를 드러내며 개인의 삶과 고도로 상품화된 매개체인 텔레비전 사이에 전례 없는 새로운 관계를 어떤 식으로 구축하는가"를 보여주는 대표적인 인물이라고 주장한다. 미시시피 출신의 흑인이자 뛰어난 외모의 소유자도 아닌 오프라 윈프리가 10년 만에 전 세계가 주목하는 여성 언론인이자 영향력 있는 여성으로 떠오른 데는 자기 고백과 고통의 공유, 치유의 전략이 주요한 역할을 했다는 것이다. 이는 미국 사회가 치유 문화를 요구하고 있었다는 방증이기도 하다.

오프라 윈프리는 방송을 통해 '고통'과 '아픔'이라는 단어를 자주 사용한다. 이는 그가 아프리카계 미국인 여성이자 친족에 의한 성폭행 피해자이며 감정적으로 착취당한 연인이었다는 사실에서 기인한다. 그는 자신의 개인사를 솔직하게 고백하고 자신이 고통과 아픔에서 벗어나

6) 감정의 산업화는 상담 세션뿐만 아니라 사랑 대상의 선택에서도 운용된다. 『감정 자본주의』는 인터넷 데이팅 서비스를 통해 감정이 규격화되는 양상을 분석한다. 이는 『사랑은 왜 아픈가』에서도 계속된다. 인터넷 데이팅 서비스는 사진과 약력, 취향 등을 규격화함으로써 인간을 상품으로 만든다. 이 상품은 사진과 메일, 문자 등과 같은 텍스트 메시지를 통해 낭만화되고 신비화되는 경향을 보이며 물신화된다.

치유에 이르는 과정을 공개한다. 많은 여성들의 이야기를 듣고 자신의 경험을 공유하고 어떻게 극복해 나갈 수 있는지 진지하게 상담한다. 자신이 읽은 책을 소개하고 쇼의 게스트들에게도 솔직한 충고를 아끼지 않는다. 심지어 뚱뚱한 그녀의 몸매조차 전시와 치유의 일환이 된다. 시청자들은 다이어트에 성공한 오프라를 보고 비법을 궁금해 한다. 그리고 몇 년 뒤에는 다시 살이 찐 오프라를 보게 된다. 그의 요요 현상은 시청자들 앞에 노출되고, 시청자들은 오프라와 함께 다시 다이어트를 시작한다. 운동법, 식단, 심지어는 다이어트를 하는 과정에서 필요한 마음가짐에 이르기까지의 모든 과정은 치유와 자기 계발의 서사로 제시된다. 이러한 모든 과정을 함께하면서 오프라는 여성이 자신의 상처를 드러내고 고백함으로써 치유의 길로 나아갈 수 있음을 보여준다.

에바 일루즈는 오프라 윈프리의 상품성이 고통의 전시와 치유에 있다는 데 주목한다. 오프라 윈프리의 페르소나와 쇼는 진정성이 사라진 시대에 '자아를 갖는 것이 무슨 뜻인지'라는 문제를 제기하며 자아를 회복할 수 있도록 돕는다. 고통이 빛나는 광채를 가질 수 있게끔 스스로 노력하고 발전시켜 나가야 한다는 것이 오프라라는 페르소나가 보여주는 내러티브다. 다이어트에 실패하고 다시 살이 찌더라도, 폭력에 시달린 과거가 있더라도 이를 고백하고 이야기함으로써 사회적으로 인정받고 치유로 나아가는 것이다. 그래서 오프라 윈프리 쇼에서는 때로는 게스트보다 호스트인 오프라가 더 많은 말을 한다. 오프라가 보이는 강한 동의와 지지는 사회적 인정과 공감의 표지가 된다. 이 지점에서 테라피와 자기 계발 내러티브의 만남이라고 하는 시대적 패러다임이 형성된다.

에바 일루즈는 치료 내러티브가 자아를 바꾸어야 한다는 자기 계발 내러티브와 자연스레 연결된다고 지적한다. 자아가 가지고 있는 문제점을 상담을 통해 밝혀내고 치료하면 자연스레 자아가 발전할 것이라는 테라피적 자아실현 내러티브는 자기 계발 산업으로 발전한다. 미국에서 판매 중인 수많은 자기 계발 교육 프로그램과 상담 치료, 오프라 윈프리 쇼와 같은 문화상품은 타인으로부터 인정받고 싶다는 기본적인 욕망을 토대로 이루어진다.7) 고통의 민주주의를 통해 자신의 고통을 서사화하고 이에 대한 인정을 요구하게 된 것이다. 그리고 이 인정에 대한 욕망은 자조적 차원에서 자아의 변화를 가져온다. 『근대 영혼 구원하기: 치료요법, 감정, 그리고 자기 계발 문화』는 이 테라피적 내러티브가 문화적 차원으로 확장된 사례를 보고한다. 일루즈는 현대사회의 경제적 행위의 감정화emotionalization와 친밀한 관계의 합리화가 전략적 자기-이해와 감정적 유연성이 무리 없이 상호 연결된 자아를 가져왔다고 본다. 기업, 가족, 대중매체, 국가라는 미국의 가장 강력한 제도들은 정신분석을 채택한다. 여기서 중심을 이루는 것은 기업전략과 중산층 가족 구성을 하나로 결합하는 제도적 역학이다. 에바 일루즈는 이 질문에 대한 답을 테라피에서 찾는다.

테라피 담론은 자조self help의 일반적 실천이다. 이 치료의 영역에서는 남성적 기여를 여성적 능력과 화해시켜서 통합하도록 요구한다. 부부 상담에 가면 서로에게 얼마나 정서적 표현을 잘하는가를 두고 구체적인 체크리스트를 제공한다. 가사를 잘 돕고, 부인에게 사랑한다는 표현을 자주 하며, 아이들을 상냥하게 돌보는 남성이 가족 내에서 지위가 높고 인정받을 수 있다. 회사에서도 마찬가지이다. 동료들과의 소통

7) 에바 일루즈는 악셀 호네트의 인정투쟁 개념을 적극적으로 끌고 와서 자신의 근거로 삼는다. 인간은 인정투쟁의 본능을 가지고 있는데, 이 인정투쟁이 적극적으로 벌어지는 분야가 특히 사랑이라는 것이다. 그런데 에바 일루즈의 사랑과 인정투쟁 논의는 지나치게 단순화되어 있다는 점에서 아쉬움이 남는다.

에 신경 쓰고 배려하는 사람이 리더십이 있는 사람으로 꼽힌다. 이는 미국 사회가 정신분석적 언어에 의해 만들어진 문화적 지도를 그리는 것과 동시에 이 지도가 사회적 관계를 바꾸고 있음을 보여준다.

에바 일루즈 가로지르기: 에바 일루즈와 페미니즘의 조우

에바 일루즈는 테라피 내러티브의 보급을 통해 페미니즘의 가능성을 점검한다. 여성은 테라피의 주요 소비자가 됐고, 페미니즘 역시 테라피 내러티브와 유사해진다는 것이다. 이는 특히 '제2의 물결'이 가져온 성 해방 문제와 연결된다. 2세대 페미니스트들은 평등을 주제로 하여 남녀의 불평등 타파와 여성의 자유로운 섹슈얼리티를 강조했다. 이러한 경향은 이후 급진적 페미니즘으로 이어져 가족과 섹슈얼리티의 해방을 주장하는 것으로 나아가기도 했다. 결혼 제도 밖의 섹슈얼리티가 삶의 방식으로 포섭된 것이다. 여성의 성적 자율성은 제2의 물결이 거둔 성과이자 페미니즘의 진보를 상징하는 것이기도 했다. 그러나 성 해방이 결과적으로 여성들의 목을 조르고 있으며, 이는 페미니즘의 과실이라고 에바 일루즈는 지적한다. 급진적 페미니즘의 성 해방 담론은 여성의 감정적 차원을 보지 못하고, 약속이나 책임 없는 섹스를 가능하게 만든 토대를 제공했다는 것이다.

일루즈는 여성들이 결혼을 통해 얻었던 자기 계발의 가능성, 사회적 이동의 통로로서의 결혼의 가능성을 높이 산다. 여성들은 낭만적 사랑을 통해 경제적, 사회적으로 성공을 거둘 수 있고 자아의 인정이라는 심리적 측면에서도 지지를 얻을 수 있었으나, 페미니스트들이 가져온 성 혁명은 사랑을 안정성과 책임감이라는 '윤리'로부터 멀어지게 만들었다는 것이다. 사랑과 성의 분리로 인해 여성은 언제 사랑을 잃어

버릴지 모른다는 불안에 시달리며, 사랑을 잃어버리고 자아를 훼손당한 지금의 현실은 페미니즘에도 책임이 있다는 입장이다.

> 페미니즘과 학문 언어와 인터넷 기술은 학문의 지식 체계와 기술 그리고 계약 절차 주의라는 형식적 규칙들로 낭만적 관계의 본질을 심각하게 훼손하는 일을 거들고 말았다.[8)]
>
> 평등이라는 구호에만 집착하다가 현대의 사랑은 감정을 잃어버리고 만 것이다.[9)]

일루즈의 이러한 해석은 안티 페미니즘 담론으로 보일 정도다. 여기서 지적해야 할 것은 에바 일루즈의 페미니즘에 대한 이해가 제한적이라는 점이다. 일루즈는 제2의 물결 이후 등장한 차이와 다양성이나 젠더 수행성 등에 대해서는 논의하지 않는다. 그가 생각하는 페미니즘은 섹슈얼리티, 가사 노동, 기업 노동 등에서 남성과 여성이 동등한 권리를 인정받는 데 초점을 맞추는 운동이다. 이는 남성성과 여성성의 융합을 주장하는 지점에서도 드러난다. 일루즈가 주장하는 테라피 내러티브를 통한 남성성과 여성성의 융합은 사실상 고정된 남성성과 여성성이라는 성별 분리를 전제로, 철저히 이성애 중심적으로 이루어진다.

> 다만 여기서 주목할 점은 이처럼 경의를 표하는 행동은 그 안에 담긴 경의가 가짜여야만 에로틱한 유혹이 힘을 발휘한다는 사실이다. 권력을 가진 강한 쪽에서 이런 연기를 해야만 황홀하고 짜릿한 감정이 유도된다. 페미니즘은 이런 풍습에 담긴 에로틱한 매력을 무력하게 만들어버렸다. 페미니즘은 무엇보다 권력관계를 명확히 밝히는 일에 매진했기 때문이다. 이로써 권력을 숨기고 에로틱하게 만들던 의미의 조직은 페미니즘의 손에 한 올 한 올 풀려

---

8) 『사랑은 왜 아픈가』, 356쪽.
9) 위의 책, 358쪽.

흔적도 없이 해체되고 말았다.10)

에바 일루즈는 페미니즘을 연기performance의 즐거움을 모르는 고지식한 집단으로 일반화한다. 그녀에게 남성성과 여성성, 혹은 페미니즘은 하나로 고정된 규범적 패러다임이다. 따라서 페미니즘은 연기의 즐거움마저 해체한다. 남녀가 연기를 통해 만들어내는 에로틱한 재미를 반감시키고 사랑의 감정적 측면을 무화한다는 것이다. 하지만 이러한 분석이야말로 페미니즘의 계보와 역사를 무시하는 것이며 페미니즘이 가져온 패러다임의 변화를 수용하지 않는 태도이다.11) 이는 일루즈가 진화생물학적 설명을 비판하면서도 남성성과 여성성이 일종의 지배적 픽션일 수 있는 가능성에 대해 근본적으로 의심해 보지 않았음을 보여준다. 지배적 허구는 주체가 세계에 대해 맺는 상상적 관계로서, 주체가 허구에 기초해 자신의 삶을 실천해 나간다는 것을 의미한다.12) 남성성, 여성성이나 남성성과 여성성의 융합, 혹은 일루즈가 주장하는 대로 낭만적인 사랑의 각본을 연기하는 것 등은 지배적 허구를 젠더 차원에서 수행하는 것이라 볼 수 있는 것이다. 하지만 에바 일루즈는 수행성을 페미니즘의 차원으로 접근하지 않는다.

나는 페미니즘을 일종의 문화적 세계관, 곧 자아와 타인과의 관계를 파악하는 새로운 방식으로 관찰하려고 한다. 이는 잠정적으로 내가 가진 페미니즘

---

10) 위의 책, 359쪽.

11) "페미니즘은 무엇보다도 전통적인 성의 역할과 규범을 비판하며 남성과 여성이 권리와 의무에서 평등해야 한다고 주장함으로써 이 역할과 규범을 송두리째 흔들어 놓았다. 따라서 이 운동의 족적과 궤적은 반드시 분석되고 정리되어야만 한다. 남성과 여성의 관계에 페미니즘 운동만큼 결정적 영향을 미친 것은 따로 없기 때문이다. 물론 임상심리학과 소비문화도 여기에 한몫을 톡톡히 했다. 그러므로 우리의 분석 대상은 페미니즘 운동과 임상심리학과 소비문화가 될 것이다" 위의 책, 330-331쪽.

12) 라클라우는 이를 "총체성에 대한 의지"라고 표현하고, 실버만은 "집단적 동일화와 욕망을 조장함으로써 사회구성체를 조직하는 모순을 중립화한다. 또한 사회구성체는 통일과 동일성을 위해 지배적 픽션에 의존하고 있다"고 정의한다. Kaja Silverman, "Historical Trauma and Male Subjectivity", in *Male Subjectivity at the Margin*, London:Routledge, 1992, p.54.

의 확신을 접어두고 문화적 세계관으로서 페미니즘이 정확히 어떤 영향을 주었는지 관찰하겠다는 뜻이다.[13)]

일루즈는 자신의 입장에 대해 단서를 단다. 자신은 스스로를 페미니스트로 정체화하지만, 그 믿음과는 별개로 세계관으로서의 페미니즘의 족적과 궤적을 분석해 보겠다는 것이다. 주관과 객관을 분리하는 일루즈의 부언은 '나는 페미니즘이 필요하다고 생각하지만, 페미니즘은 사실상 학문적으로 볼 때는 다소 부분적이고 객관적이지 못한 것이 아닌가 싶기 때문에 페미니즘을 (객관적) 학문이라고 보기는 어렵다'는 식의 안티 페미니즘과 정확히 맥을 같이하고 있다. 페미니즘에 반대한다거나 페미니스트가 아니라고 말하는 것은 정치적으로 올바르지 못한 행위라고 언급하면서도, 실질적으로는 페미니즘을 학문적 엄밀함이 부족하다고 평가하는 것이다. 이는 페미니즘을 학문적 실천의 가능태가 아니라 '믿음'이나 '확신'의 범주로 설명하는 것을 통해서도 확인할 수 있다.

그는 페미니즘의 한계를 지적하면서 고전적 방식의 인정투쟁으로 돌아간다. 타자, 특히 남성으로부터 인정받기 위한 방식은 결국 대타자의 호명으로부터 자유로울 수 없다. 사회 전체를 '윤리적'으로 만들기 위해 필요한 사고이기도 하다. 따라서 일루즈의 분석은 적확하고 재미있을지 몰라도 영감을 주지는 못한다. 그의 논리는 '정상성'의 품으로 귀환한다. 제인 오스틴과 빅토리아 시대의 여자들처럼, 그 역시 제도 안에서의 '자기 계발'을 모색하기 때문이다. 제도 안에서의 '자기 계발'이 사회적 진보, 혹은 여성 삶의 질적 향상 차원에서 어떤 역할을 할 수 있을지는 조금 더 고민해 볼 필요가 있을 것이다. 이는 '사랑은 왜

13) 『사랑은 왜 아픈가』, 330쪽.

아픈가'가 여성이 남성의 인정을 바라는 이유에 대해 답하지 못하고 있는 이유와도 통할 것이다. 여성과 남성의 관계가 이성애중심주의로 연결된다면 남성에 대한 남성의 인정투쟁은 무엇으로 설명될 것인가. 현재의 설명을 따라가자면, 여성에게는 이성애가 전부이고, 남성에게는 공적 영역에서의 경쟁이 더 중요하다는 논리로 귀결될 수밖에 없다.

행복이라는 상품

에바 일루즈가 감정을 다루는 산업으로 관심사를 옮겨간 것은 자연스러운 행보다. 그는 『해피크라시』에서 미국을 중심으로 전 세계의 행복 산업을 들여다본다. 행복이 삶에서 가장 중요한 가치이며, 행복해지기 위해 노력해야 한다는 행복론은 신자유주의의 능력주의와 자기 계발론과 쉽게 결합되었다. 긍정심리학과 행복경제학은 행복을 물신적 상품으로 만들었으며, 이는 긍정 심리 치료, 자기 계발서, 컨설팅, 스마트폰 애플리케이션 등의 시장화로 이어진다. 자신의 행복을 위해 노력해야 한다는 행복 산업은 개인을 사회구조로부터 분리시키고, 철저하게 고립시키는 방식으로 이루어진다. 행복은 개인주의를 소생시키고 정당화하고 제도화했다. 일루즈는 초기작인 『오프라 윈프리, 위대한 인생』에서부터 개인의 고통을 서사화하고 이를 브랜드화하는 방식을 분석했다. 이 작업은 『근대 영혼 구원하기』와 『해피크라시』로 이어지며 치료 요법이나 자기 계발론이 사회구조에 미치는 영향을 살피는 작업으로 이어진다.

에바 일루즈를 대표적인 사회학자로 자리매김하게 한 『감정 자본주의』에서 그는 감정의 사회적 역동을 분석하고, 비사회적이라고 여겨지는 감정이 어떠한 사회적 효과를 발생시키는지를 분석했다. 이러한 그의 작업으로 인해 일루즈는 '사랑의 사회학자'라고 불렸지만, 실제로 그가 초점을 맞춘 것은 감정을 사회적으로 상품화하는 방식이다. 그런 측면에서 일루즈는 앨리 러셀 혹실드Arlie Russell Hochschild의 『감정노동』이나 『나를 빌려드립니다』 등의 저작과 함께 논의되어야 한다. 혹실드가 노동사회학의 측면에서 감정노동이라는 개념을 궁구하거나 사랑과 연애, 출산 등의 사적 영역을 시장화하는 문제에 대해 지적했다면, 일루즈는 사랑, 행복 등의 감정의 사회적 구조를 살핀다. '행복하라'는 정언 명령이 시장 자본주의와 결합해서 개인의 '계발'을 촉구하는 현상을 살펴본 것이다. 관점은 다르지만, 현대사회를 감정의 상품화라는 지점에서 분석하고 있다는 점에서 공통점을 갖는다.

일루즈를 활용하여 우리는 한국 사회를 들여다볼 수 있다. 자기계발서와 유사한 에세이 시장은 한국 출판계에서 오랫동안 인기를 끌었다. 백세희의 『죽고 싶지만 떡볶이는 먹고 싶어』(흔, 2018)와 같은 에세이는 해외에도 번역되어 인기를 끌 만큼 화제가 되었다. 자신의 우울증이나 폭식증 등과 같은 정신질환을 소재로 한 책이나 브이로그 역시 여러 플랫폼에서 인기를 끌고 있다. 자신의 질병이나 고통을 공유하고, 질병과 함께 생활하는 모습을 보여주는 방식이 대중으로부터 인정받는 것이다. 행복함에 대한 추구나 행복해지기 위해 지금 노력하고 있다는 식의 메시지를 발신하지 않더라도, 이들의 글이나 영상에는 행복한 상태에 대한 대조가 포함되어 있다. 어떤 것이 행복한 삶인가, 지금 나의 삶은 행복한 삶과 비교해서 어떤 상태인가를 질문한다. 구독자들은 이들의 이야기를 통해 질병에 대한 정보를 얻기도 하고 삶의 방식을 재조정하기도 한다. 상담이나 치료 프로그램을 권하기도 하지만, 그저 담담히 자신의 삶을 노출하는 방식도 많다. 정서 상태에 대한 공유와 이를 바탕으로 한 공감이 이 시대의 주요한 소통 방식이 되는 것이다. 이러한 측면은 한국식 감정사회학으로서 살펴볼 수 있는 부분이다. 행복 대신 우울과 자조 등의 이야기에 공유하고 공감하는 것은 한국적인 현상이기도 한 것이다.

참고 문헌

에바 일루즈, 『오프라 윈프리, 위대한 인생』, 강주헌 옮김, 스마트비즈니스, 2006.

_________, 『감정 자본주의』, 김정아 옮김, 돌베개, 2010.

_________, 『왜 사랑은 아픈가』, 김희상 옮김, 돌베개, 2013.

_________, 『사랑은 왜 끝나나』, 김희상 옮김, 돌베개, 2020.

_________, 『근대 영혼 구원하기』, 박형신 외 옮김, 한울, 2023.

에바 일루즈·에드나르 카바나스, 『해피크라시』, 이세진 옮김, 청미, 2021.

다나 카플란·에바 일루즈,, 『섹스 자본이란 무엇인가』, 박형신 옮김, 한울, 2022.

Kaja Silverman, *Male Subjectivity at the Margin*, London: Routledge, 1992.

에이드리언 리치
Adrienne Rich

반여성주의에 맞서 다시 읽는 급진 여성주의

박미선
한신대 영미문화학 교수. 현대미국문학, 페미니즘 이론, 퀴어 이론을 연구하고 가르친다.

이 글의 원문은 『여/성이론』 22호(2010)에 실려있다.

에이드리언 리치:
반여성주의에 맞서 다시 읽는 급진 여성주의

현대 미국 시인인 에이드리언 리치Adrienne Rich(1929-2012)는 글쓰기를 통해서 액티비즘을 실천한 여성주의 이론가다. 1960년대 발흥한 급진적 여성운동에 적극적으로 참여했던 리치의 활동은 현대 여성주의 이론사의 초기 국면에서 여성들의 목소리를 내는 행위 자체가 액티비즘이라는 점을 예증한다. 리치에게 이러한 글쓰기 액티비즘의 출발점은 "다시보기re-vision"이다. 1971년에 쓴 유명한 논문 「우리가 죽을힘을 내어 각성할 때*When We Dead Awaken*」에서 리치는 "다시보기"란 "새로운 눈으로 과거를 다시 보는 행위, 낡은 텍스트를 새로운 비판적 방향에서 헤집고 들어가 다시 보는 행위"라고 정의한다. "다시보기"는 여성들에게 전체 "문화사에서 한 장 이상"을 의미하며 개인적 집단적 "생존을 도모하는 행위"이다. 또한, "정체성 탐색" 이상의 의미를 지니는 "다시보기"는 "남성이 지배하는 사회가 여성들에게 강요하는 자기파괴를 거부하는" 출발점이자 여성들이 긍정적으로 "자신을 이해하려는 창조적 욕망"이다.1)

이 글은 현대 여성주의의 초기 국면인 급진 여성주의를 다시 살펴보면서 리치가 현대 여성주의 이론에 제시한 중요한 시각, 분석틀, 개념들을 1960년대에서 1980년대 중반까지 전개된 현대 여성주의 이론사의 맥락에서 역사화하여 비판적으로 정리한다. 현재 우리가 수행 중인 여

1) Adrienne Rich, *On Lies, Secrets, and Silence: Selected Prose 1966–1978* (New York: Norton, 1979), p. 35. 앞으로 본문에서 이 책에서의 인용은 괄호 안에 LSS로 축약하여 해당 면수만 표기함.

성주의 이론과 실천에 리치의 작업이 던져주는 통찰이 무엇인지, 현재 우리의 이론 작업을 위해서 어떤 지점에서 리치의 논의가 지닌 한계를 뛰어넘어야 하는지를 살펴본다. 이 글에서 필자는 리치를 20세기 후반 미국에서 일어난 급진 여성주의 운동과 실천의 구체적인 양상을 보여주는 역사적 인물로 접근하면서 리치의 이론 역시 특정한 역사적 국면에서 나온 것임을 강조한다. 리치의 이론을 역사화하여 접근하는 까닭은 서구에서 전개된 이론에 대한, 특히 이 글에서 소개할 리치의 이론에 대한 "보편주의적" 독법을 막기 위해서이다. 지금 여기, 우리 역시 지난 50여 년간 축적되어 이제는 역사를 지니게 된 현대 서구 여성주의 연구의 여러 전통과 서로 영향을 주고받으며 작업해 왔다. 1960년대 이후로 전 지구적으로 전개된 다양한 여성주의 이론과 실천에 공통되는 전통은 아마도 사회변혁을 급진적으로 상상한 점일 것이다. 역사적 맥락과 (불)연속성을 염두에 두고 필자는 이 글에서 역사적 맥락을 중시하는 독법을 통해 리치가 제시한 급진적 변혁의 상과 지금 여기 우리 시대와 사회를 사유하는 우리의 작업과 연결점을 모색한다.

급진 여성주의 활동가 리치의 초기 이론

리치가 말한 "다시보기"는 1960년대 후반에서 1970년대 초반에 급진적 여성운동 및 이에 힘입어 활발하게 전개된 여성주의 연구의 발흥이라는 역사적 맥락에서 나왔다.2) 실로 리치는 이러한 역사적 맥락을 체현한 여성주의 이론가들 중 한 사람이다. 1950년대에 리치는 여성해방운동을 고대하며 시를 썼다. 리치는 20대 초반에 결혼을 하고 서른

2) 미국 급진적 여성운동의 역사를 자세히 다룬 책은 다음을 참조. 앨리스 에콜스, 『나쁜 여자 전성시대: 급진 페미니즘의 오래된 현재, 1967~1975』(유강은 옮김, 이매진).

이 되기 전에 세 아이의 어머니가 되었다. 시인이면서도 어머니/아내인 리치는 1950년대를 이렇게 기술한다(LSS 42-43). 당시 조금씩 보이기 시작한 여성주의적 움직임에 대해서 중산층 여성들은 전업주부로서 완벽한 가정을 경력으로 추구하였으며 그로 인해 여성들의 삶은 극도로 사적인 것이 되었다. 여성들은 결혼 생활에 충성을 바치느라 서로 고립되어 있었다.[3] 이런 상황에서 리치는 어머니/아내로서 자신이 배은망덕하고 만족할 줄 모르는 여성, 그러므로 괴물은 아닌가 자책하며 자기혐오와 죄의식에 빠지곤 했다. 결혼 생활과 육아를 통해서 처음으로 자신을 여성으로서 경험하기 시작했다고 고백하는(LSS 44) 리치는 자신의 내적 온전성을 유지하기 위해 시를 쓴다. 리치는 1951년부터 여성주의적 목소리를 분명하게 내고 있는데,[4] 리치의 시를 보면 여성에게 의식의 분열을 강제하는 현실의 변화를 상상하는 작업은 결코 망상도 아니고 수동적인 행위도 아니라는 점을 분명하게 느낄 수 있다.

슐라미스 파이어스톤, 앤 코에트를 위시하여 여성들이 여성해방운동 단체를 조직하고 1969년과 1970년에 급진 여성주의 선언문[5]을 발표하자 리치는 이를 급진적 사회변혁의 가능성으로 여기면서 1970년에 여성해방운동에 적극 합류한다. 또한, 토니 케이드 밤바라를 위시한 흑인 여성들이 1970년에 출판한 『흑인 여성*The Black Women: An Anthology*』, 그리고 같은 해 8월 26일 "평등을 요구하는 전미 여성 파업"도 리치가 여성해방운동에 적극적으로 참여하는 데 큰 영향을 미친다. 뉴욕에서 수천 명의 여성들이, 샌프란시스코에서 2천여 명의 여성들이, 보스톤에서 5천여 명의 여성들이 이 시위에 참여했다. 당시 버몬

3) 1950년대 미국에서 여성해방운동의 태동과 당시 여성들의 삶을 여성의 시각에서 자세히 기록한 대표적 문헌을 보려면, 베티 프리단, 『여성의 신비』, 김현우 옮김, 이매진, 2005를 참조.

4) 1951년에 출판된 리치의 시집 제목은 『세상의 변화(*A Change of World*)』이다.

5) 이 선언문들은 다음을 참조. 한우리 기획, 『페미니즘 선언』(현실문화).

트주의 시골에 있던 리치는 이 시위가 강조한 여성들의 연대와 힘 기르기에 동조하면서 "여성해방"이라는 구호를 여성으로서 자신의 삶과 여러 다른 여성들의 삶을 설명하는 데 적합한 구호라고 규정한다.

당시 "페미니스트"라는 용어는 폄하와 경멸의 의미로 사용되었지만 리치는 "페미니즘"을 "신선하고 긍정적인" 사회변혁의 활동으로 재정의한다.[6] 리치는 자신이 급진 여성주의자라고, 곧이어 레즈비언 여성주의자라고 공언한다. 1970년대 초반 (남성중심적인 여러 사회 변혁 운동에 비판적 거리를 둔) 독립적 여성 혁명 운동 혹은 자율적인 여성운동으로 발흥한 급진 여성주의의 맥락에서 보자면, 리치가 스스로를 레즈비언 여성주의자로 정체화한 것은 1) 당시 여성운동의 토대이자 전략으로서 여성운동의 자율성을 강조한 행동이자 2) 여성주의자들을 "남성혐오자"로 낙인찍으면서 여성들에게 이성애중심주의에의 순응을 강요하는 젠더 이데올로기에 맞서려는 정치적 행동이었다(BBP, viii).

리치는 이러한 자기 정의가 지니는 정치적 함의를 1980년의 명논문 「강제적 이성애와 레즈비언 존재Compulsory Heterosexuality and Lesbian Existence」에서 이론적으로 정교화한다. 여기서 더 나아가, 1984년에 출판된 글 「위치의 정치학Notes towards a Politics of Location」에서 리치는 섹슈얼리티의 차이뿐만 아니라 인종, 계급, 종교, 국적 등에 따른 여성들 간의 차이에 대한 인식과 상호 긍정에 기반한 여성주의 이론의 정치의 출발점을 정교화한다. 이 두 글은 미국의 여성주의 이론과 실천의 이성애중심적 편향과 백인중심적 편향을 통렬하게 성찰한 선구적인 글로서 출판되자마자 1980년대 여성주의 이론과 1990년대 퀴어 이론의

6) Adrienne Rich, *Blood, Bread, and Poetry: Selected Prose 1979-1985*, New York: Norton, 1986, pp. vii-ix. 리치가 자신의 여성주의 활동 20여 년을 회고한 글은 이 책의 서문을 참조. 앞으로 본문에서 이 산문집의 인용은 괄호 안에 BBP로 축약하고 해당 면수만 표시함.

발흥에 커다란 영향을 미친다.

1966년부터 1978년까지 쓴 에세이들을 모아 출판한 첫 산문집 『거짓말, 비밀, 그리고 침묵』에서 리치는 여성해방운동과 급진 페미니즘을 배경으로 여성들의 개별 일상과 집단적 역사에 언어와 전통을 부여한다. 이 산문집에서 리치의 주요 관심사는 "우리는 어떻게 세상으로 하여금 우리들 여성의 운동을 인식하게 할 것인가"이다(LSS 9). 여성들의 삶과 경험을 기록한 여성주의 전통은 근대 초기부터 존재해 왔지만, 여성이 쓴 여성에 관한 문헌들 대부분은 앞선 여성들과의 뚜렷한 참조점이나 준거틀 없이 쓰여지고 읽혀졌다. 이러한 역설은 1960년대와 1970년대 전반기에 이론 작업을 한 서구의 여성들이 남성중심적 담론체계에서 잊혀지거나 침묵되어 온 앞 세대 여성들의 글을 재발견하고 그녀들의 역사적 사회적 존재를 서로 연결함으로써 여성들의 역사를 재구성해야 했음을 뜻한다.

서구 현대 여성주의 이론사의 초기 국면에서 (특히 영미) 여성주의가 여성을 둘러싼 재현의 젠더정치를 비판하면서 다른 한편으로는 여성(문학)의 계보와 전통을 수립하는 데 몰두한 것도 바로 이 역설 때문이었다. 그리고 이러한 전통과 계보의 수립은 급진 여성주의 발흥 이후 "여성주의가 뒤흔든 20년"이라 불리는 1970~80년대 여성주의 연구의 토대이자 동력이 된다. 회고적으로 보자면, 전 지구적으로 다양하게 전개된 현대 여성주의에 공통된 전통은 묻히고 잊혀져 간 앞 세대 여성들을 역사적 주체로 재발견하기, 여성에게 강요되어 온 침묵을 깨기, 자신의 언어를 만드는 것이라 할 수 있다. 재발견이란 기존의 규정과는 다른 이름과 의미를 부여하는 행위이다. 첫 산문집에서 리치는 여성들의 문화, 역사, 전통을 재발견하는 여성 중심적 이론의 중요성을 강조하면서 여성주의자들이 해야 할 일을 이렇게 지적한다. "묻혀지거나 잘못 읽혀진 여성들의 역사를 발견하려고 노력하면서 우리는 두 과제를 동시에 한다. 과거에 대해서 새롭게 질문하고 다시 탐구하며 현재의 지적 이해관계와 공적 수단을 인간화해야 한다"(LSS 126). 여성 중심적 시각에서 다시보기로 시작되는 여성주의 이론 작업의 궁극적 목적은 "평등이 아니라 전적인 변혁"이다(LSS 229).

변혁을 위한 다시보기 작업은 공적 영역에서뿐만 아니라 "사적인" 영역으로 간주되는 일상을 여성의 입장에서 분석하는 작업으로 이어진다. 리치는 여성에게 수동성을 강요하는 문화는 남성 중심적 폭력을 그 핵심으로 하는 문화이기도 하다고 지적한다. 이렇게 제도적이고 체계적으로 "조작된 수동성의 문화"와 달리 실제 여성들의 삶은 능동적인 여성의 문화가 존재했음을 보여준다(LSS 12-13).[7] 리치는 폭력을 핵심으로 하는 가부장체제의 문화에 맞서 여성주의적인 새 시대로의 전환을 촉발하기 위해서 "모든 것을 의문에 부쳐보자"고 제안한다. 다시 질문하는 행위는 "심지어 언급조차 하지 못하도록 금지되어 온 것이 무엇인지를 기억하는 것, 여성들이 함께 모여서 서로의 이야기를 하는 것, 새롭게 보고 여성들 자신이 스스로를 설명하는 것", "행간을 읽으며 상징과 재현을 꼼꼼하게 관찰하는 것, 과거의 여성들이 우리에게 남겨준 어렵고도 복잡한 메시지를 해독하는 것"이다(LSS 13-14). 여성들이 정말로 다시 묻고 다시 보아야 할 것은 "사랑"이라는 말, 사랑을 둘러싼 이데올로기라고 리치는 제안한다(LSS 47).[8]

---

7) 리치와 동시대인 급진 여성주의 신학자 메리 달리 역시 리치의 지적에 공명하면서 이렇게 "조작된 수동성"은 알고 보면 "그 뿌리에서부터 남성들의 수동성(radical passivity of men)"을 뒤집어 여성에게 투사한 것이라고 언급한다. 자세한 내용은 다음을 참조, Mary Daly, *Gyn/Ecology: The Metaethics of Radical Feminism*, Boston: Beacon Press, 1978.

8) 이와 유사하게 도나 해러웨이 역시 『유인원, 사이보그, 여성』에서 여성주의를 "사랑에 관한 정치적 입장"이라고 정의한다.

급진적 여성주의 활동가답게 리치는 성을 통한 억압을 계급을 통한 억압만큼이나 중요하다고 보면서 여성들 사이의 보편적 자매애를 강조한다. 1970년대 초에 여성해방운동을 둘러싸고 가부장적 미디어의 반격과 더불어 반여성주의자antifeminist로 자처하는 여성들도 목소리를 내기 시작한다. 이에 리치는 여성들을 "제 2의 성"으로 규정한 시몬느 드 보부아르의 논의에 공명하면서 "여성주의는 반드시 모든 여성들과 상상적 동일시를 해야 한다. 여성들은 이러한 상상의 행위를 가능한 한 멀리 확장해야 한다"고 주장한다(LSS 71).

여성들의 연대("자매애")를 강조하기 위해 리치는 가부장체제를 분석하고 이어 모성을 탐구한다. 가부장체제란 "남성이 지배권력을 쥐고서 여성이 어떤 역할을 행사하고 행사해서는 안 되는지를 결정하는 집단조직체"를 지칭하며 이 체제는 "여성들에게 부과되는 능력을 주로 신비한 것, 미학적인 것과 연결하면서 여성들이 가부장적·정치적 영역에 진입하지 못하도록 배제한다"(LSS 78). 또한, "가부장제의 핵심에는 개별 가족 단위가 있으며" 가족 제도를 통해서 여성은 "남성의 사적 소유"에 종속되고 남녀의 성별분업은 남성성, 여성성 이데올로기를 통해서 정당화된다(LSS 78-80). 가부장체제에서 남성의 능력("남성성")은 "다른 사람의 인격과 몸을 대상화하는 것"인데, 이를 뒷받침하는 것이 바로 "일상적으로 체계화된 강간의 문화"이다(LSS 110). 이러한 문화는 필연적으로 여성들의 내면에 자기 폄하, 여성 경멸, (자신을 억압하는 체계에 대한) 잘못된 공감과 사랑 중독을 "정상적인" 것으로 양산한다. 이에 대해 리치는 사회변혁뿐만 아니라 자기 변혁의 중요성을 강조한다. "우리 세대의 여성운동은 실로 단순히 제도만이 아니라 우리들 자신을 변혁할 것을 요구한다"(LSS 111).

이중의 변혁을 위한 분석: "경험과 제도로서 모성"

급진 여성주의가 주창한 자기 변혁과 사회변혁이라는 이중의 변혁은 여성의 몸에 대한 통제 및 이데올로기적 담론적 억압과 밀접한 관련이 있다. 여성 억압은 여성의 몸을 둘러싸고 일어나며 신체적 특징을 불변의 본질(소위 "자연")로 간주함으로써 정당화되고 여성들을 "사적인" 영역에 따로따로 고립시킴으로써 유지되기 때문에 여성해방은 사회변혁만으로 달성되지 않는다. 여성주의 제2물결 시기에 쏟아져 나온 수많은 문헌들을 보면, 이러한 이중의 변혁은 여성들이 소위 "사적" 영역에서의 고립을 깨고 다른 여성들과 솔직한 대화를 나누는 것으로 촉발되었다. 그리고 이 시기에 여성들이 서로와 나눈 "사적인" 이야기는 곧 여성들의 글쓰기를 통해서 공적인 담론이 될 운명이었다. 제2물결 시기에 여성들이 나눈 "사적인" 대화의 "운명"과 이중의 변혁을 위한 분석이 행해진 방식을 가장 잘 보여주는 문헌들 중 하나가 리치의 『여성에게서 태어난: 경험과 제도로서 모성』이다.[9]

자서전이기도 한 이 책은, 1950년대부터 미국 사회에서 널리 유통된 어머니 이미지와 가족제도, 그리고 실제로 어떤 한 여성(시인)이 겪은 어머니 되기의 경험이 서로 얼마나 배리되는지를 잘 드러낸다. 여성의 경험을 중심으로 모성을 가부장체제라는 권력 틀과 연결하여 분석한 여성주의 이론서인 『여성에게서 태어난: 경험과 제도로서 모성』은 1) 1950년대부터 1970년대 미국 사회에서 여성들의 삶을 보여주는 역사 문헌이자 2) 1970년대에 여성주의 이론가들이 어떤 방식으로 여

9) Adrienne Rich, *Of Woman Born: Motherhood as Experience and Institution*, New York: Norton, 1976. 국역판 『모성의 신화에 대한 반성: 더 이상 어머니는 없다』(김인성 옮김, 평민사). 본문에서 이 책의 인용은 국역본을 사용하며 괄호 안에 『모성』으로 축약하고 해당 면수만 표기함. 인용문 중 일부는 필자가 수정한 번역임.

성주의적 지식생산을 했는지를 보여주는 문헌, 즉 현대 여성주의 이론사의 초기 국면을 보여주는 역사적 문헌이기도 하다.

리치의 『모성』은, 베티 프리단이 "여성의 신비"라고 지칭한 바 있던, 1950년대와 60년대 미국에 팽배했던 중산층 "현모양처" 이데올로기를 뚫고 나온 목소리이다. 1950년대와 60년대 미국 사회는 "가족 중심적이고 소비지향적이며 프로이트 심리학에 젖어있었으며"(『모성』 24), 미국판 현모양처 이데올로기로 인해 많은 여성들이 "직업: 가정주부"를 자랑스럽게 적던 시절이었다. 어머니임을 행복해 하라고 우기는 상황에서 리치는 어머니로서 자신이 느꼈던 고통스러운 죄의식과 분노를 분석한다. 리치는 이 책의 서두에서 "모성이 여성주의 이론에서 중요하면서도 아직 미개척의 영역이기 때문에 모성에 관한 책을 쓰려고" 했으며 이것은 "고통과 분노로 되돌아가는 것을 의미했다"고 적고 있다(『모성』 12). 시인이기도 한 리치는 어머니 노릇, 온갖 살림 노동으로 인해서 끊임없이 시를 쓰는 일에 훼방을 받아야 하는 상황이 주는 분열과 분노의 감정을 들여다본다. 리치의 자기관찰과 분석은 어머니가 아닌 여성들에게도 큰 공명을 줄 정도로 찬찬하고 강력하다. 자신이 "못된" 어머니는 아닌가 하는 자책과 죄의식을 털어놓는 부분이나, 이 문제가 개인적 문제에 국한되지 않고, 문화적 경험 및 정서 구조의 문제이자 사회적 구조의 문제임을 분석하는 부분은 오늘날에도 여전한 감동과 울림이 있다.

리치가 가부장체제에서 당연시되는 모성, 여성들이 실제로 경험하는 모성을 분석하기 위해 어떤 자료들을 사용하여 이론화하는가를 보자. 모성을 분석하려는 리치는 이 기획의 초반부터 어려움에 봉착한다. "우리는 평생 [어머니로서] 이 경험의 자취를 가지고 있으며 심지어 죽을 때까지도 그것을 지닌다. 그럼에도 불구하고 우리가 모성을 이해하고 활용하도록 도와줄 만한 자료가 기묘할 정도로 부족하다"(『모성』 7). 리치는 근대 초기부터 1970년대 사이에 출판된 역사서, 의학서(특히 산부인과학), 심리학 서적, 마르크스주의 문헌 등 방대한 문헌을 찾아보았지만 대부분의 연구가 자신이 어머니로서 실제로 경험한 모성은 전혀 설명해 주지 못하는 남성중심적 모성 이론임을 발견한다.

리치는 자신의 경험과 시각에서 모성의 두 가지 의미를 구분한다. 여성들에게 부과되는 사회적 역할로서 모성은 제도이다. 그렇지만, 이 제도 안에서 여성들이 모성을 수행하면서 실제로 겪는 경험은 이 제도가 유통시키는 전형적인 어머니 이미지와는 모순적인 양상을 띤다. 모성의 이 두 의미를 살펴보자면, 하나는 어떤 여성이든 자신의 출산능력과 자녀에 대해서 맺는 잠재적인 관계이고, 다른 하나는 제도인데 이 제도는 그 잠재성(과 모든 여성들)을 남성의 통제하에 안전하게 남겨두는 것을 목표로 한다. 이 제도야말로 가장 다양한 사회적 정치적 제도의 핵심이었다. 이 제도 때문에 인류의 반 이상이 자신의 인생에 영향을 미치는 결정을 스스로 내리지 못했다. 이 제도에서 남성은 진정한 의미의 아버지다움에서도 면제된다. "사적" 생활과 "공적" 생활을 위험하게 분리시킨 것도 이 제도다. 이 제도는 인간의 선택과 잠재성을 화석화한다. 이 제도가 만든 모순 중에서도 가장 근본적이고 당황스럽게 하는 것은 우리를 그 제도 속에 가둠으로써 여성들을 그 육체로부터 소외시켰다는 것이다. 여성들은 육체에 얽매임으로써 통제당한다 (『모성』 9).

위 인용문은 모성은 자연 그 자체가 아니라 역사가 있으며(즉 인위적으로 제도화된 것이며) 그렇기 때문에 특정 이해관계에 유리한 이데올로기가 적재된다. 여성들의 재생산 능력을 남성들이 규율하는 것이야말로 가부장체제에 필수적이다.

어머니가 되는 것은 많은 여성이 겪는 과정이기도 하지만 그렇다고 그것이 모든 시대에 걸쳐서 항상 여성의 정체성이자 운명인 것은 아니다. 리치는 모성이라는 제도와 모성의 경험이 서로 괴리되는 지점이야말로 여성주의 분석이 파고들어야 할 지점이라고 본다. 많은 여성 작가들 역시 술회한 바 있듯, 리치에게도 오랜 세월에 걸친 어머니 노릇은 그녀 존재의 충일성과 온전함을 부정하게 하는 것이기도 했다. 여성을 성적으로 매력적인 존재와, 무조건적인 사랑을 퍼주는 어머니로 나누는 허구적 이데올로기 안에서, 헌신적인 어머니의 모습을 조금이라도 벗어나면 가혹한 시선과 비난을 퍼붓는 가부장체제의 문화는 "어머니에 대한 공포matrophobia"를 널리 그리고 깊숙이 퍼뜨린다(『모성』 292).

여성의 육체야말로 가부장체제가 세워진 토대라면 어머니로서 "여성이 느끼는 분노는 모성이라는 제도를 위협한다"(『모성』 53). 모성 제도와 모성 경험의 간극이야말로 여성들의 육체성을 통제당해야 할 운명이 아니라 자원으로 볼 수 있게 해 주는 지점이며 이 지점은 분노를 인식하고 긍정할 때 발견된다. 이것은 리치가 모성을 이론화하면서 자신의 일기장을 이론화의 중요한 자료이자 근거로 사용한 이유이기도 하다. 리치는 또한 잊혀진 여성들의 문헌을 발굴하여 활용한다. 리치가 『모성』에서 참조한 여러 문헌을 보면, 여성주의 문헌이 아직 축적되지 않았던 1970년대 초반부에 수행된 여성주의 이론화 작업은 여성 자신의 경험, 앞선 여성들의 재발견, 그리고 여전히 극소수인 동료 여성들과(의 글을 통한) 대화가 큰 원천이자 동력이라는 점을 보여준다.

모성에 대한 리치의 분석은 광범위한 문헌들이 여성들의 경험적 현실에 대해서 침묵한다는 관찰에 기반하여, 그리고 모성 제도 안에서 느끼는 모순적인 감정들과 분노에 천착함으로써 모성이 근본적인 수준에서부터 변혁되어야 할 제도라는 점을 강조한다. 여성주의는 여성들을 역사의 주체로 재규정하는 데서 출발하고 희생자가 되기를 거부하는 데서 시작된다. "여성에게서 태어난"이라는 『모성』의 큰 제목은 리치의 여성관을 압축적으로 보여준다. 서구의 남근 이성 중심적 세계관은 모든 남성도 여성에게서 태어난 존재라는 점, 여성에게 다른 인간을 낳을 수 있는 능력이 있다는 점, 그리하여 인간의 기원이 여성인 타인이라는 점을 부정하고자 하는 정치적 무의식의 한 결과이기도 하다. 남근의 가장 빈번하고도 강력한 은유인 펜(글쓰기)은 여성의 자궁, 어머니 능력을 대체했다. 물질적 지배를 달성하고 시간과 역사를 점유함으로써.

리치는 모성이 여성에게는 처벌과도 같은 종속이었지만 이제는 이 종속을 유지할 필요가 없다고 제안한다. 어머니로서 여성들이 매우 사적이고 때로 고통스러운 경험을 나누려는 의지야말로 여성들로 하여금 정말로 우리들의 세상이 될 그런 세계를 집단적으로 설명할 수 있는 가능성을 열어준다는 것이다. 이러한 가능성을 열어젖히기 위해서 리치는 급진 여성주의 운동이 강조했던 여성들 사이의 자매애는 필연적으로 어머니와 딸의 관계를 탐색하는 작업을 거칠 수밖에 없음을 지적한다(『모성』 278). 고대로부터 리치가 『모성』을 쓰던 때까지도 거의 모든 문헌에서 "딸은 거의 존재하지 않았"고 어머니와 딸의 관계는 "가부장체제의 역사 서술에서 최소화되고 사소한 일로 치부되어 왔"으며 어머니와 딸의 상호 소외적인 관계야말로 "진정한 여성 비극"이기 때문이다(『모성』 279, 295).[10)]

10) 어머니와 딸 관계에 대한 리치의 자세한 분석은 『모성』 9장을 볼 것. 어머니-딸 서사는 1970년대와 1980년대 미국 여성문학에서 반복적으로 등장한다. 이 시기의 어머니-딸 서사는 대체적으로 여성인물들이 여성으로서 자아 정체성을 확립하는 과정은 종종 어머니의 (임박한) 죽음에 직면하여 자기

여성주의 내부에 만연한 침묵에 대한 개입: “강제적 이성애”

가정에 매이지 않은 여성, 이성애와 출산의 법칙을 따르지 않는 여성들은 남성 헤게모니를 심각하게 위협하는 존재로 간주된다. 『모성』 이후 리치는 이러한 “위험한” 여성들, 특히 레즈비언 존재를 둘러싼 침묵이 1970년대 여성주의 연구에서도 끈질긴 패턴으로 지속된다는 점을 관찰하고 이에 적극적으로 개입한다. 「강제적 이성애와 레즈비언 존재」가 바로 이러한 개입의 대표적 산물이다. 이 글은 또한 여성 섹슈얼리티 논의의 장을 활짝 열어젖힌 획기적인 논문이다.[11] 1970년대 후반에 여성 섹슈얼리티를 둘러싸고 여성주의자들과 레즈비언 사이에 맹렬한 논쟁이 있었으며 이 논쟁은 여성들 사이에 씁쓸한 분할선을 강화하였다. 특히 사도마조히즘과 포르노그래피, 섹슈얼리티가 권력과 고통과 연결된다는 점을 둘러싸고 여성들이 느끼는 분노와 공포는 현실적임에도 불구하고, 리치가 보기에 이 논쟁은 발언자 자신만이 옳다는 식의 단순한 구도로 전개되었다. 리치는 이렇게 개입한다. “이성애 여성주의자들이 변혁을 달성하게 하는 정치적 힘은 이성애를 요구하는 이데올로기에 비판적인 견지를 취함으로써 나올 것이다. 레즈비언들은 이성애중심주의 이데올로기와 이성애중심주의를 토대로 하는 제도들로부터 아무런 영향을 받지 않는다는 식으로 생각해선 안 된다”(BBP 25).

자신을 다시 이해하기 위해서 여성으로서 어머니의 전체 삶을 처음으로 이해하는 과정을 통과해야 한다는 점을 공통적으로 보여준다.

11) 리치의 이 글은 원래 1978년에 여성주의 저널인 『사인(*Signs*)』지가 섹슈얼리티로 특집 토론을 열자 정치평론 형태의 짧은 글로 쓰여졌다가 1980년에 같은 저널에 완성본으로 출판된다. 이 글이 출판되자마자 이에 공명하여 여성 섹슈얼리티를 더욱 심층적으로 논의한 책은 Ann Snitow et al. eds. *Power of Desire: The Politics of Sexuality* (Monthly Review Press, 1983). 이 글은 또한 훗날 게일 루빈, 모니크 위티그, 주디스 버틀러 등을 위시하여 여성주의 섹슈얼리티 이론 작업에도 큰 영향을 미치게 된다. 2000년 이후 탈여성주의의 부상의 맥락에서 그간의 여성 섹슈얼리티 논쟁을 재정리하면서 레즈비언 섹슈얼리티와 남성 동성애에 대한 권력 불균형을 논의한 흥미로운 글은 타니아 모들스키, 『여성 없는 페미니즘』(노영숙 옮김, 여이연) 7장을 참조.

이성애에 대한 (구조적) 강제와 (학습된) 강박이야말로 먼저 이해되고 분석되어야 할 사항이다. 리치는 여성들의 삶을 연구하는 데 중요한 주제는 이성애중심주의에 대한 저항이라는 점을 강조한다. 리치가 저항을 강조하는 까닭은 여성주의 사상에서 레즈비언 문헌이 존재한다는 점을 인정하는 것으로 충분하다고 보는 여성주의 판 구색 맞추기 정치를 비판하기 때문이다. 상징적 포섭의 정치는 레즈비언의 존재를 인정해 주는 척함으로써 다시 레즈비언의 존재에 대해 침묵한다. 이에 맞서 리치는 레즈비언 존재를 역사적 현실이자 여성들의 힘 기르기를 돕는 강력한 지식의 원천으로 보아야 한다고 주장한다. 또한, 남성 동성애와 여성 동성애를 규율하는 권력이 매우 다르게 작동한다는 점을 강조한다.

리치는 이성애가 문화적 구성물임을, 그러므로 선택 사항이 될 수 있다는 점을 인식해야 한다고 역설한다. 규범으로 통용되는 이성애의 정치 경제를 남성 권력의 원천으로 검토하는 작업이 필요하다. 이러한 검토 작업에는 게이와 레즈비언 섹슈얼리티를 둘러싸고 비대칭적으로 벌어지는 성 정치를 살펴보면서 레즈비언 섹슈얼리티를 근본적인 층위에서부터 긍정하여 이론화하는 작업이 포함된다. 리치는 우선 1970년대 쏟아져 나온 여성주의 연구들을 광범위하게 살피면서 레즈비언을 둘러싼 침묵과 맹안이 작동되는 문헌을 조목조목 거론한다.[12] 꼼꼼한 문헌 리뷰를 통해 리치가 발견한 바는 이성애를 당연한 것으로 가정하는 것이야말로 당시 여성주의 사상의 말 없는 토대를 이룬다는 점이다. 이것은 이성애가 매우 강력한 이데올로기임을 역설적으로 보여준다.

---

12) 리치가 비판하고 있는 여성주의 문헌 목록을 보려면 BBP 26-35를 볼 것. 여러 문헌들 중에서 리치가 대표적인 예로 조목조목 비판하는 이론가는 진 베이커 밀러, 도로시 디너스타인, 특히 낸시 초도로우이다.

이성애중심주의가 여성주의 내부에서도 강력하게 작동한다는 점을 비판하면서 리치가 제시한 "강제적 이성애"라는 용어는 이성애를 가부장체제의 토대이자 제도로 보는 분석적 지평을 열어주었다. 이성애는 "자연적인" 것으로 "강제"되는 것이다. 남성 권력은 바로 이러한 "강제적 이성애"에 토대를 둔다. "남성 권력은 다른 무엇보다도 여성들에게 이성애를 강요하는 힘으로서 스스로를 드러"내며 이러한 강요는 "꽤나 분명한 강박의 형식을 띤다. 우선은 물리적 강제를 통해서, 그다음으로 의식의 통제를 통해서"(BBP 39). 리치는 여성주의 법학자인 캐서린 매키넌Catherine McKinnon과 여성주의 사회학자인 캐슬린 배리Kathleen Barry의 연구를 참고하면서13) 다음과 같이 주장한다. "방식과 정도에서 서로 다르기는 하지만, 여성들은 모두 성 노예 제도, 즉 강제적 이성애의 피해자이다"(BBP 46). 리치는 성매매, 가정에서 딸에게 성폭력을 휘두르는 아버지, 남편이 아내에 대해 휘두르는 폭력, 이성애 로맨스 이데올로기, 남성의 성적 충동은 통제되지 않는다고 우기는 이데올로기 등의 문제를 거론하면서 이성애가 여성들에게 강제되는 제도라는 점을 강조한다. 그래서 레즈비언을 투명 인간으로 안 보이게 만들거나 주변적인 것으로 간과하는 여성주의 연구와 이론은 여성해방과 힘 기르기를 저해하는 것일 뿐만 아니라 여성주의의 이론적 정치적 장애물이 된다고 지적한다(BBP 50).

침묵을 깸으로써 열린 세상에 있는 새로운 길을 탐색하기 위해서는 대단한 용기가 필요한 법이다. 세 아들들을 함께 기르던 결혼 생활을

13) 이 글은 1980년에 출판되었지만 1986년 산문집에 재출간된다. 여기서 리치는 1980년 이후 출판된 새로운 여성주의 문헌을 광범위하게 참조하면서 1980년 원래 논문에 약간의 수정을 가하고 있다. 성희롱을 분석하면서 매키넌은 이성애 제도와 경제의 연관성을 보여준다. 배리는 가부장체제에서 여성들이 남성과 맺는 관계를 성을 매개로 한 노예제도로 규정한다.

깨고 레즈비언으로 커밍아웃하고 그 후 아이들 아버지의 자살까지 겪었던 리치는 이렇게 고백한다. "제도로서 이성애는 여성들 사이의 스스로를 부정하는 거짓말을 하며 살았다. 이러한 침묵은 우리들 모두를 어느 정도는 거짓말쟁이로 만들어버린다"(LSS 190).

리치는 당시 이성애자로 정체화한 여성주의자들과 레즈비언 사이의 정치적 감정적 분할선을 넘어 자매애적 연대의 지반을 마련하고자 "레즈비언 연속체"를 제시한다. 이성애를 당연한 것으로 여기는 "거짓말"에 함께 맞서자는 것이다. 리치는 "레즈비어니즘"이라는 용어 대신 "레즈비언 존재"라는 표현을 사용한다. 이것은 당시 레즈비어니즘이라는 용어가 여성들 사이의 성애를 병리화하면서 여성의 우정과 동료애를 성애적인 것과 분리하고 따라서 여성들 사이의 성애 자체를 부정하는 임상적 관점을 리치가 반대하기 때문이다. 대신 리치는 "레즈비언 존재"는 역사적 사실이자 여성들 사이의 성애를 새롭게 탐구하게 해주는 새로운 앎의 원천이라고 규정한다(BBP 51). 남성 권력의 토대인 이성애의 법칙을 거부한다는 점에서 "레즈비언 존재는 금기를 깨고 강제된 삶의 방식을 거부한다"(BBP 52). "레즈비언 연속체"는 단순히 다른 여성과의 성적인 관계를 의미하는 것이 아니라 "여성으로 동일시하여 겪는 광범위한 경험"을 설명하면서 여성들이 서로에게 느끼는 다양한 감정을 긍정하고자 리치가 제시한 용어다(BBP 51).

리치가 「강제적 이성애」의 마지막 절에서 "레즈비언 연속체"를 제시하자 리치의 이 논문은 뜨거운 논쟁을 불러일으켰다. 이 논쟁에 불을 붙인 동력은 부분적으로 여성주의자들도 내면화한 동성애혐오증일 터이다. "레즈비언 연속체"를 혹평했던 이들은 리치가 여성들이 다른 여성들과 맺는 관계에서 조금씩 느끼는 성적 감정의 강도들을 "레즈비언"이라는 단어를 사용하여 설명한다는 점에 불만을 토로했다. 실제 레즈비언이냐 아니냐를 중심으로 리치가 "연속체"를 말한 것은 아니다. 오히려 리치는 이 용어가 여성들 사이의 연대와 여성들의 성애를 긍정하기 위해서 사용한다고 반복해서 강조한다. 바로 이 지점에서, 리치가 임상적 병리학적 논의를 반대하기 위해 레즈비언 존재의 특수성을 거의 없앨 정도로 성애 범주를 확대하여 다른 방향으로 너무 멀리 갔다는 비판이 쏟아졌다.

리치가 "레즈비언 연속체"를 거론하면서 분명하게 보여주려고 했던 바는, 여성들이 변화를 성취하는 동력이 되는 힘(여성들이 다양한 방식으로 서로를 지지하며 보살피는 관계)을 그 원천에서부터 부패시키고 왜곡시키는 것이 가부장체제와 지배를 유지하는 데 필수적이라는 점이다. 바로 이러한 이유 때문에 「강제적 이성애」에서 리치는 "여성 동일시"를 "에너지의 원천"으로, "이성애 제도하에서 축소되고 봉쇄된 여성 권력의 강력한 근원"으로 보자는 결론을 제시한다(BBP 63).[14] 리치는 어머니-딸 관계의 새로운 이해에 기반하여 시종일관 "자매애"를 강조한다.

여성주의 지식생산의 체계화와 여성들의 힘 기르기

여성주의 이론은 가부장체제로 다시 편입되기를 거부하는 여성들의 힘 기르기를 지향한다. "강제적 이성애"관을 제시하면서 리치가 강조

14) 리치의 논의와 결론을 훗날 흑인 레즈비언 여성주의자 오드리 로드(Audre Lorde)는 「성애적인 것의 활용」에서 더욱 명료하게 이론화한다. 로드는 지배가 지속되기 위해서는 깊은 감정의 힘을 길들여야 한다는 것을 보여주면서 대항적인 성 정치의 방향을 이렇게 제시한다. "사람들이 성애적인 것이 지닌 힘을 사용할 줄 알거나 이 힘을 인지하는지에 상관없이, 많은 종류의 힘이 존재한다. 성애란 우리 안에 온전히 여성적이고 영적인 곳에 자리 잡은 자원이며, 표현되거나 인지되지 않는 감정의 힘 속에 깊숙이 뿌리내리고 있다. 모든 억압이 지속되려면 억압받는 이들의 문화에서 변화의 동력이 될 각자가 힘의 원천을 부패시키고 왜곡해야 한다. 여성들에게 이것은 삶의 힘과 정보의 원천인 성애를 [그리고 다른 여성들과의 관계를] 억누르는 것을 의미한다." 오드리 로드, 『시스터 아웃사이더』 참조.

한 또 다른 사항은 역사적 망각에 맞서는 여성주의 대항 기억[15]과 "불충"의 기예이다. 이것은 1980년대의 미국 상황과 밀접하게 연결되어 있다. 1980년대에 접어들자 여성학은 미국 대학에서 제도화되기 시작했다. 그리고 유색 여성들이 적극적으로 목소리를 내면서, 백인 여성 헤게모니를 성찰하면서 여성운동과 여성주의 이론이 유례없이 다양하게 전개되었다. 1979년에서 85년에 쓴 에세이를 모아놓은 세 번째 산문집 『피, 빵, 그리고 시』에서 리치는 여성들의 힘 기르기를 목표로 하는 여성주의 운동과 이론이 향후 전개될 방향으로 "불충"의 기예와 "위치의 정치"를 제시한다.

1970년대와 1980년대 초반을 거치면서 여성운동의 성과에 힘입어 그간 여성들을 배제했던 영역에 여성들이 진입하기 시작한다. 이러한 국면에서 리치는 "이제 우리는 무엇을 더 알아야 하는가?"를 질문하면서 형식적인 포함 정치tokenism의 위험을 경고한다. 형식상의 포함인 구색 맞추기는 실질적으로 봉쇄 또는 배제를 강화한다. "구색 맞추기 정치는 간택받은 여성으로 하여금 다른 여성들과, 특히 아무런 특혜를 누리지 못하는 여성들과 동일시하지 않도록 요구한다. … 이 여성들은 그리하여 그녀의 눈에 보이지 않는 존재가 된다"(BBP 6). 이러한 봉쇄 정치에 맞서 리치는 여성들이 여전히 외부인의 시각을 견지해야 한다고 강조한다.

리치가 외부인의 시각을 이 세상을 인식하고 변혁하는 "합법적이고 일관된 시각"(BBP 3)이라고 강조한 것은 1980년대 미국 여성학과 여성

15) 리치의 글들에서도 반복적으로 드러나듯, 여성들의 말하기와 역사 서술은 종종 묻혀 있는 것을 발굴한다. 이를 위해서 "지성의 훈련을 받은 가늠(educated guess)이야말로 여성주의 역사 서술에 필수적이다… 왜냐하면 여성들과 레즈비언의 삶은 말뜻 그대로 기록되지 않았기 때문이다"(BBP 148). "모든 여성은 살아서 충족시키지 못한 욕구로 인해 이승을 떠도는 앞선 세대 여성들의 혼의 홀림을 받는다"(BBP 7).

주의 연구의 "변혁적 모델"을 탐색하기 위한 일환이기도 하다. 1980년대는 다른 한편으로 우파 여성들이 반여성주의로 강력한 조직을 결성했던 시기이자 보수적 대중매체와 담론 정치를 통해서 동성애공포증이 정당화된 시기이기도 했다. 리치는 "아버지/제도의 사랑을 받는 딸"이 되려는 일부 여성주의자들의 보수화를 우려하면서 "1980년대의 여성학이 기존 체제에 얼마만큼이나 불순종할 수 있는지, 여성학이 군산정복합체 사회와 대학에 만연한 인종차별주의, 여성혐오, 동성애공포증에 얼마만큼이나 불경의 태도를 실천할 것인지, 여성주의 백인 학자, 교사, 학생들이 가부장제에 얼마나 불충할 수 있는지"를 통렬하게 묻는다(BBP 79). 리치는 인종상의 특권을 버리지 못하는 백인 여성 중심적 여성주의자들의 "죄책감 어린 여성주의"도 문제시한다. "죄책감으로는 아무것도 변화시키지 못한다. 죄책감은 우리를 똑바로 쳐다보지 못하게 한다. 죄책감은 개인적 언어로 말하지 않는다"(BBP 82). 일부 여성들이 남성 권력에 편입되면서 지배적인 감정으로 부상한 것이 바로 죄책감이기 때문이다. 이런 종류의 죄책감은 인종차별, 계급 차별, 동성애 차별 등의 권력 불균형에 공모하는 외면의 정치를 적극 활성화한다.

가부장제에 반대하는 여성주의 실천이 가부장체제 속으로 그리고 가부장체제의 정신 속으로 재위치 되는 것을 막기 위해 필요한 것은 죄책감이 아니라 불경과 불순종의 실천이다. 여성주의의 역동적 진화와 반여성주의의 발흥 등이 복잡하게 전개된 1980년대 미국 상황에서 리치는 여성주의에 정치적으로 가장 긴급하게 요청되는 것이 바로 "불충disloyalty"의 기예라고 제안한다. 불충이란 이제까지 확립된 성과들에 대해서 비판적 거리를 두면서, 그 성공과 실패로부터 동시에 배우기 위해서 필요한 기예이다.

제2물결 급진 여성주의의 후속 세대인 우리의 입장에서 회고적으로 보자면, 현대 여성주의는 가부장체제에 대한 불경뿐만 아니라 여성주의 자체의 전개 과정을 성찰하는 불충의 기예를 실천함으로써 진화해 왔다. 비판적 거리 두기이자(백인우월주의, 제국주의, 성차별주의, 계급 차별, 동성애공포증을 그 핵심으로 하는 가부장체제에 대한) 불경의 행위인 불충의 기예는 여성주의가 일구어낸 성과에서뿐만 아니라 그것이 역사적으로 진화하면서 노정해 온 정치적 인지적 실패 지점으로부터도 다시 배우는 과정을 포함한다. 다시 말해서 여성주의를 그 스스로에게도 불충하도록 만드는 것은 여성주의의 역사가 노정한 한계들, 여성주의의 경계들, 그리고 과잉 지점들을 탐구할 것을 요구한다.

이러한 요구를 리치는 "위치의 정치"로 설명한다. 리치가 말하는 위치란 여성의 신체이다. 1980년대에 들어 리치 역시 "제2의 성"으로 표상되면서 여성들 사이의 자매애를 촉진했던 "여성" 개념에 비판적인 거리를 둔다. 이 개념이 여성들 사이의 차이를 긍정적으로 이론화하는 것을 막고 대신 추상적이고 단일체적인 신체 관념("얼굴 없고 인종 없고 계급 없는 모든 여성")을 수반했기 때문이다. 리치가 이렇게 인식의 전환을 하게 된 것은 흑인 여성들을 위시하여 유색 여성들의 운동과 논의에 힘입은 바 크다. 차이를 지닌 여성들이 서로의 차이를 인식하고 존중하면서 여성들의 집단적 개인적 힘 기르기를 촉진하는 대화를 나누기 위한 출발점은 여성들이 각자 구체적으로 차지하는 위치이자 장소인 신체이다. "처음부터 신체는 하나 이상의 정체성을 지닌다"(BBP 215). 또한 신체는 언제나 이미 성차화되어 있고 인종, 계급, 섹슈얼리티 등의 다양한 축과 복잡하게 얽혀 있기 때문에 우리는 우리들이 놓인 구체적이고 특정한 위치에서 여러 목소리를 낼 수밖에 없다. 차이를 지닌 여성들이 서로 만나 발언/대화할 때 "언제, 어디서, 어떤 상황에서 발언은 참된 것이 되는가"를 묻고 인식해야 한다(BBP 214).

리치가 "위치의 정치"로 재삼 강조하고 있는 것은 실제 생활에서 여성들이 겪는 경험이다. 사유와 이론적 과정이 추상적, 보편적, 객관적이거나 초연한 것이 아니다. 오히려 그것은 (논리적 필연성이 아니라) 경험의 우연성 속에 위치한다. 즉, 발언 행위로 표현되는 사유란 탈육화된 정신활동이 아니라 발화 위치, 즉 사람이 실제로 말하는 장소(신체와 맥락)와 밀접하게 연관된다. 따라서 "위치의 정치"는 어떠한 진리/지식 주장도 필연적으로 편파적인/부분적인/당파적인 발언이라는 점을 인정한다.[16] 여성인 "우리는 누구인가?" "여성들이 처한 문제는 무엇인가"를 물으며 대화하는 "위치의 정치"는 "출발점이지 종착점이 아니다"(BBP 231).

리치가 강조한 모든 것은 역사적으로 "가장 힘이 없는 자들의 실질적인 힘 기르기"를 그 핵심으로 한다(BBP 158). 이러한 작업은 우리들 각각이 복잡하게 놓인 구체적인 위치들에서 시작된다. 우리는 여성문제를 파고드는 정치를 가동해야 한다. 왜냐하면 "바로 우리가 그 문제를 파고드는 여성들이기 때문이다"(BBP 216). 우리는 스스로를 피해자로 규정함으로써 피해자 의식이나 결핍 의식에 빠져 "따로"의 힘든 삶을 "함께" 모여 잊어보려는 망각의 잔치를 할 겨를도 없고, 과거를 추억하면서 현재를 좀먹게 하여 미래와 자신을 텅 비워버리느라 언제나 주저하고 불안에 떨 겨를이 도무지 없다. 리치의 세 번째 산문집 제목인 "피, 빵, 그리고 시"는 바로 여성주의 힘 기르기의 한 구체적인 예를 보여주는 것이리라. 피, 나의 성차화되고 인종화되고 젠더화된 몸. 빵,

16) 리치의 통찰을 더욱 꼼꼼하게 이론화한 작업을 보려면 해러웨이의 "정황적 지식" 논의(『유인원, 사이보그, 여성』 9장)를 참조.

나의 구체적인 물적 조건. 시, 나의 피와 빵에 기반하여 나온 자기표현을 통해 다른 여성들에게 말을 건네는 것. 이러한 글쓰기는 서로의 경험을 나눔으로써 집단적 개별적으로 힘을 기르는 작업이 된다.

누가 할 것인가?

글을 쓴다는 것은 대화의 행위일 뿐만 아니라 자기 성찰의 과정도 수반한다. 미국 여성주의 이론과 실천 한가운데에서 리치가 관찰한 대로, 스스로가 옳다는 점을 의심치 않는 것은 우리의 눈을 가리고 우리 안의 강한 힘들과 자기비판 이성을 마비시키며 결국 우리를 억압하는 체제를 강화하는 데 봉사한다. 급진 레즈비언 여성주의자인 리치가 시종일관 레즈비언을 둘러싼 침묵을 비판한 것도 이 때문이다. 앞서 논의한 대로, 리치는 가부장체제의 이성애중심주의 이데올로기를 비판하고 그것이 지지하는 모성 제도의 억압성을 강조했다. 그러면서도 리치는 백인 여성에게 인종상의 특권을 인식하라고 촉구하는 것과 이성애 여성으로서의 특권을 인식하라고 촉구하는 것 사이에는 근본적인 차이가 있음을 강조한다.

급진적 여성주의 발흥과 더불어 20여 년간 활동한 리치의 여성주의 이론을 정리하면서 필자가 마지막으로 강조하고자 하는 것은 어떤 급진적 대화나 비판이론이든지 간에 그것이 권력 불균형의 문제를 분석하지 않으면 "진보"는 금세 보수적인 입장으로 흘러들어 간다는 것이다. 이것은 1990년대 후반 아프간 전쟁 발발 이후로 신보수주의가 "여성의 권리"와 "제3세계 인권"을 운운하면서 여성주의와 인권운동을 전 지구적 자본주의 백인 가부장체제의 "급진적" 두 날개로 활용하면서 그리고

2000년 이후 미국에서 부상한 탈여성주의가 정확하게 증명한 바이기도 하다. 또한, 최근 한국과 미국에서 여성학의 동시적 "위기"와 더불어 우리는, 리타 펠스키가 날카롭게 지적한 대로, "여성 공동체가 기존 권력구조를 뛰어넘지 못하고 그 안에 깊이 얽혀 있다는 사실은 분명해"졌음을 목도하고 있다. 이러한 상황은 가부장체제의 "부성적 불안"을 어머니 이미지의 산포를 통해서 가리고 그리하여 모든 곳에서 강력한 권위를 행사하는 "아버지"를 솔직하게 대면하는 작업을 파편화한다.17)

우리는 도대체 왜 모여서 수다를 떨고 서로의 경험을 나누는가? 우리는 서로의 이야기를 들으며 도대체 무엇을 하는가/배우는가? 우리가 지금 여기 수행하고 있는 여성주의 이론과 활동의 목적은 무엇인가? 여성주의 이론이 지향하는 여성해방이란 지금 여기에서 무엇을 의미하는가? 가부장체제의 외부를 구성하고 그 외부를 체제 안으로 들여와(이 체제의 일부가 되는 것이 아니라) 그 체제를 내파하여 그 근본에서부터 변혁하려는 여성주의 이론은 무엇을 분석해야 하는가? 다양한 소수집단과 변혁을 추구하는 집단이 서로 속으며 결국 전 지구적 자본주의 백인 가부장체제의 궁극적 이익을 실현하는 다양하고도 모순적인 방식들을 여성주의 이론은 어떻게 설명할 것인가? 이를 설명하고 분석하는 것의 의미는 무엇인가? 여성주의 이론은 실질적으로 여성들의 힘 기르기를 어떻게 강화할 것인가? 여성 중심적 공동체는 여전히 유효한데 왜 점점 더 게토화되고 파편화되는가? 우리들 스스로 이에 공모하고 있지는 않은가? 이런 상황에서 가장 중요한 질문은 '무엇을 할 것인가'가 아니라 '누가 대처할 것인가?'이다.

---

17) 한국 상황에서 이에 대한 자세하고도 흥미로운 분석은 임옥희, 『채식주의자 뱀파이어』(여이연, 2010)를 참조.

참고 문헌

도나 해러웨이, 『유인원, 사이보그, 여성』, 황희선·임옥희 옮김, 아르테, 2023.

베티 프리단, 『여성의 신비』, 김현우 옮김, 이매진, 2005.

앨리스 에콜스, 『나쁜 여자 전성시대: 급진 페미니즘의 오래된 현재, 1967~1975』, 유강은 옮김, 이매진, 2017.

에이드리언 리치, 『모성의 신화에 대한 반성: 더 이상 어머니는 없다』, 김인성 옮김, 평민사, 2002.

오드리 로드, 『시스터 아웃사이더』, 주해연·박미선 옮김, 후마니타스, 2018.

임옥희, 『채식주의자 뱀파이어』, 여이연, 2010.

타니아 모들스키, 『여성 없는 페미니즘』, 노영숙 옮김, 여이연, 2008

한우리 기획, 『페미니즘 선언』, 현실문화, 2016.

Adrienne Rich, *Blood, Bread, and Poetry: Selected Prose 1979–1985*, New York: Norton, 1986

____________, *Of Woman Born: Motherhood as Experience and Institution*, New York: Norton, 1976

____________, *On Lies, Secrets, and Silence: Selected Prose 1966–1978*, New York: Norton, 1979.

Ann Snitow et al. eds. *Power of Desire: The Politics of Sexuality*, Monthly Review Press, 1983.

Mary Daly, *Gyn/Ecology: The Metaethics of Radical Feminism*, Boston: Beacon Press, 1978.

엘리자베스 그로스

Elizabeth A. Grosz

성차, 몸, 물질의 페미니즘 정치철학

김남이
미학을 전공하고 여성문화이론연구소와 대학에서 미학, 철학, 사회학을 가르친다.
현재는 서울대 인문학연구원에서 성과 섹슈얼리티, 젠더와 관련된 연구를 하고 있다.

이 글은 단행본을 위해 새로 쓰였으며, 『여/성이론』 4호(2001)에서도
엘리자베스 그로스를 만날 수 있다.

엘리자베스 그로스: 성차, 몸, 물질의 페미니즘 정치철학

호주 태생인 엘리자베스 그로스Elizabeth A. Grosz는 시드니 대학교에서 철학박사학위를 받고, 현재는 미국 듀크대학교의 젠더, 섹슈얼리티, 여성학 석좌교수로 재직 중이다. 철학사뿐만 아니라 페미니즘 이론 내에서도 팽배했던 마음과 몸의 이분법에 관한 논쟁을 정리하고, 뤼스 이리가레와 질 들뢰즈의 사상을 바탕으로 페미니즘 신체론을 재구성한 『몸 페미니즘을 향해: 무한히 변화하는 몸*Volatile Bodies: Toward a Corporeal Feminism*』(1994)으로 학계에 이름을 알렸다.

그로스는 정신분석(자크 라캉Jacques Lacan), 자크 데리다, 뤼스 이리가레, 질 들뢰즈 등 대륙철학의 포스트구조주의 흐름 내에서 페미니즘 논의를 발전시켜왔다. 특히 동시대 페미니즘 이론 중 한 분야인 몸 페미니즘corporeal feminism과 신유물론new materialism 페미니즘의 이론화에 기여했다. 철학 일반에 대한 이리가레의 비판적 작업을 따라서, 그로스 또한 철학사에 차이, 특히 성적 차이sexual difference를 도입하는 것에 관심이 많다. 정신분석학(특히 프로이트와 라캉)에 대한 비판적 수용, 이리가레와 들뢰즈의 '성차'이론 및 신체론의 정교화, 다윈의 성 선택 이론의 재해석, 베르그송과 들뢰즈를 따라서 생명과 시간성에 대한 존재론적-윤리적 고찰, 건축예술과 공간성의 문제 등이 그녀의 주요 연구 주제이다.

그로스와 정신분석

현재 우리에게는 몸 페미니스트이자 신유물론 페미니스트로 잘 알려져 있지만, 그녀의 초기 연구는 대부분 프로이트-라캉주의 정신분석과 정신분석 페미니즘에 집중해 있다. 그녀의 박사학위논문인 "Psychoanalysis and social construction of subjectivity"(1980)에서부터 *Sexual Subversions: Three French Feminists*(1989)와 *Jacques Lacan: A Feminist Introduction*(1990)에 이르기까지 그녀의 초기 연구는 정신분석이 보여주는 주체성의 문제에 천착한다. 왜냐하면 정신분석은 우리의 (성)정체성이 그렇게 자명하지 않다는 점, 우리의 의식이 우리 자신을 파악하기에는 무능력하다는 점, (의식)철학이 성과 섹슈얼리티에 대해서는 무지의 상태에 있다는 점을 보여주었기 때문이다. 특히 정신분석이 보여준 성에 관한 완전히 새로운 관점과 여성성에 관한 연구는, 그것의 성공 여부를 떠나 페미니즘 이론과 실천에 지대한 영향을 주었다. 따라서 그로스의 신체, 무의식, 성차 연구는 정신분석을 반드시 경유해야 했다.

그녀의 첫 번째 단행본인 *Sexual Subversions: Three French Feminists*(1989)는 영미의 페미니즘에서 많은 논쟁을 일으켰던 소위 '프랑스 페미니즘'과 '생물학적 본질주의'에 대한 오해를 불식시키고, 현대 프랑스 철학의 맥락에서 이들의 페미니즘 사유를 좀 더 접근가능하게 하기 위한 목적에서 쓰였다. 실제로 그로스는 대학 강단에서 프랑스 페미니스트들의 사유를 어떻게 가르쳐야 할지에 대한 고민에서 이 책을 쓰게 되었다고 말한다. 호주를 비롯한 영미권의 페미니즘의 '성적으로 차이가 있는 몸'과 그것의 '재현'에 대한 생각은 유럽의 페미니즘과 많은 지점에서 달랐다. 특히 이 책이 다루는 이리가레, 크리스테바, 미셸 르 되프Michèle Le Doeuff가 탐구하는 성적 차이에 대한 물음은 정치적이기보다는 존재론적이었고, 권리에 관한 것이기보다는 윤리적 실천과 관련한 것이었다. 그로스는 페미니즘의 틀을 '여성에 대한 인정'이나 '여성적인 것의 인식'의 문제를 벗어나서, 이 책에서 보여주듯이 더욱 근본적인 방식으로 사유의 다른 영역으로 확장시키려 했던 것이다.

특히 강조되어야 할 것은, 이 책이 다루는 이리가레와 크리스테바가 정신분석 이론을 자신의 철학적 비판과 사유의 바탕으로 삼고 있다는 점이다. 정신분석은 동일성의 논리에 기반한 데카르트의 주체 이론을 무의식 이론으로 강하게 비판하고, 주체 형성 과정에 성차를 도입한 최초의 이론이다. 정신분석은 무의식 개념을 통해 "주체가 그 자신과 다르며, 근본적으로 분열되어 있고, 자기 자신에 대한 지식을 얻기에 무능"함을 증명한다.[1] 결국 정신분석은 의식 중심의 철학적 주체가 결국 "자기의 내적 균열을 의식하지 못하는 어떤 존재의 획득 불가능한 완전성에 대한 소망"에 불과함을 밝혀낸다.[2] 나아가 주체가 자기 자신에 대해 알지 못한다는 사실은 결국 프로이트로 하여금 성적 차이에 대해 질문하도록 만든다. 여러 임상경험을 바탕으로 정신분석은 가족 구성원들 사이의 역학 속에서 주체가 어떻게 '성적 지식'을 획득하게 되는지에 대한 설명을 제공한다. 과정을 간단히 말하자면, 자기 자신에 대해 알지 못하는 (남자) 아이는 (오이디푸스 콤플렉스를 통해) 성적 차이에 대한 지각적 사실을 억압하게 되고, 이런 억압을 통해 (남자) 아이는 자신의 성정체성에 대한 질문을 해소할 수 있게 된다. 즉 본래 모든 사람들에게 있어야 할 남근이 어떤 이(여성)에게는 '결여'되어

---

1) Elizabeth Grosz, *Sexual Subversions: Three French Feminists*, Allen & Unwin, 1989, p. ix.
2) *ibid.*

있다는 사실에 거세의 두려움을 가진 남자아이는 그 두려움을 극복하기 위해서라도 남근이 '결여된' 이들과 성적으로 '달라져야' 한다는 무의식적 명령(동일시identification)을 받아들여야 하는 것이다. 이러한 동일시를 통해 남자아이는 남근의 '보편성'과 '동일성'을 의심하지 않아도 된다. 다만 한 성은 여전히 있고 다른 한 성은 거세되었을 뿐이다. 즉 질문은 해소된다.

그로스에 따르면, 프로이트가 부지불식간에 제기한 성차의 문제를 더욱 선명하게 사유한 이들이 이리가레와 크리스테바이다. 이리가레와 크리스테바가 보기에 프로이트는 자신도 모르게 성적 차이가 가족 간의 관계를 통해 구조화되고—즉, 생물학으로만은 성차를 설명할 수 없고—심지어 그런 성적 차이는 한 성(남성)의 관점에서만 성적 지식(현존과 부재)으로서 기능한다는 점을 강력하게 증명했다. 이들은 성차의 문제를 개인의 정신 관점에서뿐 아니라 사회문화적이고 물질적인 관점으로 더욱 확장하고, 결국 우리의 삶을 지배하는 언어와 신체가 어떻게 단성單性적 방식으로 지식화되고 권력화되어 왔는지를 확인한다. 성차의 존재를 전혀 인식하지 못한 남성 이론가들—니체, 마르크스, 데리다, 푸코, 심지어 부분적으로 프로이트와 라캉까지도—의 근본적 무지를 비판함과 동시에, 이리가레와 크리스테바는 남성 이론가들의 '차이'와 '물질'에 대한 통찰을 수용하고 견지한다.

그러나 그로스는 크리스테바가 정신분석이론을 문화와 예술작품에 대한 분석으로 확장하면서 여성과 모성성의 문제를 다루고 있기는 하지만, 그녀의 분석이 페미니즘적이라고 보기 힘든 모호성을 보인다고 지적한다. 왜냐하면 크리스테바는 정신분석(특히 프로이트, 라캉)의 다소 여성혐오적이고 남근중심적인 가정들을 무비판적으로 수용하고 긍정하기 때문이다. "특히 이런 점은 크리스테바가 여성성-모성적인 것과 거세와의 상관관계에 의존하는 정신분석이론을 사용할 때 문제적이다."[3] 또한 그로스가 보기에 크리스테바가 명시적으로 여러 글에서 페미니즘 정치운동을 비판해 왔을 뿐만 아니라 그녀의 문학작품 분석이 철저하게 여성작가와 여성적 글쓰기를 배제해왔다는 점은 크리스테바와 페미니즘의 불편한 관계를 더욱 확증한다.

크리스테바에게 상징계를 위협하고 새로운 것을 창조하는 예술은 아방가르드 문학이다. 아방가르드 문학이야말로 '위반의 시학'을 가능하게 한다. 그러나 그로스가 보기에 크리스테바의 문학이론에서 여성작가는 자기의식적으로 아방가르드 문학을 생산할 수 없다. 왜냐하면 위반을 할 수 있으려면 이미 상징계에 안정적인 위치를 확보한 '말하는 주체'여야 하는데, 그런 주체는—프로이트와 라캉의 성차 이론에 따르면—남성에게만 허용되고, 여성은 상징계에서 안정적인 위치를 차지하는 주체가 되지 못하거나, 혹은 그런 주체를 넘어서는 존재이기 때문이다. 그러므로 그로스가 보기에 크리스테바의 '위반의 시학'에서는 "오직 남성만이 상징계를 위반할 수 있다. 왜냐하면 오직 그들만이 전복할 수 있는 위치에 있기 때문이다. 오직 일부 남성만이 상징계 내에서 언표하는 주체로서의 위치를 보유할 수 있거나 모성적 코라에 대한 애착을 가질 수 있다."[4]

그로스가 지적하는 바와 같이, 페미니즘의 철학적-미학적 의제와 여러 측면에서 불화하는 크리스테바의 이론과 달리, 이리가레의 이론은 페미니즘의 사상과 실천의 근본적 패러다임을 바꿀 힘을 가지고 있는 '페미니즘 철학'이다. 이 둘은 동일한 이론적 배경(구조주의와 포스트

---

3) *ibid.*, p.63.
4) *ibid.*, p.67.

구조주의, 특히 라캉과 데리다)을 가지고 있다. 특히 오이디푸스 구조에 의해 억압된 여성적－모성적인 것의 필연성과 중요성을 탐구하고자 했다는 면에서도 그 둘의 유사점이 보인다. 그러나 그로스가 보기에 소위 '프랑스 페미니즘'이라는 범주에 크리스테바와 이리가레가 함께 언급되지만, 그럼에도 그들 사이에는 서로 대립적인 주장들도 존재한다. 특히 성차에 관한 주장이 그것이다.

> 성차(sexual difference)에 대한 크리스테바의 이해는 모든 성적 정체성들의 소멸과 관련하며, 여성을 위해 정체성을 설립하고자 하는 페미니즘의 열정을 두 성 모두에 해당하는 성적 차이화(sexual differentiation)의 분산 과정으로 바꾸어 놓는다. 이리가레처럼 여성의 성적 자율성과 특수성에 관한 생각을 추구하기보다, 크리스테바는 여성의 (억압된) 남성성과 남성의 (부인된) 여성성을 발견하고자 한다. 이는 남성과 여성 '정체성들'이 기반하고 있으면서도 그 때문에 취약해지게 되는 억압된 기호계, 성적 에너지, 충동의 활성화를 인정함으로써 가능하다. 크리스테바가 성적 정체성 개념에 도전하고 그것을 해체한다면, 이리가레는 여성성의 [기존의] 문화적 재현들에 도전하고 해체하는 기획을 적극적으로 긍정함으로써 여성들 스스로 규정하는 재현과 인식이 가능할 수 있도록 하려 한다. 이리가레는 크리스테바가 취소하려고 하는 여성들의 '성적 특수성'이라는 관념을 고집하는 것이다.[5]

그로스는 이 둘의 커다란 차이가 '차이'에 대한 생각에 있다고 본다. "크리스테바는 차이 개념을 주체 내부에 있는 차이를 가리키기 위해 사용하지만, 이리가레는 한 성과 다른 성 사이의 차이를 가리키기 위해 사용한다."[6] 그런 이유로 그로스는 크리스테바보다는 이리가레의 손을 든다. 왜냐하면 그로스가 규정하는 성차는 단순히 주체 내의 분열이

5) *ibid.*, p.101.
6) *ibid.*, p.104.

아니라 성적으로 서로 다른 신체를 갖고 서로 다른 환경을 살아내는 존재론적 조건이기 때문이다. 그로스가 크리스테바와 이리가레를 정당하게 설명하고 있는가에 관해서는 훨씬 더 많은 설명이 필요하다. 그럼에도 철학 체계에 대한 비판을 위해 성차를 근본적인 철학적 도구로 사용한다는 면에서 크리스테바보다는 이리가레의 이론이 훨씬 급진적이다. 사실 크리스테바도 여성성과 모성성을 상징계에 의해 억압된 것으로 보는 동시에 상징적 구조를 가능하게 하는 훨씬 근원적인 것으로 본다는 면에서 페미니즘의 열망과 수렴하는 듯 보인다. 그러나 크리스테바의 관점에서 페미니즘적 여성 주체의 설립과 인정은 정치적이지도, 전복적이지도 못하다. 그로스는 크리스테바의 이러한 주장이 페미니즘과 불화할 뿐만 아니라 철학 자체의 서구 남성중심성을 벗어나지 못한다고 본다. 그런 이유로 그로스는 여성의 특수성에 대한 크리스테바의 회의적 전망 대신 이리가레의 성차의 철학을 훨씬 우호적으로 평가한다. 그리고 그로스는 이후 자신의 철학적 여정을 이리가레의 '성적으로 다른 두 신체적 존재'를 더욱 발전시키고 정교화하는 것과 함께 한다.

성차의 페미니즘

그로스의 성차 이론을 보기 전에 이리가레의 성차 개념을 간략히 살펴보자. 이리가레에게 '성적 차이'는 지금까지 철학이 사유하는 데에 실패한 주제, 오늘날 우리가 재사유해야 할 주제이다. 전통 철학은 성적 특질이 삭제된 인간의 보편성을 다뤄왔지만 기실 그 인간은 남성이었기 때문이다. 담론과 실천을 지배하는 모든 중립적 언어와 학문은 사실상 남성동성적hom(me)sexuel 관계로 구조화 되어있다. 초월, 이성, 도덕성 등 인간의 우월성을 증명하는 특질은 사실상 남성성과 동일시되고, 신체, 감정, 광기 등 비인간적 특질은 여성성과 동일시된다. 다시 말해 여성이 사회구조적, 정치적 압제의 상태에 있는 것은 단순히 사회적, 정치적인 문제가 아니라 인간의 형상을 주조하고 사유의 방법론을 지배해 온 철학적 무능의 문제이다. 그러므로 이리가레에게 가장 중요한 것은 무성적이지만 사실상 단성적-남성적인 철학에 성적 차이를 도입하고 사유하는 기계인 철학을 고장내는 일이다. 다시 말해, 이리가레에게 중요한 것은 여성도 남성과 같이 이성적이고 도덕적임을 증명하는 것과 반대로, 철학이 무시하고 열등한 것으로 규정했던 신체, 감성, 물질, 광기를 다시 숙고하기이다. 따라서 이리가레에게 성차는 남성과 여성이 어떻게 다른 지에 관한 것이 아니다—즉 본질주의적 성차와는 거리가 멀다. 그렇다면 그런 의미의 성차란 무엇인가?

이리가레는 우선 남성성이 철학과 담론 안에서 어떻게 주조되고 형상화되는지 확인한다. 그리고 그녀는 남성의 섹슈얼리티와 가부장적 언어 사이에 질적으로는 전연 다르지만 같은 형상으로 나타나는 동형이성isomorphism 관계를 발견한다.

> 모든 서구 철학은 남성의 성과 함께하는 특정 동형이성을 보여준다. 통일성, 자아의 형상[꼴, 모양], 가시적인 것, 반영/사유가능한 것, 발기/세우기(이것은 곧 하나의 모양이 되므로)에 대한 특권이 그것이다. 이제 이와 같은 형상-논리(morpho-logic)는 여성의 성에는 상응하지 않는다. [여성의 성에는] '하나의' 성이 없다. 여성에게 부여된 '성 없음'은 여성이 '하나의' 성을 가지고 있지 않음을 의미할 수 있으며, 그녀의 성이 가시적이지도, 확인할 수도 없고 분명한 꼴로 재현될 수도 없음을 의미할 수 있다.7)

7) Luce Irigaray, "Women's exile", *Ideology and Consciousness 1*, I and C Publications, 1977, p.64;

철학에서 말하는 남성성은 이미 생물학적인 것과 거리가 멀다. "남근중심적 재현체계와 남근적 남성 섹슈얼리티 사이에 존재하는 형식적 상응으로서의 이런 동형이성은 자연, 해부학, 남성적 '본질'의 산물도 아니고, 중립적이고 투명한, 반성적이거나 '객관적인' 언어도 아니다."8) 이리가레의 신체 개념은 이미 사회-역사-언어적으로 구조화된 신체이다. 그러므로 이리가레가 여성성을 액체, 유동성, 자연, 광기(히스테리) 등과 관계시킬 때 그것은 생물학적 본질주의가 아니다. 그녀의 신체 개념은 형태논리(형태학morphology)이기 때문이다.

그로스에게는 이리가레가 신체를 해부학적 관점이 아니라 형태학적 관점에서 본다는 사실이 중요하다. 그러므로 영미 페미니스트들이 이리가레의 신체론을 생물학적 본질주의라고 비판하는 것은 이리가레의 신체 개념에 관한 무지에서 비롯한다. 형태학은 신체에 대한 사회-상징적 기입의 결과이다. 형태학은 기본적으로 '신체에 관한 생각들'인데, 이것이 유용한 이유는 담론에 의해 생산되었으면서도 그 기원을 망각하고 자연화된 해부학의 이면을 보여주기 때문이다. 남성 신체의 '공격성, 정력적 힘, 능동성, 세움, 고체'와의 동일시는 실제적인 남성 신체와는 별 관련이 없다. 모든 몸은 어떤 면에서 확장적/공격적이며, 힘을 발산하며, 능동적이고 단단하기도 하지만, 동시에 수용적이고, 반응적이며, 수동적이고 유동적이다. '자연스러운' 남성 신체와 여성 신체를 만드는 것, 즉 남성을 능동적, 고체적이며 여성을 수동적, 액체적인 것으로 만드는 것은 상징적인 질서가 가치화하는 여러 특질들(공격성, 능동성, 고체, 가시성, 세움 등)을 남성성과 동일시한 결과이지, 그 둘이 본래적으로 동일하기 때문이 아니다. 그런 이유로 이리가레는 남성 또한 자신

---

ibid., p.111에서 재인용.

8) Grosz, *ibid.*, p.111.

의 신체성을 망각하고 상실했다고 본다.

> 성적 체계를 비롯해 우리가 아는 모든 체계 내에서 남성은 자신의 신체를 멀리해왔다. 남성은 자신들의 세계 건설을 더 진척시키기 위해 자신의 성, 언어, 기술을 사용해 왔다. 그러면서 남성은 신체와의 관계에서 더욱 멀어져 갔다. 그러나 남성들은 신체적 존재이다. 그래서 남성은 자기들을 위해 자기들의 신체를 유지해 줄 수호자로서의 여성이 존재한다는 것을 스스로에게 확인시켜 줄 필요가 있는 것이다"[9)]

그러므로 여성성이 다수성, 모호성, 유동성, 과잉과 관련된다면, 그것은 해부학적 차원이 아니라 상징적-문화적-재현적 차원이다. 여성의 섹슈얼리티가 본래적으로 클리토리스(작은 페니스)적인가, 질과 관련되어 있는가하는 질문 자체가 이미 남근중심적 체계 내에서만 가능한 질문이다. 남근중심적 체계에서 여성성은 재현되고 확인되지 않는 것(비가시성, 모호성, 신비 등)을 가리키는 그릇 역할을 할 뿐이지 무엇이 여성성인지 알려질 방법은 없다. 그러므로 이리가레가 여성 섹슈얼리티를 '두 입술' 등의 이러저러한 '은유'들로 표현한다고 해서 그것이 여성의 본질을 설명한다고 볼 수는 없다. 다만 하나의 전략으로서 형태학을 취하고 그럼으로써 남성중심체계를 고장내고 가치를 전도시키는 것에 이용할 뿐이다.

이리가레의 역설적 전략은 그로스의 신체론에 많은 영향을 끼친다. 이리가레에게 여성 신체는 능동/수동, 공격/방어, 고체/액체 등의 이분법이 적용되지 않는 지대이다. 이리가레가 이러한 신체론을 여성성과 관련짓는 이유는 앞에서도 언급했듯이 중립적이지만 사실상 남성-단성

9) Luce Irigaray, *Le Corps-à-corps avec la mère Montréal*, Les Editions de la pleine lune, 1981, pp. 83-84; *ibid.*, p.118에서 재인용.

적인 기존의 신체론(해부학, 정신분석, 철학을 포함하여)을 해체하고 무화하기 위해서이다. 그로스는 이를 더욱 급진적으로 발전시켜 기존의 성적 규범과 차이를 넘어서 신체 일반이 갖고 있는 경계를 무너뜨리는 힘, 모든 이분법을 불가능하게 만드는 신체의 능력, 그 능력의 무한성에 더욱 관심을 갖게 된다. 이리가레가 신체를 여전히 문화-상징적 차원에서 전략적으로 논의하고 있다면 그로스는 이를 신체의 물질성으로 재구성된 존재론과 그것의 페미니즘 정치성을 더욱 강조한다. 그리고 이 과정에서 그로스는 들뢰즈의 신체론을 만난다.

무한한 신체와 유한한 성차

그로스를 잘 알려지게 만든 『몸 페미니즘을 향해: 무한히 변화하는 몸』은 신체에 관해 사유했던 유럽의 (남성) 철학의 면면을 탐구하고 페미니즘적 관점에서 비판적으로 논한다. 그로스가 보기에 플라톤 이래로 "철학은 심각한 신체공포증 위에 자신을 정립해왔다."[10] 이 책의 목표는 전통 철학이 혐오했다고 해도 과언이 아닌 신체, 물질, 감정, 광기, 촉각, 동물성, (무력한) 자연, 여성, 비인간, 점액 등이 서구 철학이 기반한 이분법적 체계에 의해 생산된 것임을 보이고, 동시에 이러한 전통 철학과는 대조되는 또 다른 소수자적—이제는 소수라고 하기는 힘들지만—철학의 흐름을 강조하는 것이었다. 프로이트-라캉, 니체, 메를로-퐁티, 푸코, 들뢰즈를 페미니즘적 관점에서 조망하고 이리가레를 비롯한 페미니스트의 신체론과 접속시킴으로써 그로스는 자신의 신체론과 성차론을 더욱 강화한다.

10) 엘리자베스 그로스, 『몸 페미니즘을 향해: 무한히 변화하는 몸(Volatile Bodies: Toward a Corporeal Feminism)』, 임옥희 · 채세진 옮김, 꿈꾼문고, 2019, 35쪽.

그러나 그로스가 보기에 페미니즘이 신체를 다뤄온 방식 또한 문제가 없지 않다. 기실 페미니즘은 가부장제가 여성을 몸(자연, 감성)과 동일시하면서 여성을 폄하, 통제, 억압하는 일을 정당화해왔다는 통찰에서 출발한다. 이러한 가부장제의 신체와 자연에 대한 전방위적 공격에 페미니스트들은 신체에 관해 서로 다른 이론과 전략을 주장한다. 가령 시몬 드 보봐르나 슐라미스 파이어스톤은 여성의 몸의 특수성이 평등을 가로막는 장애로 간주하는 입장을 보인다. 반면 에코페미니즘의 경우 여성 신체의 특수성으로 간주되는 것들(자연, 물질, 재생산 등)을 긍정하지만 그런 특수성이 사실 가부장제가 규정한 특수성과 다르지 않을 뿐만 아니라 무비판적으로 수용하는 측면이 있다. 그로스는 양쪽 모두 "여성의 몸을 남성의 몸과 비교하면서 여성의 몸을 어느 정도 좀 더 자연적이고 덜 초연하며 보다 직접적으로 '대상'과 연결되어 있다고 간주하는 가부장제적이고 여성혐오적인 가설을 수용"한다는 의미에서 문제가 있다.[11] 이들은 여성에 대한 압제의 원인을 여성의 신체적 특수성으로 돌리고, 몸을 생물학적으로 결정되는 것으로 간주하며, 마음/몸, 문화/자연의 이분법을 그대로 유지하고 있다는 점에서 그로스에 의해 비판된다.

다른 한편 정신분석 페미니즘이나 마르크스주의 페미니즘 등은 신체에 대해 긍정 혹은 부정적 방식이기보다는 '중립적'이고 '객관적'인 방식으로 접근한다. 신체에 관한 사회구성주의적 관점은 섹스와 젠더의 구분을 유지하면서 생물학을 여전히 결정주의적으로 보는 관점을 견지하고, 페미니즘의 정치적 투쟁은 젠더의 수준에서, 문화와 사회의 수준에서, 몸을 의미화하는 방식(이데올로기)의 변화를 통해서 가능하다고

11) *ibid.*, p. 57.

여긴다. 즉 이들에게 "변화되어야 할 것은 몸 자체가 아니라 몸에 대한 태도, 믿음, 가치이다."12)

신체에 대한 페미니스트들의 이러한 입장들과 달리, 그로스는 자신의 페미니즘 정치학을 '성차의 페미니즘,' 혹은 '몸 페미니즘'으로 명명한다. 이리가레, 엘렌 식수, 가야트리 스피박, 제인 갤럽, 모이라 게이턴스, 비키 커비, 주디스 버틀러 등과 궤를 같이 하며 그로스는 신체가 주체의 실존에 핵심일 뿐만 아니라, 생물학적이기만 하지도 않고 문화적이기만 하지도 않음을 주장한다. 그로스를 포함한 이들 페미니스트들에게 몸은 "특히 정치적, 사회적, 문화적 대상으로 간주되는 것으로서 문화에 의해 개화되고 중첩되고 세련되게 만들 수 있는 그런 원초적이고 수동적인 자연의 산물이 아니다. 몸은 문화적으로 직조되는 자연의 산물이다."13)

또한 그로스가 보기에 이들은 모두 환원불가능한 성차 개념을 공유한다.

> [그로스를 포함한] 이 [페미니스트] 집단은 성별 사이의 근본적이고도 환원불가능한 차이라는 개념을 표명한다는 공통점이 있다. (이런 개념은 본질주의에 해당하는 것이 아니다. 왜냐하면 무비판적인 보편주의적 본질이나 범주를 수용하는 대신, 오히려 동일한 섹스의 구성원들 사이에도 심지어 차이를 정착시키면서 온 마음으로 그것을 인정하려는 경향이 있기 때문이다. 계급과 인종의 차이가 여성들을 어떤 식으로 분열시키든지 간에 성차는 사회적인 인정과 재현을 요구한다. […] 이런 차이는 생물학적이거나 보편적인 것일 수도 있고, 아닐 수도 있다. 하지만 생물학적이건 문화적이건 간에 이런 차이는 근절할 수 없다.14)

12) *ibid.*, p,62.
13) *ibid.*, p.64.

그러나 위에 언급된 페미니스트들처럼 자연과 문화가 교직하고 협상하는 장소로서의 몸 개념을 제안하는 것을 넘어서, 그로스는 성차와 몸에 관한 새로운 사유를 들뢰즈의 몸, 물질, 욕망, 되기 개념과 접속시키고, 더욱 근본적인 유물론적, 육체적 페미니즘 정치학을 구성한다.

들뢰즈에게 몸이란 "불연속적이고 비총체적인 일련의 과정, 기관, 흐름, 에너지, 육체적인 실체와 비육체적인 사건, 속도와 지속"이다.[15] 몸은 유기체적 기관과 기능의 조직화이자 총합이 아니다. 몸은 그 자체 능력이며 행위의 능력, 수행의 능력, 변형의 능력, 관계 맺기의 능력이다. 몸을 능력(힘)으로 정의하는 들뢰즈는 전통 철학이 평가절하한 신체 개념을 뒤집어 신체의 능력을 그 자체로 긍정하는 대표적인 사상가다. 특히 결여로서의 욕망, 섹슈얼리티, 리비도 개념을 탐구해온 정신분석을 오이디푸스적이라고 비판하면서 들뢰즈는 (무엇이든) 생산하고 연결하는 잠재적 능력으로서의 몸을 이론화한다. 이러한 몸의 능력을 들뢰즈는 '욕망'으로 표현하고 몸의 변형을 '되기'로 규정한다. 몸의 각 기관들 사이의 위계, 조직화 과정의 위계는 존재하지 않는다. 몸은 통일과 조화를 목적으로 하지도 않는다. 몸은 그런 조직화 과정과 통일 및 위계화에 앞서는 속도와 강도의 표면이다. 이러한 의미의 몸은 본래적으로 규제, 기능, 기관, 조직화, 구조에 대립한다.

그로스가 보기에 이와 같은 들뢰즈의 몸 개념은 페미니즘 정치학에 중요한 논점을 제공한다. 무엇보다도 이런 몸 개념은 결여나 조화의 모델에 의존하는 신체론에 대한 비판적 관점을 제공한다. 즉, 정신분석뿐만 아니라 몸을 통제가능하고 규율가능하며 예측가능한 것으로 보는, 생물학을 비롯한 많은 학문의 '신체공포증'에 대항할 수 있다. 뿐만 아니

14) *ibid.*
15) *ibid.*, p.384.

라 페미니즘이 여성의 신체를 과거와는 다른 방식으로 다룰 수 있는 도구를 제공한다. 남성의 타자로서의 여성, 정신의 타자, 문화의 타자로서의 물질적 신체는 이제 예측불가능하고 미결정적이며 끊임없는 변형을 긍정하는 신체로 재규정된다. 속박과 압제, 의미화가 통제할 수 없는 몸의 탈주하는 힘은 비로소 페미니즘의 몸 정치학에서 핵심적 요소로 자리매김할 수 있다.

물론 그로스는 들뢰즈의 신체론과 반인간주의가 지금까지의 페미니즘 정치를 무력화할 여지가 있음 또한 인정한다. 가령 들뢰즈가 분열증이나 여성-되기를 낭만화하면서 현실적인 여성의 고통을 전혀 고려하지 않는 것처럼 보인다는 점, 나아가 페미니즘 정치의 맥락과 무관하게 자신의 철학적 은유이자 유희로서 '여성-되기'를 강조하는 것이 역설적으로 전통 철학과 문화가 여성에 부착해왔던 여러 특질(광기, 분열 등)들을 그대로 반복하고 강화하는 결과를 낳는다는 점이 지적될 수 있다. 가장 심각하게는 들뢰즈의 "'여성-되기'의 은유는 여성의 정치, 투쟁, 이론, 지식을 남성들이 전유"한 것에 불과하고 여성의 싸움을 미학화, 탈정치화하여 철학적으로 중립적인 용어로, 더 정확히 말해 남성 철학자의 이해에 부합하는 '남성적' 용어로 만들었다는 점을 들 수도 있다.16)

그럼에도 그로스는 들뢰즈의 신체론이 제공하는 몸 개념이 페미니즘 정치에 선택적으로 이용될 수 있고 또 그래야 한다고 주장한다. 왜냐하면 되기란 항상 '다른 무엇으로 되기'이며 그것은 고정된 정체성으로부터 탈주하는 신체를 형상화하는 개념이기 때문이다. 그로스는 들뢰즈의 남성중심적 '여성-되기'에서 페미니즘이 선택적으로 취할 수 있는

---

16) *ibid.*, p.380.

정치성을 다음과 같이 설명한다. “[들뢰즈는] 페미니즘이든 혹은 어떤 정치적인 투쟁이든 최종 목표, 안식처, 안정과 정체성의 지점에 자족하지 말아야 한다고 요구한다. 정치적 투쟁은 본성상 끝이 없고 언제나 변화한다.”[17] 말하자면, 그로스는 들뢰즈의 ‘여성-되기’를 정체성과 주체성을 넘어서는 방식으로, 즉 새로운 대안적 주체성을 요구하는 페미니즘이 여성성과 몸을 다른 방식으로 긍정할 수 있는 방식으로 해석하는 것이다.

그로스는 이러한 들뢰즈의 신체론을 수용하되, 그가 제대로 논의하지 않은 성적 차이의 문제를 들뢰즈의 신체론에 도입한다. 그로스의 성적 차이는 들뢰즈의 차이 개념을 성화시킨 것이라고 할 수 있다. 들뢰즈의 차이는 이것과 저것 사이의 차이가 아니라 자기 차이, 스스로 달라지고자 하는 차이 자체를 가리킨다. 그로스는 이러한 들뢰즈의 차이가 성적인 차이에서 가장 분명하게 드러난다고 생각한다.

> 내가 여기서 탐구하는 성차는 고정되고 몰역사적인 생물학적 견지에서 이해될 수는 없다. 그것이 분명 생물학적 차원을 포함하고 있지만 말이다. 생물학은 역사적으로 제공되는 내용의 형식으로 간주될 수도 없고, 문화적 구성이 만들어지는 토대가 될 수도 없다. [⋯] 그것은 개방된 물질성, (무한한) 경향성과 잠재성의 집합이다. 생명현상의 전개는 다른 방식의 전개와 궤도를 방해하기도 하고 유도하기도 할 것이다. 이런 전개들은 개인적이고 의식적으로 선택되지도 않고 의지나 의도에 순응하지도 않는다.[18]

그러므로 성적으로 서로 차이나는 신체를 가진 주체들은 과학적 중립성으로 차이를 말할 수 없으며 다른 성의 타자성에 필연적으로 개

17) *ibid.*, p.415.
18) *ibid.*, p.483.

방적이다. 그리고 성차는 "성적 윤리학, 즉 존재들 사이의 끝없는 협상의 윤리학과 함께한다. 여기서 존재들의 차이와 대타성alterity은 보존되면서도 어떤 종류의 교환은 가능하다."[19]

결론적으로 그로스의 성차는 두 가지 관념과 함께 정리할 수 있다. 첫째, 성차는 환원불가능하다irreducible. 성차는 성적으로 차이나는 두 신체들 사이의 건널 수 없는 간격, 심연, 실패를 수반한다. 한 성은 다른 성을 완전히 포착할 수 없으며 언제나 잔여와 외래적인 것이 존재한다. 이 잔여는 경이나 위협으로 반응될 수 있지만, 이 차이를 폭력적으로 삭제하는 것이 아니라 존중하는 것이 성차의 윤리학의 핵심이다. 둘째, 성차는 유연하고 무한한 신체들 사이에서 일어나는 발생적generative 차이인 것이지, (생물학적으로 결정되거나 사회적으로 부여되는) 두 성정체성 사이의 차이가 아니다. 성차는 근본적으로 두 존재를 성적으로 다른 존재로 만들어주는 더욱 근본적인 차이, "사물이나 존재자들을 존재할 수 있도록 하는" 차이다.[20] 그리고 이러한 차이는 데리다의 '순수 차이'처럼 그 자체로는 드러날 수 없다. 그로스의 성차는 "실체, 정체성, 주체, 타자, 그리고 그들의 관계의 가능성 바로 그 속에 암시되는 지평"이자 한계로서만 드러난다.[21] 나아가 데리다의 '차이'와 달리, 그로스의 성차는 더욱 물질적이고 육체적인 지평에서 논의된다는 점이 중요하다. 변형할 수 있는 무한한 잠재성으로서의 들뢰즈의 신체론과 유사하게 그로스는 살아있고 체험되는 신체는 모두 성적이며 신체의 무한한 유연성은 신체의 성적으로 차이화하는 힘에서 비롯한다.

이러한 정리에서 볼 수 있듯이, 그로스의 성차 이론은 이 두 관념의

19) *ibid.*, p.440.
20) *ibid.*, p.479.
21) *ibid.*

긴장—환원불가능성과 무한한 변형가능성—때문에 이론 내적 모순인 것처럼 보인다. 무한히 유연하고 변형 가능한 신체가 어떻게 동시에 변형을 제한하는 환원불가능성과 양립할 수 있는가? 이 점은 이후 많은 페미니즘 이론가들에 의해 이론적, 실천적 비판의 과녁이 된다.[22] 이리가레의 성차 이론을 따라서 (최소한) 두 성 사이의 환원불가능한 차이를 강조하는 그로스의 성차 개념은 스스로도 지적하고 있다시피 "차이가 정체성으로 쉽게 미끄러질 수 있다."[23] 즉 두 존재를 가능하게 하는 근원적 차이가 아니라 두 존재 사이의 차이나는 정체성으로 오독되기 쉽다. 그리고 반복적으로 여성적 특수성과 남성적 특수성의 차이를 강조하는 탓에 이성애중심적인 것으로 이해되기도 한다. 심지어 트랜스섹슈얼이 외과적 수술로도 여성 혹은 남성과 같은 방식으로 느끼고 경험할 수 없다고 단언하는 부분은 페미니즘-퀴어 정치학자들을 아연실색하게 한다.

> 기껏해야 트랜스섹슈얼은 그의 여성성에 대한 환상을 살아낼 수 있을 뿐이다. 이 환상은 외과적이고 화학적인 개입이 낳은 다소 조잡한 변형때문에 보통은 실망스러울 것이다. 트랜스섹슈얼은 여성처럼 보일 수도 있겠지만 여성처럼 느끼거나 여성이 될 수는 없다.[24]

필자가 보기에 그로스의 이러한 불친절하고 부주의한 언급은 트랜스젠더 이론이 당사자들에 의해 정교화되기 이전에 환원불가능한 성차 개념의 반대급부로서 '트랜스섹슈얼'을 대조하는 과정에서 비롯된 것이 아닌가 한다.[25] 그러나 그로스가 이해하는 것과 달리, 트랜스젠더라는

---

22) 예를 들어, 다음의 비판을 참조. Oli Stephano, "Irreducibility and (Trans) Sexual Difference," *Hypatia*, Vol. 34 (1), 2019, pp.141-154.
23) Grosz, *op. cit*, p.478,
24) *ibid.*, p.476.

범주는 단순히 화학적-수술적 변형만을 가리키지도 않을 뿐만 아니라, 오히려 어떤 의미에서는 '다르게 되기'라는 들뢰즈의 신체 개념을 실천하고 있는 것으로 보이기도 한다. 그로스의 환원불가능한 성차와 트랜스섹슈얼의 '환원된' 성의 대립을 조악하게 설명하는 이 구절은 무한한 변형가능성으로서의 신체 개념과 한계지평으로서의 (최소한 두 개의) 성적으로 차이나는 유한한 성차 개념을 양립할 수 없게 만드는 것 같다. 심지어 그로스는 오히려 트랜스젠더의 성을 단순히 한 성에서 다른 성으로 바꿔치기하는 정도로 '환원'하는 것처럼 보이기도 한다.

그럼에도 불구하고 그로스가 자신의 이론을 강화하기 위해 이처럼 언급하는 이유를 추측해보자면, 그로스의 눈에는 (퀴어, 젠더, 트랜스젠더 이론의 부침을 겪은 오늘날 트랜스젠더들의 자기-재현방식과 달리) 과거 트랜스젠더들의 자기 재현이 매우 '본질주의적'으로 보였을 수 있다. 실제로 상당수의 트랜스섹슈얼들은 '본래적' 정체성이 잘못된 몸에 있었기에 성차를 가로지르면서 '바로잡고자' 한다는 서사를 말하기도 한다. 그로스가 자신의 이론의 대부분을 본질적 정체성이라는 관념에 대한 비판, 고정되고 결정된 신체 개념에 대한 비판, 흐름과 액체의 역학에 대한 강조에 할애하고 있음을 고려하면, 고정된 성정체성을 답습하는 듯 보이는 트랜스섹슈얼들의 본질주의적 언명은 그녀에게 문제로 보일 수 있을 것이다. 또한 그로스가 성차의 환원불가능성을 주장할 때, 이것은 남성이 여성으로, 여성이 남성으로 환원될 수 없음을 의미하기도 하지만 더 나아가 남성이든 여성이든 결정론적인 방식으로 성차가 축소될 수 없고 항상 잔여, 잉여가 성적 차이에서 발생하고 생산된다는

25) 트랜스섹슈얼과 트랜스젠더는 서로 다른 용례를 갖고 있으며 그 의미망은 그로스가 생각하는 것보다 복잡하고 미묘하다. 트랜스젠더의 경험에 대한 무지, 트랜스젠더 이론에 대한 무시는 그녀를 '환원불가능한' 수렁으로 밀어 넣어버릴 수 있는 위험이 있다.

의미임이 더욱 강조되어야 할 것이다.[26] 성차는 윤리학적으로는 두 성의 환원불가능성이지만 존재론적으로는 잠재적 변이의 발생지인 것이다.[27]

참고 문헌

김남이, 「성의 존재론과 존재론적 성: 버라드, 그로스, 주판치치의 경우」, 『한국여성철학』 제38권, 2022, 67~114쪽.

이현재, 「신유물론의 렌즈로 읽는 그로스의 육체유물론: 사회구성주의와 생물학적 결정론을 넘어서는 '몸'을 향하여」, 김남이 외, 『신유물론x페미니즘』, 여이연, 2023.

Elizabeth Grosz, *Sexual Subversions: Three French Feminists,* Allen & Unwin, 1989.

__________, *Volatile Bodies: Toward a Corporeal Feminism,* Allen & Unwin, 1994(『몸 페미니즘을 향해: 무한히 변화하는 몸』, 임옥희·채세진 옮김, 꿈꾼문고, 2019).

__________, *Becoming Undone: Darwinian Reflections on Life, Politics and Art,* Duke Univ. Press, 2011.

__________, "The Nature of Sexual Difference," *Angelaki: Journal of Theoretical Humanities* 17(2), 2012, pp.69~92.

Oli Stephano, "Irreducibility and (Trans) Sexual Difference," *Hypatia,* Vol. 34 (1), 2019.

26) 국내에서 그로스의 트랜스젠더에 관한 언급을 논의한 글로는 다음을 참조. 이현재, 「신유물론의 렌즈로 읽는 그로스의 육체유물론: 사회구성주의와 생물학적 결정론을 넘어서는 '몸'을 향하여」, 『신유물론x페미니즘』, 김남이 외 지음, 여이연, 2023.

27) 그로스가 다윈의 '성선택(sexual selection)' 이론을 재해석하면서 성차를 '변이의 발생기(generator)'로 더욱 자리매김하는 작업은 다음을 참조. Elizabeth Grosz, *Becoming Undone: Darwinian Reflections on Life*, Politics and Art, Duke Univ. Press, 2011; Elizabeth Grosz, "The Nature of Sexual Difference," *Angelaki: Journal of Theoretical Humanities* 17(2), 2012, pp.69-92; 김남이, 「성의 존재론과 존재론적 성: 버라드, 그로스, 주판치치의 경우」, 『한국여성철학』 제38권, 2022, 67-114쪽.

오드리 로드
Audre Lorde

내 영혼의 엄마, 페미니스트 시인

유숙열
페미니스트저널 『이프』를 창간했고 현재는 이프북스 출판사 대표이다. 저서로 『유숙열의 뉴욕 페미니즘 리포트』, 『페미니즘으로 다시 쓰는 옛이야기』 등이 있다.

이 글의 원문은 『여/성이론』 23호(2010)에 실려있다.

오드리 로드: 내 영혼의 엄마, 페미니스트 시인

오드리 로드와의 만남

내가 오드리 로드Audre Lorde(1934-1992)를 처음 만난 것은 1984년 10월 뉴욕 헌터칼리지의 여성학 수업 시간에서였다. 당시 나는 '여성과 정치 변화'라는 나의 첫 여성학 수업을 듣고 있었고 중간고사 기간이었던 그날은 내가 '아시아 여성'에 관한 리포트를 하기로 되어 있었다.

영어를 모국어로 하는 미국 학생들 50여 명 앞에서 영어로 리포트를 하게 된 나는 거의 초주검이 되어 있었다. 자다가도 벌떡벌떡 일어나고 생각만 해도 손에 진땀이 나는 공포에 시달리며 시라고는 써본 적도 없던 내가 영어로 '황인종 여성이 쓴 시A Poem by a Yellow Woman'라는 시를 썼고 그 시를 리포트 말미에 발표했다.

나는 그때까지 오드리 로드가 누군지, 그 시간에 거기 와 있었는지도 몰랐다. 헌터칼리지 영문과 교수로 재직 중이던 오드리 로드는 게스트로 그 자리에 와 있었다. 그녀는 내 리포트가 끝나자 코멘트를 하면서 알지도 못하는 나에게 자기 시 수업을 들으라고 권했다. 미국 문화의 인종차별적인 행태를 고발하며 미국에 이민 온 한국 여성의 느낌을 담은 나의 시는 그날 나도 의아할 정도로 열렬한 환호를 받았다. 어쩌면 유색인종 여성들에 대한 이야기를 하면서 그 클래스에 아시아 여성이 없었기 때문이 아닐까 하는 생각도 들었다. 나는 그 클래스의 유일한 '황인종' 여성이었던 것이다.

수업이 끝나자 그 수업을 듣고 있던 헌터칼리지의 모든 페미니스트들이 나에게 몰려와 "오늘 같은 날은 파티를 해야 한다."며 학교 근처 맥줏집으로 몰려갔다. 그 뒤풀이 자리에서 나는 헌터칼리지의 페미니스트 동아리에 편입되었다. 그 후 2년 동안 그들과 함께 공부하며 페미니스트 행사에도 다니고 친구들이 여는 파티에도 다니며 행복한 페미니즘의 세례를 듬뿍 받았다.

오드리 로드가 권유한 대로 다음 학기에 그녀의 시 워크숍에 들어가 보니 현역 시인이 가르치는 그 클래스는 헌터에서도 가장 인기 있는 수업이었고 경쟁도 치열했다. 흑인, 백인, 남자, 여자 할 것 없이 많은 학생들이 몰렸고 오드리 로드는 학생들에게 여신처럼 추앙받았다. 오드리 로드의 수업은 독특한 방법으로 이루어졌다. 교수가 강단에 서는 것이 아니라 원탁 같은 테이블에 학생들과 똑같이 둘러앉는 탈권위적인 방법으로 진행됐다. 그리고 늘 수업 시작 전에 광고 시간이 있었다. 누구나 페미니즘과 관련된 교내 행사나 시내 행사를 안내하는 시간을 가졌다. 이를테면 오드리 로드는 남아공의 인종차별 철폐를 위한 시위가 있는 것을 알려 참석을 독려하는 식이었다.

로드의 교재 가운데 알제리 출신 혁명가 파울로 프레리의 『민중교육론*Pedagogy of the Oppressed*』이 있었던 기억이 난다. 그때 로드는 그 책을 그냥 읽으라고 하지 않고 '씹어 먹으라'고 했었다. 책을 씹어 먹는다는 것은 어떤 의미일까? 그것이 시인인 그녀의 표현법이고 교수법이었던 것이다.

그녀는 또 매번 주제를 주고 시를 써오게 했는데 어떤 날은 바퀴벌레를 주제로 쓰라고 하기도 하고 또 어느 날은 자기 자신의 모습을 거울로 5분 이상 지켜봤다가 시를 써오라고 하기도 했다. 그렇게 그녀는 자신과의 관계를 아주 중시했고 인종차별, 성차별, 계급차별에 시달리며 여러 가지 정체성을 갖고 있는 유색인종 여성들의 삶의 경험을 들여다보길 원했다.

오드리 로드는 또 헌터칼리지에 그녀의 이름을 딴 <오드리 로드 여성 시 센터>가 생겼을 때 개원식에서 그녀의 제자들과 함께 나의 시를 낭송하게 만들었다. 당시 무대공포증과 영어 공포증까지 겹쳐 겁에 질려 있던 나에게 그녀가 단호한 목소리로 말한 "삶은 테러와 직면하는 것"이라는 한마디는 40년 가까운 세월이 흐른 지금에도 내 귓가에 쟁쟁하다. 그녀는 "무섭다"며 도망가려는 나에게 "침묵은 너를 보호하지 못한다Your Silence Will Not Protect You"고 말하며 내가 "들려져야 할 목소리를 갖고 있다"고 말했다. 그녀는 침묵을 죽음과 동일시했다. 그녀는 그렇게 나에게 목소리를 찾아준 내 영혼의 엄마 같은 사람이었다.

그러면 오드리 로드는 나와 같은 유색인종 여성 제자들에 대해 또 그녀의 이름으로 헌정된 '오드리 로드 여성 시 센터'에 대해 어떻게 생각했을까? 그녀의 사후 17년 만인 지난 2009년 옥스퍼드대학 출판부에서 출판된 *I AM YOUR SISTER* 에는 그동안 출판되지 않았던 그녀의 유고들이 포함되었는데 그 책 7장 'A BURST OF LIGHT: Living with cancer(빛의 폭발: 암과 같이 살기)'에는 오드리 로드가 쓴 당시의 일기가 수록되어 그녀에 대해 많은 것을 알게 해준다. 나는 그녀가 쓴 일기를 보면서 당시 그녀가 간암 선고를 받고 힘들게 수업을 진행했다는 것을 알았다. 그녀의 일기를 읽어보자.

12월 13일, 1985년 뉴욕시

오늘 밤은 헌터칼리지 여성 시 센터의 학생들과 리터닝우먼 뉴스레터(The

Returning woman Newsletter)팀이 함께 '오드리 로드 여성 시 센터'로 헌정하는 행사가 열렸다. 30분 늦게 행사가 열리는 홀로 걸어 들어가면서 특별한 그날 저녁이 시작되었다. 나뿐 아니라 다른 어떤 누구도 그것이 내게 갖는 의미를 경감시키지 못할 것이다. 내게 무슨 일이 일어나든 간에 내 최고의 노력과 희망과 욕망이 그때 그 장소에서 한꺼번에 밀려왔다. 거기에는 무언가 이뤄낼 수 있는 어떤 가능성이 있었고 또 그것을 기꺼이 해보려는 강한 젊은 여성들이 있었다. 나는 이 센터로 인해 그 젊은 여성들이 자신의 삶과 이 도시의 여성 문화 공동체에서 갖는 의미에 대한 비전을 갖기를 바란다. 즉 다시 말해서 여성들이 생생한 그들의 시를 씀으로써 사회문화의 동력을 제공할 수 있다는 비전 말이다. 오늘밤 그 젊은 여성들의 얼굴에서 힘과 사랑을 볼 때 나는 내가 하는 일이 그들에게 얼마나 많은 것을 의미하는지 깨닫게 된다. 이 젊은 여성들은 내가 그렇게 꿈꿔오던 장소에서 주인의식으로 무장하고 자신만의 걸음걸이로 그곳으로 걸어 들어오고 있다.

나는 오늘 밤 이 젊은 여성 시인들의 시를 주의 깊게 경청했다. 특히 유색인종 여성들의 작품을, 내가 하는 말의 진정한 힘은 그 단어들에 내재하는 나의 편린들이 아니라 학생들이 내 단어를 쓰고 그에 대답할 때 생기는 생명력이라는 것을 깨닫는 것은 정말 대단한 것이었다. 그 생명력은 이 젊은 여성들 각각이 갖고 있는 에너지와 열망과 욕망의 복합적 산물이었다. 그 젊은 시인들은 태양의 금빛 불처럼 빛나고 있었고 그들의 다양한 유색 얼굴들은 자부심과 단호함과 사랑으로 넘쳐났다.

오드리 로드의 생애

오드리 로드는 1934년 2월 18일 뉴욕시 할렘에서 그레나다 출신의 이민자인 아버지 프레데릭 바이론 로드와 어머니 린다 거트루드 로드 사이에서 태어났다. 세 딸 중 막내였던 그녀는 맨해튼에서 자라며 가톨릭 스쿨을 다녔다.

법적으로 거의 장님 수준일 정도로 고도 근시였던 그녀는 부모의 고향이었던 서인도제도의 섬들에 관한 엄마의 이야기를 들으며 자랐다. 그녀의 엄마는 그녀가 네 살 때쯤 말하기와 글쓰기를 동시에 가르쳤다. 그녀는 중학교 2학년인 8학년 때부터 시를 쓰기 시작했고 고등학교 시절 처음으로 그녀의 시가 십대 잡지 <세븐틴>에 실렸다.

오드리 로드는 어린 시절부터 부모가 지어준 이름 오드리Audrey에서 y를 떼어내고 사용했다. 그녀의 자전적 소설인 <자미: 내 이름의 새로운 스펠링Zami: A New Spelling of My Name>에 따르면, 그녀는 어린 시절 이미 문자의 예술적인 대칭에 관심이 많아 앞의 이름 오드리Audre와 뒤의 성 로드Lorde가 나란히 E로 끝나는 것을 선택했다고 설명하고 있다.

고교 졸업 후 가장 친했던 친구 제니 톰슨의 죽음으로 극심한 충격과 슬픔을 경험한 그녀는 부모의 집을 떠나 독립하면서 가족과 멀어졌다. 그녀는 공장노동자, 대필 작가, 엑스레이 기사, 소셜워커, 공예품 수퍼바이저 등 다양한 직업에 종사하며 공부를 계속했다.

1954년은 그녀의 인생에서 아주 중요한 한 해였다. 멕시코 국립대학에 교환학생으로 1년을 가 있던 그녀는 레즈비언으로서의 성 정체성과 시를 쓰는 예술가로서의 자신을 깨닫게 된다. 그해에 뉴욕으로 돌아와 헌터칼리지에 들어간 그녀는 대학 공부를 계속하며 시작 활동과 그리니치빌리지의 동성애문화의 적극적인 동참자가 된다.

그녀는 헌터칼리지(1954-1959)에서 도서관학으로 학사학위를 받았고 1961년 컬럼비아대학에서 역시 도서관학으로 석사학위를 받았다. 그녀는 1961년부터 1968년까지 뉴욕 공립도서관 사서로 근무했다. 사서로 근무하던 1962년 그녀는 백인 변호사 에드워드 롤린스와 결혼해 딸 엘리자베스와 아들 조나단을 낳고 살다가 1970년 이혼한다.

1968년 그녀의 최초의 시집 『최초의 도시들*The First Cities*』이 출판되고 그녀는 미시시피에 있는 투갈루대학 초빙작가가 됐다. 그녀는 그곳에서 가르침의 기쁨을 발견하고 또 그녀의 평생 동반자가 된 백인 여교수(심리학) 프란시스 클레이튼을 만나게 된다. 프란시스와의 연인 관계는 오드리 로드가 죽기 전인 1989년까지 계속됐다.

1977년부터 1978년 사이 로드는 조각가이며 화가인 밀드레드 톰슨과 짧은 연애 사건을 일으킨다. 그들은 1977년 나이지리아에서 열린 <제2회 세계 흑인 아프리카 예술과 문화 페스티벌>에서 만나게 된다. 나이지리아에서 이루어진 그들의 연애는 톰슨이 워싱턴 DC로 와서 하워드대학에서 가르치던 때까지 이어졌다.

그녀를 이야기하며 암을 빼놓을 수 없다. 로드는 1978년 유방암 판정을 받는다. 유방암으로 한쪽 가슴을 절제한 그녀는 암 투병기 『캔서 저널*The Cancer Journals*』을 펴내, 여성들이 가장 많이 앓고 있는 여성 질병 유방암에 대한 대중의 인식을 바꿔놓는 데 일조를 했다. 그녀의 『캔서 저널』은 1981년 게이 코커스 올해의 책으로 선정되는 영예를 안았다.

1980년대 후반 오드리 로드는 흑인 여성 작가 바버라 스미스, 세리 모라가와 함께 유색인종 여성들의 출판사인 '키친 테이블'을 설립해 유색인종 여성들의 출판 활동을 돕는다. 로드는 또 당시 심각한 인종차별에 신음하고 있던 남아프리카 흑인 여성들을 위한 '남아프리카의 자매들을 지원하는 자매들' 모임을 창립해 물심양면 지원을 아끼지 않았다.

오드리 로드는 14년간의 투병 생활을 마감하고 그녀의 나이 58세인 1992년 11월 17일 사망했다. 그녀는 죽기 전 아프리카의 이름을 받는 세리머니를 치렀는데 그녀의 이름은 감바 아디사이고 그 뜻은 "의미를 알게 만드는 여자 전사"였다.

오드리 로드의 시와 페미니즘 이론

오드리 로드는 이론가가 아니라 시인이다. 로드의 시는 '분노의 시'들이 가장 많이 알려졌다. 그녀는 사적인 분노의 경험에서 어떻게 시가 창조되느냐를 고백한 적이 있다. 그녀는 언젠가 열 살 흑인 소년을 총으로 쏜 경찰이 무죄방면된 것을 보고 느낀 것을 시로 쓴 경험에 대하여 다음과 같이 토로했다.

> "일종의 분노가 내 안에서 회오리치면서 나왔다. 하늘이 빨갛게 변했고 나는 너무 아팠다. 나는 당시 운전하던 차로 다음 순간 마주치는 아무 사람이나 그대로 벽으로 밀어버릴 것만 같았다. 그래서 나는 차를 세우고 내 분노를 퍼내기 위해서 일기장을 꺼내 손가락 끝으로 그것을 내뿜었다. 그렇게 표현된 느낌이 시가 되었다."

그렇게 나온 시가 '권력Power'이다.

The difference between poetry and rhetoric
is being ready to kill
yourself instead of your children.

(시와 미사여구 사이의 차이는
당신의 아이들 대신
자신을 죽이는 것을 준비하는 것이다.)

The policeman who shot down a 10-year-old in Queens
stood over the boy with his cop shoes in childish blood
and a voice said "Die you little motherfucker" and
there are tapes to prove that. At his trial
this policeman said in his own defence
"I didn't notice the size or nothing else
only the color." and there are tapes to prove that, too.

(퀸즈에 사는 열 살 소년을 쏜 경찰은
아이의 피가 묻은 경찰 구두를 신고 소년 위에 서 있었다.
그리고 한 목소리가 말했다. "죽어라 이 쬐그만 시팔놈아." 그리고
그걸 증명하는 테이프도 있다. 재판에서
그 경찰은 자기 스스로를 변호하며 말했다.
"나는 오직 색깔만 봤지 크기나 그런 건 아무것도 보지 못했다." 그리고
역시 그걸 증명하는 테이프도 있다.)

로드의 분노는 12명의 배심원 중 유일한 흑인이었던 여성을 향해 더욱 증폭되었다. 그 흑인 여성은 그녀가 최초로 가졌던 진정한 권력을 사용하지 못한 것이었다.

Today that 37-year-old white man with 13 years of police forcing
has been set free
by 11 white men who said they were satisfied
justice had been done
and one black woman who said
"They convinced me" meaning

(13년간을 경찰로 산 37세의 그 백인 남자는
오늘 석방됐다.
정의가 이루어져서 만족한다고 말한

11명의 백인 남자들에 의해
그리고 "그들이 나를 납득시켰다"고 말한
한 명의 흑인 여성에 의해)

오드리 로드의 시의 주제는 매우 다양하지만 종종 거짓말처럼 단순하다. 평범한 표면에 복잡함이 겹겹이 숨어있다. 1973년에 쓰이고 다음 해에 발표된 오드리 로드의 '흑인학Black studies'은 오드리 로드의 시 중 가장 의미심장한 시이다. 왜냐하면 로드는 이 시에서 '여전사'라는 그녀의 이미지와 어울리지 않게 공포와 고통, 취약함을 사무치게 드러내고 있기 때문이다.

'흑인학'은 고대 아프리카 마을에 '찬바람'이 휩쓸고 간 높은 곳에 새처럼 횃대에 걸터앉은 화자를 소개하며 시작된다. 화자는 걱정스럽게 땅 위에서 벌어지고 있는 일들을 응시하고 있다. 반면 그녀는 현실 세계에서 17층 강의실에 앉아 "엉덩이가 테이블에 핀으로 꼽힌 채" 학생들을 마주할 준비를 하고 있다. 화자를 동시에 두 가지 서로 다른 현장에 위치시킴으로써 그녀는 독자를 다른 장소로 이동시키는 것뿐만 아니라 시가 계속되는 내내 시간을 초월해 손쉽게 두 장소에 존재하게 만든다.

I am afraid
They will discard my most ancient nightmares
where the fallen gods became demon
instead of dust

(나는 두려워
그들이 내 가장 오랜 악몽을 버릴까 봐
추락한 신들이 먼지가 되는 대신
악마가 되어버린 곳에서)

신화적인 요소를 차용하고 있는 시 '흑인학'에서 로드는 몇 년 사이에 그녀에게 일어났던 두 가지 경험을 시로 형상화하고 있다. 하나는 그녀가 초빙 작가로 가 있던 1968년 미시시피 투갈루대학에서 겪은 일이고, 다른 하나는 그녀가 2년 동안 재직하면서 '흑인학과'를 설립하기 위해 노력한 뉴욕의 존제이칼리지에서의 경험이다.

The chill wind is beating down from the high places.
My students wait outside my door
searching condemning listening
for what I am sworn to tell them
for what they least want to hear
clogging the only exit from the 17th floor
begging in their garbled language
beyond judgement or understanding

(찬바람은 높은 곳으로부터 아래로 휘몰아치고
내 학생들은 문밖에서 기다리고 있다
내가 그들에게 말하기로 맹세한 것을
그들이 가장 듣기 원하지 않는 것을
찾고 비난하고 들으며
17층의 유일한 출구를 막으며
판단이나 이해의 저편에서
알아들을 수 없는 언어로 구걸을 하며)

로드는 독자를 화자와 마찬가지로 의심하면서 시를 끝내게 만든다. 그것은 마치 연극무대와도 같다. 정직한 페이드아웃이 깔끔한 마무리보다 더 시를 끝내기에 적절한 것이다. 마치 공포영화를 본 다음에 극장 문을 나서듯이.

I open the door
and leap groundward
wondering
what shall they carve for weapons
what shall they grow for food

(나는 문을 열고
땅을 향하여 뛰어오른다
그들이 무기를 만들려고 무엇을 깎을 것인지
그들이 식량을 위해 무엇을 기를지
의심하면서)

로드와 함께 '흑인학과'를 설치하기 위해 동분서주했던 과거의 동지 흑인 남자 교수들은 누가 '흑인학과'를 대표하느냐는 문제에 부딪혔을 때 로드를 왕따 시켰다. 그 경험은 그녀에게 큰 상처가 됐다. 로드가 레즈비언이라는 소문으로 그녀가 '흑인학과' 책임자에서 제외되는 일이 일어난 것이다. 로드는 이에 굴하지 않고 페미니스트 잡지인 '미즈' 매거진에 '사랑 시'들을 발표하고 그녀가 레즈비언임을 분명히 했다. 그녀는 그녀의 시가 실린 페이지를 잘라 자신의 방문 앞에 게시함으로써 그녀를 소외시킨 동료들에게 대항했다.

그녀의 시들이 거대 주제들을 다룬다고 해서 그녀가 사소한 일상을 무시하는 것은 아니다. 그녀의 시들 중 여러 편에서 로드는 가족들에 대해 쓰기도 하고 잃어버린 사랑에 대해서 쓰기도 한다. 또 그녀의 작품 상당수가 아프리카의 영적인 이미지들과 암시로 가득 차 있어 문화적이고도 민족적인 긍지를 드러내기도 한다.

로드는 '미국 암 협회The American Cancer Society'나 '깜둥이 껍질 벗기는 데는 한 가지 이상의 방법이 있다There is More than One Way to Skin a Coon' 같은 시들을 통해 '화이트 아메리카'에 대항하여 시위하기도 했다. 그녀는 미국의 흑인들을 증오와 두려움의 대상으로서 살충제에 희생당하는 검은 바퀴벌레에 비유했다.

로드의 분노는 인종차별을 하는 백인 사회를 향한 것만은 아니었다. 그녀의 분노는 페미니스트 이슈에도 확대되었는데, 성차별을 반복하고 있는 흑인 남성들을 향하여도 불같은 비판을 내뿜었다. "흑인으로서 우리는 남성 특권의 억압적인 현실을 부정하면서 우리의 대화를 이어갈 수는 없다. 만약 흑인 남성이 어떤 이유라도 강간하고 폭력을 쓰고 여성을 살해하며 남성 특권을 계속 누리고자 한다면, 우리는 흑인 남성들의 그 같은 억압을 무시할 수 없다. 인종차별의 피해자라고 해서 또 다른 차별을 절대로 정당화시키지는 못한다."

로드는 계급, 인종, 연령, 성, 심지어 건강에 이르기까지 많은 문제들이 근본적인 여성의 경험을 구성한다고 주장한다. 페미니즘에서 남녀 간의 성별 차이가 집중적으로 관심을 받고 있지만, 다른 차이점들 또한 기본적으로 중요한 문제들이라는 것이다. 그녀는 또 경험의 고유성을 지적하고, 여성 자신의 차이점들은 심판받지 않아야 하며 대신 인정받아야 한다고 강조한다. 그녀는 스스로에 대하여 여성이라는 일반적인 카테고리 안에 포함되기를 원치 않았으며, 여성운동이 백인 중산층 여성들의 운동으로 진행되던 시절부터 인종문제와 계급 문제가 같이 다루어지는 페미니즘 운동을 역설했다.

여성 간의 차이를 인정하는 길은 다양하고도 많지만 로드는 특히 자신이 관계된 두 가지, 즉 인종문제와 성 문제에 천착했다. 그녀는 흑인 여성의 경험이 백인 여성의 경험과 다르다는 것을 강조하고, 백인 여성의 경험이 규범이 되기 때문에 흑인 여성의 경험이 주변부로 전락하는 일이 발생하고 있다고 주장했다. 이와 유사하게 레즈비언(특히 흑인 레즈비언)으로서의 경험도 페미니즘 운동의 진정성이 없는 일탈로 여겨지고 있다고 지적하고, 그러나 그런 경험들이 규범적으로 여겨지지 않아도 여전히 여성의 경험으로 가치가 있다고 설파했다.

오드리 로드는 자신을 "흑인black, 레즈비언lesbian, 어머니mother, 전사warrior, 시인poet"으로 규정하고 그녀의 전 생애를 그에 대한 문제제기로 일관했다. 이러한 맥락에서 그녀는 인종차별과 성차별, 동성애차별이 서로 연결돼 있다고 주장함으로써 백인 페미니스트들의 '편향성'에 대하여 신랄한 비판을 가했다.

오드리 로드는 전미여성기구NOW에서 『여성의 신비*The Feminine Mystique*』를 쓴 베티 프리단에 이르기까지 60년대의 페미니스트들이 백인 중산층 여성들의 경험에 한정된 여성운동을 한다고 비판했다. 그녀의 글들은 '차이의 이론theory of difference'에 근거하고 있는데, 그것은 세상 모든 일을 남녀 간의 이분법적인 대결 구도로 설명하는 것은 너무 단순하다는 것이었다.

로드는 특히 페미니즘 내부의 인종차별을 밝히는 데 주력하면서, 백인 페미니스트 학자들의 연구가 흑인 여성들에 대한 억압을 더 강화시킨다고 주장했다. 백인 페미니스트와 오드리 로드의 대립을 가장 극명하게 보여주는 것은 백인 레즈비언 신학자 메리 데일리에게 쓴 통렬한 '공개편지An Open Letter to Mary Daly'이다. 로드는 이 편지에서 가부장적 종교를 비판한 메리 데일리의 신학이 백인 여성 중심으로 비백인들의 신화와 문화를 무시한 인종차별적 신학이라고 비판했다. 유명 페미니스트들과의 이러한 강렬한 대립은 '아웃사이더'로서의 오드리 로드의 입지를 더욱 두드러지게 만들었다.

오드리 로드와 『시스터 아웃사이더*Sister Outsider*』

오드리 로드는 시인이지만 시 외의 산문으로도 유명하다. 그녀는 산문을 쓸 때도 자신이 시인이기 때문에 '이론theory'을 쓰지 않는다고 말하며 감정과 느낌을 중시했다. 그러나 그럼에도 불구하고 로드의 목소리는 현대 페미니스트 이론 발달에 가장 중심에 있다는 평가를 받고 있다.

그녀의 산문은 자전적 소설인 『자미: 내 이름의 새로운 스펠링』과 유방암 투병기를 담은 『캔서 저널』, 그리고 에세이를 묶은 『시스터 아웃사이더』 등 세 권이 많이 알려져 있다. 특히 『시스터 아웃사이더』는 '오드리 로드표 페미니즘'의 진수를 맛볼 수 있는 에세이들을 포함하고 있어 더욱 주목을 받아 왔다.

오드리 로드가 1976년부터 1984년 사이에 쓴 15편의 에세이가 포함돼 있는 『시스터 아웃사이더』는 그녀의 문학적·철학적 면모를 잘 보여주는 작품집으로 오늘날까지 수많은 페미니즘 강좌의 교재로 사용되며 많은 사랑을 받고 있다. 그리하여 로드의 사상과 이론을 대변한다고 해도 과언이 아닌 『시스터 아웃사이더』는 그 글들이 쓰여진 그녀의 10년에 걸친 삶의 궤적을 그대로 보여주는 전설이 되고 있다.

에세이집의 제목인 '시스터 아웃사이더'는 그녀의 시집 『블랙 유니콘』(1978)에 수록된 시에서 비롯된 것으로, 인종차별과 성차별, 성 정체성 문제에 시달리는 소수자들에 초점을 맞추고 있다. 『시스터 아웃사이더』에 수록된 15편의 에세이 중 특히 다음 네 편이 로드의 이론을 말해주는 대표작으로 여겨지고 있다. 로드의 페미니즘 이론을 보다 적절히 이해하기 위하여 각 편을 좀 더 자세히 살펴본다.

1) '시는 사치가 아니다 Poetry Is Not a Luxury'

로드는 이 에세이에서 시를 여가 선용을 위한 한가한 놀이가 아니라 인간–특히 여성 생존–에 필수 불가결한 어떤 것으로 규정한다. 로드에게 있어 시란 여성성의 진수이며, 또 시를 느끼는 것은 고대 사회와의 직접적인 연결을 드러내 주는 것으로 된다. 그녀는 고대 사회와의 특별한 연결을 불건강한 자본주의, 부패한 권력, 비인간화 같은 현대사회의 모든 병폐를 해소시켜줄 해독제로 보고 있다. 로드는 시를 이미 존재하고 있는 어떤 생각의 표현이 아니라 새로운 아이디어의 형성단계라고 본다. 그리하여 희망과 꿈 같은 것들이 시를 통해 언어로 전이되며, 그것들은 이윽고 새로운 세상을 창조할 수 있는 일관성 있는 사상이 되는 것이다.

2) '에로틱의 용법: 권력으로서의 에로틱The Uses of the Erotic: The Erotic as Power'

로드는 '에로틱'을 여성이면서 동시에 영적인 것으로, 또 여성 권력의 원천으로 규정하는 것으로 이 에세이를 시작한다. 그것이 여성 파워의 원천으로 사용될 수 있기 때문에 가부장제 사회에서 에로틱이 억압되고 있다고 그녀는 말한다. 로드는 에로틱을 여성의 깊은 느낌으로 정의내리고, 그것이 여성들의 이익을 위하여 '심리적인 젖줄'로 작용할 수 있지만 사회 속에서 남성들을 위해서만 사용될 수 있게 권장되고 있다고 지적한다. 에로틱과 음란물(포르노그래피)이 종종 혼동을 일으키지만, 로드는 음란물을 에로틱의 반대라고 규정한다. 에로틱은 처음부터 끝까지 느낌인 데 비해, 음란물은 느낌은 아무것도 없이 감각만 있다는 것이다. 로드에게 있어 에로틱은 느낌으로부터 발전하여 경험을 나누는 권력을 의미한다.

3) '주인의 도구로 주인의 집을 무너뜨릴 수 없다The Master's Tools Will Never Dismantle the Master's House'

이 에세이는 사회적 편견과 억압을 타파하기 위해서는 반드시 새로운 도구를 만들어내야 한다는 로드의 확신을 이야기하고 있다. 에세이는 본래 1979년 9월 29일 뉴욕에서 열린 '제2의 성' 콘퍼런스에서 오드리 로드가 발표한 강연문이다. 로드는 이 강연을 여성들의 삶에서 서로의 차이점을 토론해야 할 필요성으로부터 출발한다. 그녀에 있어서 서로의 차이점을 인지하지 않는 페미니스트 이론은 불완전하다. 왜냐하면 모든 여성들이 모두 같은 편견이나 문제들을 경험하지 않기 때문이라는 것이다. 그녀는 자신이 속한 콘퍼런스 패널에서 그녀가 흑인, 레즈비언, 페미니스트의 입장을 동시에 대변하는 유일한 참가자라는 사실을 지적하며 주류사회에 비판을 가한다. 로드는 이러한 경향이 미국 사회 전체의 트렌드를 대변하는 사례라고 말하며 사회와 대적할 새로운 방법론의 필요성을 역설한다.

4) '분노의 용법: 여성 인종차별에 반응하다The Uses of Anger: Women Responding to Racism'

이 에세이는 1981년 미국 여성학회에서 오드리 로드가 강연한 내용이다. 그녀는 에세이에서 여성이 차별받으면서 나타나는 여러 가지 다양하고 복잡한 반응을 다루고 있다. 로드는 특히 자신의 경험인 흑인 여성들의 인종차별 경험을 세부적으로 분석하고 있다. 이에 따르면, 인종차별에 대한 주요한 반응은 '분노'이며 그것은 불의에 맞서는 자연스러운 '반응'이다. 로드는 분노와 죄의식, 그리고 방어적 태도를 각기 다른 것으로 구분하면서, 죄의식과 방어적 태도는 아무에게도 쓸모가 없다고 강조한다. 이어서 로드는 백인 여성들이 쉽게 저지르는 무심한 인종차별을 예시하고, 백인 여성들이 자기 안의 인종차별주의를 극복하지 못하는 것이 그녀를 분노케 한다고 말한다.

오드리 로드가 내게 남긴 것

이제 오드리 로드는 이 세상에 없고 그녀의 말과 글, 행동은 전설로 남아 있다. 나는 오드리 로드가 세상을 떠난 58세가 넘은 지 오래다. 나에게 생이 얼마나 남았는지 모르지만 나는 나의 남은 생을 조심스럽게 낙관한다. 그 근거는 오드리 로드의 전략적 부활을 통해 남은 생을 살아낼 요량이기 때문이다.

그녀는 제자들을 지지하고 격려하면서 동시에 잔인할 정도로 다그쳤다. 그러나 무엇보다도 중요한 것은 어려운 일을 당했을 때 어떻게 그 어둠의 터널을 뚫고 나가느냐 하는 '정면 대결'의 지혜를 배운 것이었다. 나는 그녀를 통해 '시'가 '무기'가 될 수 있다는 것을 배웠고 '모성'이 잔인할 수도 있는 강렬한 '생존의 힘'이라는 것을 배웠다.

그녀는 자신의 삶을 통해 우리 서로가 조금씩 다르더라도 모두가 아름답고 강력한 힘을 갖고 있는 개별적인 존재라는 것을 가르쳤다. 그녀는 스스로 모델이 되어 우리 각자가 우리 안에 갖고 있는 힘을 보여주었고 우리에게 그 힘을 사용하라고 말했다.

그녀로부터 '시 쓰기'를 배운 나는 '시 쓰기'를 통해 세상과 소통하는 법을 배웠고 삶을 살아내는 방법을 터득했다. 그녀로부터 시가 생존의 필수불가결한 무엇이라는 것도 배웠고 분노의 용법을 배워 밟으면 꿈틀하는 법도 배웠다. 또한 침묵은 죽음이며 그 침묵을 말과 행동으로 옮겨야 한다는 것도 배웠다. 그녀의 언어는 언제나 내 안에서 울리고 있고 그것은 내가 세상을 살아나가는 '생존 전략'이 되어 나와 함께 살아가고 있다.

그녀는 나의 스승이면서 동지였고 또 페미니스트 엄마였다. 결국 내가 그녀에게서 배운 것은 '분노의 페미니즘'이다. 그러나 그것은 싸움과 투쟁으로만 점철된 '전쟁의 페미니즘'이 아니라 '에로틱'이 '권력'이라는 것을 깨달은 '사랑의 페미니즘'이다. 그것은 서양의 백인이 아니어도 페미니스트가 될 수 있다는 것을 의미하고 다른 누구도 아닌 바로 나 자신의 경험을 바탕으로 페미니즘을 주장할 수 있다는 것을 의미한다.

오드리 로드가 말했다. "만약 내가 나 자신을 정의 내리지 않는다면 나는 나를 향한 다른 사람들의 환상에 의해 산산조각 나 산 채로 잡아먹힐 것이다."라고. 나는 나에게 남아있는 삶 동안 산 채로 잡아먹히는 어리석음을 범하지는 않을 것이다. 왜냐하면 내 영혼의 엄마인 오드리 로드가 아직도 나에게 영혼의 젖줄을 대고 있기 때문이다.

참고 문헌

Audre Lorde, *Sister Outsider* (New York: The Crossing Press, 1984).

__________, *The Cancer Journals* (San Francisco: aunt lute books, 1980).

__________, *The Collected Poems of Audre Lorde* (New York and London: W. W. Norton & Company, 1997).

__________, *Zami: A New Spelling of My Name* (New York: The Crossing Press, 1982).

Carol Ascher, Louise DeSalvo, and Sara Ruddick, eds., *Between Women* (Boston: Beacon Press, 1984).

Rudolph P. Byrd, Johnetta Betsch Cole, Beverly Guy-Sheftall, eds., *I AM YOUR SISTER-COLLECTED and UNPUBLISHED WRITINGS of AUDRE LORDE*(Oxford University Press, 2009)

우에노 지즈코
Ueno Chizuko

탈남성화된 국가에 대한 전망

이선이
현재 경희대학교 교육대학원과 을지대학교에서 강의하고 있으며, 연구 관심사는 일본군 '위안부' 문제를 가해자 일본군이 작성한 자필진술서를 통해서 새로이 규명하는 데 있다.

이 글의 원문은 『여/성이론』 13호(2005)에 실려있다.

우에노 지즈코: 탈남성화된 국가에 대한 전망

1.

영화 <역전의 명수>(2005) 속 주인공 명수는 학력 미달(중학교 중퇴자)로 군대에 갈 수 없다. 그러나 그는 잘나가는 쌍둥이 형을 대신해서 군대에 다녀온다. 형을 대신한 군 생활을 무사히 마치고 제대한 후, 중학교 중퇴자인 그가 다시 자신의 이름으로 군대에 가는 일은 없을 것이다. 그러나 그럼에도 불구하고 재차 입영통지서를 받는 악몽을 꾸다 놀라 잠에서 깨어난다. 명수는 근육질에 탁월한 운동능력을 지니고 있어 어떻게 보아도 군대가 체질인 것처럼 보인다. 그런 그조차 대한민국의 군대는 꿈에서조차 두 번 다시 가고 싶지 않은 곳일까? 아니면 애초에 군대가 체질인 사람은 존재하지 않는 것일까?

명수의 일화는 영화 속 얘기만은 아니다. 30년 넘게 외국에서 살아온 한 인물이 몸과 마음이 피곤하고 지칠 때면 대한민국 입영 영장을 받아들고 절망하는 악몽에 시달린다(한겨레신문 2005년 7월 5일 안경환 칼럼)고 한다. 제대한 지 10년이 넘었지만 아직도 군대에 다시 입대하라는 통보를 받는 꿈을 꾼다고 하는 남성들은 주변에 많다. 꿈속에서 입대 통보를 다시 받고서 절망하다 깨어나 안도한다는 것은, 끝나지 않은 징집의 기억, 복무 기간 동안 겪은 자율성 상실과 억압의 잔재일지 모른다. 영화 속 명수의 이야기는 사실은 지금 이 시대를 살고 있는 많은 대한민국 남성들의 이야기인가 보다.

그런데 과연 군대는 남성들만의 고민거리인 것인가? 군대를 둘러싼 문제는 심심찮게 여론에 오르내린다. 아이러니하게도 성역처럼 존재하던 대한민국의 군대가 논의의 대상으로 수면 위로 떠오른 것은 1998년 10월 19일 이화여대생들(5명, 연세대의 신체장애 학생 1명)이 헌법재판소에 군가산점에 대한 헌법소원을 제기하면서부터이다. 이들은 제대군인 지원에 관한 법률 제8조 제1항, 3항 및 동법 시행령 제9조가 자신들의 헌법상 보장된 평등권, 공무담임권, 직업선택의 자유를 침해하고 있다고 주장, 헌법소원심판을 청구하였다. 그로부터 1년이 지난 1999년 12월 헌법재판소는 그들의 청구를 받아들여 군 가산점제에 대한 위헌 결정을 내렸다.

군가산점제에 대한 위헌 결정은 한국사회를 떠들썩하게 만들었다. 이 문제는 장애인과 여성에 의해 제기되었으나 그 후 논쟁은 '군에 가는 남성'과 '군에 가지 않는 여성'의 대립으로 진행되는 양상을 띠었다. 군가산점제를 둘러싸고 진행된 논쟁은 현재 해결해야 할 많은 과제를 남긴 채 수면 아래로 가라앉은 상태이다. 그러나 그 후 간헐적으로 제기되는 양심적 병역기피, 그리고 병역기피를 위한 국적 포기 논란부터 전방부대 GP에서 일어난 총기 난사 사건까지 군대를 둘러싼 문제들은 지속적으로 우리 사회의 뜨거운 감자가 되고 있다.

말 그대로 사안이 지니는 민감함 때문인지 이러한 일련의 사태에 대해서 한국의 페미니스트들이 적극적으로 논의를 전개하고 있지는 않은 듯하다. 그런데 사실 여성들이 침묵하고 있는 것처럼 보이는 것은 군사 안보 문제가 다양한 견해를 통한 해결을 허락하지 않는다는 특성을 지니고 있다는 것뿐만 아니라 전문성의 결여를 이유로 여성을 조직적으로 소외시키기 때문이다. 여성은 가부장제적인 권력에서 상대적으로 자유로울 뿐만 아니라 가부장제 권력에 대한 비판을 행해온 역사로 인해 보다 더 근원적인 해결책을 찾을 수 있을 것임에도 불구하고 아니 그렇기 때문에 소외된다.

2005년 6월 7일, 병역을 마치지 않으면 원칙적으로 한국의 국적을 포기할 수 없게 한 국적법이 통과된 후 서둘러 한국의 국적을 포기한 사람들이 늘어났다. 법무부는 이들 국적 포기자를 법무부 관보에 게재하였으며 언론은 고위공직자 자녀의 국적 포기에 대해 심층 보도하였다. 어떤 의원은 국적 포기자에 대한 보복성 재외동포법을 발의하였으나 부결되었으며 이를 둘러싸고 성난 네티즌들과 이 법에 반대한 의원들과의 논쟁이 뜨거웠다. 성난 네티즌들은 국민의 신성한 의무를 다하지 못한 자들은 권리를 누릴 자격이 없다고 주장하였다.

어린 시절 대한민국 국민의 4대 의무를 외우면서 왜 교육이 권리가 아닌 의무인가에 대한 생각을 했었던 것 같다. 근대 국민국가는 '균질화된 국민' 없이는 성립할 수 없기 때문에, 국가 형성 과정에서 국민을 만들어내기 위한 균질적 교육은 선택이 아닌 의무로 부과된다. 따라서 이러한 교육을 거부할 권리는 인정되지 않으며, 그것은 국가가 요구하는 필수적 의무 사항으로 간주된다. 국민의 의무 중 핵심이 되는 국방의 의무에 대한 고민을 시작했던 것은 훨씬 뒤의 일이다. 국가로부터 부여받은 의무를 다한 사람을 국민이라고 한다면 그 의무에서 배제된 여성은 국민이 아니라는 지극히 단순한 사실 앞에서 징병의 대상이 아닌 여성은 '국민이 될 권리'를 박탈당한 존재이다.

그렇다면 이처럼 병역에서 배제되어 이류 국민이 된 여성은 징병제에 남성과 대등한 참여를 통하여 완전한 국민이 되어 완전한 평등을 획득하겠다는 주장이 가능하게 된다. 그러나 한국사회에서 그런 주장은 좀처럼 제기되지 않았다. 그 이유는 여성은 군대가 아닌 출산을 통해 병역과 같은 사회적 역할을 다하고 있다는 인식이 전제되어 있기 때문이다. 또한 여성이 압도적으로 불평등한 위치에 있는 우리 사회에서 남녀 동일한 병역의무는 평등이 아니라 여성 불평등을 더욱 심화시킨다는 우려 때문이기도 하다.

만약 여성이 여성도 징병하라고 주장한다면 그것은 군대와 국가란 무엇인가에 대한 근원적인 질문이 사장된 채로 국가가 개인의 생사여탈권을 쥐고 있는 현실을 용인하는 것이 된다. '인간이 인간을 파괴하는 전쟁 행위'를 위한 무기와 군대를 용납할 수 없다는 양심적 병역 기피자들이 궁극적으로 반대하는 것은 가부장제적 폭력이다. 여성도 징병하라는 주장은 가부장제를 비판하면서 탄생한 페미니즘이 스스로 자기존재 이유를 부정하게 되는 논리적 귀결을 낳게 되는 것은 아닐까? 전방부대 GP에서 일어난 총기 난사 사건이나 군대내 알몸 사진 파문 등에 어떻게 답할 것인가는 페미니즘에게 던져진 자기존재에 대한 성찰의 기회가 될 것이다.

일제식민지와 한국전쟁의 역사는 강한 군대에 대한 갈망을 낳았고 그 갈망은 국민 징병제의 자양이 되어 아무런 상처 없이 유지될 수 있도록 도왔다. 강한 군대가 우리의 평화를 안전하게 지켜준다는 신화는 그 강한 군대가 자국의 국민을 유린할 수도 있다는 역사를 통해 그것이 단지 신화였을 뿐임을 드러냈다. 이제는 군대 내 사살 사건과 알몸 사진 파문이 일탈이 아니라 군대의 폭력성을 유지시키기 위한 필요불가결하게 행사되는 폭력은 아닌지, 군대란 무엇인지, 국가란 무엇인지, 그리고 페미니즘이란 무엇인가라는 근본적인 의문에 대해 고민해 보아야 할 시점이다. 그 고민을 통해서 한국사회의 군대, 평화, 안보,

민주 등에 대한 새로운 담론을 형성할 수 있을 것이다.

군대란, 국가란, 페미니즘이란 무엇인가에 대한 근원적 질문과 마주하면서 우에노 지즈코가 『내셔널리즘과 젠더』에서 단언한 다음의 명제를 떠올리지 않을 수 없다.

> 여성의 국민화를 탐구해 오면서 우리는 이렇게 말할 수 있다. 국민 국가에는 젠더가 있다. 여성의 국민화는 근대 국민국가가 여성에게 억지로 떠맡긴 배리(背理)를 체현한 것이고, 총동원 체제는 그 배리를 극한적으로 괴이한 형태로 보여줌으로써 역으로 근대 국민국가의 틀 안에서는 여성해방이 불가능하다는 것을 입증했다. 그리고 그로 인해 여성에게 국가를 초월할 수 있는 근거를 제시한 것이다.[1]

2.

우에노 지즈코上野千鶴子는 1948년 일본 도야마富山 현에서 태어났다. 일본에서는 제2차 세계대전이 끝나고 1947년에서 49년 사이 베이비붐이 일어났는데 이 시기에 태어난 사람들을 단카이団塊 세대[2] 라고 부른다. 한국에서 상당한 팬을 확보하고 있는 무라카미 하루키도 단카이 세대 중 하나이다.

그가 교토에서 대학시절을 보냈던 1960년대는 학생운동이 세계를

---

1) 우에노 지즈코, 『위안부를 둘러싼 기억의 정치학: 다시 쓰는 내셔널리즘과 젠더』, 이선이 옮김, 현실문화, 2014, 95-96쪽. 우에노 지즈코의 『ナショナリズムとジェンダー』는 이선이 번역으로 2000년에 『내셔널리즘과 젠더』(박종철 출판사)로 출판되었다가, 2014년 개정 증보판이 현실문화에서 『위안부를 둘러싼 기억의 정치학: 다시 쓰는 내셔널리즘과 젠더』로 나왔다. 이 글에서는 『내셔널리즘과 젠더』로 통칭한다.

2) 단카이(団塊)는 덩어리, 집단이라는 의미로, 단카이 세대는 고도 경제 성장기 경제 발전의 주역이었으며, 2007년경부터 정년퇴직을 맞으며 고령화 문제의 상징으로 인식된다. 일본 사회의 정치·경제·소비·문화 등 전역에 걸쳐 막대한 영향을 미친 세대이다.

석권했던 시기인데 당시 일본도 “학생운동으로 날이 새고 저문 10년이었다”고 한다. 단카이 세대가 바로 이 학생운동의 주역이기도 하다. 이 시기 자본주의 사회의 학생운동은 크고 작고를 떠나 사회주의 사상, 특히 마르크스주의 사상의 강한 영향을 받았다. 왜냐하면 마르크스주의는 자신들이 살고 있는 사회 체제(근대 산업 사회) 자체가 내포하는 모순에 대한 해명과 그 억압으로부터의 해방을 추구하는 이론이기 때문이다. 전공투(전학공투회의全學共鬪會議의 약자) 세대라고 불리는 일본의 학생운동 세대도 예외는 아니었다.

그리고 60년대 말 학생운동의 물결이 하강곡선을 그리는 시점에 등장했던 것이 우먼리브운동이다. 우먼리브를 이끌었던 초기 활동가들은 바로 이 학생운동을 통해 사회주의 사상의 세례를 받았던 사람들이다. 그러나 좌익운동 내부에서는 사회주의 혁명이 이루어지면 여성해방은 자연스럽게 이루어질 것이기 때문에 계급투쟁 이외의 여성운동은 불필요하다고 주장하였다. 이 때문에 직장이나 가정, 당내에서 남녀평등을 위해 여성들이 투쟁하는 것을 부정하였으며 양육이나 출산 같은 여성 억압의 특수한 문제들을 갖고 여성들을 조직하는 데 무관심했다. 심지어 이러한 활동에 대해 계급투쟁에서 이탈한 당파적 행위로 간주하여 불온시하였다.

근대 사회의 모든 억압으로부터 자유와 평등을 보장해줄 수 있을 것 같았던 마르크스주의를 무기로 한 운동이 해방하고자 한 것은 프롤레타리아가 아니라 프롤레타리아 남성의 해방이었음은 역사 속에서 이미 증명되었다. 사회주의에 배신당한 여성들은 급진적 페미니즘을 낳았으며 이후에 ‘성과 계급’을 둘러싸고 마르크스주의 페미니스트들과 치열한 논쟁을 벌였다. 한국에서도 80년대 사회주의의 영향을 받은 학생운동이 활기를 띠었으며 그 운동의 '사생아'들인 '배반당한 여성 사회주의자'들이 존재했으나 서구에서의 급진적 페미니스트와 같은 입장을 취했던 것은 주로 미국에서 여성학을 연구한 해외 유학파들이었다.

우에노는 일본의 전공투 세대로 사회주의 사상의 영향을 강하게 받았다. 그는 마르크스주의가 그가 살고 있는 역사적 단계(근대)의 억압을 해명하여 그로부터의 해방을 추구하는 사상이지만 자신(여성)에 대한 억압을 설명하지 못하고 있다는 사실에 대하여 다음과 같이 이야기하고 있다.

> 마르크스는 남녀의 성 분업을 남녀의 신체적 차이에 따른 '자연스러운' 분업으로 파악한다. 마르크스는 계급 사이의 대립과 '정신노동'과 '육체노동' 사이의 '분업'을 '자연'적인 것으로 간주하지 않았지만 성 분업은 '자연'적인 것으로 간주하여 불문에 붙이고 있다. '성'이라고 하는 계급 대립은 너무나 자명하여 이처럼 좀체로 보이지 않는다. 어떤 것을 '자연'적인 것으로 간주하는 것은 그것을 불문에 붙이는 것이다. 마르크스는 '자연'적인 여성관을 동시대인과 함께 공유하고 있었다.[3]

우에노는 마르크스의 해방 사상을 계승하면서 동시에 그 사상의 한계(젠더 맹인)를 극복, 발전시키고자 하였다. 그는 마르크스주의 페미니즘은 "마르크스주의를 페미니즘에 적용한 것이 아니라 오히려 페미니즘의 관점에서 마르크스주의를 재해석한 것"이며, 페미니즘을 통해 마르크스 원전을 다시 쓰고자 하는 이들을 마르크스주의 페미니스트라고 부른다. 마르크스주의 이론은 성과 '생식=가족'을 '자연' 과정으로 간주하는 한계를 지니고 있다. 이점에 대해서 비판하는 우에노는 근대

---

3) 上野千鶴子, 『家父長制 資本制』, 岩波書店,1990, 22쪽.

산업사회는 자본이 지배하는 시장 이외에 성이 지배하는 가족으로 나뉘어져 있다는 이원론적 입장을 취한다. 그는 시장은 시장 외부의 가족이 없이는 존재할 수 없으며, 여성을 억압하는 제도는 자본제와는 별도로 독립적으로 존재하는 가부장제 영역에 있다는 주장을 한다. 이러한 그의 논리의 집대성이 바로 『가부장제와 자본제』이다.

그러나 우에노의 『가부장제와 자본제』는 근대사회의 공/사 분리를 '시장'과 '가족'의 분리로 이해하여 '시장'과 '가족' 사이의 이원론적 변증법에 대한 예리한 분석을 하였으나, 시장 '외부'에는 국가라는 또 하나의 공적 영역이 있다는 것을 간과하였다는 비판을 받았다. 이점에 대해서 그는 자신의 국가에 대한 알레르기 반응이 국가를 과소평가하는 오류를 범하게 하였다고 말한다.

3.

자기 논리에 대한 비판을 수용, 반성한 후에 우에노가 근대사회의 공적영역을 구성하는 또 하나의 부분인 국가란 무엇인가를 페미니즘의 입장에서 분석한 것이 『내셔널리즘과 젠더』이다. 물론 『내셔널리즘과 젠더』는 페미니즘에 국가 이론은 불필요하다는 그의 평소 지론대로 본격적인 국가 이론을 다룬 저서는 아니다. 단지 근대 국민국가에는 젠더가 있으며 '정의를 구현하는 보편타당한 국민국가'가 성립하는 데 있어서 여성 배제가 필요 불가결했음을 입증하고자 했다.

여기서 그는 근대 국민국가가 행하는 근대화 프로젝트는 일명 국민화 프로젝트라고 부를 수 있다고 한다. 그런데 지정학적, 인구학적으로 정의된 국민은 당연히 배제를 수반한 정의를 필요로 하며 국민화 프로젝트는 처음부터 경계의 정의와 재정의가 연속되는 가변성을 지니고 있었다고 말한다. 따라서 인권은 항상 어디까지가 인간의 범위인가라는 경계의 정의를 수반한다. 그리고 빈번하게 인권과 함께 거론되는 민주주의란 인권을 부여받은 공민 사이의 민주주의에 지나지 않는다. 아직 근대 국민국가의 완성을 위해 내달리면서 근대화와 민주주의를 갈망하는 이들에게는 받아들이기 어려운 사실일지 몰라도 그는 근대의 성립이 노예제나 인종주의 그리고 성차별주의와 결탁하고 있다는 것을 알게 된다고 해도 그리 놀랄 만한 일은 아니라고 잘라 말한다.

프랑스 혁명의 인권선언Declaration des droits de l'homme et du citoyen은 글자 그대로 '남자 및 시민의 권리'에 지나지 않으며 이 남자와 시민 개념에 여성과 노동자가 배제되었다는 것은 주지의 사실이다. 고전 고대에서 '시민civitas'은 정치적 단위인 폴리스에 속하는 공민을 의미했다. 이는 단순히 그 지역에 거주하는 사람이 아니라, 공적 세계로서의 폴리스의 정식 구성원, 곧 무장을 갖춘 성인 남성을 가리킨다. 시민은 군사적 능력과 정치적 권리를 동시에 갖춘 존재로, 공동체의 방위와 정치 참여의 책임을 지닌 주체였다. 이러한 시민 개념은 훗날 인권선언에서 말하는 '시민' 개념에도 일정 부분 이어진다. 당시 인권선언에서 규정한 '시민'이란, 재산과 가족을 거느린 가장 남성을 의미했다. 따라서 그 외의 가족 구성원들—즉 여성과 아동, 기타 부양가족—은 독립적인 개인으로 간주되지 않았으며, 시민적 권리의 주체가 될 수도 없었다. 이러한 역사는 비교적 최근까지도 이어졌다. 예를 들어, 가정 내 폭력, 부부 간 강간, 아동 학대, 아내 폭행과 같은 사안들에 대해 국가는 오랫동안 '가정사'라는 이름 아래 개입하지 않는 것을 원칙으로 삼았다. 국가 권력이 가정 내 폭력에 개입하게 된 것은 불과 수십 년 전의 일이다.

그런데 여기서 가장 남성을 개인으로 인정하여 시민권의 주체로 정해주는 행위자가 누구인가 하는 질문을 해볼 수 있다. 이에 우에노는 일본에서 citizenship과 nationality를 모두 '국적'으로 혼동하여 사용하는 점에 주목한다. 이 혼동 자체가 바로 '시민권'이 지니는 역사적 의의라고 하면서 시민권이란 무엇보다도 '국적' 즉 국민국가로의 귀속을 나타내는 용어이며 시민이라고 하는 권리를 보장하는 행위자는 국가라고 말한다. 이런 혼동이 생겨나는 것, 즉 시민권이 국가에 의해서 부여되고 보장받는 국민의 권리와 동의어로 사용되는 것은 현재를 사는 우리들이 국민국가 이외의 통치 단위를 알지 못하는 역사적 사정에 의한 것이라고 한다.

하지만 오늘날의 세계는 국민국가의 경계선을 넘나드는 유동자, 즉 수많은 여행자, 외국인 노동자와 체류자들이 봇물을 이루고 있어 국민국가의 전통적 경계선이 급격하게 변화하고 있다. 또한 국가 간의 관계가 긴밀해져 유형(인간, 물자), 무형(자본 정보)의 교류가 증대하면서 평화와 치안유지, 자연환경문제 등에 대한 국가 간 공동보조, 협력을 필요로 한다. 따라서 가입국이 25개국으로 확대된 유럽연합EU과 같은 초국가적 연합이 등장하였다. 이런 상황은 바로 근대 국가가 설정한 경계가 도전받고 있다는 것을 암시한다.

그럼에도 불구하고 아니 그렇기 때문에 여전히 누가 시민인가? 누가 국민인가? 하는 문제는 근대 국가 이후의 새로운 사회적 관계 맺기의 원리 모색을 위해서 그 해명을 요구받고 있는 것이 아닌가 하는 생각이 든다. '국가' 내에서 개인이 보유하는 권리의 내용과 성격은 역사적으로 변해왔다. 또한 개인이 보유하고 있는 권리는 젠더, 계급, 연령 등의 변수에 따라서 구체적 내용에 차등적 서열이 있다. 이처럼 한정적이기 때문에 배타적일 수밖에 없는 시민권을 어떤 사람들 사이에 분배할 것인가 하는 문제는 어디까지가 국민인가를 가르는 경계선의 문제이기도 하다. 또한 시민권을 부여받는다는 것은 국가에 귀속됨을 의미하며 이로써 시민은 국가와 권리, 의무의 쌍무관계에 들어가게 된다.

국민은 서열과 배타성을 지니고 있는데, 우에노는 누가 일급 시민이 되는가를 가르는 바로미터가 바로 병역과 납세의 의무이며, 특히 병역은 시민권의 젠더에 의한 차별화를 정당화하는 근거가 된다고 한다. 그는 대부분의 국민국가에서 국군은 남성 징병으로 채워지고 있으며 바로 이 때문에 시민 개념이 남성을 모델로 구축되는 근거가 된다고 말한다.

1973년 아메리카의 독립전쟁 축하 기념식장에서 어느 참가여성은 "May all our citizens be soldiers, and all our soldiers be citizens(우리 국민 모두가 군인이 되고 모든 군인이 국민이 되길)"라는 연설을 하였다. 이것이 여성의 입을 통해서 나왔다는 것이 상당히 아니러니하지만 이는 시민적 의무, 구체적으로는 병역을 다한 자만이 시민적 특권을 향유할 수 있다는 것을 의미한다. 2002년 최초의 여성 총리 후보로 지명되어 국회 인준에 실패한 장상에 대해서 '국방을 모르는 여자가 어떻게 총리가 될 수 있는가' 하는 비판이 있었던 것도 그와 같은 맥락으로 이해할 수 있다.

시민권이 병역 의무를 다한 자들에게 제공되는 보수라는 인식은 세계사 속에서 다양하게 찾아볼 수 있다. 우에노가 예로 드는 19세기 프로이센에서는 병역과 선거권은 샴쌍둥이로 국가 공민으로서의 본질적 의무는 병역이며, 따라서 병역 담당 능력이 없는 신체장애인, 범죄자, 겁쟁이, 비겁자들은 시민권 박탈 대상이 된다고 한다. 이는 한국의 경우에도 예외가 아니다. 국민의 4대 의무에 병역이 명시되어 있고 병역에서 여성들은 완전히 배제되어 있다. 따라서 한국에서 여성은 '완전'한 시민권을 획득할 수 있는 길이 막혀 있었다는 것을 군가산점제를 통한 공무원직 진출의 어려움이라는 사례가 보여주고 있다. 군가산점제가 철폐된 지금도 군대 복무는 연금 등의 유형과 무형의 형태로 차별을 정당화하는 논거가 된다. 얼마 전 있었던 12.3 계엄 당시, 총을 든 군인의 총부리를 잡고서 저항했던 여성이 있다. 유명 유튜브 방송에 그녀와 함께 출연한 소위 '진보적'이라는 남성들이 군대를 가지 않아 뭘 몰라서 가능하다는 식의 반응을 보였다. 군대에 기반한 차별이 얼마나 일상적이고 뿌리 깊은지를 보여주는 사례이다.

인도는 아시아에서 여자에게 참정권을 가장 먼저 부여하였는데 이는 독립운동에 기여한 여성의 공헌이 높게 평가되었기 때문이다. 상대적으로 여성의 지위가 높다고 하는 중국의 경우도 여성들이 홍군(중국 공산당 군대)에 적극적으로 참가하여 항일전과 내전에서 이룩한 공로 때문이라고 할 수 있다. 일본의 경우에도 이치가와 후사에市川房枝를 필두로 한 여성 참정권론자들은 국가에 대한 공헌, 즉 전쟁 협력을 통해서 여성이 정치에 참가할 수 있는 권리를 획득하고자 하였다. 따라서 전시 국민이 되고자 한 페미니스트들은 적극적이고 자발적으로 전쟁에 협력하였으며 그들은 여성에게 공적영역으로의 진출을 가능하게 한 전시 총동원 체제를 반겼다. 일본의 서민 여성들 또한 전시의 동원을 얼마간 향유하였으며 지금도 '좋은 추억'으로 기억하는 이들이 적지 않다. 이는 일제시대 다른 마이너리티들에게서도 공통적으로 찾아볼 수 있다. 조선의 김동인은 「반도 민중의 황민화」라는 글에서 조선에서 징병제가 실시되자 내지인(일본인)과 대등한 '황민화'의 길이 열렸다며 환영하는 도착적인 증세를 보여주고 있다.

4.

2005년 6월 30일 인터넷 취업포털 잡링크(www.joblink.co.kr)에 따르면, 여성주간지 <우먼타임스>와 공동으로 남여 대학생 및 신입 구직자 1,245명(남자 563명, 여자 682명)을 대상으로 설문조사를 실시한 결과, "여성도 국방의 의무를 져야 한다고 생각하는가?"에 대한 의견에서 44.7퍼센트(519명)가 그렇다고 대답하였다. 여성의 국방의 의무에 찬성하는 입장이 남성은 24.9퍼센트, 여성은 55.6퍼센트를 차지하고 있다.

병역문제에 대한 관심이 새로이 제기된 것은 인구 감소로 인한 입영 대상자 수가 감소하면서이다. 2040년에는 입영 대상자 수가 2020년 기준의 절반 즉 15만 명을 밑돌게 된다고 한다.[4] 이에 대안으로 떠오르는 것이 모병제와 여성 징병제이다. 여성 징병제 도입에 대한 2023년의 조사 결과를 보면 여성과 남성 모두 반대한다는 의견이 우세하다. 그리고 흥미로운 것은 남성의 반대 응답은 56.3퍼센트이고 여성의 반대 응답은 53.4퍼센트인데, 표본 오차가 4.4퍼센트이기 때문에 큰 차이가 없다고 할 수 있지만 남성이 약간 높다. 반대로 여성 징병제에 찬성한다는 응답이 가장 높은 것은 18세부터 29세까지로 42.2퍼센트에 이른다.[5] KBS뉴스에서 18세부터 29세까지 남성과 여성의 응답을 별도로 다루고 있지 않아서 2005년의 대학생과 신입 구직자 남성 24.9퍼센트,

4) KBS1 <시산기획 창 >2020년 10월 17일. https://survey.kbs.co.kr/survey/result/view/31?utm_source=chatgpt.com(검색일: 2025. 7. 5).

5) KBS 뉴스 2023년 7월 10일. https://news.kbs.co.kr/news/pc/view/view.do?ncd=7719877&utm_source=chatgpt.com(검색일: 2025. 7. 5).

여성 55.6퍼센트 찬성이 어떻게 변했는지는 알 수가 없다. 2005년 조사 수치를 단순하게 합산하여 나누기를 한 수치는 40.25이다. 큰 변화는 없다고 말할 수도 있다.

하지만 여성 징병제 찬성 비율이 40퍼센트를 넘는 다는 것은, 국민 국가와 국민의 관계 설정의 메커니즘이 확연하게 드러난 이상 남성이 일급 시민으로 간주되는 근거가 되어 왔던 병역에 참가함으로써 일급 시민권을 획득하고자 하는 흐름이 등장한 것이라고 할 수 있다. 또한 좀처럼 여성에게도 징병제를 실시하라는 주장이 나오지 않았던 지금까지와는 달리 한국 사회의 어떤 변화의 맥락을 보여주고 있다고 할 수 있다. 즉 병역을 통해 획득하는 시민권의 매력이 커졌다, 혹은 완전한 시민이 되고자 하는 여성들의 의식 변화, 젊은 남성들의 성 의식 변화를 보여주는 징조로 읽을 수도 있다. 이에 대해서는 좀 더 면밀한 분석이 별도로 필요한 것으로 보인다.

그런데 여기서 병역이 명예인지 아니면 달갑지 않은 의무인지 하는 문제를 제기해볼 수 있다. 한국 사회에서 병역은 국가에 대한 헌신과 자기희생으로 미화되지만, '신의 아들 면제, 장군의 아들 방위, 어둠의 자식들 현역'이라는 계급의 문제가 젠더 문제와 함께 얽혀 있어 복잡성을 띤다. 프로이센이나 일본의 경우도 병역은 등장 당시부터 노예제와 같다고 간주되거나 병역은 혈세(피로 내는 세금)라며 저항을 불러일으켰다고 한다. 그런데 병역에서 배제된 여성들이 여성도 징병하라는 주장을 제기하고 있는 한편에서 대한민국의 국적으로 얻어지는 시민권과 그 시민권의 획득을 위해 치러야 할 병역 의무를 대차대조한 후에 국적을 포기하고 보다 더 나은 국적을 선택하는 사람들도 등장하고 있다.

우에노는 병역이란, 의무임과 동시에 국가가 독점하는 폭력을 행사하는 권리, 군대란 가부장제적 폭력을 조직화한 기관이며, 국민군이란 시민사회에서 범하면 범죄가 되는 폭력 행위가 비범죄화되는 특권을 지닌 집단이라고 정의한다. 그리고 국제법에 의해서 국민군이 행하는 폭력과 살인은 비범죄화되는 면책특권이 부여되어 있다고 말하며 시민의 외부에는 국가와 가족이 있다고 한다. 따라서 시민의 외부에 있는 공적 폭력과 사적 폭력을 굴비 엮듯이 엮은 논리가 바로 시민 개념의 남성화와 밀접하게 관련되어 있다고 말한다. 따라서 국민국가 속에는 비범죄화된 폭력을 행사하는 주체가 둘이 있으며, 하나는 국가의 공적 폭력을 조직화한 행위자인 군대이며 또 하나는 사적영역에서의 남편과 아버지의 폭력이라고 말한다.

그렇다면 여성에게도 징병제를 실시하라는 요구의 등장을 어떻게 이해해야 하는가? 이러한 주장은 시민적 의무와 권리의 대차대조를 통하여 의무(병역) 수행 후에 얻어지는 권리(한국 사회의 젠더 평등) 쪽의 무게가 클 것이라는 판단이 전제된 것이다. 그런데 그 권리, 즉 시민적 권리, 국민적 권리에는 공적 폭력의 행사권과 사적 폭력의 면책권, 우에노의 표현대로라면 사람을 죽일 권리, 타자를 억압할 권리가 포함되어 있다는 것이 된다. 우에노는 이 권리의 분배 평등을 요구하는 것에 대해 다음과 같이 말한다.

> 전쟁은 어리석은 행위로 그것의 참가 평등을 요구하는 것을 우행권(愚行權)의 평등이라고 부른다. 젠더 평등이 우행권의 평등권을 요구하는 것이라고 이해하는 것은 리버럴 페미니즘인데, 리버럴 페미니즘만이 페미니즘은 아니다.[6)]

6) 上野千鶴子, 「市民權とジェンダー」, 『思想』 955, 2003년 11월, 24쪽.

미국의 NOWNational Organization for Women는 일찍부터 공평 및 형평의 원리에 비추어볼 때 병역에서 여성이 배제되는 것은 헌법 위반이라는 주장을 해왔다. 그 이유는 첫째, 군대가 제공하는 취로 기회와 훈련 프로그램에서 여성이 배제된다는 것. 둘째, 퇴역 군인 특전에서 여성이 배제된 결과 복지 혜택에서 여성이 생애에 걸쳐 구조적 조직적으로 이급 시민으로 불이익을 받는 다는 것. 셋째, 여성은 전투 훈련에서 배제되어 폭력의 희생자가 되기 쉽다는 것이다.

여기서 관심을 끄는 부분은 세 번째 조항이다. 폭력을 다루는 조직적 기술을 습득할 수 있는 기회에서 배제됨으로써 여성은 언제나 폭력의 피해와 가해의 이분법적 구도에서 피해자의 자리를 차지한다. 국가가 시민을 무장 해제함으로써 폭력을 점유하는 것이 사적영역에서 가장에 의한 폭력 행사까지 빼앗지는 않았다. 따라서 가정 내 폭력의 구도는 남성 가해자와 여성 피해자라는 도식으로 귀결된다. 따라서 여성 자신이 폭력에 저항할 수 있는 폭력을 지니는 것, 즉 여성도 무장하는 것을 요구한 것이라고 볼 수 있다. 리들리 스콧 감독이 1997년 내놓은 영화 <지 아이 제인G. I. Jane>은 여성도 남성과 마찬가지로, 아니 그 이상으로 폭력을 잘 행사할 수 있다는 사실을 증명한 영화이다.

그런데 이러한 주장에 대해 우에노는 다음과 같은 질문을 던진다. "무력武力에 대한 저항은 오직 무력武力으로만 가능하다"는 이 사상은 결국 장애인, 유아, 고령자 등 자력으로 자신을 방어할 수 없는 사람들이 어떠한 폭력의 행사에도 무저항 상태로 노출될 수밖에 없다는 현실을 긍정하는 것인가?"라고 묻는다.

미국의 보수적인 여성들은 미국 여성들에게 병역의 의무가 없는 것은 건국 이래 미국 여성들이 부여받은 헌법상의 권리라고 주장했다.

이는 성차 유지를 시민적 권리의 하나로 보는 시각이다. 한국의 보수적 여성들도 이와 같은 입장에서 크게 벗어나지 않은 인식을 지니고 있다. 여성 징병에 반대하는 대다수의 남성들은 남성성의 보루인 군대와 폭력에 여성이 개입하는 것은 남성성의 위기를 초래한다고 본다.

보수적인 여성들의 선택에 대해서 우에노는 지엽적인 폭력을 보다 더 상위의 폭력으로 진정시키는 것이라고 말한다. 여기서 폭력은 '좋은 폭력' 과 '나쁜 폭력'으로 구별된다. 만약 남성에 의한 폭력의 점유를 전제한다면, 남자 중에 '좋은 남자'와 '나쁜 남자'를 구별하여, '나쁜 남자의 나쁜 폭력'으로부터 좋은 남자에 의한 '좋은 폭력'으로 여성을 지키는 것을 선택한 것이라고 본다. 그러나 이 선택에 대한 역사적 결과는 일본군 '위안부' 문제가 보여주듯이 "국민 남성에 의한 폭력의 독점은, 타국 남성의 폭력으로부터 여성들을 지켜주었을지 모르지만, 자국 남성에 의한 폭력으로부터는 여성들을 조금도 지켜주지 못했다"는 사실을 어떻게 볼 것인가 하는 질문을 던진다. 한국 사회와 같이 식민지를 경험한 제3세계에서는 자국 여성을 지켜주지 못했다는 콤플렉스로 인해 여성 억압이 강화되고, 그것은 종종 내셔널리즘이라는 미명 하에 자국 내 성폭력을 문제 삼는 것을 금기시하기도 한다. 예를 들면 한국군 '위안부'의 문제가 전형적이다.

그렇다면 과연 페미니스트들에게는 이 두 가지 중의 하나를 선택하는 길밖에 없는 것일까. 이것은 근대 이후 페미니스트들이 고민해온 차이냐 평등이냐를 둘러싼 딜레마를 보여주는, 근대가 체현해주는 또 하나의 딜레마이다.

여기서 우리는 페미니즘이란 무엇인가라는 근원적인 질문에 봉착한다. 페미니즘이란 '여성에게도 남성과 동등한 시민권을'이라는 표어 아래 시민적 권리를 남성과 같이 공정하게 분배해 줄 것을 요구하는 사상에 지나지 않는 것일까? 우에노는 이에 대해 '그렇지 않다=NO'를 분명히 말한다. 그는 "'여권'의 요구, 즉 '시민권' 분배를 공정하게 하라는 요구는 그 파탄破綻을 통해서 필연적으로 시민권 자체의 탈남성화를 요구하는 것"이라고 천명한다.

그리고 그는 페미니스트의 선택은 아무리 우원迂遠한 방식일지라도 가정 내 폭력과 시민 사회의 폭력을 용인하지 않는 제3의 길을 제시하고 있다고 말한다. 그 하나는 어떤 경우에도 시민의 비무장화이며, 둘은 어린이를 비폭력적으로 사회화시키는 것이다. 남성성이 폭력(과 그에 의한 지배)으로 정의되는 곳에서 시민권을 탈남성화시키는 것은 폭력 행사(의 정통한 권리)를 더 이상 시민권의 일부로 삼지 않는 것, 즉 공적 폭력도 사적 폭력과 함께 범죄로 인정하는 것이라고 한다. 따라서 근대 국민국가 이후의 국가, 즉 포스트 국가는 통치의 범위 속에 폭력에 의한 통치를 주어진 그대로所與로서 포함하는 논의를 상대화할 필요가 있다고 주장한다.

5.

그렇다면 근대 국민국가가 황혼을 맞이하고 있는 지금 포스트 국가의 시민권은 과연 어떤 내용을 갖게 될 것인가? 우에노는 개인 개념의 다원화, 시민권의 인위성과 계약성을 명시하고 부분성과 한정성을 전제하여 포괄적 계약이 아님을 분명히 하여야 한다고 말한다. 그렇게 되면 나와 국가와의 관계는 자연이나 운명이 아닌 선택 가능한 인위적인 것이 된다. 또한 부분적인 귀속이나 다중적 귀속이 가능해져 징병을 거부할 권리도, 이전 일본군 '위안부' 생존자들이 제기하는 개인 배상 청구도 가능해진다. 그리고 국적을 자원으로 보아 플러스의 자원은 유지하지만 마이너스의 자원은 사양하는 것이 당연하게 되어 국가가 자신의 권리를 침해한다면 그 계약관계를 파기할 자유가 인정된다고 말한다.

그러나 우에노의 주장은 생각해볼 몇 가지 문제를 남기고 있다. 실제로 국가와 한정적, 부분적 계약이 가능한 사람은 말 그대로 우에노와 같은 사람(인텔리, 엘리트 등)들에 불과한 것은 아닐까? 병역으로 인해 국적을 버리는 것은 버려도 살아갈 수 있는 다른 자원을 획득할 수 있는 사람들에 한정된다. 그렇다면 결과는 그런 선택의 능력을 갖지 못한 사람들이 짊어져야 할 자원의 마이너스가 더욱 급증하게 되는 문제가 파생한다.

결국 우에노의 말대로 인권이란 한정된 자원의 분배를 둘러싸고 벌이는 지난한 투쟁이라면 분배에서의 우위를 점할 수 있는 사람들은 누구인가? 결국 페미니즘도 그런 우위를 점할 수 있는 사람들에게 공헌하는 사상이라는 태생적 한계를 벗어날 수 없는 것일까? 이런 현실적 문제를 해결할 수 있는 방안에 대한 고민이 과제로 남는다.

둘째, 우에노의 궁극적 도달점은 모든 폭력에 대한 반대이다. 모든 폭력이란 저항의 폭력을 포함한다. 민족 해방 전쟁을 감행하는 사람들, 자살 폭탄 테러를 감행하는 사람들. 그들이 구사하는 폭력이 포함하고 있는 '정당한 저항'에 대해서도 그는 'NO'라고 한다. 우에노는 보복이란 힘 있는 자들만이 선택할 수 있는 것이라고 잘라 말한다. 반격을 선택하는 것은 반격할 힘이 있기 때문이며 그 힘은 상대를 무력으로 제압하여 복종시키는 폭력 이외에 아무것도 아니라고 말한다. 이 사상을 우에노는 '비력非力의 사상思想'이라고 명명한다.7)

그러나 폭력에 노출된 사람들은 한시라도 빨리 저지시켜야 할 폭력에 대한 저항의 방편으로 어쩔 수 없이 폭력을 선택한다. 그 폭력을 선택하는 절박함에 대해서 감히 'NO'라고 말할 수 있는 사람들은 과연 어떤 사람인가. '비력의 사상'을 말할 수 있는 우에노의 위치position는 어디인가? 이는 지나친 패배주의라는 비판을 넘어 결과적으로 누구를 이롭게 하는 사상인가라는 질문에 봉착하게 될 것이다.

그러나 그럼에도 불구하고 우에노의 주장은 한국에서 군대를 둘러싸고 일어나는 여러 상황을 사유하는 데 있어서 시사하는 바가 적지 않다. 특히 군대 내 폭력 문제가 계속 제기되고 있고 군사적 안보를 넘어 보다 더 근원적인 삶의 안보를 고려해야 하는 시점에서 우에노의 포스트 국가 전망은 실현 불가능한 것처럼 보이지만 그곳에 우리가 지향해야 할 무엇인가를 내포하고 있는 것은 아닌가 생각해 볼 필요가 있을 듯하다.

참고 문헌

上野千鶴子,『ナショナリズムとジェンダー』, 青土社, 1998(이선이 옮김,『내셔널리즘과 젠더』, 박종철 출판사, 2000).

上野千鶴子,『新版 ナショナリズムとジェンダー』, 岩波書店, 2012, (이선이 옮김,『위안부를 둘러싼 기억의 정치학: 다시 쓰는 내셔널리즘과 젠더』, 현실문화, 2014.

上野千鶴子,『家父長制 資本制』, 岩波書店, 1990.

上野千鶴子,「市民權とジェンダー」,『思想』955, 2003. 11.

上野千鶴子,「戰爭の犯罪化のために」,『朝日新聞 夕刊』, 2002. 9. 10.

KBS1, <시사기획 창> 2020년 10월 17일. https://survey.kbs.co.kr/survey/result/view/31?utm_source=chatgpt.com (검색일: 2025. 7. 5).

KBS1, <KBS 뉴스> 2023년 7월 10일. https://news.kbs.co.kr/news/pc/view/view.do?ncd=7719877&utm_source=chatgpt.com (검색일: 2025. 7. 5).

7) 上野千鶴子,「戰爭の犯罪化のために」,『朝日新聞』, 2002년 9월 10일 석간.

이브 코소프스키 세지윅

Eve Kosofsky Sedgwick

남성동성사회적 욕망 분석에서 촉각지성이론까지

박이은실
전북대학교 여성연구소 학술연구교수로 재직하며 소외와 탈소외, 거주 개념을 중심으로 여성 소농의 복수종적 생활세계를 연구하고 있다. 『월경의 정치학』, 『양성애: 열두 개의 퀴어 이야기』 등을 썼다.

이 글의 원문은 『여/성이론』 30호(2014)에 실려있다.

이브 코소프스키 세지윅:
남성동성사회적 욕망 분석에서 촉각지성이론까지

이브 코소프스키 세지윅Eve Kosofsky Sedgwick(이하 세지윅)은 1950년 5월 2일, 유대계 미국인 가정에서 태어났다. 코넬대학에서 학사과정을 보냈고 그 와중인 1969년 할 세지윅Hal Sedgwick과 결혼해 세지윅이라는 성을 함께 쓰기 시작했다. 이후 예일대학에서 박사학위를 받고 보스턴의 해밀턴대와 암허스트대에서 글쓰기와 문학을 가르쳤으며 1986년부터 레즈비언, 게이 연구 관련 수업을 처음 암허스트대에서 하기 시작했다. 이후 캘리포니아대학 방문 교수로 있는 동안 비평과 이론을 가르쳤고 듀크대학 영문학과 교수, 뉴욕시립대 대학원 교수 등을 역임했다. 특히, 듀크대학 영문과에 재직하는 동안에는 지배적인 성 담론과 인종, 젠더 그리고 문학비평의 경계를 질문하면서 문학비평 영역을 넓히는 작업을 한 것으로 평가받았다. 1991년 초, 림프계로 전이된 유방암을 발견한 뒤 오랫동안 항암 치료를 받으며 생활했고 2009년 4월 12일, 59세의 나이로 남편 할을 유족으로 남긴 채 세상을 떠났다. 세상을 뜨는 마지막까지 뉴욕시립대에서 대학원생들을 가르쳤다.

세지윅은 많은 글을 남겼지만 그중에서도 『두 남자 사이: 영문학과 남성 동성사회적 욕망*Between Men: English Literature and Male Homosocial Desire*』(1985)과 『벽장의 인식론*Epistemology of the Closet*』(1990)[1]이

---

1) 'Epistemology of the Closet'은 한국 문헌들에서 주로 '벽장의 인식론'으로 번역된다. 영어에서의

가장 많이 읽히고 언급되는 저서라고 할 수 있다. 그밖에도 『경향들 *Tendencies*』(1993), 『사랑에 관한 대화*A Dialogue on Love*』(1999), 『(마음을) 만지는 느낌: 정동, 교수법, 수행성*Touching Feeling: Affect, Pedagogy, Performativity*』(2003) 등에서 『두 남자 사이』와 『벽장의 인식론』에서 제기한 문제의식들을 꾸준히 전개해 왔다. 『프루스트의 기후*The Weather in Proust*』(2011)[2]와 같이 세지윅 사후 그녀의 글들을 동료들이 엮어 낸 책도 있다. 안타깝게도 이 중에서 국내에 번역되어 소개된 책은 아직 없다. 언급한 저서들 중에서 일본 페미니스트 학자 우에노 치즈코의 저서, 『여성 혐오를 혐오한다』가 한국어로 번역되어 소개되는 가운데 세지윅의 초기 저서인 『두 남자 사이』가 치즈코의 책에서 인용되면서 좀 더 알려졌거나 『벽장의 인식론』이 영문학 논문이나 섹슈얼리티 연구 논문들에서 언급된 정도라 할 수 있다. 세지윅이 게이·레즈비언 연구, 퀴어 이론, 섹슈얼리티 연구 등에 끼친 영향에 비하면 크게 아쉬운 점이 아닐 수 없다. 한국에서 세지윅의 작업들을 만나는 일이 여전히 대중적으로 쉽지는 않은 가운데 이 글을 통해 그의 대표적 저서들을 간략하게 소개함으로써 독자들이 세지윅의 작업을 이어 만나는 데에 조금이나마 보탬이 될 수 있기를 바라본다.

'closet'은 비밀과 발각, 사적인 것과 공적인 것이 얽혀있는 '이중구속'의 공간, 공/사 경계의 공간, 사적인 공간, 감춰진 공간, 닫힌 공간, 공공연하면서도 여전히 비밀스러운 공간, 침해받지 않아야 하는 공간, 어떤 비밀스러운 혹은 성적인 일이 일어날 수 있는 공간, 그렇기 때문에 관음증을 불러일으키는 공간, 들춰내기, 드러내기 혹은 폭로의 행위와 연루되는 공간, 그 안으로 들어갔으므로 또한 언젠가는 그 밖으로 나와야 할 공간, 안에서 말하는지 혹은 밖에서 말하는지 관점이 드러나는 공간 등 매우 중층적인 의미를 가지는 용어이고 세지윅도 그런 맥락에서 이를 사용하고 있다. 그러나 한국의 생활 문화에서 사용되는 벽장은 그러한 의미를 전달하기에 충분히 적절해 보이지는 않는다. 그런 까닭에 이 글이 처음 실렸던 <여/성이론>에서는 '감춰진 곳'이라는 번역어를 사용했으나 그 또한 충분하지 않았다. 따라서 이 책에서는 많은 이들이 이미 사용하고 있는 '벽장'을 쓰도록 하겠다.

2) 세지윅 사후에 그의 동료 조나단 골드버그(Jonathan Goldberg)가 프루스트에 대한 이브의 산문과 강의록, 그리고 생애 말까지 이브가 관심을 두었던 불교, 대상관계, 정동이론, 정신분석학, 카바피(C.V. Cavafy)의 시, 철학적 신플라톤주의, 정체성 정치 등을 고찰한 글들을 모아 출판하였다. 이 글에서는 이 책에 대한 언급은 생략하기로 한다.

『두 남자 사이: 영문학과 남성사회적 욕망』(1985)

『두 남자 사이』는 찰스 디킨스, 헨리 제임스 등 소위 영문학의 정전이라 일컬어지는 18~19세기에 쓰인 글들을 비평한 책이다. 이 시기는 무엇보다도 자아, 경제, 이데올로기, 젠더 등의 영역에서 큰 변화들이 일어났던 때이기 때문에 여러 학문 분과에서 관심을 갖는 시기이기도 하다. 세지윅은 이 시기에 쓰인 문학 정전들 안에서 드러나는 남-여 결속에 남-남 사이의 결속이 필수적으로 내재해 있었고 이 결속에는 남-남 사이의 동성애적 욕망이 하위 구조로 내재되어 있었음을 밝혀냈다.

세지윅에 따르면 이 시기에는 무엇보다 남성들 사이에서 우정, 조언/피조언 관계(멘토쉽), 자격, 경쟁 등을 둘러싼 새로운 관계의 양상들이 부상했다. 이는 계급과 밀접하게 그리고 그것의 변화와 연동해 등장했다. 세지윅은 이 양상들 중 어떤 요소도 남성과 여성의 관계와 젠더 체계 밖에서 이해될 수 없다고 보았다. 그리고 이 시기 문학에서 재현된 남녀 간의 이성 결속 관계에 남성들 간의 동성 결속 관계와 동성애를 금지하는 구조가 동시에 편재해 있었다는 것을 밝혔다. 당시의 사회, 문화적 억압하에서는 두 남자 사이의 욕망이 오직 둘 사이에 여자를 개입시킨 와중에서야 인지 가능한 것이 되었고 이는 여성과 남성 모두에게 억압적 효과를 낳았다. 남성과 남성 사이의 동성 간 욕망은 여성을 개입시킨 삼각관계 안에서 '패배함으로써 인지 가능해'졌던 것이다. 동성 간 욕망은 이 과정을 거치고 20세기에 들어왔을 때 비로소 이성애적 수행을 통해 매개되지 않아도 되는 하나의 독립된 양식의 욕망으로서 인지되었다는 것이다.

이를 규명하기 위해 세지윅은 '남성 동성사회적 욕망male homosocial desire'과 '반동성애혐오적antihomophobic'이라는 용어를 고안했다. '남성 동성사회적 욕망'이란 공공연한 동성애적 관계에서의 남성 간 결속뿐만 아니라 공공연한 이성애적 남성들 사이의 결속도 포함하는 개념이다. 세지윅이 '남성 동성사회적'인 것을 '동성애적homosexual'인 것과 구분하는 까닭은 '남성 동성사회적'인 것에는 종종 동성애에 대한 공포나 증오를 동반하는 남성 결속 형태가 포함되어 있고 이점이 간과되지 않아야 하기 때문이다.[3)]

한편, '동성사회적 욕망'은 차별과 모순을 동시에 드러내기 위해 고안된 개념이기도 하다. '동성사회적'이라는 말은 성(소위 sex)이 같은 개인들 사이의 사회적 결속을 묘사하기 위해 쓰인다. 이 용어는 또한 '동성애적homosexual'이라는 용어와 유사한 형태를 가지면서 또한 구분된다. '남성 동성사회적'이라는 말은 서구문화에서 볼 수 있는 강한 동성애혐오(혹은 동성애에 대한 두려움과 증오)를 특징으로 갖는 '남성 결속male bonding'과 유사하다.

세지윅이 일종의 형용모순으로 보이기도 하는 '남성 동성사회적 욕망'이라는 용어를 택한 이유는 '동성사회적'이라는 용어를 에로틱함이 잠재적으로 내포되어 있는 용어인 '욕망'이라는 궤도 안으로 다시 끌어오기 위해서이기도 하다. '사랑'이 아니라 '욕망'이라는 용어를 쓴 까닭도 에로틱한 측면을 강조하기 위해서다. '사랑'은 특정한 감정을 일컫기 위해 쓰이는 경우가 많지만 '욕망'은 구조를 명명하는 데에 쓰이기 때문이다. '욕망'은 정신분석학에서 사용하는 '리비도libido'와 유사한 것이다. 어떤 특정한 정서나 감정 상태라기보다는 정동적 힘이나 사회

---

3) 물론 세지윅은 이성애적 남성들, 양성애적 남성들 그리고 동성애적 남성들과 이들의 경험이 쉽게 구별될 수 있다는 생각 자체가 질의되어야 하는 문제라고 보았다. 그리고 그렇게 하기 위해서 당시에 존재했던 개념들을 그대로 사용하는 것을 거부하였다. 즉, '에로틱(erotic)'하다고 의미될 수 있는 것은 '끊임없이 변하여 예상 불가능한 일련의 현지적(local) 요인들에 달려있기 때문'에 이성애적, 양성애적, 동성애적이라고 하는 범주들을 누구도 분명히 구분할 수는 없다고 보았던 것이다.

적 힘 또는 접착 장치를 드러내는 개념이다. 욕망은 사랑과는 다른 방식으로 관계를 형성하는 중요한 요소들인 적대감이나 증오 같은 것들을 함께 가리킬 수도 있다.

'남성 동성사회적 욕망' 개념을 통해 세지윅은 동성사회적인 것과 동성애적인 것 사이에 연속성이 있음을 주장했다. 그리고 이 연속성이 현재에도 여전히 깨지지 않고 존재하고 있다고 보았다. 이처럼 세지윅은 섹슈얼리티의 양식이 만들어지는 방식들과 무엇이 섹슈얼리티로 설명되는지 등은 당대의 권력관계에 달려 있고 또 그것에 영향을 준다고 보면서 그렇게 되는 과정과 방식을 드러내고자 하였다.

세지윅은 '의무적 이성애obligatory heterosexuality'가 남성들이 지배하는 친족 체계 내에 내재적으로 구축되어 있다는 것과 동성애혐오가 이성애적 결혼과 같은 가부장적 제도의 필연적인 결과라는 것을 가부장적 구조를 분석한 많은 글들이 보여주고 있다는 것에 주목했다. 현재 사회를 보면 동성애혐오적이지 않은 가부장제를 상상하기란 불가능하다. 이런 점에서 인간 섹슈얼리티에서 동성애적인 요소를 억압하는 것과 동성애자들을 억압하는 것은 여성을 억압하는 규칙과 관계들로 이뤄진 체계와 동일한 체계의 산물이라고 말한 게일 루빈의 주장도 인용하고 있다.

그런 한편, 대부분의 가부장제가 구조적으로 동성애혐오를 포함하므로 가부장제는 동성애혐오를 필요로 하지만, 고대 그리스의 동성애[4]에서처럼 정반대의 이야기도 있다는 것을 주지할 필요도 있다고 지적했다. 남성 간 동성애가 광범위했던 고대 그리스 사회에서 남-남 간의

4) 세지윅은 도버(K. J. Dover)의 책, 『그리스의 동성애(*Greek Homosexuality*)』(Harvard University Press, 1989)를 인용하고 있다.

사랑하는 관계는 교육적 기능을 가지고 있었다. 철저한 신분 체계와 젠더 종속 체계를 가지고 있었던 고대 그리스 사회에서 여자들과 노예들은 시민 남성인 가부장의 집에 소속되어 그 집의 살림을 맡아 노동하는 존재들에 불과했다. 이런 측면에서 세지윅은 가부장제 유지를 위해서 이성애는 필수적이지만 동성애혐오, 특히, 남성들을 서로 적대적으로 놓는 동성애혐오는 필수적이지는 않았다고 말한다. '남자를 사랑하는 남자'와 '남자들의 이해관계에 복무하는 남자들' 사이의 연속성이 솔기 없이 매끈하게 봉합되어 있었던 고대 그리스 사회와 같은 곳 또한 인류사에 분명 존재했기 때문이다.

세지윅은 여성들 사이에서는 '동성사회적'인 것과 '동성애적'인 것이 남성들 사이에서보다 구분이 덜 되어 있고 이분화 역시 덜 되어 있다는 점도 주목하였다. '동성사회적'이라는 용어를 여성들 사이의 결속에 적용할 때는 '동성애적'인 것과 큰 차이가 없다고 볼 수 있다는 것이다. 에이드리언 리치가 제안한 '레즈비언 연속성lesbian continuum' 개념, 즉, '여자를 사랑하는 여자'와 '여자들의 이해관계에 복무하는 여자들' 사이의 연속성은 에로틱한 영역, 사회적 영역, 가족 영역, 경제 영역, 그리고 정치 영역을 포괄하며 넘어선다.

여성들 사이의 연속성과 남성들 사이의 연속성이 보이는 차이를 설명하기 위해 세지윅은 미국의 보수 정치인 로널드 레이건과 제시 헬름스Jesse Helms가 보수적인 '가족 정책'을 만들 때 서로 어떻게 얼마나 결속했는지를 예로 든다. 이들은 남자들의 이해관계에 정치적으로 복무하는 남자들이었다. 물적 토대를 갖는 남자들의 이해관계가 바로 가부장제이니만큼 레이건과 헬름스는 가부장제적 이해관계의 전형을 보여준 이들이었다. 세지윅은 '남자를 사랑하는 남자'와 '남자들의 이해관계에 복무하는 남자들' 사이의 연속성이 갖는 힘을 여자들 사이의 연속성에서는 찾아볼 수 없다고 말한다. 남성 동성사회적 욕망과 여성 동성사회적 욕망은 등치될 수 없는 양식인 것이다.

또한, 세지윅은 현재 서구 사회, 특히, 미국 사회에서 여성 동성사회적 결속과 동성애적 결속 사이에 있는 비교적 연속적인 관계와 남성 동성사회적 결속과 동성애적 결속 사이에 있는 비연속적 관계도 비대칭적이라고 말한다. 동성사회적 연속성의 구조는 문화적인 것이며 따라서 임의적인 것이므로 '남성다움maleness'이나 '여성다움femaleness'으로 귀결되는 본래적인 문제로 볼 수도 없다고 말한다. 나아가 역사적으로 달랐던 남성 동성사회성과 여성 동성사회성의 형태가 남성과 여성 사이에 지속되고 있는 불평등한 권력 구조의 결과물이라는 점도 촘촘하게 들여다볼 필요가 있다. 세지윅은 이 점을 설명하기 위해서는 '가부장제'보다 더 정확한 역사적 범주 양식이 필요하다고 보았다.

세지윅은 이렇게 묻는다. 그렇다면 언제, 어떤 맥락에서 특정한 사회적 관계 혹은 정치적 관계가 성애화sexualized되는 것인가? 동성사회적 결속과 동성애적 결속 사이의 관계가 유동적이라면 성적 관계와 권력관계 사이의 연관성을 드러내기 위해서는 어떤 이론적 틀이 필요한 것인가?

성적 욕망과 정치적 권력관계 사이의 관계를 검토해 보기 위해 세지윅은 두 가지 축을 따라가 보자고 제안한다. 하나는 계급, 인종, 젠더와 같은 비대칭적 권력관계라는 축이며, 다른 하나는 이것들과 교차하며 동시에 재현하는 재현 자체라는 축이다. 재현 양식이야말로 섹슈얼리티가 권력관계의 기표로서 기능하는 일련의 방식들을 충분히 볼 수 있게 해줄 것이기 때문이다. 예를 들어, 캐서린 매키넌이 요약하고 있듯이,

> 여성 젠더에 대한 고정관념은 곧 성적인 것에 대한 관념과 만난다. 취약성은 성적으로 쉽게 접근할 수 있는 외모 혹은 현실을 의미한다. 수동성은 수용성과 저항 불능성을 의미한다. 부드러움은 단단한 것에 의해 수임 가능함을 의미한다. 여성의 아동화는 아동의 성애화를 불러온다. 부분적으로 분할된 몸에 대한 고착은 물성애(fetishism)를 불러일으킨다. 정지 상태에 대한 숭배는 시간증을 불러일으킨다. 자기애는 여성들로 하여금 남성들이 부추기는 여성에 대한 이미지를 자신의 이미지와 동일시하도록 만든다. 피학성애는 폭력적 쾌락이 관능의 일부가 됨을 의미한다.[5]

매키넌의 말처럼, 여자다움이란 여성성을 의미하며, 남성에게 매력적임을 의미하며, 성적으로 매력적임을 의미하며, 남성의 관점에서 남성에게 성적으로 가능한 상태에 있음을 의미한다. 그러니 무엇이 여성인지를 규정하는 것은 곧 무엇이 남성을 성적으로 발기시키는가를 규정하는 것에 다름 아니게 된다.

물론, 이런 식의 설명이 갖는 함정은 답이 너무 분명해 보인다는 것에 있다. 세지윅은 '성적 대상화'에 대한 1960년대의 문제의식이나 '여성의 몸에 대한 통제권은 여성 스스로가 갖는다'는 1970년대의 주장이나 '주체' 비평과 같은 것이 사실 같은 질문을 다르게 하고 있는 것이라고 지적한다. 또한, 이런 질문 방식은 백인 부르주아 페미니스트들이 여성의 섹슈얼리티를 우선적인 사안으로 두면서 결과적으로는 그것을 소외시키는 결과를 낳는다고 비판하였다. 세지윅은 이런 문제를 보다 주변부에서, 권력 없는 이들의 관점에서 보면 다른 것들이 보인다고 말한다.

---

5) Catharine A. MacKinnon, "Feminism, Marxism, Method and the State: An Agenda for Theory", *Signs: Journal of Women in Culture and Society*, 7(no.3.), Spring 1982, pp.514-544.

세지윅은 섹슈얼리티와 젠더를 분석의 핵심에 두면서도 이를 역사적 구성물로 보는 데에는 실패해 온 급진적 페미니즘의 관점과, 계급과 역사적 관점을 견지하지만 섹슈얼리티 분석에는 실패해 온 마르크스주의 페미니즘의 관점을 통합시키고자 하였다. 섹슈얼리티를 물적 질서와 권력에 영향을 받지만 또한 그것들에 영향을 주기도 하는 하나의 이데올로기로 보려고 한 것이다. 세지윅은 마르크스가 『독일 이데올로기』에서 전개한 이데올로기 개념을 차용하였다. 이때 이데올로기란 기존 질서가 갖는 모순을 통시적 근원 서사를 동원해 설명함으로써 모순된 질서가 마치 시간을 초월해 처음부터 존재해 온 것처럼 만들어 버림으로써 모순을 감추는 효과를 낳는다.

세지윅에 따르면 섹슈얼리티는 이데올로기다. 섹슈얼리티의 통시성과 공시성은 서로를 규정하고 재규정함으로써 통시적인 동시에 공시적인 것으로 구성되는 것이다. '성적'이라고 규정되는 것은 다양하며 그 자체가 정치적인 사안이다. 세지윅은 정치적인 것과 성적인 것 사이야말로 이데올로기가 형성되는 비옥한 장소라고 말한다.

『두 남자 사이』를 출간하면서 세지윅은 두 가지 주요한 개입을 염두에 두었다고 했다. 하나는 페미니스트 학자들을 향한 목소리다. 이 책을 쓰던 당시 그는 페미니스트 학문 진영이 오직 단 하나의 과업에만 모두 매달려 있는 것처럼 보이는 것을 우려하였다. 세지윅 자신도 당시의 거시 이론grand theory에 흥분하였지만 동시에 해체주의자로서 그와는 다른 페미니즘적 학문을 원했고 또 필요하다고 보았다.

당시 세지윅은 구조와 그 구조의 역사를 동시에 보고 싶어 했고 그것을 문학을 통해 세심히 살폈다. 그리고 그 과정에서 드러나는 것이 무엇이든 과감하게 밝혀내고자 노력하였다. 서구, 특히, 영문학에 '동성

사회적 욕망'이 편재해 있다는 세지윅의 주장은 이에 반대하는 이들에게서도, 동의하는 이들에게서도 큰 반향을 불러일으켰다. 『두 남자 사이』를 통해 그가 살펴본 소위 유럽 문학의 '정전'들은 하나같이 남성동성사회적이었고 이성애적 내용을 다루는 것일수록 더욱 그러했다. 동성애혐오가 그 안에서 드러나고 있었으며, 특히, 남자들 사이의 동성애에 대한 혐오는 여성혐오와 동전의 양면과도 같이 맞닿아 있었다. 이런 측면에서 세지윅은 근대 서구문화의 어떤 측면도 동성애와 이성애에 대한 근대적 규정에 대한 비판적 분석 없이는 온전하게 이해될 수 없다고 보았다.

『벽장의 인식론』(1990)

'벽장closet'이라는 말은 은밀하게 닫혀 있는 공간 밖으로 나오는 문제를 둘러싸고 '스톤월' 이후 미국에서 전개되어 온 게이 정치학의 맥락 안에서 사용되기 시작했다. 『벽장의 인식론』에 실려 있는 글들은 세지윅이 1980년대에 쓴 것들이다. 1981년, 에이즈 발병이 처음 보고된 뒤, 1986년 미국 고등법원은 성서, 로마법, 교회법, 영국법 등을 총동원하여 반동성애적 판결을 내린 바 있다. 그리고 불과 17년이 지난 후, 똑같은 법정에서 이와는 정반대의 판결이 내려진다. 1980년대 미국은 상실, 상실에 대한 응징적 스트레스, 불완전한 애도, 만성적 두려움, 사회적 균열, 그로 인한 공포와 대면하기 위해 강력한 저항 자원을 조직할 필요성 등 그 시기의 많은 이론과 행동에 각인될 수밖에 없었던 역사적 특징들을 가지고 있었다. 세지윅은 '벽장의 인식론'을 구성하고 이것이 제시하는 인식론적 구조를 이해하기 위해서 이 시기가 갖는 역사적 특징들을 이해하는 것이 필수적이라고 말한다.

'벽장의 인식론'을 구성하는 또 하나의 중요한 측면은 '지속적 관점주의'다. 세지윅에 따르면 지속적 관점주의란 일인칭 관점에서 사회적 관계를 고려하고, 누가 누구에게 말하고 있는지를 드러내며, 누가 왜 알기를 원하는지, 이에 대한 답변이 무엇을 하게 되는지 등이 정치적으로 올바를 뿐만 아니라 생산적이기도 하다는 것을 인식할 수 있게 하는 사유 방식이다. 이는 또한 무엇을 발견하느냐 뿐만 아니라 그것을 발견하는 과정을 함께 살피도록 해준다.

공/사 구분을 기반으로 모든 것이 구조 지어지는 문화에서는 한때 주변적인 것으로 혹은 중심적인 것으로 인식되던 것이 공공연한 비밀 the open secret이 되기도 한다. 세지윅은 동성애적 욕망이 그 예라고 말한다. 20세기 들어와 동성애혐오적 억압은 특수한 중심성을 갖게 되었다. 이는 근대 서구문화에서 지식과 앎의 과정에 대한 질문과 불가분하게 연결되어 있다. 문화의 반대 항인 자연, 사적인 것의 반대 항인 공적인 것, 몸의 반대 항인 정신, 수동성의 반대 항인 능동성 등 특정 문화와 역사적 압력 하에서 이항대립은 여성과 남성이라는 이항대립적 관계로 유추되도록 구성되었고 명목상 젠더화되지 않은 구성물도 젠더 정치학 안에서 독해되도록 만들어 왔다. 이로 인해 '표식된' 젠더가 저자로서 혹은 주제로서 드러나 있지 않아도 그것을 묻게 한다. "여자가 썼나요? 남자가 썼나요? 남자에 대한 것인가요? 여자에 대한 것인가요?"를 기어코 묻게 만드는 것이다.

'벽장'은 비밀과 발각, 사적인 것과 공적인 것, 즉, '이중 구속'을 만들어내는 공간이다. 그것은 특히, 19세기 이래 자행되어 온 동성애 억압 구조를 규정하는 기호다. 경찰에 의해 침범당한 침실은 벽장으로 대변되는 이미지를 가지고 있고 또한 그것이 갖는 힘을 증명한다. 이 이미지의 내구성은 견고하게 유지되어 왔기 때문에 반동성애혐오적 발언에서조차 그것을 인지하는 것을 어렵게 만들어 왔다. '벽장'은 사적인 것의 안과 밖을 만들어 낸다. 그리고 밖으로 나오라는 요구를 맞닥뜨리게 한다. 1960년대에는 '흑인들이 벽장 밖으로 나왔다coming out'고 말해지고는 했다. 세지윅은 묻는다. 흑인이라고 커밍아웃하는 것이 가능하다면, 뚱뚱한 여자6)라고 커밍아웃하는 것도 가능한 것인가? 비밀과 발각 그리고 사적인 것과 공적인 것은 각각 무엇을 의미하는가?

『벽장의 인식론』은 게이, 레즈비언 연구와 퀴어 이론의 토대가 되어준 텍스트로 평가받는다. 이 책에서 세지윅은 『두 남자 사이』에서 주장한 것과 마찬가지로 근대의 동성애/이성애 규정에 대한 비판적 분석이 함께 이루어지지 않으면 근대 서구문화를 온전히 이해하거나 온전히 분석할 수 없을 뿐만 아니라 핵심을 파악하기도 어렵다고 말한다. 특히, 20세기의 동성애/이성애 규정과 관련하여 이성애주의자와 반동성애주의자 모두에게서 중요한 모순이 공통되게 발견된다고 지적한다.

이 모순을 설명하기 위해 세지윅은 '소수화 관점'과 '보편화 관점'이라는 개념적 틀을 제시하였다. '소수화 관점'이란 동성애자를 이성애자와는 두드러지게 다른 사람들로, 어떤 특수하고 고정된 특성을 지닌 소수의 사람들로 보는 관점이다. 이에 반해 '보편화 관점'은 '동성애'가 이성애든 동성애든 어떤 특정한 섹슈얼리티에만 한정된 것이 아니라 섹슈얼리티들을 가로지르며 사람들의 삶에서 지속적이고도 결정적으로 중요한 사안이라고 보는 관점이다. 세지윅은 이 두 관점이 모순적이라는 점과 그럼에도 불구하고 20세기를 관통하여 지금까지 공존하고

6) 세지윅은 자신이 사는 동안 내내 몸집이 큰 여성, 소위 '뚱뚱한' 여성으로 살았다고 말한다.

있다는 점을 주목하였다.

세지윅은 동성애/이성애를 본질주의/구성주의 틀에서 보기보다는 소수화/보편화 관점이라는 틀에서 볼 것을 제안한다. 소수화/보편화 설명 틀이 '누구의 삶에서 동성애/이성애 규정이 지속적으로 중심적이고 어려운 사안으로 작동하는가?' 하는 질문을 좇고 답하는 데에 훨씬 용이한 용어라고 보기 때문이다. 게다가 본질주의/구성주의라는 틀은 아무리 신중하게 사용된다 할지라도 그리고 어느 쪽으로 설명된다 하더라도 개체발생을 근절시키려는 '대량학살' 시도로 이어질 수 있는 가능성을 완전히 예방할 수 없다고 말한다. 본질주의적 관점에서 설명될 때는 DNA 등을 출생 전에 확인하거나 조작해 동성애 발현을 '미연에' 방지하려는 시도를 낳을 수 있다. 구성주의적 관점에서 설명될 때도 동성애를 근절시키기 위한 강제 '치료'와 고문, 폭행 등을 방조하거나 허용하게 만들 수 있는 것이다. 동성애를 소위 '자연'적인 것으로 설명하든 '문화'적인 것으로 설명하든 동성애를 허용하지 않으려는 문화적 욕망에 취약하게 노출될 수밖에 없다.

『벽장의 인식론』에서 세지윅이 지적하는 또 하나의 모순은 동성 대상을 선택하게 되는 것을 남성성과 여성성이라는 젠더들 사이의 경계성liminality(혹은 모호성) 또는 전환성transitivity으로 보는 관점과 이를 각 젠더의 분리 경향으로 보는 관점에 있다. 즉, 어떤 사람이 동성을 사랑하게 된 이유 혹은 동성을 성적으로 욕망하게 된 이유에 대해 두 가지 모순된 설명이 공존하고 있다는 것이다.

동성을 사랑하게 된 사람은 '여자의 몸에 갇힌 남자의 영혼' 혹은 '남자의 몸에 갇힌 여자의 영혼'이기 때문에 '동성'을 사랑하거나 성적으로 욕망하는 것은 이성애만큼이나 자연스럽고 어쩔 수 없는 일이라는 설명이 존재한다. 즉, 여자지만 남성적인 여자이기 때문에 혹은 몸은 여자이나 '영혼은 남자'이기 때문에 자신과 같은 성의 여자에게 끌린다 하더라도 그것은 남자가 여자에게 끌리는 것과 마찬가지고 따라서 자연스러운 것이라는 설명이다. 동성에게 끌리는 남자의 경우도 마찬가지 설명이 가능하다. 이 경우에 이들은 스스로를 혹은 다른 이들이 이들을 여자지만 여자 같지 않은 사람 혹은 남자지만 남자 같지 않은 사람, 즉, 젠더가 모호한 경계인으로 여긴다.

한편, 젠더 분리 경향에 토대한 두 번째 설명은 여자이기 때문에 여성성을 욕망하고 따라서 여성성을 가장 잘 체현하는 대상인 동성의 여성에게 끌린다거나 남자이기 때문에 남성성을 욕망하고 남성성을 가장 잘 체현하는 대상인 동성의 남성에게 끌린다고 설명한다.

이 두 개의 설명 틀은 하나의 상태를 설명하지만 서로 모순된다. 이 모순과 관련하여 세지윅은 19세기 중후반이라는 근대로의 전환기에, 개인들은 누구나 남성 혹은 여성이라는 젠더에 필수적으로 배치될 수 있어야만 했고 같은 이유로 동성애 혹은 이성애라는 섹슈얼리티에 배치될 수 있어야만 했다는 사실에 주목한다. 이항대립적 배치의 어느 한쪽에 소속되는 일이 해당 개인에게 아무리 혼란스러운 일이었다 하더라도, 성적인 측면이 해당 개인의 실존에 미치는 영향력이 아무리 적다 하더라도 모든 개인은 이것 아니면 저것이라는 단 하나의 이항대립적 배치 항에 소속되어야만 했던 것이다. 세지윅은 이와 같은 근대의 이항대립적 정체성의 등장이 한 개인의 실존에 전면적인 영향력을 갖게 되면서 누구나 필수적으로 이항의 한쪽에는 배치될 수 있어야 한다고 여겨지기 시작했다는 점에 주목해야 한다고 보았다.

> 한 개인의 생식기 활동이 다른 이의 생식기 활동과 구분되는 측면이라 여겨지는 다양한 점들, 즉 행동, 부위, 흥분, 신체 유형, 빈도, 상징의 사용, 연령 혹은 권력, 생물종, 참여자 수 등 다양한 측면들이 있음에도 불구하고, 세기 전환기에 젠더가 성적 대상을 선택하는 요소이자 '성적 지향'을 분류하는 유일한 측면이 되었고 또 그렇게 유지되어 왔다는 것은 다소 놀라운 일이다(2008: 8).[7]

세지윅은 역사의 어느 시기에 갑작스럽게 성적 분류가 근본적인 어떤 것으로 응축되어 나타났고 이로 인해 다각적이고 극심한 결과가 빚어졌다고 보았다. 세지윅에 따르면 동성애/이성애와 같은 이항대립항을 갖는 분류 범주들에는 사실상 몇 가지 숨겨진 작동 체계가 있다. A/B라는 이항대립 항이 있을 때 첫째, B는 A와 대칭적인 것이 아니라 종속적 관계에 있으며 암묵적으로 A보다 불안하고 유동적인 위치에 놓인다.[8] 둘째, 존재론적으로 안정된 A는 그 자체의 존재론적 의미를 B를 포섭하는 동시에 배제함으로써 유지한다. 셋째, 이로써 각 이항대립 쌍의 중심과 주변이라는 범주 사이에서 무엇이 우선하는가 하는 질문은 해결될 수 없이 불안정한 것이 되며, 불안정하기 때문에 대립 쌍이 오히려 근근이 유지되게 된다. 불안정성은 B가 한때 A의 내부와 외부로서 구성되었기 때문에 생겨난 것이다.

세지윅은 질문한다. 그렇다면 남성 간 동성애를 규정한다고 이야기되는 '소도미sodomy'란 무엇인가? 항문 성교를 일컫는가? 아니면 구강성교 행위인가? 어떤 경우가 되었든, 이성 간에도, 심지어 결혼한 이성 간에도 할 수 있는 행위인가? 아니면 동성 간에서만 할 수 있는 행위인

7) 이후 세지윅의 저서 인용은 모두 연도와 쪽수로만 표기하기로 한다

8) 남/여, 이성애/동성애, 남성성/여성성, 다수/소수, 국내/국외, 건강/질병, 활동/수동, 자발/중독 등의 이항대립 항을 예로 들 수 있다.

가? 아니면 남성 동성 간에서만 할 수 있는 행위인가? 소도미에 대한 단 하나의 정의가 없다면, 게다가 각 나라에서 심지어 미국과 같은 경우는 한 나라에서조차도 각 주마다 그 의미가 다르고 같은 주에서도 시간을 달리해 그 의미가 변해 왔다면, 대체 소돔과 고모라가 기독교 창세기에 처음 쓰인 이래 수천 년 동안 그 의미가 얼마나 더 바뀔 수 있었겠는가? 그러나 그 용어는 언제나, '이것이 바로 소도미다'라고 묘사되는 행위와 그 행위를 한 자들로 지목된 이들에 대한 집단학살과 연관되어 있고 또 그 연관성을 강화한다. 그리하여 누군가를 죽이고 싶다면, 그 누군가가 하는 행위가 무엇이든 간에 그것에 '소도미'라는 말을 붙이면 될 지경이다. 소도미는 죽음과 연관된 언어고 죽음과 연관된 언어와 연관된 이는 누구든 사형 판결을 받는 것이 된다. 심지어 그것은 신의 이름으로 정당화되지 않는가?

『벽장의 인식론』의 토대가 된 전제는 '벽장'이라는 장소가 드러난 것the known과 드러나지 않은 것the unknown, 동성애와 이성애에 대한 명시적 규정과 비명시적 규정 사이에서 말하기와 폭로하기가 잠재되어 있는 곳이라는 점이다. '감춰짐closetedness'이라는 것은 침묵이라는 말하기 행위를 가리킨다. 이것은 특정한 침묵이 아니라 그 침묵을 둘러싸고 그것을 구성하는 담론과의 관계 안에서 말해지기도 하고 말해지지 않기도 하며 어떤 특정성이 누적되어 온 말하기 행위, 즉, 침묵의 수행performance을 가리킨다.

세지윅은 '앎'이란 설사 그것이 권력의 자장 안에 있을지라도 그 자체가 권력은 아니라는 것을 직시할 필요가 있다고 보았다. 때로는 오히려 무지 즉, '모름'이 '앎'과 결탁하기도 하고 경쟁하기도 한다. 자신의 모어와 상대방의 모어를 모두 알아 구사할 수 있는 사람과 자신의 모어만 구사하는 사람, 즉, 상대방의 모어를 '모르는' 사람이 대화할 때 대화와 소통의 주도권을 쥔 쪽은 오히려 상대방의 언어에 무지한 쪽이 될 수 있다. 상대방의 모어까지 습득할 만큼 세련되고 점잖은 이라 할지라도 결국은 모어가 아니라 이후 습득한 언어로 소통하고 협상할 수밖에 없을 것이다. 그리하여 '아는' 이가 아니라 무지할 수 있기 때문에 자신의 모어로 밖에 말하지 못하고 그래서 오히려 가장 편하게 자신이 원하는 바를 상술할 수 있는 쪽이 소통에 필요한 용어를 규정하게 되는 것이다. 즉, 해석의 대상이 될 행위를 이해할 수 있는 광범위한 지식을 덜 가지고 있는 이 혹은 덜 가지고 있는 것처럼 행동하는 이가 소통을 위한 용어를 규정한다는 말이다. 세지윅은 다음과 같이 말한다.

> 우리는 우리의 적이 우리에 대해 갖는 힘이, 적이 부리는 지식이 아니라 정확히는 바로 그들의 무지에 연루되어 있을수록 강력하다는 점을 곱씹어 봐야 한다(2008: 7).

『경향들』(1993)

『경향들』에서 세지윅은 퀴어 십대들이 감당하게 되는 절망과 자살이라는 극단적 출구에 대해 짚으면서 이를 『벽장의 인식론』에서 시도했던 '무지'의 권력 혹은 폭력에 대한 비판과 연결한다. 미국 사회에서 퀴어 십대들은 다른 십대들에 비해 자살을 생각하는 경우가 두세 배나 더 잦고 실제로 높은 자살률을 보이고 있다. 세지윅에 따르면 미국에서 자신을 레즈비언이나 게이로 정체화하는 십대의 삼분의 일이 자살 시도를 한 적이 있다. 더 주변화된 퀴어 십대들의 자살 시도 수는 훨씬 더 많다.

세지윅은 미국 사회가 퀴어한 생명력을 부정하고 빼앗는 방식에 주목했다. 성적 활동을 시작한 십대들은 일반이건 이반이건 상관없이 자신들의 성적 활동에 참조될 만한 적절한 정보와 지원, 그리고 존중을 필요로 한다. 또한 자신들의 건강을 유지시켜 줄 안전한 성생활에 대한 정보와 콘돔을 필요로 한다. 그러나 이들과 함께 살고 있는 가족 열 중 둘 이상이 이들을 보호해 주기보다는 집에서 쫓아내기에 급급하다. 이와 함께, 1991년 미국은 청소년의 성적 활동에 대한 연구에 재정지원을 중단했다. 같은 해 가을, 의회의 압력으로 인해 모든 섹슈얼리티 연구 지원금이 없어졌다. 세지윅은 미국 사회는 아이들이 아무것도 모르기를 원하고 퀴어 아이들이 미국 사회가 원하는 방식대로만 살기를 원하며 그렇지 않으면 말 그대로 죽기를 바란다고, 심지어는 자신들이 원하는 대로 되어 가는지 어떤지조차 알기를 원치 않는다고 강도 높게 비난한다. 그리고 1992년의 뉴욕 게이 퍼레이드가 얼마나 '퀴어queer'했는지, 얼마나 눈이 부시게 아름다웠는지 회상하면서 미국 사회가 퀴어한 생명력을 없애 버리려한다고 강하게 비판하였다.

이전의 저서들에서 세지윅은 '퀴어'라는 용어를 직접적으로 사용하지 않았다. 그러나 이 책에서는 '퀴어'라는 용어를 전면적으로 사용하고 있을 뿐만 아니라 '퀴어'가 이제 진부한 것이 되었다는 주장도 강하게 반박한다. '퀴어란 순간들의 지속이고, 되살아나는 동기이며, 회오리치는 것, 문제스러운 것'이며 '퀴어'함은 사라질 수 없는 것이기 때문이다.

세지윅에 따르면 '퀴어'는 인도유럽어인 'twerkw'에서 기원했으며 독일어로 '가로지르는'이라는 뜻의 'quer', 라틴어로 '비튼다'는 뜻의 'torquere' 그리고 영어의 'athwart'를 대체한 용어다. 세지윅은 '퀴어'

라는 말 자체가 '가로지르는across'이라는 뜻이 아닌가 묻는다. 퀴어란 젠더들을 가로지르고, 섹슈얼리티들을 가로지르고, 장르들을 가로지르고, '도착들'을 가로지르는 경향들tendencies이 아닌지, 또한, 반동화주의적인만큼 반분리주의적인 것을 재현하는 흐름이 아닌지 묻는다. 그렇다면 퀴어란 치열하게 관계적이고 또한 언제나 낯선 것이라고 말한다.

이런 관점을 바탕으로 세지윅은 『경향들』, 『벽장의 인식론』에서 시도하였으나 미처 다 다루지 못했던 주장을 개진하고자 했다. 『벽장의 인식론』에서 세지윅은 두 개의 모순된 젠더 모형들, 즉, 여자의 몸에 갇힌 남자의 영혼이라거나 남자의 몸에 갇힌 여자의 영혼이라는 도착 수사inversion trope 안에서 퀴어를 젠더들 사이에 특수하게 위치해 있는 사람으로 보는 관점과 여자다운 여자는 여자다운 여자를 욕망하고 남자다운 남자는 남자다운 남자를 욕망한다는 젠더 분리 수사gender separatism trope를 통해 보는 관점 사이에 모순이 있다고 지적하였다. 그리고 이 모순된 수사들이 강력하게 공존하며 동성애를 설명하는 '상식'으로 여겨지고 있다고 지적하였다. 세지윅은 그러나 『벽장의 인식 론』에서는 근대의 성적 정체성들이 이중 구속double-binding에 의해 구조화될 뿐만 아니라 젠더의 생산적 비일관성에 의해서도 구조화되어 온 측면이 크다는 주장은 충분히 개진하지 못했다고 자평하였다.

『경향들』에서 세지윅은 레즈비언, 게이, 그리고 또 다른 반체제적인 성적 사랑과 정체성들에 대해 생각할 수 있는 새로운 방식을 찾고자 시도하였다. 그것은 현재 존재하는 서로 다른 젠더들, 서로 다른 정체성들, 서로 다른 동일시들이 주어진 것으로 여겨지는 복잡한 사회 생태학을 되살펴보는 것이기도 하다. 세지윅은 이렇게 말한다.

> 나는 젠더로 설명되는 동성애(homosexuality-as-gender)라는 수사는 어쨌든

오직 '진짜 남자'만이 여자에게, '진짜 여자'만이 남자에게 매력을 느낄 수 있다는 이성애주의적인 전제를 달고 있다고 생각하며 그런 수사는 쓸모없다고 생각한다(1990: xiv).

세지윅에 따르면, 동성애를 설명하는 방식에서도 이성애주의적 전제가 만연해 있으며 이렇게 되면 이성애를 역사적으로 가시화하는 것은 어려운 일이다. 이성애가 그저 하나의 성애가 아니라 유산, 혼인, 왕조, 가족, 가사, 인구 등과 같은 제도들 안에 숨어있기 때문에 더욱더 그렇다. 이런 덕분에 이성애는 로맨스의 총체 혹은 심지어 역사 자체인 양 여겨질 수 있게 된 것이다.

『사랑에 관한 대화』(1999)

『경향들』이 출간되기 2년 전인 1991년 세지윅은 유방암 판정을 받았다. 유방을 절제하고 항암 치료를 받는 동안 어린 시절부터 세지윅을 따라다녔던 우울증 또한 급속히 악화되었던 듯하다. 그는 결국 정신분석치료를 받기로 결정한다. 그리고 1999년, 자신의 정신분석가와 나눴던 대화에 기초해 『사랑에 관한 대화』를 출간했다. 책이 출간된 직후인 그해 9월, 세지윅을 인터뷰했던 로스앤젤레스 타임스의 편집자 마리아 루소Maria Russo는 다음과 같은 글을 썼다.

세지윅은 조용히 말하는 기혼 일반 여성으로, 노출이 심한 옷을 입는다거나 공공연하게 성적인 장면을 연출하거나 하는 일이 전혀 없는 사람이어서 지적인 성혁명 십자군처럼은 도저히 보이지 않는 사람이었다. 그는 사실, 학자에 대한 숱한 고정관념을 그대로 체화한 사람이었다. 세지윅은 전통적인 학문세계에서 성장한 조용하며 유달리 책을 좋아하는 그런 사람이었다.[9)]

『두 남자 사이』를 1985년에, 『벽장의 인식론』을 1990년에 출간하는 등 가열차게 연구 작업을 하고 책을 써왔던 세지윅은 1991년부터 8년여 동안 진행된 유방암 투병 과정에서 많이 지쳐 있었던 것 같다. 게다가 『두 남자 사이』와 『벽장의 인식론』을 발표한 뒤 받아왔던, '왜 굳이 당신이 이런 주제를 다루는가?' 하는 비난 섞인 질문과 추궁도 심리적 상처와 스트레스의 요인이 되었을 것이다. 2008년에 덧붙여 쓴 『벽장의 인식론』 서문에서 세지윅은 이런 말을 했다.

> 나는 (비록 작은 학문 세계에서라도) 강력하고 문제적인 기후(weather)를 조직하기를 기대했고 지적이고 정치적으로 그것이 어떻게 전개될지 매우 궁금했다. 왜 누군가는 관심을 가질 것이라고 생각했던 것일까? 『두 남자 사이』라는 책과 그 책의 저자가 나라는 사실을 싫어하는 사람들이 있다는 것이 고통스러웠다면, 이런 (『벽장의 인식론』에서 다루고 있는) 사안들에 대한 논의가 얼마나 또 그런 일을 불러올 것인가도 짐작할 수 있다. 그 책을 싫어하던 이들이 … 간접적으로 저자로서의 나의 책임감과 나의 수행적 행위자성에 대한 감각을 강화해 준 것 같다. 나의 실험이 내 개인적 야망에 그다지 부합하지 못했던 것 같고 나를 사실이 아닌 위치에 놓이게 만든 것 같다. 그러나 나는 그 이상 더 진실한 위치도 가능하지 않음을 점점 더 알아가고 있다. 이름 붙여지지 않은 퀴어 이론의 영역에서 공표된 정체성과의 이 완곡한 관계는 내가 한때 나 자신을 두었던 곳이고 … 나는 어떤 독자들은 이 실험이 교육적이고 이상하게 재미있음을 알아주어 나와 함께하게 될 것이라고 생각했다. 그리고 어떤 이들의 머리를 터질 것처럼 만들 것이라 상상해 보았다. 어느 누구의 교육적 소망이 이보다 더할 수 있을까?(2008: xviii)

9) Maria Russo, "The reeducation of a queer theorist", http://www.salon.com/1999/09/27/sedgwick/, 1999년 9월 27일 기사(2014년 3월 5일 검색).

그리고 이렇게도 적었다.

> 나는 스스로 기여할 수 있다고 느끼는 주제에 대해 생각하거나 쓸 '권리'의 문제에 대해 말하지 않는다… 그 권리는… 내 생각에 해당 작업이 누구에게 어떤 기여를 하고 있는지에 의해 측정될 수 있다고 생각한다… 현실적으로 내가 이 작업을 하게 된 것은 내가 여성이거나 혹은 페미니스트 여성이라서 라기 보다는 내가 바로 이 특정한 나이기 때문이라고 해야 할 것 같다… 나… 여성, 뚱뚱한 여성, 출산하지 않은 성인, 성적 변태, 그리고 유대인 등이라는 삶의 경험을 가진 나… 그런 내가 '벽장'에 대한 생각을 해낼 수 있는 능력을 가지고 있는가… 스톤월 이후의 시공간에서… (같은 책: 59, 63)

세지윅이 과거에는 별로 도움이 되지 않는다고 생각했던 정신분석을 다시 한번 받아보기로 했을 만큼 1990년대가 그에게는 암과 우울증과의 극심한 싸움으로 몸과 마음 모두 상처투성이였던 것 같다. 세지윅은 그런데 조금 다른 방향으로 정신분석을 받기로 했고 그러기 위해 처음으로 쉐넌 밴 웨이Shannon Van Wey라는 남성 정신분석가를 만났다. 1990년 『벽장의 인식론』에서 세지윅은 이렇게 쓴 적이 있다.

> 내가 누군가와 섹스를 했다면 그것은 한 남자와의 사이에서였다고 요즘은 말하려고 한다… 2차 대전 후, 유대인 가족 안에서 자라면서 어린 시절부터 낙인이 무엇인지에 대해 내면 깊이 각인된 것이 있다… 나는 내가 게이 지향성을 부인할 수도, 그것을 주장할 수도 없다는 것을 깨달으면서 의식적으로 어떤 실험을 해왔다(2008: xvi-xvii).

세지윅은 자신의 섹슈얼리티를 이론적으로나 수사적으로 혹은 문화적으로 가능한 틀에서 접근하는 대신 자신의 삶에서 문제적이고 방해가 되어 온 것으로 접근하기로 마음을 굳힌다. 그러나 자신의 성적 자아에 접근하는 것이, 특히나 유방절제술을 받고 화학요법을 받는 와중에 머리카락이 모두 빠져버리는 경험을 하던 와중이라 가시밭길을 걷는 것과 같은 시도였던 것 같다. 책이 나온 후 세지윅을 인터뷰한 루소는 세지윅은 은하계를 이론화할 수 있는 능력에도 불구하고 놀랍게도 자신의 섹슈얼리티에 대해서는 그것이 즉흥적이거나 재발명되는 것과는 거리가 먼 것이라도 되는 양 경직된 관점을 고수하고 있었다고 썼다. 그리고 정신분석 초기에 세지윅과 밴 웨이가 처음으로 세지윅의 막혀버린 성적 환상에 대해 대화를 나누었을 때, 세지윅은 밴 웨이에게 이런 이야기를 했다고 인터뷰는 전한다.

> 내 자아의 조각들을 죄다 다시 모아 붙여놓을 수 있다면 그때처럼 그렇게 되도록 하고 싶지 않아요. … '섹스하는 거'에 관한 한 나는 최대한 위생에 신경을 쓰고 늘 똑같이 합니다. 나는 매번 바닐라 섹스를 하죠. 일주일에 한 번, 선교사 자세로, 대낮에, 샤워를 마치자마자, 소위 나와는 반대의 성을 가진 사람, 한 사람, 그것도 거의 반세기 동안 법적 혼인 관계에 있어 온 사람과 하죠… 오르가즘도 느끼고 기분도 좋지만 그것이 내가 성적이라고 생각하는 것은 아니었죠[10)]

세지윅은 어릴 때부터 자위할 때면 상상해 왔던 성적 환상의 세계에 대해서도 이야기했다. 이 성적 환상을 그는 일본식 시조(하이쿠)와 같이 묘사한다. "폭력과 고통. 모욕과 고문. 조직적이기까지 한 강간." 그런 성적 환상 세계는 제도적으로 꾸며져 있어서, 거기에는 학교, 감옥,

---

10) Russo, Maria, "The reeducation of a queer theorist", http://www.salon.com/1999/09/27/sedgwick/, 1999년 9월 27일 기사(검색일: 2025. 4. 1). 이후 이 글을 인용할 때에는 괄호 안에 이름과 연도로 표기한다.

대기실, 탈의실, 복종해야 하는 유사 의료 행위 '절차' 등이 있다. 이런 이야기를 꺼내놓으며 세지윅은 밴 웨이에게 이렇게 말했다. "그것들 중에서 내가 창피해하지 않은 것이라고는 없어요. 그들의 세계, 그들 소유의 공간에서 발을 빼는 순간, 거기서 나는 그들을 사랑하죠." 정신분석을 하는 동안 세지윅과 밴 웨이는 극심한 고통을 주는 것에서부터 진부한 상세 사항까지 망라해 적은 성적 각본 목록을 만들어 냈다. 세지윅은 자신이 이 환상들을 재조명하고 되찾게 되면서 자신의 몸 또한 다르게 느끼기 시작했다고 말한다(Russo, 1999).

> 치료 외적으로 나는 감각적 현실과 내가 그것을 언제 느꼈었던 것인지 기억나지 않는 어떤 가능성에 대한 감각을 즐겼어요. 말하자면, 내 몸의 현실 자체에 대한 감각을 말이죠. 그건 세상에서 가장 자연스러운 것이기도 하고 이 환상들의 실제 내용을 생각하면 그다지 책임질 수 없어 보이는 것들이기도 하죠(Russo, 1999).

어린 시절부터 가져온 자신의 성적 환상과 자신이 받은 정신분석 과정에 대해 이처럼 솔직하게 이야기하고 있는, 암 투병 중의 조용하고 진지한 한 학자를 떠올려 본다. 유대인에 대한 편견과 몸집이 큰 여성에 대해 사회가 보이는 비우호적 태도, 반동성애혐오적 입장과 태도를 견지하고자 분투해 온 한 페미니스트에 대해 게이·레즈비언 공동체와 페미니스트 동료들이 보여주었던 태도들을 생각해 본다. 세지윅을 인터뷰한 기사 말미에서 루소는 이렇게 쓰고 있다.

> 대다수 독자들에게는 별스럽지도 않게 들릴 이야기지만 『사랑에 관한 대화』의 끝부분에서조차 이브는 자신의 성적 욕망과 성적으로 욕망하는 이로서의

> 자신에 대해 여전히 불편해 보였다. 이브는 반사작용처럼 자신의 성적 에너지를 글쓰기, 우정, 치료자에 대한 깊어가는 사랑 등 다른 것들로 틀어 내보냈다. 마치 대체로 중재되지 않은 성적 쾌락보다는 성적으로 규격화된 것에서 가장 편안함을 느끼기라도 하듯. 그러나 어떤 면에서 이브의 성적 각성이 갖는 이 소박함은 이브의 지적 시각이 갖는 이상한 힘에 대한 호소이기도 하다. 게이 학자들이 종종 비난받는 자기애적인 모습과는 달리 이브의 작업은 세상이 자신의 정체성에 대한 지지대라고 이론화하지 않는다. 오히려 이브는 자기 자신조차도 이방인인 새로운 세상을 발명했다. 시인 블레이크처럼 이브는 자신만의 체제를 창조했고 거기서 한동안은 편안하게 살았다. 지금은, 자신에게 남은 시간이 얼마 되지 않을 수도 있다는 것을 알고, 자신의 신체적이고 감정적인 노력들을 겸허히 하려는 전적으로 새로운 작업에 혼신을 다하고 있다(Russo, 1999).

『(마음을) 만지는 느낌: 정동, 교수법, 수행성』은 인터뷰 기사에서 루소가 말한 것처럼 세지윅이 이러한 새로운 작업에 헌신한 결과물로 볼 수 있을 것 같다.

『(마음을) 만지는 느낌: 정동, 교수법, 수행성』(2003)

이 책은 세지윅이 생전에 출간한 마지막 책이라 할 수 있다. 표지에는 어린 시절부터 눈이 보이지 않았고 소리도 듣지 못했으며 말을 하지도 못했던 직물 예술가, 주디스 스콧Judith Scott이 굵은 실타래를 타원형으로 엮어 만들어 낸 자신의 작품을 손과 얼굴, 가슴으로 지긋이 만지며 느끼고 있는 모습이 담겨 있다. 캘리포니아의 사진작가 리언 보렌스테인Leon A. Borensztein이 촬영한 사진이다. 이 책에서 세지윅은 1990년대부터 고민해 왔고 기록해 왔던 글들을 엮어 정동affect, 교수법, 수행성의 지도를 만들어 보이고자 했다. 이를 통해 비이원론적 사유nondualistic thought와 교육을 위한 도구와 기술에 관한 고민을 풀어 놓았다.

비이원론적으로 사유한다는 것은 어떻게 사유하는 것인가? 세지윅에 따르면, 비이원론적으로 사유한다는 것은 사유를 수용하는 마음, 그것을 키우고 연결시키는 마음, 그리고 그 속에서의 행복에 쉽게 영향 받는 마음이다. 세지윅이 이 책에서 '옆beside'이라는 위치에 주목하는 까닭도 비이원론적 사유와 닿아 있다.

'옆'은 이원론적일 수 없는 위치다. 옆에는 많은 것들이 있을 수 있기 때문이다. 모순도 없고 나머지를 배제하는 중심도 없으며 원인과 결과도 없고 주체와 대상도 없다. 물론 그것이 반드시 어떤 평등한 이상향만을 그리는 것도 아닐 것이다. 마치 서로의 옆에서 침대를 함께 써야 하는 아이들이 갖게 되는 긴장과 다툼을 상상해 볼 수 있듯이 말이다. 한편, '옆'은 '아래beneath'나 '너머beyond'와 같이 어떤 근원이나 궁극적인 목적을 가진 서사를 시사하지도 않는다. '옆'은 욕망하고 동일시하고 재현하고 물리치고 평행하고 구분하고 경쟁하고 기대고 뒤틀고 따라 하고 철회하고 매혹하고 공격하고 구부리는 관계들의 범위로 이루어진다.

이런 측면에서 세지윅은 '모방'은 주디스 버틀러가 '젠더 수행성'과 '원본 없는 모방', '반복' 등에 대해 설명할 때와 같이 시간적으로 반복하는 행위에 해당되는 것만은 아니라고 말한다. '모방'은 그곳이 어떤 생태적 공간이었는지에 대한 것이기도 한 것, 즉, 공간의 문제이기도 하다는 것이다. '모방'은 시간적 반복을 통해서도 이뤄지지만 또한 그 공간에서 바로 '옆'에 있는 존재를 모방하는 것이기도 한 것이다. 이와 같이 세지윅은 '모방'을 '시간성'에서 나아가 '공간성'으로 확장하였다.

한편, 세지윅은 미셸 푸코의 『성의 역사』에 대해서도 촘촘하게 언급한다. 푸코의 이 저서는 섹슈얼리티에 대해 비본질적으로 이야기하려고 한 시도들 중에서 가장 많이 알려진 영향력 있는 책이기 때문이다. 세지윅은 푸코가 '억압이론'을 반박하기 위해 이 책을 집필했음에도 불구하고 억압이론에만 초점을 맞추다 오히려 억압이론 외의 틀로 섹슈얼리티를 보는 것이 어떤 것일 수 있을지를 제시하는 데 실패했다고 말한다. 세지윅이 보기에 푸코는 첫째, 어떤 금지는 사람들/행위들/주체들을 제거함으로써가 아니라 생산함으로써 작동한다. 둘째, 어떤 금지는 부정적 외부를 제지함으로써가 아니라 내면화된 그리고 명백히 자발적인 체계를 통해 작동한다. 셋째, 어떤 금지는 위에서 주어진 단일한 법을 통해서가 아니라 다층적이고 종종 작은 채널들과 담론들을 통해 작동한다. 넷째, 어떤 금지는 현지적local이고 명시적인 것을 통해서가 아니라 단 하나의 초월적 금지(말하자면, 언어 자체 혹은 아버지라는 이름)를 통해 작동한다. 다섯째, 어떤 금지는 자신을 자연으로 가장함으로써 작동한다고 주장했다. 세지윅은 푸코가 자연과 본질주의가 억압/금지의 결정적 책략이라고 말하면서도 앞서 언급한 주장들 중 어느 것에서도 이를 설명하지 못했다고 보았다. 푸코가 자신이 비판하는 억압가설 바깥에 서서 금지에 대한 질문으로 구조화되지 않은 사유의 형태를 제시하지 못했다는 것이다. 세지윅은 푸코 스스로도 그러할진대 다른 어느 누가 그 바깥에서 사유하기를 희망할 수 있을지, 금지가 모든 인간 담론들이 가진 특징이라면 금지를 벗어난 사유란 현실을 마주하는 것을 최종적으로 주저하는 것이 되는지 묻는다.

세지윅이 보기에 푸코의 해석 안에는 도덕주의적 동어반복이 일어나고 있고 이것이 갖는 인식론적 위험 혹은 묘사 체계가 도사리고 있다. 그것은 마치 A와 B가 우연히 서로의 스위치가 바뀐 두 개의 스위치가 있는 전기담요를 덮고 있다가 추위를 느낀 A가 온도를 높일수록 오히려 B 쪽의 담요 온도가 올라가고 덥다고 느낀 B가 본인 쪽의 스위치로 온도를 내리면 내릴수록 A 쪽 담요 온도가 내려가며, 온도를 올려도 담요의 온도가 외려 내려가자 다시 온도를 올리지만 B 쪽 담요의 온도만 올라가 B로 하여금 온도 스위치를 더 내리도록 만드는 악순환과 유사하다고 말한다. 세지윅은 이러한 개념적 되먹이기 양태를 억압과 해방 사이의 유사 이분법적 분석이라고 규정했다.

세지윅이 제시하는 대안은 '교직물texture과 정동affect'에 대한 설명에서 찾을 수 있을 것이다. 세지윅은 '교직물'을 인식한다는 것은 그것이 무엇과 같은지 묻거나 아는 것일까 아니면 그것이 내게 어떻게 다가오는가를 묻거나 아는 것일까 묻는다. 세지윅이 보기에 교직물적 인식은 항상 두 가지를 탐험하는 것이다. 하나는 어떻게 그것이 그렇게 된 것인가에 대한 것이고, 다른 하나는 내가 그것으로 무엇을 할 수 있는가에 대한 것이다. 교직물을 인식한다는 것은 그것을 쥐고, 쌓고, 접고, 찢고, 기어오르고, 펴고, 밀고, 물에 담그기가 쉬운지 어려운지 혹은 안전한지 위험한지 등에 대해 알거나 가설을 만드는 것이다. 또한, 그것을 만지는 감각은 행위자성과 수동성에 대한 이원론적 이해 자체를 불가한 것으로 만든다. 만진다는 것은 항상 이미 손을 뻗는 것이고, 어루만지는 것이고, 무게감을 느끼는 것이고, 두드리는 것이고, 껴안는 것이다. 교직물이 만들어질 때면 언제나 그러한 일이 일어난다.

교직물과 감정 사이의 특별한 친밀성을 이 책의 제목, 『(마음을) 만지는 느낌』이 기록할 수 있을까? 세지윅은 묻는다. '만지다touch'라는 말은 이미 촉감과 감정이 더해져 있는 이중어다. 만짐과 정동 사이의 관계는 이미 분명해 보인다. 그것은 모든 인간 사이의 접촉과 느낌에 대한, 성적 욕망의 핵심에 대한 근대적 가정을 너무 쉽게 지지하는 상식 같은 것이 아닌가?

그러나 세지윅은 정동이 리비도에 종속된 어떤 것이 아니라고 말한다. 정동은 리비도와 달리 대상과의 관계에서 엄청난 자유를 누린다. 정동은 대상을 가리지 않는다any affect may have any object. 이것이야말로 인간의 행위 동기가 갖는 복잡성에 내재하는 기본적 원천이다. 분노, 즐거움, 흥분, 수치심과 같은 정동의 대상은 공기와 호흡 사이의 관계 같은 것이 아니다. 정동이 일어나고 보상받는 것은 긍정적 정동의 경우에 동일하다. 긍정적 정동이 일으키는 것은 '만족'이다. 따라서 섹슈얼리티에서 정동의 요소는 성적 동인에서 가장 큰 역할을 담당하는 것이다. 정동은 짝짓기를 하지 않을 때조차도 처벌의 성격보다는 보상의 성격을 갖는다. 그렇기에 배고픔이나 목마름보다 성적으로 일어서는 느낌을 갖는 것이 훨씬 흥분되고 보상받는 것이다.

한편, 언어 수행성에 대해 세지윅은 다음과 같이 설명하고 있다. 문장을 발화하는 것은 내가 하고 있는 것을 묘사하기 위해서나 내가 하고 있다는 것을 선언하기 위해서가 아니라 그렇게 하려고 한다는 것을 밝히는 행위다. '나는 약속하고', '나는 사과하고', '나는 감히 그렇게 할 것이고', '나는 명령을 내린다'. 따라서 언어의 수행성은 1인칭, 현재, 지시, 능동, 동사에 있다. 이것은 언어가 구성력을 가진다는 것 혹은 현실에 대한 영향력을 가진다(정동을 가진다)는 것을 가리킨다. 그러니 "나는 게이다"라고 말할 때 '나'는 '나'의 어떤 '과거'를, '본질'을, 내 삶을 구성하는 강력한 어떤 요소를 묘사하고 있는 것이 아니라 앞으로 '나는 게이로 살아갈 것이다'라는 것을 하나의 사실로 만들기 위해 발화하는 것이다.

나가며

에이즈로 사망한 한 게이 남성 동료 학자가 썼던 하얀 뿔테 안경과 그를 그리워하면서 그처럼 하얀 뿔테 안경을 언젠가 한 번 멋있게 쓰고 싶어졌었다는 세지윅을 생각해 본다. 이십대를 갓 넘은 나이에 한 남자와 결혼한 젊은 유대인 여자를 생각해 본다. 어린 시절부터 따라붙었던 우울증에 평생 시달렸던 몸집이 큰 중년의 여자를 생각해 본다. 이십여 년 동안을 유방암으로 고생하면서 유방을 절제하고 항암 치료로 인해 머리카락이 다 빠져버린 머리를 한 채 컴퓨터 앞에 앉아 글을 쓰고 있었을 한 페미니스트를 생각해 본다. 혼신의 힘을 기울여 제시한 문제의식에 대해 게이도 남자도 아닌 당신이 왜 이런 글을 쓰는가 하는 비난을 듣고 있는 진지하고 성실한 여성 학자를 생각해 본다. 어느 날 꿈속에서 자신이 입고 싶어 하고 신기하게도 자신의 커다란 몸에도 맞는 사이즈의 옷을 파는 가게를 발견하고 진열대에 선 순간 사이즈를 구분하는 표식이 핑크 삼각형이었고 그것을 보고는 왠지 모를 기쁨에 들떠서 잠에서 깼다는 조용하고 뚱뚱하고 유방암에 걸린 한 중년의 여자를 생각해 본다. 그리고 생의 마지막 나날들을 옷감을 짜고, 물들이고, 유방암 환자들을 위한 잡지에 글을 기고하고, 친구가 된 정신분석학자와 잦은 통화를 하며 생의 마지막 시간들을 보내던 한 퀴어 이론가를 생각해 본다. 영문학자, 젠더 연구자, 섹슈얼리티 연구자, 퀴어 이론가, 비판이론가, 교육자 등 세지윅을 수사했던 수많은 말들을 생각해 본다. 자신을 분석하는 정신분석학자 앞에서 자기 생의 자취를 하나하나 떠올리며 유방암, 우울증, 외로움 같은 것들을 부여잡고 생의 결의를 놓지 않고 애썼던 한 인간을 생각해 본다. 그리고 무엇보다 "강박관념이야말로 가장 내구성 있는 지적 자원이다Obsessions are the most durable form of intellectual capital"(1992: ix)라고 말하는 이브 코소프스키 세지윅을 생각해 본다.

그리고 또, 세지윅은 테레사 드 로레티스, 게일 루빈, 주디스 버틀러 등과 함께 섹슈얼리티 논의와 퀴어 이론에 큰 영향을 끼친 사람이다. 또한 비판적 영문학자, 젠더 연구자, 섹슈얼리티 연구자, 퀴어 이론가, 비판 이론가, 실험적인 비판적 글쓰기를 시도한 학자, 20세기 문학에 큰 영향을 끼친 프랑스 소설가 마르셀 프루스트를 무척 사랑했던 사람, 불교(특히, 일본 불교와 티벳 불교)에 심취한 사람 등 많은 수식어들이 따라다닌 학자이기도 했다.

그런 세지윅의 작업들 '옆'에 서는 이들이 앞으로도 많을 것이다. 아직도 '강박적으로' 질문되어야 할 것들이 남아 있을 것이기에.

참고 문헌

우에노 치즈코, 『여성 혐오를 혐오한다』, 나일등 옮김, 은행나무, 2021.

Mackinnon, Catharine A., "Feminism, Marxism, Method and the State: An Agenda for Theory", *Signs: Journal of Women in Culture and Society*, 7(3), 1982. 514-544.

Sedgwick, Eve Kosofsky, *Between Men: English Literature and Male Homosocial Desire*, New York: Columbia University Press, 1992.

________________, *Epistemology of the Closet*, Berkeley, Los Angeles & London: University of California Press, 2008.

________________, *Tendencies*, Durham: Duke University Press, 1993.

________________, *A Dialogue on Love*, 1999.

________________, *Touching Feeling: Affect, Pedagogy, Performativity*, Durham & London: Duke University Press, 2003.

Russo, Maria, "The reeducation of a queer theorist", http://www.salon.com/1999/ 09/27/sedgwick/, 1999년 9월 27일 기사.

이이효재
Lee Hyo-jae

활동하는 이론가, 공부하는 실천가: 사회, 가족 그리고 여성

심혜경
한신대학교 교수. 『여/성이론』 편집위원과 프로젝트38 연구원으로 활동하며, 팟캐스트 38페이지(P.38)를 만든다.

이 글의 원문은 『여/성이론』 37호(2017)에 실려있다.

이이효재:
활동하는 이론가, 공부하는 실천가 —사회, 가족 그리고 여성

여기 오늘 다시, 이이효재

이이효재[1]를 소개하는 이 글이 어떤 이에게는 진부할 수도 있겠다. 이미 그녀는 여성학과 여성운동의 역사 속에서 너무나도 잘 알려진 '한국 여성운동의 어머니'기 때문이다. 하지만 이 글이 나/우리 이전에 이곳에서 먼저 활약했던 여성주의 이론가이자 활동가에 대해 알게 되거나 만날 계기가 많지 않았던 나 같은 사람뿐 아니라, 이제 막 '페미니스트 로그-인'한 이들에게도 새로운 동지를 만나는 뜻밖의 뜨거운 우연이자 필연이기를 바란다. 필자를 비롯한 누군가에게는 이이효재를 통해 한국/남한의 여성학과 여성운동에 대한 역사를 간략하게나마 살피고 그녀로 인해 이 땅에서 다시금 여성주의자로 설/살 수 있는 용기를 가질

---

1) 이이효재(李李效再, 1924~2020)는 경남 마산에서 출생했다. 이화여자대학교 영문학과를 이수(1945-1947)한 후, 도미하여 앨라배마대학 사회학 학사(1948-1951), 프리스비테리언 대학원 기독교교육학 석사(1953-1954), 콜롬비아대학 대학원 사회학 석사(1955-1957)를 마치고 귀국했다. 1958년 모교에서 사회학자 고황경과 함께 미국식 사회학적 방법론을 통해 한국 사회 연구를 시작했다. 이때 이대 사회학과 개설에도 참여해 1962년까지 동 대학에서 교수로 있었다. 버클리대학 대학원에서 박사과정을 수학(1962-1963)하다 귀국해 1967년까지 고황경이 설립한 서울여자대학교 사회학과 교수로 재직했고, 1968년부터는 다시 이대에서 교편을 잡았다. 1969년 동 대학에 여성자원개발연구소를 창설해 소장으로 역임하면서 여성에 대한 사회학적 연구는 물론 주부들이 자녀 양육, 가정 문제 등을 공동 해결해 나가도록 연대하는 지역 활동을 펼쳤다. 1974년 미국 휘스크대학 사회학과 교환교수로 있었는데 이때 제3세계 흑인사회학에서 많은 영향을 받았다. 1980년 광주민주화운동과 김대중 내란 사건에 연루되어 해직되었다가 1984년에 복직, 1990년 퇴임하였다. 그 사이 한국사회학회 회장(1970), 한국가족학회 초대 회장(1979), 한국여성민우회 초대 회장(1987), 한국여성민우회 회장(1988), 여성한국사회연구회 회장(1989), 한국여성단체연합회 회장(1990), 한국정신대문제대책협의회 공동대표(1991)를 역임했다. 1997년부터는 진해 경신사회복지재단 부설 사회복지연구소 소장으로 여성, 아동, 노인을 위한 활동에 힘을 쏟고 있으며, 'MBC 기적의 도서관'을 유치해 지방의 문화 소외를 극복하기 위한 운동을 실천 중이다. 한국여성사회교육원 이사장(1997), 한국여성기금추진위원회 공동위원장(1999), 한국여성단체연합후원회 공동 회장(2001) 등의 활동을 했다. 제1회 허황옥평등상(2001), 제4회 유관순상(2005), 제10회 한국여성지도자상 대상(2012)을 수상한 바 있다.

수 있는 계기였으면 싶다.

오늘 여기에서 다시 이이효재를 나/우리 곁으로 불러내는 이유는, 2017년 현재 한국 사회에 '여.전.히' 해결되지 않은/못한 여성을 비롯한 소수자 문제들이 산재해 있기 때문이다. 또 이론과 실천, 학문과 운동으로서의 여성주의에 대해서 잠깐 멈추어 숨을 고르고 생각해 보고 싶었기 때문이기도 하다. 지금 나/우리 앞에 적재되어 있는 수많은 문제들에 대해 각각의 시간과 공간에서 어떤 여성주의의 이론적 전술과 실천의 전술로 응대할 것인가. 그리고 무엇보다도 여성주의 연구자로서 나는 어떤 이론적, 실천적 작업에 뛰어들 것인가. 이에 대한 답을 찾고 싶었기 때문에, 아니 최소한 답이 될 수 있는 단초를 얻기 위해 그녀의 이론과 실천적인 삶을 엿보고 싶었다.

각각의 삶 속에서 여성주의를 만난 이후 나/우리는 수많은 남성 철학자와 이론가에게서 여성주의적 개념을 전/차용해 왔다. 물론 그보다 더 많은 서구 여성주의 이론가들의 논의를 자주 복기하고 회고하고 있기도 하다. 나/우리보다 먼저 이 땅에 살았던 선배 '여성주의자'로 우산을 함께 쓰고 있는 이이효재는, 자신이 처한 삶 속에서 어떤 방식으로 한국/남한적인 여성학을 이론화하고 어떤 연유로 여성운동에 참여했을까. 그 시절에 어떠한 전략과 전술을 만들며 한국/남한의 여성주의자로 살아냈던 것일까.

사회학적 연구 대상으로서 '사회', '가족' 그리고 '여성'

이이효재의 이론적 작업[2]은 사회학적 배경을 가지고 가족과 사회,

2) 이이효재의 저술은 참고 문헌 목록에 따로 명기함. 분량이 방대해 1958년부터 2003년까지 저널과 학술지에 실린 다수의 글과 논문은 제외하였다. 문소정의 논문(「이효재 가족연구에 대한 고찰 한국가족·여성의 정치경제적 맥락과 역사적 발전」, 『가족과 문화』, 제16집, 2호, 2004.)에는 이이효재의 학술

여성과 사회의 문제를 분단된 한국 사회의 현실에서 철저히 파헤치는 데 오롯이 바쳐졌다. 영문학을 수료한 그녀는 도미해 철학을 공부하고자 했지만, 당시, 구조기능주의 사회학의 중심이던 앨라배마 대학에 진학하게 되면서 사회학도로 전환하게 되었다. 보수주의적인 사회학의 연구 흐름에 만족하지 못하고, 진보적인 신학을 공부한 뒤 다시 콜롬비아대학원으로 진학해 본격적으로 사회학을 공부했다. 사회학의 배경 속에서 그녀는 식민지를 거쳐, 전쟁 후에는 분단이 되어버린 조국의 상황을 접하면서 민족과 통일에 대해 고민하며 1957년 귀국했다.[3] 이대 사회학과에 둥지를 튼 이이효재는 전쟁 후 급변하는 한국 사회를 연구하고자 도시 가족생활을 조사하는 '서울 가족의 사회학적 연구'를 진행했다. 이대 한국문화연구소의 지원을 받아 같은 학교의 고황경, 서울대학교의 이만갑 그리고 이해영과 함께 시작한 연구였다.[4] 도시 가족 연구를 거친 이들은, 국민 대부분이 농업에 종사하고 있었던 당시 한국 사회를 더 잘 이해하기 위해, 미국의 민간단체였던 아시아재단의 지원을 받아 한국 농촌 가족의 생활 연구도 진행했다.[5] 연구팀은 사회의 기본 단위인 가족에 집중하고, 또 도시 가족의 삶과 농촌 가족의

적인 성과 모두가 부록으로 담겨 있다. 이를 참고하라.

3) 이이효재의 삶과 학문적 궤적에 대한 대담으로는 임영일, 「여성해방의 길에 놓인 큰 디딤돌」, 『사회와 사상』, 1990; 이승희, 「이효재—한국여성학, 여성운동의 선구」, 『역사비평』 제2호, 1994; 이은영, 「대담 우리 시대의 사상가, 이이효재」, 『여성과 사회』 제8호, 1997가 있다. 그녀의 가족 연구와 사회학적 성과에 대한 논문과 평론도 여러 편 나와 있다. 이재경, 「이효재, 우리 '여성학'의 시작—한국적 특수성을 토대로 일군 우리 여성학」, 『오늘의 우리 이론 어디로 가는가 : 현대 한국의 자생이론 20』, 생각의나무 편집부 지음, 교수신문 옮김, 생각의나무, 2003; 문소정, 「이효재 가족연구에 대한 고찰 한국가족·여성의 정치경제적 맥락과 역사적 발전」, 『가족과 문화』 제16집 2호, 2004; 강준만, 『시사인만인보 113 이효재—한국여성운동의 어머니, 이효재의 의로운 용기』, 개마고원, 2017; 강인순, 「이효재와 분단시대의 사회학」, 『한국사회학』 제50집 제4호, 2016.

4) 이 연구 결과는 이이효재 외, 「서울시 가족의 사회학적 고찰」, 『논총』 제1집(1959)으로 나와 있다.

5) 고황경을 중심으로 이이효재, 이만갑, 이해영의 "농촌 가족생활 연구"에 대해 아시아재단의 연구 과정을 볼 수 있는 스탠포드대학교의 후버 인스티튜션 아카이브의 서류철은 다음과 같다; Box no. P-151, *Social & Economic Rural Study of Rural Family Life* (Dr. Koh) Korea 3204 program, Hoover Institution Archives. 이 연구 결과는 『한국농촌가족의 연구』(서울대학교 출판부, 1963)로 출간되어 한국 사회를 실증적으로 조사하는 데 있어 미국적 사회과학 방법론을 도입하게 하는 데 큰 영향을 미쳤다.

생활을 순차적으로 연구해 이를 연계하고자 했다. 이들의 연구 방법은 미국의 사회학적 조사 방법론이 시도된 한국에서의 첫 사례로 이후 미국의 사회학적 조사 방법론은 1950년대 후반에서 1960년대까지 한국 사회학을 이끄는 선도적인 방식으로 자리 잡았다.

이 두 편의 연구는 전후 재건과 근대화라는 시대적 요청에 입각해, 또한 미국식 구조기능주의 속에서 가족과 사회와의 관계를 전망하는 데에 급급해, (1970년대 이후 이이효재 스스로도 진단하고 있듯이) "보수적인 미국 사회학의 실증주의 방법론을 비판적으로 소화시켜 수용할 능력도 없는 상태에서" 시작한 연구였다.[6] 이는 서구의 가족 연구에서 사용하고 있는 개념 틀, 분석 도구 등을 무비판적으로 수용한 것이었다. 하지만 도시와 농촌의 가족을 조사한 이 두 연구는 젠더의식이 충분히 발현되지 않은 시기에 사회학 연구에 있어서 여성 연구자가 적극적으로 개입해 사회의 변화가 가족, 그리고 여성에게 어떤 변화가 있는지를 적극적으로 질문하고 있었다는 점에서 괄목할 만한 것이었다.

한계가 많았지만 이 두 연구를 통해 그녀는 한국 가족만의 특수성을 발견했다. 전쟁을 겪은 여성은 가족 안에서 생존과 안정을 갈구하며 보수화되는 경향을 띠었으며, 또 아들 중심의 가계 계승, 현모양처 미덕이 당시 여성의 의식과 삶을 지배하고 있었다. 이렇듯 도시와 농촌의 가족을 조사하는 사회학적 조사에서부터 이이효재는 전쟁과 분단이 여성에게도 많은 영향을 미친다고 어렴풋이 인식하고 있었다.[7] 이후 사회학자로서 이이효재의 1960년대 연구는 주로 중류층과 대학 출신의

---

6) 이이효재, 「책머리에」, 『분단시대의 사회학』, 한길사, 1985. 3쪽.

7) 앞의 스탠포드대학교의 후버 인스티튜션 아카이브의 서류철 참고. 도시 가족생활을 조사하기 위한 1957년 당시 설문지의 질문은 다음과 같다.

"Q23. 한국전쟁 후 미망인이 많아졌습니다. 그들의 결혼 문제에 대해 무슨 생각을 하십니까? (자식이 있는 경우와 그렇지 않은 경우를 구분해 주세요. Q23a. 자식이 있는 미망인 Q23b. 자식 없는 미망인) 1. 절대 반대 2. 반대 3. 찬성 4. 온 마음으로 찬성 5. 언급할 수 없음"

여성들 문제에 집중해 이들 여성이 안방에서 벗어나 사회의식을 가지고 새로운 역할을 해야 한다고 역설했다. 하지만 1970년대 중반 흑인사회학Black Sociology에서 영향을 받아 한국을 제3세계로 인식하는 관점으로 전환하게 되면서 가족이나 여성에 대한 그녀의 연구는 분단 시대에 자본주의와 산업화/도시화를 경험하는 남한 사회의 역사적 특수성을 더하여 인식하기 시작했다. 이후 이이효재는 가족법 개정을 위한 범여성단체의 조직적인 활동에 관심을 가지면서 대안적인 가족을 소개하기도 하고 도시빈민과 여성 노동자의 문제로 연구의 초점을 옮기며, 제1세계 이론과 제3세계 종속이론에 대해 현실의 틀 안에서 비판적인 수용을 강조했다.[8)]

특히 1970년대 말부터는 분단 사회의 민주화를 위한 여성의 역할과 공동체적 사회개혁이 가족에서부터 시작될 것이라고 확실히 인식하고 이를 이론화했다. '왜 한국 여성은 가정에 함몰되는 것인가, 왜 자녀의 출세와 성공에 자신의 모든 것을 걸까.' 이이효재는 이론적인 틀에서 분단을 현실로 인식할 때만이 이러한 한국 여성의 지독한 보수성을 제대로 규명할 수 있고, 실천적인 대안을 모색할 수 있을 것이라고 생각했다. 그래서 그녀는 전후 세대의 비민주적 모성 역할과 가족이기주의에 대한 원인 규명의 일차적인 논거를 바로 분단의 현실과 남성 지배층 구조에서 찾았다.[9)] 『분단시대의 사회학』을 통해 그녀는 1960년대와 1970년대를 거치며 형성된 한국 사회구조의 성격을 가부장적 권위주

---

8) 허석렬과 함께 쓴 『제3세계의 도시화와 빈곤』(한길사, 1983) 같은 저서가 그러하다. 또 1970년대 이후 그녀는 혈연 가족적 단위 타파 및 확대 공동체 가족을 주장하는 입장을 취하면서 여러 가지 형태의 결혼이나 가족공동체를 허용해 개발해야 한다는 여성 해방론의 입장을 소개하기 시작했다. 문소정, 앞의 글, 175쪽.

9) 강준만, 『시사인만인보113 이효재–한국여성운동의 어머니, 이효재의 의로운 용기』, 개마고원, 2017. (1997년에서 2005까지 『인물과 사상』에 실린 것을 묶은 시리즈 중 하나이다. 이 글에서는 그 전자책 판본을 참고하였다.)

의로 개념화했다. 그녀에 의하면 이때는 대미 의존적인 분단의 시기로, 국가는 대통령을 중심으로 한 군부의 세력이 가장 우세하게 구조화된 권력 기반이 되어, 정부의 행정조직을 군대적 관료 체계로 개편했다. 이러한 관료 정권을 통해 민간 집단을 통제하고 산업화를 추진하는 한편, 관제 운동을 지휘해 지역사회는 지방 행정권에 의해 동원 체계로 조직되었다. 이 과정에서 대통령 박정희는 반공을 국시로 하며 가부장적 권위자로 행세하였다. 이는 충효를 강조하는 가부장제 전통을 계승한 문화정책과 가부장제 가족을 사회조직의 기반으로 유지하려는 사회적 보수성을 기반으로 삼는 한국의 역사적 특수성 내에서 가능했던 것이었다. 그녀의 분석에 따르면 한국 사회구조의 이러한 성격은 고도성장의 과정에서 여성과 노동자들의 희생을 강요하는 데 이용되었다.[10] 그러므로 그녀에게 여성의 진정한 해방은 분단 문제를 해결하는 데에 있었다.[11] 특히 여성적인 가치가 분단 문제 해결에 도움이 될 것이라는 생각에서 통일과 민주화 제반의 사회운동과 여성운동을 결합하려 했다.

토종 실천 학문으로서의 한국 여성학, 한국의 여성운동

1970년대 초까지만 해도 도시 중류층 가족에 대한 연구와 여성의 역할에 대한 이이효재의 연구는 사회에서 여성의 역할의 필요성이나 실태조사와 관련된 것이어서 현실 문제에 대한 비판적 인식이 명확하게 드러난 것은 아니었다. 1960년대 후반 버클리에서 박사학위 과정에

10) 이이효재, 「한국사회구조의 성격」, 앞의 책, 147-148쪽.

11) 지난 10월 23일, 향년 93세의 이이효재는 청와대에서 대통령 부부를 만나 "통일에 힘써 달라"고 당부했다. 이는 분단 문제의 해결을 위한 노력이 여성의 삶과 미래에 밀착된 문제라는 점을 다시금 강조하는 것이었다. 정지용, 「문대통령 만나 '통일 힘써 달라' 당부한 여성운동 대모"」 《한국일보》, 2017년 10월 23일자, http://www.hankookilbo.com/v/60790c62350f46bab2203c8401444496(검색일: 2017. 10.26.)

있다가 이스라엘의 공동체에 관심을 갖게 되고 직접 견학을 다녀온 후, 또 1974년 교환교수로 피스크대학에서 흑인사회학을 접하고 한국에 돌아온 그녀는 의식의 전환을 겪는다. “제3세계적인 시각도 얻게 되었고, 그전까지는 재생산적인 측면에서 민주화를 위한 여성의 역할과 공동체적 사회개혁을 구상하고 있었는데 흑인사회학을 알고 나서는 민족해방, 민족 통일에 기여하는 사회학이라는 사상”으로의 전환 속에서 “여성의 입장에서 분단 가족의 문제를 보게” 되었다.[12] 이후 그녀는 가족을 매개로 한 한국 사회 분석에서 여성학에 대한 이론적 관심으로 전환을 꾀한다. 이 뿐만 아니라 그녀는 1970년대 중반 여성노동자들의 노동쟁의를 겪으며 사회적 실천 영역으로 눈을 돌리게 된다.

이이효재의 연구는 여성의 입장에서 가정의 민주화에 이은 사회의 민주화를 촉구하는 관점을 내재하고는 있었지만, 이후 가족 연구는 ‘분단된 남한사회의 정치 경제적 특수성을 바탕으로 서구의 이론과 흑인사회학을 비판적으로 수용해 한국 가족의 역사성에서 출발해야 한다’는 주체적 면모를 띠었다. 1980년대 중반에 이르러 여성주의적인 의식이 높아진 이이효재는 제3세계 페미니즘 입장에서 한국의 가족과 여성을 분석한다. 그녀는, 「한국여성노동사 연구서설—조선사회의 여성노동」, 「한국가부장제의 확립과 변혁」, 『조선조사회와 가족』 같은 연구에서, 당시 한국 가족의 전통성과 근대성을 규명하기 위해 고려, 조선시대까지 연구 시야를 확장했다.[13] 그러면서 그녀는 근대 한국 사회에서의 여성의 역사, 여성운동사를 적극적으로 기입하기 시작했다. 이러한 관심은 여성 스스로가 자신의 삶 속에서 억압과 차별에 대해 자각하고

---

12) 이승희, 앞의 글, 248쪽; 강인순, 앞의 글, 14-15쪽.

13) 이이효재, 「한국여성노동사 연구서설-조선사회의 여성노동」, 『여성학논집』 제2집, 이화여대 한국문화연구원, 1986; 이이효재, 「한국가부장제의 확립과 변혁」, 여성한국사회연구회 편, 『한국가족론』, 1990; 이이효재, 『조선조사회와 가족-신분상승과 가부장제 문화』, 한울아카데미, 2003.

이에 저항해 평등을 실현하기 위한 주체적 노력이 있었던 역사의 순간 순간을 기입해야 한다고 생각한 데에서 출발한 것이다. 그녀는 『한국의 여성운동: 어제와 오늘』, 「한국여성운동사 100년」 같은 글을 통해 조선 말에서부터 식민 초기까지 근대 여성들의 민족운동, 일제하 한국 여성 노동 상황과 노동운동, 해방 이후 미군정하의 여성운동, 대한민국 수립 후 신민법 제정과 1989년까지의 가족법 개정 운동에 이르기까지 여성의 삶을 정치 경제 체계와 관련해 한국의 역사 문화적 현실 속에서 분석하고, 각 시기 여성들의 집단적인 움직임에 대해 설명했다.[14] 여기에서 그녀는 식민 지배, 분단 현실, 가부장제적 국가권력, 자본주의 산업화의 과정에서 일방적 희생을 강요받은 여성의 다중적 억압을 밝혔다. 이러한 현실을 극복하기 위해 이이효재가 제시한 대안은 가족과 사회의 민주화 그리고 여성운동의 능동적 역할이었다.

전술한 바처럼 이이효재는 1970년대에 들어서면서 여성의 노동문제와 노동운동에 관심을 갖게 되고 1975년 세계 여성의 해에 멕시코에서 열린 유엔 세계여성대회에 참여하면서 여성학과 여성해방에 대해 이론적인 이해를 얻기 시작했다.[15] 곧 「여성능력개발을 위한 여성학 과정 설치의 제안」이라는 논문을 통해 여성학 과정을 대학 교육에 포함시킬 것을 제안해, 한국에 여성학과가 설치되는 데 기여하기도 했다.[16] 점차 아카데미 안에서 밖으로 활동을 확장하던 그녀는 특히, 1975년 한국 여성운동의 주요 사업으로 채택되어 추진되던 '가족법 개정을 위

14) 이이효재, 『한국의 여성운동-어제와 오늘』, 정우사, 1989(1996, 증보판); 이이효재, 「한국여성운동사 100년」, 『동덕여성연구』 제3호, 1999.

15) 이은영, 앞의 글, 154쪽.

16) 「여성학 과정 신설주장, 대학교과에 이효재 교수팀 건의」, ≪매일경제≫, 1976년 11월 15일자. 이이효재와 함께 이화여자대학교의 국문과 이남덕, 교육학과 정세화, 기독교학과 현영학이 공동으로 제안했다. 이후 1977년 2학기 이화여자대학교는 교양 선택과목으로 여성학 강좌를 개설했다. 1982년 대학원에 여성학과를 설치, 1984년에는 아시아에서 첫 번째로 학부 과정에 여성학과가 생겼다.

한 범여성운동'에 주목했다. 근대적인 민권운동의 역사가 부재해 주권재민의 민주적 역량을 개발하지 못한 한국 여성운동의 특수한 역사 속에서 가족 내에서부터 사회구조를 개혁하기 위한 이 운동이야말로 많은 여성단체들이 하나가 되어 추진하는 공동의 자주적 움직임이었기 때문이었다.[17]

여성 노동자들의 투쟁을 목도하고 가족법 개정 운동에 참여해 점차 실천적으로 고양된 이이효재는 1980년대 해직과 복직의 과정에서 통일·분단·민주화 등 사회문제들을 여성문제와 연결시켜 실천하는 여성운동가로서 여성평우회, 여성한국사연구회, 여성민우회의 회장으로, 또 한국여성단체연합을 조직해 공동대표로 활동했다. 여러 활동을 했지만, 이이효재 스스로는 독자적인 실천가로서 움직이기 시작한 계기를 1991년 창립한 한국정신대문제대책협의회(정대협)라고 말한다.[18] 윤정옥 교수의 문제 제기와 한국교회여성연합회의 협업에 힘입어 20여 개의 여성단체들이 연합해 정신대문제대책협의회를 조직했고, 이이효재는 공동대표를 맡았다. 이후 그녀는 피해를 당한 아시아 여성들의 연대적 활동으로 유엔인권위원회의 특별 조사와 권고안을 이끌어내는 활동에 앞장섰다. 더 나아가 '일본군' 위안부 문제에 대한 해결을 국제 여성운동 차원으로 '국가권력의 성폭력적 성격을 규탄하는 여성운동으로서 아시아 지역의 피해국 여성들이 참여하는 연대운동'으로 확대해 갔다. 당시 정대협의 연합 활동이 가능했던 것은 그간의 한국 여성운동의 성과와 더불어 성폭력에 대응하는 여성 인권의 성장 때문이었다. 이로 인해

17) 이이효재, 앞의 책, 252-258쪽.

18) "본격적으로 여성운동에 참여하게 되는 것은 여성민우회와의 관계하고 여성단체연합회장이 되면서부터예요. 내가 중심이 돼서 적극적으로 하고 있는 것은 정대협 활동이에요. 윤정옥 선생님이 정신대 문제를 제기하기 시작한 데서 출발했는데 이 문제만큼은 우리 세대가 당한 개인적 분노, 민족적 분노 때문에 저도 자발적으로 나섰어요." 이승희, 앞의 글, 254쪽.

'일본군' 위안부 문제를 제기해 국제 여성운동의 주요 과제로 삼을 수 있었다. 정대협은 그 활동 목표를 한국 및 아시아 여성들의 일본의 성 노예로서 짓밟힌 인권을 회복하고, 한일 관계의 잘못된 역사를 바로잡아 새로운 관계로 발전시키며, 인류 전쟁사에서 여성들에게 강요된 성 노예와 집단강간의 만행이 재현되지 않게 하는 것에 두었다.[19] 이에 여성을 성 노예화한 반인도적 범죄, 전쟁범죄에 대해 한국 정부 및 일본 정부를 상대로 진상 규명과 법적 배상을 요구하고 피해자들의 생활 안정과 복지를 위한 정부와 사회의 관심을 불러일으키기 위해 이 순간에도 활동하고 있다.

1992년 이이효재는 '일본군 위안부 문제 해결 아시아연대회의'를 발족했다. 여기에서 그녀는 '일본군' 위안부 문제를 민족적 차원을 넘은 '전쟁과 여성 인권'의 차원으로 그 의미를 확대했다. 이어서 일본군 위안부 문제 해결을 위한 남북 간 연대 활동은 물론 다양한 국제적 연대 활동을 주도하였다. 이로 인해 미국, 유럽연합, 캐나다, 네덜란드 등 세계 각국 의회에서는 일본 정부에 '일본군' 위안부 문제 해결을 요구하는 결의안을 채택했다.[20] 일본군 위안부 신고 전화를 개설해 김학순 할머니의 증언을 이끌어내고 이를 국제 여성운동의 과제로 삼기까지, 학자로 퇴임 이후 이이효재의 활동가로서의 실천은 가장 적극적인 사회 변혁을 요구하고 있었다. 정대협 활동에 매진하는 한편, 그녀는 한국여성사회교육원 이사장, 한국여성기금추진위원회 공동위원장 한국여성단체연합후원회 공동 회장 등을 맡으며 부모 성姓 함께 쓰기 선언에 참여하고, 호주제 폐지 운동에 참여하는 등 새로운 세기를 맞은 한국여

19) 이효재, 「일본군 위안부 문제 해결을 위한 운동의 전개과정」, 한국여성의전화연합 엮음, 『한국여성인권운동사』, 한울아카데미, 1999, 182-238쪽.
20) 강인순, 앞의 글, 18쪽.

성운동에 힘을 보탰다.

또다시 "나는 페미니스트입니다"

사회학자 김진균은 이이효재의 학문적 업적을 다음과 같이 언급했다 한다. "첫째 우리 학계에 처음으로 여성이라는 변수를 도입하고, 둘째 여성학에서도 역사적 이해를 중시해 토종이론을 만들고, 셋째 분단사회학을 개척했다."[21] 분단된 조국과 민족 문제에 관심을 가진 사회학 학자로 한국 사회와 가족과의 관계를 연구하던 이론가는 이 땅에 여성학과 여성운동이 자리 잡게 하는 여성주의자로서의 삶을 살았다. 물론 해방 후 남한에 여성운동이 있었지만 1996년 훈장 수여를 거부한 일에서 볼 수 있듯이, 그녀의 활동은 남성 종속적인 보수적 여성운동과는 결을 달리한다.[22] 한마디로 이이효재는 한국의 여성학과 여성운동의 역사이자 이론과 실천을 함께한 '한국 여성운동의 어머니'이다.[23]

한편으로 그녀의 이론과 실천이 여성의 상대적인 자율성 문제, 섹슈얼리티에 있어서의 주체성 문제를 강조하기보다는 가족과 모성의 가치를 중요시하고 전체 사회의 문제와 민족문제를 우선시했다는 비판적인 시각이 있다. 이는 이이효재의 종교적 배경과 또 그녀가 살아온 사회

---

21) 김호기, 「김호기의 우리 시대 사상의 풍경 (9)페미니즘, 여성해방과 양성평등을 향하여: 이효재와 조한혜정」, ≪경향신문≫, 2014년 2월 2일에서 재인용 .http://news.khan.co.kr/kh_news/khan_art_view.html?artid=201402022043145&code=210100#csidx7412963468f07d0b17eb8ddbe9d7d75 (검색일: 2017.09.22.)

22) 1996년 이효재는 제1회 여성 주간을 맞아 여성 지위 향상에 기여한 이에게 수여하는 훈장을 거부했다. "이번 포상자 중에는 전두환 씨를 위대한 지도자로, 5공의 대통령으로 추대했던 5공 세력의 대표적 여성 인물이 포함돼 있는데 이는 고귀한 국민훈장의 명예와 권위를 실추시키는 무원칙한 선정으로 생각된다고 그 이유를 밝혀, 정부의 여성 역사 바로 세우기 작업에 대해 일침을 가한 바 있다." 「이효재 씨 국민훈장 사양 2일 공식발표」, ≪중앙일보≫, 1996년 7월 3일자 13면, http://news.joins.com/article/ 3293459 (검색일: 2017.10..26.)

23) 오숙희, 「여성운동의 어머니, 이효재」, 『참여사회』, 1997년 1·2월호, 44-47쪽.

적 조건과 시대정신의 요청에서 온 한계일 것이다. 그럼에도 불구하고 분단된 남한 사회의 권위주의적 가부장제 체계에서 억압과 착취의 대상이 되고 있는 여성에 대한 이이효재의 사회학적 분석이 한국 사회를 이해하고 대안을 제시하는 데 있어서 동시대와 이후의 여성학자들과 활동가들의 매우 중요한 지적인 자산이 되었다는 점을 부인할 수는 없다.

오늘날, 한국 여성의 지위는 변화하고 있다. 어떤 것은 이전보다 개선되기도 했다. 그간 가부장제를 바탕으로 한 성차별 조항을 가지고 있던 가족법은 여러 차례 개정되었고 호주제는 폐지되었다. '일본군' 위안부 문제는 국제적인 인권문제로 인식되고 있으며, 2015년 12월 28일의 '불가역적 합의'는 새 정부가 들어서면서 그 합의의 경위 확인을 위한 TF팀이 만들어졌다. 분명히 더 많은 여성들이 정치, 경제, 문화와 사회의 각 분야에서 맹위를 떨치고 있다. 하지만 그런 한편 여전히 한국 여성의 인권은 보장되어 있지 않다. 해방 이후부터 주조되어 온 가부장적 권위주의의 국가체제 해체는 요원해 보이는 반면 고개를 들면 눈앞에 안/보이는 유리천장은 선명하다. 여성은 연애, 가족 같은 친밀한 관계에서는 물론 학교, 직장 같은 공적인 공간에서도 많은 부분 평등하지 못하며, 온라인과 오프라인에서 유형과 무형의 여성혐오에 맞서면서 '오늘도 우.연.히. 살아남았다'는 사실에 감사하고 있기 때문이다.

최근 몇 년, 여성을 둘러싼 사회적인 문제들에 대한 국내외의 관심이 높아지고 이에 따라 여성주의는 다시금 힘을 얻었다. 또 여성주의를 둘러싼 이론과 실천의 진영이 다양해지면서 지금 한국의 여성주의 지형은 뜨거운 용광로가 되어 끓고 있는 중이다. 한국 사회에서 여성과 사회적 소수자들에게 '여성주의'는 근본적이고 급진적인 이론적 실천의 깃발인 동시에 그런 이유로 인해 종종 '불온'의 기호가 된다. 동지애로

벅찬 뜨거운 가슴을 갖고 살지만 전방위적으로 느닷없이 나타나는 차가운 시선에 지친 오늘의 페미니스트인 나/우리에게 오늘 다시 선배 이이효재를 이렇게 불러들였다. '(불가피할 뿐 아니라 필연적으로) 남성과 대당의 구조를 띤 이 운동과 이론에 연구자로서의 나는 어떻게 개입할 것인가', '다양한 여성주의의 지형에서 나는 어떤 입장을 취하고, 여성 그리고 사회적 약자들과 연대할 것인가.' 그리고 한국영화의 역사와 오늘의 지형을 연구하는 데에 젠더를 기입하고자 하는 여성주의자로서 나에게는 특히 다음 언급이 와 닿았다.

> 여성해방은 가부장적인 지배의 사회체제에서의 해방을 목적으로 한다. 즉, 여성의 인간적 성장과 인간적 능력의 발휘를 억제하며, 인간적 요구를 성취하려는 기본적 권리와 기회를 부인하고 박탈해 온 권력구조 및 의식구조 등 변혁을 목적으로 한다. 남녀가 함께 사회의 모든 분야에 참여하며 인간적으로 살 수 있는 인간 해방이 궁극적 목표인 것이다.[24]
>
> "두 개(여성학과 여성운동)는 그냥 밀착돼 있는 건데 그걸 어떻게 떼어서 보냔 말이지. 21세기에는 새로운 질서, 새로운 패러다임을 창조해 내야지. 그러려면 우리 역사를 연구하지 않으면 안 돼. 대학에서는 아직도 여성문제를 우리 역사와 관련해서 깊이 연구하고 있지 않아. 어디까지나 우리 여성학이라는 것은 여성사, 생활사, 가족사를 포함한 우리 역사 연구에서 이론이 나와야 돼."[25]

흘낏 이이효재의 저작과 삶을 관통했다고 해서, 오늘날 여성주의 연구자로서의 혹은 여성주의 활동가로서의 나/우리가 직면한 다층적 문제들을 일갈한다든지, (언제나 과정 중일 것이 분명한) 나/우리의

---

24) 이이효재, 『분단시대의 사회학』, 한길사, 1986, 306쪽.
25) 이은영, 앞의 글, 59쪽에서 재인용.

중층적인 입장을 정리할 수 있을 리 만무하다. 하지만 현장의 이론을 향해 오감을 세우면서 학문적 실천에 부지런할 것, 한국 사회에 살고 있는 여성이자 연구자로서 한국적 상황을 충분히 이론화하고 역사화하는 작업을 고려하면서 그러한 문제의식을 인류 보편적인 입장에서 비추어 국제적인 시야를 확보할 것. 그리고 매번 다시 인간 해방과 생명을 존중하는 평화운동으로서 여성주의를 복기할 것. 그러므로 나는 활동하는 이론가, 공부하는 실천가로서의 이이효재, 그녀를 경유하면서 또다시 "나는 페미니스트입니다."를 선언한다.

참고 문헌

강준만, 『시사인만인보113 이효재: 한국여성운동의 어머니, 이효재의 의로운 용기』, 개마고원, 2017.

강인순, 「이효재와 분단시대의 사회학」, 『한국사회학』 제50집 제4호, 2016.

고황경·이이효재·이만갑·이해영, 『한국농촌가족의 연구』, 서울대학교 출판부, 1963.

문소정, 「이효재 가족연구에 대한 고찰 한국가족·여성의 정치경제적 맥락과 역사적 발전」, 『가족과 문화』, 제16집, 2호, 2004.

오숙희, 「여성운동의 어머니, 이효재」, 『참여사회』, 1997년 1·2월호.

이승희, 「이효재: 한국여성학, 여성운동의 선구」, 『역사비평』 제2호, 1994.

이은영, 「대담 우리 시대의 사상가, 이이효재」, 『여성과 사회』 제8호, 1997.

이이효재, 『분단시대의 사회학』, 한길사, 1985.

_______, 『조선조사회와 가족: 신분상승과 가부장제 문화』, 한울아카데미, 2003.

_______, 『한국의 여성운동: 어제와 오늘』, 정우사, 1989(1996, 증보판)

_______, 「한국여성운동사 100년」, 『동덕여성연구』 제3호, 1999.

_______, 「한국여성노동사 연구서설: 조선사회의 여성노동」, 『여성학논집』 제2집, 이화여대 한국문화연구원, 1986.

이이효재·허석렬, 『제3세계의 도시화와 빈곤』, 한길사, 1983.

여성한국사회연구회 편, 『한국가족론』, 까치, 1990.

한국여성의전화연합 엮음, 『한국여성인권운동사』, 한울아카데미, 1999.

Box no. P-151, Social & Economic Rural Study of Rural Family Life (Dr. Koh) Korea 3204 program, Hoover Institution Archives.

김호기, 「김호기의 우리 시대 사상의 풍경 (9)페미니즘, 여성해방과 양성평등을 향하여: 이효재와 조한혜정, ≪경향신문≫, 2014년 2월 2일에서 재인용. http://news.khan.co.kr/kh_news/khan_art_view.html?artid=201402022043145&code=210100#csidx7412963468f07d0b17eb8ddbe9d7d75 (검색일: 2017.09.22).

정지용, "문대통령 만나 '통일 힘써 달라' 당부한 여성운동 대모", ≪한국일보≫, 2917년 10월 23일자, http://www.hankookilbo.com/v/60790c62350f46bab2203c8401444496 (검색일 2017.10.26).

「이효재씨 국민훈장 사양 2일 공식발표」, ≪중앙일보≫, 1996년 7월 3일자 13면, http://news.joins.com/article/3293459 (검색일: 2017.10.26).

이이효재의 주요 저술

『한국농촌가족의 연구』(공저), 서울대학교 출판부, 1963.
『가족과 사회』, 민조사, 1968(1983, 증보판).
『도시인의 친족관계』, 한국연구원, 1971.
『한국여성의 지위』(공저), 이화여자대학교 출판부, 1976.
『여성의 사회의식』, 평민사, 1978.
『사회학: 비판사회학의 입장에서』, 경문사, 1979.
『여성해방의 이론과 현실』(편저), 창작과 비평, 1979.
『여성과 사회』, 정우사, 1979.
『제3세계 도시화와 빈곤』(편저), 장문사, 1983.
『분단시대의 사회학』, 한길사, 1986.
『가족연구의 관점과 쟁점』(편저), 까치사, 1988.
『한국의 여성운동-어제와 오늘』, 정우사. 1989(1996, 증보판)
『자본주의 시장경제와 혼인』(공저), 또 하나의 문화, 1991.
『조선조 사회와 가족: 신분상승과 가부장제 문화』, 한울아카데미, 2003.

임옥희
Im-Okee

유령 구조로 수행하는 페미니즘 시학: 임옥희론

이경
문학 속의 여성, 잠, 질병, 음식 등에 관심을 가지고 공부를 해 왔던 것 같다. 퇴직을 계기로 '아는 척'의 애티튜드를 벗고 "무지의 가시화"와 대면하며 세상의 모든 책들을 읽을 기세로 살고자 한다.

이 글의 원문은 『여/성이론』 45호(2021)에 실려있다.

유령 구조로 수행하는 페미니즘 시학—임옥희론

교수, 번역가, 연구자, 페미니즘 이론을 소개하고 생산하는 이론가 등 여러 이름으로 불리는 임옥희 선생은 늘 자신의 이력을 부정하고 부인한다. 퇴임 기념 학술대회에서 스스로를 "무지하고 무능한 선생"이라 공언한 데서 알 수 있듯, 그녀는 자신에게 덧씌워진 사회적 명함을 차마 견디지 못하지만, 이 중에서도 그녀가 가장 부인하는 직함은 아마 이론가일 듯하다. 자신은 이론 주변을 어슬렁거리는 유령으로 자리할 뿐, 단 한 번도 그에 미치지 못했다고 항변할 것이다. 결코 확신범이 못 되는 그녀가 확신범의 자격으로 나타나는 순간은 자신을 부정할 때이므로 이것은 충분히 예측 가능하다. "한국의 페미니스트들은 그에게 빚진 바가 많다"[1] 거나 "한국에서 임옥희의 손을 거치지 않고서 페미니스트가 되기는 어렵다"[2] 혹은 "선생의 글들을 읽으며 페미니즘의 언어를 배웠다"[3] 는 각종 증언들은 췌사로 간주될 뿐이다.

하지만 그녀는 이론 주변을 유령처럼 배회하는 것이 아니라, 이론의 유령 구조를 철撤하는 이론가이며 그녀의 글쓰기는 이에 바탕하여 수행된다. 사전적 정의에 따르면, 이론가는 이론에 밝고 능한 자를 의미한다. 임옥희 선생은 이론에 밝지만 능하지는 않은 듯하다. 서구 이론의 번역과 해석[4] 에 그치지 않고 이를 우리의 현실로 개방해 내는 것으로

1) 이슬기, 「"이 땅 살리는 건 돌봄·여성주의… 조급하지만 않으면, 연대는 가능"」, ≪서울신문≫, 2021년 10월 11일, https://www.seoul.co.kr/news/newsView.php?id=20211012027001&wlog_tag3=naver (검색일: 2021. 11. 24).

2) 김은하, 「몸시도 퀴어한 페미니즘 인문 기행」, 『여/성이론』 제42호, 여이연, 2020, 153쪽.

3) 김경연, 「다시, 도래할 페미니즘을 위한 정동의 정치」, 『여/성이론』 제35호, 여이연, 2016, 227쪽.

나아가기 때문에 애초에 능할 수가 없다. 그녀의 재이론화 과정이 선형적이지 않다는 점은 이를 더욱 강화한다.

해서, 사전적 정의의 절반만큼만 이론가인 듯하나, 확실하게 실현된 유일한 것이 불확실성이라 할 만큼 그녀의 글들이 불확실성으로 일관한다는 점을 고려한다면, 이론에 능하지 않은 것은 그녀의 선택이라 할 수 있다. 숫자, 통계 등을 정밀하고도 정확하게 인용, 표기하는 것에서도 그녀의 의도는 확인된다. 숫자의 객관적 확실성에 기대어 불확실성을 안정적으로 실현하는 것이다. 이에, 나머지 절반의 정의 또한 회수되어야 하므로 그녀는 이론가로 호명될 수밖에 없다.

이와 같은 저자의 의도적 무능을 이 글은 유령 구조[5]로 읽고자 한다. 임옥희가 생산하거나 차용한 이론에는 늘 이론의 타자들이 묻어 있다. 여기서 이론의 타자는 당해 이론에 개입하는 의심의 목소리, 즉 멀고도 가까운 이론의 다른 결들을 의미하며, 이 의심들은 선형적인 논리를 위해 삭제, 외면되지 않고 흔적을 남기며 바로 그 이유로 유령의 자격을 얻는다. 의심의 흔적은 유사성과 상이성 모두에 열려 있기에 누적되어 온 유사한 이론의 의미 계열체들이 통시적으로 소환되고 지금 혹은 미구의 안티테제들이 공시적으로 소환된다. 채굴된 유사성의 잔여와 전제되는 여러 이의들의 소란스러움과 불안에 파 먹힌 이론은 여러 겹의 의미를 입은 불확정성으로 남는다. 사회적인 제 현상들에 대한 해석에서도 이는 유사하게 드러난다. 이와 같은 의심의 여러 결들을 이 글은 유령 구조라 명명한다.

진술의 유령 구조로 인해 결론은 항용 유예되지만 바로 그 때문에

---

4) 『타자로서의 서구: 가야트리 스피박의 포스트식민 이성 비판 읽기와 쓰기』, 현암사, 2012; 『주디스 버틀러 읽기 젠더의 조롱과 우울의 철학』, 여이연, 2006 등을 비롯한 다수의 저서가 있다.

5) 아감벤을 인용한 선생의 "사랑의 유령 같은 구조"라는 용어(임옥희, 『젠더 감정 정치: 페미니즘 원년, 감정의 모든 것』, 여이연, 2016, 245쪽 참조.)에서 차용한 것이다.

문제와 대안, 불가능과 가능은 접점을 찾을 수 있게 된다. 군식구들이 매달려 있는 무거움 때문에 그녀의 글은 목적지를 향해 선형적으로 나아가지 못하지만, 바로 그 머뭇거림은 과정과 목적지의 서열을 해체하는 결과를 낳는다. 결론으로 나아가기 위한 도구로서의 과정이 아니라 그 자체로 목적인 서술이 실현되기 때문이다. 결론은 하나의 논리 체계가 완료되었음을 현시하지만, 미구에 도래할 다른 결론을 예비하는 문으로도 작동한다. 하나의 글로 일단락되기보다는 다른 가능성을 향한 의심이 계속 발을 걸고 있기 때문이다. 적대가 비가시화되고 생산성을 위한 공/사 영역의 공모가 유례없이 체계화된 오늘날, 그녀가 이를 균열할 수 있는 출구를 상정할 수 있는 것은 이와 같은 긴 호흡의 서술 구조로 인한 것이다.

영문학과 페미니즘 연구자로서 임옥희 선생의 역량이 집약된 여러 선구적 저서가 있지만, 여기서는 당대를 비판적으로 독해한 저서들[6]을 중심으로 서구의 이론이 우리가 사는 세상과 삶으로 변용되는 궤적을 따라가 본다.

복종과 중독의 주체에서 타자의 윤리로 — 『채식주의자 뱀파이어』

1부의 1장에 자본을 배치한 데서 알 수 있듯, 저자는 당대가 안고 있는 문제의 핵심이 자본에 있다고 진단한다. 자본과 생산성은 근대의 자유와 평등이라는 가치와 상시적 적대를 이루어왔으나 2010년을 전후한 당대의 특징은 적대의 비가시화와 제도의 공모에 있다고 파악한다. 개인의 자유로운 선택이라는 이데올로기로 인해, 계급을 비롯한

---

6) 임옥희, 『채식주의자 뱀파이어: 폭력의 시대, 타자와 공존하기』, 여이연, 2010; 앞의 『젠더 감정 정치』; 『메트로폴리스의 불온한 신여성들: 1920년대 런던, 파리, 베를린, 모스크바를 배경으로』, 여이연, 2020. 이하 각 절에서 인용문 뒤의 숫자는 해당 저술의 쪽수를 말한다.

권력관계가 보이지 않으며 생산성, 이윤이라는 가치가 공/사의 전 영역을 장악했기 때문이다. 자본, 국가, 인권, 교육, 가족, 모성, 몸이라는 총 일곱 개의 항목을 통해 저자는 우리가 자본이라는 세계 내의 존재임을 드러낸다. CEO 대통령이라는 용어를 비롯하여, 가내 CEO로서의 엄마, 몸의 프로젝트화 등의 용어에서 알 수 있듯, 생산성과 화폐라는 대의에 공/사의 전 영역이 연루되었음을 밝혀낸다.

국가와 법, 자본, 병원 등의 보증을 통과해야만 인권이 유효하게 작동한다는 사실에서 저자가 인권의 틈새를 읽는 것도 같은 맥락에서이다. 근대의 성취라 할 인권 개념이 타자인 비서구를 발명하면서부터 형성되었다는 언급에서 예견되었듯, 이는 "인간이라는 사실만을 제외하고 모든 것을 상실"(78) 한 약자에게는 미치지 않는 권리이다.[7] 인권의 의제화가 완료된 오늘날, 오히려 비정규직 노동자가 양산된다는 것은 저비용 고효율이라는 자본의 대의를 넘지 못한 인권의 현실을 잘 설명한다. 시장화, 상품화 회로의 중요한 영역을 담당하는 교육 또한, 알튀세르를 빌려 복종의 재생산에 공모한다고 지적하며 자발적 통제에 의해 복종이 완성되게끔 구조화되어 있는 교육을 통해 자본의 구조를 변화시키는 것은 불가능에 가깝다고 단언한다. 뒤이은 가족, 모성의 장 역시 교육과 중첩되며 그 교집합의 한가운데 모성이 배치된 것은 성장을 위한 열망의 핵심에 자리한 모성을 강조하기 위해서이다. 저자는 엄마의 헌신을 개인 자아의 희생이기보다는 가족 자아의 성취로 등치시킴으로써 도구적 가족주의, 교육, 모성이 자본의 연속선상에 있음을 드러낸다. 육체 자본이라는 말이 함축하듯, 내밀한 사적 영역인 육체

7) 이런 입장은 랑시에르가 한나 아렌트와 조르조 아감벤을 인용하면서 인권(right of man)이란 권리를 가진 자의 권리를 의미한다는 점에서 순환논법에 불과하거나 권리를 갖지 아니한 자의 권리를 지칭한다는 점에서 공허하다고 한 것과 동일 선상에 자리한다. Jacques Rancière, "Who Is the Subject of the Rights of Man?", *South Atlantic Quarterly*, vol. 103(2-3), 2004, p.302.

또한 프로젝트화되고 전시됨으로써 자본의 회로 안에 자리한다.

이와 같은 공모 구조 속에서 적대가 친밀성으로 뒤바뀌는 것은 놀랍지 않다. 뱀파이어라는 은유의 변화에 대한 날카로운 냉소는 이를 대표한다. 노예를 착취하는 귀족의 은유는 신흥부르주아의 공포가 반영된 프롤레타리아트의 은유로 이동하며 오늘날에 와서는 매혹과 동경의 대상인 "헐리웃 판본의 봉건귀족"(31)의 은유로 전화된 것이다. 착취에 저항하는 대신, 서로 팔을 내밀며 종속되기를 경쟁하는 영화 <트와일라잇>의 풍경에서 우리 또한 그 일부임을 확인할 수 있다.

1부 서술의 9할 너머가 극복이 불가능한 현상 분석에 할애되고 1할이 채 못 되는 나머지가 대안을 감당하는 것은 이와 같은 공모 구조로 인해 바깥을 향한 상상이 원천적으로 봉쇄되기 때문이다. 온갖 이론과 그 타자들이 명멸하는 가운데, 포로, 볼모, 복종, 중독 등으로 주체가 재현되는 것 또한 같은 맥락에서이다. 당대와 상동성을 이루는 이러한 서술 구조에서는 근거에서 주장으로 이어지는 논리적 전개가 어려우며 그 결과 대안은 윤리적 선언으로 충당된다. 때로, 논지의 옆구리에서 대안이 툭 튀어나오는 것은 이에 기인한다. 저자 스스로도 "이론적 정합성, 설득력이 문제가 아니라 다른 삶의 가치를 추구하겠다(…)는 의지와 결단의 문제다"(118)라고 힘주어 강조한다.

인권의 결여 지점에 대한 장구한 논증의 말미에서, 저자가 불량품을 신자유주의의 증상으로 언급하는 데서 이는 단적으로 드러난다. 이윤이라는 목적을 위해 단기적 계약관계에 처단된 노동자에게 계약 바깥의 충성까지 제공할 의무는 없다고 역설하며 저자는 을이 할 수 있는 최대치의 대응으로 배신의 권리를 상정한다. 잘못 생산된 불량품은 바로 이런 무의식을 드러내고 다른 가능성을 약속하는 징후라고 그녀는 해석한다. 나아가, 바늘구멍의 정규직을 향한 개인적인 '노오력' 대신, 비정규직의 안정화와 삶의 예술화라는 대안을 함께 도모하자고 제안한다. 불량품은 일회용으로 노동자를 소모하는 것에 대한 문제 제기이자 저항이며 이러한 반작용이 축적될 때, 다른 형태의 고용이 상정될 수 있다는 것이다. 선형적이지 않게 등장한 불량품의 증상 읽기는 변화와 각성을 이끌어내는 중요한 역할을 한다.

도구적 가족주의와 모성, 육체, 교육에 관한 문제를 부각시키는 것으로 결론을 대신하는 것 또한 유사하다. 엄마의 헌신이 자녀의 빚이자 볼모화로 귀결되는 위험과 출산의 외주화 문제를 통해 가족의 다른 프레임을 요청하고 과시욕과 소비 등에서 자유로운 몸과 삶에 대한 상상을 주문하는 것은 당위를 못 박아 둔 것처럼 보이나, 이 배턴을 이어받아 타자의 윤리가 생성되며 이에 대한 대안의 상당 부분이 2부로 이관되어 구체화되는 것은 이를 방증한다.

2부인 8장부터 14장까지는 공존을 위한 윤리를 모색한다. 동일자 주체에 대한 교란, 가부장적 자본주의에 대한 반작용, 그리고 타자의 윤리로 나누어 2부를 읽을 수 있으며 이는 유머의 장, 문학, 주름, 일상의 장, 타자, 환대, 채식의 장에 대응된다.

유머는 혼종성을 통해 근대의 동일자 주체의 나르시시즘을 교란한다. 경계 위반으로 인해 보호되는 것은 유전자 변형을 합리화하는 기업 엘리트뿐이라는 반다나 시바 등의 입장을 전제하면서도 저자가 반영에서 회절로 나아가는 해러웨이의 혼종성을 대안으로 삼는 것은 이 때문이다. 주체 이미지를 몬스터로 되돌려주는 회절의 유머를 통해, 나르시시즘과 페티시라는 방어막으로 겨우 지지되는 주체의 동일성을 교란하고 타자의 자리를 예비하려는 것이다.

나르시시즘 주체의 교란은 자본과 생산성에 대한 반작용을 겨냥하며 문학, 주름, 일상이라는 장에서의 실현으로 나아간다. 문학의 장에서는 결을 거슬러 읽기를 부각시키되, 차이의 윤리, 경계 해체 등이 초래할 수 있는 1세계와의 공모에 대한 위험성 또한 간과하지 않는다. 원주민의 험한 과거를, '보시기에' 좋도록 농담과 밝음, 그리고 가벼움으로 튜닝한 소위 하이브리드 문학에 대한 지적은 그 단적인 사례이다. 극복되기에 알맞은 과거로 맞추어냄으로써 상품화에 성공한 서사 대신, 저자는 배신의 계보를 잇는 '필로멜라의 천짜기'를 초점화하여 권력에 대한 반작용의 매개라는 사실에 이야기의 의미와 힘을 부여한다. 3장에서 언급된 "배신의 권리"(87)라는 퍼즐이 대략 이백 페이지를 건너와 "배신의 계보"(281)로 맞추어진 셈이다.

주름의 장에서 저자는 젊음과 생산성이 권력인 시대에 가난과 무능력의 상징인 주름과 노년의 가치 찾기가 페미니즘이 정립해야 하는 가치 투쟁이라고 주장한다. 잉여와 비생산의 삶에서 폭식증의 사회 바깥으로 나갈 가능성을 보는 것이다. 자본주의의 성공은 노동을 자아실현, 신성성으로 전환한 데 있음을 상기시키며 시작하는 일상의 장은 그 안티테제로서 게으름을 설정한다. 게으름을 통해 창조적 자유를 향유함으로써 노동 중독에서 벗어나는 것이 일상의 정치임을 역설하고 그 가능성을 가부장적 자본주의의 구성적 외부에 배치되어 온 여성에게서 찾는다. 페미니즘 언어를 통해 근대 가부장적 자본주의가 권하는 노동 중독을 가시화하고 '게으름'을 매개로 이로부터의 창조적인 일탈을 게으르지 않게 실현할 수 있다는 것이다.

이상의 유머와 반작용은 타자의 윤리로 수렴된다. 2부의 첫 장이라는 배치에서 드러나듯, 타자의 장은 그 자체로 이미 대안적인 윤리를 상정하며 뒤이은 환대의 장은 이를 구체화한다. 비체를 통한 주체의 공포를 현시함으로써 주체를 균열하는 한편, 절대적으로 무력한 타자를 환대하는 타자의 윤리를 제시한다. 자신에게서 타자의 미래로 옮겨감으로써 주체는 죽음을 극복하고 그 결과 타자는 주체의 행동을 주도하는 자로 자리매김한다. 나아가, 주체는 이미 타자와의 사회적 관계망 속에 자리한다는 것을 부각시킴으로써, 목숨을 앗아갈지 선물을 가져올지 모르는 타자를 환대함으로써 함께 사는 법을 익혀야 한다고 제안한다.

목숨을 건 타자의 환대는 채식주의자 뱀파이어의 상징으로 수렴된다. 폭식증으로 은유되는 생산성 이데올로기와 이에 대한 국가 가정 학교의 공모 속에서, 개인은 생산성의 포로이거나 복종하는 주체로 고착된다. 저자는 헤겔과 지젝을 경유하여, 오늘날의 생존을 위한 물적 조건에는 노예뿐 아니라 주인까지 예속된다고 진단하는데, 이는 범사회적인 생산성 중독에 대한 경고에 다름 아니며 윤리를 향한 결기로 이어진다. 빈혈임에도 흡혈을 억제하는 채식주의 뱀파이어의 은유처럼, 목숨을 건 개인의 윤리적 결단만이 유일한 출구로 상정되는 것이다. 이는 재벌과 뱀파이어의 유사성을 외면한 채 이에 매혹되는 우리는 도대체 누구인지 묻는 1부의 질문에 대한 저자의 응답이기도 하다. 서두는 "채식주의 뱀파이어의 정치"(17)로 시작했지만, "채식주의자 뱀파이어의 아이러니컬한 윤리학"(360)으로 바뀐 마지막 장의 워딩이 함축하듯, 이 저서는 정치보다는 윤리에 가깝다. 하지만, 목숨을 건 윤리의 요청은 정치의 포기가 아니라 '아직 아닌' 정치의 예비이며 장차 도래할 정치의 형상이기도 한 것이다.

『젠더 감정 정치』는 이와 같은 개인의 윤리적 결기에서 나아가려는 역동을 드러낸다.

근대의 유령이 매개하는 페미니즘 정치 — 『젠더 감정 정치』[8)]

『젠더 감정 정치』는 '여성혐오가 시대정신'이라고 선언될 만큼, 미소지니와 페미사이드가 기승을 부리는 가운데 출간되었다. 당대를 "자본 너머를 상상하기 힘들어진 자본주의 리얼리즘 시대"(14)로 규정하는 저자의 언술은 그 원인을 단적으로 함축한다. 자본이라는 세계 내 존재로서의 인간에게는 혁명과 집단지성 모두가 희망으로 기능하지 않기 때문이다. 혁명은 불가능하고 현상 유지도 쉽지 않은 곤경의 손쉬운 해결책이 여성혐오로 현상된다고 저자는 단언한다. 전통적 여성 역할을 거부하고 보호 대상에서 경쟁 대상으로 이동하였으며 성적 자율성의 주장으로 남성의 통제를 넘어서는 여성에 대한 남성의 무의식적인 두려움은 혐오로 투사된다는 것이다.

계급적 좌절이 치환된 이 유례없이 노골화된 여성혐오에 대응하는 정치적 상상력을 저자는 감정, 무의식, 마법에서 발견한다. 근대의 배면에 접혀 있던 이들의 우연성, 예측 불가능성을 통해 자본의 외부를 상상하고 여성혐오의 폭발이 '나는 페미니스트'라는 해시태그의 연대를 결과하는 반전에서 근대적 이성에 접혀 있던 마법을 읽는다. 나아가, 광장을 통한 직접 행동의 역방향에서 무의식의 심연을 굴착해 들어가 혐오의 근원과 대면하고 이를 통해 젠더 현실의 출구를 탐색하려 한다.

저서는 여성혐오로 현상하는 남성의 젠더 무의식과 이에 대응하는 여성의 젠더의식을 통해 공존의 가능성을 탐색하는 것으로 구성된다.

저자는 젠더 무의식을 "다형 도착적인 인간이 강제적으로 남성 아니면 여성의 성별을 획득하기 위해 다른 성을 억압함으로써 무의식으로

8) 이 장의 글은 이경, 「감정, 무의식, 마법이라는 근대의 유령과 페미니즘의 약속–임옥희의 『젠더 감정 정치』에 관하여」, 『코기토』 제81호, 2017, 749-761쪽의 내용을 수정, 보완하여 재구성한 것이다.

가라앉은 타자의 흔적"(30)으로 정의한다. 수행된 젠더의 배후를 구축하는 것이 억압된 젠더의 잉여, 잔여, 흔적이라는 데서 젠더 무의식의 유령 구조를 읽을 수 있다. 젠더 무의식이라는 개념어는 젠더 중립적인 것처럼 보이지만, 예시되는 다양한 여성 표상들에서 젠더 무의식의 적용이 대개 남성에 한정된다는 것을 읽을 수 있다. 젠더 스크린과 페티시는 시선과 판단의 주체라는 남성의 환상이 무너지면서 작동하는 젠더 무의식의 경로를 잘 드러내며 1장의 상당 부분이 권력의 상실이라는 남성의 불안을 다루고 있다는 사실 또한 이를 뒷받침한다.

젠더 무의식 기제를 통해 저자는 고정되지 않고 젠더 이해관계와 시대 변화에 따라 다기하게 분화되고 표출되는 여성 표상들을 밝혀낸다. 메두사, 메데이아, 살로메, 유디트, 젠틸리스키 등이 그 계보를 구성하는 팜 파탈은 20세기 양차 대전으로 자기 통제력을 상실한 남성의 불안과 공포가 전이된 표상이다. 저자는 "처벌받는 존재가 팜 파탈"(55)이라 쓰고 있지만, 그녀들은 처벌의 대상이기보다는 주체로서 독해된다. 이 동일한 계보가 3장에서 처벌하는 여자들로 차용되는 것은 이를 잘 설명한다. "퀴어적인 것이 새로운 노멀로 부상하는"(58) 시대의 레즈비언 뱀파이어 표상은 남자에게서 남근을 빼앗아 다른 여자를 유혹함으로써 이성애 질서를 교란하는 성적 경쟁자를 의미하며 2007년 당시, 인터넷 신조어 검색 1위였던 된장녀 표상 또한 남성의 불안이 투사된 현상이다. 일자리의 경쟁 상대인 여성을 남성에게 의존하여 소비를 자행하는 기생적 존재로 전도시킨 결과인 것이다.

귀요미에 대한 저자의 탁월한 해석 또한 남성의 불안과 공포를 전제로 삼는다. 저자는 귀요미의 표상을 귀여움과 수동적 공격성을 속성으로 가진 생존 전략의 정치로 의미화한다. 남성 주체에게 내재된 불안과 공포를 읽고 이를 가리는 환상의 베일을 찢는 대신, 그를 위협하지 않도록 귀여움으로 가장무도회를 시전하는 것이 귀요미의 정치성이다. 경제위기의 시대를 통과하기 위해 연약한 귀여움을 가장하는 동시에 보호뿐 아니라 가학까지 자극할 위험을 피하기 위해 수동적 공격성을 속성으로 진화시킨 21세기의 귀요미는 능히 '네오 팜 파탈'로 명명될 수 있는 것이다.

이상에서처럼, 남성의 사이키에 현현하는 젠더 표상에서 확인할 수 있는 것은 남성의 불안과 공포, 그리고 이를 압도하는 여성의 젠더의식이다. 저자가 시대에 따라 다르게 자신을 전시하는 입체적이고 역동적인 여성 표상에 서술의 대부분을 할애하는 것도 이를 방증한다. 메두사의 전략에 대한 크리스테바의 해석에 기대어 메두사와 여신들, 그리고 그 뒤를 이은 젠틀리스키를 비롯한 현실 여성들을 계보화한 저자의 시각에서 이를 확인할 수 있다. 여신에서 비체로 밀려난 메두사의 전략을 재해석한 크레스테바는 그 흔적이 종교적 성상으로 연결되는 데 주목하여 참수 이후, 남신에게로 넘어간 권위를 복원한다. 경계를 넘는 비체의 힘을 통해 슬라브계 성상화에서 재현된 예수의 이면에서 메두사의 잔여와 그에 대한 매혹을 읽어낸 것이다. 여기서의 흔적과 잔여는 메두사의 귀환을 담보하는 동력의 토대를 이룬다. 메두사의 죽음 이후에도 끝내 끝나지 않는 뒤끝의 실력을 행사하기 때문이다. 잔여와 흔적의 역동을 간취함으로써 저자는 사회적으로 참수당했던 과거를 딛고 참수하는 힘을 찾아 현실과 재현 모두에서 표출한 젠틸리스키를 참수하는 여자의 계보에 기입할 수 있는 것이다.

이로써 남성의 젠더 무의식이라는 입구는 여성 젠더의식의 출구로 전환되어 버린 셈인데, 여성 폭력, 마조히즘, 수치 등에 관한 장에서 이를 읽을 수 있으며 이는 정상성 이데올로기를 균열하는 젠더정치의 가능성을 제시한다. 여성은 늘 폭력의 대상으로 제시될 뿐, 폭력의 주체로 드러나지 않았던 사실의 의미를 새롭게 부각시키는 한편, 이해관계에 입각한 부르주아적 주체를 초월한다는 점에서 저자는 마조히즘을 여성주의적 가능성으로 읽는다. 제시카 벤자민을 빌려 복종 가운데 자아를 초월하려는 여성 욕망을 부각시키고 에바 일루즈의 분석을 통해 복종을 주체성의 확보로 귀결시킨다.

주목할 것은 이토록 예각화된 여성의 젠더의식이 남성의 대상화로 직결되지 않는다는 사실이다. 저자는 폭력, 마조히즘, 수치, 슬픔 그리고 사랑으로 인한 정동을 여성 주체화라는 지점에 결박시키지만, 방만 바뀐 나르시시즘 주체가 아니라 관계 속에서 늘 새롭게 구성되는 주체를 상정하고 나아가 젠더화, 서열화 자체의 균열을 지향한다. 라캉의 분석에서 인간은 기존 질서에 복종만 하는 것은 아니며 복종에 실패하는 잉여로 인해 이데올로기에 완전히 포획되지 않는다는 사실을 초점화하는 것은 이 때문이다. 상징계에 편입한 주체에게 억압된 주이상스가 "부분대상들, 육체의 파편들, 잔여"(151)로 남아 있다는 정신분석학 페미니즘에 주목한 것도 마찬가지이다. 상징질서에 완전히 포획되지 않는 잉여로 인해 가부장적 자본주의의 바깥을 상정할 수 있기 때문이다. 제임스 힐만을 인용하여 폭력의 본성과 정상성을 강조하고 여성 또한 폭력 주체에서 자유롭지 않다고 전제하지만, 그럼에도 여성이 공존을 담보한다고 저자가 강조하는 이유 또한 잉여성에 있다. 국가의 구성적 외부인 여성에게는 국가 폭력에 복종하지 않아도 되는 잉여의 영역이 형성되기 때문이다. 이로 인해 대안 혹은 창조적 폭력을 담지하는 여성 불복종이 가능하다는 것이다.

이는 강간으로 인한 임신을 생명의 단계로 수용하고 추락 속으로 걸어 들어가는 『추락』의 루시를 통해 구체화된다. 농사를 지으며 임신한 아이를 키우는 삶을 위해 신고를 거부하고 강간을 사주한 농장주의 세 번째 부인으로 들어가는 선택은 이성적 주체의 위상을 균열하고 법과 제도가 담보하는 정상성 이데올로기에 이반하며 그 결과 생명, 인종의 서열을 무너뜨리는 혁명성을 담지한다. 저자가, 인간은 이미 타자에 포획된 존재임을 전제함으로써 추락을 재의미화하는 윤리적 존재로 루시를 자리매김하는 것은 이 때문이다. 그녀로 인해 아버지인 루리 또한 타자의 자리로 추락하지만, 바로 이 추락을 통해, 지적 나르시시즘에 갇힌 교수에서 타자로부터 배우는 존재로의 마법적인 전환이 실현된다는 것이다. 루리의 루시화를 통해 저자는 딸이 아빠의 각성을 위한 보완재로 독해될 위험으로부터 벗어나, 추락의 젠더화, 재의미화를 구축한다. 안젤라 카터와 옐리넥의 소설에서 제시되는 윤리적 포르노그래피를 저자가 젠더 현실을 균열하고 인간의 위치를 재설정하는 것으로 읽는 것 또한 같은 맥락을 갖는다.

타자의 윤리는 타자와 연루된 자아의 구조를 존재론적으로 규명하는 것으로 나아간다. 프로이트와 데리다를 통해 저자는 애도 작업이 자아 형성의 핵심 과정임을 부각시킨다. 상실한 대상과 차마 작별할 수 없어 그를 자기 안으로 귀환시킨 결과, 그가 나의 자아를 구성한다는 것이다. 이 점에서 자아 정체성은 사랑했던 타자의 흔적이다. 잃어버린 타자의 흔적이자 잔해가 '다른 나'를 만들어내는 역동의 매개로 작동하는 것이다. 나아가 저자는 이와 같은 애도의 구조에서 사적이지 않고 언제나 이미 타자와 연결되어 있는 연대의 공적 성격을 확인한다. 내 안에 들어와 있는 타자를 통해, 의존함으로써 존재할 수 있는 우리의 취약성을 목도할 수 있으며 바로 이 지점에서 애도는 타자의 윤리를 담보한다.

마지막으로 저자는 마사 누스바움의 공감의 상상력에 주목하여 타자의 윤리가 법과 제도로 정착될 가능성을 성찰한다. 마사 누스바움의 공감의 상상력은 탈주체화와 타자의 윤리에 기반한다. 자신을 타자의 자리에 세우는 상상력을 통해 누스바움은 타자를 나로 동화시키는 육식 이성 중심주의 문화에서 나아가 모든 종과의 공존을 모색하는 지구적 정의를 지향하며 이를 위하여 서사적 상상력과 사랑과 공감 등의 감정을 법으로 개방할 것을 주장한다. 이미 타자에게 포획되었다는 의존성과 취약성을 노정함으로써 타자의 윤리를 담보하는 알키비아데스에 대한 언급은 공감의 상상력을 법적 정의에 포함시켜야 한다는 주장에 힘을 실어준다. 하지만, 이것이 초래할 '순치 기능'에 대한 저자의 지적과 더불어, 인문학을 법학 안에 유폐시킴으로써 법만 확대되어 버리는 위험 또한 고려되어야 한다. 인간의 얼굴을 한 법학이 되기보다는 할당제로 들어가 법만 완전체로 고착시키는 위생 처리의 위험성이 더 커 보인다는 것이다.

감정, 무의식, 마법의 역동을 다룸으로써 『젠더 감정 정치』는 윤리에서 정치로 몇 발자국 이동한다. 현실 정치를 향한 것이 아니라 지망생의 관념에 가까운 이 이동은 나노 단위로 잴 만큼 극미한 것이지만, 수치화되거나 포획되기 어려운 감정과 페르시아만보다 더 넓다는 무의식을 동원하는 것이기에 반작용의 역동이라 부르기에 충분하다. 글의 거의 모든 맥락에 거주하는 잉여, 흔적, 잔여를 지지대로 삼아, 개인의 윤리적 결단에서 나아가 배반의 권리를 행사한 여성들의 계보를 드러내는 동시에 다른 존재와 공존할 수 있는 가능성을 열 수 있는 것이다.

이제, 신화적 인물이거나 여성 표상이 아닌, 유럽의 도시공간에 실재했던 현실 남녀들을 이하에서 만나보기로 한다.

필링 백워드feeling backward[9]로 유럽의 신여성 읽기—『메트로폴리스의 불온한 신여성들』

1920년대를 배경으로 삼고 있는 이 책의 독해를 위해서는 겹의 시선이 요청된다. 여기서 언급되는 신여성들보다 늦게 세상에 나와 지금까지 트렌드를 이루는 이론으로 저자가 당대를 읽고 있기 때문이며, 저자의 말처럼 우리 시대의 전위로 전치시켜도 이상하지 않을 만큼 당대의 여성들이 이미 충분히 불온한 것도 그 이유일 터이다. 백 년을 격한 과거에 관한 서술임에도 불구하고 "미래로부터 현재로 귀환"(120)하는 "과거의 잔해"(120)로 인해 우리는 동시대인으로 겹쳐질 수 있다.

신여성 현상이 서구 근대를 수입한 메트로폴리스에 공통적인 것은 근대가 남성 주체를 기준으로 한 구별짓기와 함께 진행되기 때문이다. 리타 펠스키를 참조하여 저자는 근대의 도구적 이성은 여성을 구성적 외부로 동원하는 정동의 젠더화라는 구별짓기 속에서 성립되며, 근대적 시공간 또한 반복되는 순환적 시간과 자연적·유기적 공간은 여성에게, 진보를 향해 일직선적으로 나아가는 근대적 시간과 공동체로부터 벗어난 도시적 공간은 남성에게 배치되는 젠더화와 함께 수행된다고 설명한다.

하지만, 저자는 이를 젠더 위계에 따른 배치이자 '남성히스테리'처럼 언제든지 자리바꿈이 가능한 것으로 보며 같은 맥락에서 신여성 현

9) 이 제목의 저술(Heather Love, *Feeling Backward: Loss and the Politics of Queer History*, Harvard University Press, 2009)이 있으나, 이 글에서는 미래로부터 귀환하여 현재를 비추어내는 시간으로 과거를 바라본다는 의미로 사용하였다.

상을 조명한다. 저자는 신여성을 자기 시대의 전위에 섰던 여성들을 통칭하는 한편, 이를 고정된 실체가 아니라 '구성되는' 개념으로 전제함으로써 그 외연을 넓힌다. 각성한 신여성이라는 원본의 가능성을 원초적으로 부인함으로써 여성을 분할하기보다는 연대체로 구성해 내며 히스테리를 통해 이와 같은 연결을 보다 확장시킨다. 근대적 현상이자 증상이기도 한 신여성의 히스테리적 면모는 근대의 이성적 주체가 외면한 '자아 안의 타자'로서 여성의 특질로 등치된다. 근대의 부정적 측면이 여성에게 투사된 것이라는 저자의 시각은 당대의 예외적 여성들이 아니라 근대를 살아가는 대다수의 여자들을 이 범주에 포함시킨다.

이전 저서와 다른 활기와 명랑성으로 접혀 있던 타자의 흔적들이 가시화되는 것은 이와 유관하다. '공식 역사' 뒤의 '비공식 경험,' '소비와 사치' 이면의 '정치성'의 부각은 이를 잘 설명한다. '허물어내다'와 '재배치하다' 등의 동사와, 교란을 의미하기에 의미상으로는 동사로 작동하는 '비체'가 전진 배치된 것은 여기에 동력을 부여한다. 진술의 유령 구조를 통해 현실에서 구체화되는 여성들의 역동성이 구체화되어 드러나는 것이다.

저자는 유럽의 20년대를 여성의 관점에서 조명함으로써 양차 대전 사이의 '좋았던 10년'을 전경화한다. 전쟁은 가부장제 질서와 사회적 관행을 폭력적으로 전환시키는 수단으로 작동하며 남성이 비운 자리에 침입하고 남성 일의 50퍼센트를 차지함으로써 '오래 가기엔 너무 좋았던' 여성의 해방구 역할을 한다. 전쟁은 늘 남자들의 서사였으며 여성들은 수치의 얼굴로 동원되거나 남성의 서사에 부수되는 어머니나 누이 등의 역할을 맡을 뿐이었으나, 저자는 근대적 젠더의 배치에 틈을 낸 유럽의 신여성들을 물신주의자, 퀴어, 히스테리아로 범주화하여 제시함으로써, 20년대 유럽을 여성의 시공간으로 가시화한다.

물적 토대를 갖추고 시작한 그녀의 유일한 저서답게 저자는 여기에서 소비 여성의 물신성을 가부장적 근대의 반담론에 위치시키는 불가능한 작업을 시도하고 능히 수행한다. 사치품과 화장 등의 치장을 통해 근대의 헤게모니적 남성성을 패러디한 댄디, 그리고 코르셋이나 페티코트의 통제로부터 여성을 자유롭게 한 여성 크로스드레서와 샤넬이 수행한 복장의 정치에 저자는 주목하고 이를 소비와 사치의 재의미화로 증폭시킴으로써 여성들의 잠재력을 담론화한다. 애덤 스미스의 보이지 않는 손에 보이지 않는 젠더를 기입하고 임금노동이 디폴트인 사회에서 여성의 집안일만이 사랑으로 간주되는 모순에 주목하여, 여성주의적 정치성이 없다고 간주되어 온 중산층 여성의 소비를 재해석한다. 모성과 아동기의 발명을 19세기적 사건으로 명명한 것은 이 모순에 대한 지적에 다름 아니며 고정 수입이 개인의 인격을 변화시키기에 투표권에 앞서 경제권을 선택하겠다는 울프의 선언에 대한 강조 또한 마찬가지다.

당대의 이런 맥락 속에서 발현된 물신 욕망은 가부장제에 대한 공모와 부역이라는 일의적 의미를 넘어 가정과 시장을 교통시킴으로써 여성의 제자리를 변형하는 의미를 갖는다. "유행은 주체와 대상 간의 변화된 관계를 형상화한다"(108)는 수잔 벅 모스를 참조하여, 저자는 보철화, 개성화를 통해 자연성에서 벗어나 시공간의 젠더화 및 신분과 권력을 교란시키는 매개로, 소비를 읽어낸다. 자신을 페티시 대상으로 만들어 남성을 위로하는 동시에 과잉 쾌락으로 남성의 결여를 노출하여 그의 나르시시즘에 틈새를 내는 소비의 역할에 주목한다. 이성애에 공모하는 동시에 일탈하며, 자본주의 생산 제도에 탐닉하는 한편 탈주하는 양가성을 드러내는 것도 이와 연관된다. 그 결과 소비 여성은 유혹자이자,

남성의 권위를 허물고 권력의 독점을 거스르는 반담론의 주체로 자리한다. 통제 불능의 여성 욕망은 욕망의 민주화를 통해 젠더와 계급 질서를 해체하는 잠재력으로 해석되는 것이다.

나아가, 저자는 나오미 쇼어와 사라 코프만을 통해 탕진하는 여성들에게서 규범적 이성애를 이반하는 퀴어성을 발견하는 한편 불가능한 만족으로 인한 소비의 고통스러운 희열에서 여성적 주이상스를 읽어내고 이를 여성적 페티시와 겹치는 물신성으로 연속시킨다. 계속되는 소비를 통해 무한한 물건으로 미끄러지는 물신의 페티시 구조에서 절제, 축적, 재생산이라는 부르주아적 에토스에 반하는 역동을 읽어낸다. 여성의 욕망을 포착하지 못한 유물론의 물신 비판을 거슬러, 저자는 근대 자본주의의 물신에 예속된 소비 여성을 근대 가부장적 자본주의에 '대하여' 존재하는 주체로 구성해 낸다.

이와 같은 시각은 퀴어와 히스테리아의 초점화로 이어진다. 전쟁의 부조리를 경험한 젊은이들은 기성세대에 대한 반발로 자기 세대만의 문화, 예술을 향유하는 가운데 성애의 퀴어성 또한 드러낸다. 일자리에 따른 경제적 독립과 혈연, 친밀성의 감시에서 벗어난 익명성을 보장하는 도시로 인해 퀴어 공간이 확보된다.

내털리 바니, 르네 비비앙, 주나 반스, 셀마 우드, 거트루드 스타인, 앨리스 B. 토클라스, 래드클리프 홀 등은 규범적 젠더 정체성, 이성애 정상성이라는 당대의 결을 거슬러 자신의 섹슈얼리티를 구현했던 여성들이다. "레즈비언 스펙트럼은 다양하며 레즈비언이라는 사실이 정치적 올바름을 보장해 주는 것은 아니다"(125)라는 저자의 말처럼, 이들은 폴리아모리에서부터 쾌락주의자, 금욕주의자, 우울증자, 트랜스젠더 이성애자 등 각각 다른 섹슈얼리티를 구현하며 이들이 갖는 정치적 편차 또한 다양하다. 평가 혹은 윤리적 해석 없이 다름의 스펙트럼을 가시화하는 저자의 판단중지는 버지니아 울프가 『올랜도』에서 구현한 젠더 이주 실험과 래드클리프 홀의 『고독의 우물』에 제시된 퀴어 멜랑콜리아 등에도 똑같이 적용된다.

자신의 삶을 '견디고 바꾸며 사랑했던' 그들을 무대화하려는 것이라는 저자의 말에서 알 수 있듯, 여기서의 판단중지는 평범성의 권리에 대한 주장으로 읽을 수 있다. 섹슈얼리티를 통한 정치적 급진성만이 아니라 이성애자에게 보장된 "평범한 생애 서사"를 평등하게 누리려는 욕망에도 긍정적인 저자의 입지는 이를 방증한다. 섹슈얼리티에 따른 위계와 서열에 반한다는 점에서 여기서의 평범성은 정치적 의제에 다름 아니다. 저자의 의도적 판단중지는 예술성, 정치성 등을 비롯한 삶의 양식을 섹슈얼리티로 수렴시킴으로써 평범성에 미치지 못하는 우리의 현재를 비추어내는 거울 역할을 하는 것이다.

히스테리의 젠더정치는 가부장적 근대의 이성적 주체를 균열한다. 인간은 의식으로 통제되지 않고 무의식에 지배된다는 정신분석학의 전제는 서구 이성 철학의 근본을 흔든다. 저자는 특히 기존의 안정적 의식 주체를 폭파하는 프로이트의 혁명적 지점이 기존의 계급제도에 공모하는 유한계급 여성으로부터 비롯된다는 사실을 주목한다. 이들이 계급 재생산뿐 아니라 가정의 억압과 성적 위선을 극화하는 흠집 내기의 역할도 담당한다는 사실에 유의하여, 이들의 꾀병이 자기 언어를 갖지 못한 여성들이 자신의 고통을 드러내려는 무의식 전략이라는 사실을 간취한다. 여기서 "억압이 있어서 페미니즘이 등장했다기보다는 거꾸로 페미니즘 언어가 있었기 때문에 억압이 가시화되는 것"10)이라는

10) 임옥희(2010), 346쪽.

임옥희의 명제를 상기할 수 있으며 정신분석학이 페미니스트와 히스테리를 동격으로 취급하는 이유 또한 여기에 있다 할 수 있다.

가족 질서로 봉합되지만, 결과적으로 히스테리아들은 근대의 이성적 주체를 균열함으로써 남성 권력에 이반한다는 측면을 저자는 강조한다. 히스테리를 통해 사회운동가로서 거듭난 베르타 파펜하임의 삶과 담당의였던 브로이어의 회피성 대응을 대비시킨 데서 이를 읽을 수 있다. 안나 O라는 가명에는 히스테리의 비밀을 알고자 했으나 이를 실현하지 못한 남성 분석가의 패배가 각인되어 있다는 분석은 이를 잘 설명하며 도라에 대한 해석 역시 유사하다. 도라는 히스테리를 앓는 치료대상이며 아버지와 K씨, 그리고 프로이트는 교환 주체로 자리한다. 그녀는 K씨 부인과 불륜관계인 아버지, 도라를 추행한 K씨, 도라를 치료하는 프로이트에 의해 교환되는 희생양이자 그들 셋을 뒤흔드는 중심에 자리한다. 치료를 중단시킴으로써 교환주체/대상이라는 구도를 균열한 그녀로 인해 젠더를 초월한 보편적이고 완결된 전체를 구현하고 싶었던 정신분석학과 보편 주체로서 프로이트의 위상은 훼손되고 국지화, 상대화된 셈이다. 엘렌 식수가 히스테리 언어를 통해 이성, 가부장, 분석가의 권위를 조롱한 도라를 영웅시하며 히스테리를 글쓰기의 계보로 삼는 것은 이에 기인한다고 저자는 설명한다. 오랜 세월 식민화된 여성성에서 오염되지 않은 진짜 여성은 성립 불가능하며, 바로 이 때문에, 반체제적이면서 체제를 수호하고, 타인을 동요시키지만 자신들은 가족으로 봉합되는 주술사, 마녀 등의 히스테리아를 가부장제 희생자이자 혁명가로 자리매김할 수 있다는 것이다.

형제자매 간 질투와 경쟁이 공정의 요구로 전이되어 드러난다는 줄리엣 미첼과 평등에 대한 욕망에 가려진 향유에 대한 '시기'를 이론화한 조운 콥젝에 기대어, 저자가 러시아와 조선의 신여성을 혁명 투사이자 근대적 남성 권력에 이반하는 힘으로 읽어내는 것도 같은 맥락을 갖는다. 계급 해방이라는 대의하에 '날개 달린 에로스'와 가사, 양육의 사회화를 주장한 콜론타이의 영향을 받은 '맑스걸' 중에서 저자는 허정숙에 주목한다. 그녀는 반려자가 아니라 남성과 동등한 혁명 동지의 위치에 자리한 거의 유일한 여성이기 때문이다. 주도적으로 사랑을 선택하고, 상대를 무수히 거세하고 교환함으로써 자기 자리를 유지하며 천수를 누린 그녀의 탁월한 편의주의에서 저자는 젠더정치를 읽어낸다. 아버지가 매 들게 하는 배반의 정치를 통해 남자 형제에 대한 시샘을 사회정의와 평등의 실현으로 바꾸어낸 것으로 그녀의 궤적을 요약하는 것은 젠더의 관점에서 정치를 해석한 결과라 할 수 있다.

20년대 유럽에 실재했던 물신주의자, 퀴어, 히스테리아 등의 신여성들을 젠더정치를 통해 묶어냄으로써, 저자는 근대의 외부로 구성되는 동시에 이를 균열하는 신여성들의 반작용이 시작되었다는 사실을 입체적으로 무대화하는 한편, 이들을 통해 작금의 우리 현실을 재설정하게 하는 '어긋난 시간'을 제공하는 것이다.

임옥희의 텍스트를 독해하는 일은 마치 장애물 넘기와도 같다. 세상의 거의 모든 이론과 그 흔적, 잔여, 잉여 등의 친인척 비리들이 실핏줄처럼 얽혀 있고 테제보다 매력적인 안티테제가 거의 모든 맥락에 등장하여 집요하게 논리를 방해하기 때문이다. 하지만, 바로 그 때문에 그녀의 글은 번번이 독자를 사로잡는다. 그녀의 글에 들러붙어 있는 이와 같은 유령들은 논리의 입체성을 담지할 뿐 아니라, 해석 투쟁을 통해 이미 종료된 싸움을 뒤엎는 뒤끝 있는 실력을 행사하기 때문이다.

이론에 대한 해석을 넘어 그녀의 글이 우리 삶의 현장으로 개방될 수 있는 것은 이들 때문이다. 유령 구조야말로 임옥희 텍스트의 힘을 담보한다고 할 수 있다.

참고 문헌

임옥희, 『메트로폴리스의 불온한 신여성들: 1920년대 런던, 파리, 베를린, 모스크바를 배경으로』, 여이연, 2020.

_____, 『젠더 감정 정치: 페미니즘 원년, 감정의 모든 것』, 여이연, 2016.

_____, 『타자로서의 서구: 가야트리 스피박의 포스트식민 이성 비판 읽기와 쓰기』, 현암사, 2012.

_____, 『채식주의자 뱀파이어: 폭력의 시대, 타자와 공존하기』, 여이연, 2010.

_____, 『주디스 버틀러 읽기 젠더의 조롱과 우울의 철학』, 여이연, 2006.

김경연, 「다시, 도래할 페미니즘을 위한 정동의 정치」, 『여/성이론』 제35호, 여이연, 2016.

김은하, 「몹시도 퀴어한 페미니즘 인문 기행」, 『여/성이론』 제42호, 여이연, 2020, 153쪽.

이경, 「감정, 무의식, 마법이라는 근대의 유령과 페미니즘의 약속-임옥희의 『젠더 감정 정치』에 관하여」, 『코기토』 제81호, 2017, 749-761면.

이슬기, 「"이 땅 살리는 건 돌봄·여성주의… 조급하지만 않으면, 연대는 가능"」, ≪서울신문≫, 2021.10.11, https://www.seoul.co.kr/news/newsView.php?id=20211012027001&wlog_tag3=naver (검색일: 2021. 11. 24).

Love, Heather, *Feeling Backward: Loss and the Politics of Queer History*, Harvard University Press, 2009.

Ranci re, Jacques, "Who Is the Subject of the Rights of Man?", *South Atlantic Quarterly*, vol. 103(2-3), 2004.

주디스 버틀러
Judith Butler

'법 앞에 선' 수행적 정체성: 『젠더 트러블』을 중심으로

임옥희
오랫동안 피곤한 돈벌이 노동에 매달려 살다가 해방되었다. 삶으로부터 해방은 없다는 '대단한' 깨달음에 이르러서야 사소하고 하찮은 삶이 얼마나 소중한 것인지 배우고 있다. 일단 존재하는 것들과 함께 하는 과정에서 나의 쓸모를 찾고자 애쓰는 중이다.

이 글의 원문은 『여/성이론』 1호(1999)에 실려있다.

주디스 버틀러:
'법 앞에 선' 수행적 정체성: 『젠더 트러블』을 중심으로[1)]

1.

주디스 버틀러Judith Butler의 『젠더 트러블*Gender Trouble*』(1990)의 표지 그림은 이경자의 『사랑과 상처』를 생각나게 만든다. 이경자의 『사랑과 상처』의 첫머리 부분은 어머니가 딸들에게 온갖 저주와 욕설을 퍼붓는 것으로 시작한다. 어머니는 부엌에서 부지깽이를 들고 달려 나와 뜰에서 엉켜 붙어 싸우는 딸들의 등을 사정없이 후려갈긴다. 콩 튀듯이 튀어 달아나는 딸들의 뒤통수에 대고 어머니는 입에 달고 살던 욕설을 퍼붓기 시작한다. "…저년어 억세빠진 간나들 때문에 집안이 안 된다! 귀신은 뭘 먹구 살어 저년어 간나들을 안 잡아가너? 저런 간나종자들 쌔빠지게 키워놔 봤자 남의 집 좋은 일시키는 거여…" 이 소설에서 출가외인법은 귀신처럼 죽이려 해도 죽은 흔적으로 다가오므로 죽일 수 없

1) 1997년 한국사회는 IMF로 전국민이 상처입었고 사회적 우울증이 만연해 있었다. IMF의 겨울을 지나오면서 우여곡절 끝에 『여/성이론』 창간호(1999)가 발행되었다. 창간호의 여성이론가 소개에 왜 하필 주디스 버틀러여야 했을까? 1990년대에는 페미니즘 진영에서조차 '주디스 버틀러가 누군데'라는 반응이 대부분이었다. 기존 페미니즘 논의와 변별성을 찾고 싶었던 필자의 과도한 욕심도 있었지만 무엇을 위한 '변별성'인가라는 고민이 더욱 컸었다. 한국 사회에서 페미니즘은 무엇으로 지배적인 가부장적 이성애 중심주의 문화에 균열을 낼 수 있는가? 그런 균열을 내는데 주디스 버틀러의 이론사용 설명서가 필요하다고 생각했다.
『젠더 트러블』 이후 버틀러의 많은 저서들이 줄줄이 번역되고 소개되었다. 2025년에 이르러 난해한 페미니스트 철학자 주디스 버틀러는 집단지성의 힘으로 한국 사회에서 익숙한 이론가가 되었다. 필자 나름으로도 『주디스 버틀러 읽기』(2008)를 시도했었다. 그 당시 필자의 오독 수준을 보여주려는 의미에서 초기의 이 글을 삭제하지 않고 그대로 실어두고자 한다. 나이가 들어감에 따라 기억은 짧아지고 망각은 길어진다. 30여년 전 한국사회에서 일어났던 일들이 새삼스럽게 다가왔다. 그런 의미에서 낡고 늙은 일화들이나마 그대로 방치해 두었다.

다. 귀신처럼 보이지 않으면서도 어디서나 출몰해 '간나종자'들을 평생 홀리는 것이 출가외인법이다. 남의 가문 대 잇고, 남의 조상 제사 지내고, 남의 부모 모시기 위해 거래되는 대상이 있다. 태어나면서부터 모욕받고 훼손당하고 억압이 체화된 육체가 있다. 이런 육체가 주체성을 각인하는 물질적 토대라고 한다면? 저주와 욕설이라는 미분화된 어머니의 언어가 딸들의 언어로 전이된다면? 여자답기는커녕 '억세빠진' 딸들로 인해 집안에 재앙이 초래된다면? 이 딸들이 어머니의 남근인 아들 잡아먹는 애물단지라면? 반면 태어나면서부터 임금 같은 대접을 받고 자라나 한 가문의 '주인'이 되도록 섬김을 받는 존재가 있다면? 이럴진대 이들이 성별에 따라 젠더화된 주체성과 섹슈얼리티를 초월하여 '보편적인' 인간으로 성숙될 수 있을까? 버틀러의 『젠더 트러블』의 표지 그림에서 오/누이 사이를 가로지르는 찢어진 빗금은 성별의 분리선에 따라 달리 형성되는 젠더에 대한 알레고리일 것이다.

이경자 소설의 시작하는 시간대는 1932년이었다. 다양한 억압에 노출된 과거의 여성이 그 구체성에도 불구하고 비가시적이었다면, 미래의 여성은 과연 구체화되고 가시화될 것인가. 소설가들은 현재에 없는 유토피아적인 미래를 설정하고 존재하지 않는 것들을 미래에 존재케 하려는 욕망에 때로 사로잡힌다. 혹은 거슬러 올라가 오래된 과거의 기억에서부터 미래를 찾아내고 과거의 낙원을 미래의 유토피아로 이동시키기도 한다. 그렇다면 그 미래를 예측하는 헉슬리의 유토피아(혹은 디스토피아) 소설에서 여성의 미래에 대한 어떤 통찰을 얻을 수도 있다. 미래는 현재의 욕망이 완료되는 곳이므로.

올더스 헉슬리의 『멋진 신세계』는 사이보그로 넘쳐난다. 셰익스피어의 『템페스트』에 등장하는 미란다가 꿈꾸는 멋진 신세계는 올더스 헉슬리의 『멋진 신세계』를 거치면서 가상현실로 이어진다. 이 멋진 신세계에서 여성의 생식기능은 자궁으로부터 분리된다. 인간에 대한 사적 소유인 일부일처라는 개념은 어디에도 없다. 레니나(레닌을 조롱하듯 레닌의 여성형 이름)의 성은 모든 남성에게 열려 있고, 모든 남성의 성 역시 그녀에게 열려 있다. 어린아이들의 성 역시 억압되지 않는다. 아이들은 그들의 유아성욕을 자연스럽고도 공공연하게 학습한다. 그곳에서는 재생산을 위한 성이 아니라 향유하기 위한 성만 존재한다. 헉슬리의 포디즘 이후 모든 아이는 배아의 복제를 통해 일관 작업대에서 생산된다. 즉 실험실의 부화 용기에서 병아리처럼 깨어난다. 헉슬리의 멋진 신세계에서 일부일처제는 추문이며 생식을 위한 성은 외설이 된다.

헉슬리가 『멋진 신세계』를 쓴 해는 이경자의 『사랑과 상처』가 시작하는 시점과 동일한 1932년이다. 이제 헉슬리의 디스토피아적인 미래의 문법은 더 이상 미래가 아닌 현재완료 시제가 되었다. 그것은 이미 현실태가 된 사건이다. 경희 의료원이 인간 배아의 복제를 최초로 시도했다는 뉴스가 세계를 떠들썩하게 만들었다. 거의 3년 전 영국에서 복제양 돌리의 사건이 대대적으로 보고된 이후로 인간 배아 복제술은 웬만한 나라라면 보유하고 있다. 윤리적인 지탄의 대상이 될까 봐 다만 공개하지 않았을 뿐.

이렇게 되면 여자에게서 태어나서 온전한 육체를 가진 인간이라는 고전적인 개념은 설 자리를 잃게 될 것이다. 어디까지가 인간이며 어디까지가 사이보그란 말인가. 여성과 모성의 분리가 힘들었던 것은 여성의 고유한 특성으로서 재생산 기능을 꼽았기 때문이다. 그런데 여성의 재생산 기능이 여성의 몸과는 무관하게 이뤄지고 있다. 현대의 테크놀로지는 여성의 자궁 역할을 무난히 수행하고 있다. 여성의 자궁이 수행하는 역할을 독립시켜 인간을 일관 작업대에서 대량생산 할 수 있게 된다면, 아직까지 고집스럽게 매달리고 있는 '자연의 질서'라던가 혹은 '윤리'라는 이름으로 묶어둔 가치관들은 어떻게 될 것인가. 슐라미스 파이어스톤의 주장처럼 여성이 출산이라는 폭력으로부터 해방되면 젠더를 불문하고 평등해질 것인가. 헉슬리에게는 디스토피아가 페미니스트들에게는 유토피아가 되는 역설적인 상황이 초래될 것인가.

과학의 발전으로 재생산이 없는 섹슈얼리티와 섹슈얼리티 없는 재생산이 가능한 시대에도 생식에 묶여 있는 성만을 고집할 수 있는가. 이런 시대에도 불구하고 이성애 중심 경제가 아닌 그 밖의 섹슈얼리티를 범죄나 치욕으로 구성하는 권력의 기제는 무엇인가. 자연스러운 질서로서의 이성애중심주의가 실상은 가부장제의 강요에 의한 것은 아닐까라는 질문이 대두하는 것 자체가 이미 자연스러운 현상이 되고 있다.

2.

이론의 힘은 '자연스러운 질서'로 간주된 것에 질문을 제기하는 능력에 있다. 이론은 기존의 질문들을 다르게 물을 수 있는 상상력과 패러다임의 전환을 필요로 한다. 이런 상상력과 패러다임의 전환은 무로부터 나오는 것이 아니라 그런 질문이 가능할 수 있는 맥락과 시간 속에서 숙성된다. 그런 의미에서 위에서 제기한 질문들은 느닷없는 것이 아니라, 현실이라고 지칭되는 것의 지각 변동으로부터 비롯된 것이다. 페미니즘이 정치적인 실천일 뿐만 아니라 이론이 될 수 있는 것은 바로 자연스러운 질서로 행세해 왔던 것이 사실은 가부장제의 이해관계에 봉사, 공모하고 있는 것임을 끊임없이 심문하는 능력에서 기인한다.

그렇다고 페미니즘이 이론적으로 한결같은 목소리를 내고 있는 것은 아니다. 심지어 제1세계 백인 중산층 페미니즘이라고 해서 이해관계가 동일한 것도 아니다. 민족주의 감정으로 인해 초래된 가장 큰 유럽의 문제로 인종차별주의와 외국인 혐오증을 꼽는 브라이도티와 같은 유럽 페미니스트들은 마스트리흐트 조약에 따른 초국적 유럽 통합의 출범을 환영한다. 다른 한편으로 유로프라이드Europride(유럽 동성애자들의 자부심을 의미하는 신조어이자 이벤트 이름)에 참여하면서 동성애와 레즈비언의 인권을 인정하고 있는 덴마크, 네덜란드의 페미니스트들은 유럽 통합으로 인해 자국의 성차와 섹슈얼리티의 정치학이 지금보다 훨씬 후퇴할 것으로 보고 유럽 통합에 반대하기도 했다. 남부 유럽에 속하는 스페인, 포르투갈, 이태리의 페미니스트들은 민족국가 단위로서는 해결할 수 없는 여성문제, 외국인 이민노동자의 문제, 동성애 인권의 정치학 등을 위해 적극적으로 유럽 통합을 지지했다. 유럽에서도 변방인 동유럽의 화약고 유고 연방에서는 민족과 인종이라는 상위 범주에 묻혀 여성은 아예 존재하지도 않는다. 유럽이라는 지역 내부에서는 이처럼 이해관계를 달리하다가도 영국, 미국과 대립할 경우 그들은 일사불란하게 결속한다. 영국과 미국 백인 중산층 페미니즘이 유럽 페미니즘을 타자화하고 있다고 신랄하게 공격할 때에 유럽 페미니스트들은 한목소리를 낸다. '3세계 여성 하위주체'를 '대변'한다고 하는 탈식민주의 페미니스트들은 유럽 페미니즘을 유럽중심주의라는 이유로, 영미 페미니즘을 권력의 마피아라는 이유로 싸잡아 비판한다. 이에 비하면 오랜 내, 외부 식민의 경험과 성적 억압을 경험하고 있는 아시아의 페미니스트들은 아직까지 자신의 목소리마저 내기 힘든 형편이다. '아시아'라고 하더라도 대만, 한국, 일본은 제각기 다른 여성문제를 안고 있다.

이처럼 각기 다른 물질적, 정치적, 사회문화적인 맥락을 바탕으로 하고 있는 페미니즘을 어떤 공통분모로 묶어내야 할는지 막막할 정도로 차이의 핵분열이 진행되고 있다.

이렇게 차이의 핵분열은 '개인적인 것이 정치적'이라는 주장이 보여주다시피 소서사의 미시적인 정치성이 부각된 탓도 있다. 하나의 열쇠로 모든 것을 설명하려 했던 파우스트적인 욕망이 환상으로 드러나자, 다양한 차이를 동일성으로 환원할 것이 아니라 차이의 차이성을 인정하자는 패러다임의 변화가 초래되고 있다. 페미니즘 내부에서도 노동(고전적인 노동 개념뿐만 아니라 유연 노동이라는 변화된 개념까지 포함하여)을 중심으로 한 계급뿐만 아니라 민족, 인종, 섹스, 젠더, 섹슈얼리티가 또 다른 정치성을 확보해 나가고 있다. 페미니즘 자체에서 차이를 만들어내려는 움직임이 활발해지면서 1세대 영미 페미니즘의 물결이 강조했던 섹스/젠더보다는 성차나 섹슈얼리티에 보다 무게를 싣는 목소리가 부상하기도 한다. 이전의 페미니즘이 섹스와 젠더를 구분함으로써 가부장적 사회 속에서 여성으로 살아가는 것의 어려움을 구체적인 여성 경험에 토대하여 설명함으로써 여성 의식을 고양시키고 젠더의 정치성을 확장하려 했다면, 이제 젠더보다는 '섹슈얼리티'에 더욱 초점을 맞추는 레즈비어니즘 또는 퀴어 이론이 등장하게 되었다. 섹슈얼리티 문제가 부상하게 된 맥락에는 페미니즘 내부에서도 중산층 백인 이성애 중심 페미니즘이 보여준 권력 지향성과 동성애 혐오증이 있었기 때문이었다.

3.

그렇다면 한국 사회는 어떤가. 철통같은 이성애 중심 일부일처제가 관철되고 있다고 믿었던 한국 사회에서도 괴상한queer 현상이 나타나고 있다. 마침내 왕가위의 <해피 투게더>가 상영되었고, 2년 전 정부의 저지 방침으로 무산되었던 <퀴어 영화제>도 아트선재센터에서 상영되었다. 퀴어 영화제는 엄청난 관객을 동원했다. 이성애중심주의가 확고한 사회에서 퀴어 영화제의 엄청난 성공은 무엇을 의미하는가. 이들 관객은 이미 영화 등을 통해 알려진 동성애의 이미지만을 소비하는 것인가. 이 엄청난 이성애 중심 사회에서도 동성애가 아무런 거부 반응 없이 어떻게 수용될 수 있는가. 동성애자들은 그냥 저희들 끼리끼리 모이는 비가시적인 존재들인가. 한 남자 고등학교 학생이 자신의 동성애적인 성정체성을 찾아가는 과정을 다룬 일본 영화 <모래알처럼>을 보러 온 중, 고등학생들로 아트선재센터는 만원이었다. 또 다른 사례로는 구성애의 성교육이 있고 난 다음 실시한 설문 조사에서 남녀공학에 다니는 학생들이 자연스럽게 이성애를 알아가는 반면 여학생만 모아놓은 여학교에서 여학생들의 성 의식은 동성애에 더욱 관심을 보이고 있다고 통탄해 마지않는 리포터도 있다.

다른 한편에서는 IMF 이후 한국 페미니즘이 50년쯤은 후퇴했다는 절망적인 소리가 들린다. 당당한 직장여성의 이미지를 대변하던 채시라의 주가가 광고 시장에서 곤두박질친 반면 현명한 내조형 최진실은 서른의 나이에도 '남편은 아내 하기 나름이죠'의 이미지로 건재하고 있다. 가정을 지켜야 한다는 미명하에 명예퇴직 대상의 영순위가 결혼한 여성이다. 전혀 아름답지 않았던 시절을 아름답다는 반어법을 사용하여 유명해진 영화, <아름다운 시절>에서는 미군에게 '몸 팔고' 나오는 딸의 등을 두드리면서 아버지가 딸에게 '네가 효녀다'라고 말하는 장면으로 시작한다. 그 아름다웠던 시절이나 지금이나 별반 다를 바가 없다는 것이 한국 여성의 현주소다. 한 민족 혈통 순수주의를 자랑스럽게 내세웠던 민족주의는 필요할 때면 언제나 여성의 노동력과 성을 교환해 왔다(그것도 민족 외부의 타민족과). IMF 직후 한 신문 기사는 국내 항공사들이 탑승객 감소와 환차손으로 인한 경영난을 타개하기 위해 "승객의 호출이 있을 경우, 늘씬한 각선미의 여승무원들이 미니스커트 차림으로 무릎을 꿇고 앉아 승객과 눈높이를 맞추는 눈높이 서비스"를 제공하고 있다는 사실을 보도했다. 그것은 50, 60년대 양공주, 70년대 기생관광의 연장선에 바탕한 성의 경제학이다. 이런 정책은 괴상한 민족주의적 가부장제가 여성의 노동력과 섹슈얼리티를 어떻게 상품화하고 있는지를 보여주는 뻔뻔한 사례다. 한국 여성의 몸은 값싼 노동력을 공급하기 위한 성차별적인 젠더에 노출되어 있을 뿐만 아니라 재생산과 매춘을 위해 섹슈얼리티가 지배되고 영토화되는 공간이기도 하다. 이처럼 젠더와 섹슈얼리티가 병렬적인 것이 아니라 서로 충돌하고 긴장하면서 권력과 맺는 관계를 밝히려고 한 이론가가 주디스 버틀러이고 그런 맥락에서 우리는 그녀의 통찰에 주목해 볼 필요가 있을 것이다. '하필이 IMF 마당에 웬 주디스 버틀러'라고 의아해할 수도 있겠지만, 지금이 마당이기 때문에 버틀러의 통찰이 요구된다.

4.

현재 캘리포니아 버클리에서 철학과 수사학을 가르치고 있는 주디스 버틀러는 90년대가 배출한 걸출한 스타 이론가다. 70년대 초반 케이트 밀렛이 『성의 정치학』이라는 박사학위 논문으로 일약 베스트셀러가 되었던 것처럼, 버틀러는 젠더 사이의 갈등에 주목한 『젠더 트러블』로 인해 레즈비어니즘과 퀴어 이론이 확산되는 데 지대한 영향을 미친 철학자다. 물론 버틀러 이전에 시적인 레즈비어니즘을 주장한 에이드리언 리치가 있다. 하지만 리치가 「강요된 이성애중심주의」에서 논의한 레즈비언 공동체는 이론적이라기보다는 시적인 은유에 더 가깝다. 이에 반해 버틀러는 페미니즘이 레즈비어니즘을 지향해야 할 정당성을 이론적으로 설명해 냄으로써 난해한 철학자이면서 동시에 대중적인 여성이론가가 되었다. 강단 비평가이자 철학자에게 팬클럽이 형성되어 있어서 마치 컬트 무비의 신도들과 같은 숭배자들을 거느린 90년대의 슈퍼스타이기도 하다. 그녀의 사도들은 『주디』라는 저널을 만들어내고 있을 뿐만 아니라 '주디'(주디스 버틀러의 애칭)는 마돈나가 그녀의 팬클럽 회원들에게 미치는 영향과 흡사한 영향력을 미치고 있다. 하지만 버틀러의 이론은 마돈나의 유혹적인 춤과 노래와는 달리 그다지 섹시하지 않다. 섹시하기는커녕 머리를 쥐어짜고도 남을 정도로 난해하고, 겹겹으로 뒤엉킨 사색적인 글쓰기로 인해 난삽하기 이를 데 없다. 버틀러의 그런 글쓰기에도 불구하고 그녀가 누리는 인기는 어디에서 연유하고 있는지 의문이 아닐 수 없다. 이것이야말로 대중문화와 본격 철학의 경계가 흐려진 괴상하고queer 기괴한uncanny 현상의 반증이기도 하다.

흔히 버틀러를 반본질주의자라고 한다. 페미니즘 내부에서 본질주의자/반본질주의자 사이에 신랄하고도 어떤 면에서는 소모적인 논쟁이 계속되어 왔다. 이 점을 잠시 접어두고 본다면, 반본질주의자로서의 버틀러가 전개하는 논의는 대단히 해체론적이다. 그녀가 전개하는 논의는 치밀하다 못해 때로는 형식 논리에 빠져든 것 같은 느낌을 주기도 한다. 일례를 들자면, 버틀러는 라캉의 남근phallus 개념을 가지고 와서 젠더의 존재론과 그 존재론이 토대해 있는 지반을 허물어낸다. 아버지의 법을 의미화하는 남근은 라캉이 부정하고 있음에도 불구하고 남성이 가지고 있는 생물학적인 페니스와 전혀 무관하지 않다. 그럴 경우 흔히 남성은 남근을 가진다to have고 주장해 왔다. 무엇을 '가진다'는 것은 가지려는 욕망의 '대상'이 있어야 한다. 남성이 모든 것을 가진 가부장적 사회에서 가지려는 욕망의 대상은 언제나 여성이다. 이때 여성은 남근 자체가 된다to be. 그래야만 남성은 남근인 여성을 가지게 된다. 이렇게 되면 남성이 남근을 가진 것이 아니라 남근을 가진 여성을 가지는 셈이 된다. 그래서 남성이 남근을 가지고 있다는 주장은 여성이 곧 남근일 때라야만 가능해진다는 웃지 못 할 희극이 초래된다. 그럼에도 불구하고 남성이 남근을 갖고, 남근인 것처럼 가면을 쓰게 되는 그 가면극이 바로 젠더의 희극일 따름이다.

이처럼 (반)본질주의자로서 버틀러는 남근을 해체할 뿐 아니라 기존 페미니즘의 명제처럼 간주되던 섹스/젠더의 구분 역시 해체시킨다. 섹스는 생물학적인 성별을 말하는 것이며, 젠더는 사회, 문화적으로 구성된 성별로 보는 것이 페미니즘의 일반적인 공식이기도 했다. 시몬느 드 보부아르가 '여성은 여성으로 태어나는 것이 아니라 여자로 만들어진다'고 주장한 것도 바로 그 때문이다. 기존 페미니즘이 사회, 문화적으로 만들어지는 젠더를 보다 더 강조한 까닭은 성별 사이에 본래적인 차별이 있었던 것이 아니라 남성의 자기 이해관계가 개입된 이론과 관행이 마치 진리인 것처럼 행세하고 있는 것임을 지적하고 그런 지식/권력의 공모 관계를 전복하기 위함이었다. 생물학적으로 여자, 남자라는 차이를 사회, 문화적으로 차별화시켜 우월한 남성, 열등한 여성이라는 식으로 위계화한 것에 도전하려면, 본질로 주어진 섹스가 어떻게 젠더로 구성되는가를 대립시킬 때 훨씬 가시적이고 보다 효율적인 대응

전략이 가능할 것으로 기존의 페미니스트들은 보았다.

버틀러는 이처럼 페미니즘 내부에서 당연한 범주로 자리 잡은 섹스/젠더의 이분법이 대단히 문제적임을 지적한다.

버틀러는 섹스/젠더의 구분이 레비스트로스의 그것처럼 자연/문화, 날것/익힌 것, 존재being/과정becoming 등의 구분과 같은 이분법을 반복한 것으로 파악한다. 보부아르의 주장에 따르면 섹스는 즉자적인 존재로 주어진 것이다. 이처럼 타고난 섹스는 태어난 사회, 문화적인 조건에 따라 남자다운 남자와 여자다운 여자로 만들어져 간다. 말하자면 남자다운 남자, 여자다운 여자가 되려면 남자는 남성다움을 예증해야 하고 여자는 여성다움을 보여주어야 한다. 보부아르에 의하면 남자라는 섹스가 남성다움이라는 젠더 이데올로기를 표상하기 위해서는 상당한 대가를 치러야 한다. 남자는 육체라는 구체성을 희생시켜 남성성이라는 추상적인 초월성을 획득하는 반면, 여성은 주체성의 상실과 자기 육체 속에 유폐되는 대가를 치러야 하기 때문이다. 남성이 육체로부터 분리되어야 한다면, 여성은 육체 안에서 내재성으로 머물게 된다. 이럴 경우 여성이라는 생물학적인 섹스 혹은 여성은 존재하지만being, 강박적이고 문화적인 압력으로 인해 여성답게 생성되어 나간다becoming.

이런 이분법에 따르면 여성은 존재이자 자연이며, 남성은 초월적이고 보편적인 존재가 된다. 여성은 문화와 역사에 편입되지 못한 존재가 되고, 자연적인 속성과 친밀한 관계에 있음으로 해서 시간과 무관하게 진정성을 가진 존재인 것처럼 미화되고 낭만화되는 논리가 역설적으로 성립하게 된다. 여성이 순환 반복되는 자연처럼 무시간적이라면 여성은 역사와 사회 변화 과정의 주변부에서 잉여로 넘쳐나는 육체가 되어버린다. 하지만 육체야말로 이질적인 담론이 첨예하게 충돌하는 공간이라면, 문화적인 의미에 의해 해석되지 않는 순결한 공간으로서의 여성의 몸이란 있을 수 없다. 섹스는 담론화 이전의 해부학적 사실성으로 남아 있는 것이 아니다. 여성의 경험 자체가 이미 가부장적 상징질서에 의해 오염된 경험이라면, 그런 경험에 의해 만들어진 여성성이 투명할 수는 없다. 말하자면 현실에 존재하는 구체적인 여성과 상징질서에 의해 재현된 여성의 구분이 엄격하게 구분되지 않는다는 것이다. 그럼에도 불구하고 이와 같은 이분법에 의존하는 것은 가부장제 이전의 유토피아와 현재의 타락을 구분하는 것과 다르지 않다. 여성의 억압과 여성 억압의 역사를 설명하기 위해 여성이 억압되지 않았던 모권제 사회와 모권제의 세계사적인 패배 뒤에 출현한 타락한 부권제 사회라는 이분법적인 은유는 대단히 오랜 역사를 지닌다. 마치 낙원에서의 이브와 실낙원에서의 이브처럼. 이처럼 자연적인 섹스가 문화적인 젠더로 변형된다는 사고는 젠더가 섹스를 위한 알리바이로 작용할 수도 있다. 자연적으로 주어진 진정한 '여성성'이라는 것을 상정하게 되면 그것이야말로 가부장제가 여성을 차별화하기 위해 만들어놓은 전략을 페미니즘이 스스로 반복하고 강화하는 모순에 빠져들 수 있기 때문이다.

가부장제의 법 이전/이후를 나누는 것은 페미니즘 스스로 페미니즘이기를 포기하려는 것과 다르지 않다는 것이 버틀러의 지적이다. 완벽한 여성성을 상정하게 되면, 그것이 거울처럼 비춰줄 것은 완벽한 남성적 정체성일 뿐이다. 그러므로 가부장적 법 이전에 있는 유토피아인 섹스를 거론할 것이 아니라 자연처럼 주어진 섹스가 사실은 어떻게 구성되고 있는가라는 점에 버틀러는 주목한다. 섹스/젠더의 구분은 자연/문화, 몸/정신, 기호계/상징계 등의 이분법이 가진 함정과 마찬가지로, 페미니즘의 진보성과 정치성을 희석시킬 수 있다는 것이다. 자연스러운 여성의 성으로서의 섹스는 모성이야말로 여성을 규정하는 본질이라는 식으로 오도된다. 이렇게 되면 이성애중심주의는 (재)생산을 위해 모성을 '자연'인 것처럼 가장하게 된다.

버틀러는 기호계/상징계를 구분함으로써 라캉의 상상계/상징계를 뒤집으려 한 줄리아 크리스테바에게서도 이 점을 문제로 지적한다. 크리스테바는 전 언어학적 차원의 기호계를 인정한다. 사실 줄리아 크리스테바의 기호계적인 차원은 라캉의 전제를 뒤집을 목적으로 출발했다. 라캉에 따르면 '아버지의 법'이 언어적인 의미를 구조화한다. 그것이 상징계다. 이 법은 원초적인 리비도 충동을 억압시키는데, 이 억압의 결과로 출현한 주체는 이런 억압적인 법의 담지자가 된다. 하지만 크리스테바는 언어 이전, 즉 문화적인 의미 이전에 아이와 어머니의 육체가 맺는 원초적인 관계를 억압해야만 상징계로 이행할 수 있다는 라캉의 이론을 반박한다. 크리스테바는 전 언어적인 어머니의 육체적 담론이 상징계를 전복할 수 있다고 본다. 기호계는 원초적인 리비도의 복수성을 표현한다. 이런 기호계는 문법적인 질서가 무시된 충동적인 힘이다. 합리적인 논리를 무시하는 혹은 그것을 넘어서 있는 시적 언어의 은유성은 논리적 언어의 단단한 조직 결을 뚫고 나올 수 있는 충동적인 힘을 가지고 있다는 것이며, 이것을 시적 은유로 표현하면 어머니의 육체 담론이 된다. 이와 같이 언어에 선행하는 존재로서의 어머니의 육체가 가진 리비도적인 경제는 전복의 공간으로 잠복해 있다.

이렇게 파악한다면 어머니의 육체 언어로 표현된 기호계가 대단히 혁명적인 것처럼 보인다. 어머니의 몸으로 말하는 기호계는 리듬, 소리들, 반복적인 맥박과 같은 시적 언어 속에서 어머니의 육체를 복원한다. 『사랑과 상처』에서 어머니가 딸들에게 퍼붓는 욕설과 저주가 보여주다시피, 이 간나들이 내뿜는 충동의 맥박이 지 오래비를 잡아먹는 전복의 힘이 된다. 하지만 버틀러는 크리스테바의 기호계가 사실은 이미 상징 질서에 편입되어 있는 것이며 그 안에서의 파열이 과연 전복이 될 수 있는지 의심쩍어한다. 오히려 자연으로 주어진 어머니의 몸은 모성을 물화시키는 데 동원될 뿐만 아니라 문화적인 구성물로서의 어머니의 몸을 분석할 가능성마저 아예 배제시킨다는 것이 버틀러의 비판이다. 크리스테바는 상징계의 압도적인 헤게모니 속에서 어쩌다 드러나는 기호계의 일시적이고 경련적인 파열을 혁명적인 것으로 간주하는데, 이런 혁명성은 상징계 안에서 그것이 재생산된다는 것을 전제할 때라야만 가능하다. 이렇게 본다면 기호계는 언제나 상징계에 재포섭될 수밖에 없기 때문이다.

그렇다면 버틀러처럼 법 이전/이후, 섹스/젠더, 기호계/상징계의 이분법이 해체된 공간에서 출현하는 주체 혹은 에이전트가 페미니즘 운동에 어떤 정치성을 담당할 수 있다는 것인가. 이 점은 소위 말하는 '포스트' 페미니즘 전반에 제기되는 질문이기도 하다.

5.

버틀러의 섹스/젠더의 해체와 '법 앞에서의 주체'라는 개념은 라캉의 상징계를 자신의 이데올로기론으로 재해석한 알튀세적인 이데올로기적 주체로 수렴된다. 알튀세의 이데올로기적인 정의에 따르면 이데올로기는 호명interpellation한다. 호명이란 누구를 불러줌으로써 내가 너를 익히 알고 있다는 친밀성에 근거해서 모든 것을 자연스럽게 만드는 작업이다. 이데올로기의 호명 작업에 의해 이데올로기 속으로 소환될 때 개인은 한 주체가 된다. 비록 그것이 '주체가 현실과 맺는 상상적인 관계'라고 할지라도 말이다. 거리를 지나가다가 누군가가 나의 이름을 부른다면 거의 자동적으로 우리는 뒤돌아서게 될 것이다. 누군가가 나의 이름을 불러줄 때 나는 그 이름의 문법적인 주어이자 주체가 된다. 그렇다면 나를 불러주는 자는 누구인가. 나는 그것이 나임을 어떻게 알고 뒤돌아서는가. 나의 이름은 어디에서 기원하는가. 나와 그 이름이 일치한다는 것을 어떻게 아는가. 누군가가 나의 이름을 반복해서 불러줌으로써 '나'는 내가 그 이름의 주인임을 알게 된다.

개인은 태어나면서부터 문화적인 젠더 경계선에 따라 구획된다. 산부인과에서 아이가 태어났을 때, 간호사는 말한다. '아, 예쁜 공주님이군요', 혹은 '씩씩한 왕자님이군요'라고. 이 발언은 이제부터 여자와 남자라는 주체로 형성되어 나갈 것임을 알리는 발화이다. 이때부터 우리는 이미 젠더화된 성별로 할당된 기능과 역할을 수행해 나간다. 말하자면 여자는 '예쁘고', 남자는 '씩씩하다.' 심지어 개인은 태어나기 이전부터 성별로 구조화된다. 며느리가 임신을 하면 손자를 기다리는 시어머니는 푸른 배내옷을 준비함으로써 '아버지의 이름'을 물려받을 남아를 기다린다. 여아가 귀한 집에서 손녀를 기다린다면, 시어머니는 분홍색 배내옷을 준비할 것이다. 이런 관행은 이미 태어나기 이전의 아이부터 성별화 작업에 종속됨을 뜻한다. 이것이 주체는 태어나기도 전에 이미 주체임을 부여받는다는 알튀세의 신탁 같은 말의 의미이다. 말하자면 부모가 있어야 나의 존재가 가능하다. 이럴 경우 나를 있게 하는 절대적인 부름의 주체로 무한 소급하지 않을 수 없다. 알튀세에 의하면 나를 불러 그 앞에 복종케 하는 대문자 주체들이 신, 국왕, 아버지 등이다. 유대교의 신처럼 나는 나라고 말함으로써 더 이상의 설명이 필요

없는 절대적인 신 앞에 불려나가 그의 세계 안에서 개인은 주체라는 위치를 부여받게 된다.

버틀러에 의하면 부름을 당한 사람은 뒤돌아서서 법과 대면한다. 부름을 당한 사람은 거의 자동적으로 되돌아서게 되므로, 과연 부르는 주체가 누구인가, 내가 왜 뒤돌아서서 그와 눈길을 마주하는가 따위의 성찰의 기회조차 없다. 뒤돌아선다는 행위는 거의 무의식적이므로 일어난다. 이럴 때 주체가 대면하는 것은 대문자 주체로서의 법이다. 법 앞에 서서 법과 대면한다는 것은 이미 자신의 지은 죄를 인정하는 것과 다를 바 없다. 설혹 죄가 없다 하더라도 없는 죄라도 만들어서 자신의 유죄를 인정해야만 법 앞에 설 수 있다. 마치 카프카의 주인공들이 자신의 죄를 몰라 당혹스러워 하다가 우여곡절 끝에 자기 죄를 만들어내고서는 안도하는 것처럼, 법 앞에 불려 나온 주체들은 그 앞에 불려 나왔다는 사실만으로 이미 죄 있음을 인정하는 것이다. 자신을 죄인으로 만드는 법과의 대면에 의해 개인은 주체가 된다. 죄의식과 양심이 인간을 한 주체로 만드는 셈이다. 게다가 한국의 여자는 여자로 태어난 것만으로도 이미 죄인인 문화 속에 던져진다. 아들을 그처럼 기다리다 딸년이 태어나면 차라리 죽으라지 하는 억하심정으로 갓난이를 윗목으로 내던지던 시절도 있었다. 지금은 아예 태어나기도 전부터 무수한 여자 태아들이 죽어 나간다. 여자는 이처럼 태어나기도 전부터 죄인이다. 그래서 여자는 이 소환의 목소리 앞에서 겹겹의 죄인이 된다. 알튀세에 의하면 이 소환의 목소리는 불가항력이어서, 한 개인이 주체가 되기 위해서는 이런 소환과 공모하지 않을 수 없다. 예수가 베드로를 호명할 때, 베드로가 자신의 죄를 인정하면서 결국 그 소명에 응하지 않을 수 없듯이. 호명은 복종을 의미하며 복종subjection의 반복적인 수행에 의해 개인은 주체가 된다.

이데올로기에 소환된 주체는 옷장에 걸린 옷을 바꿔 입듯 그처럼 손쉽게 형성되는 것이 아니라 문화적인 구조 속에서 정박할 때 비로소 주체로 탄생한다. 그것은 오랜 세월의 무게를 실어 전통과 역사라는 이름으로 변장할 때 가능해진다. 혹은 우리는 이미 언제나 신사용/숙녀용이라는 표시가 된 문화적인 기표 앞에 줄을 서야 한다. 이 일화는 기차를 타고 가던 어떤 남매가 한 기차역에 이르러 기차가 멈춰 섰을 때 그 둘이 보인 반응이다. 기차가 플랫폼에 정지했을 때 남동생은 "아, 기차가 숙녀용 앞에 멈췄네"라고 했다면, 누나는 "이 바보야, 우린 신사용 앞에 멈춰선 거야"라고 했다. 이 일화는 주체가 상대방의 성, 즉 타자라는 거울에 비춰진 자신을 보고 자신이라고 오인하는 데서부터 자기 정체성을 형성한다는 의미다. 남아는 여자를 보고 자신의 성을 인식하게 되고, 여자는 남아와 다른 자신을 보고 여아로서의 자기를 구성해나간다. 말하자면 성적 자아는 타자를 통해 자기 정체성을 확인하는 역설에 빠져 있다. 그것이 곧 환상이지만 그 환상으로서의 자기 정체성은 실재와 분리될 수 없다. 남아는 어쩔 수 없이 신사용이란 기표 앞에 줄을 서야하며, 여아는 숙녀용 앞에 줄을 서야 한다. 이것이야말로 우리 사회에서 성별 정체성이 강제되는 과정에 대한 은유인 셈이다. 이처럼 개인을 소환하여 '성적'인 주체로 만들어주는 것이 아버지의 이름이자 버틀러식으로 표현하자면 '법'이다.

버틀러는 성적 정체성이란 일회적으로 주어지는 것이 아니라 '법에 의해 반복적으로 수행됨으로써 구성되는 것'으로 파악한다. 법은 우리를 주체로 만들어주면서도 그 사실을 감춘다. 그것은 권력이 부정적인 억압 세력일 뿐만 아니라 긍정적인 주체 생산과 지식 생산을 할 수 있는 틀임을 인정하는 것이다. 하지만 이성애 중심 가부장제는 반복적으로 수행되는 훈련과 훈육과 처벌을 통해 남/녀가 결합하는 것이야말로 가장 조화로운 우주적인 질서라고 주장하면서 이성애중심주의를 신학적인 차원으로까지 끌어올려 놓았다. 이성애 주체야말로 정상적이며 그 나머지 성적 오리엔테이션을 가진 섹슈얼리티는 일탈이자 변종이며 비정상이므로 비존재일 뿐이다. 심지어 동성애주의자들마저 남/녀 이성애주의를 그대로 반복하고 있다면 동성애가 보여주는 정치성은 무엇인가. 이런 비아냥거림에 대해 기존의 이론이 설득력을 제시하지 못했다면, 그런 비아냥거림을 되받아치면서 이론적인 돌파구를 제시한 인물이 버틀러다. 그런 돌파구를 열기 위해 그녀는 여러 이론은 끌어들이고 뒤틀고 이론적인 함정을 빠져나가느라고 대단히 복잡한 글쓰기를 하고 있다. 수사학자답게 언어의 수행성이라는 측면에서는 오스틴을, 형이상학 비판에 관해서는 데리다적인 해체 전략을, 몸과 섹슈얼리티의 정치학이라는 점에서는 푸코의 권력과 저항을 끌어들이고 있다.

6.

영국 언어철학자인 오스틴J. L. Austin은 발화의 두 가지 유형을 구분하려고 했다. '진술적인 발화'와 '수행적인 발화'가 그것이다. 진술적인 발화는 소위 말해 진위를 기술하는 것이다. "이것은 고양이다"라는 진술은 고양이이거나 고양이가 아님을 보여주는 진위 즉 참과 거짓을 판단하는 진술이다. 반면 수행적인 발화는 진실이나 거짓을 진술하는 것이 아니라 그것이 언급한 행동을 실제로 수행하는 것을 의미한다. 따라서 수행적인 발화는 참과 거짓을 말하는 것이 아니라 '적합'하거나 '부적합'

할 수 있는 상황을 거론할 뿐이다.

오스틴의 진술/수행을 좀 더 밀고 나가면 모든 발화가 암묵적으로는 수행문이 될 수 있다. "매트 위에 고양이가 있다"라는 것은 진술문이다. 하지만 이 문장은 "매트 위에 고양이가 있다(고 내가 이로써hereby 인정한다)"는 것이 괄호에 묶여 생략된 것으로 볼 수 있다. 따라서 그 진술이 지칭하는 인정 행위를 성취시키는 수행적인 발화 부분은 생략된 것으로 간주될 수 있으므로, 이 진술적인 발화는 결국 수행적인 발화가 되는 셈이다.

이와 유사하게 "남자이다. 여자이다."라는 진술문은 남자로 만들어 주고, 여자로 만들어 주는 반복적인 사회적, 문화적 규범과 장치에 의해 수행문으로 변형된다는 것이 버틀러의 핵심 논지이다. 이럴 경우 수행적인 젠더는 일회적으로 구성되는 것이 아니라 거듭 반복함으로써 구성된다. 이 수행성 개념은 게이-레즈비언 담론에서 젠더와 섹슈얼리티의 수행적 이론으로 연계된다.

우리는 이전의 규범이나 역사적으로 반복, 수행된 행위로부터 어떤 주체가 만들어지는 방식을 볼 수 있다. 그래서 누군가가 "재, 호모queer 잖아"라고 경멸적으로 호명한다고 가정하자. 이때 경멸의 힘은 발화자의 권위에서 나오는 것이 아니라 '호모잖아'라는 외침이 과거로부터 반복되어 온 치욕과 모욕을 되풀이하고 배제의 권력과 권위를 행사하는 것에서 비롯된다. '호모잖아'라는 조롱은 유구한 역사를 가로질러 동일한 목소리로 발언한다. 이때 호명의 주체는 자신은 그런 괴상하고 일탈된 성의 주체가 아니므로 정상성을 대변하는 것처럼 행동한다. 이것이야말로 배제의 역사와 역사의 횡포를 유지해 나가는 규범을 자연스럽게 각인하고 반복하고 인용하도록 만드는 기제이다. 하지만 다른 한편으로

'재, 호모잖아'라는 호명 작업이 동성애에 주체성을 부여한다. 이처럼 성차별적으로 젠더화된 호명에 되받아치는 방식에서 퀴어 이론의 정치성이 나온다. 치욕과 경멸과 수치심을 자극하는 '괴상한 호모'라는 호명에 맞서서 '그래 나 퀴어야, 그러니 어쩔래'라고 되받아치면서 경멸적인 어휘로 사용된 퀴어를 반복함으로써 새롭게 재전유하는 방식에서 퀴어의 정치성은 비롯된다.

이처럼 우리는 '반복된 행위의 수행'에 의해 남자로 혹은 여자로 되어나간다. 이런 반복적인 행위는 사회적인 관행에 의존하며, 문화 속에서 어떤 것을 행하는 관습적인 방식에 달려있다. 약속을 하고 내기를 하고 명령을 내리고 결혼을 하는 행위가 규칙적으로 반복됨으로써 사회적으로 확립된 방식이 되는 것과 마찬가지로 남자가 되고 여자가 되는 방식도 사회적으로 확립된다. "나"라는 주체는 젠더화 과정 앞에 있는 것도 그 뒤에 있는 것도 아니다. '나'라는 것은 젠더 관계 그 자체의 토대로서 오로지 그 안에서 출현한다. 젠더의 수행성이 단일한 행위에 의해 성취될 수 있는 어떤 것으로 간주되어서는 안 된다. 오히려 젠더의 수행성은 '반복적이며 인용되는 실천'이며, 젠더화된 주체를 활성화하고 구속하면서 강박적으로 반복하는 것이다.

버틀러는 부치-팸의 구성을 이성애주의의 반복이 아니라 이성애의 패러디이자 가장무도회이며 가면으로 분석한다. 옷 바꿔 입기라는 문화적 가면은 이성애중심주의가 사회의 필요에 의해 만들어진 것이면서도, 만들어진다는 그 사실을 은폐하는 것이다. 만약 자연으로 주어진 섹스가 없다고 한다면 '없는 기원'을 모방할 수는 없다. 버틀러가 자연으로 주어진 섹스가 없다고 그처럼 역설하는 이유가 바로 여기에 있다. 부치-팸, 혹은 드랙퀸 등이 기존의 이성애를 그대로 표상하는 것이라면 동성애의 정치성을 어디에서 찾을 것인가라는 회의적인 반응에 대해 버틀러는 반복적인 수행성 범주로 맞선다. 섹스가 이미 사회, 문화적인 반복에 의해 만들어진 것이라면 부치-팸이 모방해야 할 기원으로서의 여성성/남성성이라는 것은 없다. 부치-팸이 보여주는 이성애적인 모습은 이성애가 만들어진 것이라는 점을 패러디하는 것이며 풍자하는 것이다. 이렇게 되면 이성애라는 규율에 의해 만들어진 신체가 자연스럽고 고유한 것이라는 주장은 가부장제의 이데올로기임으로 드러난다. 극단적으로 말하자면 페미니스트이면서 이성애주의자는 가부장제의 자기관리와 자기유지 전략에 암묵적으로 동조하는 셈이 된다. 그래서 최근 들어 버틀러는 젠더보다 섹슈얼리티로 관심을 이동하면서 가부장제의 기획으로부터 탈주할 수 있는 가능성을 버지니아 울프나 에이드리언 리치처럼 레즈비언 시학에서 찾는다. 그녀의 선배였던 울프가 "클로는 올리비에를 좋아했다. 그들은 … 을 함께 나눴다"라는 구절에서 레즈비언의 유혹을 '점. 점. 점.'으로 표시된 빈 공간으로 표현했다. 이 빈 공간은 편재하는 가부장제의 경찰관을 피하면서도 은밀하게 레즈비언적인 사랑을 표현한 것이었다. 반세기 전에 울프가 그처럼 조심스럽게 표현한 레즈비어니즘은 버틀러에 이르러 이론적인 정당성을 확보할 뿐만 아니라 페미니즘 내부에서도 가장 급진적이고 정치적인 목소리를 확보하게 된다.

7.

그렇다면 이성애 중심의 정체성에 대항하기 위한 버틀러의 전략은 무엇인가. 정치적 이해관계를 수행할 '주체'가 있어야 한다는 점에서 정체성을 강조하는 페미니즘 이론을 비판하면서 버틀러는 "행위 뒤에 행위자가 있는 것이 아니라 행위를 통해 행위 속에, 가변적으로 행위자가 구성된다"고 강조한다. 버틀러의 요지는 정체성은 담론적 구성물이라는 것이다. 그 구성 조건의 협상이야말로 정치적인 실천의 문제가 된다.

'단단한 지반이 없는 결속'. 이것이 버틀러가 제시한 대안적인 주체(혹은 행위자)의 정치성이다. 여성적인 주체는 남근적인 주체처럼 경직되어 있는 고정된 주체가 아니라 정치적인 의제에 따라 "헤쳐 모여" 할 수 있는 주체이다. 이런 맥락에서 버틀러는 잉여적인 존재의 비가시성을 가시화하는 것에서 정치성을 찾는다. 비가시성으로만 존재하는 게이-레즈비언(이들은 결혼을 구성하지 못하기 때문에 아예 금지의 바깥에 존재한다)은 한 사회의 잉여를 구성한다. 기존 질서로부터 배제되어 타자로 남아있는 세력은 기존의 권력관계에 대한 대안으로 기능할 수 있다. 강압적인 이성애 제도의 잉여물인 게이-레즈비언은 젠더가 아니라 섹슈얼리티를 강조함으로써 자본주의의 생산 논리를 전복시킨다. 게이-레즈비언 섹슈얼리티는 자본주의의 강박적인 생산 논리의 부정이기 때문이다. 그들은 마치 댄디와 보들레르의 만보객, 집시와 도둑들처럼 생산의 논리를 거부하는 존재들이다.

8.

정치적인 연대가 반드시 단단한 주체의 행위에 의해 결속될 필요는 없다고 보는 버틀러의 논지는 일견 모순처럼 보인다. 그렇다면 페미니즘을 페미니즘이라고 부를 수 있는 공통분모는 무엇인가. 여성/남성이라는 성차를 넘어서 있다고 보는 게이-레즈비언의 연대가 얻어낼 수 있는 정치성은 무엇인가. 주체가 문화적으로 젠더 수행성에 의해 구성된다고 할 때, 그렇다면 주체는 젠더에 의해 결정된다는 것인가. 아니면 그와는 반대로 젠더가 주체 구성의 일부가 된다는 의미인가. 젠더가 남장 혹은 여장에 따라 쉽사리 바뀌는 것이라면 젠더가 '구성'된다는 것은 사실 아무런 의미가 없다. 그렇다면 제의적 반복을 통해 젠더 효과를 산출하고 또한 고정시키는 장치가 무엇인가. 이런 장치가 아무런 물질성을 확보하지 못한 채 시간 속에서 문화적, 상징적으로 반복, 수행되는 것만으로 젠더가 안정된다면, 이것이야말로 문화적 결정론은 아닌가. 이럴 경우 게이-레즈비언 운동은 그냥 문화 운동 차원이며 그런 차원에서 그들의 존재를 인정해 주기만 하면 되는가.

이런 문제에 봉착한 버틀러는 최근 들어 상당한 입장의 변모를 보이고 있다. 『젠더 트러블』이 출판된 연도가 1990년이었다. 7년 뒤에 나온 최근 논문에서 그녀는 좌파 페미니스트들이 전개한 이론을 좀 더 치밀하게 구성해 나갈 때 오히려 게이-레즈비어니즘이 문화론으로 떨어지지 않고 현실적인 발판을 구축할 것으로 보고 있다. 최근의 논문인 「그저 문화적이란 말인가Merely Cultural?」[2]에서 게이-레즈비어니즘이 만들어지는 '성적 생산양식'을 규명하려고 함으로써 분리주의적인 입장보다는 기존의 사회주의 페미니즘이 발전시켜 온 성차별적인 노동 분업과 성의 생산양식을 결합함으로써 버틀러는 불안하나마 실천의 행위자로서의 주체를 다시 소환해 들인다. 이 말은 게이-레즈비언 운동이 이성애 페미니즘이 가지고 있는 동성애 혐오를 수정하고 비판해 내면서 다시 그들과 연대할 가능성을 모색하는 것과 다르지 않다.

---

2) Judith Butler, "Merely Cultural?", Queer Transexions of Race, Nation, and Gender(Autumn-Winter, 1997), *Social Text*, No. 52/53, pp.265-277.

사회주의 페미니즘은 여성 '노동'의 성차별적인 전략을 통해 가부장적 자본주의가 어떻게 유지되고 있는지에 천착해 왔다. 남자에게는 공적 영역으로서의 일을, 여자에게는 사적 영역으로서의 사랑과 가정 안에서의 무보수 가사노동을 할당하는 것이 자본의 이해관계에 어떻게 봉사하고 있는지를 밝히고자 한 것이 사회주의 페미니즘의 공로였다. 이에 덧붙여 버틀러는 여성의 노동에서 배제되어 있던 섹슈얼리티 자체가 생산/재생산의 논리에 따라 여성/남성으로 배치받고 할당되는 과정에 의해 성별분업이 이뤄지고 있음에 주목함으로써, 게이-레즈비언 운동이 문화적인 인정을 받으려는 인정투쟁이 아니라 그것 자체가 물적인 토대, 즉 가족이라는 가장 기본적이면서도 단단한 토대에 기초하여 남성/여성으로 생산되어 나간다는 점에 주목한다. 이런 측면에서 게이-레즈비어니즘은 신사회 문화운동 차원에 그치는 것이 아니라 물적인 토대 위에서 성적인 생산양식을 가진 유물론적인 정치세력임을 강조한다. 흔히 게이-레즈비언은 '계급'으로 묶일 수 없다는 점에서 (어떤 계급에서든지 게이-레즈비언은 있을 수 있으므로) 문화적인 차원에서 인정을 받으려는 운동이라는 주장에 버틀러는 강력히 반발하고 나선다.

게이-레즈비언은 여러 가지 금지에 의해 가부장제의 오이코스oikos인 가족으로 구성되지 못한다. 그들에게 사회는 자신의 섹슈얼리티를 '묻지도 말고 말하지도 말라'는 조건하에서 그들의 존재를 인정한다. 혹은 아예 그들의 존재를 인정하지 않는다. 이 기회주의적인 입장은 동성애에 대한 공포증을 승인하는 위선의 또 다른 얼굴이다. 그들에게는 입양의 권리가 인정되지 않음으로써 이성애 중심 가족주의의 모양새를 갖출 수도 없다. 최근 바티칸은 기증자 수정을 통해 아이를 낳은 이태리 레즈비언 커플을 파문시켰다. 버지니아 주에서도 이혼한 어머니가 레즈비언 파트너와 생활할 때 자녀 양육권을 박탈하기도 했다. 어머니가 아이에게 미칠 불순한 영향을 방지해야 한다는 것이 법원의 판결 요지였다. 사랑하는 사람이 죽어가고 있어도 그들은 수술 신청서에 사인을 할 수도 없고, 죽은 사람의 신체를 인도할 권리도 없다. 그들은 법적인 상속권도 없고, 결혼의 권리도 인정받지 못한다. 그들의 섹슈얼리티를 묻는 이민국 직원에 의해 국경에서 저지당할 수도 있다. 그런 사회적, 문화적인 토대가 이성애만이 정상적인 성으로 자연화하면서 재생산하고 영속화시키는 국가적인 장치가 되고 있다.

9.

이와 같은 버틀러의 방향 모색은 페미니즘의 운동성에 하나의 참조가 될 것이다. 최근의 페미니즘은 본질주의/반본질주의 논쟁에 휘말려 들어 이들 이론을 위한 대리전을 치르는 양상을 보이고 있다. 페미니즘이 '반'본질주의들의 편에 서서 "여성은 없다" 혹은 "여성의 자리는 없다"는 쪽에 줄을 서거나 아니면 '여성성'은 본질로 주어져 있다는 본질주의자에 편에 섬으로써, '차이'라는 미명하에 페미니즘 내부에서 서로 편가르기를 하면서 소모적인 논쟁을 하고 있는 마당에 버틀러의 논의는 고전적인 입장으로 되돌아감으로써 현재 페미니즘이 대처해야할 상대가 누구인지를 다시 한번 확인하는 작업이 되고 있다.

지금처럼 좌파이론이 무기력증에 빠져있을 때 고전적인 선배들의 작업의 맥을 연계시키면서 페미니즘과 레즈비어니즘이 분리주의로 나아가 힘을 분열시킬 것이 아니라 페미니즘으로 묶일 수 있는 공통분모를 찾아내면서도 기존 페미니즘이 빠져있던 이론적인 모순과 실천의 보수성을 지적해 낼 수 있는 실천적인 여성 주체를 세워보려는 버틀러의 노력은 철통같은 이성애 중심 사회인 한국 사회가 어떤 성적 경향성을 가시화하고 어떤 것을 비가시화하고 있는지를 고찰하는 데 일정한 통찰력을 제시할 수 있을 것이다. 이중적으로 타자화된 레즈비언 운동에 가시성과 목소리를 복원하는 것 자체가 페미니즘의 다원적인 운동의 한 축을 구성할 것이기 때문이다.

참고 문헌

버지니아 울프, 『자기만의 방』, 김종덕 옮김, 열림원, 1999.

올더스 헉슬리, 『멋진 신세계』, 이덕형 옮김, 문예출판사, 1998.

이경자, 『사랑과 상처 1, 2』, 실천문학사, 1998.

Jonathan Culler, *Literary Theory: A Very Short Introduction,* Oxford University Press, 1997.

Judith Butler, *Gender Trouble: Feminism and the Subversion of Identity,* Routledge, 1990.

____________, "Merely Cultural?", Queer Transexions of Race, Nation, and Gender(Autumn-Winter, 1997), *Social Text,* No. 52/53, pp. 265-277,

Louis Althusser, *Lenin and Philosophy and Other Essays,* trans by Ben Brewster New Left Books, 1971.

주디스 잭 핼버스탐
Judith Jack Hlberstam

"난 여원히 이행 중"
I Think of Myself Perpetually in Transition

김미연
경희대학교 글로벌 커뮤니케이션학부 학술연구교수로 재직 중이며, 여성문화이론연구소 정신분석 세미나팀에서 활동하고 있다.

이 글의 원문은 『여/성이론』 41호(2019)에 실려있다.

주디스 잭 핼버스탬:
"난 영원히 이행 중 I Think of Myself Perpetually in Transition"

"이름을 바꾸는 게 법에 걸리는지 궁금해, 아니면 이름을 덧붙이거나… 글쎄, 난 신경 안 써. F. 재스민 애덤스"

위 인용문은 핼버스탬의 『여성의 남성성*Female Masculinity*』[1]에 소개된 영화 <결혼 멤버>에서 주인공 프랭키 애덤스가 유모에게 자신의 '혼란스러운' 젠더 정체성을 쿨하게(?) 인정하는 대사이다. 영화 속에서 '톰보이' 애덤스는 오빠의 결혼식을 앞두고, 젠더 규범에 따라 이름을 선택해야 하는 상황이 닥치자 프랭키와 재스민 둘 중 어느 하나가 아닌 둘 다를 쓰겠다고 결심한다. 그렇게 두 개의 이름을 나란히 말하는 순간 애덤스는 프랭키만도 재스민만도 아닌, 프랭키이기도 하고 동시에 재스민이기도 하다. 두 개의 이름을 선택함으로써 그는 그에게 요구되는 젠더 규범, 즉 태어난 성에 맞게 이름을 선택하는 것을 기대하는 규범에 순응하지 않는 일종의 젠더 체계 위반자가 된다.

영화 속 인물인 톰보이 '프랭키 재스민'의 이름에 대한 고민과 선택에 특별히 주목하는 핼버스탬도 이름과 관련해서 비슷한 선택을 하고 있다는 점이 흥미롭다. 핼버스탬은 공식적으로 1990년대 첫 저서를 출판할 때 '주디스 핼버스탬Judith Halberstam'으로 자신을 소개했고, 후에 '주디스 잭 핼버스탬Judith Jack Halberstam'으로, 최근 저서인 『트랜스*

1) 주디스 핼버스탬, 『여성의 남성성』, 유강은 옮김, 이매진, 2015. 앞으로 이 책의 인용은 『남성성』과 쪽수로 표기함.

Trans*』에서는 '잭 핼버스탬Jack Halberstam'으로 이름을 공표했다. '주디스'에서 '주디스 잭'으로 그리고 '잭'으로의 이름 바꾸기는 그 자신의 젠더 인식뿐만 아니라, 세상 사람들이 자신을 어떻게 인식하도록 할 것인지를 스스로 선택했음을 보여주었다는 점에서 의미 있다.

이름의 변화는 그의 몸에 일어난 변화와도 무관하지 않다. 2016년 핼버스탬은 스스로가 '큰 결심'이라고 선언한 일을 단행했다. 그의 표현에 따르면 54년 동안 자신의 일부였던 가슴을 잘라내는 수술을 받은 것이다. 법이 요구하는 대로 평소 '젠더 위화감gender dysphoria'을 겪는다는 의사 소견서를 들고서 파트너와 함께 가슴 성형을 전문적으로 하는 클리닉을 찾아가 수술대 위에 올랐다. 가슴을 절제하는 수술을 받긴 했지만, 의료 시술에 대한 공포증 때문에 호르몬 요법을 비롯한 다른 의료 시술 혹은 수술을 받지는 않았다. 현대에 사용되는 트랜스 관련 용어들을 이용해서 거칠게 표현하면, 지금 현재의 핼버스탬은 성전환 수술을 통해 태어난 몸과 다른 성을 획득하는 트랜스섹슈얼과는 다르지만, 자신을 여성으로 범주화하는 것을 거부하는, 미국에만 백사십만 정도에 해당하는 트랜스라는 커다란 우산 아래 어딘가에 위치한다.

이름과 신체의 변화를 통해 핼버스탬은 개인적이고 정치적인 방식으로 '젠더 표현'을 하고 있다. 물론 '주디스'에서 '잭'으로 이름을 바꾸고 유방을 절제하는 수술을 받았다고 해서, 그가 '주디스'라는 정체성을 버리는 것은 결코 아니다. 그는 잭이면서 동시에 주디스이기도 한 '이행 중in transition'에 있는 존재이며, 스스로 고백하듯이 어쩌면 영원히 '이행 중'일 수도 있다. 자신을 '그' 혹은 '그녀'라는 대명사로 범주화하지 않는 "자유로운 떠돌이free floater"[2)] 라고 칭한 것도 '이행 중'이라는 존재 양

2) Judith Halberstam, *Trans**, California: U of California P, 2018. 앞으로 이 책의 인용은 괄호 안에

식을 염두에 둔 것으로 볼 수 있다. 더구나 그는 '트랜스'한 개인에 대해 '그'나 '그녀'가 아닌 '그들they/them'이라고 지칭하는 것을 지지하기도 한다. 한 개인을 복수로 지칭하는 것에 대해, 어떤 트랜스는 자신이 획득한 젠더를 인정받는 것이 더 중요하다고 생각하기 때문에 '그들'로 지칭되면 획득된 젠더가 부정되는 것이라면서 반대할 수도 있다. 하지만 핼버스탬은 한 개인 안에 하나 이상의 자아 혹은 하나 이상의 젠더가 있음을 긍정한 것으로서 '그들'이라는 복수로의 지칭은 분명 이분법적 젠더 문법을 교란하는 효과가 있다고 본다.

이와 유사하게, 핼버스탬이 최근 트랜스에 '별표(*)'를 덧붙여 트랜스*라는 용어를 선택한 것도 의학적·과학적 진단을 통해 젠더를 확실히 분류, 고정하는 것에 반대하고자 하는 의지가 반영된 것이다. 주지하다시피 최근 트랜스와 관련해서 사용되는 용어는 매우 다양하다. 트랜스젠더, 트랜스섹슈얼, 트랜스베스타잇, 트랜스 여성, 트랜스 남성 등등. 핼버스탬은 기호 '*'를 덧붙임으로써 이 모든 다양한 용어들을 단순히 '트랜스'라는 하나의 용어로 통합하고자 하는 데 의미를 두지 않고, 다양한 젠더를 최종적인 형식이나 확립된 정체성으로 공공연히 규정하는 대신, 트랜스 스스로 자신의 '저자'가 될 수 있도록 해야 한다는 데 의미를 두고자 한다. 바꿔 말하면 이는 자신이 '선택한' 젠더를 존중받아야 한다는 의미이기도 하며, 젠더의 제도적 범주화나 규격화에 대한 저항을 명료화하려는 것이기도 하다.

젠더 규범은 페미니즘과 트랜스 연구의 공통된 이슈이기도 하다. 억압적, 통제적 장치로서의 젠더 체계를 해체하는 데 양쪽 다 관심이

---

*Trans** 와 쪽수로 표기함.

있기 때문이다. 그런데 페미니즘과 트랜스라는 각 진영이 젠더의 억압 장치를 받아들이는 방식의 차이에서 둘 간의 정치적 균열이 발생한다. 트랜스젠더라는 용어가 비교적 자주 사용되기 시작한 1990년대 이후 트랜스젠더와 페미니즘의 갈등 관계는 젠더를 둘러싸고 벌어지는 하나의 불편한 진실이 되었다. 이런 현실에 대해, 트랜스젠더의 역사를 기술하는 책에서 수잔 스트라이커Susan Stryker는 트랜스를 포함하는 "확장된 페미니즘"[3]을 보고 싶다는 희망을 언급한다. 스트라이커가 그러한 소망을 언급하고 십 년쯤 지난 2018년, 핼버스탬은 <트랜스부모Transparent>와 같은 미국의 인기 TV 드라마의 한 에피소드에서 '트랜스 페미니즘trans* feminism'의 가능성을 볼 수 있다고 말한다. 평행선을 달리고 있는 트랜스와 페미니즘, 구체적으로 트랜스와 트랜스-배제 페미니즘TERF의 갈등에 대해 핼버스탬은 어떤 해결적 비전을 보여줄 수 있을까? 해결이 가능하기는 한 걸까? 『여성의 남성성』 출판 이후 문학, 영화, 애니메이션, 뮤직비디오, 드랙킹 사진전 등 다양한 대중문화 분석을 통해서 젠더 체계를 자유롭게 횡단하는 트랜스의 모습에 주목하도록 하는 그는 그러한 횡단을 통해 억압적 젠더 체계로부터 트랜스와 페미니즘이 동시에 탈주할 수 있다고 보는 듯하다. 이와 같은 비전이 제시되기까지의 그의 이론적 여정을 몇 가지 키워드로 살펴보는 것은 어떨까?

여성의 남성성

핼버스탬은 1980년대 페미니즘 연구가 활발했던 캘리포니아 버클

---

3) 수잔 스트라이커, 『트랜스젠더의 역사』, 제이·루인 옮김, 이매진, 2016, 21쪽.

리에서 학부 생활을 하고 동부 미네소타에서 대학원 과정을 밟는다. 그는 이 시기에 '페미니스트로서의 시간'을 보냈다. 백인 여성 페미니스트 집단에서 레즈비언으로 커밍아웃한 그는 동료 여성들과 함께 여성들의 연대를 위한 토론과 학술 활동에 열정을 쏟는다. 그러나 여성들의 연대를 강조하고, 그들만의 분리주의적 노선을 주장하는 2세대 급진 페미니스트들은 부치/팸의 관계가 '남성과 동일시하는 여성'을 통해 가부장적 이성애 관계를 모방하는 것이 될 수 있음을 우려했다. 여성들의 연대를 주장하는 당대 레즈비언 페미니스트들은 여자로 태어난 몸의 여성성에 관심을 가지며, 남성적 여성, 즉 남성과 동일시하는 여성에게는 관심을 두려 하지 않았다. 더욱이 페미니즘 진영은 여성의 남성성에 대해 불편해할 뿐 아니라, 남자로 태어난 몸의 여성성에 대해서는 훨씬 더 경계심을 갖는다. 예컨대 핼버스탬의 대학원 시절 페미니스트 모임에서 "트랜스 여성이 우리 모임에 들어오고 싶다고 한다면 어떻게 될까?"[4]라는 질문이 나왔을 때, 모임에 있는 모든 페미니스트는 '남자가 침투하는 것'이나 다름없기에 안 된다고 했다. 핼버스탬은 '자신이 여자라고 하는데도 남자인지' 혹은 '여성성의 자기 선언은 불가능한지'에 대해서 자문한다. 그는 여성성이라는 것이 사회문화적으로 구성됨을 주장하는 것만큼이나, 여성성의 '자기 선언도 인정받아야 하는 것이 아닌가'라고 동료 페미니스트들과는 다른 주장을 했다. 페미니스트들은 남자로 태어나 여성의 삶을 사는 '트랜스 여성'을 여자의 영역에 대한 남자의 침입을 보여주는 사례로 간주했고, 더 나아가서 그것을 트랜스 여성이 여성의 몸을 '강간'한다는 비판으로 확대했다. 요컨대 당대 페미

4) Jeffrey J. Williams, "The Drag of Masculinity: An Interview with Judith "Jack" Halberstam," *symplokē* Vol.19, 2011, p.366.

니스트에게는 '여자로 태어나 남자로 살고자 하는 트랜스 남성' 그리고 '남자로 태어나 여자로 살고자 하는 트랜스 여성' 모두 여성 고유의 영역을 침범하고 교란하는 젠더 변이가 되고, 여성이라는 범주에 대해 도전하는 적이 되었다.

『여성의 남성성』이 한동안 주목을 받은 이후, 2011년의 인터뷰에서 핼버스탬은 도대체 왜 하필 "남성성인가?"라는 질문을 받았다. 그는 여성성이 '수동성, 인내, 수줍음' 등 매력적이지 않은 가치로 저평가되는 한편 남성성은 '능동성, 용기, 대담함' 등으로 높은 가치를 갖는 문화에서 여성이 남성성에 매료되는 점이 이상한 일은 아니라고 대답한다. 이와 같은 대답은 그의 연구가 젠더 간 불평등에 대한 인식, 즉 사회적으로 남자들이 누려온 특권에 대한 인식에서 출발했음을 알 수 있는 지점이다. 그러나 그가 정작 '여성의 남성성'이라는 키워드를 통해 드러내고자 하는 것은 '과연 여성성이 온전히 여성에 의해서만, 남성성이 온전히 남성에 의해서만 구성되고 수행되는 것인지'에 대한 문제 제기이다. 다시 말해 여성성 혹은 남성성을 각각 순수하게 독립적으로 구획되는 영역으로 간주할 것인가에 대한 문제의식이다. 핼버스탬은 많은 아카이브 연구를 통해 구체적인 젠더 이탈의 사례들을 많이 목격했고, 이들에 대해 이름과 역사를 부여함으로써 여성에게만 혹은 남성에게만 제한되지 않는 여성성과 남성성에 자리를 마련해 주어야 한다고 본다. 이와 같은 시각에서 보면, '여성은 태어나는 것이 아니라 만들어지는 것'이라는 명제를 가지고 젠더의 '자연화'를 공격한 페미니스트라면 '여성적인 남성'과 '남성적인 여성'을 혐오스럽다거나 병리적이라고 보는 것은 모순이라 할 수 있다.

『여성의 남성성』을 쓸 무렵 핼버스탬은 다양한 매체에서 드랙퀸의 모습은 비교적 흔하게 볼 수 있었지만, 드랙킹에 대한 재현, 혹은 여성의 남성성에 대한 재현이나 그 논의를 찾아보기는 힘들었다고 말한다. 실제로 트랜스젠더의 역사에 대한 개관을 보여주는 스트라이커의 저서에도 '트랜스 여성'에 대한 관심이나 분량이 압도적으로 많다. 핼버스탬이 1990년대 인지한 바에 따르면, 당시 주류영화들도 '여장 남자' 인물은 많이 보여주었던 것에 반해, '남장 여자'는 화면 가장자리에 두거나, 아니면 '결함 있는' 여자로 그렸다. 이와 같은 현실에서 핼버스탬은 '남성적인 여자'의 역사적 사례들을 통해 남성성을 남자에게서 분리할 수 있다는 가능성을 보여주려 했다.

대표적으로 캐서린 오피와 델 그레이스의 사진 작품들은 핼버스탬에게 남자에서 분리된 남성성을 시각적으로 상상할 수 있게 해주었다. 델 그레이스의 사진인 <잭의 등 II>와 <재키 II>를 나란히 배치해서 본다고 해보자. <잭의 등 II>는 등을 돌리고 서 있는 수병의 사진이다. 이 "수병은 해군복 바지에 흰색 군모를 쓴 채 한 손을 허리춤에 찔러 넣고 있다. 짧게 친 머리에 어깨는 넓고 남자 같다." 그런데 바로 옆 <재키 II>는 정면의 재키를 보여주는 사진이다. "카키색 군복 바지 차림으로 군복 티셔츠를 머리 위로 벗는 중인 재키의 얼굴은 일부분이 가려졌지만, 드러난 몸의 가슴 때문에 '여자'라는 점이 충분히 드러난다." (『남성성』, 70) '여자'임이 충분히 드러나지만 작은 가슴과 근육질의 몸은 재키를 모호하게 만든다. 이 두 사진 속의 인물들인 잭과 재키가 동일 인물임을 깨닫는 순간, 우리는 젠더 모호성, 혹은 여성으로 태어난 몸의 남성성을 시각적으로 경험하게 된다. 여성의 몸에 있는 남성성을 시각적으로 확인하는 것이다. 캐서린 오피 또한 백숏backshot을 활용해서 성별을 판독하기 힘든 사진들을 전시했다. 그러나 오피는 사진의 몸을 레즈비언이라고 분명히 밝힘으로써 여성의 남성성에 실질적으로 주목하게 만든다. 핼버스탬은 그레이스와 오피의 사진들을 통해 여성의 몸으로 태어난 '남성성'에 대한 논의를 시작하고, 남성성이 남자들만의 전유물이 아님을 보여주고자 한다.

핼버스탬은 여성의 남성성 재현으로서 존 레드클리프 홀의 자전적 소설인 『고독의 우물』을 좋은 사례로 꼽는다. 1928년에 출판된 이 소설은 레즈비어니즘의 고전으로 알려져 있지만, 사실 핼버스탬은 레즈비언 재현의 계보에 이 책을 두고 싶어 하지 않는다. 그 이유는 소설의 주인공인 스티븐 고든이 여성을 좋아하는 여성임을 거부하진 않지만, 그렇다고 레즈비언들이 일반적으로 바라는 무성asexual에 가까운 섹슈얼리티를 표현하고 있지는 않기 때문이다. 홀은 스티븐 고든이 '남성적인 여성'의 몸으로 그리고 '남성적인' 방식으로 여자에 대한 욕망을 품고 있음을 보여준다. 고든은 자신이 여성의 몸으로 태어났음을 인정하지만, 공들여 제작한 남자 옷으로 남성적인 젠더를 표현하려 최대한 노력한다. 고든은 연인의 처녀성을 어떻게 빼앗았는지에 대한 상황을 자세히 묘사하기도 하며, 또한 그렇기에 그의 연인 또한 자신을 레즈비언으로 동일시하지도 않는다. 이는 연인이 고든을 여성으로 욕망하지 않는다는 의미이다. 요컨대 둘의 관계에서 볼 수 있는 것은 남자가 아닌 여자의 몸에 있는 남성성이다.

『고독의 우물』 출판 이후 많은 비평가가 이 문제적인 텍스트를 분석한다. 그들 중 테레사 드 로레티스는 고든의 몸이 남성적이라 하더라도 남자는 아니기에, 남성적인 방식으로 주체의 욕망을 품기에는 '부적절'하다고 주장한다. 그러나 핼버스탬은 이에 대해 남자의 몸이 아니라고 해서 왜 남성적인 방식으로 욕망하지 못하는지를 반문한다. 남성적인 방식은 오로지 남자로 태어난 몸에만 허용되는 전유물이 아니다. 핼버스탬에게 드 로레티스의 분석은 '남성성'과 '남자'의 '본질적인' 관계를 강화하는 시도가 된다. 핼버스탬은 홀이 자전적으로 표현한 고든을 포함해서 '여자 남편'으로 잘 알려진 앤 리스터, 남성적인 경찰 제복을 입은 첫 여성 경찰관 로버트(메리) 앨런 등의 사례에서 남성적인 '여성'의 몸이 '남성적인' 방식으로 욕망을 품기에 더 적절하다는 사실을 주장하고 있다.

홀이나 홀의 인물인 고든, 리스터, 메리 앨런 등 위에 제시된 인물들 외에도, 핼버스탬은 다양한 형태의 젠더 이탈적 욕망의 예를 제시한다. "남자라고 생각했지만 남자 행세를 하려고 하지는 않는" 사례, "페니스를 갖고 싶다는 욕망을 말하면서도 남자가 되고 싶지는 않다는" 사례, "남자라고 생각하고 여자들을 만나 결혼을 하고 딜도를 이용해서 남성 정체성을 유지하는" 사례, "경찰 직업에 종사하고 경찰복을 입는 것으로 남성성에 대한 갈망을 충족하면서 여성적인 여자와 관계를 갖는" 사례 등등, 핼버스탬의 아카이브에 '남성적인 여자'들의 부류는 매우 다양하다. 이러한 사례들을 통해 핼버스탬은 여성의 남성성이 결코 남성의 남성성에 대한 모방적 아류가 아니며, '남성성'이란 서로 간의 상호 관계에 따라 구성되고 수행될 뿐임을 강조하고 있다(『남성성』, 152-62).

고잉 가가going gaga: 정상성의 종말을 고하는 퀴어 가족

일리노이에 수학과 교수로 일하게 된 아버지를 따라 18세에 영국을 떠나 미국에 정착하게 됐을 때 핼버스탬은 잠시 레코드 가게에서 일했다. 그곳에서 밴드 음악을 듣기 시작한 핼버스탬은 데이비드 보위와 같은 젠더 규범 안에서 일탈적 인물로 여겨진 가수들에 대해 특히 관심을 보였다. 그가 관심을 보인 데이비드 보위와 프린스, 그리고 레이디 가가는 모두 젠더 유동성을 상징하는 몸을 보여준다는 공통점이 있고, 동시에 고급문화의 범주에 있지 않다는 공통점 역시 있다. 핼버스탬은 인터뷰에서도 극소수만 읽을 책을 쓰는 것보다 대학을 다녀본 적이 없거나 가지 않는 사람들이 읽을 책을 쓰는 것, 그리고 그들이 있는 곳에 가서 직접 소통하는 것을 선호한다고 밝힌 바 있다. 아카데미의 엘리트주의를 거부하는 그는 대중문화나 하위문화에 관심을 가지고, 젊은 세대들의 탄력적인 젠더 수용이 반영되는 다양한 대중매체를 분석하고 발표한다. 그의 『가가 페미니즘』[5]은 미국 대중음악의 아이콘이 된 레이디 가가의 이름을 따서 소위 '미치는 것'(고잉 가가)이 어떻게 이성애 핵가족의 '정상성'에 종말을 고하고, 대안적 '친밀성'의 관계로서 퀴어 가족을 제시할 수 있는지를 흥미진진하게 제시하고 있다.

핼버스탬은 레이디 가가뿐만 아니라 리한나, 니키 미나즈 등 젊은 미국의 여가수들이 미디어의 산물이지만 동시에 미디어를 조직해 내는 데 적극적으로 가담하고 책임진다는 점에서 새로운 페미니즘의 주체가 될 수 있다고 본다. 이들 중에서도 레이디 가가는 젠더 규범을 이탈하는 이미지를 표현하는 데 있어서 독보적이었다. 2008년 미국 대중 음악계에 혜성처럼 등장한 레이디 가가는 2011년 MTV 비디오 뮤직 어워드에서 매우 대담한 퍼포먼스를 펼쳤다. 가가는 가상의 남자 친구 조 칼데론 드랙을 하고 나타났다. 가가의 파격적인 드랙 퍼포먼스에 대해 주류 음악 평론가들이 어리둥절해하고 있을 때, 가가의 팬클럽은 "최첨단

5) J. 잭 핼버스탬, 『가가 페미니즘』, 이화여대 여성학과 퀴어 LGBT 번역 모임 옮김, 이매진, 2012. 앞으로 이 책의 인용은 괄호 안에 『가가』와 쪽수로 표기함.

행위 예술이자 모험"이라면서 열광했다(『가가』, 13). 학계에서의 반응은 더욱 극명한 차이를 보인다. 수전 팔루디는 핼버스탬이 콘퍼런스에서 '가가 페미니즘'의 아이디어를 공개했을 때 매우 비호의적이었다. 그녀는 가가에 대해 그저 마돈나를 반복하는 "우스꽝스러운 외모에 저급한 팝송을 부르는 금발 여성"이라고 비판했고, 그런 가가를 지지하는 핼버스탬에게는 "스포츠머리에 남자 옷을 입는 주디스 '잭' 핼버스탬"이라고 비아냥댔다(『가가』, 36). 여기에 더해 1990년대 페미니스트 아이콘이 된 카밀 팰리아는 레이디 가가에 대해 "멍한 눈의 인터넷 클론 세대를 사로잡은 따라쟁이"에 불과하다며 저평가했다(『가가』, 38).

흥미롭게도 팔루디와 팰리아 등의 페미니스트들이 가가를 새로운 페미니즘의 아이콘으로 인정할 수 없는 근거는 가가가 수행하는 젠더의 '경계 위반' 측면이다. 드랙 퍼포먼스로 보여주었듯이 가가는 성별 구분을 모호하게 하는 것을 즐길 뿐만 아니라, 규범화된 성 역할 역시 가볍게 무시한다. 팔루디는 '가가 페미니즘'을 들고나온 핼버스탬을 포함해 후배 페미니스트들이 '여성의 경험'을 배제하고 있고, '여성'과 '남성'이라는 범주 자체를 무시함으로써 페미니즘을 해체 위기에 놓았다고 비판한다. 그러나 핼버스탬은 여성과 남성의 성 역할을 전도하는 바로 그러한 측면 때문에, 가가야말로 시대의 좌절과 욕망을 지지하는 아이콘으로서 새로운 페미니즘의 상징이 될 수 있다고 지지한다. 팔루디는 젠더 규범을 무시하는 가가와 그 가가를 지지하는 핼버스탬을 '페미니즘의 모친살해'라며 비판하지만, 핼버스탬은 오히려 가가를 통해 동시대 페미니즘과 젊은이들을 이을 수 있다고 강력히 주장한다. 그렇다면 핼버스탬이 특히 주목한 가가의 뮤직비디오 <텔레폰>의 주인공 가가와 비욘세는 팔루디가 제안하는 백인 중심의 자유주의적 엄마-딸 관계에 대해 어떤 대안적 관계를 제시할 수 있을까?

가가의 뮤직비디오 <텔레폰>의 배경은 여자 감옥이며, 부치 교도관이나 트랜스베스타잇 수감자 등 퀴어의 '부정적 이미지'로 가득 차 있다. 일상 속에서 '전화'를 둘러싼 전통적 젠더 개념에 따르면, 여성은 언제나 인내심을 가지고 전화를 기다리는 쪽이고, 남성은 언제 어디서 버튼을 누를지 결정하고 능동적으로 전화를 거는 쪽이다. 그러나 <텔레폰>에서 가가와 비욘세는 이런 전통적인 젠더 규범을 거부한다. 그들은 반복적으로 "그만 전화해stop calling"를 외치며, 왜건wagon을 타고 다니며, 살인에 연루돼 도망 다니는 '드센' 언니들을 연기한다. 핼버스탬은 가가의 뮤직비디오에서 부치나 트랜스 등의 다양한 젠더 이탈의 이미지들이 대중적으로 소비되는 것에 주목하기도 하지만, 그보다는 "반-결혼anti-marriage 성향의 난잡함"을 지지하는 페미니즘, 안락함을 찾는 대신 저항과 변형을 요구하는 페미니즘의 모델을 찾을 수 있다고 본다(『가가』, 109-111). <델마와 루이스>가 백인 이성애 가족주의 틀 안에서 폭력에 저항하여 맺은 자매애를 보여주었다면, <델마와 루이스>를 오마주하는 <텔레폰>은 인종, 계급, 젠더, 섹슈얼리티, 모든 측면에서 소위 정상성이라 여겨지는 경계들을 가로지르는 '새로운' 형태의 자매애 혹은 '친밀성'을 너무나 대중적인 방식으로 제시해 준다.

<텔레폰>이 젊은 세대들을 타깃으로 하는 매체라면, <니모를 찾아서>와 같은 애니메이션은 아이들의 교육과 오락을 위해 부모가 함께 보는 소위 '가족 영화'이다. 이 애니메이션은 미국뿐만 아니라 전 세계의 가족들이 관람한 인기 영화이기도 하다. 그런데 핼버스탬은 도리와 말린의 관계에서 이성애 가족을 대신하는 새로운 '퀴어 가족'과 퀴어 문화의 가능성을 본다. 그는 아빠 말린이 니모를 찾아 바다를 헤엄칠 때

만난, 건망증에 걸린 도리에 특별히 주목한다. 핼버스탬이 보기에 도리는 퀴어한 '부치'의 방식으로 니모 찾기를 돕는다. 엘런 디제너러스가 목소리 연기를 한 도리는 건망증 때문에 기억하는 게 많지 않지만, 글을 읽고, 고래와 이야기도 하고, 호주로 향하는 해조수를 따라갈 줄도 안다. 도리는 건망증이라는 무기 아닌 무기로 특이하고 '이상하게' 행동한다.

주목하다시피, 유괴된 니모를 찾는 과정에서 도리와 말린은 전형적인 아버지와 어머니 혹은 남자와 여자의 관계를 맺지 않는다. 애초에 니모의 어머니가 아닌 도리는 말린의 니모를 찾는 과정에서 일반적인 여성의 모습이 아닌, 새로운 형태의 '여성됨'을 제시해 주고, 말린과 함께 양육의 다른 형태, 로맨스의 다른 형태를 명확히 보여준다. 엄밀히 말해 말린과 도리 사이에는 흔히 기대되는 이성애적 로맨스가 없다. 핼버스탬이 보기에 주류영화의 로맨틱 코미디와 가족 영화 대부분이 백인 이성애 가족구조라는 틀에 머물러 있다면, 도리와 말린, 그리고 니모는 이성애 정상 가족 관계를 형성하지 않는다. 퀴어한 부치 도리로 인해 말린과 니모, 그리고 도리는 새로운 '친밀성'의 관계를 만들어낸다.

핼버스탬이 대안적인 퀴어 가족의 모습을 보여주는 사례로 제시한 또 다른 이야기는 2009년에 개봉된 애니메이션 <판타스틱 미스터 폭스>이다. 이 영화는 미스터 폭스, 아내 미시즈 폭스, 아들 애시, 애시의 사촌 크리스토퍼슨으로 구성된 한 여우 가족의 이야기다. 미국의 대부분 가정에서 흔히 볼 수 있는 로알드 달의 소설 중 하나를 이용한 애니메이션이다. 영화는 세 명의 나쁜 농부들과 농부들보다 한 수 앞서려는 꾀 많은 여우의 이야기가 기본 줄거리이다. 아내의 눈을 속이고 몰래 농장주들의 닭을 성공적으로 절도하는 미스터 폭스의 '남성적' 모험으로 영화는 시작된다. 이 남성적 모험의 이야기가 폭력이 난무하는 싸움터의 이야기로 채워진다면, 핼버스탬의 관심을 끌지 않았을 것이다. 흥미롭게도, 미스터 폭스가 농장주들에게 쫓기다가 꼬리를 잃은 순간 이야기는 남성성의 이야기가 아니라, 젠더 유동성의 서사로 뒤바뀐다. 어떻게?

풍성한 남성의 상징이라 할 수 있는 꼬리를 잃었을 때, 미스터 폭스는 꼬리 없이 사는 법을 즉흥적으로 배워 나간다. 팰러스phallus를 상징하는 꼬리를 잃었어도 무력해지거나 낙담하지 않는다. 꼬리를 잃은 미스터 폭스에 대해 미시즈 폭스는 아들 애시에게 다음과 같이 말한다. "우리는 모두 다르단다. 특히 아빠는. 그래도 다르다는 건 판타스틱한 일이잖니?" 영화 전체에서 미시즈 폭스의 이 말은 매우 강력한 의미를 지닌다. 이는 남성성 같은 것을 추구하지 않고 수줍어하며 숨기 좋아하는 '계집애 같은' 소년인 아들 애시에게 하는 말이기에 더욱 의미 있다. 미시즈 폭스의 이 말에서 '꼬리를 상실한 미스터 폭스'(남성성의 부재)와 '사내아이답지 않은 아들'(젠더 규범의 일탈)의 '다름' 혹은 '비정상성'은 '판타스틱한' 것이 된다. 이 말의 영향이었을까? 아들 애시는 극도의 위험한 장애물에도 불구하고 누구의 도움도 없이 미스터 폭스의 꼬리를 되찾아 줄 수 있었다. 되찾은 꼬리는 미스터 폭스의 엉덩이에서 '탈부착'이 가능해진다. 하하! 핀으로 언제든 떼었다 붙였다 할 수 있는 '탈부착' 꼬리라니! 여기서 핼버스탬이 주목하는 것은 만일 꼬리를 잃어보지 않았다면 미스터 폭스는 '계집애 같은' 아들 애시를 받아들이기 힘들어하지 않았을까 하는 점이다. 꼬리를 잃어본 후, 여우 가족은 새로운 삶과 사랑의 방식을 배우게 된 것이다.

핼버스탬은 '탈부착'이 가능해진 꼬리처럼 젠더 범주도 제멋대로 전개되는 새로운 세상을 상상한다. "젠더 유동적인 멋진 신세계를!" (『가가』, 151) 이 신세계에서는 '전화'를 둘러싼 성 역할도 가볍게 전도되고, 부치 엄마와 새롭고 친밀한 관계를 형성할 수도 있다.

트랜스* 페미니즘

헬버스탬은 최근 "페이스북에 올라온 정체성 리스트"에 '비젠더화 ungendered(젠더 이분법을 거부하거나 이분법에서 배제된 사람을 의미할 때 사용되는 비교적 최근의 용어)'라는 이름을 포함해서 "51가지가 나열"되어 있다고 설명한다(Trans*, 6). 이 리스트를 보면서 누군가는 "참 다양한 성향과 이름이 있구나!" 하고 놀랄지도 모른다. 그러나 51가지로 모든 성/젠더 다양성을 표현할 수 있을까? 헬버스탬은 그렇지 않다고 본다. 그러한 범주에서 여전히 미끄러지는 누군가 있을 수 있다. 범주에 속하지 못한 누군가는 좀 더 세분된 이름이 생기기를 원할 수도 있다. 그러나 또한 어떤 특정 범주에 속한다고 해서 안정적이기만 할까? '모호한 젠더'에 대해 정확한 이름을 부여받기를 강력히 원했던 사람도, 정작 이름이 생기면 이름이 없었을 때만큼이나 위험에 처할 수 있다. 그 이름이 만일 젠더 이분법을 벗어난 이름이라면 말이다. 트랜스포비아 관련 범죄가 자주 발생하는 사실이 이를 증명한다. 그래서 어떤 이는 다시 '명명 불가한the unnameable' 공간에 남아 있기를 원할지도 모른다. '이름' 혹은 '명명naming'은 이렇게 트랜스*를 딜레마에 처하게 한다.

헬버스탬은 이와 같은 딜레마를 '이행성transitivity'의 정치로 풀어보려 한다. 이행성으로서의 '트랜스*'는 젠더 혹은 트랜스젠더의 '탈규범화'를 뜻한다. 앞서 지적했듯이 트랜스라는 이름을 얻었을 때, 예를 들면 '트랜스 남성'이든 '트랜스 여성'이든 그러한 이름으로 불리는 순간 또 다른 많은 범주를 배제하는 결과에 이르게 된다. 핼버스탬이 보기에 '트랜스 남성'이나 '트랜스 여성'이란 이름이 인정되고 수용되는 과정 중에, 인종과 계급의 측면에서 특권화되는 쪽과 범죄화의 그늘로 쫓겨나는 쪽이 생긴다. 즉 인종, 계급, 섹슈얼리티, 그리고 젠더가 교차하면서 발생하는 안전과 건강의 문제는 트랜스 남성보다 트랜스 여성, 그리고 백인 트랜스보다 유색인 트랜스를 더욱 취약한 상태로 몰아넣는다. 특히 핼버스탬은 아프리카계 혹은 라틴계 '유색인 트랜스 여성'에게 성 노동이 종종 "디폴트" 되는 현실을 지적한다(Trans*, 44). 이와 같은 현실 앞에서 핼버스탬은 '이행성'을 트랜스*의 성격으로 규정함으로써, 최종적이고 궁극적인 '젠더 정체성'이란 것을 인정하지 않고 그러한 이유로 '젠더 정체성'에 의한 차별 역시 반대한다.

트럼프 당선 이후 SNS에 성차별주의, 여성 혐오, 그리고 트랜스 혐오가 성행하고 있는 상황에서 이러한 혐오에 대해 어떻게 대항할지를 살피는 일은 매우 시급해졌다. 핼버스탬은 1980년대 자신의 '남성성'을 포용하는 과정에서 당시 페미니즘과 결별할 수밖에 없었지만, 여성혐오와 트랜스혐오가 만연한 현재의 세상에서는 공동의 대응이 필요하다는 사실을 인정한다. 아이러니컬하게도 현재 트랜스젠더 운동의 가장 중심에 트랜스섹슈얼 여성과 백인 페미니스트들의 대립이 있다. 핼버스탬도 지적하다시피, 쉴라 제프리스나 매리 댈리와 같은 급진 페미니스트들이 트랜스 여성들에 대해 적대감을 표현하며 많은 독자에게 영향력을 행사하고 있는 상황에서 트랜스와 페미니스트 그룹들 사이 어떤 연합을 형성하는 일은 쉽지 않다. 하지만 최근 핼버스탬은 반-트랜스 페미니즘이 생산한 반동적 입장을 허물어내고 긍정적인 트랜스젠더 프로젝트를 만들고자 한다.

트랜스*와 페미니즘이 어떻게 만날 수 있을지에 대해 핼버스탬은 미국의 인기 드라마 <트랜스부모>의 한 장면에서 그 가능성을 발견했다고 한다. 2014년부터 시리즈물로 방영되고 있는 이 드라마는 기존의 트랜스를 다룬 드라마나 영화와 달리, 트랜스를 단순히 폭력의 희생자, 공동체의 아웃사이더로 그리지 않는다. 즉 현실 속에서 평범한 삶을 살아가는 트랜스의 삶을 그리는 것이다. 특히 핼버스탬이 이 드라마에서 주목한 에피소드는 주인공 가족이 '여성 음악 축제'에 참가한 이야기이다. 트랜스 여성인 아버지 모라Maura와 레즈비언 딸들은 '여성 음악 축제'에 가서 매우 흥겨운 시간을 보낼 준비가 되어 있다. 그런데 축제 장소에 도착하고서야 '여자 몸으로 태어난 여자'만이 출입할 수 있다는 사실을 알게 된다. 이 축제는 실제로 1970년부터 2015년까지 개최되었던 '미시간 여성 음악 축제MWMF'를 상기시킨다. 주지하다시피, 1990년대 트랜스 혐오가 만연할 무렵 발생한 갈등, 축제 조직위원들과 트랜스 여성 사이의 충돌에서 생겨난 분노는 축제의 생생한 역사로 남아 있다. 이 갈등에 연루된 트랜스 여성과 비슷한 상황을 보여주듯, 모라는 관습적인 성 정치로 말미암아 자신이 여성으로 인정받지 못한다는 사실에 배신감을 느끼고 그곳을 떠나는데, 이때 시스 젠더 여성 비키Vicky를 만난다. 트랜스 여성과 '여자로 태어난 여자'의 이 즉흥적인 만남은 매우 새롭고도 친밀한 관계를 만들어낸다. 둘은 서로 다른 육체를 가지고 새로운 방식으로 성적인 조우 장면을 만든다. 핼버스탬은 그 두 몸의 만남이 여자와 남자로 단순히 환원되지 않는 "새로운 관계"를 보여준 "매력적인 장면"이 될 수 있다고 본다(Trans*, 113). 그는 트랜스 활동가와 페미니스트 사이의 갈등에도 불구하고, 트랜스 여성과 시스 젠더 여성이 고정된 성/젠더 규범을 벗어나 그들만의 새롭고 친밀한 관계를 형성할 수 있다는 긍정적인 비전을 포기하지 않으려 한다.

최근 저서 『트랜스*』에서 핼버스탬은 몸을 "집"에 비유하는 것에 저항한다(Trans*, 131). 젠더 정체성과 관련해서, 그에게 몸이란 잠시 머무는 곳일 뿐이다. 몸은 영원히 '이행' 상태일 것이며, 남자로 혹은 여자로 환원되지 않는다. 그래서 핼버스탬에게 미래는 트랜스젠더이다. 고정되지 않고, 영원히 이행 중인 트랜스젠더!

참고 문헌

수잔 스트라이커, 『트랜스젠더의 역사』. 이매진. 2016.

잭 핼버스탬, 『가가 페미니즘』. 이매진. 2012.

__________, 『남성의 여성성』. 이매진. 2015.

Halberstam, Judith, *Trans**, California, U of California P. 2018.

Williams, Jeffrey J. "The Drag of Masculinity: An Interview with Judith "Jack" Halberstam." *symplokē* 19.1-2 (2011): 361-380.

줄리아 크리스테바
Julia Kristeva

타자성·반항·자유

임현주
고려대학교 대학원에서 영문학 박사학위를 받았다.
현재 광운대학교에서 강의하고 있다.

이 글의 원문은 『여/성이론』 7호(2002)에 실려있다.

줄리아 크리스테바: 타자성 · 반항 · 자유

> 낙오되지 않으려면 자신의 존재를 부지런히 알려야 한다. … 나도 지금 의자를 넘어뜨려야겠다. 그래야 아래층에 사는 사람이 내가 살아 있음을 알 테니까.
>
> —버지니아 울프, 「V양의 미스터리」

의자라도 넘어뜨려 자신의 존재를 알리려는 작은 몸부림에서 발견하게 되는 작은 진실은 우리의 현존이 철저하게 타자의 존재에 의존하고 있다는 점이다. 타자에 대한 인식과 자아 형성에서 타자가 차지하는 중요성 그리고 우리 안의 타자성에 대한 인식이야말로 우리 자신에 대한 인식의 첫걸음이다. 이와 같은 인식은 플라톤 이래로 서구 형이상학 역사에서 중심을 차지해 온 남근이성중심주의phallogocentrism에 대한 서구 내에서의 자기반성적 비판과 일맥상통한다. 또한 인간의 정신세계에서 무의식이 차지하는 중요성에 대한 프로이트의 발견과 데카르트적 사고 주체에 대한 믿음의 상실은 중심으로부터 배제되어 온 주변부의 요소들, 특히 타자성에 주목하게 한다.

현재 프랑스에서 문학/문명 비평가, 기호학자, 정신분석가로 활동하고 있는 크리스테바는 이와 같은 타자성의 문제에 대해 집중적으로 연구해 왔다. 그녀에게 타자성은 여성으로, 때로는 언어에서의 이질성으로, 또 한편으로는 인간의 무의식적 충동으로 표현된다. 1970년대에 롤랑 바르트는 크리스테바가 "사물의 위치를 바꾸"고 "항상 최근의 선입관을 파괴"하며 "권위, 단선적인 과학의 권위를 전복한다"고 평했다.[1] 바르트의 지적에서 볼 수 있듯이, 크리스테바의 타자성에 대한 연구는 기존의 사고에 충격적 물음을 던지는 반항 정신의 소산이다. 그녀가 보여주는 반항 정신은 소쉬르의 언어학에 대한 비판적 작업인 기호학과 프로이트의 무의식에 관한 연구에 기초한 정신분석학적 작업에서 분명하게 드러난다. 그녀가 보여주는 반항과 그것이 지니는 함의가 우리에게 어떠한 의미를 지닐 수 있는지에 대한 물음을 그녀가 해온 작업을 개괄해 나가면서 생각해 보고자 한다.

> 시간이란 작은 사물들과 꿈들과 욕망들의 사랑인 것이다
>
> –『무사들』

크리스테바는 1941년 불가리아에서 태어나 어린 시절 프랑스 유치원에 다니고 프랑스어를 배우며 프랑스 문명을 접할 수 있었다. 1965년 크리스마스 이브에 프랑스에 온 크리스테바는 계속 프랑스에 남게 되었는데, 이는 바로 골드만과 바르트와 필립 솔레르스와의 만남과 『텔 켈 *Tel Quel*』 지에 참여하면서 느낀 프랑스의 지적 분위기에 기인한 것이었다. 특히 1965년에서 1968년은 크리스테바에게 "지적 혼란과 흥분의 시기"였다.[2] 그녀는 자신이 체험한 프랑스의 지적 분위기와 1965년에서 1990년에 걸치는 세월 동안 경험했던 지적 갈등과 이론의 발전과 퇴조 과정을 자전적 소설인 『무사들*Les Samourais*』(1990) 에서 "주관적이고, 미시적이며, 윤리적"으로 묘사하고 있다.[3] 크리스테바는 『무사들』에서 자신을 올가 모레나라는 여성과 정신분석가 조엘 카바뤼스로

1) Toril Moi, *Sexual/Textual Politics: Feminist Literary Theory* (London & New York: Routledge, 1985), p.150.
2) Julia Kristeva, *Julia Kristeva: Interviews*, edited by Ross Mitchell Guberman(New York: Columbia UP, 1996), pp.3-8.
3) *Ibid.*, p.244.

형상화하고 있다. 이 소설에서는 1968년 5월 파리 학생운동을 비롯한 1960년대 말에서 1990년대까지의 파리의 모습이 그대로 묘사되어 있다. 이 뿐만 아니라 그녀가 묘사하는 인물들 역시 실명은 거론되지 않았지만 묘사를 통해 누구인지 구분이 가능한 실재 인물들이라는 점에서 실화소설Roman à clef로 볼 수 있다. 그녀의 남편 필립 솔레르스는 물론이고 골드만, 바르트, 푸코, 데리다, 라캉 등의 인물들과 그들과의 관계와 지적 여정이 제시되어 있다. 바흐찐의 "대화주의dialogism"의 특징을 이루고 있는 세 쌍의 커플—올가와 에르베, 캐롤과 마르탱, 조엘과 그녀의 동료—은 지적 모험의 사회적 측면과 성적, 정치적 모험에 노출된 세대의 단면들을 보여준다. "다성적 구조polyponic structure"를 보여주고 있다고 크리스테바가 설명한 바 있는 이 작품은 그녀의 언어학적 분석과 여성주의에 대한 태도와 모성 체험과 정신분석학으로의 전환과 관련된 일련의 사건들로 구성되어 있다. 다시 말해 이 소설은 크리스테바가 그동안 발전시켜 온 이론들과 접목하여 자신의 삶 전반을 다시 재구성한 글쓰기라고 해도 과언이 아니다.4) 이와 같은 크리스테바의 창조적 글쓰기 작업은 이론적 글쓰기가 가지는 효과에 대한 일종의 실험이자 실천이며, 정신분석가로서의 자기 분석이며 동시에 자신만의 언어를 찾으려는 노력이다. 산타바라라는 도시를 배경으로 스테파니 델라쿠르라는 여성 인물 속에 자신을 투영하여 전개하는 일련의 소설들, 『노인과 늑대들*The Old Man and the Wolves*』(1994), 『포세시옹: 소유라는 악마*Possessions*』(1999), 『비잔틴 살인사건*Murder in Byzantium*』(2007)에서도 확인할 수 있는 것은 바로 추리 소설이라는 형식과 자신의 철학적, 정신분석학적 사유와 정치적, 역사적, 사회적 상상력의 결합을 실험하

4) *Ibid*., pp.248-49.

는 크리스테바의 창조적, 실천적, 윤리적 작업이다.

> 나는 기호들과 형태들에 매달렸고, 그것들은 나를 또 다른 기호들과 형태들로 인도했다.
>
> —『무사들』

크리스테바는 『언어, 그 미지의 것』(1969)에서 르네상스가 중세적인 "신의 예식"을 "인간의 예식"으로 바꾸어놓은 탈신화의 시대라면 오늘날에는 언어학이 "탈신화의 지렛대 역할"을 하는 것이라고 밝힌 바 있다.[5] 이 책에서 그녀는 언어활동으로서의 인간, 인간을 대신하는 활동으로서의 언어를 성찰하는 작업을 인간의 복합적이고 불명확한 영역에 과학을 끌어들이는 탈신비적 행위로 묘사한다. 또한 그녀는 언어학의 대상을 소쉬르의 『일반 언어학 강의』에서 중시한 랑그langue개념에서 개인적 발화인 빠롤parole로 이동시킨다. 다시 말해 동일한 구조를 지니는 언어 일반에 대한 관심에서 벗어나 언어의 이질적인 과정들이 실현된 공간으로서 말하는 주체speaking subject의 발화에 주목한다. 말하는 체계로서의 인간, 즉 말하는 주체들의 언어활동에 그녀가 관심을 기울이는 까닭은, 실제 이질적인 요소들로 구성된 언어활동이 소쉬르가 제시한 청각 영상과 개념의 결합에 의해 생겨나는 의미를 다루는 단일한 기호체계라는 한정된 언어와는 구별하려는 것이기 때문이다.

토릴 모이가 『성과 텍스트의 정치학*Sexual/Textual Politics*』(1985)에서 지적하듯이, 크리스테바에게 언어는 "단선적 체계라기보다는 복잡한 의미생성 과정"이다.[6] 따라서 크리스테바는 언어의 핵심인 기호에 관심을 기울이며, 정적인 용어인 의미보다는 의미작용에 더 주목한

5) 줄리아 크리스테바, 『언어, 그 미지의 것(*Le langage, cet inconnu*)』(1969), 김인환·이수미 옮김, 민음사, 1997, 10쪽.
6) Toril Moi, *Sexual/Textual Politics*, p.152.

다. 그녀는 이제 의미작용이 속하는 보다 더 포괄적인 학문인 기호학 seriotique에 초점을 맞춘다. 그녀의 기호학이 언어학의 중심 구조로부터 벗어나 언어의 이질성과 의미 생성화에 주목하는 것은 일종의 구조주의에 대한 비판이며 이러한 비판이 가지는 혁명성은 특히 『시적 언어의 혁명*Revolution in Poetic Language*』(1974)에 잘 제시되어 있다.

정신분석학과 마르크스주의를 연결하려는 시도가 눈에 띄는 『시적 언어의 혁명』에서 크리스테바는 언어를 구성하는 의미 생성화의 두 양태로 기호계the semiotic와 상징계the symbolic를 설정한다.7) 이는 라캉의 상상계와 상징계를 환치시킨 것이다. 그녀에게 의미생성화는 바로 기호계와 상징계의 역동적인 상호작용에 의해 가능해진다. 크리스테바는 라캉이 상상계라고 부른 단계를 기호계라고 칭하고 법, 언어, 사회적 질서인 상징계에 대립시킨다. 크리스테바의 기호계는 라캉의 거울 단계 이전에 발생하며, 전前오이디푸스 단계에 해당하는 일차적 과정으로 육체적인 것이며, 주체가 언어에 진입하기 이전, 즉 상징계에 진입하기 이전에 이루어지는 언어의 출발 지점이다. 크리스테바는 이 단계를 플라톤의 『티마이오스』에서 빌어온 코라chora라는 용어를 통해 설명하고자 한다. 그녀는 현대 언어학의 엄격하고 폐쇄적인 구조와는 달리 파열적이고 이질적인 차원을 코라로 설정하고 있다. 코라는 "유동적이고 모순적이며 통일성이 없고 분리/분할이 가능한 것으로 음절 이전의 것, 단어 이전의 것"이고 "무정형의 것"이다.8) 또한 "유동적이고 불안정한 원초적인 수용체로서, 유일자와 부성은 물론 음절 형성에까지도 선행하는 것으로, 은유적으로 표현하면 유모 같은 존재, 모성적인 존재"이다.9)

---

7) Julia Kristeva, *Revolution in Poetic Language*, trans by Margaret Waller(New York: Columbia UP, 1984), p.24.

8) *Ibid.*, p.239.

9) 줄리아 크리스테바, 『사랑의 정신분석(*Au commencement était l'amour*)』(1985), 민음사, 1999, 18쪽.

따라서 크리스테바는 “사회적 관계를 규정하는 상징적 법과 태아적 주체를 매개하는 수단이며, 기호계적 코라를 질서 짓는 원칙”이 되는 모성적 육체를 강조하게 된다.[10] 결국 기호계적 코라는 여성적인 것과 밀접한 관계를 지닌다.

아이와 아이의 원초적 사랑의 대상인 어머니와의 관계, 그리고 그 관계의 그물망이 짜이는 최초의 터인 모성적 육체와 전오이디푸스 단계의 기호계적 코라의 경험은 오이디푸스 이후에도 계속되는 경험이다. 왜냐하면 기호계적 요소는 상징계 이전의 상태를 의미하지만, 상징계적 제한을 받고 상징계 역시 기호계 없이는 불가능하기 때문이다. 결국 크리스테바에게 의미 생성은 상징계적 질서만으로 이루어지는 사회적 규범이 아니라 상징계적 법과 그 법을 위반하는 기호계 사이의 변증법에 의해 가능해지는 것이다. 이러한 기호계적 위반은 새로운 주체 형성과 의미 생성의 조건으로서 중요성을 지닌다. 그녀에게 새로운 의미화 과정은 끊임없는 “기호계의 유입을 통해서” 상징적 질서를 새롭게 할 때 이루어진다.[11] 따라서 예술 특히 시에서 볼 수 있는 상징계의 파괴와 기호계적 실천 행위는 “상징적 법을 혁신할 목적으로 그 법을 위반하는 것과 더불어 그 법을 받아들이는 것을 의미”하며, 이는 위반의 순간이 지니는 중요성을 강조하는 것이다.[12]

뿐만 아니라 크리스테바가 기호 수립에 선행하는 기호계의 동적인 기능을 기호 체계로서의 언어에 의존하는 상징적 작용과는 구별되는 것으로 보고, 기호계의 동적 과정을 조직하는 기능들의 발생과 관련되는 상징 이전의 기능이라는 다른 장면, 즉 무의식적 충동/리비도를 강조

10) Julia Kristeva, *Revolution in Poetic Language*, p.27.
11) *Ibid.*, p.62.
12) Julia Kristeva, “The System and the Speaking Subject,” in *The Kristeva Reader*, edited by Toril Moi(New York: Columbia UP), 1986, p.29.

하는 것은 라캉에 대한 비판으로 볼 수 있다. 라캉은 아버지의 개입과 오이디푸스 콤플렉스와 거세 콤플렉스를 극복함으로써 아이는 아버지의 법을 받아들이고 상징적, 문화적 영역인 상징계로의 진입이 가능하게 되고, 그 상징적 질서를 받아들임으로써 언어적 주체가 되는 것으로 본다. 즉, 라캉에게 주체 발전이 이루어지는 상징계로의 진입은 거울 단계와 거세의 발견을 통해서이다. 이러한 주체 형성 과정의 결과가 바로 언어 습득이다. 반면에 크리스테바는 라캉의 해석에서 빠졌다고 생각하는 부분, 즉 전오이디푸스적 흔적에 주목하며, 이 흔적을 기호계로 설명한다. 그녀는 기호계적 코라를 "어머니와 아이의 공생의 리듬, 억양, 반향언어증echdlalias"이라고 가정한다.[13] 어머니와 아이의 공생의 리듬은, 어머니와 아이가 공유하는 육체적인 공간에서 비롯된 것으로 라캉의 거울 단계 이전에 발생하며, 전오이디푸스 단계에서의 기호적 관계를 표현하는 육체적인 것이다. 그녀에게는 "전오이디푸스적 충동이야말로 의미화를 생산하는 물질의 끊임없는 분열이며 항상 부재중인 주체가 만들어지는 장소"인 것이다.[14]

크리스테바의 주체 이론에 따르면, 주체는 통일된 완결체일 수 없으며, 그 주체가 산출하는 의미화 체계 역시 필연적으로 기호적 요소와 상징적 요소의 역동적인 상호작용에 의해서 산출된다.[15] 따라서 크리스테바에게 주체는 데카르트적 주체가 아니라, 근본적으로 초월적 자아로부터 탈중심화 되어 있고 분열되어 있으며, 언제나 "과정/시험 중에 있는 주체"이다.[16] 따라서 그녀는 사회 규범으로서의 언어보다는 언제

13) Julia Kristeva, *Desire in Language: A Semiotic Approach to Literature and Art*. Edited by Leon S. Roudiez, trans by Thomas Gora, Alice Jardine, and Leon S. Roudiez(New York: Columbia UP, 1980), p.157.
14) Julia Kristeva, *Revolution in Poetic Language*, p.167.
15) *Ibid.*, p.24.
16) *Ibid.*, p.63.

나 다양하고 무한한 의미창출이 가능한 과정 중의 주체에 주목한다. 또한 말하는 주체들이 쏟아내는 그 무수한 말들 속에 표출되는 유희와 욕망을 읽어내고자 한다. 쏟아져 나오는 말들에 내재한 유희와 욕망은 청자의 존재와 더불어 끊임없이 새로운 의미작용을 형성하게 된다. 그녀에게 담론은 담론을 듣는 청자로부터 의미를 얻게 된다. 이렇게 언어는 말하는 주체들의 언어 내부에 있는 욕망과 유희 그리고 또 다른 말하는 주체인 타자와의 관계 속에서 생성되는 이질적이고 복잡한 의미화 과정이다. 이때 언어는 더 이상 정적 구조로 이해될 수 없으며 생산적이고 역동적인 구조로 인식된다.

결국 그녀는 언어를 엄격하게 형식적 대상으로 간주하는 현대 언어학에 대한 비판으로서, 현대 언어학에서 빠져 있는 언어의 외재성/타자성/이질성인 기호계에 주의를 기울인다. 기호계를 기초로 해서 배타적으로 구성된 비언어적 의미화 체계들이 있다는 크리스테바의 언어 이론은 그녀의 주체 이론과 더불어 의미생성 과정을 밝히는 중요한 작업이다. 「체계와 말하는 주체The System and the Speaking Subject」에서 밝히고 있는 의미생성 과정에 대한 그녀의 언어 이론인 기호학은 체계화, 의사소통, 교환을 요구하는 사회적 법에 봉사하면서 동시에 사회적 규범을 새롭게 하는 부정성과의 연결을 회복시키는 언어의 생산성을 위한 작업이며 동시에 구조주의의 한계를 넘어서려는 시도로 볼 수 있다.

크리스테바는 언어를 동질적 구조로 바라보는 구조주의에 반대하며, 언어를 생산적 과정으로 만들어내는 언어의 이질적 힘들에 주목한다. 언어의 이질적인 힘들이 기호계적 요소들이며 언어의 타자성이다. 바로 이 기호계적 요소들이 상징계적 언어의 다양한 의미화를 가능하게 하는 선결 조건이 된다. 언어의 생산적 창조성을 가능하게 하는 필수불가결한 조건으로서의 언어의 이질성/타자성에 대한 관심은 사회계약으로서 규범에만 초점을 맞춘 기존 언어학의 한계를 극복하고자 하는 시도로 볼 수 있다. 결국 그녀의 기호학은 언어학의 중심성을 전복하고 언어의 주변성과 이질성에 주목하고 의미화 작용에서 중요한 역할을 할 수 있는 타자와의 관계를 강조한다.

크리스테바 자신이 바흐찐의 대화주의를 통해 얻어낸 말하는 주체의 중요성은 「단어, 대화, 소설Word, Dialogue & Novel」에 잘 제시되어 있다. 그녀는 "'문학적 단어'를 고정된 의미라는 하나의 점으로 보기보다는 여러 글들 사이에서 일어나는 대화, 즉 텍스트적 표면들의 교차an intersection of textual surfaces"로 본 바흐찐의 개념이 구조주의에 역동성을 부여한다고 주장했다. 또한 그녀는 "다가치적이고polyvalent 다양하게 결정되는multi-detenmined 시적 단어"와 "카니발적 담론Camnivalesque discourse"을 문법과 의미론에 검열되고 규제되는 언어의 법들을 위반하는 사회적 정치적 항의로 해석한다.17) 언어의 정치적이고 전복적 효과에 대한 주장에서 바흐찐과 같은 선상에 있는 그녀는 『시적 언어의 혁명』에서도 언어의 이질적 요소인 기호계의 유입이 잘 드러나는 아방가르드 문학에 대한 지지를 표명하며 "상호텍스트성inter-textuality" 개념을 도입한다.18)

『시적 언어의 혁명』에서 볼 수 있듯이 크리스테바의 기호학이 지니는 특이성은 정신분석학과 마르크스주의에 기초한 기호학이라는 점이다. 그녀의 기호학에서 중요시되는 말하는 주체와 말하는 주체의 발화행위에는 분명 정신분석학적 무의식과 충동과 욕망의 개념이 깊숙이 자리 잡고 있다. 이와 같은 정신분석적 개념은 마르크스주의에서 간과

17) Julia Kristeva, "Word, Dialogue & Novel," in *The Kristeva Reader*, pp.35-36.
18) Julia Kristeva, *Revolution in Poetic Language*, p.59.

하기 쉬운 개인의 심리와 욕망을 놓치지 않게 하고 또한 마르크스주의는 정신분석학이 간과하기 쉬운 사회, 역사적 영역에 주목하게 한다. 결국 그녀의 기호학은 의미 생성 작용에 주목하고 그러한 의미화는 개인의 욕망과 심리적 실재뿐만 아니라 그 개인의 사회, 정치적 상황 모두로부터 기인한다는 사실을 보여준다. 또한 『반항의 의미와 무의미』에서 『시적 언어의 혁명』의 주제는 바로 반항이라고 크리스테바 스스로 밝힌 바 있듯이,[19] 그녀의 기호학에 대한 연구 작업 자체가 보여주는 것은 그녀가 상징적 사회질서 안에 함몰되지 않고 그 질서에 저항하고 반항하면서 끊임없이 의미를 창출하는 말하는 주체로서 자유를 실천하는 행위이다.

> 그것[정신분석]은 수수께끼를 풀어가는 여행이었고 말들의 육체에로의 왕복운동이었다. 아주 드물게, 운이 좋으면 문제의 핵심을 정확하게 다루게 되는. 무엇을 다룬다는 말인가? 그것은 추억과 기쁨과, 갑작스럽게 느껴지고 변화하는 고통이다.
>
> – 『무사들』

『무사들』에서 조엘 카바뤼스는 수첩에 내밀일기라고 부를 만한 글을 쓰면서 스스로에 대한 정신분석을 해나간다. 그녀는 자신에게 글쓰기가 일종의 자기 분석적 정신분석학이고 해석 행위임을 인식한다. 그녀에게 글쓰기는 남편인 아르노와 대화가 단절된 상황에 대한 보상이며, 자신의 억압된 욕구의 탈출구이다. 또 한편으로 그녀는 그러한 글쓰기를 가득 담고 있는 수첩이 엄마를 필요로 하지 않는 자신의 딸 제시카의 대체물일 수 있다는 점을 인정한다. 다른 사람들의 말들과 정신 쇠약

19) 줄리아 크리스테바, 『반항의 의미와 무의미(*Sens et non-sens de la révolte*)』(1996), 유복렬 옮김, 푸른숲, 1998, 67쪽.

을 따라가면서 깊이 침투해 들어가게 되는 삶들 속에서 그녀는 자기 스스로도 경험한 파편화된 삶의 편린들을 다시 끼워 맞추고 싶은 욕구를 발견하는 것이 바로 자신의 정신분석적 작업임을 깨닫는다. 그녀에게 정신분석은 "수수께끼를 풀어가는 여행", "말들의 육체로의 왕복운동", "추억과 기쁨과 갑작스럽게 느껴지고 변화하는 고통"인 것이다.[20] 따라서 그녀는 고백적 일기에서 딸을 낳은 뒤 자신이 육체를 지닌 여성임을 망각하고 지내다가 자기 육체의 존재를 깨닫게 된 사건인 로맹 브레송(아르노의 조수)과의 만남과 사랑까지 기록한다.

조엘은 정신분석 치료를 통해 체험하게 되는 다양한 삶들과 자신의 삶과의 관련성을 다음과 같이 묘사한다. "문어발 조엘. 변화무쌍한 메두사. 개성이 없는 여자. 그 여자는 말들의 핀셋에서, 또 현실적 삶을 살고 있는 사람들의 중재에 의해서 기쁨을 느낀다. 그 결과 그녀의 기쁨이라는 것은 기분 속에 둘러싸여 있는 순전히 상상적인 것에 지나지 않는다."[21] 그러나 이와 같은 상상적 기쁨을 가능하게 하는 해석의 행위는 크리스테바에게는 반항을 의미한다.[22] 말하는 주체들인 타자들을 향해 다가가기 위한 "다족류多足類의 삶"이야말로 크리스테바 자신이 내리는 정신분석가로서 자신의 삶에 대한 진단일 수도 있을 것 같다.[23]

크리스테바에게 "정신분석의 대상은 전이와 역전이의 상황 속에 처해 있는 두 주체 간에 주고받은 말"이다.[24] 그녀에게 환자는 정신분석의 진정한 분석 주체이며 분석가 역시 분석 주체의 신뢰를 받는 또 다른 주체이다. 서로에 대해 "사랑의 감정을 함축"하고 있는 이 두 주체

20) 줄리아 크리스테바, 『武士들(*Les samourais*)』(1990), 홍명희 옮김, 솔, 1991, 94쪽.
21) *Ibid.*, p.194.
22) 줄리아 크리스테바, 『반항의 의미와 무의미(*Sens et non-sens de la révolte*)』, 28쪽.
23) 줄리아 크리스테바, 『武士들(*Les samourais*)』, 436쪽.
24) 줄리아 크리스테바, 『사랑의 정신분석(*Au commencement était l'amour*)』, 13쪽.

의 관계는 정신분석 과정 중에 전이를 통해 신뢰와 사랑을 회복하고, "억압된 것의 회귀"를 통해 분석 주체는 전오이디푸스 단계에 있는 기호계적 코라, 모성적 육체, 어머니와의 융합/주이상스를 체험한다.[25] 주이상스jouissance는 "나는 의미를 들었다j'oui sense"를 암시하는데,[26] 이는 분석 주체인 분열된 주체가 만들어 내는 의미를 분석가가 듣는 행위에 대한 또 다른 표현이다. 따라서 분석 과정은 분석 주체의 주이상스의 경험과 그 경험이 다시 분석가의 주이상스로 역전이 되는 과정이라고 할 수 있다. 실제로 크리스테바는 분석하는 동안 모성이라 부르는 특이한 것의 어려움, 책임감과 즐거움뿐만 아니라 모성적 역할을 발견했다고 얘기한 바 있다.[27]

크리스테바는 『새로운 영혼의 병』에서 정신분석은 "충동의 의미가 가장하는 언어 능력의 의미 작용의 피안에 있는 충동의 극작법을 해독하는" 기제로 작용하며, 충동이란 "'몸'과 '영혼' 사이 … 에너지, 그러나 이미 늘 '의미를 지니고 있는 것'과 타인과의 '관계'"로 설명한다.[28] 결국 기호계적 코라 안에 축적되어 있는 이와 같은 충동이 작동하고 연출하는 방식을 읽어낼 수 있는 것은 정신분석이 전이적 담론이며 사랑의 담론이기 때문이다. 이처럼 분석가와 분석 주체가 어머니와 아이처럼 신뢰를 바탕으로 구축하는 역/전이 관계는 사랑의 관계이며, 바로 이 "사랑의 샘"으로부터 다양한 의미가 창출되는 것이다.[29]

모두가 다른 이들에게는 외계인인 것이다. —『무사들』

---

25) *Ibid.*, p.15.

26) Julia Kristeva, *Desire in Language*, p.16.

27) Julia Kristeva, *Julia Kristeva: Interviews*, p.9.

28) 줄리아 크리스테바, 『새로운 영혼의 병(*Les nouvelles maladies de l'âme*)』(1993), 유재명 옮김, 시각과 언어, 2001, 43-45쪽.

29) 줄리아 크리스테바, 『사랑의 역사(*Histoires d'amour*)』(1983), 김영 옮김, 민음사, 1995, 405쪽.

우리는 서로가 서로에게 외계인인 거야.

—『무사들』

크리스테바가 인터뷰에서 밝히고 있듯이, 그녀는 1974년에 중국을 다녀온 뒤 좌파 이데올로기로부터 동떨어진 느낌을 갖기 시작했으며, 모든 호전적 운동들에 불편함을 겪게 되었고 결과적으로 어떠한 페미니즘 단체에도 가입하고 있지 않다.30) 크리스테바에게 중국은 "불가사의한 나라" 내지는 "거울의 나라"였다.31) 그녀의 중국 체험은 『무사들』에서 베르나데트를 중심으로 한 투쟁적 여권주의자들에 대한 올가의 분노로 형상화된다. "아버지의 이름도 남편의 이름만큼이나 남성우위의 표현"이기 때문에 결혼 전/후의 성으로는 서명할 수 없다는 베르나데트의 설명에 올가는 모든 것을 남근 숭배로 보는 편향적 여권주의에 분노를 터뜨린다.32) 하지만 크리스테바는 여전히 페미니즘이 제기하는 문제들, 여성성의 특이성, 어린아이가 언어 습득을 하고 독립적인 존재로 발전하는 데 미치는 어머니의 영향력, 언어와 상징적 과정에서의 어머니 역할, 여성들의 글쓰기와 예술의 특성 등에 관심이 있다고 말한다. 또한 자기 나름의 방식으로 이러한 문제들에 접근하고 있는 실례를 제시하는데, 그녀가 불가리아 페미니스트 잡지에서 "여성들unes femmes"이라는 제목으로 인터뷰 한 사건을 들고 있다. 그녀는 자신이 이 일을 한 것은 "'남성들' 이나 '프롤레타리아'에 필적하는 '여성들'이라는 포괄적인 범주 속으로 환원시키지 않고 여성들의 특이성과 독특함을 기리기 위한" 것이었다고 말한다.33)

그러나 크리스테바는 「여성은 결코 정의내릴 수 없다Woman can

30) Julia Kristeva, *Julia Kristeva: Interviews*, p.7.

31) 줄리아 크리스테바, 『武士들(*Les samourais*)』, 240쪽.

32) *Ibid.*, pp.281-282.

33) Julia Kristeva, *Julia Kristeva: Interviews*, pp.7-8.

never be defined」라는 제목으로 출판된 인터뷰에서, 어떤 페미니스트에게는 여전히 정체성에 대한 신념이라는 순진한 낭만주의의 부활이 중요한 문제가 될 수 있겠지만, 그녀 자신의 관심은 정체성의 붕괴, 특히 성적 정체성의 붕괴에 있음을 밝히고 있다.[34] 그녀가 정체성의 붕괴를 시도하는 세 가지 담론은 바로 시적 언어와 정신분석과 모성이라고 켈리 올리버Kelly Oliver는 『크리스테바 읽기』에서 주장한다.[35] 크리스테바에게 시적 언어는 언어의 이질성/타자성이 잘 표출된 언어이고, 그 언어의 이질성/타자성은 바로 기호계적 코라와 모성적 육체와 밀접한 관계를 맺고 있으며, 그녀의 모성적 육체에 대한 강조는 "주체 분열의 극단적인 시련"으로 묘사하는 임신한 여성의 육체가 함축하고 있는 자기 안의 타자성 때문이다.[36] 그녀에게 모성은 "분열하여, 고립된 채 다른 존재로 바뀌지 않지만 변화하는 정체성"을 의미한다. 언어의 이질성이 새로운 의미화의 과정을 창출하는 시적 언어의 경우처럼 크리스테바에게 임신은 이질적인 타자성을 구현하는 존재의 체험인 것이다. 임신은 "자연과 문화, 생물학과 언어 사이의 경계"이다.[37] 그녀에게 여인은 "문명을 자연으로, 말하는 자를 생물체로 변질시키는, 보이지 않는 이상야릇한 주름"으로 간주된다.[38] 그녀는 『무사들』에서 임신의 경험을 하나이면서 하나가 아닌 둘을 체험하는 것, 새로운 세계를 품고 있는 하나의 세계, 자신의 분신과 함께 하는 것, 자신의 몸속에 있는 타자他者로 인해 자신이 타인이라는 것에 대한 깨달음을 얻고, 기쁨과 고통의

---

34) Julia Kristeva, "Woman can never be defined" in *New French Feminisms: An Anthology*. edited by Marks, Elain & De Courtivron, Isabelle(New York: Shocken Books, 1980), p.138.

35) 켈리 올리버, 『크리스테바 읽기(*Reading Kristeva: Unraveling the Double-bind*)』(1993), 박재열 옮김, 시와 반시사, 1997, 282쪽.

36) Julia Kristeva, "Women's Time," in *The Kristeva Reader*, p.206.

37) Kristeva, Julia, "A New Type of Intellectual: The Dissiednt" in *The Kristeva Reader*, p.297.

38) 줄리아 크리스테바, 『사랑의 역사(*Histoire d'amour*)』, 401쪽.

거품 속에서 표류하는 "황홀경의 일상적인 형태"로 묘사한다.39) 이처럼 자기 안의 타자를 체험함으로써 자신의 정체성에 대한 분열을 경험한 후에, 분열된 주체로서 말하는 주체가 자신 안의 타자에게 말을 건네고 그 말과 어조와 리듬이 또 다시 아이에게 어머니와의 융합으로 전해진다. 이처럼 전오이디푸스 단계에서 이루어지는 기호계적 요소가 의미작용의 역동적인 부분을 이루면서 새로운 의미 창출을 가능하게 한다. 의미 창출의 역동적 요소인 기호계적 코라의 상징적 질서에로의 유입은 모성적 육체와의 관계 속에서 이루어진다는 크리스테바의 주장은 언어의 물질성을 강조한다는 점에서뿐만 아니라 프로이트와 라캉으로 대표되는 정신분석학적 분석에서 결여된 모성/여성의 중요성에 대한 인식을 보여준다는 점에서 의미있는 것이다. 『사랑의 역사』에서 크리스테바가 얘기하는 여성의 윤리herethics는 바로 어머니의 사랑을 모델로 한다. 아이에 대한 어머니의 사랑/모성은 의식과 무의식의 관계를 다루는 정신분석에서 이루어지는 사랑의 관계와 동일선상에 있다. 주체를 통일되고 안정된 주체로 볼 수 없게 하는 억압된 무의식의 회귀는 바로 분석가와 분석 주체 사이의 신뢰와 사랑에 의해 가능해지기 때문이다. 이러한 신뢰와 사랑의 모델이 되는 모성적 육체로서의 여성은 "그들의 주이상스를 위한 새로운 합법성, 즉 제약이 아니라 논리—언제나 사랑의 다논리多論理 —의 보장을 받는 윤리를 구상하고 또 건설할 수 있는" 존재이다.40) 크리스테바는 모성과 여성적 창조와 그 둘 사이의 연관이 더 잘 이해될 때 진정한 여성적 혁신이 발생할 것이라고 생각한다.41)

그러나 크리스테바의 이와 같은 모성적 육체에 대한 강조가 모성에

---

39) 줄리아 크리스테바, 『武士들(*Les samourais*)』, 471-72쪽.
40) 켈리 올리버, 『크리스테바 읽기』, 290쪽.
41) Julia Kristeva, "A New Type of Intellectual: The Dissiednt" in *The Kristeva Reader*, p.297.

대한 일방적인 찬미로 끝나지는 않는다. 그녀는 『공포의 힘들*Powers of Horror*』에서 억압의 역동성을 진단해주는 아브젝시옹abjection이라는 개념을 도입한다. 크리스테바 자신이 번역 불가능하다고 한 이 아브젝시옹이라는 용어는 "혐오감을 일으키는 무언가"이며, "육체적이면서 동시에 상징적인 지극히 강한 느낌"이며, 아브젝시옹의 관계는 결국 "모든 인간이 어머니와 치러야 하는 싸움에 근거하고 있다"고 인터뷰에서 설명한다.42) 아브젝시옹은 주체로 구성되기 위해서 남성이나 여성이나 겪어야 하는 정신적 작용이라고 할 수 있다. 즉, 아이가 언어적 주체가 되기 위해서는 아버지의 개입과 오이디푸스 콤플렉스와 거세 콤플렉스를 극복함으로써 기호계의 운동성을 상징적 질서로 전이시키고 어머니에 대한 의존/융합/주이상스를 단절하고 타인에 대한 상징적 관계로 변형시키는 과정이 필수적이다. 결국 아이는 어머니와의 융합에서 벗어나기 위해 어머니를 아브젝시옹으로 만들 때, 주체로서의 형성이 가능해진다. 왜냐하면 아브젝시옹이란 불결한 것이고 버려야 할 것이기 때문이다. 결국 아브젝시옹이란 근본적으로 모성적 기능과 관련된다.43) 크리스테바는 인터뷰에서 이 작품이 "자기 분석적"인 "정신분석학 책"이고 아브젝시옹과의 관련은 모든 인간이 어머니와 함께 치러야 하는 전쟁이라고 설명한다.44) 여성 우울증에 대한 설명인 『검은 태양*Black Sun*』에서도 크리스테바는 가부장적 사회구조 속에서 주체가 되기 위해서는 필연적으로 모성적 육체를 아브젝시옹으로 만들어야 하는 모친살해가 수반된다고 주장하면서, 여성 우울증의 원인을 어머니와의 동일시로 설명한다. 그녀의 설명에 따르면 여성이 어머니와 동일시하는 것은

---

42) Julia Kristeva, *Julia Kristeva: Interviews*, p.118.

43) Julia Kristeva, *Powers of Horror: An Essay on Abjection*, trans by Leon S. Roudiez, (New York: Columbia UP, 1982), pp.12-13.

44) Julia Kristeva, *Julia Kristeva: Interviews*, p.118.

모친 살해/어머니를 아브젝시옹으로 만드는 것을 어렵게 하고 따라서 여성은 우울증을 겪기 쉽다는 것이다.45)

여성/모성/타자성에 대한 크리스테바의 집요한 관심에도 불구하고 페미니즘에 대한 그녀의 태도는 모호하다. 「여성의 시간Women's Time」에 가장 분명하게 드러내고 있는 그녀의 페미니즘에 대한 생각에 따르면, 세 단계의 페미니즘이 있다. 크리스테바는 1세대 페미니즘을 거부한다. 왜냐하면 1세대 페미니즘에서는 보편적 평등을 추구하고 성적 차이를 간과하기 때문이다. 그녀는 현대 이데올로기에서 '보편적 여성'이라는 용어가 가정하는 외적 일관성이 필연적으로 지닐 수밖에 없는 부정적 효과— 여성이라는 용어 아래서 작동하는 다양한 기능과 구조들 사이의 차이를 지워버리는 부정적 효과— 에 주목한다.46) 그녀는 오히려 여성들의 표현과 관심사의 다양성을 강조하고, 이 다양한 차이의 교차로부터 두 성 간의 근본적 차이를 나타내는 것이 중요하다고 주장한다. "실제로 신화적 일관성의 소유자로서 대문자 여성은 존재하지 않는다." 그러나 크리스테바는 2세대 페미니즘도 거부한다. 2세대 페미니즘은 과거의 문화에 의해 침묵의 상태로 남겨졌던 상호주관적이고 육체적인 경험에 언어를 부여하고자 다양한 기호들의 역동성에 대한 탐구를 시도한다. 그런데 크리스테바는 독특한 여성적 언어나 상징적 질서의 거부를 불가능한 것으로 본다. 왜냐하면 크리스테바에게 언어와 문화는 말하는 주체들이 차지하는 영역이고 여성들 역시 말하는 주체로서 존재하기 때문이다. 그녀는 2세대 페미니즘의 주장이 "역전된 성차별주의"의 위험을 안고 있다고 본다.47) 크리스테바가 원하는 바는 "여

---

45) Julia Kristeca, *Black Sun: Depression & Melancholia*(1987), trans by Leon S. Roudiez(New York: Columbia UP, 1989), pp.27-30.

46) Julia Kristeva, "Women's Time," in *The Kristeva Reader*, pp.193-94.

47) *Ibid.*, p. 205, 201.

성들의 수만큼이나 많은 '여성성들'을 가질 수 있는 여성성" 개념이다.[48] 하나의 통합된 범주로서의 여성 "우리"가 지닌 사회적 이점과 중요성에도 불구하고 까다롭고 다루기 힘든 문제가 되어 가고 있기에, 수많은 복수의 "나"라는 존재들이 "자신만의 개별적인 언어를 찾게"되는 페미니즘이 필요하다는 것이다.[49]

토릴 모이는 『성과 텍스트의 정치학』에서 크리스테바의 페미니즘의 3단계 투쟁을 세 가지 도식으로 설명한다.

> 1. 여성이 상징질서에 남성과 동등하게 접근할 것을 요구하는 단계, 자유주의 페미니즘. 평등.
> 2. 여성들이 여성으로서 차이를 내세워 남성적인 상징질서를 거부하는 단계. 급진적 페미니즘. 여성성의 찬양.
> 3. 여성들이 남성성/여성성의 이분법을 형이상학적인 것으로 거부하는 단계.[50]

세 번째 단계가 바로 크리스테바가 지지하는 입장이다. 그녀에게는 다양한 의미 창출을 위한 "말하는 행위는 여성적인 것도 남성적인 것도 아니다."[51] 물론 크리스테바는 여성들은 남성들이 생각해 본 적이 없는 사고와 지식의 대상을 발견하려고 애씀으로써 문화적인 영역 내부에서 자신의 위치를 차지해야 한다고 말한다.[52] 그러나 모이가 지적하듯이, 크리스테바는 명확한 여성성의 개념을 거부하며 만약 어떤 정의를 가지고 있다면 여성성은 "가부장적 상징계에서 주변화된 것"일 뿐이다.[53] 여성성에 대한 이런 상대적인 정의에 따르면, 아방가르드 문학에

48) Toril Moi, *Sexual/Textual Politics*, p. 169.
49) Julia Kristeva, *Julia Kristeva: Interviews*, p. 117.
50) *Ibid.*, p. 12.
51) Julia Kristeva, *Julia Kristeva: Interviews*, p. 112,
52) *Ibid.*, p. 132.

서 볼 수 있듯이 남성 역시 상징 질서에 주변적일 수 있다. 그녀에게 여성성이란 사회의 주변적/이질적/타자적 존재로서 관심의 대상이 되는 것이다.

크리스테바가 여성을 범주화하기를 거부하고, 여성을 재현할 수 없는 존재, 말할 수 없는 존재, 명명될 수 없는 존재로 생각하는 것은, 여성이라는 본질주의에 빠지지 않기 위함이다. 같은 맥락에서 모이도 크리스테바의 반본질주의에 대해 언급한 바 있다.[54] 그러나 크리스테바가 기호계적 코라를 여성성이나 모성과 연관시킴으로써 여성성을 모성으로 축소하고 본질화 한다는 페미니스트들의 비판과 본질주의 논란에도 불구하고, “타자성을 껴안는” 자리로서 또는 “더블”개념으로서 모성적 육체와 코라의 긍정적 의미를 찾고자하는 페미니스트들의 논쟁이 있다.[55]

크리스테바에게 어머니는 자기 자신의 주체이면서 동시에 타자이며, 어머니의 육체는 자아와 타자가 융해되는 주이상스의 장소이다. 아이와 아이의 원초적 대상인 어머니와의 관계와 모성적 육체에 주목하고 전오이디푸스 단계와 정신-육체 사이의 관계를 강조하는 것은, 바로 아이와의 분리를 통해 아이를 말할 수 있는 존재로 만들어주는 문화적 역할을 수행하는 존재가 어머니이기 때문이다.[56] 모성적 육체, 상징계적 법 이전의 법, 주체 형성의 기반이 되고 언어 형성의 토대가 되고 의미 생성화의 선결 조건인 코라 개념은 고전적 정신분석학에 새로운 지형을 부여한다는 점에서 중요한 의미를 지닌다. 또한 코라는 현대 언어학에서 빠져 있는 언어의 외재성, 즉 기호계를 기초로 해서 배타적

---

53) Toril Moi, *Sexual/Textual Politics*, p. 166.
54) *Ibid.*, p. 166.
55) 켈리 올리버, 『크리스테바 읽기』, 79-80쪽.
56) Julia Kristeva, *Julia Kristeva: Interviews*, p.10.

으로 구성된 비언어적 의미화 체계들의 존재, 언어 이전의 기호계적 공간을 의미한다. 이는 현대 언어학의 한계를 넘어서려는 반항적 시도이며 새로운 주체 개념의 형성과 언어의 이질적인 힘들인 기호계적 요소들이 상징계적 법을 위반함으로써 언어의 다양한 의미화를 가능하게 하는지를 설명하려는 크리스테바의 기획으로 볼 수 있다. 크리스테바에게 중요한 것은 남성인가 여성인가의 문제가 아니라 엄격한 상징계를 균열시킬 기호계적 운동성의 주이상스를 허용할 수 있는 개인, 혁명적 주체이다.[57] 그녀에게는 무엇보다도 "자유와 반항"을 함축하고 있는 개인, 개인적인 목소리로 말할 수 있는 주체가 중요한 개념이 된다. "개인적인 것이야말로 자유를 보장"하는 것이고, 이와 같은 개인의 "자유와 반항"은 새로운 의미 창출과 창조를 위한 필연적인 기본 조건이다.[58] 또한 그녀에게는 이와 같은 "개인의 자유의 공간은 바로 사랑"이다. 그러나 크리스테바에게 말하는 주체는 분열된 주체이고 과정/시험 중에 있는 주체이고 의미 작용 역시 타인과의 관계 속에서 생성되는 것이듯, "사랑은 고정된 어떤 것이 아니다. 사랑의 역사가 있을 뿐이다."[59] 각각의 말하는 주체들이 타인과의 관계 속에서 형성하는 의미화들을 통해 써내려가는 각각의 사랑의 역사만이 자신 안에 있는 타자성을 인식하고 자기 안에 억압된 욕망들을 바로 풀어낼 수 있는 개인의 언어가 될 것이다.

존 레흐트John Lechte는 크리스테바의 작업의 뚜렷한 특징으로 "분석될 수 없는 것, 즉 개인적 및 문화적 삶의 표현될 수 없고 이질적이며 급진적인 타자성을 분석하려는 것"이라고 지적한 바 있다.[60] 그러나

---

57) *Ibid.*, p. 170.

58) Julia Kristeva, *Julia Kristeva: Interviews*, pp.123-24.

59) *Ibid.*, p.121.

60) 존 레흐트, 『문화 연구를 위한 현대 사상가 50(*Fifty Key Contemporary Thinkers From Structualism*

스피박과 호미 바바와 같은 탈식민주의자의 관점에서 보면 크리스테바를 비롯한 유럽의 비평 이론은 "타자의 이름으로 서구 지식을 탈중심화하면서도 동시에 타자를 본질화 함으로써 타자를 배제하는" 것으로 보인다.61) 예를 들어 바바는 탈구조주의를 "문화적으로 특권적 위치를 점유하는 서구의 엘리트가 지식과 권력의 등식 관계를 강화하는 타자의 담론을 재생산하기 위해 동원하는 또 다른 기획일 뿐"이라고 비판한다.62) 또한 무어-길버트Bart Moore-Gilbert는 서구 페미니즘의 발전이 식민주의 역사와 오랫동안 연루되어 왔다는 점의 한 예로써 크리스테바가 중국 여성을 전유한 것을 들고 있다. 특히 스피박은 크리스테바의 『중국 여성에 관하여』에 대해 구체적인 비판을 하면서 크리스테바의 태도를 "식민주의적 자선"에 불과하다고 결론짓는다.63) 이와 같은 비판이 설득력이 없는 것은 아니지만 크리스테바 이론의 전반적인 흐름을 살펴볼 때 그녀가 우리에게 줄 수 있는 긍정적 측면들을 간과할 수는 없으리라고 생각한다. 언어에 대한 추상적 사고로 인하여 억압되어 있던 육체와 주체의 개념에 주의를 기울인 점, 말하는 주체와 언어 형성 장소로서의 코라, 전오이디푸스 단계에 있는 기호계적 혁명성, 주변성/이질성/타자성에 대한 끊임없는 탐색, 반본질주의적 입장에서 혁명적 주체가 될 수 있는 가능성, 과정/시험 중에 있는 주체, 타자성을 지닌 열린 주체, 다양한 의미 창출을 위한 타자와의 관계의 중요성, 타자에 대한 신뢰와 사랑, 자유와 반항과 개인성의 다양한 존재 방식에 대한 인정, 차이의 존중 등등. 크리스테바가 주장하듯이 "우리 안에 내재해

---

to Postmodernity)』(1994), 곽동훈, 김시무 옮김, 현실문화 연구, 1996, 284-85쪽.

61) 바트 무어-길버트, 『탈식민주의! 저항에서 유희로(*Postcolonial Theory: Contexts, Practices, Politics*)』(1997), 이경원 옮김, 한길사, 2001, 367쪽.

62) *Ibid.*, p.367.

63) *Ibid.*, p.226.

있는 '타자성foreignness'이 바로 기쁨의 근원이 될 수" 있는 현실을 가능하게 하기 위해서는 우리들 각각의 노력이 요구된다.[64] 하나의 방식일 수 없는 다양한 방식으로. 크리스테바에게 정신분석이 단순한 인식론적 탐구에 그치지 않고, "사적인 공간에 대한 발견"이고 그녀의 작업, 감수성, 다른 사람들과의 관계와 지적 삶에 무한한 이익이 되는 "극도로 개인적인" 자유로운 "비밀의 정원"인 것처럼.[65]

참고 문헌

바트 무어-길버트, 『탈식민주의! 저항에서 유희로』, 이경원 옮김, 한길사, 2001.

버지지아 울프, 『불가사의한 V양 사건』, 한국버지니아울프학회 옮김, 솔, 2003.

존 레흐트, 『문화 연구를 위한 현대사상가 50』, 곽동훈·김시무 옮김, 현실문화연구, 1996.

줄리아 크리스테바, 『사랑의 정신분석』, 김인환 옮김. 민음사, 1985.

__________, 『武士들』, 홍명희 옮김, 솔, 1991.

__________, 『사랑의 역사』, 김영 옮김, 민음사, 1995.

__________, 『언어, 그 미지의 것』, 김인환·이수미 옮김, 민음사, 1997.

__________, 『반항의 의미와 무의미』, 유복렬 옮김, 푸른숲, 1998.

__________, 『새로운 영혼의 병』, 유재명 옮김, 시각과언어, 2001.

켈리 올리버, 『크리스테바 읽기』, 박재열 옮김, 시와반시사, 1997.

Kristeva, Julia, *Julia Kristeva: Interviews*, edited by Ross Mitchell Guberman, New York: Columbia UP, 1996.

Kristeva, Julia, *Revolution in Poetic Language*, trans by Margaret Waller, Columbia UP, 1984.

Kristeva Julia, *The Kristeva Reader*, edited by Toril Moi, Columbia UP, 1986.

Kristeva, Julia, *Desire in Language: A Semiotic Approach to Literature and Art*, trans by Thomas Gora, Alice Jardine, and Leon S. Roudiez,

64) Julia Kristeva, *Julia Kristeva: Interviews*, edited by Ross Mitchell Guberman(New York: Columbia UP, 1996), p.4.

65) Julia Kristeva, *Julia Kristeva: Interviews*, p.6

Columbia UP, 1980.

Kristeva, Julia, *Powers of Horror: An Essay on Abjection*, trans by Leon S. Roudiez, Columbia UP, 1982.

Kristeva, Julia, *Black Sun: Depression & Melancholia*, trans by Leon S. Roudiez, Columbia UP, 1989.

Marks, Elain and Isabelle De Courtivron eds, *New French Feminisms: An Anthology*, Shocken Books, 1980.

Moi, Toril, *Sexual/Textual Politics: Feminist Literary Theory*, Routledge, 1985.

찬드라 탈파드 모한티
Chandra Talpade Mohanty

경계 없는 페미니즘을 향한 저항의 실천

문현아
서울대학교 국제이주와포용사회센터 책임연구원.
최근 돌봄과 이주 쟁점에 관심을 갖고 이론과 실천의 연결을 위한 고민을 이어가고 있다.

이 글의 원문은 『여/성이론』 12호(2005)에 실려있다.

찬드라 탈파드 모한티:
경계 없는 페미니즘을 향한 저항의 실천

> "나는 특히 이 책에서 규명되는 여성주의 연대가—지식을 탈식민화하고 반자본주의적 비평을 실천하기 위해—경계를 넘나들 수 있게 하는 원칙적인 방식들을 구성할 것으로 본다."
>
> - Chandra Talpade Mohanty, *Feminism Without Borders*

20세기의 말엽엔 밀레니엄의 전환에 대한 두려움이 떠돌았다. 그 두려움은 새천년의 새로운 변화 속에 어느덧 묻혀버리고, 21세기는 다시 새로운 공포를 맞이하고 있다. 이른바 신자유주의적인 자본주의의 악발전mal-development의 공포가 세상을 뒤덮고 있다. 신자유주의로 탈바꿈하면서 자본주의의 경제적 악발전은 구조조정을 통한 경제적 억압이나 규제를 비롯하여, 노동의 전 세계적 재편으로 인한 비정규직화, 이주의 국제화를 만들면서 일상의 어려움을 남이 아닌 바로 나 자신으로서, 여성이 생생하게 경험하게 하고 있다. 바로 빈곤의 여성화가 우리를 옥죄고 있다.

이 같은 분위기에 맞서는 전략을 추구하는 여성주의자들에게 1990년대를 풍미했던 포스트모더니즘의 분석은 역부족인 것 같고, 해체 논의도 더 이상 우리에게 미래에 대한 비전을 제시해 주지 못한 채 스멀스멀 뒷걸음질하고 있는 것 같다. 여성이 겪는 현실적이고, 구체적인 경제적 억압과 사회적 차별의 현실 속에, 담론 비평이나 해체 논의는 머리

위에서 맴돌기만 한다. 분명히 20세기에서 21세기를 넘어오면서, 여성은 빈곤해지고 있고, 부익부 빈익빈의 극대화 속에 대다수 여성들은 점점 빈익빈에 포함되어 가고 있다. 이처럼 변화된 사회적 상황 속에서, 여성주의도 이 변화에 적응, 혹은 난국을 타개할 수 있는 새로운 이론과 실천을 갖춘 전망을 제시할 수 있어야 할 것이다. 모한티는 가능한 전망을 제시하려고 노력하고 있다. 찬드라 탈파드 모한티Chandra Talpade Mohanty가 던져주는 일말의 가능성에서부터 우리는 새로운 이론과 실천을 만들어낼 수 있기를 희망해 보면 좋을 것이다.

모한티는 21세기가 20세기와 분명코 다른 세계라고 느끼면서, 그에 대한 여성주의의 대안과 실천의 전략도 달라져야 함을 강조한다. 그녀는 "개인적인 것이 정치적인 것이다"라고 외쳤던 여성주의의 초기 질문으로 다시 되돌아가 문장을 새롭게 재구성할 것을 요구한다.

> (…) 우리는 여성으로 존재하는 것이 우리가 사는 이 세계에서 정치적인 중요성이 있는 것임을 분명히 이해해야 한다. 즉 여성으로서 우리는 경제·사회적인 조건이나 특권에 좌지우지되는 부정의하고 불공정한 사회의 영향을 받는다. 또 우리는 사회·정치적 제도의 규칙을 떠받들며 지지하는 성차별주의·인종차별주의·여성혐오주의·동성애차별주의가 종종 여성에 대한 증오와 (이로 인해 정당화된) 여성에 대한 폭력을 자행한다는 점도 인식해야 한다. 우리가 이 세상 어디에 존재하든 성차별주의·인종차별주의·여성혐오주의·동성애차별주의가 서로 얽히고설키는 과정은 사회의 조직에 부분으로써 통합되어 있다. 우리는 이 이데올로기가 인종적 민족주의나 자본주의적 소비주의라는 퇴행적 정치와 결합하면서 21세기 초 우리 일상생활의 구석구석 모든 곳을 다르게 변화시키고 있음을 인식해야 한다. 현시대의 요구를 반영하는 정의롭고 포괄적인 페미니즘 정치는 이처럼 얽히고설킨 체제가 포괄하는 행태·태도·제도와 관계의 정치학을 분명히 분석하고

비평하며 이 모두를 인식하는 것은 물론, 변혁을 위한 비전과 이 비전을 현실화하는 전략을 갖춰야 한다.[1)]

이 문장을 통해 우리는 여성의 일상과 실천의 기반이 되는 정치와 경제를 다시 새롭게 문제 삼는 모한티라는 여성주의 이론가이자 실천가와 마주하게 된다.

'나'로부터 시작하는 일상의 여성주의 실천

인도 뭄바이Mumbai에서 태어나 대학원 공부를 위해 미국으로 건너간 모한티는 일리노이 얼바나 샴페인에서 석사 및 박사학위를 취득하고, 오벌린Oberlin 칼리지에서 근무했다. 1991년부터 뉴욕의 해밀턴Hamilton 칼리지 여성학과 조교수로 재직하였으며, 최근 시러큐스 대학Syracuse University의 여성학과 교수로 자리를 옮겼다. 그녀의 주된 관심 분야는 통문화 분석cross-cultural analysis과 전 지구적 여성 이슈 및 액티비즘이지만, 인종차별에 반대하는antiracist 다문화적 교육이나 미국 내 유색 여성 문제에 대해서도 지속적인 관심을 갖고 있다. 그녀의 경력이나 관심사는 다양한 영역에 걸쳐있다. 여성학의 학문 분과적 속성상의 학제 간 연구 특성에 적합하다고도 할 수 있을 것이고, 여성이 처한 현실의 복합성을 고려할 때, 보다 포괄적인 분석을 위한 다양한 관찰 및 참여로도 볼 수 있을 것이다. 모한티는 이 다양성에 대해, 특히

1) Chandra Talpade Mohanty(2003), *Feminism Without Borders: Decolonizing Theory, Practicing Solidarity*, Durham and London: Duke University Press. p. 2.(찬드라 탈파드 모한티, 『경계 없는 페미니즘』, 문현아 옮김, 여이연, 2005, 16쪽, 앞으로 이 책을 인용할 때에는 괄호 안에 쪽수만 표기한다). 이 단행본은 모한티가 처음으로 펴낸 저서다. 기존의 다른 편집책에 포함되어 있던 글들은 모두 이 책에 실려 있다. 이 책은 그간의 모한티의 글들을 묶은 중간 정리서라고도 할 수 있다. 따라서 이 글에서는 이 책에 포함되어 있는 글들을 기본으로 해서 모한티의 논의를 따라가 보려고 한다.

보편과 특수의 종합을 강조한다. 아니, 특수에서 보편으로, 보편에서 특수를 인식하고, 이에 따라 실천할 것을 모한티는 강조한다. 이 논의 또한 그녀 자신의 특수한 경험을 보편화한 데서 시작된다.

영국의 식민지를 경험했던 인도의 후기-독립세대로 자라면서, 모한티는 인도에서 탈식민의 전망을 고민했다. 그리고 이후 20여 년간 미국에서 살면서, 인도 출신, 남아시아계 미국인, 유색인, 제3세계 여성으로서의 자신의 경험을 기반으로 인종, 계급, 성, 민족적 흔적들과 관계를 맺으며 살아가는 방식을 배웠다고 고백한다.[2] 미국으로 유학 간 후 유학생 외국인으로서, 미국 영주권을 가진 인도인으로서, 그리고 시민권을 가진 미국 시민으로서 위치를 변화시키면서 살아왔고, 현재까지 살면서 자신의 삶을 변화시킨 이 디아스포라적 경험을 통해, 모한티는 미국 사회 내 인종차별주의와 성차별주의를 "독해"하며, 이를 바탕으로 이주자, 유목민, 이민자, 노동자들에게 고향, 정체성, 지리, 역사라는 개념이 무엇인지를 묻는 데까지 나아간다. 특히 80년대에 이루어진 재키 알렉산더Jacqui Alexander, 바바라 스미스Barbara Smith 등 유색인 여성주의자들과의 정치적, 지적, 정서적인 만남을 통해 "급진적 연구와 행동을 위한 유색인 여성 연구소Women of Color Institute for Radical Research and Action"의 가능성을 논의하는 과정에서, 모한티는 인도에서의 탈식민 논의에 덧붙여 유색인, 제3세계 여성의 문제를 고민하기에 이른다.

모한티의 이론은 무엇보다 개인적 경험과 이력에서부터 시작하고 있다. 나 자신의 경험과 그 경험에 대한 나 자신의 인식에서부터 이론이나 실천의 출발 지점을 삼고 있다. 이런 입장은 미국 내 존재하는 제3세

2) 모한티, 위의 책, 5장 참조.

계 여성들의 고민이라는 보다 보편적인 문제의식으로 향하고 있다. 그리고 그 문제의식은 한 걸음 나아가, 실천을 지향한다. 모한티는 여성주의 실천이 작동하는 수준을 다음 세 가지로 범주화한다(20).

> 1) 우리의 정체성이나 관계적 공동체를 구성하는 일상의 실천을 통해 매일의 생활수준에서 작동한다.
> 2) 사회변혁을 꿈꾸는 페미니즘 비전을 갖춘 조직적인 집단이나 네트워크 그리고 페미니즘 운동 같은 공동체의 수준에서 작동한다.
> 3) 지식생산에 종사하는 페미니즘의 학문적 저술과 이 학문적 실천이 행해지는 이론 · 페다고지 · 텍스트의 창조의 수준에서 작동한다.

모한티는 개인의 일상에서의 경험과 개인의 정체성을 기반으로 하여, 이들 여성들이 어떤 집단을 형성하며, 누구를 만나서, 어떤 운동에 개입하는지가 여성주의 이론과 실천에서 중요하다고 강조한다. 그리고 지식 생산에 종사하는 여성주의자들의 텍스트 창조와 그 실천의 연계도 중요한 범주로 고려한다. '여성주의는 무엇이며, 누가 주체가 되고, 혹은 누구를 대상으로 하는가?'라는 문제에 대해 단순한 생물학적 기준의 잣대가 아닌, 상황 속에서 포괄적으로 고려할 것을 강조하고 있는 것이다.

얼핏 보면, 이 범주들, 즉 개인과 그 개인으로서 여성이 맺는 공동체 관계, 그리고 여성주의 지식생산은 그다지 특이할 것이 없는 것 같다. 주목해야 할 점은 모한티가 이 세 가지를 여성주의 실천과 함께 고려할 것을 강조하고 있다는 점이다. 모한티가 제시한 범주 자체는 평범해 보일 수도 있지만, 이 범주를 모두 고려해서 여성주의 이론을 논의하고 실천한다는 것은 결코 평범한 일이 아니다. 여성들은, 개인으로서 일상의 경험 어딘가에서 자기 자신을 여성주의자로 자리매김하는 계기를 갖게 되며, 이를 통해 우리의 현실을 깨닫고, 그에 대한 저항이나 실천을 고민하게 된다. 모한티는 동떨어진 이론처럼 존재하는, 때로는 너무 어려워서, 나 자신의 개인적 경험이나 실천과는 전혀 다른 세계인 것처럼 느껴지는 억압과 투쟁을 이야기하지 않고, 나로 인해, 내가 경험하고 느끼는 억압과 그에 저항하는 나 자신의 목소리가 중요함을 강조한다.

경계에 주목하며, 이를 통해 경계를 넘어서는

나의 아픔과 고통, 억압과 착취를 경험하는 속에서 나는 어느새 나와 유사한 다른 타자들을 만나게 된다. 그래서 모한티는 일상 속의 '나'는 나라는 개인으로서만 존재하지 않고, 사회 전체의 구조 속에서 다른 사람과 함께 살아가고 있는 문제에 대해서 논의한다. 이때 문제가 되는 것이 나와 사회 전체 구조 사이에 가로놓여 있는 무수한 경계들과 구분선들이다. 우리 모두는 나 개인으로서 여성으로 존재하는 경험을 고민하는 속에서 그런 고민을 하는 또 다른 여성들과 만나야 한다는 것이다.

모한티는 자신의 개인적 삶에서의 다양한 경계들—인도와 파키스탄 간의, 힌두교도와 무슬림 간의, 부자와 빈자 간의, 영국인과 인도인 간의, 여성과 남성 간의, 달리트와 브라만 간의 구분 경계들—을 포착한다. 소위 단일민족으로 구성된 한국 사회에서 민족이나 인종 문제는 갈등이나 차이의 측면보다는 통합의 측면에서 강조되어 왔다. 그렇기 때문에, 단일민족으로서 한국인은 인종의 문제에 대해 민감하게 경계를 인식할 필요가 없었다. 그러나 20세기 말엽부터 더욱 억압적으로 진행되고 있는 신자유주의적 세계질서의 개편 속에서, 한국 사회도 이주,

이민 등 인종과 관련된 문제를 피부로 느끼는 상황을 경험하고 있다. 필리핀이나 베트남의 이주 여성이나 국제결혼, 그리고 이와 연관되어 있는 성 산업을 통해 이제 우리도 인종, 민족, 국가 등의 경계에서부터 일상의 주변까지 우리를 구분 짓고, 가르고 있는 구분선들과 경계들을 만나고 있다. 이런 점에서 모한티가 '경계'를 논의하는 부분은, 현시점의 한국사회에서 분명 눈여겨봐야 한다.

모한티가 강조하는 것은 경계 자체와 경계에 대한 우리의 '인식'이다. 모한티가 경계를 강조하는 것은 경계를 넘어서는 연대를 주장하기 이전에, 그 경계의 존재를 우리가 필연적으로, 그리고 확실하게 인식해야 함을 강조하기 위해서이다. 여성주의가 자매애를 강조하며, 본질적인 단결력을 과시해 왔지만, 그런 자매애는 사실상 저항의 실천력을 담보하기 어렵다고 모한티는 이야기한다. 왜냐하면 여성들 사이에 가로놓인 경계와 차이들에 대한 고민 없는 자매애는 현실적이지 않기 때문이다. 모한티는 슬로건으로 주장되는 자매애를 진정한 실천의 자매애로 만들기 위해, "투쟁하는 공통의 맥락"이라는 개념을 고민한다. 모한티는 투쟁의 기반이 되는 것은 단순한 피부색이나 성이 아니라, 투쟁 속에서, 투쟁들 간에 우리가 찾아내는 정치적 연결 고리라고 힘주어 말한다. 내가 너와 만나는 것은 우리가 단지 여성으로서의 아픔과 고통을 공유하기 때문이 아니라, 우리가 무엇을 위해 우리의 아픔을 공유할 수 있는지를 '인식'함으로써 가능해진다는 의미이기도 하다.

이는 전 지구적 자본주의가 전 세계 사람들의 일상을 다시금 식민화하고 있는 과정 속에서, 그 과정에 대한 미시 정치학을 탐구하는 것이며, 이를 통해 지역과 보편을 연결시키는 고리를 찾아내자는 것이다. 여성들 사이에 가로놓인 경계들, 여성들의 연대를 가로막는 인종, 계급, 피부색, 이성애중심주의 등과 같은 경계들과 그 속의 차이들을 인식하고, 이런 차이와 특수성을 알아가는 일 속에서 우리들은 연계성과 공통성을 더 잘 알 수 있게 된다고 모한티는 이야기한다. “문제는 차이를 통해 우리가 얼마나 더 정확하게 연결이나 경계 넘나들기를 설명해 낼 수 있으며, 어떻게 차이를 특화해야 보편적 관심사를 보다 완전하게 이론화할 수 있느냐”(336)에 달려 있다는 것이다.

경계를 떠올리면 우리의 현실과 기억의 장소 사이에 “고향”이 존재함을 깨닫게 된다. 이런 맥락에서 모한티는 “고향”, 공동체, 국가에 관해서도 언급한다. 하나의 개념이자 욕망으로서 “고향”이 갖는 권력이나 그 호소력의 중요성을 무시하지 않으면서 공동체를 다르게 개념화하는 방식을 찾으려는 것이다. 결론으로, 모한티는 실천을 통해 자신의 고향과 공동체를 자리매김하는 방식을 하나의 가능성으로 제안한다. 고향은 나를 위한 공간이고, 현실 속에 존재하는 공간이며, 나의 정서적 지지가 되어주는 공간으로서, 나의 실천의 공간과 연결된다는 의미일 것이다. 모한티는 인도의 풀뿌리 조직인 “인식Awareness”에 개입하고 있다. 이는 오리싸에 근거하고 있는 지방 빈민 인권 단체다. 모한티는 이 단체에 소속되어 지방 여성들을 조직하고 교육하는 운동을 함께 하고 있다. 그리고 미국에서는 노스캐롤라이나의 풀뿌리 리더십 조직에도 참여하고 있다. 이 그룹은 다인종(대부분 아프리카계 미국인과 백인)으로 구성되어 있으며, 미국 남부의 빈민과 노동자들을 위한 운동을 하고 있다. 이 두 조직의 지리적·역사적·정치적 맥락은 다르지만, 이 조직들에 개입하는 모한티의 방식은 비슷하며, 사회정의를 위한 전략들도 비슷하다며, 모한티는 이 두 개의 장소를 자신의 ‘고향’으로 부른다.[3)]

3) 이 부분과 관련된 논의는 위의 책 5장 참고. 모한티는 자신이 미국 국적을 갖고 있음에도 피부색으로 인해 여전히 ‘인도인’으로 규명되는 점, 그런데 사실상 자신의 부모님들은 나이지리아에 살고 계신

이러한 논의를 담고 있는 모한티의 저서 『경계 없는 페미니즘 *Feminism Without Borders*』은 "단 하나의 의미를 띠는 경계는 없다는 것을 인식하는 페미니즘이며 국가·인종·계급·섹슈얼리티·종교·장애를 통과하며 그 사이를 가로지르는 경계선들이 실재함을 인식하는 페미니즘이다. 그러므로 경계 없는 페미니즘은 설정되어 있는 경계나 구획선을 넘나들면서 변혁과 사회정의에 대한 상상을 제공"하며, "침묵하지 않는 페미니즘, 배타적이지 않은 페미니즘을 말"(14) 한다. 침묵하지 않는 여성주의에 대한 언급은, 모한티가 경계를 인식하는 것을 곧바로 실천과 연결시키고 있음을 보여준다.

침묵하지 않는 여성주의: 서구에 대한 비판에서 제3세계 여성들의 투쟁으로

모한티의 침묵하지 않는 여성주의의 실천은 실은 1986년부터 주목을 받기 시작했다. 당시 박사학위 과정에 있었던 모한티는 "서구의 시선 아래: 여성주의 학문과 식민 담론Under Western Eyes: Feminist Scholarship and Colonial Discourse"(이하 "서구의 시선아래")을 발표함으로써, 제3세계 여성주의 시각에서 백인, 서구, 유럽 중심적 여성주의에 대한 강력한 비판가로 국제 여성주의 공동체에 등장했다. "서구의 시선 아래"는 제3세계 여성들에 관한 "서구 여성주의" 학자들의 협소한 유럽 중심적 자기 이해를 비판하며, 이들이 사용하는 잘못된 보편주의적 방법론의 한계를 지적한다. 제목 그대로 서구의 시선 '아래'에 제3세계 여성들의

다는 점 등을 고려하면서, 현시대의 국제적인 디아스포라인들에 관한 문제를 제기하고 있는 것으로 보인다. 우리의 고향은 어디에 존재하며, 그 고향은 무엇인가? 이에 대한 대안이나 해결책으로서 고향을 단순히 해체한다거나, 혹은 고향의 의미를 무화시키는 방식이 아닌 새로운 고향의 의미를 형성해 낸다는 점에서 모한티의 논의는 이후로도 주목해 볼 만하며, 여성주의에서 보다 발전시켜야 할 것으로 생각된다.

현실이 단일한 방식으로 놓여진다는 것이다. 모한티는 특히 인종, 성, 계급에 기반한 서구 여성주의 학자들의 근대성 담론을 비판적 시각으로 분석하면서, "서구"와 비서구, 제1세계/북반구와 제3세계/남반구 여성주의 간의 다양한 대화들을 통해, 유럽중심주의와 서구 발전중심주의자들의 근대성에 대한 담론을 넘어설 것을 논의했다. 모한티는 유럽중심주의적 방법론의 함정에 빠지지 않고 제3세계 여성에 관해 서구 여성주의 연구가 할 수 있는 강점을 드러낸 연구로서 "나사푸르 레이스 직공 여성들"에 대한 마리아 미즈Maria Mies의 분석을 제시한다. "서구의 시선 아래"에서 모한티가 궁극적으로 주장하고자 한 것은 제3세계 여성들을 단순한 희생자나 피해자로 일반화시키는 분석에서 벗어나 다양한 지점에서 다층적인 분석을 전개해야 한다는 것이다. 제3세계 여성을 박제화된 모습으로, 일반화된 특성으로 제시하지 않는 분석을 통해서만, 제3세계 여성들의 생생한 저항도 포착할 수 있다는 것이다. 이 글은 학계에 신선한 충격을 주었고, 한국에도 소개되어, 탈식민여성주의 논의의 중요한 한 부분으로 자리매김했다.

『경계 없는 페미니즘』은 "서구의 시선 아래"가 나온 지 근 20여년이 되어가는 즈음에 그 후속편으로 "다시 보는 '서구의 시선 아래': 반자본주의 투쟁을 통한 여성주의 연대"Under Western Eyes" Revisited: Feminist Solidarity"(이하 "다시 보는")를 써서 덧붙여 출간한 것이다.[4] 책의 서문에서 모한티는 사상들은 개인적으로 소유되는 것이 아니라, 언제나 공동 작업임을 강조하며, 자신의 저서에 담겨있는 여성주의 동지들의 정치이론과 실천이 큰 힘이 되었음을 밝힌다. 여기서 모한티가

4) 모한티는 '서구의 시선으로' 이후로, Lourdes Torres and Ann Russo와 *Third World Women and the Politics of Feminism*((1991)을, Jacqui Alexander와 *Feminist Genealogies Colonial Legacies: Democratic Futures*(1997)를 펴낸 바 있다.

공동 작업임을 강조하는 것은 그저 단순한 수사적 표현이 아니다.

서문에서 모한티는 자신의 사상에 영향을 준 자신 나름의 여성주의 계보를 밝히면서, 사회주의 여성주의 계열의 질라 아이젠슈타인Zillah Eisenstein을 필두로, 영국의 쿰쿰 바브나니Kumkum Bhavnani, 밸러리 에이머스Valerie Amos 등을 꼽고, 유색 레즈비언 여성운동의 오드리 로드Audre Lorde, 바버라 스미스Barbara Smith, 체리 모라가Cherrie Moraga, 글로리아 안잘두아Gloria Anzaldúa 등을 꼽는다. 또한 제3세계/남반구의 여성주의, 흑인 여성주의, 인종차별에 반대하는 여성주의 등의 문제에 대해 자신에게 영향을 미친 나왈 엘 사다위Nawal El Sadaawi, 엘라 쇼하트Ella Shohat, 벨 훅스bell hooks, 반다나 시바Vandana Shiva 등을 언급하고 있고, 이에 대한 인식론적 관점을 제공해 준 낸시 하트삭Nancy Hartsock과 산드라 하딩Sandra Harding과도 계보를 잇는다.

모한티는 기존의 자신의 글들이 "서구"에 초점을 맞춰, 젠더, 특히 유색, 인종, 계급적 차원을 식민화한 것에 집중적으로 몰두했었다면, "다시 보는"에서는 인종차별화된, 계급적인, 국가적인 전 지구적 자본주의 형성에서의 젠더 문제로 관심의 폭을 넓혔음을 밝히고 있다. "서구의 시선 아래"에서 논의되었던 제1세계 여성주의에 맞서는 제3세계 여성주의의 필요성은 여전히 계속되지만, 헤게모니를 잡고 있는 "서구적" 여성주의에 대한 내재적 비판만을 진행하는 것이 아니라, 동시에, 자율적인 여성주의적 관심과 전략들을 개발해야 한다는 점을 덧붙인다. "다시 보는"에서 모한티는 제3세계/남반구 여성주의 투쟁이라는 지점이 여전히 자신의 분석 지점으로 남아 있으며, 유럽중심적인 분석 패러다임이 주변화된 여성들의 생활과 투쟁에 담론적 식민화를 야기했다고 비판하는 투쟁에도 개입하고 있다고 밝힌다. 제1세계의 여성주의가 제

3세계를 대상화하는 것에 저항하기 위해, 모한티는 특히 제3세계에서 여성주의 학문과 정치조직 사이의 연계를 건설하는 것이 필요하다고 보았다. 그리고 분석틀이 변한 것이 아니라, 전 지구적 경제, 정치적 과정이 더욱 야만스러워지면서 경제·정치·인종·젠더 불평등을 심화시키고 있기 때문에, 이를 탈신비화하고, 재검토하고, 이론화해야 하는 필요성이 점점 더 커지고 있는 것임을 강조한다.

상업화되는 대학 속에, 저항으로 맞서는 여성주의 페다고지를 위해

여성주의 학문을 강조해 왔고, 그녀 자신이 오랫동안 대학에서 여성학을 가르치고 있는 입장에서, 모한티는 학문으로서의 여성주의에 노정되어 있는 한계들을 지적하면서, 시급한 변화를 촉구한다. 그리고 한계들을 가속화하고, 반동화하는 자본주의의 사유화 전략을 점검하고 이에 대한 대응책을 여성주의가 시급히 마련하길 희망한다.

모한티는 무엇보다 미국 학계에서 진행되는 여성주의 이론의 문제를 지적한다. 소위 생기발랄한 여성운동과 학계의 여성주의 이론화 사이에 간극이 점점 커지고 있다는 것이다. 즉 "세상 전체를 학문의 경계로 삼아 근본적이고 집단적인 사회·경제적 변혁을 촉구해야 하는 페미니즘이, 학문적 경력을 쌓는 방식의 하나가 되어버리"(21)고 말았다며, 이 간극으로 인해 계급을 토대로 하는 학력 중심 사회 속에서 강단 여성주의가 형성되어 실천적 여성운동과 괴리되고 있는 것을 문제 삼는다. 이런 상황은 미국 문화의 기업화, 자본주의적 가치를 자연스러운 것처럼 만들려고 하는 분위기 속에서 생겨났으며, 이 속에서 기업이나 민족국가는 여성의 출세를 끊임없이 부추기고 이를 기반으로 신자유주의적, 혹은 소비주의(친자본주의)적 여성주의가 형성되고 있다는 것이다.

모한티는 소비주의적 여성주의가 남성과 여성 간의 재정적 평등에 초점을 맞추고 있으며, 이윤·경쟁·축적과 같은 자본주의적 가치를 기반으로 하고 있다고 지적하고, 이를 "군대/교도소/사이버/기업화된 복합체"라는 공식으로 표현한다. 미국 대학이 "군대/교도소/사이버/기업화된 복합체"라는 공식을 통해, 어떤 방식으로, 어느 자리에 자리매김 되고 있는지를 여성주의자들이 꿰뚫어 볼 것을 촉구한다. 이 복합체 속에서 현재 여성주의 학자들이나 교사들, 특히 유색인 여성의 경우에는 더한층, 연구 성과물의 "정치성" 때문에, 혹은 비상품성 때문에 전임 자격을 박탈당하는 반동적 타격을 받고 있다고 말한다.[5] 그래서 이 복합체가 강화되면서 결국 선생과 학생의 관계는 소비의 관계로 뒤바뀌고, 이 속에서 시민권은 경제적 능력이 없는 사람들에게는 주어지지 않는 것으로 변환되어 버리는 재식민화가 시작되고 있음을 모한티는 경고한다.

현재 한국 사회에서도 대학을 기업화하려는 자본주의적 야심이 드러날 조짐을 보인다는 점에 우리가 주목해 볼 필요가 있다. 대학의 기업화, 경쟁력 있는 대학 만들기라는 구호가 이미 대학의 기업화 특성을 반영해 주며, 여성 교수의 재임용에 대한 문제 제기나 비판도 어제오늘의 일은 아니다. 모한티는 이런 현실을 분명하게 알아야 할 것을 강조하며, 이미 알고 있을 경우에는 실천할 것을 강조한다. 모한티는 자본주의적 담론이나 가치에 대해 비판을 가하는 반자본주의적인 여성주의 투쟁을 진행하면서, 자본주의적 담론이나 가치가 기업화된 문화와 신자유주의의 담론을 통해 대학 속으로 스며드는 것을 비판해야 한다고 여성주

5) 이에 대한 보다 자세한 논의는 모한티(2005) 7장 참고.

의자들에게 호소한다. 또한 그 비판을 근본적으로 포괄하는 투쟁과 연계시켜야 한다고 촉구한다.

자본주의를 문제 삼으며 비판하는 이 같은 논의에 대해, 왜 성차별주의나 인종차별주의는 문제 삼지 않고, 자본주의적 사회관계와 가치들만을 문제 삼느냐는 반문이 있을 수 있다며, 모한티는 이렇게 대답한다.

> 그렇다고 자본주의가 "중심 내러티브"로 기능하고 있다거나 혹은 모든 지배의 형태가 자본주의적인 위계질서로 환원될 수 있다거나, 아니면 자본의 시공간적 영향이 전지구적으로 동일하다는 것을 의미하는 것은 아니다. 오히려 이처럼 특별한 전 지구적인 자본주의의 국면에서 그 자본주의의 특별한 작동 방식(전례 없는 탈영토화, 자본의 집중화나 절취, 생산의 초국가화, 기술을 통한 이동성, 자본의 흐름을 전 지구적으로 연계하는 초국가적 통합 등등)이 자본주의적 헤게모니와 문화를 사회생활의 근본 원리로 명명하도록 하는 것으로 이해해야 한다. 다른 방식으로 문제에 접근하는 것은 이 세계에서 그리고 분명히 대학 안에서 권력이나 헤게모니가 작동하는 방식을 교란하는 쟁점 흐리기 전략이다(276).

모한티는 쟁점 흐리기 방식에 주의할 것을 강조하면서, 현재의 대학 사회를, 지식이 식민화되고 있으면서도 이에 경쟁하기도 하는 모순된 장소로서 바라본다. 특히 대학이 "최근의 반세계화 학생운동에서도 매우 중요한 역할을 하고 있으며, 2001년 9월 11일 이후 전쟁반대를 조직하는 중요한 영역"(257)이 되어가고 있는 측면에도 주목하면서, 모한티는 급속하게 사유화되어 가는 상황 속에서도 대학은 여전히 다양한 종류의 진보적 운동을 진행하고 있음을 잊지 말 것을 당부하고 그 가능성을 재삼 확인한다. 교육의 측면에 대해 여성주의가 다시 눈길을 돌려야 한다는 이야기로 해석할 수도 있을 것이다.

탈식민주의를 위한 반자본주의 비평을 향해

『경계 없는 페미니즘』의 서문에 압축되어 있는 모한티의 주제는 선명하다. "나는 탈식민주의에 닻을 내리고 반자본주의적 비평과 함께하며, 인종차별에 반대하는 여성주의 분석틀이 지금의 시대에 필요하다고 확신한다." 위에서 살펴본 주제들은 이런 결론에 도달하기까지의 모한티의 여정을 살펴본 셈이다.

모한티는 "다시 보는"을 통해 기존의 서구와 아시아, 제1세계/북반구, 제3세계/남반구의 대비를 넘어, "⅓ 세계 / ⅔ 세계"6) 개념을 통해 전 지구적 자본주의로 분석의 범주를 넓힘과 동시에 여성주의 실천의 다양한 수준을 고려하고 있다. 분석의 범주를 넓힘과 동시에 여성주의 실천의 다양한 수준을 고려한다는 것은 모한티가 자본주의 체제를 문제 삼으면서도, 이 속에서 가난하게 살아가고 있는 토착, 제3세계/남반구 여성들이 갖는 특별한 입지를 분석의 중심틀로 삼는다는 뜻이다.

이 여성들의 투쟁의 사례를 통해, 우리는 체계적 권력에 대한 포괄적인 관점을 가질 수 있다는 것이다. 모한티는 반다나 시바가 분석한 환경운동이나 토착민들의 운동에 주의를 기울이면서, 이런 운동과 실천들이 전 지구적인 WTO(세계무역기구)라는 기구와 맺는 구조적 관계를 아울러 바라볼 것을 제안한다. 가난한 여성 공동체들의 저항운동은 특수 사례로서만이 아니라, 전 세계적인 저항의 미시정치학의 일부로 연결시켜야 한다는 것이다. 이를 통해 모한티는 특별하게 젠더화되고,

---

6) "⅓ 세계" 대 "⅔ 세계"라는 언어는 구스타보 에스테바와 마드후 수리 프라카쉬(Gustavo Esteva and Madhu Suri Prakash, 1998)에 의해 고안된 것으로, "제3세계/남반구"와 "제1세계/북반구"를 결합시켜 사용할 때 특히 유용하다. 이 용어는 에스테바와 프라카쉬가 사회적 소수자, 사회적 다수자로 부른 것에서 재현된 것으로, 북반구와 남반구 모두의 사람들이나 공동체가 이끄는 삶의 질에 기반하여 범주화한다. "서구/제3세계"와 "남반구/북반구"와 같은 용어와 연관시켜 볼 때 ⅓ 세계 / ⅔ 세계라는 구분의 이점은 이런 표현이 지리적·이데올로기적 이분법적 도식의 오해를 벗어날 수 있다는 점이다. (위의 책, 337쪽).

계급화되고, 인종차별화된 세계화의 현실을 가시화시키고, 이론화시키는 논의 틀이 필요함을 강조한다.

결국 모한티가 반자본주의에 주목하는 이유는 간단하다. 그것은 전 지구적 자본주의의 특성들에 주목하고, 일상생활에서 그것이 미치는 효과들을 명명하고, 탈신비화하고 싶어서이며, 여성주의 공동체 내에서 우리가 적극적으로 개입해야 하는 반자본주의적 실천에 주목하기 위해서이다. 여성들이 반자본주의적 실천에 개입해야 하고, 개입하고 있는 이유는 사회정의와 경제정의에 대한 여성주의적 전망이 자본주의와 심각하게 어긋나기 때문이다. 한마디로 자본주의와 함께라면 여성주의적 미래의 전망은 없다는 것이다. 그러므로 여성주의 미래를 위해서는 자본주의가 만들어내는 소비적 문화, 소유권, 이윤 중심의 사회, 사유화의 문제들에 맞서 이 담론들에 대한 탈신비화 작업을 벌여야 한다는 것이다. 이를 통해, 여성주의는 부와 자원에 대한 정의·분배·재분배를 둘러싼 민주주의적, 사회주의적, 반인종차별적인 여성주의적 가치를 되살릴 수 있으며, 개별적·집단적인 인권이나 공공복지와 서비스에 대해 참여할 수 있다는 것이다.

모한티는 자신의 분석틀을 인종과 젠더를 의식하는 사적 유물론의 개정판(341)으로 설명하기도 한다. 이에는 젠더의 문제를 계급과 인종의 문제와 더불어 파악한다는 맥락뿐만이 아니라, 포스트모더니즘의 세례 속에 밀려 있던 '실천'의 개념을 되살려낸다는 맥락도 포함되어 있다. 그리고 그 실천은 개인의 일상 영역을 중시하는 일 속에서 되살려진다. 개인의 지점, 개인의 위치를 근거로 삼는 개별 역사, 기억·감정·정서적 유대가 모한티의 논의 속에서는 다시금 중요한 주제로 떠오른다. 이러한 요소들은 비판적, 자기반성적, 여성주의적 자아를 구성하는 데 중요하다. 이런 일상의 영역을 가르고, 구분 짓는 경계들을 통과하고, 가로지르고, 넘나들면서, 모한티는 전적으로 초국가적transnational 혹은 국제주의적internationalist인 여성주의 실천의 전망을 고민하고 있다.

여성주의적 연대의 실천

모한티를 통해 나는 가능성의 여성주의를 다시 바라보고 있다. 공동체와 연대를 고려하는 모한티는 파편화된 인간관계나 해체를 통해서가 아닌, 이 자리에서 다시 굳게 살아나야 하는 인간의 모습을 그려준다. 모한티의 연대는 상호성, 신뢰성, 공통의 이해관계에 대한 인식에서 조망되며, 다양한 공동체들 간의 관계를 위한 기반이 된다. 연대를 통한 실천은 억압의 공유에서 시작되기보다, 함께 일하고, 함께 투쟁하기를 선택한 사람들 간의 공동체를 전면에 내세우면서 이루어진다. 연대는 당연하게 주어지는 것이 아니라, 만들어나가야 하는 것이기 때문이다.

따라서 이런 연대는 동질성에 기반한 자매애에 기반을 두고 있는 것이 아니라, 차이에 기반해서 서로의 문제의식을 공유하고, 저항의 전략을 함께 짜나가는 다양한 공동체에 기반을 두고 있다. 이 같은 전략에 기반하여 모한티는 2004년 인도 뭄바이에서 열린 세계사회포럼World Social Forum에 질라 아이젠슈타인, 반다나 시바와 함께 참석해서 여성주의 관련 세미나를 진행했다. 이처럼 모한티는 세계사회포럼이 지향하는 반자본주의, 전쟁 반대, 가부장적 권위에 대한 반대의 물결과 함께 연대하면서 자신의 이론을 실천으로 옮기며 활동하고 있다. 여성주의는 이제껏, 문제의식을 느끼고, 고민하면서 해결책을 제시해 줄 '이론'을 기다려왔는지도 모르겠다. 그에 대해 모한티는 이렇게 대답해 주고 있는 것 같다. 이제는 '행동'해야 할 때라고.

서문에 적힌 모한티의 바람으로 마무리를 하려고 한다. 우리는 모한티의 바람을 실천하면서, 또 그 실천을 이론화하면서 그녀와 만나게 될 것이다.

> 나는 20여 년 전에 내가 시도했던 통문화적인 페미니즘 프로젝트를 재조망하고 그 관심사에 다시 집중해 보려고 한다. 당시 나는 유럽중심적인 서구페미니즘 실천이 가정하는 것에 초점을 맞춰 너무도 쉽게 국가·문화·인종적 차이를 넘어서는 자매애를 주장했다. 그러나 지금의 내 관심사는 다양한 결과를 낳는 세계화에 맞서 연대를 건설하려는, 인종차별에 반대하는 페미니즘이다. 나는 우리가 반자본주의 투쟁을 향한 초국적 페미니즘 실천을 다시 지향해야 한다고 제안한다. … 내가 (그리고 함께 투쟁하는 다른 많은 페미니즘 동지들도) 지난 20여 년간 몰두했던 문제들이, 이 책을 통해 보다 분명하고 강력하게 드러나기를 희망하고 있다. 그래서 다양한 페미니즘 의제들, 페미니즘 프로젝트, 페미니즘 이야기들을 통과하는 내 여행이 사회정의를 위해 투쟁하는, 나와 비슷한 생각을 공유하는 사람들에게도 도움이 되기를 바란다(30-31).

참고 문헌

찬드라 탈파드 모한티, 『경계 없는 페미니즘』, 문현아 옮김. 여이연. 2005.

Alexander, M. Jacqui, and Chandra Talpade Mohanty, eds., *Feminist Genealogies*, Colonial Legacies, Democratic Futures, New York: Routledge, 1997.

Esteva, Gustavo and Madhu Suri Prakash, *Grassroots Post-Modernism: Remaking the Soil of Cultures,* London: Zed Books, 1998.

Mohanty, Chandra Talpade, "Under Western Eyes: Feminist Scholarship and Colonial Discourses", *Feminist Review*, no. 30, 1988, pp. 61-88.

________________, *Feminism Without Borders: Decolonizing Theory, Practicing Solidarity*, Durham and London: Duke University Press, 2003.

Mohanty, Chandra Talpade, Ann Russo, and Lourdes Torres, eds. *Third World Women and the Politics of Feminism*, Bloomington: Indiana University Press, 1991.

카트리오나 샌딜랜즈
Catriona Sandilands

급진 민주주의 정치학으로서의 에코페미니즘

황주영
뤼스 이리가레와 에코페미니즘을 중심으로 페미니즘 철학을 연구하고 가르친다. <지구지역행동네트워크>, <에코페미니즘연구센터 달과나무>에서 활동하고 있다.

이 글의 원문은 『여/성이론』 34호(2016)에 실려있다.

카트리오나 샌딜랜즈:
급진 민주주의 정치학으로서의 에코페미니즘

에코페미니즘 업데이트

"에코페미니즘"은 우리에게 익숙하면서도 낯선 영역일 것이다. 반다나 시바Vandana Shiva, 마리아 미스Mara Mies, 캐롤린 머천트Carolyn Merchant의 이름은 친숙하고, 여러 국내 학자들이 에코페미니즘에 대한 글을 출간했지만, 여전히 부분만이 알려져 있다. 특히 국내에서 에코페미니즘에 대한 대중적인 이해는 영성, 어머니 대지, 목가적인 자연, 제3세계나 아메리카 대륙 선주민의 전통적 삶의 방식, 여성성과 모성의 긍정적 가치를 중시하는 삶의 양식의 찬양 등 다소 신비주의적이고 덜 정치적인 항목으로 둘러싸여 있다.

하지만 사실 에코페미니즘 내부에는 엄청나게 많은 갈림길이 있다. 정치 이론에서 짧은 기간 동안 그만큼 다양한 관점을 쏟아내고 역동적인 변화를 겪은 영역도 없으리라. 그도 그럴 것이, 에코페미니즘은 자연 지배, 자본주의의 폐해, 식민주의와 제국주의의 문제, 인종차별, 성소수자 차별 문제, 동물 권리 등 다양한 사회 정치적 사안들과 가부장제 사이의 연결 관계를 포착하면서 포괄적이고 통합적인 이론과 실천의 틀을 마련하고자 하기 때문이다. 그 목표에 걸맞게 에코페미니즘은 다양한 페미니즘 논의들과 맞닿아 있으며, 생태주의, 마르크스주의, 정신분석학, 탈식민주의, 퀴어 이론, 포스트모더니즘, 과학적 생태학, 환경

윤리, 장애학 등 수많은 이론들과의 접속을 시도해 왔다. 그러나 안타깝게도 1990년대 이후 에코페미니즘 논의는 시바와 미스 등 소수를 제외하면 국내에 거의 소개되지 않았다.[1)]

카트리오나 샌딜랜즈Catriona Motimer-Sandilands는 우리가 비교적 최근의 에코페미니즘 논의들을 따라잡고, 급진적인 정치 기획으로서 에코페미니즘에 관해 사유해 볼 수 있도록 도와줄 것이다. 샌딜랜즈는 캐나다 요크 대학의 환경연구학과 조교수이자 <지속가능성과 문화> 연구소 소장이다. 샌딜랜즈의 주된 관심 분야는 환경이며, 특히 섹슈얼리티 및 젠더와 환경문제의 관계를 탐구하는 에코페미니즘 연구를 활발히 하고 있다. 나아가 퀴어 에콜로지에 관한 글을 쓰고 논문집을 편집하기도 했다.

대표 저서라 할 수 있는 『친연적 페미니스트: 에코페미니즘과 민주주의 탐색』[2)] 역시 최신 논의라고 할 수는 없지만, 에코페미니즘의 과거, 현재, 미래를 일별해 볼 수 있다는 점에서 읽어볼 가치가 있다. 이 책에서 샌딜랜즈는 90년대 말까지의 에코페미니즘 이론사를 상세하게 비평함으로써 에코페미니스트들이 어떤 전환을 이루었는지를 그리고 이후 어떤 전환을 피해야 하는지 잘 보여준다. 책의 첫 장은 에코페미니즘에 대한 불만을 고백하는 것으로 시작한다. 그 불만은 에코페미니즘의 정체성 정치에 생물학적 환원주의와 본질주의로 빠질 위험이 항상

---

1) 이 글을 썼던 2016년에서 많은 시간이 지나, 최근에는 국내에 다양한 에코페미니즘이 활발히 소개되고 있다. 그레타 가드, 캐롤 아담스, 발 플럼우드, 스테이시 앨러이모 등의 저서가 번역되고, 비건에코페미니즘 글들을 담은 선집도 출간되었다.

2) Catriona Sandilands, *The Good-Natured Feminist: Ecofeminism and the Quest for Democracy*, London: University of Minnesota Press, 1999이다. 원제의 'good-natured'는 사전적으로 '온화한'이라는 뜻이다. 몇몇 영영사전에 따르면 '쾌활한', '협력적인', '관용적인' 기질을 의미한다. 샌딜랜즈가 이 책에서 제목의 의미를 설명하지는 않았지만, '협력'과 '관용'의 의미를 살려 번역했다. 급진 민주주의 정치학을 향한 에코페미니스트의 욕망이나 경향성, 정체성 정치가 아니라 친연성에 기반을 둔 연합의 정치를 옹호한다는 점을 고려하였다. 이후 이 책에서 인용한 경우 본문에 쪽수만 표기한다.

도사리고 있다는 점이다. 그녀의 목표는 에코페미니즘에서 정체성 정치를 벗겨내고, "에코페미니즘을 정치학으로, 특히 민주주의 정치학으로서 발전시키는 것, 그리고 더 나아가 에코페미니즘의 통찰을 통합해야 하는 민주적 기획에 기여하는 것"이다(xvii).

'여성' 범주와 본질주의

많은 에코페미니즘 텍스트가 그렇듯이, 샌딜랜즈의 책 역시 에코페미니즘이 무엇이며 어떻게 발전해 왔는지 개관한다. 하지만 샌딜랜즈의 설명의 독특한 점은 강력하고 촘촘한 비판을 통해 에코페미니즘의 계보를 재구성한다는 데 있다. 대개의 에코페미니스트들이 여러 에코페미니즘 입장들 사이의 공동의 목표와 방법, 가정들을 밝히고 각각의 장점을 수용하는 관점을 취하는 것과 달리, 샌딜랜즈는 '정체성 정치학'을 뿌리로 하여 줄기를 세우고 가지를 뻗는 다양한 에코페미니스트 입장을 비판적으로 재구성한다.

에코페미니즘은 '여성적 가치'를 긍정적으로 재평가하고, 그로부터 여성해방의 가능성을 발견하려는 문화 페미니즘에서 출발했다. 에코페미니즘에서 이 관점은 자연에 대한 가부장제적 폭력과 지배담론으로부터 거리를 두고 있는 여성, 가정 내에서 자연과 '더 가까운' 역할들과 노동을 수행해 온 여성이야말로 생태주의적인 가치와 감수성을 지니고 있는 변혁의 주체라는 말로 번역된다.

여기서 가장 먼저 문제가 되는 것은 일관되고 동일한 정체성 범주로서의 '여성'이다. 초기 에코페미니즘에서 여성 정체성/동일성의 근거는 재생산 기능에 있었기 때문에 생물학적 본질주의라는 비판을 피할 수 없었다. 초기 에코페미니스트들은 여성이라면 누구나 자연에 대해 동일한 경험과 입장을 갖는다고 전제했으며, 이 공통성의 토대는 재생산이었다. 즉, 임신, 출산, 육아 등 여성의 재생산 기능과 활동이 여성을 여성이라는 범주에 속하게 하고 동일한 정치적 입장을 갖게 하는 근거가 된다. 계급, 인종, 성적 지향, 사회문화적 지평에 따라 여성들 사이에는 '여성'이라는 이름으로 포괄할 수 없는 차이들이 존재하기 때문에, 여성 정체성이라는 개념은 매우 비현실적인 것이었다. 그 개념의 근거를 재생산에서 발견하는 것 역시, 재생산에 관련된 여성 경험의 다양성을 배제할 때만 가능한 일이다.

나아가 이 재생산 경험은 다른 신체적 활동들보다 더 자연적인 것으로 간주된다. 동물로서의 인간의 육체적 경험들은 매우 다양하지만, 많은 에코페미니스트들은 재생산이 더 자연에 가까운 활동이라는 가부장제적 가정을 무비판적으로 수용한다. "이 설명들은 여성과 자연 사이의 연결 관계들이 애초에 구성될 때의 토대를 문제 삼지 않는다. … 어째서 여성의 신체가 자연성이라는 점에서 특수한 것으로 여겨지는지, 혹은 어째서 출생과 관련된 과정들이 먹고, 자고, 배변하는 것과 관련된 과정들보다 본질적으로 더 자연적인 것으로 구성되는지를 묻지 않는다"(20).

샌딜랜즈에 따르면, 이러한 비판에 대해 1980년대 에코페미니스트들은 두 가지 방식으로 대응했다. 하나는 "성적 이원론으로 환원될 수 없는 억압의 경험을 에코페미니즘이 포함해야 한다"는 필요에 따라 "정치적 포괄성"을 확보하려는 움직임이다. 그러나 샌딜랜즈가 보기에 이러한 변화는 충분하지 않았다. 여성들 사이의 차이를 인식하기는 했지만, 에코페미니스트들은 정체성 개념 자체를 의문시하지는 않았다는 것이다. 한동안 에코페미니스트들은 "'인종을 첨가하고 저어준다'는 식의 지나치게 단순한 접근 방식으로 얼버무렸다"(51).

두 번째는 "이론적 타당성"을 확보하기 위해 "생물학적 본질주의에서 사회 구성주의로의 전환"을 이룬 것이다(50). 이 또한 충분하지 않다. 왜냐하면 사회구성주의라고 해서 반드시 본질주의 혐의를 벗게 되는 것은 아니기 때문이다. 사회 에코페미니스트들은 여성이 지배담론에 의해 구성된 것임을 분명히 하지만, 여전히 그 구성된 위치는 곧장 대안과 변혁의 가능성으로 여겨진다. 샌딜랜즈는 지배 권력의 타자라는 입장이 곧 그가 정치적 주체임을 나타낸다고 가정하는 것 역시 일종의 본질주의라고 본다. 정체성 정치에 근거하고 있는 에코페미니즘은 생물학적 본질주의든 사회구성주의든, 정치적 주체를 길러내는 것이 아니라 '발견'해야 하는 것으로 가정한다.

이런 생각의 토대에는 '주변부 의식'이라는 전제가 숨겨져 있다. 이는 현재의 권력관계에서 사회적 약자나 소수자, 사회의 주변부에 놓인 이들이 지배담론에 덜 오염되어 있으며, 따라서 이들의 목소리에는 정치적 진실과 진정성이 있음을 의미한다. 샌딜랜즈는 선천적으로 주어진 것이든 사회적으로 구성된 것이든, 여성의 정체성과 일상적 경험 안에 이미 자연에 대한 대안적인 관계가 있고 그 경험을 여성과 자연의 목소리로 드러내기만 하면 된다고 할 때, 정치학으로서의 에코페미니즘의 필요가 어디에 있느냐고 묻는다.

급진 민주주의의 가능성

그렇다고 해서 에코페미니즘에 아무런 희망이 없는 것은 아니다.

샌딜랜즈는 에코페미니즘 내에 정체성 정치와 관련된 어떤 긴장이 존재하며, 정체성의 불가능성에 대한 무의식적인 인식이 항상 있어 왔다고 주장한다. 그리고 이 긴장, 이 의식이 에코페미니즘으로부터 정체성 정치를 떼어내 줄 잠재력이라고 본다.

샌딜랜즈는 이 긴장을 총 세 가지로 구분한다. 그것은 "적대(주체 위치 간에 발생하는 갈등)와 등가(친연성의 연합 계기들), 보편성(민주적인 공동선이 재현되는 과정)과 특수성(공동선이 지속적으로 재해석될 필요가 있는 것으로 나타나는 계기), 공적 삶(공통의 정치 세계 창출의 계기)과 사적 삶(정치적인 것이 유래하는 곳인 공공성 바깥의 계기) 사이의 긴장"이다(xx). 에코페미니스트들은 정체성 정치에 입각해 상이한 정체성 집단들 간의 등가적인 연결, 즉 연합의 투쟁들을 통해 지배에 저항할 것을 주장한다. 이때 연합을 보장하는 것은 주변부의 진정성 있는 목소리들이 체현하고 있다고 가정되는 객관적이고 보편적인 가치이다. 다시 말해 공동선은 만들어지는 게 아니라 이미 그것을 일상 속에서 체현하고 있는 혁명적 주체들에게서 보편적으로 발견되어야 한다. 이럴 때, 이들의 정체성이 샌딜랜즈의 표현처럼 '사적인' 정체성은 아닐지라도, 적어도 이들의 변혁적 실천은 사적인 것이 된다. 즉 일상에서 자연과의 더 나은 관계들을 유지하고 만들어가는 것이 에코페미니스트의 실천이 된다.

하지만 샌딜랜즈에 따르면 이것은 에코페미니즘의 한쪽 얼굴이다. 에코페미니즘은 부지불식간에 정체성 정치의 불가능성과 한계를 스스로 드러내게 된다는 것이다. 에코페미니스트들을 비롯한 많은 페미니스트들이 다양한 입장들과 정체성들을 포괄하기 위해서, 그리고 그들 사이의 연합을 설명하기 위해서 연결부호hyphen를 사용한다. 사회의 권력관계에서 지배적인 위치에 있는 집단은 '서구-백인-남성-이성애자-자본가'로 표현되고, 이들의 타자의 위치에 있는 집단은 '비서구-유색인-여성-동성애자-노동자'로 표현된다. 그런데 연결부호는 무한히 첨가될 수 있다. 여기에 병렬되지 않은 많은 다른 정체성들이 있으며, 그 정체성들은 다시 연결부호를 통해 끝없이 추가될 수 있는 것이다.

앞서 보았듯이 에코페미니스트들은 성적인 것 외에도 수많은 타자 위치가 있음을 인식하고, 이를 에코페미니즘 안에서 통합적으로 설명하려고 시도해 왔다. 샌딜랜즈는 이렇게 각 정체성들을 등가적으로 연결하여 공통의 정치적 목소리와 행동을 창출하려는 에코페미니즘의 입장을 연합의 정치라 부른다. 그런데 연결부호로 접합된 상이한 정체성들을 아무리 많이 가져다 붙여도 한 사람을 전부 설명할 수는 없으며, 결국 그 접합은 완결되지 않고 열려있다. 즉, 정체성 정치학의 연합이라는 전략 자체가 이미 정체성의 자기 완결성 혹은 견고함이 허구임을 보여주는 셈이다.

실제 투쟁의 장에서는 이 연합이 그렇게 자연스럽게 이루어지지 않는다. 숲을 보호하려는 환경운동가와 벌목으로 생계를 꾸리는 노동자 사이가 그런 것처럼, 오히려 정체성 집단들 사이에는 반목과 적대가 있다. 그리고 그 적대는 심지어는 한 사람 내부에서도 일어난다. 연합은 이 내적·외적 갈등의 해결을 위한 민주적 협상 과정에서 사후적으로 구성된다. 또한 그 과정에 참여한 사람의 정체성 중 어떤 부분들은 이 싸움의 결과로, 구성적으로 자각된다. 샌딜랜즈가 소개하고 있는 인터뷰에서 한 여성 환경운동가는 다음과 같이 말한다. "그 비극 이전에 나는 가정주부였다. 내가 환경문제에 개입한 결과로, 나는 이제 페미니스트이다"(165).[3] 말하자면 어떤 주어진 정체성이 곧 정치적인 것이 아니며, 개인적인 것이 곧장 정치적인 것도 아니다.

샌딜랜즈가 보기에, 에코페미니즘 내부에는 정체성의 연합을 향한 욕망뿐 아니라 정체성을 위반하고자 하는 욕망이 있으며, 보편적 가치와 공동선을 향한 욕망만큼 여성이나 인종, 지역적 특수성과 차이를 향한 욕망도 있다. 또한 "사적인 환경적 관심사에 대한 공적 논쟁을 향한 욕망을 통해" 자기 자신을 급진화할 잠재력이 있다(177). 샌딜랜즈는 동물의 고통에 대한 정서적 공감과 돌봄의 (사적) 윤리를 정치적 행위로 만들고자 하는 노력들이 그 잠재력을 보여준다고 본다.

이 잠재력이 개화하려면, 즉 생태 위기에 대한 사적 관심이 정치적인 것이 되려면, 사적 삶 안에서 공적 공간을 창출하거나 공적 공간으로 나아가야 한다. 샌딜랜즈에게 그것은 곧 대화를 통한 정치, 급진 민주주의이다. 샌딜랜즈에 따르면 민주주의 정치의 핵심은 발화에 있다. 묻고 답하는 것, 토론하고 설득하는 것, 서로 다른 의견을 주고받는 과정에서 그때그때 합의에 도달하고 그 과정을 끝없이 반복하는 것이다.

그렇다면 생태주의에서 말하는 주체는 누구인가? 정체성 정치의 틀을 유지할 경우, 에코페미니즘을 비롯한 생태주의는 한 가지 역설에 봉착한다. 정체성 정치는 타자로서의 당사자의 입장에서 경험하고 배운 것을 당사자의 목소리를 통해 드러내는 것을 중요시한다. 말하자면 우리는 자연'에 대해서' 말하고 자연을 '위해서' 말하기도 하지만, 무엇보다 자연 스스로 말하도록 해야 한다. 하지만 샌딜랜즈에 따르면 자연은 발화 주체가 될 수 없다. 말하는 것은 인간이며 인간은 상징질서를 통과한 형태로만 자연을 이해하기 때문이다. 따라서 누군가가 자연을 대신하여, 자연을 위해서 말한다는 것 역시 불가능한 일이다.

---

3) 샌딜랜즈가 언급하고 있는 이 인터뷰는 다음 텍스트에 실렸다. Celeste Watson, "Action from Tragedy: Women at Love Canal and Three Mile Island", *Heresies* 4, no. 1, 1981, pp.40-43.

'여성'이라는 보편적 범주와 실제 여성들의 삶 사이에 합치되지 않는 차이가 존재하며, 우리가 자연을 재현하는 언어와 실재로서의 자연 사이에는 메울 수 없는 간극이 존재한다. 샌딜랜즈는 자크 라캉을 참조하여 우리가 재현하려고 하는 대상은 언어의 그물에 뚫린 구멍으로 쉽게 빠져나가며 의미는 언제나 미끄러진다고 본다. 하지만 이 틈을 채우기 위해 연결부호를 써서 끝없이 더 세부적인 정체성들을 덧붙이거나 이 미끄러지는 의미를 고정시키기 위해 어떤 본질을 가정할 필요는 없다. 샌딜랜즈의 관점에서 보면, 우리가 할 수 있는 것, 그리고 해야 하는 것은 자연에 대한 경험과 자연과의 관계와 관련해서 최대한 다양한 목소리들이 대화할 수 있도록 하는 것이다. "정치적 핵심은 이 간극을 메우려고 시도하는 것이 아니라 이 간극을 인정하고 그것을 가지고 작업하는 것이다"(106).

'야생'으로서 자연과의 친연성[4)]

말하자면 샌딜랜즈의 관점에서 보면, 우리가 자연을 있는 그대로 대변하는 것은 불가능하다. 그것은 우리 언어의 한계이기도 하지만, 다른 한편으로는 자연의 성격 때문이기도 하다. 샌딜랜즈는 라캉의 용어를 빌려와 자연을 주이상스와 같은 것으로 정의한다. 자연은 항상 인간 언어의 포착 시도에 저항하고 그로부터 달아나는 것이지만, 그것의 현존은 "끊임없이 흔적, 상처, 장애물, 질문으로서 존재"한다(185).

4) 이 절과 다음 절의 일부는 필자가 다른 논문에서 샌딜랜즈의 주장을 정리하고 비평한 부분을 수정하여 실은 것이다(「페미니즘에서 자연의 위치들: 에코페미니즘과 그로츠의 조우 가능성의 탐색」, 한국철학사상연구회, 『시대와 철학』, 제27권 1호(통권 74호), 2016, 309-311쪽 참조). 이 논문의 일부는 필자의 박사논문 『페미니즘과 자연: 성차이론과 에코페미니즘의 절합』(2022)에 일부 수정하여 포함시켰다.

자연은 우리가 언어적 질서를 통해서만 겨우 접근해 볼 수 있고 그 자체에 대해서는 알 수 없는 실재이며, 그러한 실재로서의 자연과의 마주침은 형언할 수 없다. 샌딜랜즈는 자연과의 마주침을 야생 혹은 야생성이라 부른다. 야생성은 "인간적 표상과 공존하고 그에 참여한다. 그것은 자연의 담론적 삶을 적극적으로 형성하지만, 인간의 창조로 환원될 수 없다"(185-186).[5)]

샌딜랜즈의 작업에서 자연은 실재로서의 위치를 가지면서도 결정론적인 이해와 신비화를 모두 비껴간다. 하나의 행위자로서 자연은 "온전한 재현에 이를 수 없는 언어의 불가능성"을 징후적으로 알려줌으로써, 인간이 언어의 한계를 인식하도록 한다(185). 이 한계는 부정적인 것이 아니며, 따라서 자연-인간 관계는 대립적이지 않다. 즉, 이 한계는 자연의 생존을 위해 인간이 침범해서는 안 되는 어떤 경계를 표시하는 게 아니다. 오히려 바로 그 언어의 불가능성이 인간-자연 관계를 둘러싼 민주적 대화의 동력이 된다. 이렇게 재현 불가능성으로서의 자연 개념은 인간 언어의 한계를 강조하는 인식론을 통해 완성되며, 급진 민주주의 정치학으로서의 에코페미니즘에 대한 샌딜랜즈의 주장은 이 인식론을 토대로 삼는다.

자연 개념에 관한 샌딜랜즈의 이 논의는 두 가지 점에서 큰 의미를 지닌다. 첫째는 에코페미니즘 내부에서 자연에 대한 관점을 완전히 전환한다는 점이다. 여러 (특히 초기의) 에코페미니스트들은 자연을 표현하기 위해 어머니 대지, 가이아, 집이라는 은유를 사용했다. 여기서 자연은 인간에게 풍요와 안정적 정체성의 토대를 제공해 주고, 언제든 돌아갈 수 있는 따뜻하고 평화로운 곳으로 묘사된다. 이러한 묘사는

---

5) 샌딜랜즈는 이를 완전히 사회문화적 구성물인 미개지(wilderness)와 구별한다. 후자는 "철저하게 역사적이고 문화적인 구성물"이다.

안정적이고 보편적인 단일한 실체로서의 자연 개념에 의존하고 있다. 샌딜랜즈에 따르면 이런 자연 개념은 여성들을 하나의 범주에 포괄할 수 없게 하는 사회적 차이들에도 불구하고, 그 차이들을 초월하여 보편적 가치를 발견할 수 있게 해주는 근거로 사용되어 왔다(68, 115).

하지만, 물론 탈안정화된 자연 개념을 사용한 것이 샌딜랜즈가 처음은 아니다. 아리엘 살레Ariel Salleh나 발 플럼우드Val Plumwood와 같은 에코페미니스트들은 샌딜랜즈에 앞서 역동적이고 적극적인 자연 개념, 행위자로서의 자연을 제안한 바가 있다. 하지만 샌딜랜즈처럼 이를 바탕으로 자연-인간, 자연-문화 사이의 존재론적, 인식론적, 정치적 관계를 일관되게 설명할 수 있을 정도로 충분히 구체화한 경우는 거의 없다. 이 점이 샌딜랜즈의 자연 개념이 갖는 두 번째 중요성이라 할 수 있다.

샌딜랜즈는 야생성으로서의 자연 개념이 보편적 범주로서의 여성 개념을 무력화함으로써 여성-자연 연결 관계에 새로운 의미를 부여할 것이라고 주장한다. 만일 여성이 어떤 식으로든 자연과 더 가깝고 더 친밀하게 연결되어 있다면, 그런데 이 자연이 변화무쌍하고 불안정하며 재현 불가능한 것이라면, 이러한 자연과 연결되어 있는 여성의 정체성 역시 불안정하고 재현 불가능한 것이 되기 때문이다. 이럴 때의 여성-자연 연결 관계는 이제 더 이상 정체성에 기댈 수 없으며, 이 연결을 통해 '여성'이라는 범주도 '자연'이라는 범주도 붕괴될 것이다.

샌딜랜즈는 이런 방식의 관계를 정체성 정치의 연합에 대비시켜 급진 민주주의의 친연성affinity의 관계라고 부른다. 친연성은 여성과 자연, 그리고 다른 정체성 집단들 사이의 연결 관계를 단순히 가정하거나 그 관계의 정당성을 보편적이고 자연적인 가치에서 발견하기보다는 정체성의 경계 자체를 의문시하면서 그 경계들을 넘나드는 위반의 정치이다. 샌딜랜즈에게서 여성-자연의 관계는 본질주의에 의존하지도 않고, 그렇다고 완전히 폐기되는 것도 아니다. 그것은 정체성들 사이의 연결에서 정체성의 경계를 무너뜨리는 위반을 통한 친연성의 관계로 대체된다.

업데이트 계속하기

샌딜랜즈의 논의에 문제가 없는 것은 아니다. 문화로 환원할 수 없고 재현 불가능한 야생성 개념에서 강조점은 자연의 물질적 실존에 있지 않다. 그녀는 주디스 버틀러의 철학을 기반으로 하여 자연이 구성되는 것이며, "이미 항상 가공된 것"이라고 주장한다(118). 이때 가공은 인간의 작용만을 의미하지는 않으며, 자연 내적인 생성을 포함하는 것으로서 자연이 단번에 주어진 고정된 실체가 아니라는 것을 나타낸다. 하지만 자연의 비결정성과 비고정성은 자연이 갖는 본래적인 자기 생성적 힘이라는 적극적인 규정으로 연결되기보다는 오히려 자연의 무력함을 강조하는 효과를 낳는다. 샌딜랜즈에 따르면 자연은 "우리에게 직접적으로 말해주는 바가 전혀 없고", "자연'으로서' 투쟁할 어떤 방법도" 없으며, "자연을 생산"하는 것은 인간이다(92-93). 결국 자연이 행위자인 것은 그것의 야생성이 희미하고 드문 방식으로 실재의 징후로서 인간 언어의 한계를 표시해 주는 한에서이다.

그런데 우리가 자연에 접근하는 경로가 담론에 의한 구성과 징후적인 흔적, 둘 중 하나일 뿐이고 전자는 항상 실패하고 후자는 형언 불가능한 것이라면, 샌딜랜즈가 제안하는 급진 민주주의는 어떻게 시작될 수 있다는 말인가? 이럴 때 자연은 그 자체가 수동적 위치에 놓일 뿐 아니라, 자연에 대한 우리의 실패만을 상기시키는 결핍의 징표로 남는다. 샌딜랜즈는 자연이 항상 문화적으로 생산된다는 주장을 통해 자연과 문화의 이분법을 해소하고자 했다. 하지만 자연과 문화가 구분되는 것도 대립하는 것도 아니라면, 우리는 자연이 항상 이미 문화적인 것이라고 말할 수도 있지만, 거꾸로 문화가 항상 이미 자연이라고 말할 수도 있다. 자연의 일원으로서 인간의 정신 또한 자연이라는 데서 이해 가능성과 연속성의 근거를 발견할 수는 없었을까? 인간은 언어의 한계 속에서 자연에 대해 말할 수도 있고 자연과의 관계에 대한 자신의 경험에 대해서 말할 수도 있지만, 하나의 동물'로서' 자연'으로서' 말할 수도 있지 않을까? 자연 전체를 대변하는 것은 아닐지라도 말이다. 샌딜랜즈는 문화와 언어를 너무 많이 강조함으로써 자연의 일부는 문화 안으로 끌어들여 문화가 자연을 생산하는 것으로 만들고, 일부는 담론 바깥에 불가지인 것으로 남겨두는 방식으로 이분법을 재생산하는 것은 아닐까?

이런 불만에도 불구하고 샌딜랜즈의 논의가 중요한 의미를 갖는 이유가 있다. 에코페미니즘의 쟁점들을 다른 페미니즘의 쟁점과 (나아가 다른 정치학의 쟁점까지) 다시 연결시킬 가능성을 보여준다는 점이다. 에코페미니즘은 우리 시대의 온갖 사회적, 정치적 문제들을 통합적으로 설명할 틀을 구축하기 위해 애써왔다. 하지만 필자가 보기에는 아이러니하게도 에코페미니즘은 오히려 페미니즘 안에서조차 섬처럼 고립되어 있다. 여성에 관한 논의가 오직 페미니즘의 문제인 것처럼 여겨지는 것과 유사하게, 페미니즘 안에서 자연에 관한 논의는 오직 에코페미니즘의 문제인 것처럼 여겨지는 분위기가 있다. 하지만 성과 성별화된 신체라는 페미니즘의 쟁점은 자연에 관한 논의와 분리될 수 있는 것이 아니다.

모든 페미니스트들이 환경 위기나 생태주의에 천착해야 하는 것은 아니다. 그러나 생태 위기와 생명에 대한 식민화가 가속화되는 현실을 마주할 때, 페미니즘에서 자연과 문화의 관계는 섹스, 젠더, 섹슈얼리티의 문제로 국한되어 논의될 수 없다. 생명체를 생산하는 신체로서 여성의 몸은 다른 동물의 몸들, 식물 종자와 더불어 생식 기술과 유전공학을 등에 업은 자본의 최후의 식민지이기도 하다. 실재로서의 자연을 불가지인 것으로 두고 인간 정신의 영역에서만 성의 문제를 다루는 것은 신체와 자연의 수동적 지위를 견고하게 함으로써, 자연-문화 이분법을 존속시킨다. 이는 결국 현재 인간과 자연의 지배적 관계를 근본적으로 변화시키는 것을 불가능하게 만들 것이다. 이런 이유로 여성의 신체와 관련된 페미니스트의 논의는 직접적으로 에코페미니즘의 주제들을 다루지 않더라도, 인간 바깥의 자연의 문제를 항상 포괄할 수 있는 방식으로 구성되어야 한다.

에코페미니즘은 단순하게 말해 '자연에 대한 지배의 종말 없이는 여성에 대한 지배의 종말도 없다'고 주장한다. 그러나 이를 증명하는 과정에서 간혹 이 관계는 본질주의적으로 기술되곤 했다. '여성'이라는 정체성 범주를 둘러싼 문제가 자연의 재개념화를 통해 해소될 수 있다는 샌딜랜즈의 주장은 에코페미니즘의 이 명제에 이전보다 훨씬 타당한 의미를 부여한다. 샌딜랜즈는 정체성 정치라는 에코페미니즘 내부의 문제를 해결함으로써 에코페미니즘을 이론적으로 보다 개방적이고 정치적으로 더 설득력 있는 이론으로 재정립하고 있다고 할 수 있다. 하지만 업데이트는 여기서 끝나서는 안 된다. 앞서 필자가 제기한 질문들도 아직 남아있으며 또한 에코페미니스트가 아닌 페미니스트들이 '자연' 항목을 어떻게 업데이트할 것인가 하는 문제도 역시 남아있기 때문이다. 그리고 무엇보다 샌딜랜즈의 주장처럼, 민주적 토론과 교섭에는 종착역이 없기 때문이다.

참고 문헌

황주영, 「페미니즘에서 자연의 위치들 : 에코페미니즘과 그로츠의 조우 가능성의 탐색」, 『시대와 철학』 제27권 1호(통권 74호), 한국철학사상연구회, 2016.

Plumwood, Val, *Feminism and the Mastery of Nature*, Routledge, 1993.

Salleh, Ariel, *Ecofeminism as Politics: nature, Marx and the postmodern*, Zed Books Ltd, 1997.

Sandilands, Catriona, *The Good-Natured Feminist: Ecofeminism and the Quest for Democracy*, London: University of Minnesota Press, 1999.

캐런 버라드
Karen Barad

물질, 물의빚기, 물리학: 캐런 버라드의 행위적 실재주의로부터

이지선

전남대 철학과 조교수. 과학철학, 과학사, 프랑스 근현대철학 등을 연구한다. 공저로 『초연결의 철학』, 『물질 혐오』, 『신유물론×페미니즘』 등이, 역서로 『철학적 포스트휴머니즘』 이 있다.

이 글의 원문은 『여/성이론』 47호(2022)에 실려있다.

물질, 물의빛기, 물리학
—캐런 버라드의 행위적 실재주의로부터[1)]

캐런 버라드Karen Barad는 1956년생의 철학자이자 여성학자다. 뉴욕주립대학 스토니 브룩에서 입자물리학과 양자장론에 관한 연구로 박사학위를 취득했으며, 물리학을 가르치다가 분야를 철학으로 넓혀 이후 캘리포니아 산타크루즈 대학 철학과 및 "여성학, 철학, 의식사Feminist Studies, Philosophy, History of Consciousness" 학과 교수로 재직했다. 연구 분야는 "여성주의 과학학, 물질주의(유물론), 탈구축(해체), 후기구조주의, 비판적 포스트휴머니즘, 탈식민이론, 다종 연구, 과학과 법학, 물리학, 대륙철학, 인식론, 존재론, 윤리학, 정치학, 물리철학, 여성주의, 퀴어 및 트랜스젠더 이론"을 아우른다.[2)] 이렇듯 다양한 분야를 가로지

---

1) 이 글은 2021년 출간한 졸고에서 4년여의 기간 동안 총 여섯 번의 수정을 거친 결과물이다. 각 판본들을 연대기 순으로 열거하면 다음과 같다:
(1) 「물질과 의미의 물의(物議) 빛기: 캐런 바라드의 행위적 실재론에 관한 예비적 고찰」, 『시대와 철학』 32(1), 2021.
(2) 「캐런 버라드의 행위적 실재주의에서 물질과 실재」, 『한국여성철학』 38, 2022.
(3) 「여성주의와 물리학, 상호배제와 상호작용을 넘어 내부-작용으로: 캐런 버라드의 행위적 실재주의로부터」, 『여/성이론』 32(1), 2022.
(4) 「물질이 물의를 빚고 우리가 실재와 만날 때: 캐런 버라드의 행위적 실재주의로 본 물질과 실재」, 이재준 기획, 『물질혐오: 왜 물질이 문제인가』, 한울, 2023.
(5) 「세계의 파괴자 오펜하이머가 바비와 얽힌 끝에 바벤하이머가 되기까지: 버라드의 물질 이론과 영화 오펜하이머로 본 물리학과 여성주의」, 『신유물론 × 페미니즘: 몸, 물질, 생명』, 김남이 외, 도서출판 여이연, 2023.
이러한 출간 행태가 "중복 게재" 혹은 "자기 표절"의 의혹과 위험을 안고 있음은 주지의 사실이다. 그럼에도 이를 감행한 것은 각 판본에서 이전 판본의 단순한 반복이나 "반사/반영(reflection)"이 아니라 상당한 변주와 "회절(diffraction)"을 관찰하면서, 이것이 버라드 철학에 대한 이해의 확장 및 심화의 과정을 보여주는 한편으로 이 철학의 실천적 나아가 실용적 측면을 보여주는 실례일 수도 있겠다는 판단에서였다. 또한 이 시대의 중요한 여성주의 이론가들을 총망라한 이 책에 버라드가 포함될 필요가 있다는 편집진의 판단도 있었다. 다른 이론들과 병치됨으로써 버라드의 이론이 지닌 보편성과 특수성 그리고 무엇보다 여성주의적 함축이 보다 선명하게 드러나지 않을까 하는 기대도 한몫 했다. 최종적인 판단은 독자의 판단에 맡긴다.

르는 간학문성은 물론 중요성에 있어서도 같은 학과에서 재직한 동료도나 해러웨이 못지않다. 주로 (여성주의) 과학기술학, 여성학, 문예이론, 특히 포스트휴머니즘 및 신물질주의new materialism[3])에서 가장 많이 참조되는 이론가 중 한 명으로, 대표작 『우주와 중간에서 만나기: 양자물리학, 그리고 물질과 의미의 얽힘*Meeting the Universe Halfway: Quantum Physics and the Entanglement of Matter and Meaning*』(2007)의 구글 스칼라Google Scholar 인용 지수는 2024년 말 기준으로 25,000회를 넘어섰다.

버라드는 양자역학을 바탕으로 물질과 실재에 대해 새로운 시각을 제시한 '행위적 실재주의agential realism'로 잘 알려져 있다. 이는 두 가지 중요한 결과를 함축한다. 하나는 물질의 행위성에 주목하는 새로운 물질 이론이고, 다른 하나는 양자역학에 대한 새로운 해석이다. 이 중에서 신물질주의의 주목을 받은 것은 무엇보다도 전자의 측면 때문이고, 실제로 버라드에 대한 논의의 대부분은 여기에 집중되어 있는 편이다. 그러나 철학자 버라드의 적어도 일차적인 관심은 양자역학에 대한 전문적인 식견과 독자적인 견해를 바탕으로 한 하나의 고유한 사상, 보다 구체적으로는 과학철학의 구축에 있었다고 보아야 할 것이다. 다음의 구절은 버라드 과학철학의 목적과 방법을 잘 요약한다.

> 나의 기획은 단순히 과학에 대한 반성(reflection)이 아니라, 과학적 실천과 자연(이것이 보어의 해석에서 두 가지 핵심 요소를 이룬다)에 관한 통찰을

---

2) 다음의 웹사이트에서 버라드의 전공 분야 및 저술 목록을 확인할 수 있다. https://campusdirectory.ucsc.edu/cd_detail?uid=kbarad(검색일: 2024. 12. 31).

3) 이 글에서 나는 "materialism"의 역어로 그간 통용되어 온 "유물론"을 "물질주의"로 'realism'의 역어로는 실재론을 실재주의로 각각 대체해서 쓸 것이다. 이론적이고 체계적인 속성을 함축하는 접미사 "-로지(-logy: 주지하다시피 'logos'에서 왔다)"와 이데올로기적 속성을 갖는 "-이즘(-ism)"을 구분하기 위함이다. 인식론(epistemology), 존재론(ontology), 양자론(quantum theory) 등은 기존의 용례를 따른다.

받아들인 뒤, 이를 회절(diffraction)을 통해 다시 과학으로 되돌리며, 그럼으로써 현재 연구되고 있는 과학 분야(예를 들어 양자물리학 기초론)에 기여하는 것이다. 회절적 방법론에 입각한 개념적 전환은 과학이나 아니면 다른 물질적-담론적 실천의 본성에 대한 우리의 이해를 재구성하고 나아가 양자물리학의 새로운 해석을 위한 기초를 구성하기에 충분하다.[4)]

가장 고전적이고 일반적인 시각에 따르면 과학철학은 과학 이론에 대한 이해와 응용에 주력하는 "정당화의 맥락"과 이론에 개입하는 "발견의 맥락"으로 나뉜다. 20세기 현대물리학이 정립된 이후 현재까지 특히 논리실증주의의 경향을 띤 주류 과학철학에서는 정당화의 맥락이 지배적이었다. 단 물리학의 기초 원리나 양자역학의 해석 등은 여전히 철학적 개입을 허용하고 또 필요로 한다는 점에서 여기에서 철학은 발견의 맥락으로서 유효하다 할 수 있다. 특히 양자역학의 경우 해석이 그 어느 이론에서보다 큰 비중을 차지한다는 특수성을 갖는다. 버라드는 양자역학을 단순히 이해하고 응용하는 '정당화의 맥락'에 그치지 않고 이론에 대한 새로운 해석을 제시함으로써 이론 자체에 개입하는 '발견의 맥락'까지 포괄함으로써 과학철학에서 오늘날 보기 드문 예를 보여준다. 이 기획은 단지 과학 이론에 대한 충실한 반성에 그치지 않고 이를 바탕으로 다시 이론에 관여하는 "회절적 방법론"에서 특히 과학에 대한 외재적인 비판이 중심이라는 비판으로부터 자유롭지 않았던 기존의 여성주의 과학학 혹은 과학학 일반과의 독자성과 차별성을 확보한다.[5)]

4) Barad, Karen, *Meeting the Universe Halfway: Quantum Physics and the Entanglement of Matter and Meaning*, Duke University Press, 2007, p.3. 이후 이 저서를 인용할 때에는 본문 내 괄호로 쪽수만 표기하도록 한다.

5) 또 하나 주목할 점은 교육학, 특히 유아교육학에서 버라드 철학의 수용이다. 내부-작용, 주객 이분법의 탈구축 등 버라드 이론의 여러 가지 측면들이 특히 탈식민주의나 포스트 휴머니스트 유아교육학 이론에 적잖은 영향을 미친 것으로 보인다. 다음의 저서에서 이러한 경향을 확인할 수 있다: 카린

아래에서는 우선 버라드가 양자역학으로부터 어떤 가르침을 받았는지, 다음으로는 어떻게 이 가르침으로부터 어떠한 과학철학을 구축하고 또 그럼으로써 양자역학에 기여했는지 차례로 살피고, 마지막으로는 이 논의의 여성주의적 함축을 논할 것이다.

양자역학의 철학

2022년 노벨 물리학상은 "광자 얽힘entanglement 실험을 통해 벨 부등식의 위배를 증명하고 양자 정보 과학을 개척한" 공로를 인정받은 알랭 아스페Alain Aspect, 존 클라우저John F. Clauser, 그리고 안톤 차이링거Anton Zeilinger가 수상했다.6) 일정한 거리로 떨어져 있는 입자들이 거리와 무관하게 하나의 단위-일자처럼 행동하는 비국소적 상태가 실재함을 보이고 그럼으로써 양자역학의 완전성을 증명한 것이 이들의 업적이다. 아인슈타인이 광전자 효과로 양자역학 초기에 기초를 정립한 공로로 같은 상을 수상한 지 꼭 100년 만의 일이다. 2025년은 양자역학적 현상을 수학적으로 기술하는 양대 산맥이라 할 수 있는 베르너 하이젠베르크Werner Heisenberg의 행렬역학과 에르빈 슈뢰딩거의 파동역학이 탄생한 지 100주년이 되는 해이기도 하다. UN은 이를 기념하는 한편으로 양자컴퓨터로 대표되는 양자 기술에 대한 인식을 확장하기 위해 "세계 양자 과학 기술의 해"로 지정하기도 했다.

이렇듯 양자역학은 엄밀성과 범용성이 매우 높고 타 학문이나 대중의 관심도 지대하지만, 이론의 난이도가 높은데다가 비상식적이고 반직

머리스, 비비안 보잘렉 엮음, 『캐런 바라드와의 대화: 행위적 실재론 실천』, 전방욱 옮김, 이상북스, 2024.

6) 2022년 노벨 물리학상 공고 페이지 참조: https://www.nobelprize.org/prizes/physics/2022/press-release/ (검색일: 2022. 12. 26).

관적인 내용을 많이 포함하는 까닭에 여전히 난해한 이론의 대명사로 불린다. 이는 물리학 이론으로서의 양자역학의 완성도와 별개로 이 이론에 대한 해석이 난무하는 사실과도 무관치 않다.

얽힘은 양자역학의 가장 근본적인 현상 중 하나로, 양자역학과 그 해석에서 가장 근본적인 문제 중 하나인 측정과도 관련이 있다. 측정 대상은 측정에 사용되는 기구에서부터 측정 행위를 담당하는 행위자에 이르기까지 측정이라는 일련의 행위에 의해 결정된다. 그런데 양자역학에서 측정 대상, 측정 장치, 그리고 측정 행위는 서로 독립적이지 않다. 이러한 상태를 얽힘이라 부른다. 얽힘 앞에서는 기존의 측정 모델은 물론, 개별적이고 실체적인 주체와 그와 분리된 대상, 물질적인 것과 담론적인 것, 자연적인 것과 문화적인 것 등 가장 근본적인 범주들이 무력해지고 따라서 새로운 개념적 틀이 필요해진다. 이에 따라 한때 양자역학을 동양이나 신비주의 전통과 연결시키거나 여성 친화성이나 자연 친화성에 대응시키고 이를 서구-남성-인간 중심적인 뉴턴역학과 대조하는 이른바 신과학적 접근이 유행하기도 했다. 그러나 버라드는 이렇게 단순한 유비는 경계해야 한다고 강조한다. 양자역학이 초기에 소수 남성에 의해 주도되었고, 원자폭탄의 개발에 이론적 기반을 제공했으며, 또 입자물리학의 극단적 환원론으로 이어졌음을 고려하면 더더욱 그러하다.

코펜하겐 해석은 양자역학의 여러 해석 중 하나로, 1925~27년 닐스 보어Neils Bohr를 주축으로 한 일군의 물리학자들에 의해 정립된 이래 현재까지도 가장 정통이자 주류 해석으로 받아들여진다. 이 해석의 중심에는 하이젠베르크의 불확정성원리principle of uncertainty가 있다. 이 원리에 따르면 빛이나 전자 같은 양자역학적 대상에 대해 위치와 운동량을 동시에 정확하게 측정하기란 불가능하다(23, 106). 반면 버라드에 따르면 보어는 얽힘에 따른 비결정성indeterminacy을 양자역학의 가장 근본적인 원리로 정립하고자 했다(261). 불확정성원리가 측정 행위와 대상의 독립성을 전제한 인간 인식의 한계에 관한 인식론적 원리라면, 비결정성은 대상이 측정에 사용되는 기구에서부터 측정을 담당하는 행위자 등에 의해 결정된다고 보는 존재론적 원리다. 하이젠베르크에게 측정이 측정 대상, 정확히는 그 대상의 특정한 속성에 대한 인식을 방해하는 요인이기는 하지만 대상 자체가 측정이라는 행위로 인해 달라지는 것은 아닌 반면, 보어는 대상이 측정 행위 전까지는 비결정 상태에 있으며 대상의 속성 또한 대상에 내재적으로 고유하게 선재先在하는 것이 아니라 비결정되어 있다가 측정에 의해 결정된다고 본다. 예를 들어 빛은 이중슬릿을 통과하면 파동처럼 간섭무늬를 보여주는 반면에 금속 표면에 주입되면 입자처럼 표면의 전자들과 반응해서 그 전자들을 방출하는 것이다.

버라드는 이 비결정성을 적극적으로 해석해서 보어가 말하는 전체성wholeness을 "행위적으로 내부-작용하는 요소들의 존재론적 비분리성"(33) 혹은 "'관찰된 대상'과 '관찰 행위성agency'의 비분리성"(196)으로 번역한다. 이때의 현상은 관찰 주체, 장치, 대상이 서로 얽혀 있는 전체whole로서 존재의 분리 불가능한 기본 단위를 이룬다. 고전물리학에서 관찰 대상이 주체 혹은 장치apparatus와 맺는 관계는 제거되거나 간과되어야 할 대상이었으나 양자물리학에서는 "분리될 수 없는 현상의 일부"를 이룬다는 것이 버라드가 말하는 보어 해석의 핵심 중 하나다.

이 과정에서 버라드는 보어가 '장치'를 물리적인 것뿐만 아니라 개념적인 것도 포함하는, 그 자체로 하나의 물질적-담론적 실천으로 이해한다는 점에 주목한다. 양자역학에서 특정한 물리량, 이를테면 "위치", "운동량", "스핀" 등은 측정 장치에 의해 규정되는데, 그것은 개별 입자가 측정 행위에 선험적으로 혹은 독립적으로 갖는 속성으로서 주어지는 것이 아니라, 하나의 분리 불가능한 전체로 주어져 있던 행위성이 측정이라는 행위적 절단agential cut에 의해 개별화되고 마치 하나의 개별적 속성처럼 규정된 결과다. 장치는 대상과 측정이라는 행위 사이에 분리(행위적 절단)를 실행하고 그럼으로써 속성의 규정을 가능케 하는 조건을 부여한다. 개념 또한 그러한 절단의 결과로서 물리적 도구와 마찬가지로 장치의 일부를 이루는 물질적-담론적 실천이다(334-335). 그 점에서 개념의 작용은 단순한 언어 현상이나 발화 행위와는 다르다(335). 그것은 관찰 대상과 장치 사이에 행위적 절단을 수행하는 특정한 '물질적' 배치다. 개념 또한 하나의 물질적 배치로서 단순한 언어 현상이나 발화 행위가 아니라 물리적 도구와 마찬가지로 장치의 일부를 이루는 물질적-담론적 실천이다(334-335).

이렇듯 버라드는 비결정성이 함축하는 전일주의, 존재론적 기본 단위로서의 현상이 함축하는 현상주의, 장치가 함축하는 물질주의 등을 보어 양자역학 철학의 핵심으로 보고, 이를 바탕으로 행위적 실재주의를 제시한다.

행위적 실재주의

앞의 인용문에서 언급된 것처럼 회절은 물리학에서 한 파동이 다른 파동과 만나 겹쳐지거나 장애물을 만나 휘어지거나 퍼져나가는 파동 고유의 현상을 의미한다. 회절은 빛이 파동으로서 갖는 특징으로, 입자적 성질인 반사 혹은 반영과 대조된다. 반영에서는 주체와 대상의 선재 및 이분법적 분리가 전제되는 반면, 회절에서는 회절이라는 사건 이전에 주어지는 주체와 대상이란 없고 오직 겹겹이 전파되는 파동들만이 있을 뿐이다(30; 89-90). 반영의 틀에서 주체가 대상과 일정한 거리에 있는 위치에서 대상을 말 그대로 반사하는 거울 이미지를 생산한다면, 회절에서는 각기 다른 파장을 가진 파동들이 서로 공명하거나 상쇄되면서 원래의 파동과는 다른 무늬를 만들어낸다. 반영에서는 대상과 이미지-표상 사이의 동일성과 모방이 중요한 데 반해, 회절에서는 각 파동 사이의 차이와 관계가 관건이 된다. 이때 주체성은 행위성으로, 주체와 대상 사이의 상호작용interaction은 행위성 간의 내부-작용intra-action으로 대체된다.

행위자agent인 주체가 대상을 반영하기 위해서는 대상에 대해 선재하고 또 대상과 분리되어 있어야 한다. 이러한 조건이 회절의 구도에서는 불필요해진다. 우선 파동들이 행위act와 행위자가 구분되지 않는 행위성들로 주어지고 주체와 대상의 분리는 사후적으로 일어난다. 행위성agency이란 행위를 할 수 있는 능력을 뜻하는 용어로 이 뜻에 충실하게 '행위 능력'이라 번역되기도 한다. 여기에서는 어떤 행위에 대해서 행위 이전에 주체와 그 의도가 주어지거나 행위를 통해 구성되는 것으로 간주되는 대신에 행위와 행위자 사이의 관계와 연결이 강조된다. 상호작용이 행위 뒤에 존재하는 독립적인 행위자 사이의 것이라면, 내부-작용은 행위 또는 행위성 사이의 관계로서 행위자는 이에 대해 사후적으로 구성된다.

운전은 행위성의 내부-작용에 따른 행위자의 구성을 보여주는 예가 될 수 있다. 인간 운전자와 인공지능 자율주행차의 차이는 무엇인가?

인간 기관사가 운전하는 지하철과 자동화된 지하철의 차이는? 지하철의 운행이라는 행위는, 정해진 구간을 운행하면서 매 정거장마다 정차한 뒤, 승객의 승하차가 끝나면 다시 출발하는 행위성으로 경험된다는 점에서 승객 입장에서는 큰 차이가 없다. 열차의 입장에서도 마찬가지다. 기관사, 열차, 승객 모두 자유의지나 합리적 의사결정 등과는 무관하게 운행이라는 행위에 대한 일종의 대행자인 한편으로 하나의 전체로서 내부-작용을 맺으면서 이 행위를 구성하는 행위성이다.

주디스 버틀러는 『젠더 트러블*Gender Trouble*』(1990)에서 젠더가 반복적 수행을 통해 구성되는 것임을 보인 바 있다. 이때 반복이란 기존의 의미를 재실행reenactment하고 재경험하는 과정이다. 버라드는 버틀러가 물질(신체)을 담론(의미)에 종속시키고 물질의 역동성은 물론 물질과 담론 사이의 역동적 관계를 포착하지 못했다고 비판한다(64; 150-151). 물질은 본래적으로 주어져 있지도 고정되어 있지도 않으며, 내부-작용하는 행위성들이 계속해서 구체화되고 물질화되는 과정에 있다. 여기에는 담론적 실천도 개입하는데, 이 실천 역시 순수하고 순전하게 언어적인 과정이 아니라 그 자체로 물질적인 과정이다. 그도 그럴 것이, 물질과 의미 중 그 어느 것도 선험적으로 주어진 항이 아니라 둘 다 전체로서의 실재로부터 사후적으로, 행위적으로, 절단된 결과물이기 때문이다. 이로부터 물질과 물질주의의 새로운 이해, 즉 신물질주의의 길이 열린다.

신물질주의라는 용어를 처음 쓴 것은 1990년대 중반 로지 브라이도티와 마누엘 데란다였다.[7] 한편 "물질적 여성주의material feminism"는 1990년대 중반 몸의 문제를 본격적으로 다룬 브라이도티나 엘리자

---

7) 프란체스카 페란도, 『철학적 포스트휴머니즘』, 이지선 옮김, 아카넷, 2021, 314-315쪽.

베스 그로스로부터 출발했다. 이 두 가지 경향을 결합한 것이 21세기의 신물질주의라 할 수 있다. 우리에게 가장 익숙한 것은 아무래도 "역사적 유물론"이다. 역사적 유물론은 가장 간단하게 말해서 역사 발전의 원동력을 물질적 조건, 정확하게는 생산 수단에서 찾는 입장을 말한다. 신물질주의는 간단하게 말해서 이와는 무관하다. 그보다 만물이 물질로 구성되어 있다고 보는 가장 일반적인 의미에서의 물질주의와 관련이 있다. 이것은 사실 근대 이후 거의 모든 과학의 기본적인 입장이라 보아도 무방하다. 신물질주의는 이 기본적인 입장을 유지한다는 점에서 '물질주의'의 계보에 속하되, 기존의 물질주의를 비판하고 또 수정을 가하는 "수정된 비판적 물질주의"를 표방한다. 이들은 20세기 후반 포스트모더니즘에서 물질은 의미로, 물질적인 것은 담론적인 것으로 환원하거나 적어도 후자를 전자에 비해 우선적이고 우월한 것으로 보는 구성주의 경향에 반발한다.[8] "어떤 자연적 가정에 대해서든지 구성주의적 함축을 찾아내는", 즉 '자연'에 대해서는 괄호를 치고 '문화'는 그럴 필요가 없이 자명한 것처럼 간주하는 경향을 재고할 필요가 있다는 것이다.

앞서 말한 것처럼 버라드는 물질 재개념화의 가장 중요한 영감의 원천을 양자역학과 이에 기반한 현대 입자물리학에서 찾는다. 17세기 데카르트는 물질을 연장 실체로 규정함으로써 근대적 물질 개념의 토대를 닦았다. 라이프니츠는 이를 비판하면서 물질의 역동성을 주장했다. 라이프니츠에 따르면 물질은 마냥 수동적이고 질량에 따른 관성만을

8) 한편 행위적 실재주의는 "과학전쟁"으로도 잘 알려진 실재주의-구성주의 논쟁에도 돌파구를 마련한다. 버라드는 실재주의와 구성주의 모두 각자 자연과 사회를 기본항으로 두고 대립 항을 이에 대한 표상으로 간주하는 표상주의(representationism)라 비판하고, 행위적 실재 개념을 통해 양쪽 입장을 극복하고자 한다. 이는 기존의 논의들에서 여러 차례 다루어진 바 있으므로 여기에서는 자세한 논의를 생략한다. 이지선, 앞의 글 및 다음 연구들 참조: 박신현, 「캐런 버라드의 『우주와 중간에서 만나기』: 관계와 얽힘으로 만들어지는 몸」, 몸문화연구소 편, 『신유물론』, 필로소픽, 2022; 임소연, 「신유물론과 페미니즘, 그리고 과학기술학」, 『문화과학』 107, 2021년 가을호; 조주현, 『정체성 정치에서 아고니즘 정치로』, 계명대학교출판부, 2018.

지닌 대상이 아니다. 당장 운동으로 드러나지는 않아도 언젠가는 운동을 낳을 수 있는 잠재력을 지닌다. 이를 라이프니츠는 "산 힘vis viva", 즉 활력이라 불렀다. 운동하는 물체가 질량에 속도의 제곱을 곱한 만큼 운동할 준비가 되어 있으며, 즉 운동을 시작할 힘을 보유하고 있으며, 일정한 높이에 서 있다가 낙하하는 물체는 지상에 닿은 뒤에는 다시 원래의 높이로 되돌아갈 힘을 보유하고 있다는 것이다. 19세기에 이르러 전자는 운동 에너지로 후자는 위치 에너지로 규정되고 양자는 에너지 보존 법칙으로 확립되어 이후 열역학으로 발전되기에 이른다.

이 모든 경우에서 질량, 즉 물질의 양은 가장 기본적인 속성으로 각 물체에 고유하게 내재한 것으로서, 그 양이 일정하게 유지되는 것으로 간주되어 왔다. 그런데 원자물리학의 등장으로 모든 것이 바뀌었다. 퀴리 부부는 1896년 라듐이 자연적으로 붕괴되면서 알파 입자를 방출하고 보다 가벼운 원소인 납으로 변환되는 과정에서 강력한 에너지가 방출되는 것을 관찰했다. 우라늄과 플루토늄과 같은 방사성 동위원소들이 일정한 시간 즉 반감기half-life가 지나면 핵이 분열되고 질량이 감소하면서 에너지와 방사선을 분출시킨다는 것이다. 단 여기에서 질량이란 원자핵이나 전자 단위에서의 질량을 말한다. 1905년 아인슈타인은 질량이 손실될 때 방출되는 에너지를 질량(의 손실분)에 빛의 속도의 제곱을 곱한 값으로 계산했다. 이것이 그 유명한 $E=mc^2$ 즉 물질-에너지 등가 법칙이다.

버라드는 현대물리학이 물질로부터 행위성과 역동성은 물론이고 무엇보다 불변하지 않고 일정한 수명, 즉 생명life을 발견했다고 평가한다.[9] 이것은 물질의 시간성의 발견이기도 했다. "20세기에 물질은 영

9) "Living in a Posthumanist Material World: Lessons from Schrödinger's Cat," in *Bits of Life: Feminism at the Intersections of Media, Bioscience, and Technology*, edited by Anneke M. Smelik and Nina Lykke

광을 잃었다. 이전에 '불활성'이라는 꼬리표가 붙었던 것이 이제는 가사可死의 존재가 되었다. 그것은 얼마 지나지 않아 죽임을 당했고, 중심부가 터지는가 하면, 갈갈이 찢기고, 산산이 부서졌다."[10] 이에 따라 물질에 수동성, 부동성, 불활성 등의 속성을 부여하면서 이를 이유로 물질을 정신, 의식, 생명과 구분해 온 기존의 이분법적 도식은 더 이상 유효하지 않게 되었다는 것이다. 이러한 버라드의 물질 이론을 가장 잘 보여주는 개념이 바로 "물의빚기mattering"다.

> 물질은 사물의 고정된 본질이나 속성이 아니다. 물질(또는 물의빚기), 그것은 반복적인 내부-작용성의 역동적 과정이다. 즉 물질은 내부-작용적 되기(becoming) 안에서의 실체로서, 사물이 아니라 행위성의 하기(doing), 엉기기(congealing)다. "물질"이라는 용어는 독립적으로 존재하는 대상의 내재적이고 고정적인 속성이 아니라 현상의 물질성/물질화를 지칭한다.[11]

영어에서 'matter'라는 단어는 일차적으로는 '물질'이라는 뜻의 명사로 쓰이고 동사로서는 주로 비인칭의 부정문"It doesn't matter"이나 의문형"Does it matter?"으로 쓰인다. 그런데 최근 동사로서의 쓰임새가 달라진 것이 관찰된다. 결정적인 계기는 "흑인의 생명은 소중하다BLM, Black Lives Matter" 운동이었다. 흑인의 생명을 주어로 취할 때 동사 'matter'는 비인칭it에 은닉되어 있었던 존재를 전면에 부각하고 그럼으로써 전복적인 의미를 획득한다. 'matter'의 이러한 의미를 살리고 문법상 존재하기는 하나 거의 쓰임새가 없던 동명사적 표현을 하나의

(University of Washington Press, 2008), pp.173-174.

10) "No Small Matter: Mushroom Clouds, Ecologies of Nothingness, and Strange Topologies of SpaceTimeMattering," in *Arts of Living on a Damaged Planet*, edited by Anna Tsing, Heather Swanson, Elaine Gan, and Nils Bubandt (University of Minnesota Press, 2017), p.103.

11) "Living in a Posthumanist Material World," *op. cit.*, p.173.

실사實辭로 만든 개념이 바로 'mattering'이다. 마침 우리말에는 "어떤 사람 또는 단체의 처사에 대하여 많은 사람이 이러쿵저러쿵 논평하는 상태"라는 뜻의 명사 '물의物議'가 있다. 이 명사는 주로 '일으키다'나 '빚다' 등의 동사와 쓰이는데, 이때 "물의를 일으키다"나 "물의 빚다"는 동사 'matter'와 유사한 의미를 갖는다. 'mattering'을 '물의빚기'로 옮기게 되면 물의에 나아가 물질에 새로운 의미와 가치가 부여된다.

> 물질과 의미는 분리된 요소가 아니다. 풀릴 수 없을 만치 뒤엉켜 있다. 그 어느 사건도, 아무리 에너지가 높은 물질이라 해도, 이 둘을 찢을 수는 없다. 어원("아토모스")에 따르면 원자는 "분할 불가능" 또는 "절단 불가능"을 의미하지만, 이 원자조차도 깨질 수 있다. 그렇지만 물질과 의미는 화학 처리로도 원심 분리로도 핵폭탄으로도 분리될 수 없다. 물질의 본성을 논할 때는 물론, 물질을 구성하는 최소 부분이 깊숙이 뿌리박힌 생각과 거대한 도시들을 폭파할 수 있다는 사실이 드러날 때 역시, 물의빚기는 물질의 문제인 동시에 의미의 문제가 된다(3).

이렇듯 행위적 실재주의는 문화와 담론에 비해 상대적으로 간과되어 왔던 자연과 물질의 행위성을 부각시키는 한편, 보어에게 남아 있었던 일말의 인간주의를 걷어내고 인류중심주의를 비판하면서 포스트휴머니즘과 조우한다. 버라드에게 포스트휴머니즘은 자연과 문화, 물질과 담론처럼 고정되고 본질적이라 여겨졌던 범주들을 비판하고 "일상적인 사회적 실천, 과학적 실천, 인간을 포함하지 않는 실천 등을 포함하는 자연 문화적 실천에서 비인간이 중요한 역할을 함을 근본적으로 인정"(32)하는 입장을 일컫는다. 인간과 비인간의 이원론의 극복을 통한 비인간의 복권은 자연과 문화의 이원론의 극복을 통한 자연의 복권에 따른 자연스러운 결과다. 실제로 행위적 실재주의는 포스트휴머니즘과 양립 가능하며 나아가 서로를 뒷받침한다.

> 행위적 실재주의는 인간적 개념, 인간적 지식 또는 실험 장치를 양자역학의 근본적 요소로 보지 않는다. 오히려 반대로 인간에게 이론에서의 특권화된 지위를 부여하는 대신에, 차별화된 현상으로서, 다시 말해 여러 물리계 중에서도 특별하게 배치된 차별적 생성으로서 '인간'이 내부-작용적으로 출현하게 된 경위를 설명할 것을 이론에 요청한다. 내부-작용은 인간이 개입한 결과물이 아니다. '인간' 자신이 특정한 내부-작용을 통해 출현한다(352).

그런데 여기까지만 보면 버라드의 논의는 우선 과학철학, 보다 구체적으로는 양자역학 철학의 문제이며, 신유물주의에 새로운 이론적 기반을 제공할 수 있을지 몰라도 여성주의와는 무관해 보인다. 과연 그러한가? 행위적 실재주의에 여성주의적 함의가 있다면 그것은 무엇인가?

(여성주의) 과학학에의 함축: 맥클린톡-켈러와 보어-버라드

물리학은 가장 남성적이거나 혹은 성별 중립적인 학문으로 간주되어 왔다. 그런 점에서 한 여성 그리고/혹은 여성주의자가 이 학문을 전면에 내세우는 한편으로 기존과는 다른 새로운 접근을 제시했다는 사실은 주목할 만하다. 그러나 이 사실에 주목하는 시선 자체에 문제를 제기할 수 있다. 버라드가 여성 그리고/혹은 여성주의자라는 사실이 고려의 대상이 될 수 있거나 되어야 하는가? 이 사실을 고려해서 지금까지의 논의를 재고해야 하는가? 샌드라 하딩, 도나 해러웨이, 이블린 폭스 켈러Evelyn Fox Keller와 같은 여성주의 인식론 혹은 과학학의 계보에서 버라드는 어떤 위치에 있는가?

과학기술 분야 내 여성의 비율이 갈수록 높아지고 있는 것은 사실이다.[12] 2023년 한국과학기술기획평가원의 자료에 따르면 대학에 자연 및 공학 계열 전공으로 입학한 여학생의 비율은 33.7퍼센트로 지난 10년간의 상승세는 계속되고 있다.[13] 그러나 학력 수준과 직급이 높아질수록 여성과 남성의 격차가 벌어지는 현상은 여전하여 연구책임자 중 여성은 전체의 15.0퍼센트에 그쳤다.[14] 그런 점에서 여성을 소수 집단으로 규정하고 그에 대한 억압에 저항하며 권익을 수호하는 "정체성 정치"는 과학에서 여전히 유효할 수 있다. 문제는 과학을 다른 종류의 사회적 실천과 구분하는 특수성이다. 과학자들은 성별이나 기타 집단의 이해를 떠나 있는 "이상적이고 합리적인 행위자"로 간주되고, 과학의 객관성과 중립성은 여전히 유효하며 계속해서 추구할 만하고 추구해야 하는 가치라 받아들여지며, 따라서 과학 내 젠더 불평등은 과학 그 자체와는 무관하며 과학에 외재적인 문제로 인식되는 것이 보통이다.

여성주의는 이러한 과학의 중립성 신화에 문제를 제기하고 과학 내에서 이러한 중립성을 가능하고 또 정당한 목표로 내세우면서 불평등을 은폐하고 고착해 온 기제를 폭로함으로써 과학철학을 비롯한 과학학에 크게 기여해 왔다. 특히 생물학과 의학과 같은 소위 "연성 과학soft science"에 대해서는 상당한 호소력을 발휘했으며 또 실제 해당 과학에서도 유의미한 변화를 이끌어냈다. 그렇지만 소위 "경성 과학hard science"

12) 한국여성과학기술인력육성재단, 『2023 남녀 과학기술인 양성 및 활용통계 재분석 보고서』, 2024, https://www.wiset.or.kr/module/pdf.js/web/viewer.html?file=/thumbnail/pblcte/TP_20250106094033632Wd11.pdf (검색일: 2025. 01. 30), 31-37쪽.

13) 한국여성과학기술인력육성재단, 위의 보고서, 29쪽.

14) 위의 보고서, 55쪽.

은 이러한 비판에서 자유로운 편이었다. 유전자와 호르몬과 진화론이 사회의 성차별적 구조를 일정 부분 반영하고 또 그 구조에도 일정한 영향을 미친다고 하자. 그런데 소립자나 행성이나 인공위성도 마찬가지라 할 수 있는가? 여성이 보다 높은 비율로 그리고 적극적으로 참여했더라면 물리학이나 천문학이나 항공우주공학은 지금과 달랐을 것인가? 여성화된feminized 혹은 여성적인feminine 혹은 여성주의feminist 물리학은 가능한가?

버라드와 같이 입자물리학자 출신으로 물리학에서 출발해서 생물학으로 분야를 넓힌 켈러는 유전학자 바버라 매클린톡Barbara McClintock의 사례를 통해 이 문제를 다룬 바 있다.15) 매클린톡은 옥수수 연구에서 대상에 대한 예측, 통제, 지배를 목적으로 대상을 단순화하고 환원하는 통상적인 과학적 접근과 달리 각 옥수수들이 갖는 차이에 주목했다. 그럼으로써 개체의 유전적 행동이 단지 유전자에 의해서 일방적으로 결정되는 것이 아니라 여러 유전적 요소들이 서로 협력함으로써 유전자 전위傳位를 일으킨다는 사실을 밝혔다. 이 과정에서 매클린톡은 연구 주체인 자신과 대상과의 관계를 전일적이고 관계적인 것으로 설정했으며, 나아가 정서("유전자의 느낌")를 배제하지 않고 오히려 적극적으로 개입시킴으로써 주체-객체의 이분법적 구도에서 벗어났다. 이로써 자연을 여성이자 인간 정신에 의해 탈은폐되어야 할 대상으로 간주하는 은유가 과학에서 은밀히 작동해 왔음을 지적하고, 이 은유를 극복하기 위해 과학에서 사용되는 '언어'에 변형을 가함으로써 자연을 재정의하고 자연과 인간의 관계를 재정립하기에 이르렀다는 것이 매클린톡에

15) 이블린 폭스 켈러, 『과학과 젠더: 성별과 과학에 대한 제 반성』, 민경숙·이현주 옮김, 동문선, 1996. 하딩, 해러웨이, 버라드로 이어지는 여성주의 인식론의 계보에 대해서는 조주현, 앞의 책, 2장-4장 참조.

대한 켈러의 평가이다.

그러나 매클린톡을 여성주의 물리학의 가능성 나아가 성공을 보여 주는 사례로 보기는 어렵다고 켈러는 지적한다. "그녀 스스로가 느낀 주체와 객체의 관계 그리고 이들 어휘 자체에 대해 규정해야 할 필요성은, 페미니스트 의식의 발로가 아니며 또한 여성 의식의 발로도 아니다. 이 필요성은 과학자가 되려는 자신의 권리 주장의 발로이며, 남성적인 노력이라기보다는 인간적인 노력이라고 과학을 주장하려는 그녀의 결심의 발로이다."16) 물론 "인간"과 "과학"이라는 이름을 내세우면서 여성이라는 특정 성별을 애써 은닉하려는 매클린톡의 태도는 그가 학계에서 인정을 받고 나아가 노벨상을 수상하기에 이르기까지 겪은 고충을 생각하면 지나치게 소박해 보이기도 한다. 그러나 이러한 태도는, 버라드가 전하는 바, "지식 주장에 문화적 요인만이 있는 것이 아니라 자연적 요인도 있음을 기억했으면 하는" 기존 (여성주의) 과학학에 대한 과학자들의 우려와 상통하는 것이기도 하다(40). 이들에게 진리를 추구하고 실재를 기술하는 활동으로서 과학이 주는 "감동"은 그냥 만들어진 것이라고 보기에는 너무도 실재적이다.

그런 점에서 양자역학의 해석에 대한 켈러의 논의를 버라드의 그것과 비교해 볼 수 있다. 켈러는 물리학자들이 양자역학의 이론적 지위에 대해서는 확고한 믿음을 갖는 반면에 이 이론에 대한 해석의 문제에 있어서는 대체로 무관심한 경향이 있다고 지적하고, 그 원인을 이론에 적합한 인식적 패러다임의 부재에서 찾는다. "자연의 객관성 혹은 인식 가능성이라는 고전물리학의 두 가지 근본 신조"에서 벗어나 "한편으로는 인식자와 인식 대상 사이의 필수 불가결한 상호 관계를 인지하며,

16) 켈러, 위의 책, 199쪽.

또 다른 한편으로는 이론과 현상 사이의 동등하게 필수 불가결한 간극을 존중하는 패러다임"으로 전환할 필요가 있다고 주장한다.[17)]

주류인 코펜하겐 해석은 인간이 자연을 객관화할 수 있고 또 이해할 수 있다는 기존의 믿음, 즉 "객관주의"를 유지한다. 또한 인식의 주체로서의 인간과 대상로서의 실재 사이의 이분법을 전제로 한다. 이 해석은 불확정성원리가 보여주듯이 양자역학이 기존과는 다른 새로운 인식 구조 혹은 태도를 필요로 한다는 사실을 간과하거나 외면한다. 또 다른 오류는 반대로 "주관주의"에서 온다. 주관주의란 양자역학이 객관적 실재를 완전히 기술하는 이론이라는 믿음을 말한다. 이 해석에서는 주체와 대상의 이분법이 폐기되는 대신 이론과 실재의 대응에 대한 믿음은 유지된다.[18)] 다만 실재는 이론이 기술하는 대로 기이한 속성을 띠는 것으로 간주된다. 이와 같은 오류에서 벗어나기 위해서는 객관화 가능성과 인식 가능성이라는 두 원리를 폐기해야 한다는 것이 켈러의 주장이다. 주체와 대상의 경계를 완화함으로써 객관성의 개념 자체를 무력하게 만들고, 세계에 대한 완전한 지식이라는 불가능한 이상 대신에 "세계와의 보다 현실적이고, 보다 성숙한, 보다 겸손한 관계"를 추구할 때 양자역학이 모순이기를 멈추게 되리라는 것이다.[19)]

켈러의 접근이 양자역학에 대한 일반적인 의미에서의 비판이라면, 버라드의 접근은 칸트적인 의미에서의 비판, 즉 양자역학의 가능성의 조건에 대한 탐구라 할 수 있다. 켈러가 객관화 가능성과 인식 가능성이라는 원리를 폐기할 것을 주장하는 데 반해, 버라드는 바로 그 가능성의 조건을 제시하는 것이다. 하나의 얽힘이자 전체이자 현상으로 주어져

17) 위의 책, 159쪽.
18) 위의 책, 167쪽.
19) 위의 책, 169쪽.

있던 행위성들이 행위적 절단을 통해 객관화와 인식을 가능케 하는 행위자인 주체와 대상으로 분리되는 메커니즘이 그것이다. 버라드에 따르면 양자역학적 현상이 역설로 간주되는 것은 애당초 실체-주체 중심의 개별주의적 전제 때문이다. 행위적 실재주의에 따르면 애초에 역설이 발생할 일이 없다.[20] 현상은 그 자체로 얽혀서 주어져 있다. 얽힘은 역설이 아니라 그 자체로 현상 즉 실재의 행위성을 드러내는 양태다. 이렇게 볼 때, 켈러가 주장하는 "주체와 대상의 경계를 완화하고, "세계와의 보다 현실적이고, 보다 성숙한, 보다 겸손한 관계"의 추구는 "객관화"와 "인식"의 원리와 배치되는 것이 아니라 오히려 그러한 원리의 토대가 되어야 한다. 그리고 그럼으로써 고전물리학의 주관주의와 객관주의의 오류는 자연스럽게 극복될 수 있다.

이렇듯 버라드는 양자역학의 해석 문제에 대한 하나의 가능한 답변을 제시하고 그럼으로써 양자역학 특히 양자역학의 철학 분야에 기여했다는 점에서 주객 이분법 등 기존의 과학 문법을 넘어서 전체로서의 유기체라는 새로운 관점에 도달하고 그럼으로써 새로운 발견에 이른 매클린톡의 사례와 비교할 수 있다. 이들과 더불어 기존의 과학에 대한 비판이 주류를 이루었던 여성주의 과학학 또는 과학학 일반에 새로운 전기가 열린 것이다.[21]

20) 이에 대해서는 *Meeting the Universe in Halfway*, Ch. 7, pp.331-352; "Agential realism: a relation ontology interpretation of quantum physics," Olival Freire Jr. et al., eds. *The Oxford Handbook of the History of Quantum Interpretations,* Oxford University Press, 2022, p.1048. 한편 옥스퍼드 핸드북 시리즈는 권위 있는 이론과 저자를 선별한 선집으로 유명한데, 이 시리즈의 "양자역학 해석의 역사" 편에 버라드가 공저자로 참여한 사실은 주목할 만하다.

21) 행위적 실재주의나 버라드 철학 일반과 여성주의의 관계는 사실 저작에서 명시적으로 드러나기보다는 각주나 저서 외 대담에서 간접적으로 언급되는 것이 전부이다. 이를테면 물리학자들이 불편함을 느끼는 점 특히 인식론적 상대주의라는 비판에 대해 반박하는데(463, 각주 103) 여기에서 버라드가 해명하는 것은 자신의 이론이라기보다 여성주의 과학학 일반이다.

우주와 중간에서 만난다는 것: 행위적 실재주의 실천의 출발이자 결과로서의 만남

버라드 저서의 제목에 쓰인 "우주와 중간에서 만나기"라는 구절은 미국의 시인 앨리스 풀턴의 시 「폭포수 실험Cascade Experiment」에서 왔다. 시인은 "전자는 측정될 때에만 존재하고,/ [...] 마치 전자가/ 벽의 한쪽에서 사라졌다가 다른 한쪽에서 나타나면서/ 어떤 구멍도 남기지 않고 또 그 사이 어딘가에 있지도 않은 것처럼" 등 양자역학적 현상을 암시하면서 "우리는 반걸음 앞으로 다가서서 우주와 만나야 하리/우리에게 아무것도 아닌 것처럼 보이는 것을 향해/나아가지 않는다면 우리 앞에 펼쳐지는 것은 아무것도 없으니"라 노래한다(397-398에 인용). 버라드에게 실재는 현상의 배후나 혹은 멀리 떨어져 있는 어떤 것이 아니다. 그것은 행위성들이 내부-작용하는 현상으로서 주어져, 아니 얽혀 있다. 그래서 역설적으로 "만나기" 위해서는 먼저 떨어져야 한다. 떨어진 후 반걸음씩 디딘 후 뒤를 돌아볼 때, 그제야 비로소 실재와의 조우, 즉 인식이 가능해진다. 그렇게 해서 만들어진 사이와 차이가 절대적인 것일 수 없는 만큼 이 인식 또한 절대적이거나 최종적인 것일 수 없다. 그것은 늘 절반의 만남이요, 만남 직후에 다른 만남을 준비해야 하는 임시적인 만남이다. 그러나 절대적이고 영원한 만남이 불가능한 만큼 절대적이고 영원한 헤어짐도 불가능하다. 모든 것의 얽힘과 내부-작용이라는 근본 사태에서 우리는 개별화되고 또 무언가를 물질, 의미, 자연, 문화 등으로 개별화시키면서 만남과 헤어짐을 반복한다.

최근 버라드는 이론적 주축을 양자역학에서 양자마당이론으로 확장한 연구를 선보이고 있다.[22] 양자마당이론이란 양자물리학, 특수상

22) "Troubling Time/s and Ecologies of Nothingness," *New Formations* 92(93), 2017; "After the End of the World: Entangled Nuclear Colonialisms, Matters of Force, and the Material Force of Justice," *Theory*

대성이론, 고전 마당 이론을 결합한 이론으로, 입자 이전의 보다 근원적 사태이자 존재론적 틀로서 마당 또는 장場/field을 상정하고 이에 입각하여 기본입자들과 이 입자들 사이의 상호 작용을 다룬다.23) 여기까지 보더라도 입자 중심의 고전 양자역학과 비교할 때 내부-작용, 물의빚기, 얽힘, 관계적 존재론 등 행위적 실재주의의 핵심 개념 및 교리와 일맥상통해 보인다. 그러나 이것이 전부가 아니다. 버라드는 "양자마당이론의 핵심인 공간, 시간, 물질의 비결정성은 아원자 입자亞原子 粒子, subatomic particle의 세계와 식민주의, 전쟁, 핵물리학 연구 그리고 환경 파괴의 세계 사이의 구분을 교란시킨다"고 말한다.24) 실제로 버라드에게 양자마당이론의 도입은 시공간물의빚기spacetimemattering 개념을 중심으로 시간 및 공간 이론의 구축, 나아가 물리학과 윤리학, 핵과 기후 위기 문제에 대한 성찰 등 꽤나 의미심장한 전회를 함축하는 것으로 보인다.

이전까지 비결정적이고 비분리적인 실재가 어떻게 행위적 절단을 통해 개별화되고 분리되는가 하는 것이 핵심적인 문제였다면, 이제는 개별화된 개체 또는 사건들이 어떻게 단절에 따른 분리와 구분을 무력화하여 다시 비결정적이고 비분리적인 실재로 재배치되는가 하는 것이 핵심적인 문제가 된다. 전자가 서로 다른 공간에서 동시에 나타나는 비-국소적 내부 작용의 문제였다면, 후자에서는 양자마당이론의 발전, 원자폭탄 개발 계획, 나가사키 원폭 투하 등의 서로 다른 사건들이, 그야말로 유령처럼 여러 시간대에 불확정적으로 공존하는 시간, 공간, 물질의 얽힘 상태에서, 과거와 현재, 진공과 충만/물질, 삶과 죽음, 존재와 혼령, 나아가 식민주의, 인종주의, 군사주의의 얽힘 등으로 나타나는

& Event 22(3), 2019. 양자마당(場)이론을 중심으로 한 최근 버라드 연구에 대해서는 다음을 참조: 박신현, 『캐런 바라드』, 컴북스, 2023, 84쪽 이하.

23) 장회익, 『양자역학을 어떻게 이해할까?』, 한울, 2022, 239-242쪽.

24) "Troubling Time/s and Ecologies of Nothingness," *op., cit.,* p.64.

가 하면,[25] 오늘날까지도 러시아의 핵시설 파괴 위협이나 일본의 후쿠시마 폐수 방류의 문제 등으로 회절과 중첩을 반복한다.[26]

주목할 것은 버라드가 앞서 말한 것처럼 켈러와 달리 물리학이라는 출발점을 계속해서 유지하고 있다는 점이다. 왜 물리학을 고수하는가? 버라드가 전자에서 보어라는 "남성" 물리학자의 해석을 전면에 내세우고 후자에서 철저히 남성중심적인 데다 "군사주의, 식민주의, 제국주의, 자본주의, 인종주의 그리고 다른 폭력적인 세력"의 조력자 역할을 해왔던 양자마당이론과 핵물리학에 천착한 것은, 물리학의 실천 내부로부터 폭력과 파괴가 아닌 다른 정치적 상상의 가능성 그리고 이를 통해 보다 "관계성, 상호성, 책임성"을 담보하는 새로운 물리학의 가능성을 모색하기 위한 모험이었다.[27] 모험은 여전히 진행 중이다. 이제 우리에게 남은 일은 "반걸음 앞으로 다가서서" 이 "여성"이론가(들)의 우주와 만나는 일이다.[28]

참고 문헌

박신현, 「캐런 버라드의『우주와 중간에서 만나기』: 관계와 얽힘으로 만들어지는 몸」, 몸문화연구소 편, 『신유물론』, 필로소픽, 2022.

_____, 『캐런 바라드』, 컴북스, 2023.

이블린 폭스 켈러, 『과학과 젠더: 성별과 과학에 대한 제 반성』, 민경숙 · 이현주 옮김, 동문선, 1996.

---

25) *Ibid.*, p.61.

26) "Nuclear Hauntings & Memory Fields, For the Time-Being(s)", *Apocalyptica* 2(1), 2023, pp.24-25.

27) *Ibid.*, p.33.

28) 버라드는 몇몇 텍스트들에서 자신이 특히 저자로서 단수가 아니라 복수의 유동적 정체성을 지니고 있음을 드러내는 한편으로 she/he의 이분법적 성별 구분을 극복하기 위한 글쓰기 전략으로 주어를 통상적인 방식의 1인칭 단수 'I'가 아닌 3인칭 복수 'they'로 쓰기도 한다. 버라드를 "'여성'이론가(들)"라 칭하는 것은 버라드의 선택을 존중하면서도 본서의 기획에도 충실하고자 하는 의도를 담기 위함이다.

임소연, 「신유물론과 페미니즘, 그리고 과학기술학」, 『문화과학』 107 (2021년 가을호).
장회익, 『양자역학을 어떻게 이해할까?』, 한울, 2022.
조주현, 『정체성 정치에서 아고니즘 정치로』, 계명대학교출판부, 2018.
카린 머리스 · 비비안 보잘렉 (편), 『캐런 바라드와의 대화: 행위적 실재론 실천』, 전방욱 옮김, 이상북스, 2024.
프란체스카 페란도, 『철학적 포스트휴머니즘』, 이지선 옮김, 아카넷, 2021.

Barad, Karen, *Meeting the Universe Halfway: Quantum Physics and the Entanglement of Matter and Meaning*, Duke University Press, 2007.
____________, "Living in a Posthumanist Material World: Lessons from Schr dinger's Cat," in *Bits of Life: Feminism at the Intersections of Media, Bioscience, and Technology*, edited by Anneke M. Smelik and Nina Lykke, University of Washington Press, 2008.
____________, "No Small Matter: Mushroom Clouds, Ecologies of Nothingness, and Strange Topologies of SpaceTimeMattering," in *Arts of Living on a Damaged Planet*, edited by Anna Tsing, Heather Swanson, Elaine Gan, and Nils Bubandt, University of Minnesota Press, 2017.
____________, "Troubling Time/s and Ecologies of Nothingness," *New Formations* 92(93), 2017.
____________, "After the End of the World: Entangled Nuclear Colonialisms, Matters of Force, and the Material Force of Justice," *Theory & Event* 22(3), 2019.
____________, "Agential realism: a relation ontology interpretation of quantum physics," Olival Freire Jr. et al., eds. *The Oxford Handbook of the History of Quantum Interpretations*, Oxford University Press, 2022.
____________, "Nuclear Hauntings & Memory Fields, For the Time-Being(s)", *Apocalyptica* 2(1), 2023.

캐롤 길리건
Carol Gilligan

도덕 목소리로서의 돌봄

조주영
서울시립대학교 교양교육부 의사소통교실 객원교수이다. 사회·정치철학 및 윤리학 분야에서 '인정', '돌봄' 등의 주제에 관심을 두고 연구하고 있다.

이 글의 원문은 『여/성이론』 21호(2009)에 실려있다.

캐롤 길리건: 도덕 목소리로서의 돌봄

여기, 하나의 그림이 있다. 그림을 보는 순간, 우리는 그것이 어떤 동물의 머리라는 것을 안다. 누군가는 이 그림에서 오리의 머리를 보는 반면, 다른 누군가는 토끼의 머리를 볼 것이다. 하나의 그림을 서로 다르게 본다고 해서, 누가 올바르게 본 것인지를 판가름하기 위해 논쟁할 필요는 없다. 이 그림에서 오리를 보든, 토끼를 보든, 그것은 문제가 되지 않는다. 중요한 것은, 다른 관점에서 보면 이 그림에서 처음에는 보지 못했던 동물을 발견할 수 있다는 사실을 인정하는 것이다.

하나의 그림을 오리로도 볼 수 있고 토끼로도 볼 수 있는 것처럼, 도덕적 갈등의 상황을 바라보는 데 있어서도 다양한 관점이 존재한다고 주장한 사람이 있다. 바로 미국의 발달 심리학자인 캐롤 길리건Carol

Giligan이다. “돌봄care”이라는 관점이 그동안 도덕 영역에서 들리지 못했던 목소리였다는 그녀의 주장은 그녀가 몸담고 있는 심리학의 영역을 넘어, 도덕이론, 정치학, 페미니스트 이론 등 다양한 학문 분과에서 여성의 차이와 관련된 논쟁의 중심이 되었으며, 특히 여성의 행위 주체성과 관련된 담론에 급격한 변화를 가져왔다. 1982년에 출판된 『다른 목소리로』[1]에서 그녀가 제기한 문제는 20세기 후반의 지성적 사유에서 진행 중인 변화의 물결을 암시하는 것이면서, 동시에 그러한 변화의 물결을 가속화하는 것이었다.[2] 책을 출판한 하버드대학 출판사Harvard University Press는 길리건의 책을 가리켜 “혁명을 일으켰던 작은 책the little book that started a revolution”이라고 평가했다고 한다. 길리건은 제2물결 페미니즘을 이끈 핵심 인물로 부상했고, 이 책은 심리학 분야에서 빼놓을 수 없는 중요한 책이 되었다.[3]

“인간의 죽음”이 선언된 이후, 근대적 인식론의 보편주의와 절대주의에서 벗어나 특수성과 구체성을 들여다볼 수 있어야 한다는 주장에 힘이 실리면서 지성적 사유의 판도가 바뀌고 있는 와중에도 도덕 철학은 “근대적 주체”의 마지막 보루로 남아 있었다. 도덕적 갈등 상황에 직면했을 때, 갈등을 해결하기 위한 “하나의 올바른” 도덕 판단을 내릴 수 있는 “자율적인” 행위 주체는 근대적 주체 개념에 기댈 수밖에 없기 때문이다. 그런데 ‘하나의 올바른’ 방법을 찾는 것이 도덕적 갈등 상황을

1) 국내에는 1997년 『다른 목소리로: 심리 이론과 여성의 발달』(허란주 옮김, 동녘)로 번역·출간되었다가 절판된 후 2020년 『침묵에서 말하기로: 심리학이 놓친 여성의 삶과 목소리』(이경미 옮김, 심심)로 재번역·출간되었다.

2) Susan Hekman은 『다른 목소리로』와 그 이후의 길리건의 작업은 도덕 패러다임의 변화를 함축하는 것이라고 평가한다. Hekman, Susan, *Moral Voices, Moral Selves: Carol Gilligan and Feminist Moral Theory*, Polity Press, 1995 참고.

3)Ellen Peirson-Hagger, “Carol Gilligan: why I changed my mind on the gender binary”, *NEWSTATESMAN*, 2023년 10월 12일자 참고. https://www.newstatesman.com/culture/books/2023/10/carol-gilligan-gender-binary-human-voice(검색일: 2024년 5월 14일).

해결하는 '유일한' 길인가? 길리건은 "도덕 문제는 '어떤 해결책을 선택하더라도 모든 당사자들의 욕구가 충족되지 못하는' 갈등의 상황에서 일어나기 때문에, 그 문제의 해결책은 '단순한 그렇다, 아니다가 아닌 훨씬 더 복잡한 것'"[4]이라고 말한다. 도덕 문제는 "'(어떤) 결정을 할 때 그 상황에서 중요하고 관련성 있는 모든 요소들을 고려하고' 그 결정에 대해 책임을 지는 '올곧음integrity'"[5]과 관련된다는 것이다. 이러한 주장을 통해 길리건은 도덕 문제를 하나의 올바른 해답을 찾는 문제가 아닌 "선택"의 문제로 바꾸었다. 도덕적 갈등 상황에 직면했을 때, 다양한 도덕 목소리들이 어떻게 구성되는지, 그리고 그것들이 어떻게 상호작용하는지에 주의를 기울여 관련된 사람들 모두에게 상처를 줄일 수 있는 선택을 해야 한다는 것이다. 길리건의 이러한 주장은, 비록 그녀가 그러한 결과를 명시적으로 의도한 것은 아닐지라도, 도덕 철학에 변화의 물결이 흘러들어 갈 수 있도록 물꼬를 트는 역할을 했다.

『다른 목소리로』

『다른 목소리로』의 서문에서, 길리건은 자신이 이 책에서 다루고자 하는 문제를 다음과 같이 밝히고 있다.

> 내가 제기하고자 하는 문제들은 현실(reality)과 진리(truth)에 관한 우리의 지각(perception)에 대한 것이다. 우리는 어떻게 아는가? 우리는 어떻게 듣는가? 우리는 어떻게 보는가? 우리는 어떻게 말하는가? … 또한 내가 제기하고자 하는 문제들은 특히 남성의 경험으로 모든 인간 경험을 설명하는 이론들,

4) Gilligan, Carol, *In a Different Voice: Psychological Theory and Women's Development*, Harvard University Press, 1982, p. 147. 이하 Gilligan, 1982로 표기.
5) Gilligan, 1982, p. 147.

다시 말해서 여성들의 삶을 가리고 여성들의 목소리를 차단하는 이론들에 대한 것이다.[6]

이러한 문제 제기에서의 핵심은 그것이 여성의 차이와 관련된 문제라는 것이다. 길리건에 따르면, 기존의 도덕발달 이론들은 남성들로 구성된 대표 집단을 이론 구성의 경험적 토대로 삼고, 이론의 일반성을 평가하기 위해 여성에 대한 연구를 했다. 그런데 이 과정에서 발견되는 여성의 차이는 "우리가 소년들에 대해 알고 있는 것과 관련된 질문을 오히려 복잡하게 만들기"[7] 때문에, 여성의 차이는 무시되거나, 이론의 일반성을 확인할 수 있는 경우에 있어서만 관심의 대상이 되었다. 길리건은 이와 같은 기존 이론의 남성 편향성을 문제 삼으면서, 여성의 차이를 적절하게 설명해 줄 수 있는 또 하나의 관점을 첨가해야 한다고 주장한다. 그것이 바로 "돌봄의 관점"이다.

프로이트를 필두로, 도덕 발달 단계를 구체화한 피아제와 콜버그 등의 도덕발달 이론가들은 여성 발달의 "실패"를 환기시켜 왔다. 특히 길리건이 비판의 표적으로 삼는 콜버그의 도덕발달 이론에서 여성들은 도덕 영역을 벗어나는 것으로 평가되거나 낮은 도덕발달 단계에 머무는 것으로 평가된다.[8] 여성들은 가상적 딜레마 상황에서 충돌하고 있는 권리를 추상해 내기보다는 그것을 시간의 흐름이 개입된 구체적 개인의

---

6) Gilligan, 1982, p. xiii. 강조는 필자.

7) Piaget, Jean, *The Moral Judgment of the Child*, The Free Press, 1965, p. 76; Gilligan, Carol, "Moral Orientation and Moral Development", 1987, reprinted in Justice and Care: *Essential Readings in Feminist Ethics*, edited by Held, Virginia, Westview Press, 1995, p. 33에서 재인용. 이하 Gilligan, 1987로 표기.

8) 도덕발달에 대한 콜버그의 연구에서, 남성들은 대부분 높은 수준의 발달 정도를 나타내는 반면, 대부분의 여성들은 낮은 단계에 머무는 것으로 평가된다. 이러한 차이는 콜버그의 연구 대상이었던 여성들 대부분이 자신들이 속한 사회나 집단의 질서와 가치를 그대로 받아들이는 경향이 있었기 때문이다. 이러한 연구 결과는 여성들이 남성들보다 도덕적으로 열등하다는 기존의 관념을 입증해 주는 것처럼 보인다. 도덕발달의 여섯 단계에 관한 자세한 내용은 로렌스 콜버그, 『도덕발달의 심리학』, 김민남·진미숙 옮김, 교육과학사, 2000, <부록> 참고.

이야기로 재구성하여 바라보고 도덕 문제를 권리의 문제가 아닌 책임의 문제로 정의하기 때문이다.[9] 그러나 길리건이 보기에 도덕 영역에 대한 규정은 반드시 도덕 영역을 특징짓는 자아관에 의해 구조화되는 것이다. 자아관은 다른 사람들과의 관계적 패턴, 특히 어린 시절에 맺는 관계적 패턴을 통해 형성되는데, 이렇게 형성된 자아관은 각 개인이 취하는 도덕적 태도와 밀접하게 연관된다. 길리건은 대상-관계 이론의 심리학적 접근법에 따라서 소녀들의 관계가 우선적인 자아 이미지를 발달시키는 방식을 묘사한다. 소녀들은 어머니로부터 분리되는 것을 독려받지 않기 때문에 관계를 우선시하는 자아관을 갖게 되지만, 소년들은 어머니로부터의 분리에서 성공하기 때문에 분리된 자아관, 자율적인 자아관을 발달시킨다. 어머니와 관계 맺는 방식에서의 차이로 인해 소녀들은 관계적 기술을 발달시키고 자율성에 있어서는 문제점을 드러내는 반면, 소년들은 관계를 두려워하지만 자율적 기술을 발달시킨다.[10]

이렇게 볼 때, 콜버그가 높게 평가하고 있는 분리된 자아, 즉 도덕적 갈등 상황을 가치들의 충돌로 추상화하여 판단할 수 있는 능력을 지닌 자아는 남성의 경험을 반영한 자아라고 할 수 있다. 콜버그는 분리된 자아 이미지를 기준으로 삼고, 그러한 자아 이미지에 부합하는 도덕관에 따라 남성과 여성 모두를 평가하려고 했기 때문에 여성의 도덕적 관심이 남성과 다른 이유를 설명하지 못하고, 여성의 도덕관을 해석하

---

9) 콜버그는 아동의 도덕발달 정도를 측정하기 위해 다양한 가상적 딜레마 상황을 제시한다. 그중의 하나가 바로 "하인즈 딜레마(Heinz dilemma)"라고 알려진 것인데, 이 딜레마에서 주인공인 하인즈는 병에 걸려 죽어가는 아내를 살리기 위해 약을 훔쳐야 할지 말아야 할지를 고민한다. 아내의 병을 고칠 수 있는 약을 개발한 의사가 하인즈가 지불할 수 있는 금액보다 약값을 높게 책정했기 때문이다(하인즈 딜레마에 대한 구체적인 내용은 위의 책, <부록> 참고). 길리건은 관점에 따라 도덕 문제를 다르게 해석할 수 있다는 점을 드러내기 위해, 기존의 발달 이론에서 벗어나는 방식으로 하인즈 딜레마를 해결하는 여성들의 사례를 보여준다. 가족과 친지들에게 도움을 요청한다든지, 지역사회의 도움을 받아 약값을 마련할 방법을 모색해 보는 식이다. 자세한 내용은 Gilligan, 1982, 2장, 3장 참고.

10) Gilligan, 1982, 1장; Gilligan, 1987, pp. 40-41 참고.

는 데 어려움을 겪을 수밖에 없었던 것이다. 분리된 자아 이미지를 도덕 행위자가 가져야 할 정체성의 규범으로 삼았기 때문에, 콜버그의 이론에서 관계를 지향하는 돌봄의 목소리는 외면당하고, 여성들의 경험은 도덕 영역을 벗어나는 것으로 평가되거나 낮은 도덕발달 단계에 머무는 것으로 평가된다. 이러한 이유로 길리건은 여성의 도덕 경험을 적절하게 설명하기 위해서는 돌봄의 관점이 도입되어야 한다고 주장한다.

길리건에 따르면, 돌봄의 관점은 두 차례의 과도기를 거쳐, "생존survival"의 단계에서 "선goodness"의 단계로, 그리고 "진실truth"의 단계로 나아간다.[11] 첫 번째 관점인 "생존"의 단계에서 판단의 토대가 되는 것은 자기 자신의 이익이다. 그러나 자기 자신의 이익만을 고려하는 판단은 이기적인 것이라는 반성을 하게 되고, 다른 사람에 대한 책임을 받아들이는 "선"의 관점을 취하게 된다. 이 관점에서는 무조건적인 돌봄과 순응을 행위 원리로 채택하고, 자기희생을 도덕적 이상으로 간주한다. 그러나 돌봄의 대상이 오직 다른 사람에게만 국한될 때, 자기 자신은 돌봄의 대상에서 제외되어 인간관계의 평형 상태가 깨진다. 자신과 다른 사람들 사이의 불평등이 야기되는 것이다. 따라서 자기 자신도 돌봄의 대상이 되어야 한다는 것을 깨닫는 "진실"의 관점을 취하게 된다. 인간관계가 상호적이라는 것을 인식하게 되면 이기심(자기 자신을 돌보는 것)과 책임감(다른 사람들을 돌보는 것) 사이의 갈등이 해소된다. 이 관점에서 돌봄은 이제 도덕 판단을 함에 있어서의 "자기 선택적 원리self-chosen principle"[12]가 된다. 돌봄의 원리는 "구체적인 인간관계와 그 속에서 일어나는 심리적 대응들에 대한 분석에서 도출되었다는 점에서는 심리적이지만, 동시에 모든 구체적 상황에서 일어나는 착취와 가

11) *Ibid.*, pp. 73-105.
12) *Ibid.*, p. 74.

해를 부도덕한 것으로 규정한다는 점에서 보편적인 도덕원리"[13]이다.

길리건은 그동안 도덕발달 이론가들이나 도덕철학자들이 여성들의 다른 목소리에 귀를 기울이지 않았던 이유는 "사회적 경험과 그 해석에 하나의 방식만이 존재한다는 전제를 받아들였기 때문"[14]이라고 비판하면서, 서로 다른 두 개의 도덕 목소리가 존재한다는 사실을 인정할 때, 인간 경험의 진실에 더 가까워질 수 있다고 주장한다.

> 정의와 돌봄 사이의 대화는 양성 간의 관계에 대한 더 나은 이해를 제공하며, … 여성들의 경험과 인식에 있어서의 차이를 인정하는 것은 성숙에 대한 우리의 관점을 확장시키고, 발달의 진실이 갖는 맥락적 성격을 환기시킨다. 관점에 있어 이와 같은 확장을 통해, 우리는 일반적으로 묘사되었던 성인의 발달과 이제 막 드러나기 시작한 여성의 발달 사이의 조화가 어떻게 인간 발달에 대한 변화된 이해와 인간의 삶에 대한 더욱 생산적인 관점을 이끌어 낼 수 있을지 그려볼 수 있을 것이다.[15]

정리하자면, 『다른 목소리로』에서 길리건이 주장하고자 하는 바의 핵심은 다음과 같다. 전통적인 도덕 이론 안에서 여성의 다른 목소리는 도덕적인 것으로 들리지 않는다. 그러므로 여성들의 도덕 목소리를 적절하게 해석하기 위해서는 도덕 영역에 돌봄의 관점을 포함시켜야 한다.

"다른 목소리"를 둘러싼 논쟁과 길리건의 대답

길리건은 정의의 관점과는 다르지만 그것과 동등한 지위를 갖는 돌봄의 관점을 인정함으로써 기존의 이론에서 배제되거나 평가 절하되

13) *Ibid.*, 1982, p. 74.
14) *Ibid.*, 1982, p. 173.
15) *Ibid.*, 1982, p. 174.

어 왔던 여성들의 목소리를 도덕 영역에 포함시켰다. 그러나 이와 같은 길리건의 주장은 돌봄의 관점이 경험적으로 검증 가능한 것인지, 그리고 돌봄의 관점을 여성들이 취하는 도덕적 관점으로 일반화하는 것이 과연 타당한지의 문제와 관련하여 거센 찬반 논쟁을 일으켰다. 특히 페미니스트들 사이에서는, 한편에서는 돌봄의 윤리를 그동안 평가 절하되어 왔던 "여성적인 것"에 대한 가치를 드높이고, 여성의 도덕 판단의 우월성을 입증하는 것으로 평가하는 반면, 다른 한편에서는 돌봄 역시 남성 중심적 사회에서 여성들에게 요구되어 왔던 규범이기 때문에 돌봄에 대한 강조가 오히려 여성의 종속을 강화할 수 있다고 비판한다. 전통적으로 여성들만이 돌봄·특수성·관계의 영역에 관련되어 왔기 때문에, 돌봄을 강조하는 것이 오히려 여성의 억압적 상황을 영속시킬 수도 있다는 것이다.

이들 논쟁에서 주요 쟁점이 되었던 질문들을 정리해 보면 다음과 같다. 첫째, 여성의 도덕적 관점이 남성의 도덕적 관점과 다르다는 것을 경험적으로 입증할 수 있는가? 다시 말해서, 돌봄의 관점을 여성이 취하는 도덕적 관점으로 일반화하고, 정의의 관점을 남성이 취하는 도덕적 관점으로 일반화하는 것이 과연 타당한가? 둘째, 정의와 돌봄의 관계를 어떻게 설정해야 하는가? 도덕 판단에 있어, 정의의 관점과 돌봄의 관점이 분리되어 있다고 할 수 있는가? 셋째, 페미니스트 윤리로서 돌봄 윤리는 여성의 예속을 종식시키고자 하는 정치적 실천에 유용한가? 돌봄은 남성 중심적 사회에서 여성들에게 요구되어 왔던 규범이다. 전통적으로 여성들만이 돌봄의 영역에 관련되어 왔다는 사실에 비추어 볼 때, 돌봄을 강조하는 것은 오히려 남성 중심적 규범을 공고히 함으로써 여성의 억압적 상황을 영속시키는 결과를 가져오는 것은 아닌가?

이러한 질문들에 대한 길리건의 대답은 1986년에 발표한 그녀의 논문 "Reply to Critics"나 1987년에 발표한 논문인 "Moral Orientation and Moral Development" 등에서 확인할 수 있다. 젠더와 도덕 목소리 간의 관계를 문제 삼는 것에 대해, "Reply to Critics"에서 그녀는 자신의 작업이 "자아와 도덕성을 구성하는 다른 방식이 있다는 것을 환기시키는 것"16) 이었음을 다시 한번 강조한다. 다른 목소리의 존재는 자아와 도덕성에 대한 이념이 가부장적이고 남성-지배적인 전통에서 정의되어 왔던 방식과는 다른 방식으로 구성될 수 있다는 것을 보이는 것이며, 인간 경험에 대한 다른 이야기를 들려주는 여성들의 사례를 첨가함으로써 의도한 것은 "보편"이라는 탈을 쓴 남성 편향적 개념들에 문제를 제기하고자 한 것이다. 따라서 돌봄의 관점을 여성의 도덕적 태도로, 정의의 관점을 남성의 도덕적 태도로 일반화시킬 수 있는가라는 물음은 길리건의 의도를 벗어난 것이다.

> 내 책의 제목은 계획적인 것이었다. 그것은 "여성의 목소리로"가 아닌 "다른 목소리로"라고 읽어야 한다. 서문에서 나는 이 목소리가 젠더가 아닌 주제(theme)에 의해 확인되는 것이라고 설명했다. 경험적 관찰로서 이 목소리와 여성의 관련에 주목함에 있어, 나는 독자들에게 "이러한 연관은 절대적인 것이 아니며, 여기에서 남성의 목소리와 여성의 목소리를 대조한 것은 두 가지 사고방식이 구별된다는 것을 강조하고 양성에 대한 일반화를 제시하기보다는 해석의 문제에 초점을 맞추기 위해서"라는 점을 주의시켰다. 발달을 규명함에 있어, 나는 "양성 안에서 이러한 목소리들의 상호작용을 지적했으며, 그들의 수렴은 위기와 변화의 순간들에서 나타난다는 것을 주장"했다. 내가 제기했던 어떠한 주장들도 이 목소리들의 기원, 또는 문화나 시대를

16) Gilligan, Carol, "Reply to Critics", 1986, reprinted in *An Ethic of Care: Feminist and Interdisciplinary Perspectives*, edited by Larrabee, Mary, Routledge, 1993, p. 207. 이하 Gilligan, 1986으로 표기.

가로질러 더욱 많은 인구에서 이 목소리들이 분포한다는 것에 대해 추정하지 않았다. 그러므로 나의 기획에서 돌봄의 관점은 생물학적으로 결정된 것도 아니며 여성 특유의 것도 아니다. 그러나 돌봄의 관점은 심리학 이론들과 발달 정도를 측정하는 방법들에 일반적으로 포함되어 있는 것과는 다른 도덕 관점이며, 자신들의 경험을 묘사하는 남성들과 여성들 모두에게 귀를 기울임으로써 정의된 관점이다.[17]

"Moral Orientation and Moral Development"에서는 정의와 돌봄이 서로 어떻게 관련되는지를 설명한다. 앞에서 제시했던 오리-토끼 그림처럼, 정의와 돌봄은 도덕적 갈등 상황을 바라보는 두 관점이다. 예를 들어 정의의 관점을 채택할 경우 도덕적 갈등의 상황에 직면했을 때, 어떤 가치들이 충돌하고 있는가를 우선적으로 생각하게 된다. 그러나 처음에는 오리로 보였던 그림이 다른 관점에서 보면 토끼로 보일 수 있다는 것을 알게 되는 것처럼, 다른 도덕 관점이 존재한다는 것을 인정한다면 돌봄의 관점에서도 도덕적 갈등 상황을 바라볼 수 있게 된다.

사람들이 도덕 문제를 구성하고 해결하기 위해 선택하는 방식은 분명히 그들이 그 문제에 대해 생각할 수 있는 하나의 유일한 방식은 아니며, 그들이 더 낫다고 생각하는 불가피한 방식인 것도 아니다. 도덕 판단은 그러므로 도덕적 사고에 대한 유일한(the) 구조를 나타내지 않는다. 사람들이 도덕 문제들을 구성할 수 있는 방식이 적어도 두 가지가 있기 때문이다.[18]

정의와 돌봄의 관계를 문제 삼는 이론가들 중에는 정의 안에 이미 돌봄이 포함되어 있다고 주장하는 사람도 있고, 정의보다 돌봄이 더 우월하

17) *Ibid.*, p. 209.
18) Gilligan, 1987, p. 39.

다고 주장하는 사람도 있다. 이러한 주장에 대해 길리건은 돌봄과 정의는 어느 하나가 다른 하나를 포함하거나 어느 하나가 다른 하나보다 더 낫다고 할 수 없는 서로 동등한 관점이라고 대답할 뿐이다.

그런데 이와 같은 길리건의 대답은 정의와 돌봄의 관계를 충분히 규명하지 못하는 것 같다. 오리-토끼 그림의 비유는 어떤 태도를 취하느냐에 따라 도덕 문제를 다르게 구성할 수 있다는 점은 설명해 주지만, 오리를 보고 있는 도중에는 토끼를 보기 힘든 것처럼 한 가지 도덕적 관점을 우선적으로 채택하는 사람에게 다른 도덕적 관점은 고려되지 않을 수 있기 때문이다. 따라서 길리건이 돌봄과 정의의 상호작용을 주장하고자 한다면, 어떻게 그것이 가능한지, 어떠한 방식으로 상호작용 하는지를 설명할 필요가 있다.

새로운 도덕 패러다임으로서 돌봄 윤리

『다른 목소리로』에서 길리건이 목표했던 것은 돌봄의 관점을 첨가함으로써 기존의 도덕이론의 편향성을 수정·보완하고, 그에 따라 기존의 도덕적 잣대에 의해 적절하게 평가되지 않았던 다른 목소리들을 정당하게 도덕의 영역에 포함시키는 것이었다. 그러나 길리건은 도덕 영역에 돌봄의 목소리를 포함시킬 때, 돌봄과 정의가 현실 세계에서 위계를 갖지 않고 어떻게 상호작용 할 수 있는지에 대해서는 해명하지 않는다. 정의와 돌봄의 관계를 규명하지 않은 채, 관계 안에서 돌봄의 목소리에 귀 기울이는 것이 중요하다고 계속해서 주장할 수 있을까?[19] 수잔

19) 사춘기 소녀와 성인 여성의 심리에 대한 또 다른 연구에서 길리건은 관계를 유지할 것인가 말 것인가의 문제로 갈등하는 사람들을 탐구하는데, 관계를 유지하기 위해 자신의 욕구를 점차 숨기게 되는 사춘기 소녀의 사례나 사회가 요구하는 규범을 아이들에게 가르치는 어른들의 사례는 정의와 돌

헥만Susan Hekman은 길리건의 작업들을 급진적으로 독해함으로써, 이러한 물음을 해결할 수 있는 실마리를 제공한다.

헥만은 “길리건은 다른 목소리를 그(기존의) 도덕이론에 첨가할 수 없다.”[20]고 주장하면서, 길리건의 작업을 기존의 도덕이론을 보완하기 위한 대안을 제시하는 것이라기보다는 새로운 도덕 패러다임으로의 전환을 함축하고 있는 것으로 해석한다. 헥만이 보기에, 도덕 영역과 도덕 주체에 대한 길리건의 개념은 기존의 도덕이론과 양립할 수 없다. 그 이유는 첫째, 기존의 도덕이론에서 전제하는 자아관과 돌봄의 관점에서 전제하는 자아관이 다르며, 둘째, 돌봄과 정의가 인식론적으로 양립할 수 없기 때문이다. 헥만에 따르면, 정의와 돌봄 사이의 관계에 대한 길리건의 주장, 즉 두 목소리의 상호작용에 대한 길리건의 주장은 “전통적 사유의 연장선상에 있는 것이라기보다 전통적 사유의 이분법적 대립을 해체하는 것”[21]이 된다. 길리건은 대립과 위계를 함축하는 “시각적 은유”[22]를 “듣기, 귀 기울이기, 말하기, 그리고 목소리들의 은유”[23]로 대체하고 있기 때문이다. 여성들의 다른 목소리에 귀를 기울임으로써 길리건이 발견한 것은 남성 목소리 중심의 문화와 남성이 지배하는 사회 속에서 유지되어 왔던 도덕관념이 여성들을 “관계의 곤경”에 빠뜨린다는 점이었다. 사춘기 소녀들에 대한 연구를 통해 길리건이 보여준 것은 여아들이 제도화된 사회 규범과 문화적 가치의 영향력을 인식함에 따라 관계 속에서 자기 자신을 없애야 한다거나 아니면 관계

봄이 서로 대립되며, 정의의 목소리가 지배적인 사회에서 돌봄의 목소리는 발달을 방해받고 왜곡될 수밖에 없음을 보여준다. 린 미켈 브라운·캐롤 길리건, 『교차로에서의 만남』, 김아영 옮김, 이화여자대학교 출판부, 1997; 캐롤 길리건, 『기쁨의 탄생』, 박상은 옮김, 빗살무늬, 2004 참고.

20) Hekman, *op. cit.*, p. 9.

21) *ibid.*, p. 24.

22) *ibid.*, p. 24.

23) *ibid.*, p. 24.

속에서 목소리를 내지 말아야 한다는 압력을 느끼게 된다는 것이었다. 사회가 요구하는 "여성다움"의 관념과 "인간다움"의 관념이 서로 충돌하기 때문에 여아들은 두 관념 사이에서 심리적 충돌을 겪는다. 길리건은 이러한 발견에 따라 자신의 연구에서 "감정과 사고의 내적 정신세계를 자신과 타인이 들을 수 있는 관계의 열린 공간 속으로 불러내는 통로"인 목소리에 더욱 집중한다. 목소리에 집중하는 것은 "누가 이야기하고 있는가? 누구의 입장에 대한 이야기인가? 누구의 입장에서 혹은 어떤 유리한 입장에서 관계에 대한 어떤 이야기를 하는 것인가? 어떠한 사회·문화적 틀 속에서 이야기하고 있는가?"와 같은 질문에 집중하는 것이다. 길리건은 이러한 질문들을 통해 심리학 영역에서 지배적이었던 "객관적이고 현실과 분리된 목소리는 적어도 암암리에 남성의 입장, 분리에 관한 이야기가 핵심인 관계에 대한 이야기, 그리고 서양 문명의 틀 속에서 남성이 지배하는 사회를 가정"해 왔다는 것을 드러낼 수 있다고 주장한다. 그러므로 목소리에 대한 연구는 남성 중심적인 사회적 규범과 문화적 틀을 변화시킬 수 있는 열쇠가 된다.[24] 이러한 점에서 헥만은 길리건의 작업을 근대적 도덕 패러다임을 대체하는 것으로 해석하고자 하며, 보다 생산적인 논의를 위해서는 "두 도덕 목소리 사이의 관계에 대해 궁극적으로는 무익한 논쟁을 계속하기보다, 이러한 대체를 탐구"[25]해야 한다고 주장한다.

새로운 패러다임 안에서 돌봄은 이제 정치적·사회적 관행을 특징짓는 방식 자체를 들여다볼 수 있게 해주는 관점이 된다. 무엇에 대해 어떤 가치를 부여할 것인지, 그리고 무엇에 대해 "도덕"이라는 권위를 부여할 것인지는 사회적·도덕적 헤게모니를 쥐고 있는 집단의 가치 기

---

24) 린 미켈 브라운·캐롤 길리건, 앞의 책, 21쪽, 40-47쪽 참고.
25) Hekman, *op. cit.*, p. 24.

준에 의해 결정된다. 근대적 패러다임 안에서 헤게모니를 쥐고 있는 집단은 정의의 윤리를 평가의 척도로 삼았기 때문에, 돌봄을 사적인 영역과 연결시키고 기껏해야 부차적인 도덕적 관심으로만 평가했던 것이다. 따라서 근대적 패러다임 안에서는 도덕 영역에서뿐만 아니라 정치적 영역에서도 돌봄의 활동과 관심들이 배제될 수밖에 없었다. 트론토Joan Tronto에 따르면, 그러한 배제를 통해 "권력을 가진 사람들은 다른 사람들에게 자신들을 보살피도록 요구할 수 있으며, (그렇게 함으로써) 그들은 권력과 특권에 대한 그들의 위치를 유지해 올 수 있었다."[26]

그러므로 근대적 패러다임에서 벗어나 새로운 패러다임 안에서 돌봄을 이해할 때, 우리는 우리 사회의 가치 구조에 대한 문제를 제기할 수 있게 되며, 지배 권력이 권위를 부여한 가치 규범에 따라 정치적·사회적 제도들이 결정되고, 그렇게 결정된 제도에 의해 다시금 가치 규범이 강화되는 문제점을 드러낼 수 있게 된다. 정치적 영역과 도덕 영역은 따로 분리된 영역이 아니라 서로 영향을 주고받는 관계에 있다는 것을 인식하게 됨으로써, 돌봄 윤리는 도덕적 관행의 변화와 함께 정치적·사회적 제도들의 변화를 요구하게 된다. 이러한 점에서 돌봄 윤리는 도덕적 실천으로서뿐만 아니라 정치적 실천으로서도 유용하다.

인간의 목소리로

2023년, 길리건은 자신의 책 제목을 "인간의 목소리로"라고 바꾸어 재출간했다.[27] 돌봄을 도덕적 문제의 중심에 놓는 '다른 목소리'는

26) Tronto, Joan, *Moral Boundaries*, Routledge, 1993, p. 179.
27) Carol Gilligan, *In a Human Voice*, Polity Press, 2023.

곧 '여성의 목소리'라는 오래된 오해를 바로잡기 위해 책 제목을 바꾼 것이다. 길리건에 따르면, '다른 목소리'는 보편적 인간의 목소리이다. 하지만 가부장제 사회는 '다른 목소리'를 여성적인 목소리로 격하시키고 침묵시킨다. 따라서 '다른 목소리'에 귀 기울이는 것은 가부장제에 대한 저항이자, 침묵당했던 모든 이에게 목소리를 되찾아 주는 작업이기도 하다.[28]

여성이 임신중절을 합법적으로 할 수 있도록 발판을 마련했던 1973년의 로 대 웨이드 판결Roe vs Wade 이후 9년 만에 『다른 목소리로』가 출간되었다. 그리고 지난 2022년 6월, 미연방 대법원은 로 대 웨이드 판결을 뒤집었다. "로 대 웨이드 판결의 역전은 미국 문화가 여성을 침묵시키는 데 얼마나 큰 투자를 해왔는지를 보여줍니다. 로 대 웨이드 판결은 여성에게 다음과 같이 말했습니다. '당신에게도 목소리가 있어요.' 그리고 [로 대 웨이드 판결을 사실상 무효화한 대법원 판결인] 돕스 대 잭슨 판결Dobbs vs Jackson은 이렇게 말합니다. '임신을 하게 되면 어떤 목소리도 갖지 못해요.'"[29]라는 길리건의 지적처럼, 어떤 목소리들은 여전히 침묵을 강요당한다. 안타깝게도, 40여 년 전, 길리건이 제기했던 문제는 여전히 현재 진행형이다.

28) *ibid.*, "Preface" 참고.
29) Ellen Peirson-Hagger, 앞의 기사.

참고 문헌

로렌스 콜버그, 『도덕발달의 심리학』, 김민남·김진숙 옮김, 교육과학사, 2000.

린 미켈 브라운·캐롤 길리건, 『교차로에서의 만남』, 김아영 옮김, 이화여자대학교 출판부, 1997.

캐롤 길리건, 『기쁨의 탄생』, 박상은 옮김, 빗살무늬, 2004.

Gilligan, Carol, *In a Different Voice: Psychological Theory and Women's Development*, Harvard University Press, 1982. (국역본: 캐롤 길리건, 『침묵에서 말하기로: 심리학이 놓친 여성의 삶과 목소리』, 이경미 옮김, 심심, 2020.)

____________, "Reply to Critics", 1986, reprinted in *An Ethic of Care: Feminist and Interdisciplinary Perspectives*, edited by Larrabee, Mary, Routledge, 1993.

____________, *In a Human Voice*, Polity Press, 2023.

____________, "Moral Orientation and Moral Development", 1987, reprinted in *Justice and Care: Essential Readings in Feminist Ethics*, edited by Held, Virginia, Westview Press, 1995.

Hekman, Susan, Moral Voices, *Moral Selves: Carol Gilligan and Feminist Moral Theory*, Polity Press, 1995.

Peirson-Hagger, Ellen, "Carol Gilligan: why I changed my mind on the gender binary", NEWSTATESMAN, 2023.10.12, https://www.newstatesman. com/culture/books/2023/10/carol-gilligan-gender-binary-human-voice.

Tronto, Joan, *Moral Boundaries*, Routledge, 1993.

캐롤 페이트먼 Carol Pateman

계약의 신화에 맞서는 페미니즘의 '빅 픽처big picture'

황정미

서울대 여성연구소 객원연구원, (사)한국여성연구소 부소장. 젠더 사회학, 여성와 국가 정책, 이주와 젠더를 중심으로 연구해 왔다. 저서로 『캐럴 페이트먼』, 『경계를 넘는 한인들: 이주, 젠더, 세대와 귀속의 정치』(공저) 등이 있다.

이 글의 원문은 『여/성이론』 40호(2019)에 실려있다.

캐롤 페이트먼:
계약의 신화에 맞서는 페미니즘의 '빅 픽처 big picture'

들어가며: 페이트먼 다시 읽기

책으로 어떤 저자를 접하고 그 사상과 주장을 이해하려 할 때, 우리는 흔히 익숙한 분류체계를 길잡이로 삼는다. 페미니즘 사상의 경우라면 가령 자유주의, 급진주의, 사회주의, 마르크스주의 페미니즘 중 어느 쪽인가, 아니면 정신분석학 혹은 후기 구조주의, 탈식민주의 계보 위에서 있는가를 질문하게 된다. 그런데 널리 알려진 이론적 스테레오 타입에 의존하다보면 자칫 편향되고 얕은 지식에 머무를 우려도 있다.

예컨대, 어떤 사람은 페이트먼을 '급진적' 페미니스트로 분류한다. 대표작인 『성적 계약*The Sexual Contract*』[1]은 근대적 민주주의의 기초인 사회계약이 실은 남성들 간의 형제적 계약임을 폭로하며, 계약에 참여하는 자유로운 개인은 여성의 성을 소유하고 지배할 수 있는 남성 가장이라는 점을 명쾌하게 지적하였다. 여성의 예속, 남성의 성적 지배를 강조하는 그의 이론은 1970년대 이후 확산된 급진적 페미니즘과 친화적으로 보인다. 한동안 본질주의 비판이 강단 여성학자들 사이에서 강하게 일었을 때, 페이트먼의 이론은 남성성과 여성성을 절대적인 것으로 본질화한다는 비판을 받기도 했다. 하지만 페이트먼은 급진적 페미니즘이라는 '라벨'을 한사코 받아들이지 않았으며, 특히 여성성을 남

1) 『성적 계약The Sexual Contract』은 『남과 여, 은폐된 성적 계약』(이후, 2001)이라는 제목으로 번역 출판되었다.

성성에 대립되는 고정된 무엇으로 본질화하는 것이 결코 유익하지 않음을 일관되게 주장하였다.

정치 사상가로서 계약이론, 더 나아가 자유민주주의 사상의 핵심을 비판해 온 페이트먼의 저작들은 특정한 이론적 스테레오 타입으로 분류할 수 없고 그럴 필요도 없는, 누구보다도 독창적이고 담대한 페미니즘의 시도를 보여준다. '라벨'을 거부하는 페미니스트로서 페이트먼은 당대 여성의 삶의 문제와 치열한 이론적 탐구를 자기 나름의 방식으로 교차시키며, 어느 한 분야의 여권 신장보다는 사회 전체를 완전히 새롭게 바라보는 페미니즘의 큰 그림('빅 픽처')을 늘 원했다.

물론 페이트먼의 이론적 기획에 대한 평가는 다양할 수 있으며, 『성적 계약』이 1988년 출판된 후 30여 년이 흐르는 동안 다양한 비판과 논쟁들이 제기되었다. 여기에서 주목할 점은, 페이트먼이 홉스, 로크, 루소 등 17~18세기 초기 사회 계약론을 비판하는 데에서 출발하고 있지만 그의 통찰력이 성매매, 성폭력, 대리모, 기본소득 등을 둘러싼 21세기의 현재 진행형 논쟁에까지 깊숙하게 연결되고 있다는 점이다. 페이트먼의 페미니즘은 여성의 차별과 종속을 전근대적 가부장제의 유물로 보지 않는다. 오히려 자유민주주의를 떠받치고 있는 추상적 개인 개념의 한계, '계약'이라는 이름의 지배, '동의'와 선택의 허상을 드러내는 (다른 의미에서) 매우 급진적 비판을 시도하며, 새로운 민주주의를 열어가는 페미니즘의 비전을 찾고자 하였다. 다시 말해 페이트먼의 페미니즘은 자유주의와 결합된 민주주의의 한계를 비판하고 새로운 민주주의를 추구하는 이론적 관심 위에서 사유되었다.

오늘날 우리는 자유민주주의 질서 안에서 살아가고 있다. 페이트먼의 저서는 '자유롭고 평등하게 태어난 개인들'로 구성되었다고 간주되는 자유민주주의 체제 안에서 여전히 지배와 종속, 차별과 폭력이 재생산되는 현실을 이해하는 데 중요한 통찰력을 담고 있다. 페이트먼이 주로 분석하는 영국과 미국에서는 특히 20세기 후반 이후 여성의 권리 보장과 소수자 차별 시정을 표방하는 법과 제도들이 도입되었다. 법적 개혁, 제도적 진전에도 불구하고 성차별과 성폭력은 여전히 발생하며, 여성의 정치 참여와 경제적 독립이 진전되는 동시에 여성 혐오가 광범위하게 확산되는 역설적 상황에 직면해 있다. 안티 페미니즘과 백래시가 만연한 21세기 사회에서 민주주의와 페미니즘의 문제를 진지하게 논의하는 페이트먼의 논의는 다시금 꼼꼼히 읽어볼 가치가 있다.

여기에서는 페이트먼의 주요 저서인 『성적 계약』과 『여성의 무질서』의 주요 논지를 다루기보다는, 조금 다른 우회로를 통해 이해의 폭을 넓혀 보고자 한다. 첫 번째는 학문적 저술이 아닌 인터뷰를 통해 페이트먼의 목소리를 듣는 방법이다.[2] 두 번째는 페이트먼에 대한 다른 페미니스트의 비판을 통해 그의 이론의 장단점을 이해하는 방법이다. 페이트먼과 더불어 우리 시대를 대표하는 페미니즘 이론가라 할 수 있는 낸시 프레이저는 페이트먼의 『성적 계약』을 꼼꼼하고 치밀하게 비판하는 논문을 발표하였다. 남다른 학문적 깊이를 갖춘 두 페미니스트의 논쟁은 21세기의 복합적 현실에 많은 시사점을 던져 주는 지적 모범이라 할 만하다.

대화의 재구성: 페이트먼의 페미니즘과 민주주의 이론

페이트먼은 학술지에 게재된 인터뷰를 통해 자신의 개인적 성장

2) 여기에서는 국제 학술지에 소개된 세 번의 인터뷰 자료를 참조하였다(2002년, 2010년, 2018년). 각 인터뷰는 페미니즘, 정치학, 법학 등 서로 다른 분과 학문 학술지에 실렸는데, 분과 특성에 따라 질문의 방향도 조금씩 다르고, 시점에도 차이가 있기 때문에 페이트먼 이론의 일관성이나 진화 방향을 이해하는 데에도 도움이 된다.

배경과 지적 이력, 국제정치학회 최초의 여성 회장으로 선출된 경험, 『성적 계약』의 이론적 논점과 현재적 의미, 여성의 정치 참여 등 현안 문제에 다양한 의견들을 이야기하였다. 여기에서는 세 가지 질문에 초점을 맞추어 대화를 재구성해 본다.

1) 『성적 계약』에 담긴 핵심 아이디어를 어떻게 얻었으며, 왜 이 책을 쓰게 되었는가

『성적 계약』은 페이트먼의 세 번째 저서이다. 제일 먼저 출판된 책은 『참여와 민주주의 이론』, 두 번째는 『정치적 의무의 문제 : 자유주의 이론 비판』이다. 이 두 번째 저서를 쓰면서 페이트먼은 고전적 계약 이론, 특히 원초적 계약original contract이라는 문제에 천착하게 되었다. "나는 페미니즘의 주장이 고전 이론, 특히 계약과 동의의 문제와 어떻게 연관되는지, 그리고 결혼, 고용과 같은 실제 계약과 어떤 관계인지 생각하게 되었다."[3]

고전적 계약이론이 여성의 종속을 은폐하고 있다는 페이트먼의 주장은 근대적 가부장제, 즉 자유로운 시민들의 동의에 기초하여 만들어진 근대 민주주의 질서가 실상은 그 안에 가부장적 질서를 품고 있다는 분석으로 이어진다. 페미니즘 내에서도 가부장제 개념에 대한 많은 논쟁이 있었는데, 일반적으로 가부장제는 과거로부터 온존하는 남성 우위의 전통적 지배 질서로 이해되었다. 그러나 페이트먼은 전통적 가부장제, 고전적 가부장제 이론과 구분되는 근대적 가부장제 개념을 주장한다. 가부장제는 사회계약에 근거한다는 점에서 근대적 형태를 획득한 것이다.

정치 이론가로써 홉스, 로크, 루소, 밀J. S. Mill 등 고전적 저서를

3) Nirmal Puwar, "Interview with Carole Pateman: The Sexual Contract, women in politics, globalization and citizenship", *Feminist Review*, Vol. 70, 2002, p.123.

탐독했던 페이트먼은 고전의 권위에 안주하기보다는 페미니즘 시각에서 고전을 급진적으로 재해석하였다. 이러한 재해석의 결과 페이트먼은 근대 자유주의의 핵심 아이디어인 계약 그 자체를 비판하기에 이른다. 가령 결혼은 계약인가? 여성이 노동 계약을 통해 취업하면 남성처럼 독립적이고 평등한 시민으로 살아갈 수 있는가? 페이트먼은 자발적 선택과 동의라는 외양 뒤에 가려져 있는 계약의 허상을 날카롭게 지적한다. 결혼이 계약이라면 여성이 자신이 원하는 배우자를 자유롭게 선택한다는 의미일 것이다. 하지만 오랫동안 지속되어 온 결혼 관습은 아내들이 선택할 수 있는 계약의 범위를 제약하며, 사적 가족에 소속된 존재라는 여성의 현실적 위치는 직업생활에서도 남성과 구분되는 조건으로 작용한다. 이제 여성들이 계약의 주체가 될 수 있지만, 여성은 남성 개인과 동일한 주체로서 계약을 맺을 수 있는가를 페이트먼은 질문한다. 그 핵심에는 페이트먼이 분석했던 원초적 성의 계약, 즉 남성들이 (아내를 얻어) 남편과 가장의 지위를 획득함으로써 시민사회의 정치적 구성원이 될 수 있다는 형제적 계약이 있다. 페이트먼은 사회계약을 다루었던 정치 사상가들, 예컨대 루소, 로크, 칸트, 헤겔이 시민적 계약을 언급하면서도 결혼과 가족, 여성에 대해서는 일관된 설명을 하지 않으며 중요한 논점들을 애매하게 얼버무리고 있다고 비판하였다.

정치사상 교수로서 이처럼 '비정통적'인 학문적 경로를 걷게 된 것은 그의 개인적인 배경과도 관련이 있다.4) 페이트먼은 2차 대전이 한창이던 1940년 영국 서식스의 노동자 가정에서 태어났다. 학문과는 무관한 환경 속에서 성장한 페이트먼은 16세에 학교를 그만두었고, 얼마 후 사무직 노동자로 취직했다. 이후 페이트먼은 자신이 살던 옥스퍼드

4) Sharon Thompson, Lydia Hayes, Daniel Newman, Carole Pateman, "The Sexual Contract 30 Years: A Conversation with Carole Pateman", *Feminist Legal Studies*, Vol. 26, 2018, p.96.

근처에 노동자를 위한 독립 대학 러스킨 칼리지Ruskin College가 있다는 것을 알게 되었고 그곳에서 정치학과 경제학을 공부했다. 공부에 흥미를 느낀 페이트먼은 큰 기대 없이 옥스퍼드 대학원에 응시했는데 놀랍게도 입학을 허가받았다. "엄마는 전혀 모르고 있다가 나의 합격 소식을 듣고 깜짝 놀라면서 매우 자랑스러워하셨다. 하지만 나는 엄청난 문화 충격을 겪었는데, 레이디 마가렛 홀Lady Margaret Hall(페이트먼이 입학한 옥스퍼드 대학의 컬리지 이름)이 그렇게까지 상류계급의 공간인지 미처 몰랐기 때문이다."[5] 가난한 노동자 가정 출신이자 청년기를 노동자로 살아온 페이트먼은 그 시대 여성들의 엄혹한 삶의 현실을 피부로 느끼고 있었다. 이러한 배경은 엘리트 학자로서 경력을 쌓으면서도 남성 지배와 여성 종속을 정당화하는 고전의 권위에 정면으로 도전하는 페이트먼의 지적 담대함에 영향을 미쳤을 것이다.

『성적 계약』의 아이디어는 그러나 개인적 경험의 산물만은 아니다. 남성 노동자가 주로 다니던 러스킨 대학, 상류층 여학생들이 주류인 옥스퍼드에서 공부하던 페이트먼은 1970년대 이후 터져 나온 여성운동과 페미니스트 저작을 접하면서 '유레카'를 외쳤다고 회고한다. 페미니즘의 두 번째 물결의 영향 속에서 페이트먼은 새롭고 다른 눈으로 고전을 보기 시작한 것이다. "수년간 홉스와 로크와 루소 등을 읽고 있었지만, 갑자기 마치 다른 책을 읽는 것 같았다. 여길 봐! 이들은 모두 결혼과 남성과 여성에 대해 말하고 있다. … 하지만 J. S. 밀을 공부할 때조차도 『여성의 예속』은 커리큘럼에 들어있지 않았고, 아무도 읽지 않았다."[6]

5) *ibid.*, p. 98.
6) *ibid.*, p.99.

2) 『성적 계약』이 페미니즘의 두 번째 물결 속에서 나왔다면, 그 이후의 페미니즘, 가령 세 번째 물결, 포스트 페미니즘에 비교할 때 페이트먼 이론의 다른 점은 무엇인가

『성적 계약』은 페미니즘 두 번째 물결의 영향 속에서 쓰여졌고 또 그러한 흐름을 대표하는 저서 중의 하나임이 분명하다. 그러나 페이트먼은 자신을 '급진적 페미니즘'으로 명명하는 데에는 단 한 번도 동의하지 않았다. 2010년 페이트먼과의 인터뷰에서 스티브 온은 세 번째 물결 페미니즘, 또는 고용상 성차별이나 성희롱 등을 법과 정책을 통해 해결하려는 최근의 페미니즘 논의가 페이트먼의 주장과 어떻게 다른지를 묻는다.[7] 달리 표현하면, 20세기 후반에 쓰여진 『성적 계약』의 문제의식이 21세기 여성의 삶과 사회 현실에서도 여전히 유효한가를 질문한 것이다.

이에 대한 페이트먼의 답변은 매우 단호하다. 페미니즘의 첫 번째, 두 번째 물결은 대규모 여성운동과 광범위한 정치 활동을 통해 사회의 지배적 신념과 제도들에 의문을 제기하는 운동이었다. 과연 '세 번째 물결'에 그에 비견할 만한 새로운 정치적 활동이 있는가? 여성의 종속을 떠받치던 법적 도구들이 제거되는 과정이 있었지만, 여성운동은 파편화되었고 페미니즘이 주장했던 이념들은 매우 희석된 형태로 대중적 정치의식이나 상업화된 대중매체의 한 부분으로 흡수되었다는 것이다.

페이트먼이 말하는 근대적 가부장제의 전성기는 1840년대부터 1970년대까지이다. 그렇다면 여성 차별을 금지하는 법이 제도화되고 정치를 포함한 사회 여러 분야에 더 많은 여성들이 참여하는 다양한 변화가 일어난 20세기 후반 이후, 이른바 '포스트 페미니즘'을 이야기하는 시대에 근대적 가부장제를 말하는 것은 여전히 유의미한가? 이에

7) Steve On, "Dialogue with Political Theorists: Interview with Carole Pateman by Steve On", *Contemporary Political Theory*, Vol. 9, 2010.

대해 페이트먼은 여성의 예속이 끝났다고 하기는 아직 이르다고 말한다. 많은 변화가 있었지만, 여전히 여성은 남성보다 임금이 낮은 직업에 집중되어 있고, 정치를 비롯한 고위 의사 결정직은 남성들이 독점하고 있으며, 문화적 변화에도 불구하고 성차별적 신념의 유제遺制는 여전히 강고하다. 서구 국가에서 차별 금지법이 만들어졌지만, 지구화와 신자유주의 확장의 와중에서 구조조정과 대량 해고가 일어나고 있으며 과거의 남성 생계 부양자 직업은 사라지고 이제 노동력은 여성과 이민자들로 채워지고 있다. 만약 세 번째 물결 페미니즘이 직장 내 성차별 같은 실천적 정치 문제를 다룬다고 한다면, 그러한 노력은 첫 번째, 두 번째 물결 페미니즘이 제기해 왔던 문제와 다르지 않다는 것이 페이트먼의 인식 이다.[8)]

이 답변에서 왜 페이트먼이 '급진적 페미니즘'이라는 라벨을 거부하는지를 이해할 만한 실마리를 찾을 수 있다. 페이트먼의 이론적 기획은 가령 제도 개혁을 추구하는 '자유주의 페미니즘'의 한계를 비판하고 그 대안으로 남성의 성적 권리를 근본적으로 문제시하는 '급진적 페미니즘'을 주장하려는 것이 아니다. 그의 초점은 근대 민주주의 세계를 떠받치고 있는 원초적 계약, 자유로운 개인의 동의에 의해 수립되었다는 사회계약 그 자체에 내포되어 있는 여성의 종속을 드러내는 것이다. 그런 점에서 『성적 계약』은 (신)자유주의의 심장에 해당하는 계약주의contractarianism를 겨냥하는 페이트먼 나름의 빅 픽처를 담고 있다. 페이트먼은 페미니스트 비평가들이 자신의 이론을 논평하면서 계약주의에 대한 비판, 결혼계약과 고용계약에 관련되는 '인신人身상의 재산property in the person' 개념에 대한 비판을 거의 다루지 않는다고 지적하였다.

8) *ibid.*, pp.243-244.

로크에 의해 정립된 인신상의 재산 개념은 이른바 자연 상태에서의 재산권을 뒷받침한다. 그에 따르면 누구나 자신의 인신에 대한, 따라서 자신의 노동 및 노동을 불가분적으로 섞은 물건에 대한 소유권을 가지기 때문에 재산권은 공동체 이전의 자연적 권리이다. 자유롭고 평등하게 태어난 시민들로 구성된 근대 사회에서 시민들은 자발적으로 거래를 할 수 있으며, 폭력이나 무질서로부터 스스로를 보호하기 위해 자신의 주권을 대표자(정부)에 위임하는 '사회계약'에 동의한다. 그런데 자발적 동의로 수립되는 계약은 사회적 결사의 기본 원리로 인식되며, 결혼계약, 노동계약, '대리모 계약', 심지어 '성매매 계약'과 같은 형태로 확장된다. 계약이라는 개념은 자발적인 동의, 그리고 당사자가 서로 원하는 것을 주고받는 교환 내지 거래로 이해된다. 여기에서 주목할 점은, 자발적 계약의 허구성이며, 자본주의적 착취exploitation 개념은 바로 자발성과 선택, 동의와 같은 자유주의적 개념들이 가리고 있는 실제를 드러내는 것이다. 자본주의하에서 노동자는 자발적으로 고용계약을 맺는 것처럼 보이지만, 임금은 언제나 노동자가 일한 몫보다 적기 때문에 잉여가치와 자본주의적 축적이 가능하다. 즉, 노동계약에는 원천적으로 착취가 내포되어 있다.

페이트먼은 그러나 계약의 허구성이 착취만으로는 충분히 설명되지 않는다고 지적하며 한 걸음 더 들어간다. 사람의 노동력, 자궁의 생식 능력, 성적 서비스 등을 상품으로 사고팔 수 있다는 생각은 인신에 대한 재산권을 전제하고 있다. "개인이 누구나 자신의 인신에 대한 재산권이 있다는 관념은 계급과 가부장적 지배에 대항한 투쟁에서 중심적이었다. 그것이 없었다면 마르크스는 자본을 저술할 수도, 노동력 개념을 정식화할 수도 없었을 것이다. … 마찬가지로 여성이 자신의 인신에 대한 재산을 갖는다는 주장은 결혼법을 개혁하고 시민권을 얻으려는 시도로부터 낙태의 권리를 요구하는 데 이르기까지 과거와 현재의 많은 페미니즘 캠페인을 고무하였다."[9] 여성이 시민의 지위를 인정받고, 여성이 '소유한' 신체와 노동을 재산으로 인정받는 것은 가부장제에 결정적 일격을 가하는 것처럼 보인다. 하지만 이러한 주장은 소유자로서의 개인이라는 개념에서 벗어나지 못한다고 페이트먼은 경고한다. 소유자로서의 개인은 근대적 가부장제가 의지하는 버팀목이며, 페미니스트라면 (가부장적으로 구성된 남성적) 개인의 권리 취득이 아니라 여성으로서 시민적 자유를 요구해야 한다.

3) 페이트먼의 자유주의 비판은 오늘날의 복합적 차별, 불평등 문제를 설명하고 더 좋은 민주주의를 향한 새로운 비전을 제시할 수 있는가

여러 번의 인터뷰에서 페이트먼은 원초적 계약에 성적 계약과 여성의 예속이 내포되어 있다는 기본 주장을 일관되게 견지하였다. 다만 한 가지 수정된 점이 있다면, 전 지구화와 신자유주의의 확장이라는 새로운 환경에서 오늘날의 세계를 떠받치고 있는 계약의 원리로 사회계약, 성적 계약에 이어 인종 계약race contract을 추가한 것이다. 인종 계약에 대한 분석은 인종 문제와 인권을 주로 분석해 온 정치학자 찰스 밀즈Charles Mills와의 공동 작업으로 진행되었다.

여성과 유색인종은 사회적 위계에서 종속된 위치에 놓여 있지만 자유로운 동의를 가정하는 계약의 외양이 이러한 지배관계를 가리고 있다는 점에서 유사한 위치에 있다. 여성은 가부장제로 인해 계약에서 사실상 배제되어 있다면, 유색인종은 마찬가지로 백인 우월주의로 인해

9) 캐롤 페이트먼, 『남과 여, 은폐된 성적 계약』, 이충훈·유영근 옮김, 이후, 2001, 31-33쪽.

종속적 위치에 놓여있다. 그렇다면 가부장제와 백인 우월주의의 관계는 어떻게 이해할 수 있는가?10)

페이트먼은 찰스 밀즈와의 공동 저작 『계약과 지배』에서 성적 계약과 인종 계약을 함께 논의한다. 『성적 계약』에서는 사적 영역에서 '남편'이 누리던 권력과 특권이 제1계급의 시민권으로 확장되었다고 분석했다. 하지만 시민권은 기혼 백인 남성에게만 제한되었으며, 유색인종 남성은 자신의 아내와 마찬가지로 정치권과 시민권을 부인당했다. 미국의 경우 1960년대 이후에야 유색인종들이 시민권을 인정받게 되었다. 많은 여성들이 취업을 하더라도 남성과 동등한 의미의 '노동자'가 될 수 없으며 2등 시민의 지위로 내몰린다고 페이트먼은 고찰한 바 있지만, 『계약과 지배』에서는 노동시장의 인종적 특권도 함께 고려해야 한다고 말한다.

이처럼 페이트먼은 인종적 계약 개념을 수용함으로써 복합적 다층적인 불평등과 차별을 분석할 수 있는 이론적 확장을 시도하였다. 그런데 흥미롭게도 찰스 밀즈와 페이트먼은 계약 개념에 대해 이론적 입장 차이가 있었다. 밀즈를 포함한 정치 이론가들은 일반적으로 계약을 일종의 은유로 간주하며, 계약에 참여하는 시민의 책임과 의무를 도덕적 논의로 다룬다. 하지만 페이트먼은 이에 대해 비판적이다. 계약이 단지 은유라면 왜 계약을 사용하겠는가? 페이트먼은 계약의 조건이 아니라 계약의 사회적 결과를 보아야 한다고 말한다. 자발적인 고용계약을 맺음에도 불구하고 노동 현장에서 인권침해와 성차별, 성희롱은 왜 만연하고 있으며, 계층 간 빈부격차는 왜 확대되고 있는가?

한마디로 계약을 민주주의의 기본 모델로 삼는 데 페이트먼은 매우

---

10) Steve On(2010), *op. cit.* p.246.

비판적이다. 문제는 계약이 '좋은 사회'의 모델처럼 받아들여지고 있으며, 계약이라는 비전에 입각하여 사회생활을 재구조화하는 수단으로 여겨진다는 점이다. 국가적 차원, 글로벌한 차원에서도 신자유주의의 권력은 거대하며, 자궁과 유전 물질, 지역의 수자원 공급이나 사회 서비스, 무기에 이르기까지 모든 영역에서 상품화와 사유화, 사유재산권 논리가 널리 확장되고 있다. 그 핵심에 바로 계약이 있다.

그렇다면 계약의 비전이 아닌 민주주의의 대안은 무엇일까. 페이트먼은 계약 개념을 선명하게 비판하지만, 명확한 대안을 이야기하지는 않는다. 다만 기본소득에 대한 논의에서 새로운 시민적 자유에 대한 그의 구상을 엿볼 수 있다. 기본소득은 우파에서 좌파에 이르는 다양한 이념적 스펙트럼에서 논의되고 있는데, 페이트먼의 입장은 무엇보다도 기본소득이 더 많은 민주주의를 촉진할 수 있다는 것을 강조한다. 특히 여성의 자유와 자율성을 증진시킬 잠재력을 주목한다. 기본소득은 오랫동안 지속되어 온 소득과 고용 간의 연결 고리, 결혼제도-고용-시민권이 서로를 강화하며 결합되어 온 관계를 종식시킬 수 있다고 보기 때문이다.11)

여성에게 기본소득이 있다면 자신의 자율성을 해치는 관계, 안전하지 않고 해로우며 품위를 떨어뜨리는 조건을 포함한 관계에 빠져들지 않을 것이고, 또한 그 관계로부터 벗어나기가 좀 더 쉬워질 것이다. 또한 기본소득은 시민들에게 고용되지 않아도 되는 자유를 제공하기 때문에, 성차별과 성희롱을 감수해야 하는 생업에서 벗어날 수 있다. 페이트먼은 페미니스트들이 오랫동안 요구했던 여성의 평등 노동권의

---

11) 캐롤 페이트먼, 「시민권의 민주화: 기본소득의 장점」, 브루스 액커만, 앤 알스톳, 필리페 반 빠레이스 외 지음, 『분배의 재구성: 기본소득과 사회적 지분 급여』, 너른복지연구모임 옮김, 나눔의 집, 2010, 154-155쪽.

한계를 지적하며 기본소득의 잠재력을 논의한다. 여성의 평등한 노동권을 방해하는 현실적 걸림돌이 있는데, 우선 고용주인 기업의 구조는 비민주적이며, 결혼-고용-시민권을 연결하는 사회보험제도에서도 여성은 여전히 열등한 위치에 있다고 페이트먼은 지적한다. 가구 단위가 아닌 시민 개인에게 적정 수준의 삶을 유지할 수 있는 기본임금이 지급된다면, 결혼계약이나 고용계약에 들어가지 않아도 되는 여성들의 시민적 자유가 확장될 수 있을 것이다.

물론, 기본소득이 적정 수준으로 제도화되기까지 많은 난관이 있을 것이며, 기본소득이 오히려 여성의 취업보다는 가정 내 무급 노동을 수행하도록 유인함으로써 여성의 자유를 제약할 것이라는 비판도 있다. 페이트먼은 기본소득의 제도적 세부 사항을 검토하기보다는, 민주주의의 기본 질문에 초점을 맞춘다. 구조조정과 사유화의 전 지구적 흐름에 직면하여 민주화가 꽃필 수 있는 조건을 어떻게 강화할 수 있을까. 거대한 다국적 기업, WTO, IMF, 세계은행 등 강력한 국제기구들이 보다 민주적으로 운영되고 빈곤 국가나 주변적 인구의 필요에 반응하게끔 만들 수 있는가. 이처럼 어려운 질문들에 답하기 위해서는 누구의 목소리가 경청되고 고려되는가, 아젠다는 어떻게 만들어지는가, 자원이 어떻게 소유되고 분배되는가 등 오래된 민주주의의 문제들이 그 어느 때보다 중요하다고 페이트먼은 말한다.[12)]

프레이저의 비판: 주인/하인 모델의 한계와 여성 억압의 제도적 체계

지구화와 신자유주의가 초래하는 차별과 인권침해를 비판하는 페

12) Puwar (2002), *op. cit.*, p.132.

미니스트라는 점에서 낸시 프레이저는 페이트먼과 비슷한 위치에 서 있다. 프레이저는 『성적 계약』에 담긴 대담하고 독창적인 주장을 또 다른 페미니스트의 시각에서 체계적으로 비판한다.[13] 여기에서는 프레이저의 논지를 간략하게 소개하고, 두 페미니스트의 입장 차이가 21세기 페미니즘의 방향과 의제에 어떤 성찰의 지점을 제시하는지 살펴본다.

『성적 계약』에서 페이트먼은 "결혼 계약"의 모순을 지적하였다. 여성은 계약에 들어가되 시민이 아니라 '신민'으로 참여하며, 여성의 예속은 정치 문제로 다루어지지 못하고 사적 영역으로 축소된다고 분석하였다. 하지만 프레이저는 여성의 종속을 남편과 아내, 주인과 하인의 양자 관계로 설명하는 것이 과연 적절한지 반문한다. 프레이저의 시각에서 볼 때 여성의 성을 소유하고 지배할 수 있는 남성 권력 비판은 결국 주인/하인 모델master/subject model에 의존하게 된다. 그렇다면 오늘날 후기 자본주의 사회의 젠더 불평등을 분석하는 데 주인/하인 모델은 과연 적절한가? 위계적 양자 관계를 지속시키는 보다 광범위하고 구조적인 체계들을 이 모델은 적절하게 포착하고 있는가? 남성 지배와는 다른 형태, 보다 추상적이고 비인격적인 형태로 사람들의 행동을 매개하면서 지속되는 성차별과 여성 억압의 문제를 설명할 수 있는가?

오히려 오킨S. M. Okin이 말했듯이 "결혼에 의해 사회적으로 유발된 비대칭적 취약성의 순환 주기cycle"가 더 현실적인 설명이라고 프레이저는 주장한다. 여성은 자녀 양육을 책임진다는 이유로 노동시장에서 불리한 위치에 놓이며, 시장에서의 경제적 불평등은 다시 가정 내 여성 발언권을 약화시키는 순환 고리를 만든다. 여기에서 여성의 취약성이

---

13) Nancy Fraser, "Beyond the Master/Subject Model: Reflectiions on Carole Pateman's Sexual Contract", *Social Text*, No. 37, 1999, pp.173-181. 3절에서는 낸시 프레이저의 논문을 요약해서 소개한다.

일종의 순환 주기처럼 강화된다. 결혼할 여성은 취약한 존재가 되는데, 예상되는 가사 노동과 양육 노동은 그들의 교육, 훈련, 취업 결정에서 부담이 될 것이기 때문이다. 여성은 결혼한 상태에서도 취약해지는데, 남편보다 취업 기회도 열악하고 의사 결정권도 적기 때문이다. 마지막으로 여성은 헤어지거나 이혼하면 또다시 취약해지는데, 여성과 자녀의 삶의 기준이 급속히 낮아지기 때문이다. 이처럼 오킨은 결혼의 양자 관계를 넘어 광범위한 사회제도—노동시장, 교육, 성별 고정 관념, 성차별적 제도—가 상호작용 하며 여성의 취약성을 강화한다고 본다.14) 오늘날 결혼은 주인/하인 모델보다는, 여성의 발언권이 결혼 관계에서 탈출할 기회에 반비례하는 불평등한 파트너십으로 이해하는 것이 훨씬 낫다고 프레이저는 주장한다.

프레이저는 페이트먼이 분석했던 노동계약, 대리모 계약과 '성매매 계약'에 대해서도 각각 반론을 제기한다. 페이트먼은 여성이 남성과 같은 의미의 노동자가 될 수 없다고 주장하며, 그 이유는 고용계약의 이면에 성적 계약이 있기 때문이라고 말한다. 하지만 프레이저가 보기에 이러한 설명은 불충분하다. 페이트먼 식의 설명은 결혼 내 권력과 자본주의적 권력이 마치 하나인 것처럼 연결하며, 트레이드 오프trade-offs의 가능성을 놓치고 만다. 사적 결혼 관계에서 자본주의에 이르는 사회적 제도를 하나의 일괴암적monolithic 가부장제로 연결함으로써 페이트먼은 주인/하인의 모델을 극복하지 못하고 거듭 되풀이한다는 것이다.

성매매나 대리모 계약은 일차적으로 시장에서 이루어지는 거래이며, 판매자와 구매자 간의 장기적 관계가 지속되는 것도 아니다. 여기에

14) Susan Moller Okin, *Justice, Gender, and the Family*, New York: Basic Books, 1989, p.138.

는 주인/하인의 양자 관계보다는 보다 추상적인 사회적 매개나 조정 형태가 더 많이 개입하게 된다. 고용계약은 결혼계약처럼 상대적으로 장기간 동안 고용주의 명령에 따라 노동자가 일해야 하는 상황을 만들지만, 노동자는 (아내의 부불 노동과 달리) 현금 소득을 얻음으로써 일터 밖의 생활에서 더 많은 영향력을 가질 수 있다. 페이트먼의 논의는 노동을 둘러싼 다양한 사회적 맥락을 사상한 채 고용주와 노동자 간의 주인/하인 관계만을 부각시키며, 이로 인해 페이트먼은 일부의 심각성을 과장하는 반면 다른 부분은 느슨하게 넘어가는 불균형을 보인다는 것이다. 경우에 따라서 고용된다는 것은 경제적 독립과 안정적 생활, 삶의 자율성을 제공하며, 고용계약은 더 많은 자유를 의미할 수도 있다.

페이트먼의 성적 계약은 한편으로 제도화된 권력관계를 분석하는 모델이지만, 다른 한편 섹스와 젠더의 문화적 의미를 다루는 틀이 될 수도 있다. 성적 계약은 오늘날 남성성과 여성성이 남성 지배와 여성의 예속을 중심으로 문화적으로 구성되고 실천되는 이면을 드러내기 때문이다. 페이트먼은 성매매 '계약'이야말로 남성의 섹스 권리가 공적으로 표출된 사례라고 본다. 돈을 주고 성적 서비스를 구매하는 교환은 마치 동의에 기초한 자발적 계약으로 묘사된다. 하지만 성적 서비스의 구매는 여성의 신체 일부를 이용하는 것이며, 이는 그 여성의 현존과 신체적 예속 없이는 불가능하다고 페이트먼은 분석한다.

프레이저는 성매매 여성이 성폭력 위험에 늘 노출되며, 성을 사는 사람은 여전히 주로 남성이라는 권력 비대칭을 인정한다. 그렇지만 성적 서비스를 구매함으로써 여성의 성을 지배하는 남성 권력은 그만큼 커지는 것일까? 프레이저는 이에 대해 다른 답을 내놓는다. 판매되는 것은 "남성의 섹스 권리"에 대한 남성적 판타지일 뿐이다. 성 구매 남성은 성매매 여성에게 명령을 내릴 권리를 획득하는 것이 아니라, 그러한 명령의 '연출된 재현'을 얻을 뿐이다. 여기에는 수행적 모순이 내포되어 있는데, 성매매를 통해 정복의 판타지는 실현되는 것처럼 보이지만 역설적으로 잠식된다고 프레이저는 지적한다. 오늘날 남성성과 여성성의 범주는 고정되기보다는 문화적 경쟁의 장에 놓여있다. 페이트먼의 접근은 남성성과 여성성, 성적 지배와 종속을 둘러싼 내적 복합성을 분석하기에는 지나치게 절대주의적이며 동어 반복에 빠질 수 있다.15)

프레이저는 오늘날의 남성 지배가 주인/하인 모델이라는 옛 술을 계약이라는 새로운 부대에 담는 것으로만 충분히 분석될 수 없다고 말한다. 후기 자본주의 시대의 젠더 불평등은 주인과 하인의 양자 관계에서 보다 비인격적이고 구조적인 메커니즘들로 이행하였으며 훨씬 다양하고 유동적인 문화적 형태로 표출되고 있다. 페이트먼을 비판함으로써 프레이저가 강조하는 논점은 직접적 주인-하인 관계가 없다 해도 여성을 억압하는 남성 지배와 불평등 체계는 더욱 강화될 수 있다는 것이다.

오늘날에는 법에 의거해 가정폭력과 부부강간을 고발하고 이혼 후에도 분할연금을 청구하는 것이 가능해졌다. 또한 더 많은 여성들이 제도화된 결혼 밖의 삶을 선택하고 있다. 문제는 가부장적 결혼 밖의 영역에도 체계적 억압 구조가 버티고 있는 현실이다. 프레이저는 제2물결 페미니즘 이후 확대된 여성해방의 희망이 역으로 신자유주의적 자본축적의 프레임 안으로 축소되는 것은 아닌지 우려하고 있다. 20세기 후반의 여성해방은 한편으로 중산층 여성들에게 유리천장에 도전할 동기, 다른 한편 비정규직과 저임금 노동자 여성들에게는 임금 소득과 물질적 안정을 추구할 동기를 부여하였으며, 또한 전통적 권위에서 해

15) *ibid.*, pp.178-179.

방되어 인간적 존엄성과 자기 향상을 도모하도록 해주었다. 하지만 제2물결 페미니즘이 지향했던 여성해방의 꿈은 현실적으로 자본축적의 논리에 속박되는 많은 여성 노동자의 삶이 더 척박해지는 방향으로 귀착되는 것은 아닌지 프레이저는 반문한다. "여성해방을 향한 꿈은 자본축적의 엔진에 속박된다. … 과거 한 때는 남성중심주의에 대한 급진적 비판의 핵심이었던 것이 이제 임금노동의 자본주의적 가치 안정화를 강화하는 데 활용되고 있다."[16)]

나오며: "개인적인 것은 정치적이다"를 넘어서는 페미니즘의 미래

정치 이론가로서 페이트먼은 참여 민주주의와 산업 민주주의를 진지하게 연구했고, 이러한 시각은 자유민주주의에 대한 근본적 비판으로 이어졌다. 20세기 제2물결 페미니즘의 영향 속에서 페이트먼은 사회계약론의 고전들을 재해석하였으며, 계약과 동의라는 자유민주주의의 핵심 개념에 대한 페미니즘의 가장 급진적 비판을 제시하였다. 그의 논의는 정치적 지배와 여성의 예속이라는 문제에 일관되게 초점을 맞추었다. 여성의 예속은 자유주의 페미니즘이나 법과 제도의 개혁에 의해 해결된 문제가 전혀 아니며, 21세기까지 여전히 지속되고 있는 근대적 가부장제의 핵심이라고 페이트먼은 주장한다. 그는 근대적 가부장제를 다른 지배 질서와 구분하기보다는, 자본주의적 권력 질서 또한 가부장적 억압을 통해 함께 작동한다고 본다. 여성에 대한 억압의 정치적 차원, 지배와 예속의 문제를 가부장제의 핵심으로 보기 때문이다.

프레이저는 이와 달리 지배와 예속을 강조하는 시각의 한계를 지적

16) 낸시 프레이저, 『전진하는 페미니즘』, 임옥희 옮김, 돌베개, 2017, 305-306쪽.

하였다. 그는 페이트먼이 강조했던 '원초적 성의 계약'을 아내에 대한 남편의 지배, 지배자 남성과 예속된 여성 간의 주인/노예 관계로 해석하고 있다. 따라서 여성을 예속시키는 형태의 인격화된 남성 지배를 보다 추상적인 비인격적 억압 체계, 사회적 제도와 조정의 체계들과 분석적으로 구분하며, 그들 간의 복잡한 상호작용을 주목해야 한다고 본다. 성적 계약의 신화는 여성의 성을 소유하고 지배하는 권리가 곧 남성성이라는 문화적 신념을 만들어낸다고 페이트먼은 주장하지만, 반면 오늘날 남성성과 여성성은 성적 예속이라는 대립 관계를 넘어서는 보다 유동적이고 다층적인 문화적 형태로 표출된다는 것이 프레이저의 분석이다.

프레이저의 비판에 대해 페이트먼은 자신의 논지를 "전적으로 오해"한 것이라고 대응하였다. 성적 계약은 개별적인 남편/아내의 지배 관계를 말하는 것이 아니며, 결혼, 고용, 성매매와 같은 제도를 통해 구조화된 권력을 드러내는 것이 페이트먼의 의도였다는 것이다.[17] 여성을 지배하려 하지 않는 '착한' 남편들이 존재한다 해도, 결혼계약이라는 제도에 내포된 남성 권리와 여성 억압은 그와 별개의 구조적 문제이다.

두 페미니스트의 상이한 입장은 여러 가지 논쟁을 내포하고 있다. 프레이저는 예속이라는 개념을 낡은 프레임으로 간주하는 듯하며, 여성의 권리 확대가 새로운 모순을 낳는 상황, 자본주의적 포섭이나 대중매체의 문화적 매개와 같은 다층적 차원으로 분석을 확장하고자 한다. 이에 비해 페이트먼은 사적 영역의 예속이 공적 영역의 불평등으로 이어지는 남성 지배의 일괴암적 체계 또는 지속적 재생산 체계를 강조한다고 볼 수 있다. 근대적 자본주의와 전근대적 가부장제를 개념적으로 분리하고, 자본주의가 가부장제를 이용한다는 식의 분석을 한다면, 현

17) Puwar (2002), *op. cit.*, p.127.

실적으로 작동하는 가부장적 지배체제의 힘을 간과하게 된다는 것이다. 페이트먼은 일찍이 '울스톤크래프트의 딜레마'라는 개념을 제시하고 여성이 처해 있는 모순적 상황, 즉 여성이 복지국가의 시민이 되었지만 여전히 남성과는 구분되는 위치에 놓이고, 그러한 딜레마가 정치적 문제로 다루어지지 않는 현실을 비판했다.

결론을 대신하여, 페이트먼의 이론적 여정으로부터 페미니즘의 '급진적' 상상력에 대한 이유 있는 오해, 그리고 이로부터 얻을 수 있는 새로운 의미를 생각해 보고자 한다. 앞에서도 말했듯이 페이트먼은 '급진적 페미니즘'이라는 이름을 일관되게 거부하였다. 사실 페이트먼의 이론적 핵심, 즉 근대 시민사회 질서가 여성의 성에 대한 남성의 지배에 기초하고 있으며, 이러한 원초적 성의 계약이 자유민주주의 이론에 의해 은폐되었다는 이야기는 20세기 후반 급진적 페미니즘의 특징과 닮아있는 것처럼 보인다. 그런데 페이트먼의 급진적 상상력은 전혀 다른 차원에서 더 큰 의미를 찾아야 할 것 같다.

첫째, 고전적 사회계약 이론과 자유민주주의 사상에 대한 재해석을 그 뿌리까지 비판하는 가장 급진적 방식으로 추구했다는 점이다. 페이트먼은 자유롭고 평등한 개인들 간의 '계약', 자발적 '동의'의 허상들을 지적했다. 특히 여성의 동의에 대한 페이트먼의 깊은 통찰력은 페미니스트 법학자들에서 사이에서 활발하게 논의되었다. 성폭력 법정에서 아직도 여성의 동의는 의지나 언어가 아닌 물리적 상처로만 입증될 수 있다. 더 나아가 자유민주주의의 문화 질서는 남성의 성적 권리를 승인함과 동시에 여성의 동의를 무력화시키는 방식으로 이 문제를 다루며, 여성의 동의가 어떻게 말해질 수 있는지에 대해 아직 충분한 논의가 이루어지지 않았다고 페이트먼은 지적한다.

둘째, 성적 차이를 이론의 중심에 두었지만 페이트먼의 질문은 생물학적 결정론이 아니라 성적 차이를 기초로 삼은 새로운 정치적 삶이 어떻게 창조되고 지속 혹은 변혁될 수 있는가에 있었다. 페이트먼은 페미니즘의 주요 주장에 대해서도 성찰과 비판을 게을리 하지 않았다. 자신에게 엄청난 영향을 미쳤던 제2물결 페미니즘의 "개인적인 것이 정치적이다The personal is political"라는 슬로건을 페이트먼은 비판적으로 검토하였다.18) 자유주의적 공/사 분리의 이데올로기적인 성격을 폭로하고, 공적 영역과 사적 영역이 상호 연결되어 있으며 그 매개는 사적인 가족생활임을 드러냈다는 점에서 이 슬로건은 상당한 역할을 하였다. 그런데 공/사 분리에 대한 페미니즘의 비판은 이론적으로 일정한 한계를 드러냈다는 것이 페이트먼의 지적이다. 첫 번째 비판은 공사의 대립을 사적 영역의 부정으로 대체하는 것, 즉 생식을 인공적 기계적 재생산으로 대체하려는 페미니즘의 주장으로 이어졌다. 두 번째 입장은 대립을 조화와 동일시로 만드는 것, 즉 개인적인 것과 가족생활도 (공적 영역과 마찬가지로) 정치적이라고 주장하는 것이다. 페이트먼이 보기에 두 가지 비판 모두 자유주의적 공사 분리를 극복하는 입장으로 만족스럽지 못하다.

자유주의적 공사 분리에 대한 제3의 비판은 아직 제시되지 않았다. 자유로운 시민들의 자발적 선택을 내세우지만 기실 가부장적 남성 권리에 기초하고 있는 가부장적 자유주의에 대해 최초로 총체적 비판을 제기한 것은 페미니즘이라고 페이트먼은 말한다. 하지만 '개인적인 것은 정치적'이라는 주장은 중요한 문제 제기임에 분명하지만 충분한 답변은 아니다. 단순히 여성 이익의 대변자가 아닌, 자유민주주의를 비판하는

18) 페이트먼, 「공과 사의 이분법에 대한 여성주의적 비판들」, 이평화·이성민 옮김, 『여자들의 무질서』, 도서출판 비, 2018.

총체적 역할을 페미니즘에 기대한다는 점에서 페이트먼의 시각은 독창적이고 담대하다. 개인의 자유라는 이유로, 자발적 동의를 했다는 이유로, 성매매나 대리모 계약과 같이 여성의 몸과 성을 '인신 상의 재산'으로 다루는 자유민주주의 사회에서 가부장적 권리는 새로운 형태로 확장될 수 있다고 페이트먼은 우려한다. 여성을 개인이자 계약의 주체로 세우려는 정치 프로젝트의 아이러니와 한계를 지적하고, 더 큰 페미니즘의 철학적 총체적 도전을 이야기하는 페이트먼의 목소리는 또 어떤 울림을 가져올 수 있을까.

참고 문헌

낸시 프레이저, 『전진하는 페미니즘』, 임옥희 옮김, 돌베개, 2017.

캐롤 페이트먼, 『남과 여, 은폐된 성적 계약』, 이충훈·유영근 옮김, 이후, 2001.

____________, 『여자들의 무질서』, 이평화·이성민 옮김, 도서출판 비, 2018.

____________, 「시민권의 민주화: 기본소득의 장점」, 브루스 액커만, 앤 알스톳, 필리페 반 빠레이스 외 지음, 『분배의 재구성: 기본소득과 사회적 지분 급여』, 너른복지연구모임 옮김, 나눔의 집, 2010.

황정미, 「캐롤 페이트먼과 탈가부장제의 정치적 상상력」, 한국여성연구소, 『여성과 사회』 14호, 2002.

Nancy Fraser, "Beyond the Master/Subject Model: Reflectiions on Carole Pateman's Sexual Contract", *Social Text*, No. 37, 1999.

Sharon Thompson, Lydia Hayes, Daniel Newman, Carole Pateman, "The Sexual Contract 30 Years: A Conversation with Carole Pateman", *Feminist Legal Studies*, Vol. 26, 2018.

Susan Moller Okin, *Justice, Gender, and the Family*, New York: Basic Books, 1989.

Steve On, "Dialogue with Political Theorists: Interview with Carole Pateman", *Contemporary Political Theory*, Vol. 9, 2010.

Nirmal Puwar, "interview with Carole Pateman: The Sexual Contract, women in politics, globalization and citizenship", *Feminist Review*, Vol. 70, 2002.

캐서린 맥키논
Catharine Alice MacKinnon

급진적 여성주의 정치학

허라금
여성문화이론연구소 회원이었고, 현재 이화여자대학교 명예교수이다. 저서로 『원칙의 윤리에서 여성주의 윤리로』, 『정의를 위한 정치적 책임』(공저) 등이 있다.

이 글의 원문은 『여/성이론』 3호(2000)에 실려있다.

캐서린 맥키논: 급진적 여성주의 정치학

여성주의자로서의 법정 활동

캐서린 맥키논을 빼놓고 미국의 여성주의 운동을 말할 수 있을까? 맥키논이 없는 급진적 페미니즘을 생각할 수 있을까? 이런 질문이 단지 수사가 아닐 정도로, 맥키논은 70, 80년대 미국의 급진적 페미니즘의 중심에 서 있다. 법률가이자 여성주의 법학자로서 현재 미시간 대학 법과 대학원 교수이기도 한 맥키논은 주로 법정 소송을 통해 여성 문제를 사회에 가시화하고 이를 시정하는 활동을 해 온 것으로 널리 알려져 있다. 그녀는 사회적 정의를 실현시켜야 할 법정이라는 제도적 공간에 여성들이 제기하는 문제를 들고 들어감으로써 그 제도가 그동안 얼마나 여성의 경험과 소리를 보지도 듣지도 못하는 개념들로 이루어진 의미 체계 위에서 운영되어 왔는가를 드러내고자 한다. 이것은 결국 그 법정을 옳고 그름의 최종 판결지로 삼는 현실 국가의 남성중심성을 밝히는 작업이기도 하다.

그녀에게 법정 소송이 갖는 의미는 단순히 누가 옳은가를 심판받는 과정만은 아니다. 그것은 오히려 사회적으로 비가시화되어 있는 여성 억압을 사회적인 이슈로 만드는 과정이며, 그 억압을 자연스러운 것으로 만들어온 사회적 기제를 부당한 것으로 인식하게 만드는 과정이다. 그것은 따라서 일반적인 법정 소송의 성격과 같지 않다. 그것은 현행법이 실현하고자 하는 정의가 누구의 무엇을 위한 정의인가를 문제 삼는 소송이라는 점에서, 사회적 변혁 운동의 성격이 강하다.

현실에 대해 손을 떼고 누구의 관점에도 서지 않는 엄정한 중립적 관점에 기초한 정의의 능력의 중요성을 강조해 온 법철학자들과 달리, 맥키논은 사회적인 권력관계 속에서 약자의 위치에 있는 이들의 편에 서는 입장을 택한다. 따라서 성의 불평등 문제 역시 그 불평등이 현실화되고 있는 강간과 성적 학대의 피해자들의 증언을 준비하는 일 속에서 올바른 이해를 얻을 수 있었다고 주장한다. 모든 이의 관점에 중립적인 관점이란 사실상 불가능하며, 그것은 현실의 권력관계를 무시하는 그만큼 사회적인 강자의 입장을 정의의 관점으로 표방하게 되는 지배 이데올로기일 가능성이 높아질 뿐이다. 따라서 그녀는 현실로부터 거리를 두는 것이 아니라 현실에 개입하는 것에 의해, 현실의 권력관계를 추상화하는 것이 아니라 불균등한 권력관계에 관해 예민한 감각을 가짐으로써, 권력의 유리한 위치에 있는 이들이 아니라 그 권력관계에서 피해를 입은 자들이 호소하는 고통에 의미를 부여하는 편에 서서, 사회적 정의를 실현하고자 한다.

비록 포르노 금지를 시민권에 포함시키려던 맥키논의 법정 소송이 성공하지는 못했지만, 성희롱 쟁점에서 맥키논은 빛나는 성공을 거둘 수 있었다. 그것은 여성의 경험을 단지 사적이고 주관적인 상태로서가 아니라 공적인 하나의 사실로 인식시킨 사건이었다. 일상적으로 일어나지만 철학적으로나 법적으로 인식되어 본 적이 없었던 사회적 불의를 최초로 명명하고 그럼으로써 사회적 불의로 인정하게 만든 일이었다.

명명이 존재하지 않던 사건을 창조하는 것은 아니다. 그러나 그것은 사안을 가시화할 수 있게 하고 그렇게 하여 법적인 판결의 대상이 되게 만든다. 이 때문에 누구에게 명명할 권위를 부여하는가는 그 사안을 살피는 데 누구의 입장에 서서 볼 것인가와 밀접한 관계다. 맥키논 자신이 말했던 것처럼, 성희롱의 법적 인정은 여성이 여성의 경험에 기초하여 무엇이 불의인가를 정의한 첫 번째 사건이었을지 모른다.

이런 식의 명명은 어떤 하나의 물적 대상에 고유명사를 부여할 때 볼 수 있는 식의 단순한 일을 넘어서는 것이다. 이름이 없던 어떤 사회적 또는 행위 현상에 한정 기술구definite description인 이름을 부여하는 것은 필연적으로 그 사건을 다른 사건들과 연결시키면서 기존의 다른 개념들과의 관계를 문제 삼게 만든다. 그동안 관행화되어 있던 신체적 또는 언어적 행위를 '성희롱'이라고 부르게 되는 과정은 그것을 자연스러운 것으로 여기게 해온 기존의 다른 개념들 역시 수정하게 만든다. 만약 섹스가 자연스러운 것이라면, 그리고 여성을 포함한 모든 이가 그것을 원한다면, 어떻게 성적으로 희롱당한다는 것이 가능하겠는가? 섹스가 생물학적 충동이라면, 그것을 금지한다는 것이 말이 되는가? 만약 여성이 '동의한다'면, 어떻게 그 남성의 행동이 부당한 것이 될 수 있는가? 새로운 이름, 성희롱은, 맥키논이 지적했던 것처럼, 사회생활이 이루어지는 곳의 의미 맥락에 영향을 주며, 그와 함께 강간, 포르노그래피, 성폭력, 매매춘에 대한 법적 정의에도 영향을 준다.

사회가 성희롱을 법적 불의로 받아들이게 되었다는 것은 커다란 결과를 가져온다. 첫째, 여성은 무언가 잘못되었다고 느끼지만 명명할 수도 시정할 수도 없었던 절망적 상황으로부터 스스로를 구할 수 있게 된 것이다. 더 중요한 것은, 언어 그 자체 특히 공식적이고, 권위적인 법률 언어가 여성과 남성 둘 다의 경험을 표현하는 공동 언어에로 더 가까이 이동하기 시작했다는 사실이다.

기존의 직관을 합리화하거나 기존의 상식에 기초하여 옳고 그름을 판결하는 것에 한정하는 법률가의 논리가 아니라, 맥키논은 다른 논리를 사용함으로써 그것을 가능하게 했다. 현실 권력관계 안에서 서로 다른 위치를 점유하고 있는 이들 사이에 경험의 차이가 있다는 것을 인식하는 논리이다. 상호 동등성의 법칙 위에만 기초한 논리는 '성희롱'이라는 관념을 기존의 '섹스'나 '희롱'과는 모순된 것으로 밀어내 버린다. 이 때문에, 그녀는 불평등한 권력관계 안에서 취약한 위치에 있는 자들이 가지게 되는 경험과 이들 그룹 안에서 공유한 실재를 포착하는 의미 정의와 추론의 고리들과 증거의 규칙들을 풀어나가는 논리를 자신의 판결 논리로 취한 것이다.

급진적 여성주의 지배이론

그녀가 서술하고 있는 『수정되지 않은 여성주의*Feminism Unmodified*』(1987)와 『여성주의 국가론을 향하여*Toward the Feminist Theory of the State*』(1989), 이 두 권의 책은 어느 부분을 떼어 와도 페미니즘 입장으로 인용될 수 있을 만큼, 불평등한 권력의 맥락 속에서 여성의 문제를 분석하는, 여성주의 핵심을 담고 있는 소중한 글들로 가득 채워져 있다. 전자가 주로 강연문을 편집한 것이라면, 후자는 이론적인 체계화를 시도한 글이다. 전자가 현실을 향해 말하는 여성운동 활동가로서의 면모가 드러나는 책이라면, 후자는 자신의 입장을 명료한 논리 위에 체계화시키는 학자적인 능력이 돋보이는 저서이다.

이 두 권의 글을 통해 그녀는 급진적 페미니즘의 기본 논리를 명료화한다. 분명한 논리 위에 전개되는 글은 어디서나 거부할 수 없게 만드는 강력한 힘을 갖는다. 일관된 논리 위에서 전개하는 글쓰기가 오히려 감정에 호소하는 수사학적 글쓰기보다 가히 더 선동적이라 할 만한 호소력을 발휘할 수 있음을 우리는 그녀의 글 속에서 확인하게 된다. 운동의 목표를 위해 현실의 다차원적인 모순에 저항하는 다양한 활동들이 함께 공존하는 현실과 달리, 이론의 확립은 일정 정도 다른 입장의 이론들과의 차이점들을 분명히 함으로써 달성된다. 그녀가 단순한 여성주의 활동가의 차원을 넘어 이론가적 면모를 갖는다고 평가되는 것은 바로 이런 방식을 통해, 사회변혁의 논리를 체계화하는 다양한 사회철학과 여러 갈래의 여성주의 철학들 사이에서, 자신의 입장을 구체화하고 있다는 데 기초한다. 그는 기존의 진보적 사회철학의 틀은 물론 이들 틀을 통해 여성 문제를 조망하는 여성주의자의 한계 역시 분명히 하면서, 이들을 '하이픈 페미니즘'이라 부른다. 마르크스주의-페미니즘, 자유주의-페미니즘, 사회주의-페미니즘, 정신분석학적-페미니즘 등 하이픈으로 연결되는 페미니즘은 여성문제를 분석하기 위해 가져온 이들 기존 이론틀이 여성의 억압 문제를 분석하기 위해 고안된 것이 애초부터 아니었다는 점에서, 여성문제를 있는 그대로 설명하기에는 일정한 한계가 있다는 것이다. 결국에 그들은 여성문제를 다른 사회적 불평등의 원인들로 환원시켜 버림으로써 사회의 이차적인 문제로 만들어버리는 것이다.

맥키논은 여성 불평등의 문제를 기존 정치 이론들의 틀 안에서 말하고자 하는 기존 페미니스트 논의가 갖는 한계를 논증하는 데서 한 걸음 더 나아가, 그녀는 또한 80년대부터 나오기 시작한 여성과 남성의 차이를 이야기하면서, 남성과 다른 것을 가지고 있는 여성의 것들에 대한 의미 부여를 통한 여성 불평등 문제 해결 방식에 대해서도 가차 없는 비판을 가한다. 예컨대, 급진적 페미니즘 내에 다른 입장들, 문화적 페미니즘 이론이나 이리가레와 같은 프랑스 페미니즘의 경향, 80년대 길리건의 『다른 목소리』 이후 전개된, 여성의 차이를 중심으로 여성들의 자아 존중감의 회복을 통한 세력화를 시도하는 입장들과도 자신의 입장을 대립시킴으로써 자신의 이론을 구체화하고 있다.

남녀의 불평등한 권력구조가 제거되지 않은 상황에서 여성이 남성과 다른 점들을 강조하는 것은 여성의 열등성을 강조하는 효과를 갖거나 아니면 기존의 가부장적 사회가 만들어낸 성별 분업 체계를 강화하는 효과를 가질 뿐이라는 것이 그녀의 주장이다. 남성이 기준이 되는 사회에서 그 차이를 말하는 것이 갖는 효과를 무시하지 말아야 한다는 것이다. 그녀는 따라서 여성의 차이를 말하기 전에 여성이 남성과 다른 점이 어떤 사회 역사적 맥락에서 형성되었는가를 주목해야 하며, 그 차이가 어떤 불평등한 권력구조를 유지하도록 사용되어 왔는가를 주목하는 것이 중요하다고 말한다. 가부장제도의 긴 역사를 살아온 우리들로서는 여성이 남성과 다른 것이 어떤 것인지를 말할 수 없다고 보는 그녀의 입장에서 볼 때, 여성의 차이는 현재에도 앞으로도 말할 문제가 아니라고 인식하고 있으며, 여성주의 운동의 목표는 성 불평등한 지배제도를 종식시키는 데 두어야 한다는 것이다.

여성주의 법이론 안에서 지배이론domination theory으로 분류되는 그녀의 입장은, 여성 운동을 여성적인 문화적 가치를 회복하려는 입장과도 구별되며, 사회성원으로서의 동등한 권리를 쟁취하려는 입장과도 구별되는, 권력이론으로서의 여성주의 이론을 체계화하고 있다. 이것은 그녀의 이론을 급진적 여성주의 권력이론이라고 요약해도 무리가 없게 만드는 지점이기도 하다. 가치나 권리가 아니라 권력을 문제 삼는 바로 이 지점 때문에 일반적으로 맥키논은 페미니즘 입장 중에서도 가장 급진적이고 위험한 입장으로 간주되곤 한다. 이런 경원敬遠의 시각은 비단 남성들뿐 아니라 여성들 사이에서도 나타나곤 한다. 아마도 그녀의 논리가 남녀가 함께 지향해야 할 비전이나 가치를 제시하기보다는 불평등한 권력을 문제 삼는다는 점에서 투쟁적으로 비춰지기 때문일 것이다.

급진적 여성 이론의 발생적 맥락

남성 권력의 지배 아래 여성들이 종속되어 있다는 정치적 사실을 현상 인식의 기초로 철저히 관철시키는 데 있어 맥키논을 따라갈 이는 찾기 힘들 것이다. 그녀의 작업을 이론화의 차원에서 볼 때, 두 가지로 구별해서 접근해 볼 수 있다. 하나는 소극적 접근으로, 기존에 전개되어 온 급진적 정치 이론들이 여성주의 이론으로서 갖는 한계를 밝히는 것이다. 또 하나는 적극적인 접근으로, 여성 불평등을 제대로 분석할 수 있는 여성주의 이론을 확립하는 작업이다. 그것은 곧 그녀의 섹슈얼리티에 대한 젠더 분석에 해당한다.

맥키논의 이 같은 이론화는, 여성주의 주체의 정체성을 분명히 할 필요와 함께 1970년대 미국의 정치적 상황 속에서 형성된 급진적 페미니즘의 맥락 속에서 파악할 때, 그 의미를 좀 더 구체화할 수 있다.

급진적 페미니즘은 1960년대 평등권 캠페인에 참여했던 좌파적 여성들이 갖게 된 운동 주체로서의 여성 의식에서부터 설명할 수 있다. 이들은 자신이 가담했던 운동 그룹 내 중요한 의사 결정 구조에서 여성이라는 이유로 배제당하면서, 사회적 부정의를 거부하는 변혁 운동 그룹 안에도 여전히 성차별적인 성별 분업 이데올로기가 지배한다는 사실을 경험하게 된다. 이들은 자신이 '시민'이 아니라 '여성'으로 취급된다는 것을, 그리고 동등한 시민권을 위해 활동하는 당시의 신좌파 운동 그룹에서조차 '시민'은 모든 인간이 아니라 '남성'들이라는 사실을 깨달으면서 여성으로서의 정치적 자의식을 형성하게 된 것이다.

1967년에 뉴욕과 시카고에 처음 여성 멤버들로 이루어진 그룹을 탄생시키는 것을 시발로, 가부장적 사회가 만든 여성 억압을 정치적 이슈로 하는 강력한 활동들을 전개했고, 이 전개 과정에서 다수의 자생적인 소규모의 여성 그룹들이 생겨났다. 이들은 가부장제도에서 남성들이 여성인 자신에게 부여한 위치, 역할, 가치, 규범, 즉 불평등한 남녀 권력관계에 집중하면서, 이후에 급진적 페미니즘 이데올로기의 중요한 특징이 된 남성 배제의 원칙을 주장하게 된다. 가부장적 권력을 통해 남성들이 내면화해 온 쇼비니즘적 태도, 자기 이미지, 언어 등을 제거하지 않고는, 여성들 자신조차도 내면화하고 있을지 모를 이들 가부장적 문화의 권력을 비판적으로 성찰하는 것이 어렵다고 보았기 때문이다.

이후 몇 해 동안 이들 자생적인 여러 그룹들 간에 연대 관계가 유지되고 확대되면서, 이들은 자신의 이념적 활동적 출발점이 되었던 신좌파와의 관계, 특히 페미니즘과 사회주의 사이의 관계를 정리하고 풀어나갈 필요가 있었다. 그와 함께, 이들은 기존의 다른 역사적 전개 과정을 가지고 발전 중이던 동등권 페미니즘과도, 이데올로기와 전략 둘 다에서, 거리를 분명히 하는 페미니스트로서의 모습을 보이게 된다. 이런 70~80년대 급진적 페미니즘의 정체성의 정치학이 처했던 상황들은, 맥키논이 『여성주의 국가론을 향하여』에서, 여성주의 여러 입장들과의 관계, 특히 마르크시즘과의 관계를 진술하는 데서 보이는 긴장의 맥락을 형성하고 있다.

마르크스주의자들은 자주 페미니즘을 이론과 실천 모두 부르주아적이라고 비판하면서 페미니즘이 지배계급의 이익을 위해 일하고 있다고 비판하곤 한다. 성으로 사회를 분석한다는 것은 계급이 갖는 분석의 우선성을 무시하는 것이며, 프롤레타리아트를 분열시키면서, 여성들 사이에 존재하는 계급 구분을 간과한다는 것이다. 이들은 여성이 한 인격으로 대우받을 수 있는 사회적 정치적 장애들을 제거하고자 하는 노력을 자유주의적이고 개인주의적인 것으로 돌리면서 비난하고 있는 것이다. 페미니즘에 대해 가해지는 이런 종류의 비난들에 대해 맥키논은 다음과 같이 응답한다.

(페미니즘을 비난하는 마르크시스트들은) 여성들이 공통적으로 갖고 있는 것은 무엇이든 본성적인 것으로 간주하고, (따라서) 사회적이지 않은 것으로 간주한다. 사회적인 여성 조건에 대한 통문화적 분석(을 통해 발견한 사실)이 그들의 입장을 뒷받침하는 것처럼 보이지 않을 때 … (여성 억압이) 공통적이라는 (페미니스트의) 주장은 몰역사적이고 차이를 무시한 일반화라고 비난받는다. 여성의 지위가 보편적인 것으로 보이거나, 분석이 그에 기초할 때 그것은 문화적 특수성을 결여한 것으로 간주된다. 여성운동이 사회 현실을 구성하는 중요한 요소들로서 태도, 믿음, 감성에 초점을 맞출 때, 그것은 형식적 관념주의라고 비난받는다. 반대로 여성운동이 중산층 지식인이라고 상정되는 여성들과 결합하는 것은 기회주의의 증거라고 이야기가 발전한다.[1)]

마르크스주의와 자유주의 그리고, 이 두 전통으로부터 나오는 마르크스주의 페미니즘과 자유주의 페미니즘, 이들과 급진적 페미니즘이 만나고 헤어지는 지점들을 맥키논은 상당한 지면을 할애하여 분석해 내는데, 이것은 맥키논 자신의 입장을 명료하고 풍부하게 하는 과정이

---

1) Catharine A. MacKinnon, *Toward a Feminist Theory of the State*, Havard UP, 1989, p.5 (괄호 안은 문맥적 의미 파악을 돕기 위해 필자가 첨가한 것임).

기도 하다. 앞의 인용은 이 사회에서 어떻게 해도 비판의 표적이 되는 페미니즘의 현주소를 말해준다.

기존 비판론과 거리를 명백히 하는 맥키논은, 그럼에도 불구하고, 프롤레타리아트 억압을 분석하는 마르크스적 계급분석의 논리를 섹슈얼리티에 내재하는 위계적 성 권력을 분석하는 데 거의 그대로 차용함으로써 그녀의 비판 정신이 마르크스주의적 전통으로부터 출발하고 있음을 보여준다. 따라서 맥키논은 마르크스적 전통에서 출발하지만, 그것이 여성 억압 분석에 갖는 한계를 인식하고 여성문제를 중심에 놓는 자율적인 분석틀을 목표했다고 평가해야 할 것이다. 그녀의 이런 의도는, 예컨대, 각각의 이론적 정합성을 갖고 있는 사회주의와 페미니즘을 하나로 통합하고자 하는 사회주의 페미니즘의 시도를 비판하는 데서 분명히 나타난다. 그녀는 사회주의 페미니즘의 시도는 페미니즘이 마르크스적인 논리로 정당화될 수 있을 때 비로소 그 합법성이 증명되는 것이라 수긍할 수 없는 전제를 갖고 있다고 비판한다. 하이픈 페미니즘 모두에 해당하는 비판이다. 이들은 본질적으로 변하지 않은 마르크스주의 또는 자유주의, 또는 기타 다른 사회적 이론의 분석 범위 안에다 페미니즘이 핵심적인 것으로 정의하는 이슈들을—가족, 가사, 섹슈얼리티, 재생산, 사회화, 사생활—편입시킴으로써 페미니즘의 호소를 통합하거나 설명하려고 한다는 것이다. 이에 대한 그녀의 불편함은 다음과 같은 의문들로 표현될 수 있다. 여성이 경험하고 있는 사회적인 문제들을 여성이 제기하는 것만으로 왜 충분하지 않은가? 기존의 이론적 틀에 의해 인정되어야 한다는 불안증은 인식의 남성중심성에서 벗어나지 못함을 의미하는 것이 아닌가?

섹슈얼리티의 젠더 분석

"개인적인 것은 정치적인 것이다"는 급진적 페미니즘의 선언에 표현되어 있듯이, 맥키논은 마르크스주의나 자유주의 둘 다가 공유하고 있는 공사 구분에 도전한다. 부정의에 대한 국가 권력의 개입을 남성들의 관계로 이루어진 공적 영역에 한정시킴으로써 가정 안에서 일어나는 폭력과 부정의의 문제를 국가가 사적 영역의 자율성이라는 이름하에 묵인하고 있기 때문이다. 그래서 그녀는 말한다. "가정을 '사적인private' 것으로 취급하는 것은 여성 억압을 'privatize' 하는 것이며, 여성의 신분을 하녀로 만드는 것이다."[2] 여성은 가정에서 권력을 갖고 있고 남성은 가정 바깥에서 권력을 갖고 있기 때문에 권력의 영역이 다를 뿐 남성이 일방적으로 여성을 지배하는 구조가 아니라고 주장하는 가부장제도의 옹호자들에 대해서도 그녀는 다음과 같이 말한다. "가정이 생산 활동의 중심이었을 때, 여성이 집에서 노동한다는 사실은 여성 패권을 확인해 준다. 생산 활동의 중심이 가정에서 시장으로 바뀌었을 때, 여성이 집에서 노동한다는 사실은 남성 패권을 확인해 준다."[3] 근대 국가에서 가정을 개인의 사적인 영역으로 경계 지우는 것은 곧 남성인 가장의 권력을 보장하는 것이며, 그것은 곧 가장의 권력에 종속되어 있는 여성의 기본적 인권의 침탈을 방기하는 것이다. 맥키논은 성을 매개로 권력의 불평등한 분배가 이루어지는 지점, 즉 섹슈얼리티를 분석의 중심에 놓음으로써 다른 기존의 사회적 권력 분석을 통해서는 포착되지 않는 불의와 억압의 존재를 가시화하고 있다. 즉, 부정의와 억압의 의미를 사회의 자본 생산양식에서 찾는 마르크스주의, 사회적 자원

2) *ibid.*, p.34.
3) *ibid.*, p.30.

의 분배 체계에서 찾는 자유주의자들과 달리, 섹슈얼리티와의 관계 속에서 정의하고자 하는 것이다. 그렇다고 그녀의 섹슈얼리티 분석이 정신분석학적인 분석을 차용하는 것이 아니라는 점을 확실히 해야 한다. 사회적 억압의 원인을 성적 욕망의 억압에서 찾는 프로이트적 정신분석학자들과 달리 그녀는 성적 권력관계, 즉 젠더화된 성에서 찾기 때문이다.

페미니즘은 근본적으로 섹슈얼리티를 사회적인 남성 권력의 일차적인 영역으로 확인한다. 섹슈얼리티의 중심성은 프로이트적인 이해나 라캉적인 뿌리로부터 출현하는 것이 아니라, 의식화 및 강간, 근친 강간, 가정폭력, 성희롱, 임신중절, 매매춘, 포르노그래피 등을 포함하는 여러 가지 쟁점에 관한 여성주의적 실천으로부터 출현한다. 이들 영역에서, 페미니스트의 노력은 여성의 삶을 구체적으로 직면하고 바꾸는 것을 목표로 한다. 이 모든 것이 함께, 섹슈얼리티(즉, 그것의 사회적 결정요인, 일상적 구성, 탄생과 죽음의 표현, 남성 통제)를 중심으로 한 여성주의 정치이론을 생산하고 있다.[4]

그녀는 여성다움을 여성의 원형으로 보는 것이 곧 '성'이 사회적 구성물임을 드러내는 것이라고 주장한다. 사회가 만들어내고 있는 '여성'은 유순하고, 부드럽고, 수동적이며, 보살피기를 좋아하고, 나약하고, 체력적으로 약하고, 자기도취적인 성향이 강하고 어린애 같고, 비경쟁적이며, 자학적이며, 가정적이다. 이런 '여성다움'의 가치들이 소녀의 성장의 과정에 속속들이 스며들며 여성으로 사회화한다. 이렇게 조건화된 여성들은 소위 진정한 '여성'이 되기 위해 여성들끼리 경쟁하고, '여성다운' 여성의 이미지에 부합하는 여성들로 살아가기를 갈망한다. 그래서 실제로 여성들은 아이를 기르고, 가사를 돌보며, 남편을 뒷바라지

4) *ibid.*, p.30.

한다는 것이다.

맥키논은 이렇게 불평등한 권력관계를 이성들 간의 정상적 성적 관계로 제도화하고 이념화함으로써 가부장제도가 유지 재생산된다고 주장한다. 저항할 능력이 없어 보이는 여성이 남성을 성적으로 흥분시키며, 공격적이고 지배적이어 보이는 남성이 여성에게 매력적이라는 것은 우리의 섹슈얼리티가 바로 성차별적으로 구성된 것임을 말해준다. 즉 우리의 섹슈얼리티 그 자체가 권력의 위계성과 내적으로 결합되어 있음을 보여주는 것이다. 그리고 이런 성차별적인(젠더화된) 권력관계는 침실에서만이 아니라 가정의 모든 영역, 다른 모든 사회적인 관계에서 남녀 관계의 규범이 된다. 젠더화된 섹슈얼리티는 전쟁에서부터 스포츠에 이르기까지 그 모든 활동 영역 안에서 구체화하고 있다.

이런 맥락에서 여성(의 몸)은 단순히 생물학적 몸이 아니다. 그것은 가부장적 권력이 직접적으로 행사되는 곳이다. 구체적인 착취와 지배가 일어나는 곳이다. 따라서 그녀는 여성의 몸을 생물학적인 몸으로 이해하거나 그에 기반한 심리적 특징을 지닌 어떤 것으로 보려는 시도들에 반대한다. 그들은 권력관계로부터 분리하여 여성의 몸이 갖는 의미를 파악할 수 있다는 잘못된 전제 위에 있다는 것이다. 정치적 맥락을 벗어나서 여성 몸의 진정한 의미를 추구하려는 시도들은 자유주의적 관념론이나 자연주의의 오류에 빠지는 길이라는 것이다. 이것은 그녀가 '여성'을 말할 때 그것은 생물학적 여성을 가리키는 것이 아니라 사회적 권력관계에서의 약자를 가리킨다고 말하는 것과도 연결되는 부분이다.[5] 우리는 그녀가 여성의 범주를 이야기할 때 생물학적으로 같거나 다름을 이야기하는 방식을 결코 취하지 않는다는 사실, 그것이 무엇을

5) MacKinnon, "Desire and Power" in *Feminism Unmodified*, Harvard UP, 1987, p.56.

의미하는 것인지를 알 수 있다.

페미니스트 방법

맥키논은 성 권력의 문제를 사적인 문제로 간주하려는 국가의 가부장적 태도에 도전한다. 운동 주체의 형성은 여성 모임에서의 대화를 통해 구성된다. 이 대화의 과정은 과거에는 자신만의 문제라고 생각했던 일들이 사실은 다른 많은 여성들이 공통적으로 경험하는 것들임을 발견함으로써 이들 문제가 결코 자기의 성격이나 능력, 환경에서 비롯된 개인적인 문제가 아니라 제도적이고 공적인 구조를 갖는 것임을 깨닫게 되는 과정이다. 이같이 그녀가 일상 속에 있는 남성중심적 성 권력을 인식하는 방법으로 채택한 것은 의식화consciousness-raising이다. 이 방법에 의해 얻게 되는 것은 새로운 정보의 일반적 지식이 아니다. 그것은 사물이나 사태의 의미를 권력관계의 맥락 속에서 파악하는 데서 얻게 된 정치적 인식이다. 여성주의 정치적 인식의 과정 그것이 곧 의식화의 과정이다.

의식화의 방법은 정치적 인식 획득의 방법으로서 그녀가 개발한 새로운 것은 아니다. 그것은 이미 마르크스가 채택했던 것이기도 하다. 그러나 여성주의 그룹에서의 의식화 방법을 전적으로 마르크스주의적 방법과 동일시하는 것은 좀 더 구체적인 세분화를 필요로 한다. 마르크스주의적 방법은 일률적이지 않기 때문이다. 마르크스주의 안에는 그 자신의 역사성을 끌어안는 인식론과 역사를 넘어선 실재를 주장하는 인식론 두 진영이 있는데, 맥키논은 전자를 페미니즘에 훨씬 더 적합한 것으로 파악하고 있다.

다시 말해서, 그녀는 사회적 분석을 포함한 모든 사상이 사회적 존재에 의해 주어진 것이기 때문에 그것을 이데올로기적인 것으로 간주하는 것이다. 이론은 의식의 삶의 상황에 매여 있는 사회적 활동일 뿐이다. 이것은 이론과 이데올로기를 구분하는 또 다른 마르크스주의 인식론적 경향과는 차이가 있다. 방법론적으로, 이들은 이론을 사회적 현실에 특유한 허상들—이데올로기—과 현실 그 자체 둘 다로부터 구별한다. 이들에게 이론은 탈맥락적이면 탈맥락적일수록 그만큼 정확한 것이다. 실재의 과정과 사유의 과정은 구별되며, 존재가 지식을 넘어 일차적이다. 실재적인 것은 실재적인 것에 대한 지식으로, 변증법적 유물론에서처럼, 통일될 수 있다. 그것이 가능한 것은 그 둘이 서로 분리되어 있기 때문이라는 것이다. 실재는 이론과 이데올로기 양자로부터 독립된, 사물 같은thinglike 것으로 저기에 있는 것이 된다. 이데올로기는 그것의 결정요인들을 의식하지 못한 채 사회적으로 결정된 관념을 의미하게 되는 것이다.

이론을 넘어서 있는 실재를 가정하는 이들 인식론에서는 사회적으로 상황화된 사상이란 '허위의식'과 유사한 것이라 생각될 수 있다. 그와 반대로 정의상, 이론은 비이데올로기적이다. 이데올로기는 본래적으로 이해관계에 연루되어 있기 때문에, 이론은 현상의 정당화와 합법화를 지원하기 위해 공평무사해야 한다. 알튀세가 경고했던 것처럼, 이론가는 이런 의미에서 계급이 없어야 한다. 이런 시도가 성공할 때, 사회를 계급 착취의 관점에서 볼 수 있다는 것이다. 마르크스주의의 주류 인식론이라 할 수 있을 이런 입장이 마르크스주의의 주장에 '과학적' 위상을 뒷받침해 준다.

이론과 실재, 이데올로기와 과학을 구분하는 이들과 달리, 맥키논의 입장은 이론 그 자체를 역사의 흐름으로 파악한다. 이론과 이데올로기의 구분은 없다. 이데올로기를 넘어선 영원한 실재도 없다. 이들 구분은 항상 역사적 사유를 넘어서 그 자체 독립적인 실체를 상정하게 함으로써, 그 실체에 접근할 수 있는 권위 계급을 생산하곤 한다. 진정한 진리를 볼 수 있는 자들과, 주어진 여건의 영향에서 벗어나지 못하여 그 진리를 볼 수 없는 속인들이라는 이분법이 생겨날 수 있는 것이다.

맥키논의 의식화 방법은 진정한 의식을 향해, 진정한 인식을 목표하는 방법이 아니다. 그것은 여성으로 이 세상을 사는 이들이 자신의 삶의 희로애락을 언어화해 내고, 그 언어에 공감하고 동참함으로써 상호 소통을 할 수 있는 이들이 만들어내는 언어 공동체를 이룩해 가는 과정이다. 그 공동체 안에서 무엇이 의미 있고 무엇이 거짓인가를 만들어 가는 과정이다. 여기에서의 의미 있는 것으로 간주되는 것들이 실재에 대응하는 진리라든가 어떤 이해관계로부터도 초월한 절대적 진실을 담보한다고 주장하지도 않는다. 그것은 사회에서 비슷한 경험을 공유하는 여성들이 그들의 위치에서 본 진실일 뿐이라는 것을 부인하지 않는다. 여성주의 이론이 갖는 상황화된 성격을 분명히 하는 것이다.

여기에서 맥키논의 인식적 방법은 절대적이고 보편적인 진리 또는 실재에 대한 인식을 목표하는 것이 아님을 알 수 있다. 사회적 인식은 사회 역사적 맥락 속에서 구성되는 것이지, 그런 맥락과 독립적으로 실재하는 어떤 것으로서 존재하는 것이 아니라는 믿음이 작용하고 있는 것이다.

후자가 주류 전통을 형성하고 있는 현실에서 전자의 방법에 의해 얻어진 여성 인식은 현실에서 진정한 지식으로 간주되지 않는다. 그리하여 "페미니즘은 방법도, 심지어 중심 논변조차도 갖추고 있지 못하다고 알려져 있다. 그것은 체계적인 분석이 아닌 것으로, 여성의 불운을 서술할 뿐 그것에 대한 설명이 아닌 것으로, 불평불만과 문제 제기들을 모아놓은 문집 정도로 간주된다."[6] 그러나 오히려 이런 폄하와 힐난을, 여성주의가 그 주제에 독특한, 그렇지만 여전히 계급을 포함한 사회생활 전반에 적용 가능한 접근 방법을 통해 성 불평등에 대한 중심적인 설명에로 체계적으로 수렴한다는 것을 증명하는 것으로 해석할 만큼 맥키논은 당당하다.

글을 나오며

여성주의 정체성의 정치학을 목표하는 맥키논의 작업을 두고 논란이 없는 것은 아니다. 그녀의 이론이 대안적인 비전을 제시하지 않고, 잘못된 것에 관한 부정적인 이야기만 하는 데 대한 불만이 논란의 주요인이다. 그녀의 관점이 가부장제도의 억압적 권력에 희생되고 있는 여성들의 고통과 상황을 분석하는 데는 적합하지만, 사회적 변화를 이끄는 주체적 행위자로서 여성들이 주어진 상황 속에서 행하는 그들의 선택과 행위를 이해하는 데는 한계가 있다는 평가도 가능하다. 이런 이유로, 심지어 어떤 이는 여성주의 철학이 막다른 길에 봉착했다고 비난한다. 만약 모든 것이, 모든 곳에서, 사회와 사상의 가장 깊은 곳까지 속속들이 성적 폭력에 감염되어 있다면, 어떻게 그 어떤 규범적인 여성주의 철학이 가능할 것인가? 그녀가 사용하는 전제주의적 권력 개념보다는 잘 질서 지워진 제도 안에서 작동하고 있는, 푸코가 말하는, 그물망적 권력 개념이 현실적 변화를 가능케 하는 여성의 행위자성과 또한 여성

---

6) *Toward the Feminist Theory of the State*, p.108.

들 간의 차이를 말할 수 있는 가능성을 열기에 더 적절한 것이 아니냐는 반론도 있다.

엇갈린 여성주의자들의 평가들에 대해, 그리고 남성 지배가 종식된 후의 여성 삶에 대한 이야기를 듣고 싶어 하는 이들에게, 보스니아에서 벌어진 강간당한 여성의 문제를 국제적인 인권 문제로 다루지 못하는 현실을 강력히 고발하고 있는 맥키논이 자신의 말을 인용하는 것으로 이 글을 마무리해야 할 것 같다. "철학은 대안적 세계에 대한 판타지가 아니며, '사회가 진정 민주적이라면 … 우리는 어떠했었을 것'이라는 반사실적 가능 세계에 대한 판타지가 아니다. … 언어의 기능은 세계를 창조하는 것이 아니다. 폭력에 관해 말하는 것 이상의 것을 말하는 것은 폭력의 희생자를 만들어낸다."7)

참고 문헌

Catharine A MacKinnon, "Desire and Power" in *Feminism Unmodified*, Harvard UP, 1988.

____________________, *Toward a Feminist Theory of the State*, Havard UP, 1989.

7) *Feminism Unmodified*, p.219.

N. 캐서린 헤일스

N. Katherine Hayles

포스트휴먼 시대 인문학의 길 찾기

송은주

이화여대 영어영문학과 학부를 졸업하고 동 대학원에서 문학박사 학위를 받았다. 현재 을지대, 성균관대에서 강의하며 이화인문과학원 객원연구원으로 포스트휴머니즘, 생태비평을 연구하고 있다.

이 글의 원문은 『여/성이론』 50호(2024)에 실려있다.

N. 캐서린 헤일스: 포스트휴먼 시대 인문학의 길 찾기

최근 챗GPT와 같은 생성형 인공지능 프로그램이 나오면서, 몇 번의 굴곡을 맞았던 인공지능 개발은 새로운 전기를 맞이하고 있다. 인터넷의 방대한 데이터를 인간의 능력을 한참 뛰어넘는 무서운 속도로 스스로 학습하여 설령 엉터리 거짓일지라도 그럴듯한 답변을 순식간에 내놓는 이들 인공지능을 보고 있노라면, 생각하는 기계를 만들겠다는 인류의 오랜 꿈이 드디어 현실이 되는 날이 온 것인가 생각하게 된다. 이제 인간은 더 이상 지구상에서 유일하게 사고할 수 있는 존재가 아니게 된 것인가. 인공지능은 인류를 지상에 묶인 존재라는 물질적 한계와 구속을 벗어나 새로운 차원으로 진화할 수 있게 해 줄 것인가.

인공지능과 컴퓨터, 정보과학은 흔히 '너드nerd'라고 불리며 떡 진 머리, 유행에 뒤떨어진 옷차림, 사교성 결핍 등의 특징으로 정형화된 소수의 남성 전문가들의 독점 영역으로 여겨져 왔다. 컴퓨터 업계에서 여성이 차지하는 비중은 극히 낮으며, 이는 '여자는 수학에 약하다'는 전통적인 성별화된 고정관념에서부터 시작하여 여성을 의도적으로, 체계적으로 배제해 온 업계 관행과 문화에서 기인한 면이 크다. 메러디스 브루사드Meredith Broussard는 "많은 사상가들이 디지털 테크놀로지에 대한 철학을 내놓지만, 깊이 파고 들어가 보면 이 생각들은 1950년대 이래로 테크놀로지와 사회문제 간 상호작용을 잘못 이해하고 상상한 소수 엘리트 집단의 생각에 뿌리를 두고 있다"고 지적한다.1) 그가 언급한 이 '소수 엘리트 집단'은 사이버네틱스와 인공지능의 역사 초기에 이를 설계하고 기본적인 개념을 구축한 과학자, 정보 이론가들을 가리킨다. 뒤를 이어 해커 문화를 기반으로 백인 중산층 남성들로 이루어진 기술 엘리트들이 출현했고, 이들의 젠더와 계급, 인종문제에 대한 인식 부족은 기술적 초월을 지향하는 실리콘 밸리의 기술 미래주의와 결합하면서 인공지능 분야에서 탈물질적, 탈체현적 관점을 계승했다.

그렇다면 페미니즘은 젠더화된 정보과학과 컴퓨터과학에 어떻게 개입할 수 있을까? 20세기 이후 컴퓨터의 탄생, 인터넷과 인공지능의 등장과 같은 정보기술의 발전은 물질세계의 구속으로부터 자유로워진다는 인간의 오랜 꿈을 실현해 주리라 약속했다. 이러한 전망은 트랜스휴머니즘Transhumanism과 비판적 포스트휴머니즘Critical Posthumanism의 서로 다른 사상적 흐름으로 이어졌다. 트랜스휴머니즘이 육체의 한계를 벗어나 물질세계의 초월을 지향하는 반면, 후자는 인간과 기계의 융합을 지금 현재 전개되는 현실로 인식하면서도 비판적으로 성찰하고자 한다.

대표적인 비판적 포스트휴머니즘 이론가이자 문학비평가인 N. 캐서린 헤일스Katherine Hayles는 트랜스휴머니스트들의 꿈을 포스트휴먼의 악몽으로 보고, 자유주의적 휴머니즘을 계승한 트랜스휴머니즘의 주체 개념과 더불어 정보 개념의 탈물질화와 탈체현 경향을 비판한다. 헤일스는 페미니즘을 자신의 연구에서 핵심 주제로 전면에 내세우고 있지는 않기 때문에 페미니즘 분야에서는 종종 그 중요성이 간과되어 왔지만, 그의 자유주의적 휴머니즘 주체에 대한 비판은 포스트휴머니스트로서 젠더 문제에 대한 통찰을 담고 있으며 포스트휴먼 페미니즘과

---

1) Meredith Broussard, *Artificial Unintelligence: How Computers Misunderstand the World*, MIT Press, 2019, p.24.

문제의식을 공유한다. 포스트휴먼 페미니즘 연구는 여러 분야의 과학 이론과 연관되며 다각도로 이루어지고 있으나, 생명과학 기반 연구들이 활발한 데 비해 컴퓨터과학과 정보과학에 기반을 둔 연구 사례는 빈약한 편이다. 그러한 상황에서 페미니즘의 관점을 가지고 컴퓨터와 정보과학을 인문학 연구와 연결하는 헤일스와 같은 학제적 연구자의 존재는 주목할 가치가 있다.

융합 학자로서의 캐서린 헤일스

헤일스의 학문적 이력은 다소 특이하다. 그녀는 1966년 로체스터 공과대학에서 화학을 전공하고 1969년 캘리포니아 공과대학에서 역시 화학으로 석사학위를 받았다. 그러나 화학 연구실에서 일하던 중 돌연 영문학으로 방향을 바꾸어 박사까지 마쳤다. 이런 이력 덕분에 헤일스는 과학기술을 인문학적 관점에서 바라보고 분석하는 데 탁월한 통찰력을 발휘한다. 그녀는 두 문화가 서로 다른 언어를 쓰고 서로 다른 관점에서 세상을 본다는 것을 잘 알고 있지만, 오히려 그렇기에 상대의 다른 언어를 이해하고 소통하려는 노력이 세계를 이해할 더 많은 가능성을 열어준다고 믿는다.

헤일스는 삼부작이라 할 수 있는 『우리는 어떻게 포스트휴먼이 되었는가*How We Became Posthuman*』(1999), 『글쓰기 기계*Writing Machine*』(2002), 『나의 어머니는 컴퓨터였다*My Mother was a Computer*』(2005) 중 『글쓰기 기계』에서 화학으로 석사 학위를 받은 후 제록스사에서 일했던 자신의 개인적 경험을 토대로 두 문화 사이의 관계에 대해 이야기한다. 요즘은 과학도 점점 세분화되고 각 영역이 고도로 전문화되어 자기 영역에서 한 발짝만 벗어나면 과학자들끼리도 소통이 어려울 지경이다. 헤일스가 연구했던 실험실에서도 모든 작업이 분업화되어 각자 자기가 맡은 일에만 집중해야 했다. 그런데 헤일스는 자꾸만 다른 사람들의 연구가 궁금했고, 그 연구가 왜 중요한지, 전체 연구에서 어떤 의미가 있는지 알고 싶었다. 하지만 실험실 동료들은 '무엇을 연구하느냐'는 질문에는 자세히 대답해 주어도 그 의미를 묻는 질문에는 그저 웃음을 터뜨릴 뿐이었다. 동료들은 마치 헤일스가 실험실의 암묵적인 예법에 어긋나는 행동을 한 것처럼 반응했다. 하지만 그녀는 '큰 질문big question'들을 던지고 싶은 욕망을 누를 수가 없었고, 자신의 연구 영역이라는 좁은 경계 안에만 머물러 있고 싶지 않았다. 그녀는 미국이 소련과 경쟁할 과학자를 양성하는 데 전력을 다하던 스푸트니크 시대의 아이로서 과학의 명확성과 정확성에 매료되었으나, 과학 연구에 깊이 빠져들면서 질문의 폭이 점점 좁아진다고 느꼈다.

헤일스는 과학이 중시하는 설명과 명확성, 문학이 중시하는 해석과 모호성 양쪽에 다 매력을 느꼈다. 그녀는 처음 화학을 전공하게 되었을 때 분자가 무엇이며 어떻게 움직이고 배열되는지를 정확히 관찰하고 설명할 수 있게 된다면 모든 오해나 모호한 개념은 사라지게 될 것이라고 믿었다. 이것이 과학이고, 실험실의 장비와 절차를 통해서만 대상들에 닿을 수 있다. 그러나 여전히 문학에 대한 애정을 버리지 못하고 미국 르네상스 문학 수업을 들으면서, 문학은 전혀 다른 식으로 문제에 접근한다고 느꼈다. 그 분야에서는 명확성보다는 모호함이 더 중요하게 평가되고, 수수께끼는 설명하기보다는 경험해야 할 무언가였다. 그러나 그녀가 과학 분야에서의 경력을 접고 문학으로 넘어갔다고 해서 과학보다 문학, 혹은 설명보다 해석, 명확성보다 모호함을 더 우위에 두게 되었다는 뜻은 아니다. 문학 분야로 온 이후 헤일스의 작업은 항상 두 관점 사이를 오가며 이루어졌다. 오랜 시간이 지나서야 헤일스는 자신이 과학을 떠난 것이 아니라, 다른 방향에서 과학으로 되돌아갔음을 깨달았다고 말한다.

이런 학문적 배경과 문제의식을 가진 학자로서, 헤일스의 연구는 인지과학과 정보과학, 컴퓨터과학, 디지털 테크놀로지에 대한 깊이 있는 지식과 인문학적 통찰을 결합한 융합적 성격을 보여준다. 이러한 연구는 인공지능과 생명공학을 비롯한 과학기술의 급격한 발전으로 인간 존재와 인간-비인간 관계가 근본적인 변화를 맞고 있는 포스트휴먼 시대에 특히 중요한 의미를 가진다. 헤일스는 『우리는 어떻게 포스트휴먼이 되었는가』에서 과학기술의 힘으로 신체와 물질의 구속으로부터 자유로워진 포스트휴먼의 비전에 대해 강력히 반대 주장을 펼치면서, "체현embodiement의 중요성을 인정하고 지구상의 인간과 비인간 생명의 강화에 이바지하는 포스트휴먼의 비전을 위해 노력할 것"을 요청했다.[2] 이 책은 포스트휴머니즘 논의가 조금씩 나오던 초창기에 이론적 지형을 잡고 주요 논제를 제시하는 데 큰 역할을 했다. 2005년 출간된 『나의 어머니는 컴퓨터였다』도 많은 생각을 하게 만드는 흥미로운 제목이다. 이 제목은 중의적인데, 계산이 존재론적 의미를 가지며 우주 자체가 거대한 컴퓨터라는 '계산적 세계관'에 따른다면 컴퓨터가 '어머니 자연'을 대신하게 된다. 또 한편으로는 20세기 초반 디지털 컴퓨터가 나오기 이전에 단순 계산 작업을 맡았던 여성들을 '컴퓨터'라 불렀던 역사를 떠올리게 한다. 헤일스는 『우리는 어떻게 포스트휴먼이 되었는가』에서는 자유주의적 휴머니즘 주체와 포스트휴먼 간의 상호작용을

---

2) Katherine Hayles, *How We Became Posthuman*, Univ of Chicago Pr, 1999, p.132.

분석하는 데 초점을 맞추었지만, 21세기로 넘어가면서 논쟁의 초점이 이 둘 간의 긴장보다는 "지능형 기계와 함께 계속 진화해 나가는 포스트휴먼의 각기 다른 버전들"[3]로 옮겨가는 변화가 일어났다고 이 책을 쓰게 된 계기를 설명한다.

디지털 테크놀로지와 정보과학의 성과를 주된 기반으로 한 헤일스의 연구는 주로 정보에 초점을 맞추었다가, 2017년 출간된 『비사고: 인지적 비의식의 힘*Unthought: The Power of Cognitive Nonconscious*』에서는 인지 쪽으로 옮겨간다. 오랫동안 인지와 사고, 지능은 인간만이 가진 능력이라고 여겨져 왔으나, 인공지능과 정보과학이 발전하면서 인지 기능을 가지고 자율적으로 행동하는 기술적 행위자들이 점점 더 많이 출현하고 있다. 헤일스는 이러한 기술적 변화를 수용하면서 탈인간중심적 관점에서 인간과 비인간의 관계를 새롭게 설정하고 포스트휴먼 윤리의 비전을 모색한다. 이러한 작업의 중심에는 여전히 체현과 물질성에 대한 강한 인식이 자리한다. 헤일스의 정보와 인지 연구는 환경 속에 뿌리박힌 신체의 물질성과 기술적 인공물을 비롯한 비인간과의 연대를 강조한다. 페미니즘은 인간이 물질적인 몸을 가지고 환경 속에 뿌리박힌 체현된 존재로 살아가는 데에서 비롯되는 복잡성의 문제들을 깊이 있게 탐색해 왔다는 점에서 헤일스의 연구에 영향을 주었다. 이 글에서는 헤일스의 대표작 『우리는 어떻게 포스트휴먼이 되었는가』와 『비사고』를 중심으로 그녀의 정보와 인지 연구를 소개하고자 한다.

물질성과 체현: 사이버네틱스의 역사

버짓 밴 펌브로크Birgit Van Puymbroeck는 헤일스와의 인터뷰에서 그

3) Katherine Hayles, *My Mother was a Computer*, Univ of Chicago Pr., 2005, p.24.

의 작업을 대표적인 여성 포스트휴머니즘 이론가인 브라이도티와 해러웨이의 연구와 나란히 놓으면서도, 그들의 연구에 비해 헤일스는 페미니즘으로 다루어지는 경우가 적다고 지적한다. 이에 대해 헤일스는 자신의 작업이 덜 페미니즘적으로 보일지 몰라도 분명 항상 페미니즘을 염두에 두고 있으며, 자신을 페미니스트로 생각한다는 입장을 명확하게 밝혔다. 헤일스가 이렇게 주장하는 이유는 탈체현disembodiment의 남성우월주의적 환상에 효과적으로 대응하기 위하여 체현embodiment의 중요성을 강력히 주장해 왔기 때문이다.4) 사이버네틱스와 인공지능, 디지털 매체에 대한 헤일스의 연구는 정보과학의 역사에서 의도적으로 삭제되어 온 물질성과 체현, 신체의 문제에 초점을 맞추며, 정보를 탈체현되고 탈물질적인 것으로 추상화하는 경향에 반대한다. 헤일스는 『우리는 어떻게 포스트휴먼이 되었는가』에서 로봇공학자 한스 모라벡의 뇌 업로딩에 대한 주장을 비판한다. 모라벡은 인간 정체성의 본질은 정보 패턴이므로, 이 정보 패턴을 다운로드해 다른 신체에 업로드할 수 있다면 우리는 육체의 한계를 초월해 같은 '나'로 불멸을 누릴 수 있을 것이라고 주장한다. 정보가 자유롭게 어느 매체에서나 똑같이 예화될 수 있다고 보는 탈체현과 탈물질화 경향은 철학적으로는 구체적인 현실의 몸보다 추상적인 원칙, 혹은 이상을 특권화하는 서구 플라톤주의의 전통 안에 있다. 이러한 정보 개념은 물질과 정신을 대비시키고 물질에 대하여 정신을 우위에 놓는 서구의 전통적인 데카르트적 이분법을 계승하고 강화한다. 정보와 물질이 분리되면서 정보는 지배적 위치를 차지하고 물질은 한참 뒤떨어진 두 번째 자리를 차지하는 위계질서가 만들

---

4) Birgit Van Pymbroeck and N. Katherine Hayles, ""Enwebbed Complexities": The Posthumanities, Digital Media and New Feminist Materialism", *Journal of Diversity and Gender Studies*, 2(1-2), 2015, pp.25-26.

어진다. 이때 인간은 정신의 힘으로 물질의 구속을 초월하고 물질세계를 지배할 수 있게 된다. 정신을 물질보다 특권화하는 이러한 이분법에 근거하여 서구는 인간과 비인간, 백인과 유색인, 남성과 여성을 위계화하는 질서를 구축하고 비장애/백인/중산층/이성애자/남성을 인간의 표준으로 설정해 왔다.

그렇다면, 이렇게 물질적 예화보다 정보 패턴을 특권화하는 포스트휴먼 관점은 어디에서부터 비롯되었는가? 헤일스는 '정보가 어떻게 신체를 잃었는가?'라는 질문의 답을 찾기 위하여 1940년대부터 수학자 노버트 위너Nobert Wiener의 주도로 시작되었던 새로운 융합적 학문 분야인 사이버네틱스의 역사를 추적한다. 헤일스는 사이버네틱스의 역사를 세 개의 시기로 구분하고, 각 시기의 특징을 1945년에서 1960년까지는 항상성, 60년에서 80년까지는 재귀성, 80년부터 현재까지의 3차에서는 가상성으로 정의한다. 그중에서도 1차 사이버네틱스를 주도한 대표적인 정보학자인 노버트 위너와 클로드 섀넌Claude Shannon의 정보이론을 치밀하게 분석했다. 위너와 섀넌은 정보 개념의 탈물질화와 탈맥락화를 주도한 이론가들로서, 그들의 이론은 사이버네틱스 이후에도 인공지능 연구와 정보과학의 발전에 큰 영향을 주었다. 위너는 2차 세계대전 이후 메시지 이론에서 전기공학 이론, 언어 연구, 컴퓨터 기계 개발, 심리학과 신경계의 반사 작용 연구 등 복합적이고 다양한 분야들의 연구를 한데 모아 가리킬 새로운 용어가 필요하다고 느끼고 '사이버네틱스'라는 단어를 제안했다. 이 단어는 그리스어로 '키잡이'를 뜻하는 퀴베르네테스kubernetes에서 유래했다. 사이버네틱스는 살아있는 유기체와 기계를 비롯해 조직들의 제어와 커뮤니케이션의 개념을 연구하는 것을 목표로 삼고, 시스템이 어떻게 정보를 처리하고 반응하며 더 나은 기능을 위해 정보를 변화시키고 변화되는가에 초점을 맞추었다.

시스템이 항상성을 유지하기 위해서는 외부 환경의 변화를 감지하고 이에 맞추어 반응해야 하기 때문에, 환경과 시스템 사이의 커뮤니케이션을 가능하게 하는 정보가 기계의 유지와 인간의 생존에서 가장 핵심적인 역할을 하게 된다. 위너와 섀넌은 인간에서든 기계에서든 커뮤니케이션 과정에서 전송되는 패턴에 따른 정보량을 측정하고자 했고, 정보에서 의미를 분리하여 정보를 수량화할 수 있는 것으로 만듦으로써 이 목표를 성취했다. 섀넌의 모델에서 정보는 의미가 아니라 메시지로 선택될 수 있는 가능성을 정량화한 것이었다. 이렇게 정보를 의미와 맥락에서 분리함으로써 정보는 변화 없이 서로 다른 물질적 기층 사이를 오갈 수 있는 개체로 개념화되었다. 이처럼 정보가 생물학적 신체든 기계 몸이든, 서로 다른 물질적 기층을 자유롭게 옮겨 다닐 수 있다는 생각은 중요한 것은 정보 패턴일 뿐 신체는 부수적인 것에 불과하다고 보고, 이후 포스트휴먼에서도 의도적으로 물질성과 신체를 삭제하는 관점으로 이어지게 된다. 존 폰 노이만John von Neumann과 위너가 인간과 기계를 동일시할 때 중요한 것은 에너지가 아니라 정보라고 밝히면서 물질성에 대한 정보의 승리는 1차 사이버네틱스의 주요 주제가 되었다. 그러나 1차 사이버네틱스의 제한되고 정적인 정보 개념은 다른 학자들의 반발을 불러일으켰다. 결국 움베르토 마투라나와 프란시스코 바렐라가 주도한 생물학 연구를 통해 정보의 구성에서 맥락과 외부 환경과의 상호작용을 고려하여 재귀성을 도입하는 2차 사이버네틱스로의 전환이 일어나게 된다.

헤일스는 1차 사이버네틱스 학자들이 이처럼 정보를 맥락으로부터 분리되어 자유롭게 매체를 옮겨 다닐 수 있는 공기 같은 것으로 탈물질화할 수 있었던 배경에 대해 한 가지 흥미로운 추측을 제시한다. 그녀는 사람들을 모아 사이버네틱스 회의를 개최하고, 행사를 진행하고, 기록을 남기는 데 중요한 역할을 했으나 배경 속에 가려진 인물, 재닛 프리드를 발굴해 낸다. 프리드는 회의 프로그램 조수로서 모든 지원 활동을 자신의 '몸으로' 해냈다. 헤일스는 이 회의에 참석하여 발언한 남성 전문가들은 "다른 사람들의 노동을 지휘하는 위치에 있기 때문에 탈맥락화와 물화에 약하다"고 사이버네틱스의 그림에서 드러나지 않는 젠더적 맥락을 지적한다.[5] 이들은 어떤 행동이 일어나도록 말로 지시할 뿐, 실제로 자신이 노동하지 않기 때문에 말만으로 변화가 일어난다는 환상에 쉽게 굴복한다. 그러나 맥락 안에 존재하며 직접 노동함으로써 물질세계와 관계하는 프리드는 말은 어디까지나 말일 뿐, 실제로 뭔가가 일어나게 하려면 물질적이고 신체화된 과정이 필요하다는 사실을 "자신의 아픈 손과 허리로" 안다. 헤일스는 "열정적으로 몸이 사라진다고 주장하는 이론가들조차 물질적이고 문화적인 환경 내에서 일하고 있으며, "몸의 비물질화는, 바로 그 비물질화의 이데올로기가 숨기려고 하는 체현된 환경에 복잡하고 매우 특수한 방식으로 의존"해야만 하는 모순에 빠져 있다고 말한다.[6] 정보의 탈체현 경향의 문제점은 현실의 맥락을 지워 버리며, 그럼으로써 현실에 내재한 젠더적 권력관계를 은폐하고, 물질세계에서의 실행을 가능케 하는 노동을 보이지 않게 만듦으로써 현실의 불평등한 권력 구조를 유지한다는 것이다. 이는 20세기 사이버네틱스의 역사에서만이 아니라 지금 인공지능의 개발에서도 계속해서 일어나고 있는 일이다. 많은 사람들이 인공지능이 그 자체로 모든 일을 척척 해낸다고 믿지만, 실은 그 뒤에는 인공지능에 투입할 데이터

5) Katherine Hayles(1999), *op. cit.*, Univ of Chicago Pr, p.162.
6) *ibid.*, p.146.

를 일일이 분류하고 라벨링하는 수많은 인간 노동자, '메커니컬 터크mechanical turk'들이 있다.

재귀성과 상호매개

위너와 섀넌은 정보를 셀 수 있는 개체로 개념화함으로써 고정된 특질과 경계를 부여했지만, 헤일스는 2차 사이버네틱스에서 재귀성을 새롭게 도입하면서 이러한 닫힌 개념이 어떻게 무너지게 되는가를 보여준다. 재귀성이란 "어떤 시스템을 만들어내기 위해 이용된 것이 변화된 관점을 통해 그 시스템의 일부가 되는 움직임"으로 정의된다.[7] 재귀성은 시스템을 둘러싼 환경적 요소의 영향을 걷잡을 수 없이 증폭시켜 통제 범위를 벗어나게 만드는 폭발적인 힘을 갖고 있었기 때문에, 위너는 시스템에 대한 인간 주체의 통제력을 유지하기 위해 재귀성을 자신의 커뮤니케이션 모델에서 배제해야만 했다. 정보에서 의미와 맥락을 제거한 의도가 이것이었다. 헤일스는 그들이 재귀성이 원이 아니라 나선이 될 수 있다는 사실을 제대로 이해하지 못했으며, 나아가 재귀성이 제어의 패러다임을 넘어 불확실성과 우연성에 따라 창발적 행동을 생성하는 능력을 예견하지 못했다고 말한다.[8]

헤일스는 인간과 기계, 언어와 코드, 아날로그 프로세스와 디지털 단편화를 연결하는 복잡한 피드백 루프를 겹겹으로 만들어내 어느 한쪽에서 다른 한쪽으로 일방통행 하는 인과적 관계를 벗어나는 재귀성의 역할에 주목했다. 그녀는 이처럼 다양한 시스템들 사이에서 일어나는 복잡하고 혼란스러운 상호작용을 가리키는 용어로 '상호매개intermediation'

7) *ibid.*, p.104.
8) *ibid.*, p.117.

를 제안한다. 상호매개는 기존 시스템의 부분들이 예측 불가능하게 결합하여 질적으로 다르고 더 복잡한 시스템을 생산한다는 점에서 창발 emergence 개념과 닮은 데가 있지만, 시스템의 행위자들 중 누구에게도 우선권을 부여하려 하지 않는다는 점에서 다르다. 또한, 창발이 진화적 궤적을 갖는 일방향적 프로세스인 반면, 상호매개는 다수의 방향성과 인과관계를 갖는 피드백 루프를 특징으로 한다.

이처럼 헤일스의 포스트휴머니즘은 인간과 기계, 비인간 코드와 자연어 등 모든 타자적인 것들과의 사이에 그어진 경계의 투과성을 강조한다. 전자 텍스트는 인쇄에 스며들고 계산 과정은 생물학적 유기체에 스며들며 지능 기계들은 살 속에 스며든다. 그러므로 경계를 고수하기보다 경계를 가로지르는 흐름이 복잡한 상호매개의 역학을 만들어내는 방식을 이해해야 한다. 헤일스는 특히 문학비평가로서 인쇄문학과 디지털 문학, 두 가지 다른 매체의 관계를 예로 들어 상호매개가 이루어지는 양상을 보여준다. 전통적인 인쇄문학은 디지털 매체의 영향으로 변화하지만, 그 관계는 일방적이지 않다. 디지털 매체 또한 다시 변화한 인쇄문학으로부터 영향을 받는다. 이 피드백 루프에는 두 매체만이 아니라 이 매체를 사용하고 생산하는 인간과 그 밖의 다른 요소들도 연관되면서 한층 더 복잡해지고 다층적이 된다. 컴퓨터 기술의 발전으로 읽기 매체가 변화하면서, 읽기 실천이 변화하고 이에 따라 인간 인지도 예전과는 달라지며, 궁극적으로 인간 존재 자체에 변화가 일어난다. 우리가 컴퓨터를 만들지만, 한편으로 컴퓨터도 우리를 만든다. 우리 자신과 우리가 만든 것은 이러한 상호매개 작용 속에서 공진화한다. 그런 의미에서 컴퓨터는 우리와 함께 인지 생태계 안에 연결되어 있는 인지적 행위자이자 공동 구성자라고 말할 수 있는데, 중요한 것은 이

행위자는 우리 인간과 다른 언어를 사용하고 다른 방식으로 세계를 해석하고 구성한다는 것이다. 이러한 인간-비인간 행위자의 상호매개 과정을 통해 포스트휴먼 주체성이 구성된다.

비의식적 인지와 인지 생태계

헤일스는 2017년의 「비사고: 인지적 비의식의 힘」에서 인지cognition를 포스트휴먼 논의의 중심으로 가져와 기술적 행위자와 인간의 상호매개, 그리고 이를 통해 구성되는 '행성적 인지 생태계planetary cognitive ecology'에 관해 더 깊이 파고들어 간다. 헤일스는 먼저 인지를 사고thought와 구분해야 한다고 말한다. '생각하기thinking'는 합리성, 추상적인 개념을 표현하고 조작하는 능력, 언어 능력과 같은 고차 의식higher consciousness과 연관된 사고와 능력을 가리키며, 인지는 환경으로부터 정보를 얻고, 이를 소통하며, 그 정보를 토대로 환경의 변화에 대응하는 능력이다. 따라서 헤일스는 인지를 "의미와 정보를 연결하는 맥락에서 정보를 해석하는 프로세스"[9]로 정의한다. 언어와 관련된 고차 의식은 인간과 일부 영장류만이 가지고 있지만, 인지에 대한 위의 정의를 토대로 본다면 인지 능력은 아메바나 식물, 기계도 가지고 있다. 그렇기에 헤일스는 인지와 지능에 대한 인간중심적 관점에서 벗어나야 한다고 주장하면서, 인간/비인간의 전통적인 이분법 대신, 인지를 기준으로 행위자들을 인지자cognizer와 비인지자non-cognizer로 구분할 것을 제안한다. 이 구분에 따르면 생물학적 생명체나 기술적 시스템은 인지

9) N. Katherine Hayles, *Unthought: The Power of Nonconsciouss Cognition*, Chicago University Pr, 2017, p.17.

자이지만, 돌이나 물 같은 물질적 프로세스는 비인지자에 속하게 된다.

의식은 오랫동안 우리의 사고에서 중심을 차지한다고 여겨져 왔지만, 의식이 전부는 아니다. 의식의 경계 너머에 우리의 신체와 외부 환경과의 상호작용 속에서 일어나는 더 광범위한 인지 작용이 있는데, 헤일스는 이를 '비의식적 인지nonconscious cognition'라 부른다. '비의식'은 무의식과 혼동되기 쉽지만, 무의식이 꿈속에서 작동하는 등 쉽게 의식으로 전환되는 반면, 비의식은 의식이 아예 접근할 수 없는 영역이라는 점에서 다르다. 우리 주위에서 쏟아지는 정보의 양은 너무나도 방대한데, 이를 받아들이고 처리할 수 있는 의식의 능력은 매우 제한적이다. 따라서 비의식적 인지는 정보를 의식보다 훨씬 더 빨리 처리하고 의식이 식별할 수 없는 복잡하고 미묘한 패턴을 인식하여 행동의 우선순위를 결정하도록 도와줌으로써, 흡수가 느리고 처리능력이 제한된 의식이 천분의 1초마다 뇌로 흘러들어 오는 내부와 외부의 정보의 홍수에 압도되지 않게 해 준다.

비의식적 인지는 이처럼 신체가 거하는 물질적 세계와 의식 사이에 존재하면서 그것들과 끊임없이 영향을 주고받는다. 의식이 감당할 수 없는 엄청나게 빠른 속도로 정보를 처리해야 하기 때문에 비의식적 인지는 기계적 인지와도 유사한 면이 있다. 이처럼 헤일스는 비의식적 인지 개념을 통해 의식이 물질세계와 우리 몸과 어떻게 관계 맺는가를 살펴봄으로써 정보과학 연구에서 강조했던 체현과 물질적 맥락의 중요성을 다른 각도에서 재조명한다. 또한, 인간, 동물, 식물, 기술적 인공물이 공유하는 비의식적 인지의 특징을 밝힘으로써 이렇게 서로 다른 인간과 비인간 인지 간에 다리를 놓아서, 그것들을 질적으로 다른 기능으로 이해하기보다는 연속선상에 둔다.

포스트휴먼 인문학의 역할

헤일스는 기술적 행위자의 역할이 점점 더 커져가는 포스트휴먼 시대에, 인간 행위자와 기술적 행위자를 모두 아우르며 윤리적 탐구의 초점이 되기에 적합한 인지 집합체cognitive assemblage라는 개념을 제시한다. 그녀가 보기에 전통적인 윤리 시스템은 자율적인 의지를 가진 인간 주체에 초점을 맞추고 있다는 점에서 인지와 의사결정 능력이 시스템 전체에 분산되어 있는 복잡한 인간-기술 집합뿐 아니라 자율적으로 작동하는 기술적 장비를 다루기에는 적합지 않다. 헤일스가 말하는 '인지 집합체'는 인간적, 생물학적, 기술적 구성 요소들을 모두 포함하는 시스템이라는 점에서 네트워크와 비슷하지만, 그녀는 이 집합체의 구성 요소들이 끊임없이 빠지거나 더해지고 혹은 재배열되면서 이 시스템들이 작용하는 배치 형태가 변화하고 있다는 점에서, 그 역동성과 유동성을 강조하기 위해 네트워크보다는 집합체assemblage라는 용어를 더 선호한다. 예를 들어, 우리가 휴대전화를 켜는 순간 우리는 다른 구성 요소들뿐 아니라 중계 탑과 스위치, 광섬유, 무선 라우터를 비롯해 네트워크 기반 시설을 포함한 비의식적 인지 집합체의 일부가 된다. 휴대전화를 끄면 기반 시설은 그대로 있지만 인간 주체는 더는 그 특정한 인지 집합체의 일부가 아니게 된다. 이런 식으로 우리는 끊임없이 방대한 인지 집합체 속의 한 구성 요소로 재접속되어 그 일부를 이룬다. 기술적 인지와의 연결은 인간 인지를 생물학적 한계를 넘어 확장되고 강화될 수 있게 해 준다.

인간이든 기계든, 개별 인지자가 아니라 인지 집합체로서의 특성을 강조하는 관점은 두 가지 면에서 중요한 의미가 있다. 우선, 인간이 독자적으로 정보를 받아들이고 처리하고 어떤 행동을 취할지 결정하는 인지자가 아니라 더 큰 인지 집합체에 속한 일부라고 할 때, 인간의 지위를 탈중심화할 수 있게 된다. 인간의 인지는 다른 수많은 물질적 프로세스로부터 영향받고 다른 비인간 인지자들과의 상호작용 속에서 구성되는 유동적인 프로세스이다. 두 번째로, 이처럼 인간이 유일한 행위자도, 인지자도 아니라고 한다면, 인지 집합체 개념은 행위성이 인지자들 간에 어떻게 분배되고, 결과적으로 사회적, 법적, 윤리적 책임이 어떻게 배분되어야 하는가에 대한 질문을 제기한다. 자율주행차가 사고를 냈을 때, 이는 (운전은 직접 하지 않았지만) 운전자의 책임인가? 차량 제조사의 책임인가? 자율주행 프로그램을 코딩한 프로그래머의 책임인가? 자율 드론이 테러리스트를 암살했을 경우, 이는 누구의 책임인가? 드론 조종사인가, 암살 명령을 내린 정부 관료들인가? 전투 드론이나 로봇이 직접 살해 여부를 판단하도록 자율화할 수도 있을까? 이런 질문들은 기술적 시스템의 자율성이 점점 높아지는 상황에서 기존의 인간중심적이고 개별 행위자 중심적인 시각으로는 책임 여부를 적절히 다룰 수 없다는 한계를 드러낸다. 인간과 비인간이 기술적으로 점점 더 많이 매개되는 세계에서, 헤일스는 인지 집합체 논의를 통해 개별적 책임을 강조하기보다는 전체적이고 관계적인 관점을 채택하는 윤리적 탐구를 촉구한다.

헤일스는 "인간과 기술 시스템에서 비의식적 인지의 인식은 현대의 지적 탐구의 중심에 인문학을 다시 위치시킬 열쇠"10)라는 점에서 인지 집합체의 논의에서 인문학이 중요한 역할을 맡을 수 있으며, 맡아야 한다고 본다. 데이터베이스는 점점 더 방대해지고 감시 테크닉은 정교해지는 상황에서, 시스템은 우리의 통제 범위를 점점 더 멀리 벗어나고

10) *ibid.*, p.22.

있다. 인지가 너무 많이 분산되었고, 행위성이 너무 많은 행위자를 통해 행사되고, 상호작용은 너무나 재귀적이고 복잡해서 단순한 통제 개념이 통할 수가 없다. 그래서 헤일스는 통제 대신, 효율적인 개입으로 체계적 역학을 결정적으로 변형시켜 인지 집합체를 다른 방향으로 보낼 수 있는 변곡점을 찾아야 한다고 주장한다. 이러한 변화를 일으키려면 먼저 적절한 굴절 점을 찾을 수 있도록 시스템에 대한 충분한 지식을 가져야 한다. 굴절 점이 미리 결정되어 있는 것이 아니라, 시스템 안의 내부 작용에 의해 그때그때 생성되기 때문이다. 그래서 헤일스는 인문학자들도 인지적 기술 시스템의 중심에 있는 계산 매체에 대해 마음을 열고 더 많은 관심을 가져야 한다고 본다. 헤일스에게 현재의 디지털 인문학은 이런 문제들이 때로는 격하게 논의되고 토론되는 장소이다. 그리고 이런 지식보다 중요한 것은 이렇게 개입한 결과로 시스템이 어떤 쪽으로 나아가게 할 것인가에 대한 비전이다. 헤일스는 이러한 비전의 예로 공명정대함, 정의, 지속가능성, 환경윤리를 들면서 이런 것들은 보통 시스템 자체 내부에서 발견되기보다는 윤리적 책임과 긍정적 미래에 대한 앞선 시대의 헌신으로부터 나온다고 말한다. 다시 말해서, 시스템 내부에, 그 시스템의 일부로 갇히기보다는 내부에 있으면서 동시에 외부에서 시스템을 조망할 수 있는 지점이 필요하다. 그리고 그 지점을 제공하는 것이 인문학의 역할이다.

헤일스는 해러웨이, 브라이도티 등 다른 포스트휴먼 페미니스트들과 같이 물질성과 관계성을 포스트휴먼 주체의 중요한 특징으로 강조하면서도 인지능력을 가진 지능 기계와의 관계에 좀 더 초점을 맞추어 포스트휴먼 시대에 우리가 처한 상황을 진단하고자 한다. 인종, 젠더, 계급상의 특권적 존재의 지배에 저항해 온 페미니즘의 오랜 유산을 바탕으로 한 이 같은 탈인간중심적 포스트휴먼 관점은 기계, 비인간과의 공존과 공진화의 가능성을 찾아낼 것이다. 또한, 이러한 작업은 인간과 비인간 환경과의 상호 관계가 기술적 발전으로 인해 그 어느 때보다도 심화되고 인간과 지구의 운명이 공동의 것으로 묶이는 상황에서 물질세계의 토대와 타자와의 관계성을 중시하는 인류세의 윤리를 탐색하는 데 기여할 것이다.

참고 문헌

Birgit, Van Pymbroek and N. Katherine Hayles, "Enwebbed Complexities: The Posthumanities, Digital Media, and New Feminist Materialism", *Journal of Diversity and Gender Studies*, 2(1-2), 2012.

Broussard, Meredith, *Artificial Unintelligence: How Computers Misunderstand the World*, MIT Press, 2019.

Hayles, N. Katherine, *How We Became Posthuman*, Univ. of Chicago Press, 1999.

__________, *Writing Machine*, MIT Press, 2002.

__________, *My Mother Was a Computer*, Univ of Chicago Press, 2005.

__________, *Unthoght: The Power of Nonconscious Cognition*, Unit of Chicago Press, 2017.

킴벌리 크렌쇼

Kimberlé Williams Crenshaw

"교차성 페미니스트" 킴벌리 크렌쇼가 우리에게 건네는 말

박종주

대학에서 문학과 철학을 공부했다. 주로 퀴어와 장애에 관심을 두고 글을 쓰거나 옮긴다. 『듣지 않는 자들의 공화국』, 『피메일스』 등을 번역했다.

이 글의 원문은 『여/성이론』 38호(2018)에 실려있다.

"교차성 페미니스트" 킴벌리 크렌쇼가 우리에게 건네는 말

킴벌리 윌리엄스 크렌쇼Kimberlé Williams Crenshaw(1959~). UCLA와 컬럼비아 대학에서 법학을 강의하는 교수이자 인권 운동가인 그는 2016년 한 강연에서, 로스쿨 재학 시절의 일을 이렇게 회상한다.

> 교차성이라는 것을 생각하게 된 것은 엠마 디그레펀리라는 여성과의 우연한 만남을 통해서였습니다. 엠마 디그레펀리는 아프리카계 미국인 여성이자 노동자인 부인, 어머니였죠. 실은 지역 자동차 생산 공장에서 인종 및 성 차별을 당했다는 엠마의 주장을 각하한 판사가 쓴 법적 의견문에서 엠마의 이야기를 읽었습니다. 매우 많은 아프리카계 미국인 여성과 마찬가지로 엠마는 자신의 가족과 다른 이들을 위한 더 나은 일자리를 찾고 있었어요. 그녀는 자신의 아이들과 가족을 위해서 더 나은 삶을 만들고자 했죠. 그러나 입사 지원을 했지만 채용되지 않았고, 그녀는 자신이 흑인 여성이라서 채용되지 않았다고 생각했습니다.[1)]

여기서 언급된 사건은 1976년 엠마 디그레펀리가 제네럴 모터스 생산부를 상대로 제기한 소송으로, 크렌쇼는 이 사건을 인용하며 1989년의 기념비적 논문 「인종과 성의 교차를 탈주변화하기: 반차별 독트린, 페미니즘 이론과 반인종주의 정치에 대한 흑인페미니즘적 비판」의 논의를 시작한다.[2)] 엠마는 패소했다. 회사가 민권법이 제정된 1964년

---

1) Crenshaw, Kimberlé, "The Urgency of Intersectionality," a talk at *TED, Women 2016*, 2016.10., https://www.ted.com/talks/kimberle_crenshaw_the_urgency_of_intersectionality. (검색일: 2018.04.19.) 이 사이트에서는 한국어 자막 또한 제공하고 있다. 다만 이 영상을 포함해 이 글에 인용한 영어 자료는 모두 직접 번역한 것이다.

이전에는 흑인 여성을 채용한 적이 없고 1970년 이후 채용된 흑인 여성은 모두 정리해고 되었다는 것이 엠마의 주장이었으나 회사가 여성을 채용한 바 있으므로 성차별은 없었다는 것이, 따라서 이 건을 다른 인종차별 재판—다시 말해 흑인 남성에 대한 차별에 관한 재판—과 병합하는 쪽이 낫다는 것이 법원의 판단이었기 때문이다. 채용되었던 여성은 모두 백인이었고 또한 채용되었던 흑인은 모두 남성이었다는 점에서 차별은 분명했음에도 "법원은 명시적으로 입법부가 흑인 여성이 '흑인 여성'으로서 차별받을 수 있다고 보지 않으며 그러한 차별이 발생했을 때 그들을 보호하고자 하지도 않는다고 결론지은 것이다."[3] 이 판결에 대해 크렌쇼는 이러한 평을 덧붙인다.

> 디그레핀리 건에서 법원이 흑인 여성이 인종과 성이 결합된 차별을 마주함을 인정하기를 거부한 것은 성 및 인종차별 독트린의 경계가 각각 백인 여성과 흑인 남성의 경험에 의해 규정됨을 함의한다. 이런 관점에서 흑인 여성은 그 경험이 두 그룹 중 하나의 것과 일치하는 한에서는 보호받는다. 그들이 독특한 경험을 하는 경우, 디그레핀리 건에서와 같이 교차성의 문제를 완전히 덮고 가는 식의 접근이 팽배하는 한 흑인 여성은 거의 어떤 보호도 기대할 수 없다.[4]

교차성 프레임

페미니즘의 논의에, 혹은 반인종주의의 논의에 크렌쇼가 "교차성 intersectionality"이라는 용어를 도입한 것이 바로 이 사례연구를 통해서

2) Crenshaw, Kimberlé, "Demarginalizing the Intersection of Race and Sex: A Black Feminist Critique of Antidiscrimination Doctrine, Feminist Theory and Antiracist Politics," *University of Chicago Legal Forum*, Vol. 1989, Iss. 1, 1989, p. 141. 이 논문은 아직 정식 출간본으로 국역되지 않았으나 웹진 ≪인무브≫에 조금씩 번역·연재되고 있다. http://en-movement.net/136(검색일: 2017.04.19.) 등을 참조하라.

3) *Ibid.*, p. 142.

4) *Ibid.*, pp. 142-3.

다.[5] 그는 교차성이라는 말을 구체적으로 정의하지는 않지만, "교차적 경험은 인종차별과 성차별의 합보다 더 큰 것으로서, 교차성을 고려하지 않는 분석으로는 흑인 여성이 종속되는 특유한 방식을 충분히 다룰 수 없다"는 말로 그 도입의 필요성을 역설하고 있다.[6] 그는 교차로에서의 교통사고를 예로 든다. "차별은, 교차로에서의 통행과 같이, 한 방향으로 흐를 수도 있고 다른 방향으로 흐를 수도 있다. 교차로에서 교통사고가 발생하면, 그것은 여러 방향에서 오는 차로 인한 것일 수 있고, 때로는 모든 방향에서 오는 차로 인한 것일 수 있다. (…) 사고를 재구성하는 것이 항상 쉽지는 않다. 때로 스키드 마크와 상처는 그저 그것들이 동시에 일어났음을 보여줌으로써 어떤 운전자가 상해를 입혔는지 판별하는 시도를 좌절시킨다."[7] 이런 경우 어떤 운전자도 책임을 지지 않게 될 수 있듯이, 어떤 축으로 인한 차별인지를 판별해 내지 못하는 경우 우리는 누군가에게 차별 행위에 대한 책임을 지게 할 수도, 그 차별 행위를 시정할 수도 없게 되는 위험에 처하고 만다.

어떤 사고는 동시적인 힘의 작용에 의해 일어남을 이해해야, 그러한 위험에서 벗어날 수 있다. "흑인 여성이 마주하는 많은 경험들은, 현재 이해되는 바대로의 인종 혹은 젠더 차별의 전통적인 경계들에는 포섭되지 않음을, 흑인 여성의 경험에서 인종 혹은 젠더의 차원을 분리해 보는 것으로써는 온전히 포착되지 않는 방식으로 인종주의와 성차별주의의 교차가 흑인 여성의 삶에 영향을 미치고 있음을" 말할 필요가

---

5) 이 논문에서 크렌쇼는 상기 건 외에도 두 건의 판례를 추가적으로 분석함으로써 자신의 논지를 구체화한다.

6) *Ibid.*, p.140. 이 용어를 보다 정확히 이해하기 위해 패트리샤 힐 콜린스의 정의를 볼 수 있겠다. 그는 "교차성은 서로 맞물리는 억압의 특정 형태, 예컨대 인종과 젠더의 교차, 혹은 섹슈얼리티와 민족의 교차와 같은 특정 형태를 지칭한다. 교차 패러다임은 억압이 하나의 근본적 유형으로 환원될 수 없는 것임을 강조하며 여러 억압이 부정의를 생산하는 데 서로 함께 작동한다는 점에 주목한다"는 정의를 제시한다.(패트리샤 힐 콜린스, 『흑인 페미니즘 사상』, 박미선·주해연 옮김, 여이연, 2009, 50쪽).

7) *Ibid.*, p.149.

있다.[8] 결국 교차성을 말한다는 것은 새로운 프레임, 새로운 패러다임으로써 어떤 차별을 분석하는 일이다. 바꾸어 말하자면 단일한 축으로 어떤 집단을 설명하려 듦으로써 오히려 주변화되고 마는 어떤 사건들을, 여러 축의 복합적인 작용을 모두 주시함으로써 탈주변화하는 시도라고 할 수 있겠다. 우리에게도 익숙한 주변들이다. 노동 해방을 이루면 자연스레 여성 노동자의 해방도 이루어진다고 여기는 이들에게서, 장애 해방을 이루면 자연스레 여성 장애인의 해방도 이루어진다고 여기는 이들에게서, 종종 생략되고 마는 여성이라는 주변 말이다.

크렌쇼는 교차성이라는 말로써 "[사회문제들에 대한] 반인종주의적 접근과 페미니즘적 접근을 특징지어 온 담론적 생략"을 지적하는 것이다. 그는 "이런 생략은 어떤 여성을 주변화하는 것 이상을 해내는 상호 연결된 논증 구조로 생각될 수 있다"며 "가부장제와 인종주의적 권력의 교차에 대한 상호적 무관심 속에서 페미니즘적 수사修辭와 반인종주의 수사는 신자유주의 이데올로기가 보다 넓은 정치적 문화에서뿐만 아니라 사회 정의 옹호의 좁은 틀 내에서도 힘을 획득할 수 있는 이론異論 없는 공간을 제공한다"고 말한다.[9] "[흑인 여성에 대한] 과소보호와 과잉 감시 사이의 관계는 전적으로 국가 권력의 문제인 것이 아니라 사회 통제에 대한 보다 완고한 비판과 사회 정의에 대한 보다 확장된 시야의 발전을 저해해 온 정치적 생략의 결과"라는 것이 그의 생각이다.[10] 결국 교차성 개념은—단순히 복합적으로 작용함으로써 더 큰 힘을 발휘하는 권력들의 교차가 있음을 지적하는 것을 넘어—차

8) Crenshaw, Kimberlé, "Mapping the Margins: Intersectionality, Identity Politics, and Violence against Women of Color," *Stanford Law Review*, Vol. 43, No. 6, 1991, p. 1244.
9) Crenshaw, Kimberlé, "From Private Violence to Mass Incarceration: Thinking Intersectionally About Women, Race, and Social Control," *UCLA Law Review*, Vol. 59, Iss 6, 2012, p. 1450-1.
10) *Ibid.*, p.1471.

별을 분석하는 과정에서의 어떤 실패를 지적하고 극복하기 위해 제안된 셈이다. (그는 종종 "교차적 실패intersectional failure"라는 말을 사용하는데 이는 페미니스트들이나 반인종주의자들이 흑인 여성이 경험하는 억압의 교차성을 파악하지 못함으로써 그 경험을 이해하는 데 실패하는 것을 가리킨다.)

차별과 억압의 교차성에 주목함으로써 주변화된 주체들의 경험을 이해해야 한다는 이 제안은 사태를 여러 방면에서 살필 것을 요구한다. 어느 방향에서 차가 오고 있는지, 각각이 어떤 속도로 달리고 있는지, 각각의 차종은 어떤 것인지 등 살펴야 할 것이 많다. 교차성 또한 단순히 어떤 권력들－예컨대 성차별주의적 권력과 인종주의적 권력－이 교차하고 있음을 인지하는 수준을 넘어 다단한 층위에서 분석되어야 할 것이다. 이를테면 가정폭력에 시달리고 있는, 그러나 영주권 획득 조건을 갖추지 못해 이혼할 수 없는 이주 여성이 경험하는 구조적 교차성, 흑인 남성 위주로 구성되는 반인종주의 담론과 백인 여성 위주로 구성되는 페미니즘 담론 앞에서 자신의 담론을 갖지 못하는 흑인 여성이 경험하는 정치적 교차성, 남성으로 재현되는 흑인 주체로도, 백인으로 표상되는 여성 주체로도 이해되지 못하는 흑인 여성이 경험하는 재현적 교차성 등을 들 수 있겠다.11)

교차성과 정체성 정치

교차성 개념을 분석을 위한 틀로 생각하는 것이 중요하다. 말하자면, 이것을 단순히 복합 차별이 있음을 지시하는 것으로 생각하지 않는

11) 이것은 Crenshaw(1991)의 분류이지만 우리가 생각할 수 있는 전부는 아닐 것이다. 예컨대 Crenshaw(2012)는 제도적 교차, 담론적 교차와 같은 조어들 또한 사용하고 있다.

것이 중요하다. 첫째 이유는 "문제는 단순히 [페미니즘과 반인종주의라는] 두 담론이 인종 혹은 가부장제의 '추가적인additional' 이슈를 인정하지 않음으로써 유색인 여성을 이해하는 데에 실패한다는 점만이 아니라 또한 이 담론들이 종종 인종주의와 성차별주의의 전 차원을 구체화하는 각각의 과업에조차 불충분하다는 점"에 있다.[12] 흑인 남성이나 백인 여성과 달리 흑인 여성이 고유하게 경험하는 차별이 있다는 사실을 받아들이더라도 그 교차를 분석할 능력을 지니지 못한다면 흑인 여성을 포함하는 흑인 일반의 경험, 혹은 여성 일반의 경험을 분석할 수 없으니 말이다.

아마도 더 중요할 두 번째 이유는, 권력들의 교차를 통해 형성되는 차별을 상대적으로 더 심각한 차별로 이해하는 것, 이로써 어떤 정체성을 특권화하는 것을 경계해야 한다는 점이다. 인종과 젠더라는 두 개의 축이 작동하는 흑인 여성의 경험은 젠더라는 축이 작동하는 백인 여성의 경험보다 더 심각한 것이라는 식의 관점은 백인 여성과 흑인 여성 사이의 갈등을 창출해 내는 것 이상의 의미는 없어 보인다. 교차성 개념을 의미 있게 활용하는 것은 흑인 여성들 사이에서의 경험의 차이를 밝히기 위해 더 세밀한 교차 분석을 해내는 쪽일 것이다. 루인의 말을 빌리자면 "교차성 논의의 핵심은 '나는 이러저러하게 차별받고 있다'가 아니라 '나는 특정 상황에선 차별받고 있지만 다른 상황에선 특권적 위치에 있다'를 정확하게 이해하는 것"이라는 말로 표현할 수도 있겠다.[13]

정체성 운동의 관점에서 이를 이해하자면, "정체성 정치의 문제는

---

12) Crenshaw(1991), *op. cit.*, p.1252.

13) 루인, 「차별 받는다는 문장의 복잡한 함의」, 2017년 05월 24일, http://runtoruin.com/3285.(검색일: 2018.04.19.)

그것이 차이를 초월하지 못한다는 점이 아니라 오히려 그 반대 — 종종 그룹 내의 차이들을 뒤섞거나 무시한다는 점"이라는 말로 옮길 수 있을 것이다.[14] 이를테면 (실은 흑인 남성의 경험인) 흑인 일반의 경험에서 흑인 여성의 경험을 분리해 내는 교차성 분석은 흑인 여성이라는 (혹은 흑인 장애 여성이라는, 혹은 흑인 이주 여성이라는 등의) 더 좁은 정체성만을 가능하게 함으로써 정체성 정치의 입지를 좁히거나, 반대로 하나의 정체성이라 생각되던 것 내부의 차별을 무한히 드러냄으로써 정체성 정치를 해체할 듯 보인다. 그러나 크렌쇼는 오히려 교차성 개념이 정체성 정치의 쇄신을 가져올 수 있을 것으로 기대한 듯하다.

> 반인종주의의 맥락에서, 유색인 여성의 교차적 경험이 널리 퍼져 있는 정체성 정치의 개념 속에서 주변화되는 방식들을 인지하는 것은 우리에게 유색인 공동체로 조직되려는 시도를 포기할 것을 요구하지 않는다. 오히려 교차성은 유색인 남성과 여성 사이의 연합체(coalition)로서 인종을 재개념화할 토대를 제공한다. 예컨대 강간의 영역에서 교차성은 유색인 여성이 공동체의 이익을 위해서는 인종 내 강간에 대한 직면을 피해야 한다는 일반적인 주장을 폐기해야 하는 이유를 설명할 방법을 제공한다. 교차성은 다른 주변화들에 대해서 또한 대처 수단을 제공할 수 있을 것이다. 예컨대 인종은 이성애자 유색인과 동성애자 유색인 사이의 연합체가 될 수 있으며 따라서 이성애중심주의를 재생산하는 교회들이나 다른 문화적 제도들에 대한 비판의 토대로서 기능할 수 있다.[15]

이런 견지에서 볼 때 교차성 개념은 오히려 공동체 내의 차이를 억압하는 요소들을 제거할 기회를 제공함으로써 재맥락화된 정체성을

14) Crenshaw(1991), *op. cit.*, p.1242.
15) *Ibid.*, p.1299.

갖고서 연합할 수 있는 가능성을 연다. 비-교차적 분석들이 흑인 남성과 백인 여성의 경험만을 이야기함으로써 흑인 여성이 어디에도 동일시할 수 없는 상황을 만들었다면, 교차성 분석을 통해 남성과 여성을 아우르는 흑인 담론과 정체성이, 흑인과 백인을 아우르는 여성 담론과 정체성이 형성될 수 있으니 말이다.

이러한 언급이 나온 1991년은 이미 "속류 구성주의"로서의 반본질주의가 널리 이야기되던 시점이지만, 그는 정체성 정치가 여전히 가치를 가진다고 여기고 있다. "인종이나 젠더와 같은 범주가 사회적으로 구성된 것이라는 말은 그 범주가 우리 세계에서 아무 의미도 갖지 않는다는 말이 아니"며 "문제는 범주의 존재가 아니라 그것들에 덧붙여진 특정한 가치들과 그 가치들이 사회적 위계를 조성하고 창조하는 방식들"이기 때문이다.[16] 이런 관점에서 볼 때 문제는 정체성 정치를 추구할 것인가 폐기할 것인가가 아니라, 어떤 정체성 정치를 할 것인가, 혹은 정체성 정치로써 어떤 운동을 할 것인가 하는 점이 될 것이다.[17]

신자유주의와 교차성 정치

작금에, 그러니까 신자유주의적 분할 통치가 득세한 이 시점에, 교차성을 말하는 것은 어떤 의미를 지닐까? 교차성은 한 차원에서는 (앞서 언급한 대로) 분할된 정체성들을 다시 하나로 모으는 역할을, 다른

---

16) *Ibid.*, pp. 1296-7.

17) 뒤에서도 쓰겠지만, 그러나 교차성 개념이 직접적으로 주목하는 것은 정체성이 아님을 강조해 둘 필요가 있겠다. 한 개인의 정체성이 몇 개 축의 교차로 구성되어 있는지를 밝히려 하는 이들을 언급하며 크렌쇼는 이렇게 말한다. "그것은 적어도 제가 구체화한 교차성 개념은 아닙니다. 교차성은 1차적으로 정체성에 관한 것이 아닙니다. 그것은 구조들이 어떻게 특정 정체성들을 취약하게 만드는지에 관한 것입니다." (Crenshaw, Kimberlé, "On Intersectionality," a keynote speech at *Women of the World Festival* 2016, 2016.03.14., https://youtu.be/-DW4HLgYPIA.(검색일: 2018.04.19.))

차원에서는 개인이나 문화의 문제로 표상되는 사태가 실은 구조의 문제임을 분명히 하는 역할을 한다. "남성을 인종주의에 의해 고유하게 해를 입는 것으로 틀 지어 온 해묵은 수사는 사회적 삶에 대한 역사적으로 구성된 권력관계에서 젠더 순응과 가족 구성의 실패로 미묘하게 초점을 옮기는 신자유주의적 설명을 흑인 공동체가 지지하도록 이끈다"는 점을 생각해 보자.[18] 흑인 여성이 당하는 인종주의적 차별을 밝히는, 그리함으로써 통합적인 흑인 정체성을 가능하게 하는 교차성 분석은 어떤 구조적 역동이 흑인 공동체에 해를 입히고 있는지를 밝힘으로써 신자유주의 서사에 균열을 가할 수 있을 것이다. "구조들과 정체성들의 상호작용은 이 여성들이 사회적 통제의 다양한 체제들 내에 위치 지어지고 그에 의해 영향받게 되는 방식들을 이해하는 데에의 핵심 요소"[19]인바, 교차성 분석을 토대로 한 정치는 신자유주의적 통치에 맞서는 하나의 출발점이 될 수 있을 것이다.

> 불평등에 대한 구조적 이해에서의 문화적 이해로의 이동은 여성들과 소녀들이 위험에 빠진 것이 인식되지 않도록, 그리고 덜 연구되도록 만들었다. 보다 넓게는, 이러한 부재들은 인종적 불평등이 여성들과 소녀들을 피해 갔다거나 그들의 불평은 전적으로 남성들과 소년들이 직면하는 불평등에 의존적이거나 부차적인 것이라는 근거 없는 가정에 불을 지폈다.[20]

교차성 개념을 통해 크렌쇼는, 구조에 집중할 것을 꾸준히 요구하고 있다. 이를테면 경제와 문화의 분리가 신자유주의의 주요 전략이라 할 때, 교차성 분석은 경제와 문화의 교차가 개개인의 혹은 집단들의

18) Crenshaw(2012), pp.1466-7.
19) *Ibid.*, p.1449.
20) *Ibid.*, p.1468.

위치를 생산하고 있음을 밝힘으로써 통합적인 대응을 가능하게 한다.

'소외'라는 말을 생각해 보자. 여성 노동자가 노동운동의 대의를 위해 자신을 희생할 때—예컨대 노조에서의 성차별을 고발하지 못할 때 겪게 되는 소외, 중산층의 성소수자가 자신은 빈곤 계급이 아니라는 이유로 자신이 받는 차별을 단순히 문화적인, 그러니까 부차적인 것으로 말하게 될 때 겪는 소외, 그런 자기소외들 말이다. 교차성 분석은 이러한 소외의 극복을 가능하게 한다. 노동운동 또한 여성 노동자의 이야기를 담을 수 있는 형태로 변화할 수 있음을 알려줌으로써, 가부장제적 문화와 경제적 신자유주의는 긴밀히 연결되어 있음을 알려줌으로써, 교차성 분석은 개인들, 혹은 집단들에게 스스로를 소외시키지 않고 설명할 수 있는 언어를 제공한다.

교차성 분석은 정치적으로는 분배의 문제와 인정의 문제를 통합할 수 있는 길을, 개인적으로는 자신의 여러 가지 지위들을 통합할 수 있는 길을 제공한다. "내가 춤출 수 없다면 그것은 나의 혁명이 아니다"라고 했던가. 교차성 분석은 그러니까, 내가 춤출 수 있는 혁명을 만들어내는 길을 제공하는 것이다. 신자유주의 아래에서 사회운동은 경제적 운동과 문화적 운동으로 분리되어 왔으며 그 와중에 신자유주의는 경제적 불평등과 가부장제, 이성애중심주의 따위를 상호 강화해 왔다. 교차성 분석은 이러한 분리를 극복하는 새로운 운동을 가능하게 해 줄 것이다.

> 인종과 젠더의 [교차], 이성애중심주의, 트랜스혐오, 이주민혐오, 비장애중심주의의 교차. 이 모든 사회적 역동들은 한데 모여 때로는 매우 특수한 난관들을 만들어 냅니다. 하지만 동시에 교차성은 흑인 여성이 자신의 삶을 살아가는 방식에 대한 우리 의식을 고양시[킵니다.][21]

---

21) Crenshaw(2016), "The Urgency of Intersectionality."

반인종주의 운동이나 연구가 활발하지 않은 한국임에도 불구하고 근년에 킴벌리 크렌쇼를 인용하는 이들을 종종 접하게 된다. 그의 주된 관심사는 물론 인종과 젠더의 교차이지만, 다른 권력 축들을 따라 살아가는 이들에게서도 교차성은 얼마든지 발견되기 때문일 것이다. 사장의 성희롱에 시달리면서도 강제 추방 위험에 신고하지 못하는 이주 여성 노동자를 생각하는 것도, 계급적 차별과 젠더 차별, 그리고 섹슈얼리티 차별의 교차점에서 살아가는 노동계급 성소수자 여성을 생각하는 것도 어렵지 않은 일이다. 이런 상황에서 교차성을 고려한 분석을 하지 않는다는 것은 단순히 이들의 삶에서 어떤 요소를 빼놓고 넘어가는 일로 그치지 않는다.

> 페미니즘이 인종주의의 논리들을 논파하지 않을 때, 반인종주의가 가부장제의 문제를 살피기를 거부할 때, 이것들은 종종 서로를 강화하는 역할을 하게 됩니다. 이것들은 인종주의에 관해, 그리고 가부장제에 관해 중립적인 것이 아닙니다.[22]

예컨대 초기 서프러젯 운동은 백인 여성들이 투표권을 갖는 것의 정당성을 백인 남성들과의 유사성에서 찾음으로써 백인의 우위를 강화했으며, 반인종주의는 종종 인종 내 성폭력을 무시함으로써 가부장제를 강화하는 역할을 했다. 교차성 분석은 단순히 어떤 개인의 삶을 망라하고자 하는 욕망에서 비롯되는 것이 아니라 이와 같은 패착을 피하기 위한 필요성에서 시작되는 것이다. 앞에서도 언급했듯 한국의 정치 상황— 행정부나 입법부, 사법부의 사정은 물론이고 사회운동계의 상황 또한— 역시 이러한 패착에서 자유롭지 않으므로, 또한 신자유주의의

22) Crenshaw(2016), "On Intersectionality."

분할 속에서 이러한 패착은 종종 심화될 것이므로, 한국적 상황에서 교차성 분석의 필요성은 분명하다 하겠다.[23]

그녀의 이름을 말해요

킴벌리 크렌쇼의 최근 활동을 살피는 데로 돌아가 글을 마치도록 하자. 그는 아프리카계미국인정책포럼The African American Policy Forum, AAPF의 캠페인인 "그녀의 이름을 말해요Say Her Name"에 적극적으로 참여하고 있다.[24] (그는 AAPF의 공동 설립자이기도 하다.) 이 캠페인은 경찰의 폭력에 희생된 흑인 여성들을 기리기 위해 2015년에 시작된 것으로, 흑인 여성이 경찰 폭력의 주요 희생자임을 알리고 주로 남성 희생자들을 중심으로 구성되는 서사를 확장하는 것을 목표로 한다. 그는 이렇게 말한다.

> 흑인 여성은 일상적으로 경찰에 의해 살해, 강간, 폭행당하고 있지만 그들의 경험은 경찰의 잔혹성에 대한 대중적 이해에서는 거의 전면화되지 않습니다. 하지만, 사회 운동, 미디어 서사, 치안과 경찰의 잔혹성에 대한 정책 요구들에 흑인 여성을 포함하는 것은 결과적으로, 흑인 공동체와 다른 유색인 공동체를 위해 인종화된 국가 폭력에 맞서는 데에 매우 중요합니다.[25]

---

23) 구체적인 상황을 예로 들어 분석하는 것은 이 글이 할 수 있는 바를 벗어나는 일이지만, 주석으로나마 간략한 예를 드는 정도는 가능할 것이다. 한국에서 '여성'이 한국계 여성으로 대표되고 '이주민'이 남성 (공장) 노동자로 대표되는 상황에서 이주민 여성이 겪는 고유한 차별과 억압—예컨대 결혼 이주 여성에게 출산과 양육이 요구되는 방식, 여성 이주 노동자 내 성희롱에 시달리면서도 문제 제기할 수 없게 되는 언어적, 제도적 장벽들 등은 종종 논의의 지평에 들어오지 못한다. 이런 상황에서 교차성 분석은 이주민 여성의 경험을 포함하는 여성 경험, 혹은 이주민 경험에 대한 이론화를 가능하게 해 줄 것이다.

24) 캠페인 웹사이트는 http://www.aapf.org/sayhername.(검색일: 2018.04.19.) 또한 "The Urgency of Intersectionality" 및 "On Intersectionality"를 참조하라.

앞에서 확인했듯 그의 관심사는 흑인 여성이라는 좁은 정체성을 강화하고 이들을 위한 정치, 운동을 하는 것이 아니다. 젠더와 인종이 교차하며 배제하는 흑인 여성이라는 자리에서 출발해, 흑인 공동체 전체, 유색인 공동체 전체를 (때로는 여성 공동체 전체가 될 수도 있을 것이다) 구속하는 구조적 역동을 밝히고 그에 맞서 싸우는 것이 그의 일이다.

'그녀의 이름을 말해요' 캠페인을 통해 그는 우리에게 구조의 폭력을 증언할 것을 요구한다.

> 흑인 여성에 대한 경찰 폭력은 매우 현실적입니다. (…) 우리는 왜 이 이야기들을 모를까요? 왜 이 스러진 삶들은 그들의 떠나간 형제들의 상실된 삶만큼 미디어의 주목이나 공동체의 공분을 사지 못할까요? (…) 우리는 기꺼이 증언해야만 합니다. (…) 피부색, 나이, 젠더 표현, 섹슈얼리티나 장애 여부와 관계없이 많은 흑인 여성들이 마주해야만 했던 일상적인 폭력과 모욕을 말입니다.[26]

이 말에, 이 글에서 이야기한 모든 것이 담겨 있다. 피부색, 나이, 젠더 표현, 섹슈얼리티, 장애 여부와 같은 개인적인 요소들이 아니라, 그 요소들을 가로질러 많은 개인들에게 가해지는 구조적 폭력을 마주할 것을, 분석할 것을, 그것에 맞설 것을 크렌쇼는 촉구하고 있는 것이다. 때로 우리가 맞서야 할 것은 나이를 겨냥한 폭력이 될 수도, 젠더 표현을 겨냥한 폭력이 될 수도 있을 테다. 중요한 것은 누가 어떤 특성을 갖느냐, 누가 어떤 정체성을 갖느냐 하는 것이 아니다. 그 특성을, 그 정체성

25) http://www.aapf.org/sayhername.
26) Crenshaw(2016), "The Urgency of Intersectionality."

을 터전으로 삼아 어떤 구조적 역동이, 어떤 차별과 배제의 역동이 작동하고 있는지를 밝히는 일이야말로 킴벌리 크렌쇼가 교차성 개념을 통해 우리에게 주문하는 일이다.

참고 문헌

루인, "차별 받는다는 문장의 복잡한 함의", 2017년 5월 24일, http://runtoruin.com/3285.

패트리샤 힐 콜린스, 『흑인 페미니즘 사상』, 박미선·주해연 옮김, 여이연, 2009.

Crenshaw, Kimberlé, "Demarginalizing the Intersection of Race and Sex: A Black Feminist Critique of Antidiscrimination Doctrine, Feminist Theory and Antiracist Politics," *University of Chicago Legal Forum* Vol.1989, Iss.1, 1989, pp.139-167.

__________, "Mapping the Margins: Intersectionality, Identity Politics, and Violence against Women of Color," *Stanford Law Review* Vol.43, No.6, 1991, pp.1241-1299.

__________, "From Private Violence to Mass Incarceration: Thinking Intersectionally about Women, Race, and Social Control," *UCLA Law Review* Vol.59, Iss.6, 2012, pp.1418-1472.

__________, "On Intersectionality" a keynote speech at *Women of the World Festival 2016*, https://www.youtube.com/watch?v=-DW4HLgYPlA.

__________, "The Urgency of Intersectionality" a talk at *TED Women 2016*, 2016. 10. https://www.ted.com/talks/kimberle_crenshaw_the_urgency_of_intersectionality.

타니아 모들스키
Tania Modleski

양가성의 탐색

손희정
경희대학교 비교문화연구소 학술연구교수. 미디어 연구 그룹 프로젝트38 연구원. 『페미니즘 리부트』, 『다시, 쓰는, 세계』 등을 썼고 『여성 괴물』, 『다크룸』 등을 번역했다.

이 글의 원문은 『여/성이론』 17호(2007)에 실려있다.

타니아 모들스키: 양가성의 탐색

씨네페미니스트 타니아 모들스키: 페미니즘과 영화비평

페미니즘이 영화라는 매체에 적극적으로 개입하여 비평적 목소리를 내기 시작한 것은 1970년대에 들어서였다. 『영화 사전—이론과 비평』에서 수잔 헤이워드가 지적하고 있는 것처럼 '여성이 자신의 주체성을 표현하는 데 카메라가 적합하다'는 사실을 보여준 것이 이미 1920년대 이전의 일[1]이었음을 상기한다면, 이는 꽤 늦은 시작이었다. 그러나 일단 페미니즘이 영화비평에 개입하면서부터 영화비평은 훨씬 더 풍부한 비평적 지평을 경험하게 된다. 계급을 넘은 성차의 문제가 논의의 장에 들어서고 70년대 이후로 영화비평의 주요 방법론으로 자리잡은 정신분석학이 활발히 인용되었으며, 관객 수용의 문제가 적극적으로 검토되었다. 더불어 분석의 대상이 되는 장르 역시 폭넓어졌던 것이다. 21세기 영화비평의 풍부한 내용은 여전히 페미니즘과의 깊은 상호작용에 빚지고 있다.

페미니즘 영화비평은 1973년 마조리 로젠의 「팝콘 비너스 혹은 얼마나 영화는 여성을 실제보다 축소시켜 왔는가?Popcorn Venus or How the Movies Have Made Women Smaller than Life?」[2] 와 1974년 몰리 해스

1) 수잔 헤이워드, 『영화 사전—이론과 비평』, 이영기 옮김, 한나래, 1997, 369쪽.

2) 마조리 로젠의 이 글과 함께 앞으로 언급될 클레어 존스턴의 「대항영화로서의 여성영화」, 그리고 로라 멀비의 「시각적 쾌락과 내러티브 영화」는 유지나·변재란 편역의 『페미니즘/영화/여성』(여성사,

킬의 『숭배에서 강간까지: 영화에서의 여성의 취급*From Reverence to Rape: The Treatment of Women in the Movies*』 같은 씨네페미니즘의 선구적인 작업들로부터 시작되었다. 이 작업들은 할리우드 영화에서의 여성 재현이 얼마나 왜곡되어 있는가에 대해서 지적했다. 이런 작업들은 여성 재현의 문제를 비평의 장으로 끌어왔으며, 이후에 계속될 페미니즘 영화비평의 초석을 다졌다는 점에서 그 의의를 찾아볼 수 있었다. 그러나 이들의 논의는 '재현의 왜곡'을 이야기할 때, 왜곡 이전에 존재하는 여성의 어떤 본질을 상정했다는 비판으로부터 자유로울 수 없었다.

클레어 존스턴의 1976년 글 「대항영화로서의 여성영화Women's Cinema as Counter-Cinema」는 최초로 제기되었던 페미니즘 영화비평에서 조금 더 나아간다. 그는 영화의 도상과 전형성은 관객과 의사소통을 하기 위해 실리적으로 합의된 기호라고 설명하는 파노프스키Erwin Panofsky의 논의를 언급하면서, 영화에서 재현되는 여성의 전형은 그런 여성의 이미지가 유통되고 이해되며 소비되는 성차별주의에 근간한 가부장제 이데올로기의 문제라는 점을 지적한다.[3] 이제 페미니즘 영화비평은 재현 자체를 넘어 재현 이면에 존재하는 이데올로기적 작동에 주목하기 시작했다. 이 시기에 맞물려 등장한 것이 로라 멀비의 관객성에 대한 기념비적 논문인 『시각적 쾌락과 내러티브 영화*Visual Pleasure and Narrative Cinema*』이다. 이 논문에서 멀비는 라캉 정신분석학의 방법론을 도입해서, 영화를 보는 쾌락이 성차별적 이데올로기에 의해 조작된다는 사실을 밝혔다. 멀비에 따르면 보는 쾌락은 능동적/남성과 수동적/여성으로 양분되었다.[4] 재현되는 여성은 남성 관객의 거세 불안과 미

1993)에서 국문 번역본을 찾아볼 수 있다. 1993년 한국에서 출간된 이 책은 페미니즘 영화비평 이론을 한국어 번역으로 소개한 최초의 단행본으로, 모들스키의 「히치콕, 여성주의, 그리고 가부장제적 무의식」도 함께 소개되고 있다.

3) 유지나·변재란 편역, 위의 책, 36-49쪽.

끄러지는 주체에 대한 불안을 완화시키기 위해 남성 관객과 영화 속 남성 등장인물에 의해 이중적으로 수동적인 페티쉬의 대상이 되면서 남성들의 시선 속에 안전하게 포획된다. 이 논문에서 '남성 관객'을 '일반 관객'으로 다루고 있다는 비판에 대답하기 위해 멀비는 「후기After thoguhts」[5]를 쓰는데, 여기에서 그는 여성 관객은 수동적인 여성 인물과 동일시하거나 혹은 쾌락을 느끼기 위해서는 남성 인물에 동일시하게 된다고 덧붙였다. 이로 인해 멀비는 여성 관객을 매저키스트 혹은 트랜스베스타이트transvestite로 호도한다는 비판을 받게 된다. 이뿐만 아니라 그의 논의에는 레즈비언을 비롯하여 관객의 다양한 정체성과 퀴어한 욕망 역시 설명하지 못하는 한계가 있었다. 이런 비판의 지점이 존재함에도 불구하고 멀비의 작업은 페미니즘 영화비평 안에서 정신분석이라는 방법론의 문을 열었으며, 이를 통해 페미니즘 영화 비평가들은 가부장제 이데올로기를 해체할 수 있는 강력한 이론적 틀을 활용할 수 있게 되었다.

70년대 후반 이후로 가장 활발하게 활동해 온 정신분석학적 씨네페미니스트 중 한 명인 타니아 모들스키는 이런 씨네페미니즘 태동기의 역동적인 논쟁의 수혜를 받고 영화비평의 장에 등장했다. 모들스키는 여성 재현과 여성 관객성에 대한 단선적이고 이분법적인 선행 연구를 비판하면서 좀 더 복잡하고 다층적으로 존재하는 여성 관객성의 문제를 제기하는 작업들을 계속해 왔으며, 이 작업들의 결과가 그의 대표적인 저서 『너무 많이 알았던 히치콕? *Women Who Knew Too Much*』이다. 모들스키의 작업은 '여성의 양성성'을 비롯해서 다양한 '양가성'의 문제를

4) 유지나·변재란 편역, 위의 책, 56쪽.

5) Laura Mulvey, "Afterthoughts on "Visual Pleasure and Narrative Cinema" inspired by King Vidor's *Duel in the Sun*(1946)", Sue Thornham ed. *Feminist Film Theory*, New York University Press, 1999.

재현의 장에 제기하면서 여성 관객에 대한 이해의 스펙트럼을 조금 더 두텁게 하면서 다시 한번 씨네페미니즘의 지평을 넓혔다. 이 글에서는 타니아 모들스키의 저작 중 1982년 작 『복수를 꿈꾸며 사랑에 빠지다 *Loving with the Vengeance*』와 2005년에 출간된 『너무 많이 알았던 히치콕?』의 개정판을 중심으로 그의 대중문화 비평 작업에 대해서 살펴볼 것이다. 이를 통해 우리는 『복수를 꿈꾸며 사랑에 빠지다』에서는 모들스키의 여성 대중문화에 대한 옹호를, 『너무 많이 알았던 히치콕?』의 개정판에서는 히치콕 영화를 이해하는 키워드인 '양가성'에 대한 모들스키의 통찰을 만나볼 수 있을 것이다.

여성 대중문화에 대한 옹호: 『복수를 꿈꾸며 사랑에 빠지다』[6]

모들스키의 첫 번째 저작 『복수를 꿈꾸며 사랑에 빠지다』는 '삼류 싸구려' 문화로 평가받으면서 비평의 영역에서 제외되었던 여성 대중문화에 포커스를 맞춘다. 여기서 모들스키는 할리퀸 로맨스 소설과 여성 고딕 소설, 그리고 소프 오페라soap opera[7]라고 불렸던 TV 연속극에 대해서 분석하면서 두 지점에서 기존의 비평 작업을 비판한다. 그 첫째는 영상, 이미지가 남성의 쾌락을 중심으로 구성되어 있다는 로라 멀비의 주장에 대한 비판이고, 두 번째는 '하이 아트high art'의 정치적 우위성을 주장하는 프랑크푸르트학파의 엘리트주의에 대한 비판이다.

6) Tania Modleski, *Loving With a Vengeance: Mass-Produced Fantasies for Women*, The Shoe String Press, 1982.

7) TV 연속극을 칭하는 soap opera라는 표현은 TV 연속극이 인기를 끌기 시작할 당시 주부를 주 소비자층으로 삼는 비누 회사가 TV 연속극을 주로 협찬하고, 따라서 비누 광고가 연속극에 붙어 많이 방송되었기 때문에 붙여진 별칭 같은 것이었다. 이 표현에는 여성과 TV 연속극의 '친밀한 관계'가 잘 드러나고 있다.

모들스키는 여성들이 소설을 읽으면서 '페미니즘적'이라고 할 수까지는 없다고 하더라도 가부장적 사회에서 억압받는 일상에 분노를 느끼면서 전복적인 순간을 경험할 수 있다고 주장한다. 그에 따르면 할리퀸 로맨스 소설을 읽는 여성들의 입장은 매우 '양가적'이다. 소설은 3인칭으로 쓰여 있지만 할리퀸의 여성 독자들은 별 어려움 없이 그를 1인칭으로 만들어 스스로를 주인공She과 연결하여 동일시하게 된다. 그러면서도 동시에 그들은 독자와 주인공으로 분열된다. 로맨스 소설 속의 주인공은 지금 자신이 겪고 있는 남자와의 갈등이 결국 해피엔딩으로 끝나게 될 것이라는 사실을 모르지만, 독자는 이것을 '경험적'으로 알고 있다. 즉 로맨스 소설의 관습에 익숙해져 있기 때문에 여자 주인공이 시련 끝에 결국 사랑을 얻고 '오래오래 행복했답니다'로 끝나게 될 것이라는 사실을 예상할 수 있다는 것이다. 따라서 여성 독자는 고통 없이 갈등 속에 있는 주인공과 동일시 할 수 있다. 이렇게 할리퀸 로맨스가 독자로 하여금 남자 주인공이 여자 주인공을 함부로 대하는 방식에 대해서 복수심 같은 것들을 품지 않도록 만드는 방식을 분석하면서, 모들스키는 이것을 여성 히스테리와 마조히즘으로 연결한다. 정신분석학에서는 일반적으로 '강간 불안'이란 '강제로 당하고 싶어 하는 욕망'을 은폐한다고 본다. 모들스키는 이를 비틀어 해석함으로써 강간이 아닌 강간 불안 뒤에 숨어 있는 여성의 다른 욕망을 부각시킨다. 그는 할리퀸 로맨스 속 여자 주인공이 지닌 '강제로 당하고 싶어 하는 욕망'은 오히려 '강간 불안'뿐 아니라 '힘을 가지고 복수하고자 하는 욕망'을 은폐한다고 주장하는 것이다. 그리하여 모들스키의 논의 안에서 여성 주인공과 여성 독자는 남성 주인공의 폭력적인 대우에 대해 복수를 꿈꾸면서도 동시에 사랑에 빠지는 양가적 위치에 놓이게 된다.

모들스키의 작업에서 TV 연속극은 전복적 가능성을 지닌 여성적 텍스트의 대표적인 장르인데, 그 이유에는 세 가지가 있다. 첫째, 극중 악한 인물의 등장으로 여성의 분노가 형성되고 표출될 수 있다. 둘째, 연속극의 '끝맺음 없음'은 기승전결이 분명하고, 총체성, 통합성을 추구하는 남성 예술에 대한 전복적인 여성 예술의 한 형태가 될 수 있다. 셋째, 완전한 가족을 형성하고자 하는 여성 주인공의 욕망은 공동체 구성에 대한 진보적 희망으로 전치될 수 있다. 여성 주인공이 추구하는 '완전한 가족'이란 핵가족 안에서 이루어지는 자신의 소외에 대한 대안이기 때문이다.

모들스키의 이 작업에 대해 전폭적인 지지를 보내면서, 제인 퓨어는 다음과 같이 정리한다.

> 모들스키는 이 저서에서 프랑크프루트학파가 대중문화는 현대사회의 이데올로기의 전수자라고 저주했던 것에 반박하고, 한편으로 대중문화 잡지가 이 대중문화들에서 분석해 내지 못했던 이데올로기적 구조를 비판한다. 그에게 대중문화는 여전히 가부장제적 재현 관습을 답습하면서 자본주의가 제공하는 편의 안에 머무르고 있다는 점에서 비판의 대상이 되지만, 동시에 적극적인 읽기 동학 안에서 이런 사회에서 여성들이 느끼는 불만을 표출해 낼 수 있는 출구를 제공한다는 점에서 전복적이다.[8)]

제인 퓨어가 적절하게 정리하고 있는 것처럼, 우리가 『복수를 꿈꾸며 사랑에 빠지다』에서 배울 수 있는 가장 뛰어난 통찰은 대중문화를 지배 이데올로기의 효과적인 전수자로 폄하하고 그 이데올로기의 외부가 없는 것처럼 말하는 비평가들의 입장 이면에 엘리트주의가 놓여있다

8) Jane Fuer, "Loving with a Vengeance: Women's narrative pleasures", *Jump Cut*, no. 29, February 1984, pp. 28-29.

는 사실이다. 『여성 없는 페미니즘』에서 모들스키가 말하는 것처럼 텍스트에 대해 비판적 관점을 유지할 수 있는 것은 평론가들의 의무이지 특권은 아니다.[9)]

이 저서는 이후 계속된 모들스키의 비평 작업의 초석을 닦았다는 점에서 의미가 깊다. 이 책에서 제시된 모들스키의 관점과 입장은 다음 저작인 『너무 많이 알았던 히치콕』으로도 일관되게 유지되면서 심화되었기 때문이다. 여성 고딕 소설에 나타나는 '여성 오이디푸스 궤적'에 대한 그의 통찰은, 여성 고딕 소설을 원작으로 한 알프레드 히치콕의 <레베카>(1940) 분석으로 이어지며 논의가 확장되고, 이는 다른 이론가들에 의해 모들스키 이론의 핵심 개념으로 다루어진다. 또한, 할리퀸 로맨스 소설을 읽는 여성 독자의 양가적 태도는 히치콕 영화 텍스트에 연루된 감독과 관객 모두에게 적용되며, 남성 작가의 권위를 잠식하고 남성 주체의 불안정성을 드러내는 동시에, 여성 관객이 체제 전복적 관람 경험을 가능하게 하는 '양가성'의 개념으로 이어진다. 아울러 로맨스 소설의 여성 독자와 TV 연속극의 여성 시청자가 경험하는 가부장제 사회 속 여성 현실에 대한 분노 역시, 히치콕의 다양한 영화에 대한 여성 관객의 감정적 반응과 디졸브dissolve된다.

'양가성'이라는 이름의 열쇠: 『너무 많이 알았던 히치콕?』[10)]

모들스키의 대표적인 저작 『너무 많이 알았던 히치콕?』은, 그가 에필로그 「히치콕의 딸들의 부활」에서 밝히고 있는 것처럼, 책 한 권이 완전히 히치콕 작품 세계 분석에 투여된다. 그는 히치콕의 영화들이

9) 타니아 모들스키, 『여성없는 페미니즘』, 노영숙 옮김, 여이연, 2008.
10) 타니아 모들스키, 『너무 많이 알았던 히치콕?』, 임옥희 옮김, 여이연, 2007.

가부장제 기획을 강화시키는 영화들의 맹점과 억압을 비판하고 여성 관객성의 문제에 접근하기에 매우 적절한 텍스트라고 말한다.

이 책은 1929년 작품 <협박>에서부터 <살인>(1930), <레베카>(1940), <오명>(1946), <이창>(1954), <현기증>(1958)을 지나 거의 마지막 작품이라고 할 수 있는 1972년 작 <프렌지>에 이르기까지 매우 광범위하게 히치콕의 작품들을 다루고 있다. 이렇게 다양한 텍스트를 다루면서 모들스키가 견지하고 있는 목적은 크게 세 가지 정도로 압축된다. 그중 첫째는 <이창>과 <현기증>을 분석하면서 여성은 영화 텍스트와 마조히즘적 관계를 맺을 수밖에 없다고 분석하고 있는 로라 멀비의 관객성 이론에 반박하고, 여성 관객이 가부장제적 텍스트와 맺는 관계란 양가적이며 훨씬 더 복잡하다는 사실을 밝힌다. 그는 할리우드 고전 영화는 오직 남성 오이디푸스 궤적만을 따른다는 레이몽 벨루의 의견에 반박하면서 <레베카>에서 발견할 수 있는 여성 오이디푸스 궤적을 설명한다.

> 벨루의 주장과는 대조적으로 <레베카>에서 여주인공은 남성을 사랑하기 위해 어머니로부터 거리를 유지하려는 모습을 보여준다. 남성을 사랑하기 위해, 그녀는 자신의 욕망이 남성의 욕망을 반영한 것이 되도록 노력해야 한다. 이런 관점에서 이 영화의 이데올로기적 과업은 히치콕의 다른 영화(특히 <마니>)에서도 작동한다고 벨루가 읽어낸 것과 흡사하다. 하지만 이런 기획과 관련하여 여성(등장인물들)이 경험하는 곤란한 점들은 관객인 우리도 경험하도록 만든다. 남성의 욕망에 맞춰서 자신의 이미지를 빚어내려면, 무엇보다 우선적으로 남성의 욕망이 무엇인지 확실히 알아야 한다. 남성의 욕망이 모순적이고 복잡한 성격을 지니고 있다는 점으로 미뤄볼 때, 여성이 당혹해하고 혼란스러워하는 것도 전혀 놀랄 일이 아니다. (중략) 남자는 무엇을 원하는가?[11)]

모들스키는 <레베카>의 내러티브를 따라 여성 오이디푸스 궤적을 추적한다. 이 영화에서 이름도 등장하지 않는 젊고 아름다운 여자는 부성적 존재를 상징하는 나이 많은 남자와 결혼하여 그의 사랑을 쟁취하기 위해 (상상적인) 어머니인 레베카를 극복해야만 한다. 그 과정에서 여성이 가부장제 사회에서 남성의 욕망에 맞추어 사회화될 때에 겪는 어려움이 드러나고, 이것이 여성 관객들에게 다양한 층위의 관람 경험을 제공하게 되는 것이다.

이와 관련해서 모들스키는 또한 여성의 마조히즘적 과잉 동일시를 부정적으로 이해하는 매리 앤 도앤의 관점 역시 반박한다. 그는 마조히즘은 '가부장제 사회에서 여성의 위치가 경멸감을 드러낼 정도라는 것을 폭로하는 수단'이며 '환상은 여성의 역할에 대한 남자들의 개념을 조롱하는 것'이라는 시어도어 라이크의 논의[12]에 기대어 마조히즘적 동일시의 정치학을 전개한다. 여성의 마조히즘적 과잉 동일시는 단순히 여성의 우울한 상황을 받아들이고 고조시키는 것이 아니라, TV 연속극에서의 여성 동일시처럼 현재 사회에 대한 '분노'를 표출하는 한 방식이 된다. 이렇게 가부장제 사회에 존재하는 여성의 억압적인 사회화 과정의 재현과 여성 관객의 과잉 동일시가 만나면서, 히치콕의 영화는 억압과 해방이 양가적으로 존재하는 구멍 뚫린 텍스트가 된다.

멀비의 여성 관객성에 대한 설명을 비판하면서 모들스키는 남성 관객성의 문제를 함께 제기한다. 이것이 이 책의 두 번째 주요 주제다. 모들스키는 <레베카>에서 남성 시선이 여성 주인공을 포획하는 데 실패하는 순간이 있다는 사실에 주목한다. 멀비의 주장에 따르면, 남성 관객은 거세 공포증을 환기시키는 여성 인물을 보면서 그 불안으로부터

11) 타니아 모들스키(2007), 112-113쪽.

12) 위의 책, 146-147쪽.

안정된 느낌을 가지기 위해 자기 시선의 힘에 여성을 복종시킴으로써 여성에 대한 통제력을 획득하고 그와 동시에 내러티브 전개 과정에서 여성을 탈신비화하고 심문한다. 이를 통해 남성은 안전한 자리에 앉아 자신의 거세 불안을 해소할 수 있게 되는 것이다. 그러나 <레베카>에서 내러티브 전체를 장악하면서 가장 강력한 성적 주체성을 행사하는 여성인 레베카는 그 몸 자체가 스크린상에 등장하지 않는다. 남자 주인공은 레베카를 자신의 시선으로 포획하는 것에 계속 실패하고, 그건 남성 관객들 역시 마찬가지다. 따라서 이 영화에서는 '어떤 남성도 그녀에 대한 통제력을 장악하는 것이 불가능'[13] 하다. 또한 남성 관객은 언제나 능동적인 권력을 행사하는 남성 인물과 동일시한다는 멀비의 주장과는 반대로 히치콕 영화는 뛰어난 영화적 장치들을 이용해 남성 관객들로 하여금 끊임없이 여성 주인공과 동일시하도록 유도한다. 모들스키의 표현대로 히치콕의 영화에서 그들은 자신의 어머니(여성)와 동일시하는 노먼 베이츠[14] 와 그다지 다르지 않은 트랜스베스타이트가 된다. 이런 방식으로 히치콕의 영화들은 남성 관객의 정체성에 도전한다.

이 책의 세 번째 목표는 히치콕을 둘러싸고 형성되고 있는 신성화의 분위기에 도전하는 것이다. 모들스키에게 이는 히치콕을 여성혐오증자로 파악하는 단순한 비평을 넘어서는 것만큼이나 중요한 문제였다. 그는 기존의 페미니즘 영화비평이 히치콕을 일관되게 비판했던 것과 달리 그 텍스트에 존재하는 정치적 전복성을 밝히는 것에 집중한다. 그렇다고 해서 히치콕 텍스트를 페미니스트 텍스트로 독해함으로써 기존의 신성화에 기여하려 했던 건 아니었다. 히치콕의 작품들이 지지하고 있

13) 위의 책, 116쪽.

14) 히치콕의 영화 <사이코>의 주인공으로 어머니와의 분리에 실패하고 자신의 성적 욕망을 자극하는 젊은 여성이 등장할 때마다 스스로 자신의 욕망을 억압하는 어머니가 되어 어머니로 분장하고 살인을 저지른다.

는 가부장적 이데올로기의 작동들을 첨예하게 인식하고 있었던 탓이다. 그가 지지하고자 했던 건 작가 히치콕이었다기보다는 그의 영화들을 받아들이는 관객들의 주체성이었다. 이 지점에 대해서 명확히 하고자 하면서 모들스키는 남성 비평가로서 스스로를 '페미니스트'라고 말하는 로빈 우드의 태도로부터 거리를 두고자 한다. 로빈 우드는 '페미니스트의 입장'에서 히치콕을 구제하고자 시도하지만, 이것은

> 다른 페미니스트들처럼 여성과 관련된 이슈와 문제를 명백히 밝히는 수단으로 이용하는 것이 아니라 그 남성 감독의 권위를 부활시키기 위해서였다. 여성주의 비평가들은 암묵적으로 히치콕의 작품을 어느 정도 예술가의 통제를 벗어난 기존의 문화적 태도와 관행을 표현한 것으로 간주함으로써 감독의 권위를 탈중심화시키고 그것에 도전한다. 나 자신의 작업은 거장의 권위에 존경심을 표하지 않는 여성주의 비평에 속하며, 이런 비평은 일반적인 경향보다는 훨씬 더 명백히 '해체론'과 가깝다고 볼 수 있다.[15)]

모들스키는 히치콕 영화에서 드러나는 여성성과의 동일시 및 여성성에 대한 강력한 매혹은 단순히 남성 관객과 남성 등장인물뿐만 아니라 감독 그 자신이 영화 제작 전반에 걸쳐 행사하려 했던 권위와 통제력을 전복시키고 있다고 설명한다. 예를 들면, <레베카>가 자신의 작품이 아니라고 말할 정도로 히치콕은 <레베카>의 원작자 대프니 듀 모리에Daphne du Maurier[16)] 와 그가 쓴 여성적인 텍스트에 충실하게 동일시하게 되었다는 것이다. 이와 더불어서 모들스키는 히치콕의 작품이란 친여성적이거나 반여성적인 어떤 하나의 입장을 견지하고 있는 것이 아니

---

15) 위의 책, 20쪽.
16) 영국의 소설가, 극작가로 히치콕의 <레베카>와 <새>의 원작자다.

라 여성성에 관한 양가성을 일관적으로 보여주고 있다고 이해한다.

이처럼 세 가지 목표를 추구하는 모들스키의 비평 작업을 관통하는 중요한 개념 중 하나가 바로 여성의 양성성이다. 여성 관객의 문제에서도 여성의 양성성은 핵심적인 이슈였다. 멀비의 여성 관객성에 대한 논의 이후, 많은 페미니스트 영화비평가들이 여성 관객을 "침묵, 부정성, 부재"의 자리에서 구출하기 위해 이 개념을 활용했다. 예컨대 멀비가 남성 욕망의 물신화된 대상으로 이해했던 마를렌 디트리히는 레즈비언 사이에선 '하위문화의 아이콘'으로 숭배받는다. 여성 관객은 단순히 주류영화가 강요하는 강제적 이성애[17]에 굴복하진 않는다. 거트루트 코흐는 여성 양성성을 통해 여성이 남성 영화를 보러 가는 이유를 설명하고, 또한 남성이 여성의 관음증을 금지하는 것은 다른 여성을 보면서 느끼는 여성의 쾌락에 대한 남성의 두려움 탓이라고 주장했다. 테레사 드 로레티스는 이 개념에 기대어 수동적임과 동시에 능동적이고, 동성애적임과 동시에 이성애적이라는 '이중적인 욕망'을 주장한다. 매리 앤 도앤은 여성의 양성성의 원인이 되는 어머니-딸 관계에서 딸은 어머니와 쉽게 분리할 수 없기 때문에, 몸체인 영화와 과잉 동일시하게 된다고 이해하고 있는 것처럼 보인다고 설명했다.[18]

흥미로운 것은 <레베카> 이후 어머니-딸의 관계는 히치콕 영화에서 정체성을 위협하는 것으로 자주 등장하면서 히치콕 영화의 가장 큰 '문제점'으로 자리했다는 점이다.[19] 이는 히치콕이 여성의 양성성에

---

17) 미국의 시인이자 작가, 페미니스트인 에이드리언 리치가 제시한 개념. 이는 이성애가 자연스럽고 본능적인 것처럼 여겨질 때도 그것은 남성중심적인 가부장제하에서 남성이 여성을 성 노예화 하는 다양한 조건들 안에서 여성에게 강요된 것임을 강조한다. (에이드리언 리치, 「강제적 이성애와 레즈비언 존재」, 『우리 죽은 자들이 깨어날 때』, 이주혜 옮김, 바다출판사, 2020.)

18) 타니아 모들스키(2007), 24-30쪽.

19) <레베카>의 레베카와 여성 주인공의 관계, <마니>의 어머니와 마니의 관계, <오명>의 앨리시아와 시어머니의 관계, <새>의 멜라니와 리디아의 관계 등을 통해 모들스키는 어머니-딸의 '문제적' 관계를 발견한다. (위의 책, 24쪽.)

깊게 매료되어 있었다는 사실을 보여주며, 이런 경향은 히치콕의 영화를 보는 남성 관객들에게서도 발견된다. 하지만 그들은 그저 매료당하기만 하는 것은 아니다. 그 양성성에 의해 강하게 위협받기도 하는데, 우선은 "남자를 위해 보존한 대상"인 한 여성을 사이에 두고 다른 여성과 경쟁을 해야 한다는 사실을 깨닫게 되기 때문이다. 동시에 여성의 양성성은 남성들로 하여금 남성으로서의 '고유한' 정체성을 위협하는 자신의 양성성을 떠올리게 한다. 따라서 여성의 양성성 개념은, 여성적인 것에 대한 남성들의 동일시와 매혹이 남성적인 권력과 자율성을 확보하려는 그들의 노력을 끊임없이 훼손시키며, 이것이 히치콕의 영화에 가득한 여성에 대한 폭력의 주요 원천이 된다는 양가적인 이중성을 밝혀냄에 있어 가장 핵심적인 부분이 된다.

어떤 한 자리를 확고하게 차지하는 게 아니라 끊임없이 이중적이고 양가적인 자리에서 흔들리며 떠다니고 있는 관객과 감독에 대한 이해가 모들스키의 영화비평을 두껍게 만드는 핵심 키워드다. 양가성에 대한 통찰을 통해 모들스키는 히치콕을 여성 혐오자라는 단순한 비난에서 구해냄과 동시에 전지전능한 신의 자리에서 끌어내린다.

> 모들스키는 히치콕 작품 전체를 양가성이라는 개념으로 아우른다. 주체는 대상을 삼킴으로써 그것을 파괴하고 싶어 하고, 다른 한편으로는 자신의 자아 안에 타자인 대상을 적절하게 보존하고 싶어 한다. (중략) 그런 양가성은 히치콕이 여성성에 매혹과 공포를 동시적으로 느끼는 데서 비롯된다는 것이다. 그 점을 보지 못함으로써 흔히 기존 비평가들은 이것 아니면 저것만을 강조해왔다. (중략) 이렇게 보자면 히치콕의 양가적인 태도야말로 가부장제 사회를 살아가는 여성들(남성들을 포함하여)의 상호 모순적이고 복잡한 현실을 적절하게 묘사하는 것이라고 모들스키는 주장한다.[20]

어느 70년대 페미니스트의 고뇌: 『너무 많이 알았던 히치콕?』 이후

『너무 많이 알았던 히치콕?』 이후의 모들스키의 작업은 포스트페미니즘 시대에 (그의 시각에서) 좌초되고 있는 페미니즘을 구출하려는 시도로 보인다. 『여성 없는 페미니즘』의 서론에서 모들스키는 사회가 '여성화feminized'되는 것과 '여성주의feminism'를 구분하지 못하는 평단의 무지함을 비판한다. 많은 여성들이 사회에 진출하거나 전문적인 직업을 가지면서 논의가 여성 혹은 여성성을 중심으로 편성되는 것은 페미니즘이 사회의 주류적 관점으로 자리 잡는 것과 동일시될 수 없다. 그러나 많은 비평가들이 이를 혼동하면서 '포스트페미니즘의 도래를 주장'하고 '페미니즘 비평을 부정'함과 동시에 '페미니즘의 목적을 폄하'[21]하고 있다고 모들스키는 강변한다. 따라서 『여성 없는 페미니즘』에서는 그런 오해를 조장하는 텍스트들을 파헤치는 작업에 착수한다.

실제로 모들스키에게 있어 '여성화'와 '여성주의'를 구분하는 것은 매우 중요한 작업이다. 왜냐하면 '젠더/섹스'가 고정된 것이 아니라 임의적인 것이라고 주장하는 포스트구조주의 환경 안에서 남성은 쉬이 여성성을 탈취하고 이를 통해 '여성화'를 달성할 수 있지만, 이것은 나약해진 남성 주체를 재건하고 남성 중심적인 사회를 강화시키는 역할을 하는 것일 뿐 그것이 페미니즘적 비전을 달성하는 일이 아니기 때문이다. 이를 설명하기 위해 모들스키는 <놀랍도록 줄어든 사나이>(1957), <세 남자와 아기 바구니>(1987), <빅>(1989) 등 남성이 마초적 기질을 벗어나 여성화되는 것처럼 그려지는 일련의 텍스트들을 분석하면서, 결국 이 텍스트들이 어떻게 여성을 타자화시키면서 무력하게 만들고

---

20) 임옥희, 「'너무 많이 알았던 여자들'은 다친다?!」, 타니아 모들스키, 임옥희 옮김, 위의 책, 8쪽.
21) 타니아 모들스키(2008), 15-41쪽.

남성에게 새로운 힘을 부여하는지 밝혀낸다. 이때 사회의 '여성화'는 결과적으로 남성에게 여성성과 남성성 모두를 부여하는 결과를 불러오게 된다. 따라서 소위 '포스트모더니즘'적인 텍스트에서 페미니즘의 목적이 달성되고 있는 것처럼 이해되는 것은 매우 성급하고 위험한 일이다.

긍정적으로 독해될 수 있는 지점을 비틀어 또다시 비판의 지점을 찾아내는 모들스키의 날카로움은 매우 흥미로운 관점을 제시한다. 실제로 페미니즘 제2물결의 영향 아래에서 남성의 양성성을 그리는 것처럼 보이는 작품들은 대체로 다시 '더 좋은 남자'라는 판타지와 함께 남성성의 신화를 강화시켰고, 1980년대 미국 사회의 보수화와 상호작용 한다. 그러나 포스트페미니즘의 해체주의에 대한 지나친 염려는 70년대 페미니스트의 훈계로 보일 정도로 나아간다. 히치콕에 대한 비판을 비트는 과정을 통해 남성과 여성의 '양가성'을 발견함으로써 독해의 다양한 가능성을 선보였던 80년대의 모들스키는 훨씬 더 보수화된다. 그리하여 본질주의에 반대하면서 정체성의 열린 경계를 지지하는 90년대 이후의 비평 담론에 대해 '지나치게 낙관적'이라고 평가하게 되는 것이다. 그리하여 침해당하고 훼손당하는 남성성과 여성성을 긍정적으로 이해하려는 시도, 어쩌면 모들스키 본인이 쌓아온 비평적 자양분과 함께 등장하는 이런 퀴어한 독해를 정작 모들스키 자신이 반박하게 되는 모습이 드러난다. 여기서 모들스키는 오히려 본질주의적인 입장을 견지하게 된 것처럼 보인다.

히치콕의 작업에 대해서 모들스키가 찾아낸 키워드가 '양가성'이었던 것처럼, 모들스키의 작업을 살펴보면서 그에 대해 발견할 수 있는 키워드 역시 '양가성'이다. 모들스키의 전반적인 작업의 이면에 놓여있는 건 대중문화에 대한 맹목적인 사랑과 이 사랑에 대한 자성적인 비판의식 사이의 갈등이다. 모들스키가 『너무 많이 알았던 히치콕?』 개정판 에필로그에서 밝히고 있는 것처럼 그는 스스로를 '얼간이가 아닌 것이 아닌' 것으로 이해한다. '얼간이'라는 표현의 사용은 대중문화를 즐기는 대중의 우매함을 강조했던 기존 비평을 비꼬는 농담이기도 하지만, 동시에 그 비평 담론을 내면화하고 있는 그 자신의 표현이기도 하다. 그는 비평가인 자신은 얼간이가 아닌 것이 아닌 존재, 즉 얼간이임을 인정하면서 동시에 대중들은 얼간이가 아니라고 주장함으로써 대중문화에 대한 양가적 감정을 드러냈다. 이는 결국 자신과 대중의 욕망이 같다는 성찰에 기반하는 것이며, 이를 통해 모들스키는 비평가의 엘리트주의를 비판할 수 있었다. 모들스키는 민족지학적인 페미니즘 연구에 대해 고민하는 한 글에서 대중문화에 대한 자신의 욕망과 비평가로서의 의무 사이에 존재하는 갈등을 통렬하게 고백한다.

> 우리가 분석하고자 하는 바로 그 구조에 우리 자신이 얼마나 많이 엉켜 있는지, 우리 자신의 감정, 욕망, 불안 등이 얼마나 깊은 모순에 빠져 있는지, 요컨대 우리의 소중한 페미니즘적 이상에도 불구하고 우리의 판타지 라이프가 우리가 연구하는 여성들의 것과 얼마나 많이 닮았는지![22]

결국 대중과 같은 욕망을 지니고 있으되 이런 대중문화에 대해서 비판적으로 통찰할 수 있어야 한다는 갈등은 할리퀸이나 TV 연속극과 같이 가치 없는 문화 생산물로 폄하되면서 비평의 관심을 끌지 못했던 영역에 정치적 전복성을 부여함으로써 재평가하는 작업으로 이어졌다. 한편으로 그는 지독하게 가부장적 이데올로기와 연동하고 있는 재현물에 자신이 빠져드는 이유를 합리화할 필요가 있었을 것이다. 그의 여성

22) 위의 책, 73-74쪽.

대중문화에 대한 애정은 히치콕의 영화들을 '여성의 영화'로 읽을 수 있게 하고 동시에 마조히즘을 전복적으로 읽을 수 있는 바탕을 마련해 주었다. 결국 히치콕의 작품 분석을 통해서 여성 관객성에 대한 양가적인 입장을 밝혀낼 수 있었던 것은, 여성 대중문화에 대한 이런 자신의 양가적인 입장 '덕분'이었다. 이에 대한 스스로의 입장이 양가적이기 때문에, 그가 읽고자 했던 텍스트에서 양가성이 발견되는 것은 어쩌면 당연한 일이었을 것이다.

참고 문헌

수잔 헤이워드, 『영화 사전-이론과 비평』, 이영기 옮김, 한나래, 1997.

에이드리언 리치, 「강제적 이성애와 레즈비언 존재」, 『우리 죽은 자들이 깨어날 때』, 이주혜 옮김, 바다출판사, 2020.

유지나, 변재란 편역, 『페미니즘/영화/여성』, 여성사, 1993.

타니아 모들스키, 『여성 없는 페미니즘』, 노영숙 옮김, 여이연, 2008.

____________, 『너무 많이 알았던 히치콕?』, 임옥희 옮김, 여이연, 2007.

Fuer, Jane, "Loving with a Vengeance: Women's narrative pleasures", *Jump Cut*, no. 29, February 1984.

Modleski, Tania, *Loving With a Vengeance: Mass-Produced Fantasies for Women*, The Shoe String Press, 1982.

Mulvey, Laura, "Afterthoughts on "Visual Pleasure and Narrative Cinema" inspired by King Vidor's *Duel in the Sun*(1946)", Sue Thornham ed. *Feminist Film Theory*, New York University Press, 1999.

트린 민하
Trinh T. Minh-ha

타자의 그림자: 부적절한/부적절하게 된, '나' 아닌 '나'인 '나'

임옥희
오랫동안 피곤한 돈벌이 노동에 매달려 살다가 해방되었다. 삶으로부터 해방은 없다는 '대단한 깨달음에 이르러서야 사소하고 하찮은 삶이 얼마나 소중한 것인지 배우고 있다. 일단 존재하는 것들과 함께 하는 과정에서 나의 쓸모를 찾고자 애쓰는 중이다.

이 글의 원문은 『여/성이론』 9호(2003)에 실려있다.

트린 민하: 타자의 그림자—부적절한/부적절하게 된, '나' 아닌 '나'인 '나'

<성은 베트, 이름은 남Surname Viet Given Name Nam>(1989)이라는 영화로 알려진 다양한 이력의 소유자 트린 민하Trinh T. Minh-ha는 베트남 하노이 출신으로 1970년대 미국으로 이주한 페미니스트 영화감독, 작곡가, 작가, 문학이론가, 여성학과 교수이기도 하다. 이런 트린 민하가 대문자 3세계가 아니라 소문자 '3세계' 여성들에게 갖는 의미는 어떤 것일까? 제3세계라고 모호하게 범주화하지만, 제3세계는 도대체 어디에 있는가. 유교권 문화를 공유한 아시아 여성들이라고 해서 동일한 문제와 대면하고 있는 것은 아니다. 유사하면서도 제각기 다른 여성들 사이에 연대가 가능한가. 여성들 사이에서 계급, 민족, 인종적 차이를 초월하여 연대할 수 있는 약간의 공통분모가 있는가. 트린 민하가 즐겨 거론하는 차이의 정치학을 염두에 둔다면, 여성들 사이에도 무수한 차이의 스펙트럼이 존재한다. 그렇다면 그녀의 이론과 작품은 어떤 '여성'에게 말을 건네고 있는가? 나는 그녀의 어떤 지점을 보고 싶어 하고 또한 보여주고 싶어 하는가? 노출증에서 관음증을 오가는 폐쇄회로에서 벗어날 수 있는 '유머'로서의 제3의 시선은 과연 어떤 것일까? 그녀를 소개하기에 앞서 이런 문제들에 관해 나 스스로를 설득할 필요가 있었다. 물론 이들 질문에 나 스스로 충분히 설득당했다고 말하고 싶지는 않다.

1952년 베트남에서 태어나 1970년에 미국으로 건너간 제3세계

유색 여성이 어떻게 제1세계 아카데미에서 성공했는가를 보여주기 위해 이 글을 쓰는 것은 아니다. 베트남이 통일된 지금 남베트남/북베트남(월남/월맹)이라는 구분 자체가 사라졌지만, 1970년 당시만 해도 북베트남은 미국의 괴뢰정부였던 남베트남과 10년 가까이 내전을 치르고 있었다. 바로 그 시절 트린 민하는 미국으로 건너가서 베트남계-미국인이라는 정체화할 수 없는 정체성을 가지고 이산으로 살아가고 있었다. 그로 인해 차별화되는 자신의 불리한 위치를 그녀는 '차이'의 정치학으로 응수했다. 탈식민주의, 해체론의 영향 아래, 그녀는 합리성/비합리성, 주체/대상, 제1세계/제3세계라는 이분법을 허물어낼 수 있는 제3의 어휘를 추구함으로써 유색 여성의 아이러니컬한 정치성을 이론화하고, 타자의 타자성을 재현하려는 불가능한 기획을 어느 정도 가능케 했다. 이런 맥락에서 그녀의 이론을 소개하는 것도 의미가 있지 않을까 생각한다.

타자의 그림자 재현하기

그녀는 영화감독, 예술가, 작가 등으로 자신을 정체화하기를 즐긴다. 이런 맥락에서 그녀의 영화 작품을 대충 훑어본다면, 제3세계에 관한 인종지학적인 접근이 대부분이다. <4차원The Fourth Dimension>(2001)에서는 일본의 예술, 문화, 사회적인 제의를 다층적으로 풀어나가고 있다. 일본에서의 시간 경험과 여행과 종교적인 제의와 연극적인 연행이 다뤄지고 있다. <벗은 공간Naked Space: Living Is Round>(1985)에서는 서아프리카 여섯 나라의 농촌 마을의 삶과 리듬을 추적한다. 아프리카의 풍경과 소리들을 통해 접근 불가능한 아프리카 대륙을 시적으로 재현하려는 역설적인 시도이다. <숏 포 더 콘텐츠Shoot for the

Contents>(1991)는 마오 시대의 백가쟁명, 천안문 사태로 인해 굴절된 중국의 문화, 정치, 권력의 문제를 생각하면서도 다른 한편으로는 중국 대중가요, 공자, 마오의 격언 등을 병치하고 콜라주하여 뒤섞어 놓고 있다.

<리아상블라주Reassemblage>(1982)는 세네갈 농촌 마을 여성들을 담는다. 형식은 다큐멘터리이지만, 그녀 스스로 다큐멘터리를 장르로 분류하지 않는 만큼 뭐라고 꼬집어 규정하기 힘든 작품이다. 이 작품은 내셔널 지오그래픽류의 인종지학적이고 권위적인 서구의 문화적 재현 방식을 해체하는 것처럼 보인다. <성은 베트, 이름은 남Surname Viet, Given Name Nam>(1989)은 삼종지도의 베트남 여성과 현대 여성을 다루고 있다. 여기에 이르러서야 그녀가 베트남 출신임을 알 수 있을 정도이다. 이렇듯 그녀의 필름들은 '차이'를 병치시키고 교차 편집하여 보여주는 것에 치중하고 있다.

그녀의 영화는 베트남 출신이기 때문에 베트남을 가장 잘 알 수 있다는 내부자 논리를 조롱하는 것처럼 보인다. 내부자는 외부자보다 자기에 관해 더 잘 알 수 있는가? 엘리트 주체가 하위 계급에 속하지 않는 한(존재론) 그 계급에 대해서 알 수 없다거나(인식론) 혹은 하위 계층이 엘리트가 아닌 이상 엘리트적인 접근 방식을 인식할 수 없다고들 한다. 스피박에 따르면 하위계층에 속하지 않는 엘리트들이 어떻게 하위계층을 알 수 있는가라는 회의와 의심은 존재론적인 문제를 인식론의 한계로 치환한 것과 다르지 않다.[1] 이 문제는 부르주아가 혁명을 할 수 있는가. 남자가 페미니스트가 될 수 있는가. 백인 여성 노예주가 흑인 여성 노예와 연대할 수 있는가라는 문제로 확대될 수 있다. 인식론

1) 가야트리 스피박, 『다른 세상에서』, 태혜숙 옮김, 여이연, 2003, 504쪽.

과 존재론의 혼동을 지적한 스피박과 유사하게 트린 민하는 타자가 자신의 타자성을 더 잘 알 수 있는 것은 아니라고 주장한다. 아프리카인이 아닌 외부자이면서도 아프리카 여성들에 관해 영화를 만드는 것에 대한 정당성을 그녀는 이런 이론에서 찾았다(이 문제에 관해서는 나중에 다시 언급하겠다). 그녀가 만든 영화는 망명, 유랑, 이산diaspora, 치환displacement, 탈구dis/location를 재현하면서도 어떻게 하면 주체/대상으로 이분화되지 않는 '사이-안in-between'의 공간을 열어 둘 것인가라는 고민의 지점과 맞물려 있다.

그녀의 저서 『여성, 원주민, 타자*Woman, Native, Other*』, 『프레이머/프레임드*Framer/Framed*』, 『달이 붉게 기울 때*When the Moon Waxes Red*』, 『시네마틱 인터벌*Cinematic Interval*』은 마치 활자를 영화 이미지로 만들려는 장르 치환의 노력처럼 보인다. 그녀의 책은 이론이라기보다는 시적인 이미지들의 콜라주이자, 자기 생각의 서술과 다른 사람들의 인용을 병치한 쇼트처럼 보인다.

트린 민하는 타인의 인용과 자기의 서사를 교직시키는 글쓰기 전략의 전문가이다. 얼핏 보면 어디가 트린의 말이고 어디가 인용자의 말인지가 혼란스러울 정도이다. 특히 『달이 붉게 기울 때』에서 페이지의 절반은 트린 민하의 말이며 나머지 절반은 인용으로 채워져 있다. 인용으로 채워진 그녀의 텍스트는 저자의 독창성 혹은 의미의 기원으로서의 저자를 조롱하는 것처럼 보인다. 인용과 자기 서사를 교차시키는 글쓰기는 자기 말에 책임지지 않아도 됨과 동시에 남의 말을 자기 말로 만드는 영리한 전략이다. 그녀의 말인가 하면 어느새 타인의 인용으로 넘어가고 있다. 그녀의 텍스트는 역사적인 기억과 문학적인 상상력과 공간적인 거리가 만들어내는 주술적이고 시적인 이미지로 가득 차 있다.

상형문자와 같은 활자의 세계는 용이한 독서를 끊임없이 방해하고 독자의 인내를 실험한다. 탈식민 이론가들의 글쓰기가 흔히 그렇듯이 그녀의 글쓰기 역시 마치 손쉽게 소모되는 것에 작심하고 저항하는 것처럼 보인다. 그렇다면 그녀의 관중은 아카데미에 남아 있는 소수의 문화적 엘리트들은 아닌가라는 의구심이 들 정도이다. 제3세계의 여자들에 '관해서'가 아니라 제3세계 여자들'을' 말하면서도 '그' 여자들이 과연 그녀의 작품에서 무엇을 읽어낼 것인지에 대한 고민은 고려의 대상이 아닌 것처럼 보인다. 그렇다면 제1세계 소수 엘리트들이 불편해하지 않고 제3세계를 미학적으로 소비하고 유통하는 데 트린 민하의 작품이 일조하고 있는 것은 아닌가라는 심술 맞은 의구심이 발동한다.

'나'는 어디에……

당신은 영어를 읽고 쓸 수 있습니까?
　　네　　　아니오　　　.
내가 말하는 다음 문장을 영어로 받아쓰세요.
　　길에 개가 한 마리 있다.
　　비가 내리고 있다.
이곳 말고 다른 나라에 대한 충성을 포기하겠습니까?
그럼 말해 보세요. 미국의 대통령은 누구입니까?
이제 모두 일어나세요. 오른손을 들어보세요.2)

미국인이 되기 위해 이민국 관리가 묻는 질문에 대답하는 것으로

2) 김명미, 「그런 모임 속으로」라는 시는 일레인 김 외 편저, 『위험한 여성』, 박은미 옮김(삼인, 2001) 312면에서 재인용한 것임.

구성된 위의 시는 소위 말하는 '재미 교포' 시인인 김명미의 「그런 모임 속으로」의 일부이다. 미국이라는 나라에서 그녀는 귀화 절차를 통해서만 한국계-미국인이 된다. 위에 인용한 시는 그 과정을 간결하게 표현하고 있다. 그런데 이민국 관리는 '길에 개가 한 마리 있다'는 문장을 왜 받아쓰게 했을까? 미국에서는 길거리에 개가 돌아다니는 풍경을 흔히 보기 때문인가? 미국인이 되려면 개를 가족처럼 사랑해야 한다는 말인가? 아니면 개 잡아먹는 야만인들에게 주의를 환기시키기 위한 것인가. 그보다 이방인=이교도=개라는 등식은 오래된 역사를 가지고 있다. 예수는 귀신 들린 딸아이를 치료해 달라고 하소연하는 이방 여인에게 "자녀의 떡을 취하여 개들에게 던짐이 마땅치 아니하니라."[3] 고 말한다. 그러자 여인은 "상 아래 개들도 아이들이 먹던 부스러기를 먹나이다."라고 결연하게 응수한다. 아마도 그 이방 여인의 처연한 비유가 아니었더라면 개=이방인=이교도인 그녀의 딸이 치료를 받았을 가능성은 없었을 것이다. 이방인들이 귀화 절차를 통과했다고 내부자로 귀속되는 것은 결코 아니다. 고국과 고향에서도 이방인인 그들은 틈새에 놓인 '부적절한' 존재들일 따름이다. 이처럼 내가 어디에 있느냐에 따라서 나의 '정체성'이 결정되어 버리는 시대에 전 지구촌의 난민으로 유랑하는 무리들이 있다.

'나는 누구인가'라는 정체성 찾기 질문 대신에 '나는 어디에 있는가'라는 질문은 우리 시대 특유의 질문 방식이다. 옛날에는 태어난 곳에서 한평생 살다가 무덤까지 가는 경우가 허다했다. 그런 상황에서 '나는 어디에'라는 질문은 의미가 없었을 것이다. 나무처럼 한 곳에 뿌리내린 사람들이 국경을 넘어 이동하거나 여행하는 일은 흔치 않았기 때문이었

---

3) 『마가복음』 제7장 26-27절 참조.

다. 벌목이 되어 실려 나가지 않는 한.

근대화와 더불어 식민지 지식인들은 제국으로의 순례 여행을 다녀옴으로써 출세를 보장받았다. 그들은 제국의 언어와 민족 언어를 동시에 구사함으로써 제국의 문화가 들어오는 채널이 되었다. 근대 이후 식민지에서 권력의 중심부로 편입하려는 사람들에게 제국으로의 유학과 순례 여행은 통과해야 될 의례의 일부였다. 아니면 그들은 순례 여행을 떠난 뒤 아예 되돌아오지 않았다. 구태여 되돌아와야 할 이유가 있었을까? 그래도 뒤에 남은 자들의 질투심은 대단해서 제1세계에 편입한 식민지 출신 지식인을 민족의 두뇌 유출이라고 앙앙불락했다.

소위 말하는 '탈'식민주의 시대에 이르면, 특권층만이 이동하는 것은 아니다. 다국적 금융자본과 군산복합체는 욕망의 상층기류를 타고 날아다닌다. 그들에게 조력과 정보를 제공하면서 마름 역할을 하는 지식인들은 그들의 뒷좌석에 앉아 분주하게 세계를 떠돈다. 국제화 시대는 매판자본, 매판 지식인이라는 단어조차 없애버렸다. 반면 욕망의 저류에는 무수히 많은 노동력이 세계를 유랑한다. 무슨 관광 여행을 다닌다는 말이 아니다. 자기 땅으로부터 뿌리 뽑힌 자들은 세계를 떠돌지 않을 수 없다. 산업노동자들과 매춘 노동자들 역시 이제 세계를 유랑하게 된다. 이들은 국경선을 넘어 타국으로 들어가지만 엘리트 지식인들과는 달리 그곳에서도 결코 환영받을 수 없는 비천한 존재가 된다. 오늘도 작별을 고하면서 지구 저편으로 사라지는 사람들이 있다. 고향을 등진 자들은 새로운 땅에서도 이방인에 불과하다. 불법취업 노동자들은 자신들을 일회용 소모품으로 사용하다가 강제 출국시킬 것이 아니라 자신들의 노동을 합법화해 달라고 세계 곳곳에서 절규하고 있다.

노동력과 욕망은 전 지구촌으로 떠돌지만 민족국가의 경계선은 더욱 완강해지는 양가적인 시대, 혹은 신자유주의 시대에 들어와 이산의 무리들은 점점 더 비체화되어 간다. 세계 체제는 노동력의 세계 체제나 다를 바 없다. 이처럼 국제화, 전 지구촌화를 외치면서도 민족국가의 경계선은 더욱 삼엄해진다. 노동의 유연화를 위해 민족국가의 경계를 없애는 것 같지만, 사실은 민족국가의 경계가 더욱 강화되어야만 노동의 국제적인 유연화 혹은 착취가 가능해지기 때문이다. 국제화를 부르짖지만 민족국가의 경계선 바깥에 있는 사람들은 '부적절한' 존재 혹은 비체가 된다. 이처럼 경계선의 안과 바깥, '어디에 위치하느냐'에 따라서 나의 전 존재가 결정되어 버리는 시대를 우리는 살아가고 있다.

트린 민하가 고민하는 지점이 바로 '나는 어디에 있는가'라는 질문일 것이다. 크리스테바가 경박하게 경계 바깥에 선 이방인으로서 누릴 수 있는 즐거움을 설파했지만, 제3세계 황색 여성 작가(감독)가 제1세계의 인정을 받기란 쉬운 일이 아니다. 트린 민하는 내부로부터 벗어난 외부인이면서도 자기 안에 이미 차이를 각인한 경계선적 인간을 주장함으로써 역설적으로 유리한 위치를 점하게 된 '탈'식민주의 이론가이다. 사실 그녀는 무슨 특별한 이론을 개발했다기보다는 '빅 쓰리' 탈식민주의 이론가(사이드, 바바, 스피박)에 기대어 이야기를 만들어 내는 이야기꾼라고 부르는 것이 나을 것이다.

'여성은 어디에'라는 엘렌 식수의 질문은 서구의 인식론의 기반이 위계화된 성별 존재론에 기초해 있음을 드러내기 위한 것이었다. 식수가 '나는 어디에'라는 문제를 제기했을 때, 그것은 이분법적인 구조 속에서 '여성은 어디에' 위치하는가라는 질문이었다. 능동성/수동성, 해/달, 문화/자연, 낮/밤, 아버지/어머니, 머리/감정, 지성/감성, 로고스/파토스 등과 같은 끝없이 나열될 수 있는 이항대립은 궁극적으로 남/여의 대립으로 귀결한다. 서구 철학과 문학적인 사유 전반은 결과적으로 남/여의 대결 구도로 수렴된다. 이에 반해 이산을 강조하는 트린 민하에게 '나는 어디에'라는 질문은 탈식민 공간에서 절실해진 정치적 물음이다. 세계화의 난민인 디아스포라들에게 궁극적인 정체성은 내가 위치한 곳에 따라서 복수적인 의미를 지닐 수밖에 없다. 트린 민하에 의하면 디아스포라들은 어디에 있어도 '부적절한' 관계 속에서 주변화되고 타자화된다. 치카노(멕시코계 미국인 남성, 치카나는 여성)인 글로리아 안잘두아의 말을 빌리자면 제3세계 여성들은 보부아르가 말하는 제2의 성에도 속하지 못한다. 그들은 제2의 성에서도 타자화된 타자의 그림자로 존재하게 된다. 글로리아 안잘두아, 트린 민하와 같은 유색 여성들에게 타자의 그림자에서 벗어나는 한 방식은 바로 이야기꾼이 되는 것이다.

하이픈으로 연결되는 이산의 이야기꾼

트린 민하의 이야기는 아주 오래전으로 거슬러 올라가 그곳에서 시작한다. 시공간적으로 아득히 먼 거리를 나타내는 '옛날 옛날 한 옛날에'로 시작되는 그녀의 이야기는 우리 할머니들의 이야기와 비슷하다. 동지섣달 긴긴밤에 베틀에 앉아서 베를 짜면서 노동의 노고와 온갖 시름을 잊고자 하는 아낙네들이 엮어낸 이야기가 그녀의 목소리에 복화술처럼 흘러들어 간다.

어디를 가나 그녀에게는 이런 질문들이 뒤따른다고 한다. 당신의 나라는? 당신 나라에 고유한 문화는 무엇인가요? 왜 당신은 당신 나라의 가난을 보여주지 않는 거죠? 그게 당신 나라의 현실이잖아요.4) 당신 영화에서 갈등은 어디에 있나요? 갈등은 인생의 깊이를 보여주잖아요.

그러면 그녀는 더듬거리면서, "나는 베트남계-미국인-유색 여성-페미니스트, 에 또 그리고…."라는 식으로 말할 수밖에 없다는 것이다.[5] 이처럼 미국 시민임에도 불구하고 그녀는 언제나 유색 여성이며 이 '신성한 세계에서 불청객이자 신성모독으로 떠도는' 여성이다. 이 세계에서 하이픈으로 연결되는 베트남계-미국인인, 그래서 '부적절한' (비)정체성을 가진 유색 여성으로서 그녀는 자기 말대로라면 불청객인 이야기꾼이다. 그녀는 먼먼 바다 저편의 아득한 옛날이야기를 몽롱한 기억의 우물에서 길어 올린다. 세월만큼 오래된 이야기, 시작도 끝도 없는 이야기의 실타래가 풀려나간다. 이야기는 진실인 동시에 거짓말이다. 그녀는 진리/거짓을 드러내는 방식으로써 선불교의 패러독스를 교묘하게 활용하는 '교활한 교양인'[6]이다. 정체성이라는 개념을 부정하면서도 역설적으로 그녀는 진실과 거짓을 동시에 풀어내는 매개자-이야기꾼이자 창조자-선생-기쁨을 주는 자로 자신을 정체화하기를 즐긴다.

첩첩산중의 한 마을이 있었다. 그들은 자기 공동체의 중대사를 의논하려고 한자리에 모이기로 작정했다. 모월 모시 저잣거리에서 모이기로 결정한다. 그러나 제시간에 시작되는 것은 아무것도 없다. 그들의 일상이 그 일로 인해 중지되는 법이 없기 때문이다. 어머니들은 아이를 씻겨야 하고, 여자들은 머리를 땋아야 하고, 남자들은 하던 놀이를 계속해야 하기 때문이다. 그들은 논의의 핵심으로 곧장 들어갈 수도 없다.

---

4) 지젝은 자기가 히치콕을 분석하면 왜 불타고 있는 당신 나라에 관해서 얘기하지 않고 히치콕에 관해 분석하느냐는 분노한 관중석의 목소리를 듣는다고 말한 적이 있다. 그런 질문에 대한 지젝의 응수는 미국인인 당신들이 히치콕을 분석하는 것은 왜 괜찮은가요라는 것이었다. 제1세계인들은(심지어 지식인들마저) 발칸반도의 불행과 고통과 비참만이 현실이라고 생각하면서 그곳에서도 삶과 일상이 존재한다는 것을 부정하려 한다고 비판한다.

5) Trinh T. Minh-ha, *When the Moon Waxes Red* (Routledge, 1991), p.18. 이하 이 책의 약자를 *WW*로 표기하고, 그 면수만 표기하겠다.

6) 여기에 관해서는 호미 바바의 「교활한 교양」, 『문화의 위치』, 나병철 옮김(소명출판, 2003)을 참조할 것.

논의의 핵심은 언제나 그들이 생각한 곳과는 다른 곳에 있기 때문이다. 심지어 의논을 시작했다 한들 이야기는 샛길로 새기 십상이다. 올 한 해를 어떻게 넘길 것인가와 같은 문제가 의논된다고 한들 동네 사람들은 누구 집 염소가 누구 집 콩밭에 들어갔다, 누가 처자식 버리고 도회지로 달아났는데 그 후로 종무소식이다 등. 소문과 풍문으로 인해 의논은 뒷전이고, 이야기는 끝이 없다.7)

『여성, 원주민, 타자』에서 이야기의 시작은 이렇게 풀려 나온다. 그래서 이야기는 시작도 끝도 없다. 밑도 끝도 없는 이야기는 차이로 재현할 수밖에 없다. 노자의 말을 조금 바꿔서, 지식을 위한 지식은 병이다. 병에 넌더리 난 여자가 이야기를 전해주도록 허하라. 노랗게 분출yellow sprouts8) 하는 달빛 주머니처럼. 정중동靜中動인 그런 분출을. 별들이 검고 푸른 하늘에 희게 빛나고 있는 이야기를. 선물처럼 주는 이야기를.

삼중 구속

트린 민하가 말하는 삼중 구속은 통상적으로 말하는 계급, 민족, 성 모순과 같은 세 가지 굴레를 의미하는 것이 아니다. 그녀가 말하는 삼중 구속은 유색-여성-작가가 되려고 하는 자들의 다층적인 속박을 상징하는 것이다. 작가나 시인의 인종/섹스를 말하는 것은 주류 여성 작가(백인 여성 작가)가 아닌 사람들의 성취를 평가절하 하기 위한

---

7) Trinh T. Minh-ha, "The Story Began Long Ago……" in *Woman, Native, Other: Writing Postcoloniality and Feminism* (Indiana University Press, 1989), pp.1-2 참조. 앞으로 이 책은 *WNO*라는 약자 표기와 더불어 면수로만 표시하겠다.

8) *WW*, pp.1-7.

한 방편이라고 트린 민하는 강조한다. 제3세계 여성으로서 작가 혹은 예술가가 되려는 야심 찬 여성은 그녀의 인종이나 섹스로 인해 과대평가되거나 비판에 노출되지 않을 수 없다. 때로는 공허한 제스처처럼 인용되는 계급, 민족, 인종, 섹스에 따른 차별화는 제1세계로 진입한 제3세계 여성에게는 결코 공허한 것이 아니다. 그들에게 글 쓰는 행위 자체는 주체화의 과정이자 주체와 역사가 서로 교차하는 지점이다. 유색인 작가, 여성 작가, 유색 여성.[9] 제1세계에 사는 제3세계 여성들에게 이것은 삼중의 구속이다. 세 가지 정체성 속에서 그들은 고민해야 한다. 이 세 가지 중에서 무엇을 가장 우선해야 하는가? 언어와의 갈등도 만만치 않다. '너희들 나라로 돌아가, 우리 언어를 타락시키지 말고'[10]라는 부르짖음이 도처에서 들린다. 백인 남성에게 이데올로기적으로 한몫하고 있는 언어는 기존 권력관계를 순환시키는 도구이다. 제3세계 여성은 작가로서 자신과 글쓰기와의 관계에서 초래되는 갈등뿐만 아니라, 작품 이전에 작가로서 자신의 창조적인 활동을 규정하는 재료(혹은 언어)와의 관계를 동시에 심문하지 않고서는 펜을 잡을 수 없다. 문화적 의식과 사회적인 변화가 교차하는 지점에서 글쓰기는 젠더/인종/문학적 실천이라는 복잡한 관계망에 사로잡힌 주체를 구성하게 된다. 그런데 뒤집어 생각해 보면 트린 민하는 바로 그 삼중의 구속으로 인해 오히려 삼중의 혜택을 받은 것은 아닐까?

트린 민하는 발화행위를 통해 말하는 주체/대상이라는 이분법적인 관계를 해체한다. 그것이 바로 '나를 통해 스스로 말한다it-speaks-by-itself-through-me'는 전략이다. 그것은 제1세계와 제3세계, 혹은 중심과 주변, 이 세계와 저 세계를 매개하는 영매의 발화행위이다. 무당들은

---

9) *WNO*, p.6.
10) 호비 바바의 위의 책, 8장 참조.

우주의 기가 자기 육신을 통과하면서 전달해 주는 것을 다만 들려줄 뿐이라고들 말한다.

하지만 제1세계에 사는 제3세계 여자들에게 글을 쓰고 사유하고, 상상하고, 독서하는 것은 사치에 불과하다. 그들은 작가가 되려는 욕망만으로도 죄의식에서 자유롭지 못하다. 브론테 자매와 같은 탁월한 여성 작가들이 많이 나오게 하려면 연간 5백 파운드와 자기만의 방이 필요하다. 척박한 땅에서 꽃을 자라게 할 수는 없다고 버지니아 울프는 말했다. 자본주의 시대 시간은 곧 임금을 뜻한다. 그렇다면 『침묵』에서 틸리 올슨이 전달하는 것은 대다수 여성 작가들의 일생인지 모른다.[11] 잡일에 쫓겨서 마침내 침묵하는 것. 광기로 미치거나 자살하는 것. 그야말로 '죽거나 나쁘거나'의 양자택일이다. 식민 지배하에서 글을 쓰려고 욕망하는 여자들은 좀 더 재수가 나쁜 다른 여성들에 비해 자신의 처지를 다행으로 생각했다. 그런데 과연 그럴까? 에네켄이나 커피 열매를 따는 흑인 노예 여성들은 "항상 종이와 연필을 달고 사는 저 지겨운 주인 여자의 인생은 또 뭘까?"라고 빈정거린다. 따가운 시선이 펜을 시도하는 여자들에게 쏟아진다. 글 쓰는 여자들에게 우호적인 환경은 드물다. 설사 우호적인 환경이라고 할지라도 글 쓰는 여성들은 글을 쓰는 남성들과는 달리 죄의식에 시달린다. 영화, <디아워스The Hours>에서 버지니아 울프는 우울증에 시달리면서도 글을 쓴다. 집안일을 나 몰라라 하는 안주인에게 하녀들은 일종의 경멸과 무시를 보낸다. 그런 상황에서 글을 쓴다는 것은 다른 여성의 노동의 대가로 가능한 실천이다. 한 여자가 자기 일을 하려면 다른 한 여자의 노동이 필요하기 때문이다.

글로리아 안잘두아의 목소리에서도 그런 회의를 들을 수 있다. "뜨

---

11) *WNO*, p.7.

거운 태양 아래서 토마토밭 위에 구부리고 있으면서 감히 작가가 되겠다고? 우리는 작가가 될 수 있다고 믿고 느끼기는 고사하고 마음먹기도 힘들 지경이었다."12)

트린 민하는 제1세계에 정착한 여자들이 작가가 되기가 얼마나 힘든가를 토로한다. 그것은 마치 낙타가 바늘구멍으로 통과하는 시련인지도 모른다. 또 작가가 되겠다고 마음먹는다고 아무나 되는 것도 아니다. 소위 말해 제도적인 문학 시장 장치를 통과해야 한다. 거절당한 경험은 누구라도 있을 것이다. 실비아 플라스가 얼마나 많은 출판사로부터 거절당했던가 라는 것은 종종 들먹여지는 사례다. 백인 여성이라고 할지라도 통과의례가 힘든 판에 하물며 유색 여성은 말해 무엇 하리오. 오죽했으면 엠마 샌토스가 "글쓰기는 수치스러운 성병"이며 "문학은 오랜 애원"13)이라고 자조했겠는가.

유색 여성들은 출판사의 관심과 주목을 받으려면 협상해야 한다. 그런 협상은 타인의 노동에 기생해야 한다는 수치와 죄의식을 불러일으킨다. 설혹 출판된다 하더라도 아무도 읽지 않는 책을 왜 쓰는가라는 자괴감에 시달린다. 토니 케이드 밤바라는 모든 문화적 행위와 마찬가지로 글쓰기도 지역사회에 봉사해야 한다고 주장한다. 편지 대필에서 청원서, 소장 작성에 이르기까지. 아무도 읽지 않는 소설을 쓰는 것보다 지역사회를 위해서는 대필, 소장 작성이 확실한 기여가 될 것이다. '사회적인 기능'으로 기여하기 위해 글을 쓰지 않으면 제3세계 여성 작가들은 죄의식을 느낀다는 것이다.14)

---

12) Gloria Anzaldua, "Speaking in Tongues: A Letter to 3rd World Women Writers," in *This Bridge Called My Back: Writings by Radical Women of Color*, edited by Cherrie Moraga and Gloria Anzaldua (Persephone Press, 1981), p.175.

13) *WNO*, p.9 참조. 엠마 산토스는 두 세계, 즉 정신병원과 문학이라는 두 세계를 분주히 오가면서 첫 원고를 보냈지만 22군데 출판사로부터 거절당했다고 한다. 그녀는 출판을 약속해 놓고 종무소식인 편집장에게 하루에 20번 전화를 하고 뒤쫓아 다녔던 경험을 이렇게 토로했다.

그런데 제1세계에 거주하는 제3세계 출신 여성 작가들이 자민족과 동료 여성들에 대한 충성과 봉사를 그처럼 고민하는가? 나는 그것 자체가 과장처럼 느껴진다. 제1세계에서 경쟁하여 살아남을 수 있는 경쟁력 있는 상징 자본과 문화자본 자체가 바로 자신의 과거 혹은 자기 어머니의 과거 전통이지 않겠는가. 냉소적인 내 귀에는 아직까지 상업화에 포섭되지 않는 주변 공간의 이야기를 해줌으로써 '새로운brand new' 문화시장을 만들어내겠다고 말하는 것이 솔직하고 훨씬 현실적인 것처럼 들린다.

하여튼 글쓰기를 배운 여자들은 도둑처럼 묘사되기도 한다. 글을 쓰려는 여자들은 남자의 창조성, 문화, 언어 등을 탈취해 오는 것이다. 오빠의 어깨 너머로 한글을 깨치는 여자들처럼, 그들은 자신들이 훔치는 것을 들키지 않도록 그 언어를 전혀 모르는 것처럼 연출한다. 언어도둑으로서 여성은 들키지 않도록 해야 한다. 남성의 문장은 여성에게 적합하지 않다. 모방하는 원숭이가 완벽하게 될 날은 오지 않을 것이다. 그렇다면 남성적인 것과는 전혀 다른 패러다임을 가져와야 하는가? 여자들은 오리를 말하려고 하면서 암탉을 말하게 된다. 그러니 문장을 뒤흔들고, 신화를 깨부수고, 새로운 언어를 찾아 활강해야 하지 않겠는가. 놀랐니? 충격 먹었어? 선택하겠어?

글쓰기는 스스로 반영한다. 엘리베이터에서 거울을 들여다보면 들여다보는 거울은 원근법적인 소실점에 이를 때까지, 거울 속에 거울이 그 거울 속에 또 다른 거울이 무한대로 전개되고 있다. 장자의 말처럼 "이름 없는 사물이 무한대로/무가 있는 곳으로 되돌아가나/그들은 형상 없는 형상이요/형태 없는 형태니/모호한 허깨비일 뿐으로/그들 앞으로

14) *WNO*, pp.9-11.

가면 앞도 없고/뒤로 돌아 가보나 뒤도 없으니."15) 이처럼 글쓰기는 공에 대한 허무주의적인 이해와 흡사하다.

글쓰기는 타자의 언어를 듣는 것이며 타자의 눈으로 읽는 것이다. 들을 수 있는 귀를 가지면 가질수록 의미의 다의성을 볼 수 있으며 하나의 메시지라는 헛소리를 덜하게 된다. 무수히 많은 '해야 해/하지 말아야 해'라는 절대와 권력이라는 걸림돌을 제거하고 나면 여성들은 세상을 다르게 경험할 수 있다. 우리 혹은 유색 여성은 몸을 가진 것이 아니라 '몸 자체'이다. 우리는 몸의 일부인 머리만 가지고 글을 쓰는 것이 아니라 온몸으로 쓴다. 과거 관행에 의하면 우리는 부족하고 불완전하기 때문에 욕망한다. 하지만 결핍 때문에 우리는 욕망하지 않는다. 우리는 그냥 욕망한다. 우리는 우리 자체로서 욕망한다. 나는 욕망하는 존재다, 고로 단어의 존재다. 자기 몸을 추구하고 타자의 몸을 추구하는 존재이며 이것이야말로 글쓰기의 전체 역사다.

그래서 여성들은 분할, 등급화, 수사, 규제, 명명화, 코드화를 깨부술 언어를 발명해야 한다고 트린 민하는 강조한다. 자궁으로 쓰는 글쓰기는 머리를 자궁 삼는 남성들의 글쓰기와는 다르다. 남성들은 글쓰기/산고의 비유를 동원하면서 여성에게서 자궁을 분리시켜 생각함으로써 자궁을 전유하고 합법화하려고 한다. 이제 여성들은 이런 자궁을 재전유하고 자신의 몸과 생산의 장소를 재통합해야 한다. 이것은 주인의 게임 안에서 주인을 이기는 것일 수도 있지만, 차이들 가운데서 차이를 주장하는 것이기도 하다.

여성의 글쓰기는 유기적인 글쓰기, 양육하는 글쓰기, 분리에 저항하는 글쓰기다. 그것은 육체적인 유체이며 물의 이미지와 같은 것이다.

---

15) *WNO*, p.23에서 재인용.

자원으로서 물, 자궁을 간질이면서 떨어져 내리는 깊고 깊은 지하수이다. 그것은 구불구불 흘러가는 강물이며 생의 흐름이며, 단어들의 물길이며, 페이지에 범람하는 혹은 페이지 위에 천천히 방울방울 떨어져 내리는 물방울이다. 이 같은 생명수는 작가의 잉크이며 어머니의 젖이며 여성의 피이며, 월경처럼 동시적인 것이다. 여성의 잉크는 피이다. 그것을 통해 언어는 태어나고 다시 태어난다. 엘렌 식수에 의하면 여성은 전체다. 이때 전체는 하나이다. 하나는 전부이며 전부는 일자다. 하지만 하나는 하나로 남아있고 전부는 전부로 남아 있다. 그것은 둘도 아니고 하나 역시 아니다. 자아 안에 있는 차이의 처소이자, 다른 양성 other bisexuality적 글쓰기 혹은 유토피아적인 글쓰기를 여성적인 글쓰기 전략으로 트린 민하는 수용하고 있다.

타자화된 제3세계 유색 여성의 정치성

트린 민하의 영화에는 갈등이 없다고들 한다. 서구에서 심리적인 갈등은 실체와 깊이와 같은 것으로 흔히 간주되며 정체성을 정의하는데 이바지한다. 그녀는 이 갈등 부재 상태를 차이로 대체하려고 한다. 아직까지도 많은 사람들에게 차이는 분리에 토대를 두고 권력을 휘두르는 차별화로 간주되고 있다. 모든 것을 동일성으로 환원하는 서구의 차이 개념에서 볼 때, 유사하지 않은 것이 차이이며, 그것은 부재와 결핍을 의미한다. 그렇다면 그녀가 말하는 비서구적인 혹은 동양적인 차이는 무엇인가. 앞에서도 언급했다시피 그녀의 영화 작업에서 강조된 차이는 "동일한 것과 대립되는 것도, 그렇다고 분리와 동일한 의미도 아니다. 달리 표현하자면 차이는 반드시 분리주의를 야기하는 것만은 아니다. 차이의 개념은 유사성뿐만 아니라 차이를 포괄할 수 있다. 차이는 갈등과 나란히 가는 것이며 그와 동시에 갈등을 넘어선 것이기도 하다."[16] 권력 개념이 배제된 그녀의 차이 개념은 언제 어느 때 분리와 차별화로 빠질지 모르지만 어쨌거나 평화롭다.

트린 민하는 「너 아닌/너 같은: 탈식민 시대 여성 그리고 정체성과 차이라는 상호 교직된 문제점들」이라는 글에서 그와 같은 차이의 개념에 관한 사례를 세 가지로 보여준다. 차이에 대한 이 세 가지 설명 사례는 "왜 너의 영화에는 갈등이 없는가"라는 반복되는 물음에 대한 그녀 나름의 대답이다. 첫 번째가 베일의 사례이고, 두 번째가 침묵의 역설이며, 세 번째가 주관성이다. 첫째, 이슬람권 바깥에서는 베일을 벗는 것이 무조건 여성해방의 상징으로 간주한다. 베일을 벗는 행위가 해방적인 잠재력을 가진다면, 베일을 쓰는 것도 해방적인 잠재력을 지닌다는 것이 트린 민하의 주장이다. 따라서 베일을 쓰고 벗는 것 자체가 문제가 아니라 상황에 따라서 그 정치적, 해방적 의미는 달라진다는 것이다. 둘째, 침묵의 역설이다. 여성의 발화 안에 침묵과 여백은 전복적일 수 있다. 여성성을 부재, 결핍, 텅 빈 공백으로 기술하는 서구적인 관점이 아닌 방식으로 침묵의 정치성을 읽어낼 필요가 있다. 셋째, 주관성의 문제이다. 주관성의 영역은 객관성/보편성/합리성 등과는 대립되는 감상적이고, 개인적인 지평으로 이해된다. 주관성은 종종 '여성들(남성의 타자)과 원시인들(서구의 타자)'의 속성으로 간주되었다. 여성을 보살핌과 정서의 영역(지성이 아닌 정서)으로 묶어두면서 추상화가 되지 않는 종種으로 만드는 습관이야말로, 서구 남근 이성주의가 여성/원시인/유아를 열등한 존재로 구속하는 방식이지 않았던가. 그래서 유인원/

16) 『여/성이론』 9호에 번역하여 실은 트린 민하의 글 「너 아닌/너 같은: 탈식민시대 여성 그리고 정체성과 차이라는 상호교직된 문제점들」 참조.

원시인/여성/유아들은 형이상학적이고 추상화시킬 수 있는 능력이 결핍되어 있어서 역설적으로 충만한 감각의 세계에서 행복하게 산다고들 한다. 오랜 세월 많이 들어본 소리 아닌가.

주관성의 문제는 내부자/외부자의 이분법에서도 어김없이 등장한다. 트린 민하는 제3세계 여성(주로 아프리카, 아시아)들에 대한 인종지학적인 영화적 접근을 한다. 이미 언급했듯이, 그럴 경우 듣게 되는 질문은 베트남 출신이 왜 베트남을 말하지 않는가. 베트남에 관해서 내부자이므로 내부자가 내부자를 보는 것보다 더 정확한 것은 없지 않겠는가이다. 영화감독이 비백인계 유색 여성일 경우 내부자는 주술적인 의미를 지니게 된다. 비백인 영화제작자들은 자기 경계를 잘 알고 있어야 한다. 그들은 영화감독으로서 인정받는 것이 아니라 내부자라는 주술적인 권위를 인정받게 된다. 내부자로서 그들은 자기 문화의 상속자이며 더 많은 지식을 갖고 있으리라는 믿음은 인정임과 동시에 '식민주의적인 정신의 역설적인' 발로이다. 백인 남성 감독은 전 세계의 문제를 다룰 수 있지만, 비백인 유색 여성 감독은 고작 내부자의 권위밖에 인정받을 수 없기 때문이다. 백인 남성 감독은 매춘하는 필리핀 여성들을, 아프리카의 고릴라를, 스리랑카의 남부 반군을, 브라질의 열대 우림을 다룰 수도 있다. 그들은 주관성에 매몰되지 않는다. 객관성, 보편성에 기초한 합리적, 이성적 태도로 인해 그들의 접근은 인정받는가? 그렇지 않으면 백인이 곧 보편 인류이기 때문은 아닐까. 이처럼 주관성/객관성의 대립은 내부/외부의 문제가 아니라 이미 객관성, 과학성을 보장해 주는 권력과 체계가 있다는 말과 다르지 않다.

내부자는 경계선 바깥으로 나가면 더 이상 내부자가 아니다. 지구 저편으로 떠난 사람들은 더 이상 내부자가 아니다. 그들은 외부로부터 내부를 보는 경계선적 존재 혹은 문지방에 선 존재가 된다. 안/바깥, 내부/외부, 주관성/객관성 사이에서 끊임없이 표류하게 된다. 그것이 경계선적 존재가 지니는 아이러니컬한 정치성인 셈이다.

그럼에도…

'여성적인' 글쓰기, '여성적인' 예술 생산은 과연 어떤 것일 수 있는가에 대한 하나의 사례를 보여주는 문화적 액티비스트가 트린 민하이다. 예술의 소비자가 아니라 생산자이기를 욕망하는 여성들에게 그녀는 하나의 이론과 전망을 제공해 주고 있는 것처럼 보이기 때문이다. 차이의 재현, 그것이 그녀의 예술철학이다.

그럼에도 그녀가 주장하는 '차이'의 정치학은 양가적이다. 갈등 없는 차이를 보여주는 것은 한편으로는 내부자만이 내부자를, 타자만이 타자를 알 수 있다는 역설적인 식민주의 논리에서 벗어날 수 있는 재현 양식이 될 수 있다. 다른 한편으로 갈등 없는 차이는 언제라도 차별화, 비체화, 타자화로 연결될 수 있다. 누구보다 그녀 스스로 이 점은 잘 알고 있을 것이다. 차이를 달리 규정하려는 노력에도 불구하고 그녀가 말하는 탈식민주의적인 차이의 재현은 제3세계 여성 없는 제3세계의 재현과 그다지 달라 보이지 않는다. 갈등과 폭력이 넘쳐나는 세계에서 평화로운 차이의 재현과 전시는 객관의 심기를 거스르지 않음으로써 순조롭게 소비될 수 있는 보수적인 미학으로 전유될 수 있다. 차이를 난해하게 병치하고 콜라주한다고 아방가르드 미학의 정치성을 담보해 주는 것은 아니기 때문이다.

트린 민하가 고민하는 지점은 분명히 제1세계에서 살고 있는 제3

세계 강단 페미니스트로서의 입장이다. 해러웨이는 트린 민하의 '제3세계 유색 여성의 정치'라는 개념으로 비체(사이보그) 혹은 몬스터가 되어버린 존재들의 연대를 주장한 바 있다. 전 지구촌으로 자본의 욕망이 흘러 다니는 지금, 제1세계 안에 있는 제3세계, 제3세계에 침투한 제1세계로 인해 제1세계와 제3세계는 지정학적 공간에서, 혹은 정신 심리적인 공간에서 엄격하게 분리되지 않는다. 보부아르가 말하는 타자로서의 제2의 성은 백인중산층 여성에게나 적절한 것이며, 그런 타자의 그림자로 살아야 하는 존재들의 연대를 모색하는 것은 이론상으로는 가능하지만 현실적으로 어떤 출구가 있을지 불투명하다. 제3세계 유색 여성들은 제1세계 여성들이 공적 영역으로 나간 뒤, 흔히 여성의 영역이라고 칭송해 마지않는 '보살핌의 영역'을 담당하고 있다. 값싼 노동력으로서의 그들은 집안 청소, 아이 돌보기, 보모, 간병인 등으로 일한다. 한 여성이 일하기 위해 다른 여성이 가사노동을 대신한다. 제1세계들은 자국의 국경선 안으로 값싼 불법 노동력이 넘어 들어오는 것을 막으려고 혈안이지만, 다국적 기업들은 국경을 훌쩍 뛰어넘어 말레이시아, 타일랜드, 미얀마 등으로 이동한다. 이들 다국적 기업의 일관 작업대에는 사이보그가 아닌/사이보그가 되어버린 유색 여성들이 앉아 있다.

이런 상황에서 우리 시대의 무당이자 이야기꾼들은 과연 무슨 이야기와 노래를 불러야 할까? 이야기가 그들의 힘이라면 이렇게 다시 시작되어야 할지도 모른다. "옛날옛날 한 옛날에, 상품이 꿈처럼 걸어다니는 일관 작업대 앞에 앉아 부지런히 일손을 놀리던 여자들은…"

참고 문헌

가야트리 스피박, 『다른 세상에서』, 태혜숙 옮김, 여이연, 2003.
일레인 김 외 편저, 『위험한 여성』, 박은미 옮김, 삼인, 2001.
트린 민하, 「너 아닌/너 같은: 탈식민시대 여성 그리고 정체성과 차이라는 상호교직된 문제점들」, 이은경 옮김, 『여/성이론』 제9호, 여이연, 2003.
호미 바바, 『문화의 위치』, 나병철 옮김, 소명출판, 2003.

Gloria Anzaldua, "Speaking in Tongues: A Letter to 3rd World Women Writers," in *This Bridge Called My Back: Writings by Radical Women of Color*, edited by Cherrie Moraga and Gloria Anzaldua, Persephone Press, 1981.
Trinh T. Minh-ha, "The Story Began Long Ago……" in *Woman, Native, Other: Writing Postcoloniality and Feminism,* Indiana University Press, 1989.
______________, *When the Moon Waxes Red,* Routledge, 1991.

저자 소개

김경미 이화여자대학교 이화인문과학원 교수. 『여/성이론』 편집주간, 여성문화이론연구소 대표로 일했으며, 저서로 『家와 여성』, 『임윤지당 평전』, 『플롯의 발견』, 『성·노·동』(공저) 등이 있다.

김남이 미학을 전공하고 여성문화이론연구소와 대학에서 미학, 철학, 사회학을 가르친다. 현재는 서울대 인문학연구원에서 성과 섹슈얼리티, 젠더와 관련된 연구를 하고 있다.

김미연 경희대학교 글로벌 커뮤니케이션학부 학술연구교수로 재직 중이며, 여성문화이론연구소 정신분석 세미나팀에서 활동하고 있다.

김민정 한국비정규교수노동조합 조합원이자 대학 강사, 『마르크스의 생태학: 유물론과 자연』을 공동 번역했고 『존 벨러미 포스터』의 저자이다. 마르크스주의에 기초한 인간과 자연의 관계 등을 연구하고 있다.

노승희 전남대학교 영문과 교수. e-mail: rover@jnu.ac.kr

루인 트랜스/젠더/퀴어 연구소 소장이며 한국퀴어아카이브 퀴어락에서 상근활동가로 일하고 있다. 트랜스젠더퀴어 페미니즘을 한국이라는 지역적 맥락에서 다시 설명하는 작업을 하고 있다.

문현아 서울대학교 국제이주와포용사회센터 책임연구원. 최근 돌봄과 이주 쟁점에 관심을 갖고 이론과 실천의 연결을 위한 고민을 이어가고 있다.

박건 연구공동체 건강과대안 연구위원이다. 차별, 젠더, 돌봄, 건강, 먹거리, 죽음 등 다양한 분야에 관심을 갖고 있다. 『불평등과 모욕을 넘어』 등을 우리말로 옮겼다.

박미선 한신대 영미문화학 교수. 현대미국문학, 페미니즘 이론, 퀴어 이론을 연구하고 가르친다.

박소영 『여/성이론』 편집위원을 지냈으며, 페미니즘 관점에서 생명과학기술과 일상의 정치를 살펴본 책인 『프랑켄슈타인의 일상: 생명공학시대의 건강과 의료』를 번역 및 편저했다.

박이은실 여성문화이론연구소 밥을 꽤 오래 먹은 듯하다. 현재, 전북대학교 여성연구소 학술연구교수로 재직하며 소외와 탈소외, 거주 개념을 중심으로 여성 소농의 복수종적 생활세계를 연구하고 있다.

박종주 대학에서 문학과 철학을 공부했다. 주로 퀴어와 장애에 관심을 두고 글을 쓰거나 옮긴다.

배상미 고려대학교 민족문화연구원 연구교수이자 여성문화이론연구소 연구원. 한국의 문학, 영화, 대중문화에 재현된 젠더, 섹슈얼리티, 노동, 가족관계를 페미니즘적 탈식민의 관점에서 분석하는 연구에 관심이 있다.

손희정 경희대학교 비교문화연구소 학술연구교수. 미디어 연구 그룹 프로젝트 38 연구원. 『페미니즘 리부트』, 『손상된 행성에서 더 나은 파국을 상상하기』 등을 썼고 『여성괴물』, 『다크룸』 등을 옮겼다.

송은주 이화여대 영어영문학과 학부를 졸업하고 동 대학원에서 문학박사 학위를 받았다. 현재 을지대, 성균관대에서 강의하며 이화인문과학원 객원연구원으로 포스트휴머니즘, 생태비평을 연구하고 있다.

심혜경 한신대학교 교수. 『여/성이론』 편집위원과 프로젝트38 연구원으로 활동하며, 팟캐스트 38페이지(P.38)를 만든다.

양효실 대학에서 페미니즘 미학을 가르치고 문학과 미술 관련 비평을 한다. 주디스 버틀러의 저서를 위시한 여러 권의 페미니즘 관련 책을 번역했다.

유서연 철학을 전공했고, 현재 여성 철학과 젠더 문제에 관심을 갖고 글을 쓰고 있다. 지은 책으로 『공포의 철학』, 『시각의 폭력』이, 함께 지은 책으로 『우리는 지구를 떠나지 않는다』가 있다.

유숙열 미니스트저널 이프를 창간했고 현재는 <이프북스> 출판사 대표이다. 저서로 『유숙열의 뉴욕 페미니즘 리포트』, 『페미니즘으로 다시 쓰는 옛이야기』 등이 있다.

윤조원 고려대학교 영어영문학과 교수. 미국소설, 흑인문학, 그리고 젠더와 인종에 관한 논점들을 주로 연구하고 강의한다. 미국 작가들, 젠더, 퀴어 담론에 관한 논문들이 있다. 『잔인한 낙관』(공역), 『누가 젠더를 두려워하랴?』 등을 번역했다.

이경 문학 속의 여성, 잠, 질병, 음식 등에 관심을 가지고 공부를 해 왔던 것 같다. 퇴직을 계기로 '아는 척'의 애티튜드를 벗고 "무지의 가시화"와 대면하며 세상의 모든 책들을 읽을 기세로 살고자 한다.

이경란 이화인문과학원 연구교수로 여성문학, 젠더, 문화번역, 포스트휴먼 연구를 진행했고, 현재 의료인문학연구소 공감클리닉에서 서사의학을 연구하고 있다. 저서로 『로지 브라이도티, 포스트휴먼』, 『행복의 약속』(공역) 등이 있다.

이선이 경희대학교 교육대학원과 을지대학교에서 강의하고 있으며, 현재의 연구 관심사는 일본군 '위안부' 문제를 가해자 일본군이 작성한 자필진술서를 통해서 새로이 규명하는 데 있다.

이지선 전남대 철학과 조교수. 과학철학, 과학사, 프랑스 근현대철학 등을 연구한다. 공저로 『초연결의 철학』, 『물질 혐오』, 『신유물론×페미니즘』 등이, 역서로 『철학적 포스트휴머니즘』이 있다.

이해진 여성문화이론연구소 연구원. 여이연 정신분석 세미나팀에서 오래 시간을 함께 했으나 성평등 정책 관련 일에 바빠 지금은 멈추고 있고 다시 팀에 합류할 시간을 학수고대 중이다.

이현재 여성철학의 관점에서 몸, 도시, 공간, 섹슈얼리티의 문제를 다루어왔다. 최근에는 로지 브라이도티의 『포스트휴먼 페미니즘』을 공역했으며, 저서로는 『낸시 프레이저』 등이 있다.

임옥희 삶으로부터 해방은 없다는 '대단한' 깨달음에 이르러서야 사소하고 하찮은 삶이 얼마나 소중한 것인지 배우고 있다. 일단 존재하는 것들과 함께 하는 과정에서 나의 쓸모를 찾고자 애쓰는 중이다.

임우경 성균관대 동아시아학술원 부교수. 중국현대문학을 전공했고 주로 동아시아 전쟁과 성 정치에 관심이 많다. 근래에는 동아시아의 군 '위안소'와 냉전 관련 연구를 진행 중이다.

임현주 고려대학교 대학원에서 영문학 박사학위를 받았다. 현재 광운대학교에서 강의하고 있다.

전혜은 퀴어 페미니즘 장애학 연구자. 대표작으로 『퀴어 이론 산책하기』, 『퀴어 페미니스트, 교차성을 사유하다』(공저), 『망명과 자긍심』(공역) 등이 있다.

조주영 서울시립대학교 교양교육부 의사소통교실 객원교수이다. 사회·정치철학 및 윤리학 분야에서 '인정', '돌봄' 등의 주제에 관심을 두고 연구하고 있다.

조주현 계명대학교 명예교수. 주요 관심분야는 페미니즘 이론과 방법론, 페미니즘 과학기술학, 여성운동이며 그에 관한 다수의 논문이 있다. 『정체성 정치에서 아고니즘 정치로』를 썼고, 『페미니즘과 기술』 등을 번역했다.

최재인 미국사 전공. 공저로 『19세기 허스토리』, 『서양여성들, 근대를 달리다』 등이 있고, 『나는 일본군 성노예였다: 네덜란드 여성이 증언하는 일본군 위안소』 등을 번역하였다.

최정선 숭실대 영어영문학과에서 학생들을 가르치고 있다. 남성성 이론을 활용하여 영국대중소설을 분석하고 있으며, 현재는 남성젠더와 장애, 공간, 인류세 생태문제와의 교착상태에 대한 연구로 확장하고 있다.

최하영 아시아계 미국 문학을 전공하고 건국대 상허교양대에 재직하고 있다. 인종, 젠더, 섹슈얼리티 등의 영역에서 소수자 관점에서 미국 문화를 (다시, 거슬러) 읽고, 해석하는 데 관심이 있다.

태혜숙 서울대학교 영문과에서 박사학위를 받았고 대구가톨릭대학교 영문과에서 교수로 재직하였다. 저서로 『탈식민주의 페미니즘』, 『서발턴은 말할 수 있는가』 등이 있다.

하수정 경북대학교에서 영문학 비평을 전공했으며, 대구경북 지역 대학에서 영어와 인문학을 강의한다. 페미니즘, 문화, 탈식민주의 이론을 경유하여 문학/문화 텍스트를 연구한다.

허라금 여성문화이론연구소 회원이었고, 현재 이화여자대학교 명예교수이다. 『원칙의 윤리에서 여성주의 윤리로』, 『정의를 위한 정치적 책임』(공저) 등을 썼다.

허윤 이화여자대학교 국어국문학과 부교수. 『위험한 책읽기』, 『남성성의 각본들』 등의 저서와 『문학을 부수는 문학들』, 『원본 없는 판타지』 등의 공저가 있다.

황정미 서울대 여성연구소 객원연구원, (사)한국여성연구소 부소장. 젠더 사회학, 여성과 국가 정책, 이주와 젠더를 중심으로 연구해 왔다. 주요 저서로 『캐럴 페이트 먼』, 『경계를 넘는 한인들』(공저) 등이 있다.

황주영 뤼스 이리가레와 에코페미니즘을 중심으로 페미니즘철학을 연구하고 가르친다. <지구지역행동네트워크>, <에코페미니즘연구센터 달과나무>에서 활동하고 있다.

『여/성 이론가들』 발행을 후원해주신 분들

FFM박효진 humorr jinjoo JS kongja LYJ MIRULEE 강문순 강민영
강세미 강소영 강정섭 강정수 강혜원 강효선 개굴유진 겸겸 고경옥 고명선
고정갑희 공간풀숲 최연하 곽성우 권예연 권은영 그럼에도불구하고나는 금실
김경민(1) 김경민(2) 김기훈 김다은 김도강 김미경 김미라 박소미 김민아
김민준 김민하 김상선 김상애 김선현 김소연E 김수민 김수윤 김수진(1)
김수진(2) 김수현 김애옥 김영경(1) 김영경(2) 김예빈 김예선 김원 김은희
김이삭 김이설 김인선 김정서 김지선 김지승 김지혜 김진연 김채연 김태이
김한민선 김현영 김현지(1) 김현지(2) 김희연 끼리 나금찬 나기현 나루
나희덕 남윤정 냥냥펀치 노고운 노귀남 노지영 늘봄 도도씨와자유씨
돌돌꽃분소요 돼국이 라스 랑희 류부영 류수현 류숙진 르꾸 리브레리아Q
림보책방 목마른돼지 문아영 문정아 문혜정 민영기 민지형 바람소리 박가인
박비경 박서연 박선희 박소연 박수경 박연두 박재연 박재영 박정오 박정현
박종수 박지아 박지원 박홍매 배이영 백교희(료) 백소망 변혜진 복길 상드
상정 새시비비 서은과병화 서주은 석순 성민경 션 소양 소영 소영현
소은영 소풍 손은혜 송예은 송정원 송혜림 수하진 순이태연 시현 신나리
신다영 신민정 신연선 신영채 신우승 신인순 신현경 신현민 신형철 신샛별
신혜선 신효진 아정 안강회 안나리 안소민 안은주 안차와톨 안화영 약손
양경언 양근애 양파 양혜림 양희주 어지영 어진사람 엄규숙 엄미정 엉망
엉클조 에코보리 엘사안나 여성주의상담정주은 연세마음편한치과 오경미
오색무지개 오윤주 오현호 오혜민 왕려아 원성민 원승영 유나림하 유보람
유보선 유성애 유지원 윤남식 윤하영 윤혜정 은설 이강수 이권봄결 이기쁨
이도담 이명훈 이보름 이상현 이서점 이세인 이소율 이솜이 이슬기
이시우(Issue) 이시원 이시은 이심지 이안나 이어달리기 이영인 이울 이유라
이유찬 이은미 이은선(한국信연구소) 이은숙 이임주 이정신 이주영 이주혜
이지선 이찬미 이태준 이필 이혜령 이혜민 이화여대학소위 이효재 임성수
임연주 임이지 임지원 임춘성 임혜숙 ㅈㅎ 자캐오 장기영 장도호 장순주
장유진 장주영 장파 장필목 장희정 전승민 전유진(1) 전유진(2) 전은희
정다연 정미정 정수영 정유리 정지윤 정진만 정진이 정한글 조미경 조수미
조슬기 조은결 조은영 조재 조제 조한울 주문진 주안 준쥰 진꾸꾸 차우미
채광선 채유리 책갈이 천지인 천희란 철로 최경숙 최선교 최연 최우혁
최유진(1) 최유진(2) 최윤지 최은지 최이슬기 최자영 최희진 추주희 캡
투더문 피프티핏 하성희 한봉석 한설 한승주 한우리 한윤미 한은영 한주희
허무맹랑안혜경 혜정/벌새 홍열매 홍이지 홍지수 화사/이충열 황선애 황선희

* (이름을 표기하지 않은 분들을 포함하여) 『여/성 이론가들』 발행을 후원해주신
모든 분들께 깊은 감사를 드립니다.